风电产业与可再生能源标准汇编

设备卷

中国标准出版社　编

中国标准出版社
北　京

图书在版编目(CIP)数据

风电产业与可再生能源标准汇编.设备卷/中国标准出版社编.—北京:中国标准出版社,2016.4
ISBN 978-7-5066-8226-8

Ⅰ.①风… Ⅱ.①中… Ⅲ.①风力发电-电力工业-再生能源-标准-汇编-中国②风力发电-电力工业-再生能源-设备-标准-汇编-中国 Ⅳ.①F426.61②TK01-65

中国版本图书馆 CIP 数据核字(2016)第 058513 号

中国标准出版社出版发行
北京市朝阳区和平里西街甲 2 号(100029)
北京市西城区三里河北街 16 号(100045)

网址 www.spc.net.cn
总编室:(010)68533533 发行中心:(010)51780238
读者服务部:(010)68523946
中国标准出版社秦皇岛印刷厂印刷
各地新华书店经销

*

开本 880×1230 1/16 印张 64.25 字数 1 933 千字
2016 年 4 月第一版 2016 年 4 月第一次印刷

*

定价 260.00 元

出版说明

为了促进可再生能源的开发利用，增加能源供应，改善能源结构，保障能源安全，保护环境，实现经济社会的可持续发展，我国制定了《中华人民共和国可再生能源法》，并自2006年1月1日起施行。可再生能源是指风能、太阳能、水能、生物质能、地热能、海洋能等非化石能源。国家将可再生能源的开发利用列为能源发展的优先领域，鼓励和支持可再生能源并网发电。

近年来，在国家政策的大力扶持下，风电设备制造业进入了黄金期，制造技术和生产能力快速发展，获得了技术和生产经验的积累，尤其是在国内的能源供需矛盾问题越来越严重和电力需求上升的情况下，风电产业得到迅速发展。为了向相关部门系统地提供现行有效的技术标准，我们编制了《风电产业与可再生能源标准汇编》，包括基础卷、设备卷和并网卷。

本卷为《风电产业与可再生能源标准汇编 设备卷》，收录了截至2016年2月底前发布的现行有效的技术文件共30项，其中国家标准26项、行业标准3项、企业标准1项。

编　者

2016年3月

目　录

前　　言

本标准等同采用 IEC 60050-415：1999《国际电工技术词汇 415 部分：风力发电机组》。

本标准的编写格式和规则符合 GB/T 1.1—1993 保留了 IEC 60050-415 的前言和引言，同时增加了本标准的“前言”。

本标准的附录 A 和附录 B 是提示的附录。

本标准由中国机械工业联合会提出。

本标准由全国风力机械标准化技术委员会、全国电工术语标准化技术委员会归口。

本标准起草单位：全国风力机械标准化技术委员会秘书处。

本标准主要起草人：王建平、李秀荣、孙如林、祁和生。

IEC 前言

1）IEC（国际电工技术委员会）是由各国家电工技术委员会（IEC 国家委员会）组成的世界性标准化组织。IEC 的宗旨是促进电气及电子领域标准化工作的全面的国际间合作。为此目的和为其他业务，IEC 发布国际标准。他们的准备工作委托给技术委员会；任何对涉及题目感性趣的国家委员会，都可参与它的工作。根据 IEC 与国际标准化组织（ISO）达成的协议，两个组织之间将紧密协作。

2）IEC 技术内容的正式决议尽可能地表达了相关问题上的一致意见，因为各技术委员会代表了所有这些国家委员会。

3）产生的文件以推荐的形式提供给国际间使用，并以标准、技术报告或指导性文件发布，它们在某种意义上被各国家标准委员会认可。

4）为促进国际间的统一，各 IEC 国家委员会同意在它们的国家和地区明显地、最大限度的使用 IEC 国际标准。IEC 标准与相关国家和地区标准间的任何差异，都应在后者明确说明。

5）IEC 不提供有关标准批文，也不对任何设备与某 IEC 标准相一致的申报行使责任。

6）应注意本国际标准的某部分是专利内容的可能性。IEC 不负区分它们的责任。

国际标准 IEC 60050-415 是由 IEC 技术委员会 1：术语与 IEC 技术委员会 88：风力机组联合编辑委员会制定的。它形成了国际电工技术词汇（IEV）的 415 部分。

本标准版本根据下列文件产生：

FDIS	投票通知
1/1660/FDIS	1/1666/RVD

对本标准的投票情况，可在上面指定的投票报告中查询。

引　言

总则

本文件包括 IEC TC 88 现行文件使用的术语定义。文件内容仅限于风力发电机组专有的某些概念。而 TC 88 文件已有的和 IEV 在其他地方，如一般用途和相关电工技术方面定义过的术语，不包括在内。

也可能出现这种情况，即 IEV 定义过的某些术语在 TC 88 中有特定涵义，定义不完全相同——即便稍有不同，此时，术语后面加注“(风力机)”。

更改现有定义的建议

主要为 TC 88 所用，属风力机范畴，经 IEV 定义过，且为 TC 88 发现不妥的概念，TC 88 要求 TC 1 采取必要措施，修改 IEV 的定义。

例：

风电场

将风能转换为电能的电站。

TC 88 建议用定义：

风电场

由一批风力发电机组或风力发电机组群组成的电站。

中华人民共和国国家标准

电工术语　风力发电机组

GB/T 2900.53—2001
idt IEC 60050-415:1999

Electrotechnical terminology—
Wind turbine generator systems

1 范围

本标准规定了风力发电机组常用基本术语和定义。

本标准适用于风力发电机组。其他标准中的术语部分也应参照使用。

2 定义

本标准采用下列定义。

2.1 风力机和风力发电机组

2.1.1 **风力机　wind turbine**

将风的动能转换为另一种形式能的旋转机械。

2.1.2 **风力发电机组　wind turbine generator system；WTGS (abbreviation)**

将风的动能转换为电能的系统。

2.1.3 **风电场　wind power station；wind farm**

由一批风力发电机组或风力发电机组群组成的电站。

2.1.4 **水平轴风力机　horizontal axis wind turbine**

风轮轴基本上平行于风向的风力机。

2.1.5 **垂直轴风力机　vertical axis wind turbine**

风轮轴垂直的风力机。

2.1.6 **轮毂(风力机)　hub (for wind turbines)**

将叶片或叶片组固定到转轴上的装置。

2.1.7 **机舱　nacelle**

设在水平轴风力机顶部包容电机、传动系统和其他装置的部件。

2.1.8 **支撑结构(风力机)　support structure (for wind turbines)**

由塔架和基础组成的风力机部分。

2.1.9 **关机(风力机)　shutdown (for wind turbines)**

从发电到静止或空转之间的风力机过渡状态。

2.1.10 **正常关机(风力机)　normal shutdown (for wind turbines)**

全过程都是在控制系统控制下进行的关机。

2.1.11 **紧急关机(风力机)　emergency shutdown (for wind turbines)**

保护装置系统触发或人工干预下，使风力机迅速关机。

2.1.12 **空转(风力机)　idling (for wind turbines)**

风力机缓慢旋转但不发电的状态。

2.1.13 **锁定(风力机)　blocking (for wind turbines)**

中华人民共和国国家质量监督检验检疫总局 2001-09-15 批准　　2002-04-01 实施

利用机械销或其他装置，而不是通常的机械制动盘，防止风轮轴或偏航机构运动。

2.1.14 **停机** **parking**

风力机关机后的状态。

2.1.15 **静止** **standstill**

风力发电机组的停止状态。

2.1.16 **制动器(风力机)** **brake (for wind turbines)**

能降低风轮转速或能停止风轮旋转的装置。

2.1.17 **停机制动(风力机)** **parking brake (for wind turbines)**

能够防止风轮转动的制动。

2.1.18 **风轮转速(风力机)** **rotor speed (for wind turbines)**

风力机风轮绕其轴的旋转速度。

2.1.19 **控制系统(风力机)** **control system (for wind turbines)**

接受风力机信息和/或环境信息，调节风力机，使其保持在工作要求范围内的系统。

2.1.20 **保护系统(风力发电机组)** **protection system (for WTGS)**

确保风力发电机组运行在设计范围内的系统。

注：如果产生矛盾，保护系统应优先于控制系统起作用。

2.1.21 **偏航** **yawing**

风轮轴绕垂直轴的旋转(仅适用于水平轴风力机)。

2.2 设计和安全参数

2.2.1 **设计工况** **design situation**

风力机运行中的各种可能的状态，例如发电、停车等。

2.2.2 **载荷状况** **load case**

设计状态与引起构件载荷的外部条件的组合。

2.2.3 **外部条件(风力机)** **external conditions (for wind turbines)**

影响风力机工作的诸因素，包括风况、其他气候因素(雪、冰等)，地震和电网条件。

2.2.4 **设计极限** **design limits**

设计中采用的最大值或最小值。

2.2.5 **极限状态** **limit state**

构件的一种受力状态，如果作用其上的力超出这一状态，则构件不再满足设计要求。

2.2.6 **使用极限状态** **serviceability limit states**

正常使用要求的边界条件。

2.2.7 **最大极限状态** **ultimate limit state**

与损坏危险和可能造成损坏的错位或变形对应的极限状态。

2.2.8 **安全寿命** **safe life**

严重失效前预期使用时间。

2.2.9 **严重故障(风力机)** **catastrophic failure (for wind turbines)**

零件或部件严重损坏，导致主要功能丧失，安全受损。

2.2.10 **潜伏故障** **latent fault;dormant failure**

正常工作中零部件或系统存在的未被发现的故障。

2.3 风特性

2.3.1 **风速** **wind speed**

空间特定点的风速为该点周围气体微团的移动速度。

注：风速为风矢量的数值。

参见:风矢量(2.3.2)。

2.3.2 **风矢量　wind velocity**

标有被研究点周围气体微团运动方向,其值等于该气体微团运动速度(即该点风速)的矢量。

注:空间任意一点的风矢量是气体微团通过该点位置的时间导数。

2.3.3 **旋转采样风矢量　rotationally sampled wind velocity**

旋转风轮上某固定点经受的风矢量。

注:旋转采样风矢量湍流谱与正常湍流谱明显不同。风轮旋转时,叶片切入气流,流谱产生空间变化。最终的湍流谱包括转动频率下的流谱变化和由此产生的谐量。

2.3.4 **额定风速(风力机)　rated wind speed (for wind turbines)**

风力机达到额定功率输出时规定的风速。

2.3.5 **切入风速　cut-in wind speed**

风力机开始发电时,轮毂高度处的最低风速。

2.3.6 **切出风速　cut-out wind speed**

风力机达到设计功率时,轮毂高度处的最高风速。

2.3.7 **年平均　annual average**

数量和持续时间足够充分的一组测量数据的平均值,供作估计期望值用。

注:平均时间间隔应为整年,以便将不稳定因素如季节变化等平均在内。

2.3.8 **年平均风速　annual average wind speed**

按照年平均的定义确定的平均风速。

2.3.9 **平均风速　mean wind speed**

给定时间内瞬时风速的平均值,给定时间从几秒到数年不等。

2.3.10 **极端风速　extreme wind speed**

t 秒内平均最高风速,它很可能是特定周期(重现周期)T 年一遇。

注:参考重现周期 $T=50$ 年和 $T=1$ 年,平均时间 $t=3$ s 和 $t=10$ s。极端风速即为俗称的"安全风速"。

2.3.11 **安全风速(拒用)　survival wind speed (deprecated)**

结构所能承受的最大设计风速的俗称。

注:IEC 61400 系列标准中不采用这一术语。设计时可参考极端风速。

参见:极端风速(2.3.10)。

2.3.12 **参考风速　reference wind speed**

用于确定风力机级别的基本极端风速参数。

注

1 与气候有关的其他设计参数均可以从参考风速和其他基本等级参数中得到。

2 对应参考风速级别的风力机设计,它在轮毂高度承受的 50 年一遇 10 min 平均最大风速,应小于或等于参考风速。

2.3.13 **风速分布　wind speed distribution**

用于描述连续时限内风速概率分布的分布函数。

注:经常使用的分布函数是瑞利和威布尔分布函数。

2.3.14 **瑞利分布　RayLeigh distribution**

经常用于风速的概率分布函数,分布函数取决于一个调节参数——尺度参数,它控制平均风速的分布。

2.3.15 **威布尔分布　Weibull distribution**

经常用于风速的概率分布函数,分布函数取决于两个参数,控制分布宽度的形状参数和控制平均风速分布的尺度参数。

注:瑞利分布与威布尔分布区别在于瑞利分布形状参数 2。

2.3.16 **风切变　wind shear**

风速在垂直于风向平面内的变化。

2.3.17 **风廓线;风切变律　wind profile;wind shear law**

风速随离地面高度变化的数字表达式。

注:常用剖面线是对数剖面线和幂律剖面线。

2.3.18 **风切变指数　wind shear exponent**

通常用于描述风速剖面线形状的幂定律指数。

参见:风廓线;风切变律(2.3.17)。

2.3.19 **对数风切变律　logarithmic wind shear law**

表示风速随离地面高度以对数关系变化的数学式。

2.3.20 **风切变幂律　power law for wind shear**

表示风速随离地面高度以幂定律关系变化的数学式。

2.3.21 **下风向　downwind**

主风方向。

2.3.22 **上风向　upwind**

主风方向的相反方向。

2.3.23 **阵风　gust**

超过平均风速的突然和短暂的风速变化。

注:阵风可用上升 时间,即幅度-持续时间表达。

2.3.24 **粗糙长度　roughness length**

在假定垂直风廓线随离地面高度按对数关系变化情况下,平均风速变为 0 时算出的高度。

2.3.25 **湍流强度　turbulence intensity**

标准风速偏差与平均风速的比率。用同一组测量数据和规定的周期进行计算。

2.3.26 **湍流尺度参数　turbulence scale parameter**

纵向功率谱密度等于 0.05 时的波长。

注:纵向功率谱密度是个无量纲的数,由 GB 18451.1—2001《风力发电机组　安全要求》附录 B 确定。

2.3.27 **湍流惯性负区　inertial sub-range**

风速湍流谱的频率区间,该区间内涡流经逐步破碎达到均质,能量损失乎略不计。

注:在典型的 10 m/s 风速,惯性负区的频率范围大致在 0.02 Hz～2 kHz 间。

2.4　与电网的联接

2.4.1 **互联(风力发电机组)　interconnection (for WTGS)**

风力发电机组与电网之间的电力联接,从而电能可从风力机输送给电网,反之亦然。

2.4.2 **输出功率(风力发电机组)　output power (for WTGS)**

风力发电机组随时输出的电功率。

2.4.3 **额定功率(风力发电机组)　rated power (for WTGS)**

正常工作条件下,风力发电机组的设计要达到的最大连续输出电功率。

2.4.4 **最大功率(风力发电机组)　maximum power (for WTGS)**

正常工作条件下,风力发电机组输出的最高净电功率。

2.4.5 **电网联接点(风力发电机组)　network connection point (for WTGS)**

对单台风力发电机组是输出电缆终端,而对风电场是与电力汇集系统总线的联接点。

2.4.6 **电力汇集系统(风力发电机组)　power collection system (for WTGS)**

汇集风力发电机组电能并输送给电网升压变压器或电负荷的电力联接系统。

2.4.7 **风场电气设备　site electrical facilities**

风力发电机组电网联接点与电网间所有相关电气装备。

2.5 功率特性测试技术

2.5.1 **功率特性 power performance**

风力发电机组发电能力的表述。

2.5.2 **净电功率输出 net electric power output**

风力发电机组输送给电网的电功率值。

2.5.3 **功率系数 power coefficient**

净电功率输出与风轮扫掠面上从自由流得到的功率之比。

2.5.4 **自由流风速 freestream wind speed**

通常指轮毂高度处,未被扰动的自然空气流动速度。

2.5.5 **扫掠面积 swept area**

垂直于风矢量平面上的,风轮旋转时叶尖运动所生成圆的投影面积。

2.5.6 **轮毂高度 hub height**

从地面到风轮扫掠面中心的高度,对垂直轴风力机是赤道平面高处。

2.5.7 **测量功率曲线 measured power curve**

描绘用正确方法测得并经修正或标准化处理的风力发电机组净电功率输出的图和表。它是测量风速的函数。

2.5.8 **外推功率曲线 extrapolated power curve**

用估计的方法对测量功率曲线从测量最大风速到切出风速的延伸。

2.5.9 **年发电量 annual energy production**

利用功率曲线和轮毂高不同风速频率分布估算得到的一台风力发电机组一年时间内生产的全部电能。计算中假设可利用率为100%。

2.5.10 **可利用率(风力发电机组) availability (for WTGS)**

在某一期间内,除去风力发电机组因维修或故障未工作的时数后余下的时数与这一期间内总时数的比值,用百分比表示。

2.5.11 **数据组(功率特性测试) data set (for power performance measurement)**

在规定的连续时段内采集的数据集合。

2.5.12 **精度(风力发电机组) accuracy (for WTGS)**

描绘测量误差用的规定的参数值。

2.5.13 **测量误差 uncertainty in measurement**

关系到测量结果的,表征由测量造成的量值合理离散的参数。

2.5.14 **分组方法 method of bins**

将实验数据按风速间隔分组的数据处理方法。

注:在各组内,采样数与它们的和都被记录下来,并计算出组内平均参数值。

2.5.15 **测量周期 measurement period**

收集功率特性试验中具有统计意义的基本数据的时段。

2.5.16 **测量扇区 measurement sector**

测取测量功率曲线所需数据的风向扇区。

2.5.17 **日变化 diurnal variations**

以日为基数发生的变化。

2.5.18 **桨距角 pitch angle**

在指定的叶片径向位置(通常为100%叶片半径处)叶片弦线与风轮旋转面间的夹角。

2.5.19 **距离常数 distance constant**

风速仪的时间响应指标。在阶梯变化的风速中，当风速仪的指示值达到稳定值的63%时，通过风速仪的气流行程长度。

2.5.20 **试验场地　test site**

风力发电机组试验地点及周围环境。

2.5.21 **气流畸变　flow distortion**

由障碍物、地形变化或其他风力机引起的气流改变，其结果是相对自由流产生了偏离，造成一定程度的风速测量误差。

2.5.22 **障碍物　obstacles**

邻近风力发电机组能引起气流畸变的固定物体，如建筑物、树林。

2.5.23 **复杂地形带　complex terrain**

风电场场地周围属地形显著变化的地带或有能引起气流畸变的障碍物地带。

2.5.24 **风障　wind break**

相互距离小于3倍高度的一些高低不平的自然环境。

2.6　噪声测试技术

2.6.1 **声压级　sound pressure level**

声压与基准声压之比的以10为底的对数乘以20，以分贝计。

注：对风力发电机组，基准声压为20 μPa。

2.6.2 **声级　weighted sound pressure level; sound level**

已知声压与20 μPa基准声压比值的对数。声压是在标准计权频率和标准计权指数时获得。

注：声级单位为分贝，它等于上述比值以10为底对数的20倍。

2.6.3 **视在声功率级　apparent sound power level**

在测声参考风速下，被测风力机风轮中心向下风向传播的大小为1 pW点辐射源的A计权声级功率级。

注：视在声功率级通常以分贝表示。

2.6.4 **指向性（风力发电机组）　directivity (for WTGS)**

在风力机下风向与风轮中心等距离的各不同测量位置上测得的A计权声压级间的不同。

注

1　指向性以分贝表示。

2　测量位置由相关标准确定。

2.6.5 **音值　tonality**

音值与靠近该音值临界波段的遮蔽噪音级间的区别。

注：音值以分贝表示。

2.6.6 **声的基准风速　acoustic reference wind speed**

标准状态下（10 m高，粗糙长度等于0.05 m）的8 m/s风速。它为计算风力发电机组视在声功率级提供统一的根据。

注：测声参考风速以m/s表示。

2.6.7 **标准风速　standardized wind speed**

利用对数风廓线转换到标准状态（10 m高，粗糙长度0.05 m）的风速。

2.6.8 **基准高度　reference height**

用于转换风速到标准状态的约定高度。

注：参考高度定为10 m。

2.6.9 **基准粗糙长度　reference roughness length**

用于转换风速到标准状态的粗糙长度。

注：基准粗糙长度定为0.05 m。

2.6.10 **基准距离 reference distance**

从风力发电机组基础中心到指定的各麦克风位置中心的水平公称距离。

注：基准距离以米表示。

2.6.11 **掠射角 grazing angle**

麦克风盘面与麦克风到风轮中心连线间的夹角。

注

1 拒用“入射角”这一术语。

2 掠射角以度表示。

附 录 A
（提示的附录）
中 文 索 引

附 录 B

(提示的附录)

英 文 索 引

A

B

C

D

E

F

G

H

I

L

P

R

S

Y

ICS 27.180
F 11

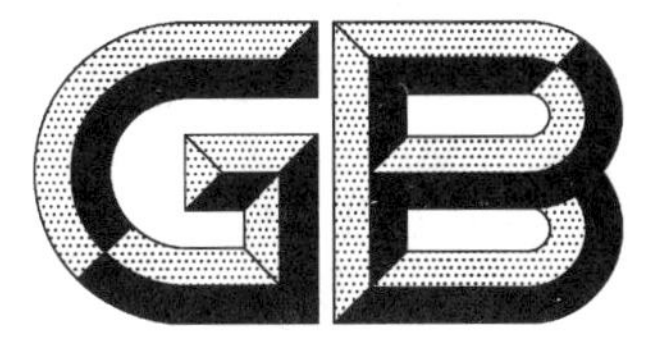

中华人民共和国国家标准

GB/T 19071.1—2003

风力发电机组 异步发电机
第1部分:技术条件

**Asynchronous generator for wind turbine generator systems—
Part 1:Technical condition**

2003-04-15 发布　　　　2003-09-01 实施

中华人民共和国
国家质量监督检验检疫总局 发布

前　　言

本部分按 GB/T 1.1—2000《标准化工作导则　第 1 部分：标准的结构和编写规则》，根据风力发电机的运行要求并参考相关标准编制。

本部分规定了风力异步发电机的主要技术要求、性能参数和检验规则。

本标准由中国机械工业联合会提出。

本部分由全国风力机械标准化技术委员会归口。

本部分起草单位：湘潭电机集团有限公司。

本部分主要起草人：余冰、梅柏杉、张越雷、蒋全荣、王鑫。

风力发电机组 异步发电机
第1部分:技术条件

1 范围

本部分规定了并网型(带增速齿轮箱)风力发电机组异步发电机的主要型式、基本参数与尺寸、技术要求、试验方法、检验规则、检试项目以及标志与包装、运输等要求。

本部分适用于并网型(带增速齿轮箱)单速或双速异步发电机(以下简称发电机),其他类型的发电机可参照使用。

2 规范性引用文件

下列文件中的条款通过GB/T 19071的本部分的引用而成为本部分的条款。凡是注日期的引用文件,其随后所有的修改单(不包括勘误的内容)或修订版均不适用于本部分,然而,鼓励根据本部分达成协议的各方研究是否可使用这些文件的最新版本。凡是不注日期的引用文件,其最新版本适用于本部分。

GB/T 191 包装储运图示标志(eqv ISO 780:1997)

GB 755 旋转电机 定额和性能(idt IEC 60034-1:1996)

GB/T 997 电机结构及安装型式代号(neq IEC 60034-7:1972)

GB/T 1993 旋转电机冷却方法

GB/T 4942.1 旋转电机外壳防护分级(IP代码)(idt IEC 60034-5:1991)

GB 10068—2000 轴中心高为56 mm及以上电机的机械振动 振动的测量、评定及限值(idt IEC 60034-14:1996)

GB/T 10069.1 旋转电机噪声测定方法和限值 噪声工程测定方法(neq ISO 1680-1:1986)

GB/T 10069.2 旋转电机噪声测定方法和限值 噪声简易测定方法(neq ISO 1680-2:1986)

GB 10069.3 旋转电机噪声测定方法和限值 噪声限值(neq IEC 60034-9)

GB/T 12665—1990 电机在一般环境条件下使用的湿热试验要求

GB/T 19071.2 风力发电机组 异步发电机 第2部分:试验方法

JB/T 9615.1 交流低压电机散嵌绕组匝间绝缘试验方法

JB/T 9615.2 交流低压电机散嵌绕组匝间绝缘试验限值

JB/T 5811 交流低压电机成型绕组匝间绝缘试验方法及限值

3 型式、基本参数及尺寸

3.1 发电机外壳防护等级不低于GB/T 4942.1中IP44。

3.2 发电机应有可靠的冷却方式,如果采用通风冷却方式,应保证引入的空气不得对发电机造成危害,如果采用水冷方式,应无渗水和漏水问题。

3.3 发电机的结构及安装型式应符合GB/T 997中IMB3的规定。

3.4 发电机的定额是以连续工作制(S1)为基准的连续定额。

3.5 单速发电机一般按下列额定功率(kW)制造:150、200、250、300、400、500、600、660、750、1 000、1 320、1 500。

3.6 单速发电机的额定频率为50 Hz,同步转速为1 500 r/min,额定电压(V)为400,690,1 000,1 500

（如用户有特殊要求，可与制造厂协商）。

3.7 双速发电机应按下列额定功率(kW)制造：600/125[1)]，660/180，750/220（如用户有特殊要求，可与制造厂协商）。

3.8 双速发电机的额定频率为 50 Hz，同步转速为 1 500 r/min/1 000 r/min，额定电压为 690 V/690 V（如用户有特殊要求，可与制造厂协商）。

3.9 单速、双速发电机的转差率为大于或等于 1.0%，1.0%/1.0%。

3.10 发电机的尺寸及公差

3.10.1 发电机轴伸键的尺寸及其公差应符合表 1 的规定（如用户有特殊要求时，可与制造厂协商）。

表 1

轴伸直径/mm	键宽/μm	键高/μm
90	$25_{-0.052}^{0}$	$14_{-0.110}^{0}$
100	$28_{-0.052}^{0}$	$16_{-0.110}^{0}$
110	$32_{-0.062}^{0}$	$18_{-0.110}^{0}$
130		

3.10.2 安装尺寸及公差、外形尺寸按表 2 的要求（如用户有不同要求，可与制造厂协商）。

1) 对于双速发电机功率、电压、转速、转差率等参数的表示方法为：斜杠前的参数对应于高转速状态，斜杠后的参数对应于低转速状态。

表 2　机座带底脚，安装型式 IMB3

中心高	安装尺寸/mm 及公差/μm																		外形尺寸限值/mm				
		A	*B*	*C*		*D*		*E*		*F*		*G*		*H*		*K*			*AB*	*AC*	*AD*	*HD*	*L*
	极数	基本尺寸	基本尺寸	基本尺寸	极限偏差	基本尺寸	极限偏差	基本尺寸	极限偏差	基本尺寸	极限偏差	基本尺寸	极限偏差	基本尺寸	极限偏差	基本尺寸	极限偏差	位置度公差					
315	4	508	508	216	±4.0	90	+0.035 +0.013	170	±0.57	25	0 −0.52	81	0 −0.2	315	0 −1.0	28	+0.52 0	ϕ2.0 Ⓜ	750	650	580	870	1 340
355	4	610	630	254		100		210		28		90		355		28			740	750	680	1 035	1 540
450	4/6	800	1 120	355		110								450		35			900	900	760	1 140	2 050
500	4	900	1 250	475		130	+0.04 −0.015	250	±0.57	32	0 −0.062	119		500		42	+0.62 0		1 050	1 050	970	1 200	2 550

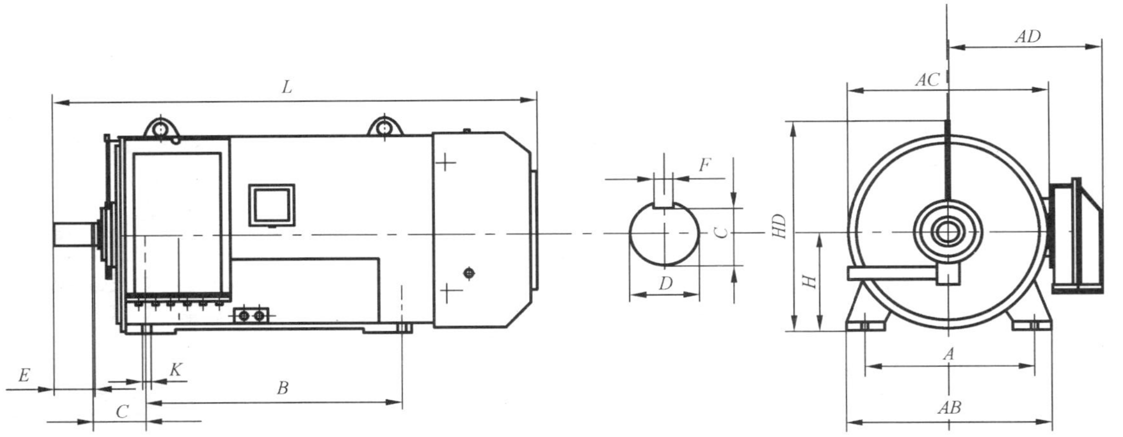

3.10.3 轴伸长度一半处的径向圆跳动公差应符合表3的规定。

表3

轴伸直径/mm	圆跳动公差/μm
>80～120	0.06
>130	0.07

3.10.4 发电机轴线对底脚支承面的平行度公差为1 mm。

3.10.5 发电机底脚支承面的平面度公差为0.30 mm。

3.10.6 发电机轴伸上键槽的对称度公差为0.05 mm，圆柱轴伸同轴度公差0.05 mm。

4 技术要求

4.1 发电机应符合本部分的要求，并按照经规定程序批准的图样及技术文件制造。

4.2 在下列海拔、环境温度和相对湿度条件下，发电机应能正常运行。

4.2.1 海拔不超过1 000 m。

4.2.2 运行地点的环境空气温度不高于40℃，不低于－15℃，对于寒冷地区应不低于－30℃（用户明确提出低温环境要求时）。

注：如发电机在海拔超过1 000 m或环境空气温度高于40℃的条件下使用时，应按GB 755规定。

4.2.3 最湿月月平均最高空气相对湿度不大于95%，同时该月月平均最低温度不高于25℃。

4.3 在额定转速、额定功率因数下，当电压、频率与额定值的偏差符合GB 755的规定时发电机应能正常运行。

4.4 发电机额定运行时，其输出额定效率和功率因数的容差应符合表4的规定。效率可用间接法测定，杂散损耗按额定输出0.5%计算。

表4

项　号	名　称	保证值		容　差
		4极	6极	
1	效率(η)	0.96	0.93	$-0.10(1-\eta)$
2	功率因数($\cos\phi$)	0.88	0.83	$-(1-\cos\phi)/6$

4.5 在额定电压时，发电机最大转矩对额定转矩之比的保证值对同步转速1 500 r/min及以上者为2.0倍，其余为1.8倍。

4.6 在海拔和环境空气温度符合4.2规定时，发电机绕组的温升限值和轴承的容许温度按GB 755规定。如试验地点的海拔或环境空气温度与4.2的规定不同时，温升限值应按GB 755的规定修正。

4.7 发电机在额定温升试验后，保持额定电压不变，应能承受1.15倍额定负载运行1 h，此时温升不作考核，但电机不应发生损坏及有害变形。

4.8 发电机应能承受1.2倍额定转速，历时2 min而不发生有害变形。

4.9 发电机定子绕组的绝缘电阻在热状态或温升试验后，应不低于$\frac{U_N}{1\ 000}$ MΩ。

注：U_N——额定电压，单位为伏(V)。

4.10 发电机定子绕组各相间及双绕组相互间应能承受历时1 min的耐电压试验而不发生击穿，试验电压的频率为50 Hz，并尽可能为正弦波形，电压的有效值为($2U_N+1\ 000$) V，但不应低于1 500 V。同一台发电机不应重复进行本项试验，如用户提出要求，允许在安装后开始运行之前，在工地上可再进行一次试验，其试验应按GB 755的有关规定。

4.11 发电机的定子绕组应能承受匝间耐冲击电压试验而不击穿；当发电机采用散嵌绕组时，其试验冲击电压峰值和试验方法按JB/T 9615.1及JB/T 9615.2的规定。当发电机采用成型绕组时，其试验冲击电压峰值和试验方法按 JB/T 5811 的规定进行。

4.12 发电机应进行短时升高电压试验:试验用空载电动机法进行,外施电压为额定电压的 130%,时间为 3 min。在提高电压值至额定电压的 130%时,允许同时提高频率或转速,但转速应不超过额定值的 115%。

4.13 发电机的定子绕组在按 GB/T 12665 所规定的 40℃交变湿热试验方法进行 6 周期试验后,绝缘电阻应不低于 4.9 的规定数值,并能承受 4.10 所规定的耐电压试验而不发生击穿。

4.14 发电机作空载电动机运行时按 GB 10068 测定的振动速度有效值应不超过 2.8 mm/s。

4.15 发电机作空载电动机运行时按 GB/T 10069.1～10069.3 测得的 A 计权声功率级的噪声数值应不超过表 5 的规定。

表 5

单位:dB(A)

额定功率/kW	同步转速/r·min^{-1}	
	1 500	1 000
>110～220	106	102
>220～500	108	105
>500～1 100	111	108
>1 100～2 200	113	110

4.16 当并网三相电压平衡时,发电机空载三相电流中任何一相与三相平均值的偏差应不大于三相平均值的 10%。

4.17 发电机不允许在运行中反接电源制动或逆转。在出线端标志的字母顺序与三相电压相序方向相同时,从轴伸端视之,发电机应为顺时针方向旋转(用户要求发电机转向不同时,应在合同中注明)。

4.18 单绕组发电机可制成三个或六个出线端,双绕组发电机可制成九个或十二个出线端(用户在合同中注明),从轴伸端视之,发电机接线盒置于机座右面。双方另有协议时,按技术协议的规定;发电机的接线盒内应有接地端子,同时机座上应另设一个接地端子,并应在接地端子的附近设置接地标志,此标志应保证在发电机整个使用期内不易磨灭。

5 试验方法

发电机产品应按 GB/T 19071.2 的规定试验。

6 检验规则

6.1 每台发电机须经检验合格后才能出厂,并应附有产品检验合格证。

6.2 检查试验项目包括:

a) 机械检查(按本部分 6.5 进行);

b) 定子绕组对机壳及绕组相互间绝缘电阻测定(检查试验时可测量冷态绝缘电阻,但应保证热态时绝缘电阻不低于本部分 4.9 的规定);

c) 定子绕组在实际冷状态下直流电阻的测定;

d) 耐电压试验;

e) 短时升高电压试验;

f) 空载电流和损耗的测定;

注:在型式试验时需量取空载特性曲线。

g) 超速试验;

h) 振动的测定。

6.3 凡遇下列情况之一者,应进行型式试验:

a) 制造厂第一次试制或小批试生产时；

b) 设计或工艺上的变更足以引起某些特性和参数发生变化时；

c) 当检查试验结果和以前进行的型式试验结果发生不可容许的偏差时；

d) 成批生产发电机的定期抽试，抽试时间至少每二年一次，每次至少两台。试验中如有发电机不合格，应从同一批产品中抽加倍数量对不合格项目进行重试，如仍有不合格时，则应对该项目逐台试验。

6.4 发电机的型式试验项目包括：

a) 检查试验的全部项目；

b) 温升试验；

c) 过载试验；

d) 工作特性曲线的测定；

e) 电机最大转矩的测定；

f) 噪声的测定；

g) 湿热试验(仅对有此项要求的发电机，应在合同中注明)；

h) 盐雾试验(仅对有此项要求的发电机，应在合同中注明)；

i) 霉菌试验(仅对有此项要求的发电机，应在合同中注明)；

j) 外壳防护等级试验(仅对有此项要求的发电机，应在合同中注明)。

注：g)、h)、i)、j)项仅在新产品试制完成时或当设计或工艺材料上的变更足以引起该特性和参数发生变化时进行。

6.5 发电机的机械检查项目包括：

a) 转动检查：发电机转动时，应平稳轻快，无怠滞现象；

b) 外观检查：检查发电机装配是否完整、正确，发电机表面油漆应干燥完整、均匀，无污损、碰撞、裂痕等现象；

c) 安装尺寸、外形尺寸及键的尺寸检查：外形、安装尺寸应符合有关规定或本部分 3.10 规定；

d) 轴伸径向圆跳动、底脚支承面的平行度和平面度应符合本部分 3.10 规定，底脚支承面的平面度和键槽对称度允许在零部件上进行检查。

7 包装、标志

7.1 铭牌材料及铭牌上数据刻划方法，应保证在整个使用期内不易磨灭。

7.2 铭牌应固定在电机机座的上半部，应标明项目如下：

a) 制造厂名；

b) 发电机名称；

c) 发电机型号；

d) 外壳防护等级；

e) 额定频率；

f) 额定功率；

g) 额定转速；

h) 额定电压；

i) 功率因数；

j) 效率；

k) 绝缘等级；

l) 接线方法；

m) 制造厂出品年月和编号；

n) 质量(kg)。

7.3 发电机定子绕组的出线端及接线板的接线位置上均应有相应的标志，并保证其字迹在发电机整个使用期间内不易磨灭，其标志按表6的规定。

表6

绕组名称	三个出线端标志	六个出线端标志		九个出线端标志			十二个出线端标志			
				高速		低速	高速		低速	
	始端	始端	末端	始端	末端	始端	始端	末端	始端	末端
第一相	U	U1	U2	2U1	2U2	1U	2U1	2U2	1U1	1U2
第二相	V	V1	V2	2V1	2V2	1V	2V1	2V2	1V1	1V2
第三相	W	W1	W2	2W1	2W2	1W	2W1	2W2	1W1	1W2

7.4 发电机的使用维护说明书及产品合格证应随同每台发电机供给用户。

7.5 发电机的轴伸平键须绑扎在轴伸上，轴伸及平键表面应加防锈及保护措施。

7.6 发电机的包装应能保证在正常贮运条件下，自发货之日起一年时间内不致因包装不善而导致受潮与损坏。

7.7 包装箱外壁的文字和标志应清楚、整齐，内容如下：

a) 货站与制造厂名称；

b) 收货站及收货单位名称；

c) 发电机型号和出品编号；

d) 发电机质量和整箱质量；

e) 包装箱尺寸；

f) 在箱外的适当位置应标有“小心轻放”、“防潮”、“切勿倒置”等字样，其图形应符合 GB/T 191 的规定；

g) 整箱吊装方式和位置。

7.8 随机文件

每台发电机随附下列文件，应放在防潮袋内并固定于包装箱内部。

a) 随机文件目录一份；

b) 使用维护说明书一份；

c) 产品合格证一份；

d) 电机绕组和测温元件接线图一份；

e) 用户要求的其他文件(应在合同中规定)。

7.9 包装箱在运输、贮存过程中不得受雨水侵袭，不应受有害碰撞。产品贮存应放在没有雨、雪侵入，无有害气体、粉尘进入，空气流通，空气相对湿度不大于80%，环境温度在－20℃～＋40℃的仓室中。

ICS 27.180
F 11

中华人民共和国国家标准

GB/T 19071.2—2003

风力发电机组　异步发电机
第2部分:试验方法

Asynchronous generator for wind turbine generator systems—
Part 2:Test method

2003-04-15 发布　　2003-09-01 实施

中华人民共和国
国家质量监督检验检疫总局　发布

前　言

本部分参考 GB/T 1032《三相异步电机试验方法》，根据并网型风力异步发电机的实际运行情况编制，编写格式按 GB/T 1.1—2000《标准化工作导则　第 1 部分：标准的结构和编写规则》。

本部分规定了异步发电机的主要负载试验方法。

异步发电机和异步电动机结构基本相同，但运行方式和性能要求不同。因而两者的试验方法有许多是相同的，这些部分可直接引用 GB/T 1032。由于发电机运行状态不同于电动机的要求，在试验方法中主要有下述区别：

1. 试验线路及装置的要求不同；
2. 铁耗测定方法不同；
3. 工作特性曲线不同；
4. 发电机不需测定最小转矩。

本部分由中国机械工业联合会提出。

本部分由全国风力机械标准化技术委员会归口。

本部分起草单位：湘潭电机集团有限公司。

本部分主要起草人：余冰、梅柏杉、王鑫。

风力发电机组　异步发电机　第2部分:试验方法

1　范围

本部分规定了并网型风力发电机组异步发电机的试验方法。

本部分适用于并网型风力发电机组单速或双速异步发电机(以下简称发电机)的性能试验。

2　规范性引用文件

下列文件中的条款通过GB/T 19071的本部分的引用而成为本部分的条款。凡是注日期的引用文件,其随后所有的修改单(不包括勘误的内容)或修订版均不适用于本部分,然而,鼓励根据本部分达成协议的各方研究是否可使用这些文件的最新版本。凡是不注日期的引用文件,其最新版本适用于本部分。

GB 755　旋转电机　定额和性能(idt IEC 60034-1:1996)

GB/T 1032　三相异步电动机试验方法

GB/T 4942.1　旋转电机外壳防护分级(IP代码)(idt IEC 60034-5:1991)

GB 10068—2000　轴中心高为56 mm及以上电机的机械振动振动的测量、评定及限值(idt IEC 60034-14:1996)

GB/T 10069.1　旋转电机噪声测定方法和限值　噪声工程测定方法(neq ISO 1680-1:1986)

GB/T 10069.2　旋转电机噪声测定方法和限值　噪声简易测定方法(neq ISO 1680-2:1986)

GB 10069.3　旋转电机噪声测定方法和限值　噪声限值(neq IEC 60034-9)

GB/T 12665—1990　电机在一般环境条件下使用的湿热试验要求

3　试验要求及准备

3.1　试验电源要求应符合GB/T 1032规定。

3.2　测量仪器的选取应符合GB/T 1032规定。

3.3　测量要求应符合GB/T 1032规定。

3.4　试验前的准备工作应符合GB/T 1032规定。

4　试验项目及方法

4.1　绝缘电阻的测定

测量时发电机的状态,仪表的选用及测量方法应符合GB/T 1032规定。对于双绕组发电机应分别测量两套绕组及相互间的绝缘电阻。

4.2　绕组在实际冷状态下直流电阻的测定

按GB/T 1032规定进行。

4.3　空载电流和空载损耗的测定

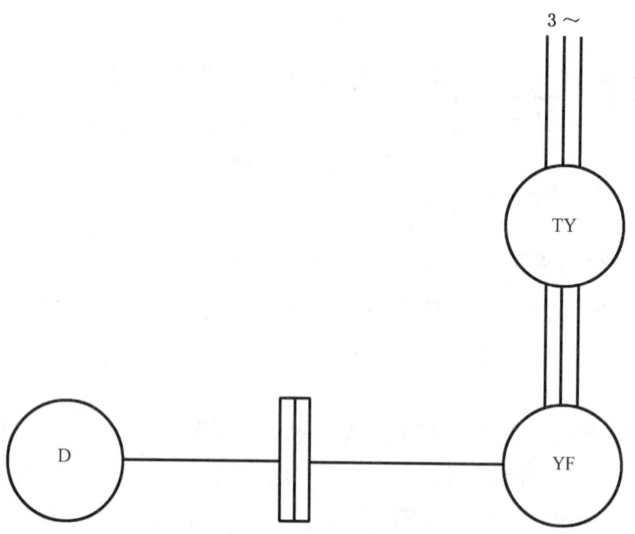

元件：

D——拖动机；

YF——异步发电机(被试电机)；

TY——三相调压器或交流机组。

图1 试验线路原理图

线路设备的要求：

a) 拖动机D应能在异步发电机YF以同步转速为起点的1.5倍转差范围内达到1%的稳态调速精度要求；

b) YF的励磁由电网经三相调压器TY或交流机组供给，调节TY可以方便地调节YF的端电压，以便于测定YF的空载特性曲线；

c) YF的同步转速 n_0 与电网(或交流机组)频率 f 及电机极对数 p 有关，

$$n_0=60\times(f/p)$$

当 f 波动时，n_0 也随之变化。

4.3.1 发电机空载特性的测定和用发电机法求取空载铁耗 P_{Fe1}

4.3.1.1 发电机空载特性的测定

试验时，可采用图1试验线路；

测定前，YF应在同步转速下空转(与TY完全脱开)，使机械损耗基本达到稳定，即D的输出功率相隔30 min的两个读数之差应不大于前一个读数的3%，并记录D的输出功率 P_{01}。

D拖动YF至同步转速，并保持不变，利用TY为YF提供励磁，调节TY，测定在不同空载电压 U_0 下空载电流 I_0，作 $I_0=f(U_0/U_N)$ 关系曲线图(图2)。

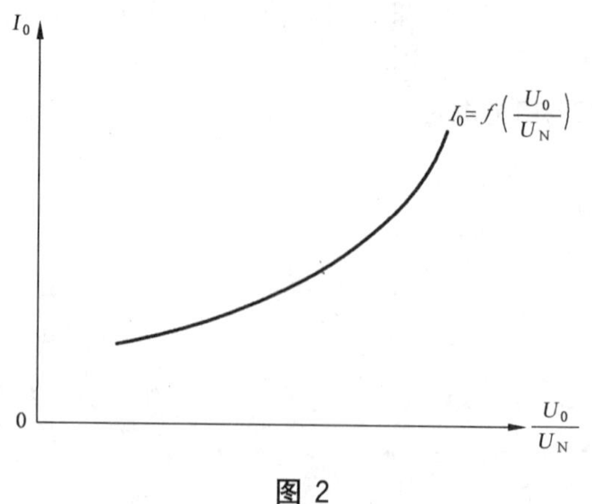

图2

试验时，空载电压 U_0 应从 1.3～1.1 倍额定电压开始逐步降低到可能达到的最低电压值，其间测取7～9点读数。由于异步电机一般机械特性较硬，试验中应随时注意电网频率波动对 I_0 的影响。当电网频率偏离 50 Hz 时，应相应调整拖动机 D 的转速，使 I_0 在各电压 U_0 下都有其最小值，记录这些最小值。每点应测取三相电压、三相电流。检查试验时，可仅测取额定电压时的空载电流。

4.3.1.2 发电机法求取铁耗 P_{Fe1}

空载特性测定时，测得 YF 额定电压时，D 的输出功率 P_{02}，YF 的三相电流 I_{0N}，试验结束时，应立即在两个出线端间测量定子绕组的电阻 R_0，计算出发电机定子绕组铜耗 P_{Cu0}：

$$P_{Cu0} = 3I_{0N}{}^2R_0 \qquad \cdots\cdots(1)$$

则空载时发电机铁耗为：

$$P_{Fe1} = P_{02} - P_{01} - P_{Cu0} \qquad \cdots\cdots(2)$$

4.3.2 用电动机法求取空载损耗

按 GB/T 1032 试验方法测取空载机械损耗 P_{fw} 和空载铁耗 P_{Fe2}。

4.3.3 发电机最终铁耗

$$P_{Fe} = \frac{P_{Fe1} + P_{Fe2}}{2} \qquad \cdots\cdots(3)$$

4.4 温升

可采用图 1 试验线路，调节 D 转速，使 YF 的输出功率增加至额定功率，同时调节 YF 励磁，保持 YF 额定电压，直到 YF 电机各部位温升达到热稳定状态为止。其测量方法、仪器、仪表、设备应符合 GB/T 1032 规定。温升试验后，应立即测量定子绕组的热态电阻 R。若定子绕组中埋置了经校准的测温元件，则按热态电阻法计算的平均温升与测温元件测得的最热点温升相差不应超过 10 k。

4.5 效率、功率因数及转差率的测定

4.5.1 工作特性曲线

工作特性曲线是发电机保持额定电压和额定频率下，测得发电机输入功率 P_1，定子电流 I_1，效率 η，功率因数 $\cos\varphi$ 及转差率 S 与输出功率 P_2 的关系曲线（见图 3 示意）。

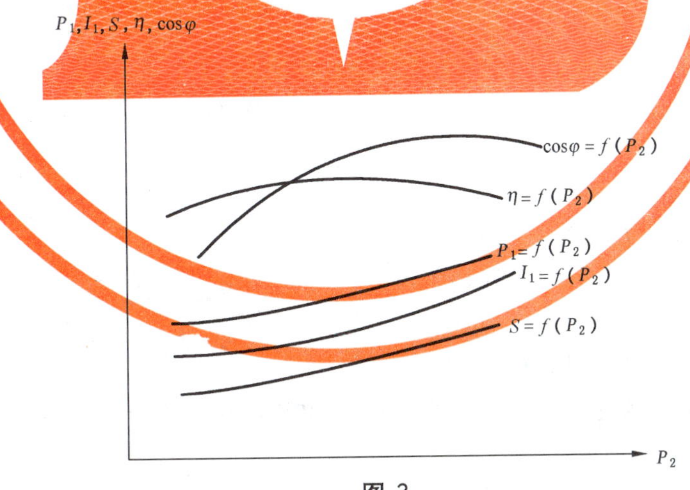

图 3

工作特性曲线应在发电机的温升试验后，基本保持在热状态时测取。如果温升试验后停机时间较长，应使 YF 加负载升温至接近其稳定温升的热状态。此时，在 1.25～0.25 倍额定功率范围内测取 6～8 点读数。（优先选择 P_2 为 1.25、1.0、0.75、0.5、0.25 倍额定功率的测点）记录三相电压 U_N、三相电流 I_1、输出功率 P_2、转差 S。根据所测的数据，结合空载特性试验求得的损耗，分析计算出功率因数、效率、转差率。

4.5.2 转差率的测定

按 GB/T 1032 的规定进行。

4.5.3 **功率因数的求取**

发电机的功率因数按式(4)确定：

$$\cos\varphi = \frac{P_2}{\sqrt{3}U_1 I_{1L}} \qquad \cdots\cdots(4)$$

式中：

P_2——发电机输出功率，单位为瓦(W)；

U_1——线电压，单位为伏(V)；

I_{1L}——定子线电流，单位为安(A)。

当采用两只瓦特表测量功率时，可用式(5)校核由公式(4)求得的功率因数值：

$$\cos\varphi = \frac{1}{\sqrt{1+3\left(\frac{W_1-W_2}{W_1+W_2}\right)^2}} \qquad \cdots\cdots(5)$$

式中：

W_1、W_2——分别为两只瓦特表的读数，如瓦特表的读数为负，则为负值代入。

如果按公式(4)和公式(5)求得的功率因数相差不大于1%，则表明测量是正确的。

4.5.4 效率求取

4.5.4.1 定子绕组 I^2R 损耗 P_{Cu1}(W)，按下式计算：

$$P_{Cu1} = 3I_1{}^2 R_{1ref} \qquad \cdots\cdots(6)$$

式中：

I_1——定子相电流(A)；

R_{1ref}——换算到基准工作温度时，定子绕组的相电阻，单位为欧姆(Ω)。

换算公式如下：

$$R_{1ref} = R_c \frac{K_a + \theta_{ref}}{K_a + \theta_c} \qquad \cdots\cdots(7)$$

式中：

R_c——实际冷状态时绕组的电阻(三相平均值)，单位为欧姆(Ω)；

θ_{ref}——基准工作温度，单位为摄氏度(℃)，对于F、H级绝缘为115℃；

θ_c——实际冷状态时绕组的温度，单位为摄氏度(℃)；

K_a——常数，对铜绕组该常数取235。

4.5.4.2 转子绕组 I^2R 损耗 P_{Cu2}(W)

$$P_{Cu2} = (P_2 + P_{Cu1} + P_{Fe})S \qquad \cdots\cdots(8)$$

式中：

S——工作特性试验时测得的转差率。

4.5.4.3 杂散损耗 P_S(W)，额定功率时的杂散损耗值取其输出功率的0.5%。对于其他负载点，杂散损耗按与定子电流平方成正比确定。

$$P_s = 0.005P_N\left(\frac{I}{I_N}\right)^2 \qquad \cdots\cdots(9)$$

式中：

P_N——额定功率，单位为千瓦(kW)；

I_N——额定电流，单位为安培(A)；

I——负载电流，单位为安培(A)。

4.5.4.4 效率的求取，首先按式(10)计算总损耗，然后按式(11)计算发电机效率。

$$\sum P = P_{fw} + P_{Cu1} + P_{Cu2} + P_{Fe} + P_s \qquad \cdots\cdots(10)$$

$$\eta = \frac{P_2}{P_2 + \sum P} \qquad \cdots\cdots(11)$$

4.6 最大转矩的测定

最大转矩的测定按 GB/T 1032 规定进行。

4.7 超速试验

超速试验可在冷态下进行。试验时，将电机的转速提高到 1.2 倍额定转速，历时 2 min。超速的方法有下列两种：

a) 用原动机驱动被试发电机，被试发电机空转；

b) 提高被试发电机的电源频率，被试发电机作空载电动机运行。

4.8 振动的测定

振动的测定按 GB 10068 进行。

4.9 噪声的测定

噪声的测定按 GB/T 10069.1～10069.2、GB 10069.3 进行。

4.10 短时升高电压试验

试验在空载电动机运行状态下进行，外施电压为额定电压的 130%，时间为 3 min。在提高电压至额定电压的 130%时，可以同时提高频率或转速，但转速应不超过额定值的 115%。

4.11 耐电压试验

耐电压试验按 GB/T 1032 规定进行。

4.12 转动惯量试验

转动惯量试验按 GB/T 1032 规定进行。

4.13 外壳防护等级试验

外壳防护等级试验按 GB/T 4942.1 规定进行。

4.14 40℃交变湿热试验

40℃交变湿热试验按 GB/T 12665 规定进行。

4.15 盐雾试验

盐雾试验按 GB/T 12665 规定进行。

4.16 霉菌试验

霉菌试验按 GB/T 12665 规定进行。

ICS 27.180
F 11

中华人民共和国国家标准

GB/T 19072—2010
代替 GB/T 19072—2003

风力发电机组　塔架

Tower of wind turbine generator system

2010-11-10 发布　　2011-03-01 实施

中华人民共和国国家质量监督检验检疫总局
中国国家标准化管理委员会　发布

前　言

本标准代替GB/T 19072—2003《风力发电机组　塔架》。

本标准与GB/T 19072—2003相比主要技术变化如下：

——扩大了标准的适用范围；

——补充了设计原则、设计条件和设计要求；

——对塔架主要材料的要求作出了具体规定；

——增加了塔架制造的内容；

——修改了检测项目的内容；

——增加了附件制作与安装的内容；

——补充了竣工资料及随机文件的要求；

——补充了标志、包装、储存及运输的要求。

本标准由中国机械工业联合会提出。

本标准由全国风力机械标准化技术委员会归口。

本标准起草单位：浙江运达风力发电工程有限公司、上海泰胜风能装备股份有限公司、华电电力科学研究院。

本标准主要起草人：叶杭冶、黄京明、应光伟、陈棋、张福林、范炜、王峰、孙长坤、斯建龙、刘全鑫、王青。

本标准所代替标准的历次版本发布情况为：

——GB/T 19072—2003。

风力发电机组　塔架

1　范围

本标准规定了风力发电机组塔架的设计原则、设计条件、设计要求、材料要求、塔架制造、焊缝无损检测、表面防腐处理、附件制作与安装、竣工资料及随机文件、标志、包装、储存及运输等要求。

本标准适用于风轮扫掠面积等于或大于200 m^2 的水平轴风力发电机组钢制管状塔架(以下简称塔架)的设计、制造和验收,其他种类的风力发电机组塔架可参照执行。

2　规范性引用文件

下列文件中的条款通过本标准的引用而成为本标准的条款。凡是注日期的引用文件,其随后所有的修改单(不包括勘误的内容)或修订版均不适用于本标准,然而,鼓励根据本标准达成协议的各方研究是否可使用这些文件的最新版本。凡是不注日期的引用文件,其最新版本适用于本标准。

GB/T 470　锌锭(GB/T 470—2008,ISO 752:2004,MOD)

GB/T 700　碳素结构钢(GB/T 700—2006,ISO 630:1995,NEQ)

GB/T 709　热扎钢板和钢带的尺寸、外型、重量及允许偏差(GB/T 709—2006,ISO 7452:2002,ISO 16160:2000,NEQ)

GB/T 985.1　气焊、焊条电弧焊、气体保护焊和高能束焊的推荐坡口(GB/T 985.1—2008,ISO 9692-1:2003,MOD)

GB/T 985.2　埋弧焊的推荐坡口(GB/T 985.2—2008,ISO 9692-2:1998,MOD)

GB/T 1228　钢结构用高强度大六角头螺栓(GB/T 1228—2006,ISO 7412:1984,NEQ)

GB/T 1229　钢结构用高强度大六角螺母(GB/T 1229—2006,ISO 4775:1984,NEQ)

GB/T 1230　钢结构用高强度垫圈(GB/T 1230—2006,ISO 7416:1984,NEQ)

GB/T 1231　钢结构用高强度大六角头螺栓、大六角螺母、垫圈技术条件

GB/T 1591　低合金高强度结构钢

GB/T 1720　漆膜附着力测定法

GB/T 2970　厚钢板超声波检测方法

GB/T 3098.1　紧固件机械性能　螺栓、螺钉和螺柱(GB/T 3098.1—2000,ISO 898-1:1999,IDT)

GB/T 3098.2　紧固件机械性能　螺母　粗牙螺纹(GB/T 3098.2—2000,ISO 898-2:1992,IDT)

GB/T 3274　碳素结构钢和低合金结构钢　热轧厚钢板和钢带(GB/T 3274—2007,ISO 13976:2005,ISO 630:1995,NEQ)

GB/T 5117　碳钢焊条

GB/T 5118　低合金钢焊条

GB/T 5293　埋弧焊用碳钢焊丝和焊剂

GB/T 5313　厚度方向性能钢板(GB/T 5313—1985,eqv ISO 7778:1983)

GB/T 5782　六角头螺栓(GB/T 5782—2000,ISO 4014:1999,EQV)

GB/T 8110　气体保护电弧焊用碳钢、低合金钢焊丝

GB/T 8923　涂装前钢材表面锈蚀等级和除锈等级(GB/T 8923—1988,eqv ISO 8501-1:1988)

GB/T 9286　色漆和清漆　漆膜的划格试验(GB/T 9286—1998,eqv ISO 2409:1992)

GB/T 9445　无损检测　人员资格鉴定与认证(GB/T 9445—2008,ISO 9712:2005,IDT)

GB/T 12470　埋弧焊用低合金钢焊丝和焊剂

GB/T 13306　标牌

GB/T 14977　热轧钢板表面质量的一般要求

GB 18451.1—2001　风力发电机组　安全要求（IEC 61400-1:1999,IDT）

GB/T 19804　焊接结构的一般尺寸公差和形位公差（GB/T 19804—2005,ISO 13920:1996,IDT）

JB 4708　钢制压力容器焊接工艺评定

JB/T 4709　钢制压力容器焊接规程

JB/T 4730.3　承压设备无损检测　第3部分　超声检测

JB/T 4730.4　承压设备无损检测　第4部分　磁粉检测

JB/T 4730.5　承压设备无损检测　第5部分　渗透检测

JB/T 10045.3　热切割　气割质量和尺寸偏差

ISO 12944-5　色漆和清漆-防护漆体系对钢结构的防腐蚀保护　第5部分：防护漆体系

3　设计原则

3.1　塔架应在全部设计载荷情况下，稳定、安全地支撑风轮和机舱（包括发电机和传动系统等部件）。

3.2　塔架应具有足够的强度，承受作用在风轮、机舱和塔架上的静载荷和动载荷，满足风力发电机组的设计寿命。

3.3　应通过计算分析或试验确定塔架（在整机状态下）的固有频率和阻尼特性，并进行共振计算分析，使其固有频率避开风轮旋转频率及叶片通过频率。

3.4　应根据安全等级确定载荷局部安全系数和材料局部安全系数及按构件失效后果选取重要性局部安全系数。

3.5　通过塔架设计、材料选择和防护措施减少外部条件对塔架安全性和完整性的影响。

3.6　塔架设计应考虑防雷接地要求。

4　设计条件

4.1　应给出下列设计条件：

a)　设计载荷；

b)　使用寿命；

c)　环境条件；

d)　工作温度。

4.2　应给出塔架的下列数据：

4.2.1　塔架分段：

分段应考虑以下因素：

a)　运输限制；

b)　生产条件和批量。

4.2.2　塔架顶部直径、顶部法兰上的螺栓孔分布和尺寸。

4.2.3　塔架底部直径的确定需考虑塔架的强度和经济性，以及运输等条件。

4.2.4　门框的尺寸要求：在满足安装作业、维修人员通过及维护物件搬运要求下，尺寸宜小。门孔处应具有足够的强度，强度不足处应采用不低于筒体材质性能的材料加强。

5　设计要求

5.1　塔架计算分析

5.1.1　总则

本标准规定的计算及其方法是验收塔架结构的最低依据，所有计算应以设计条件为基础。

5.1.2 塔架的强度分析

5.1.2.1 塔架的静强度分析

塔架静强度分析应符合 GB 18451.1—2001 中 7.6.2 的规定。

5.1.2.2 塔架的固有特性分析

塔架的固有特性分析应考虑：

a) 弯曲固有频率 $f_{0,n}$ 和激振频率 f_R、$f_{R,m}$ 之间应有适当的间隔，可根据下述公式计算：

$$\frac{f_R}{f_{0,1}} \leqslant 0.95 \qquad \cdots\cdots(1)$$

$$\frac{f_{R,m}}{f_{0,n}} \leqslant 0.95 \text{ 或 } \frac{f_{R,m}}{f_{0,n}} \geqslant 1.05 \qquad \cdots\cdots(2)$$

式中：

f_R——正常运行范围内风轮的最大旋转频率；

$f_{0,1}$——塔架(在整机状态下)的第一阶固有频率；

$f_{R,m}$——m 个风轮叶片的通过频率；

$f_{0,n}$——塔架(在整机状态下)的第 n 阶固有频率。

b) 计算固有频率时，应考虑基础的影响；

c) 在计算固有频率时为了考虑不确定性因素的影响，频率应有±5%的浮动；

d) 设计时还应考虑各种风况引起的不同方向的振动。塔架可能存在共振情况时，允许通过调整控制策略等方法来避开共振点。

5.1.2.3 塔架的疲劳分析

塔架的疲劳分析可按 GB 18451.1—2001 中 7.6.3 的规定。塔架焊缝疲劳分析包括以下方面：

a) 塔架环焊缝的疲劳分析；

b) 塔架门框与筒体连接位置上焊缝的疲劳分析。

5.1.3 塔架的涡激振动分析

应考虑塔架安装或维修时可能产生的涡激振动对塔架的影响，并进行计算分析。

5.2 法兰与螺栓强度分析

5.2.1 法兰极限强度分析

法兰的极限强度分析一般采用有限元分析或其他适用的计算方法。

对于法兰联接的计算可采用简化计算方法。当使用的计算方法没有考虑螺栓中的弯矩影响时，应用适当的疲劳等级来确定螺栓的疲劳安全。采用有限元方法而不考虑法兰间隙的计算，以及其它导致相似结果的计算方法都是不允许的。

5.2.2 法兰联接螺栓极限强度和疲劳强度分析

法兰联接螺栓应进行极限强度和疲劳强度分析。

所有钢结构高强度大六角头螺栓、大六角螺母、垫圈的技术条件应符合 GB/T 1228、GB/T 1229、GB/T 1230、GB/T 1231 的规定。大于 M30 的螺栓可参照相关标准。

5.3 塔架门框开口强度分析

5.3.1 筒体门框开口区域的屈曲安全可采用有限元分析来验证。

5.3.2 对于采用纵向加强筋的开口区域(见图 1a))，可按有关规范或标准，进行简化的屈曲分析。

5.3.3 对于采用环形加强筋的开口区域(见图 1b)1、b)2)，以及未开口的筒体可用简化的方法进行屈曲分析。

5.3.4 筒体门框开口区域还应进行极限强度、疲劳分析，在进行极限强度分析时，应考虑应力集中。

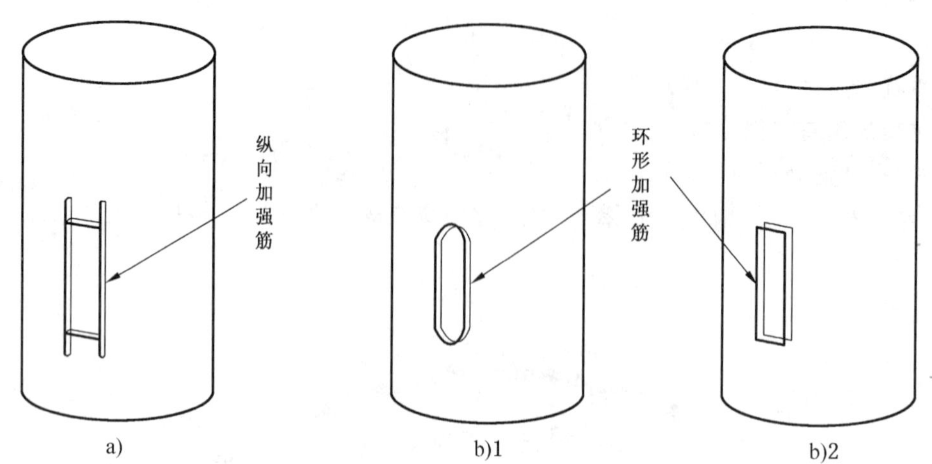

图 1 a)采用纵向加强筋的开口;b1、b2 采用环形加强筋的开口

5.4 塔架内部附件

塔架内部附件的设计和安装应满足操作人员能安全地进行安装、维护和进入机舱的要求。塔架内应设有:

a) 必要的防坠落装置等安全保护设施;

b) 导电轨及电缆固定设施;

c) 梯、栏;

d) 安全平台;

e) 照明及电气设备安装附件;

f) 门;

g) 必要时应设有助爬器、提升机、电梯等。

附件尽量设计成多功能,减少附件安装支耳与筒体的焊接。

6 材料要求

6.1 钢材要求

6.1.1 塔架主体(包括筒体、法兰、门框)用钢应考虑塔架的强度、使用环境温度、材料的焊接及制造工艺以及经济性,可根据 GB/T 700 和 GB/T 1591 选择使用。非塔架主体用钢与塔架主体焊接时,应与塔架主体材料相容。

6.1.2 塔架用钢板的尺寸、外形及允许的偏差应符合 GB/T 709 规定,钢板表面质量应符合 GB/T 14977 要求。如钢板厚度方向有性能要求,应符合 GB/T 5313 规定。如钢板有超声波要求,应符合 GB/T 2970 规定。

6.1.3 塔架材料的订货内容、技术要求、试验方法、检验规则、包装、标志、质量证明书等,应符合 GB/T 3274 规定。

6.1.4 塔架制造单位应按质量证明书检验项目进行验收,如质量证明书所列项目不齐全或数据有疑问,则应对该炉批号钢材进行取样复验。

6.1.5 塔架制造所用钢材的各项性能指标应符合设计文件要求。若需采用替代材料,应由制造单位提出申请,并通过取样检验,表明所采用的替代材料满足设计要求,经设计单位确认后方可执行。

6.1.6 拼焊法兰毛坯不宜超过六片拼接,且螺栓孔不能在焊缝上。环锻法兰按照相关国家标准执行。法兰使用的钢材质量等级应等于或高于塔架筒体使用钢材的质量等级。

6.2 焊材要求

用于塔架制造的焊接材料(焊条、焊丝、焊剂)应与母材匹配,并符合 GB/T 5117、GB/T 5118、GB/T 5293、GB/T 8110、GB/T 12470 等相关标准和设计要求。

6.3 紧固件要求

用于塔架连接的紧固件用钢及性能等级由设计单位根据 GB/T 5782、GB/T 3098.1、GB/T 3098.2、GB/T 1228、GB/T 1231 等标准进行选用,并在设计文件中明确其性能要求。考虑到塔架的使用工况,塔架附件用螺母宜采用自锁螺母。

7 塔架制造

7.1 工艺文件

塔架制作前,应根据设计图样和技术规范编制塔架制作、焊接、防腐及检测工艺文件。

7.2 下料

7.2.1 钢板应按塔架制作工艺文件中所规定的尺寸采用数控切割机下料,并按焊接工艺文件切割焊接坡口。

7.2.2 钢板切割表面不得有裂纹、分层、夹杂等缺陷,应不影响焊接及产品外观质量。

7.2.3 筒节下料的尺寸偏差应符合下列要求:

a) 大小口弦长偏差≤±2 mm;

b) 对角线长度偏差≤±3 mm。

7.2.4 塔架主体钢板下料后应有材料的可追溯标识。需采用无应力钢印标识,深度≤1 mm。

7.2.5 门框下料尺寸公差≤±3 mm,成型后切割边不得有任何微裂纹,切割边缘圆滑过渡。

7.3 成型

7.3.1 筒节卷制

7.3.1.1 筒节卷制应严格控制圆度、对口的错边量、局部凹凸度。

7.3.1.2 筒节任意截面圆度公差要求为$(D_{max}-D_{min})/D_{nom}\leqslant 0.005$,如图 2 所示。

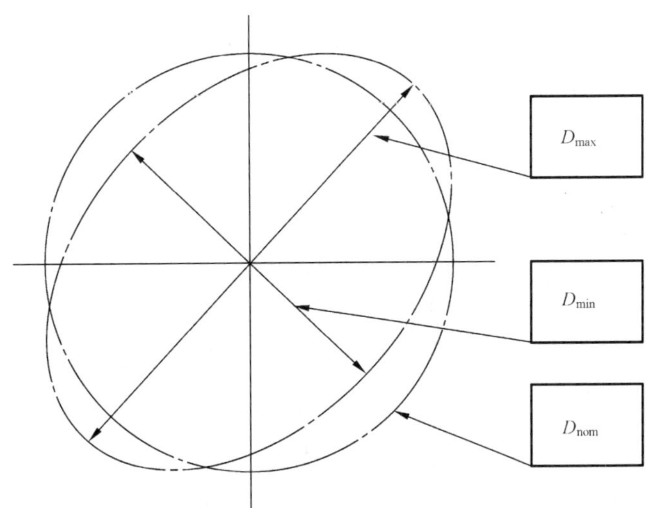

D_{max}——测量出的最大内径;

D_{min}——测量出的最小内经;

D_{nom}——公称内径。

图 2 任意截面圆度示意图

7.3.1.3 纵缝对口错边量(见图3)$h \leqslant 0.1t$,且最大不超过3 mm,t为钢板厚度(mm)。

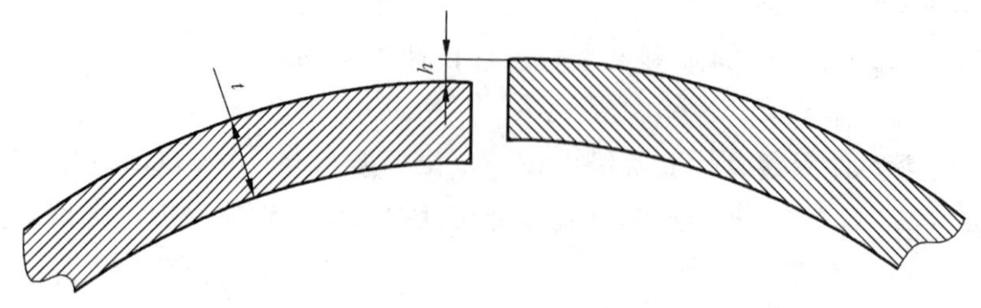

图3 纵缝对口错边量示意图

7.3.1.4 筒节纵缝棱角和环向表面局部凹凸度要求如下:

钢板厚度$t \leqslant 30$ mm时,用弦长$L = 1/6D_{nom}$,且$\geqslant 400$ mm的内或外样板检查(见图4a)、b)),其凹凸度E值应$\leqslant (0.1t+1)$mm。

钢板厚度$t > 30$ mm时,用弦长$L = 1/6D_{nom}$,且$\geqslant 600$ mm的内或外样板检查(见图4a)、b)),其凹凸度E值应$\leqslant (0.1t+1)$mm。

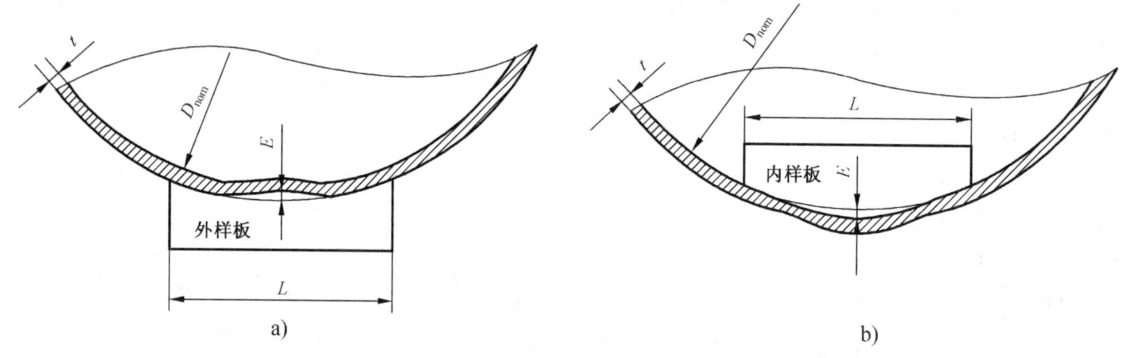

图4 纵缝棱角及环向局部凹凸度测量示意图

7.3.2 组对

7.3.2.1 筒节与筒节对接一般采用外壁对齐。不同厚度筒节对接时,当板厚差$\Delta t \geqslant 4$ mm时,应对较厚的板作削薄处理,推荐使用$\Delta t/h \leqslant 1/4$,见图5。

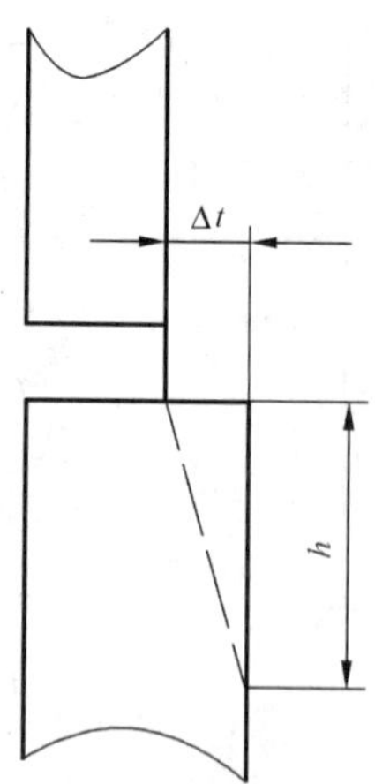

图5 板厚差较大时厚板削薄处理示意图

7.3.2.2 环缝对口错边量(见图6)h应$\leqslant 0.1t$,且最大不超过2 mm,在测量对口错边量h时,不应计入两板厚度差值,t为钢板厚度(mm)。

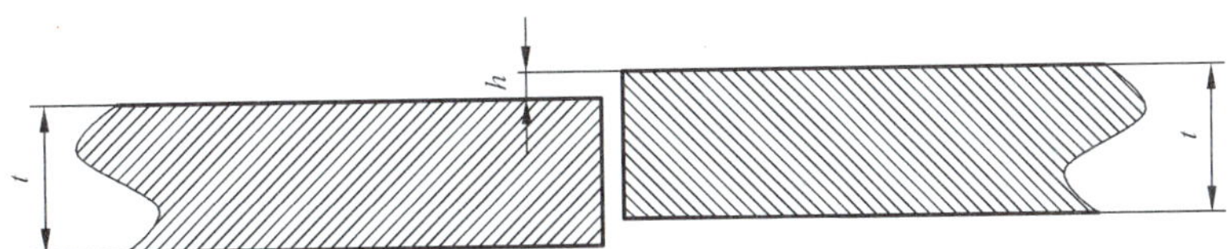

图 6 环缝对口错边量示意图

7.3.2.3 环缝棱角和纵向表面局部凹凸度要求如下(见图 7)：

用 L=600 mm 长的直尺检查环缝两侧的棱角或筒体表面局部凹凸度，其凹凸度 E 值应≤(0.1t+1)mm。

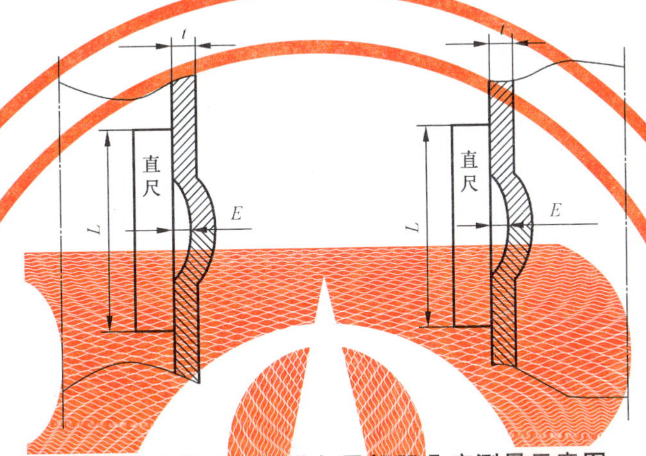

图 7 环缝棱角及纵向局部凹凸度测量示意图

7.3.2.4 塔架的圆度、棱角及局部凹凸度公差应保证不影响安装平台板。

7.3.2.5 塔段直线度，高度公差可参考 GB/T 19804 执行，相应等级应由设计单位决定，在没有要求时，执行下列条款要求。

7.3.2.6 塔段直线度 L 按下列要求：

a) 塔段高度 H≤20 000 mm 时，L≤H/1 000 mm；

b) 塔段高度 H>20 000 mm 时，L≤(0.5H/1 000+10)mm。

7.3.2.7 塔段两端面平行度允许偏差为 5.0 mm。

7.3.2.8 塔段垂直度 V≤H/1 000 mm(见图 8)。

V——垂直度：以塔段一端法兰面为基准面，两法兰中心连线在垂直于基准面的圆柱面内区域变动，这个圆柱的直径就是公差值，即垂直度。

H——塔段高度。

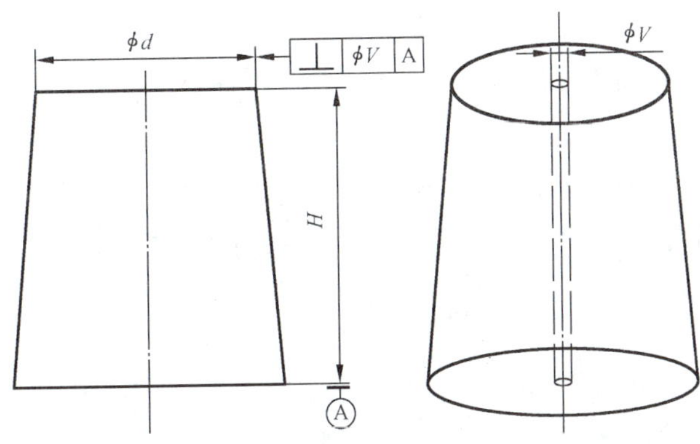

图 8 塔段垂直度示意图

7.3.2.9　塔段高度偏差 $\Delta H \leqslant \pm 20$ mm。

7.3.2.10　法兰焊接后的螺栓孔位置中心圆的直径偏差(见测量示意图9):

在法兰表面上,与垂直成45度的方位上测量两次,并记录。圆度检测时应考虑产品重量对圆度的影响。所测结果应符合设计要求。

7.3.2.11　法兰焊接完成后,应进行平面度和法兰面内倾量的检测,检测结果应符合设计文件的相关规定。内倾量是指法兰内圈相对于法兰外圈的高度差(见图10)。

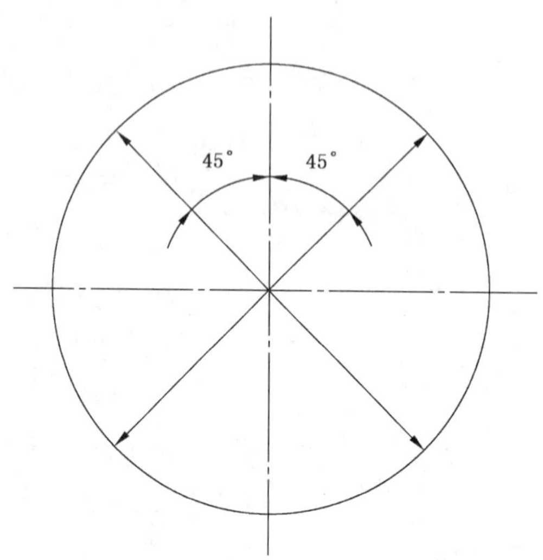

图9　法兰焊后螺栓孔位置中心圆直径偏差测量示意图

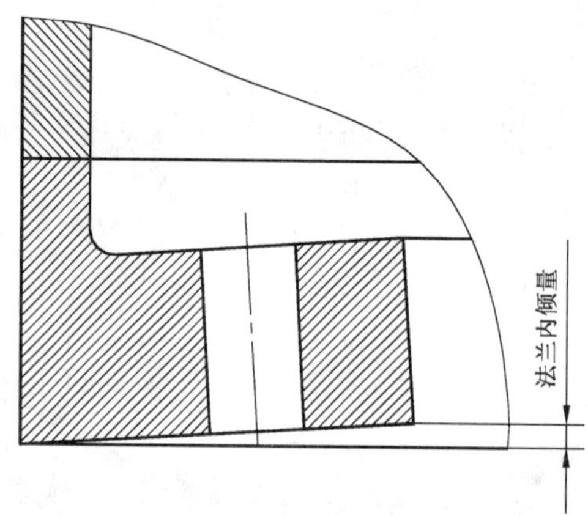

图10　法兰内倾量示意图

7.4　焊接

7.4.1　焊接材料

焊接材料包括焊条、焊丝、焊剂、气体、电极和衬垫等,应具有符合要求的质量证明书。

7.4.2　焊接人员资格

焊工应经过专门的理论和操作技能培训,取得国家授权的相关部门颁发的资格证书,并且焊工焊接的钢材种类、焊接方法和焊接位置等均应与焊工本人考试合格的项目相符。

7.4.3　焊接工艺

7.4.3.1　焊接工艺文件

焊接工艺规程的编制应根据设计图样和有关技术规范要求,并遵循JB 4708及JB/T 4709的规定。

焊接工艺规程文件应包括焊缝布置图、相关焊缝的焊接工艺规程、焊缝返修和表面补焊工艺及相关检验要求等内容。

7.4.3.2 **焊接工艺规程的评定**

筒体的焊缝以及与筒体相焊的焊缝(包括门框)的焊接工艺应有相应的焊接工艺评定的支持。焊接工艺评定应按 JB 4708 的规定进行，并编制焊接工艺评定报告，焊接工艺评定报告应包含所使用的材料质量证明书。

返修焊缝和全焊透的角焊缝的焊接工艺应单独评定。

7.4.4 **焊前准备**

7.4.4.1 焊接坡口应根据 GB/T 985.1、GB/T 985.2 要求设计并经工艺评定确定选择坡口形式和尺寸。

7.4.4.2 焊接坡口加工方法：机械方法、火焰切割、等离子切割等加工方法。火焰切割或等离子切割表面质量按 JB/T 10045.3 中的Ⅱ级要求，切割加工的坡口应去除坡口表面的氧化皮、熔渣及影响焊接质量的表面层。

7.4.4.3 坡口及其内外侧表面≥20 mm 范围内的油、漆、垢、锈、毛刺及镀锌层等应清除干净，且不得有裂纹、夹层等缺陷。

7.4.4.4 焊接环境温度低于 5 ℃时应在施焊处 100 mm 范围内进行预热。

7.4.4.5 不同厚度的钢板，焊前预热温度由制造厂家在焊接工艺评定中确定。

7.4.4.6 焊接作业一般应在室内进行，特殊情况需露天作业，应满足图样和技术规范要求。出现下列情况之一且无有效措施时，不得施焊：

a) 风速：气体保护焊时>2 m/s，焊条电弧焊时>5 m/s；
b) 相对湿度>90%；
c) 雨雪环境。

7.4.5 **焊接修复**

7.4.5.1 **表面修复**

焊缝及母材表面的所有超标缺陷，应按工艺要求修复。

7.4.5.2 **焊缝返修**

对需要进行返修的焊缝，应当分析内部缺陷产生的原因，提出改进措施，按评定合格的焊接返修工艺进行返修。

8 焊缝无损检测

8.1 无损检测在焊接变形矫正和所要求的热处理完成后进行。

8.2 塔架的无损检测主要包括以下几种方法：

a) 目视检测(VT)；
b) 超声波检测(UT)；
c) 磁粉检测(MT)；
d) 渗透检测(PT)；
e) 射线检测(RT)。

8.3 无损检测人员应按 GB/T 9445 或国家法律法规进行资格鉴定与认证。

8.4 Ⅱ级资质以上的无损检测(VT、UT、MT、PT、RT)人员方有资格进行独立操作，判定检测结果合格与否，并出具报告。Ⅰ级资质人员应在Ⅱ级资质人员的监督下操作。

8.5 无损检测设备应按相关标准进行定期校验和检测，检测记录应保存。

8.6 无损检测前，应根据设计技术规范编制相关的无损检测工艺，该工艺由Ⅱ级或Ⅱ级以上资质人员编写、审核。

8.7 如需采用两种以上检测方法，先进行 100%VT，再进行 MT(或 PT)，后 UT 或 RT。

8.7.1 **目视检测(VT)**

应对焊缝的外观质量、焊接材料、焊接工艺规程的执行、焊接设备的完好状况、焊工的资格及相关记录进行检查。

要求检测的表面清洁,无油污、油脂、砂土、划伤或其它影响检测结果的情况。

8.7.2 **磁粉检测(MT)或渗透检测(PT)**

按JB/T 4730.4或JB/T 4730.5规定进行MT或PT的焊缝及区域,合格级别为Ⅰ级。

8.7.3 **超声波检测(UT)**

塔架主体对接焊缝按JB/T 4730.3进行100%超声波检测,各部位焊缝的合格级别分别如下:

a) 合格级别为Ⅰ级的焊缝:
  1) 筒节与筒节焊接的环缝;
  2) 门框与筒体焊接的焊缝;
  3) 筒节与法兰焊接的环缝(包括基础段筒节与上法兰的环缝);
  4) 筒节的纵缝;
  5) 法兰的拼接焊缝(不包括基础段底法兰拼接焊缝);
  6) 钢板卷制的门框对接焊缝。

b) 合格级别为Ⅱ级的焊缝:

  基础段筒节与基础段底环法兰焊接的T形焊缝。

c) 合格级别为Ⅲ级的焊缝:

  基础段底法兰的拼接焊缝。

8.7.4 **射线检测(RT)**

塔架产品的射线检测适用于设计有要求和对UT有疑问时作抽查。

8.7.5 **重复检测**

经VT、MT、PT、UT、RT检测发现有超标缺陷的,应在缺陷清除干净后,进行必要的修磨或补焊,并对该部位采用原检测方法重新检测,直至合格。

对于设计要求为部分抽检的焊缝,若发现超标缺陷时,应按设计要求增加检测数量。

9 表面防腐处理

9.1 防腐总体要求

塔架各部件(位)防腐方式按照设计要求执行。

9.2 涂装前筒体处理

9.2.1 筒体除锈前应清除钢板表面的油污、油脂及各种残留物等。

9.2.2 筒体喷涂前宜采用喷砂或喷钢丸除锈,喷砂或喷丸后工件表面应干燥、无灰尘、无油污、无氧化皮、无锈迹,筒体表面粗糙度应达到Rz40 μm~Rz100 μm,除锈等级达到GB/T 8923中的Sa2.5级规定,热喷锌区域要求达到Sa3级规定。

9.2.3 除涂层修补外,钢结构涂装应在室内完成。

9.2.4 喷砂或喷丸除锈后应尽快进行涂装施工,在符合技术规范条件下,涂装间隔时间按涂料施工技术要求执行。

9.3 涂装施工

9.3.1 塔段表面的整体或局部热喷涂锌要求按GB/T 9793的规定,锌层厚度应在50 μm~100 μm。热喷锌时相对湿度不得超过80%,钢板温度应高于露点温度3 ℃以上。

9.3.2 涂装施工应符合ISO 12944-5的规定。

9.3.3 涂层干膜厚度:底漆、中间漆及面漆的种类和相应厚度应按设计要求执行,干膜总厚度应符合9.5.3.3的要求。涂层表面均匀,色泽一致,不允许有针孔、鼓泡、挂流、裂纹、掉块及其它影响涂层质量的缺陷存在。

9.3.4 喷涂过程中，每一层涂层厚度都应进行检查并记录。

9.4 热镀锌

9.4.1 可拆卸的塔架钢制附件一般用热镀锌防腐。熔融锌中的杂质总含量(铁、锡除外)不应超过总质量的1.5%，所指杂质按GB/T 470的规定。

9.4.2 热镀锌应根据设备制定酸洗、镀锌的温度、时间、钝化、清洗等工艺、工序。

9.4.3 镀锌层表面应连续、完整、光滑，不得有过酸洗、漏镀、结瘤、积锌、毛刺等缺陷。镀锌表面颜色一般呈灰色或暗灰色。

9.4.4 镀锌层厚度和镀锌层附着量应符合设计文件规定。

9.5 涂装过程检查

9.5.1 施工前检查

9.5.1.1 确认塔段表面已经全面清除干净。

9.5.1.2 确认所用涂料的牌号及色号正确无误，与涂漆工艺规范相符。

9.5.1.3 确认涂料的包装完好无损，产品合格证及生产日期符合要求。

9.5.1.4 确认施工环境的温度、相对湿度、空气露点温度等符合规定要求。

9.5.2 施工过程检查

9.5.2.1 每道涂层不允许存在漏涂、针孔、起泡、流挂、起皱等超标缺陷。

9.5.2.2 施工中及时进行湿膜厚度测量，以便控制干膜厚度。

9.5.3 完工检查

9.5.3.1 涂层外观应色泽均匀、平整、并有光泽，表面不允许有咬底、裂纹、剥落、针孔、流挂、起皱、起泡等缺陷。

9.5.3.2 干膜测厚区位置应随机选择，塔段内外表面至少每5 m^2为一个测区，每区不少于3个测量点。测厚区3点的平均值作为该区的涂层干膜厚度值，塔段所有测区的干膜厚的平均值作为该段塔架的干膜厚度值。

9.5.3.3 塔段表面涂层各层厚度值由设计单位按下列三个规则选用一个，作为检查的依据：

a) 80-20评定规则：所有测量点中80%测点的测量值不得低于规定的干膜厚度，其余20%测点的测量值不得低于规定干膜厚度的80%；

b) 90-10评定规则：所有测量点中90%测点的测量值不得低于规定的干膜厚度，其余10%测点的测量值不得低于规定干膜厚度的90%；

c) 最小干膜厚度原则：所有测点的测量值不得低于设计要求的规定值。

9.5.3.4 最大干膜厚度不得大于规定值的2.0倍。

9.5.3.5 必要时应制作涂层试板，涂层附着力按GB/T 9286或GB/T 1720进行检测。

10 附件制作与安装

10.1 制作

塔架所有钢制附件按施工图样下料、制作，尺寸公差≤±3 mm，切割边缘倒角R≥2 mm。棱角处应圆滑过度，祛除边角处的毛刺。

10.2 表面处理

要求喷涂的附件按设计要求与塔段同工艺喷涂。

要求热镀锌的附件按本标准9.4条规定进行，并符合设计文件的规定。

10.3 安装

10.3.1 塔内涂层应充分干燥后，方可进行附件安装。

10.3.2 安装过程中，应保持塔内表面的清洁，避免损伤漆面。

10.3.3 梯子及梯子支撑应安装牢固，上下成直线。

10.3.4 门板装配应保证与门框贴合紧密，开闭灵活，无卡阻现象，门板开启后应有锁定装置。

10.3.5 塔架平台板的支撑梁或相应支撑结构的上平面在装配时应粘贴厚度为 3 mm～5 mm 的橡胶板。

10.3.6 附件装配时螺栓连接件应按设计规定的力矩紧固。

11 竣工资料及随机文件

11.1 竣工资料内容

塔架竣工后应及时汇编各工序的检测报告，包括但不限于以下文件。

11.1.1 塔段的制作和焊接

主体钢材质量证明书；

材料追踪列表；

焊接日志；

法兰质量检测报告；

拼焊法兰的热处理报告(若存在时)；

无损检测报告；

塔段的几何尺寸检测报告；

减震装置的泄漏试验报告(若存在时)。

11.1.2 表面处理

表面处理方案；

表面处理记录；

表面处理返修记录。

11.1.3 最终检验和交付

附件安装检验报告；

第三方监理报告(若存在时)；

产品发货清单。

11.1.4 其他

制作过程中的设计变更文件(若存在时)。

11.2 竣工资料存档

制造厂对竣工资料应存档，保存期至少 5 年。

12 标志、包装、储存及运输

12.1 标志

12.1.1 标牌，生产厂家可按 GB/T 13306 制作标牌，标牌内容应包括制造单位名称、产品名称、出厂编号、出厂日期。

12.1.2 同一台塔架上、下段对接标识，塔体下法兰与基础环上法兰对接标志按有关图样要求标注。

12.2 包装

12.2.1 包装应根据塔架的结构尺寸、重量大小、运输方法(铁路、公路、水路)等特点进行，保证其安全可靠地运达目的地。

12.2.2 塔架应待涂层完全干燥并经检验合格后，方可进行包装。

12.3 储存

12.3.1 塔架露天存放时，法兰两端应安装专用支脚。

12.3.2 塔段存放时最低点离地面至少 100 mm；存放时间较长时，应采取防护措施，防止塔段变形。

12.4 运输

12.4.1 塔架的搬运和吊装不允许损伤防护层，吊装工具应采取可靠防护措施，避免与防腐层直接接触。

12.4.2 应选用合适的捆绑索具和支架，保证塔架在运输过程中捆绑牢固，以防止运输过程中摩擦损伤防腐层。塔段两端用防雨布封堵，防止污物等进入筒体。

12.4.3 为了防止塔段法兰在运输过程中变形，法兰应采取有效方式支撑固定。

ICS 27.180
F 11

中华人民共和国国家标准

GB/T 19073—2008
代替 GB/T 19073—2003

风力发电机组　齿轮箱

Gearbox of wind turbine generator system

2008-06-03 发布　　2009-01-01 实施

中华人民共和国国家质量监督检验检疫总局
中国国家标准化管理委员会　发布

前 言

本标准代替 GB/T 19073—2003《风力发电机组 齿轮箱》。

本标准与 GB/T 19073—2003 相比主要变化如下：

——以兆瓦级风力发电机组齿轮箱技术要求为基础，参照国际通行标准对各条款进行修改并增加了相应的内容；

——增加了附录 B、附录 C、附录 D、附录 E 以及参考文献。

本标准的附录 A 为规范性附录，附录 B～附录 E 为资料性附录。

本标准由中国机械工业联合会提出。

本标准由全国风力机械标准化技术委员会归口。

本标准起草单位：杭州前进齿轮箱集团有限公司。

本标准主要起草人：刘伟辉、宣安光、陈钟奇、郭安保、周卜生、沈先、童云燕。

本标准所代替标准的历次版本发布情况为：

——GB/T 19073—2003。

风力发电机组　齿轮箱

1　范围

本标准规定了风力发电机组主传动增速齿轮箱(以下简称齿轮箱)的技术要求、试验方法、检验规则及标志、包装、运输和贮存。

本标准适用于水平轴风力发电机组(风轮扫掠面积大于或等于 40 m^2)中使用平行轴或行星齿轮传动的齿轮箱,其他种类的风力发电机组齿轮箱可参照执行。

2　规范性引用文件

下列文件中的条款通过本标准的引用而成为本标准的条款。凡是注日期的引用文件,其随后所有的修改单(不包括勘误的内容)或修订版均不适用于本标准,然而,鼓励根据本标准达成协议的各方研究是否可使用这些文件的最新版本。凡是不注日期的引用文件,其最新版本适用于本标准。

GB/T 191　包装储运图示标志(GB/T 191—2008,ISO 780:1997,MOD)

GB/T 1184—1996　形状和位置公差　未注公差值(eqv ISO 2768-2:1989)

GB/T 3098.1—2000　紧固件机械性能　螺栓、螺钉和螺柱(idt ISO 898-1:1999)

GB/T 3478—1995(所有部分)　圆柱直齿渐开线花键

GB/T 3480—1997　渐开线圆柱齿轮承载能力计算方法(eqv ISO 6336-1～6336-3:1996)

GB/T 5371—2004　极限与配合　过盈配合的计算和选用

GB/T 6391—2003　滚动轴承　额定动载荷和额定寿命(ISO 281:1990,ISO 281:1990/AMD.1:2000,ISO 281:1990/AMD.2:2000,IDT)

GB/T 6404.1—2005　齿轮装置的验收规范　第1部分:空气传播噪声的试验规范(ISO 8579-1:2002,IDT)

GB/T 6404.2—2005　齿轮装置的验收规范　第2部分:验收试验中齿轮装置机械振动的测定(ISO 8579-2:1993,IDT)

GB/Z 6413.1—2003　圆柱齿轮、锥齿轮和准双曲面齿轮　胶合承载能力计算方法　第1部分:闪温法(ISO/TR 13989-1:2000,IDT)

GB/T 8539—2000　齿轮材料及热处理质量检验的一般规定(eqv ISO 6336-5:1996)

GB 9969.1　工业产品使用说明书　总则

GB/T 10095.1—2008　圆柱齿轮　精度制　第1部分:轮齿同侧齿面偏差的定义和允许值(ISO 1328-1:1995,IDT)

GB/T 10095.2—2008　圆柱齿轮　精度制　第2部分:径向综合偏差与径向跳动的定义和允许值(ISO 1328-2:1997,IDT)

GB/T 11345—1989　钢焊缝手工超声波探伤方法和探伤结果分级

GB/T 13306　标牌

GB/T 13384　机电产品包装通用技术条件

GB/T 13924—2008　渐开线圆柱齿轮精度　检验细则

GB/T 14039—2002　液压传动　油液　固体颗粒污染等级代号(ISO 4406:1999,MOD)

3　技术要求

3.1　齿轮箱应符合本标准的要求和订货合同(或技术协议)(参照附录E的相关内容)的规定

3.1.1　需方提供的最低限度技术条件

a)　风力发电机组运行环境:

——风况；
——环境要求；
——接口要求。

b) 载荷：
——风力发电机组载荷谱；
——风力发电机组动力轴系的布置形式和承载细节；
——作用在齿轮箱上的所有载荷；
——极限负载；
——风力发电机组处于启动、运转、瞬间运转、空转、制动等工况下的动态载荷。

c) 技术接口和监控要求：
——齿轮箱结构型式、安装位置、运行模式、润滑方法、传动系联接方式和接口情况；
——叶轮和发电机及轴系联接部件的相关技术规格、结构尺寸和配套要求；
——运行状况监控要求；
——验收程序和要求；
——认证要求；
——质量和其他要求。

3.1.2 通用技术要求

3.1.2.1 旋向

除有特殊要求外，宜选择顺时针方向，即面对低速轴输入端看，低速轴的旋向为右旋。

3.1.2.2 机械效率

在额定工况下，对于三级平行轴或一级行星＋两级平行轴齿轮传动的齿轮箱，机械效率应不小于97％。

3.1.2.3 环境温度

齿轮箱工作环境温度为－30℃～＋40℃，生存环境温度范围不超过－40℃～＋50℃。

3.1.2.4 工作温度

齿轮箱油池最高温度不得高于85℃。在连续运转时轴承外圈温度不得超过95℃。当轴承外圈温度连续1 h运转超过105℃达10 min，或油池温度在1 h连续运行中超过85℃达10 min，则应停机检查。

3.1.2.5 噪声

齿轮箱应运转平稳，不允许出现异常响声。

按照GB/T 6404.1的规定测定齿轮箱的噪声，额定功率1 MW以下的齿轮箱应不大于90 dB(A)，额定功率大于或等于1 MW的齿轮箱应不大于100 dB(A)。

3.1.2.6 机械振动

在齿轮箱工作转速范围内，传动轮系、轴系应不发生共振。

在试验台架上齿轮箱在额定功率下运转时，按照GB/T 6404.2的规定测定齿轮箱的机械振动，频率在0 Hz～200 Hz范围内，齿轮箱连接面(弹性支撑处)的最大振动速度不应超过1.5 mm/s；更高频率时不应超过0.8 mm/s。

3.2 主要零件的设计

3.2.1 齿轮箱的重要零部件，如齿轮、轴、键、花键、轴承、箱体以及紧固件，应能承受风力发电机组的极限负荷而不会产生永久变形，并且能满足预定寿命要求。供需双方应依据主机的实际需要进行协商，确定相关零件的几何尺寸和强度计算标准。

齿轮箱的设计应结构简单、易加工且便于使用和维护。

3.2.2 齿轮箱主要零件的强度评定按附录A。

3.2.3 齿轮箱应具有良好的密封性能，不应有渗、漏现象，并能避免水分、尘埃及其他杂质进入箱体内部。传动轴轴伸处宜使用非接触式的迷宫式密封。

3.2.4 齿轮箱清洁度用油池内润滑油的清洁度表示。齿轮箱清洁度水平应不低于 GB/T 14039—2002 规定的代号为 17/15/12 等级要求。

3.2.5 齿轮箱的全部外露表面应作防护处理，机械加工表面以外应涂防护漆，涂层应厚薄均匀，表面平整、光滑，颜色均匀一致。对油漆的防腐要求和颜色由供需双方在技术协议中规定。

3.2.6 齿轮箱上应设有观察窗口、内窥镜检查孔、油标和油位报警装置、油压表和油压报警装置、滤清器、透气塞、带磁性垫的放油螺塞(放油阀)以及起重用吊钩等。

3.3 主要零件的制造要求

3.3.1 箱体

3.3.1.1 箱体的毛坯应根据结构形式选用球墨铸铁或铸钢件，也可选用其他具有等效力学性能的材料制作。在寒冷地区使用的箱体应具有耐低温性能。

3.3.1.2 箱体应具有足够的刚性。在便于制造和装配的前提下宜采用一体式箱体。如果采用对开箱体，则应在结合面使用适量的密封胶，并使用足够的联接销钉和螺栓锁紧。轴承不得用于对开部分的定心。行星齿轮齿圈与箱体的联接应具有足够的安全裕度。可适当增加高刚性的销钉数量来承受极限负荷，但在强度计算时不应将其计算在内。在箱体上设置扭矩臂时，必须考虑其适应各种工况的刚性要求。供需双方可在技术协议中对某些特殊要求，如进行有限元分析等，加以补充规定。

3.3.1.3 箱体类零件均应进行消除应力处理。

3.3.1.4 箱体、箱盖相互联接部位及与轴承、内齿圈相配合各孔的加工要求：

a) 齿轮孔中心距极限偏差 f_a 应符合 GB/T 10095.1—2008 和 GB/T 10095.2—2008 的 5 级精度的规定。

b) 箱体、箱盖各轴承孔的同轴度、圆跳动、内齿圈孔和轴承孔挡肩的端面跳动公差值应符合 GB/T 1184—1996 的 5 级精度的规定。

3.3.1.5 在箱体上使用橡胶衬套或衬垫减振时，应明确规定弹性元件和安装的技术要求。

3.3.2 行星架

3.3.2.1 行星架宜采用 QT700-2A、42CrMoA、ZG34Cr2NiMo 等材料，也可使用其他具有等效力学性能的材料。

3.3.2.2 行星轮孔系与行星架回转轴线的位置度应符合 GB/T 1184—1996 的 5 级精度的规定。

3.3.2.3 行星架精加工后应进行静平衡，在每个平面内允许的残余不平衡量可按下式确定：

$$U=\frac{9.6QG}{Zn}$$

式中：

U——残余不平衡量，单位为千克毫米(kg·mm)；

Q——平衡度，$Q=6.3$；

G——应校平衡物体的质量，单位为千克(kg)；

Z——平衡平面数；

n——应校平衡物体的转速，单位为转每分(r/min)。

3.3.2.4 行星架如采用焊接结构，则应对其焊缝进行超声波探伤，并应符合 GB/T 11345—1989 规定的检验等级 B 级的要求。

3.3.3 齿轮、内齿圈、齿轮轴、轴

3.3.3.1 齿轮、齿轮轴、轴宜采用优质低碳合金钢制造，如 20CrMnMo、17CrNiMo6 等，其力学性能应分别符合相关标准的规定，也可采用其他具有等效力学性能的材料。

3.3.3.2 内齿圈宜采用与齿轮相同的材料或 42CrMoA、34Cr2Ni2MoA 等材料制造，经渗碳、渗氮或其他方式的热处理，其材料性能应符合相关标准的规定。也可采用其他具有等效力学性能的材料。

必须考虑齿圈的轮圈刚度以及螺栓通孔和螺纹孔对齿轮强度的影响。

行星齿轮轮毂厚度应不小于3倍模数。

3.3.3.3 零件上的过渡圆角处不允许存在粗糙的加工痕迹，必须采用抛光等超精工序予以处理。所有传递扭矩的零件都应进行无损探伤检查。

3.3.3.4 外齿轮精度不低于GB/T 10095.1—2008、GB/T 10095.2—2008规定的5级，并根据载荷情况作必要的齿形和齿向(螺旋线)修正。

内齿圈精度不低于GB/T 10095.1—2008、GB/T 10095.2—2008规定的6级(采用渗碳工艺时)或7级(采用氮化工艺时)。

轮齿表面粗糙度 Ra，外齿轮不大于0.8 μm，内齿轮不大于1.6 μm。

轮齿顶部和轮廓周边均应倒圆或倒角。

3.3.4 轴承

3.3.4.1 轴承选型与配置

齿轮箱轴承的选型与配置形式可参考附录C。

3.3.4.2 静态安全系数

轴承静态安全系数在最大运行载荷作用下应大于3，在极限载荷作用下应大于2。

3.3.4.3 基本额定寿命

齿轮箱设计时轴承初选须按照GB/T 6391—2003计算基本额定寿命 L_{h10}，表1给出基本额定寿命的最小值。

表1 轴承基本额定寿命最小值

轴承所处位置	L_{h10} 的最小值/h
高速轴	30 000
高速中间轴	40 000
低速中间轴	80 000
行星轮轴	100 000
低速轴	100 000

3.3.4.4 轴承接触应力

应用Miner疲劳损伤累积法则给出的轴承动态当量负荷所产生的轴承滚子接触应力应不大于表2所列数值。

表2 轴承接触应力

轴承位置	最大接触应力 p_{max}/MPa
高速轴	1 300
高速中间轴	1 650
低速中间轴	1 650
行星轮轴	1 450
低速轴	—

轴承应力计算方法详见附录D。

3.3.4.5 修正额定寿命

轴承的修正额定寿命应能满足175 000 h的要求。

3.4 装配技术要求

3.4.1 齿轮箱的零件经检验合格后方可装配。

3.4.2 装配时应严格按图样要求检查规定的轴向和径向间隙。

3.4.3 装配后行星轮与行星架，行星轮与内齿圈均应打上啮合位置标记。

3.4.4 按图样要求检查齿轮副的最小侧隙及接触斑点。

3.4.5 所有紧固螺栓强度等级应高于 GB/T 3098.1—2000 中 8.8 级水平，并按规定的预紧力拧紧。施加预紧力的方式可用扭力扳手，也可用液压式螺栓拉伸器按轴向力加载预紧。螺栓预紧力见表 3。

强度等级为 GB/T 3098.1—2000 中 12.9 及以上级别的紧固螺栓不得用于动态负载的联接。

表 3 螺栓预紧力

螺栓直径 d/mm	M10	M12	M16	M20	M24	M30	M36
用扭力扳手施加预紧力 M_A/(N·m)	35	61	149	290	500	1 004	1 749
用螺栓拉伸器施加预紧轴向力 F_v/kN	—	—	—	—	158.1	251.3	366.0
注：本表适用于螺栓强度级别为 8.8，当强度级别为 10.9 时，则应乘以系数 1.47；当强度级别为 12.9 时，则乘以系数 1.69。							

3.5 润滑

3.5.1 齿轮箱润滑油的选择

齿轮箱润滑油应具有合适的黏度以及含有适量的功能添加剂，其性能应满足齿轮箱各种工况的使用要求。润滑油黏度的选择应根据风力发电机组的运转工况确定而不能只考虑启动工况。润滑油类型(矿物油或合成油)应根据终端用户的冬季冷启动要求进行选择。油品供应商应提供相关的油品测试数据，如承载性能、抗微点蚀性能、轴承磨损性能等。齿轮箱润滑系统监控要求可参照附录 B；齿轮箱油品清洁度要求见 3.2.4。

3.5.2 齿轮箱润滑方式

齿轮箱采用飞溅润滑或强制润滑方式。采用飞溅润滑时，油池油位高度至少浸满低位齿轮的两倍全齿高。采用强制润滑时应配置必要的电动或机动泵站、配油器、滤油器等装置。润滑油供油装置可以设置在齿轮箱上，也可以利用风力发电机组配备的主油站供油。

3.5.3 齿轮箱润滑系统配置

齿轮箱润滑系统应设置高效油冷却器，并视工作环境的需要设置油加热器。在油池的合适部位设置油位计和油位监控装置。

3.5.4 齿轮箱润滑系统温度控制

在齿轮箱具有循环润滑系统的情况下，应在散热器后和进入齿轮箱前设置润滑油温度和压力监控装置。在油池和重要轴承的外圈处应设置温度传感器。温度控制要求按照 3.1.2.4 的要求执行。

3.5.5 齿轮箱润滑油的更换

应当根据齿轮箱使用维护说明书的要求定期更换润滑油及过滤器滤芯。

3.6 设计寿命

齿轮箱的设计寿命应不少于 20 年。

3.7 保用期

在按规定正确安装、维修保养和正常使用的情况下，保用期为 2 年。

4 试验方法和检验规则

4.1 台架试验

4.1.1 试验条件

检测用仪器、仪表、量具以及试验台位应按国家有关标准和规定进行校准、标定，并具有有效期内的鉴定证。

4.1.2 试验内容

齿轮箱试验内容按表 4 规定。

表 4 试验内容

序号	项目名称	试验项目		说明
		序号	试验内容	
Ⅰ	空载试验		在额定转速下，正、反向运转不少于 1 h。要求：	做出厂试验时，空载试验时间可减少为 30 min
		1	连接件、紧固件不松动	
		2	密封处、接合面处不漏油、不渗油	
		3	运转平稳，无冲击	
		4	润滑充分。检查轴承和油池温度。每 5 min 记录一次油压、油温	
Ⅱ	加载试验		空载试验合格后，在额定转速下逐级加载试验。按 25%、50%、75%的额定负荷各运转 30 min。按 100%额定负荷运转 120 min，110%超负荷运转 30 min，120%超负荷运转 5 min。要求：	做出厂试验时，加载形式和负载大小以及试验时间由供需双方商定，但满负荷运转不得少于 60 min
		5	在正常运转情况下，每隔 10 min 测定并记录一次转速、负荷(扭矩)、油温、油压及各轴承挡外壳温度	
		6	在额定转速和额定负荷下，测定齿轮箱的噪声、振动	
		7	齿轮、轴、轴承、箱体等主要零部件状况检查，齿面接触斑点检查	
Ⅲ	空载功率损耗测定	8	油温稳定在 45℃～65℃，在额定转速和空载工况下测定齿轮箱的功率损耗	
Ⅳ	齿面接触疲劳寿命试验	9	在额定负荷下高速轴小齿轮的应力循环数：5×10^{7}，检验项目与本表序号 5～7 相同	允许用工业应用试验代替疲劳寿命试验

4.2 检验类别

产品检验有出厂检验和型式检验两种形式。属于下列情况之一时应进行型式检验：

——新产品试制定型鉴定时；

——产品设计、工艺等方面有重大改变时；

——出厂检验的结果与上次型式检验有较大差异时；

——质量监督或认证机构要求进行型式检验时，等。

4.3 检验项目与方法

除另有规定外，齿轮箱的检验项目和检验方法应符合表 5 的规定。

4.4 出厂检验

应按表 5 规定的出厂检验项目对齿轮箱进行逐台检验。检验合格由质检部门签发产品合格证书后方可出厂。

4.5 型式检验

齿轮箱型式检验按表 5 规定的型式检验项目进行。如各检验项目均符合本标准规定的要求时，则判定该产品的型式检验合格；如有任一项的检验结果不符合本标准规定的要求，则判定该产品的型式检验为不合格。

表 5 检验项目和方法

序号	检验项目	型式检验	出厂检验	要求	检验方法
1	材质	△	△	3.3.1、3.3.2、3.3.3	GB/T 8539—2000 等有关标准
2	外观	△	△	3.2.5	目测
3	接触斑点	△	△	3.4.4	GB/T 13924
4	清洁度	△	—	3.2.4	GB/T 14039
5	空载试验	△	△	表 4	表 4
6	加载试验[a]	△	△	表 4	表 4
7	齿面接触疲劳寿命试验	△	—	表 4	表 4
8	噪声	△	△	3.1.2.5	GB/T 6404.1
9	机械振动	△	△	3.1.2.6	GB/T 6404.2
10	空载功率损耗(间接测定机械效率)	△	—	3.1.2.2	表 4
11	密封性	△	△	3.2.3	目测
12	拆检	△	—	检查零部件状况	人工或用仪器仪表

[a] 在供需双方协商的基础上,允许按照齿轮箱制造厂试验台条件作部分加载试验。

注:标有"△"者为必须进行的检验项目;标有"—"者为抽检或不作规定的项目。

5 齿轮箱在机组中的安装和使用

5.1 齿轮箱在机组中的安装要求

齿轮箱在机组上安装时,风力发电机组轴系要精确对中。

载荷和温度的变化会引起轴线的变化,因此,轴系对中必须多次进行,特别是在新机投入使用后的试运转期间内,要反复修正各处轴线的偏移量,将轴系引起的振动和附加负荷减至最低。

必须正确安装齿轮箱箱体扭力臂,装配接合处间隙不得过大,应保证齿轮箱箱体不会产生扭转变形,与之相连的联轴节不会产生共振。

5.2 机组启动前对齿轮箱的检查要求

在风力发电机组起动前,须对齿轮箱检查下列内容:

——油品及油位;

——管路联接;

——电路联接;

——支架螺栓及齿轮箱螺栓上的拧紧力矩;

——监控系统中相关的控制和报警装置;

——联轴器安装和对中;

——防护罩和盖板可靠安装;

——加热器、冷却器和风扇能正常运行。

在首次启动时,对齿轮箱按下列程序操作:

——预先注油,对齿轮和轴承进行润滑;

——如在较寒冷环境中启动,则须预热润滑油,在油液达到工作温度前不得施加载荷;

——在轻载情况下慢慢启动齿轮箱,检查其旋向是否正确并检查系统油压;

——油液循环后，停机检查油位，如有必要再加油；
——监控齿轮箱的振动和温度，如发现异常，立即关机并采取措施排除故障；
——未经过工厂跑合程序的齿轮箱，在试运转前应进行跑合，试运转的前 10 h 内以较轻载荷运行，使齿轮磨合，以减少胶合的风险；
——在现场进行跑合后，应对齿轮箱内的润滑油进行检查，并通过多次循环过滤，清除杂质，清洗滤芯，如有必要，更换润滑油和滤清器；
——检查联轴器对中情况并拧紧所有螺栓。

5.3 齿轮箱维护检查要求

应当根据使用维护说明书的要求定期清理滤清器和更换润滑油。

为了保证正常运行，必须对齿轮箱工况进行随机监控和定期检查。在试运转 72 h 内进行首检，试运行 1 000 h 后进行复检，运行 6 个月后进行第三次检查，之后按使用说明书规定的时间间隔进行例行检查。检查内容至少应包括油的黏度、清洁度、水含量、杂质含量以及氧化程度等。

应当保留检查的记录，内容包括工作温度、清洁度、噪声、振动等级、轴承及齿轮的工作情况、油液及齿轮箱整体情况等。

执行检查和维护的人员必须经过培训，并具备相应的资格。

6 标志、使用说明书

6.1 标志

产品铭牌和旋向箭头应分别标注在齿轮箱的显著部位，产品铭牌应符合 GB/T 13306 规定，其内容至少应包括：

a) 型号和规格；
b) 额定输入功率；
c) 额定输入转速；
d) 增速比；
e) 出厂编号；
f) 出厂日期；
g) 商标及检验认证标记；
h) 制造厂名称。

6.2 使用说明书

制造厂提供的产品说明书，编写应符合 GB 9969.1 的规定，其内容至少应包括：

a) 产品执行标准号和技术规格；
b) 齿轮箱概况及使用说明；
c) 吊运注意事项及专用工具使用说明；
d) 安装技术要求，必要时附有安装平面布置图和载荷分布图；
e) 对风力发电机组启动、停机、制动以及运行等工况的要求；
f) 维护保养说明。

7 包装、运输、贮存

7.1 包装

7.1.1 齿轮箱在出厂检验合格后按 GB/T 13384 的规定进行包装，并按 GB/T 191 的规定涂刷储运图示标志。

7.1.2 齿轮箱在包装箱内应可靠固定，并有采取防止旋转轴转动的措施。

7.1.3 产品应按如下规定进行防锈包装：

a） 全部外露的机械加工表面应涂防锈剂；

b） 齿轮箱内部应涂能用溶剂清除的防锈剂。

7.1.4 齿轮箱随机文件：

a） 产品使用说明书；

b） 产品合格证书；

c） 供货清单；

d） 装箱清单；

e） 备件及易损件清单；

f） 资料清单。

7.2 运输

齿轮箱在运输时应采取必要的防震、防撞、避免碰伤和有害气体侵蚀的措施。

7.3 贮存

齿轮箱应贮存在清洁、通风、防潮湿的地方，不允许在阳光下长期暴晒。

齿轮箱出厂后有效封存期为一年，如长期存放或停用，应及时检查保养并再次封存。

附　录　A
（规范性附录）
齿轮箱主要零件的强度评定指南

A.1　设计载荷

A.1.1　齿轮箱主要零部件应具有足够的强度，能承受风力发电机组各种工况下的动、静载荷。齿轮箱上的动负荷取决于输入端（风轮）、输出端（发电机）的特性和主、从动部件（轴和联轴器）的质量、刚度和阻尼值、风力发电机组机舱的布置形式、控制和制动方式以及外部工作条件。

A.1.2　载荷谱和极限载荷是齿轮箱的设计计算基础。载荷谱应当体现出齿轮箱在其设计使用寿命内的整个运行过程中所将承受的所有负荷，包括安装地的正常运行负荷和由极限风速或三维湍流工况引起的最高运行负荷，以及由于突然调距或叶梢展开或机械制动等原因引起的瞬时峰值负荷。其中后二类负荷虽然在整个运行周期中只占很少时段，却会对齿轮箱的疲劳寿命产生极大影响，因而必须包含在载荷谱内。

载荷谱可通过长时间的实测得到，或按相关标准推荐的方法通过计算确定（称为简化载荷谱）。但由于风力发电机组的载荷变化情况无法预知，也很难精确分析和模拟。因此，要在设计阶段得到能体现风力发电机组真实负载情况的载荷谱（称为真实载荷谱）是十分困难的。推荐按照风力发电机组设计要求，采用时序仿真方法对齿轮箱载荷进行疲劳工况设定和累积计算。如果借鉴现有载荷谱，则数据必须取自相同齿轮箱、相同布置形式和相同运行工况的风力发电机组。若从具有近似结构尺寸和布置形式的风力发电机组上按比例确定，就必须计及轴系布置和操作等差异对载荷谱的影响（称为典型载荷谱）。

A.1.3　作用在风力发电机组的载荷受安装地的环境和运行工况、布置方式、控制方式的影响极大。两台额定功率完全相同的风力发电机组可能由于安装地和机组的布置或控制方式不同而具有完全不同的载荷谱，并因此出现截然不同的运行结果。因此在确定未按真实载荷谱设计的齿轮箱规格时，需综合考虑安装地的风力发电机组设计等级、布置方式和控制方式等多种因素而不能单纯地用“使用系数”来确定。

A.1.4　按载荷谱（真实载荷谱、典型载荷谱、简化载荷谱）设计时，应采用 Miner 疲劳累积损伤准则确定当量扭矩 T_{eq}。

A.1.5　无载荷谱时，齿轮箱的设计负荷可用发电机额定功率除以齿轮箱机械效率与发电机效率之乘积得到的功率。

A.2　齿轮

A.2.1　静强度设计

A.2.1.1　齿轮轮齿的静强度分析应以作用于齿轮箱上的最大转矩为依据，并按 GB/T 3480 规定的方法进行。

A.2.1.2　轮齿齿根和齿面的最大静应力应不超过对应齿轮轮齿的断裂和表面形成压痕的强度极限值。以下是推荐的安全系数：

表面接触静强度安全系数 $S_H \geqslant 1.0$；

齿根断裂静强度安全系数 $S_F \geqslant 1.4$。

A.2.1.3　静强度计算时，系数 $K_A = 1$。

A.2.2　疲劳强度设计

齿轮轮齿的疲劳强度设计应建立在轮齿的应力分析和确定齿轮材料的疲劳特性（S-N）曲线基础上。前者根据载荷谱采用适当的应力分析方法进行，后者应通过试验获得。在没有获得特定材料和特定工艺条件下的试验数据时，则从有关手册查取。疲劳损伤破坏根据线性损伤累积理论，如Palmgreen-Miner 准则确定。

A.2.2.1 疲劳强度计算的方法或标准、使用寿命和可靠性要求、无载荷谱时的使用系数及要求的安全系数等均应在设计说明书或订货规格说明书中明确规定。无明确规定时，可按 GB/T 3480 规定的方法进行。并分别按 A.2.2.2、A.2.2.3 和 A.2.2.4 选取使用系数和安全系数。

A.2.2.2 使用系数(K_A)推荐值：

按真实载荷谱计算时，取 $K_A=1$；

按简化载荷谱计算三叶片机组时，取 $K_A=1.3$；

无载荷谱时，取 $K_A=1.2\sim1.4$。

A.2.2.3 安全系数(S_H、S_F)推荐值见表 A.1。

表 A.1 安全系数推荐值

安全系数	按真实载荷谱	按简化载荷谱
S_H	≥1.25	≥1.3
S_F	≥1.56	≥1.7

无载荷谱时，应由供需双方协商决定，推荐 $S_H\geq1.35$；$S_F\geq1.75$。

A.2.2.4 按 GB/T 3480 的一般方法计算时，动载系数 K_v 的计算值应不小于 1.05；载荷分布系数 $K_{H\beta}$ 的计算值应不小于 1.15。当应力循环次数达到或超过 10^{10} 时，取接触强度的寿命系数 $Z_{NT}=0.85$，弯曲强度的寿命系数 $Y_{NT}=0.85$。

A.2.3 齿面胶合承载能力计算

胶合与发生疲劳损伤所经历的时间较长不同，一次简单的瞬时过载就可能引起严重胶合而使齿面在极短时间内出现损伤。因此，齿轮箱生产厂需与主机厂协商决定采用何种方法或标准对齿轮副，特别是节线速度较高的齿轮副进行齿面胶合承载能力分析计算。本标准推荐采用 GB/Z 6413.1 进行分析计算。

A.2.4 技术要求

A.2.4.1 宽径比(b/d_1)

直齿和单斜齿的宽径比应小于 1.25，人字齿宽径比应小于 2.0。

A.2.4.2 齿轮变位

应采用适当变位以提高齿轮的使用性能，宜采用平衡滑差法进行齿轮变位。

A.2.4.3 设计齿形

为补偿加工误差和各种变形，应采用适当的渐开线齿形修正和螺旋线修正。要谨慎选择确定修正量的设计载荷，样机测试时应达到此设计负荷，以验证确定修正量的计算模型的正确性，并确定更为合适的修正量。

A.2.4.4 行星齿轮轮缘厚度

为保证轮齿强度，行星轮轮缘厚度(齿根圆至内孔)应不小于齿轮模数的 3 倍。

A.2.4.5 齿轮材料和热处理

所有齿轮应选用具有良好淬透性的合金钢锻件制造，经适当的硬化处理，达到 GB/T 8539—2000 中 MQ 等级材料所要求的表层和芯部特性及金相组织。

A.2.4.6 硬化层深度

齿轮的有效硬化层深度应根据设计负荷下的应力分布确定。既要避免因硬化层过深引起的脆性，也要避免因硬化层过浅发生表层的疲劳剥落。

A.2.4.7 齿轮精度

齿轮精度应不低于表 A.2 的值。

表 A.2 齿轮精度

齿 轮 类 型	热 处 理	GB/T 10095—2008 等级
外齿轮	渗碳	5
内齿轮	渗碳	6
内齿轮	渗氮	7(跳动及周累为 8)

A.2.4.8 齿轮加工

a) 应采用最小刀顶半径不小于 0.25 m_n 的磨(剃)前滚刀加工。

b) 不允许出现磨(剃)削台阶,经硬化的齿根不允许磨削。

c) 齿顶和齿端部应倒角(圆)。

d) 精加工后齿面不得进行抛丸处理。

A.2.4.9 齿面粗糙度

齿面粗糙度对齿面胶合和微点蚀有较大影响,为降低这些风险,宜采用表 A.3 中所推荐的齿面粗糙度,并在适当的功率等级下进行跑合。

表 A.3 齿面粗糙度

齿 轮	Ra(μm)
高速级齿轮	0.8
中速级齿轮	0.8
低速级齿轮	0.8
低速太阳轮、行星轮	0.4

A.3 滚动轴承

A.3.1 静强度计算

静态安全系数应按轴承内部载荷的实际分布计算。无条件时,也可取轴承的额定静载荷与当量静载荷之比,即 C_0/P_0。

任意轴承的静态安全系数在该轴承的最大工作负荷时应大于 3.0,在极限负荷时应大于 2.0。

A.3.2 额定寿命计算

A.3.2.1 基本额定寿命

轴承的基本额定寿命按式(A.1)计算。

$$L_{h10}=\frac{10^6}{60n}\left(\frac{C}{P}\right)^{\varepsilon} \qquad \text{(A.1)}$$

式中:

L_{h10}——失效概率为 10%的基本额定寿命,单位为小时(h);

n——转速,单位为转每分(r/min);

C——轴承的基本额定动载荷,单位为牛(N);

P——由设计载荷确定的轴承当量动载荷,单位为牛(N);

ε——寿命指数。对球轴承为 3.0,对滚子轴承为 10/3。

有载荷谱时,轴承的当量动载荷应为平均当量动载荷,并按式(A.2)计算:

$$P_m=\left(\frac{1}{N}\int_0^N P^{\varepsilon}\mathrm{d}N\right)^{\frac{1}{\varepsilon}} \qquad \text{(A.2)}$$

式中:

P_m——平均当量动载荷,单位为牛(N);

N——总循环次数。

无典型载荷谱时，轴承平均当量动载荷依据额定载荷的60% P_{60}叠加±30%的正弦交变分量进行计算：

$$P = 0.68P_{max} + 0.32P_{min} \quad \cdots\cdots\cdots\cdots(A.3)$$

式中：

$P_{max}=1.3P_{60}$；

$P_{min}=0.7P_{60}$。

A.3.2.2 接触应力

对于向心滚子轴承，可按附录D的方法估算出在平均当量动负荷作用下滚动体的最大接触应力p_{max}此应力不应大于表A.4所列的指导值。

表A.4 轴承平均当量动载荷作用下的滚动体最大接触应力指导值

轴 承 位 置	最大接触应力 p_{max}/MPa
高速轴	1 300
高速中间轴	1 650
低速中间轴	1 650
行星轮	1 450
低速轴	—

A.3.2.3 修正额定寿命

A.3.2.3.1 轴承的基本额定寿命主要考虑了载荷因素对轴承寿命的影响。实际上，轴承的工作寿命受其他因素的影响也很大。这些因素包括工作转速、工作温度、润滑油膜厚度和清洁度以及添加剂等。修正额定寿命就是综合考虑上述因素以及有不同可靠性要求而对基本额定寿命进行修正所得到的额定寿命。

修正额定寿命的计算可按轴承生产商推荐的修正方法进行。

A.3.2.3.2 变载荷下的修正额定寿命，应对各稳定条件下对应的时间段分别进行计算，并按式(A.4)计算出综合修正额定寿命。

$$L_{xsy} = \frac{\sum q_i}{\sum \frac{q_i}{L_{xyz,i}}} \quad \cdots\cdots\cdots\cdots(A.4)$$

式中：

L_{xyz}——综合修正额定寿命，单位为小时(h)；

q_i——第i载荷等级上的时间份额；

$L_{xyz,i}$——第i载荷等级上的修正额定寿命，单位为小时(h)。

为方便数据处理，可按Miner准则对载荷谱进行简化折算，但简化后的载荷等级数不得少于10。载荷谱折算时所用的寿命指数应当与修正额定寿命计算时所用的相同。

计算中所用的失效概率仍为10%。

当按式(A.4)计算出的综合修正额定寿命大于按GB/T 6391—2003计算出的综合基准额定寿命L_{10r}的10倍时，应取$10L_{10r}$(注意转换成小时)。

A.3.2.3.3 修正额定寿命应等于或大于用户要求的指标。一般情况应不小于175 000 h。

A.3.2.3.4 修正额定寿命计算中用到的轴承润滑油工作温度可按表A.5选取。表中油池温度为稳定状态下的油池工作温度。

A.3.2.3.5 修正额定寿命计算中需要考虑轴承的工作游隙。表A.6列出的稳定运行下具有代表性的温度差，可用于工作游隙的计算。

表 A.5 用于计算的轴承润滑油工作温度

轴承位置	飞溅润滑轴承的润滑油工作温度	强制润滑轴承的润滑油工作温度
高速轴	油池温度＋15℃	油池温度＋5℃
高速中间轴	油池温度＋10℃	
低速中间轴	油池温度＋5℃	
行星轮	油池温度＋5℃	
低速轴	油池温度	

表 A.6 用于工作游隙计算的温度差

轴承位置	内圈与外圈的温度差	
	≤500 kW	＞500 kW
高速轴	5℃～10℃	10℃～20℃
高速中间轴	3℃～8℃	5℃～15℃
低速中间轴	3℃～8℃	0℃～10℃
行星轮	－5℃～0℃	－5℃～0℃
低速轴	0℃～5℃	0℃～5℃

A.3.3 滚动轴承的最小工作载荷

选择轴承尺寸和类型时，必须考虑滚动元件与滚道之间在最小负载时的打滑危险。齿轮箱试运行时，如果转速很高而载荷很小，或者选用的轴承尺寸过大，都有可能发生这种打滑现象。如果润滑又不充分，就很容易导致轴承初始损伤。推荐向心轴承的最小负荷比值如下：

球轴承 $P/C=0.01$；

滚子轴承 $P/C=0.02$；

满滚子轴承 $P/C=0.04$。

A.4 轴

A.4.1 轴的材料

所有的轴都应由合金钢锻件制成并具有足够的表面硬度。轴的材料应具有良好可淬透性以获得满足使用要求的强度和韧性以及金相组织。

A.4.2 轴的强度

轴的设计和疲劳强度的评估应按供需双方指定的标准或方法进行，并选择最小安全系数。没有指定时可按相关设计手册或规范介绍的方法计算。强度分析时应考虑轴上的所有负载，包括所承受的结构负载。

A.5 过盈配合、键和花键

A.5.1 过盈配合

无键过盈联接的设计可按 GB/T 5371 进行。过盈配合计算必须同时考虑抗滑动安全系数不小于 4 和最大计算应力不超过材料屈服强度的 0.8 倍。对于带键的过盈联接可按无键过盈联接的设计方法进行，但在计算其传递能力时不将键的传扭作用考虑在内。当转速较高时须考虑离心力的影响。

A.5.2 键

所有键应用钢材制造。键的材料应具有良好的可淬透性以获得满足使用要求的强度和韧性以及金相组织。

应避免键槽越过轴径的变化处。键槽边缘应去毛刺,无刻痕、细沟等任何可能产生应力集中的因素。

键、轴和轮毂的平均挤压应力应不超过材料屈服强度的 0.7 倍,键的剪切应力应不超过材料屈服强度的 0.35 倍。

键与轴上的键槽应使用过盈配合。

A.5.3 花键

花键配合的设计可按 GB/T 3478—1995(所有部分)进行。

浮动花键的外齿和内齿均应作表面硬化处理,宜使用氮化工艺。浮动花键应有充分的润滑以防止摩擦腐蚀。宜采用强制润滑,尽可能使润滑油的流动将杂质冲洗干净,并通过返回油路流回油池。

A.6 箱体

箱体主要零件宜采用球墨铸铁或铸钢件制造。铸件应进行完全消除应力处理。

箱体应具有合理的结构和足够大的刚性,能够承受极限载荷而不会产生永久变形。

在寒冷地区使用的箱体应具有耐低温和较强的抗冲击、抗冷脆断裂的性能。

建议在样机或试制阶段对箱体作有限元分析,具体要求按照供需双方的技术协议执行,必要时按照计算结果更改设计。

附 录 B
（资料性附录）
润滑与监控

合理选用润滑油并进行监控和维护，对风力发电机组正常运转和延长使用寿命至关重要。对润滑油的选择，如选择润滑油类型、黏度以及考虑润滑方式、工况和系统维护等，由主机厂和齿轮箱生产厂、油品供应商共同商定，并应取得轴承生产商的认可。除了齿轮和轴承外，还有许多零部件如密封件、涂料、油泵、热交换器及滤清器等，会接触到齿轮箱润滑油，在选用齿轮箱润滑油时亦应考虑这些零部件的特殊要求。

B.1 润滑油类型

润滑油类型的选择取决于黏度、黏度指数、倾点、添加剂及系统润滑成本等多种因素。为了适应现场特殊工况、充分发挥风力发电机组的性能，要求齿轮箱所用的润滑油含有耐磨添加剂并具有合适的黏度。润滑油的基础油必须是高度精制的矿物油、全合成油或半合成混合油，在正常工作温度下除了要保持适当的黏度外，还应具有较强的抗微点蚀和极压性能，油品供应商应提供相关的，如 FZG 承载性能、抗微点蚀性能、FE8 轴承抗磨性能等测试数据。

B.2 润滑油黏度

黏度是润滑油最重要的物理性能。在低温环境下冷启动时，油液应具有适当的黏度以保证在各临界表面上具有足够的润滑油膜，从而减少金属与金属间摩擦磨损，不会产生过多的齿轮搅油损失或轴承内油液摩擦阻滞等附加损失。

在齿轮箱正常运转时，润滑油也应保持适当的黏度，以降低附加损失和避免空气混入后产生的发泡现象。润滑油的附加损失会使齿轮箱的运行温度升高，导致油的氧化，从而缩短润滑油的使用寿命。油液氧化所形成的油泥还会堵塞滤清器和油道并在临界表面上产生沉积。

通常齿轮箱润滑油黏度等级是根据风力发电机组的运行工况而非启动工况选择的。这就可能出现工作温度下适合的油液在冷启动时黏度过高的情况。这就要求润滑油生产商提供的润滑油具有较高的低温适应性能，如低倾点、高黏度指数以及低温动力黏度等。或者在齿轮箱油池内装入一个低功率密度的加热器或是在机舱中增设一个空间加热器，用于提高润滑油的温度来得到适当的启动黏度。

各个风场风力发电机组工作条件都不尽相同。作为采购方的主机厂应向齿轮箱生产厂和润滑油生产商说明风力发电机组的工作环境和工况要求。齿轮箱生产厂应当在齿轮箱使用维护说明书中说明润滑油在正常工作温度下的黏度范围。润滑油生产商则应提供所选润滑油在最低冷启动到最高工作温度范围内的技术参数等技术资料。

B.3 润滑方式

齿轮箱生产厂应与主机厂商定润滑用途和润滑方式，并根据系统要求指定油泵位置、管路类型、管接头、过滤器类型、滤芯更换间隔及流量要求等技术要求。

B.3.1 飞溅润滑

飞溅润滑是齿轮箱最简单的润滑方式。低速轴上的齿轮必须浸没在油池中至少两倍于轮齿高度，才能向齿轮和轴承提供充分的飞溅润滑油。在保证向所有轴承及齿轮提供充分润滑的前提下设计最低油位。齿轮箱箱体上应设置油池，沿箱壁流下的油液应尽可能收集并送至轴承润滑。

外置滤清系统可控制污染并防止微粒进入齿轮和轴承的临界表面。建议飞溅润滑系统使用外置滤清系统。外置滤清系统应使油液清洁度比轴承寿命计算时的设定值高一个等级。

要注意在风力发电机组切出或切入前如设置了停机制动，则飞溅润滑有可能防止不了齿轮和轴承间金属对金属的直接接触。这在使用高速轴停机制动时尤为明显。

B.3.2 强制润滑

500 kW 及以上的齿轮箱应当采用强制润滑系统以确保所有转动部件得到充分润滑，以延长齿轮箱零部件和润滑油的寿命。该系统可以通过采用内置或外置滤清器的方式来保持油液的清洁度达到如表B.1所示的要求。为了保证充分润滑和控制油温，必须考虑黏度、流速、压力及喷油嘴的大小、数量和位置等因素进行合理的设计。除了浸没于油池工作油位以下的轴承外，所有轴承都必须由该润滑系统可靠供油。强制润滑系统还应配备一个热交换器。

使用电动油泵供油的润滑系统，在风力发电机组制动过程或意外停电时有可能产生短暂的缺油，引起机件的损伤，在齿轮箱的中间轴端设置双向机带油泵，有利于解决此问题。是否设置附加油泵，由主机厂和齿轮箱厂协商确定。

表 B.1 润滑油清洁度

样品油来源	按 GB/T 14039 要求的清洁度等级
齿轮箱加入的油	—/14/11
齿轮箱台架试验后取出的油	—/15/12
风力发电机组试运行 24 h～72 h 后从齿轮箱内取出的油（用于强制润滑系统）	—/15/12
按操作和维护说明书规定取样的齿轮箱内的油（仅用于强制润滑系统）	—/16/13

箱体内的喷油嘴和油管应安装牢固，紧固螺栓应有可靠的防松措施。喷油嘴上宜设置一个内置滤网来防止污物阻塞。

B.3.3 组合润滑系统

采用飞溅和强制两种润滑方式组合的润滑系统应确保所有齿轮和轴承都能得到充分的润滑。组合系统只用于规格较小的油泵和油路，可根据需要配备滤油器、冷却器和加热器。

B.4 工作温度

在齿轮箱内部各个部位的润滑油温度是不同的，因此必须在供需双方签订的技术协议中明确规定测量点的位置。主要应考虑三个部位的工作温度：系统、齿轮啮合及轴承处的温度。

B.4.1 系统油温

是指润滑系统油液的温度。对于飞溅润滑或组合润滑的齿轮箱，系统油温在齿轮箱油池的中心区域测量。如为强制润滑系统，系统油温则是指系统工作期间油泵至滤清器组件之间油路内的油温。

B.4.2 齿轮啮合温度

是指经过齿轮轮齿啮合后从出口处所测的油温。它与轮齿表面温度十分近似，是抗胶合能力计算的重要参数。为了提高轮齿表面温度测量的准确度，齿轮啮合温度应尽可能靠近啮合出口处测量。

B.4.3 轴承油温

是指滚动轴承附近所测的油温，它与在轴承外圈上测量的轴承温度不同，应在测量时尽可能靠近轴承滚动件来提高油温测量的准确度。

B.5 油量

润滑系统最小油量应为：

$$Q_{ty} = 0.15P_t + 20 \qquad \text{(B.1)}$$

式中：

Q_{ty}——建议油量，单位为升(L)；

P_t——风力发电机组额定功率，单位为千瓦(kW)。

通常上述建议油量是以箱体为油池的多级齿轮箱应用的经验值。对于非多级齿轮箱或采用独立油箱的情况，上述等式不适用。

B.6 温度控制

在风力发电机组整个运行过程中应控制齿轮箱的工作温度。必要时可采用加热器或冷却器来控制齿轮箱温度。控制要求应按照B.6.1和B.6.2所述执行。

B.6.1 油池温度

应限制最高油池温度和油池最高绝对温度。所规定的限制值应与齿轮和轴承标定计算中所使用的数值相对应。当风力发电机组连续运行1 h，油池油温超过85℃达10 min，系统中的温度控制装置应能自动关停风力发电机组。在寒冷状况下启动时，油池油温必须高出润滑油倾点5℃以上，才能使油液自由循环。为此，齿轮箱必须配备加热装置。对齿轮箱及外部组件进行加热的方法有：

——用机舱内的热风加热；

——使用润滑系统中的热交换器加热；

——使风力发电机组在受控转速下运转，逐步升高轴承和齿轮啮合处的温度；

——用电阻加热装置将外部润滑油路包裹起来加热；

——连续泵油循环保持流动性升高温度。

不论采用何种方法，都应确保润滑系统能够在天气寒冷时向临界部件如齿轮、轴承、花键、过滤装置和外部油箱供应充足的润滑油。

B.6.2 轴承温度

应当限制轴承最高温度和最高绝对温度。所规定的限制值应与齿轮和轴承标定计算中所使用的值相对应。当风力发电机组连续运行1 h，轴承外圈温度超过105℃达10 min，系统中的温度控制装置应能自动关停风力发电机组。连续运转时，在轴承外圈处测得的允许最高轴承温度不得超过95℃。

B.7 润滑油工况监控

必须在齿轮箱使用和维护说明书中说明润滑油工况监控及其检测要求。润滑油性能的测试应包括润滑油生产商所建议的内容，并按照规定进行润滑油取样。检测项目包括：

——油的清洁度；

——黏度；

——水含量；

——元素含量；

——总酸值；

——机械杂质。

风力发电机组生产商也应在主机的使用及维护说明书中按照齿轮箱生产厂的建议写明这些监控和检测要求。

B.8 润滑油清洁度

为了延长齿轮及轴承寿命，必须保持润滑油清洁。保持清洁度的方法有：

——工厂试验后确定油的清洁度等级；

——在新润滑油加入齿轮箱前先进行过滤；

——在运行过程中对油进行过滤，保持所要求的清洁度等级；

——在运行过程中进行监控,按B.7要求检测润滑油污染或其他不良变化;

——定期更换滤清器滤芯。

表B.1给出了润滑油清洁度的标准。

齿轮箱生产厂应通过试验结果证明在生产及验收试验中所采用的润滑油满足表B.1中所示的清洁度要求。主机厂则应通过试运行证明齿轮箱满足表B.1的要求。在整个齿轮箱使用寿命期间内,最终用户则应以同样方式继续监控并记录润滑油的清洁度。

B.9 润滑油过滤器

系统的过滤能力应保证润滑油满足如表B.1规定的最低清洁度的要求。部件的选用、过滤元件的规格、过滤介质孔隙大小以及过滤介质的额定效率应由主机厂、齿轮箱生产厂和滤清器生产商共同商定。

B.10 接口

主机厂和齿轮箱生产厂应共同确定齿轮箱上的接口类型和尺寸要求。接口的类型包括排油口、油位接口、压力油接口、滤油器接口、油取样口以及透气口等。

加油孔应位于易于接近和便于操作的部位,孔口应采用密封可靠的端盖或螺塞。放油螺塞应接近箱体底部,以保证油液彻底排放。

B.11 油位指示器

应在易于观察的位置配备油位检查装置。如配备金属油标尺,其设计应能正确表示油位状况。油标尺上的油位线标记必须保持清晰。

B.12 磁性螺塞

磁性螺塞安装于油循环区域易于触及的位置。从磁性螺塞上也可以反映油液中所含杂质情况,每次换油都必须对螺塞进行清洁或更换。采用内置油液微粒计数器来监控污染情况的系统不宜使用磁性螺塞。

B.13 气孔帽

建议设置带有过滤装置的气孔帽,其结构和安装位置应能有效排出空气以及防止大气中的灰尘、水分和其他污物进入箱体。气孔帽应具有在低流阻的条件下小于等于5 μm过滤精度并根据环境和使用条件,使用干燥剂减少齿轮箱内水分凝结。

B.14 取样口

为了便于进行油液清洁度检查,建议在齿轮箱两侧工作油位高度中部设置取油样口。两个孔口中的一个设在油泵和滤清器之间,另一个在滤清器后面。油品性能以滤清器后的取样分析结果为准。

附 录 C
（资料性附录）
轴承选型与配置形式

本附录所列的内容为风力发电机组齿轮箱选择齿轮箱轴承类型和配置的建议。这些意见不能取代设计过程中对各类轴承及其配置的详细分析。特别是在选择表中未列出的或标明为“未经验证”的轴承时，要和轴承供应商共同分析研究，进行必要的试验，取得经验后谨慎使用。本附录对轴承选型和配置所作的建议基于下列假设：

——轴承的结构和尺寸符合本标准及轴承制造厂的要求；

——轴承的载荷谱包含所有外部和内部载荷；

——按照本标准和轴承制造厂的建议，轴承得到充分润滑；

——相关零部件设计符合本标准和轴承制造厂的要求。

C.1 轴承选型

风力发电机组齿轮箱常用的轴承有承受纯径向负荷和承受纯轴向负荷的轴承，也有既能承受径向负荷又能承受轴向负荷的轴承。

C.1.1 轴承的类型

表 C.1～表 C.3 列出了风力发电机组齿轮箱常用的轴承类型并简要说明其特点。

表 C.1 既承受径向负荷又承受轴向负荷的轴承

序号	轴承类型	代号	概 述
1	球面滚子轴承	SRB	球面滚子轴承具有很高的承载和调心能力，在工业齿轮传动装置中有较广泛的应用。在风力发电机组齿轮箱上应用时需要考虑其特定的运行条件和风力发电机组工况的多种因素
2	NJ 型圆柱滚子轴承	CRB	如果要求此类轴承承受轴向载荷，其内圈挡边的强度应从冲击载荷、弯曲疲劳和散热等方面作全面分析并合理设计相关联的支承零件以使内圈挡边获得适当的支撑。 如果采取了相应措施使轴承和角圈不产生松动，NUP 型和 NJ＋HJ 型也可作为固定端轴承使用
3	满圆柱滚子轴承	fc CRB	只有在离心力不会造成滚子之间较大接触力的情况下才可采用满圆柱滚子轴承。如果要求此类轴承承受轴向载荷，其内圈挡边的强度应从冲击载荷、弯曲疲劳和散热等方面作全面分析并合理设计相关联的支承零件以使内圈挡边获得适当的支撑
4	圆锥滚子轴承	TRB	圆锥滚子轴承应成对使用。必须根据实际工况分析配对条件和指定工作游隙要求。 在典型工况下，若端部串动能控制在可接受范围内，单列的圆锥滚子轴承也可用于交叉定位配置
5	深沟球轴承	BB	此类轴承的承载能力较小，使用受到限制
6	角接触球轴承	ACBB	此类轴承可能因其承载能力不足而限制使用
7	双列满圆柱滚子轴承	dr fc CRB	只有在离心力不会在滚子之间产生较大接触力的情况下才可采用满圆柱滚子轴承。如果接触力较大，则须另作考虑。如果选用此类轴承来承受轴向载荷，则必须对其内圈挡边的强度从弯曲疲劳、冲击载荷和散热等方面作仔细分析判断。须精心设计邻接的支承零件使轴承挡边得到可靠的支撑

表 C.2 只承受径向负荷的轴承

序号	轴承类型	代号	概　　述
1	NU 型圆柱滚子轴承	CRB NU	此类轴承的外圈带双挡边，内圈不带挡边。外圈滚道能留住少量油液以防止干启动
2	N 型圆柱滚子轴承	CRBN	N 型圆柱滚子轴承内圈带双挡边，外圈不带挡边，可将低负荷工况下滚子与内圈接触处的打滑现象降至最少，但风力发电机组齿轮箱很少使用 N 型圆柱滚子轴承
3	鼓形滚子轴承	TORB	其内圈相对于外圈的轴向位移会影响该轴承的径向游隙，也会对齿轮啮合对中性产生影响
4	满圆柱滚子轴承	fc CRB	只有在离心力不会造成滚子之间较大接触力的情况下才可采用满圆柱滚子轴承。如果接触力较大，则须另作考虑
注：轴承只承受径向载荷。它们可用作浮动轴承，或者与另一个能承受轴向载荷的轴承组合使用。			

表 C.3 只承受轴向载荷的轴承

序号	轴承类型	代号	概　　述
1	四点接触球轴承	4PCBB	交变的轴向载荷可能导致接触点的游移不定和保持架的过度磨损。因此在负荷方向变化频率较高的场合应避免使用四点接触球轴承
2	球面滚子推力轴承	SRTB	此类轴承在所有工况下都应能承受较大的轴向负荷(请参考轴承样本的说明)
3	圆锥滚子轴承	TRB	此类轴承在所有工况下都应能承受较大的轴向载荷(请参考轴承样本的说明)
4	圆柱滚子推力轴承	CRTB	此类轴承在所有工况下都应能承受较大的轴向载荷(请参考轴承样本的说明)。圆柱滚子推力轴承有打滑现象，并且对润滑油性能有特殊要求。在选用时应注意轴承具有较小的平均直径和高度，以减少打滑现象
注：轴承只承受轴向载荷。它们只可与另一个承受径向载荷的轴承组合使用。后者应当为纯粹的向心轴承，以免受到部分轴向载荷作用。须保证推力轴承自身不会受到任何径向载荷作用，例如可通过在外圈与轴承座处留出径向间隙来实现。应采取适当措施，例如用一个锁止销来防止外圈打转。			

C.1.1.1 齿轮箱的轴

图 C.1 所示是 3 级平行轴传动的齿轮箱示意图，而图 C.2 则是 1 级行星和 2 级平行轴组合传动齿轮箱示意图。在图 C.1 和图 C.2 中，各平行轴的命名分别为低速轴、低速中间轴、高速轴和高速中间轴。若是 4 级传动齿轮箱，三根中间轴则分别称为“低速中间轴”、“中速中间轴”和“高速中间轴”。

行星轮系中，除太阳轮外，小齿轮应当安装在轴承之间，不得采用悬臂结构。太阳轮的结构应不带轴承以实现载荷在诸行星轮之间的均匀分配。带两级或多级行星齿轮传动的齿轮箱不在此论述。

C.1.1.2 轴承组合

成对轴承：在相同位置上的两个相同类型的轴承，其径向承载能力相互补充，同时分别具有承受相反方向轴向载荷的能力。例如面对面或背对背配置的两个圆锥滚子轴承或两个角接触球轴承。

组合轴承：两个不同类型轴承在同一位置上发挥各自的功能。例如四点接触球轴承与 NU 型圆柱滚子轴承的组合，前者承受两个方向的轴向负荷，后者承受径向负荷。

串联轴承：相同位置上的两个相同类型的轴承，其径向和轴向承载能力相互补充。

双列轴承：内圈或外圈公用或两者皆公用的成对轴承，如双列满圆柱滚子轴承。

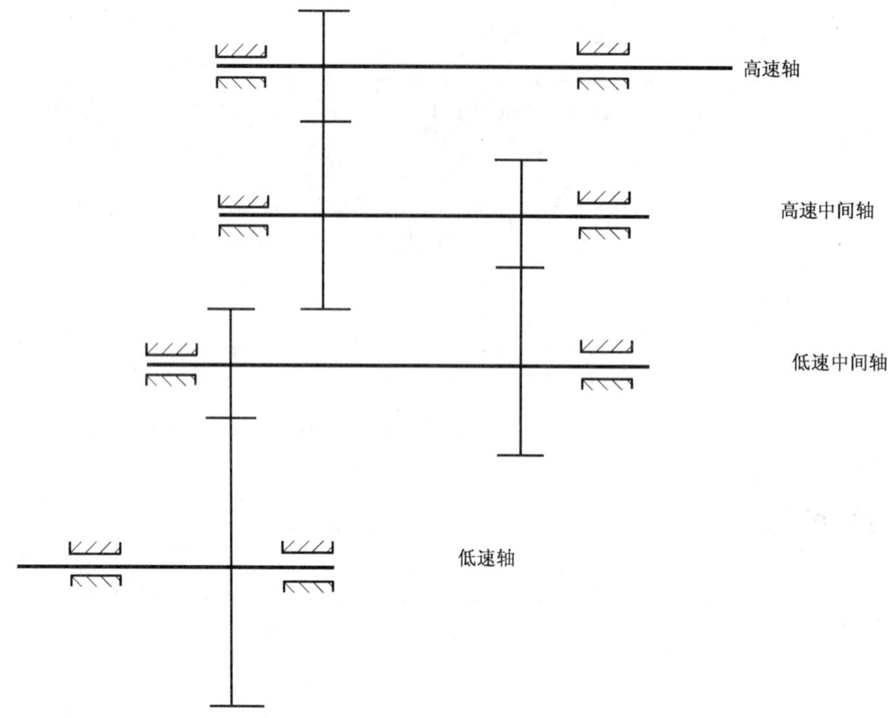

图 C.1　3级平行轴传动齿轮箱

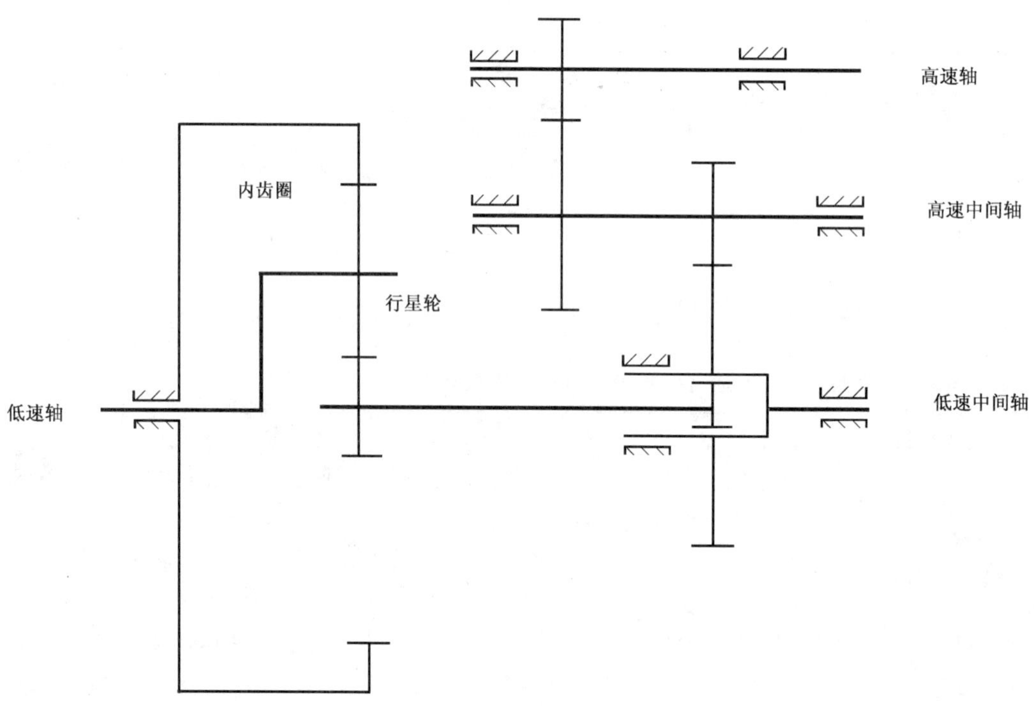

图 C.2　1级行星2级平行轴轮组合传动齿轮箱

C.1.1.3　轴承定位功能

固定轴承:轴承能承受两个方向轴向力。这种定位功能可由一个用于混合载荷的轴承(见表 C.1)或一组组合轴承来实现。

浮动轴承:轴承只承受径向载荷。这种功能可由一个适用于纯径向载荷的轴承(见表 C.2)以及内圈或外圈在轴或孔的配合处可浮动的适用于混合载荷的轴承(见表 C.1)来实现。这种轴承应不受轴向约束，以利于吸收由于热变形引起的轴向伸长。最好采用能内部浮动的轴承(如圆柱滚子轴承)，因其内、外圈可采用紧配合。

交叉定位：某一方向的轴向载荷可由轴上两支撑点的轴承中任一方来承受的轴承配置。轴承与轴的装配应留有充分的轴向游隙以利于吸收热变形引起的轴向伸长。最好采用能内部浮动的轴承(如圆柱滚子轴承)，因为它们的内、外圈可采用紧配合。

C.1.2 轴承选型表

表C.4～表C.9为风力发电机组齿轮箱常用轴承配置的选用表。

表中NJ型圆柱滚子轴承(NJ-CRB)与其他所有带保持架的圆柱滚子轴承(CRB)用的是同一个符号。但NU或N型轴承应以不承受轴向载荷的定位方式来使用。

如果一种推力轴承(例如四点接触球轴承、球面推力滚子轴承、圆柱滚子推力轴承)被推荐用作固定轴承，则意味着该推力轴承必须与一个向心轴承组合使用。后者应从浮动轴承的系列中选取，最好选用承受纯径向负荷的向心轴承。

圆锥滚子轴承或角接触球轴承被用作固定轴承时，通常是使用面对面或背对背的成对轴承。

表C.4 轴承选型说明

序号	适用性	说明
1	适用	经验证，此类轴承适用于风力发电机组齿轮箱
2	有限使用	如果满足某些限制条件，并采取一些预防措施，则此类轴承可以采用
3	未验证	此类轴承不是未曾在风力发电机组齿轮箱中使用过，就是实用经验尚不足以确定其性能在可接受范围内。在任何情况下采用此类轴承必须进行详细的理论分析，取得轴承制造商的认可，并针对特定应用作适当的试验
4	不适用	此类轴承不是不宜使用于表列的特定工况，就是已被证实不适用于风力发电机组齿轮箱

表C.5 低速轴/行星架轴承的选型

轴承类型代号	球面滚子轴承 SRB	圆柱滚子轴承 CRB	满滚子轴承 fc CRB	滚锥轴承 TRB	深沟球轴承 BB	四点接触球轴承 4PCBB	角接触球轴承 ACBB	球面滚子推力轴承 SRTB	鼓形滚子轴承 TORB	圆柱滚子推力轴承 CRTB
固定轴承	有限使用[f]	未验证	未验证[e]	有限使用[c]	适用	未验证	未验证	未验证	不适用	未验证
浮动轴承	有限使用[a]	适用	有限使用[d]	未验证	有限使用[a]	不适用	不适用	不适用	未验证	不适用
交叉定位	有限使用[a,f]	适用	适用	有限使用[b]	有限使用[a]	不适用	不适用	不适用	不适用	不适用

[a] 用作浮动轴承或按交叉定位配置时，轴承外圈的配合应能补偿其在配合孔中运转所引起的热膨胀。须防止外圈打转。

[b] 只有在典型工况下的端部串动能控制在可接受范围内时，才可将单列的圆锥滚子轴承用于交叉定位配置。

[c] 成对使用的双列圆锥滚子轴承，其性能取决于内部游隙是否合适。

[d] 径向的挡边应不受轴向约束以允许作轴向游动。外圈应防止打转。

[e] 将此类轴承用作能承受两个方向推力的轴承。

[f] 应仔细分析载荷变化的影响以及轴在轴承内部游隙范围内的运动情况(振幅和频率)。

表 C.6 低速中间轴轴承的选型

轴承类型代号	球面滚子轴承 SRB	圆柱滚子轴承 CRB	满滚子轴承 fc CRB	滚锥轴承 TRB	深沟球轴承 BB	四点接触球轴承 4PCBB	角接触球轴承 ACBB	球面滚子推力轴承 SRTB	鼓形滚子轴承 TORB	圆柱滚子推力轴承 CRTB
固定轴承	有限使用[f]	未验证	未验证	有限使用[c]	适用	未验证	未验证	适用	不适用	有限使用[e]
浮动轴承	有限使用[a]	适用	有限使用[d]	未验证	有限使用[a]	不适用	不适用	不适用	适用	不适用
交叉定位	有限使用[a,f]	适用	适用	有限使用[b]	有限使用[a]	不适用	不适用	不适用	不适用	不适用

[a] 用作浮动轴承或按交叉定位配置时，轴承外圈的配合应能补偿其在配合孔中运转所引起的热膨胀。须防止外圈打转。

[b] 只有在典型工况下的端部串动能控制在可接受范围内时，才可将单列的圆锥滚子轴承用于交叉定位配置。

[c] 成对使用的双列圆锥滚子轴承，其性能取决于内部游隙是否合适。

[d] 径向的挡边应不受轴向约束以允许作轴向游动。外圈应防止打转。

[e] 此类轴承在滚子接触处会产生滑移，必须用弹簧施加预架载荷。

[f] 应作仔细分析载荷变化的影响以及轴在轴承内部游隙范围内的运动情况(振幅和频率)。

表 C.7 高速中间轴轴承的选型

轴承类型代号	球面滚子轴承 SRB	圆柱滚子轴承 CRB	满滚子轴承 fc CRB	滚锥轴承 TRB	深沟球轴承 BB	四点接触球轴承 4PCBB	角接触球轴承 ACBB	球面滚子推力轴承 SRTB	鼓形滚子轴承 TORB	圆柱滚子推力轴承 CRTB
固定轴承	有限使用[d]	有限使用[e]	不适用	有限使用[c]	未验证	适用	未验证	未验证	不适用	未验证
浮动轴承	有限使用[a]	适用	不适用[d]	未验证	未验证[a]	不适用	不适用	不适用	有限使用[h]	不适用
交叉定位	有限使用[a,d]	有限使用[f]	不适用	有限使用[b,g]	未验证[a]	不适用	不适用	不适用	不适用	不适用

[a] 用作浮动轴承或按交叉定位配置时，轴承外圈的配合应能补偿其在配合孔中运转所引起的热膨胀。须防止外圈打转。

[b] 只有在典型工况下的端部串动能控制在可接受范围内时，才可将单列的圆锥滚子轴承用于交叉定位配置。

[c] 成对使用的双列圆锥滚子轴承，其性能取决于内部游隙是否合适。

[d] 应仔细分析由转矩产生的齿轮载荷变化所造成的影响和高速中间轴在轴承内部游隙范围内的轴向运动情况(振幅和频率)。

[e] 若 NUP 或 NJ＋HJ 型用作固定轴承，则应采取预防措施防止轴承与角圈 HJ 之间的松脱。

[f] 此类轴承必须考虑受轴向载荷的方式对冷却方面的要求，以及轴向载荷与径向载荷的比值。

[g] 应用在热胀量较小的短轴及弹性变形较小的箱体时，这种结构是相当成功的。

[h] 此类轴承已在风力发电机组齿轮箱应用，取得初步经验。

表 C.8 高速轴轴承的选型

轴承类型代号	球面滚子轴承 SRB	圆柱滚子轴承 CRB	满滚子轴承 fc CRB	滚锥轴承 TRB	深沟球轴承 BB	四点接触球轴承 4PCBB	角接触球轴承 ACBB	球面滚子推力轴承 SRTB	鼓形滚子轴承 TORB	圆柱滚子推力轴承 CRTB
固定轴承	有限使用[d]	未验证[e]	不适用	有限使用[c]	有限使用[f,g]	有限使用[f]	有限使用	未验证	不适用	不适用
浮动轴承	有限使用[a]	适用	不适用	未验证	有限使用[a,f]	不适用	不适用	不适用	有限使用[h]	不适用
交叉定位	不适用	不适用	不适用	有限使用[b,e]	不适用	不适用	不适用	不适用	不适用	不适用

[a] 用作浮动轴承或按交叉定位配置时，轴承外圈的配合应能补偿其在配合孔中运转所引起的热膨胀。须防止外圈打转。

[b] 只有在典型工况下的端部串动能控制在可接受范围内时，才可将单列的圆锥滚子轴承用于交叉定位配置。

[c] 成对使用的双列圆锥滚子轴承，其性能取决于内部游隙是否合适。

[d] 应仔细分析轴向与径向载荷比较高的承载工况，以及由转矩产生的齿轮载荷变化所造成的影响和高速轴在轴承内部游隙范围内的轴向运动情况(振幅和频率)。

[e] 应用在热膨胀量较小的短轴及弹性变形较小的箱体时，这种结构是相当成功的。

[f] 采用这种轴承时必须核查冷却要求。

[g] 采用此类轴承时要特别注意交替式轴向载荷，例如来自联轴节的载荷的作用。

[h] 此类轴承已在风力发电机组齿轮箱应用，取得初步经验。

表 C.9 行星齿轮轴承的选型

轴承类型代号	球面滚子轴承 SRB	球面滚子轴承 SRB	圆柱滚子轴承 CRB	满滚子轴承 fc CRB	双列满滚子轴承 dr fc CRB	双列满滚子轴承 dr fc CRB	滚锥轴承 TRB
配置	单轴承	双轴承	双轴承，交叉定位	双轴承，交叉定位	单轴承	双轴承	双轴承，交叉定位
直齿轮传动	有限使用[f]	有限使用[a]	适用	有限使用[b]	有限使用[b]	有限使用[b]	有限使用[d]
单斜齿轮传动[e]	不适用	有限使用[a]	适用	有限使用[b]	有限使用[b,f]	有限使用[b,c]	未验证

[a] 如果配合适当使得内圈有充分的轴向游动以实现载荷的分配，则可以使用两个球面滚子轴承的组合。对内圈及其在轴上的磨损风险须作分析。

[b] 满圆柱滚子轴承只能应用于离心力不会造成滚子之间过大接触力的低速行星传动中。

[c] 应仔细考虑行星齿轮螺旋角会造成齿轮上产生一个倾覆力矩，这将导致两列轴承之间载荷分配不均以及行星齿轮沿齿宽方向的弹性变形也会影响载荷分配等因素。

[d] 行星齿轮上按交叉定位配置的圆锥滚子轴承应当以零游隙或较轻的预紧力装配，这样就使得轴承对齿轮啮合受力的支承为一种刚性支承。因此，行星架的变形(由制造偏差、行星架变形或行星架轴承内的游隙引起)将导致齿轮啮合的不对中性，在设计中须加以弥补。

[e] 在斜齿行星齿轮传动中，齿轮轴承一体化的设计已得到应用并取得较多经验，圆柱滚子轴承、圆锥滚子轴承及球面滚子轴承等的滚道可以与行星轮合为一体，在行星轮的孔内加工出来，这样可使设计结构紧凑，并避免了外圈打转的风险。这种一体化的方法必须在材料、热处理和齿轮制造工艺等方面增加一些附加的要求。这种做法在风力发电机组齿轮箱中还处于试验验证阶段。

[f] 旋转的外圈和内圈相对于外圈轴线的偏心，两者结合将会导致动态的不同心，并伴随出现滚子相对于外圈的轴向滑动。

C.2 轴承与轴和箱体的配合

用于风力发电机组齿轮箱的轴承与轴和箱体的配合应能防止轴承或箱体的损伤。要采取适当措施防止内圈或外圈打转。行星轮的轴承应将外圈装于齿轮的孔内,其配合公差一般定为R6。其他的配合须依工作条件及行星齿轮的结构而定。除球面滚子轴承以外,行星轮的轴承内圈应在轴上紧固以防打转。

C.3 轴承保持架

对滚动体既起导向作用又起分隔作用的轴承保持架(如球面滚子轴承的保持架),应当用钢或黄铜制造。

对于仅起分隔滚动体作用的轴承保持架,可考虑采用其他材料,但要经过试验验证并以全面评估为依据。

C.4 轴承内部游隙

所设计的轴承内部游隙应能补偿较大的过盈和温度差引起的变形。内部游隙选用合适与否应通过检验确认。选用时必须注意径向游隙对齿轮啮合不对中性的影响。

C.5 轴承装配

轴承在安装过程中很容易受损。如图C.3中所示的盲目安装圆柱滚子轴承的危险性显而易见。因此,齿轮箱制造厂应采用适当的轴承装配技术和工具,避免盲目安装,以降低装配损伤风险。

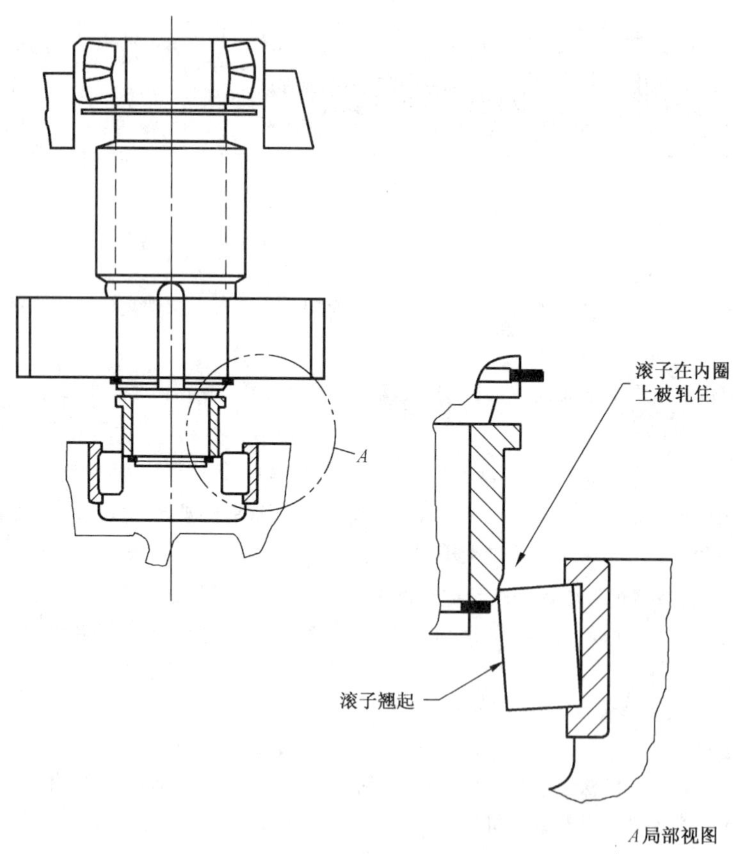

图C.3 不适当的装配使轴承损伤

附 录 D
（资料性附录）
轴承应力计算

D.1 目的

本附录为调心滚子轴承、圆柱滚子轴承及圆锥滚子轴承在不施加预紧载荷情况下运行时的最大接触压力提供了一种简化的估算方法。这种方法并不是用来取代更为接近的轴承寿命计算方法，而是对轴承制造厂提供的方法作进一步的分析。对接触应力精确计算方法的阐述可参阅参考文献[1]、[2]、[3]。

D.2 术语

除已注明的以外，所用方法和术语与通用轴承样本一致。

D.3 影响因数

本方法将确定三个定义轴承载荷分布的系数：k、K_m 和 K_{lc}。假定最大接触压力发生在滚子与内圈接触处，因为这里是凸面与凸面接触。这种方法只适用于轴承的滚子和套圈均为钢质的内圈与滚子接触应力计算。

本方法将给出这些关键系数的近似值，并据此得出接触压力。实际上，还存在一些附加的影响因数，如轴承的微观几何形态、支承系统的刚度和轴承类型等。本方法仅限于滚子和滚道经充分修形，不会产生较高棱边接触应力的使用情况。

D.4 步骤

D.4.1 当量轴承载荷

当量静载荷 P_0 根据所施加的径向载荷 F_r 和轴向载荷 F_a 确定。这里用到的是静态系数 X_0 和 Y_0，而不必考虑动态系数：

$$P_0 = X_0 F_r + Y_0 F_a \qquad \text{(D.1)}$$

式中：

F_r——最大径向载荷，单位为牛顿(N)；

F_a——最大轴向载荷，单位为牛顿(N)；

X_0——径向系数，见表 D.1；

Y_0——轴向系数，见表 D.1。

D.4.2 滚动体的最大载荷

当量静载荷 P_0 分布在构成一种静不定支撑系统的若干滚动体上。载荷分布可以由轴承套圈的交互位移，通过滚动体连带变形的计算来确定。

零游隙轴承单个滚子的最大载荷为：

$$Q = \frac{P_0}{Z\cos\alpha_0}k \qquad \text{(D.2)}$$

式中：

Q——零游隙轴承单个滚子的最大载荷，单位为牛(N)；

P_0——当量静载荷，单位为牛(N)；

Z——滚动体总数；

k——滚动体承受最大载荷时的载荷分配系数；

α_0——公称接触角。

由此得到比值：

$$\frac{ZQ}{F_r} = k \qquad \text{(D.3)}$$

表 D.1 向心轴承的静载荷系数

向心轴承类型	单列[a]		双列	
	X_0	Y_0	X_0	Y_0
调心滚子轴承	0.5	0.22cot α_0	1	0.44cot α_0
圆柱滚子轴承	1	0	1	0
圆锥滚子轴承	0.5	0.22cot α_0	1	0.44cot α_0
[a] 当量静载荷 P_0 必须始终大于或等于径向载荷 F_r。				

当为零内部游隙，且受载区域为 180°时，k 值等于 4.4。这种工况发生在轴向力与径向力之比 F_a/F_r 大于该轴承的推力系数 e，因而其运转处于对中状态之时：

当 $\frac{F_a}{F_r} > e$

$$k = 4.4 \qquad \text{(D.4)}$$

图 D.1 中给出了对应于不同等级内部径向游隙 G_r 的 k 值。k 值随比值

$$\frac{F_r}{C_{\delta L}\left(\frac{G_r}{2}\right)^{1.08} Z} \qquad \text{(D.5)}$$

而变化。

式中：

弹性常数 $C_{\delta L}$ 可由下式计算：

$$C_{\delta L} = 26\,200(L_{We})^{0.92} \qquad \text{(D.6)}$$

式中：

L_{We}——滚子有效长度，单位为毫米(mm)。

G_r——内部径向游隙，单位为毫米(mm)。

变量 G_r 必须大于 0.0，以免出现数值的不稳定性。G_r 的实际下限值为 0.000 5。

对于以一定游隙工作的轴承，有以下的 k 值拟合曲线方程：

$$k = 4.05 + 0.320\,9\left[\frac{F_r}{C_{\delta L}\left(\frac{G_r}{2}\right)^{1.08} Z}\right]^{-0.791\,1} \qquad \text{(D.7)}$$

图 D.1 中的曲线图形是按公称接触角 α_0 等于 0.0 得出的。在上述方程中引入 α_0，并以 P_0 置换 F_r，便可得到一般形式：

$$k = 4.05 + 0.320\,9\left[\frac{P_0}{C_{\delta L}\left(\frac{G_r}{2}\right)^{1.08} Z\cos\alpha_0}\right]^{-0.791\,1} \qquad \text{(D.8)}$$

弹性常数 $C_{\delta L}$ 和 k 值为已知后，我们便可计算受载最大滚动体上的载荷：

$$Q = \frac{P_0}{Z\cos\alpha_0}k \qquad \text{(D.9)}$$

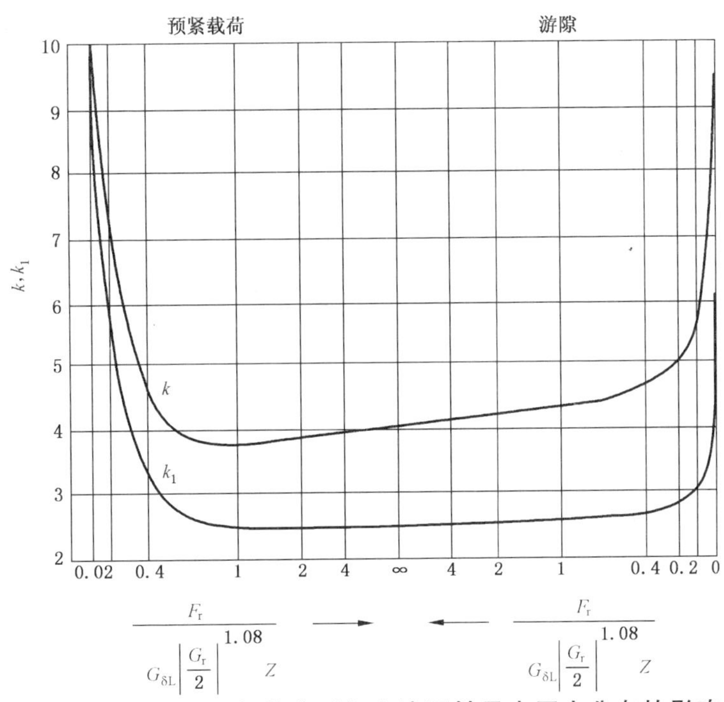

$$\frac{F_r}{G_{\delta L}\left|\frac{G_r}{2}\right|^{1.08} Z} \longrightarrow \quad \longleftarrow \frac{F_r}{G_{\delta L}\left|\frac{G_r}{2}\right|^{1.08} Z}$$

图 D.1 游隙和预紧载荷对向心滚子轴承中压力分布的影响

D.4.3 接触压力有关系数的确定

图 D.2a)画出了所研究的平面，而图 D.2b)则给出了方程中变量下标的命名法。注意凸面的曲率为正值，而凹面为负值。接触比 S 为内圈曲率半径与滚子曲率半径之比，两者均取自过滚子轴线的主平面 2，见图 D.2a)。S 值等于 r_{22}/r_{12}，且应大于或等于 1.0。S 值通常在 1.01 与 1.03 之间，为避免数值不稳定，S 的最小值设为 1.001。在这里用 ρ_{11} 和 ρ_{12} 分别表示在主平面 1 内滚动体 1 和 2 接触点处的曲率；ρ_{21} 和 ρ_{22} 分别表示在主平面 2 内滚动体 1 和 2 接触点处的曲率。

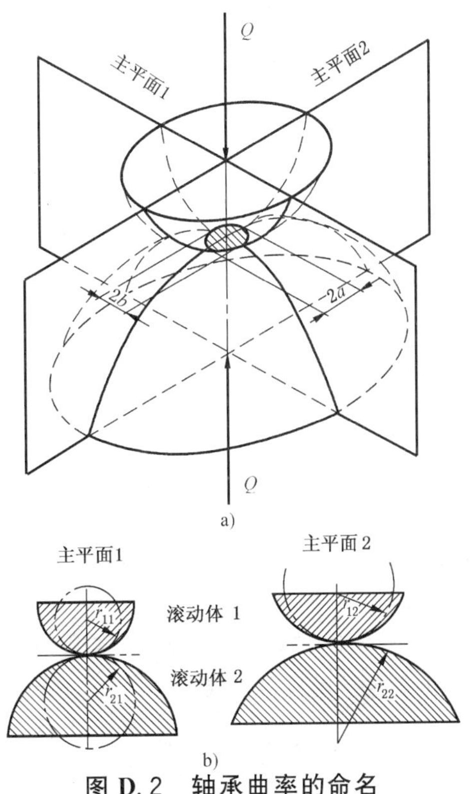

图 D.2 轴承曲率的命名

各曲率可由下列关系式导出：

$$\rho_{11}=\frac{2}{D_W} \quad \cdots\cdots\text{(D.10)}$$

式中：

D_W——滚珠或滚子的直径，单位为毫米(mm)。

对于圆柱滚子轴承和圆锥滚子轴承：

$$\rho_{12}=0 \quad \cdots\cdots\text{(D.11)}$$

对于调心滚子轴承：

$$\rho_{12}=-\rho_{22}S \quad \cdots\cdots\text{(D.12)}$$

$$\rho_{21}=\frac{2}{\frac{D_{PW}}{\cos\alpha_0}-D_W} \quad \cdots\cdots\text{(D.13)}$$

式中：

S——内圈接触处的接触比；

D_{PW}——滚珠或滚子组的分布圆直径，单位为毫米(mm)；

α_0——轴承的公称接触角，单位为度(°)。

对于圆柱滚子轴承和圆锥滚子轴承：

$$\rho_{22}=0 \quad \cdots\cdots\text{(D.14)}$$

对于调心滚子轴承：

$$\rho_{22}=\frac{-2}{\frac{D_{PW}}{\cos\alpha_0}+D_W} \quad \cdots\cdots\text{(D.15)}$$

按下述方式对曲率求和：

$$\sum\rho_{\text{po int}}=\rho_{11}+\rho_{12}+\rho_{21}+\rho_{22} \quad \cdots\cdots\text{(D.16)}$$

$$\sum\rho_{\text{l int}}=\rho_{11}+\rho_{21} \quad \cdots\cdots\text{(D.17)}$$

$$\cos\tau=\frac{\rho_{11}-\rho_{12}+\rho_{21}-\rho_{22}}{\sum\rho_{\text{po int}}} \quad \cdots\cdots\text{(D.18)}$$

在求出这些曲率及曲率之和$\sum\rho_{\text{po int}}$ $\sum\rho_{\text{l int}}$以后，我们就能确定为应力计算所必需的赫兹系数。μ和ν值可根据$\cos\tau$从参考文献[4]的表2.3查出。

可用下列曲线方程来拟合μ和ν值：

如果$\cos\tau>0.87$

$$\mu=1.396\,748(\cos\tau)^{0.665\,242}(1-\cos\tau)^{-0.373\,99} \quad \cdots\cdots\text{(D.19)}$$

否则

$$\mu=(5.686\,4\cos^4\tau-6.060\,7\cos^3\tau+2.798\,5\cos^2\tau+0.352\,89\cos\tau+1.005) \quad \cdots\text{(D.20)}$$

如果$\cos\tau>0.87$

$$\nu=0.683\,241(\cos\tau)^{0.4}(1-\cos\tau)^{0.189\,343} \quad \cdots\cdots\text{(D.21)}$$

否则

$$\nu=-0.303\,65\cos^3\tau+0.373\,719\cos^2\tau-0.676\,94\cos\tau+1.001\,4 \quad \cdots\cdots\text{(D.22)}$$

随着μ和ν值被确定，便可算出赫兹接触椭圆的尺寸a，b：

$$a=\frac{0.047\,2\mu\left(\frac{Q}{\sum p_{\text{po int}}}\right)^{\frac{1}{3}}}{2} \quad \cdots\cdots\text{(D.23)}$$

$$b=\frac{0.0472\nu\left(\frac{Q}{\sum\rho_{\text{po int}}}\right)^{\frac{1}{3}}}{2} \qquad \text{(D.24)}$$

上述变量的表示见图 D.3。

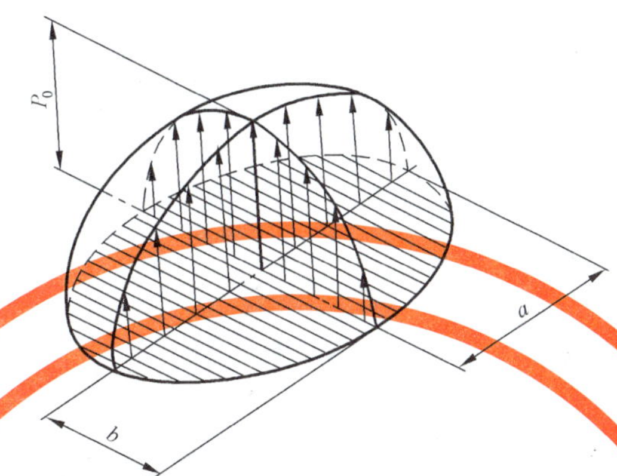

图 D.3 椭圆接触区上的应力分布

D.4.4 接触压力

调心滚子轴承最大接触压力的计算可从计入接触比的椭圆接触区来考虑。圆柱滚子轴承和圆锥滚子轴承最大接触压力的计算则从修正的线接触来考虑,用于修正的经验系数计入了滚子和内圈滚道的轴向鼓形度。

根据参考文献[4],未经修正的接触压力为:

$$p_{\text{line}}=270\sqrt{\frac{1}{2}\left(\frac{Q}{L_{\text{We}}}\right)\sum\rho_{\text{line}}} \qquad \text{(D.25)}$$

$$p_0=\frac{858}{\mu\nu}\left(Q\left(\sum\rho_{\text{po int}}\right)^2\right)^{\frac{1}{3}} \qquad \text{(D.26)}$$

式中:

L_{We}——滚子有效长度,单位为毫米(mm)。

D.4.5 不对中系数

对于圆柱滚子轴承和圆锥滚子轴承,其接触压力将受到以轴的偏转角 θ_{L} 为表征的滚道不对中度的影响。对于可自动补偿不对中度的调心轴承来说 K_{m} 为 1。

如果 $m_{\text{a}}<1.3$

$$K_{\text{m}}=0.00105\theta_{\text{L}}^2+0.00406\theta_{\text{L}}+0.9976 \qquad \text{(D.27)}$$

否则

$$K_{\text{m}}=0.0042\theta_{\text{L}}^2-0.0092\theta_{\text{L}}+1.013 \qquad \text{(D.28)}$$

当计算得到 $K_{\text{m}}<1$ 时,取 $K_{\text{m}}=1$。

对于调心轴承 K_{m} 设为 1.0,对于其他类型 K_{m} 不小于 1。

$$m_{\text{a}}=L_{\text{We}}/d_1 \qquad \text{(D.29)}$$

式中:

K_{m}——不对中时最大接触压力与对中时最大接触压力之比;

m_{a}——滚子长度与直径之比;

θ_{L}——轴的偏转角,单位为弧分。

D.4.6 截短系数

如果计算的接触区长度 $2a$ 大于滚子有效长度 L_{We}，则算得的最大应力应乘以一个截短系数 C_{T}。

以下为该系数的一个近似计算式：

如果 $2a > L_{\mathrm{We}}$

$$C_{\mathrm{T}} = 1 + \frac{4\left(\frac{b}{a^3}\right)\sqrt{a^2-\left(\frac{L_{\mathrm{We}}}{2}\right)^2}\left[\frac{64}{105}a\left(a-\frac{L_{\mathrm{We}}}{2}\right)^2-\frac{40}{189}\left(a-\frac{L_{\mathrm{We}}}{2}\right)^3\right]}{\pi ab-\frac{8}{3}(a-L_{\mathrm{We}})\frac{b}{a}\sqrt{a^2-\left(\frac{L_{\mathrm{We}}}{2}\right)^2}} \quad \cdots\cdots\cdots(\mathrm{D}.30)$$

否则

$$C_{\mathrm{T}} = 1 \quad \cdots\cdots\cdots(\mathrm{D}.31)$$

D.4.7 最大线接触压力与公称线接触压力之比

对于轴承内径在 80 mm～500 mm，接触应力在 800 MPa～2 500 MPa 范围内的圆柱滚子轴承和圆锥滚子轴承，根据按 DIN ISO 281 Bb1.4:2003 整理的测试数据，可得下列拟合曲线方程：

$$K_{\mathrm{lc}} = 1 + 3\,185(p_{\mathrm{line}})^{-1.363\,3} \quad \cdots\cdots\cdots(\mathrm{D}.32)$$

对于调心轴承，最大应力可用椭圆接触区的公式计算。在这种情况下，K_{lc} 定义为 p_{T} 与 p_{line} 之比，即：

$$K_{\mathrm{lc}} = p_{\mathrm{T}}/p_{\mathrm{line}} \quad \cdots\cdots\cdots(\mathrm{D}.33)$$

式中：

K_{lc}——对中时最大接触压力与线接触接触压力之比。

$$p_{\mathrm{T}} = C_{\mathrm{T}}p_0 \quad \cdots\cdots\cdots(\mathrm{D}.34)$$

D.4.8 应力计算

先算出线接触接触压力 p_{line}，再用上述系数加以修正，即得最大应力：

$$p_{\max} = K_{\mathrm{lc}}K_{\mathrm{m}}p_{\mathrm{line}} \quad \cdots\cdots\cdots(\mathrm{D}.35)$$

Mathcad® worksheet 算例：

变量赋值

Type:=1	输入轴承类型，参考文献[1]调心滚子轴承，参考文献[2]圆柱滚子轴承，参考文献[3]圆锥滚子轴承
X_0:=1	静态径向系数，从参考文献[4]的表 3.2 选取
Y_0:=2.5	静态轴向系数，从参考文献[4]的表 3.2 选取
F_{r}:=7 997	径向载荷
F_{a}:=8 297	轴向载荷
i:=2	滚动体列数
Z_{row}:=18	单列滚动体数量
L_{We}:=19.3	滚子有效长度
α_{0_deg}:=9.45	公称接触角，(°)
D_{w}:=25	滚动体直径，单位为毫米(mm)
D_{pw}:=155	滚动体分布圆直径，单位为毫米(mm)
e:=0.25	轴承轴向力与径向力之比的判别系数
G_{r}:=0.04	径向游隙(绝对值)，单位为毫米(mm)
S:=1.061 8	接触比
θ_{L}:=0	轴的偏转角，弧分

设置 S 和 G_{r} 的下限：

temp:=|1.001 如果 $S<1.001$ S:=temp

$|S$ 否则

$S=1.0618$

$temp:=|0.0005$ 如果 $G_r\leqslant 0$ $\quad G_r:=temp$

$|G_r$ 否则

$G_r=0.04$

设置滚动体总数：

$Z:=iZ_{row} \qquad Z=36$

将接触角转换成弧度数：

$\alpha_0:=\alpha_{0\_deg}\cdot\pi/180 \qquad \alpha_0=0.1649 \quad rad$

合成的当量载荷：

$P_0:=X_0F_r+Y_0F_a \qquad P_0=28\,739.5 \quad (N)$

$P_0:=|P_0$ 如果 $P_0>F_r$

$|F_r$ 否则

弹性常数：

$C_{\delta L}=26\,200L_{We}^{0.92} \qquad C_{\delta L}=399\,037.78 \quad (N/mm^{1.08})$

计算系数 k：

$$k=\begin{cases}4.4 & \text{如果}\left(\dfrac{F_a}{F_r}\right)>e\\ 4.05+0.3209\left[\dfrac{P_0}{C_{\delta L}\left(\dfrac{G_r}{2}\right)^{1.08}\cdot Z\cos(\alpha_0)}\right]^{-0.7911} & \text{否则}\end{cases}$$

计算滚动体的最大载荷：

$$Q:=\frac{P_0}{z\cdot\cos(\alpha_0)}\cdot k \quad Q=3\,560.9(N)$$

计算曲率：

$$\rho_{11}:=\frac{2}{D_w} \quad \rho_{11}=0.08$$

$$\rho_{21}:=\frac{2}{\dfrac{D_{pw}}{\cos(\alpha_0)}-D_w} \quad \rho_{21}=0.0151$$

$$\rho_{22}:=\frac{-2}{\dfrac{D_{pw}}{\cos(\alpha_0)}+D_w} \quad \rho_{22}=-0.011$$

$$\rho_{12}:=-\rho_{22}S \quad \rho_{12}=0.0117$$

按下述方式对曲率求和：

$$\sum\rho_{po\ int}=\rho_{11}+\rho_{12}+\rho_{21}+\rho_{22} \quad \sum\rho_{point}=0.0958(1/mm)$$

$$\sum\rho_{l\ int}=\rho_{11}+\rho_{21} \quad \sum\rho_{line}=0.0951(1/mm)$$

计算 $\cos\tau$：

$$\cos\tau=\frac{(\rho_{11}-\rho_{12}+\rho_{21}-\rho_{22})}{\sum\rho_{po\ int}}$$

$$\cos\tau=0.9858$$

$$\tau:=a\cos(\cos\tau) \quad \tau=0.1685 \quad rad$$

应用拟合曲线方程由 $\cos\tau$ 确定赫兹系数：

$$\mu:=\begin{cases}1.396748(\cos\tau)^{0.665242}\cdot(1-\cos\tau)^{-0.37399} & \text{如果}\cos\tau>0.87\\ 5.6864\cos^4\tau-6.0607\cos^3\tau+2.7985\cos^2\tau+0.35289\cos\tau+1.005 & \text{否则}\end{cases}$$

$\mu==6.7986$

$$\nu:=\begin{vmatrix} 0.683\,241\cos^{0.4}\tau\cdot(1-\cos\tau)^{0.189\,343} & \text{如果 }\cos\tau>0.87 \\ -0.303\,65\cos^3\tau+0.373\,719\cos^2\tau-0.676\,94\cos\tau+1.001\,4 & \text{否则} \end{vmatrix}$$

$\nu=0.3034$

计算接触区的尺寸 a,b：

$$a=\frac{0.047\,2\mu\left(\frac{Q}{\sum\rho_{\text{po int}}}\right)^{\frac{1}{3}}}{2} \qquad a=5.354\,4$$

$$b=\frac{0.047\,2\nu\left(\frac{Q}{\sum\rho_{\text{po int}}}\right)^{\frac{1}{3}}}{2} \qquad b=0.239$$

计算线接触接触压力：

$$p_{\text{line}}:=270\sqrt{\frac{1}{2}\left(\frac{Q}{L_{\text{We}}}\right)\sum\rho_{\text{line}}} \qquad p_{\text{line}}=799.880\,4\text{N/mm}^2$$

计算点接触接触压力：

$$p_0:=\frac{858}{\mu\nu}\left(Q\left(\sum\rho_{\text{po int}}\right)^2\right)^{\frac{1}{3}} \qquad p_0=799.880\,4\text{N/mm}^2$$

计算不对中系数：

$$m_{\text{a}}:=\frac{L_{\text{We}}}{D_{\text{w}}} \qquad m_{\text{a}}=0.772$$

$$K_{\text{m}}:=\begin{vmatrix} 0.001\,05\theta_{\text{L}}^2+0.004\,06\theta_{\text{L}}+0.997\,6 & \text{如果 } m_\alpha<1.3 \\ 0.004\,2\theta_{\text{L}}^2-0.009\,2\theta_{\text{L}}+1.013 & \text{否则} \end{vmatrix}$$

$K_{\text{m}}=0.9976$

对于调心轴承 K_{m} 设为 1.0，其他类型 K_{m} 不小于 1：

$$x:=K_{\text{m}}$$

$$K_{\text{m}}:=\begin{vmatrix} 1 & \text{如果} \quad \text{type}=1 \\ \text{否则} & \begin{vmatrix} 1 & \text{如果} \quad x<1 \\ x & \text{否则} \end{vmatrix} \end{vmatrix} \qquad K_{\text{m}}=1$$

计算截短系数：

$$C_{\text{T}}=\begin{vmatrix} 1+\dfrac{4\left(\frac{b}{a^3}\right)\sqrt{a^2-\left(\frac{L_{\text{We}}}{2}\right)^2}\left[\frac{64}{105}a\left(a-\frac{L_{\text{We}}}{2}\right)^2-\frac{40}{189}\left(a-\frac{L_{\text{We}}}{2}\right)^3\right]}{\pi ab-\frac{8}{3}(a-L_{\text{We}})\frac{b}{a}\sqrt{a^2-\left(\frac{L_{\text{We}}}{2}\right)^2}} & \text{如果 } 2a>L_{\text{We}} \\ 1 & \text{否则} \end{vmatrix}$$

$C_{\text{T}}=1.0000$

$p_{\text{T}}:=C_{\text{T}}\cdot p_0$

$p_{\text{T}}=1\,329.949\,9$

$$K_{\text{lc}}:=\begin{vmatrix} \dfrac{p_{\text{T}}}{p_{\text{line}}} & \text{如果 type}=1 \\ 1+3\,185(p_{\text{line}})^{-1.363\,3} & \text{否则} \end{vmatrix}$$

$K_{\text{lc}}=1.6627$

$p_{\max}:=K_{\text{lc}}\cdot K_{\text{m}}\cdot p_{\text{line}} \qquad p_{\max}=1\,329.95 \quad \text{MPa}$

附 录 E
（资料性附录）
质量保证

E.1 目的

本附录叙述风力发电机组齿轮箱的订购程序。文中说明了采购规范、质量保证计划、质量控制测试等质量文件的技术要求，并指出供需双方各自的责任。

E.2 定义

采购规范——需方编制并由双方遵循的规范。该规范指定齿轮箱的用途和载荷情况，并对设计、生产、质量保证、测试和性能提出最低限度的要求。

设计评审——对工程图纸和文件进行系统性审查，从而确定齿轮箱是否满足相关标准和采购规范的要求。

独立检查——由第三方评审人员或由需方代表进行的评审。也可以经过采购商和齿轮箱生产厂协商，由齿轮箱生产厂自行进行内部评审并提供必要的文件记录代替独立检查。

质量计划——由齿轮箱生产厂编制并遵循的质量控制规范，规定质量评审、检查、测试、生产过程控制等要求。

质量评审——对生产厂的系统性检查，以确定其设备和质量程序是否符合质量计划要求，检查及测试是否有效运行并满足采购规范要求。

测试评审——单独进行的对质量保证计划的系统性检查和见证测试，以便确定样机、小批和批量生产的齿轮箱是否满足采购规范要求。

生产计划——规定生产过程中重要步骤起始日期的时间表，包括完工点、评审见证点和测试点的日期等。

生产评审——确定投产部件的生产、检验和测试是否符合质量计划并满足技术规范和采购规范而进行的系统性独立检查。

齿轮箱样机——新设计的首台齿轮箱，用于场地或试验台架上的加载试验。测试后，该齿轮箱必须完全拆开检查各部件的磨损或其他损伤情况。根据样机测试结果，决定是否有必要改进设计或工艺。

试制齿轮箱——在开始批量生产齿轮箱前所生产的一台或多台齿轮箱。试制齿轮箱的零部件须经过100%的检验，确定是否与技术标准和采购规范要求一致，从而见证生产工艺和质量计划是适宜的。根据试制齿轮箱测试结果，决定是否有必要对产品设计或质量计划进行改进。如果要求增加跑合、加载或其他特殊工况下的测试，则必须由采购商和齿轮箱生产厂通过协商决定。

批量齿轮箱——批量生产的齿轮箱。应进行定期的生产评审来确保与各规范的符合性。如进一步要求跑合及负载测试，则必须由采购商和齿轮箱生产厂通过协商决定。

E.3 责任

采购程序贯穿整个生产过程，因此采购商应采取有效措施来保证全部过程的各个步骤得到正确的履行，并使采购规范的所有要求得到满足。采购商应负责编制以下文件：

——采购计划；

——采购规范；

——招标说明；

——订单；

——设计评审；

——质量评审；

——生产计划评审；

——生产评审；

——测试评审；

——装配、启动及运行评审。

齿轮箱生产厂应当具有生产齿轮箱的经验与能力，满足采购规范要求。其质量管理体系应当能提供合适的资源，确保设计过程、评审活动以及生产和测试过程的每个步骤均能得到正确履行，并满足质量计划的所有要求。齿轮箱生产厂应负责编制的文件有：

——建议参数；

——合同参数；

——技术图纸和规范；

——质量计划；

——生产计划；

——价格；

——质量保证；

——使用说明书。

E.4 采购计划

以下简述从编写采购规范到启动齿轮箱评审整个采购过程各个阶段的工作。

E.4.1 编写采购规范

采购商编写的采购规范应当说明对齿轮箱的性能要求而不是它的具体设计细节，并且应当允许齿轮箱生产厂的技术专家提出自己的意见并说明其专有技术能够满足采购规范的要求。

E.4.2 邀标

采购商应向有条件的齿轮箱生产厂邀标。招标书应当包含一份调查表，让齿轮箱生产厂理解采购规范的要求并正确填写。对每次重大采购都应对投标人的经验和能力进行调查并进行正式评审。邀标时应要求投标人提供一份初步的质量计划。

E.4.3 评标

采购商应评估各齿轮箱生产厂标书的完整性以及是否符合采购规范要求，通过评标确定中标人。为了明确生产商的制造能力，必要时要进行相关的质量评审。

E.4.4 选定最终中标人

应编写各份标书的评估意见，指出其优缺点并为选定齿轮箱生产厂和进行设计评审提供依据。选定最终中标人后应让其参与后续的设计评审。

E.4.5 设计评审

采购商选定最终的齿轮箱生产厂后进行设计评审。设计评审至少应当包括以下内容：

——与采购规范的符合性；

——齿轮箱设计；

——齿轮设计；

——轴承设计；

——轴设计；

——密封件设计；

——润滑系统设计；

——重要部件的质量计划。

由此得出设计评审报告。在采购商认可技术图纸和质量计划，在将所协商的设计修改意见列入采购规范之前，不得投入生产。

E.4.6　评审并认可技术图纸

技术图纸须经评审，确认已满足采购规范要求才能认可。

E.4.7　评审并认可质量计划

正式的质量计划必须经过评审，确定其是否满足采购规范对生产、质量及测试的要求。所投标的齿轮箱的质量保证计划应当与生产商的质量体系，如 ISO 9000 或等同标准体系一致。如果齿轮箱生产厂因故要修改采购规范或质量计划，则应取得采购商的同意并对计划中需要更改或替换的内容作如下说明：

——采购规范的对应条款；

——更改或替换内容说明；

——对更改或替换内容的验证要求；

——采购商的认可签字。

表 E.1 是一份样机齿轮箱、试制齿轮箱和批量生产齿轮箱的质量计划示例。它突出对重要零件齿轮的要求但也包含了其他项目。要求齿轮箱其他承载零部件也各自具有一份类似的计划。

表 E.1　质量计划示例

<投标人>　　<投标人名称>　　<订单号>							
<质量控制负责人签名和日期>							
符号： H=控制点　将产品转入下一程序前必须由采购商代表认可的程序。 W=见证点——生产中由采购商代表在现场见证的程序。 D=检测文件——作为质量保证必须向采购商代表提供的检验或测试报告副本。							
采购规范编号 <规范编号>和<修订号>内容	H	W	D	采购规范条款	投标人规范代号	投标人检测代号	投标人文件编号
齿轮原材料	×		×				
制作方法	×		×				
形状	×		×				
化学成分	×		×				
晶粒度	×		×				
可淬硬性	×		×				
清洁度	×		×				
锻件超声波检测	×		×				
轮齿检查	×		×				
基本几何尺寸		×	×				
精度	×		×				
齿根圆角		×	×				
磨去磨削余量		×	×				
磁粉探伤	×		×				
表面回火	×		×				
表面粗糙度	×		×				

表 E.1（续）

采购规范编号 <规范编号>和<修订号>内容	H	W	D	采购规范条款	投标人规范代号	投标人检测代号	投标人文件编号
检测频率	×		×				
检查标签	×		×				
总体检查	×		×				
表面硬度	×		×				
淬硬层深度	×		×				
芯部硬度	×		×				
渗碳金相组织	×		×				
碳含量	×		×				
显微裂纹	×		×				
二次转化，产品	×		×				
晶粒间氧化	×		×				
残留奥氏体	×		×				
芯部显微结构		×	×				
渗碳后冷处理		×	×				
箱体精度		×	×				
轴材料		×	×				
轴硬度		×	×				
轴精度		×	×				
轴磁粉探伤		×	×				
齿轮箱装配	×		×				
测试	×		×				
接触斑点	×		×				
加载或空载试验	×		×				
涂色检验	×		×				
润滑	×		×				
噪声等级	×		×				
振动等级	×		×				
油渗漏	×		×				
油池温度	×		×				
涂色啮合后痕迹	×		×				
改进措施	×		×				
文件	×		×				
发运准备	×		×				
注：这只是个计划示例，并未包括全部项目，但重要项目已列举。							

齿轮箱样机、试制的齿轮箱和批量生产的齿轮箱可以采用同一份质量计划。在执行试制质量计划之前，除了按照样机测试结果进行修改以外，还应确保批量生产之前的改进措施已经落实、齿轮箱符合采购规范要求。批量生产齿轮箱虽与样机、试制齿轮箱采用同一份质量计划，但检验测试项目、频率、控制点和起始点的时间表可以简化，具体要求由采购商和齿轮箱生产厂协商确定。

质量计划至少应当说明下列项目的控制方式：

——齿轮原材料；

——子合同和外购件的质量控制；

——齿轮原材料和毛坯的质量控制；

——齿轮的检验；

——箱体精度；

——轴精度；

——装配的质量控制，包括联接件、清洁度及零部件的序列化和可追溯性；

——齿轮箱测试、认可标准及记录要求。

质量计划所需的文件应当可追溯。所有检查文件应当记录各零部件的序列号。所有齿轮和轴的序列号应当可从齿轮箱铭牌起一直追溯到原材料的熔炼炉号。

所有试验样品、试验贴签、热处理记录和生产、检验、测试以及加工过程中的重要文件都应可追溯到它们所代表的零部件。所有测量仪器和工具应当可追溯其按国家标准检定，并具有仍然有效的检定证书。齿轮箱生产厂应将所有质量文件保留一定时间，其长短可与采购商协商确定，但不得短于10年。

E.4.8　评审并认可生产计划

生产计划经评审后应当留有充分的时间来根据样机测试的结果进行必要的改进，同时根据试制齿轮箱检验结果更改生产或质量计划。

E.4.9　评审样机齿轮箱性能

对样机齿轮箱经过检验测试和评审，并对设计、生产和质量计划进行必要改进之后，才能投入试制齿轮箱的生产。

E.4.10　检测试制齿轮箱

试制齿轮箱完成检测并且控制性文件经过审核后，应对技术和采购规范以及质量计划提出改进建议。

E.4.11　批准批量齿轮箱生产

在技术要求、采购规范和最终质量计划经审核批准，并且试制齿轮箱经过改进并能满足其最终质量计划的所有要求之后，才能批准批量齿轮箱的生产。

E.4.12　评审批量齿轮箱的生产和测试

定期对批量生产的齿轮箱进行测试评审，及时解决生产中所发生的问题，确保与采购规范和质量计划的要求相一致。

E.4.13　评审齿轮箱的装配、启动和运行

应当对齿轮箱的装配、启动和运行进行评审，以确保安装、操作及维护的所有规定均能正确实施。应在启动和试运转之后的几周内对齿轮箱性能严密监控，并在运行期间进行即时监控。监控内容包括温度、噪声、振动的测量和润滑油的分析等。

E.5　解决程序

在实际生产过程中产生偏离标准或规范要求的问题时，应当通过正式的程序来加以解决。解决问题的程序和方法必须经过采购商和齿轮箱生产厂协商同意，并作为质量计划的组成部分。实际操作时，双方按照相应的规定履行必要的手续并及时传递和记录在案。

参 考 文 献

[1] Reusner, H. , Druckflächenbelastung und Oberflächenverschieburng im Wälzkontakt von Rotationsköpern, PhD thesis, TH Karlsruhe, 1977.

(滚动轴承滚子接触处的表面压力负荷和滑移.卡士鲁尔工业大学博士论文.1977.)

[2] Hartnett, M. J. , A General Numerical Solution for Elastic Body Contact Problems, ASME, Applied Mechanics Division, Vol. 39, 1980, PP. 51-66.

(弹性体接触问题的 综合数字分析求解. ASME,应用力学分部:第39卷.1980:51-66.)

[3] DeMul, J. M. , Kalker, J. J. , Frdrikson, B. , The contact Between Arbitrarily Curved Bodies of Finite Dimension, Transactions of the ASME, Journal of Tribology, Vol. 108. Jan. 1986.

(任意曲面体之间接触的有限元线性分析. ASME 会报,摩擦学杂志:第108卷.1986-01.)

[4] Brandlein, Eschmann, Hasbargen and Weigand, Ball and Roller Bearings, Theory, Design and Application, 1999, John Wiley and Sons Led. , third edition.

(滚珠轴承及滚子轴承的原理、设计及应用. John Wiley and Sons 公司.第3版.1999.)

[5] DIN. ISO 281 Bbl 4:2003 Method for Calculation of the Modified Reference Rating Life for Generalty Load Rolling Bearings

(DIN. ISO 281 Bbl 4:2003 承受综合载荷的滚子轴承修正额定寿命的计算方法)

[6] ISO 81400-4:2005 Wind Turbine Generator Systems—Part4:Gearbox for Turbines from 40kW to 2MW and Larger

[ISO 81400-4:2005 风力发电机组 第4部分:风力发电机组齿轮箱设计标准(用于40 kW～2 MW以及更大功率的齿轮箱)]

ICS 27.180
F 11

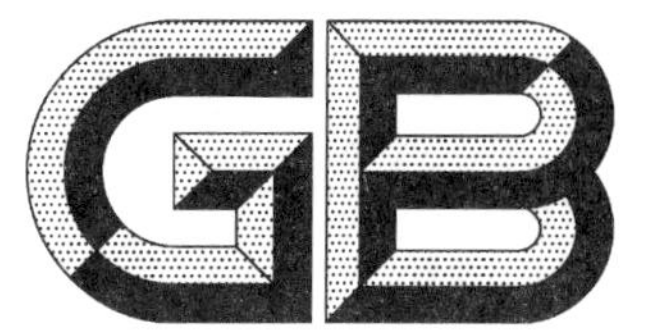

中华人民共和国国家标准

GB/T 19960.1—2005

风力发电机组　第1部分：通用技术条件

Wind turbine generator system—Part 1：General technical specification

2005-12-12发布　　2006-01-01实施

中华人民共和国国家质量监督检验检疫总局
中国国家标准化管理委员会　发布

前　　言

GB/T 19960《风力发电机组》分为两个部分：

——第1部分：通用技术条件；

——第2部分：通用试验方法。

本部分为GB/T 19960《风力发电机组》的第1部分。

本部分由中国机械工业联合会提出。

本部分由全国风力机械标准化技术委员会(SAC/TC 50)归口。

本部分起草单位：全国风力机械标准化技术委员会秘书处、中国直升机设计研究所等。

本部分起草人：王建平、庄岳兴、田野、王相明、邓英。

风力发电机组 第1部分:通用技术条件

1 范围

本部分规定了风轮扫掠面积等于或大于40 m^2 的水平轴风力发电机组的技术要求、安全要求、试验方法、检验规则以及储运、交付等要求。

本部分适用于水平轴风力发电机组(以下简称机组)。

2 规范性引用文件

下列文件中的条款通过GB/T 19960的本部分的引用而成为本部分的条款。凡是注日期的引用文件,其随后所有的修改单(不包括勘误的内容)或修订版均不适用于本部分,然而,鼓励根据本部分达成协议的各方研究是否可使用这些文件的最新版本。凡是不注日期的引用文件,其最新版本适用于本部分。

GB/T 191 包装储运图示标志(GB/T 191—2000,eqv ISO 780:1997)

GB/T 2900.53 电工术语 风力发电机组(GB/T 2900.53—2001,idt IEC 60050-415:1999)

GB 9969.1 工业产品使用说明书 总则

GB 18451.1 风力发电机组 安全要求(GB 18451.1—2001,idt IEC 61400-1:1999)

GB/T 19069 风力发电机组 控制器 技术条件

GB/T 19071.1 风力发电机组 异步发电机 第1部分:技术条件

GB/T 19072 风力发电机组 塔架

GB/T 19073 风力发电机组 齿轮箱

GB/T 19568 风力发电机组装配和安装规范

GB/T 19960.2 风力发电机组 第2部分:通用试验方法

JB/T 10194 风力发电机组风轮叶片

JB/T 10300 风力发电机组 设计要求

JB/T 10425.1 风力发电机组 偏航系统 第1部分:技术条件

JB/T 10426.1 风力发电机组 制动系统 第1部分:技术条件

JB/T 10427 风力发电机组一般液压系统

3 术语和定义

GB/T 2900.53确立的以及下列术语和定义适用于本部分。

3.1

安全系统 safety system

使机组保持在设计极限范围内的安全保护装置。

3.2

额定电流 rated current

风力发电机组在额定功率、额定电压和频率下运行的电流。

3.3

额定无功功率 rated reactive power (for wind turbine)

风力发电机组运行在额定功率下及额定电压、频率时的无功功率。

3.4

湍流强度　turbulence intensity

在一给定时间间隔内的风速标准差与同一时间间隔内的平均风速的比率。

3.5

机组输出端　wind turbine terminals

风力发电机组与电力系统的连接点。

3.6

额定工况　rated condition

标准环境条件下，风力发电机组输出达到设计额定功率时，机组的运行工况。

3.7

年可利用率　availability factor

一年中，除去风力发电机组因维修或故障未工作的时数后余下的时数与总时数的比值，用百分比表示。

4　风力发电机组整机技术要求

4.1　环境条件

4.1.1　概述

机组在下列环境条件下应能正常运行，并应达到所规定的各项技术、性能指标。

4.1.2　正常环境(气候)条件

——环境温度范围为－20℃～40℃；

——湿度应小于或等于95％；

——太阳辐射强度小于或等于1 000 W/m^2；

——海拔不超过1 000 m。

4.1.3　机组输出端电网条件

——电压范围为额定电压(1±10％)；

——频率范围为额定频率(1±2％)；

——电压对称性，即电压不平衡值应保持在电压负序分量与正序分量的比例不超过2％；

——每年电网停电应少于20次，每次最长停电持续时间应不超过1周。

4.2　性能要求

4.2.1　机组的切入风速应大于2.5 m/s，小于5.5 m/s；切出风速应大于20 m/s，小于25 m/s。

4.2.2　机组的额定风速应满足JB/T 10300的要求。

4.2.3　机组最大风能利用系数应大于0.4。

4.2.4　机组在额定工况时，其输出的功率应大于或等于额定功率。

4.3　整机可靠性要求

机组各部件设计寿命应大于或等于20年。机组年可利用率应大于等于97％。

4.4　机组动特性要求

机组在所有设计运行工况下和给定使用寿命期内，不发生任何机械及气动弹性不稳定现象，也不产生有害的或过度的振动。机组在正常运行范围内塔架振动量不应超过20 mm/s 。

4.5　噪声要求

机组在输出功率为1/3额定功率时排放的噪声(等效声功率级)应小于或等于110 dB(A)，在对噪声有要求和限制的区域，机组排放的噪声应符合该区域所执行的相关标准的规定。

4.6　可维护性与可维修性要求

在机组要维护的部位应留有调整和维护空间，以便于维护。机组及零部件在质量合格的前提下应具有维修、调整和修复性能。塔架高度超过60 m的机组应为维护人员配备安全的提升装置。

4.7 外观防护要求

机组及部件所有外露部分应涂漆或镀层，涂镀层应表面光滑、牢固和色泽一致。用在风沙低温区或近海盐雾区的机组，其涂镀层应考虑风沙或盐雾的影响。

4.8 安全要求

4.8.1 机组的安全防护应符合 GB 18451.1 的要求。

4.8.2 机组为了防雷应有良好的导电通路，塔架需有可靠接地装置，接地电阻应小于 4 Ω。

4.8.3 电力线路、电气设备、控制柜外壳及次级回路之间的绝缘电阻应大于 1 MΩ。

4.8.4 在电网停电紧急停机时，所有刹车装置应自动按程序投入，且机组停机时的所有状态参数应能记录保存。

4.8.5 机组应配备必要的消防设备、应急设备和安全标识。

4.9 功率输出

在正常工作状态下，机组功率输出与理论值的偏差应不超过 10%；当风速大于额定风速时，持续 10 min 功率输出应不超过额定值的 115%。瞬间功率输出应不超过额定值的 135%。

5 风力发电机组各部件及系统技术要求

5.1 机械系统技术要求

5.1.1 机组中所有的机械零部件应符合本部分的要求，并按照经规定程序批准的图样及技术文件制造。

5.1.2 机组中所有的机械零部件应无损坏、松动现象；在运动或静止时均应无异常响声和振动。

5.1.3 机组在偏航过程中机舱应平稳，无异常响声。

5.2 液压系统技术要求

5.2.1 液压系统应符合 JB/T 10427 的要求。

5.2.2 液压系统应无漏油现象，自动补压次数应不大于 2 次/min。

5.2.3 停机、自检、启动、并网运行、制动过程中，液压系统的动作应及时、准确。

5.2.4 运行过程应无异常响声。

5.3 控制系统技术要求

5.3.1 机组的控制和保护功能应符合 GB/T 19069 及 GB 18451.1 的要求。

5.3.2 在自检、启动、软切入、电启动、并网运行、停机、维修状态时，控制系统的指令应能准确、有效、及时地发出。

5.3.3 监测系统应能监测以下主要数据：

——发电机轴承温度、绕组温度、有功功率与无功功率、电流、电压、频率、转速；

——齿轮箱温度；

——液压装置油位及液压系统状态；

——风速、风向；

——机舱和塔架振动最大幅值；

——风轮转速、电机转速；

——偏航次数、位置；

——电缆缠绕状态；

——电子功率器件状态。

5.3.4 控制系统应能自动、手动调整风轮的方位。

5.3.5 在故障情况下，控制系统应能及时保护停机并显示相应的故障类型及参数。主要保护功能见表 1。

表 1 保护功能

序号	项目
1	发电机过温度保护
2	齿轮箱过温度保护
3	电缆过缠绕保护
4	过振动保护
5	过电流保护
6	过电压保护
7	过功率保护
8	瞬间过功率保护
9	可控硅组件过热保护
10	缺相保护
11	主接触器保护
12	控制通迅保护
13	控制器出错保护
14	电网失电保护
15	大风保护
16	丢载保护

5.4 电气系统技术要求

5.4.1 机组的电气系统应符合 GB 18451.1 的要求。机组控制器设计应符合 JB/T 10300 及 GB/T 19069的要求。

5.4.2 主接触器应能正确切入、切出。

5.4.3 主断路器保护应能及时动作。

5.5 传动系统技术要求

传动系统应符合 GB 18451.1 和 JB/T 10300 的相关规定。

5.6 偏航系统技术要求

偏航系统应符合 JB/T 10425.1 的相关规定。

5.7 制动系统技术要求

制动系统应符合 JB/T 10426.1 的相关规定。

5.8 叶片技术要求

机组的风轮叶片应符合 JB/T 10194 规定的设计原则和技术要求。

5.9 轮毂技术要求

轮毂应符合 JB/T 10300 的相关规定。

5.10 风轮技术要求

风轮应符合 JB/T 10194 和 JB/T 10300 的相关规定

5.11 塔架技术要求

机组的塔架应符合 GB/T 19072 的相关规定。

5.12 齿轮箱技术要求

机组的齿轮箱应符合 GB/T 19073 的相关规定。

5.13 **发电机技术要求**

机组用异步发电机应符合 GB/T 19071.1 的相关规定，其他型式发电机应符合该类型发电机的相关规定。

5.14 **机舱底座技术要求**

机舱底盘应符合 GB 18451.1 和 JB/T 10300 的相关规定。

5.15 **机组装配的技术要求**

机组的安装与装配应符合 GB/T 19568 的相关规定。

6 试验方法

试验方法应按 GB/T 19960.2《风力发电机组　第 2 部分：通用试验方法》进行。

7 检验规则

7.1 出厂检验

7.1.1 每台机组都应进行出厂检验。

7.1.2 机组出厂试验项目：

——调速机构试验检测；

——偏航机构试验检测；

——各系统旋转部件间隙检查；

——主传动对中检查调整；

——机舱偏转机构齿间距检查调整；

——液压系统功能试验；

——控制系统及安全保护的功能试验；

——机组各工况模拟运行试验；

——发电系统并网性能试验；

——其他制造商规定的项目。

7.2 型式检验

7.2.1 在下列情况之一时需进行型式检验：

a) 新产品试制定型鉴定时；

b) 经鉴定定型后制造商第一次小批试生产时，当检查试验结果和以前进行的型式试验结果出现不允许的偏差时；

c) 原材料、结构、工艺有重大变化，可能影响产品性能时；

d) 国家质量监督机构提出进行型式检验要求时。

7.2.2 型式试验项目：

——试运行测试(包括出厂试验、安装检查和运行性能考核)；

——安全及功能试验；

——功率特性测试；

——载荷测试；

——噪声测试；

——电能品质测试；

——其他试验(电工环境条件试验、电磁兼容测试)。

7.2.3 型式检验结果符合本部分第 4 章和第 5 章中要求。

7.2.4 型式检验的产品应从出厂检验合格的产品中随机抽取，每次 1～2 台。

7.2.5 型式检验中若有不合格的项目出现，允许修整后对不合格的项目重新复检，并以复检结果为准。

7.3 安装后交接试验项目

机组安装后交接试验项目应符合 GB/T 19568 的相关规定。

8 标志、标签、使用说明书

8.1 标志、标签

8.1.1 产品应有明显的标志、标签，应保证铭牌字迹在整个使用期内不易磨灭。铭牌应放在风力机的显著位置。铭牌应有下列内容：

a) 产品名称、型号、商标或产品代号；

b) 产品主要技术参数；

c) 生产厂名、厂址、出厂编号、制造日期(批号)；

d) 使用年限。

8.1.2 外包装标签应标明：

a) 产品名称、代号、商标或产品型号；

b) 产品部件名称；

c) 生产厂名、出厂编号、出厂日期；

d) 外形尺寸、毛重、体积；

e) 外包装图示标志应符合 GB/T 191 中有关规定。

8.2 使用说明书

使用说明书应符合 GB 9969.1 的规定。

9 包装、运输、贮存

9.1 包装

产品包装应保证产品在贮存、运输过程中不受损伤，并有防雨、防尘、防潮能力。产品包装有效期从出厂发运之日起为一年。

9.1.1 包装箱外表面的文字和标志应清楚、整齐。内容包括：

a) 发货站与制造厂名称；

b) 收货站及收货单位名称；

c) 风力机各部件名称和出厂编号；

d) 各部件的净重及连同箱子的毛重；

e) 箱子尺寸；

f) 在箱外的适当位置应标有“小心轻放”、“防潮”等字样，其图形应符合 GB/T 191 的规定。

9.1.2 随机技术文件

随机技术文件内容如下：

a) 随机文件清单；

b) 产品合格证；

c) 产品说明书(包括使用、原理、维护等)；

d) 机组装配图(包括安装图)；

e) 电气接线图；

f) 电气原理图；

g) 交货明细表；

h) 出厂试验记录。

9.1.3 塔架、叶片等大部件应有相应的专用固定支架。

9.1.4 机舱、控制柜和其他附件应紧密包装。

9.2 运输

9.2.1 塔架、机舱应牢固在集装箱或货车等运载体上；

9.2.2 叶片、控制柜等不应相互挤压，贴近处用隔离层、垫等柔软物将其隔离；

9.2.3 运输过程中各部件不能有撞击、位移和晃动；

9.2.4 吊装过程应平稳，各部件不能有摔打、撞击、倒置现象；

9.2.5 运输过程中要防潮、防雨，不允许淋湿。

9.3 贮存

塔架、叶片允许露天放置，其余零部件应放于通风、干燥、无腐蚀性气体的室内。

10 产品质量保证期

用户按照使用维护说明书的规定，正确使用与存放机组，制造商应保证机组的运行在24个月内，或制造商自交付之日起不超过30个月内能良好地运行。如在规定时间内风力机因制造质量不良而发生损坏或不能正常工作的，制造商应无偿地为用户修理或更换零件。

ICS 27.180
F 11

中华人民共和国国家标准

GB/T 19960.2—2005

风力发电机组 第2部分:通用试验方法

Wind turbine generator system—Part 2: General test method

2005-12-12 发布 2006-01-01 实施

中华人民共和国国家质量监督检验检疫总局
中国国家标准化管理委员会 发布

前　言

GB/T 19960《风力发电机组》分为两个部分：

——第1部分：通用技术条件；

——第2部分：通用试验方法。

本部分为GB/T 19960《风力发电机组》的第2部分。

本部分的附录A为资料性附录。

本部分由中国机械工业联合会提出。

本部分由全国风力机械标准化技术委员会(SAC/TC50)归口。

本部分起草单位：全国风力机械标准化技术委员会秘书处、中国直升机设计研究所等。

本部分起草人：王建平、庄岳兴、田野、王相明、邓英。

风力发电机组
第2部分：通用试验方法

1 范围

本部分规定了风轮扫掠面积等于或大于 40 m^2 的水平轴风力发电机组的通用试验方法。

本部分适用于水平轴风力发电机组（以下简称机组）的测试和检验，其他类型的风力发电机组可参照使用。

2 规范性引用文件

下列文件中的条款通过 GB/T 19960 的本部分的引用而成为本部分的条款。凡是注日期的引用文件，其随后所有的修改单（不包括勘误的内容）或修订版均不适用于本部分，然而，鼓励根据本部分达成协议的各方研究是否可使用这些文件的最新版本。凡是不注日期的引用文件，其最新版本适用于本部分。

GB/T 3785 声级计的电、声性能及测试方法

GB 18451.1—2001 风力发电机组 安全要求（idt IEC 61400-1:1999）

GB/T 18451.2 风力发电机组 功率特性试验（GB/T 18451.2—2003，IEC 61400-12:1998，IDT）

GB/T 19070 风力发电机组 控制器 试验方法

GB/T 19960.1 风力发电机组 第1部分：通用技术条件

JB/T 10425.2 风力发电机组 偏航系统 第2部分：试验方法

JB/T 10426.2 风力发电机组 制动系统 第2部分：试验方法

JB/T 10427 风力发电机组一般液压系统

IEC 61400-11 Wind turbine generator systems—Part11:Acoustic noise measurement techniques（风力发电机组 第11部分：噪声测量技术）

IEC 61400-13 Wind turbine generator systems—Part 13:Measurement of mechanical loads（风力发电机组 第13部分：机械载荷测量）

IEC 61400-21 Wind turbine generator systems—Part 21:Measurement and assessment of power quality characteristics of grid connected wind turbines（风力发电机组 第21部分：电能质量测量和评估方法）

3 试验运行外部条件

机组试验运行外部条件应符合 GB 18451.1—2001 中第6章的规定。

4 试验设备和仪器

试验中所用的设备和仪器在试验前必须校验，并符合国家规定的有关标准或计量部门的检定规程或经订购方认可。试验中设备和仪器引入的随机测量误差应小于被测系统专用规范规定的测量容差的1/3。

5 试验内容及试验方法

5.1 机舱装配情况检查

检查风轮、塔架、齿轮箱、偏航齿圈、联轴器、发电机及机舱等各部件的紧固连接和安装是否正确。

检查电器零件,辅助装置的安装,各部件质量是否符合相关标准和图纸的规定。

5.2 空载拖动试验

将机组拖动至额定转速(允许±10%的偏差),连续运行 2 个小时以上并且各温度测量点的温升达到稳定状态。拖动过程中检查各系统的工作和功能,并进行以下测试:

——并网功能(或软启动功能);

——振动与噪声测量;

——发电机绕组温度、齿轮箱轴承温度、润滑油温度和环境温度;

——控制功能试验;

——安全保护功能试验。

其中并网功能试验、控制功能及安全保护功能试验按 GB/T 19070 的规定进行。

5.3 液压系统检验

在拖动过程中,模拟与液压系统动作有关的工况,进行相应的操作,观察液压油泻压、补压是否及时,各项功能是否符合 JB/T 10427 的要求。

5.4 电气系统检验

主要包括:控制柜和机舱控制箱等电气设备的绝缘水平检验,接地系统检查和耐压试验。

5.5 地面性能试验

地面性能试验包括:

a) 机组软启动性能

机组软启动性能试验应按机组软启动试验方法的规定进行。

b) 机组偏航性能

机组偏航性能试验应按 JB/T 10425.2 的规定进行。

c) 液压系统测试

液压系统的测试应按 JB/T 10427 的规定进行。

d) 电控系统功能测试

电控系统功能测试应按 GB/T 19070 的规定进行。

e) 机械制动系统性能测试

制动系统性能测试应按 JB/T 10426.2 的规定进行。

f) 传动系统拖动运转测试

用拖动设备使传动系统在工作转速范围内连续旋转 24 h,测试各传动部件温升,检查调整部件运转情况。

5.6 现场试验

5.6.1 机组电功率测试

5.6.1.1 机组输出功率测试应按 GB/T 18451.2 的相关规定进行。

5.6.1.2 机组的理论输出功率应根据安装点的空气密度进行转换。

转换公式:

$$P=\frac{\rho_0(273.16+T)}{\rho(273.16+T_0)}P_0 \qquad \cdots\cdots(1)$$

式中:

P_0——标准空气状态输出功率,单位为千瓦(kW);

ρ_0——标准空气状态密度,1.225 kg/m^3;

T_0——标准空气状态温度,15℃ ;

P——理论输出功率,单位为千瓦(kW);

ρ——实际大气密度,单位为千克每立方米(kg/m^3);

T——实际大气温度，单位为摄氏度(℃)。

5.6.1.3 当风速达到启动风速时，观察机组能否自行启动；并网运行时，测试风速与机组的输出功率检验它们是否达到 GB/T 19960.1 的要求。机组运行 6 个月以上，查看机组自动记录所获得的实际功率曲线是否达到 GB/T 19960.1 的要求。

5.6.2 机组机械载荷测量

机组机械载荷测量应按 IEC 61400-13 风力发电机组机械载荷测量的规定进行。

5.6.3 控制系统试验

5.6.3.1 面板监控功能试验

依照机组“操作说明书”的要求和步骤，进行下列试验：

a) 机组运行状态参数的显示、查询、设置及修改功能试验；

b) 人工启动试验；

c) 人工停机试验；

d) 偏航试验；

e) 解缆试验。

5.6.3.2 自动监控功能试验、远程监控功能试验

自动监控功能试验、远程监控功能试验包括：

a) 切换到手动对风状态，将机组调向使其偏离风向，然后切换到自动对风，在工作风速范围时，20 min内机组应能自动将方向对准风向。

b) 人为制造、模拟各种故障信号，检查制动机构动作情况及控制系统显示故障及参数的正确性，试验项目见表 1。

表 1 故障信号试验项目

序号	项目
1	发电机过温度保护
2	齿轮箱过温度保护
3	过缠绕保护
4	过振动保护
5	刹车片过热保护
6	过电压保护
7	过电流保护
8	过功率保护
9	瞬间过功率保护
10	可控硅组件过热保护
11	风轮转速超临界值
12	发电机转速超速值
13	风速信号丢失
14	风向信号丢失
15	并网信号丢失
16	变距气动制动故障
17	机械制动器故障

表 1（续）

序　　号	项　　目
18	齿轮箱油位低
19	液压油位低
20	机舱振动超极限值
21	制动器闸片磨损
22	电网失效
23	紧急停机
24	二次电源失效

c) 开机，观察发电机转速，可控硅组件在切入点能正常切入，在旁路接触器投入后 10s 内能自动切出。

d) 操作关机，脱网时主接触器能自动切出。

5.6.4 安全试验

5.6.4.1 选择风力发电机组电源，用地阻仪测量风力发电机组接地点与大地间接地电阻应符合 GB/T 19960.1的要求。

5.6.4.2 断开风力发电机组电源，用 1 000 V/1 500 V 兆欧表检查电力线路、电器设备、控制柜外壳，次级回路的绝缘电阻应符合 GB/T 19960.1 的要求。

5.6.4.3 检查电力线路入口处和发电机的防雷保护器是否完好。

5.6.4.4 分别关闭总电源开关或按下紧急停机键，观察所有刹车是否立即投入。

5.6.5 振动及噪声测试

5.6.5.1 机组噪声测试按 IEC 61400-11 的规定进行。

5.6.5.2 拖动状态下的振动测量

——仪器要求

振动测量仪器应具有测量振动宽频带均方根的能力，通频响应范围至少为 2 Hz～1 000 Hz。按照不使其降低测量精度的方式，正确地固定振动传感器。

——测量位置

通常在容易接近的机器外表部分轴承盖或轴承座处进行测量。振动测量的位置和方向必须对测量机器的动态力有足够的灵敏度，一般在水平和垂直方向两个相互正交的径向位置进行测量。

如果对机器振动幅值情况充分了解，可在轴承盖或轴承座上用单个传感器代替典型的一对正交放置的传感器。但应注意观察评价单个的传感器测量面上的振动，因为此测量方位未必接近振动最大值。

——测量结果

测量结果通常考虑振动速度的均方根值(r. m. s)作为振动幅值，其他的量如位移、加速度和代替均方根的峰值也可以选用。分别取各个测点所得到的一组不同振动幅值中的最大值作为评估量。

5.6.5.3 拖动状态下的噪声测量

——仪器要求

仪器应采用符合 GB/T 3785 规定的、其准确度不低于Ⅱ型的声级计或准确度相当的其他声学仪器。

仪器的检定状态应在有效期内。

——测点配置

噪声测点的配置按照图 1 的规定，水平面测点高度为轴中心高(但不应低于 250 mm)，测点与机器外壳的距离为 1 m,沿图 1 虚线上相邻测点的距离应等于和小于 1 m。如果相邻两测点 A 计权声压级的差值为 5 dB 及以上时,应在该两测点间的测量面上增加测点。

——平均声压级的计算

测量面上的平均声压级按式(2)计算。在所有测点中,任何相邻两点的声压级之差小于 5 dB 时,允许用算术平均值计算平均声压级 $\overline{L}_{PA}$。如有异议,则以式(2)计算的结果为准。

$$\overline{L}_{PA} = 10 \times \lg\left[1/N\sum_{i=1}^{N}10^{0.1(L_{PA_i}-K_{1i})}\right]-K_2 \quad \cdots\cdots(2)$$

式中:

L_{PA}——A 计权平均声压级,单位为分贝[dB(A)];基准值为 20 μPa;

K_{1i}——第 i 点背景噪声修正值(参见表 2);

N——总测点数;

K_2——环境反射修正值,单位为分贝(dB);K_2 一般为 0~7 dB,如无条件测 K_2 时,取 $K_2=4$。

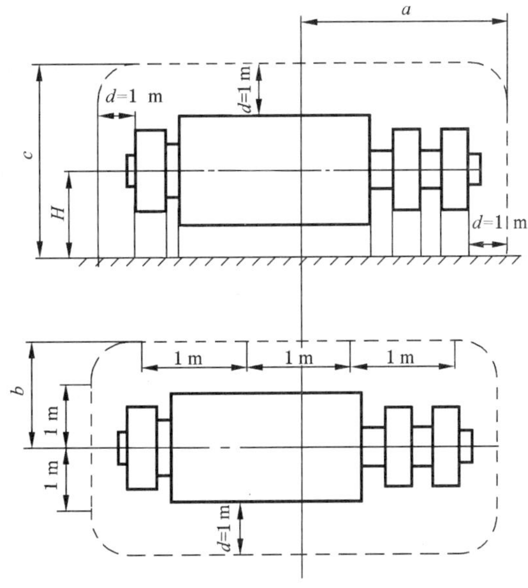

图 1 机组噪声测点分布图

表 2 背景噪声修正

单位为分贝

电机运转时测得的噪声级与背景噪声级之差	3	4	5	6	7	8	9	10	>10
修正值 K_1	3	2	2	1	1	1	0.5	0.5	0

——声功率级的计算

电机噪声的 A 计权声功率级应按式(3)计算:

$$L_W = \overline{L}_{PA} + 10 \times \lg\frac{S}{S_0} \quad \cdots\cdots(3)$$

式中:

L_W——A 计权声功率级,单位为分贝[dB(A)];

$\overline{L}_{PA}$——按式(1)计算的 A 计权平均声压级,单位为分贝[dB(A)];

S_0——基准面积,单位为平方米(m^2),$S_0=1\ m^2$;

S——测量面面积,单位为平方米(m^2),按式(4)计算:

$$S = 4(ab + bc + ca)(a + b + c)/(a + b + c + 2d) \quad \cdots\cdots (4)$$

5.6.6 机组电能质量测试

机组电能质量的测试按 IEC 61400-21 的规定进行。

6 试验报告

试验报告内容及格式见附录 A。

附　录　A
（资料性附录）
试验报告格式和内容

A.1　封1与封2

A.1.1　封1

封1应包括试验报告名称、编写报告单位和日期等。

A.1.2　封2

封2应包括以下内容：报告名称、报告编号、试验地点、试验负责人、试验日期、主要参试人员、报告编写日期、报告编写人（职务或职称）、校对人（职务或职称）、审核人（职务或职称）、批准人（职务或职称）等。

A.2　报告内容

A.2.1　前言

任务来源、试验目的、试验时间等。

A.2.2　试验机组

试验机组简介，依据设计或制造厂商说明书列出主要技术参数和特点。

A.2.3　试验设备

试验台简介，主要仪器、仪表、装置的名称、型号、规格、精度等级及检验日期等。

A.2.4　试验项目

试验项目名称、试验条件。

A.2.5　试验方法

试验方法及有关标准代号、名称。

A.2.6　试验结果

分别列出必要的原始数据和经整理得出的结果，对试验结果进行必要的分析和讨论。

A.2.7　结论

结论要科学、真实、可靠。对机组性能、指标和技术参数按有关技术文件进行认真评价，并对试验过程中所发生的问题进行分析，提出改进意见和建议。

A.3　其他

报告中一般应附有试验照片。

试验发生中断或重要故障时，必须在报告中明确中断原因，继续试验的时间和情况。重要故障应较详细地说明情况和处理办法。

ICS 27.180
F 11

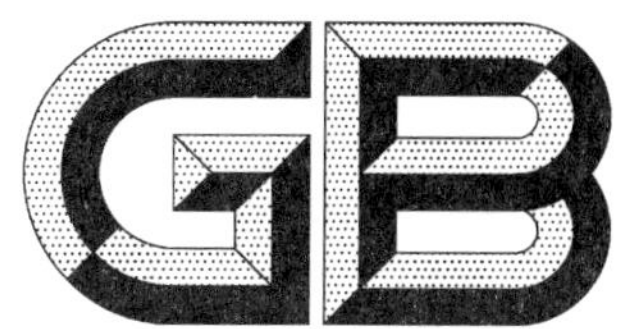

中华人民共和国国家标准

GB/T 21150—2007

失速型风力发电机组

Stall regulation wind turbine generator system

2007-11-01 发布　　2008-01-01 实施

中华人民共和国国家质量监督检验检疫总局
中国国家标准化管理委员会　发布

前　言

本标准的附录B为规范性附录,附录A为资料性附录。

本标准由中国机械工业联合会提出。

本标准由全国风力机械标准化技术委员会归口。

本标准起草单位:新疆金风科技股份有限公司。

本标准主要起草人:王相明、张彩华。

失速型风力发电机组

1 范围

本标准规定了以失速功率控制调节为特征的水平轴风力发电机组的技术要求、试验方法、检验规则、包装、储存、运输与标志。

本标准适用于风轮扫掠面积等于或大于 40 m^2 的失速型风力发电机组(以下简称机组)。

2 规范性引用文件

下列文件中的条款通过本标准的引用而成为本标准的条款。凡是注日期的引用文件,其随后所有的修改单(不包括勘误的内容)或修订版均不适用于本标准,然而,鼓励根据本标准达成协议的各方研究是否可使用这些文件的最新版本。凡是不注日期的引用文件,其最新版本适用于本标准。

GB/T 191 包装储运图示标志(GB/T 191—2000,eqv ISO 780:1997)

GB/T 1413 系列 1 集装箱 分类、尺寸和额定质量

GB/T 2900.53 电工术语 风力发电机组(GB/T 2900.53—2001,idt IEC 60050-415:1999)

GB/T 3785 声级计的电、声性能及测试方法

GB/T 6388 运输包装收发货标志

GB/T 13924 渐开线圆柱齿轮精度检验规范

GB 16895.3 建筑物电气装置 第 5-54 部分:电气设备的选择和安装 接地配置、保护导体和保护联结导体(GB 16895.3—2004,IEC 60364-5-54:2002,IDT)

GB 18451.1 风力发电机组 安全要求(GB 18451.1—2001,idt IEC 61400-1:1999)

GB/T 18451.2 风力发电机组 功率特性试验(GB/T 18451.2—2003,IEC 61400-12:1998,IDT)

GB/T 19069 风力发电机组 控制器 技术条件

GB/T 19071.1 风力发电机组 异步发电机 第 1 部分:技术条件

GB/T 19071.2 风力发电机组 异步发电机 第 2 部分:试验方法

GB/T 19072 风力发电机组 塔架

GB/T 19073 风力发电机组 齿轮箱

GB/T 20320 风力发电机组电能质量测量和评估方法(GB/T 20320—2006,IEC 61400-21:2001,IDT)

JB/T 10194 风力发电机组 风轮叶片

JB/T 10300 风力发电机组 设计要求

IEC 61400-11:2002 风力发电机组 第 11 部分 噪声测量方法

IEC 61400-13:2001 风力发电机组 第 13 部分 机械载荷测量

3 术语和定义

GB/T 2900.53 确立的以及下列术语和定义适用于本标准。

3.1

失速 stall

气流流过翼面发生分离的现象。失速引起气动升力下降但阻力上升,限制了风轮翼面从风能所获

取的能量。

3.2

主动失速 active stall

通过主动控制或操纵叶片桨距，使通过叶轮翼面的气流处于或避免出现失速状态。

3.3

安全保护功能 safety protection function

当超过安全限值或控制系统不能使机组保持在正常运行范围内时，安全系统的动作结果。

3.4

控制功能 control function

控制系统对风力发电机组进行控制、调节以及监测所实施的动作结果。

3.5

最佳功率系数 C_{pmax} Max. power coefficient

在切入风速和切出风速之间，风力发电机组输送到电网的电功率值与风轮扫掠面上自由来流的功率之比的最大值。

注：该值由测量功率曲线进行推算。

4 产品技术要求

4.1 总则

4.1.1 机组应符合本标准的有关规定，并按规定程序批准的图样和技术文件生产制造。

4.1.2 风轮叶片应符合 JB/T 10194 的有关规定和要求。

4.1.3 增速齿轮箱应符合 GB/T 19073 的有关规定和要求。

4.1.4 异步发电机应符合 GB/T 19071.1 和 GB/T 19071.2 的有关规定和要求。

4.1.5 控制器应符合 GB/T 19069 的有关规定和要求。

4.1.6 塔架应符合 GB/T 19072 的有关规定和要求。

4.1.7 本标准未规定的其他零部件、总成等，应符合该产品的有关技术要求。特殊要求应在产品的技术文件中予以明确说明。

4.2 整机

4.2.1 机组的基本安全应符合 GB 18451.1 的规定要求。

4.2.2 机组的设计应符合 JB/T 10300 的要求。

4.2.3 机组设计工况下的最佳功率系数 C_{pmax} 应等于或大于 0.4。

4.2.4 机组正常运行期间的可利用率应大于或等于 95%。可利用率计算方法参见公式(1)：

$$\text{可利用率}(\%) = \frac{T_t - T_{cm}}{T_t} \times 100 \qquad \cdots\cdots(1)$$

式中：

T_t——规定时期的总小时数；

T_{cm}——因维护或故障情况导致风力发电机组不能运转的小时数。因外部环境条件原因导致不能执行规定功能的情况不作为故障处理。

4.2.5 机组输出功率为 1/3 额定功率时的噪声(等效声功率级)应小于或等于 110 dB(A)。在噪声有要求和限制的区域，机组的噪声应符合国家对环境保护方面的有关规定。

4.2.6 机组并网运行所输出的电能质量应符合 GB/T 20320 的规定。

4.2.7 机组应按照使用寿命等于或大于 20 年进行设计制造。

4.3 总装配

4.3.1 一般要求

4.3.1.1 装配所用的零部件(包括外购件、标准件、外协件)均应有产品合格证，并经质量检验部门检验合格后,方可进行装配。

4.3.1.2 装配前应将零件的尖角和锐边倒钝,特殊要求除外。

4.3.1.3 装配前应按照产品说明书的要求对零部件进行必要的保养与清理。零部件的润滑处,装配后必须加注适量的润滑油(或脂)。

4.3.1.4 装配过程中应注意对零部件表面进行有效防护,不允许磕碰、划伤和锈蚀。

4.3.1.5 风力发电机组的装配应完整,符合工艺要求;联接部位应牢固可靠;铭牌、标志齐全,外观整洁。

4.3.2 装配联接方法

4.3.2.1 各零部件的装配联接应严格按照产品的工艺文件和技术要求执行。

4.3.2.2 螺栓联接、销联接、键联接、铆钉联接、粘接、过盈联接的一般要求参见附录A。

4.3.3 典型部件装配要求

4.3.3.1 偏航轴承与偏航驱动采用齿轮啮合传动的情况,齿轮副装配后应检查齿侧间隙和齿面接触斑点,并符合设计或工艺文件要求。对于圆柱齿轮,要求沿齿高方向接触斑点应不小于20%,沿齿长方向接触斑点应不小于30%。接触斑点的分布位置应趋近于齿面中部,齿顶和齿端棱边不允许有接触。

4.3.3.2 主轴承(滚动轴承)装配时应检查轴承的轴向游隙应符合设计要求。装配后应注入相当于轴承空腔容积约50%的符合规定的清洁润滑脂(采取稀油润滑的轴承不准加润滑脂)。轴承装配完成后用手转动应灵活、平稳。

4.3.3.3 联轴器同轴度(对中)要求,应按照产品设计和图样的有关要求执行。如无特别规定,可参照下述要求:

a) 刚性联轴器装配时,两轴线的径向位移应小于0.03 mm;

b) 挠性、齿式、轮胎联轴器装配时,其装配精度同轴度允许偏差不大于0.2 mm,角度偏差不大于0.25°。

4.3.3.4 液压缸、密封件、润滑系统和管路配装后应进行密封及动作试验,并满足如下要求:

a) 行程符合要求;

b) 运行平稳,无卡阻和爬行现象;

c) 无外部渗漏现象,内部渗漏应符合产品技术要求。

4.3.3.5 制动器在自由状态时,用塞尺检查制动块与制动盘之间的间隙,应符合设计要求。摩擦片与制动盘的工作表面必须干燥、清洁。试车时试验制动器的功能,要求制动可靠,无任何卡阻现象。

4.3.3.6 电气接线所采用的配线电缆、母线铜排、线缆端头等材料,必须是经过国家电工产品强制性安全认证的产品。接线应按照相关工艺文件和规程执行,并满足以下要求:

a) 布线整齐,设计合理,排布形式有利于减少电磁干扰;

b) 柜内每根连线两端必须标识线号(接地线除外,接地线必须选用黄绿双色线),线缆接头应使用合适的专业压接工具压接,线号管符合线径且长度整齐,线号字迹清晰,与图样文件一致;

c) 接线端子、插接头、延伸铜排及联接螺栓应保证元件安装强度和可靠性,应能承受最大25 m/s^2的振动冲击(至少60 min)而不损坏;

d) 电网进线侧须安装绝缘防护罩,电压等级高于24 V以上的元器件,均应有明显的防触电标识;

e) 电气装置须可靠接地。不同电压等级回路中元件不能串联接地,应单独连接至接地排。有接地点并预留接线端子;接地装置的选择应符合GB 16895.3的有关内容和规定。

4.3.4 拖动试验要求

4.3.4.1 机组总装后应按产品技术标准和有关技术文件的规定进行拖动试验。

4.3.4.2 机组机舱部分总装完成后,出厂前应进行拖动试验。制造厂可根据自己的条件及产品标准、技术文件或合同的规定选择进行负荷及工艺性试验。

4.3.4.3 拖动试验过程中，对连续运转的设备，试验时间应大于 2 h；对间歇往返运动的设备如偏航系统，应至少进行 1 次全行程的往复，运行应平稳、无异常噪声。对间歇运转或工作的设备，功能性试验应重复 3 次以上。

4.3.4.4 试验过程中记录设备的振动、噪声以及轴承温度等参数，测量值应在设计允许范围之内。

4.3.4.5 有压力要求的设备，应对密封及系统进行密封耐压试验。试验压力为工作压力的 100%～125%，保压时间为 5 min～10 min，不得出现渗漏。

4.3.4.6 拖动试验时机组的运转方向必须与工作方向一致，试验转速与机组的工作转速允许偏差为 ±10%。

5 试验方法

5.1 一般要求

试验的目的是为了验证风力发电机组及其零部件设计的正确性、可靠性和制造工艺的合理性，并对机组产品质量的合格评定提供依据。

试验仪器、仪表及量具应满足测量精度要求。

5.2 齿轮副接触斑点的检测

渐开线圆柱齿轮接触斑点的检验按 GB/T 13924 的相关规定执行。

5.3 齿轮副侧隙检验

渐开线圆柱齿轮副侧隙的检验按 GB/T 13924 的相关规定执行。

5.4 联轴器装配精度(同轴度)检查

5.4.1 千分表法

千分表法成本较低，适用于单件和小批量生产。具体方法如下：

a) 将测量工具架及千分表分别固定在联轴器两端的法兰上，如图 1 所示；

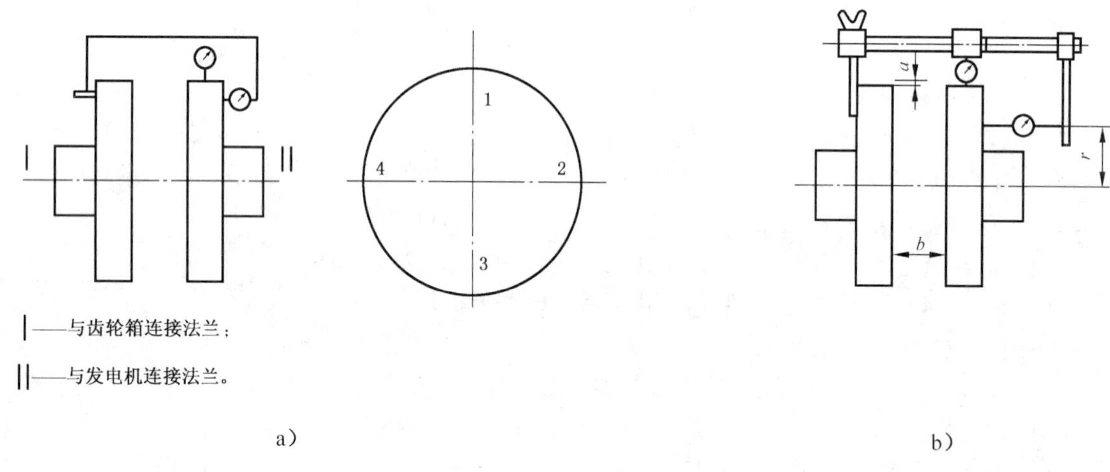

图 1 千分表支架安装示意图

b) 使径向千分表和端面千分表分别对准法兰顶部位置并归零，并将起始位置定为 0°；

c) 同时转动两根转轴，依次记下 0°，90°，180°，270°四个位置上径向圆跳动量 a_1、a_2、a_3、a_4 和端面圆跳动量 b_1、b_2、b_3、b_4；

d) 对中(同轴度)偏差计算方法如下：

1) 径向位移(垂直方向)$\Delta'=a_3-a_1$；

2) 径向位移(水平方向)$\Delta''=a_4-a_2$；

3) 角度偏差(垂直方向)$\sin\theta'=(b_3-b_1)/r$；

4) 角度偏差(水平方向)$\sin\theta''=(b_4-b_2)/r$。

注:实际测量中,因位置所限使下方数值 a_3、b_3 无法直接测量时,则可用下式得出:

$a_3=(a_2+a_4)-a_1$;$b_3=(b_2+b_4)-b_1$。

5.4.2 激光对中仪检查调整

利用激光对中仪检查调整对中误差具有操作简单、效率高、精度好等优点,因此推荐在批量生产条件下采用该方法。具体方法可参照激光对中仪的产品使用说明。

5.5 控制功能试验

机组电控系统的控制功能试验按照 GB/T 19069 的相关规定执行。

5.6 拖动试验

5.6.1 场地准备

试验场地设施等条件应符合安全要求和设计要求,试验场地与其他区域应采取有效隔离措施。

5.6.2 试验设备准备

——试验台架应具备足够的支撑刚度,试验装置不应引起任何主要共振频率的实质变化;

——所使用的仪器性能正常,完全适应试验的环境条件;

——试验电源符合要求,电源变压器容量、电压等级符合需要;

——必要的试验用具。

5.6.3 试验准备

机组拖动试验前,随机的液压和润滑管路应进行单独通油清洗,选择适当的压力和流量,使管内液体达到紊流状态。清洗时间应大于 60 min,然后用干净的玻璃杯采集 100 mL 的清洗液在光线明亮的场所静置 30 min 后,目测确认无杂质后为合格。清洁度高于此要求的系统,应在相关的技术文件和图样上明确标注,并规定检验方法。做好以下工作:

——将机组安装于试验台上,并按规定力矩拧紧联接螺栓;

——按规定连接电气线路;

——复查传动系统各总成部件底脚螺栓、动力传动件螺栓紧固情况;

——检查液压油量、润滑油量;

——检查制动器的调整情况;

——接通动力电源,检查相序、主断路器及各电机保护整定值。

5.6.4 空载拖动

将机组拖动至额定转速(允许±10%的偏差),连续运行 2h 以上并且在各温度测量点的温升达到稳定状态时。检查各系统的工作和功能,并进行以下测试:

——电网参数测量;

——软并网功能(或软启动功能);

——振动与噪声测量;

——发电机绕组温度、齿轮箱轴承温度、润滑油温度和环境温度;

——控制功能试验;

——安全保护功能试验。

5.6.5 拖动状态下的振动测量和噪声测量

拖动状态下的振动测量和噪声测量遵照附录 B 的规定。

5.7 软并网功能试验

机组电控系统的软并网功能试验按 GB/T 19069 的相关规定执行。

5.8 安全保护功能试验

机组电控系统的安全保护功能试验按照 GB/T 19069 的相关规定执行。

5.9 功率特性测试

机组功率特性测试按照 GB/T 18451.2 的规定执行。

5.10 噪声测试

并网运行机组的噪声测试按照 IEC 61400-11 的规定执行。

5.11 电能质量测试

并网运行机组的电能品质测试按照 GB/T 20320 的规定执行。

5.12 载荷测试

并网运行机组的载荷测试按照 IEC 61400-13 的规定执行。

5.13 试验结果处理

将试验所得的数据进行整理,并进行数据分析;将试验结果与风力发电机组的技术条件进行比较得出试验结论并编制试验报告。试验报告应包括以下内容:

——试验目的;

——试验机组概况;

——试验仪器仪表及精度一览表;

——参加试验人员及日期;

——试验方法;

——试验条件;

——试验结果;

——评价和结论。

6 检验规则

6.1 检验类别

机组检验分为出厂检验、现场检验和型式试验。

6.2 检验规定

每台机组均应进行出厂检验,产品检验合格后才能出厂。若有一项不合格,则判定为不合格产品。机组在现场安装调试运行后,在规定的时期内进行现场检验,现场检验合格后机组才能进行验收。有下列情况之一时应进行型式检验:

——新产品定型鉴定时;

——产品的设计、工艺等方面有重大改变时;

——出厂检验的结果与上次型式检验有较大差异时;

——国家质量监督机构要求进行型式检验时。

6.3 检验项目

除另有规定外,风力发电机组的检验项目和检验方法应符合表 1 的规定。

表 1 风力发电机组的检验项目和检验方法

检验项目	出厂检验	现场检验	型式检验	要　求	检验方法
材质	△	—	△	4.3.1.1	4.3.1.1
外观检查	△	△	△	4.3	目测
产品制造与装配质量检查	△	—	△	4.3	4.3、5
控制功能试验	△	△	△	4.2.1	5.5
拖动试验	△	—	△	4.3.4	5.6.4

表 1(续)

检验项目	出厂检验	现场检验	型式检验	要　求	检验方法
安全保护功能试验	△	△	△	4.2.1	5.8
功率特性测试	—	※	△	4.2.3	5.9
噪声测试	—	※	△	4.2.5	5.10
电能质量测试	—	※	△	4.2.6	5.11
载荷测试	—	—	△	4.2.2	5.12
注：标有“△”者为必检项目，标有“—”者为不作规定的检验项目，标有“※”者为供需双方协商进行的项目。					

7　包装、储存、运输与标志

7.1　包装

7.1.1　基本要求

7.1.1.1　应根据产品的特点及储运条件采用不同的包装型式和防护方法，做到包装紧凑、防护周密、安全可靠。

7.1.1.2　在正常储运条件下，应保证产品自制造厂包装之日起 12 个月内不至因包装不善而产生锈蚀、长霉、降低精度、残缺或散失等现象。特殊情况按供需双方协议执行。

7.1.1.3　采用集装箱运输的产品，应符合集装箱的要求。集装箱外部尺寸、额定质量和最小内部尺寸要求按 GB/T 1413 的有关规定。

7.1.1.4　包装箱或产品零部件的最大外形尺寸、质量应符合国内外运输方面有关超限超重的规定；特大、特重零部件，以铁路运输需用特殊车辆时，应绘出装车加固结构图，并注明最大外形尺寸、重心位置。

7.1.1.5　焊、铸件可采用裸装的包装形式，应将产品与包装架或托盘固定在一起(卡压或螺栓联接等)。

7.1.1.6　设备上有特殊防护要求的零部件应尽可能拆下，按特殊要求另行包装。

7.1.1.7　包装箱内每一单体零部件均应系有识别标签；产品应按装箱单进行装箱，装箱时应有人监装，以防漏装、错装。

7.1.2　包装标志

7.1.2.1　产品所有发货件必须喷涂或系挂相应的发货标志和储运标志。发货标志遵照 GB/T 6388 的规定，储运标志按 GB/T 191 的规定执行。

7.1.2.2　对于质量超过 3 t 或接近 3 t 偏重的物件，需喷涂起吊位置和重心。

7.1.3　随机文件

7.1.3.1　每台产品均应有随机文件(产品合格证、说明书、安装图、易损件目录、装箱单等)并用塑料袋封装好。

7.1.3.2　产品可多箱包装，应有一份总装箱单，用塑料袋封装后放在第一箱内。

7.1.3.3　每个包装单元均应带一份本箱所包装零部件的装箱单，用塑料袋包装好后，装入装箱单罩内，然后将罩钉在箱的端壁上方。无箱壁的包装可钉在滑木侧面或其他方木上。

7.1.4　机组应提供的技术文件

机组交付时应提供的技术文件如下：

a)　文件目录；

b)　整机合格证；

c)　设备配置清单及合格证；

d)　安装手册；

e)　运行维护手册；

f) 地面试验报告；

g) 安装调试报告；

h) 试运行检验记录；

i) 用户要求的其他文件(应在合同中规定)。

7.2 储存、运输

机组的储存运输应符合以下要求：

a) 机舱在储存、运输过程中不得受沙尘雨水侵袭；无论采用何种方式运输都应固定牢靠；

b) 塔架的储存、运输遵照 GB/T 19072 的有关规定进行；

c) 风轮叶片的储存、运输遵照 JB/T 10194 的有关规定进行。

7.3 标志

每台机组均应有铭牌，可固定在塔架底部内侧人眼目视高度处，其上应标明：

a) 生产厂名、地址；

b) 机组型号名称、商标；

c) 风轮直径、轮毂高度；

d) 发电机型号；

e) 额定输出功率、额定电压；

f) 产品执行标准编号；

g) 出厂日期和编号；

h) 产品执行标准编号。

附　录　A
（资料性附录）
装配联接方法

A.1　螺栓、螺钉联接

A.1.1　螺栓、螺钉和螺母紧固时，严禁打击或使用不合适的旋具和扳手。紧固后的螺钉槽、螺母和螺钉、螺栓头部不得损坏。

A.1.2　有规定拧紧力矩要求的紧固件，必须采用力矩扳手，并按规定的拧紧力矩紧固；未规定拧紧力矩的紧固件，其拧紧力矩可参见表 A.1。

表 A.1　一般联接螺栓的拧紧力矩

螺栓性能等级	螺栓公称直径/mm										
	6	8	10	12	16	20	24	30	36	42	48
	拧紧力矩/(N·m)										
5.6	3.3	8.5	16.5	28.7	70	136.3	235	472	822	1 319	1 991
8.8	7	18	35	61	149	290	500	1 004	1 749	2 806	4 236
10.9	9.9	25.4	49.4	86	210	409	705	1 416	2 466	3 957	5 973
12.9	11.8	30.4	59.2	103	252	490	845	1 697	2 956	4 742	7 159

注 1：适用于粗牙螺栓、螺钉。

注 2：拧紧力矩允许偏差为±5%。

注 3：预载荷按材料屈服强度的 70% 取。

注 4：摩擦系数 $\mu=0.125$。

注 5：所给数值为使用润滑剂的螺栓，对于无润滑剂的螺栓的拧紧力矩应为表中值的 133%。

A.1.3　同一零件用多件螺钉（螺栓）紧固时，各螺钉（螺栓）需交叉、对称、逐步、均匀、拧紧。如有定位销，应从靠近该销的螺钉（螺栓）开始。

A.1.4　螺钉、螺栓和螺母拧紧后，其支撑面应与被紧固零件贴合。

A.1.5　螺母拧紧后，螺栓、螺钉头部应露出螺母端面 2 个～3 个螺距。

A.1.6　沉头螺钉紧固后，沉头不得高出沉孔端面。

A.1.7　严格按照图样及技术文件上规定等级的紧固件装配，不允许用低性能紧固件替代高性能紧固件。

A.2　销联接

A.2.1　圆锥销装配时应与孔进行涂色检查，其接触率不应小于配合长度的 60%，并应分布均匀。

A.2.2　定位销的端面应突出零件表面，带螺尾圆锥销装入相关零件后，其大端应沉入孔内。

A.2.3　开口销装入相关件后，其尾部需分开，其扩角为 60°～90°。

A.3　键联接

A.3.1　平键联接时，不得制配成阶梯形。

A.3.2　平键与轴上键槽两侧面应均匀接触，其配合面不得有间隙。钩头键、楔键装配后，其接触面积应不小于工作面积的 70%，且不接触面不得集中于一段。外露部分应为斜面的 10%～15%。

A.3.3 花键装配时，同时接触的齿数应不少于三分之二，接触率在键齿的长度和高度方向不得低于50%。

A.3.4 滑动配合的平键(或花键)装配后，相配件须移动自如，不得有松紧不均现象。

A.4 铆钉联接

A.4.1 铆接时不得损坏被铆接零件的表面，也不得使被铆接的零件变形。

A.4.2 除特殊要求外，一般铆接后不得出现松动现象，铆钉头部必须与被铆零件紧密接触，并应光滑圆整。

A.5 粘合联接

A.5.1 粘接剂牌号应符合设计和工艺要求，并采用有效期内的产品。

A.5.2 被粘接的表面应做好表面处理，彻底清除油污、水膜、锈迹等杂质。

A.5.3 粘接时，粘接剂应涂抹均匀，固化的温度、压力、时间等应符合工艺或粘接剂使用说明书的规定。

A.5.4 粘接完成后应清除流出的多余粘结剂。

A.6 热装过盈联接

A.6.1 热装过盈联接，宜采用感应加热的方法。

A.6.2 热装零件的加热温度根据零件材质、结合直径、过盈量及热装的最小间隙等确定。热装时包容件的加热温度可按公式(A.1)计算：

$$t_n = e_{ot}/\alpha d_f + t = (\Delta_1 + \Delta_2)/\alpha d_f + t \quad \text{(A.1)}$$

式中：

t_n——包容件加热温度，单位为摄氏度(℃)；

e_{ot}——包容件内径的热胀量(等于过盈量 Δ_1 与热装时的最小间隙 Δ_2 之和)，单位为毫米(mm)；

α——材料的线膨胀系数(1/℃)，参见表A.2；

d_f——结合直径，单位为毫米(mm)；

t——环境温度，单位为摄氏度(℃)。

表A.2 泊松系数表

材料	弹性模量 E/(kN/mm^2)	泊松系数 γ	线膨胀系数 α/(10^{-6}/℃)
			加热
碳钢、低合金钢、合金结构钢	200～235	0.30～0.31	11
灰口铸铁 HT150、HT200	70～80	0.24～0.25	11
灰口铸铁 HT250、HT300	105～130	0.24～0.26	10
可锻铸铁	90～100	0.25	
非合金球墨铸铁	160～180	0.28～0.29	
青铜	85	0.35	17
黄铜	80	0.36～0.37	18
铝合金	69	0.32～0.36	21
镁铝合金	40	0.25～0.30	25.5

A.6.3 热装时所需的最小间隙 Δ_2 参见表 A.3。

表 A.3 热装最小间隙选用表

单位为毫米

结合直径 d	>80 ～100	>100 ～120	>120 ～150	>150 ～180	>180 ～220	>220 ～260	>260 ～310	>310 ～360	>360 ～440	>440 ～500	>500 ～560
装配间隙 Δ	0.1	0.12	0.20	0.25	0.30	0.38	0.46	0.54	0.66	0.75	0.84
结合直径 d	>560 ～630	>630 ～710	>710 ～800	>800 ～900	>900 ～1 000	>1 000 ～1 120	>1 120 ～1 250	>1 250 ～1 400	>1 400 ～1 600	>1 600 ～1 800	>1 800 ～2 000
装配间隙 Δ	0.94	1.10	1.20	1.40	1.60	1.80	2.00	2.20	2.60	2.90	3.20

A.6.4 加热和保温时间，一般按厚度每 10 mm 需要 10 min 的加热时间，厚度每 40 mm 需要 10 min 的保温时间来确定。

A.7 胀套联接

A.7.1 胀套表面和结合件表面必须干净，无污物、无腐蚀、无损伤。装配前均匀涂一层不含二硫化钼等添加剂的润滑油。

A.7.2 胀套螺栓必须使用扭力扳手，并对称、交叉、均匀拧紧。

A.7.3 螺栓的拧紧力矩值按设计图样或工艺规定，亦可参照表 A.1，分三次拧紧，分别以三分之一的拧紧力矩值、二分之一的拧紧力矩值、全部拧紧力矩值拧紧。

附 录 B
（规范性附录）
拖动状态下的振动测量和噪声测量

B.1 振动测量

B.1.1 仪器要求

振动测量仪器应具有测量振动宽频带均方根的能力，通频响应范围至少为 2 Hz～1 000 Hz。按照不使其降低测量精度的方式，正确地固定振动传感器。

B.1.2 测量位置

通常在容易接近的机器外表部分轴承盖或轴承座处进行测量。振动测量的位置和方向必须对测量机器的动态力有足够的灵敏度，一般在水平和垂直方向两个相互正交的径向位置进行测量。

如果对机器振动幅值情况充分了解，可在轴承盖或轴承座上用单个传感器代替典型的一对正交放置的传感器。但应注意观察评价单个的传感器测量面上的振动，因为此测量方位未必接近振动最大值。

B.1.3 测量结果

应将速度及位移二者的宽频带测量都作为基础进行评价，测量结果以振动速度及位移总的均方根值(rms)作为主要的评估量。

B.2 噪声测量

B.2.1 仪器要求

仪器应采用符合 GB/T 3785 规定的、其准确度不低于Ⅱ型的声级计或准确度相当的其他声学仪器。仪器的检定状态应在有效期内。

B.2.2 测点配置

噪声测点的配置按照图 B.1 的规定，水平面测点高度为轴中心高(但不应低于 250 mm)，测点与机器外壳的距离为 1 m，沿图 B.1 虚线上相邻测点的距离应等于或小于 1 m。如果相邻两测点 A 计权声压级的差值为 5 dB 及以上时，应在该两测点间的测量面上增加测点。

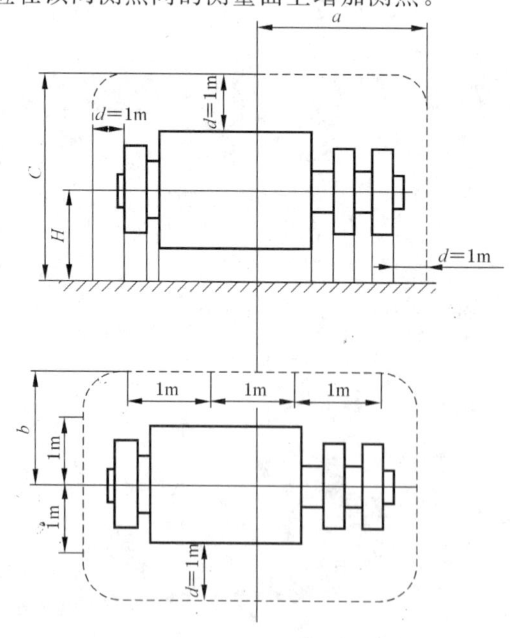

图 B.1 机组噪声测点分布图

B.2.3 平均声压级的计算

测量面上的平均声压级按式(B.1)计算。在所有测点中,任何相邻两点的声压级之差小于5 dB时,允许用算术平均值计算平均声压级 $\overline{L}_{PA}$。如有异议,则以式(B.1)计算的结果为准。

$$\overline{L}_{PA} = 10\lg\left[1/N\sum_{i=1}^{N}10^{0.1(L_{PAi}-K_{1i})}\right]-K_2 \quad \cdots\cdots(B.1)$$

式中:

$\overline{L}_{PA}$——A计权平均声压级,单位为分贝[dB(A)],基准值为20 μPa;

L_{PAi}——第 i 点声压级,单位为分贝[dB(A)];

K_{1i}——第 i 点背景噪声修正值(参见表B.1);

N——总测点数;

K_2——环境反射修正值,单位为分贝[dB(A)];K_2 一般为0 dB~7 dB,如无条件测 K_2 时,取 K_2=4 dB。

表B.1 背景噪声修正

单位为分贝

电机运转时测得的噪声级与背景噪声级之差	3	4	5	6	7	8	9	10	>10
修正值 K_1	3	2	2	1	1	1	0.5	0.5	0

B.2.4 声功率级的计算

电机噪声的A计权声功率级应按式(B.2)计算:

$$L_W = \overline{L}_{PA} + 10\lg\frac{S}{S_0} \quad \cdots\cdots(B.2)$$

式中:

L_W——A计权声功率级,单位为分贝[dB(A)];

$\overline{L}_{PA}$——按式(B.1)计算的A计权平均声压级,单位为分贝[dB(A)];

S_0——基准面积,单位为平方米(m^2),S_0=1 m^2;

S——测量面面积,单位为平方米(m^2),按式(B.3)计算:

$$S = 4(ab+bc+ca)(a+b+c)/(a+b+c+2d) \quad \cdots\cdots(B.3)$$

ICS 27.180
F 11

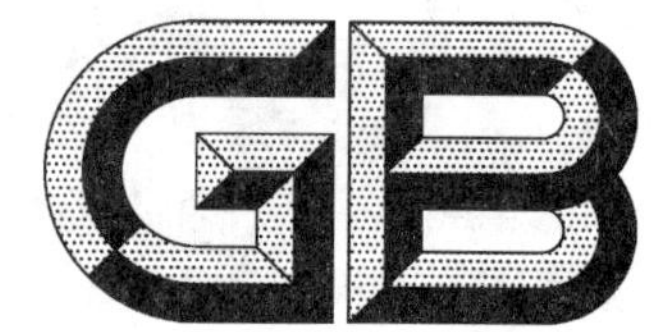

中华人民共和国国家标准

GB/T 21407—2015
代替 GB/T 21407—2008

双馈式变速恒频风力发电机组

Doubly fed variable speed constant frequency wind turbine

2015-10-09 发布　　　　2016-06-01 实施

中华人民共和国国家质量监督检验检疫总局
中国国家标准化管理委员会　发布

前　言

本标准按照 GB/T 1.1—2009 给出的规则起草。

本标准代替 GB/T 21407—2008《双馈式变速恒频风力发电机组》。

本标准与 GB/T 21407—2008 相比，除编辑性修改外，主要技术变化如下：

——将标准适用范围扩大为风轮扫掠面积大于 200 m^2 的机组；

——在术语和定义中将“双馈式线绕转子异步发电机”“电机侧变流器”“网侧变流器”和“设计转速”等在正文中未提及的定义删除；

——增加了“变速恒频装置”“标准型机组”“台位试验”和“拖动试验”四个术语；

——删除原标准第 4 章“缩略语”；

——增加了第 4 章“机组的构成”；

——增加了第 5 章“机组的等级与命名”；

——增加了第 10 章“机组的运行与维护要求”；

——增加了第 11 章“其他”；

——将技术要求中的“一般要求”改为“基本要求”，增加了：“机组基础设计要求”“机型设计要求”和“机组合格认证要求”等条文；

——将“工常环境条件”改为“环境条件”，并分列了环境条件和电网条件两部分。

——将“性能要求”改为“机组性能及技术指标要求”，并对性能指标作了部分修订；

——增加了“功能要求”“电气性能要求”和“防腐要求”的条文；

——将“总装配要求”改为“机组及主要部件(系统)装配与安装”，在该条中增加了“一般要求”“机组制造工艺流程”“叶片制造工艺要求”“机械装配要求”“机组基础施工要求”“机组整机装配要求”“机组调试要求”和“机组试运行要求”；

——将“5.6 台架模拟试验要求”和“5.7 机组外场试验要求”进行编辑性修改后纳入到“试验方法”一章中；

——在“试验方法”条文中增加了“试验要求”，将“试验台试验”改为“工厂试验”，将“机组外场试验”改为“风场试验”并对条文进行了编辑性修改。在试验方法中增加了“机械连接性能检验”“电气性能检验”“传动链台位试验”“轮毂组件台位试验”“功率特性测试”“电网适应性测试”“电能质量测试”和“机械载荷测试”；

——在“检验类别”中增加了“验收检验”；

——检验项目通过列表的方式给出；

——将引用的抽样标准“GB/T 5080.7”改为“GB/T 19960.1—2005”；

——删除了“7.5.1 失效率判定”；

——将“包装和保管”单独成条分述；

——将“运输和贮存”单独成条分述；

——将“用户的特殊要求”修订为第 11 章“其他”；

——删除“附录 A”和“附录 B”。

本标准由中国机械工业联合会提出。

本标准由全国风力机械标准化技术委员会(SAC/TC 50)归口。

本标准起草单位：国电联合动力技术有限公司、浙江运达风电股份有限公司、沈阳工业大学风电技术研究所、上海电气风电设备有限公司、华锐风电科技股份有限公司、中国明阳风电集团有限公司、沈阳华人风电科技有限公司。

本标准主要起草人:张健志、冯健、孙黎翔、屈晓娟、潘磊、蔡安民、王海龙、周胜兵、井延伟、何明、罗勇水、应有、王晓东、许移庆、金宝年、杨明明、张献中、陈湘泉、宋筱文。

本标准历次版本发布情况为:

——GB/T 21407—2008。

双馈式变速恒频风力发电机组

1 范围

本标准规定了水平轴双馈式变速恒频风力发电机组(以下简称“机组”)的等级与命名、技术要求、试验方法、检验规则、标志、包装、贮存、运输与保管等。

本标准适用于风轮扫掠面积大于 200 m^2 的双馈式变速恒频风力发电机组。

2 规范性引用文件

下列文件对于本文件的应用是必不可少的。凡是注日期的引用文件,仅注日期的版本适用于本文件。凡是不注日期的引用文件,其最新版本(包括所有的修改单)适用于本文件。

GB/T 2900.53 电工术语 风力发电机组

GB 5083—1999 生产设备安全卫生设计总则

GB/T 9327 额定电压 35 kV(U_m=40.5 kV)及以下电力电缆导体用压接式和机械式连接金具试验方法和要求

GB/T 12325 电能质量 供电电压偏差

GB/T 12326 电能质量 电压波动和闪变

GB/T 14315 电力电缆导体用压接型铜、铝接线端子和连接管

GB/T 14549 电能质量 公用电网谐波

GB/T 15543 电能质量 三相电压不平衡

GB 14048.1—2012 低压开关设备和控制设备 第1部分:总则

GB/T 17626.2 电磁兼容 试验和测量技术 静电放电抗扰度试验

GB/T 17626.3 电磁兼容 试验和测量技术 射频电磁场辐射抗扰度试验

GB/T 17626.4 电磁兼容 试验和测量技术 电快速瞬变脉冲群抗扰度试验

GB/T 17626.5 电磁兼容 试验和测量技术 浪涌(冲击)抗扰度试验

GB/T 17626.6 电磁兼容 试验和测量技术 射频场感应的传导骚扰抗扰度

GB/T 17626.8 电磁兼容 试验和测量技术 工频磁场抗扰度试验

GB/T 17799.2 电磁兼容 通用标准 工业环境中的抗扰度试验

GB/T 18290.2 无焊连接 第2部分:无焊压接连接 一般要求、试验方法和使用导则

GB/T 18451.1 风力发电机组 设计要求

GB/T 18451.2 风力发电机组 功率特性测试

GB/T 19070—2003 风力发电机组 控制器 试验方法

GB/T 19072—2010 风力发电机组 塔架

GB/T 19073—2008 风力发电机组 齿轮箱

GB/T 19292.1 金属和合金的腐蚀 大气腐蚀性 分类

GB/T 19568—2004 风力发电机组装配和安装规范

GB/T 19960.1—2005 风力发电机组 第1部分:通用技术条件

GB/T 19963—2011 风电场接入电力系统技术规定

GB/T 20319—2006 风力发电机组 验收规范

GB/T 20320—2013 风力发电机组 电能质量测量和评估方法
GB/T 22516 风力发电机组 噪声测量方法
GB/T 25381 风力发电机组 系列型谱
GB/T 25383—2010 风力发电机组 风轮叶片
GB/T 25385—2010 风力发电机组 运行及维护要求
GB/Z 25426 风力发电机组 机械载荷测量
GB/Z 25458 风力发电机组 合格认证规则及程序
GB/T 32077 风力发电机组 变桨距系统
GB 50007 建筑地基基础设计规范
GB 50010 混凝土结构设计规范
GB 50135—2006 高耸结构设计规范
GB 50169 电气装置安装工程 接地装置施工及验收规范
GBZ 1—2010 工业企业设计卫生标准
DL/T 1071 电力大件运输规范
DL/T 5384—2007 风力发电工程施工组织设计规范
JB/T 7878 风力机 术语
JB/T 10425.1—2004 风力发电机组 偏航系统 第1部分:技术条件
JB/T 10426.1—2004 风力发电机组 制动系统 第1部分:技术条件
JB/T 10427—2004 风力发电机组一般液压系统
NB/T 31001—2010 风电机组筒形塔制造技术条件
NB/T 31013—2011 双馈风力发电机制造技术规范
NB/T 31014—2011 双馈风力发电机变流器制造技术规范
NB/T 31017—2011 双馈风力发电机组主控制系统技术规范
NB/T 31039 风力发电机组雷电防护系统技术规范

3 术语和定义

GB/T 2900.53 和 JB/T 7878 界定的以及下列术语和定义适用于本文件。

3.1

变速恒频风力发电机组 variable speed constant frequency wind turbine

风轮转速可以随风速在较宽的范围内改变,机组输出的电能频率与电网频率保持同步的风力发电机组。

3.2

变速恒频装置 variable speed constant frequency device

机组运行过程中通过变桨系统和变流器实时调整发电机转速,使其转速最佳,同时通过变流器改变发电机励磁电流频率,使输出的电流频率恒定的装置。

3.3

台位试验 test in production location

在生产台位上对风力发电机组的重要组件、部件或系统进行的功能及性能试验。

3.4

拖动试验　towing test

用电动机模拟风力，拖动风力发电机组的发电系统(含主轴、齿轮箱、发电机、变频器和控制机柜)使之处于工作状态，用以检测发电系统的各项技术性能。

4　机组的构成

双馈式变速恒频风力发电机组由轮毂、变桨距装置、叶片、齿轮箱、联轴器、发电机、电控柜及塔架等主要部件和设备组成的成套设备，其构成示意图见图1。

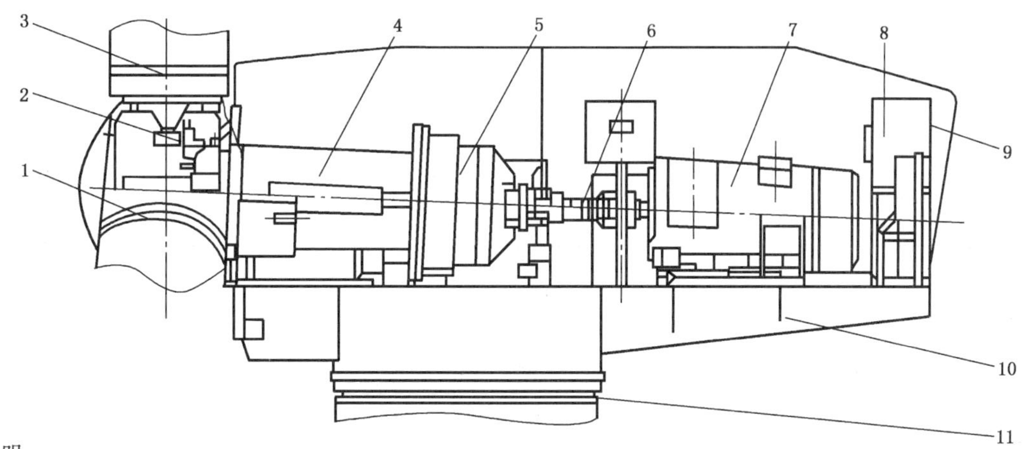

说明：

1 ——轮毂；
2 ——变桨距装置；
3 ——叶片；
4 ——主轴；
5 ——齿轮箱；
6 ——联轴器；
7 ——发电机；
8 ——电控柜；
9 ——机舱罩；
10——机架；
11——塔架。

图1　机组构成示意图

5　机组的等级与命名

5.1　机组等级

机组等级划分应符合表1的要求。

表 1 机组等级

<table>
<tr><td colspan="2">机组等级</td><td>Ⅰ</td><td>Ⅱ</td><td>Ⅲ</td><td>S</td></tr>
<tr><td colspan="2">v_{ref}/(m/s)</td><td>50</td><td>42.5</td><td>37.5</td><td rowspan="4">由设计者
规定各参数</td></tr>
<tr><td rowspan="3">I_{ref}(—)</td><td>A</td><td colspan="3">0.16</td></tr>
<tr><td>B</td><td colspan="3">0.14</td></tr>
<tr><td>C</td><td colspan="3">0.12</td></tr>
<tr><td colspan="6">表中各数值应用于轮毂高度：
V_{ref}表示 10 min 平均参考风速；
A 表示较高湍流强度；
B 表示中等湍流强度；
C 表示较低湍流强度；
I_{ref}表示风速为 15 m/s 时湍流强度的期望值。</td></tr>
<tr><td colspan="6">注：本标准中的 I_{ref} 为平均值，不是代表值。</td></tr>
</table>

5.2 机组的命名

机组型号命名一般由基础部分和附加部分组成。基础部分由企业代字和额定功率组成；附加部分由风轮直径、塔架高度和机组等级组成，附加各部分之间用下斜线隔开，特殊情况下也可简化附加部分；基础部分与附加部分用短横线隔开。其命名方式见图 2。

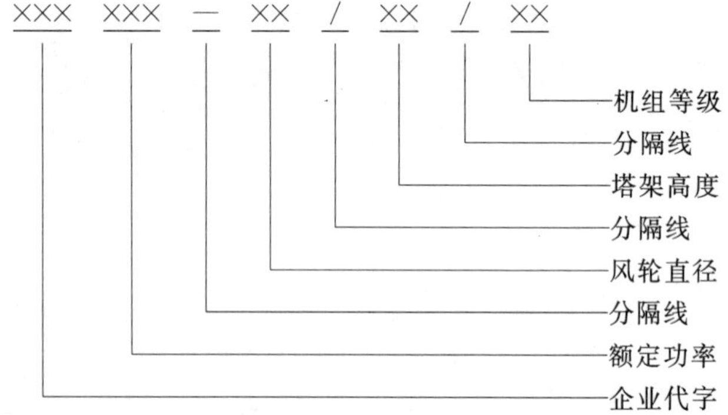

注：图中××代表数字、字母等，但其中的位数仅仅是一种示意，不代表实际位数，实际位数由各企业自行规定，但其各功能顺序应符合本标准。

图 2 机组命名方式

企业代字由企业自行规定；

额定功率由阿拉伯数字表示，单位为 kW，如 1 MW 用 1 000 表示，1.5 MW 用 1 500 表示，以此类推；

风轮直径用阿拉伯数字表示，单位为 m，如 55 m 用 55 表示，82 m 用 82 表示，以此类推；

塔架高度用阿拉伯数字表示，单位为 m，如 65 m 用 65 表示，80 m 用 80 表示，以此类推；

机组等级用罗马字Ⅰ、Ⅱ、Ⅲ和英文字母 S 与湍流特性 A、B、C 组合而成，见示例。

示例 1：一级较高湍流特性风电机组表示为：ⅠA。

示例 2：二级中等湍流特性风电机组表示为：ⅡB。

示例 3：三级较低湍流特性风电机组表示为：ⅢC。

5.3 机组命名示例

风力发电机组产品命名见示例。

示例 1：××××公司制造的 1.5 MW 一级较高湍流特性风电机组，风轮直径为 82 m，塔架高度 80 m 其产品型号为：UP1500-82/80/ⅠA。

示例 2：××××公司制造的 3 MW 二级中等湍流特性风电机组，风轮直径为 100 m，塔架高度 90 m 其产品型号为：UP3000-100/90/ⅡB。

示例 3：××××公司制造的 6MW 三级较低湍流特性风电机组，风轮直径为 100 m，塔架高度 90 m 其产品型号为：UP6 000-100/90/ⅢC。

6 技术要求

6.1 基本要求

6.1.1 机组设计应符合 GB/T 18451.1 的规定。

6.1.2 机型及功率设计宜符合标准 GB/T 25381 的规定。

6.1.3 叶片设计应符合 GB/T 25383—2010 中第 5 章～第 7 章的规定。

6.1.4 塔架设计应符合 GB/T 19072 的规定。

6.1.5 机组防雷设计应符合 NB/T 31039 的规定。

6.1.6 机组基础设计应符合 GB 50135—2006、GB 50007 和 GB 50010 的规定。

6.1.7 机组合格认证应符合 GB/Z 25458 的规定。

6.2 环境条件

6.2.1 机组应适应以下环境条件：

a) 机组运行环境温度范围：－10 ℃～＋40 ℃；

b) 机组生存环境温度范围：－20 ℃～＋50 ℃；

c) 湿度：＜95％；

d) 空气密度为：1.225 kg/m^3；

e) 海拔高度：＜2 000 m。

6.2.2 机组应能适应的电网条件：

a) 电网频率范围应符合表 2 的规定；

b) 电网供电电压偏差范围应在 GB/T 12325 规定的限值内；

c) 电网三相电压不平衡度范围应在 GB/T 15543 规定的限值内；

注：本标准规定的三相电压不平衡为负序电压不平衡。

d) 电网电压闪变值范围应在 GB/T 12326 规定的限值内；

e) 电网电压谐波值范围应在 GB/T 14549 规定的限值内。

表 2 机组在电网频率范围的运行规定

频率范围	要 求
47.5 Hz ～ 48 Hz	机组应具有至少运行 5 min 的能力
48 Hz ～ 49.5 Hz	机组应具有至少运行 30 min 的能力

表 2（续）

频率范围	要求
49.5 Hz ～ 50.2 Hz	连续运行
50.2 Hz ～ 51.5 Hz	机组应具有至少运行 5 min 的能力， 不允许停机状态的风电机组并网

6.3 机组性能及技术指标要求

6.3.1 机组的切入风速应小于或等于 4.5 m/s，切出风速应大于 20 m/s(10 min 平均)。

6.3.2 机组最大风能利用系数应大于 0.4。

6.3.3 发电机输出电压(V)宜优先采用以下数系：690、3 150、3 300、6 300、6 600、10 500。

6.3.4 机组在额定工况时，其输出的功率应不小于设计的额定功率。额定风速以上时要求目标功率与实测功率偏差不超过 3%。

6.3.5 机组的功率因数应在±0.95 的范围内并可调整。

6.3.6 机组年可利用率应大于等于 95%。

6.3.7 塔架应符合以下要求：

a) 塔架高度应与风轮直径相匹配；

b) 塔架强度应与机组等级相一致，其强度及其他性能要求应符合 GB/T 19072—2010 中第 5 章的规定；

c) 塔架高度在 20 m 以上的应按 GB 5083—1999 中 5.7 的规定配备电梯或助爬装置。

6.3.8 机组基础的结构形式、强度、抗拔及抗滑稳定性应与机组等级相一致，其计算方法应符合 GB 50135—2006 第 7 章的规定。

6.3.9 风速在 6 m/s～10 m/s 条件下，测量风力发电机组的声功率应小于等于 110 dB(A 声级)。

6.3.10 机组内应有照明装置，其照度：

a) 机舱内照度应大于或等于 300 lx；

b) 塔架内照度应大于或等于 200 lx。

6.3.11 机组设计寿命应大于或等于 20 年。

6.4 功能要求

6.4.1 控制系统

控制系统应符合以下要求：

a) 控制系统技术参数和功能应符合 NB/T 31017—2011 中第 4 章的规定；

b) 控制系统应能保证机组具有低电压穿越能力。当电网跌至对机组低电压穿越要求的电压时，在规定的时间内，控制系统应能保证机组在网运行。电压跌落幅度与时间的对应关系见图 3。在电压跌落期间，机组应能发出一定量的无功功率以支撑电网电压，并在电压恢复后迅速恢复有功功率。

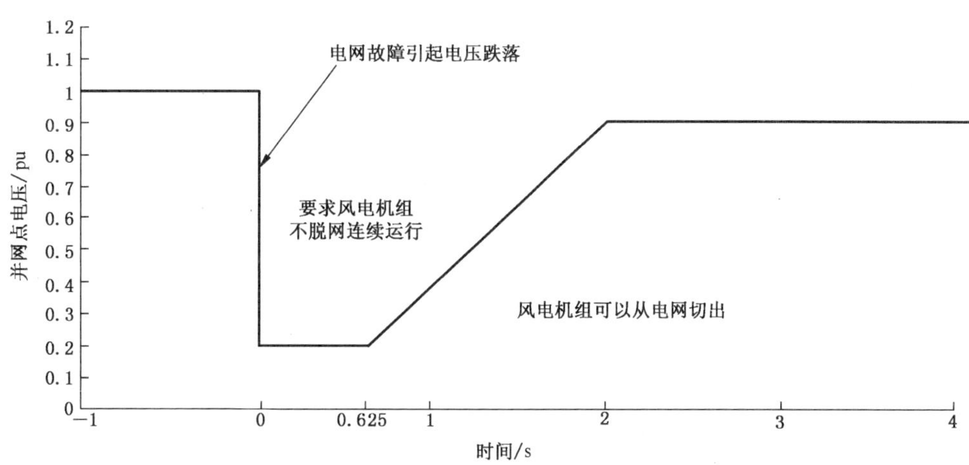

图 3 风电场低电压穿越要求

6.4.2 变桨距系统

6.4.2.1 变桨距驱动载荷应与叶片质量相匹配。

6.4.2.2 变桨距系统技术性能应符合 GB/T 32077 的规定。

6.4.3 偏航系统

6.4.3.1 偏航驱动载荷应与机组载荷相匹配。

6.4.3.2 扭缆角度一般应在±1 440°的范围内。

6.4.3.3 偏航技术性能应符合 JB/T 10425.1—2004 第 4 章的规定。

6.4.4 液压系统

液压系统的功能及技术性能应符合 JB/T 10427—2004 中 3.3、3.5、3.7、3.8 的规定。

6.4.5 发电系统

6.4.5.1 双馈式发电机技术性能应符合 NB/T 31013—2011 第 4 章和第 5 章的规定。

6.4.5.2 双馈风力发电机变流器的技术性能应符合 NB/T 31014—2011 第 4 章的规定。

6.4.6 防雷系统

机组防雷系统技术性能应符合 NB/T 31039 的规定。

6.4.7 制动系统

6.4.7.1 制动形式应符合 JB/T 10426.1—2004 中 4.1.2 的规定。

6.4.7.2 制动系统工作条件应符合 JB/T 10426.1—2004 中 4.2 的规定。

6.4.7.3 制动系统技术性能应符合 JB/T 10426.1—2004 中 4.3 的规定。

6.4.8 监测系统

机组监测系统应具备对功率、风速、风向、重要部件的温度、风轮和发电机转速、振动等信号进行检测判断的功能,同时应能显示发生故障的名称(或称标识)。

6.5 电气性能要求

6.5.1 电气连接要求

6.5.1.1 电线电缆的型号、截面积、颜色应与设计文件的规定相符。

6.5.1.2 接线端子与电缆采用压接式连接的，其压接方法和性能应符合以下要求：

a) 导线截面积小于等于 10 mm² 的电线、电缆的压接连接应符合 GB/T 18290.2 的要求；

b) 导线截面积为 10 mm²～630 mm² 的电线、电缆的压接应符合：

  1) 压接端子和连接管的规格与导线截面积的配合尺寸应符合 GB/T 14315 的要求；

  2) 压接后的电气及机械性能应符合 GB/T 9327 的要求。

6.5.1.3 电气设备的供电电缆和信号输出电缆应与设备进行可靠连接。

6.5.2 绝缘电阻要求

6.5.2.1 当机组发电机输出电压小于等于 1 000V AC 或 1 500 V DC 时，在电气设备、控制机柜外壳与供电电路之间施加 1 000 V AC 或 1 500 V DC 的电压测得的绝缘电阻应大于 1 MΩ。

6.5.2.2 当机组发电机输出电压大于 1 000 V AC 或 1 500 V DC，但不超过 36 kV 时，在电气设备、控制机柜外壳与供电电路之间施加等于高压设备额定电压或 5 000 V AC 电压测得的绝缘电阻应大于 1 MΩ。

6.5.3 抗电强度要求

机组各电气部分无连接关系的两电极之间、电极与设备或器件壳体之间的抗电强度应符合 GB 14048.1—2012 中 8.3.3.4.1 中 3)b)的规定，参见表 3。

表 3 与额定绝缘电压对应的介电试验电压

额定绝缘电压 V	交流试验电压(有效值) V	直流试验电压[a,b,c] V
U_i≤60	1 000	1 415
60<U_i≤300	1 500	2 120
300<U_i≤690	1 890	2 670
690<U_i≤800	2 000	2 830
800<U_i≤1 000	2 200	3 110
1 000<U_i≤1 500[a]	—	3 820

a 仅适用于直流。

b 试验电压值引自 NB/T 31037—2012 中的表 4。

c 直流试验电压仅在交流试验电压不适用时使用。见 GB 14048.1—2012 中 8.3.3.4.1 的 3)b)②的规定。

6.5.4 抗电强度要求

机组内电气系统所有设备的抗干扰度均应符合 GB/T 17799.2 的规定。

6.5.5 接地要求

6.5.5.1 机组内所有电气设备壳体均应与地线进行连接(或承载保护联结)，其连接用铜导体的截面积应大于或等于 16 mm²。如果采用其他导电材料，其单位长度电阻不应超过允许的铜导体单位长度电阻,其截面积不应小于 16 mm^2。

6.5.5.2 机组内所有设备、部件等金属体均应做等电位连接,并与地线相连接,其连接用铜导体的截面积应大于或等于 16 mm^2。如果采用其他导电材料,其单位长度电阻不应超过允许的铜导体单位长度电阻,其截面积不应小于 16 mm^2。

6.5.5.3 接地滑动触点连接要求:

a) 滑动触点应使用金属石墨碳刷;

b) 应保证碳刷在刷架内上下运动自由;

c) 应保证碳刷与接地导体有适度的压力;

d) 应保证碳刷与接地导体具有良好的面接触性。

6.5.5.4 接地电阻应小于或等于 4 Ω。

6.6 防腐要求

6.6.1 机舱和风轮防腐应符合以下要求:

a) 金属零、部件应有镀覆层,其防腐效果应满足机组寿命要求;

b) 没有镀覆层或镀层不能满足防腐要求的金属零、部件可采用防腐涂料防腐。防腐涂料的种类及涂层厚度应满足机组寿命要求;

c) 非金属零、部件的防腐应符合设计要求;

d) 大气腐蚀性能等级的选用应符合 GB/T 19292.1 的规定。

6.6.2 塔架防腐应符合 NB/T 31001—2010 第 9 章的规定。

6.7 机组及主要部件(系统)装配与安装

6.7.1 一般要求

6.7.1.1 厂房装配环境条件应符合 GBZ 1—2010 中 6.2 的规定。

6.7.1.2 风场装配环境条件应符合:

a) 风速一般不大于 10 m/s,必要时不大于 8 m/s;

注:必要时一般指风轮直径大于 80 m 以上时,风轮与机舱的装配,其装配场地风速不宜大于 8 m/s。

b) 无雨雪。

6.7.1.3 凡参与机械或电气装配(含吊装)和调试的人员均应接受过专门培训,并取得操作证书。

6.7.1.4 凡参加装配的人员均应佩戴安全帽、工作鞋、工作服等防护用品。

6.7.1.5 工艺装备、计量器具、仪器仪表和测试设备均应为合格品并在有效检定期内。

6.7.1.6 粘接剂、树脂等非金属材料应为合格产品并在有效期内。

6.7.1.7 吊车、吊具均应为合格设备和产品,并在有效检定期内。

6.7.1.8 电梯或助爬装置应为合格设备,并在有效检定期内。

6.7.2 机组制造工艺流程

机组生产的一般工艺流程见图 4。

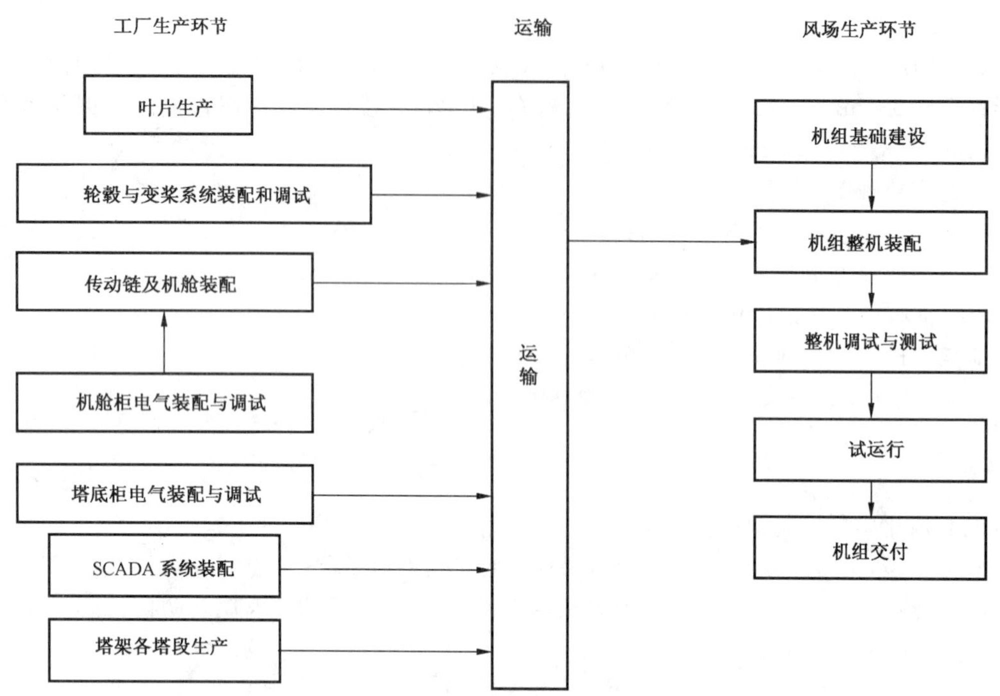

图 4 机组生产工艺流程图

6.7.3 叶片制造工艺要求

叶片制造与检验应符合 GB/T 25383—2010 的第 9 章和第 10 章的规定。

6.7.4 装配前检查要求

在装配前应对所有零、部件(含电缆)及设备作如下检查和检验:

a) 合格证检查,没有合格证的产品一律不得进入装配工序。由检验员收存合格证;

注:小型零部件(含标准件)的合格证允许为批合格证的复印件。

b) 应对机械产品进行外观检查,尤其是配合面,不应有划伤、碰伤和锈蚀;

c) 对电子或电气设备除进行外观检查,还应进行功能性检查和测试;

d) 应对电线、电缆及电缆组件进行外观检查,导线绝缘层不应有压伤和破损现象,电缆组件标识应清晰完整,并进行导通和绝缘电阻检查,必要时进行抗电强度检查;

e) 应对液压和润滑系统进行检查,管路应清洁,不应有渗漏现象;

f) 应做好检查记录工作。

6.7.5 机械装配要求

6.7.5.1 传动链装配

传动链主要包括主轴、轴承、齿轮箱、联轴器和发电机,其装配应符合以下要求:

a) 装配流程应符合工艺规程的规定;

b) 轴承装配应符合 GB/T 19568—2004 中 3.3.1 的规定;

c) 轴承在装配完成后应加入轴承腔体 50%~80%的润滑脂;

d) 主轴与齿轮箱应可靠连接;

e) 联轴器装配应符合以下要求:

1) 刚性联轴器装配时,应符合 GB/T 19568—2004 中 3.3.4.2 的规定;

2) 弹性联轴器装配时应符合 GB/T 19568—2004 中 3.3.4.3 的规定。

f) 齿轮箱的安装应符合 GB/T 19073—2008 中 5.1 的规定；

g) 发电机在机架上安装时应使用对中仪测量和调整安装位置，确保与齿轮箱输出轴的同轴度要求；

h) 装配后的传动链应进行台位试验，检查其振动情况，振动指标应符合设计文件的要求。

6.7.5.2 偏航和变桨距轴承及驱动齿轮副装配要求

偏航和变桨距驱动齿轮副装配时，应检查齿间隙，齿隙检查应在偏航及变桨轴承出厂标记部位进行，其尺寸应符合设计文件的要求。检测齿面接触斑点，应符合工艺技术要求。对于圆柱齿轮，沿齿高方向接触斑点应不小于 30%，沿齿长方向接触斑点应不小于 40%。接触斑点的分布位置应趋近于齿面中部，不允许在齿顶和齿根有接触斑点。

6.7.5.3 制动器安装要求

制动器应在自由状态下安装，安装前应保证摩擦片与制动盘的工作表面干燥和清洁。制动器装配后应使两制动块与制动盘间隙相等。高速轴制动器可用塞尺检查制动块与制动盘之间的间隙，应符合工艺规程的要求。偏航制动器可用深度尺检查制动盘到制动器安装面的距离，应符合工艺规程的要求。装配后应进行加压试验，确保制动可靠，制动器活动自如，无任何卡滞现象。

6.7.5.4 液压及润滑系统安装要求

液压及润滑系统安装时应保证液压缸、密封件和管路的清洁性和密封性，并满足如下要求：

a) 运动件行程应符合要求；

b) 运行应平稳，无卡滞和爬行现象；

c) 无外部渗漏现象；

d) 液压系统安装后应进行打压和保压试验，打压压力和保压时间应符合工艺规程的要求。

6.7.5.5 高强度螺纹副安装要求

高强度螺纹副的安装应符合以下要求：

a) 螺纹旋紧工具力矩误差应符合工艺文件的规定；

b) 高强度螺纹副的规格和强度等级应符合工艺文件的规定；

c) 应按工艺文件规定的润滑剂(或称抗咬合剂)和涂抹方法及涂抹位置对高强度螺纹副施加润滑剂；

d) 应按工艺文件规定的加载顺序、力矩及次数对高强度螺纹副施加力矩，其拧紧力矩可参照 GB/T 19568—2004 中的附录 A 执行；

e) 加载力矩的螺纹副应按工艺文件的规定在螺母或螺栓头上作好标志；

f) 高强度螺纹副安装后应按工艺文件规定的时间和方法进行检查。

6.7.5.6 电缆敷设要求

电缆敷设应符合以下要求：

a) 供电电缆应尽量与信号电缆分开敷设；

b) 高压电缆应尽量与低压电缆分开敷设；

c) 电缆束应与电缆槽槽体或电缆支架或塔筒筒体进行固定，防止电缆或电缆束在机组运行中的摆动；

d) 电缆固定用卡子或扎带不应对电缆护套或绝缘层造成损伤；

e) 垂直敷设的电缆或电缆束其固定间距应适当，其夹持力矩既不损伤电缆护套或绝缘层，又能确保电缆或电缆束不下滑；

f) 轮毂内敷设的电缆或电缆束的固定间距宜在 100 mm～200 mm 范围内，以降低轮毂在旋转中对电缆束造成的动载荷。

6.7.6 机组基础施工要求

6.7.6.1 机组基础施工应符合 DL/T 5384—2007 第 5 章的规定。

6.7.6.2 机组接地装置的施工应符合 GB 50169 的相关规定，其接地电阻应小于或等于 4 Ω。

6.7.7 机组整机装配要求

机组整机装配应符合 GB/T 19568—2004 中 4.1～4.4 的规定，并依据整机厂编制的工艺规程完成装配工作。

6.7.8 机组调试要求

机组整机调试应符合 GB/T 20319—2006 中 4.2 的规定，并依据整机厂编制的调试工艺规程进行。

6.7.9 机组试运行要求

机组试运行应按 GB/T 20319—2006 中 4.3 的规定执行。

7 试验要求和方法

7.1 试验要求

试验时应遵循以下要求：

a) 试验用试验台、仪器、量具及工艺装备(含吊具)等均应为合格产品，并在计量检定周期内；

b) 工厂试验场地的温度、湿度、气压等环境条件应符合 6.7.1.1 及相关试验技术要求；

c) 风场试验时天气应无雨雪，风力宜在 5.5 m/s～12 m/s 范围内。

7.2 试验方法

7.2.1 工厂试验

7.2.1.1 机械连接性能检验

机械连接性能检验主要是检验机组各主要部件螺钉及螺栓的连接情况，检验轴或者齿轮传动的连接情况，其检验方法如下：

a) 用 80%的拧紧力矩对一般性螺钉和螺栓进行紧固性检验；

b) 用 100%的拧紧力矩对关键螺钉和螺栓进行紧固性检验；

c) 轴或者齿轮传动的连接检验在装配时采用跟检方式，并做好检验记录，供后续工序查验。

7.2.1.2 电气性能检验

主要检验机舱、轮毂、控制机柜、发电机、变流器、液压系统等电气或机电设备绝缘电阻和抗电强度。绝缘电阻检验应符合 6.5.2 的规定，抗电强度检验应符合 6.5.3 的规定。

7.2.1.3 台位试验

7.2.1.3.1 传动链台位试验

机组传动链(含主轴、齿轮箱、联轴器和发电机)全部装配后,且相关系统均处于正常工作状态(如齿轮箱、液压系统、发电及冷却系统等)下对传动链进行台位试验。试验条件是让发电机工作在电动机状态(也可采用其他方式),拖动传动链使之处于旋转状态。在传动链运转情况下观察主轴、轴承、齿轮箱、联轴器、发电机等传动系统部件的运转是否平稳,振动和声音有无异常。通过对高速轴的制动试验检测液压及制动系统工作是否正常,管路有无渗漏现象。在传动链运转正常的情况下,通过控制装置改变其转速,在机组的规定运行转速范围内,应至少测试 5 个点,每点连续运转 10 min,测量点应在低速、中速、高速均有分布。运行中观察主轴、轴承、齿轮箱、联轴器、制动器、发电机等传动及相关部件的连接和运转情况,观察声音和振动情况,测量并记录其温度变化情况,测量并记录噪声情况。

7.2.1.3.2 轮毂组件台位试验

变桨轴承、驱动、控制及润滑系统经机械装配和电气连接并经检验合格后,进行轮毂台位试验。通过变桨控制系统使变桨系统处于工作状态,以检测变桨驱动速度与设计指标的符合性,检测桨距驱动角度与控制系统的一致性,检查传动机构运转时齿轮的啮合情况是否符合工艺要求、其声音和振动是否正常,观察润滑系统工作是否正常,管路有无渗漏现象,控制系统的各种控制功能是否正确。台位试验时间不应低于 60 min。轮毂组件运行正常的情况下进行变桨系统掉电和紧急停机故障检查,检查掉电和紧急停机后其桨距定位点是否回到限位开关处。

7.2.1.4 拖动试验

7.2.1.4.1 控制器性能试验

控制功能主要是模拟机组的运行状态,检验控制器的响应与其功能及指标的符合性,试验方法按 GB/T 19070—2003 中 7.2 和 7.3 的规定,其试验项目结合机组技术条件确定。

7.2.1.4.2 安全保护功能试验

安全保护功能试验是在人为设置各种技术故障状态后,观察机组的安全保护功能的控制响应是否满足机组的安全设计要求。各种故障状态一般包括:

a) 机舱振动超极限值;
b) 过度扭缆;
c) 紧急停机;
d) 并网失败;
e) 风速信号丢失;
f) 风向信号丢失;
g) 变流器故障;
h) 主控制器故障;
i) 机械制动器故障。

将装配完整并检验合格的机舱安装在拖动试验台上,并与变流器和机组控制系统进行完好连接,由拖动试验台使系统处于发电运行状态,由控制器输入以上各种故障状态,观察和记录控制系统响应情况。

7.2.1.4.3　**发电系统并网试验**

将发电机系统安装在拖动试验台上，并与双馈式变流器进行连接，做发电机并网试验。并网前，不带负载，使发电系统在低于同步转速的20%转差附近运行；利用电机侧变流器的软件监控装置，对电机侧变流器输出的电压、频率、相位和电网进行同步性调节，在没有异常的情况下，通过同步寻找，达到同步后并网。记录并网和同步寻找的试验过程。

7.2.1.4.4　**速度调节试验**

在机组变速运行范围，由拖动试验台给出不同风速所对应的转速，模拟风轮输出的转矩和功率，由双馈式变流器控制发电机的转矩，用测试仪测试转速和转矩的动态变化，并每隔50 r记录转速和转矩的输出值，绘制出转矩—转速曲线。

7.2.1.4.5　**功率因数调节试验**

将发电机系统安装在拖动试验台上，并与双馈式变流器进行连接，由主控器分别对电机侧变流器和电网侧变流器给定有功和无功分量参考值或功率因数控制目标，启动拖动试验台运行，使机组并网运行，用功率计测试电网侧和电机侧变流器的有功功率，改变拖动试验台的输出转矩，测试发电机有功和无功输出。

7.2.1.4.6　**转矩调节试验**

将发电机系统安装在拖动试验台上，并与双馈式变流器进行连接，拖动试验台模拟风轮在切入到切出风速间变化转矩，使发电机工作在并网发电状态，设定机组风速—转矩目标曲线，并整定为模拟信号，送入变速恒频装置，作为转矩控制的目标给定，调整转子侧变流器输出电流，观察转矩和电机功率输出的变化情况，记录对应的转矩和功率输出值，并绘制出转矩—功率曲线。

7.2.1.5　**电磁兼容试验**

机组控制系统的抗电磁干扰试验按GB/T 17626.2、GB/T 17626.3、GB/T 17626.4、GB/T 17626.5、GB/T 17626.6和GB/T 17626.8的规定进行。在实施电磁干扰的情况下，机组内所有传感器应不误发信号，执行部件应不产生误动作。

7.2.2　**风场试验**

7.2.2.1　**机械连接性能检验**

机械连接性能检验主要是检验机组吊装中各主要部件及设备的安装螺钉及螺栓的连接情况，其检验方法按7.2.1.1中a)和b)的规定执行。

7.2.2.2　**电气性能检验**

电气性能检验主要是对控制柜、发电机、变流器、变桨系统、测风系统等电气设备间的电气连接、等电位连接和接地连接以及照明电路的连接与设计图样的符合性，各电气设备及机电设备的绝缘电阻和耐压等级检查。电气连接按设计图样检查。绝缘电阻和耐压等级检查应符合6.5.2、6.5.3的规定。接地电阻应符合6.5.5.4的规定。

7.2.2.3　**控制功能试验**

依照变桨、变速恒频装置的控制程序和步骤，进行逐项功能试验和测试，具体方法按GB/T 19070—

2003第7章的规定执行。

7.2.2.4 安全保护功能试验

人为设置各种技术故障，观察机组的安全保护功能的控制响应是否满足机组的安全设计要求。各种技术故障一般包括：

a) 风轮转速超临界值；
b) 机舱振动超极限值；
c) 过度扭缆；
d) 紧急停机；
e) 并网失败；
f) 风速信号丢失；
g) 风向信号丢失；
h) 变流器故障；
i) 主控制器故障；
j) 变桨控制系统故障；
k) 机械制动器故障。

7.2.2.5 并网试验

并网试验一般在风速小于或等于8 m/s时进行。在机组处于发电状态并自动进入并网程序时，观察桨距角变化的情况，用专用设备测试和记录电网和发电机频率、相位、幅值，观察其输出波形，完全达到同步条件后，自动并网，测量并网瞬间的电网参数变化，作好记录。其结果与拖动试验记录进行比对，给出是否满足要求的判定。

7.2.2.6 功率特性测试

功率特性测试按GB/T 18451.2的规定执行。

7.2.2.7 风轮转速超临界试验

在风速低于7 m/s的情况下，启动机组，使机组处于发电并网状态，用监控调试软件，给定不同风速下的目标转速上限值，降低机组输出功率，使其超过机组自身的临界转速，观察超速保护开关动作情况及机组停机过程和故障报警状态。

7.2.2.8 脱网停机试验

在机组运行的风速范围内的任意一点，分别设置紧急停机、故障停机，使机组进入脱网停机程序。监测并记录停机过程、状态及桨距角的变化情况。

7.2.2.9 电网适应性测试

将电网适应性测试装置串接于机组升压变压器与电网之间，待机组处于正常并网运行状态后，利用测试装置在机组升压变压器高压侧分别产生6.2.2要求范围内的电压偏差、频率偏差、三相电压不平衡、电压波动、闪变和谐波电压，测试期间应至少采集机组升压变压器高压侧的三相电压、三相电流与实时风速信息，电网适应性测试原理示意图如图5所示。电网适应性测试包括：电压偏差适应性、频率偏差适应性、三相电压不平衡适应性、闪变适应性和谐波电压适应性。

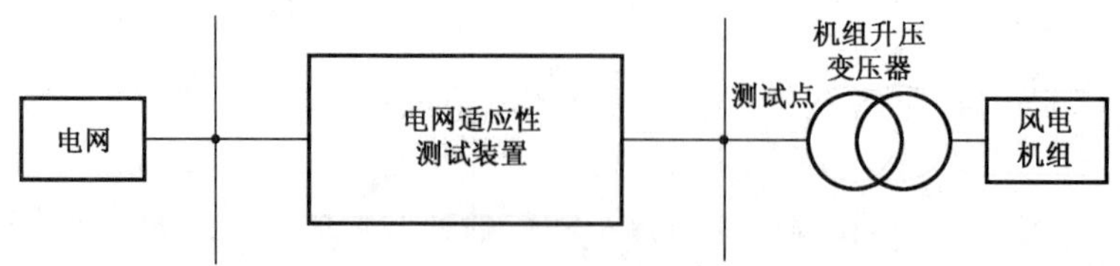

图 5　风电机组电网适应性测试原理示意图

7.2.2.10　**有功功率调节测试**

在机组额定风速情况下，待机组运行在额定功率状态时，通过风机控制面板或者风机主控制器软件控制调整机组输出有功功率，机组应能按所控制的输出功率运行，在整个功率调整过程中机组运行应平稳、无异常。

7.2.2.11　**功率因数调节试验**

在机组额定功率发电情况下，通过风机控制面板或风机主控制器软件，调整机组容性和感性无功功率输出，用功率计监测机组的无功输出和功率因数的变化指标是否与调整范围相对应。

7.2.2.12　**故障电压穿越试验**

将低电压穿越测试设备串接于机组升压变压器与接入电网之间，待机组处于正常并网运行状态后，分别在大功率($P \geqslant 90\% P_n$)和小功率($10\% P_n \leqslant P \leqslant 30\% P_n$)两种工况下，利用低电压穿越测试设备在机组升压变压器高压侧产生满足 GB/T 19963—2011 第 9 章要求的对称与不对称电压跌落故障，测试期间应至少采集机组升压变压器高压侧的三相电压、三相电流、实时风速、发电机转速与桨距角信息，故障电压穿越测试原理示意图如图 6 所示。

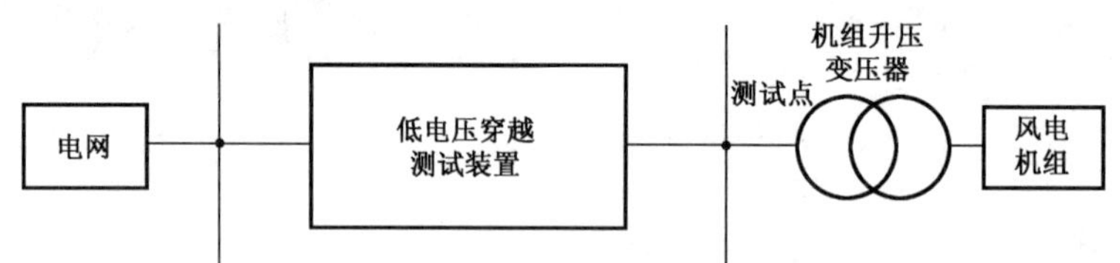

图 6　风电机组故障电压穿越测试原理示意图

7.2.2.13　**电能质量测试**

电能质量测试按 GB/T 20320—2013 中第 7 章的规定执行。

7.2.2.14　**噪声测试**

按 GB/T 22516 的规定执行。

7.2.2.15　**机械载荷测试**

机械载荷测试按 GB/Z 25426 的规定执行。

8　检验规则

8.1　检验类别

机组产品检验分为出厂检验、型式检验和验收检验。

8.2 检验规则

8.2.1 每台机组均应进行出厂检验,检验合格后签发合格证。

8.2.2 型式检验按下列情况进行:

a) 新产品定型鉴定时;

b) 产品的设计、工艺等方面有重大改变时。

8.2.3 验收检验分为预验收和最终验收。预验收从试运行时开始到试运行结束,最终验收按GB/T 20319—2006 中 4.6 的规定执行。

8.3 检验项目及方法

8.3.1 出厂检验和型式检验项目及方法见表 4。

8.3.2 验收检验项目和方法可按表 4 规定的出厂检验项目和方法,也可按 GB/T 20319—2006 中第 5 章规定的项目和方法验收,由用户和制造商商定。

表 4 检验项目

序号	检验项目	型式检验	出厂检验	试验方法
1 工厂试验				
1.1	机械连接性能检验	△	△	7.2.1.1
1.2	电气性能检验	△	△	7.2.1.2
1.3	台位试验			7.2.1.3
1.3.1	传动链台位试验	△	△	7.2.1.3.1
1.3.2	轮毂组件台位试验	△	△	7.2.1.3.2
1.4	拖动试验			7.2.1.4
1.4.1	控制器性能试验	△	△	7.2.1.4.1
1.4.2	安全保护功能试验	△	△	7.2.1.4.2
1.4.3	发电系统并网试验	△		7.2.1.4.3
1.4.4	速度调节试验	△		7.2.1.4.4
1.4.5	功率因数调节试验	△		7.2.1.4.5
1.4.6	转矩调节试验	△		7.2.1.4.6
1.5	电磁兼容试验	△		7.2.1.5
2 风场试验				
2.1	机械连接性能检验	△	△	7.2.2.1
2.2	电气性能检验	△	△	7.2.2.2
2.3	控制功能试验	△		7.2.2.3
2.4	安全保护功能试验	△	△	7.2.2.4
2.5	并网试验	△	△	7.2.2.5
2.6	功率特性测试	△	△	7.2.2.6
2.7	风轮转速超临界试验	△		7.2.2.7
2.8	脱网停机试验	△	△	7.2.2.8

表 4（续）

序号	检验项目	型式检验	出厂检验	试验方法
2 风场试验				
2.9	电网适应性测试	△		7.2.2.9
2.10	有功功率调节测试	△	△	7.2.2.10
2.11	功率因数调节试验	△		7.2.2.11
2.12	故障电压穿越试验	△		7.2.2.12
2.13	电能质量测试	△		7.2.2.13
2.14	噪声测试	△		7.2.2.14
2.15	机械载荷测试	△		7.2.2.15
注：△表示应做项目。				

8.4 抽样

验收检验数量按 GB/T 19960.1—2005 中 7.2.4 的规定，在生产批中随机抽取。

8.5 合格判定

8.5.1 检验分析

将检测的数据进行整理、分析和对比，结果全部符合设计及工艺技术要求的判为合格。如有不合格的项目，可进行更换、调整、修复直至合格。

8.5.2 试验分析

对测试所得的数据进行分析、计算。将分析计算的数据与技术要求进行比较，结果符合设计及工艺技术要求的判为合格。如有不符合技术要求的项目，在对故障项目分析的基础上，采取技术措施，使其合格，达到用户满意。

9 标志、包装、贮存、运输及保管

9.1 标志

标牌应安装在塔架外侧，便于观看的位置。标牌内容应包括：

a) 产品名称；

b) 产品型号；

c) 额定转速(r/min)；

d) 输出电压(kV)及频率(Hz)；

e) 产品制造标准代号；

f) 出厂编号；

g) 出厂日期；

h) 制造商名称、地址。

9.2 包装

9.2.1 大型部件可裸装，但对有电气设备的部件应采取防雨措施，如机舱、轮毂组件等。对独立的电气、机电产品及机械零部件应有独立包装，如控制机柜、变流器、箱式变压器、螺栓、工具等。也可以根据不同需要，进行一般包装和密封包装。长时间海运或在湿热气候下运输时，电气设备应采用密封包装或有防潮措施的包装。

9.2.2 包装箱上应有下列标记：

a) 名称和型号；
b) 总质量(kg 或 t)；
c) 制造商名称及产地；
d) 收货单位和到站；
e) 注意事项及起吊位置标志。

9.2.3 随机技术文件包括：

a) 随机文件清单；
b) 产品合格证；
c) 产品说明书(包括使用、原理、维护等项)；
d) 机组安装图；
e) 电气接线图；
f) 电气安装图；
g) 装箱清单。

9.3 贮存

9.3.1 有电气系统的部件、组件、备件等应在室内贮存，环境条件应符合以下要求：

a) 环境温度：－25 ℃～＋55 ℃；
b) 相对湿度：≤85％；
c) 不应有酸碱等腐蚀气体。

9.3.2 机舱、轮毂等组件长期存放应有定期加电运行措施。

9.3.3 塔架和叶片允许露天贮存，但应有一定的防护措施。

9.4 运输

9.4.1 陆地运输应符合以下要求：

a) 路面宽度应不小于 5 m 且平坦；
b) 道路坡度应不大于 15％；
c) 车辆行驶速度：
   1) 一般运输车辆在等级公路上不应大于 30 km/h，山路上不应大于 15 km/h；
   2) 低平板半挂运输车在等级公路上不应大于 20 km/h，山路上不应大于 10 km/h；
   3) 通过桥梁涵洞或风场崎岖路段时其速度不应大于 5 km/h；
   4) 在行驶中应避免紧急制动或急转弯。
d) 叶片运输应使用与叶片型号对应的运输支架，并应用螺栓或焊接等方式与车体进行可靠连接；
e) 叶片支点应有柔性材料衬垫，牵拉固定装置应使用柔性材料防止伤及叶片；
f) 机舱、轮毂运输时应将产品与车体进行可靠连接，防止产品在行驶中发生产品与车体的相对运动；
g) 塔架运输时应使用与塔架各段直径一致的运输支架，并应用螺栓或焊接等方式与车体进行可靠连接。塔架支点应有柔性材料衬垫，牵拉固定装置在与产品接触部位应使用柔性材料衬垫防止伤及产品。

9.4.2 某些部件对运输有特殊要求时应注明，以便运输时采取相应措施。

9.4.3 机组运输的组织、策划、方案制定及实施应按 DL/T 1071 的规定执行。

9.5 保管

机组各部件运至风场未安装前，其保管由风场所在单位负责，应确保零件、部件、组件包装的完好性，确保控制系统和有电气系统的部、组件不受到雨水、雷电及沙尘的侵蚀，并注意金属件的防腐和叶片的安全。一般情况下保管期不应超过六个月。

10 机组的运行与维护要求

10.1 机组运行操作应按操作手册的规定执行，并应有运行记录。

10.2 机组的维护应按维护手册的规定执行，并应有维修记录。

10.3 机组的润滑油及润滑脂的检测及更换应符合 GB/T 25385—2010 表 A.1 的规定。

10.4 机组半年维护项目及要求应符合 GB/T 25385—2010 表 B.1 的规定。

10.5 机组全年维护项目及要求应符合 GB/T 25385—2010 表 B.2 的规定。

11 其他

若用户对机组有特殊要求，可与制造商协商确定。

ICS 27.180
F 11

中华人民共和国国家标准

GB/T 22516—2015/IEC 61400-11:2012
代替 GB/T 22516—2008

风力发电机组　噪声测量方法

Wind turbine generators systems—Acoustic noise measurement techniques

(IEC 61400-11:2012, Wind turbine generators systems—Part 11:Acoustic noise measurement techniques,IDT)

2015-10-13 发布　　　　2016-06-01 实施

中华人民共和国国家质量监督检验检疫总局
中国国家标准化管理委员会　发布

前　言

本标准按照 GB/T1.1—2009 给出的规则起草。

本标准代替 GB/T 22516—2008《风力发电机组　噪声测量方法》。与 GB/T 22516—2008 相比主要技术变化如下：

——改变了对测量应覆盖风速范围的规定(见第 5 章,2008 版第 5 章)；

——改变了对于测量周期和测量所需数据量的规定(见 7.2.2,2008 版 7.2.1)；

——改变了依据功率曲线确定风速时,对功率曲线有效范围的规定(见 8.2.1.1,2008 版 7.3.1.1)；

——改变了使用机舱风速仪确定风速时,对机舱风速仪测量结果的修正方法(见 8.2.1.2,2008 版 7.3.1.1.1)；

——对声功率级和 1/3 倍频程带的分析方法及不确定度评估方法做出了较大调整(见 9.1～9.4,2008 版 8.5)；

——删除了 2008 版附录 B“记录/回放设备的要求”,增加了四条附录,包括附录 D“表面粗糙长度”、附录 E“次级防风罩的特性”、附录 F“小型风力发电机组”及附录 G“空气声吸收”。

本标准使用翻译法等同采用 IEC 61400-11:2012《风力发电机组　第 11 部分:噪声测量方法》(英文版)。

与本标准中规范性引用的国际文件有一致性对应关系的我国文件如下：

——GB/T 3241—2010　电声学　倍频程和分数倍频程滤波器(IEC 61260:1995,Electroacoustics—Octave-band and fractional-octave-band filters,MOD)

——GB/T 3785.1—2010　电声学　声级计　第 1 部分:规范 (IEC 61672-1:2002 Electroacoustics—Sound level meters—Part 1:Specifications,IDT)

——GB/T 3785.2—2010　电声学　声级计　第 2 部分:型式评价试验(IEC 61672-2:2003　电声学　声级计　第 2 部分:型式评价试验,IDT)

为了便于使用,本标准做了下列编辑性修改：

a)　去掉了规范性引用文件中 IEC 61400-12-2 的脚注:“To be published”。

本标准由中国机械工业联合会提出。

本标准由全国风力机械标准化技术委员会(SAC/TC 50)归口。

本标准起草单位:中国电力科学研究院、中国科学院声学研究所、中国科学院上海高等研究院、东方电气集团东方汽轮机有限公司、国电联合动力技术有限公司、国家风电设备质量监督检验中心(江苏)等。

本标准主要起草人:薛扬、李晓东、马晓晶、恽毅、秦世耀、王瑞明、管鲁阳、王兵、蔡安民、郑大周、周胜兵、王德祥。

本标准所代替标准的历次版本发布情况为：

——GB/T 22516—2008。

引 言

本标准的目的是提供一种统一的方法，以保证风力发电机组声辐射测试和分析的一致性、准确性和可重复性。本标准适用于：

- 风力发电机组制造商，致力于满足定义明确的噪声辐射要求和/或可能的申报标准（如：IEC/TS 61400-14 风力发电机组　公称视在声功率级和音值）；
- 风力发电机组采购方，以明确噪声特性要求；
- 风力发电机组运营商，对于新的或维修好的风力发电机组，能够验证其是否满足噪声特性规范的规定或要求；
- 风力发电机组规划方和监管方，必须准确公正地评价风力发电机组的噪声辐射特性，使新的或改进后的装置符合环境规范或许可准则。

本标准在风力发电机组噪声辐射的测量、分析和报告编写方面提供指导。它将使涉及风力发电机组的制造、安装、规划、许可、运营、使用和监管的各方受益。本标准推荐的测试和分析技术适用于上述各方，以保证风力发电机组的开发和运营技术的一致性和准确性。依据本标准给出的测量和报告编写程序能得到他人可重复的准确结果。

风力发电机组　噪声测量方法

1　范围

本标准提供了测量程序，以表征风力发电机组噪声辐射的特点。测量程序包括在风力发电机组附近测量位置处适合评价噪声辐射的测量方法，以避免声传播引起的误差，同时保证相对于有限声源尺寸足够远的测量距离。本标准给出的测量程序，在某些方面与区域环境噪声研究中所采用的程序不同，便于在一定风速和风向的变化范围内描述风力发电机组的噪声特性。测量程序的标准化也便于不同风力发电机组之间性能的比较。

测量程序提供了准确地测量单台风力发电机组噪声辐射特征的一致性方法。测量程序包括：

- 声学测量位置的定位；
- 声学、气象以及风力发电机组运行相关数据的采集要求；
- 对所采集数据的分析，测试报告的内容；
- 特定噪声辐射参数的定义，以及环境评价时采用的相关术语的定义。

本标准不限定用于某个特定容量或型号的风力发电机组。本标准中所给出的程序可以用于全面地描述风力发电机组的噪声辐射。对于小型风力发电机组的测量方法在附录F中描述。

2　规范性引用文件

下列文件对于本文件的应用是必不可少的，凡是标注日期的引用文件，仅注日期的版本适用于本文件。凡是不标注日期的引用文件，其最新版本（包括所有的修改单）适用于本文件。

GB/T 15173—2010　电声学　声校准器（IEC 60942:2003，Electroacoustics—Sound calibrators，IDT）

GB/T 18451.2—2012　风力发电机组　功率特性测试（IEC 61400-12-1:2005，Wind turbines—Part 12-1:Power performance measurements of electricity producing wind turbines，IDT）

IEC 60688　交流电量转换为模拟量或数字信号的电测量变送器（Electrical measuring transducers for converting a.c. electrical quantities to analogue or digital signals）

IEC 61260:1995　电声学　倍频程和分数倍频程滤波器（Electroacoustics—Octave-band and fractional-octave-band filters）

IEC 61400-12-2　风力发电机组　风力发电机功率特性的验证（Wind turbines—Part 12-2: Power performance verification of electricity producing wind turbines）

IEC 61672（所有部分）　电声学　声级计（Electroacoustics—Sound level meters）

ISO/IEC 指南 98-3　测量的不确定度　第3部分：测量中不确定度的表示指南（GUM:1995）[Uncertainty of measurement—Part 3:Guide to the expression of uncertainty in measurement（GUM:1995）]

3　术语和定义

下列术语和定义适用于本文件。

3.1

视在声功率级　apparent sound power level

L_{WA}

被测风力发电机组风轮中心处向下风向辐射的 A 计权声功率级，L_{WA} 由轮毂高度风速区间的中心值决定，以 1 pW 为基准声功率。

注：视在声功率级的单位为 dB，以 1 pW 为基准声功率。

3.2

10 m 基准高度处风速对应的视在声功率级　apparent sound power level with reference to wind speed at 10 m height

$L_{WA,10\ m}$

被测风力发电机组风轮中心处向下风向辐射的 A 计权声功率级，$L_{WA,10\ m}$ 由在被测风速范围内的 10 m 高度风速区间的中心值所决定，以 1 pW 为基准声功率。

注：10 m 高度处风速对应视在声功率级的单位为 dB，以 1 pW 为基准声功率。

3.3

可听度判定标准　audibility criterion

L_a

由听力试验确定的与频率有关的判据曲线，它反映普通受听人对不同频率音调的主观反应。

注：可听度判定标准的单位为 dB，基准声压 为 20 μPa。

3.4　**声压级　sound pressure levels**

3.4.1

A 计权声压级　A-weighted sound pressure levels

L_A

IEC 61672 中规定的用 A 频率计权测量的声压级。

注：A 计权声压级的单位为 dB，基准声压 为 20 μPa。

3.4.2

C 计权声压级　C-weighted sound pressure levels

L_C

IEC 61672 中规定的用 C 频率计权测量的声压级。

注：C 计权声压级的单位为 dB，基准声压 为 20 μPa。

3.5

风速区间中心　bin centre

一个风速区间的中间值。

3.6

掠射角　inclination angle

ϕ

测量平板平面与传声器到风轮中心线的夹角。

注：掠射角的单位为(°)。

3.7

最大功率　maximum power

功率优化运行模式的区间功率曲线上的最大值。

注：最大功率的单位是 kW。

3.8

Z 高度的测量风速　measured wind speed at height Z

$V_{Z,m}$

由安装在测风塔上的风速计在 Z 高度上测得的风速。

注：Z 高度的测量风速的单位为 m/s。

3.9

轮毂高度的测量机舱风速　measured nacelle wind speed at hub height

$V_{nac,m}$

用机舱风速计在轮毂高度测得的风速。

注：轮毂高度的测量机舱风速的单位是 m/s。

3.10

轮毂高度的规格化机舱风速　normalised nacelle wind speed at hub height

$V_{nac,n}$

在轮毂高度由机舱风速计测得，然后修正到标准气象条件下的规格化风速。

注：轮毂高度的规格化机舱风速单位为 m/s。

3.11

由功率曲线导出的规格化风速　normalized wind speed derived from power curve

$V_{P,n}$

在标准大气下由功率曲线推导出的规格化风速。

注：由功率曲线导出的规格化风速的单位为 m/s。

3.12

背景噪声测量时段的轮毂高度规格化风速　normalized wind speed at hub height during background noise measurements

$V_{B,n}$

在轮毂高度由风速计测得的规格化风速。

注：背景噪声测量时段的轮毂高度规格化风速的单位为 m/s。

3.13

轮毂高度的规格化风速　normalized wind speed at hub height

$V_{H,n}$

注：轮毂高度的规格化风速的单位为 m/s。

3.14

Z 高度的规格化风速　normalized wind speed at height Z

$V_{Z,n}$

由测风塔风速计在 Z 高度测得的规格化风速。

注：Z 高度的规格化风速的单位为 m/s。

3.15

基准距离　reference distance

R_0

风力发电机组基础中心到每个传声器安装位置的距离。

注：基准距离的单位为 m。

3.16

基准粗糙长度　reference roughness length

z_{0ref}

将 0.05 m 定为风速转换为标准气象条件下的基准粗糙长度。

注：基准粗糙长度的单位为 m。

3.17

声压级　sound pressure level

L_p

声压与基准声压(20 μPa)之比的以 10 为底的对数乘以 20。

注：声压级的单位为 dB，基准声压为 20 μPa。

3.18

音调可听度　tonal audibility

$\Delta L_{a,k}$

在每一个风速区间内，音值和可听度判定标准之间的差值，k 是此风速区间的中心值。

注：音调可听度的单位为 dB。

3.19

音值　tonality

ΔL_k

在每一个风速区间内，靠近该音调的临界频带内音调声级与掩蔽噪声级之间的差值，k 为该风速区间的中心值。

注：音值的单位为 dB。

3.20

风速区间　wind speed bin

0.5 m/s 宽的风速区间，以整数或者半整数风速为中心，左开右闭。

3.21

10 m 高度的风速　wind speed at 10 m height

V_{10}

用于记录视在声功率级和频谱的 10 m 高度处的风速。

注：10 m 高度的风速的单位为 m/s。

4 符号和单位

下列符号和单位适用于本文件。

符号	说明
D	风轮直径(水平轴风力发电机组)或赤道直径(垂直轴风力发电机组)，m
H	风力发电机组附近地面到风轮中心的高度(水平轴风力发电机组)或到风轮赤道平面的高度(垂直轴风力发电机组)，m
L_A 或 L_C	A 计权或 C 计权声压级，dB
L_{Aeq}	等效连续 A 声级，dB
$L_{pn,j,k}$	第 k 个风速区间内，第 j 个频谱中临界频带内遮蔽噪声的声压级，dB
$L_{pn,avg,j,k}$	第 k 个风速区间内，第 j 个频谱中平均分析带宽的遮蔽声压级，dB
$L_{pt,j,k}$	第 k 个风速区间内，第 j 个频谱中音调声压级，dB
$L_{WA,k}$	视在声功率级，k 为风速区间的中心值，dB
log	以 10 为底的对数
P_m	测量电功率，kW
P_n	规格化电功率，kW
R_1	从风轮中心到实际测量位置的直线距离，m

R_0	基准距离，m
S_0	基准面积，$S_0=1$
T_C	大气温度，C
T_K	绝对大气温度，K
U_A	A 类不确定度
U_B	B 类不确定度
V_H	轮毂高度（H）的风速，m/s
V_P	由功率曲线推导出的风速，m/s
V_Z	Z 高度处的风速，m/s
V_{nac}	机舱风速计测量风速，m/s
f	音值所在的频率，Hz
f_c	临界频带中心频率，Hz
p	大气压，kPa
z_0	粗糙长度，m
z_{0ref}	基准粗糙长度（0.05 m），m
Z	风速计高度，m
κ	规格化风速与测量风速的比率
$\Delta L_{tn,j,k}$	第 k 个风速下，第 j 个频谱的音值，dB
ϕ	掠射角，(°)

5 方法概述

本标准规定了对单台风力发电机组辐射噪声进行测量、分析和记录描述的方法。规定了仪器配置和校准的要求，以确保声学和非声学测量的精确性和一致性，同时也规定了与声辐射有关的大气条件定义所需的非声学测量。阐述了所有需要测量和记录描述的参数以及获得这些参数所需的数据处理方法。

本标准规定的方法适用于测量单台风力发电机组在位于轮毂高度和 10 m 高度的不同风速区间中心风速所对应的视在 A 计权声功率级、频谱和音调可听度。音调可听度可给出噪声中具有音调的信息。在一个测量位置确定的音值不能代表在其他距离音值的信息。此外，可选择性地在其他位置进行测量以给出噪声的指向性信息。

本标准中的方法适用于所有风速。要测量记录的风速范围与具体的风力发电机组型号有关。轮毂高度的风速范围至少涵盖风力发电机组 85％最大功率对应风速所在的风速区间中心的 0.8～1.3 倍。依据风力发电机组的型号，对应的 10 m 高度的风速范围约为 6 m/s～10 m/s。该风速范围可以扩展以适应不同的国家标准。

噪声测量应靠近风力发电机组进行，以使地形、大气条件或风噪声的影响最小。考虑到测试中风力发电机组的大小，使用与风力发电机组尺寸相关的基准距离 R_0。

测量中传声器固定在置于地面的测量平板上，以减小由传声器产生的风噪声并使不同地表类型的影响最小。

对声压级，声压频谱，风速，电功率，风轮转速以及可能需要的桨矩角的测量应在多个短时段内同步进行，并且覆盖较宽的轮毂高处风速范围。经测量确定不同风速区间中心对应的声压级和频谱，并以此来计算视在 A 计权声功率级和频谱。

附录包括：

——风力发电机组噪声辐射的其他特性及其量化（附录 A，资料性附录）；

——湍流强度评估(附录 B,资料性附录);
——测量不确定度的评估(附录 C,资料性附录);
——表面粗糙长度(附录 D,资料性附录);
——次级防风罩的特性(附录 E,资料性附录);
——小型风力发电机组(附录 F,规范性附录);
——空气声吸收(附录 G,资料性附录)。

6 测量仪器

6.1 声学测量仪器

6.1.1 概述

以下介绍的仪器设备是完成本标准中规定的声学测量所必备的。

6.1.2 等效连续 A 计权声压级测试设备

设备应满足 IEC 61672 中 1 级声级计的要求,传声器直径应不大于 13 mm。

6.1.3 A 计权 1/3 倍频程频谱测试设备

除满足 1 级声级计要求外,该仪器还至少应在中心频率为 20 Hz～10 kHz 的 1/3 倍频程带范围内有一致的频率响应。滤波器应满足 IEC 61260 中 1 级滤波器的要求。

中心频率为 20 Hz～10 kHz 的各 1/3 倍频程带上的等效连续 A 声级应同时测定。

6.1.4 窄带谱测试设备

设备在 20 Hz～11 200 Hz 频率范围内应满足 IEC 61672 中 1 级仪器的相关要求。

6.1.5 带有测量平板和防风罩的传声器

传声器应固定在一块硬质平板的中心位置,传声器振膜应垂直于平板且传声器轴线指向风力发电机组,如图 1 所示和图 2 所示。该平板应是直径不小于 1.0 m 的圆形板,由声学硬材料制成,如厚度不小于 12 mm 的胶合板或刨花板或者厚度不小于 2.5 mm 的金属板。在该平板有缝隙(即并非一整块板)的特殊情况下应考虑以下因素:各部分应在一个平面上,缝隙小于 1 mm,缝隙应不在平板中心线上且与传声器轴线平行,如图 1 a)所示。

置于地面的传声器所用的防风罩,应由主防风罩和次级防风罩(如有必要)组成,主防风罩由直径大约 90 mm 的开口的泡沫半球壳构成,中心在传声器振膜附近,如图 2 所示。

在高风速条件下测量低频噪声,需要获取足够的信噪比时,可采用次级防风罩。

如果采用了次级防风罩,应记录次级防风罩对频率响应的影响,并在 1/3 倍频程带内对其进行修正。附录 E 介绍了次级防风罩的校准程序和设计建议以及关于插入损失的要求。

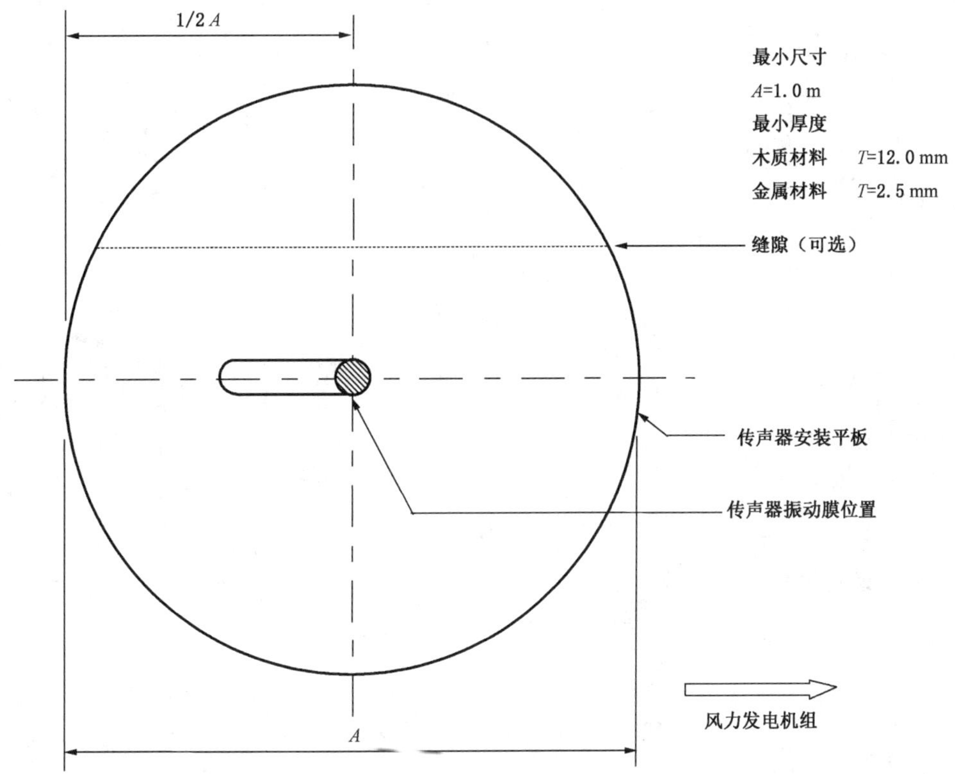

a) 传声器安装图（平面图）

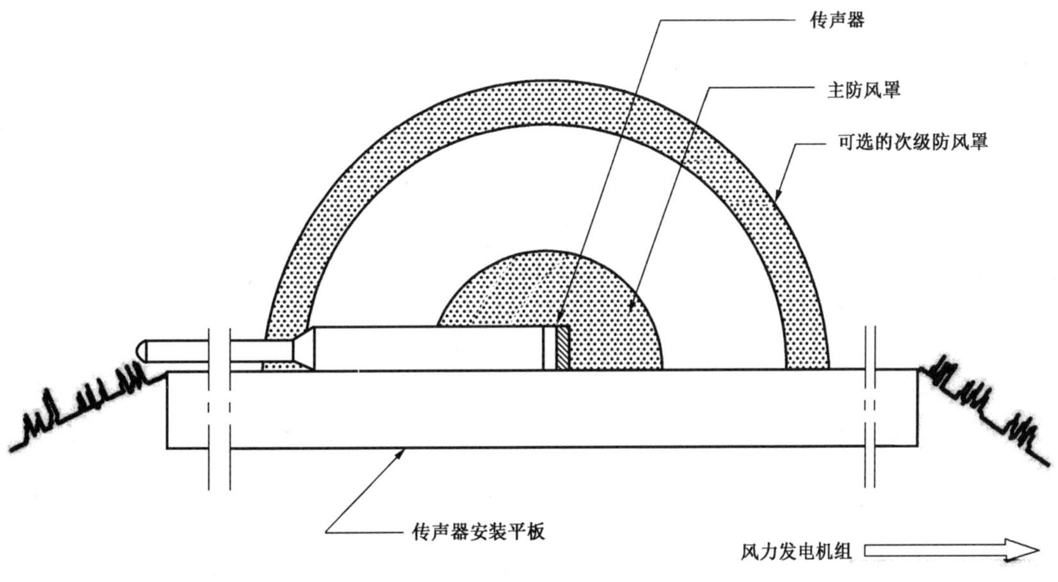

b) 传声器安装图（垂直截面图）

图 1 传声器安装图

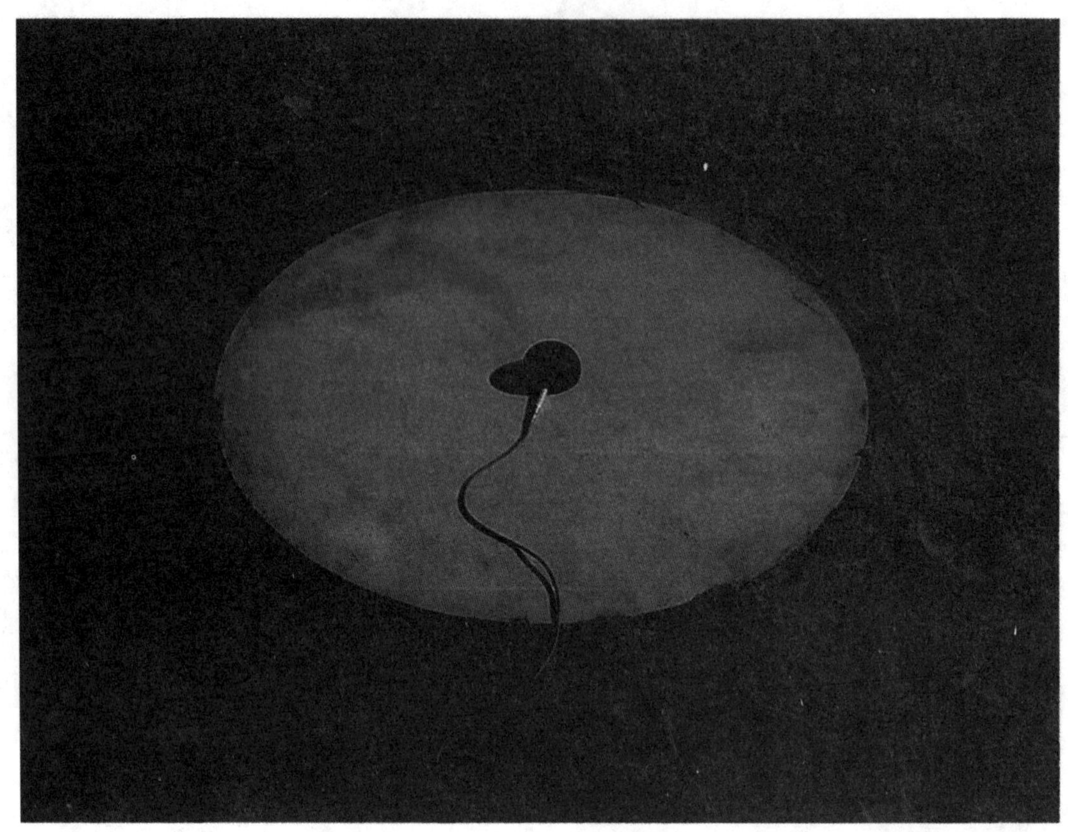

图 2 传声器和测量平板

6.1.6 声校准器

整个声学测量系统，包括录音、数据记录或计算系统，应使用声校准器在测量之前和之后立即对传声器进行一次或多次校准。该校准器应满足 GB/T 15173 中 1 级仪器的要求，而且还可用于特定环境中。

6.1.7 数据记录/回放设备

数据记录/回放设备是测量仪器必要的一个组成部分，如果用于分析(而不是回放)，全部测量仪器应满足 IEC 61672 中 1 级仪器的要求。

6.2 非声学测量仪器

6.2.1 概述

以下介绍的仪器是完成本标准中非声学测量所必须用到的。

6.2.2 风速计

安装在测风塔上的风速计及其信号处理设备在 4 m/s～12 m/s 风速范围内最大校准偏差应为±0.2 m/s。风速计应能够在进行声学测量的时间段内同步测量平均风速。

由于测量中机舱风速计进行现场校准(8.2.1.2)，通常的校准要求不适用于机舱风速计。机舱风速计的测量数据可由风力发电机组控制系统读取。机舱风速计不应用于背景噪声测量。

6.2.3 电功率传感器

电功率传感器,包括电流和电压传感器,应满足 IEC 60688 中 1 级精度要求。如果对功率信号的校准无法进行,需要考虑额外的功率信号不确定度。若是全部测量环节以及与之对应的不确定度分量的信息能够详细记录下来,则功率信号可由制造商提供。

6.2.4 其他仪器

包括一部照相机和测量距离用的设备;测量空气温度的温度计,测量准确度为±1 ℃;测量大气压的气压计,测量准确度为±1 kPa 。

6.3 溯源校准

下列设备应由能够溯源到国家标准的实验室进行定期检查和溯源校准,各种设备距离最近一次校准的最长时间间隔如下:

——声校准器(12 个月);

——传声器(24 个月);

——积分声级计(24 个月);

——频谱分析仪(36 个月);

——数据记录/回放设备(24 个月);

——风速计(24 个月);

——电功率传感器(24 个月);

——温度传感器(24 个月);

——气压传感器(24 个月)。

对温度以及气压的测量只是为了在测量中提供气象状况的一般性信息,对仪器进行内部核查即可。

一旦某仪器经过修理,或出现故障或损坏而对准确度产生怀疑,应重复校准。

7 声学测量和测量程序

7.1 声学测量位置

为充分描述单台风力发电机组的噪声辐射特征,要求在以下的位置进行测量。

传声器放在 1 个基准位置和 3 个可选位置进行测量,这四个位置应围绕风力发电机组塔架垂直中心分布,其平面图如图 3 所示。定义下风向测量位置为基准位置。所选测量位置相对于风力发电机组下风向的偏差应在±15°以内。下风向可由偏航位置得出。从风力发电机组塔架垂直中心到各个传声器位置的水平距离为 R_0,如图 3 所示,允许偏差为±20%,最大±30 m,测量准确度为±2%。

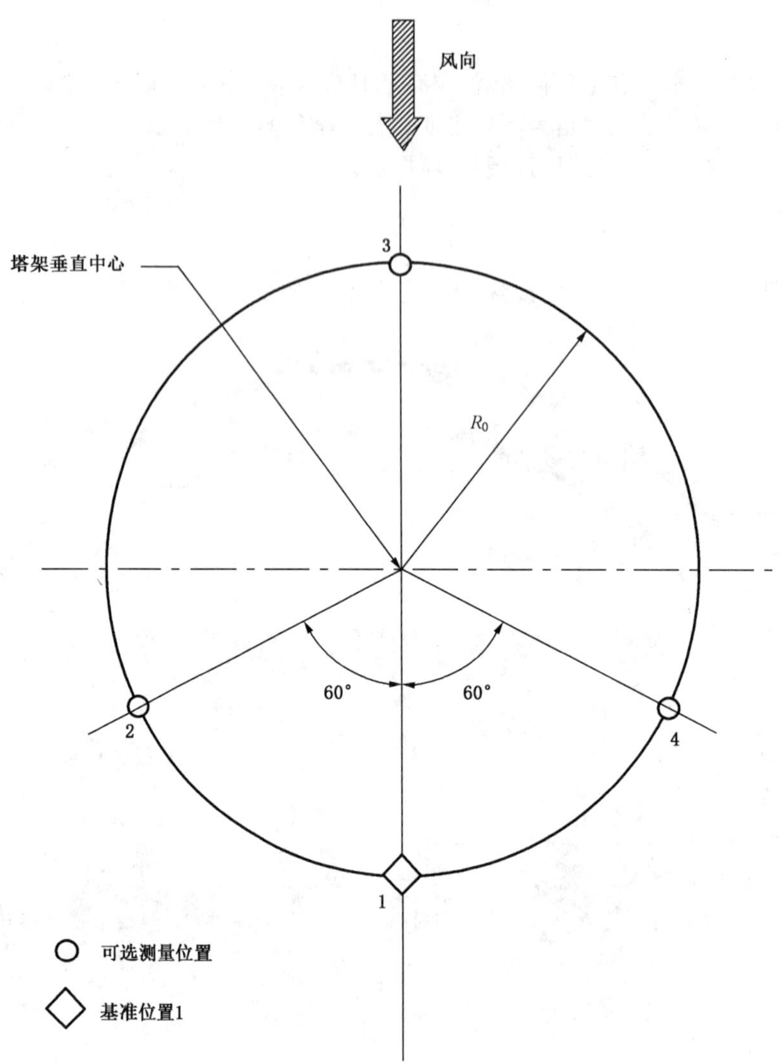

图3 传声器测量位置标准布置图(平面图)

如图4 a)所示,水平轴风力发电机组的基准距离 R_0 由式(1)计算:

$$R_0 = H + \frac{D}{2} \qquad \cdots\cdots(1)$$

式中:

H ——从地面到风轮中心的垂直距离;

D ——风轮直径。

如图4 b)所示,垂直轴风力发电机组基准距离 R_0 由式(2)计算:

$$R_0 = H + D \qquad \cdots\cdots(2)$$

式中:

H ——从地面到风轮赤道平面的垂直距离;

D ——赤道直径。

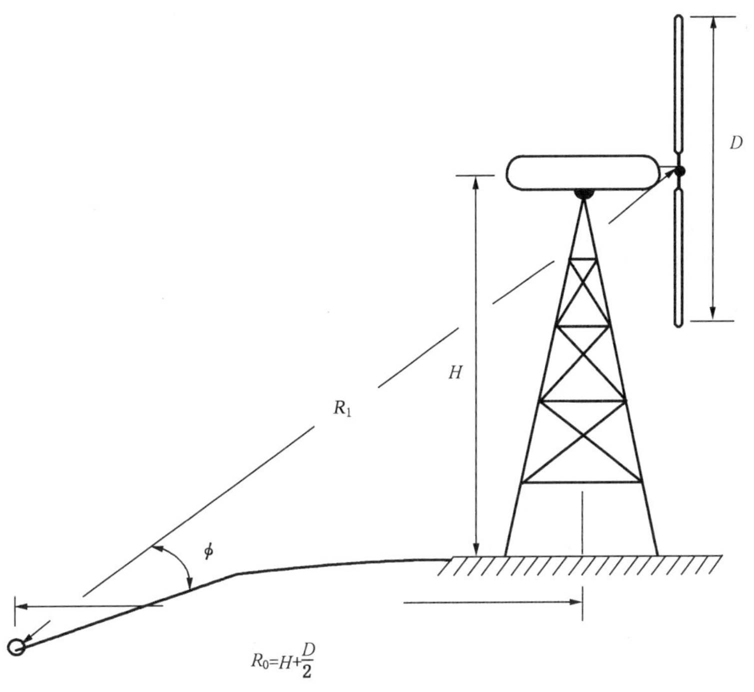

a) 水平轴风力发电机组

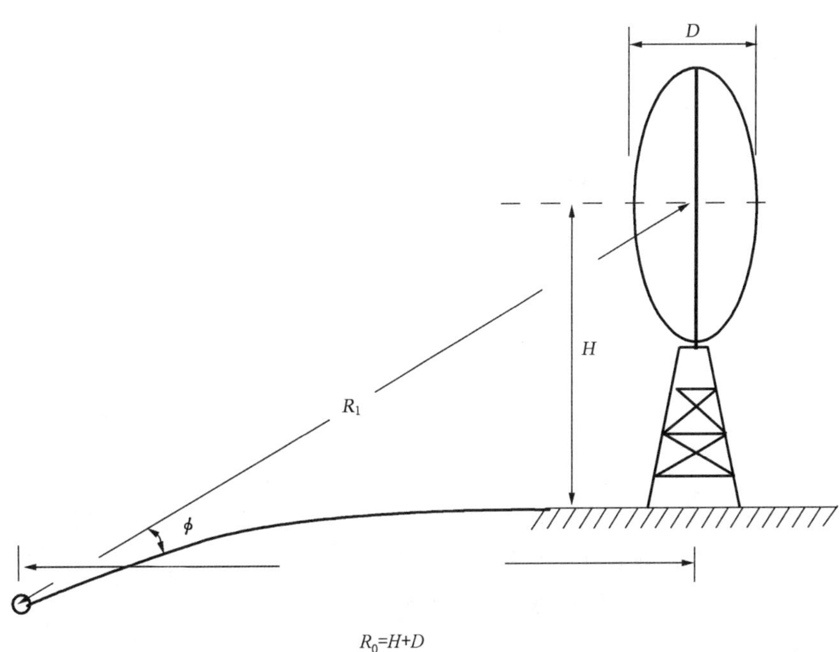

b) 垂直轴风力发电机组

图 4 定义 $\boldsymbol{R}_0$ 和 $\boldsymbol{R}_1$ 的示意图

为了减少测量平板边缘对测量结果的影响，应将测量平板在地面上放平，板下面凸凹不平的土壤要铲平，如图 4 所示，掠射角 ϕ 应在 25°～40°之间，这可通过在上述允许偏差内调整测量位置来实现。当在复杂地形中进行测量时，为了避免来自于障碍物或者地形的影响，例如遮挡或反射，需要采取额外的措施。

应计算每个反射物的影响，例如建筑物和墙壁，并以此选择测量位置，使其影响小于 0.2 dB。

7.2 声学测量

7.2.1 概述

声学测量应当对各区间中心风速下风力发电机组辐射噪声的下列特征信息进行测定：

——A 计权视在声功率级；

——A 计权 1/3 倍频程带声压级；

——音调可听度。

其他测量选项包括指向性、次声、低频噪声和脉动特性。

7.2.2 声学测量要求

声学测量应满足下列要求：

- 所有测量仪器应在测试前和测试后或传声器换位断开期间至少进行一次校准；
- 所有声学信号都应记录和储存，以供分析；
- 应去除间歇性背景噪声干扰(如来自飞机的)；
- 测量风速范围和具体的风力发电机组的型号有关。按照规定，轮毂高度的风速范围至少覆盖 85%最大功率时所对应的风速区间中心风速的 0.8～1.3 倍；
- 当风力发电机组停机时，使用同样的测量设备，在每组测量风力发电机组噪声之前或之后，在相似风况下立刻测量背景噪声。在测量背景噪声时，应尽力做到背景声的测量值能够代表风力发电机组噪声辐射测量期间发生的背景噪声。整个测量期间，应该在同一个风速区间，如同测量运行总噪声一样多次测量背景噪声；
- 测量时风速范围应尽可能大。为获取足够的风速范围，有必要做若干组测量；
- 在对应的风速范围内，背景噪声和运行总噪声都应至少测量 180 次；
- 在每一个风速区间内，背景噪声和运行总噪声都应至少测量 10 次。

另外，对每次声学测量，应满足下面的要求。

7.2.3 A 计权声压级

风力发电机组噪声的等效连续 A 计权声压级应在基准位置测量。每组测量应以连续的 10 s 为一个周期进行。

7.2.4 A 计权 1/3 倍频程带测量

A 计权 1/3 倍频程频谱与总声压级同步测量，在以 10 s 为周期的时间段内进行能量平均。至少应测量中心频率为 20 Hz～10 kHz 的 1/3 倍频程带。A 计权应在时域内实现，即在频率分析之前。

风力发电机组停机时背景噪声的测量应满足同样的要求。

7.2.5 A 计权窄带测量

窄带谱与声压级同步测量，在以 10 s 为周期的时间段内进行能量平均。窄带谱应经过 A 计权，并应采用至少有 50%重叠率的汉宁窗。频率分辨率应在 1 Hz～2 Hz 之间。

为了确定 9.5.8 中描述的可辨识音调的可听度，可能还需要额外的噪声测量。

应进行背景噪声测量以确定音调不是来源于背景噪声。

7.2.6 位置 2、3 和 4 的声学测量(可选)

非基准位置上的测量也应该满足基准位置上的要求。

非基准位置上的测量与基准位置上的测量应同时进行。三个非基准位置上的测量可以单独进行，但其中每个位置上测量均应与基准位置上的测量同时进行。

7.2.7 其他测量(可选)

对于本标准中阐明的测量程序所难以表述的噪声辐射特性，可进行额外测量以对其量化。

这些特性可能与次声，低频噪声，宽带噪声调制，脉冲声或异常声(如轰鸣声、嘶嘶声、尖啸声、哼鸣声)，噪声中各种冲击(如撞击声、卡哒声、砰然声)，或足以引起人注意的不规则噪声的辐射有关。关于这些方面的讨论和可行量化方法的概述见附录 A，这些测量难以被广泛采纳，故仅以指导性资料形式给出。

8 非声学测量

8.1 概述

应进行以下非声学测量。风速，电功率和转速应以至少 1 Hz 的频率采样。如果还需进行其他风力发电机组参数的测量，采样频率应该一致。

8.2 风速测量

通过功率曲线，可由风力发电机组输出功率值来确定风速。

对于功率曲线上不能满足式(3)要求的部分，无法直接由功率读数得出风速，此时应使用机舱风速计。如果没有可用的机舱风速计，应当在机舱上安装风速计。IEC 61400-12-2 中给出了安装机舱风速计的指导。

由机舱风速计测量的风速即代表吹向风轮的风速。

为了测量背景噪声，所使用的风速计应置于至少 10 m 高度的测风塔上。安放测风塔的位置应相对稳定并且可以代表风力发电机组位置的自由风。为了确保测风塔测量风速、轮毂高度的风速与传声器位置的风速之间的相关性，图 5 给出了测风塔位置的指导。

对风速和功率数据的采集和算术平均应与声学测量同步进行。

湍流将会对风力发电机组的气动噪声辐射产生影响。附录 B 给出了关于湍流评估的讨论。

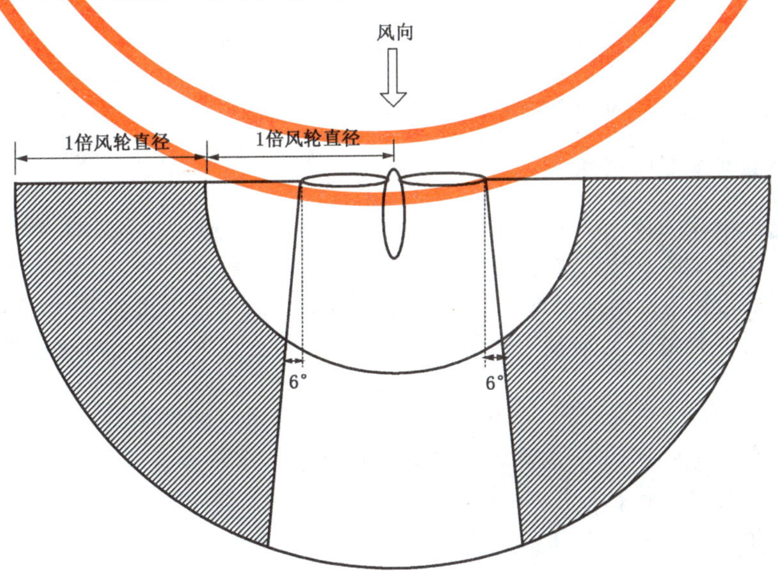

图 5 测风塔的合理位置(阴影区域)

8.2.1 风力发电机组运行期间风速的测定

8.2.1.1 依据功率曲线测定风速

功率曲线上功率对应于轮毂高度的风速。风速由所测量电功率来确定。在功率曲线上可用的区间内，声级测量值与电功率测量值具有很好的相关性，可见式(3)。

应通过测量输出电功率，利用功率与风速之间的关系曲线来得到风速 $V_{P,n}$。所采用功率曲线应针对特定的风力发电机组型号，最好是根据 GB/T 18451.2 或者 IEC 61400-12-2 测定的功率曲线。若无法得到实测功率曲线，可以使用计算功率曲线。如果使用计算功率曲线，需设定一个在测量功率曲线范围内的不确定度。功率曲线应能给出轮毂高度的风速与风力发电机组电功率之间的关系(标准大气，15 ℃和 101.3 kPa)。

功率曲线上可用的区间是所有不含重复值并且包含不确定度的功率曲线的斜率为正的区间。

在功率曲线上任意一个区间，斜率应满足下述要求：

$$(P_{k+1}-P_{tol})-(P_k+P_{tol})>0 \qquad \cdots\cdots(3)$$

式中：

k ——功率曲线上的风速区间编号；

P_k ——功率曲线上，风速区间 k 对应的功率；

P_{tol}——功率读数的公差，P_{tol}的典型值为最大功率值的 1%～5%。

所有满足上述条件的区间被称为功率曲线的可用范围。

对于这些区间：

$$V_{H,n}=V_{P,n};$$

$V_{H,n}$——规格化的轮毂高度风速。

8.2.1.2 用机舱风速计测定风速

对于在功率曲线的可用区间内的所有数据点，可以由它们的功率得出风速 $V_{P,n}$，进而推导出其与测量机舱风速 $V_{nac,m}$的比值的平均值 k_{nac}。对于在功率曲线可用区间外的数据点，应基于式(4)，采用测量机舱风速求出规格化风速。

$$V_{nac,n}=k_{nac}V_{nac,m} \qquad \cdots\cdots(4)$$

式中：

$V_{nac,m}$——机舱风速计测量风速；

$V_{nac,n}$——由机舱风速计测得并修正到轮毂高度的规格化风速。

如果 $V_{nac,n}$存在于功率曲线的可用区间内，这个数据点应当在分析时忽略。

对于 $V_{nac,n}$在功率曲线的可用区间之外，$V_{H,n}=V_{nac,n}$。

8.2.2 背景噪声测量中的风速测量

在背景噪声测量中，应该用至少 10 m 高的测风塔上的风速计测量风速。为了实现现场校准，在整个测量过程中都应用测风塔上的风速计测量风速。

对于功率曲线的可用范围内的所有数据点，可以由它们的功率得出风速 $V_{P,n}$，进而推导出其与测量风速 $V_{Z,m}$之间比值的平均值 k_Z。应基于式(5)，采用背景噪声测量中的测量风速求出规格化风速。

$$V_{B,n}=k_ZV_{Z,m} \qquad \cdots\cdots(5)$$

式中：

$V_{Z,m}$——用风速计在至少 10 m 的高度 Z 测得的风速；

$V_{B,n}$——轮毂高度的规格化风速。

在背景噪声测量过程中 $V_{H,n}=V_{B,n}$。

8.3 下风向

应根据机舱的位置确定测量平板的位置，从而确保只有测量平板或者传声器位于机舱位置下风向的±15°以内所测得的数据被用来进行分析。建议通过风力发电机组控制系统测量偏航位置，测量应与其他风力发电机组控制信号同时进行。

8.4 其他大气条件

应在不低于 1.5 m 的地面高度处，至少每两小时测量并记录一次空气温度和气压。

8.5 风轮转速以及桨距角的测量

应测量并记录风轮转速，建议测量并记录桨距角。这些数据可通过风力发电机组控制系统获得并且应该与声学测量同步进行采集和算术平均。

9 数据处理程序

9.1 声功率级和 1/3 倍频程带声压级的一般处理方法

此程序的目的是用统计方法获得 1/3 倍频程带声功率谱以及总声功率级。应注意在该分析处理中采用了两种平均方法：对于非声学数据的算术平均方法以及对于声学数据的能量平均方法。

本节内容还规定了 1/3 倍频程带声功率谱以及总声功率级的不确定度评估方法。大部分设备的准确度都已给出。在下述内容中使用该准确度之前，应先将其转化为不确定度。附录 C 给出了相关指导。

噪声和风速在以 10 s 为周期的时间段内进行测量和平均。测量噪声的 A 计权声压级 L_{Aeq}和 A 计权 1/3 倍频程频谱 $L_{Aeq,o}$。每一组 1/3 倍频程频谱都以所测得 L_{Aeq}值为基准参量进行规格化处理。

将测得数据点按风速区间划分并平均，可得：

- 平均风速；
- 平均 A 计权 1/3 倍频程频谱；
- 相应的标准不确定度。

风速区间内的平均风速不一定在该区间中心处。

对于每一个 1/3 倍频程带，风速区间中心处的噪声级可由相邻的区间内数据的平均值进行线性插值获得。这样可以得到每一个区间中心风速的 1/3 倍频程频谱。

上述的方法可应用于确定风速区间中心对应的背景噪声和运行总噪声的频谱。

在每一个风速区间中心处，用同一个风速区间中心对应的背景噪声 1/3 倍频程频谱对运行总噪声频谱进行修正，可得到风力发电机组噪声的 1/3 倍频程频谱。如果运行总噪声的 1/3 倍频程各频带之和与背景噪声的 1/3 倍频程各频带之和的差值在 3 dB～6 dB 之间，这个结果在报告中应以星号标记。

如果这个差值小于或等于 3 dB，此风速区间的测量结果应不予记录。

下文的描述中将用到以下符号和索引：

i ——1/3 倍频程带序号(例如 i=1 对应 20 Hz 中心频率，i=2 对应 25 Hz 中心频率，……，i=28 对应 10 kHz 中心频率)；

j ——10 s 测量周期序号(每个风速区间应至少含有 10 个测量点，因此 j=1 到 j=10 或更大值)；

k ——风速区间(例，k=6 m/s 区间，k=6.5 m/s 区间，k=7 m/s 区间等)；

V ——风速区间中心值；

o ——1/3 倍频程频谱测量值；

n ——规格化频谱；

T ——运行总噪声；

B ——背景噪声；

C ——经过背景噪声修正的运行总噪声。

此处理程序的细节在下图中以流程图的形式予以进一步描述，见图 6。

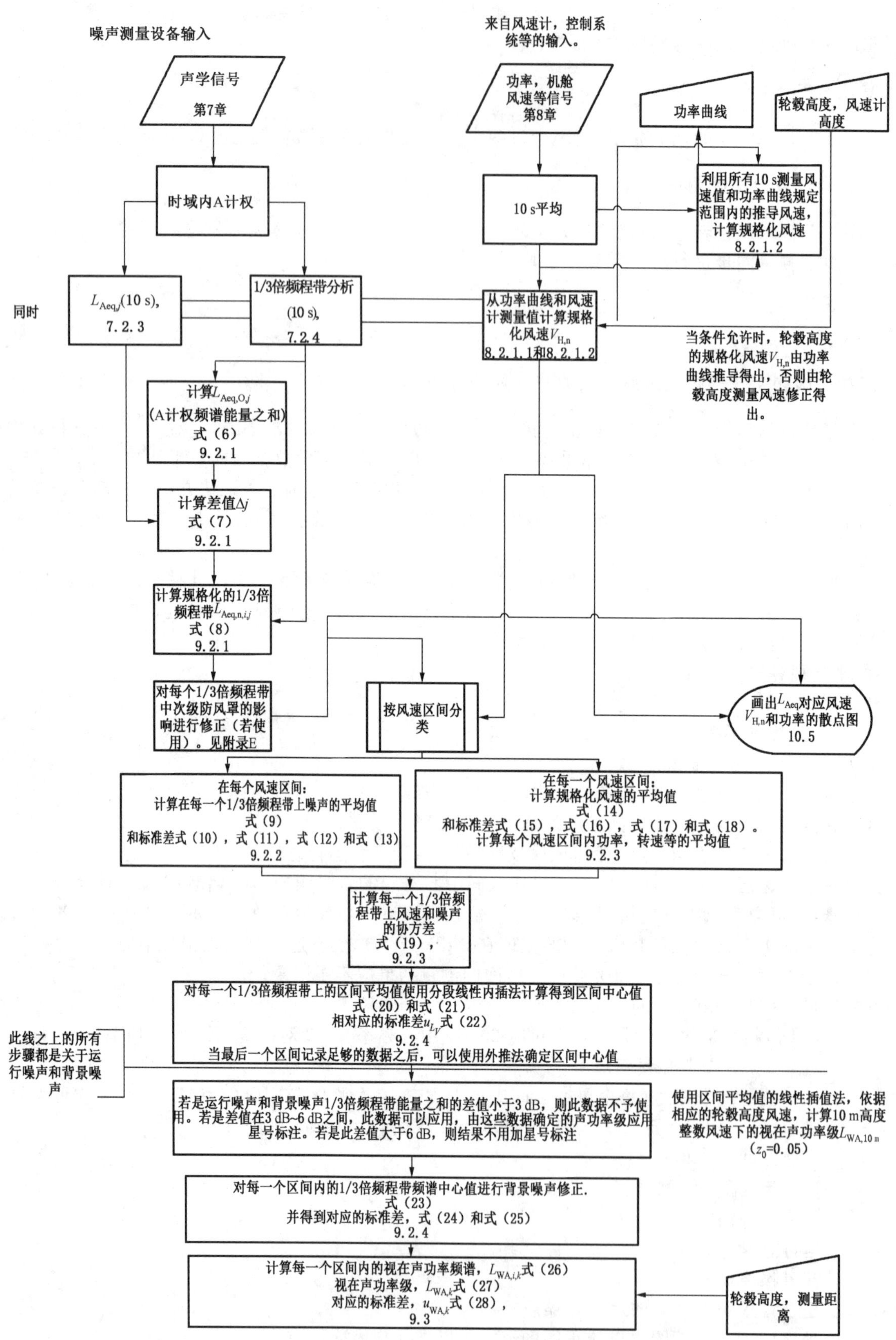

图 6　数据处理程序流程图

9.2 声压级计算

9.2.1 概述

测量噪声的等效声压级 L_{Aeq} 和中心频率从 20 Hz～10 kHz 的 1/3 倍频程频谱。等效噪声级 $L_{\mathrm{Aeq,o}}$ 是由 1/3 倍频程各频带的能量之和来确定的。从而可以通过下列公式确定差值 $L_{\mathrm{Aeq}}-L_{\mathrm{Aeq,o}}$。

$$L_{\mathrm{Aeq,o},j}=10\ \log\sum_{i=1}^{28}10^{\left(\frac{L_{\mathrm{Aeq},i,j}}{10}\right)} \tag{6}$$

$$\Delta j=L_{\mathrm{Aeq},j}-L_{\mathrm{Aeq,o},j} \tag{7}$$

这个差值加在每一个 1/3 倍频程频谱中的各个频带上，从而得出对应每一个测量周期 j 的规格化 1/3 倍频程频谱。

$$L_{\mathrm{Aeq,n},i,j}=L_{\mathrm{Aeq},i,j}+\Delta j \tag{8}$$

式中：

$L_{\mathrm{Aeq,o},j}$ ——在测量周期 j 内由 1/3 倍频程频谱计算得到的 A 计权声压级；

$L_{\mathrm{Aeq},i,j}$ ——在测量周期 j 内 1/3 倍频程带 i 上的 A 计权声压级；

$L_{\mathrm{Aeq},j}$ ——在测量周期 j 内所测得的 A 计权声压级；

Δj ——从 1/3 倍频程频谱上计算得到的 A 计权声压级与测得的 A 计权声压级之间的差值；

$L_{\mathrm{Aeq,n},i,j}$ ——在测量周期 j 内 1/3 倍频程带 i 上的规格化 A 计权声压级。

如果使用了次级防风罩，应在考虑次级防风罩影响的情况下对于 1/3 倍频程规格化频谱进行修正。

所有接下来的分析都使用 1/3 倍频程规格化频谱。1/3 倍频程频谱以不同的风速区间 k 进行分类。在每一个风速区间 k 内，可由下面的公式求得相应声压级以及风速的平均值和不确定度。

对运行总噪声以及背景噪声的分析也基于同样的原则。

9.2.2 每一个风速区间内的平均声频谱和相应不确定度的计算

对于每一个 1/3 倍频程带 i，平均声压级 $\overline{L}_{i,k}$ 可由式(9)计算得到：

$$\overline{L}_{i,k}=10\ \log\left(\frac{1}{N}\sum_{j=1}^{N}10^{\left(\frac{L_{i,j,k}}{10}\right)}\right) \tag{9}$$

式中：

N ——在风速区间 k 内的测量次数；

$L_{i,j,k}$ ——在风速区间 k，测量周期 j 内 1/3 倍频程带 i 上的声压级。

对于每一个风速区间 k，这个结果是一个平均的 1/3 倍频程频谱。

在风速区间 k 内，对于 1/3 倍频程带 i 上平均声压级的 A 类标准不确定度 $s_{Li,k}$，可由式(10)求得：

$$s_{L\,i,k}=\sqrt{\left(\frac{\sum_{j=1}^{N}(L_{i,j,k}-\overline{L}_{i,k})^2}{N(N-1)}\right)} \tag{10}$$

式中：

$\overline{L}_{i,k}$ ——在风速区间 k 内由式(9)得到的平均声压谱；

$L_{i,j,k}$ ——在风速区间 k 内，测量周期 j 内 1/3 倍频程带 i 上的声压级。

对于每一个测量周期 j，1/3 倍频程带 i 上的能量平均声压级的 B 类总不确定度 $u_{L_{i,j}}$ 可由式(11)求得。附录 C 中给出了评估 B 类不确定度的相关指导。

$$u_{L_{i,j}}=\sqrt{\sum_{q=1}^{7}u_{L_{i,j,q}}^{2}} \tag{11}$$

式中：

$u_{L_{i,j,q}}$ ——在每一个测量周期 j 内，1/3 倍频程带 i 上的平均声压级的 B 类标准不确定度，不确定度分量来源于 q。

在风速区间 k 内，1/3 倍频程带 i 上平均声压级的 B 类标准不确定度 $u_{L_{i,k}}$ 可由式(12)求得：

$$u_{L_{i,k}}=\sqrt{\left(\frac{1}{N}\sum_{j=1}^{N}u_{L_{i,j,k}}^{2}\right)}\equiv u_{L_{i,j,k}} \quad\cdots\cdots(12)$$

式中：

$u_{L_{i,j,k}}$——每一个测量周期 j 内 1/3 倍频程带 i 上的平均声压级的 B 类合成标准不确定度，可见式(11)。这个值对于所有测量周期 j 均相同。

在风速区间 k 内，1/3 倍频程带上平均声压级的合成标准不确定度 $u_{\mathrm{com},L_{i,k}}$ 可由式(13)求得：

$$u_{\mathrm{com},L_{i,k}}=\sqrt{s_{L_{i,k}}^{2}+u_{L_{i,k}}^{2}} \quad\cdots\cdots(13)$$

9.2.3 每个风速区间内平均风速和不确定度的计算

风速区间 k 内的平均风速 $\overline{V}_{k}$ 可由式(14)求得：

$$\overline{V}_{k}=\frac{1}{N}\cdot\sum_{j=1}^{N}V_{j,k} \quad\cdots\cdots(14)$$

式中：

N ——在风速区间 k 内，进行测量的次数；

$V_{j,k}$——在风速区间 k，测量周期 j 内的平均风速。

在风速区间 k 内，平均风速的 A 类标准不确定度 $s_{V,k}$ 可由式(15)求得：

$$s_{V,k}=\sqrt{\frac{\sum_{j=1}^{N}(V_{j,k}-\overline{V}_{k})^{2}}{N(N-1)}} \quad\cdots\cdots(15)$$

式中：

$V_{j,k}$——在测量周期 j 内的平均风速；

$\overline{V}_{k}$ ——在风速区间 k 内的平均风速，见式(14)。

对于每一个测量周期 j，风速的 B 类标准不确定度 $u_{V_{j}}$ 可由式(16)求得：

$$u_{V_{j}}=\sqrt{\sum_{q=8}^{9}u_{V_{j,q}}^{2}} \quad\cdots\cdots(16)$$

式中：

$u_{V_{j,q}}$——每个测量周期 j 内，平均风速的 B 类标准不确定度，不确定度分量来源于 q。

在风速区间 k 内，平均风速的 B 类标准不确定度 $u_{V,k}$ 可由式(17)求得：

$$u_{V,k}=\sqrt{\left(\frac{1}{N}\cdot\sum_{j=1}^{N}u_{V_{j}}^{2}\right)} \quad\cdots\cdots(17)$$

式中：

$u_{V_{j}}$——每一个测量周期 j 内平均风速的 B 类标准不确定度，见式(16)。

在风速区间 k 内，风速的合成标准不确定度 $u_{\mathrm{com},V,k}$ 可由式(18)求得：

$$u_{\mathrm{com},V,k}=\sqrt{s_{V,k}^{2}+u_{V,k}^{2}} \quad\cdots\cdots(18)$$

与此对应的协方差 $\mathrm{cov}_{L_{V,i,k}}$ 可由式(19)求得：

$$\mathrm{cov}_{L_{V,i,k}}=\frac{1}{N-1}\cdot\sum_{j=1}^{N}(V_{j,k}-\overline{V}_{k})\cdot(L_{i,j,k}-\overline{L}_{i,k}) \quad\cdots\cdots(19)$$

式中：

$V_{j,k}$ ——在测量周期 j 内测得的平均风速；

$\overline{V}_{k}$ ——风速区间 k 内的平均风速，见式(14)；

$L_{i,j,k}$——在风速区间 k，测量周期 j 内所测得 1/3 倍频程带 i 上的声压级；

$\overline{L}_{i,k}$ ——在风速区间 k 内，1/3 倍频程带 i 上的平均声压级，见式(9)。

9.2.4 计算风速区间中心处的声压级及其不确定度

无论是对运行总噪声还是背景噪声，均采用风速区间内平均值进行线性插值，以计算在区间中心风速下的 1/3 倍频程带 i 上的声压级。原则上，这个方法适用于任意风速。

在风速 V 时的估算声压级可由式(20)求得：

$$L_V(t)=(1-t)\cdot \bar{L}_k+t\cdot \bar{L}_{k+1} \quad\cdots\cdots(20)$$

式中：

$$\bar{V}_k \leqslant V < \bar{V}_{k+1}$$

对于已知风速 V，t 值可由式(21)求得：

$$t=\frac{(V-\bar{V}_k)}{(\bar{V}_{k+1}-\bar{V}_k)} \quad\cdots\cdots(21)$$

在区间中心风速 V 处，声压级的标准不确定度可由式(22)求得：

$$u_{L_V}(t)=\sqrt{u_L^2(t)-\frac{\mathrm{cov}_{L_V}^2(t)}{u_V^2(t)}} \quad\cdots\cdots(22)$$

式中：

$u_L^2(t) \quad =(1-t)^2\cdot u_{\mathrm{com},L,k}^2+t^2\cdot u_{\mathrm{com},L,k+1}^2$

$\mathrm{cov}_{L_V}(t) =(1-t)^2\cdot \frac{\mathrm{cov}_{L_{V,k}}}{N_k}+t^2\cdot \frac{\mathrm{cov}_{L_{V,k+1}}}{N_{k+1}}$

$u_V^2(t) \quad =(1-t)^2\cdot u_{\mathrm{com},V,k}^2+t^2\cdot u_{\mathrm{com},V,k+1}^2$

N_k——风速区间 k 内测量的次数。

N_k在式(22)中被用来修正声压级和风速平均值的标准不确定度。

如果最高风速区间内测量的平均风速小于区间中心风速，可以使用外推法对区间中心风速处的相关数据进行估算。如果最低风速区间内测量的平均风速大于区间中心风速，同样可以使用外推法对区间中心风速处的相关数据进行估算。只有在风速区间内有多于 10 个测量数据点的时候才可以使用外推法。

若在同一个 1/3 倍频程带 i 上，运行总噪声级 $L_{V,T,i,k}$ 比背景噪声级 $L_{V,B,i,k}$ 至少高 3 dB，则 1/3 倍频程带 i 上的背景噪声修正声压级和其相应的标准偏差可由式(23)和式(24)求得：

$$L_{V,c,i,k}=10\cdot \log(10^{\left(\frac{L_{V,T,i,k}}{10}\right)}-10^{\left(\frac{L_{V,B,i,k}}{10}\right)}) \quad\cdots\cdots(23)$$

$$u_{c,i,k}=\frac{\sqrt{(u_{L_{V,T,i}}\cdot 10^{\left(\frac{L_{V,T,i}}{10}\right)})^2+(u_{L_{V,B,i}}\cdot 10^{\left(\frac{L_{V,B,i}}{10}\right)})^2}}{10^{\left(\frac{L_{V,T,i}}{10}\right)}-10^{\left(\frac{L_{V,B,i}}{10}\right)}} \quad\cdots\cdots(24)$$

若是运行总噪声和背景噪声的声压级之差大于 3 dB，则认为运行总噪声与背景噪声没有关联。若是两者之间有关联，便有可能导致对不确定度的过高估计。在各个风速区间内或者 1/3 倍频程带上，如运行总噪声级 $L_{V,t,i}$ 和背景噪声级 $L_{V,B,i}$ 之差不大于 3 dB，应加上一个 3 dB 的修正量并且用括弧"[ ]"标记结果。若差值为 3 dB，则不确定度可由式(25)求得。

$$u_{c,i,k}=\frac{\sqrt{(u_{L_{V,T,i}}\cdot 10^{\left(\frac{L_{V,T,i}}{10}\right)})^2+(u_{L_{V,B,i}}\cdot 10^{\left(\frac{L_{V,T,i-3}}{10}\right)})^2}}{10^{\left(\frac{L_{V,T,i}}{10}\right)}-10^{\left(\frac{L_{V,T,i-3}}{10}\right)}} \quad\cdots\cdots(25)$$

9.3 视在声功率级

在每一个风速区间内，每一个 1/3 倍频程带上的视在声功率级 $L_{\mathrm{WA},i,k}$ 由与之对应的在同一个1/3倍频程带上的背景修正声压级 $L_{V,c,i,k}$ 计算得到：

$$L_{\mathrm{WA},i,k}=L_{V,c,i,k}-6+10\log\left[\frac{4\pi R_1^2}{S_0}\right] \quad\cdots\cdots(26)$$

式中：

$L_{V,c,i,k}$——在基准气象条件下，区间中心风速 k 处，1/3 倍频程带 i 上的背景噪声修正 A 计权声压级；

R_1 ——图 4 中所示，风轮中心到传声器的直线距离，单位为米(m)；

S_0 ——基准面积，$S_0=1\ m^2$。

式(26)中的常数 6 dB 表示由于使用测量平板，测量声压约为实际声压的 2 倍。

在风速区间 k 内的 A 计权视在声功率级，由全部的 1/3 倍频程带上的声功率值进行能量求和来计算，见式(27)。

$$L_{WA,k}=10\ \log\sum_{i=1}^{28}10^{\left(\frac{L_{WA,i,k}}{10}\right)} \qquad (27)$$

如果运行总噪声的 1/3 倍频程带声压级之和与背景噪声的 1/3 倍频程带声压级之和的差距在 3 dB～6 dB之间，则在报告中，应用星号标记结果。若是此差距小于等于 3 dB，关于此风速区间的结果应不予记录。式(28)可以有效地表示不确定度。各 1/3 倍频程带上声功率级的不确定度被认为是相关的。

$$u_{L_{WA,k}}=\frac{\sum_{i=1}^{28}\left(u_{c,i,k}\ 10^{\left(\frac{L_{WA,i,k}}{10}\right)}\right)}{\sum_{i=1}^{28}10^{\left(\frac{L_{WA,i,k}}{10}\right)}} \qquad (28)$$

附录 C 中给出了 B 类不确定度的相关指导。

9.4 以 10 m 高度处的风速为基准的视在声功率级

以下的步骤用来计算在测量范围内，10 m 高度的整数风速对应的视在声功率级$L_{WA,10\ m,k}$。

式(29)用来计算与之对应的轮毂高度的风速$V_{H,n}$。基于式(20)～式(26)，通过线性内插法计算和背景噪声修正，得出视在声功率级。

$$V_H=V_{10}\left(\frac{\ln\left(\frac{H}{Z_{0ref}}\right)}{\ln\left(\frac{10}{Z_{0ref}}\right)}\right) \qquad (29)$$

对于测量范围内，整数风速 k 时的视在声功率级$L_{WA,10\ m,k}$及其相应的不确定度，$u_{L_{WA,10\ m,k}}$分别由式(27)和式(28)求得。

9.5 音调可听度

9.5.1 音值的一般处理方法

不同风速下噪声中存在的音调应在窄带分析基础上确定。进行音值评估的程序见流程图 7。

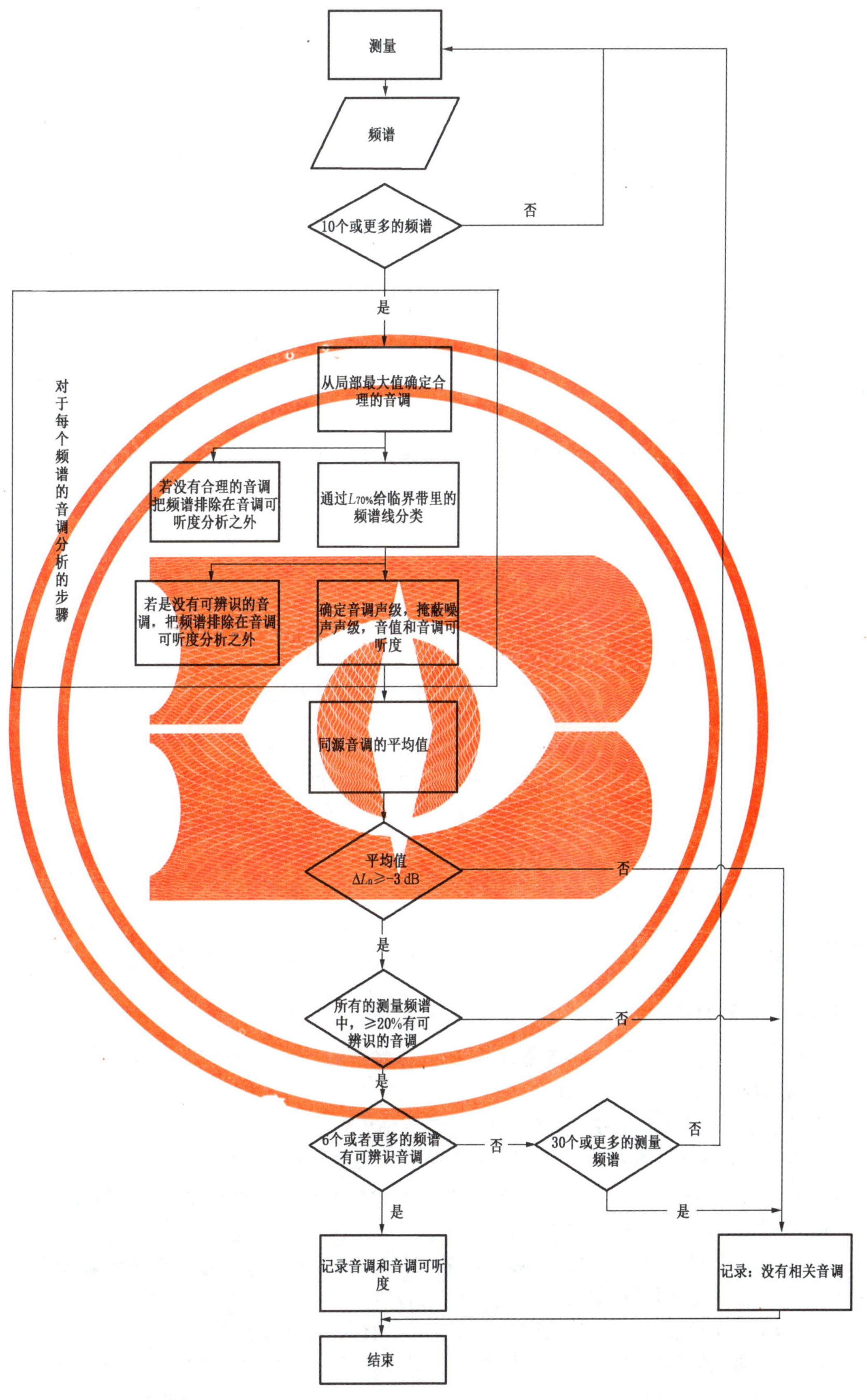

图 7　确定每个风速区间上音调可听度的流程图

音值的分析应涵盖与声功率级测量相同的风速范围。完整的测量应按照7.2.5所述，被分成长度为10 s的能量平均谱。

所有的频谱按照风速区间分类。在一个给定风速区间内，当其中至少有6组窄带谱具有同一个可辨识的同源音调时，总音调可听度才可以确定。

同源音调按以下方式定义：若各频谱中可辨识的音调处在临界频带中心±25%的频率区间内，则这些音调可认为同源音调。各同源音调作为一个音调进行处理与记录。

在每个风速区间，对每一组含有可辨识音调 j 的频谱：

- 应确定音调声压级 $L_{pt,j,k}$；
- 应确定音调所处临界带中的掩蔽噪声声压级 $L_{pn,j,k}$；
- 应确定音值 $\Delta L_{tn,j,k}$，即音调声压级与掩蔽噪声声压级之差。
- 应确定音调可听度 $\Delta L_{a,j,k}$ 即音值和音调可听度判定标准之差。

在每个风速区间，对应于每一个同源音调的总音调可听度 $\Delta L_{a,k}$ 由单独的 $\Delta L_{a,j,k}$ 进行能量平均求得。只对含有可辨识音调的频谱进行处理。

对于某些例外情形(如包括多条频谱线的极宽音调或具有很陡斜率的掩蔽噪声)这一方法可能给出不正确结果。此时可给出采用本方法所带来的偏差，并应做记录。

9.5.2 备选音调辨识

需要对音调进行初步辨识，以对谱线分类。

下列程序用于辨识备选音调：

a) 找出频谱中局部最大值；

b) 计算临界频带，即一个以局部最大值所处频率为频带中心的封闭区间，其带宽可由式(30)确定：

$$\text{临界带宽} = 25 + 75 \cdot \left(1 + 1.4\left[\frac{f_c}{1\,000}\right]^2\right)^{0.69} \qquad \cdots\cdots(30)$$

式中：

f_c——局部最大值所在频率，单位为Hz；

c) 计算以各局部最大值所处频率为中心的临界频带内的能量平均，不包括局部最大值所在谱线和两根毗连的谱线；

d) 如果局部最大值高于前一步中计算所得的能量平均值6 dB以上，它即是备选音调。

9.5.3 临界带内谱线的分类

将中心频率与备选音调所在频率重合，以确定临界频带的位置。频率处于20 Hz～70 Hz之间的备选音调，临界频带是20 Hz～120 Hz。

若是临界频带内包含谱线的中心频率，则该谱线为临界频带的一部分。

在临界频带内的各条谱线可被分为音调、掩蔽噪声或其他，采用下列程序进行分类：

a) 计算 $L_{70\%}$ 声压级，此处 $L_{70\%}$ 为临界频带内声压级最低的70%谱线的能量平均值，如图8所示；

b) 标准声级为 $L_{70\%}+6$ dB，见图9：

- 如果一条谱线的声压级低于标准声级，则归为掩蔽噪声，$L_{pn,avg}$ 为全部掩蔽噪声谱线的声压级的能量平均值，如图10所示；
- 如果一条谱线的声压级超过 $L_{pn,avg}+6$ dB，则该谱线归为音调；
- 如有多条被归为音调的毗连的谱线，将其中声压级最高的谱线定为音调。对于其他的毗连谱线，仅当其声压级与最高声压级之差在10 dB以内，这些毗连的谱线才能归类为音调；
- 既没能归入“音调”也未能归入“掩蔽噪声”的谱线，应归为“其他”。这些谱线在未来的分析中将被忽略掉。图11说明了临界带中谱线的分类。

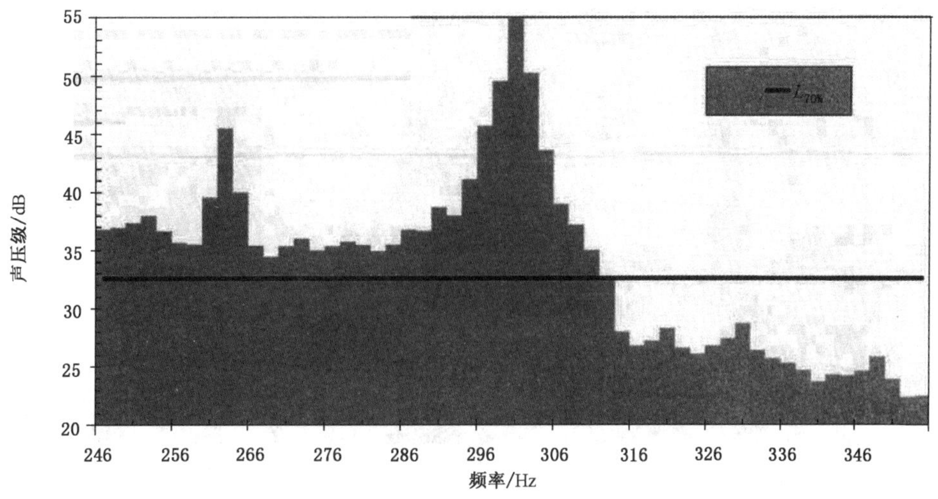

图 8 临界频带中 $L_{70\%}$ 声压级的示意图

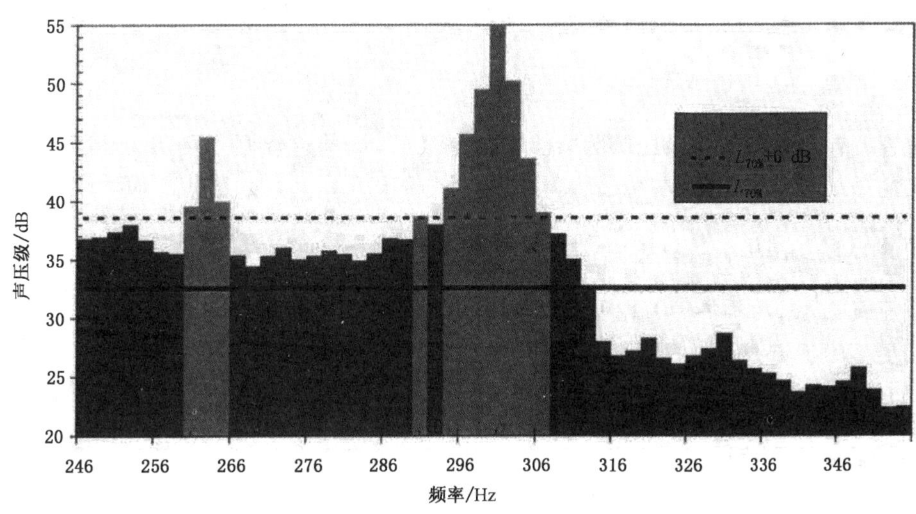

图 9 低于 $L_{70\%}$ +6 dB 标准的频谱线示意图

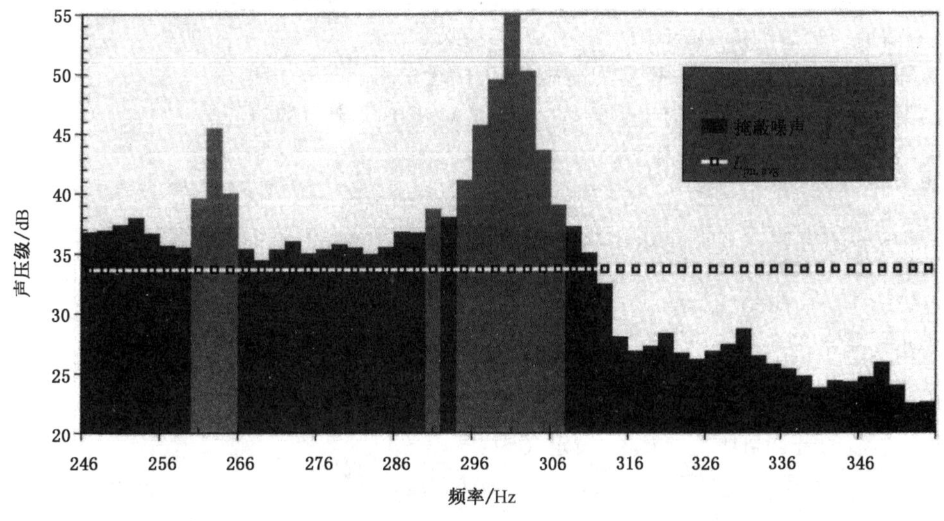

图 10 掩蔽频谱线和 $L_{pn,avg}$ 声压级的示意图

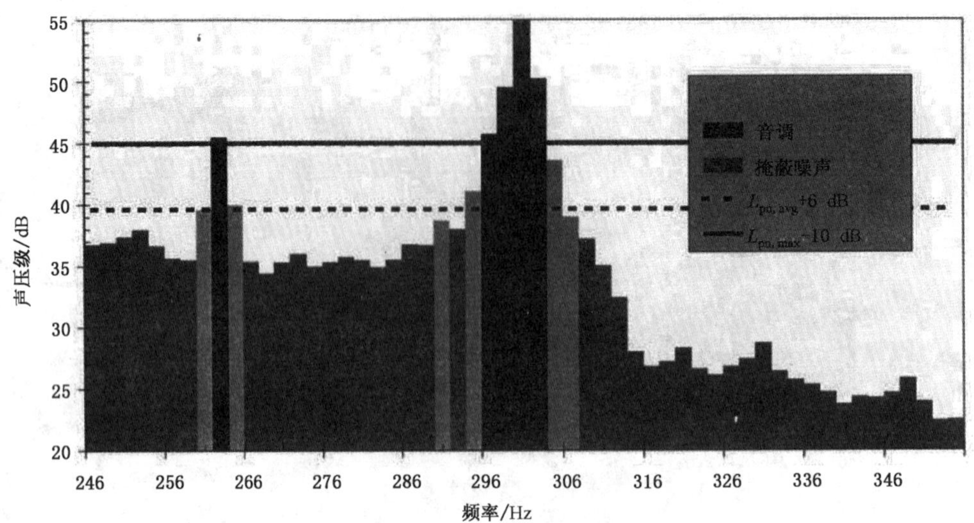

图 11 所有频谱线分类的示意图

9.5.4 可辨识音调

当备选音调包含一条或多条归类为"音调"的谱线时，该备选音调是可辨识音调。根据 9.5.3，具有最高声压级的谱线为该音调的频率。

9.5.5 音调声压级

音调声压级 $L_{pt,j,k}$ 由临界频带内所有归类为音调的谱线的能量总和来确定，见 9.5.2。如果其中包括了两个或更多毗连谱线，对所用汉宁窗进行修正，即能量总和除以 1.5。

注意，如果同一临界频带中出现一个以上音调，按以上程序计算各个音调声压级的能量总和。

9.5.6 确定掩蔽噪声声压级

掩蔽噪声声压级 $L_{pn,j,k}$ 由式(31)确定：

$$L_{pn,j,k}=L_{pn,avg,j,k}+10\log\left[\frac{临界带宽}{有效噪声带宽}\right] \quad\cdots\cdots(31)$$

式中：

$L_{pn,avg,j,k}$——在临界频带内所有归为掩蔽噪声的谱线的能量平均值。

有效噪声带宽是频率分辨率的 1.5 倍，这包括了对使用汉宁窗的修正。

9.5.7 确定音值

音值是相应临界频带中音调声压级与掩蔽噪声声压级之差，由式(32)求得：

$$\Delta L_{tn,j,k}=L_{pt,j,k}-L_{pn,j,k} \quad\cdots\cdots(32)$$

9.5.8 确定可听度

对于每个 $\Delta L_{tn,j,k}$ 值，应进行频率修正以补偿人耳对不同频率音调的响应。

对于每个频谱的音调可听度 $\Delta L_{a,j,k}$ 被定义为：

$$\Delta L_{a,j,k}=\Delta L_{tn,j,k}-L_a \quad\cdots\cdots(33)$$

L_a 为频率相关的可听度判断标准，定义为：

$$L_a=-2-\log\left[1+\left(\frac{f}{502}\right)^{2.5}\right] \quad\cdots\cdots(34)$$

式中：

f——临界频带内音调最大谱线所在的频率，单位为赫兹(Hz)。

应注意，该可听度判断标准曲线是由听力试验确定的，反映典型测听者对不随时间而变化的不同频率音调的主观响应。

对每个风速区间内每一个同源音调的 $\Delta L_{a,j,k}$ 进行能量平均得到相应的 $\Delta L_{a,k}$。

当音调可听度应满足条件：

$$\Delta L_{a,k} \geq -3.0 \text{ dB} \quad \cdots\cdots(35)$$

对音调可听度应作记录。以下情况除外：

- $\Delta L_{a,k} \geq -3.0$ dB，且 10 个或多于 10 个频谱中不足 20% 的频谱包含可辨识的同源音调，$\Delta L_{a,k}$ 的值应被记录为“没有相关音调。”；
- $\Delta L_{a,k} \geq -3.0$ dB 且有多于 20% 但少于 6 个频谱包含可辨识的同源音调，则需要更多的测量。可能需要测量总计 30 个频谱。

若音调可听度满足：

$$\Delta L_{a,k} < -3.0 \text{ dB} \quad \cdots\cdots(36)$$

$\Delta L_{a,k}$ 的值应记录为“没有相关的音调”。

若一个音调的可听度大于 0 dB，则这个音调为可听的。

9.5.9 背景噪声

应测量每个风速区间内背景噪声的窄带频谱。若是背景噪声包含的音调明显影响可听度分析，则应该采用措施以确定其影响程度并加以记录。

不进行宽带背景噪声的修正。

10 报告内容

10.1 概述

风力发电机组配置信息和其运行情况应按照如下方式记录。

10.2 风力发电机组特征

风力发电机组参数应包括下列内容：

——风力发电机组：
  - 制造商；
  - 型号；
  - 序列号。

——主要技术参数：
  - 垂直轴或水平轴风力发电机组；
  - 上风向或下风向风轮；
  - 轮毂高度；
  - 风轮中心到塔架轴线的水平距离；
  - 风轮直径；
  - 塔架型式(桁架或筒式结构)；
  - 被动失速、主动失速或桨距控制；
  - 恒速或变速；
  - 功率曲线；

- 各风速区间内的转速;
- 额定功率;
- 控制软件的版本。

——风轮:

- 风轮控制装置;
- 涡流发生器、失速条、锯齿状后缘;
- 叶片型号;
- 序列号;
- 叶片数。

——齿轮箱:

- 制造商;
- 型号;
- 序列号。

——发电机:

- 制造商;
- 型号;
- 序列号。

10.3 自然环境

风力发电机组场地和场地附近及测量位置的下列自然环境资料应做记录:

- 场地详细情况,包括场地位置、场地地图和其他相关资料;
- 周边 1 km 的地形(崎岖的、平坦的、悬崖、山等);
- 地表特征(如草地、砂地、树木、灌木丛、水面);
- 附近反射物体,如建筑物或其他物体、山崖、树木、水面;
- 附近可能影响背景噪声声压级的其他声源。如其他风力发电机组、公路、工业区、机场;
- 两张照片,一张从基准位置的传声器朝向风力发电机组方向,另一张从测风塔朝向风力发电机组方向;
- 一张放置在地面测量平板上的传声器及其周边环境的照片,如图 2 所示。

10.4 仪器

应记录测量仪器的下列信息:

- 制造商;
- 仪器名称和型号;
- 序列号;
- 其他相关资料(例如最近校准日期);
- 每次测量时测风塔上风速计的位置和高度;
- 次级防风罩(如果有)的影响;
- 每次测量时每个传声器的测量位置。

10.5 声学数据

应记录下列声学数据:

- 每次测量时每个传声器的测量位置;
- 每次测量的时间和日期;

- 轮毂高度，各个区间中心风速对应的视在声功率级 $L_{WA,k}$；
- 10 m 高度，整数风速下的视在声功率级 $L_{WA,10\ m,k}$；
- 在基准位置 1 所测得的运行总噪声和背景噪声数据的曲线图(采用不同的符号)。不同方法得到的风速应在图上加以区分。L_{Aeq}和 $V_{H,n}$曲线图应采用线性坐标轴，比例为 1 m/s 对应 2 dB；
- 一个显示所有的测量运行总噪声对应电功率数据的曲线图；
- 每一个区间中心风速下的 1/3 倍频程带声功率谱的表格和曲线图；绘图坐标刻度：1 倍频程对应 10 dB，声级单位用适当的括号标记；
- 以列表形式给出运行总噪声和背景噪声的声压级。这些值可以通过对每个风速区间上的平均 1/3 倍频程频谱能量求和得到。表格中也包括由区间中心风速下修正的 1/3 倍频程频谱计算得到的修正 L_{Aeq}值。若是运行总噪声和背景噪声之间的差值在 3 dB～6 dB 之间，则此结果应用星号标注。若是差值小于等于 3 dB，此结果应不予使用。

对于每一个区间中心风速 k：

- 每个可辨识音调的 $\Delta L_{tn,j,k}$；
- 每个可辨识音调的 ΔL_k；
- 每个可辨识音调的 $\Delta L_{a,k}$；
- 每个可辨识音调的频率；
- 绘制覆盖每个风速区间的运行总噪声和背景噪声的窄带频谱。

可选声学测量数据包括：

- 低频噪声；
- 次声；
- 脉动特性；
- 幅度调制；
- 其他可能的噪声特性。

10.6 非声学数据

报告应记录下列非声学数据：

- 风速的确定方法；
- 由功率曲线得到的风速图，分别对应机舱测量风速以及测风塔测量风速；
- 风轮转速；
- 大气温度；
- 大气压；
- 粗糙长度(估计值)；
- 测量中的下风向范围以及用来确定偏航角度在传声器位置±15°内的方法。

可选的其他非声学数据：

- 声学测量期间估算或测量的湍流强度；
- 湍流强度是测得的还是根据气象条件推断得出。

10.7 不确定度

对下列声学参量的不确定度进行评估，并做记录：

- 对 B 类不确定度的描述；
- 在区间中心风速下的视在声功率级；
- 基准位置各区间中心风速下噪声的 1/3 倍频程频谱。

关于测量不确定度评估可参阅附录 C 以及 ISO/IEC 指南 98-3。

附 录 A
（资料性附录）
风力发电机组噪声辐射的其他特性及其量化

A.1 概述

除了本标准正文介绍的风力发电机组噪声特性外，噪声辐射可能还包含下述部分或全部内容：

- 次声；
- 低频噪声；
- 脉动特性；
- 宽带或音调噪声的低频幅度调制；
- 其他如轰鸣声、嘶嘶声、尖啸声或哼鸣声等；噪声中各种不同的脉动，如撞击声、卡哒声、砰然声或锤击声等。

下面就这些特性作简单介绍，并对可行的量化测量措施进行讨论。

需指出，次声、低频噪声、脉动特性和幅度调制这些特性的某些方面目前尚未了解清楚，为确定这些特性，可考虑在比本标准中规定的距离风力发电机组更远的位置进行测量。

A.2 次声

频率低于 20 Hz 的声音称之为次声，虽然人耳几乎听不到这种声音，但它仍能引发一些问题，例如引起建筑物内的振动，严重时会使人烦躁。如果认为有次声辐射，可以根据 ISO 7196 进行 G 计权声压级测量。研究表明，现代上风向风力发电机组不产生可察觉的次声。

A.3 低频噪声

一般的步骤是将 1/3 倍频程带扩展到 20 Hz 并且覆盖相关的频率范围来描述低频噪声。根据这些数据，有可能预测低频噪声的远场声压级。

频率 20 Hz～100 Hz 的低频噪声可造成困扰。当低频噪声被清楚地听到时，便会引人烦躁。在接近听力阈值的声压级，若是只用 L_{Aeq} 值一种方法进行评估，则可能高估此种噪声的危害。

A.4 脉动特性

一种风力发电机组发出的脉冲声，可能是由叶片与塔架周围扰动的风相互作用产生的，脉动特性是对这一冲击程度的衡量。

脉动特性的量化值可由若干次测量 C 计权“脉冲保持”与最大 C 计权“慢挡”声压级之差的平均值求得。

A.5 宽带噪声的幅度调制

在某些情况下，风力发电机组发出的宽带噪声可能为叶片通过频率所调制，从而发出“嗖嗖声”或“呼呼声”。

该调制可通过记录有时间计权 F 的 A 计权声压级来确定，测量中风轮至少完整旋转 10 圈。

该调制特性可能受当地大气条件的影响(见附录 B)，因此，宜记录测量期间的大气条件。

A.6 其他噪声特性

如果噪声辐射包含有轰鸣声、嘶嘶声、尖啸声、哼鸣声、撞击声、卡哒声、砰然声或锤击声等，这些特性都应做记录。用文字尽可能充分地描述这些噪声，尽可能开展能够描述这些噪声特性的测定。

附 录 B
（资料性附录）
湍流强度评估

湍流是风环境的一部分，当它通过风轮时，在叶片上引起不稳定的压力，从而产生噪声。研究表明，高功率或高风速时，入射湍流产生的噪声可能成为风力发电机组空气动力学噪声辐射的主要来源。

由于湍流对所有噪声辐射都有影响，在声学测量时，应评价并记录湍流水平。最好的方法是直接测量风速，至少测量 3 次，每次 10 min 以上，并且采样频率不低于 1 Hz。平均风速和标准偏差都由每 10 min 1 次的测量数据确定。平均湍流强度定义为每个测量时段的风速标准差与平均风速比值的平均值。

通常不受干扰的气流中，用位于风轮中心高度的风速计来测量湍流强度。用 10 m 高的测风塔的测量风速，依据功率曲线换算的风速或者机舱风速计测量风速给出一个估计值。为了对比噪声测试结果，这些方法可用在对同一风力发电机组的测量中。

如果无法进行上述湍流测量，湍流水平可以由当地大气的稳定性和表面粗糙长度推测出来。晴朗的白天，地面温度上升，因为空气浮力效应，湍流能量在大气边界层中上升。这形成一个不稳定的大气边界层，并导致湍流水平升高。另一方面，日落后，由于地面向空中辐射能量致使地面变冷，冷空气沉积在暖空气下面，形成稳定的大气条件，大气边界层中不存在对流，湍流水平下降。测量位置的表面粗糙长度也会影响湍流水平。在较粗糙地面和复杂地形上会产生高湍流水平。宜记录具体测量时间、测量时的云层覆盖情况和地表粗糙长度，作为测量湍流水平的参考。

附　录　C
（资料性附录）
测量不确定度的评估

C.1　概述

本附录就如何确定测量不确定度，提供一些指导。

C.2　A 类和 B 类不确定度

每个所记录的声学参量对应的测量不确定度应根据本附录规定的方法，用合成标准不确定度的形式获取并记录。应用该方法的进一步指导包含在 ISO/IEC　指南 98-3 中。本附录将不确定度分为 A 类不确定度和 B 类不确定度，A 类不确定度分量是用统计方法由多次重复测量结果得出，B 类不确定度分量是根据不同种类相关信息推断得出的，包含类似情况下的经验。A 类和 B 类不确定度分量都表达为标准不确定度形式，并用不确定度分量合成方法合成为合成标准不确定度。

C.3　场地影响

评价测量不确定度时，考虑实际场地对被测风速和传声器测量平板声学条件的影响是很重要的。如场区地形不平坦，测量风速可能偏离风轮处入射风速。偏差随风轮中心与风速计之间距离的增加而增加。如地面倾斜不平，传声器测量平板要求的条件可能不能充分满足，这样测量的声压级可能不准确。频谱的不确定度会大于 A 计权总声压级不确定度，并随测量平板尺寸减小而增大。场地影响不确定度属 B 类不确定度。

C.4　声学参数不确定度

C.4.1　视在声功率级和视在声功率谱

根据当前的知识，本条款所介绍的不确定度对视在声功率级和视在声功率谱的估算非常重要。

描述 A 类不确定度的参数是各风速区间中心风速下，频谱中的每一个 1/3 倍频带的估算噪声频谱的标准偏差。关于此内容的具体细节可见第 9 章。

下列不确定度用于确定声压级的 B 类不确定度：

- 声学测量仪器标定引起的不确定度，U_{B1}；
- 声学测量仪器链的公差引入的不确定度，U_{B2}；
- 传声器测量平板的声学条件引起的不确定度，U_{B3}；
- 安装防风罩造成插入损失引起的不确定度，U_{B4}；
- 传声器相对于轮毂的距离和方向引起的不确定度，U_{B5}；
- 空气声阻抗和空气声吸收引起的不确定度，U_{B6}；
- 由于天气条件变化（包括湍流在内），风力发电机组声辐射的不确定度 U_{B7}；

下列分量属于风速测量相关的 B 类不确定度：

- 测量风速对应的不确定度 U_{B8}，包括风速计标定、场地效应，或风速推导，以及功率读数等方面的不确定度；

- 由功率曲线不确定度所导致的测量风速不确定度或由功率曲线推导出的风速的不确定度。

此处提及的所有 B 类不确定度，为简化起见，假定其服从矩形概率分布，范围为 $\pm a$，此分布的标准不确定度为：

$$u=\frac{a}{\sqrt{3}} \qquad \text{(C.1)}$$

表 C.1 和表 C.2 列举了不确定度分量的可能值，仅作为范例。只宜作为实际测量中不确定度评估的参照。

表 C.1 与视在声功率谱相关的 B 类不确定度分量可能值举例

分　　量	可能的典型范围 dB	可能的典型标准不确定度 dB
校准，u_{B1}	±0.3	0.2
仪器，u_{B2}	和频率有关，可以由校准证书获得	
测量平板，u_{B3}	±0.5	0.3
防风罩插入损失，u_{B4}	见附录 E	
距离和方向，u_{B5}	±0.2	0.1
空气吸收，u_{B6}	见附录 G	
天气条件，u_{B7}	±0.8	0.5

表 C.2 与视在声功率频谱相关的风速确定中 B 类不确定度分量的可能值举例

分量	可能的典型范围 m/s	可能的典型标准不确定度 m/s
风速，测量[a]，u_{B8} 风速，推导[b]，u_{B8}	±1.2 ±0.3	0.7 0.2
风速，功率曲线 u_{B9}	±0.3	0.2

[a] 通过机舱风速计或测风塔。

[b] 通过功率曲线。

第 9 章给出了合成标准不确定度。

附　录　D
（资料性附录）
表面粗糙长度

D.1　概述

粗糙长度是一个基于地形条件来计算不同高度的风速的物理量。表 D.1 给出了怎样估计粗糙长度的指导。由于这种粗略估计只在多云情况下有效，此附录给出了如何从风速测量或者从场地标定中的典型风切变数据得出表面粗糙长度的方法。

表 D.1　粗糙长度

地形特征	粗糙长度 z_0 m
水、雪或沙地的表面	0.000 1
开阔的平地，割过的草地，裸地	0.01
有植物生长的农田	0.05
郊区，城镇，森林，遍布树和灌木的地表	0.3

D.2　确定粗糙长度的方法

粗糙长度是对数风廓线公式中的一个参数。对数风廓线方程见式(D.1)：

$$V_z = V_{z,\mathrm{ref}} \cdot \left[\frac{\ln\left(\frac{z}{z_0}\right)}{\ln\left(\frac{z_{\mathrm{ref}}}{z_0}\right)} \right] \qquad \cdots\cdots(\mathrm{D.1})$$

式中：

V_z　——在地面以上高度 z 处的风速；

$V_{z,\mathrm{ref}}$——在地面以上高度 z_{ref}（典型轮毂高度）处的风速；

z　——目标风速的地面以上高度；

z_{ref}　——已知风速的地面以上高度；

z_0　——所考量风向范围的粗糙长度。

式(D.1)可调整为：

$$z_0 = \mathrm{e}\left(\frac{V_z \ln(z_{\mathrm{ref}}) - V_{z,\mathrm{ref}} \ln(z)}{V_z - V_{z,\mathrm{ref}}} \right) \qquad \cdots\cdots(\mathrm{D.2})$$

通过测量两个不同高度处的风速，可以确定此风向上的地形粗糙长度。粗糙长度由整个噪声测量中每个测量周期(10 s)所计算出的粗糙长度进行平均得到。最好选择轮毂高度为 z_{ref}，并且为了尽量减小场地地形影响，z 应选为下叶尖高度。

D.3　风切变到表面粗糙长度的转换

通常情况下，在场地评估的过程中进行风切变的测量。风切变为风速随高度变化量的另一种度量标准可见式(D.3)。通过等效式(D.1)和式(D.3)可将风切变转换为表面粗糙长度。

$$V_z = V_{z,ref}\left(\frac{z}{z_{ref}}\right)^{\alpha} \quad \cdots\cdots (D.3)$$

式中：

V_z ——在地面以上高度 z 处的风速；

$V_{z,ref}$——在地面以上高度 z_{ref}(典型轮毂高度)处的风速；

z ——目标风速的地面高度；

z_{ref} ——已知风速的地面高度；

α ——所考量风向范围的风切变指数。

求解 z_0，得到以下结果：

$$z_0 = e\left(\frac{z^{\alpha} \cdot \ln(z_{ref}) - z_{ref}^{\alpha} \cdot \ln(z)}{z^{\alpha} - z_{ref}{}^{\alpha}}\right) \quad \cdots\cdots (D.4)$$

用这种方法计算 z_0，可以通过不同风廓线得出的两个交点，分别为高度 z 和高度 z_{ref}，因此，可选择 10 m 高度和轮毂高度为有效的等量数据，将式(D.4)改写为通过风切变确定表面粗糙长度的式(D.5)：

$$z_0 = e\left(\frac{10^{\alpha}\ln(H) - H^{\alpha}\ln(10)}{10^{\alpha} - H^{\alpha}}\right) \quad \cdots\cdots (D.5)$$

式中：

H ——风力发电机组的轮毂高度；

α ——测量风向上的风切变指数。

应使用测量的表面粗糙长度[见式(D.2)]，由风切变得到的表面粗糙长度[见式(D.5)]或者从表D.1查到的粗糙长度，来确定声功率级与 10 m 高度处风速的函数。

附 录 E
（资料性附录）
次级防风罩的特性

E.1 概述

当在高风速、低频率的情况下进行测量时，应使用次级防风罩。次级防风罩通过减少传声器的风噪声来改善在最高和最低频率时的信噪比。

若使用了次级防风罩，则应在结果中记录并修正次级防风罩对频率响应的影响。次级防风罩引起的插入损失应包含预期的天气因素，例如不同的湿度和降雨量。

E.2 次级防风罩

次级防风罩有不同的设计方式。例如，它可以由一个近似于半圆的线框构成，线框表面被一层 13 mm～25 mm 厚的多孔泡沫薄膜覆盖，每 10 mm^2 有 4～8 个小孔。覆盖物也可以是不同种类的纺织品。次级半圆形防风罩应对称地置于较小的主防风罩上。

防风罩的直径应该至少为 450 mm。

E.3 插入损失

因为次级防风罩是整个测量链的一部分，因此应高精度地测量次级防风罩的插入损失。应按照下述程序进行测量。

E.4 测量程序

测量设置类似于风力发电机组噪声测量的条件。

使用扬声器和粉红噪声信号来测量插入损失。

测试传声器放置在一个距扬声器水平距离 6 m 的测量平板上。扬声器放在一个 4 m 高的平台上。

根据测量距离允许的偏差，测量平板距扬声器的水平距离可以有±20%的变化。

一个额外的对照传声器，放置在第一个测量平板旁边的独立测量平板上，其目的是为了检测在测量中从扬声器传出的噪声，找到噪声辐射变化。每个传声器上都会安装半个标准防风罩。

次级防风罩安装在测试传声器上。噪声由扬声器发射，记录传声器位置的声压级 1 min～2 min。从测试传声器上移开次级防风罩，再次记录声压级。这个过程需要重复三次。在测量开始之前和结束之后均测量背景噪声，将测试平板放在 4.8 m、6.0 m 和 7.2 m 三个不同距离重复这一步骤。所有测量都以 1/3 倍频程带的形式进行。

此插入损失可通过上述 9 次测量中，有无次级防风罩时的声压级之差的算术平均值来确定。同时应计算标准差。由于结果只是高声压级之间的小差值，必须进行对应测试，以对照传声器测得的声压级差值对结果进行规格化。

在每个 1/3 倍频程带上的背景噪声应至少比扬声器打开时的噪声低 3 dB。对于不符合条件的 1/3 倍频带，不应记录插入损失。

若背景噪声妨碍测量，则频率在 100 Hz 以下的插入损失可设定为 125 Hz 时的插入损失。

E.5 其他要求

对于任意 1/3 倍频程带，插入损失的值应在－1.0 dB～3.0 dB 之间。

为防止发生次级防风罩无法修正的快速傅里叶变换频谱失真，相邻两个 1/3 倍频程带间插入损失之差不应超过 2 dB。

E.6 次级防风罩示例

图 E.1 和图 E.2 展示了两个次级防风罩。

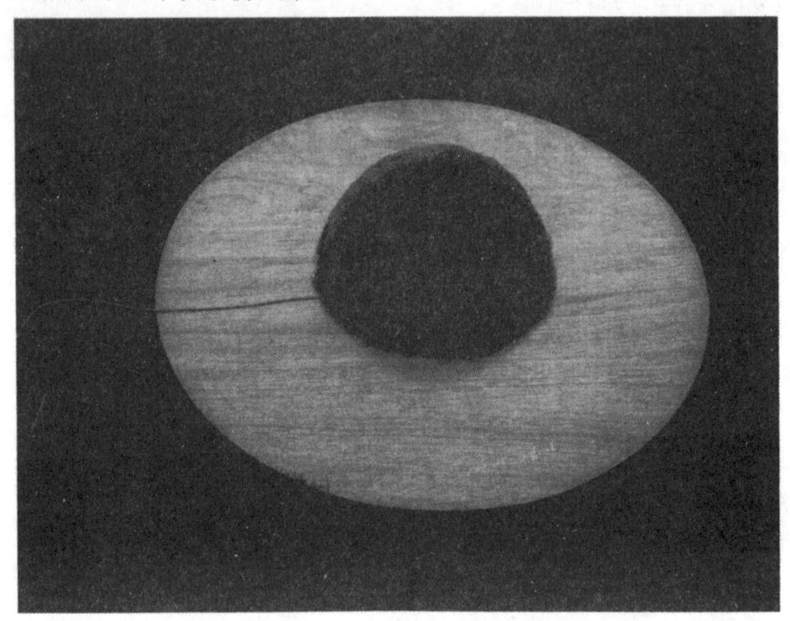

图 E.1　次级防风罩示例 1

图 E.2　次级防风罩示例 2

E.7 插入损失示例

表 E.1 和图 E.3 记录了次级防风罩的插入损失。插入损失宜从至少 100 Hz 开始测量。对于大部分次级防风罩,100 Hz 以下插入损失可视为 0。

表 E.1 插入损失记录示例

1/3 倍频程带中心频率 Hz	插入损失 dB	标准差 dB
20	0.1	0.2
25	0.2	0.4
31.5	0.1	0.2
40	0.1	0.2
50	0.2	0.3
63	0.0	0.3
80	0.2	0.2
100	0.2	0.1
125	0.1	0.1
160	−0.1	0.2
200	−0.3	0.3
250	0.0	0.2
315	0.3	0.2
400	0.6	0.2
500	1.2	0.2
630	1.7	0.2
800	1.7	0.4
1 000	0.7	0.3
1 250	1.3	0.7
1 600	1.7	0.5
2 000	1.6	0.5
2 500	2.3	0.4
3 150	2.6	0.6
4 000	2.1	0.9
5 000	0.8	1.3
6 300	−0.1	0.7
8 000	0.7	1.0
10 000	1.6	1.9

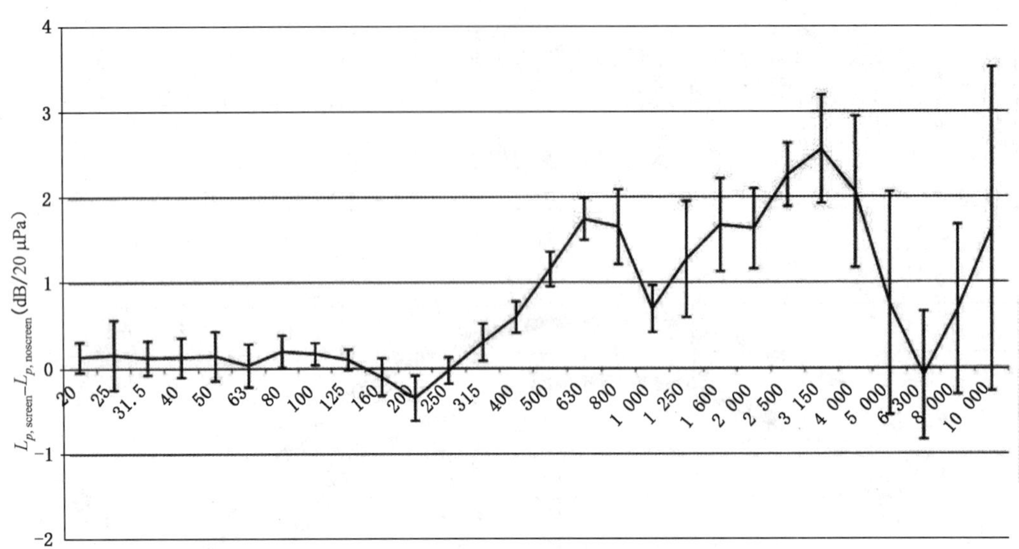

图 E.3　由表 E.1 得出的插入损失的示例

附 录 F
（规范性附录）
小型风力发电机组

F.1 概述

随着大型风力发电机组的发展，小型低成本的风力发电机组也有所发展。由于相对低廉的生产成本和不同的设计，这种风力发电机组适于采用较低的噪声测量要求。

本附录描述了小型低成本风力发电机组噪声测试的方法。此方法只能用于最大输出功率小于100 kW 的风力发电机组上。

本附录中的方法与本标准中的一般性方法不同，可以更好地体现小型风力发电机组的动态特性（例如，自由偏航，更大的风轮转速变量）。本附录也删除了特别针对大型风力发电机组的要求，例如机舱风速测定。依据风力发电机组的结构特征，可选用一般性方法或者根据本附录来确定风力发电机组噪声。

本附录遵照一般性方法的原则，描述了由一般性方法产生的偏差。

若风力发电机组被设计用来空载运行（例如，在电池充电应用中，电池已经充满），空载运行情况应该包含在测量中，并分别记录。

F.2 声学测量位置

容许的测量位置可由风向测量确定，不应超出下风向传声器位置的±45°范围。

F.3 风速测量

应该直接测量风速而不是从电功率推导。

若已经按照 GB/T 18451.2 进行地形评估以得到有效测量扇区，则可以应用有效扇区的数据。若没有进行地形评估，则应按照图 F.1 放置测风塔（$\beta=90°$）。

风速由位于至少 10 m 高度且最好是风轮中心高度的风速计确定。风速计和风轮中心的距离应小于 25 m。

风速应按照式（F.1）规格化到标准气象条件并且应用基准粗糙长度按照式（F.2）折算到轮毂高度。

$$V_{Z,n}=V_{Z,m}\left(\frac{p}{T_k}\frac{T_{ref}}{p_{ref}}\right)^{\frac{1}{3}} \qquad\cdots\cdots(F.1)$$

式中：

$V_{Z,m}$——在高度 Z 处 10 s 内的平均测量风速；

T_k ——10 s 内测量的平均绝对大气温度；

p ——10 s 内测量的平均大气压，单位为千帕（kPa）；

T_{ref} ——基准大气温度，为 288 K；

p_{ref} ——基准大气压，为 101.325 kPa。

$$V_{H,n}=V_{Z,n}\left[\frac{\ln\left(\frac{H}{z_0}\right)}{\ln\left(\frac{Z}{z_0}\right)}\right] \qquad\cdots\cdots(F.2)$$

式中：

H ——轮毂高度；

Z ——风速的测量高度；

z_0 ——表面粗糙长度。

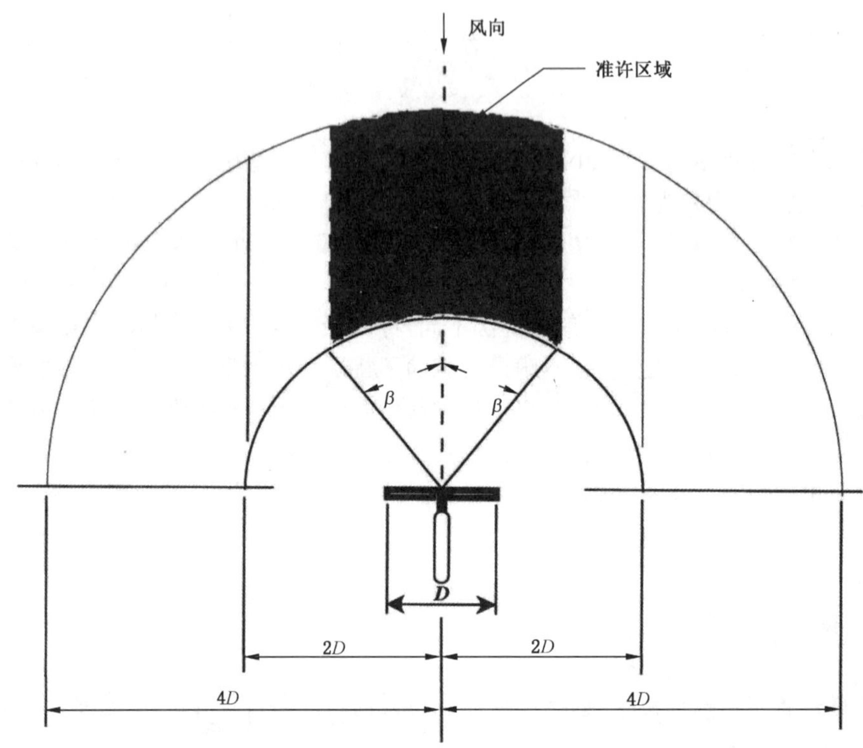

图 F.1　测风塔的位置对应 β 参量的准许区域(平面图)

F.4　风速范围

所需风速应至少包括从切入风速到 11 m/s 的范围。若有可能,尤其对于包含风速控制装置的风力发电机组,数据应包含切出风速。

测量数据应按照风速区间分组,区间宽度 1 m/s,中心为整数风速。

F.5　音调可听度

除了对音值的确定方法之外,对音调可听度的测定须按照一般性方法。

对于每个整数风速,至少需要 12 个 10 s 测量周期的 A 计权风力发电机组噪声频谱。这 12 个频谱应在尽可能靠近整数风速的条件下测得。若测量中无法应用 A 计权,则应按照 IEC 61672 将线性频谱转换成 A 计权频谱。

应按照 9.5 中的方法对可听度进行分析。

若根据 9.5.4,在 12 个 10 s 测量周期的频谱中没有可辨识的音调,致使无法定义 $\Delta L_{\text{tn},j,k}$,则 $\Delta L_{\text{tn},j,k}$ 它应被以下值所替代:

$$\Delta L_{\text{tn},j,k} = -10 \log\left[\frac{\text{临界带度}}{\text{有效噪声带宽}}\right] \qquad \text{(F.3)}$$

总音值 ΔL_k，由 12 个独立 $\Delta L_{tn,j,k}$ 的能量平均来确定。

F.6 报告内容

报告应包含第 10 章中所描述的信息。对测量功率，风轮转速，桨距角以及偏航方向的测量和记录不做强制要求。

对于小型风力发电机组，应基于所测定的声功率级记录噪声照射分布图。噪声照射分布图应覆盖可记录的声功率级对应的风速范围。在水平坐标轴上，最小值应为被测风力发电机组的塔架高度，最大值应能展示 35 dB(A)轮廓线的代表性特征。声压级应按照球面扩散求得。声压轮廓线应按照 5 dB 的倍数[例如，30 dB(A)，35 dB(A)，40 dB(A)和 45 dB(A)]来绘制。注意，噪声照射分布图不包含对音值的惩罚性附加值或者依照当地法规给出的类似惩罚性附加值。若噪声照射分布图中包含了源自当地法规的惩罚性附加值，关于此情况的说明应附在分布图后。

对于没有可用数据的单个风速区间，其数据可用内插法由相邻区间求得。对于由内插法求得的数据和实际数据，应在分布图上用不同线型加以区分，或者在其后加以说明(例如，基于内插数据的 7 m/s 时的噪声照射等级)。

图 F.2 给出了一个噪声照射分布图的例子。

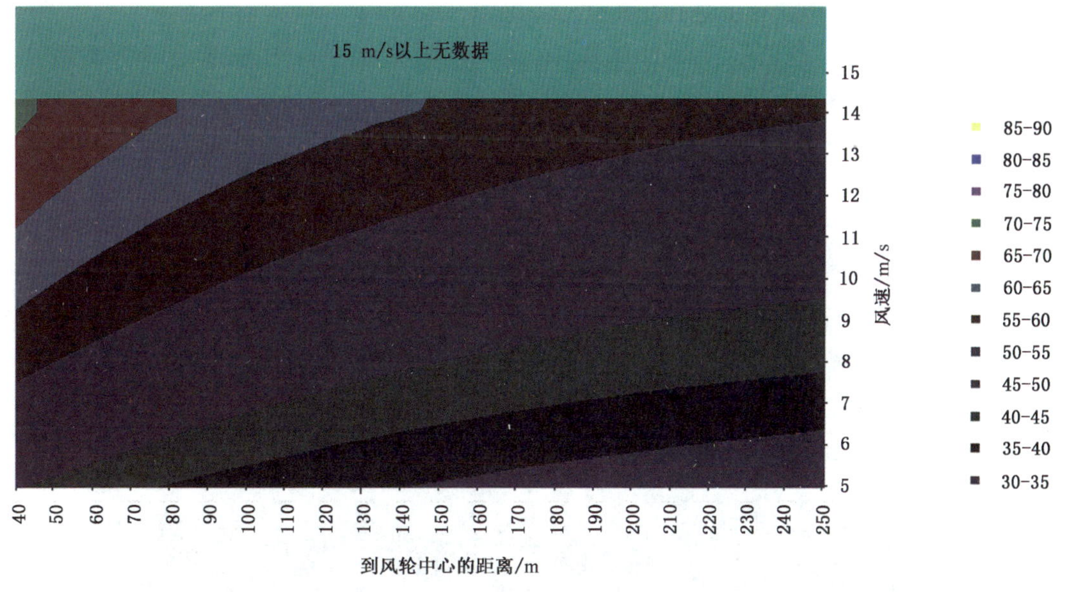

图 F.2 噪声照射分布图示例

附 录 G
（资料性附录）
空气声吸收

随着风力发电机组尺寸的增加，风力发电机组到噪声测试基准点的距离 R_1 也越来越大，空气声吸收可能对测量造成一定的影响。

在不同气象条件下的空气声吸收已有相关资料给定(例如，GB/T 17247.1—2000)。

依据空气温度、湿度和噪声源距离的不同，高频声衰减系数可取不同值。

现代风力发电机组的高频噪声大部分是由风轮叶片辐射的。近几年，为了减少噪声辐射，叶片设计，尤其是叶片尖端设计，得到了很高的关注。这意味着在高频段测量时，运行总噪声的声源距离与背景噪声声源距离相比通常较短(见图 G.1)。因此，背景噪声修正并非对每一个 1/3 倍频程带都可信，而空气声吸收的修正不仅用于风力发电机组辐射噪声，还用于背景噪声，会导致对风力发电机组辐射噪声声压级的过高估计。

若是运行总噪声和背景噪声之间的差距较小，则依据数据处理程序进行的背景噪声修正会导致风力发电机组噪声声压级偏低。由于这种处理方式给出了过高的声功率级，空气声吸收的修正有很高的不确定度，因此建议不对空气声吸收进行修正。

为了尽量减小空气声吸收的影响，基准位置的公差应限制在±30 m 内，尤其对于大型风力发电机组，建议选择一个离机组较近的位置。

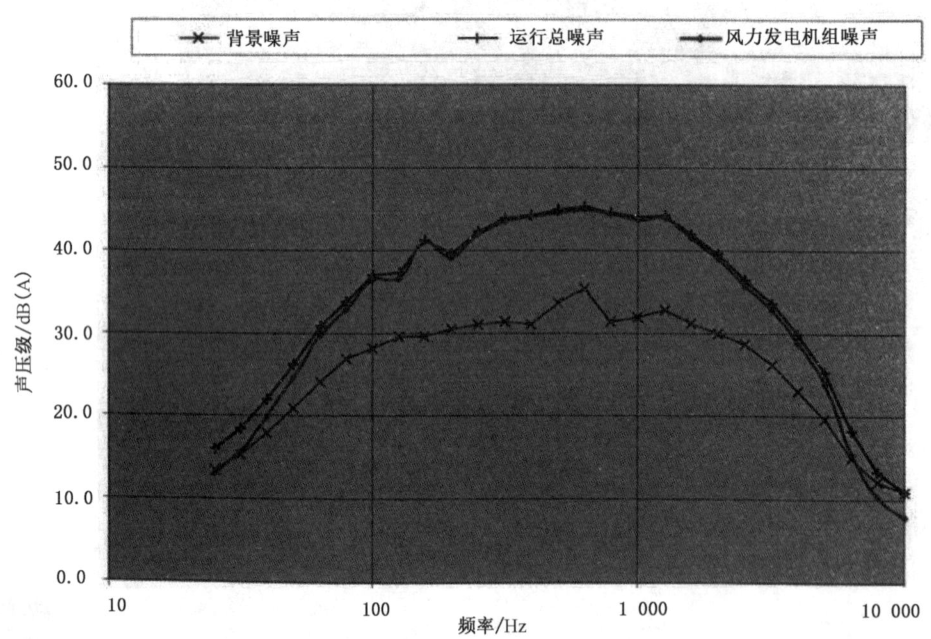

图 G.1 1/3 倍频程频谱示例

参 考 文 献

［1］ GB/T 17247.1—2000 声学 户外声传播衰减 第1部分:大气声吸收的计算
［2］ ISO 7196 声学 次声测量用的频率加权特性
［3］ IEC/TS 61400-14 风力发电机组 公称视在声功率级和音值

ICS 27.180
F 11

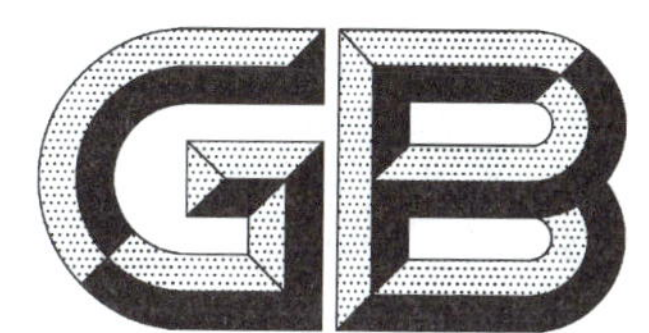

中华人民共和国国家标准

GB/T 25389.1—2010

风力发电机组 低速永磁同步发电机 第1部分：技术条件

Wind turbine low-speed permanent magnet synchronous generator—Part 1: Technical conditions

2010-11-10 发布 2011-03-01 实施

中华人民共和国国家质量监督检验检疫总局
中国国家标准化管理委员会 发布

前　言

GB/T 25389《风力发电机组　低速永磁同步发电机》分为两个部分：

——第 1 部分：技术条件；

——第 2 部分：试验方法。

本部分为 GB/T 25389《风力发电机组　低速永磁同步发电机》的第 1 部分。

本部分由中国机械工业联合会提出。

本部分由全国风力机械标准化技术委员会(SAC/TC 50)归口。

本部分负责起草单位：湘潭电机股份有限公司、湘电风能有限公司、中国北车集团永济新时速电机电器有限责任公司、西安盾安电气有限公司、沈阳工业大学特种电机研究所、常州轨道车辆牵引传动工程技术研究中心、江西金力永磁科技有限公司、北京中科三环高技术股份有限公司、内蒙古汇全环保动力有限公司。

本部分主要起草人：杨国伟、李春林、郭灯塔、王步瑶、龙辛、李素平、刘荣强、黄国杰、庞卓卉、孔令江、唐任远、安忠良、邱世平、李忻农、吕锋、何叶青、张富全。

风力发电机组　低速永磁同步发电机
第1部分:技术条件

1　范围

GB/T 25389 的本部分规定了并网型风力发电机组用低速永磁同步发电机的主要型式、技术要求、试验方法、检验规则、标志与包装、使用期等要求。

本部分适用于低速永磁同步发电机(以下简称发电机),其他类型的发电机可参照使用。

2　规范性引用文件

下列文件中的条款通过 GB/T 25389 的本部分的引用而成为本部分的条款。凡是注日期的引用文件,其随后所有的修改单(不包括勘误的内容)或修订版均不适用于本部分,然而,鼓励根据本部分达成协议的各方研究是否可使用这些文件的最新版本。凡是不注日期的引用文件,其最新版本适用于本部分。

GB/T 191　包装储运图示标志(GB/T 191—2008,ISO 780:1997,MOD)

GB 755　旋转电机　定额和性能(GB 755—2008,IEC 60034-1:2004,IDT)

GB/T 997　旋转电机结构型式、安装型式及接线盒位置的分类(IM 代码)(GB/T 997—2008,IEC 60034-7:2001,IDT)

GB/T 1993　旋转电机冷却方法(GB/T 1993—1993,IEC 60034-6:1991,IDT)

GB/T 2900.25　电工术语　旋转电机(GB/T 2900.25—2008,IEC 60050-411:1996,IDT)

GB/T 4831　电机产品型号编制方法

GB/T 4942.1　旋转电机整体结构的防护等级(IP 代码)-分级(GB/T 4942.1—2006,IEC 60034-5:2000,IDT)

GB 10068—2008　轴中心高为 56 mm 及以上电机的机械振动　振动的测量、评定及限值(IEC 60034-14:2007,IDT)

GB/T 10069.1　旋转电机噪声测定方法及限值　第 1 部分:旋转电机噪声测定方法(GB/T 10069.1—2006,ISO 1680:1999,MOD)

GB 10069.3　旋转电机噪声测定方法及限值　第 3 部分:噪声限值(GB 10069.3—2008,IEC 60034-9:2007,IDT)

GB/T 12665—2008　电机在一般环境条件下使用的湿热试验要求

GB/T 25389.2　风力发电机组　低速永磁同步发电机　第 2 部分:试验方法

GB/T 25381　风力发电机组　系列型谱

JB/T 5811　交流低压电机成型绕组匝间绝缘　试验方法及限值

JB/T 9615.1　交流低压电机散嵌绕组匝间绝缘　试验方法

JB/T 9615.2　交流低压电机散嵌绕组匝间绝缘　试验限值

JB/T 10098　交流电机定子成型线圈耐冲击电压水平(JB/T 10098—2000,IEC 60034-15:1995,IDT)

XB/T 903—2002　烧结钕铁硼永磁材料　表面电镀层

3　术语及定义

GB/T 2900.25 中确立的以及下列术语和定义适用于本部分。

3.1

低速 low-speed

本部分中，发电机的最高运行转速小于或等于500 r/min的工况为低速。

3.2

双三相 double three-phase

两个三相交流电系统。一般情况两系统之间相位差为零。

3.3

六相 six-phase

指六相双Y移30°系统。两个具有磁耦合的三相交流电系统，两系统之间相位差为30°。

3.4

不可逆失磁 irreversible magnetizing loss

永磁体在外部条件恢复后其磁性能不能回复到原有值的差额部分，称为不可逆失磁。一般表现为剩磁或磁通的损失。

3.5

效率曲线 efficiency curve

发电机在额定转速、额定电压下，不同输出功率与效率之间的关系。

3.6

功率特性 power characteristic

发电机发电能力的表述。功率特性曲线是发电机在不同的转速下与最大输出功率之间的关系。

4 型号、型式、基本要求

4.1 发电机型号按GB/T 4831的规定由产品代号、规格代号、补充代号三部分依次排列组成。

示例：

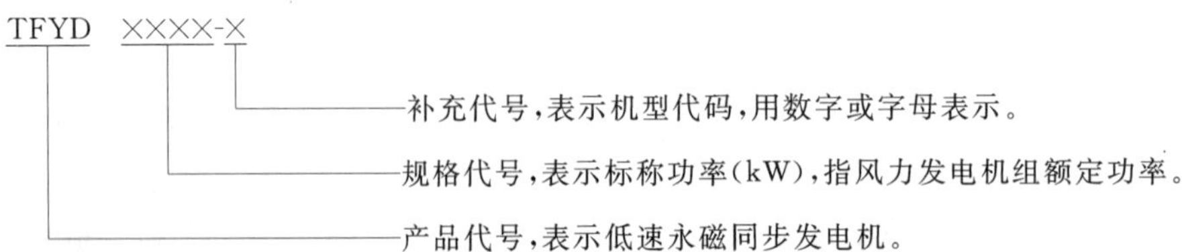

4.2 标称功率一般按风力发电机组额定功率确定，见GB/T 25381的规定。

4.3 发电机一般按机组要求的额定电压制造。电压等级推荐如下：

690 V、1 050 V、3 150 V、6 300 V、10 500 V。

4.4 发电机通常为三相或双三相或六相交流电输出。

4.5 发电机一般采用F级及以上绝缘等级。

4.6 发电机的最高运行转速不大于500 r/min。

4.7 发电机的定额是以连续工作制(S1)为基准的连续定额。

4.8 发电机的结构及安装型式应符合GB/T 997的规定。

4.9 发电机外壳防护等级应满足风力发电机组的要求，并符合GB/T 4942.1的规定。

4.10 发电机应有可靠的冷却方法，并符合GB/T 1993的规定。使用的冷却介质不得对发电机造成危害。

5 技术要求

5.1 发电机应符合本部分的要求，并按照经规定程序批准的图样及技术文件制造。

5.2 在下列环境条件下，发电机应能正常运行：

a) 海拔不超过 1 000 m;

b) 运行地点的环境空气温度不高于 40 ℃,不低于 −20 ℃,对于寒冷地区不低于 −30 ℃(用户明确提出低温环境要求时);

注:如发电机在海拔超过 1 000 m 或环境空气温度高于 40 ℃的条件下使用时,按 GB 755 规定。

c) 最湿月月平均最高空气相对湿度不大于 95%,同时该月月平均最低温度不高于 25 ℃。

5.3 在海拔和环境空气温度符合 5.2 规定时,发电机绕组的温升限值和轴承的容许温度按 GB 755 规定。如试验地点的海拔或环境空气温度与 5.2 的规定不同时,温升限值应按 GB 755 的规定修正。

5.4 发电机在额定转速、额定功率因数下,当电压在额定值的 95%~105%之间变化,应能输出额定功率。当偏离额定运行时,其温升限值允许有变动,但在上述电压变化下连续运行时,温升限值允许超过的最大值为:

额定功率 1 000 kW 及以下的发电机为 10 K;

额定功率 1 000 kW 以上的发电机为 5 K。

5.5 发电机的效率曲线应满足用户要求。

发电机效率的计算应包括以下损耗:

a) 铜耗;

b) 铁耗;

c) 机械损耗;

d) 杂散损耗。

5.6 发电机的输出端通常接全功率变流器。发电机的绝缘结构、电压调整率应与全功率变流器相匹配。

5.7 在额定电压时,发电机应能承受 1.5 倍额定电流,历时不少于 30 s。

5.8 发电机在额定发热试验后,保持额定电压不变,应能承受 1.15 倍额定负载运行 1 h,此时温升不作考核,但电机不应发生损坏及有害变形。

5.9 发电机的永磁体在发电机突然短路状态和温度限值下应不发生大于 1%的不可逆失磁。

5.10 发电机应能承受 1.2 倍最高运行转速,历时 2 min 不发生有害变形。

5.11 绝缘电阻限值如下:

a) 发电机定子绕组的绝缘电阻在热状态或发热试验后,应不低于 $U_N/(1\ 000+P_N/100)$MΩ。

注:U_N——额定电压,单位为伏(V);P_N——额定功率,单位为千瓦(kW)。

b) 在+5 ℃~+35 ℃,埋置检温元件的绝缘电阻用 250 V 兆欧表测量时,其绝缘电阻应不小于 1 MΩ。

c) 防潮加热器的绝缘电阻用 500 V 兆欧表测量时,其绝缘电阻应不小于 1 MΩ。

5.12 发电机定子绕组各相间及双三相绕组相互间应能承受历时 1 min 的耐电压试验而不发生击穿,试验电压的频率为 50 Hz,并尽可能为正弦波形,电压的有效值为$(2U+1\ 000)$V。

注:U——功率变流器的 2 倍直流母线电压,单位为伏(V)。

同一台发电机不应重复进行本项试验,如用户提出要求,允许在安装后开始运行之前,在现场可再进行一次试验,其试验电压应按 GB 755 的规定。

5.13 发电机的定子绕组应能承受匝间耐冲击电压试验而不击穿。当发电机采用成型绕组时,其试验冲击电压峰值和试验方法按 JB/T 5811 或 JB/T 10098 的规定;当发电机采用散嵌绕组时,其试验冲击电压峰值和试验方法按 JB/T 9615.1 和 JB/T 9615.2 的规定。

5.14 发电机的定子绕组在按 GB/T 12665 所规定的 40 ℃交变湿热试验方法进行 6 周期试验后,绝缘电阻应不低于 5.11 的规定数值,并能承受 5.12 所规定的耐电压试验而不发生击穿。

5.15 发电机作电动机空载运行时按 GB 10068 测定的振动幅值应不大于 0.05 mm。

5.16 发电机作电动机空载运行时按 GB/T 10069.1 测得噪声数值应符合 GB 10069.3 的规定。

5.17 当并网三相电压平衡时，发电机三相电流中任何一相与三相平均值的偏差应不大于三相平均值的10%。

5.18 发电机不允许在运行中反接电源制动或逆转。在出线端标志的字母顺序与三相电压相序方向相同时，从驱动端视之，发电机应为顺时针方向旋转(用户要求发电机转向不同时，应在合同中注明)。

5.19 发电机的接线盒内应有接地端子，同时机座上应另设一个接地端子，并应在接地端子的附近设置接地标志，此标志应保证在发电机整个使用期内不易磨灭。

5.20 发电机用永磁体材料应有可靠的防腐蚀保护。如果采用表面电镀层的技术要求一般按XB/T 903—2002的规定(如果采用的话)。

5.21 发电机设计使用寿命不少于20年。

6 试验方法

发电机应按GB/T 25389.2的规定进行试验。

7 检验规则

7.1 每台发电机须经检验合格后才能出厂，并应附有产品检验合格证。

7.2 出厂试验项目包括：

a) 机械检查(按7.3进行)；

b) 定子绕组对机壳及绕组相互间绝缘电阻测定(检查试验时可测量冷态绝缘电阻，但应保证热态时绝缘电阻不低于本部分5.11的规定)；

c) 定子绕组在实际冷状态下直流电阻的测定；

d) 空载试验；

e) 耐电压试验；

f) 匝间冲击耐电压试验；

g) 振动的测定。

7.3 机械检查项目包括：

a) 装配检查：检查发电机装配是否完整、正确，包括磁极、转子、定子、轴承、总装配等检查和其他重要部件的检查；

b) 转动检查：发电机转动时，应平稳轻快，无怠滞现象；

c) 外观检查：发电机表面油漆应干燥、完整、均匀，无污损、碰撞、裂痕等现象；

d) 安装尺寸、外形尺寸检查：外形、安装尺寸应符合有关规定。

7.4 凡遇下列情况之一者，应进行型式试验：

a) 制造商第一次试制或小批试生产时；

b) 设计或工艺上的变更足以引起某些特性和参数发生变化时；

c) 当检查试验结果和以前进行的型式试验结果发生不可容许的偏差时；

d) 成批生产的发电机的定期抽试，抽试时间至少三年一次，每次至少两台。试验中如有发电机不合格，应从同一批产品中抽加倍数量对不合格项目进行重试，如仍有不合格时，则应对该项目逐台试验。

7.5 发电机的型式试验项目：

a) 出厂试验的全部项目；

b) 起动阻力矩的测定；

c) 固有电压调整率的测定；

d) 发热试验；

e) 效率的测定；

f) 过载试验;

g) 功率特性曲线的测定;

h) 噪声的测定;

i) 超速试验;

j) 三相突然短路试验(仅对在合同中有此项要求时);

k) 湿热试验(仅对在合同中有此项要求时);

l) 盐雾试验(仅对在合同中有此项要求时);

m) 霉菌试验(仅对在合同中有此项要求时);

n) 外壳防护等级试验(仅对在合同中有此项要求时);

o) 质量测定(仅在试制或必要时)。

8 标志、包装和使用期

8.1 铭牌材料及铭牌上数据刻划方法,应保证在整个使用期内不易磨灭。

8.2 铭牌应固定在电机上(实际视线范围内),应标明项目如下:

a) 制造商名;

b) 发电机名称;

c) 发电机型号;

d) 发电机相数;

e) 额定功率(发电机的实际输出功率,kW);

f) 额定电压(V);

g) 额定电流(A);

h) 额定频率(Hz);

i) 功率因数;

j) 额定转速(r/min);

k) 绝缘等级;

l) 接线方法;

m) 外壳防护等级;

n) 冷却方法;

o) 出品年月和编号;

p) 质量(kg)。

8.3 发电机定子绕组的出线端及接线板的接线位置上均应有相应的标志,并保证其字迹在发电机整个使用期内不易磨灭,其标志按表1的规定。

表1 出线端标志

三个出线端标志(三相绕组)	六个出线端标志(双三相和六相绕组)	
U	1U	2U
V	1V	2V
W	1W	2W

8.4 发电机的使用维护说明书及产品合格证应随同每台发电机供给用户,使用维护说明书中应说明本产品有强磁,以及可能对人体及环境的影响。

8.5 发电机的包装应能保证在正常贮运条件下,自发货之日起一年内不致因包装不善而导致受潮与损坏。

8.6　发电机的包装在运输、贮存过程中不得受雨水侵袭，不应受有害碰撞。产品贮存应放在没有雨、雪侵入，无有害气体、粉尘进入，空气流通，空气相对湿度不大于80%，环境温度在－20 ℃～＋40 ℃的仓室中。

8.7　包装体外壁的文字和标志应清楚、整齐，内容如下：

a)　货站与制造商名称；

b)　收货站及收货单位名称；

c)　发电机型号和出品编号；

d)　发电机质量和整体质量；

e)　包装体尺寸；

f)　在包装体外的适当位置应标有“禁止翻滚”、“怕雨”、“向上”、“电机内有强磁”、“禁止碰撞”等字样，其图形应符合GB/T 191的规定；

g)　包装体吊装方式和位置。

8.8　每台发电机应附下列随机文件，文件应放在防潮袋内并固定于包装体内部：

a)　随机文件目录；

b)　使用维护说明书；

c)　产品合格证；

d)　电机绕组和测温元件接线图；

e)　用户要求的其他文件(应在合同中注明)。

8.9　在用户按照使用说明书的规定正确地使用与存放发电机的情况下，制造商应保证发电机在使用的一年内，但自制造商出品的日期不超过两年的时间内能良好地运行。如在此规定的时间内，发电机因制造质量不良而发生损坏或不能正常工作时，制造商应无偿地为用户修理或更换零件或发电机。

ICS 27.180
F 11

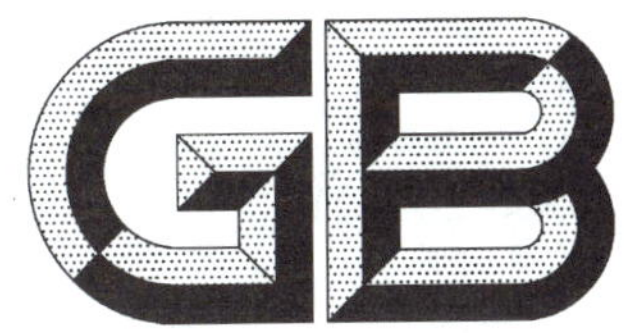

中华人民共和国国家标准

GB/T 25389.2—2010

风力发电机组 低速永磁同步发电机 第2部分:试验方法

Wind turbine low-speed permanent magnet synchronous generator—Part 2:Testing methods

2010-11-10 发布　　　　2011-03-01 实施

中华人民共和国国家质量监督检验检疫总局
中国国家标准化管理委员会　发布

前 言

GB/T 25389《风力发电机组　低速永磁同步发电机》分为两个部分：

——第1部分：技术条件；

——第2部分：试验方法。

本部分为GB/T 25389《风力发电机组　低速永磁同步发电机》的第2部分。

本部分由中国机械工业联合会提出。

本部分由全国风力机械标准化技术委员会(SAC/TC 50)归口。

本部分负责起草单位：湘潭电机股份有限公司、湘电风能有限公司、中国北车集团永济新时速电机电器有限责任公司、西安盾安电气有限公司、沈阳工业大学特种电机研究所、常州轨道车辆牵引传动工程技术研究中心、江西金力永磁科技有限公司、北京中科三环高技术股份有限公司、内蒙古汇全环保动力有限公司。

本部分主要起草人：刘国平、禹利华、郭灯塔、李春林、罗桂生、龙辛、毕建红、陈小林、李素平、刘荣强、黄国杰、庞卓卉、孔令江、唐任远、安忠良、邱世平、李忻农、吕锋、王玉国、张富全。

风力发电机组 低速永磁同步发电机 第2部分:试验方法

1 范围

GB/T 25389 的本部分规定了并网型风力发电机组用低速永磁同步发电机的试验方法。

本部分适用于低速永磁同步发电机(以下简称发电机)的试验,其他类型的发电机可参照使用。

2 规范性引用文件

下列文件中的条款通过 GB/T 25389 的本部分的引用而成为本部分的条款。凡是注日期的引用文件,其随后所有的修改单(不包括勘误的内容)或修订版均不适用于本部分,然而,鼓励根据本部分达成协议的各方研究是否可使用这些文件的最新版本。凡是不注日期的引用文件,其最新版本适用于本部分。

GB 755 旋转电机 定额和性能(GB 755—2008,IEC 60034-1:2004,IDT)

GB/T 1029 三相同步电机试验方法

GB/T 2423.16 电工电子产品环境试验 第2部分:试验方法 试验J和导则:长霉(GB/T 2423.16—2008,IEC 60068-2-10:2005,IDT)

GB/T 2423.17 电工电子产品环境试验 第2部分:试验方法 试验Ka:盐雾(GB/T 2423.17—2008,IEC 60068-2-11:1981,IDT)

GB/T 4942.1 旋转电机整体结构的防护等级(IP代码)-分级(GB/T 4942.1—2006,IEC 60034-5:2000,IDT)

GB 10068 轴中心高为56 mm及以上电机的机械振动 振动的测量、评定及限值(GB 10068—2008,IEC 60034-14:2007,IDT)

GB/T 10069.1 旋转电机噪声测定方法及限值 第1部分:旋转电机噪声测定方法(GB/T 10069.1—2006,ISO 1680:1999,MOD)

GB/T 12665 电机在一般环境条件下使用的湿热试验要求

GB/T 25389.1 风力发电机组 低速永磁同步发电机 第1部分:技术条件

JB/T 5811 交流低压电机成型绕组匝间绝缘试验方法及限值

JB/T 7836.1 电机用电加热器 第1部分:通用技术条件

JB/T 9615.1 交流低压电机散嵌绕组匝间绝缘试验方法

JB/T 9615.2 交流低压电机散嵌绕组匝间绝缘试验限值

JB/T 10098 交流电机定子成型线圈耐冲击电压水平(JB/T 10098—2000,IEC 60034-15:1995,IDT)

JB/T 10500.1 电机用埋置式热电阻 第1部分:一般规定、测量方法和检验规则

3 术语和定义

GB 755、GB /T 1029 确立的术语和定义适用于本部分。

4 试验要求

4.1 安全措施

由于试验过程涉及到危险的电流、电压、磁场和机械力，对所有试验应采取安全预防措施，所以所有试验应由有相关知识和经验的人员操作。

4.2 测量仪器仪表

测量所用仪器仪表应满足以下要求：

a) 试验中使用的测量仪器、仪表、传感器均应经计量部门检定合格并在有效期内；

b) 试验时采用的电气测量仪表的准确度应不低于 0.5 级（兆欧表除外），电量传感器的准确度应不低于 0.2 级，电量变送器的准确度应不低于 0.5 级，转速表的准确度应不低于 1.0 级，测力计的准确度应不低于 1.0 级（悬挂式弹簧秤除外），温度计的误差应为 ±1 ℃，其他测量仪器、仪表应符合相关标准的规定；

c) 用变流器做试验电源时，变流器输入端、输出端应采用宽频数字式测量仪，且在被测频率范围内满足精度要求。

4.3 试验准备

试验前被试发电机应处于正常状态，接线正确，试验线路和设备应满足试验的要求。

5 试验项目

5.1 绝缘电阻的测定

5.1.1 绕组对机壳及绕组相互间绝缘电阻的测定

5.1.1.1 测量时发电机的状态

测量发电机绕组的绝缘电阻时应分别在发电机实际冷状态和热状态（或发热试验后）下测量。

检查试验时，如无其他规定，绕组对机壳及绕组相互间的绝缘电阻仅在冷状态下测量。测量绝缘电阻时应测量绕组温度，但在实际冷状态下测量时可取周围介质温度作为绕组温度。

5.1.1.2 兆欧表的选用

测量绕组对机壳及绕组相互间绝缘电阻时应根据被测绕组的额定电压按表 1 选择兆欧表。

表 1 兆欧表的选择

被测绕组的额定电压 U_N/V	兆欧表规格/V
U_N<1 000	500
1 000≤U_N≤2 500	500～1 000
2 500<U_N≤5 000	1 000～2 500
5 000<U_N≤12 000	2 500～5 000
U_N>12 000	5 000～10 000

5.1.1.3 测量方法

绕组对机壳绝缘电阻的测定按 GB/T 1029 的规定进行，应分别测量定子绕组、元器件的绝缘电阻，测量前应将外部元器件可靠断开，以免损坏。

5.1.2 其他绝缘电阻的测定

其他绝缘电阻的测定方法为：

a) 加热器绝缘电阻的测定按 JB/T 7836.1 规定的方法进行。

b) 埋置检温计绝缘电阻的测定按 JB/T 10500.1 规定的方法进行。

c) 轴承绝缘电阻的测定用不高于 1 000 V 的兆欧表测量。

5.2 绕组在实际冷状态下直流电阻的测定

5.2.1 实际冷状态下绕组温度的测定

将发电机在室内放置一段时间，用温度计(或埋置检温计)测量发电机绕组、铁心和环境的温度。当所测温度与冷却介质温度之差不超过 2 K 时，则所测温度即为实际冷状态下绕组或铁心的温度。若绕组或铁心的温度无法测量时，允许用机壳温度代替。温度计放置时间应不少于 15 min。

5.2.2 绕组直流电阻的测定

绕组直流电阻可用电桥法、微欧计法、电压表电流表法或其他测量方法测量。其中常用的测量方法如下：

a) 电桥法

测量绕组直流电阻时，发电机转子静止不动。定子绕组直流电阻应在出线端上测量。每一绕组直流电阻应测量三次，每次应在电桥平衡破坏后重新测量。每次读数与三次读取数据的平均值之差应在平均值的±0.5%范围内，取其算术平均值作为电阻的实际测量值。如绕组的直流电阻在 1 Ω 以下，应采用有效值不低于四位数的双臂电桥测量。

检查试验时，每一电阻可仅测量一次。

b) 电压表电流表法

测量时，将电压稳定，容量足够的直流电源直接连接在绕组出线端上，施加的电流应不超过绕组额定电流的 10%，通电的时间不超过 1 min。在电表指示稳定后，同时读取并记录电流值及电压值，将电流值和电压值换算为电阻值。每一直流电阻应在三种不同电流值情况下进行测量。每次测量的绕组直流电阻值与三次测量的绕组直流电阻值的平均值相差应在平均值的±0.5%范围内。取三次测量的绕组直流电阻的平均值作为实际测量值。

5.2.3 各相电阻的计算

根据测量的端电阻，各相电阻值(Ω)按式(1)～(8)计算：

星形接法的绕组：

$$R_a = R_{med} - R_{bc} \quad \cdots\cdots(1)$$

$$R_b = R_{med} - R_{ca} \quad \cdots\cdots(2)$$

$$R_c = R_{med} - R_{ab} \quad \cdots\cdots(3)$$

$$R_{med} = \frac{R_{ab} + R_{bc} + R_{ca}}{2} \quad \cdots\cdots(4)$$

三角形接法的绕组：

$$R_a = \frac{R_{bc} \cdot R_{ca}}{R_{med} - R_{ab}} + R_{ab} - R_{med} \quad \cdots\cdots(5)$$

$$R_b = \frac{R_{ca} \cdot R_{ab}}{R_{med} - R_{bc}} + R_{bc} - R_{med} \quad \cdots\cdots(6)$$

$$R_c = \frac{R_{ab} \cdot R_{bc}}{R_{med} - R_{ca}} + R_{ca} - R_{med} \quad \cdots\cdots(7)$$

$$R_{med} = \frac{R_{ab} + R_{bc} + R_{ca}}{2} \quad \cdots\cdots(8)$$

式中：

R_{ab}、R_{bc}、R_{ca}——分别为出线端 A 与 B、B 与 C、C 与 A 之间测得的电阻值，单位为欧姆(Ω)。

如果各线端间的电阻值与三个线端电阻的平均值之差，对星形接法的绕组，不大于平均值的 2%，对三角形接法的绕组，不大于平均值的 1.5%时，则相电阻可按式(9)～(10)计算：

星形接法的绕组：

$$R_a = \frac{1}{2}R_{av} \quad \cdots\cdots(9)$$

三角形接法的绕组：

$$R_a = \frac{3}{2} R_{av} \quad \cdots\cdots (10)$$

式中：

R_{av}——三个端电阻的平均值，单位为欧姆(Ω)。

5.3 匝间冲击耐电压试验

匝间冲击耐电压试验按 JB/T 5811、JB/T 10098、散嵌绕组匝间绝缘试验按 JB/T 9615.1 规定的方法进行。

5.4 耐电压试验

5.4.1 试验要求

耐电压试验在发电机静止的状态下进行。试验前，应先测量绕组的绝缘电阻。如需要进行超速和短时过电流试验时，该项试验应在这些试验之后进行。型式试验时，应在发热试验后，发电机接近热状态时进行耐电压试验。

试验前，应采取切实的安全防护措施，被试电机周围应有专人监护，试验中如发现异常情况，应立即断电，并将绕组回路对地放电。

5.4.2 试验方法

耐电压试验按 GB/T 1029 规定的方法进行，不参与试验的其他绕组和埋置的检温元件等均应与铁心或机壳作电气连接，机壳应接地。如果绕组的中性点不易分开，绕组应同时施加电压。

试验变压器应有足够的容量，如被试电机绕组的电容 C 较大时，则试验变压器的额定容量 S_N 应大于式(11)计算值：

$$S_N = 2\pi f C U U_{NT} \times 10^{-3} \quad \cdots\cdots (11)$$

式中：

S_N——试验变压器的额定容量，单位为千伏安(kVA)；

f——电源频率，单位为赫兹(Hz)；

U——试验电压，单位为伏特(V)；

U_{NT}——试验变压器的高压端额定电压，单位为伏特(V)；

C——电机被试绕组的电容，单位为法拉(F)。

试验电压的频率为工频，电压波形应尽可能接近正弦波。

5.4.3 试验电压值及时间

试验电压的数值及时间按 GB/T 25389.1《风力发电机组　低速永磁同步发电机　第 1 部分：技术条件》的规定。试验时施加的电压应从不超过电压全值的一半开始，然后以不超过全值的 5% 均匀的或分段的增加至全值。电压自半值增加至全值的时间不少于 10 s，全值电压试验时间维持 1 min。耐压试验合格后紧接着再按本部分 5.1.1 测量绕组对机壳及绕组相互间的绝缘电阻。

5.5 振动测量

测量方法按照 GB 10068 振动测量方法进行，试验采用单台电动机法或发电机法进行，采用低频振动测试仪器，测量振动速度、加速度、双幅值。

5.6 噪声测量

发电机噪声的测量方法按照 GB/T 10069.1 规定进行，试验采用单台电动机法或发电机法进行。

5.7 发电机空载电压和电压容差的测定

由拖动机经联轴器拖动发电机在额定转速下空载运行，定子绕组开路。用电压测量仪测量发电机输出端的 m 相电压 U，m 相电压 U 同发电机铭牌额定电压的比值的百分率、上下限容差、不平衡度按相应标准或技术条件考核。

试验时频率 f 与额定频率 f_N 有差异时，定子空载电压按式(12)进行折算：

$$U_0 = \frac{f_N}{f} U \quad \cdots\cdots (12)$$

式中：

U——试验时测得的空载电压(m 相平均值)，单位为伏特(V)；

U_0——折算到额定频率时的空载电压，单位为伏特(V)。

5.8 发电机冷状态和热状态空载特性曲线的测定(发电机法)

5.8.1 拖动机法(校准电机法)

用分析过的拖动机拖动发电机分别在 50%、60%、70%、80%、90%、100%、110%额定转速下空载运行，定子绕组开路，用电压表测量并记录发电机 m 相空载电动势 U_0，同时测量并记录拖动机输入功率 P_1，输入电流 I。计算出拖动机总损耗 P_0'，用式(13)确定被试发电机铁耗 P_{Fe} 与机械耗 P_{fW} 之和。

$$P_{Fe}+P_{fW}=P_1-P_0' \qquad (13)$$

式中：

$P_{Fe}+P_{fW}$——铁耗与机械耗之和，单位为千瓦(kW)；

P_1——拖动机输入功率，单位为千瓦(kW)；

P_0'——拖动机总损耗，单位为千瓦(kW)。

绘制空载电动势对应转速的特性曲线，热状态空载特性的测定应在发热试验后进行。

发电机空载试验线路图见图 1，发电机空载特性曲线图见图 2。

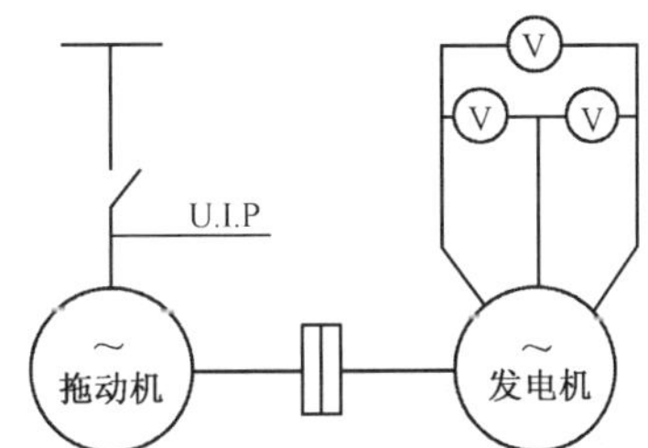

图 1 发电机空载试验线路图

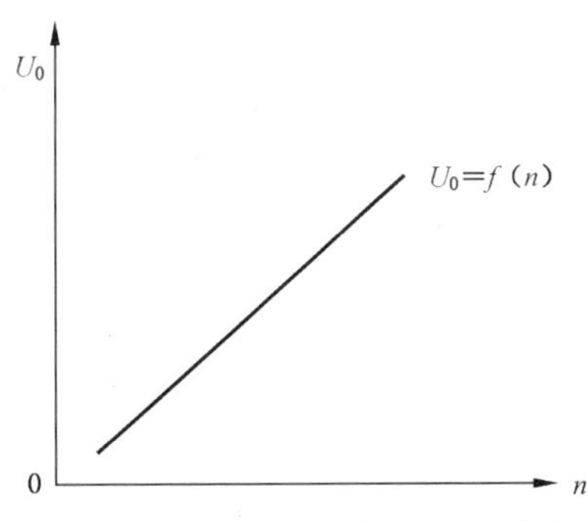

图 2 发电机三相空载特性曲线

5.8.2 扭矩传感器法(测功机法)

将扭矩传感器用联轴器联接到拖动机与发电机之间，扭矩传感器的安装应符合传感器的安装规定，每次试验前扭矩传感器应调零和清零。分别在 50%、60%、70%、80%、90%、100%、110%额定转速下空载运行，定子绕组开路，用电压测量仪测量并记录发电机 m 相空载电动势 U_0，同时测量并记录扭矩传感器的输出扭矩 T_n。发电机输入功率按式(14)计算。

$$P_{in}=\frac{T_n}{9\ 550}N_n \qquad (14)$$

式中：

T_n——扭矩传感器的输出扭矩，单位为牛顿米(N·m)；

P_{in}——发电机的输入有功功率，单位为千瓦(kW)；

N_n——发电机对应输入功率时的转速，单位为转每分钟(r/min)。

用式(15)确定被试发电机铁耗 P_{Fe} 与机械耗 P_{fW} 之和。

$$P_{Fe}+P_{fW}=P_{in} \qquad (15)$$

绘制空载电动势对应转速的特性曲线,热状态空载特性的测定应在发热试验后进行。

检查试验时,可仅测量额定频率下的 U_0,P_{in}。

5.9 发电机空载特性试验(电动机法)

5.9.1 空载电流和空载损耗的测定

测定前,用变流器驱动被试发电机在额定频率下以电动机方式空载运行,使机械损耗达到稳定。

5.9.2 损耗的测定

测取额定频率时的空载电压 U_0、空载电流 I_0、空载功率 P_0。试验结束后,应立即在发电机两个出线端间测量定子绕组的端电阻,然后按式(16)计算被试发电机定子绕组铜耗 P_{cuo},按式(17)分离铜耗与铁耗 P_{Fe}、机械耗 P_{fW} 之和。

$$P_{cuo}=1.5I_0^2R_0 \qquad (16)$$

$$P_{Fe}+P_{fW}=P_0-1.5I_0^2R_0 \qquad (17)$$

式中:

P_{cuo}——定子绕组空载铜耗,单位为千瓦(kW);

I_0——定子绕组空载电流,单位为安培(A);

R_0——定子绕组端电阻,单位为欧姆(Ω);

P_{Fe}——铁耗,单位为千瓦(kW);

P_{fW}——机械耗,单位为千瓦(kW)。

5.9.3 绘制空载曲线

型式试验时,应在额定频率40%~110%范围内做空载曲线,低转速和高转速电流出现突变时应删除相应点。

检查试验时,可仅测取额定频率下 U_0、I_0、P_0。

5.10 稳态短路试验

将被试发电机定子绕组输出端接入电流传感器,通过开关将绕组短路,用分析过的拖动机拖动发电机短路运行,从零转速开始调节拖动机的转速使发电机的稳态短路电流增至1.2倍额定值,同时测量并记录短路线电流 I_K。绘制发电机短路电流对应转速的特性曲线,线路如图3所示。

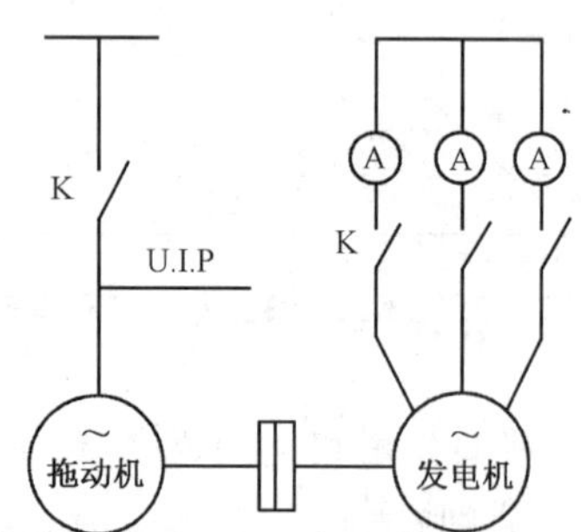

图3 发电机短路试验线路图

5.11 过电流试验

发电机进行过电流试验时,发电机应处于接近热状态。试验时应迅速调节发电机定子电流至规定的电流倍数,过电流倍数及持续时间按GB 755或该类型发电机标准的规定。发电机应能承受1.5倍额定电流,历时30 s。此时发电机的频率为额定值,定子电压尽可能接近额定值。

如因条件限制,不能按上述方法进行试验时,允许按该类型发电机标准规定,在短路情况下进行试验。

在过电流试验中,发电机应不产生冒烟、异味和有害变形等异常情况。

5.12 过负载试验

过负载试验时发电机应处于接近热状态下或发热后进行，保持额定频率不变(定子电压尽可能接近额定值)。调节负载使其输出达到技术标准要求规定的负载倍数和时间，此时温升不作考核，试验后检查发电机绝缘及各部件是否损坏。

5.13 超速试验

超速试验可采用原动机拖动法或电动机法。超速试验为 1.2 倍最高运行转速，历时 2 min(或按相应技术要求)。

超速试验宜在空载热状态下进行。检查试验如无其他规定，超速试验允许在冷状态下进行。

超速试验前应仔细检查发电机的装配质量，特别是转动部分装配质量，防止转速升高时有杂物或零件飞出。

超速试验时应采取相应的安全防护措施，对发电机的监控及对转速和轴承温度等参数的测量应采用远距离的监测方法。

在升速过程中，当发电机达到额定转速时，应观察运转情况，确认无异常现象后，再以适当的加速度提高转速，直至达到规定的转速和规定的时间。

超速试验后应仔细检查发电机的转动部分是否有损坏或产生有害的变形，紧固件是否松动以及其他不允许的现象出现。

试验过程中被试发电机的电压应不超过 1.3 倍额定电压。

5.14 发热试验

5.14.1 试验条件

发热试验时应尽可能模拟发电机实际工作状态的冷却条件。

5.14.2 试验方法

发热试验方法采用直接负载法。

5.14.3 温度测量方法

温度测量方法按 GB/T 1029 的规定，有温度计法、埋置检温计法、电阻法(发电机断能停转后所测得的温度值修正按 GB/T 1029 的规定)。

5.14.4 发热试验时冷却介质温度的测定

冷却介质温度可用几支温度计分布在冷却介质进入发电机的途径周围中进行测量。温度计应放置在距发电机 1 m～2 m 处，其球部(测温部)处于发电机轴身中心高的水平面上，并应防止外来辐射热源及气流的影响，取温度计读数的平均值作为冷却介质温度。

发热试验结束时的冷却介质温度，应取在整个发热试验过程中最后的 1/4 时间内按相等时间间隔测得的几个温度计读数的平均值。

5.14.5 轴承温度的测定

轴承温度用检温计或温度计测量。对滚动轴承，当采用温度计测量温度时，温度计应尽可能放在轴承温度最高处，温度考核按 GB 755 或该类型发电机标准的规定。

5.14.6 发电机断能停转后测得的电阻值修正

用电阻法测量断能停转后的发电机电阻时，要求在发热试验结束就立即使发电机停转。发电机断能停转后如能在表 2 所述时间内测得第一点电阻值，则以该点电阻值计算发电机的温升而不需外推至断能瞬间。

表 2 时间间隔

额定输出(P_N)/kW 或 kVA	断能后的时间间隔/s
$600 \leqslant P_N \leqslant 5\,000$	120
$5\,000 < P_N$	按协议

如在表 2 所述时间内不能测得第一点电阻值，以后每隔约 10 s～15 s 测取一次电阻，并同时记录每点累积时间，共测取 5～7 点，将测得的电阻值作为时间的函数绘成曲线，将此曲线外推至时间为零，所获得的电阻值即作为发电机断能瞬间的电阻值。如停转后测得的电阻值连续上升，则应测取电阻的最高值作为发电机断能瞬间的电阻值。

5.14.7 电阻法温升计算

测量被试发电机绕组的直流电阻时，冷热状态电阻必须在相同的出线端上测量。

根据直流电阻随温度变化而相应变化的关系来确定定子绕组的平均温升。

定子绕组的平均温升 $\Delta\theta(K)$ 按式(18)计算：

$$\Delta\theta=\frac{R_N-R_1}{R_1}(K_1+\theta_1)+\theta_1-\theta_0 \qquad (18)$$

式中：

R_N——额定负载热试验结束时的绕组端电阻，单位为欧姆(Ω)；

R_1——温度为 θ_1 时的绕组端电阻，单位为欧姆(Ω)；

θ_0——热试验结束时的冷却介质温度，单位为摄氏度(℃)；

θ_1——试验开始时测量绕组电阻 R_1 时的绕组温度，单位为摄氏度(℃)；

K_1——常数。对铜绕组，为 235；对铝绕组，为 225，除非另有规定。

5.15 效率的直接测定法

5.15.1 效率的计算按式(19)计算。

$$\eta=\frac{P}{P_{in}}\times 100\% \qquad (19)$$

式中：

P——发电机的输出有功功率，单位为千瓦(kW)。

5.15.2 效率测定采用校准电机法，发电机输出经变流器转换输入到电网，发电机在热状态或发热试验后进行。用分析过的拖动机拖动发电机在额定电压、额定频率、额定功率下运行，当各部件温度达到稳定以后，测定发电机输入功率、输出功率、电压、电流、热稳态电阻以及冷却介质温度。如冷却介质温度不是 25 ℃时，应将绕组的损耗按式(20)、式(21)换算到冷却介质温度为 25 ℃时的数值。

$$P_{in(25)}=P_{in}+\Delta P_{cua} \qquad (20)$$

$$\Delta P_{cua}=mI_a^{\,2}R_a\left(\frac{k+\Delta\theta_a+25}{k+\theta_a}-1\right) \qquad (21)$$

式中：

$P_{in(25)}$——冷却介质温度为 25 ℃时的输入功率，单位为千瓦(kW)；

ΔP_{cua}——铜耗，单位为千瓦(kW)；

$\Delta\theta_a$——效率测定时定子绕组的温升值，单位为开尔文(K)；

θ_a——效率测定时定子绕组温度，单位为摄氏度(℃)；

I_a——效率测定时定子相电流，单位为安培(A)；

R_a——效率测定时定子绕组一相的直流电阻值，单位为欧姆(Ω)；

m——相数。

5.15.3 冷却介质温度为 25 ℃时的效率按式(22)计算。

$$\eta_{(25)}=\frac{P}{P_{in(25)}}\times 100\% \qquad (22)$$

5.16 效率的间接测定法

发电机效率用损耗分析法求取时，分别测定或计算下列各项损耗：

a) 恒定损耗 P_0 包括：

1) 铁损耗 P_{Fe}(包括空载杂散损耗)；

2） 机械耗 P_{fW}(轴承摩擦损耗和风摩耗)；

b） 铜损耗 P_{cua}，发电机定子绕组中产生的铜损耗为 $m\,I_a{}^2R_a$；

c） 杂散损耗 P_d，发电机的杂散损耗按额定输入功率的0.5%计算。

发电机的效率按式(23)确定：

$$\eta=\left(1-\frac{\sum P}{P+\sum P}\right)\times 100\% \quad \cdots\cdots(23)$$

式中：

$\sum P$——总损耗，即 $\sum P=P_{Fe}+P_{fW}+P_{cua}+P_d$，单位为千瓦(kW)；

P——输出功率，单位为千瓦(kW)。

5.17 发电机电压调整率 δ_{stu} 的测定(仅对纯电阻性负载进行)

5.17.1 保持发电机转速为额定值不变的条件下，发电机输出功率由空载到额定负载测定发电机定子端电压的变化。记录发电机端电压(有效值)的最大值和最小值。

5.17.2 发电机从空载到额定负载的所有负载点，发电机固有电压调整率按式(24)计算：用额定电压的百分数表示。

$$\delta_{stu}=\frac{U_{max}-U_{min}}{U_N}\times 100\% \quad \cdots\cdots(24)$$

式中：

U_{max}、U_{min}——在满载与空载之间变化时，发电机端电压的最大值和最小值，按 m 相平均值最大值和最小值计算，单位为伏特(V)；

U_N——发电机的额定电压，单位为伏特(V)。

5.18 发电机功率特性测试

发电机分别在不同的转速下，调节发电机输出功率至最大功率的试验。

功率特性试验用校准电机法，测定拖动机的输入功率和发电机的输出电压、电流、功率，试验完立即测量定子绕组的直流电阻。以转速为横坐标，发电机的输出功率为纵坐标作出关系曲线。

5.19 波形畸变率的测定

5.19.1 电压波形畸变率的测定

5.19.1.1 用拖动机拖动发电机在额定频率、额定电压下运行。

5.19.1.2 用谐波分析仪测定发电机空载和负载的波形畸变率。

5.19.1.3 用谐波分析仪测定发电机空载基波和各次谐波电压的有效值(U_1、U_2、U_3、U_4……U_N)，波形畸变率 K_u 按式(25)计算：

$$K_u=\frac{\sqrt{U_2{}^2+U_3{}^2+\cdots\cdots U_N{}^2}}{U_1}\times 100\% \quad \cdots\cdots(25)$$

5.19.2 电流波形畸变率的测定

5.19.2.1 用拖动机拖动发电机在额定频率、额定负载电流下运行。

5.19.2.2 用谐波分析仪测量仪测定发电机负载的波形畸变率。

5.19.2.3 用谐波分析仪测定发电机负载的基波和各次谐波电流的有效值(I_1、I_2、I_3、I_4……I_N)，波形畸变率 K_I 按式(26)计算：

$$K_I=\frac{\sqrt{I_2{}^2+I_3{}^2+\cdots\cdots I_N{}^2}}{I_1}\times 100\% \quad \cdots\cdots(26)$$

5.20 起动阻力矩的测定

5.20.1 方法1：发电机轴伸上固定安装一已知直径的圆盘，在圆盘的切线方向加力，通过力矩传感器测出圆盘开始转动时所加力的数值，转动圆盘一周，其最大读数与圆盘半径的乘积即为起动阻力矩。一周内测点应不少于3点。

5.20.2 方法 2：发电机轴伸垂直方向固定安装一力矩杠杆，杠杆端部连接到接有测力机或弹簧秤的起重机上，在切线方向施加力至轴伸开始转动，读出开始转动时所加力的读数，其最大读数与杠杆有效长度的乘积即为起动阻力矩。

5.21 突然短路试验

5.21.1 突然短路试验在热状态下进行。

5.21.2 突然短路试验是为了考核发电机外部突然短路故障产生的大电流对发电机的影响，试验应在短接定子绕组前发电机端电压为额定值时进行。

5.21.3 应使短路开关基本上在同一时刻短路，各相触头应在彼此不超过 15°电角度内闭合，测量用电流传感器的量程和短路开关的容量应大于被试发电机突然短路电流。

5.21.4 发电机突然短路试验时发电机应安装牢固，疏散人员，增设隔离防护栏，防止异物飞出伤人和损坏设备。

5.21.5 发电机突然短路试验后，应检查发电机各部件是否损坏，检测发电机绕组的绝缘电阻和发电机绕组的直流电阻。

5.21.6 发电机重新装配好按 5.9 发电机法重做空载特性进行比较。

5.21.7 发电机突然短路试验后，应检查永磁体的退磁情况。

5.22 轴电压测定

电机转子有两个轴承支撑点并有防轴电流绝缘装置时，被试电机用变流器驱动在额定电压、额定转速下空载运行。典型的测量示意图见图 4，用高内阻交流电压表先测定轴电压 U_1，然后将转轴没有绝缘的一端与其轴承座短接（双侧绝缘的转轴短接任意一侧），测另一端对轴承座的电压 U_2（即油膜电压），再测该轴承座对地的电压 U_3，测点表面与电压表引线应接触良好。试验前应分别检查轴承座与金属垫片、金属垫片与金属底座之间的绝缘电阻。

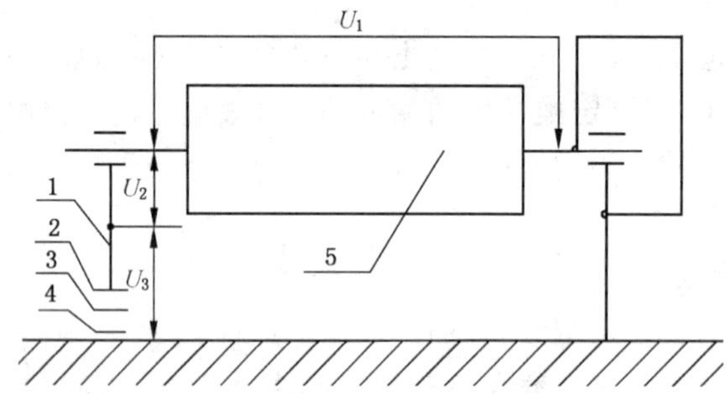

1——轴承座；
2——绝缘垫；
3——金属垫；
4——绝缘垫；
5——转子。

图 4 轴电压测量示意图

5.23 外壳防护等级试验

按 GB/T 4942.1 规定的试验方法进行。

5.24 湿热试验

按 GB/T 12665 规定的试验方法进行。

5.25 盐雾试验

按 GB/T 2423.17 规定的试验方法进行。

5.26 霉菌试验

按 GB/T 2423.16 规定的试验方法进行。

ICS 27.180
F 11

中华人民共和国国家标准

GB/T 25390—2010

风力发电机组　球墨铸铁件

Spheroidal graphite cast iron for wind turbine

2010-11-10 发布　　2011-03-01 实施

中华人民共和国国家质量监督检验检疫总局
中国国家标准化管理委员会　发布

前　言

本标准结合了风力发电机组中轮毂、机架、轴承座、行星架、主轴、齿轮箱箱体等铸件技术要求和相关铸造行业标准的要求，其中铸件材料要求、超声探伤和磁粉探伤要求的相应条款参考了欧洲 EN 1563《铸造　球墨铸铁》、EN 12680-3:(E)《铸造　超声波检测　第 3 部分：球墨铸铁铸件》和 EN 1369《铸造　磁粉检验》的主要内容。

本标准的附录 A 为资料性附录。

本标准由中国机械工业联合会提出。

本标准由全国风力机械标准化技术委员会(SAC/T 50)归口。

本标准起草单位：江苏一汽铸造股份有限公司、江苏吉鑫风能科技股份有限公司、金风科技股份有限公司、华锐风电科技有限公司、河海大学。

本标准主要起草人：俞旭如、李小青、华永荦、刘河、宫靖远、王泽华。

风力发电机组 球墨铸铁件

1 范围

本标准规定了风力发电机组用球墨铸铁件的技术要求、试验方法、检验规则、标志、包装和贮存。

本标准适用于风力发电机组中使用球墨铸铁铸造的零件(如用轮毂、机架、轴承座、行星架、主轴、齿轮箱箱体等)。

2 规范性引用文件

下列文件中的条款通过本标准的引用而成为本标准的条款。凡是注日期的引用文件,其随后所有的修改单(不包括勘误的内容)或修订版均不适用于本标准。然而,鼓励根据本标准达成协议的各方研究是否可使用这些文件的最新版本,凡是不注明日期的引用文件,其最新版本适用于本标准。

GB/T 223.3~GB/T 223.74 钢铁及合金化学分析方法

GB/T 228 金属材料 室温拉伸试验方法(GB/T 228—2002,ISO 6892:1998(E),eqv)

GB/T 229 金属材料 夏比摆锤冲击试验方法(GB/T 229—2007,ISO 148-1:2006,MOD)

GB/T 231.1~GB/T 231.3 金属布氏硬度试验(GB/T 231.1~GB/T 231.3—2002,ISO 6506-1:1999(E)~ISO 6506-3:1999,eqv)

GB/T 1348 球墨铸铁件

GB/T 5611 铸造术语

GB/T 5612 铸铁牌号表示方法(GB/T 5612—2008,ISO 15931:2004,MOD)

GB/T 6060.1 表面粗糙度比较样块 铸造表面(GB/T 6060.1—1997,eqv ISO 2632-3:1979)

GB/T 6414 铸件尺寸公差与机械加工余量(GB/T 6414—1999,eqv ISO 8062:1994)

GB/T 7233 铸钢件超声探伤及质量评级方法(GB/T 7233—1987,neq BS 6208:1982)

GB/T 9441 球墨铸铁金相检验

GB/T 9444 铸钢件磁粉检测(GB/T 9444—2007,ISO 4986:1992,IDT)

GB/T 9445 无损检测 人员资格鉴定与认证(GB/T 9445—2008,ISO 9712:2005,IDT)

GB/T 11351 铸件重量公差

GB/T 11344 无损检测 接触式超声脉冲回波法测厚方法(GB/T 11344—2008,ASTM E0797:2005,MOD)

GB/T 15056 铸造表面粗糙度 评定方法

JB/T 4009 接触式超声纵波直射探伤方法

JB/T 9219 球墨铸铁 超声声速测定方法

3 术语和定义

GB/T 5611 确立的以及下列术语和定义适用于本标准。

3.1

球墨铸铁 spheroidal graphite cast iron;ductile iron

球墨铸铁是铁液经球化处理,碳大部分或全部以球状石墨存在,有时也有少量团絮状石墨形态存在的铸铁材料。

3.2

石墨球化处理 nodularization

在铁液中加入球化剂，使铁水在凝固过程中形成以球状石墨为主的工艺过程。

3.3

单铸试块 separately cast samples

与铸件同时但单独浇注的试块。

3.4

附铸试块 cast-on samples

附铸在铸件主要壁厚上的试块。

4 牌号和分类方法

4.1 球墨铸铁牌号按力学性能进行分类。

4.2 球墨铸铁的力学性能是通过测定试块上经加工试样的性能而确定的。

4.3 球墨铸铁的牌号表示方法符合 GB/T 5612 的规定，并分为单铸和附铸试块两类。

5 订单信息

5.1 下列订货信息应由铸件采购方提供：

5.1.1 铸件材料牌号、图纸、技术要求。

5.1.2 需要进行无损探伤的铸件的部位以及需要检验的铸件数量或者百分比。

5.1.3 对于铸件各个部位进行无损探伤时所需要的合格等级。

5.1.4 检验方法的要求。

5.2 任何特殊要求应由采购方提出，并经生产厂确认。经供需双方商定后执行，主要包括下列内容：

5.2.1 如为附铸试块验收，则应确认在铸件上附铸的位置，对应的铸件壁厚和试块厚度。

5.2.2 铸件壁厚如要求正公差则应在技术要求或图纸中注明。

5.2.3 在力学性能和金相组织达到要求而采购方要求铸件进行热处理时。

5.2.4 高于“6 技术要求”的要求。

6 技术要求

6.1 风力发电机组用球墨铸铁牌号和性能要求

6.1.1 力学性能

风力发电机组常用球墨铸铁的力学性能见表 1。

需方也可根椐工作要求和设计要求按 GB/T 1348 选用除表 1 所列以外的牌号。

6.1.2 低温冲击功

风力发电机组常用的球墨铸铁件试块上加工的试样的低温冲击功见表 2。

6.1.3 力学性能特殊要求

6.1.3.1 本体力学性能要求

经供需双方协商，可以从铸件上切取本体试样，取样部位及要达到的力学性能指标，由供需双方商定。

因铸件的致密性和铸件壁厚的变化，铸件本体性能值无统一标准值。铸件本体力学性能一般低于试块性能。

6.1.3.2 高指标力学性能要求

经供需双方协商，可以提高力学性能指标作为验收要求，如对 QT400-18AL 和 QT400-18L 要求按

−30 ℃时或−40 ℃时最小冲击功验收或对QT350-22AL和QT350-22L保证−40 ℃最小冲击功时适当提高机械强度。

表 1 试块上加工的试样力学性能

牌号	铸件主要壁厚 mm	试块类型	抗拉强度 Rm N/mm² 最小值	屈服强度 $Rp_{0.2}$ N/mm² 最小值	延伸率 A % 最小值	硬度 HBW	适用件举例
QT350-22AL	≤30	25 mm 附铸	350	220	22	120～160	轴承盖
	>30～60	40 mm 附铸	330	210	18	120～160	齿轮箱 扭力臂
	>60～200	70 mm 附铸	320	200	15	120～160	轮毂、底座 轴承座
QT350-22L	≤60	25 mm 单铸	350	220	22	120～175	轴承盖
QT400-18AL	≤30	25 mm 附铸	400	240	18	120～175	轴承盖
	>30～60	40 mm 附铸	390	230	15	120～175	齿轮箱 扭力臂
	>60～200	70 mm 附铸	370	220	12	120～175	轮毂、底座 轴承座
QT400-18L	≤60	25 mm 单铸	400	240	18	120～175	轴承盖
QT700-2A	>60～200	70 mm 附铸	660	380	1	225～305	行星架

注 1：牌号中“A”表示附铸试块上加工的试样测得的力学性能，以区别于单铸试棒上测得的性能。
注 2：牌号中“L”表示该牌号有低温冲击功要求。
注 3：对轴承盖等主要壁厚在30 mm以下或单件重量在100 kg以下的铸件一般用单铸试块。

表 2 试块上加工的试样的低温冲击功

牌号	铸件主要壁厚 mm	试块类型和厚度	最小冲击功 AkV J			
			(−20±2)℃		(−40±2)℃	
			平均	单个	平均	单个
QT350-22AL	≤60	25或40 mm 附铸	—	—	12	9
	>60～200	70 mm 附铸	—	—	10	7
QT350-22L	≤60	25 mm 单铸	—	—	12	9
QT400-18AL	≤60	25或40 mm 附铸	12	9	—	—
	>60～200	70 mm 附铸	10	7	—	—
QT400-18L	≤60	25 mm 单铸	12	9	—	—

6.2 金相组织

风力发电机组中球墨铸铁件试块上的金相组织要求见表3。铸件本体球化率不低于85%。

表 3 风力发电机组中球墨铸铁件试块上的金相组织

牌号	球化率/%	铁素体/%	珠光体/%	渗碳体/%	石墨大小	磷共晶/%
QT350-22AL QT350-22L QT400-18AL QT400-18L	≥90	≥90	—	≤1	5 级及以上	≤1
QT700-2A		—	≥90			

6.3 超声波无损探伤缺陷要求

6.3.1 铸件本体声速

铸件检测超声波声速铸态必须达到 5 550 m/s 以上,退火处理后必须达到 5 500 m/s 以上。

6.3.2 质量等级划分

按重要度不同铸件上质量等级划分为二个区域。

A 区 高要求的区域

B 区 中等要求的区域

风力发电机组常用球墨铸铁典型件不同区域质量等级参考要求参见附录 A。根据设计要求最终由需方决定并在图纸或其他技术文件中标明。

6.3.3 允许的最大缺陷尺寸

允许的体积反射类最大缺陷的尺寸不得超过表 4 的要求。

允许的夹渣类最大缺陷的尺寸不得超过表 5 的要求。

经供需双方协商一致,可另行商定接受准则。

表 4 允许的最大缺陷显示尺寸—体积反射类

特征	单位	质量等级											
		1	2			3			4			5	
受检验区公称壁厚	mm		<50	50~200	>200	<50	50~200	>200	<50	50~200	>200	<50	≥50
缺陷最大厚度占壁厚百分数	%		20			25			30			35	
边缘区中最大缺陷[a,b]	mm²	[c]	600	1 000	1 000	1 000	2 000	2 000					
中心区中的最大缺陷	mm²	[c]	10 000	15 000	15 000	15 000	20 000	30 000	20 000				
缺陷的总面积占受检表面的百分比	%	[c]	10	15	15	15	20	20	15	20	30	30	40

[a] 关于夹渣,参见表 5。

[b] 边缘区,按图 1。

[c] 任何缺陷指示均不得超过表 9 中给出的极限值。

表 5 缺陷的最大允许指示尺寸-夹渣

特 征	质量等级				
	1	2	3	4	5
壁厚百分/%	[a]	10	15	20	25

[a] 任何缺陷显示均不得超过表 9 中给出的极限值。

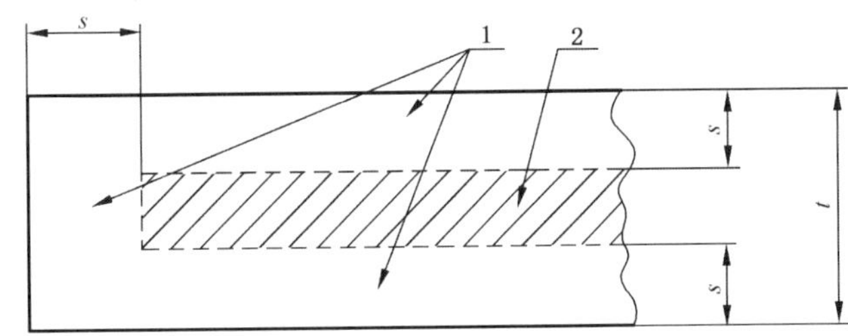

1——边缘区　边缘厚度 $s=t/3$(最大 30 mm)；

2——中心区；

t——名义壁厚。

图 1　铸件壁截面的边缘区和中心区划分(机加工之后的尺寸)

6.4　磁粉探伤缺陷要求

6.4.1　检测部位

按检测图或铸件浇注时易产生夹渣的铸件最上表面和坭芯形成的内腔下表面。如顾客有要求也可在加工后加工面上进行检测。

6.4.2　接受准则

磁粉探伤的各质量等级不得超过表 6 的要求。

铸件上要求高的区域(A 区)质量等级要求达到 2 级,其他(B 区)质量等级要求达到 3 级。

表 6　磁粉探伤的各质量等级的要求

质量等级		1		2		3		4		5	
显示观察手段		目视		目视		目视		目视		目视	
放大倍数		1		1		1		1		1	
应考虑的最小显示长度/mm		1.5		2		3		5		10	
非线状簇状显示(SM)[a]	总面积/mm^2	10		35		70		200		500	
	单个显示长度/mm	2[b]		4[b]		6[b]		10[b]		16[b]	
线状显示(LM)[c]或点线状显示(AM)[d]	显示类型	单个	累加	单个	累加	单个	累加	单个	累加	单个	累加
	壁厚 $\delta\leqslant16$ mm	2	4	4	6	6	10	10	18	18	25
	壁厚 16 mm$<\delta\leqslant50$ mm	3	6	6	12	9	18	18	27	27	40
	壁厚 $\delta>50$ mm	5	10	10	20	15	30	30	45	45	70
应用实例		根据表面粗糙度和其应用情况的其他铸件									

注：本表规定了 105 mm×148 mm 评定框内允许的最大面积(mm^2)和最大长度(mm)。

[a] 非线状显示(SM)：$L<3b$,式中 L 是显示的长度,b 是显示的宽度。

[b] 允许有二个不超过表中规定的长度显示。

[c] 线状显示(LM)：$L\geqslant3b$。

[d] 点线状显示(AM),至少含有三个最大间隙为 2 mm 的线状显示或非线状显示。

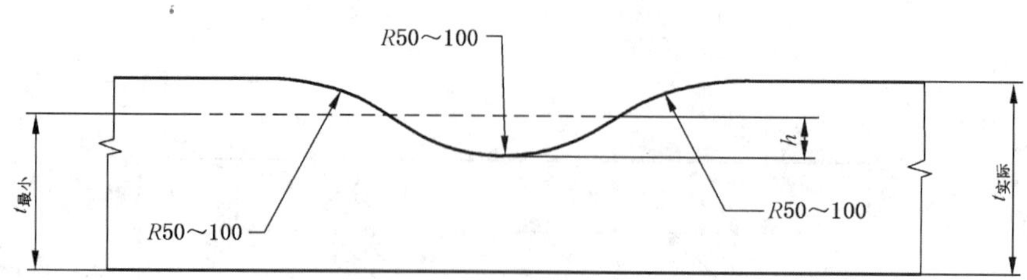

h——打磨深度；

$t_{最小}$——要求最小壁厚；

$t_{实际}$——实际壁厚。

图 2　允许的可打磨形状

表 7　在最小壁厚时打磨区域允许面积和深度

名义壁厚 t/mm	允许打磨的最大面积/mm²	允许打磨的最大深度 h
t＜30	1 200	＜5% t
30≤t≤50	2 000	＜5% t
50＜t≤80	3 200	＜5% t
80＜t≤130	4 900	＜5% t
t＞130	8 100	＜5% t，但最大不超过 10 mm

6.5　外观质量要求

6.5.1　铸件不得有裂纹、冷隔缺陷。不得有影响使用的缩孔、缩松、夹渣、夹砂等缺陷。

6.5.2　铸件表面应清除毛刺。

6.5.3　表面粗糙度按 GB/T 6060.1 要求应不低于 Ra25。

6.5.4　最大允许显示出的不连续点状缺陷的尺寸见表 6。

6.5.5　铸件表面缺陷可以打磨修正。打磨应将缺陷清除，如果表 7 给出的在最小壁厚时的最大允许打磨深度和最大允许打磨面积的要求均可满足时，应根据图 2 按半径(50～100)mm 圆弧进行打磨。

6.6　铸件尺寸公差和重量公差

6.6.1　铸件尺寸公差

铸件尺寸公差按 GB/T 6414 中 CT11-12 执行，壁厚公差放宽 1 级。

对于轮毂件，为保证强度，一般壁厚采用尺寸正公差，但应在相关技术要求或图纸中注明。如不注明则采用正负公差。

6.6.2　铸件重量公差

铸件重量公差按 GB/T 11351 中 MT9-10 级执行。对于轮毂件如采用尺寸正公差，则按公差带作正公差上限，但下限允许采用负公差。

6.7　铸件修补

铸件不允许用焊补加以修复。

7　试验方法

7.1　材料试验方法

7.1.1　化学成分分析按 GB/T 223.3～GB/T 223.74 进行。

7.1.2　抗拉强度、屈服强度、延伸率检测按 GB/T 228 进行。

7.1.3　硬度检测按 GB/T 231.1～GB/T 231.3 进行。

7.1.4　低温冲击值检测按 GB/T 229 进行。

7.1.5　金相组织检测按 GB/T 9441 进行。

7.2 无损检测

7.2.1 检验人员

无损检测工作应由具备资格的人员来完成。检验人员的资质,应按照 GB/T 9445 规定的 2 级或以上的要求进行资质审查。

7.2.2 超声波无损探伤方法

按 JB/T 4009、GB/T 7233、GB/T 11344 和 JB/T 9219 规定的要求进行。

7.2.2.1 超声探伤设备

设备应满足:

a) 量程设定,设定范围须至少为 10 mm～2 m;

b) 增益,须能够在一个至少为 80 dB 的范围内进行调节,调节的最大级差为 2 dB,测量精度为 1 dB;

c) 水平和垂直线性度须小于显示屏面调节范围的 5%;

d) 频率范围须至少为 0.5 MHz～5 MHz(含 5 MHz)。

7.2.2.2 探头

为了涵盖需要检测的瑕疵类型范围,可以使用压缩波单晶或双晶探头。双晶探头用于靠近表面部位的检验。双晶探头常用的为 2 MHz～2.25 MHz,对于薄壁铸件通常使用高的频率进行检验。

宜采用的探头是:SEB2-0°;DL2R-0°;MSEB2;B2S 等。

7.2.2.3 偶合介质

采用符合要求的油、凝胶或类似物。对于标定和所有随后的检测操作须使用相同的偶合介质。

7.2.2.4 超声探伤设备的设定

按照 DAC 方法校准。设定时如使用球墨铸铁的参考块,双方须在询价和订货时达成一致意见。该参考块的厚度需和被检测的铸件的厚度范围具有可比性,同时须具有和被检测铸件相同的超声特性,并且须具有相同的表面光洁度。该参考块具有符合表 8 要求的平底孔,或者具有替代平底孔那样的侧横孔。

超声波探伤设备也能用 DGS(Distance-Gain-Size 距离-增益-大小)方法设定,在这种情况下可不必使用参考块,而直接在铸件上进行设定,条件是铸件的厚度是已知的,并且铸件具有平行的表面。

表 8 对超声波探伤适宜性的要求

单位为毫米

受检区域中的铸件壁厚	>10～20	>20～100	>100～250	>250～500
能够检出的最小平底孔直径	3	5	8	10

7.2.2.5 检测灵敏度

最小检测灵敏度设定的要求是:表 9 中给出的平底孔的高度须至少占到满屏的 40%,且林状草波高要比表 9 中给出的平底孔的高度至少低 6 dB。

表 9 需要评价的超声探伤缺陷指示

受检区域中的铸件壁厚 mm	一次回波的衰减最小值 dB	按照 7.2.2.5 要求能够检出的最小平底孔直径 mm	回波高度高于噪声检出级别的最小值[a] dB
>10～20	12	3	6
>20～100	20	5	
>100～250		8	12
>250～500		10	

[a] 仅仅适用于由于铸件几何形状的原因而没有一次回波的区域。

7.2.2.6　**铸件表面检测顺序和检测表面的要求**

如果规定要对铸件进行多种方法试验时，先进行目测，然后是磁粉试验，最后是超声波试验。但是，当磁粉试验是针对机加工表面时，超声波探伤应在机加工以前进行。

要进行试验的表面必须清洁、无油、无油脂、无砂子或其他污物，表面粗糙度不大于 $Ra12.5$，无影响试验或结果解释的异物存在。铸件表面的要求能够保证和探头之间的正确偶合。

7.2.2.7　**缺陷的评价和记录**

7.2.2.7.1　缺陷长度按图 3 来确定："不可测量"且超过记录要求的缺陷用"6 dB"法，"可测量"且一次回波衰减时，按照表 9 的规定用"12 dB 或 20 dB"法。

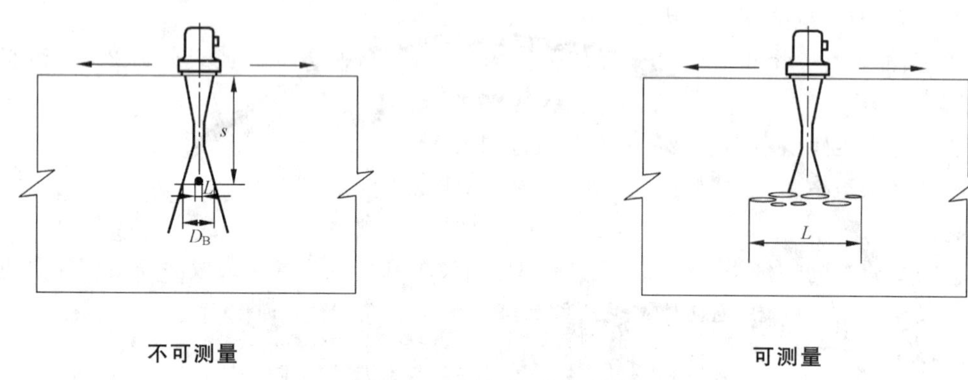

图 3　缺陷的可测量性

7.2.2.7.2　缺陷厚度尺寸按图 4 来确定。

7.2.2.7.3　当量超过记录要求的缺陷用"6 dB"法，对于一次回波衰减的缺陷用"12 dB 和 20 dB"法。

7.2.2.7.4　除非是另外达成协议，否则所有一次回波的衰减达到或者超过表 8 中给出的极限值的回波高度均须进行评价，并且记录下来，如果其数值超过表 4 和表 5 中所给出的极限值的 75%的话。每当发现此类缺陷指示时，须注明其位置并且将其记录在检验报告中。需要记录的缺陷的位置可以用格栅、示意图或者照片来记录。

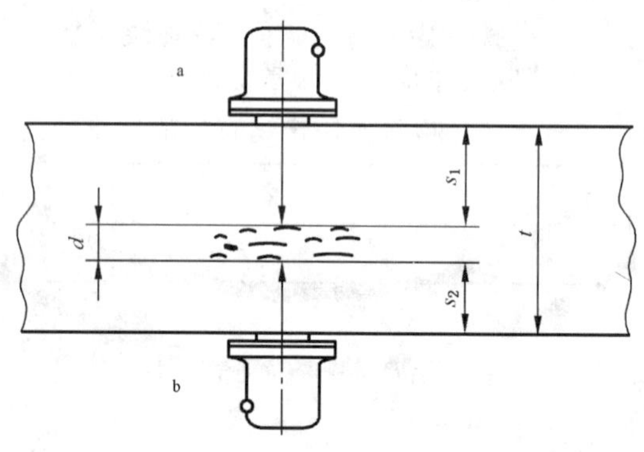

$$d = t - (s_1 + s_2)$$

图 4　缺陷的厚度方向尺寸计算

7.2.2.7.5　对于那些已经发现的需要记录伤纹指示的部位，须对这些部位的类型、形状、尺寸和位置进行进一步的更加细致的调查。此时可以改变传感器的频率、改变检验的方法，或者利用其他检验方法(例如射线探伤)来进行调查。

7.2.2.8　**超声探伤检验报告**

超声探伤检验报告须至少含有以下信息：

a)　引用的标准；

b)　被检验的铸件的特征数据(零件号、炉料号或批号等)；

c） 检验的范围；

d） 所使用的检验设备的类型；

e） 使用的探头；

f） 检验区域上使用的检验技术；

g） 用于灵敏度的设定所必需的所有数据；

h） 超声探伤适宜性的详细说明；

i） 所记录的缺陷的所有特点信息（例如后壁回波的衰减、壁厚截面方向上缺陷的位置和尺寸、长度、面积和平底孔的直径）以及缺陷位置的描述（示意图或者照片）；

j） 试验人员姓名和资格、检验日期以及批准人员的姓名和资格、批准日期。

7.2.3 磁粉无损探伤方法

7.2.3.1 探伤方法

磁粉检验应根据 GB/T 9444 规定的方法进行。

7.2.3.2 设备

最小为 44 N 提升力的交流电磁轭，并且满足相关要求。

7.2.3.3 磁粉

7.2.3.3.1 荧光磁粉

宜使用悬浮在水中或油中的荧光磁粉。

使用荧光粉做试验时应配有：

a） 一盏黑光灯，在试验表面有最小 1 000 $\mu W/cm^2$ 的强度；

b） 最大的背景照度为 20 lx。

7.2.3.3.2 黑磁粉

如果使用黑磁粉做试验，应在以下情况下进行：

a） 在铸件表面涂有反差增强剂；

b） 黑磁粉要悬浮在水或油中；

c） 在试验表面上的最小照度为 500 lx。

7.2.3.4 磁粉探伤检验报告

磁粉探伤检验报告须至少含有以下信息：

a） 引用的标准；

b） 被检验的铸件的特征数据（零件号、炉料号或批号等）；

c） 检验的范围；

d） 所使用的检验设备的类型；

e） 检验区域上使用的检验技术；

f） 用于灵敏度设定所必需的所有数据；

g） 磁粉探伤适宜性的详细说明；

h） 试验结果；

i） 所记录的缺陷的所有特点信息（例如缺陷的形状、长度）以及缺陷位置的描述（示意图或者照片）；

j） 试验人员姓名和资格、检验日期以及批准人员的姓名和资格、批准日期。

7.3 外观检查

外观检查采用目测方法逐件进行检验。表面粗糙度按 GB/T 15056 采用比较样块法。

7.4 尺寸检测

尺寸检测按 GB/T 1348 中的要求进行。

7.5 铸件重量

铸件重量按称量法进行。

8 检验规则

8.1 检验类别

8.1.1 产品检验为出厂检验。产品必须经生产厂检验合格后方可出厂。

8.1.2 附铸试块在铸件上的位置，以不影响铸件的使用性能、铸件外观质量和试块的致密性，由供需双方确认。铸件一般不热处理，但如铸态性能达不到要求，则允许热处理，但最多不超过二次。如铸件需热处理，则附铸试块需与铸件一起热处理后从铸件上取下。

8.2 出厂检验

8.2.1 材质检验：出厂检验每件以附铸试块或单铸试块检测下列项目：抗拉强度、屈服强度、延伸率、低温冲击功、球化率、石墨大小、铁素体（或珠光体）、渗碳体、磷共晶和硬度。化学成分由生产厂自行确定，不作验收依据。

8.2.2 超声波无损探伤：A 区按 100%全检，B 区按 100%全检；声速按 30%抽检。也可按需方要求进行。

8.2.3 磁粉探伤：对要求检测处每件检查。

8.2.4 铸件尺寸：按双方商定检验。

8.2.5 外观质量：每件全检。

8.2.6 铸件重量：对轮毂按 10%抽检称重，其他件不检查称重。如需方有特殊要求时按供需双方商定的要求执行。

8.2.7 出厂检验项目中超声波无损探伤、铸件尺寸、铸件重量等抽检项目如不合格，则针对该不合格件的前后各十件的该项目进行全检。

9 标志、防锈、包装、运输及贮存

9.1 铸件标志

每件铸件应铸有：材料牌号、铸造厂标识、系列号（可追溯号）、铸件图号和版本号。所有标记应按图纸规定要求放置，且应在加工和表面处理后仍保持。

9.2 防锈

按供需双方商定的要求执行。

9.3 包装、贮存、运输

按供需双方商定的要求执行。

10 出厂质量证明书

出厂质量证明书必须记录下列内容：

a) 材料类型；
b) 抗拉强度；
c) 0.2%屈服强度；
d) 延伸率；
e) 在－20 ℃或－40 ℃条件下 V 型缺口的冲击功（适用时）；
f) 附铸试块的类型；
g) 金相组织中石墨的评级、铁素体量或珠光体量；
h) 无损检测报告；
i) 防锈处理报告（必要时）。

附 录 A
（资料性附录）
风力发电机组用球墨铸铁典型件超声波探伤质量等级要求

缩松和夹渣是球墨铸铁的常见缺陷，由于凝固特性、工艺特性和实际的经济性等原因，球墨铸铁内部的缩松和夹渣一般不能完全消除，但必须控制在允许的范围内。

风力发电机组用球墨铸铁的内部缩松和夹渣缺陷一般用超声波探伤检测，风力发电机组用球墨铸铁典型件重要度分级和超声波探伤要求质量等级见表 A.1，供设计参考，需方可根据工作要求确定实际质量等级和探伤要求。

表 A.1 风力发电机组用球墨铸铁典型件重要度分级、超声波探伤和磁粉探伤质量等级要求

铸 件	区 域	质量要求划区	超声波探伤质量等级
轮毂	桨叶法兰、主轴法兰	A	2 级
	其余	B	3 级
底座	轴承支撑面、连接法兰面 吊耳	A	2 级
	其余	B	3 级
主轴	所有区	A	2 级
行星架	输出轴部位	A	2 级
	圆盘部位	A	2 级
	腹板	B	3 级
轴承座	全部	B	2 级
扭力臂	悬挂部位(力矩臂两端孔部位)、 中心孔、过渡部位	A	2 级
	其余	B	3 级
箱体	箱体地脚、外壳、加强筋、轮缘	A	2 级
	其余	B	3 级

参 考 文 献

[1] ISO 945-1—2008 铸铁微观结构 第1部分:通过目视分析进行石墨的分类
[2] EN 1369—1996 铸造 磁粉检验
[3] EN 1563—1997 铸造 球墨铸铁
[4] EN 12680-3—2003 铸造 超声波检测 第3部分:球墨铸铁铸件

ICS 29.060.20
K 13

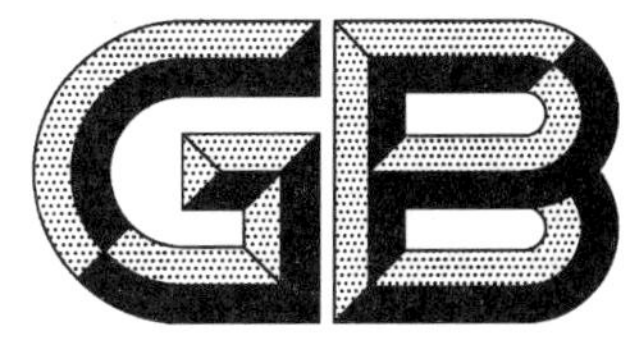

中华人民共和国国家标准

GB/T 29631—2013

额定电压1.8/3 kV及以下风力发电用耐扭曲软电缆

Flexible and torsion resistant cables of rated voltages up to and including 1.8/3 kV for wind turbine

2013-07-19 发布　　2013-12-02 实施

中华人民共和国国家质量监督检验检疫总局
中国国家标准化管理委员会　发布

前　言

本标准按照 GB/T 1.1—2009 给出的规则起草。

本标准由中国电器工业协会提出。

本标准由全国电线电缆标准化技术委员会(SAC/TC 213)归口。

本标准负责起草单位:上海电缆研究所、江苏中煤电缆股份有限公司。

本标准参加起草单位:大连华锐股份有限公司电控装备厂、东方汽轮机有限公司、远东控股集团有限公司、普睿司曼(天津)电缆有限公司、宝胜科技创新股份有限公司、江苏上上电缆集团有限公司、特变电工(德阳)电缆股份有限公司、安徽华菱电缆集团有限公司、安徽华能电缆集团有限公司、安徽华星电缆集团有限公司、安徽江淮电缆集团有限公司、安徽新亚特电缆集团有限公司、常州八益电缆股份有限公司、东莞市日新传导科技股份有限公司、江苏昌盛电缆集团有限公司、江苏亨通电力电缆有限公司、江苏新远程电缆股份有限公司、上海南洋电材有限公司、上海胜华电缆(集团)有限公司、无锡江南电缆有限公司、无锡市沪安电线电缆有限公司、兴乐集团有限公司、烟台市电缆厂、扬州曙光电缆有限公司、扬州亚光电缆有限公司、郑州电缆有限公司、山东宝世达电缆有限公司。

本标准主要起草人:范玉军、刘景光、梁树民、李飞、汪传斌、张令宜、房权生、李斌、刘春昉、李万松、周友芝、陈永军、付世财、王安东、蒲守林、李明斌、杨文伟、胡少中、薛元洪、陈文刚、胡建国、吴丽芳、柳尧裕、徐永忠、王治平、梁国华、胡行兵、朱爱荣、巴岩庆、杨立志、毛阿兴、吴长顺。

额定电压1.8/3 kV及以下风力发电用耐扭曲软电缆

1 范围

本标准规定了风力发电设备中涡轮机和塔筒连接处或其类似场合用1.8/3 kV及以下风力发电用耐扭曲软电缆的产品代号、标志、技术要求、检验规则、试验方法和包装。

本标准适用于额定电压U_0/U为1.8/3 kV及以下风力发电系统或类似系统用耐扭曲软电缆。

2 规范性引用文件

下列文件对于本文件的应用是必不可少的。凡是注日期的引用文件，仅注日期的版本适用于本文件。凡是不注日期的引用文件，其最新版本(包括所有的修改单)适用于本文件。

GB/T 2423.17—2008 电工电子产品环境试验 第2部分:试验方法 试验Ka:盐雾

GB/T 2423.18—2012 环境试验 第2部分:试验方法 试验Kb:盐雾,交变(氯化钠溶液)

GB/T 2900.10—2001 电工术语 电缆

GB/T 2951.11—2008 电缆和光缆绝缘和护套材料通用试验方法 第11部分:通用试验方法——厚度和外形尺寸测量——机械性能试验

GB/T 2951.12—2008 电缆和光缆绝缘和护套材料通用试验方法 第12部分:通用试验方法——热老化试验方法

GB/T 2951.14—2008 电缆和光缆绝缘和护套材料通用试验方法 第14部分:通用试验方法——低温试验

GB/T 2951.21—2008 电缆和光缆绝缘和护套材料通用试验方法 第21部分:弹性体混合料专用试验方法——耐臭氧试验——热延伸试验——浸矿物油试验

GB/T 2951.31—2008 电缆和光缆绝缘和护套材料通用试验方法 第31部分:聚氯乙烯混合料专用试验方法——高温压力试验——抗开裂试验

GB/T 3048.4—2007 电线电缆电性能试验方法 第4部分:导体直流电阻试验

GB/T 3048.5—2007 电线电缆电性能试验方法 第5部分:绝缘电阻试验

GB/T 3048.8—2007 电线电缆电性能试验方法 第8部分:交流电压试验

GB/T 3048.9—2007 电线电缆电性能试验方法 第9部分:绝缘线芯火花试验

GB/T 3048.13—2007 电线电缆电性能试验方法 第13部分:冲击电压试验

GB/T 3956—2008 电缆的导体

GB/T 4909.2—2009 裸电线试验方法 第2部分:尺寸测量

GB/T 5013.1—2008 额定电压450/750 V及以下橡皮绝缘电缆 第1部分:一般要求

GB/T 6995.1—2008 电线电缆识别标志方法 第1部分:一般规定

GB/T 6995.3—2008 电线电缆识别标志方法 第3部分:电线电缆识别标志

GB/T 6995.4—2008 电线电缆识别标志方法 第4部分:电气装备电线电缆绝缘线芯识别标志

GB/T 9330.1—2008 塑料绝缘控制电缆 第1部分:一般规定

GB/T 12706.1—2008　额定电压 1 kV(U_m=1.2 kV)到 35 kV(U_m=40.5 kV)挤包绝缘电力电缆及附件　第1部分:额定电压 1 kV(U_m=1.2 kV)和 3 kV(U_m=3.6 kV)电缆

GB/T 18380.12—2008　电缆和光缆在火焰条件下的燃烧试验　第12部分:单根绝缘电线电缆火焰垂直蔓延试验　1 kW 预混合型火焰试验方法

GB/T 18380.35—2008　电缆和光缆在火焰条件下的燃烧试验　第35部分:垂直安装的成束电线电缆火焰垂直蔓延试验　C类

JB/T 8137(所有部分)　电线电缆交货盘

JB/T 10696.7—2007　电线电缆机械和理化性能试验方法　第7部分:抗撕试验

3　术语和定义

GB/T 2900.10—2001 界定的以及下列术语和定义适用于本文件。

3.1

额定电压　rated voltage

电缆设计、使用和进行电性能试验用的基准电压。

3.2

批　batch

一次订货的同型号规格产品数量。

注:如果一次订货中有不同型号规格的产品,则不同的型号规格视为不同的批。

3.3

例行试验　routine tests

R

由制造方在成品电缆的所有制造长度上进行的试验,以检验所有电缆是否符合规定的要求。

3.4

抽样试验　sample tests

S

由制造方按规定的频度,在成品电缆试样上或在取自成品电缆的某些部件上进行的试验,以检验电缆是否符合规定要求。

3.5

型式试验　type tests

T

按一般商业原则对本标准所包含的一种类型电缆在供货前所进行的试验,以证明电缆具有能满足预期使用条件的满意性能。

注:该试验的特点是除非电缆材料、设计或制造工艺的改变可能改变电缆的特性,试验做过以后就不需要重做。

4　使用特性

4.1　电缆额定电压 U_0/U 分别为 450/750 V、0.6/1 kV、1.8/3 kV。

U_0 表示任一主绝缘导体与"地"(金属屏蔽、金属套或周围介质)之间的电压有效值;U 为多芯电缆或单芯电缆任意两相导体之间的电压有效值。

4.2　电缆导体的长期允许工作温度分别为:

——电压等级 450/750 V 为 70 ℃；

——电压等级 0.6/1 kV、1.8/3 kV 为 90 ℃。

4.3 电缆的最小弯曲半径为电缆直径的 6 倍。

4.4 电缆适应的最低环境温度分别为：

——普通型：－25 ℃；

——耐寒型：－40 ℃；

——耐严寒型：－55 ℃。

4.5 电缆具备一定的耐扭曲性能。

5 代号、电缆型号和产品表示方法

5.1 代号

风力发电用电缆系列 …………………………………………………………………… FD

阻燃 C 类 ……………………………………………………………………………… ZC

铜导体 ……………………………………………………………………………… (T)省略

乙丙橡胶或其他相当的合成弹性体绝缘 ……………………………………………… E

硅橡胶混合物或其相当的合成弹性体绝缘 …………………………………………… G

金属屏蔽 ……………………………………………………………………………… P

硅橡胶混合物或其相当的合成弹性体护套 …………………………………………… G

氯磺化聚乙烯橡胶混合物或其他相当的合成弹性体护套 ……………………………… H

氯丁胶混合物或其他相当的合成弹性体护套 ………………………………………… F

聚氨酯弹性体护套 …………………………………………………………………… U

其他热塑弹性体护套 ………………………………………………………………… S

适应的最低环境温度：－55 ℃(耐严寒型) ………………………………………… －55

－40 ℃(耐寒型) ………………………………………… －40

－25 ℃ ……………………………………………………… －25

5.2 电缆常用型号、名称

电缆常用型号、名称见表 1。

5.3 产品表示方法

产品用型号、规格及本标准编号表示。规格包括额定电压、芯数和导体标称截面积。

示例 1：

铜芯乙丙橡皮绝缘聚氨酯弹性体护套风力发电用耐寒耐扭曲软电缆，额定电压为 0.6/1 kV，(3＋1)芯，标称截面积 10 mm²，中性线截面积 6 mm²，表示为：

FDEU-40 0.6/1 3×10＋1×6 GB/T 29631—2013

示例 2：

铜芯乙丙橡皮绝缘氯丁橡皮护套阻燃 C 类风力发电用耐扭曲软电缆，额定电压为 450/750 V，1 芯，标称截面积 95 mm²，表示为：

ZC-FDEF-25 450/750 1×95 GB/T 29631—2013

表 1 电缆常用型号、名称

型 号[a]	额定电压	名 称
FDEF-25	450/750 V	铜芯乙丙橡皮绝缘氯丁橡皮护套风力发电用耐扭曲软电缆
FDEF-40		铜芯乙丙橡皮绝缘氯丁橡皮护套风力发电用耐寒耐扭曲软电缆
FDES-25	450/750 V 0.6/1 kV 1.8/3 kV	铜芯乙丙橡皮绝缘热塑弹性体护套风力发电用耐扭曲软电缆
FDES-40		铜芯乙丙橡皮绝缘热塑弹性体护套风力发电用耐寒耐扭曲软电缆
FDES-55		铜芯乙丙橡皮绝缘热塑弹性体护套风力发电用耐严寒耐扭曲软电缆
FDGG-40	0.6/1 kV 1.8/3 kV	铜芯硅橡胶绝缘硅橡胶护套风力发电用耐寒耐扭曲软电缆
FDGG-55		铜芯硅橡胶绝缘硅橡胶护套风力发电用耐严寒耐扭曲软电缆
FDEU-40	0.6/1 kV 1.8/3 kV	铜芯乙丙橡皮绝缘聚氨酯弹性体护套风力发电用耐寒耐扭曲软电缆
FDEU-55		铜芯乙丙橡皮绝缘聚氨酯弹性体护套风力发电用耐严寒耐扭曲软电缆
FDEG-40	0.6/1 kV 1.8/3 kV	铜芯乙丙橡皮绝缘硅橡胶护套风力发电用耐寒耐扭曲软电缆
FDEG-55		铜芯乙丙橡皮绝缘硅橡胶护套风力发电用耐严寒耐扭曲软电缆
FDEH-25	0.6/1 kV 1.8/3 kV	铜芯乙丙橡皮绝缘氯磺化聚乙烯橡皮护套风力发电用耐扭曲软电缆
FDEH-40		铜芯乙丙橡皮绝缘氯磺化聚乙烯橡皮护套风力发电用耐寒耐扭曲软电缆
FDEH-55		铜芯乙丙橡皮绝缘氯磺化聚乙烯橡皮护套风力发电用耐严寒耐扭曲软电缆
FDGU-40	0.6/1 kV 1.8/3 kV	铜芯硅橡胶绝缘聚氨酯弹性体护套风力发电用耐寒耐扭曲软电缆
FDGU-55		铜芯硅橡胶绝缘聚氨酯弹性体护套风力发电用耐严寒耐扭曲软电缆
[a] 阻燃 C 类电缆在型号前加“ZC-”，金属屏蔽型电缆在护套代号后加“P”。		

6 电缆规格

电缆规格见表 2。

表 2 电缆规格

额定电压	芯数	导体标称截面积 mm^2
450/750 V 0.6/1 kV	1	1.5～400
	2	1～25
	3	1～300
	3+1	4～185
	4	1～300
	5	1～25
	6～36	1.5～4
1.8/3 kV	1	10～400
	3	10～240

7 技术要求

7.1 导体

7.1.1 导体应采用 GB/T 3956—2008 规定的第 5 种柔软圆形绞合导体。导体材料应为退火软铜线，单线可以不镀锡或镀锡。

7.1.2 导体 20 ℃时的直流电阻应符合 GB/T 3956—2008 的规定。

7.1.3 导体表面允许用非吸湿性带材作重叠绕包或纵包。

7.2 绝缘

7.2.1 材料

绝缘材料应为表 3 所列的挤包固体介质的一种。绝缘的机械物理性能应符合附录 A 中表 A.1 的规定。

表 3 绝缘混合料

绝缘混合料	代 号	导体最高温度 ℃	
		正常运行时	短路时(最长持续 5 s)
70 ℃ 乙丙橡胶或其他相当的合成弹性体	IE4	70	200
90 ℃ 乙丙橡胶或其他相当的合成弹性体	EPR	90	250
硅橡胶混合物或其相当的合成弹性体	G	90	250

7.2.2 厚度

绝缘厚度的标称值见表 4。绝缘厚度的平均值应不小于标称值，绝缘最薄处厚度应不小于标称值的 90% 减去 0.1 mm。

表 4 绝缘标称厚度

导体标称截面积 mm²	绝缘厚度标称值 mm		导体标称截面积 mm²	绝缘厚度标称值 mm		导体标称截面积 mm²	绝缘厚度标称值 mm	
	450/750 V 0.6/1 kV	1.8/3 kV		450/750 V 0.6/1 kV	1.8/3 kV		450/750 V 0.6/1 kV	1.8/3 kV
1	0.8	—	16	1.2	2.1	120	1.8	2.4
1.5	0.8	—	25	1.4	2.2	150	2.0	2.6
2.5	0.9	—	35	1.4	2.2	185	2.2	2.6
4	1.0	—	50	1.6	2.2	240	2.4	2.8
6	1.0	—	70	1.6	2.2	300	2.6	2.8
10	1.2	2.1	95	1.8	2.4	400	2.8	3.0

7.2.3 **包覆导体**

绝缘应紧密挤包在导体上，断面无目力可见的气泡和杂质，外观圆整且容易与导体剥离。

7.2.4 **火花试验**

绝缘线芯应按 GB/T 3048.9—2007 的规定经受表 5 规定的工频火花试验作为中间检查。

表 5 火花试验电压

绝缘厚度标称值 mm	试验电压 kV	绝缘厚度标称值 mm	试验电压 kV
0.5<δ≤1.0	6	2.0<δ≤2.5	20
1.0<δ≤1.5	10	2.5<δ	25
1.5<δ≤2.0	15		

7.2.5 **5 芯及以下绝缘线芯识别**

7.2.5.1 **一般要求**

电缆绝缘线芯应采用颜色或其他适合的方法进行识别。如客户有特殊要求，允许采用数字识别。

除绿/黄组合色线芯外，电缆的每一绝缘线芯应只用一种颜色。

1 芯～5 芯电缆均不应使用不是组合色用的绿色和黄色。

7.2.5.2 **颜色色谱**

优先选用的色谱如下：

——单芯电缆：无优先选用色谱；

——两芯电缆：无优先选用色谱；

——三芯电缆：绿/黄色、蓝色、棕色，或是蓝色、黑色、棕色；

——四芯电缆：绿/黄色、蓝色、黑色、棕色，或是蓝色、黑色、棕色、黑色或棕色；

——五芯电缆：绿/黄色、蓝色、黑色、棕色、黑色或棕色，或是蓝色、黑色、棕色、黑色或棕色、黑色或棕色。

可以根据用户要求的色序生产。关于绿/黄组合色的颜色分布应符合 GB/T 5013.1—2008 中的规定。

7.2.6 **5 芯以上绝缘线芯识别**

7.2.6.1 **一般要求**

电缆绝缘线芯应采用数字识别或色码识别(领示和标识系统)。如果电缆包含接地保护线芯，该线芯应始终为放在外层的绿/黄组合色绝缘线芯。

7.2.6.2 **数字识别**

除了绿/黄组合色绝缘线芯外，电缆中所有绝缘线芯应按 GB/T 6995.4—2008 中 6.2 的规定印刷数字标志。数字颜色应相同，并与绝缘颜色有明显反差。

7.2.6.3 色码识别(领示和标识系统)

每层中应有两根相邻的绝缘线芯着上易区别的颜色，其余绝缘线芯的颜色应相同。

对于含有接地保护线芯的电缆，仅外层中两根易区别的绝缘线芯中一根以绿/黄组合色绝缘线芯代替。

7.3 绝缘线芯和填充(若有)绞合成缆

绝缘线芯应绞合在一起。成缆最外层绞合节距应不大于绞合外径的12倍。绝缘线芯采用数字识别时，由内层到外层从1开始按自然数序顺时针方向排列。

绝缘线芯之间的间隙允许采用非吸湿性材料填充。填充材料应与电缆工作温度相适应，并应与电缆绝缘材料相容，且不应粘连绝缘线芯。

允许挤包护套前在缆芯上绕包非吸湿性织物带。

7.4 金属屏蔽

金属屏蔽由软圆铜线或镀锡圆铜线构成，其金属编织(或缠绕)密度应不小于80%。为了提高耐扭性能，允许在编织中加入高机械强度非金属线。金属屏蔽用的单丝直径和编织(或缠绕)密度的计算方法见GB/T 9330.1—2008的规定，其中计算缠绕密度时，单向覆盖系数应在原有表达式的基础上乘以1/2，其余保持不变。

7.5 护套

7.5.1 护套材料应为表6所列的挤包固体介质的一种。护套材料应与绝缘材料的工作温度等级相适应，多芯电缆护套应不与绝缘相粘连。

护套的机械物理性能应符合表A.2的规定。对ZC型电缆，其护套采用与表6规定材料相对应的阻燃型材料，且其性能应符合表A.2相对应的非阻燃型材料的要求。

表6 护套混合料

护套混合料	代号	正常运行时导体最高温度 ℃
氯丁胶混合物或其他相当的合成弹性体	SE4	70
氯磺化聚乙烯橡胶混合物或其他相当的合成弹性体	SH	90
硅橡胶混合物或其他相当的合成弹性体	G	90
聚氨酯弹性体	TPU	90
其他热塑弹性体	TPV-70 TPV-90	70 90

7.5.2 电缆护套厚度的标称值见表7。护套厚度的平均值应不小于标称值，其最薄处厚度应不小于标称值的85%减去0.1 mm。

7.5.3 成品电缆的外径应符合表7的规定。护套应表面光滑、圆整、色泽均匀，断面应无目力可见的气泡和杂质。护套的优选颜色为黑色。

表 7 电缆尺寸

芯数及导体标称截面积 mm²	护套厚度标称值 mm				平均外径 mm							
	450/750 V、0.6/1 kV		1.8/3 kV		450/750 V、0.6/1 kV				1.8/3 kV			
	SE4、SH、TPV、G	TPU	SH、TPV、G	TPU	SE4、TPV、SH、G 护套		TPU 护套		TPV、SH、G 护套		TPU 护套	
					下限	上限	下限	上限	下限	上限	下限	上限
1×1.5	1.4	0.9	—	—	5.7	7.1	4.8	5.9	—	—	—	—
1×2.5	1.4	0.9	—	—	6.3	7.9	5.4	6.7	—	—	—	—
1×4	1.5	1.0	—	—	7.2	9.0	6.3	7.8	—	—	—	—
1×6	1.6	1.0	—	—	7.9	9.8	6.7	8.4	—	—	—	—
1×10	1.8	1.2	1.8	1.2	9.5	11.9	8.3	10.5	11.3	13.7	10.1	12.3
1×16	1.9	1.2	1.9	1.2	10.8	13.4	9.5	11.7	12.6	15.2	11.3	13.5
1×25	2.0	1.3	2.0	1.3	12.7	15.8	11.4	14.1	14.3	17.4	13.0	15.6
1×35	2.2	1.4	2.2	1.4	14.3	17.9	12.7	16.0	15.9	19.5	14.3	17.5
1×50	2.4	1.5	2.4	1.5	16.5	20.6	14.8	18.4	17.7	21.8	16.0	19.6
1×70	2.6	1.6	2.6	1.6	18.6	23.3	16.6	20.9	19.8	24.5	17.8	22.1
1×95	2.8	1.8	2.8	1.8	20.8	26.0	18.8	23.6	22.0	27.2	20.0	24.8
1×120	3.0	2.0	3.0	2.0	22.8	28.6	20.8	26.3	24.0	29.8	22.0	27.4
1×150	3.2	2.1	3.2	2.1	25.2	31.4	23.1	28.9	26.4	32.6	24.3	30.0
1×185	3.4	2.2	3.4	2.2	27.6	34.4	25.2	31.7	28.4	35.2	26.0	32.5
1×240	3.5	2.3	3.5	2.3	30.6	38.3	28.2	35.6	31.4	39.1	29.0	36.5
1×300	3.6	2.4	3.6	2.4	33.5	41.9	31.1	39.2	33.9	42.3	31.5	39.5
1×400	3.8	2.5	3.8	2.5	37.4	46.8	34.9	43.8	37.8	47.2	35.3	44.3
2×1	1.3	0.9	—	—	7.7	10.0	6.9	9.0	—	—	—	—
2×1.5	1.5	1.0	—	—	8.5	11.0	7.6	9.8	—	—	—	—
2×2.5	1.7	1.1	—	—	10.2	13.1	9.0	11.6	—	—	—	—
2×4	1.8	1.2	—	—	11.8	15.1	10.6	13.7	—	—	—	—
2×6	2.0	1.3	—	—	13.1	16.8	11.8	15.1	—	—	—	—
2×10	3.1	2.0	—	—	17.7	22.6	15.6	19.9	—	—	—	—
2×16	3.3	2.1	—	—	20.2	25.7	17.9	22.8	—	—	—	—
2×25	3.6	2.3	—	—	24.3	30.7	21.8	27.6	—	—	—	—
3×1	1.4	0.9	—	—	8.3	10.7	7.4	9.5	—	—	—	—
3×1.5	1.6	1.0	—	—	9.2	11.9	8.0	10.4	—	—	—	—
3×2.5	1.8	1.1	—	—	10.9	14.0	9.6	12.4	—	—	—	—
3×4	1.9	1.2	—	—	12.7	16.2	11.3	14.5	—	—	—	—
3×6	2.1	1.4	—	—	14.1	18.0	12.8	16.3	—	—	—	—
3×10	3.3	2.1	3.3	2.1	19.1	24.2	16.8	21.4	23.0	28.1	20.6	25.2
3×16	3.5	2.3	3.5	2.3	21.8	27.6	19.5	24.7	25.7	31.5	23.3	28.6
3×25	3.8	2.5	3.8	2.5	26.1	33.0	23.6	29.9	29.6	36.5	27.1	33.5
3×35	4.1	2.7	4.1	2.7	29.3	37.1	26.5	33.8	32.8	40.6	30	37.5
3×50	4.5	2.9	4.5	2.9	34.1	42.9	30.9	39.2	36.7	45.5	33.5	42.0
3×70	4.8	3.1	4.8	3.1	38.4	48.3	35.1	44.0	41.0	50.9	37.7	47.2
3×95	5.3	3.4	5.3	3.4	43.3	54.0	39.6	49.7	45.9	56.6	42.2	52.5
3×120	5.6	3.6	5.6	3.6	47.4	60.0	43.4	55.5	50.0	62.6	46	58.3
3×150	6.0	3.8	6.0	3.8	52.0	66.0	47.6	61.1	54.6	68.6	50.2	63.9
3×185	6.4	4.0	6.4	4.0	57.0	72.0	52.2	66.7	58.7	73.7	53.9	68.8
3×240	7.1	4.5	7.1	4.5	65.0	82.0	59.8	76.2	66.7	83.7	54.6	78.2
3×300	7.7	4.8	—	—	72.0	90.0	66.3	83.6	—	—	—	—
3×4+1×2.5	2.0	1.3	—	—	14.0	17.9	12.7	16.3	—	—	—	—
3×6+1×4	2.3	1.5	—	—	15.7	20.0	14.1	18.1	—	—	—	—
3×10+1×6	3.4	2.2	—	—	20.9	26.5	18.5	23.8	—	—	—	—
3×16+1×10	3.6	2.4	—	—	23.5	29.6	21.1	26.8	—	—	—	—
3×25+1×16	4.0	2.6	—	—	27.9	35.6	25.1	32.4	—	—	—	—
3×35+1×16	4.3	2.8	—	—	31.0	40.1	28.1	36.6	—	—	—	—
3×50+1×25	4.8	3.1	—	—	35.7	46.0	32.4	42.1	—	—	—	—
3×70+1×35	5.0	3.2	—	—	40.7	52.0	37.1	47.9	—	—	—	—
3×95+1×50	5.5	3.5	—	—	46.4	59.0	42.4	54.5	—	—	—	—
3×120+1×70	5.8	3.7	—	—	50.0	64.0	45.9	59.3	—	—	—	—
3×150+1×70	6.3	4.0	—	—	55.0	70.0	50.5	64.9	—	—	—	—

表 7（续）

芯数及导体标称截面积 mm²	护套厚度标称值 mm				平均外径 mm							
	450/750 V、0.6/1 kV		1.8/3 kV		450/750 V、0.6/1 kV				1.8/3 kV			
	SE4、SH、TPV、G	TPU	SH、TPV、G	TPU	SE4、TPV、SH、G 护套		TPU 护套		TPV、SH、G 护套		TPU 护套	
					下限	上限	下限	上限	下限	上限	下限	上限
3×185+1×95	6.8	4.3	—	—	60.0	76.0	55.0	70.5	—	—	—	—
4×1	1.5	1.0	—	—	9.2	11.9	8.2	10.7	—	—	—	—
4×1.5	1.7	1.1	—	—	10.2	13.1	9.0	11.6	—	—	—	—
4×2.5	1.9	1.2	—	—	12.1	15.5	10.7	13.8	—	—	—	—
4×4	2.0	1.3	—	—	14.0	17.9	12.7	16.2	—	—	—	—
4×6	2.3	1.5	—	—	15.7	20.0	14.2	18.1	—	—	—	—
4×10	3.4	2.2	—	—	20.9	26.5	18.6	23.6	—	—	—	—
4×16	3.6	2.4	—	—	23.8	30.1	21.3	27.0	—	—	—	—
4×25	4.1	2.7	—	—	28.9	36.6	26.1	33.2	—	—	—	—
4×35	4.4	2.8	—	—	32.5	41.1	29.3	37.2	—	—	—	—
4×50	4.8	3.1	—	—	37.7	47.5	34.4	43.5	—	—	—	—
4×70	5.2	3.3	—	—	42.7	54.0	39.0	49.5	—	—	—	—
4×95	5.9	3.7	—	—	48.4	61.0	44.0	55.9	—	—	—	—
4×120	6.0	3.8	—	—	53.0	66.0	48.6	60.9	—	—	—	—
4×150	6.5	4.1	—	—	58.0	73.0	53.2	67.5	—	—	—	—
4×185	7.0	4.4	—	—	64.0	80.0	58.8	74.3	—	—	—	—
4×240	7.7	4.8	—	—	72.0	91.0	66.3	84.7	—	—	—	—
4×300	8.4	5.2	—	—	80.0	101.0	73.6	94.0	—	—	—	—
5×1	1.6	1.0	—	—	10.2	13.1	9.0	11.7	—	—	—	—
5×1.5	1.8	1.1	—	—	11.2	14.4	9.8	12.8	—	—	—	—
5×2.5	2.0	1.3	—	—	13.3	17.0	11.9	15.5	—	—	—	—
5×4	2.2	1.4	—	—	15.6	19.9	14.1	18.2	—	—	—	—
5×6	2.5	1.6	—	—	17.5	22.2	15.7	20.2	—	—	—	—
5×10	3.6	2.3	—	—	22.9	29.1	20.4	26.0	—	—	—	—
5×16	3.9	2.5	—	—	26.4	33.3	23.7	30.2	—	—	—	—
5×25	4.4	2.8	—	—	32.0	40.4	28.8	36.8	—	—	—	—
6×1.5	2.5	1.6	—	—	13.4	17.2	11.6	15.4	—	—	—	—
12×1.5	2.9	1.9	—	—	17.6	22.4	15.6	20.4	—	—	—	—
18×1.5	3.2	2.1	—	—	20.7	26.3	18.5	24.1	—	—	—	—
24×1.5	3.5	2.3	—	—	24.3	30.7	21.9	28.3	—	—	—	—
36×1.5	3.8	2.5	—	—	27.8	35.2	25.2	32.6	—	—	—	—
6×2.5	2.7	1.8	—	—	15.7	20.0	13.9	18.2	—	—	—	—
12×2.5	3.1	2.1	—	—	20.6	26.2	18.6	24.2	—	—	—	—
18×2.5	3.5	2.3	—	—	24.4	30.9	22.0	28.5	—	—	—	—
24×2.5	3.9	2.6	—	—	28.8	36.4	26.2	33.8	—	—	—	—
36×2.5	4.3	2.9	—	—	33.2	41.8	30.4	39.0	—	—	—	—
6×4	2.9	1.9	—	—	18.2	23.2	16.2	21.2	—	—	—	—
12×4	3.5	2.3	—	—	24.4	30.9	22.0	28.5	—	—	—	—
18×4	3.9	2.5	—	—	28.8	36.4	26.0	33.6	—	—	—	—

5 芯以上电缆优选芯数为 6、12、18、24 和 36。

5 芯以上非优选芯数电缆的护套厚度的标称值（T_g）应根据 GB/T 12706.1—2008 附录 A 的假定直径法使用下列公式计算得出：

——SE4、TPV、SH、G 护套：$T_g = 0.11\ D + 1.5$ mm；

——TPU 护套：$T_g = 0.07\ D + 1.0$ mm。

式中：D 为成缆缆芯的假定直径，单位为毫米（mm）。

10 mm² 及以下截面积的 5 芯以上多芯电缆的护套厚度的标称值也可以由上面公式计算得出。

屏蔽型电缆的平均外径上、下限应为在非屏蔽型电缆平均外径的基础上分别加 1 mm。

SE4 型护套只能对应电压等级为 450/750 V 的电缆产品。

8 成品电缆

8.1 结构尺寸

8.1.1 导体结构应符合 7.1.1 的规定。

8.1.2 绝缘厚度应符合 7.2.2 的规定。

8.1.3 缆芯结构应符合 7.3 的规定。

8.1.4 金属屏蔽结构应符合 7.4 的规定。

8.1.5 护套厚度应符合 7.5.2 的规定。

8.1.6 外径应符合 7.5.3 的规定。

8.2 电气性能

8.2.1 导体直流电阻

导体直流电阻应符合 7.1.2 的规定。

8.2.2 绝缘电阻

绝缘电阻应符合表 8 的规定。对于单芯电缆,如果护套和绝缘无法分开,试验时无需去除护套。

表 8 绝缘电阻

额定电压	导体标称截面积 mm²	20 ℃ 时绝缘电阻 MΩ·km	额定工作温度时绝缘电阻 MΩ·km
450/750 V 0.6/1 kV	35 及以下	150	0.15
	50～150	100	0.10
	185～400	80	0.08
1.8/3 kV	35 及以下	250	0.25
	50～150	200	0.20
	185～400	150	0.15

8.2.3 成品电缆耐压试验

成品电缆应能经受表 9 规定的工频耐压试验 5 min 不击穿。

表 9 成品电缆耐压试验电压

额定电压	试验电压 kV
450/750 V	2.5
0.6/1 kV	3.5
1.8/3 kV	6.5

8.2.4 绝缘线芯耐压试验

额定电压 450/750 V 成品电缆的绝缘线芯应经受环境温度下 2.5 kV 的浸水耐压试验 5 min 而不击穿。试样长度 10 m～15 m，浸水至少 1 h。对于护套和绝缘一次挤出的单芯电缆，如果护套和绝缘无法分开，试验时无需去除护套。

8.2.5 4 h 电压试验

额定电压 0.6/1 kV 和 1.8/3 kV 成品电缆绝缘线芯应经受环境温度下，浸水至少 1 h、试验电压为 4 U_0 的工频电压试验，电压应逐渐升高并持续 4 h，试验过程中应不发生击穿现象。试样长度 10 m～15 m。对于护套和绝缘一次挤出的单芯电缆，如果护套和绝缘无法分开，试验时无需去除护套。

8.2.6 冲击电压试验

额定电压 1.8/3 kV 电缆应进行冲击电压试验。试验应在另外 10 m～15 m 长的成品电缆上进行，试验时导体温度应高于正常运行时导体的最高温度 5 ℃～10 ℃。试验应按 GB/T 3048.13—2007 规定的步骤施加冲击电压，峰值为 40 kV。对于没有分相屏蔽的多芯电缆，每次冲击电压应依次施加在每相导体与地之间，其他导体连接在一起并接地。电缆的每根绝缘线芯均应承受正负极性各 10 次冲击电压而不击穿。

8.3 非电气性能

8.3.1 成品电缆绝缘的机械物理性能应符合表 A.1 的要求。

8.3.2 成品电缆护套的机械物理性能应符合表 A.2 的要求。

8.3.3 成品电缆应经受附录 B 规定的常温扭转试验和低温扭转试验。用户有要求时，成品电缆还应经受附录 B 规定的高温扭转试验和负载扭转试验。

8.3.4 成品电缆应经受附录 C 规定的负重试验。

8.3.5 成品电缆应经受附录 D 规定的低温弯曲试验。

8.3.6 用户有要求时，成品电缆应经受附录 E 规定的人工气候老化试验。

8.3.7 用户有要求时，成品电缆应经受附录 F 规定的盐雾试验。

8.3.8 成品电缆应经受 GB/T 18380.12—2008 规定的单根燃烧试验。

8.3.9 ZC 型阻燃电缆应经受 GB/T 18380.35—2008 规定的成束电缆燃烧试验。

8.3.10 成品电缆应有连续的制造厂名、电压、型号等识别标志。标志的清晰度、耐擦性应符合 GB/T 6995.1—2008 的规定，标志的连续性应符合 GB/T 6995.3—2008 的规定。

9 检验规则和试验方法

9.1 产品应由制造厂检验合格后方能出厂，出厂产品应附有产品质量检验合格证。

9.2 每交货批至少抽取 1 件样品，也可由供需双方协议规定抽样数量。抽样检验的结果不合格时，应加倍取样对不合格项目进行第二次试验。仍不合格时，应对整批产品逐一进行试验。

9.3 产品外观应在正常视力下逐批检查。

9.4 产品检验项目、试验类型、试验方法应按表 10 规定。

表 10 成品电缆检验

序号	检 验 项 目	性能要求条文号	试验类型	试 验 方 法
1	外观			
1.1	识别标志			
1.1.1	电缆标志内容	8.3.10	T、S	GB/T 6995.3—2008
1.1.2	标志连续性	8.3.10	T、S	GB/T 6995.3—2008
1.1.3	标志清晰度、耐擦性	8.3.10	T、S	GB/T 6995.1—2008
1.1.4	绝缘线芯识别	7.2.5 和 7.2.6	T、S	目测
1.2	电缆表面质量	7.5.3	T、S	目测
2	结构尺寸			
2.1	导体结构	7.1.1	T、S	GB/T 4909.2—2009
2.2	绝缘厚度	7.2.2	T、S	GB/T 2951.11—2008
2.3	缆芯绞合节径比	7.3	T、S	正常目测和直尺
2.4	金属屏蔽检查	7.4	T、S	正常目测和千分尺
2.5	护套厚度	7.5.2	T、S	GB/T 2951.11—2008
2.6	电缆外径	7.5.3	T、S	GB/T 2951.11—2008
3	电性能			
3.1	导体电阻(20 ℃)	7.1.2	T、R	GB/T 3048.4—2007
3.2	绝缘电阻试验			
3.2.1	绝缘电阻(20 ℃)	8.2.2	T、S	GB/T 3048.5—2007
3.2.2	绝缘电阻(额定工作温度时)	8.2.2	T	GB/T 3048.5—2007
3.3	电压试验			
3.3.1	成品电缆耐压试验	8.2.3	R	GB/T 3048.8—2007
3.3.2	绝缘线芯耐压试验	8.2.4	T	GB/T 3048.8—2007
3.3.3	4 h 电压试验	8.2.5	T	GB/T 3048.8—2007
3.3.4	冲击电压试验	8.2.6	T	GB/T 3048.13—2007
4	绝缘机械物理性能	8.3.1	T	GB/T 2951.11—2008、 GB/T 2951.12—2008、 GB/T 2951.21—2008、 和 JB/T 10696.7—2007
5	护套机械物理性能	8.3.2	T	GB/T 2951.11—2008、 GB/T 2951.12—2008、 GB/T 2951.14—2008、 GB/T 2951.21—2008、 GB/T 2951.31—2008 和 JB/T 10696.7—2007

表 10（续）

序号	检 验 项 目	性能要求条文号	试验类型	试 验 方 法
6	成品电缆特殊性能试验			
6.1	扭转试验			
6.1.1	常温扭转试验	8.3.3	T	附录 B
6.1.2	低温扭转试验	8.3.3	T	附录 B
6.1.3	高温扭转试验	8.3.3	用户要求时	附录 B
6.1.4	负载扭转试验	8.3.3	用户要求时	附录 B
6.2	负重试验	8.3.4	T	附录 C
6.3	低温弯曲试验	8.3.5	T	附录 D
6.4	人工气候老化试验	8.3.6	用户要求时	附录 E
6.5	盐雾试验	8.3.7	用户要求时	附录 F
6.6	电缆的燃烧试验	8.3.8 8.3.9	T	GB/T 18380.12—2008 GB/T 18380.35—2008
7	交货长度	第 10 章	R	计米器

10 交货长度

10.1 客户有定长要求时，应按约定长度交货。

10.2 其他电缆的交货长度：成圈包装为 100 m，成盘包装应大于 100 m。

10.3 允许按用户最短使用长度的整倍数电缆交货。

10.4 根据双方协议，允许任何长度的电缆交货。

10.5 电缆长度计量误差应不超过 ±0.5%。

11 电缆包装、运输和贮存

11.1 电缆应妥善包装在符合 JB/T 8137 规定的电缆盘上。电缆端头应可靠密封，伸出盘外的电缆端头应加保护罩，伸出的长度应不小于 300 mm。重量不超过 80 kg 的短段电缆，可以成圈包装。

为防止贮运过程中的损坏，成盘包装的产品还应附加适当的保护。成圈包装的产品，应用一定强度的带状材料多层包覆，并捆扎牢固。

11.2 电缆运输过程中不应使电缆盘处于平放状态；应有防止电缆盘滚动的措施；不应遭受冲撞、挤压和任何机械损伤；长途运输时应防止长时间曝晒。

11.3 每个电缆盘都应标明以下内容：

a) 制造厂名称；

b) 电缆型号、规格、电压等级；

c) 电缆长度、净重、总重；

d) 制造年月；

e) 表示电缆盘正确滚动方向的箭头；

f） 本标准编号。

11.4 成圈包装或装箱时，每件包装、箱体外壳上应标明：

a） 制造厂名称；

b） 电缆型号、规格、电压等级；

c） 电缆长度、净重、总重；

d） 制造年月；

e） 防潮、防掷标志；

f） 本标准编号。

11.5 电缆在装卸时应使用适当的工具，以避免损伤电缆。在运输工具上应进行良好的固定。电缆应尽量避免露天存放，电缆盘不允许平放。

附 录 A
（规范性附录）
风力发电用耐扭曲软电缆绝缘和护套材料性能要求

A.1 绝缘橡皮材料非电性试验要求见表A.1。

表 A.1 绝缘橡皮材料非电性试验要求

序号	试验项目	单位	混合料代号			试验方法
			G	IE4	EPR	
1	抗张强度和断裂伸长率					
1.1	交货状态原始性能					GB/T 2951.11—2008
1.1.1	抗张强度原始值 ——最小中间值	N/mm²	5.0	5.0	4.2	
1.1.2	断裂伸长率原始值 ——最小中间值	%	150	200	200	
1.2	空气烘箱老化后的性能					GB/T 2951.12—2008
1.2.1	老化条件[a,b]					GB/T 2951.11—2008
	——温度	℃	200±2	100±2	135±2	
	——处理时间	h	10×24	7×24	7×24	
1.2.2	老化后抗张强度					
	——最小中间值	N/mm²	4.0	4.2	—	
	——最大变化率[c]	%	—	±25	±30	
1.2.3	老化后断裂伸长率					
	——最小中间值	%	120	200	—	
	——最大变化率[c]	%	—	±25	±30	
1.3	空气弹老化后的性能					GB/T 2951.12—2008
1.3.1	老化条件[a]					GB/T 2951.11—2008
	——温度	℃	—	127±2	—	
	——处理时间	h	—	40	—	
1.3.2	老化后抗张强度					
	——最小中间值	N/mm²	—	—	—	
	——最大变化率[c]	%	—	±30	—	
1.3.3	老化后断裂伸长率					
	——最大变化率[c]	%	—	±30	—	
2	热延伸试验					GB/T 2951.21—2008
2.1	试验条件					
	——温度	℃	200±3	200±3	250±3	
	——处理时间	min	15	15	15	
	——机械应力	N/mm²	0.20	0.20	0.20	
2.2	试验结果					
	——载荷下的最大伸长率	%	175	100	175	
	——冷却后的最大伸长率	%	25	25	15	
3	耐臭氧试验					GB/T 2951.21—2008
3.1	试验条件					
	——试验温度	℃	—	25±2	25±2	
	——试验时间	h	—	24	24	

表 A.1（续）

序号	试验项目	单位	混合料代号			试验方法
			G	IE4	EPR	
	——臭氧浓度	%	—	0.025～0.030	0.025～0.030	
3.2	试验结果			无裂纹	无裂纹	
4	抗撕试验[d] 抗撕强度，最小	N/mm	4.0			JB/T 10696.7—2007

[a] IE4 绝缘应带导体或取走不超过 30% 的铜丝进行老化。
[b] 橡皮混合物的老化不采用强迫鼓风烘箱。仲裁试验时，应采用自然通风老化箱。
[c] 变化率：老化后中间值与老化前中间值之差与老化前中间值之比，以百分比表示。
[d] 由于样品外径或厚度过小而无法取样时可以不进行抗撕试验。

A.2 护套橡皮材料非电性试验要求见表 A.2。

表 A.2 护套材料非电性试验要求

序号	试验项目	单位	混合料代号						试验方法
			SE4	SH	G	TPU	TPV-70	TPV-90	
1	抗张强度和断裂伸长率								
1.1	交货状态原始性能								GB/T 2951.11—2008
1.1.1	抗张强度原始值								
	——最小中间值	N/mm²	10.0	10.0	7.0	20.0	10.0	10.0	
1.1.2	断裂伸长率原始值								
	——最小中间值	%	300	250	200	300	300	300	
1.2	空气烘箱老化后的性能								GB/T 2951.12—2008
1.2.1	老化条件：								GB/T 2951.11—2008
	——温度	℃	70±2	120±2	200±2	110±2	100±2	135±2	
	——处理时间	h	10×24	7×24	10×24	7×24	7×24	7×24	
1.2.2	老化后抗张强度：								
	——最小中间值	N/mm²	—	—	5.0	—	10.0	10.0	
	——最大变化率[a]	%	−15[b]	−30[b]	—	±30	±25	±25	
1.2.3	老化后断裂伸长率：								
	——最小中间值	%	250	—	150	300	300	300	
	——最大变化率[a]	%	−25[b]	−40[b]	—	±30	±25	±25	
1.3	浸矿物油后机械性能								GB/T 2951.21—2008
1.3.1	试验条件：								GB/T 2951.11—2008
	——油温	℃	100±2	100±2	—	100±2	100±2	100±2	
	——浸油时间	h	24	24	—	24	24	24	
1.3.2	浸油后抗张强度，最大变化率[a]	%	±40	−40[b]	—	±40	−40[b]	−40[b]	
1.3.3	浸油后断裂伸长率，最大变化率[a]	%	±40	−40[b]	—	±30	−40[b]	−40[b]	
2	热延伸试验								GB/T 2951.21—2008
2.1	试验条件：								
	——温度	℃	200±3	200±3	200±3	—	—	—	
	——处理时间	min	15	15	15	—	—	—	
	——机械应力	N/mm²	0.20	0.20	0.20	—	—	—	

表 A.2（续）

序号	试验项目	单位	混合料代号						试验方法
			SE4	SH	G	TPU	TPV-70	TPV-90	
2.2	试验结果 ——载荷下的伸长率，最大 ——冷却后的伸长率，最大	 % %	 175 25	 175 15	 175 25	 — —	 — —	 — —	
3	抗撕试验 抗撕强度，最小	 N/mm	 5.0	 5.0	 5.0	 —	 —	 —	 JB/T 10696.7—2007
4 4.1 4.2	高温压力试验 ——温度 ——压痕中间值/平均厚度，最大	 ℃ %	 — —	 — —	 — —	 100 50	 80 50	 90 50	GB/T 2951.31—2008
5 5.1 5.2	抗开裂试验 试验条件 ——温度 ——持续时间 试验结果	 ℃ h 	 — — 	 — — 	 — — 	 150±3 1 无裂纹	 150±3 1 无裂纹	 150±3 1 无裂纹	GB/T 2951.31—2008
6 6.1 6.2	低温拉伸试验 试验温度 试验结果 ——未断裂时的伸长率，最小	 ℃ %	 −25±2[c] 30	 −25±2[c] 30	 −40±2[c] 30	 −40±2[c] 30	 −25±2[c] 30	 −25±2[c] 30	GB/T 2951.14—2008
7 7.1 7.2	低温冲击试验 试验温度 试验结果	 ℃ 	 −25±2[c] 无裂纹	 −25±2[c] 无裂纹	 −40±2[c] 无裂纹	 −40±2[c] 无裂纹	 −25±2[c] 无裂纹	 −25±2[c] 无裂纹	GB/T 2951.14—2008

[a] 变化率：老化后中间值与老化前中间值之差与老化前中间值之比，以百分比表示。

[b] 不规定正偏差。

[c] 如果用于环境最低温度为 −40 ℃(−55 ℃)，低温试验温度应为 −40 ℃(−55 ℃)±2 ℃，如用户对最低环境适应温度另有要求，应按用户要求的温度试验。

附 录 B
（规范性附录）
风力发电用耐扭曲软电缆扭转试验方法

B.1 适用范围

本试验方法适用于风力发电机中由机舱引向塔架部分的并且在风机对风过程中需要扭转的所有电缆。

B.2 试验设备

试验设备包括扭转试验装置和温度控制试验装置两部分，其中扭转试验装置是用来安装试样并进行扭转的装置，其扭转角度和扭转速度应可调节；温控装置是在有温度要求的试验过程中对试样提供一定的温度环境的装置，其温控范围是 −60 ℃～+60 ℃，电缆所处的位置要求温差不超过 ±3℃。

B.3 试样制备

从被试电缆上截取 12.5m 长的电缆样品，不同条件下的试验应在被试电缆上分别取样。

B.4 试验程序

B.4.1 常温扭转试验程序

首先将取好的试样在环境温度中放置 0.5 h，然后再将试样顶端固定在扭转试验装置的转轮上，扭转装置应放置在距离下端固定支架 7 m～ 9 m 的高度，试样下端固定在支架上，受扭试样长度为 $L_1+\widehat{L}_2$，约 12 m。扭转过程为：转轮先顺时针扭转 1 440°，然后逆时针扭转相同角度使试样恢复到初始状态，继续逆时针扭转 1 440°后再顺时针扭转相同角度使试样恢复到初始状态，此为一个周期。转轮的转速范围一般为 720°/min～2 160°/min。用户没有特殊要求时，推荐进行 10 000 个周期的试验。

常温下扭转试验的示意图见图 B.1。

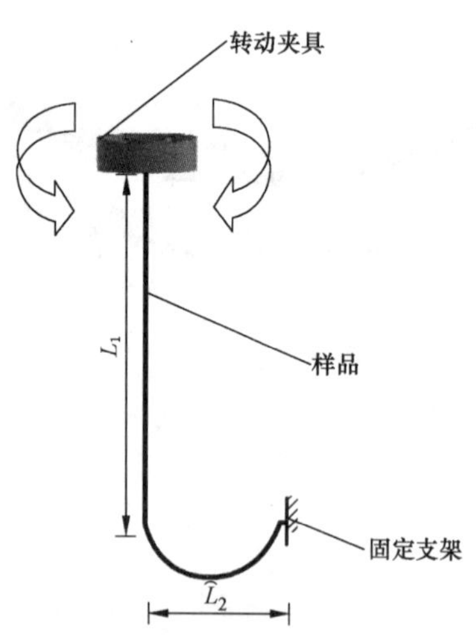

图 B.1 常温下扭转试验的示意图

B.4.2 低温扭转试验程序

低温扭转试验的试样安装方式与常温扭转试验的安装方式相似，但应使整个试样完全处于温度可控箱体内（常温下的扭转试验试样不必安装在温度控制箱内），然后在电缆型号规定的最低环境适应温度（－25 ℃ 或 －40 ℃ 或 －55 ℃ 或用户要求的最低使用温度）下进行试验。箱体内的温度应从试样安装好后算起的 1 h 内达到规定的试验温度。试样在规定的试验温度下放置不少于 4 h，然后开始扭转试验。转轮的转速范围一般为 360°/min～1 080°/min，其他扭转条件同 B.4.1。用户没有特殊要求时，推荐进行 2 000 个周期的试验。

B.4.3 高温扭转试验程序（用户有要求时）

高温扭转试验的试样安装方式与常温扭转试验的安装方式相似，但应使整个试样完全处于温度可控箱体内，然后在温度为 ＋60 ℃ 的条件下进行试验。试样在规定的试验温度下放置不少于 4 h，然后开始扭转试验。转轮的转速范围一般为 720°/min～2 160°/min，其他扭转条件同 B.4.1。用户没有特殊要求时，推荐进行 10 000 个周期的试验。

B.4.4 负载扭转试验程序（用户有要求时）

负载扭转试验的试样安装方式和试验程序与常温扭转试验的安装方式和试验程序相似，但在试验期间应同时通电加热。通电期间，应使导体温度稳定在电缆额定工作温度。用户没有特殊要求时，推荐进行 10 000 个周期的试验。

B.5 试验结果评定

在完成上述试验程序规定的试验后，检查试样表面，应无裂纹及扭曲现象，然后将完成扭转的试样（成品电缆）按照表 B.1 中的要求进行 15 min 交流电压试验应不击穿。其中有金属屏蔽的电缆，若其中每一线芯均与金属屏蔽接触时，耐压试验时金属屏蔽可以代替浸水。

表 B.1 扭转后耐压试验中所施加电压

样品额定电压 U_0/U	芯数	施加电压方式	施加电压值 kV
450/750 V	单芯	导体与水之间	1.5
	多芯	导体与导体之间	3.5
0.6/1 kV	单芯	导体与水之间	1.5
	多芯	导体与导体之间	3.5
1.8/3 kV	单芯	导体与水之间	4.5
	多芯	导体与导体之间	6.5

对于带有金属屏蔽的电缆还应在耐压试验后检查屏蔽的破损程度，在任一横断面上金属屏蔽不应有完全断裂现象出现。

附　录　C
（规范性附录）
风力发电用耐扭曲软电缆负重试验方法

C.1　试验要求

本试验应在包含电缆所有结构部件的成品电缆上进行。

C.2　试验步骤

首先从整盘电缆上取下 1.5 m 作为试样，试样应在（23±5）℃ 的环境温度中放置 24 h，然后再将试样顶端固定在约 2 m～3 m 高的架子上，在试样下端的导体上悬挂一个砝码，砝码质量为试样总铜导体截面积（mm^2）×15 N。试样应在负重状态下放置（7×24）h。

C.3　试验结果判定

试样的护套、绝缘表面应无裂纹。

试样的导体直流电阻应符合 7.1.2 的规定。

附 录 D
（规范性附录）
风力发电用耐扭曲软电缆低温弯曲试验方法

D.1 试验要求

本试验应在包含电缆所有结构部件的成品电缆上进行。

D.2 试验步骤

按照 GB/T 2951.14—2008 中 8.1.4 进行。

D.3 试验条件

D.3.1 试验温度

试验温度为电缆型号规定的最低环境适应温度，即(－55±2)℃ 或(－40±2)℃或(－25±2)℃。如用户对最低环境适应温度另有要求，应按用户要求的温度进行试验。

D.3.2 试棒直径

试棒直径为试样直径的 4～5 倍。

D.3.3 试棒转速和卷绕圈数

电缆外径小于或等于 12.5 mm 时，按照 GB/T 2951.14—2008 中 8.1.5 进行；电缆外径大于 12.5 mm 时，按照 4～5 倍电缆外径弯曲 180°。

D.4 试验结果判定

试样的护套、绝缘均应无任何裂纹。

附 录 E
（规范性附录）
风力发电用耐扭曲软电缆人工气候老化试验方法

E.1 适用范围

本试验方法适用于风力发电用耐扭曲软电缆的人工气候老化性能测定。

E.2 试验设备

E.2.1 氙灯气候老化箱

E.2.1.1 氙灯功率为 6 kW，试样转架直径为 800 mm～959 mm，高为 365 mm，试样转架每分钟旋转一周，箱体温度为(55±3)℃，相对湿度为(85±5)%。

E.2.1.2 喷水应为清洁的自来水，喷水水压为 0.12 MPa～0.15 MPa，喷水嘴内径为 ϕ 0.8 mm，以 18 min 喷水、光照，102 min 单独光照，周期进行。

E.2.2 拉力试验机

示值精度：±1%。从各级度盘 1/10 量程以上，但不小于最大负荷的 4%开始。

E.3 试样制备

从被试电缆的端部 500 mm 处切取足够长度的电缆，并从电缆中取出绝缘线芯，制取护套试样(试片)，能供三组试验测定有效性能。有机械损伤的样段不应作为试样用于试验。三组试验所需试样的数量如下：

——第一组试样至少 5 个，供原始性能测量用；

——第二组试样至少 5 个，供 0 h～1 008 h 人工气候老化后性能测量用；

——第三组试样至少 5 个，供 504 h～1 008 h 人工气候老化后性能测量用。

E.4 试验步骤

E.4.1 将第一组试样保存在阴凉干燥处，第二、三组试样应放入氙灯气候箱内进行试验，其中第三组试样应在试验开始 504 h 后放入。

E.4.2 在规定的老化时间后，取出试样，在环境温度下存放至少 16 h，与第一组试样对比进行外观检查。

E.4.3 试样按 GB/T 2951.11—2008 的要求，在光照面冲切哑铃片和预处理后，测定老化前和老化后三组试片的抗张强度和断裂伸长率。制作试片时，不应磨削光照面。

E.4.4 当按 E.4.3 规定，不应在光照面冲切哑铃片时，允许从同一型号的其他规格上切取，其光老化性能等效。

E.5 试验结果及计算

E.5.1 检查光照面，试样应无明显的龟裂。

E.5.2 试验结果用老化前后的抗张强度变化率和断裂伸长率的变化率表示，按下式计算，计算结果 $TS1$、$EB1$ 应不超过 ±30%，$TS2$、$EB2$ 应不超过 ±15%。

$$TS1=(T2-T1)/T1\times 100\%$$

$$EB1=(E2-E1)/E1\times 100\%$$

$$TS2=(T2-T3)/T1\times 100\%$$

$$EB2=(E2-E3)/E1\times 100\%$$

式中：

$TS1$——0 h～1 008 h 人工气候老化后抗张强度的变化率；

$EB1$——0 h～1 008 h 人工气候老化后断裂伸长率的变化率；

$TS2$——504 h～1 008 h 人工气候老化后抗张强度的变化率；

$EB2$——504 h～1 008 h 人工气候老化后断裂伸长率的变化率；

$T1$ ——人工气候老化前(第一组试样)抗张强度的中间值，单位为牛顿每平方毫米(N/mm^2)；

$E1$ ——人工气候老化前(第一组试样)断裂伸长率的中间值；

$T2$ ——人工气候老化后(第二组试样，人工气候老化 1 008 h)抗张强度的中间值，单位为牛顿每平方毫米(N/mm^2)；

$E2$ ——人工气候老化后(第二组试样，人工气候老化 1 008 h)断裂伸长率的中间值；

$T3$ ——人工气候老化后(第三组试样，人工气候老化 504 h)抗张强度的中间值，单位为牛顿每平方毫米(N/mm^2)；

$E3$ ——人工气候老化后(第三组试样，人工气候老化 504 h)断裂伸长率的中间值。

附 录 F
（规范性附录）
盐雾试验

F.1 试验方法

盐雾试验按照 GB/T 2423.17—2008 规定进行，试验时间推荐 336 h。

如用户有要求，也可进行 672 h 的盐雾试验，或按照 GB/T 2423.18—2012 规定的 1 级或 2 级交替盐雾试验进行试验。

F.2 试验结果判定

盐雾试验前后，绝缘和护套的抗张强度变化率和断裂伸长率变化率应不超过±30%。

ICS 21.100.20
J 11

中华人民共和国国家标准

GB/T 29717—2013

滚动轴承　风力发电机组偏航、变桨轴承

Rolling bearings—Wind power generators yaw and pitch bearings

2013-09-18 发布　　2014-06-01 实施

中华人民共和国国家质量监督检验检疫总局
中国国家标准化管理委员会　发布

前　言

本标准按照 GB/T 1.1—2009 给出的规则起草。

本标准由中国机械工业联合会提出。

本标准由全国滚动轴承标准化技术委员会(SAC/TC 98)归口。

本标准主要起草单位:洛阳 LYC 轴承有限公司。

本标准参加起草单位:洛阳轴承研究所有限公司、成都天马铁路轴承有限公司、大连冶金轴承股份有限公司、马鞍山经纬回转支承有限公司、北京京冶轧机轴承制造有限公司、西北轴承股份有限公司、瓦房店轴承集团有限责任公司、上海斐赛轴承科技有限公司、国电联合动力技术有限公司。

本标准主要起草人:董汉杰、庞碧涛、练松伟、谢兴会、徐玲玲、黄伟。

本标准参加起草人:许正根、汪文革、张宏伟、王书君、张富永、王丽君、孙振生、赵联春、孙黎翔、闻传涛、杨世宏。

滚动轴承　风力发电机组偏航、变桨轴承

1　范围

本标准规定了风力发电机组偏航、变桨轴承的代号方法、结构型式、外形尺寸、技术要求、检测方法、检验规则、标志和包装等。

本标准适用于风力发电机组偏航、变桨轴承(以下简称轴承)的生产检验和用户选型、验收。

2　规范性引用文件

下列文件对于本文件的应用是必不可少的。凡是注日期的引用文件,仅注日期的版本适用于本文件。凡是不注日期的引用文件,其最新版本(包括所有的修改单)适用于本文件。

GB/T 226—1991　钢的低倍组织及缺陷酸蚀检验法

GB/T 230.1—2009　金属材料　洛氏硬度试验　第1部分:试验方法(A、B、C、D、E、F、G、H、K、N、T标尺)

GB/T 231.1—2009　金属材料　布氏硬度试验　第1部分:试验方法

GB/T 308.1—2013　滚动轴承　球　第1部分:钢球

GB/T 1357—2008　通用机械和重型机械用圆柱齿轮　模数

GB/T 1979—2001　结构钢低倍组织缺陷评级图

GB/T 4199—2003　滚动轴承　公差　定义

GB/T 5617—2005　钢的感应淬火或火焰淬火后有效硬化层深度的测定

GB/T 6394—2002　金属平均晶粒度测定法

GB/T 6930—2002　滚动轴承　词汇

GB/T 7811—2007　滚动轴承　参数符号

GB/T 8597—2013　滚动轴承　防锈包装

GB/T 9793—2012　热喷涂　金属和其他无机覆盖层　锌、铝及其合金

GB/T 10095.1—2008　圆柱齿轮　精度制　第1部分:轮齿同侧齿面偏差的定义和允许值

GB/T 10095.2—2008　圆柱齿轮　精度制　第2部分:径向综合偏差与径向跳动的定义和允许值

GB/T 10561—2005　钢中非金属夹杂物含量的测定　标准评级图显微检验法

GB/T 18254—2002　高碳铬轴承钢

GB/T 20887.1—2007　汽车用高强度热连轧钢板及钢带　第1部分:冷成形用高屈服强度钢

JB/T 5000.15—2007　重型机械通用技术条件　第15部分:锻钢件无损检测

JB/T 6396—2006　大型合金结构钢锻件　技术条件

JB/T 7051—2006　滚动轴承零件　表面粗糙度测量和评定方法

JB/T 10471—2004　滚动轴承　转盘轴承

HG/T 2349—1992　聚酰胺1010树脂

HG/T 2811—1996　旋转轴唇形密封圈橡胶材料

3　术语和定义

GB/T 4199—2003、GB/T 6930—2002界定的术语和定义适用于本文件。

4 符号

GB/T 7811—2007 确立的以及下列符号适用于本文件。

b:齿宽

D:轴承外径;对带外齿轴承为外圈外圆柱表面直径

D_a:外齿齿顶圆直径

D_n:外圈安装孔直径

D_w:钢球直径

D_1:外圈安装孔中心圆直径

d:轴承内径;对带内齿轴承为内圈内圆柱表面直径

d_a:内齿齿顶圆直径

d_n:内圈安装孔直径

d_1:内圈安装孔中心圆直径

F_{rea}:外齿轮对滚道的径向综合跳动

F_{ria}:内齿轮对滚道的径向综合跳动

H:外圈高度

h:内圈上端面和外圈上端面的高度差

K_{ea}:成套轴承外圈径向跳动

K_{ia}:成套轴承内圈径向跳动

m:模数

n_1:外圈安装孔个数

n_2:内圈安装孔个数

S_{ea}: 成套轴承外圈轴向跳动

S_{ia}: 成套轴承内圈轴向跳动

T: 轴承高度

x: 齿轮径向变位系数

z: 齿数

Δ_{Ds}:轴承单一外径偏差

Δ_{ds}:轴承单一内径偏差

Δ_{Ts}:轴承实际高度偏差

5 轴承代号方法

5.1 通用代号方法

5.1.1 代号的构成

偏航、变桨轴承代号由前置代号、基本代号和后置代号构成,其排列顺序如下:

前置代号	基本代号	后置代号

5.1.2 前置代号

前置代号为“FD”,为“风电”两字汉语拼音首个大写字母的组合,前置代号与基本代号间用

“-”隔开。

5.1.3 基本代号构成

基本代号分为三部分，前部为结构型式代号和传动型式代号，中部为球直径(近似值)，后部为球组节圆直径。

5.1.3.1 结构型式代号

结构型式代号按表1的规定。

表1 结构型式代号

结构型式代号	结构型式
01	单排四点接触球式
03	双排同径四点接触球式

5.1.3.2 传动型式代号

传动型式代号按表2的规定。

表2 传动型式代号

传动型式代号	传动型式
0	无齿式
1	渐开线圆柱齿轮外齿小模数
2	渐开线圆柱齿轮外齿大模数
3	渐开线圆柱齿轮内齿小模数
4	渐开线圆柱齿轮内齿大模数

5.1.3.3 基本代号编制规则

基本代号编排时，结构型式代号和传动型式代号连写，前部、中部和后部之间用“.”隔开。

5.1.4 后置代号

5.1.4.1 后置代号排列顺序

后置代号分为两部分，前部表示轴承套圈材料及预先热处理方法，后部表示密封、技术要求等有改变。

5.1.4.2 后置代号含义及编制规则

5.1.4.2.1 套圈材料及预先热处理方法代号按表3的规定，在其代号前用“.”和基本代号隔开。

5.1.4.2.2 当密封、技术要求等有改变时，用“K”或“K 和数字组合”表示，如 K、K1、K2 等，其含义用户可咨询制造厂，代号与材料代号空半个汉字距。

表 3 套圈材料及预先热处理方法代号

代号	套圈材料	预先热处理方法
03	42CrMo	调质处理
13	其他材料	调质处理

5.1.5 代号示例

示例：

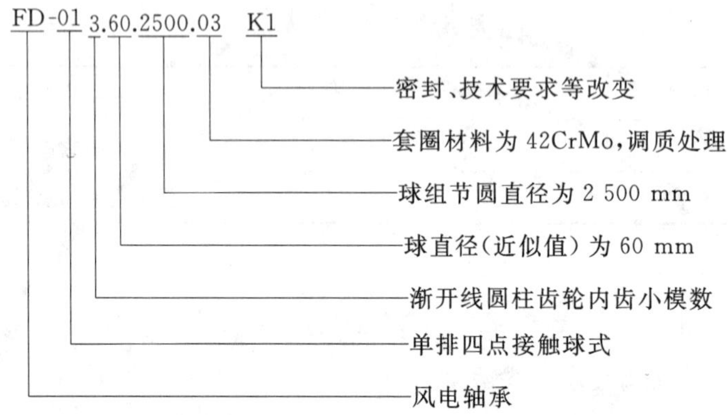

5.2 其他代号

当用户对代号有特殊要求时，由制造厂与用户之间协商确定。

6 偏航、变桨轴承结构型式和外形尺寸

6.1 结构型式

6.1.1 单排四点接触球式

单排四点接触球轴承见图1～图3。

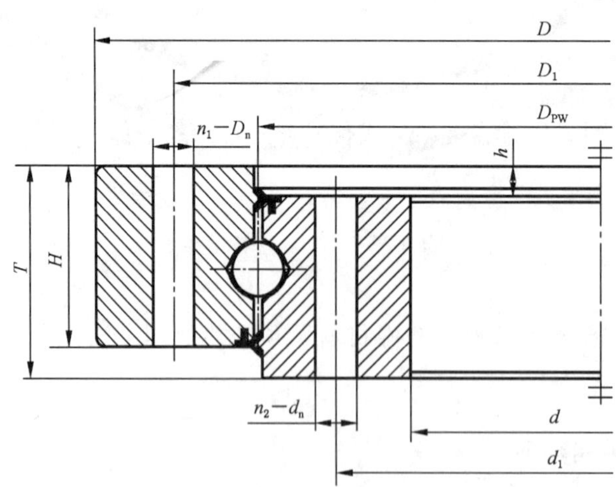

图 1 无齿式单排四点接触球轴承

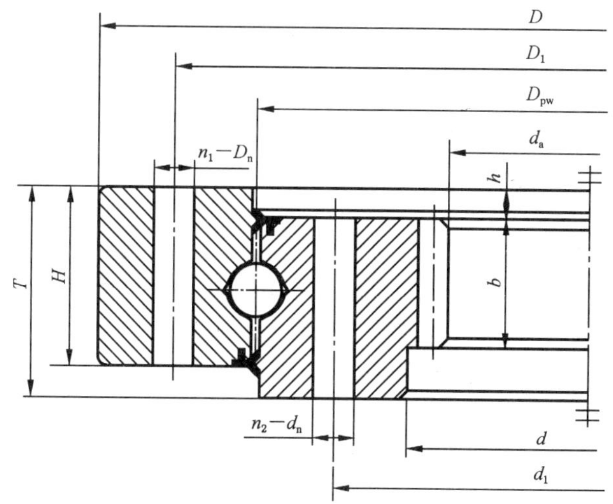

图 2　内齿式单排四点接触球轴承

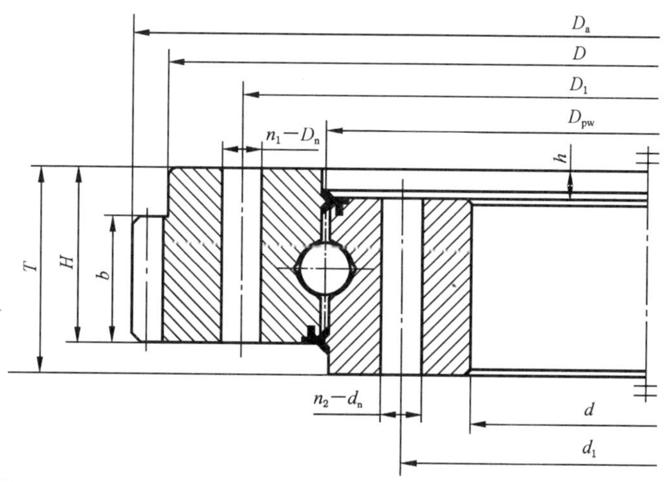

图 3　外齿式单排四点接触球轴承

6.1.2　双排同径四点接触球式

双排同径四点接触球式见图 4～图 6。

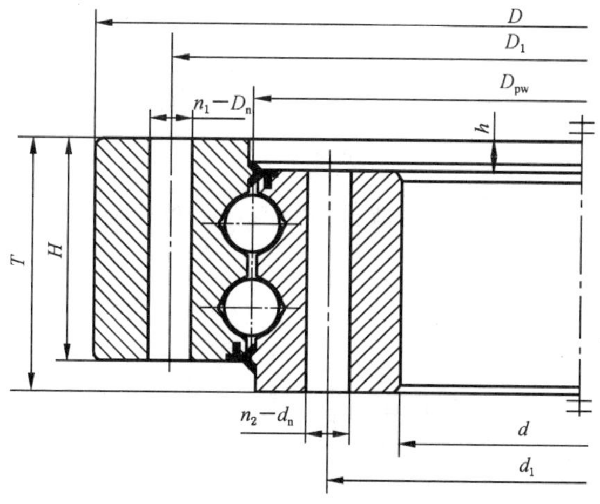

图 4　无齿式双排同径四点接触球轴承

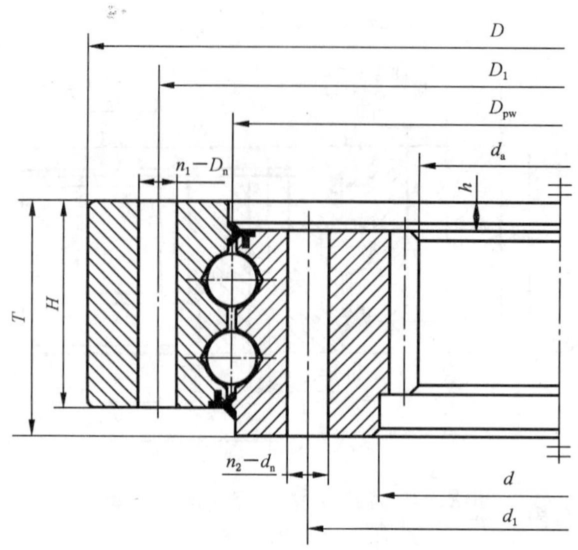

图 5 内齿式双排同径四点接触球轴承

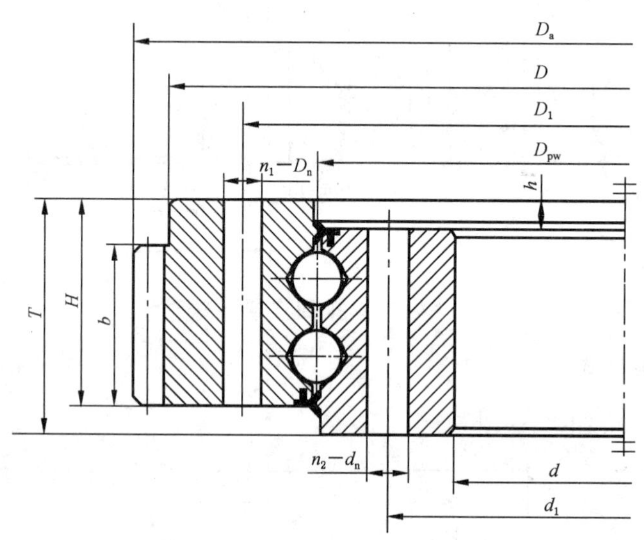

图 6 外齿式双排同径四点接触球轴承

6.2 外形尺寸

6.2.1 单排四点接触球式轴承的外形尺寸见表 4。

6.2.2 双排同径四点接触球式轴承的外形尺寸见表 5。

表 4 单排四点接触球式轴承外形尺寸

单位为毫米

轴承型号	外形尺寸					安装孔尺寸						齿轮参数			外齿参数		内齿参数	
	D	d	T	H	h	D_1	d_1	D_n	n_1	d_n	n_2	b	m	x	D_a	z	d_a	z
FD-010.25.435.03	548	310	86	76	10	506	350	18	20	22	14	—	—	—	—	—	—	—
FD-010.25.450.03	543	357	70	60	10	507	393	18	20	18	20	—	—	—	—	—	—	—
FD-012.30.560.03	653	458	80	70	10	626	494	18	20	18	20	60	6	0	684	112	—	—
FD-011.40.800.03	922	678	100	90	10	878	722	22	30	22	30	80	8	0	960	118	—	—
FD-011.35.1122.03	—	998	100	90	10	1 198	1 042	22	36	22	36	90	10	+0.5	1 298	127	—	—
FD-013.50.1300.03	1 480	1 140	126	113	13	1 400	1 200	26	39	26	40	100	10	+0.5	—	—	1 092	110
FD-010.55.1354.03	1 524	1 184	125	113	10	1 458	1 250	33	40	33	39	—	—	—	—	—	—	—
FD-013.45.1500.03	1 660	1 344	114	105	9	1 595	1 400	30	54	30	44	90	12	+0.5	—	—	1 284	108
FD-010.65.1742.03	1 970	1 514	160	160	10	1 884	1 600	33	60	33	50	—	—	—	—	—	—	—
FD-013.40.1905.03	2 038	1 758	135	90	10	1 986	1 820	26	60	26	60	125	16	+0.5	—	—	1 680	106
FD-013.35.2000.03	2 178	1 833	140	90	10	2 098	1 900	30	60	30	60	120	14	+0.5	—	—	1 764	127
FD-011.45.2007.03	2 178	1 820	142	132	10	2 112	1 900	33	60	33	60	120	14	+0.5	2 251	158	—	—
FD-011.50.2126.03	—	1 948	130	120	22	2 235	2 016	33	48	33	48	120	18	+0.5	2 390	130	—	—
FD-013.35.2182.03	2 299	2 057	109	72	9	2 255	2 108	22	60	22	60	100	14	+0.5	—	—	1 988	143
FD-014.50.2297.03	2 500	2 121	169	120	9	2 400	2 194	33	72	33	72	150	18	+0.5	—	—	2 034.2	114
FD-012.50.2330.03	2 524	2 135	160	150	54	2 436	2 215	33	72	33	96	149	20	+0.5	2 616	128	—	—
FD-011.50.2355.03	2 541	2 184	130	121	21	2 460	2 250	33	76	33	75	120	18	+0.5	2 624.4	143	—	—
FD-012.50.2410.03	2 600	2 239	146	136	36	2 515	2 305	33	84	33	84	135	20	+0.5	2 696	132	—	—
FD-013.45.2476.03	2 660	2 345	185	115	20	2 590	2 405	33	60	33	50	160	18	0	—	—	2 250	127
FD-012.50.2550.03	2 800	2 350	149	140	44	2 658	2 434	39	72	39	72	139	20	+0.5	2 896	142	—	—

表 4（续）

单位为毫米

轴承型号	外形尺寸					安装孔尺寸						齿轮参数			外齿参数		内齿参数	
	D	d	T	H	h	D_1	d_1	D_n	n_1	d_n	n_2	b	m	x	D_a	z	d_a	z
FD-014.70.2690.03	2 900	2 475	162	140	12	2 820	2 560	36	83	36	90	140	20	+0.5	—	—	2 380	120
FD-011.50.2700.03	2 904	2 507	240	225	20	2 822	2 587	39	96	36	95	170	18	0	3 024	166	—	—
FD-013.40.2718.03	2 908	2 553	137	95	13	2 830	2 615	30	90	30	90	120	18	+0.5	—	—	2 469.6	138
FD-011.35.2764.03	2 919	2 617	137	125	45	2 850	2 677	30	84	30	84	120	18	+0.5	3 002.4	164	—	—
FD-012.50.2775.03	3 040	2 520	160	145	35	2 885	2 665	39	96	39	96	135	20	+0.5	3 136	154	—	—
FD-012.60.2791.03	3 019	2 579	164	151	33	2 925	2 657	39	60	39	60	150	22	+0.5	3 119.6	139	—	—
FD-011.60.2805.03	3 002	2 621	150	140	25	2 920	2 690	33	100	33	96	135	18	+0.5	3 092.4	169	—	—
FD-011.60.2805.03 K	3 002	2 621	190	180	65	2 920	2 690	33	100	33	96	175	18	+0.5	3 092.4	169	—	—
FD-014.60.2978.03	3 180	2 760	144	123	10	3 100	2 860	39	72	39	72	125	20	+0.5	—	—	2 664	134
FD-014.60.2980.03	3 180	2 760	144	123	10	3 100	2 860	39	72	39	72	125	20	+0.5	—	—	2 664	134
FD-014.60.2980.03 K	3 180	2 760	144	125	12	3 100	2 860	39	72	39	72	120	20	+0.5	—	—	2 664	134
FD-014.60.2980.03 K1	3 180	2 760	144	132	10	3 100	2 860	39	72	39	72	125	20	+0.5	—	—	2 664	134
FD-014.60.2980.03 K2	3 180	2 760	148	123	14	3 100	2 860	39	72	39	72	125	20	+0.5	—	—	2 664	134
FD-014.60.2980.03 K3	3 180	2 760	193	127	14	3 100	2 860	39	72	39	72	170	20	+0.5	—	—	2 664	134
FD-012.45.2993.03	3 164	2 833	145	125	38	3 087	2 899	33	60	33	60	125	20	+0.5	3 256	160	—	—
FD-011.60.2994.03	3 189	2 811	138	128	13	3 107	2 877	33	96	33	96	120	18	+0.5	3 272.4	179	—	—
FD-013.60.3035.03	3 250	2 845	135	132	9	3 160	2 920	33	99	33	100	125	18	+0.5	—	—	2 757.6	154
FD-011.55.3050.03	3 245	2 850	136	126	22	3 160	2 930	39	72	39	72	126	20	+0.5	3 336	164	—	—
FD-011.60.3050.03	3 264	2 830	145	136	23	3 175	2 925	33	84	39	84	135	20	+0.5	3 356	165	—	—
FD-011.60.3050.03 K	3 268	2 830	180	170	45	3 175	2 925	36	100	36	99	169	20	+0.5	3 360	165	—	—

表 5　双排同径四点接触球式轴承外形尺寸

单位为毫米

轴承型号	外形尺寸					安装孔尺寸						齿轮参数			外齿参数		内齿参数	
	D	d	T	H	h	D_1	d_1	D_n	n_1	d_n	n_2	b	m	x	D_a	z	d_a	z
FD-033.40.1350.03	1 550	1 195	160	150	10	1 450	1 250	33	48	33	48	100	10	+0.5	—	—	1 142	115
FD-033.30.1487.03	1 635	1 344	142	132	10	1 575	1 400	30	44	30	44	80	12	+0.5	—	—	1 284	108
FD-030.50.1685.03	1 895	1 490	200	187	13	1 800	1 570	33	72	33	72	—	—	—	—	—	—	—
FD-030.45.1690.03	1 895	1 524	182	158	24	1 800	1 590	33	54	33	54	—	—	—	—	—	—	—
FD-030.45.1695.03	1 895	1 524	182	169	13	1 800	1 590	33	54	33	60	—	—	—	—	—	—	—
FD-030.45.1695.03 K	1 895	1 524	182	169	13	1 800	1 590	33	64	33	60	—	—	—	—	—	—	—
FD-033.30.1715.03	1 900	1 510	140	130	10	1 830	1 600	33	50	33	50	106	12	+0.5	—	—	1 451	122
FD-030.45.1900.03	2 120	1 700	192	179	13	2 000	1 800	33	90	33	90	—	—	—	—	—	—	—
FD-034.30.1892.03	2 053	1 727	150	138	12	1 984	1 800	33	60	33	54	120	14	+0.5	—	—	1 652	119
FD-033.38.1900.03	2 080	1 716	168	158	10	2 000	1 800	33	54	33	54	100	12	+0.5	—	—	1 657.3	139
FD-033.40.1900.03	2 080	1 700	168	158	10	2 000	1 800	33	54	33	54	100	12	+0.5	—	—	1 657.3	139
FD-033.40.1900.03 K	2 080	1 716	168	158	10	2 000	1 800	33	54	33	54	100	12	+0.5	—	—	1 637.3	139
FD-033.45.1900.03	2 080	1 716	182	169	13	2 000	1 800	33	54	33	54	100	12	+0.5	—	—	1 637.3	139
FD-033.45.1910.03	2 100	1 716	175	163	9	2 020	1 800	33	64	33	64	100	12	+0.5	—	—	1 657.3	139
FD-030.65.1920.03	2 120	1 720	250	235	13	2 040	1 800	33	90	33	90	—	—	—	—	—	—	—
FD-031.50.2000.03	2 208	1 793	200	187	13	2 110	1 890	39	60	39	60	142	12	+0.5	2 265.6	186	—	—
FD-030.40.2100.03	2 278	1 922	164	153	11	2 200	2 000	39	48	39	48	—	—	—	—	—	—	—
FD-030.76.2151.03	2 446	1 900	280	267	13	2 300	2 002	39	92	39	80	—	—	—	—	—	—	—
FD-030.60.2176.03	2 446	1 970	228	215	13	2 300	2 052	39	64	39	72	—	—	—	—	—	—	—

表 5（续）

单位为毫米

轴承型号	外形尺寸					安装孔尺寸						齿轮参数			外齿参数		内齿参数	
	D	d	T	H	h	D_1	d_1	D_n	n_1	d_n	n_2	b	m	x	D_a	z	d_a	z
FD-030.60.2176.03 K	2 446	1 970	228	215	13	2 300	2 052	39	92	39	72	—	—	—	—	—	—	—
FD-031.60.2176.03	2 390	1 970	228	215	13	2 300	2 052	39	92	39	72	120	12	+0.5	2 457.6	202	—	—
FD-031.45.2180.03	2 450	1 940	182	172	10	2 300	2 060	39	64	39	64	120	12	+0.5	2 529.6	208	—	—
FD-031.50.2186.03	2 390	1 982	197	184	13	2 300	2 072	39	64	39	72	120	12	+0.5	2 457.6	202	—	—
FD-033.45.2212.03	2 392	2 014	181	171	10	2 314	2 110	33	64	39	60	100	12	+0.5	—	—	1 958.4	164
FD-034.40.2215.03	2 400	2 028	169	159	10	2 320	2 110	39	60	39	60	120	14	+0.5	—	—	1 948	140
FD-033.45.2215.03	2 400	2 000	169	159	10	2 320	2 110	33	80	33	64	120	12	+0.5	—	—	1 944	163
FD-033.45.2215.03 K	2 400	2 000	199	189	10	2 320	2 110	33	80	39	60	120	12	+0.5	—	—	1 944	163
FD-033.50.2215.03	2 400	2 000	205	190	15	2 320	2 110	33	80	33	64	120	12	+0.5	—	—	1 946	163
FD-034.50.2220.03	2 408	2 031	194	181	10	2 330	2 110	33	72	39	64	140	14	+0.5	—	—	1 960	141
FD-033.45.2221.03	2 410	2 000	179	169	10	2 332	2 110	39	60	39	60	120	12	+0.5	—	—	1 944	163
FD-033.50.2221.03	2 410	2 004	199	189	10	2 332	2 110	39	60	39	60	120	12	+0.5	—	—	1 944	163
FD-033.55.2221.03	2 418	2 005	191	181	10	2 332	2 110	39	60	39	60	100	12	+0.5	—	—	1 908	160
FD-033.50.2222.03	2 410	2 000	199	189	10	2 332	2 110	39	60	39	60	120	12	+0.5	—	—	1 944	163
FD-034.50.2225.03	2 420	2 030	196	184	12	2 340	2 110	39	60	39	60	125	14	+0.5	—	—	1 960	141
FD-034.50.2304.03	2 482	2 121	190	177	9	2 415	2 194	33	92	33	94	138	20	+0.5	—	—	2 020	102
FD-032.45.2330.03	2 524	2 135	185	170	15	2 436	2 215	33	64	39	68	145	20	+0.5	2 616	128	—	—
FD-032.45.2330.03 K	2 524	2 137	183	169	14	2 436	2 215	33	64	39	68	145	20	+0.5	2 616	128	—	—
FD-032.50.2330.03	2 535	2 137	202	192	10	2 440	2 115	39	34	39	68	155	22	+0.5	2 636	117	—	—

表 5（续）

单位为毫米

轴承型号	外形尺寸					安装孔尺寸						齿轮参数			外齿参数		内齿参数	
	D	d	T	H	h	D_1	d_1	D_n	n	d_n	n_2	b	m	x	D_a	z	d_a	z
FD-032.45.2333.03	2 524	2 135	185	171	15	2 436	2 215	33	64	39	68	145	20	+0.5	2 616	128	—	—
FD-034.45.2333.03	2 536	—	185	171	15	2 460	2 215	33	64	39	68	170	18	+0.5	—	—	2 073.6	116
FD-031.45.2355.03	2 541	2 184	189	179	21	2 460	2 250	33	76	33	76	150	18	+0.5	2 624.4	143	—	—
FD-033.45.2400.03	2 578	2 162	182	172	10	2 500	2 300	39	70	39	56	100	12	+0.5	—	—	2 102.4	176
FD-033.45.2400.03 K	2 578	2 162	182	172	10	2 500	2 300	39	70	39	68	100	12	+0.5	—	—	2 102.4	176
FD-033.45.2400.03 K1	2 578	2 162	182	172	10	2 500	2 300	39	70	39	92	100	12	+0.5	—	—	2 102.4	176
FD-033.50.2410.03	2 620	2 222	195	182	13	2 520	2 300	39	54	39	64	135	16	+0.5	—	—	2 144	135
FD-033.50.2410.03 K	2 620	2 222	197	184	13	2 520	2 300	39	84	39	64	128	16	+0.5	—	—	2 147.2	135
FD-033.50.2410.03 K1	2 620	2 222	197	184	13	2 520	2 300	39	92	39	92	128	16	+0.5	—	—	2 146	135
FD-033.50.2411.03	2 620	2 225	195	182	13	2 520	2 300	39	82	39	64	135	16	+0.5	—	—	2 147	135
FD-033.50.2411.03 K	2 620	2 225	195	182	13	2 520	2 300	39	90	39	92	135	16	+0.5	—	—	2 147	135
FD-030.60.2421.03	2 677	2 226	237	224	13	2 552	2 300	39	54	39	54	—	—	—	—	—	—	—
FD-030.60.2425.03	2 632	2 222	229	218	11	2 550	2 300	42	76	36	70	—	—	—	—	—	—	—
FD-033.60.2425.03 K	2 650	2 222	228	215	13	2 550	2 300	39	84	39	64	135	16	+0.5	—	—	2 147	135
FD-032.50.2529.03	2 724	2 335	200	185	15	2 636	2 415	33	72	39	72	160	20	+0.5	2 818	138	—	—
FD-033.50.2690.03	2 900	2 480	190	177	10	2 810	2 560	39	84	39	84	160	20	+0.5	—	—	2 380	120
FD-031.50.2705.03	2 904	2 507	240	225	40	2 822	2 587	39	96	39	95	170	18	−1.0	2 988	166	—	—
FD-032.40.2760.03	2 990	2 570	164	152	12	2 860	2 660	39	84	39	84	135	22	+0.5	3 097.6	138	—	—
FD-032.45.2775.03	3 040	2 560	231	218	33	2 890	2 660	39	96	39	104	208	22	+0.5	2 141.6	140	—	—

表 5（续）

单位为毫米

轴承型号	外形尺寸					安装孔尺寸						齿轮参数			外齿参数		内齿参数	
	D	d	T	H	h	D_1	d_1	D_n	n_1	d_n	n_2	b	m	x	D_a	z	d_a	z
FD-032.45.2778.03	3 040	2 570	195	180	30	2 885	2 665	39	96	39	94	170	22	+0.5	3 141.6	140	—	—
FD-032.45.2920.03	3 125	2 720	185	173	15	3 035	2 805	39	96	39	96	170	20	+0.5	3 216	158	—	—
FD-031.45.2992.03	3 189	2 811	183	173	15	3 107	2 877	33	96	33	108	120	18	+0.5	3 272.4	179	—	—
FD-031.45.2992.03 K	3 189	2 811	183	173	15	3 107	2 877	33	112	33	120	172	18	+0.5	3 275.4	179	—	—
FD-031.76.3050.03	3 300	2 800	264	251	13	3 200	2 900	39	128	39	120	160	20	+0.5	3 396	167	—	—
FD-033.76.3350.03	3 620	3 060	264	251	13	3 500	3 200	39	128	39	92	160	20	+0.5	—	—	2 964	149
FD-033.76.3350.03 K	3 620	3 060	264	251	13	3 500	3 200	39	128	39	126	160	20	+0.5	—	—	2 964	149
FD-033.70.3550.03	3 620	3 070	264	251	13	3 500	3 200	39	124	39	128	160	20	0	—	—	2 960	149
FD-030.80.3830.03	4 170	3 500	298	285	13	4 000	3 655	39	160	45	118	—	—	—	—	—	—	—
FD-031.65.4343.03	4 590	4 100	219	205	14	4 480	4 200	42	120	42	120	190	22	+0.5	4 703.6	211	—	—
FD-032.80.4625.03	4 905	4 330	293	280	13	4 794	4 445	45	120	45	120	200	24	+0.5	5 011.2	206	—	—
FD-032.50.4650.03	4 902	4 420	204	190	13	4 790	4 514	42	132	42	132	174	24	+0.5	5 011.2	206	—	—
FD-032.50.4652.03	4 950	4 424	204	191	13	4 790	4 514	39	132	39	132	174	24	+0.5	4 296	180	—	—

7 技术要求

7.1 材料与热处理

7.1.1 套圈

7.1.1.1 轴承套圈一般采用42CrMo钢制造，其化学成分、低倍组织和非金属夹杂物应符合表6～表8的规定，其余要求符合JB/T 6396—2006的规定，当用户有特殊要求时，也可采用性能相当或更优的其他材料制造。

表6 材料化学成分

牌号	化学成分/%										
	C	Mn	Si	Cr	Mo	Ni	Cu	S	P	H	O
42CrMo	0.41～0.45	0.60～0.80	0.17～0.37	1.00～1.20	0.15～0.25	≤0.30	≤0.20	≤0.025	≤0.025	≤0.000 2	≤0.002 0

表7 低倍组织级别

低倍组织类型	评级图	max.
中心疏松	第3级别图	2.0级
一般疏松	第3级别图	2.0级
偏 析	第3级别图	2.0级

表8 非金属夹杂物级别

非金属夹杂物类型	细系	粗系
	max.	
A	2.5级	1.5级
B	2.0级	1.0级
C	1.0级	1.0级
D	1.0级	1.0级

7.1.1.2 轴承套圈调质后−40 ℃低温冲击功 KV_2 不应低于27 J，调质硬度为260 HBW～300 HBW，其他力学性能指标应符合JB/T 6396—2006的规定。

7.1.1.3 轴承套圈调质后平均晶粒度级别应符合GB/T 6394—2002中6级～9级要求。

7.1.1.4 轴承套圈调质后超声波检测不应低于JB/T 5000.15—2007中质量等级为Ⅱ级的要求。

7.1.1.5 轴承套圈滚道表面淬火后表面硬度为55 HRC～62 HRC，其有效硬化层深度应符合表9的规定。

表 9　滚道有效硬化层深度

单位为毫米

D_w	≤30	>30~40	>40~50	≥50
有效硬化层深度　min.	3.0	3.5	4.0	5.0
注：有效硬化层深度为滚道表面到硬度值为 48 HRC 处的垂直距离。				

7.1.1.6　轴承齿圈齿面、齿根应进行表面淬火，表面硬度为 50 HRC~60 HRC，有效硬化层深度应符合表 10 的规定。

表 10　齿圈齿面和齿根有效硬化层深度

单位为毫米

模数		>6~10	>10~16	>16~22	>22~28	>28
有效硬化层深度 min.	齿面	1.2	2.0	2.5	3.2	3.6
	齿根	0.6	1.0	1.4	1.8	2.2
注：有效硬化层深度为齿面或齿根表面到硬度值为 40 HRC 处的垂直距离。						

7.1.1.7　轴承套圈存在软带时，软带宽度不应大于堵塞孔直径加 35 mm。将带堵塞孔套圈的软带设置在堵塞孔部位，双排同径轴承上下两排滚道软带一般放置于一处，非堵塞孔软带位置对应的非安装面上应作明显的永久性标记"S"。

7.1.2　滚动体

轴承用钢球一般采用符合 GB/T 18254—2002 规定的 GCr15 或 GCr15SiMn 轴承钢制造，其尺寸、公差等其他要求应符合 GB/T 308.1—2013 的规定，当用户有特殊要求时，也可采用性能相当或更优的其他材料。

7.1.3　保持架

偏航轴承用保持架一般采用符合 HG/T 2349—1992 规定的聚酰胺 1010 树脂制造，当用户有特殊要求时，也可采用性能相当或更优的其他材料。

变桨轴承用保持架一般采用符合 GB/T 20887.1—2007 规定的 HR380F 钢板制造，当用户有特殊要求时，也可采用性能相当或更优的其他材料。

7.1.4　密封圈

轴承用密封圈一般采用符合 HG/T 2811—1996 规定的丁腈橡胶制造，在具有强酸、强碱、强紫外线、臭氧等环境下应采用氢化丁腈橡胶制造，当用户有特殊要求时，也可采用性能相当或更优的其他材料。

7.2　齿轮

7.2.1　轴承套圈齿轮为渐开线圆柱齿轮。齿轮径向变位系数为 $x=+0.5$，当用户有特殊要求时，也可根据用户需要选取其他系数。

7.2.2　轴承套圈齿轮模数应符合 GB/T 1357—2008 的规定。

7.2.3　轴承套圈齿轮精度不应低于 GB/T 10095.1—2008 和 GB/T 10095.2—2008 规定的 9 级要求，当用户有特殊要求时，也可由制造厂与用户之间协商确定。

7.3 公差

7.3.1 轴承的尺寸公差按表 11 的规定。

7.3.2 轴承的旋转精度按表 12 的规定。

7.3.3 轴承安装孔和定位孔的位置度应符合表 13 规定。

表 11 尺寸公差

单位为微米

Δ_{Ts}	Δ_{ds}[a]	Δ_{Ds}[b]
±1 000	H 9	h 9

[a] 非定位直径的 Δ_{ds}按 H 12 的规定。

[b] 非定位直径的 Δ_{Ds}按 h 12 的规定。

表 12 旋转精度

单位为微米

d[a] 或 D[b]		S_{ia}、S_{ea}	K_{ia}、K_{ea}	F_{ria}、F_{rea}
>	≤	max.		
400	630	80	110	250
630	1 000	100	140	280
1 000	1 600	120	180	360
1 600	2 500	160	220	420
2 500	4 500	200	280	560
4 500	6 000	260	340	640

注 1：当 d 或 D 不作为轴承的定位直径时，其 K_{ia}或 K_{ea}可不予要求。

注 2：对淬火齿轮，齿轮径向跳动允许增大 50%。

[a] 内圈的旋转精度应按 d 查表确定；

[b] 外圈的旋转精度应按 D 查表确定。

表 13 安装孔和定位孔位置度

单位为毫米

安装孔中心圆直径		安装孔位置度	定位孔位置度
>	≤	max.	
—	2 000	0.6	0.5
2 000	—	0.7	0.5

注：带螺纹安装孔的位置度不应低于 0.6 mm。

7.4 表面粗糙度

轴承所有需防腐处理的表面粗糙度 Ra 不应低于 3.2 μm。

7.5 游隙

轴承的轴向游隙值和径向游隙值不应大于零。

7.6 空载启动力矩和旋转力矩

轴承空载启动力矩和旋转力矩由制造厂与用户之间协商确定。

7.7 润滑

轴承初润滑时应填装用户指定的润滑脂，注脂量一般为轴承内部有效空间容积的60%～80%，也可由制造厂与用户之间协商确定。装填的润滑脂应具备使用温度范围(－40 ℃～150 ℃)、抗微动磨损、极压性、抗水性、防腐性和良好的泵送性等基本性能要求。

7.8 润滑油孔

轴承通过油孔注油润滑，其注油螺纹孔规格一般为 M10×1，排油螺纹孔规格一般为 M14×1.5，当用户有特殊要求时，油孔数量、位置和规格也可由制造厂与用户之间协商确定。

7.9 防腐处理

轴承除齿轮外的其他外露表面应按 GB/T 9793—2012 进行热喷涂纯锌防腐处理，海用轴承应进行喷漆处理，其具体防腐要求应满足表14的规定，当用户有特殊要求时，也可采用满足性能要求的其他防腐方法。

表14 轴承防腐要求(除齿轮外)

轴承防腐表面	防腐要求	
	陆 地	海 洋
安装表面和配合止口	锌层厚度为0.1 mm～0.2 mm，厚度相互差不大于0.05 mm。	锌层厚度为0.1 mm～0.2 mm，厚度相互差不大于0.05 mm。
非安装表面	锌层厚度为0.1 mm～0.2 mm。	锌层厚度为0.1 mm～0.2 mm，并进行喷漆处理，漆层厚度不应低于0.16 mm。
注：油漆品牌和喷漆操作规范的选择由供需双方依据偏航、变桨轴承具体工作环境确定。		

7.10 寿命要求

轴承在正确安装、润滑和密封的条件下，使用寿命不应低于20年。

7.11 其他要求

7.11.1 轴承套圈和钢球不应有白点、夹杂，表面不应有裂纹、锈蚀、烧伤、磕碰、软点等缺陷。

7.11.2 轴承滚道和齿面、齿根应进行无损探伤，不允许存在裂纹。

7.11.3 在轴承齿轮最大径向跳动处标记三个齿，并在中间齿非基准端面上作永久性机械标识，其标识一般为数字“0”。

7.11.4 若有其他特殊要求时，可由制造厂与用户之间协商确定。

8 检测方法

8.1 材料检测

8.1.1 化学成分的分析

套圈材料化学成分的分析应符合 JB/T 6396—2006 的规定。

8.1.2 力学性能的试验

8.1.2.1 取样方法

在每一调质炉中最后一个料盘锻件的中间位置放置一个加高件，在位于该加高件套圈壁厚的中间，距端面 12.5 mm 处沿圆周方向取一个拉伸试样和三个冲击试样，试样取样位置如图 7 所示。

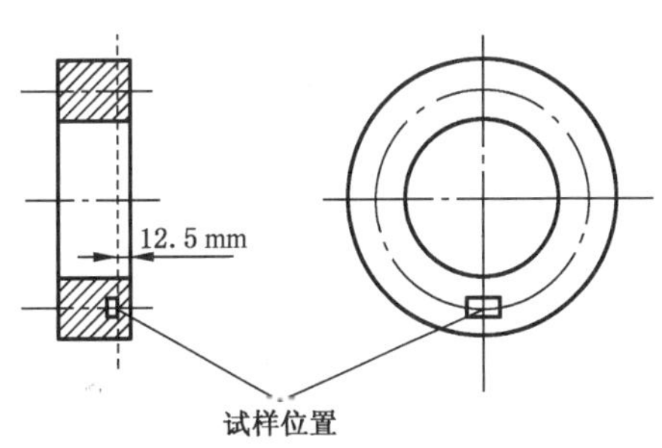

图 7 试样取样位置

8.1.2.2 性能试验

套圈力学性能的试验方法应符合 JB/T 6396—2006 的规定。

8.1.3 低倍组织的检验

套圈低倍组织的取样和检验方法应符合 GB/T 226—1991 的规定，图片评级符合 GB/T 1979—2001 的规定。

8.1.4 非金属夹杂物的测定

套圈非金属夹杂物的测定方法应符合 GB/T 10561—2005 的规定。

8.1.5 平均晶粒度的测定

套圈平均晶粒度的测定方法应符合 GB/T 6394—2002 的规定。

8.2 热处理检测

轴承滚道和齿面、齿根淬火后表面硬度的试验应采用里氏硬度计或超声波硬度计，其试验方法符合 GB/T 230.1—2009 和 GB/T 231.1—2009 的规定，有效硬化层深度的测定方法应符合 GB/T 5617—2005 的规定。

8.3 探伤检测

套圈超声波探伤和滚道、齿面、齿根无损探伤检测方法按 JB/T 5000.15—2007 的规定。

8.4 公差的测量

轴承尺寸公差、旋转精度和齿轮精度的测量方法按 JB/T 10471—2004 的规定。

8.5 表面粗糙度的测量

轴承表面粗糙度的测量方法按 JB/T 7051—2006 的规定。

8.6 游隙的测量

轴承游隙的测量方法按 JB/T 10471—2004 的规定，游隙值为零即可。

8.7 防腐层的检测

轴承表面防腐层厚度的测量方法和结合强度的试验方法按 GB/T 9793—2012 的规定。

8.8 空载力矩的测试

8.8.1 空载启动力矩

空载启动力矩的测试方法如图 8 所示。将轴承内圈基准端面水平置于一平台上，将弹簧秤一端固定在轴承外圈上，拉力方向应沿轴承切线方向且与轴承端面平行，拉动弹簧秤，当轴承从静止到开始转动时，读出此时弹簧秤的读数，再乘以力臂($D_1/2$)即为轴承的空载启动力矩。当用户有特殊要求时，制造厂也可采用专用设备进行空载启动力矩的测定。

8.8.2 空载旋转力矩

空载旋转力矩的测试方法如图 8 所示。将轴承内圈基准端面水平置于一平台上，将弹簧秤一端固定在轴承外圈上，拉力方向应沿轴承切线方向且与轴承端面平行，拉动弹簧秤，当轴承平稳运转时，读出此时弹簧秤的读数，再乘以力臂($D_1/2$)即为轴承的空载旋转力矩。当用户有特殊要求时，制造厂也可采用专用设备进行空载旋转力矩的测定。

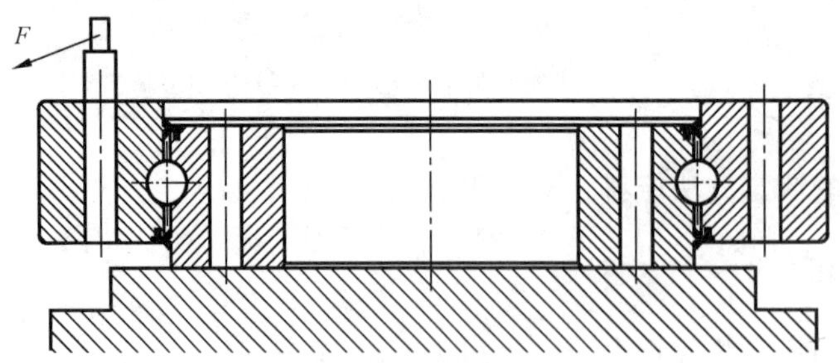

图 8 空载力矩测量方法示意图

8.9 寿命试验

轴承寿命试验原理图见图 9 所示。当用户有特殊要求时，也可由制造厂与用户之间协商确定。

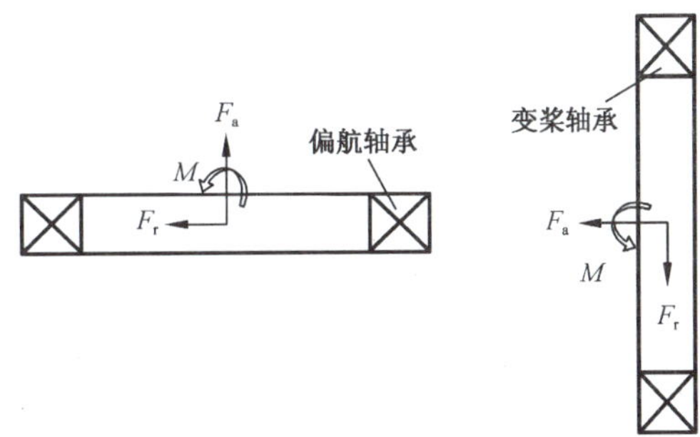

说明：

F_a ——轴承承受的轴向力；

F_r ——轴承承受的径向力；

M ——轴承承受的倾覆力矩。

图 9 试验原理图

9 检验规则

9.1 出厂检验

轴承应经制造厂质检部门检查合格后并附有合格证方可出厂；轴承以下各项应 100% 检验，除防腐和空载启动、旋转力矩检测项目外，其余检验项目应在防腐处理前进行。

检验项目应包括：

——套圈的化学成分和机械性能；

——套圈超声波无损探伤；

——滚道和齿面、齿根硬度；

——滚道和齿面、齿根有效硬化层深度；

——滚道和齿面、齿根探伤；

——尺寸公差和旋转精度；

——游隙；

——防腐层厚度；

——空载启动、旋转力矩；

——外观质量；

——用户要求检验的其他项目。

9.2 验收检验

验收检验的抽样方案、验收项目、接收质量由制造厂与用户之间协商确定。

10 标志

10.1 轴承应采用铭牌进行标志。铭牌安装在轴承软带附近的非安装表面上。

10.2 标志内容应包含轴承型号、编号、制造厂家和制造日期，当用户有特殊要求时，也可增加由制造厂与用户之间协商的其他标志。

11 防锈包装

轴承的齿轮防锈，依据用户使用要求执行。轴承的包装除不需要清洗和涂防锈油外，其余要求符合

GB/T 8597—2013 的规定。

12 运输和贮存

12.1 轴承在运输过程中，应做好防雨处理。轴承应水平放置在交通工具上固定，必要时可加辅助支承。

12.2 贮存时应放于干燥、平整的室内，与化学药品及其他具有腐蚀性物品隔离开；若需多套轴承重叠堆放时，每套轴承之间应沿圆周方向均匀放置三个以上高度相等的木垫块，且上、下层垫块的放置位置应一致。

13 安装和保养

轴承的安装与保养参见附录 A。

附 录 A
（资料性附录）
轴承的安装与保养

A.1 配合表面

每套轴承在安装使用前应对配合表面进行必要的检查，支承轴承的部件除应具有足够的刚度外，其配合表面还应进行机械加工，清除表面杂物和毛刺。支承部件配合表面的技术要求应符合表 A.1 的规定。

支承部件与轴承配合的表面平面度和在径向宽度上的倾斜度如图 A.1 所示。

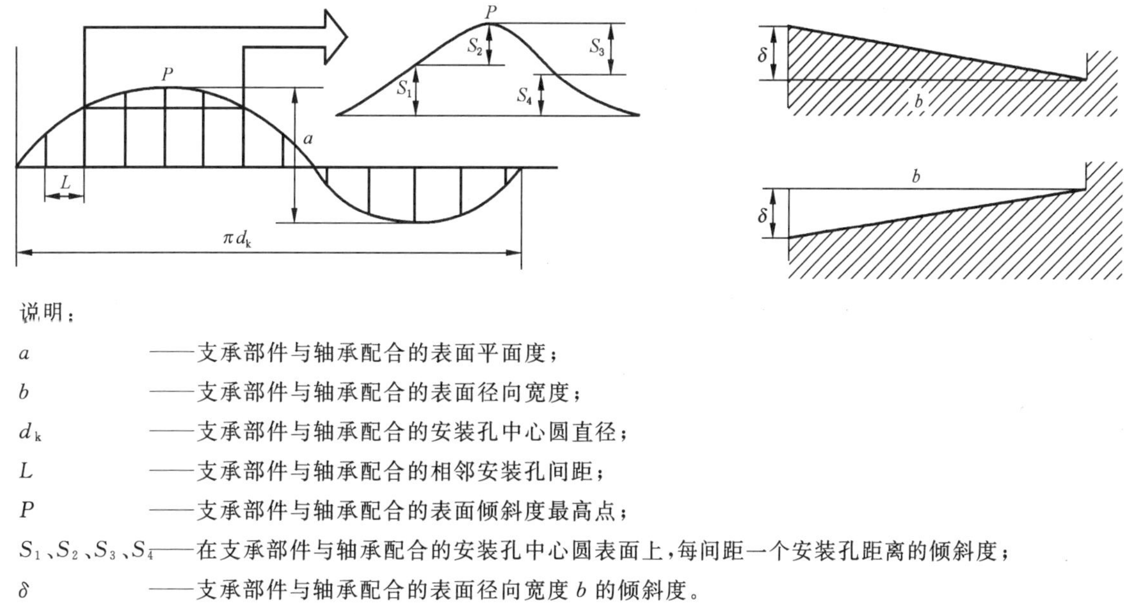

说明：

a ——支承部件与轴承配合的表面平面度；

b ——支承部件与轴承配合的表面径向宽度；

d_k ——支承部件与轴承配合的安装孔中心圆直径；

L ——支承部件与轴承配合的相邻安装孔间距；

P ——支承部件与轴承配合的表面倾斜度最高点；

S_1、S_2、S_3、S_4——在支承部件与轴承配合的安装孔中心圆表面上，每间距一个安装孔距离的倾斜度；

δ ——支承部件与轴承配合的表面径向宽度 b 的倾斜度。

图 A.1 支承部件与轴承配合的表面平面度和在径向宽度上的倾斜度

表 A.1 支承部件配合的表面技术要求

孔中心圆直径 D_1 或 d_1 mm		平面度 a	圆周两相邻单位长度（L=1 个安装孔距）相同方向倾斜度的变化量 S_1-S_2	圆周两相邻单位长度（L=1 个安装孔距）相反方向倾斜度的变化量 S_3-S_4	径向宽度 b 的倾斜度 Δ	端面粗糙度 Ra
>	≤	μm	mm	mm	μm	μm
400	630	100	0.000 13L	0.000 13L	50	1.25
630	1 000	120			60	1.25
1 000	1 600	150			80	2.5
1 600	2 500	200			100	2.5
2 500	4 000	250			120	2.5
4 000	6 000	300			150	3.2

A.2 安装方法

轴承的套圈一般具有淬火软带,用户在安装时应将软带位置置于非载荷区。安装时应先将轴承径向定位,螺栓预紧时应采用星形对角多次紧固,并检查轴承的旋转情况。为保证轴承传动平稳,应在螺栓完全拧紧之前,对齿轮进行啮合检查。拧紧螺栓时的预紧力,应为螺栓材料屈服极限的70%。安装螺栓时应配备调质平垫圈,不允许使用弹簧垫圈。

A.3 安装螺栓预载荷

轴承在安装时其连接螺栓应达到一定的预载荷。常用螺栓的预载荷可参考表A.2的规定。

表 A.2 各种螺栓的预载荷

螺栓直径 mm	螺栓强度等级					
	8.8		10.9		12.9	
	螺栓安装预紧载荷 N	拧紧力矩 N·m	螺栓安装预紧载荷 N	拧紧力矩 N·m	螺栓安装预紧载荷 N	拧紧力矩 N·m
M12	38 500	78	56 000	117	66 000	135
M14	53 000	126	77 000	184	90 000	216
M16	72 000	193	106 000	297	124 000	333
M18	91 000	270	129 000	387	151 000	459
M20	117 000	387	166 000	558	194 000	648
M22	146 000	522	208 000	747	243 000	873
M24	168 000	666	239 000	954	280 000	1 116
M27	221 000	990	315 000	1 395	370 000	1 665
M30	270 000	1 350	385 000	1 890	450 000	2 250
M33	335 000	需要采用螺栓液压拉紧装置	480 000	需要采用螺栓液压拉紧装置	560 000	需要采用螺栓液压拉紧装置
M36	395 000		560 000		660 000	
M39	475 000		670 000		790 000	
M42	542 000		772 000		904 000	
M45	635 000		905 000		1 059 000	
M48	714 000		1 018 000		1 191 000	
M52	857 000		1 221 000		1 429 000	
M56	989 000		1 408 000		1 648 000	
M60	1 156 000		1 647 000		1 927 000	

A.4 轴承的保养

轴承应填充专用润滑脂。在填充润滑脂时，应边填充边转动轴承，使润滑脂不受钢球阻隔，均匀分布，直至新润滑脂挤出油孔或密封唇为止。一般情况下，润滑脂每半年应填充新的润滑脂。在较恶劣的环境条件下，可适当缩短注脂周期；轴承停用半年以上应加注新的润滑脂。

ICS 21.100.20
J 11

中华人民共和国国家标准

GB/T 29718—2013

滚动轴承　风力发电机组主轴轴承

Rolling bearings—Wind power generators main bearings

2013-09-18 发布　　　　2014-06-01 实施

中华人民共和国国家质量监督检验检疫总局
中国国家标准化管理委员会　发布

前　言

本标准按照 GB/T 1.1—2009 给出的规则起草。

本标准由中国机械工业联合会提出。

本标准由全国滚动轴承标准化技术委员会(SAC/TC 98)归口。

本标准主要起草单位:洛阳 LYC 轴承有限公司。

本标准主要起草人:庞碧涛、董汉杰、杨德胜、周琳、徐玲玲、王荆鄂。

本标准参加起草单位:洛阳轴承研究所有限公司、大连冶金轴承股份有限公司、西北轴承股份有限公司、成都天马铁路轴承有限公司、北京京冶轧机轴承制造有限公司、上海斐赛轴承科技有限公司、国电联合动力技术有限公司。

本标准参加起草人:张阒、王德惠、许云、汪文革、罗虹、祝端峰、赵联春、杨怀宇、刘卫。

滚动轴承 风力发电机组主轴轴承

1 范围

本标准规定了风力发电机组主轴轴承的结构型式、代号方法、外形尺寸、技术要求、检测方法、检验规则、标志和包装。

本标准适用于风力发电机组主轴轴承(以下简称轴承)的生产检验和用户选型、验收。

2 规范性引用文件

下列文件对于本文件的应用是必不可少的。凡是注日期的引用文件,仅注日期的版本适用于本文件。凡是不注日期的引用文件,其最新版本(包括所有的修改单)适用于本文件。

GB/T 230.1—2009 金属材料 洛氏硬度试验 第1部分:试验方法(A、B、C、D、E、F、G、H、K、N、T标尺)

GB/T 231.1—2009 金属材料 布氏硬度试验 第1部分:试验方法

GB/T 272—1993 滚动轴承 代号方法

GB/T 273.3—1999 滚动轴承 向心轴承 外形尺寸总方案

GB/T 307.2—2005 滚动轴承 测量和检验的原则及方法

GB/T 307.3—2005 滚动轴承 通用技术规则

GB/T 1979—2001 结构钢低倍组织缺陷评级图

GB/T 3203—1982 渗碳轴承钢技术条件

GB/T 4199—2003 滚动轴承 公差 定义

GB/T 5617—2005 钢的感应淬火或火焰淬火后有效硬化层深度的测定

GB/T 6930—2002 滚动轴承 词汇

GB/T 7811—2007 滚动轴承 参数符号

GB/T 8597—2013 滚动轴承 防锈包装

GB/T 10561—2005 钢中非金属夹杂物含量的测定 标准评级图显微检验法

GB/T 18254—2002 高碳铬轴承钢

GB/T 24605—2009 滚动轴承 产品标志

GB/T 24606—2009 滚动轴承 无损检测 磁粉检测

GB/T 24608—2009 滚动轴承及其商品零件检验规则

GB/T 25769—2010 滚动轴承 径向游隙的测量方法

GB/T 29717—2013 滚动轴承 风力发电机组偏航、变桨轴承

JB/T 1255—2001 高碳铬轴承钢滚动轴承零件热处理技术条件

JB/T 2974—2004 滚动轴承 代号方法的补充规定

JB/T 5000.15—2007 重型机械通用技术条件 第15部分:锻钢件无损检测

JB/T 6641—2007 滚动轴承 残磁及其评定方法

JB/T 7051—2006 滚动轴承零件 表面粗糙度测量和评定方法

JB/T 8236—2010　滚动轴承　双列和四列圆锥滚子轴承游隙及调整方法
JB/T 8881—2001　滚动轴承零件渗碳热处理技术条件
JB/T 10336—2002　滚动轴承及其零件　补充技术条件
JB/T 10471—2004　滚动轴承　转盘轴承
HG/T 2811—1996　旋转轴唇形密封圈橡胶材料

3　术语和定义

GB/T 4199—2003、GB/T 6930—2002 界定的术语和定义适用于本文件。

4　符号

GB/T 7811—2007 和 GB/T 4199—2003 确立的以及下列符号适用于本文件。

$D_{1mpmax}-D_{2mpmin}$：同一轴承双外圈最大平均外径与最小平均外径之差

$d_{1mpmax}-d_{2mpmin}$：同一轴承双内圈最大平均内径与最小平均内径之差

h：内圈上端面与外圈上端面的高度差

L_a：外圈安装孔中心圆直径

L_i：内圈安装孔中心圆直径

5　代号方法

轴承代号由前置代号、基本代号和后置代号构成，其排列顺序如下：

前置代号	基本代号	后置代号

5.1　前置代号

前置代号为“FD”，为“风电”两字汉字拼音首个大写字母组合，前置代号与基本代号间用“—”隔开。

5.2　基本代号

调心滚子轴承、圆柱滚子轴承和双列圆锥滚子轴承（包括 45°接触角）的基本代号应符合 GB/T 272—1993 和 JB/T 2974—2004 中的规定。

三排圆柱滚子轴承的的基本代号应符合 JB/T 10471—2004 中的规定。

5.3　后置代号

调心滚子轴承、圆柱滚子轴承和双列圆锥滚子轴承（包括 45°接触角）的后置代号应符合 GB/T 272—1993 和 JB/T 2974—2004 中的规定。

三排圆柱滚子轴承的的后置代号应符合 JB/T 10471—2004 中的规定。

5.4　代号示例

示例：风力发电机组主轴轴承　圆柱滚子轴承

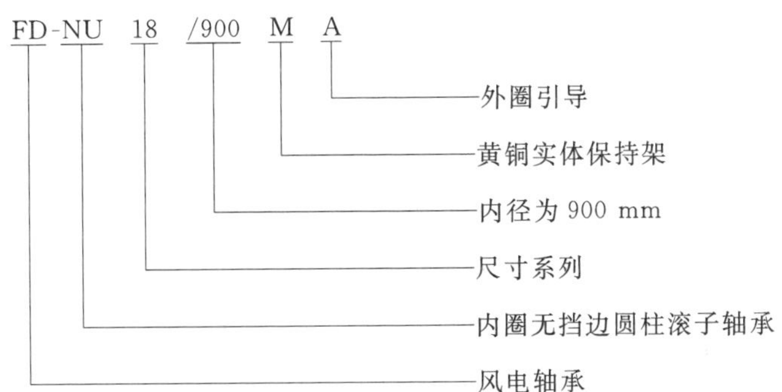

6 结构型式

风力发电机组主轴轴承主要结构型式为：

——调心滚子轴承，见图 1；

——圆柱滚子轴承，见图 2；

——双列圆锥滚子轴承，见图 3；

——双列圆锥滚子轴承（45°接触角），见图 4；

——三排圆柱滚子轴承，见图 5。

结构型式不局限于图例。

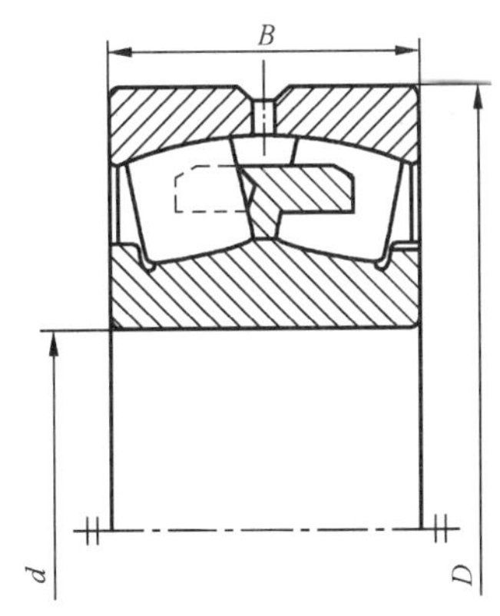

图 1 调心滚子轴承

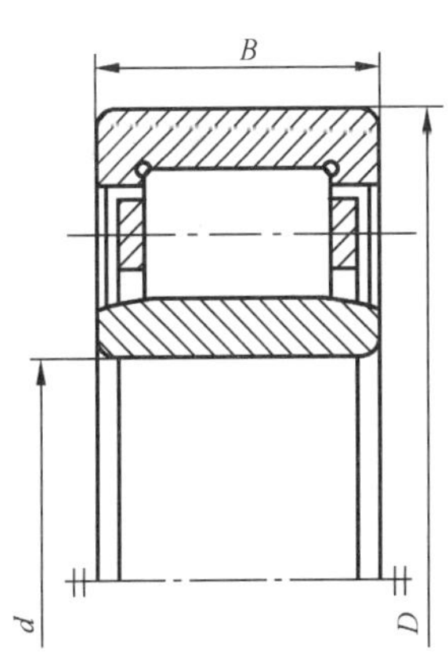

图 2 圆柱滚子轴承

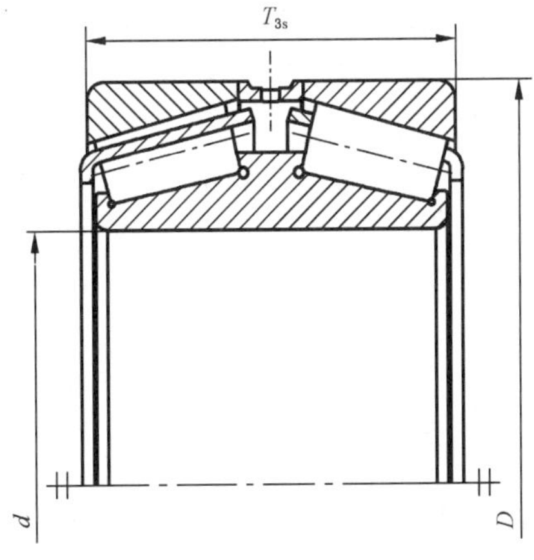

图 3 双列圆锥滚子轴承

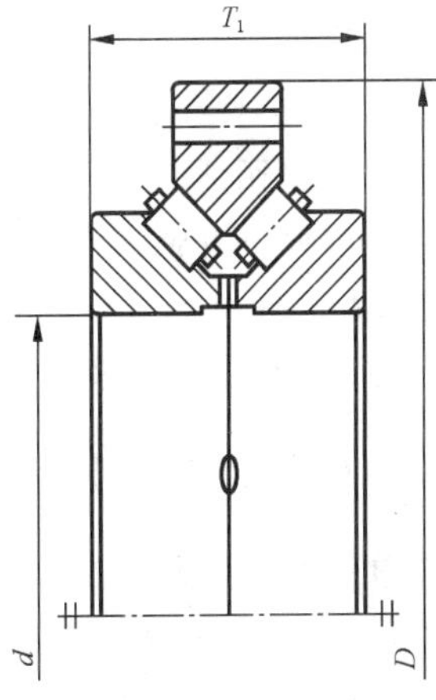

图 4 双列圆锥滚子轴承（45°接触角）

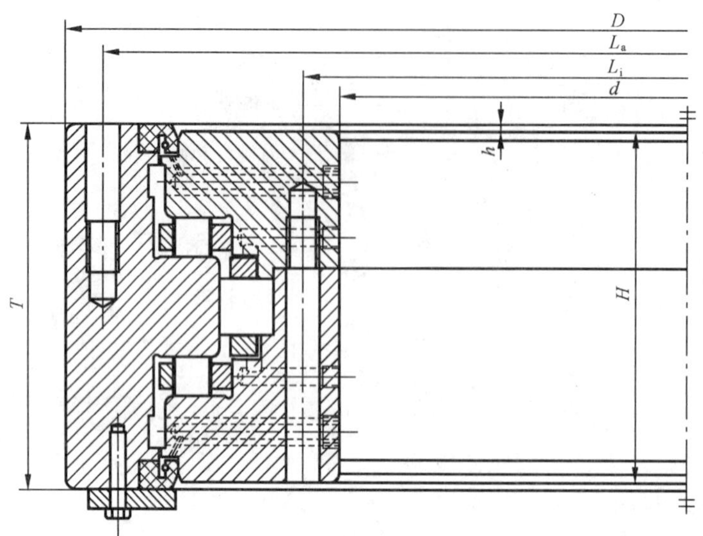

图 5 三排圆柱滚子轴承

7 外形尺寸

7.1 调心滚子轴承和圆柱滚子轴承外形尺寸应符合 GB/T 273.3—1999 的规定。

7.2 双列圆锥滚子轴承(包括 45°接触角)和三排圆柱滚子轴承外形尺寸由制造厂与用户之间协商确定。

7.3 常用主轴轴承外形尺寸参见附录 A。

8 技术要求

8.1 材料

调心滚子轴承、圆柱滚子轴承和双列圆锥滚子轴承套圈及滚动体一般采用电渣重熔 GCr15SiMn 钢、G20Cr2Ni4A 钢或符合 GB/T 18254—2002 的 GCr18Mo 钢、GCr15SiMo 钢制造。

双列圆锥滚子轴承(45°接触角)套圈一般采用电渣重熔 G20Cr2Ni4A 钢或符合 GB/T 29717—2013 规定的 42CrMo 钢制造,滚动体一般采用电渣重熔 G20Cr2Ni4A 钢、GCr15SiMn 钢制造。

三排圆柱滚子轴承套圈一般采用符合 GB/T 29717—2013 规定的 42CrMo 钢,滚动体一般采用电渣重熔 GCr15SiMn 钢制造。

电渣重熔 GCr15SiMn 钢、G20Cr2Ni4A 钢的冶炼方法应采用电炉冶炼+RH 真空脱气+电渣重熔,不允许采用 Ca-Si 脱氧。

当用户有特殊要求时,也可采用与其性能相当或更优的其他材料。

8.1.1 电渣重熔 GCr15SiMn 钢

8.1.1.1 电渣重熔 GCr15SiMn 钢的化学成分按表 1 的规定。

8.1.1.2 电渣重熔 GCr15SiMn 钢的低倍组织中的疏松和偏析按 GB/T 18254—2002 第 1、2 和 3 级别图评定,其合格级别应符合表 2 的规定。

8.1.1.3 电渣重熔 GCr15SiMn 钢的非金属夹杂物按 GB/T 18254—2002 中第 4 级别图评定,各类夹杂物级别应不超过表 3 的规定。

表 1 化学成分(熔炼分析)

牌 号	化学成分(质量分数)/%								
GCr15SiMn	C	Si	Mn	Cr	Mo	P	S	Ni	Cu
	0.95～1.05	0.45～0.75	0.95～1.25	1.4～1.65	≤0.08	≤0.025	≤0.012	≤0.2	≤0.2
	Sn	As	Ti	Sb	Pb	Ca	O	H	
	≤0.03	≤0.04	≤0.003	≤0.005	≤0.002	≤0.001	≤0.002	≤0.000 2	

表 2 低倍组织合格级别

低倍组织类型	评级图	圆钢直径≤150 mm	150 mm＜圆钢直径≤200 mm	圆钢直径＞200 mm
		max		
中心疏松	第 1 级别图	1.0 级	1.5 级	2.0 级
一般疏松	第 2 级别图	1.0 级	1.0 级	1.5 级
偏析	第 3 级别图	1.0 级	1.0 级	1.5 级

表 3 非金属夹杂物合格级别

非金属夹杂物类型	细系	粗系
	max	
A	2.0 级	1.5 级
B	1.5 级	0.5 级
C	0 级	0 级
D	1.0 级	0.5 级

8.1.1.4 电渣重熔 GCr15SiMn 钢的显微组织(退火组织)按 GB/T 18254—2002 中第 6 级别图评定，合格级别为 2～4 级。

8.1.1.5 电渣重熔 GCr15SiMn 钢的其他要求应符合 GB/T 18254—2002 的规定。

8.1.2 电渣重熔 G20Cr2Ni4A 钢

8.1.2.1 电渣重熔 G20Cr2Ni4A 钢的材料化学成分按表 4 的规定。

8.1.2.2 电渣重熔 G20Cr2Ni4A 钢的低倍组织的中心疏松、一般疏松和锭型偏析按 GB/T 1979—2001 中的第 1、2 和 3 级别图评定，其合格级别应符合表 5 规定。

8.1.2.3 电渣重熔 G20Cr2Ni4A 钢的非金属夹杂物按 GB/T 10561—2005 中规定的 A 法评定，其合格级别不应超过表 6 规定。

8.1.2.4 电渣重熔 G20Cr2Ni4A 钢的其他要求应符合 GB/T 3203—2002 的规定。

表 4 化学成分(熔炼分析)

牌号	化学成分(质量分数)/%											
	C	Mn	Si	Cr	Mo	Ni	Cu	S	P	H	Ti	O
G20Cr2Ni4A	0.17～0.23	0.3～0.60	0.15～0.40	1.25～1.75	≤0.08	3.25～3.75	≤0.25	≤0.02	≤0.02	≤0.000 2	≤0.003 0	≤0.002 5

表 5 低倍组织合格级别

低倍组织类型	评级图	圆钢直径≤200 mm	200 mm<圆钢直径≤400 mm	圆钢直径>400 mm
		max		
中心疏松	第 1 级别图	1.0 级	1.5 级	1.5 级
一般疏松	第 2 级别图	1.0 级	1.0 级	1.5 级
偏析	第 3 级别图	1.0 级	1.0 级	1.0 级

表 6 非金属夹杂物合格级别

非金属夹杂物类型	细系	粗系
	max	
A	2.5 级	1.5 级
B	2.0 级	1.0 级
C	0.5 级	0.5 级
D	1.0 级	1.0 级

8.1.3 材料缺陷和裂纹

材料不允许有宏观缺陷和裂纹,其质量等级不应大于 JB/T 5000.15—2007 中Ⅱ级的规定。

8.2 热处理

8.2.1 采用电渣重熔 GCr15SiMn 钢制造的轴承套圈及滚动体,应采用高温回火,其热处理质量应符合 JB/T 1255—2001 的规定。

8.2.2 采用电渣重熔 G20Cr2Ni4A 钢制造的轴承套圈及滚动体,其热处理质量应符合 JB/T 8881—2001 的规定。

8.2.3 采用 GCr18Mo 钢和 GCr15SiMo 钢制造的轴承套圈及滚动体,其热处理质量应符合 JB/T 1255—2001 的规定。

8.2.4 采用 42CrMo 钢制造的轴承套圈,其热处理质量应符合 GB/T 29717—2013 的规定。

8.3 公差

8.3.1 调心滚子轴承和圆柱滚子轴承的套圈公差按表 7、表 8 的规定。

8.3.2 双列圆锥滚子轴承(包括 45°接触角)套圈公差按表 9、表 10 的规定。

8.3.3 双列圆锥滚子轴承(包括45°接触角)宽度偏差按JB/T 10336—2002中6级的规定。

8.3.4 三排圆柱滚子轴承的公差按JB/T 10471—2004中6级的规定。

表7 内圈公差

单位为微米

d mm		Δ_{dmp}		V_{dsp} 直径系列			V_{dmp}	K_{ia}	Δ_{Bs}		V_{Bs}
				9	0、1	2、3、4					
>	≤	上极限	下极限	max			max		上极限	下极限	max
400	500	0	−35	44	44	26	26	35	0	−450	45
500	630	0	−40	50	50	30	30	40	0	−500	50
630	800	0	−50	63	63	38	38	45	0	−750	55
800	1 000	0	−65	75	75	45	45	50	0	−1 000	60
1 000	1 250	0	−80	94	94	56	56	60	0	−1 250	70
1 250	1 600	0	−100	120	120	70	70	73	0	−1 600	80
1 600	2 000	0	−130	150	150	90	90	90	0	−2 000	100

表8 外圈公差

单位为微米

D mm		Δ_{Dmp}		V_{Dsp} 直径系列			V_{Dmp}	K_{ea}	Δ_{Cs}		V_{Cs}
				9	0、1	2、3、4					
>	≤	上极限偏差	下极限偏差	max			max		上极限偏差	下极限偏差	max
500	630	0	−38	48	48	29	29	50	与同一轴承内圈的 Δ_{Bs} 及 V_{Bs} 相同		
630	800	0	−45	56	56	34	34	60			
800	1 000	0	−60	75	75	45	45	75			
1 000	1 250	0	−80	94	94	56	56	85			
1 250	1 600	0	−100	113	113	68	68	100			
1 600	2 000	0	−130	150	150	90	90	100			
2 000	2 500	0	−160	180	180	112	112	120			

表9 内圈公差

单位为微米

d mm		Δ_{dmp}		V_{dsp}	V_{dmp}	K_{ia}	$d_{1mpmax}-d_{2mpmin}$
>	≤	上极限偏差	下极限偏差	max			
400	500	0	−35	35	26	36	18
500	630	0	−40	40	30	40	20
630	800	0	−55	55	35	50	28

表 9（续） 单位为微米

d mm		Δ_{dmp}		V_{dsp}	V_{dmp}	K_{ia}	$d_{1mpmax}-d_{2mpmin}$
>	≤	上极限偏差	下极限偏差	max			
800	1 000	0	−75	75	43	60	38
1 000	1 250	0	−95	95	51	70	48
1 250	1 600	0	−120	120	63	80	60
1 600	2 000	0	−150	150	80	100	75

表 10 外圈公差 单位为微米

D mm		Δ_{Dmp}		V_{Dsp}	V_{Dmp}	K_{ea}	$D_{1mpmax}-D_{2mpmin}$
>	≤	上极限偏差	下极限偏差	max			
500	630	0	−38	38	29	50	19
630	800	0	−45	45	34	60	23
800	1 000	0	−60	60	45	75	30
1 000	1 250	0	−80	80	60	90	40
1 250	1 600	0	−100	100	75	100	50
1 600	2 000	0	−140	140	90	110	70
2 000	2 500	0	−180	180	105	120	90

8.4 游隙

双列圆锥滚子轴承（45°接触角）径向游隙应保证安装后不大于零；圆柱滚子轴承、调心滚子轴承和双列圆锥滚子轴承的径向游隙按表 11 的规定；三排圆柱滚子组合轴承游隙按 JB/T 10471—2004 中 6 级的规定。若对游隙有其他要求时，可由制造厂与用户之间协商确定。

表 11 径向游隙 单位为微米

d mm		径向游隙							
		圆柱滚子轴承		调心滚子轴承				双列圆锥滚子轴承	
				C0[a]		C1[b]			
>	≤	min	max	min	max	min	max	min	max
400	450	210	310	240	370	220	310	170	260
450	500	220	330	260	410	240	340	190	290
500	560	240	360	280	440	260	370	210	320
560	630	260	380	310	480	290	410	230	350
630	710	285	425	350	530	310	440	260	400

表 11（续） 单位为微米

d mm		径向游隙							
		圆柱滚子轴承		调心滚子轴承				双列圆锥滚子轴承	
				C0[a]		C1[b]			
>	≤	min	max	min	max	min	max	min	max
710	800	310	470	390	580	340	480	290	450
800	900	350	520	430	650	390	530	330	500
900	1 000	390	580	480	710	430	580	360	540
1 000	1 120	430	640	530	780	470	650	400	600
1 120	1 250	470	710	580	860	530	710	450	670
1 250	1 400	530	790	640	950	580	780	500	750
1 400	1 600	610	890	720	1 060	640	860	550	840
1 600	1 800	700	1 020	810	1 180	700	950	620	930
1 800	2 000	760	1 120	900	1 300	790	1 060	700	1 030

[a] 适用于浮动端轴承；
[b] 适用于固定端轴承。

8.5 密封圈

三排圆柱滚子轴承用密封圈一般采用 HG/T 2811—1996 规定的丁腈橡胶制造，在具有强酸、强碱、强紫外线、臭氧等环境下应采用氢化丁腈橡胶制造，当用户有特殊要求时，也可采用性能相当或更优的其他材料。

8.6 表面粗糙度

调心滚子轴承、圆柱滚子轴承、双列圆锥滚子轴承（包括 45°接触角）配合表面和端面的表面粗糙度应符合 GB/T 307.3—2005 中 6 级的规定。

三排圆柱滚子轴承配合表面和端面的表面粗糙度应符合 JB/T 10471—2004 中 6 级的规定。当轴承表面有防腐要求时，其表面可由制造厂与用户之间协商确定。

8.7 润滑

三排圆柱滚子轴承初润滑时应填装用户指定的润滑脂，注脂量一般为轴承内部有效空间容积的 60%～80%，也可由制造厂与用户之间协商确定。填装的润滑脂应具备使用温度范围－40 ℃～150 ℃、抗微动磨损、极压性、抗水性、防腐性和良好的泵送性等基本性能要求。

8.8 表面缺陷

轴承成品零件工作表面应进行磁粉探伤，不应有裂纹。

8.9 残磁

轴承的残磁限值应符合 JB/T 6641—2007 的规定。

8.10 寿命

轴承在正确安装、润滑和密封的条件下,使用寿命不应低于 20 年。

8.11 其他

若对轴承有其他技术要求时,可由制造厂与用户之间协商确定。

9 检测方法

9.1 材料检测

9.1.1 低倍组织的检验

GCr15SiMn 钢、GCr18Mo 钢和 GCr15SiMo 钢低倍组织的检验方法应符合 GB/T 18254—2002 的规定,G20Cr2Ni4A 钢低倍组织的检验方法应符合 GB/T 1979—2001 的规定。

9.1.2 非金属夹杂物的测定

GCr15SiMn 钢、GCr18Mo 钢和 GCr15SiMo 钢非金属夹杂物的测定方法应符合 GB/T 18254—2002 的规定,G20Cr2Ni4A 钢的非金属夹杂物按 GB/T 10561—2005 中规定的 A 法进行评定。

9.1.3 显微组织的检测

GCr15SiMn 钢、GCr18Mo 钢和 GCr15SiMo 钢显微组织的检测应符合 GB/T 18254—2002 的规定,G20Cr2Ni4A 钢显微组织的检测应符合 GB/T 3203—1982 的规定。

9.2 热处理检测

GCr15SiMn 钢、GCr18Mo 钢和 GCr15SiMo 钢轴承零件的热处理质量检测方法按 JB/T 1255—2001 的规定,G20Cr2Ni4A 钢轴承零件的热处理质量检验按 JB/T 8881—2001 的规定。42CrMo 钢轴承滚道淬火后表面硬度的试验应采用里氏硬度计或超声波硬度计,其试验方法符合 GB/T 230.1—2009 和 GB/T 231.1—2009 的规定,有效硬化层深度的测定方法应符合 GB/T 5617—2005 的规定。

9.3 探伤检测

轴承零件超声波探伤检测按 JB/T 5000.15—2007 的规定。

轴承零件磁粉探伤检测按 GB/T 24606—2009 的规定。

9.4 尺寸公差和旋转精度的检测

轴承尺寸公差和旋转精度的检测方法按 GB/T 307.2—2005 和 JB/T 10471—2004 的规定。

9.5 游隙的测量

轴承游隙的测量方法按 GB/T 25769—2010、JB/T 8236—2010 和 JB/T 10471—2004 的规定。

9.6 残磁的评定

轴承残磁的评定方法按 JB/T 6641—2007 的规定。

9.7 表面粗糙度的测量

轴承零件表面粗糙度的测量方法按 JB/T 7051—2006 的规定。

9.8 寿命试验

轴承寿命试验原理图见图 6 所示。当用户有特殊要求时,也可由制造厂与用户之间协商确定。

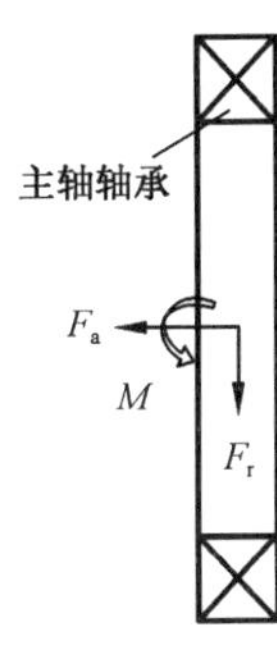

说明:

F_a ——轴承承受的轴向力;

F_r ——轴承承受的径向力;

M ——轴承承受的倾覆力矩。

图 6 试验原理图

10 检验规则

10.1 调心滚子轴承、圆柱滚子轴承和双列圆锥滚子轴承(包括 45°接触角)的检验规则应符合 GB/T 24608—2009 的规定。

10.2 三排圆柱滚子轴承的检验规则应符合 GB/T 29717—2013 的规定。

11 标志

11.1 调心滚子轴承、圆柱滚子轴承和双列圆锥滚子轴承(包括 45°接触角)的标志应符合 GB/T 24605—2009 的规定。

11.2 三排圆柱滚子轴承应采用铭牌进行标志。铭牌安装在轴承软带附近的非安装表面上。标志内容应包含轴承型号、编号、制造厂家和制造日期,当用户有特殊要求时,也可增加由制造厂与用户之间协商的其他标志。

12 防锈包装

12.1 调心滚子轴承、圆柱滚子轴承和双列圆锥滚子轴承(包括 45°接触角)的防锈包装应符合 GB/T 8597—2013 的规定。

12.2 三排圆柱滚子轴承的防锈包装应符合 GB/T 8597—2013 的规定。

13 运输和贮存

13.1 调心滚子轴承、圆柱滚子轴承和双列圆锥滚子轴承(包括 45°接触角)的运输和贮存应符合 GB/T 8597—2013 的规定。

13.2 三排圆柱滚子轴承在运输过程中,应做好防雨预防。轴承应水平放置在交通工具上固定,必要时可加辅助支承。

13.3 三排圆柱滚子轴承贮存时应放于干燥、平整的室内,与化学药品及其他具有腐蚀性物品隔离开;若需多套轴承重叠堆放时,每套轴承之间应沿圆周方向均匀放置三个以上高度相等的木垫块,且上、下层垫块的放置位置应一致。

附　录　A
（资料性附录）
常用主轴轴承的结构类型、外形尺寸

A.1　常用主轴轴承的结构类型、外形尺寸及主机功率见表 A.1。

表 A.1　常用主轴轴承的结构类型、外形尺寸

轴承型号	结构类型	外形尺寸 $d \times D \times T$ mm	主机功率 MW
FD-NU1964MA	圆柱滚子轴承	320×440×56	3.6
FD-NU18/900MA	圆柱滚子轴承	900×1 090×85	0.85
FD-NU30/1000EM	圆柱滚子轴承	1 000×1 420×308	3.6
FD-N6/1200M-1	圆柱滚子轴承	1 200×1 520×185	1.5
FD-N6/1200M-2	圆柱滚子轴承	1 200×1 520×185	1.5
FD-NU6/1200M/YA	圆柱滚子轴承	1 200×1 520×185	2.0
FD-NU19/1250	圆柱滚子轴承	1 250×1 630×170	1.5
FD-N18/1600M/YA	圆柱滚子轴承	1 600×1 950×155	3.0
FD-240/530CA/W33	调心滚子轴承	530×780×250	1.5
FD-240/530/W33	调心滚子轴承	530×780×250	1.5
FD-240/600CA/W33	调心滚子轴承	600×870×272	2.0
FD-240/600/W33	调心滚子轴承	600×870×272	2.0
FD-240/630CA/W33	调心滚子轴承	630×920×290	1.5
FD-239/670CA/W33	调心滚子轴承	670×900×170	1.5
FD-230/710CA/W33	调心滚子轴承	710×1 030×236	2.0
FD-239/750CA/W33	调心滚子轴承	750×1 000×185	2.0
FD-240/800CA/W33	调心滚子轴承	800×1 150×345	1.5
FD-240/800CA/YA	调心滚子轴承	800×1 150×345	2.0
FD-240/800CA/YA3	调心滚子轴承	800×1 150×345	1.5
FD-230/800CAQ/W26-1	调心滚子轴承	800×1 150×258	1.5
FD-240/900CA/YA	调心滚子轴承	900×1 280×375	3.0
FD-3519/710X2	双列圆锥滚子轴承	710×950×248	1.5
FD-3519/800X2	双列圆锥滚子轴承	800×1 060×285	1.5

ICS 77.140.20
H 40

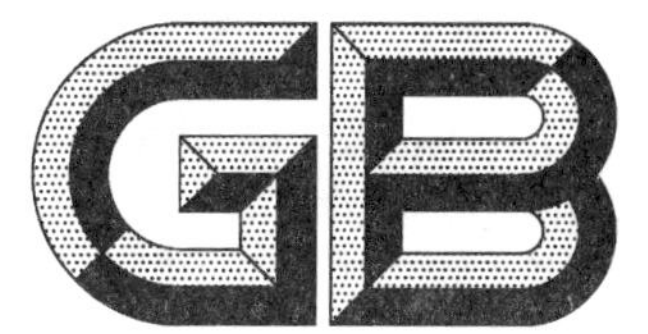

中华人民共和国国家标准

GB/T 29913.1—2013

风力发电设备用轴承钢 第1部分:偏航、变桨轴承用钢

Bearing steel for wind power equipment—Part 1:Yawing and variable pitch bearing steel

(ISO 683-17:1999,Heat-treated steels,alloy steels and free-cutting steels—Part 17:Ball and roller bearing steels,NEQ)

2013-11-27 发布 2014-08-01 实施

中华人民共和国国家质量监督检验检疫总局
中国国家标准化管理委员会 发布

前 言

本部分为 GB/T 29913 的第 1 部分。

本部分按 GB/T 1.1—2009 给出的规则起草。

本部分使用重新起草法参考 ISO 683-17:1999《热处理钢、合金钢和易切削钢　第 17 部分:滚珠和滚柱轴承钢》编制,与 ISO 683-17:1999 的一致性程度为非等效。

本部分由中国钢铁工业协会提出。

本部分由全国钢标准化技术委员会(SAC/TC 183)归口。

本部分起草单位:江阴兴澄特种钢铁有限公司、冶金工业信息标准研究院、洛阳轴研科技股份有限公司、湖北新冶钢有限公司。

本部分主要起草人:刘谦、郭艳、栾燕、雷建中、许晓红、傅金明、汪质刚。

风力发电设备用轴承钢
第1部分：偏航、变桨轴承用钢

1 范围

GB/T 29913的本部分规定了风力发电设备中偏航、变桨用轴承钢的尺寸、外形及允许偏差、技术要求、试验方法、检验规则、包装、标志和质量证明书等。

本部分适用于风力发电设备中偏航、变桨轴承用直径大于250 mm的连铸圆坯、直径或边长为200 mm～350 mm的热轧棒材、直径或边长为200 mm～1 100 mm的锻制棒材。本部分亦适用于轴承钢钢锭。

2 规范性引用文件

下列文件对于本文件的应用是必不可少的。凡是注日期的引用文件，仅注日期的版本适用于本文件。凡是不注日期的引用文件，其最新版本(包括所有的修改单)适用于本文件。

GB/T 223.5 钢铁 酸溶硅和全硅含量的测定 还原型硅钼酸盐分光光度法

GB/T 223.9 钢铁及合金 铝含量的测定 铬天青S分光光度法

GB/T 223.11 钢铁及合金 铬含量的测定 可视滴定或电位滴定法

GB/T 223.13 钢铁及合金化学分析方法 硫酸亚铁铵滴定法测定钒含量

GB/T 223.18 钢铁及合金化学分析方法 硫代硫酸钠分离-碘量法测定铜量

GB/T 223.23 钢铁及合金 镍含量的测定 丁二酮肟分光光度法

GB/T 223.26 钢铁及合金 钼含量的测定 硫氰酸盐分光光度法

GB/T 223.58 钢铁及合金化学分析方法 亚砷酸钠-亚硝酸钠滴定法测定锰量

GB/T 223.61 钢铁及合金化学分析方法 磷钼酸铵容量法测定磷量

GB/T 223.68 钢铁及合金化学分析方法 管式炉内燃烧后碘酸钾滴定法测定硫含量

GB/T 223.69 钢铁及合金 碳含量的测定 管式炉内燃烧后气体容量法

GB/T 223.77 钢铁及合金化学分析方法 火焰原子吸收光谱法测定钙量

GB/T 223.82 钢铁 氢含量的测定 惰气脉冲熔融热导法

GB/T 223.84 钢铁及合金 钛含量的测定 二安替比林甲烷分光光度法

GB/T 226 钢的低倍组织及缺陷酸蚀检验法

GB/T 231.1 金属材料 布氏硬度试验 第1部分：试验方法

GB/T 1814 钢材断口检验法

GB/T 1979 结构钢低倍组织缺陷评级图

GB/T 2101 型钢验收、包装、标志及质量证明书的一般规定

GB/T 4162 锻轧钢棒超声检测方法

GB/T 4336 碳素钢和中低合金钢 火花源原子发射光谱分析方法(常规法)

GB/T 6394 金属平均晶粒度测定法

GB/T 6402 钢锻件超声检测方法

GB/T 10561—2005 钢中非金属夹杂物含量的测定 标准评级图显微检验法

GB/T 11260 圆钢涡流探伤方法

GB/T 11261 钢铁 氧含量测定 脉冲加热惰气熔融-红外线吸收法
GB/T 12604.1 无损检测 术语 超声检测
GB/T 12604.5 无损检测 术语 磁粉检测
GB/T 12604.6 无损检测 术语 涡流检测
GB/T 15711 钢材塔形发纹酸浸检验方法
GB/T 20066 钢和铁 化学成分测定用试样的取样和制样方法
YB/T 4149—2006 连铸圆管坯
ASTM E381 钢棒、方钢坯、大钢坯和钢锻件宏观浸蚀测试方法(Standard method of macroetch testing steel bars, billets, blooms, and forgings)
ASTM E588 通过超声波方法检测轴承钢中大颗粒夹杂物的标准(Standard practice for detection of large inclusions in bearing quality steel by the ultrasonic method)

3 订货内容

按照本部分订货的合同或订单,应包括下列技术内容:

a) 本部分编号,如:GB/T 29913.1—2013;
b) 产品名称,如:风力发电设备用轴承钢 第1部分:偏航、变桨轴承用钢;
c) 牌号,如:G42CrMo;
d) 规格,如:ϕ800 mm;
e) 重量或数量,如:60 000 kg;
f) 交货状态,如:热轧;
g) 长度,如:定尺 6 000 mm;
h) 特殊要求,如:低倍采用 ASTM E381 检验。

4 尺寸、外形及允许偏差

4.1 公称尺寸及允许偏差

4.1.1 连铸圆坯的公称直径及允许偏差应符合表1的规定。

表1 连铸圆坯公称直径及允许偏差

单位为毫米

公称直径	允许偏差
>250~350	公称直径的±1.3%
>350~550	公称直径的±1.2%
>550~750	公称直径的±1.1%
>750~950	公称直径的±1.0%
>950	公称直径的±0.9%

4.1.2 热轧棒材的公称尺寸及允许偏差应符合表2的规定。

表2 热轧棒材公称尺寸及允许偏差

单位为毫米

公称直径或边长	允许偏差
>200~350	公称尺寸的±1.2%

4.1.3 锻制棒材的公称尺寸及允许偏差应符合表3的规定。

表3 锻制棒材公称尺寸及允许偏差

单位为毫米

公称直径或边长	允许偏差
>200～300	+7.0,−3.0
>300～400	+10.0,−3.0
>400～500	+13.0,−3.0
>500～600	+16.0,−3.0
>600～700	+20.0,−3.0
>700～800	+23.0,−3.0
>800～900	+26.0,−3.0
>900～1 100	+30.0,−3.0

4.2 长度及允许偏差

4.2.1 连铸圆坯的通常长度为2 000 mm～12 000 mm。按定尺或倍尺长度交货的连铸圆坯,其长度允许偏差为0 mm～+100 mm。

4.2.2 热轧棒材通常长度为3 000 mm～9 000 mm。热轧棒材应在规定长度范围内以齐尺长度交货,每捆中最长与最短钢材的长度差应不大于1 000 mm。按定尺或倍尺长度交货的热轧棒材,其长度允许偏差为0 mm～+50 mm。

4.2.3 锻制棒材通常长度为1 000 mm～6 000 mm。按定尺或倍尺长度交货的锻制棒材,其长度允许偏差为0 mm～+80 mm。

4.2.4 短尺长度的钢材(坯)交货重量不允许超过该批总重量的10%。

4.2.5 经供需双方协商,也可供应其他长度的钢材(坯),定尺或倍尺长度及允许偏差应在合同中注明。

4.3 不圆度

4.3.1 连铸圆坯的不圆度应符合表4的规定。

表4 连铸圆坯的不圆度

单位为毫米

公称直径	不圆度,不大于	
	不避开扁平区测量	避开扁平区测量
>250～350	公称直径的4.0%	公称直径的2.0%
>350～450	公称直径的3.5%	公称直径的2.0%
>450～550	公称直径的3.5%	公称直径的1.9%
>550～650	公称直径的3.4%	公称直径的1.9%
>650～750	公称直径的3.3%	公称直径的1.8%
>750～850	公称直径的3.2%	公称直径的1.7%
>850～950	公称直径的3.1%	公称直径的1.6%
>950	公称直径的3.0%	公称直径的1.5%
注1:不圆度为连铸圆坯同一截面直径的最大值与最小值之差。 注2:扁平区指连铸过程中拉矫辊在圆坯表面压成的平面。		

4.3.2 热轧和锻制棒材的不圆度应不大于公称直径的70%。

4.4 弯曲度

钢材(坯)的每米弯曲度应不大于5 mm,总弯曲度应不大于总长度的0.5%。

4.5 扭转

钢材不得有显著扭转。

4.6 端部形状

4.6.1 连铸圆坯

4.6.1.1 连铸圆坯浇注开始的头坯及浇注结束的尾坯的端部缩孔要切除干净,端部切斜量应不超过公称直径的4%。

4.6.1.2 连铸圆坯端部因火焰切割机造成的热影响区,需方在使用前应锯切去除,锯切长度应不小于30 mm。

4.6.2 热轧和锻制棒材

4.6.2.1 热轧和锻制棒材的端部应切割整齐,不允许有马蹄形、飞边、毛刺及影响使用的切斜和压扁。

4.6.2.2 热轧和锻制棒材一般不允许采用气割。

4.7 钢锭

钢锭的尺寸、外形及允许偏差按供需双方签订的技术协议执行。

5 技术要求

5.1 牌号和化学成分

5.1.1 钢的牌号及化学成分(熔炼分析)应符合表5的规定。

表5 牌号和化学成分

牌号	化学成分(质量分数)/%														
	C	Si	Mn	S	P	Cr	Ni	Mo	V	Cu	Al	Ti	Ca	O	H
G50Mn2	0.47～0.55	0.17～0.37	1.20～1.60	≤0.015	≤0.015	—	—	—	—	≤0.25	≤0.050	≤0.003 0	≤0.001 0	≤0.001 5	≤0.000 20
G42CrMo	0.40～0.46	0.17～0.37	0.60～0.90	≤0.015	≤0.015	0.95～1.25	≤0.30	0.15～0.30	—	≤0.25	≤0.050	≤0.003 0	≤0.001 0	≤0.001 5	≤0.000 20
G55CrMnMo	0.50～0.60	0.25～0.60	1.20～1.60	≤0.015	≤0.015	0.60～0.90	≤0.30	0.15～0.30	—	≤0.25	≤0.050	≤0.003 0	≤0.001 0	≤0.001 5	≤0.000 20
G55SiMoV	0.50～0.60	0.80～1.10	0.30～0.60	≤0.015	≤0.015	≤0.30	≤0.30	0.40～0.60	0.20～0.30	≤0.25	≤0.050	≤0.003 0	≤0.001 0	≤0.001 5	≤0.000 20

注:本部分牌号与国外标准牌号的对照表见附录A。

5.1.2 根据需方要求，并在合同中注明，供方应分析 Sn、As、Sb、Pb 等残余元素，具体指标由供需双方协商确定。

5.1.3 钢产品的化学成分允许偏差应符合表 6 的规定。需方可按炉批对钢产品进行成品分析。

表 6 成品化学成分允许偏差

化学成分(质量分数)/%												
C	Si	Mn	S	P	Cr	Ni	Mo	V	Cu	Al	Ti	Ca
±0.02	±0.02	±0.03	+0.005	+0.005	±0.05	±0.03	±0.03	±0.02	+0.02	+0.003	+ 0.001 0	+ 0.000 5

5.2 冶炼方法

钢应采用电炉(或转炉)冶炼，并应采用炉外精炼和真空脱气处理，不允许向钢中添加钙或钙合金。

5.3 交货状态

5.3.1 连铸圆坯或钢锭以铸态交货，热轧棒材以热轧状态交货，锻制棒材以锻制状态交货。

5.3.2 经供需双方协商，连铸圆坯、热轧棒材、锻制棒材也可以软化退火状态交货，其表面硬度应不大于 240 HBW。

5.4 低倍组织

5.4.1 连铸圆坯

5.4.1.1 连铸圆坯横截面酸浸低倍试片上不应有目视可见的白点、分层、夹杂、翻皮、中间裂纹、皮下裂纹、皮下气泡等缺陷。

5.4.1.2 连铸圆坯的酸浸低倍缺陷的合格级别应符合表 7 的规定。

表 7 连铸圆坯的低倍缺陷合格级别

公称直径/mm	中心疏松	缩孔	中心裂纹
	不大于		
<600	1.5 级	1.5 级	1.0 级
≥600	2.0 级	2.0 级	1.5 级

5.4.2 热轧及锻制棒材

5.4.2.1 热轧及锻制棒材横截面酸浸低倍试片上不应有目视可见的缩孔、气泡、裂纹、夹杂、翻皮、白点、晶间裂纹、一般点状偏析、边缘点状偏析、皮下气泡等有害缺陷。

5.4.2.2 热轧棒材及锻制钢材的酸浸低倍缺陷合格级别应符合表 8 的规定。

表 8　热轧及锻制棒材的酸浸低倍缺陷合格级别

公称直径或边长/mm	缺陷类型 不大于		
	一般疏松	中心疏松	锭型偏析
≤250	1.5 级	1.5 级	1.5 级
>250～500	2.5 级	2.5 级	2.5 级
>500～1 100	3.0 级	3.0 级	3.0 级

5.4.2.3　根据需方要求，并在合同中注明，热轧棒材也可根据 ASTM E381 标准检验低倍组织缺陷，其合格级别由供需双方协商确定。

5.5　奥氏体晶粒度

钢产品的奥氏体晶粒度应为 5 级或更细。若供方可以保证合格，可不做此项检测。

5.6　非金属夹杂物

5.6.1　以连铸圆坯交货的产品，应从公称直径为 100 mm 的锻制（或热轧）钢坯上取样测定非金属夹杂物，其合格级别应符合表 9 的规定。

表 9　非金属夹杂物合格级别

非金属夹杂物类型	合格级别 不大于	
	细系	粗系
A	2.5 级	1.5 级
B	2.0 级	1.0 级
C	0.5 级	0.5 级
D	1.0 级	1.0 级
DS（最大级别）	2.0 级	

5.6.2　热轧及锻制棒材产品，从任意 6 支钢坯或钢材上各取一个试样测定非金属夹杂物，所有试样的 2/3 的检测值和所有试样的平均值应符合表 9 的规定。

5.6.3　若供方可以保证非金属夹杂物的检测值合格，可不做此项检测。

5.7　表面质量

5.7.1　连铸圆坯表面不允许有目视可见的结疤、气孔、针孔、夹杂、重皮及深度超过 0.5 mm 的裂纹。如有上述缺陷必须清除，清理处应圆滑无棱角，清理深度从连铸圆坯的实际尺寸算起，应不大于公称直径的 4%，且最大清理深度应不大于 12 mm，深、宽、长之比应不小于 1∶6∶8，同一横截面上的最大清理深度不应多于一处。允许有深度不大于 3.0 mm 的折皱、凹坑，高度不大于 3.0 mm 的凸筋，深度不大于 2.0 mm 的机械划痕、压痕存在。

5.7.2　热轧棒材表面不允许有目视可见的裂纹、结疤、折叠、耳子及夹杂。如有上述缺陷必须清除，清理深度从棒材实际尺寸算起，应不大于棒材的实际尺寸公差。清理处应圆滑无棱角，清理宽度不小于深度的 5 倍，同一横截面上的最大清理深度不应多于一处。允许有从实际尺寸算起不超过尺寸公差之半的个别细小划痕、压痕、麻点及深度不超过 0.2 mm 的小裂纹存在。

5.7.3 锻制棒材表面不允许有裂纹、结疤、折叠及夹杂。如有上述缺陷必须清除，清理深度从棒材实际尺寸算起，应不大于棒材实际尺寸的 5%，且最大清理深度不大于 15 mm，清理处应圆滑无棱角，清理宽度不小于深度的 5 倍，同一横截面上的最大清理深度不应多于一 处。允许有从实际尺寸算起不超过尺寸公差之半且不影响需方使用的个别细小划痕、压痕及麻点存在。

5.8 特殊要求

5.8.1 宏观非金属夹杂物

根据需方要求，并在合同中注明，热轧及锻制棒材可采用高频超声波试验、塔形试验、蓝脆断口等试验方法之一检验宏观非金属夹杂物，其合格级别由供需双方协商确定。

5.8.2 内部质量

根据需方要求，并在合同中注明，热轧及锻制棒材可采用超声波探伤试验方法逐支检测钢材的内部缺陷，超声波探伤采用的平底孔当量及合格级别，由供需双方协商确定。

5.8.3 表面质量

根据需方要求，并在合同中注明，热轧及锻制棒材可采用无损探伤方法逐支检测钢材的表面质量。

5.9 钢锭

钢锭的技术要求、试验方法，按供需双方签订的技术协议执行。

6 试验方法

6.1 尺寸、外形

钢产品的尺寸和外形测量，采用能保证必要精确度的卡尺或样板进行。测量尺寸时，应注意避开扁平区测量。

6.2 化学成分

6.2.1 化学分析用试样按 GB/T 20066 的规定取样和制样，化学成分分析方法按第 2 章列出的 GB/T 223 的有关方法或 GB/T 4336 进行，仲裁时按第 2 章列出的 GB/T 223 的有关方法进行。

6.2.2 氧含量分析用试样从钢材(坯)半径的 1/2 处截取一个试样，取样方法如下：

a) 连铸圆坯应从锻造加工成直径为 100 mm 的钢坯上截取。

b) 热轧及锻制棒材从任意支钢材的任意端截取。

检验方法按 GB/T 11261 进行。

6.2.3 氢含量分析从任意支钢材(坯)的端部取一个试样，分析方法按 GB/T 223.82 进行。亦可采用熔体试样，在线测定钢中的氢含量。

6.3 低倍组织

6.3.1 连铸圆坯的低倍组织检验，每炉任取一个试样进行，检验方法按 GB/T 226 进行，缺陷评级按 YB/T 4149—2006 附录 A 的评级图进行。

6.3.2 热轧和锻制棒材的低倍组织检验，从任意两支钢材的任意端各取一个试样进行，检验方法按 GB/T 226 进行，缺陷评级按 GB/T 1979 或 ASTM E381 进行。

6.4 奥氏体晶粒度

每批钢产品取一个试样，试验方法按 GB/T 6394 进行。

6.5 非金属夹杂物

6.5.1 非金属夹杂物检验的试样从钢材(坯)半径的 1/2 处截取，取样数量和取样方法如下：

a) 连铸圆坯每炉任取一个试样，在经锻造(或热轧)加工成直径为 100 mm 的钢坯上取样。

b) 热轧和锻制棒材(不小于 3∶1 的压缩比)每批任取 6 个试样，在不同支钢材的端部取样。若钢材产品不足 6 支，则逐支取样。

检验方法按 GB/T 10561—2005 中 A 法进行。

6.5.2 宏观非金属夹杂物的检验方法按 GB/T 15711 或 GB/T 1814 或 ASTM E588 执行。

6.6 内部缺陷无损检测

内部缺陷无损探伤的试验方法按 GB/T 4162 或 GB/T 6402 或 GB/T 12604.1 执行。

6.7 表面质量检测

钢产品的表面质量按 GB/T 11260，或 GB/T 12604.5 和 GB/T 12604.6 以及其他有效方法检查。

7 检验规则

7.1 检查与验收

钢产品的质量由供方质量部门进行检验。需方可在钢材上按本部分进行验收。

7.2 组批规则

钢产品应按批进行检查和验收，每批应由同一炉号、同一尺寸、同一轧制制度和同一热处理制度的钢产品组成。

7.3 取样数量和取样部位

每批钢产品的取样数量、取样部位应符合表 10 的规定。

7.4 复验和判定规则

所有检验项目进行中，任一项检验不合格(氢含量、白点、非金属夹杂物除外)，可重新在其他钢产品上取样一次，对该不合格项目进行复验，取样数量与初验相同(氧含量除外)。复验合格则该批钢产品判定合格；复验仍不合格，则该批钢产品应判为不合格。

氧含量不合格时，可在其他钢材(坯)上任意取 3 个试样进行复验，其检验结果的平均值应不大于表 5 的规定，其中，允许有一个试样高于上限 0.000 5%。

表 10 检验项目、取样数量、取样部位及检验方法

序号	检验项目	取样数量	取样部位	检验方法的章条号或标准号
1	尺寸外形	逐支	整支钢产品	6.1
2	化学成分	1	GB/T 20066	6.2.1

表 10（续）

<table>
<tr><th>序号</th><th colspan="2">检验项目</th><th>取样数量</th><th>取样部位</th><th>检验方法的章条号或标准号</th></tr>
<tr><td>3</td><td colspan="2">氧、氢含量</td><td>1</td><td>6.2.2、6.2.3</td><td>GB/T 11261、GB/T 223.82</td></tr>
<tr><td>4</td><td colspan="2">硬度</td><td>3</td><td>不同支钢产品</td><td>GB/T 231.1</td></tr>
<tr><td rowspan="2">5</td><td rowspan="2">低倍组织</td><td>连铸圆坯</td><td>1</td><td>任意流浇注开始或浇注末尾坯</td><td>YB/T 4149—2006 附录 A</td></tr>
<tr><td>热轧和锻制棒材</td><td>2</td><td>任意支不同支钢产品</td><td>GB/T 226、GB/T 1979、ASTM E381</td></tr>
<tr><td>6</td><td colspan="2">奥氏体晶粒度</td><td>1</td><td>任意支钢产品</td><td>GB/T 6394</td></tr>
<tr><td rowspan="2">7</td><td rowspan="2">非金属夹杂物</td><td>连铸圆坯</td><td>1</td><td>6.5.1a)</td><td rowspan="2">GB/T 10561—2005 中 A 法</td></tr>
<tr><td>热轧和锻制棒材</td><td>6</td><td>6.5.1b)</td></tr>
<tr><td>8</td><td rowspan="3">宏观非金属夹杂物</td><td>淬火断口</td><td>2</td><td>任意不同支钢产品</td><td>GB/T 1814</td></tr>
<tr><td>9</td><td>塔形</td><td>2</td><td>任意不同支钢产品</td><td>GB/T 15711</td></tr>
<tr><td>10</td><td>高频超声波 C 扫描探伤</td><td>3</td><td>任意不同支钢产品</td><td>ASTM E588</td></tr>
<tr><td>11</td><td colspan="2">内部质量(热轧和锻制棒材)</td><td>逐支</td><td>整支钢产品</td><td>GB/T 4162、GB/T 6402、GB/T 12604.1</td></tr>
<tr><td>12</td><td colspan="2">表面质量</td><td>逐支</td><td>整支钢产品</td><td>6.7</td></tr>
</table>

8 包装、标志和质量证明书

钢产品的包装、标志和质量证明书按 GB/T 2101 的规定。

附 录 A
（资料性附录）
本部分牌号与国际标准牌号对照表

本部分牌号与国际标准牌号对照表见表 A.1。

表 A.1 本部分牌号与国际标准牌号对照表

本部分	ISO 683-17:1999	ASTM A866:2001
G50Mn2	B41:56Mn4	1552
G42CrMo	B43:43CrMo4	B43:43CrMo4

ICS 27.180
F 11

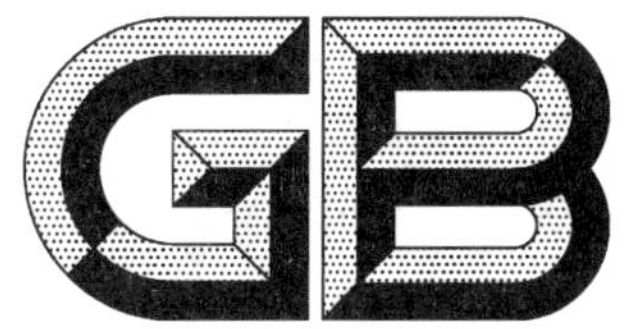

中华人民共和国国家标准

GB/T 30966.1—2014/IEC 61400-25-1:2006

风力发电机组　风力发电场监控系统通信 第1部分:原则与模型

Wind turbines—Communications for monitoring and control of wind power plants—Part 1: Overall description of principles and models

(IEC 61400-25-1:2006, Wind turbines—Part 25-1: Communications for monitoring and control of wind power plants—Overall description of principles and models, IDT)

2014-07-24 发布　　2015-01-01 实施

中华人民共和国国家质量监督检验检疫总局
中国国家标准化管理委员会　发布

前　言

GB/T 30966《风力发电机组　风力发电场监控系统通信》分为6个部分：

——第1部分：原则与模型；

——第2部分：信息模型；

——第3部分：信息交换模型；

——第4部分：映射到通信规约；

——第5部分：一致性测试；

——第6部分：状态监测的逻辑类和数据类。

本部分为GB/T 30966的第1部分。

本部分按照GB/T 1.1—2009给出的规则起草。

本部分使用翻译法等同采用IEC 61400-25-1:2006《风力发电机组　第25-1部分：风力发电场监控系统通信　原则与模型》。

与本部分中规范性引用的国际文件有一致性对应关系的我国文件如下：

——GB/T 18451.2—2012　风力发电机组　功率特性试验(IEC 61400-12-1:2005,IDT)；

——GB/T 30966(所有部分)　风力发电机组　风力发电场监控系统通信[IEC 61400-25(所有部分)]。

本部分做了下列编辑性修改：

——将标准名称改为“风力发电机组　风力发电场监控系统通信　第1部分：原则与模型”；

——将“IEC 61400-25-1”改为“本部分”；

——将“IEC 61400-25-2”改为“GB/T 30966.2”；

——将“IEC 61400-25-3”改为“GB/T 30966.3”；

——将“IEC 61400-25-4”改为“GB/T 30966.4”。

本部分由中国机械工业联合会提出。

本部分由全国风力机械标准化技术委员会(SAC/TC 50)归口。

本部分起草单位：北京科诺伟业科技有限公司、中国科学院电工研究所、保定科诺伟业控制设备有限公司、新疆金风科技股份有限公司。

本部分主要起草人：鄂春良、武鑫、赵斌、赵栋利、姚红菊、许洪华、马蕊、李宏宇、王相明。

IEC 引言

IEC 61400-25 的使用者主要是风电场的投资商(设备制造商、供应商)、运营商、业主(所有者)、规划人员及设计人员,还有风电市场上的系统集成商和电力公司。IEC 61400-25 旨在作为风电场通信领域的国际标准被全球接受和使用。

IEC 61400-25 的开发目的是为风电场监控提供统一的通信基础。IEC 61400-25 定义了风电场的特定信息、信息交换机制以及通信协议的映射。在这方面,IEC 61400-25 规定了在独立于制造商环境下的与风电场部件交换可用信息的详细要求。这些要求在 IEC 61400-25 中给出了定义或引用其他标准。

风电场特定信息描述关键的公共过程及配置信息。信息是分级构成的,包括风轮、发电机、变流器、电网连接等公用信息。信息可以是简单的数据(包括时间戳和品质)和配置值,也可以是更全面的属性及描述性信息,例如工程单位、范围、描述、引用、统计或历史信息。在 IEC 61400-25 中定义的风电场所有信息都有名称标签,并给出了每个数据的简要含义。标准化的风电场信息可以通过命名空间扩展规则来扩展。所有数据、属性以及描述性信息可以通过相应服务进行交换。

执行 IEC 61400-25 允许 SCADA 系统(数据采集与监控系统)与来自多个供应商的风力发电机组进行通信。标准化的自描述(包含在一个 XML 文件或者从设备上在线获取)可以用来配置 SCADA 应用程序。标准化的 SCADA 应用程序不包含在 IEC 61400-25 中,但是标准化的公用风力发电机组信息提供了重新利用应用程序的方法和来自不同供应商的风力发电机组操作界面。从实用来看,公用数据的统一定义使得评估和比较所有的风电场的数据值的转换和重新计算工作减到最少。

IEC 61400-25 可以用于任何形式的风电场,例如单台风力发电机组、多台风力发电机组以及多个集群的风力发电机组。IEC 61400-25 的应用领域包括风电场运行需要的各个方面,例如不仅是风力发电机组,还有气象系统、电力系统以及风电场管理系统。IEC 61400-25 中的风电场特定信息不包含与馈线和变电站相关联的信息。变电站通信包含在 IEC 61850 中。

IEC 61400-25 的目的是在任何位置都能使来自不同供应商的部件同其他部件通信。面向对象的数据结构使得风电场大量信息的操作和处理更省时和有效。IEC 61400-25 支持可扩展、连接和互操作。

IEC 61400-25 是风力发电机组和 SCADA 系统为缔约双方的简约合同的基础,使风电场的关键信息、信息交换方法和通信堆栈标准化。这些构成了编写采购规范和合同可以参照的基础。

IEC 61400-25 由几个部分组成。IEC 61400-25-1 包括引言、关键要求及建模指南。

注 1:IEC 61400-25 的性能实现要看具体应用。IEC 61400-25 不要求具体的性能级别,这在 IEC 61400-25 的范围之外。然而,在通信技术中没有潜在的限制来阻止高速应用(毫秒级的响应)。

注 2:IEC 61400-25-1(本部分)出版时,IEC 61400-25-4 还没有出版。在 IEC 61400-25-4 中将详细描述/定义信息模型和信息交换模型映射到具体的通信协议。IEC 61400-25-4 可以由多于一个的映射规范组成,但至少选择一个可选择的映射与 IEC 61400-25 标准保持一致。

IEC 61400-25-4 不包括以下映射:

网页服务

IEC 61850-8-1 MMS

OPC XML DA

IEC 60870-5-104

DNP3

每个不同映射分别详细说明了支持的信息模型(IEC 61400-25-2)和信息交换模型(IEC 61400-25-3)以及如何

支持这些模型。这些映射只会反映 IEC 61400-25-2 和 IEC 61400-25-3 中的信息模型和信息交换服务。单独选择的映射将作为强制性数据和数据属性以及关联服务的最低支持。由于实现的原因或由于所使用通信协议的内在属性等原因,特定映射可能需要在 IEC 61400-25-2 和 IEC 61400-25-3 中扩展和澄清单独的信息或服务。IEC 61400-25-4 在实现上有最高的优先级。

风力发电机组　风力发电场监控系统通信
第1部分:原则与模型

1　范围

IEC 61400-25(所有部分)关注的是风电场中各组成部分(如风力发电机组)和参与者(如SCADA系统)之间通信的一般性要求。风电场各部分自身内部通信不在适用范围之内。

IEC 61400-25(所有部分)设计了客户-服务器模型支持的通信环境,定义了以下3个方面的内容,并分别进行建模来保证实现的可扩展性:

1) 风电场信息模型;

2) 信息交换模型;

3) 信息模型和信息交换模型映射到标准通信规约。

风电场信息模型和信息交换模型在客户端和服务器端之间构成一个接口。作为访问风电场数据的解释框架,风电场信息模型通过服务器向客户端提供统一的、基于部件的风电场数据。信息交换模型反映了服务器的全部有效功能。IEC 61400-25(所有部分)使得不同客户与来自不同制造商和供应商的服务器之间的访问具有通用性。

如图1所示,IEC 61400-25(所有部分)定义的服务器包含如下几个方面:

——由风电场部件提供的信息,如"风力发电机组风轮转速"或"某一确定时间内总的发电量",这些信息被模型化,并可被有效访问。模型化的信息在GB/T 30966.2信息模型中被定义。

——模型化信息值的交换服务,在GB/T 30966.3信息交换模型中定义。

——映射到通信规约,提供一个协议栈从模型化信息中获取交换值(在GB/T 30966.4中定义)。

IEC 61400-25(所有部分)仅定义了如何模型化信息、信息交换并映射到具体通信协议,不包含如何、在何地去实现通信接口、应用程序接口以及实现的建议。然而,IEC 61400-25(所有部分)的目的是通过相应的逻辑设备得到与单一风电场部件(如风力发电机组)相关的信息。

GB/T 30966的本部分规定了IEC 61400-25(所有部分)的使用原则与模式的一般性规定。

注:IEC 61400-25(所有部分)关注的是一般的、非特定供应商的信息。那些特定供应商的实现起来变化很大的信息项可以在双边协议、用户组或者IEC 61400-25的修正案中详细说明。

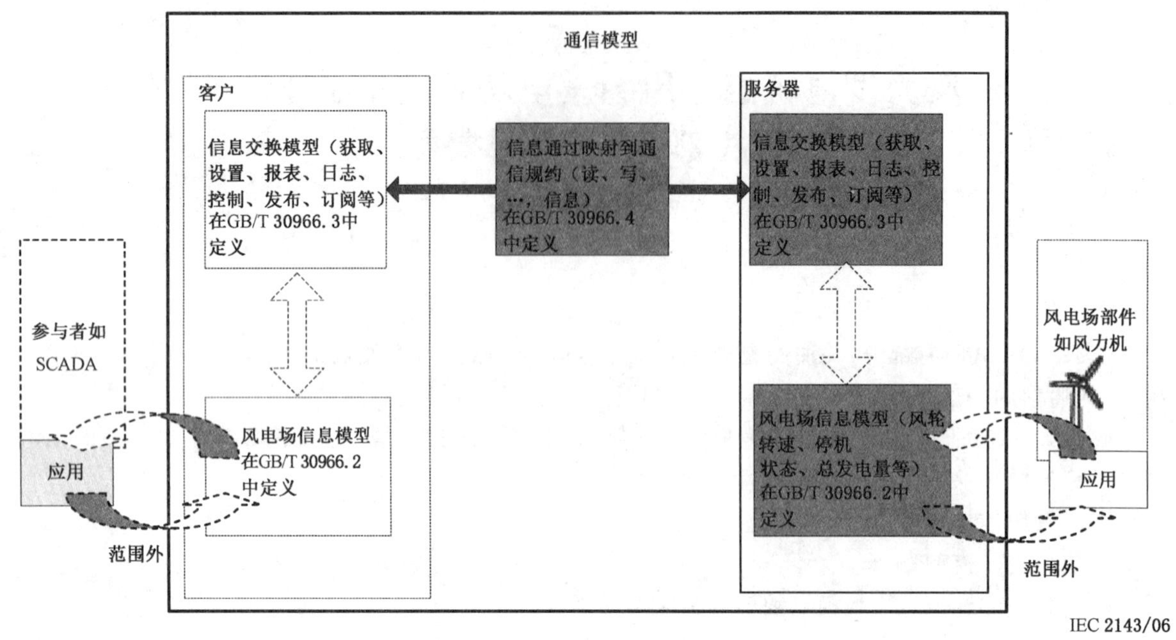

图 1 通信模型概念

2 规范性引用文件

下列文件对于本文件的应用是必不可少的。凡是注日期的引用文件，仅注日期的版本适用于本文件。凡是不注日期的引用文件，其最新版本(包括所有的修改单)适用于本文件。

DL/T 860.71—2006 变电站通信网络和系统 第7-1部分：变电站和馈线设备的基本通信结构 原理和模型(IEC 61850-7-1:2003，IDT)

DL/T 860.72—2004 变电站通信网络和系统 第7-2部分：变电站和馈线设备的基本通信结构 抽象通信服务接口(ACSI)(IEC 61850-7-2:2003，IDT)

DL/T 860.73—2004 变电站通信网络和系统 第7-3部分：变电站和馈线设备的基本通信结构 公用数据类(IEC 61850-7-3:2003，IDT)

DL/T 860.74—2006 变电站通信网络和系统 第7-4部分：变电站和馈线设备的基本通信结构 兼容逻辑节点类和数据类(IEC 61850-7-4:2003，IDT)

DL/T 860.81—2006 变电站通信网络和系统 第8-1部分：特定通信服务映射(SCSM)对MMS(ISO 9506-1和ISO 9506-2)及ISO/IEC 8802-3的映射(IEC 61850-8-1:2004，IDT)

IEC 61400-12-1 风力发电机组 第12-1部分：风力发电机组 功率特性测试(Wind turbines—Part 12-1: Power performance measurements of electricity producing wind turbines)

IEC 61400-25(所有部分) 风力发电机组 第25部分：风力发电场监控系统通信(Wind turbines—Part 25:Communications for monitoring and control of wind power plants)

ISO 7498-1:1994 信息技术 开放式系统互联 基本参考模型：基本模型(Information technology—Open systems interconnection—Basic reference model:The basic model)

3 术语和定义

下列术语和定义适用于本文件。

3.1

参与者　actor

监视和控制风电场行为，而不直接运行发电的系统，如数据采集与监控系统（SCADA）。

注：还有一些其他命名，如中央管理系统、监控系统、远程控制系统等。

3.2

报警　alarm

风电场状态信息。由风力发电机组控制系统干预的安全声明（即 on/off）。

3.3

特征值　characteristic values

模拟量信息的属性（最小值、最大值、平均值、偏差值等）。

3.4

命令　command

系统行为的控制数据（使能/禁止、有效/无效等）。

3.5

通信功能　communication function

参与者用来配置、执行和监视与风电场的信息交换，例如运行和管理功能。

3.6

控制　control

用于改变、修改、插入、切换、控制、参数化以及风电场优化的运行功能。

3.7

计数值　counting value

某一特定事件出现的总数。

3.8

数据获取　data retrieval

用于采集风电场数据的运行功能。

3.9

诊断　diagnostics

用于设置和提供通信系统自监视的管理功能。

3.10

电力系统　electrical system

风电场的一部分，用于接入并输送风力发电机组产生电能的系统。

3.11

事件　event

状态的改变（如状况、报警、命令等）。

3.12

智能电子设备　intelligent electronic device；IED

含有一个或多个处理器，并具有从外部发射器接收数据或向外部接收器发送数据能力的装置。

注：例如风力发电机组控制器。一个 IED 可以作为客户、服务器或者两者共同与其他 IED 进行连接。

3.13

信息　information

通信的内容。基础元素是来自风电场各组成部分的原始数据，这些数据依据本部分处理成特定的信息。风电场信息类型：源信息（模拟量和状态信息）和派生信息（统计和历史信息）。信息被定义为数据（通常是经过处理和派生的数据，以及描述其他数据的信息）。

3.14

信息交换 information exchange

两个系统间的通信过程，例如风电场部件和参与者之间的通信，其目的是提供和获取相关信息。需要具体通信功能，由一个或多个服务组成。

3.15

信息模型 information model

与功能和实现这些功能的设备有关的知识。

注：通过本部分的方法，知识是可见和可得的。模型是通过抽象方式描述面向通信的真实功能或设备。

3.16

日志 log

风电场历史信息。一定周期内的源信息顺序列表。

3.17

记录 logging

一种操作功能。通常按照时间顺序连续记录数据。记录的结果是日志。

3.18

逻辑设备 logical device

代表一组典型风电场功能的独立实体。

3.19

管理功能 management function

某一确定级别上的信息交换的管理需求。管理功能包括用户访问管理、时间同步管理、诊断以及配置等。

3.20

强制 mandatory

定义的内容应遵从 IEC 61400-25。

3.21

测量数据 measured data

包含相关数据属性(如时间戳和数据品质)的过程量的采样值。

3.22

气象系统 meteorological system

风电场部件，负责监测周围环境参数(如风速、风向、气压、温度等)的系统。其提供的数据有多种用途，例如利用气象数据进行单台风力发电机组电能输出与潜在可用风能之间的相关分析。

3.23

监视 monitoring

一种运行功能，用于本地或远程观测系统或过程随时间的任何改变。这一术语同样也可以用于一个数据值或者一组数据值的行为观测。

3.24

运行功能 operational function

获取信息和向风电场发送日常运行指令的功能。类型包括：监视、记录、报告、数据获取、控制。

3.25

可选 optional

定义的内容可以选择性地遵从 IEC 61400-25。

3.26

参数　parameter

用于获取或校正系统行为的可控信息。

3.27

过程数据　processed data

依照计算方法属性处理的具有相关数据属性(如时间戳和品质)的测量值。

3.28

规约　profile(s)

采用特定协议来传送数据对象或命令等的格式。

3.29

协议栈　protocol stack

计算机网络协议簇的特殊软件实现。协议栈和协议簇经常交替使用。严格意义上来讲,簇是协议的定义,堆栈是协议的软件实现。

3.30

报表　report

由功能报告发送的实际信息。报表可以包含 GB/T 30966.2 定义的所有种类的信息。

3.31

报告　reporting

由服务器应用程序启动的从服务器传送数据到客户的运行功能。

3.32

数据采集与监控系统　supervisory control and data acquisition;SCADA

基于处理单元的系统,用于从 IED 处接收信息、决定控制要求以及发送命令到 IED。例如,调度人员使用的用来监控服务器或控制区域内电力分布的计算机系统。

3.33

状态　status

部件或系统的状况条件(状态 1/状态 2/…/状态 n)。

3.34

统计信息　statistical information

在数据集上应用统计算法以得到最小、最大、平均标准偏差等的结果。

3.35

计时数据　timing data

特定状态的持续时间。

3.36

时间同步　time synchronisation

同步是使发生的事件在时间上协调一致。这一过程可以是在一个并行时间范围内事先安排好的,或者这些事件被看到是同时发生的。

3.37

三相数据　three phase data

具有相关数据属性(如时间戳、品质以及计算方法)的三相电路中的测量值。

3.38

短时日志　transient log

短时周期内事件驱动的高分辨信息的时间序列列表(事件驱动报表)。

3.39

用户/访问管理　user/access management

用于设置、修改、删除用户(管理职能)、分配访问权限(管理职能)以及监视访问的管理功能。

注：管理功能不一定包括通信服务。

3.40

风电场　wind power plant

由一些技术子系统组成的完整系统，这些子系统在 IEC 61400-25(所有部分)中被称为风电场部件，如一台或多台风力发电机组。

注：风电场的主要目标是实现风能发电。

3.41

风电场模拟量信息　wind power plant analogue information

与某一部件或系统的实际状况或行为相关的连续信息。

注：例如类型有测量值、处理值、三相值、设置点、参数。

3.42

风电场部件　wind power plant component

风电场运行过程中应用的技术系统，例如风力发电机组、气象系统、电力系统和风电场管理系统。

3.43

风电场管理系统　wind power plant management system

风电场部件，负责保证整个系统自身能够适应静态和动态条件与电力连接的要求(即，风力发电机组与变电站以及其他电力系统相关设备配合运行)。

注：一个风电场管理系统可以包含其他没有在本部分中模型化的功能(例如，塔影控制功能、噪音或声音减少、冰冻警告、雷电保护)。

3.44

风力发电机组　wind turbine

风电场的主要部件。其主要功能是发电，即将风的动能转化为电能。

4　缩略语

下列缩略语适用于本文件。

ACSI	抽象通信服务接口(在 DL/T 860.72—2004 中定义)
CDC	公用数据类
DC	数据类
DNP3	分布式网络协议版本 3
IED	智能电子设备
IEM	信息交换模型
LCB	日志控制块
LD	逻辑设备
LN	逻辑节点
O&M	运行与维护
OSI	开放系统互连
RCB	报表控制块
SCADA	数据采集与监控系统
SCSM	特定通信服务映射(在 DL/T 860.81—2006 中定义)

WPP	风电场
WT	风力发电机组
XML	扩展标记语言

5 总则

5.1 一般规定

IEC 61400-25(所有部分)的主要目的是建立不依赖于制造商的监控系统的通信标准。风电场部件的制造商和供应商在各自的设备和系统中应执行 IEC 61400-25(所有部分)。

本章给出了 IEC 61400-25(所有部分)的背景、模型、模型化方法以及应用可能性的一般规定。

5.2 给出了风电场概览并显示了 IEC 61400-25(所有部分)可以应用的区域,解释了在术语“风电场”下需要理解的事物、需要区分的操作概念以及风电场运行需要哪些部件。

5.3 给出了风电场监控系统框架内发生的通信要求,规定了风电场应具有的一般通信能力以及通信需要的内容和功能。

5.4 给出了通信模型综述。介绍了作为开发 IEC 61400-25(所有部分)基础的服务器-客户通信环境和 3 类服务器-客户应用技术,举例阐明了可能的通信结构,定义了作为风电场监控标准来执行的 3 个方面。

5.2 风电场概览

5.2.1 风电场定义

风电场是由任意数量、有明确的任务区别的技术子系统组成的完整系统。在之后的论述中子系统被称为风电场部件,在 5.2.2 中描述。

5.2.2 风电场部件

风电场部件是用于风电场运行的技术系统。由不同的子部件构成,这些部件不在后续章节中加以区分。所有风电场部件都属于 IEC 61400-25(所有部分)的应用领域。

IEC 61400-25(所有部分)中信息模型化的部件包括:

风力发电机组:

——风轮;

——传动装置;

——发电机;

——变流器;

——机舱;

——偏航系统;

——塔筒;

——报警系统。

气象系统:

——风电场气象条件。

风电场管理系统:

——风电场控制。

电力系统:

——风电场并网。

风力发电机组(及其子部件)是风电场的主要部件。风力发电机组负责发出电能,完成利用某一地区风能的任务,即将风能转化为电能。

风力发电机组供应商通常向客户保证某一功率曲线和关系到能量输出的技术可利用性。为了使运行人员和业主都能验证所使用的风力发电机组达到供应商保证的功率性能,应提供特定地点风力条件的数据。

根据 IEC 61400-12-1,气象塔是一个单独的风电场部件,在后边的论述中被称为气象系统,主要被用于测量风况,例如某一地点的风速。气象系统提供的数据可以用来修正单台风力发电机组输出功率与可用风能的相关性。在此基础上可以确定某一特定风力发电机组的实际功率性能。

除风力发电机组外,风电场并网运行还需其他设备。由分散集电线路以及变电站将风电场所产生的电能收集,经合适的电网输送到最终用户。这一任务由电力系统完成。

注:所有有关变电站的电力系统问题都属于 DL/T 860 的应用范围。

另一个部件,风电场管理系统,应确保整个系统自身能适应静动态条件和电力连接要求(变电站、公用电网)。

5.3 通信的一般要求

5.3.1 通信能力

风电场被不同的外部参与者监控,例如本地或远程 SCADA 系统、本地实时内置控制系统以及电能调度中心等。

风电场监控的目的是给参与者提供整个系统及已安装部件的信息。这些信息是风电场控制的重要知识基础。例如,要停止某一台风力发电机组的运行,SCADA 系统应明确如何在总系统中识别出此部件,以及其目前所运行的状态。并且,SCADA 系统也应明确其该向哪个设备发送指令来确保相关部件如所期望的那样被控制。为了能检查命令是否被执行,SCADA 系统还需来自风电场的反馈。

这样,为能在监控框架内交换信息,风电场和外部参与者应满足一个基本前提条件:能够与外部网络通信。

因此,任何需要与其他部件和参与者交换信息的风电场部件需要装配一台智能电子设备(IED),该设备可以发送数据给外部接收器,也可以接收来自外部的数据。一台风力发电机组通常配置一台风力发电机组控制器,其主要负责风电场部件的内部监控,但也允许外部监控。

5.3.2 通信内容

信息是监控框架内的通信内容,其基本元素是来自风电场部件的原始数据。这些原始数据应被处理成特定信息。有 5 种类型的信息需要被区分,这 5 类信息对监控风电场来说是至关重要的:

——过程信息;

——统计信息;

——历史信息;

——控制信息;

——描述信息。

过程、统计和历史信息是风电场监控所需要的内容,这些信息通过风电场通信获得。过程信息反映了某些系统及部件当前的状态。统计信息通常在评价一个风电场运行方面很有用。历史信息使得在日志和报表中跟踪运行趋势成为可能。

控制信息是风电场控制需要传输的内容,例如,访问规约、设定值、参数以及命令;这些信息应首先由某些参与者传达给风电场。风电场应储存控制信息并为以后子过程通信提供这些信息。

描述信息是指对信息的类型、精度、时间和数据的描述。

5.3.3 通信功能

参与者监控风电场需要特定功能来配置、执行并监视与风电场的信息交换。这些功能分为以下两个主要类别：

——运行功能；

——管理功能。

运行功能(手动或自动)由参与者用来获取风电场的信息并发送控制指令给风电场。运行功能包括：

——监视；

——控制；

——数据获取；

——记录；

——报告。

表1给出了运行功能应用范围的概要。

表 1 运行功能

运行功能	应用范围(实际使用)
监视	用于本地或远程观测系统或过程在某一时间内的任何变化。也用于观测一个或一组数据值的变化
控制	改变、修改、插入、切换、控制、参数化以及风电场优化
数据获取	采集风电场数据
记录	记录是一种功能,用于对一系列的数据和事件按时间顺序进行记录,记录的结果称为日志
报告	报告是一种功能,用于从服务器向客户传输数据,通过服务器应用进程初始化

管理功能是信息交换更高级管理所需要的,参与者用来保护监控过程的完整性。管理功能包括：

——用户/访问管理；

——时间同步；

——诊断(自监视)；

——系统设置。

表2给出了管理功能应用范围的概要。

表 2 管理功能

管理功能	应用范围(实际使用)
用户/访问管理	设置、修改、删除用户(管理员),分配访问权限(管理员),监视访问
时间同步	在一个通讯系统内的设备同步
诊断(自监视)	该功能用于设置、提供通讯系统的自监视
系统设置功能	定义信息交换如何发生;建立、改变和接收系统设置数据

5.4 通信模型

5.4.1 一般规定

IEC 61400-25(所有部分)定义了风电场监控系统的通信模型,从抽象层面考虑了所有关于通信的要求。通信模型包含 3 个单独定义的部分：

——信息模型；

——信息交换模型；

——信息模型和信息交换模型映射到标准通信规约。

通信模型被嵌入到抽象环境中，在此环境中两个实体可通过一个公用通信通道来通信。这两个实体在后文的论述中被称为服务器和客户(见图 1)。服务器担任的是信息和服务提供者的角色，给客户提供通信所需的内容和功能。客户担任的是使用者的角色，具有一定权限来使用和管理服务器。

IEC 61400-25(所有部分)不界定实际中服务器由何种物理设备来执行及如何执行的问题，其目的是通过相应的逻辑设备获得风电场部件(如风力发电机组)的相关信息。但是，IEC 61400-25(所有部分)没有详细说明风电场信息模型中的对象是如何在服务器中分布的。

5.4.2 信息模型

风电场信息模型(见图 2)规定了在监控框架内，客户和服务器之间信息交换所需要的内容。

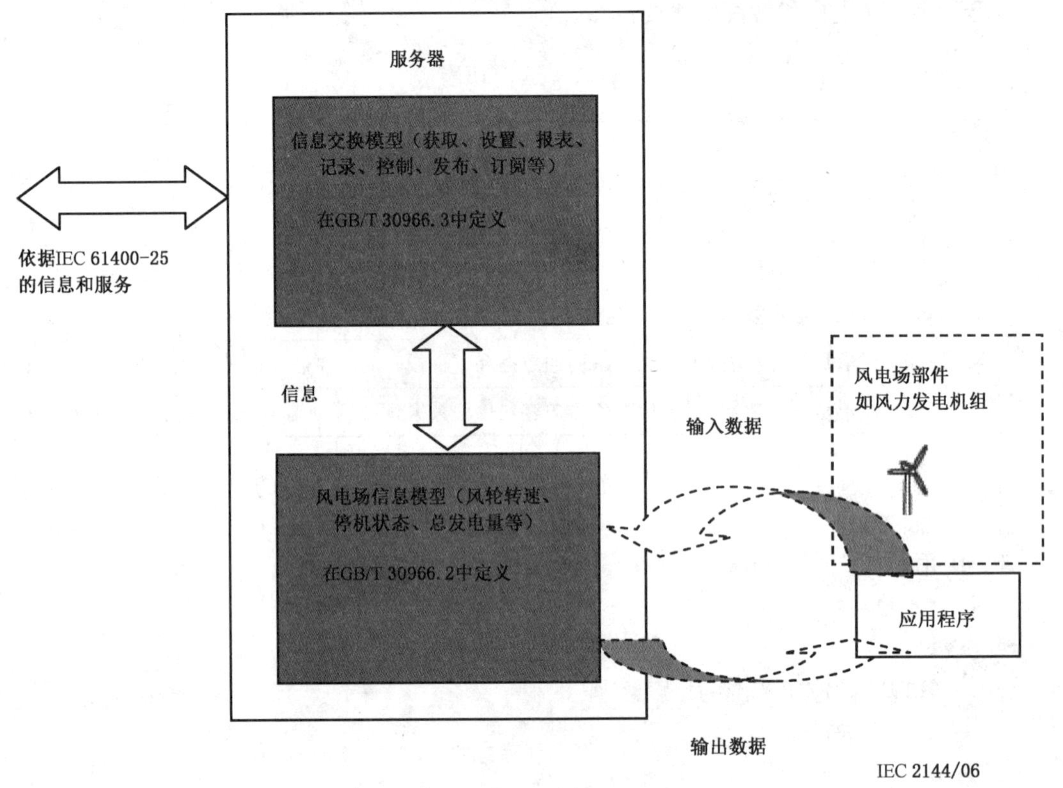

图 2 服务器的数据处理(概念层面)

这一模型被认为是标准的解释框架，通过该框架服务器可以处理风电场提供的用于外部监控的所有数据，并将这些数据处理为相关的标准语义信息，准予客户以部件导向的方法访问这些数据。

当开发风电场信息模型时，应考虑面向对象的模式。这一方法允许将风电场看作信息对象和适当的信息架构模型。

第 6 章详细描述了风电场信息模型的逻辑结构以及风电场被模拟成信息对象的方法。

IEC 61400-25(所有部分)利用对象模型的概念来表示用于通信的风电场的系统和部件。这意味着真实世界的所有部件都被视为有着诸如模拟值、二进制状态、命令以及设定点数据的对象，这些对象和数据作为风电场的信息模型被映射为真实世界部件的一般逻辑表示。

要把真实世界的部件分解为对象并产生这个对象的模型，需要识别出每个部件对象的所有数据和功能。设备中每个数据有一个名字和一个简单或复杂的类型(类)以及一个数据表达,并可以读取和更新。

与处理数字量列表不同,一个对象模型化方法允许我们为标准事物组织和定义标准名称,而不受设备制造商的限制。如果这个设备有一个轴可以读取转动速度,那么不论其供应商是谁,它们都有一个统一的名称,并可被任何能识别信息模型的客户程序所读取。

除了读取和更新过程信息,设备还包括其他的一些功能例如历史信息日志、异常能力报表、由内部或外部命令及输入控制所触发的设备内的运转情况。

所有这些条款包含了外部世界与风电场信息模型所代表的真实世界设备之间信息交换的几种类型。

5.4.3 信息交换模型和与其相关的风电场信息模型

信息交换机制依赖标准化的风电信息模型。这些信息模型以及模型化方法是 IEC 61400-25(所有部分)的核心。IEC 61400-25(所有部分)用此方法模拟如图 3 所示的概念性图解中的实际部件的信息,并定义所有可以同其他部件进行交换的可用信息。此模型为风电场自动化系统提供了一个真实世界(如电力系统过程、发电机等)的映像。

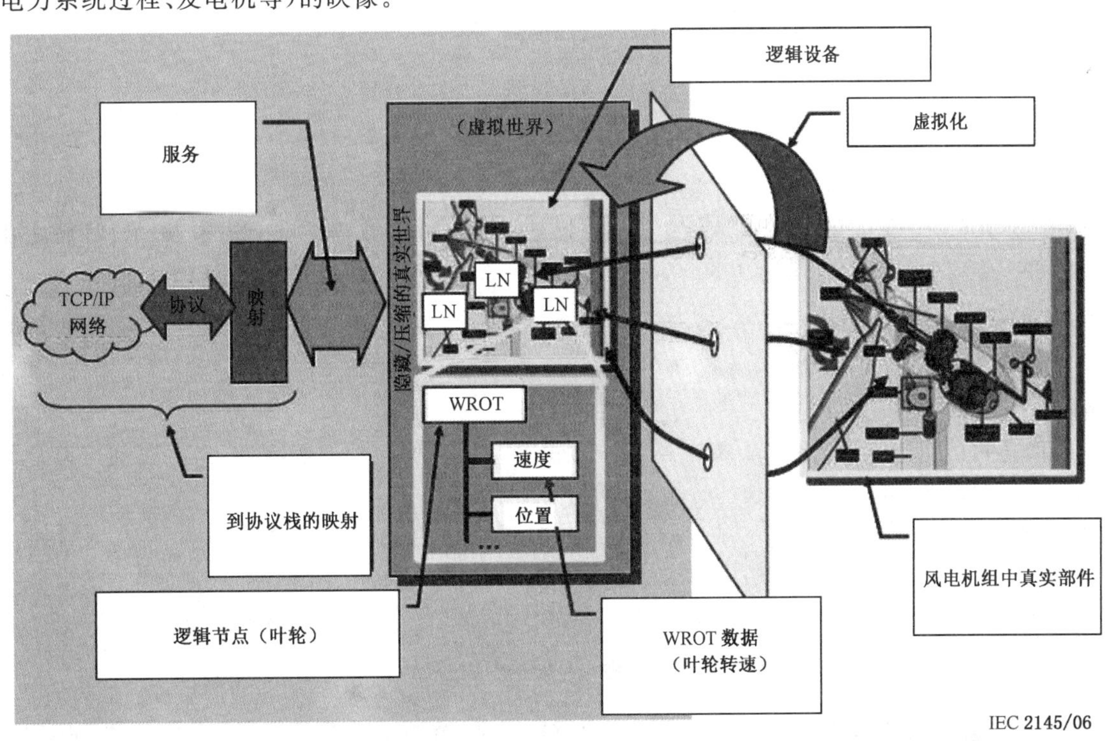

图 3 模型化方法(概念层面)

IEC 61400-25(所有部分)以独立于具体实现的方式(即使用抽象模型)定义信息和信息交换模型。IEC 61400-25(所有部分)还使用虚拟化的概念。虚拟化提供了一种与其他设备进行信息交换的真实设备的表示方法。IEC 61400-25(所有部分)对那些需要提供设备互用性的细节给出了定义。

IEC 61400-25(所有部分)的方法是将功能分解为交换信息的最小实体。专有设备(IED)的实体大小由合理分布的配置决定。这些实体被称作逻辑节点(例如风轮装置类可以虚拟表示为标准化类名 WROT),它可以从概念性应用层面来模拟和定义。逻辑节点集中在诸如代表完整风力发电机组这样的逻辑设备之中。

图 3 右侧的真实部件被模拟成图中间的一个虚拟模型。逻辑节点对应实际物理设备的功能。在这个例子中,逻辑节点 WROT 代表图右边风力发电机组的一个具体风轮。

从功能上讲，一个逻辑节点包含一组含有专用信息的数据(如风轮转速数据)。这些数据具有一定的结构和定义明晰的语义(即在风电场系统背景下的含义)。由数据表示的信息按照所定义的信息交换服务进行交换。

逻辑节点及其包含的数据对信息模型和信息交换服务是至关重要的，对风力发电机组具有互用性。

逻辑节点及其包含的数据由控制信息设定，例如参数、接受的指令、设定点范围等。

5.4.4 映射到通信规约

服务器和客户之间的信息交换要求双方有统一的通信协议。一个通信规约的特定映射定义了如何用一个具体的协议栈来实现风电场信息模型对象和信息交换模型中定义的功能和服务，例如一个完整的通信协议。GB/T 30966.4 详细说明了所应用的通信协议。

在 GB/T 30966.4 描述的协议栈映射结构参考了 OSI 参考模型(ISO 7498-1:1994)。根据 OSI 参考模型，在客户和服务器之间实现的通信被分为 7 层。其中 5、6、7 层是与应用问题有关的(通常被称为 A-规范)，较低的 4 层与数据传输问题有关(通常被称为 T-规范)。

6 风电场信息模型

6.1 一般规定

本章给出了有关风电场信息模型的详细描述，从面向对象的角度清晰地定义、构造和描述了一般风电场的相关信息。

6.2 描述了用来表示和构成相关信息的模型化方法。

GB/T 30966.2 定义了用逻辑节点来组合相关信息。并将公用数据类定义为包含风电场特定信息属性的构件。这部分还含有从 DL/T 860.73—2004 继承而来的公用数据类。

6.2 信息模型化方法

6.2.1 风电场信息

为模型化目的，信息可以是逻辑节点、数据或数据属性。数据包含数据属性，这些属性可以是数值(测量值、状态、设定点等)、附属名、时间、品质、精度、单位等。

风电场包含不同类型的信息。除了源数据，风力发电机组控制器通常可以派生大量附加信息(10 min平均值、报警、日志、计数器、定时器等)。这些有价值的信息在本地存贮，可以用于今后的使用或分析。表 3 显示了不同信息类型之间的关系以及 IEC 61400-25(所有部分)将要用到的定义。

表 3 风电场信息种类

类别		描述
过程信息		
状态信息		有关部件或系统当前状况或行为的离散信息
	状态	一个部件或系统的状况(状态 1/状态 2/…/状态 n)
	报警	安全介入的声明，如风力发电机组控制系统介入的安全声明
	事件	状态变换(状态、警报、命令)
模拟信息		有关部件或系统目前状况或行为的连续信息
	测量数据	过程量化(采样)值
	过程数据	经过处理的测量值(10 min 平均…)
	三相数据	三相电量的测量值

表 3（续）

类别		描述
控制信息		
控制信息		有关部件或系统目前状况或行为的离散信息
	命令	系统行为的可控状态（使能/禁止、有效/无效等）
	设置点	过程量化的参考值
	参数	系统行为的可控值（调整值）
派生信息		
统计信息		对一组数据应用统计算法得出的结果
	计时数据	特定状态的总持续时间
	计数数据	特定事件发生的总数
	特征数据	信息或观测数据的属性（最小、最大、平均、标准、偏差等）
历史信息		与已逝去时间有关的信息
	日志	特定时间段内按时间排序的事件
	短时日志	短时间段内高分辨率源信息的事件驱动的时间序列列表
	报表	报表控制块中所需的包含表示状态和数据信息的周期性通知

6.2.2 模型化方法

由于所有在表 3 中列出的信息种类都包含自己的格式和属性，因此不得不定义通用的风电场信息模型。这一自上而下的模型结构是分级的，并基于定义在 DL/T 860.71—2006 第 6 章（DL/T 860 的模型化方法）中的模型化方法，其基准在 DL/T 860.72—2004 第 5 章中描述。分级的意义在于将不同层次的公用信息加以区分并组合成类。底层类会自动继承高层类的属性。图 4 概述了风电场信息模型的结构，每一层结构都会更加详细地进行分别论述。

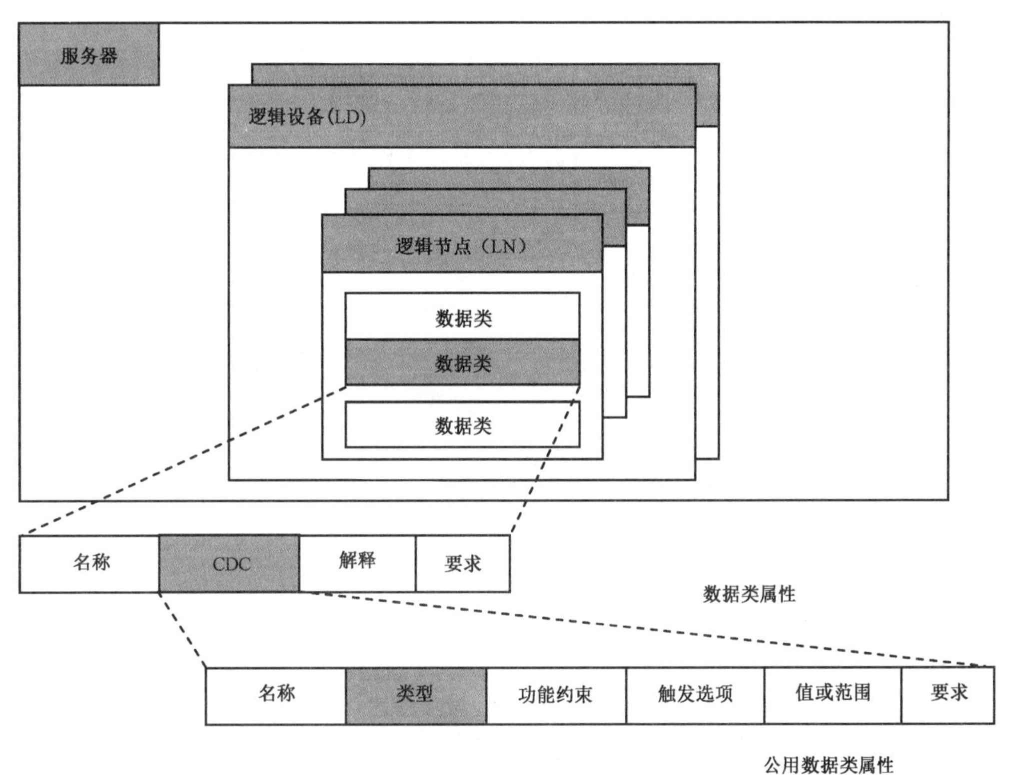

图 4 风电场信息模型的结构

最高层被称作逻辑设备(LD),它被分解为逻辑节点(LN)。一个逻辑节点包含一个相关数据集,称作数据类(DC)。每个数据类继承一个属性集,正如称为公用数据类所定义的那样分配其属性。一个公用数据类包含一个数据记录集。最基本的数据详情可在公用数据类的类型定义中找到。

6.2.3 逻辑设备

一台服务器主机至少是一个逻辑设备。例如,IEC 61400-25(所有部分)可把一个逻辑设备分配给风电场的特定风力发电机组。因此一个逻辑设备包含属于这台风力发电机组的特定逻辑节点集。逻辑节点零(LLN0)被指定提供关于逻辑设备的公用信息(如逻辑设备铭牌和健康状态),逻辑节点物理设备(LPHD)表示该逻辑设备对应物理设备的公用数据(如物理设备铭牌和健康状态)。

6.2.4 逻辑节点

在一个逻辑设备中,所有风力发电机组信息分布在称为逻辑节点的不同"容器"中。IEC 61400-25(所有部分)详细说明了风电场特定逻辑节点类集(GB/T 30966.2),其中一些是强制的(在表中用"M"表示),其他是可选的(在表中用"O"表示)。逻辑节点和数据类及其扩展名的基本使用规则在DL/T 860.74—2006的附录A和DL/T 860.71—2006的第14章中定义。特定逻辑节点是指风力发电机组分解成功能系统(如风轮、传动装置、发电机、偏航系统等)产生,但是公用信息集也可以用逻辑节点(LN)表示(如报警日志、事件日志等)。风电场特定逻辑节点的名称应该是唯一的,并始终以"W"开头,后边是3个表示内容的大写字母。

逻辑节点数据由被命名的有着简单或复杂类型的属性来表示(如32位整数或复杂结构变量由被命名的简单或复杂部件类型组成)。在第一代风电场通信中,这些数据可能会被表示为具有相同类型的线性的存储映像地址空间。在这个模型中,数据被命名并具有适合表示底层数据的任何类型。数据存储和管理计划的具体内部组织和实现独立于外部世界。

在逻辑节点内部,信息由数据类详细描述。所有逻辑节点都有一个标准化的、相似的表结构,见表4。表4表示和设想了逻辑节点的不同数据类属性。

表4 逻辑节点(LN)的通用表结构

W×××类			
属性名	属性类型	解释	M/O
数据			
公用信息			
数据类名	CDC	描述和范围	
状态信息			
数据类名	CDC	描述和范围	
模拟信息			
数据类名	CDC	描述和范围	
控制信息			
数据类名	CDC	描述和范围	

为方便起见,逻辑节点的所有信息都根据表3中的风电场信息分解图来分类。

逻辑节点的所有数据类属性在表5中简要说明。

表 5 逻辑节点的数据类属性

数据类属性	描述
属性名	数据类名
属性类型	公用数据类定义了公用数据属性。公用数据类(CDC)在 GB/T 30966.3 定义
解释	数据类内容的简短说明
要求	M:强制,O:可选

如果一个可选逻辑节点被使用,那么它的强制(M)数据类属性也将被使用。可选的(O)数据类属性根据用户需要来选择。

7 风电场信息交换模型

7.1 一般规定

本章给出了信息交换模型(IEM)的概要,客户和服务器通过信息交换模型获得第 6 章定义的风电场信息模型的内容和结构。

7.2 信息交换模型化方法

7.2.1 风电场信息交换

GB/T 30966.3 定义的风电场信息交换模型的主要目的是交换不同类的实例化信息模型提供的信息,如逻辑节点、数据、数据属性或控制块。IEM 定义的服务器可以提供:

——风电场信息模型的实例;

——客户访问实例化信息模型所需要的功能,包括相关的服务(获取、设置、控制、查询、报表等)。

IEC 61400-25(所有部分)只定义了服务器角色。客户通过发送请求信息向服务器提出服务请求,并从服务器接收响应信息或报表。

一个服务器为多个客户提供访问风电场信息模型实例的服务,如图 5 所示。每个客户可以独立于其他客户与服务器进行通信。

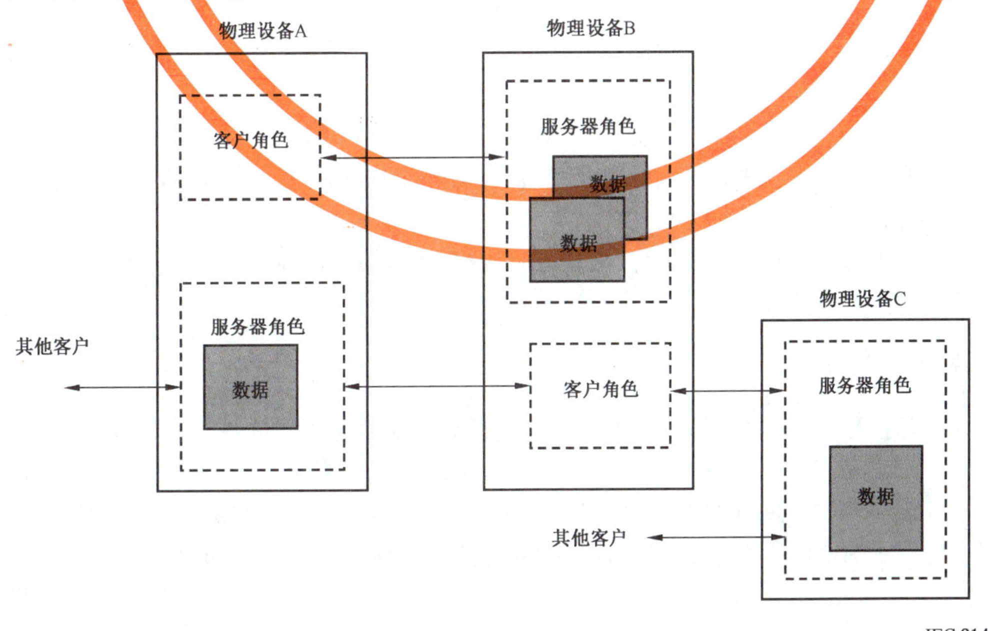

图 5 客户和服务器角色

如图 5 所示，物理设备可以履行客户或服务器职责，或者同时履行两种职责。

客户的角色是与服务有关的服务器形成互补。

注：IEC 61400-25(所有部分)没有定义任何应用程序接口——它既不在服务器中也不在客户中。它定义了服务器中包含信息的外部可见视图，以及这些信息如何发送和接收。

7.2.2 服务模型

服务器中的风电场信息模型支持访问服务，如图 6 所示。

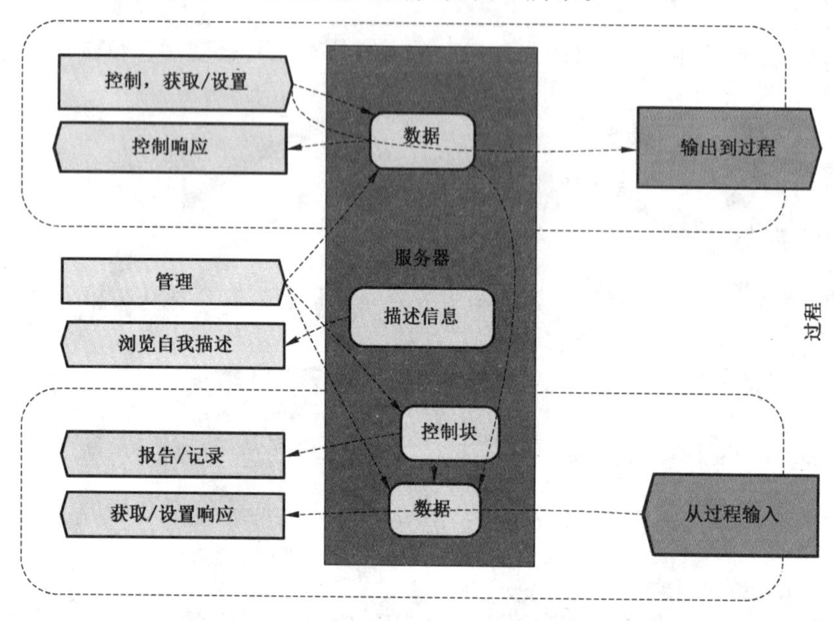

图 6 IEM 服务模型

服务器的主要任务是提供组成风电场信息模型的数据。这些数据属性包含用于信息交换的数值。IEM 提供下列服务：

——外部运行设备或内部设备的控制功能；

——过程和过程数据的监视；

——检索风电场信息模型的管理设备。

可以通过获取、设置、即时操控控制等服务来访问包含在服务器中的风电场信息模型数据实例(返回信息、设置数据值、控制设备或功能)。

报告和记录的含义是服务器内部事件(报告)引发的自动从服务器向客户发送信息或者是在服务器中存储这些信息用于之后的检索(记录)。

7.2.3 抽象通信服务接口

用于完成外部世界和真实世界设备不同部件之间信息交换的通信接口基本服务集被称为抽象通信服务接口(ACSI)。这些服务的基本方法在 DL/T 860.71—2006 和 DL/T 860.72—2004 中有详细描述。DL/T 860.71—2006 中的表 6 描述了 ACSI 模型和服务。下面给出了在特定风电场语境下的服务。

图 7 用图阐明了 ACSI 模型的各种不同部件，并阐述一台典型设备如何通过这些服务与外部相互作用。

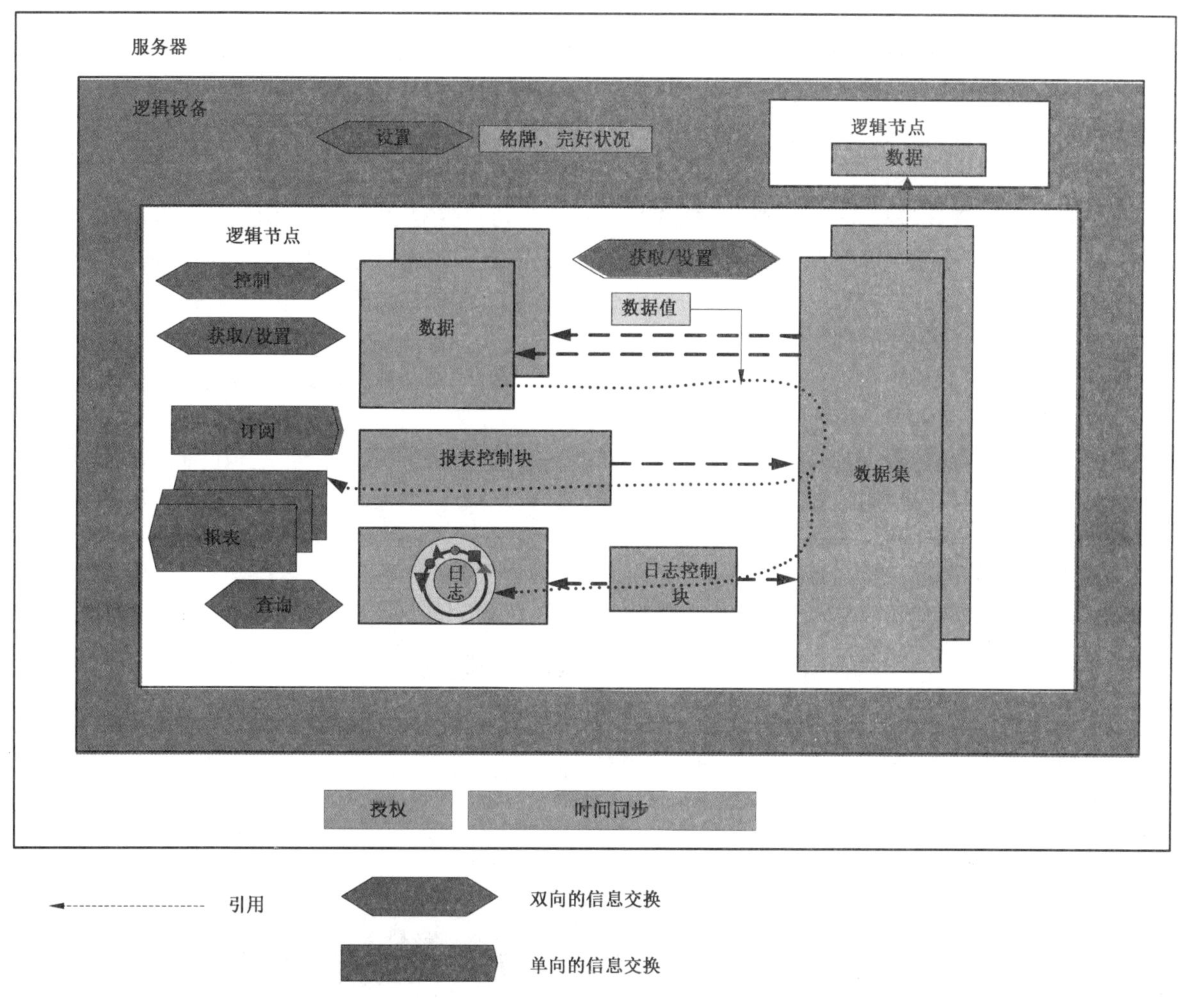

图 7 风电场信息交换的概念模型

具有通信接口的物理设备表示一台服务器。服务器拥有一个通信网络地址，外部客户可以通过网络进行访问。服务器可以接受一个或多个外部客户的连接，并且可以验证这个连接，支持向客户提供信息的服务。服务器包含一个或多个逻辑设备，每个逻辑设备含有一个或多个逻辑节点，每个逻辑节点代表一个基本构件(对象)，每个对象代表逻辑设备的不同功能。逻辑节点包含数据，这些数据可以被单独和成组(数据集)写入或读取，逻辑节点对控制输入做出响应，提供请求的和未请求的报表，并含有可以被查询的日志。这种表示法是通用的，并且提供强大的服务功能，可用来表示任何具有通信接口的实体设备。

获取/设置和控制服务，用于在逻辑节点中读(获取)和写(设置)数据。模拟信息和状态信息通常是只读的。控制和配置信息一般可以读也可以写。提供的服务应便于理解，易于使用，例如操作控制应用程序之前的选择服务。

除了单个命名数据，还可以定义数据的集合(数据集)并给其命名。该功能用于创建、删除和列出数据集等服务，并可以获取和设置数据集的值。这种任意组合能力使得客户可以定义经常需要的数据属性集，并使用唯一名称的简单获取操作就能检索这些数据属性。

数据集是逻辑节点中两种信息交换机制(报告和记录)的关键。大多数物理设备都有某种内部记录机制。这些日志可以包含数据值的周期性记录，以及由于一些量超出某一阈值、或者一些其他触发机制而引发数值改变时记录下来的数据。同样，在与上述描述记录环境相似的情况下，物理设备能够直接发送某种报告给一个预定的客户。在 ACSI 模型中，报告或记录获得的信息用数据集表示。这一方法使得记录和报告的规则以更简洁和有效的方式被详细定义。

记录和报告的规则在日志控制块(LCB)和报表控制块(RCB)中分别定义。每个日志有一个相关的LCB,每个报表也有一个相关的RCB。LCB或RCB定义了进入日志或报表的规则。这些规则决定了哪个或哪些数据集在何种情况下被包括在内。这一方法提供了一个功能强大而灵活的记录和报告信息的方式。

日志通常是物理设备很重要的方面。这些日志的产生可以说是物理设备(例如状态监控设备)的核心功能,或者被用于诊断信息。日志是按时间排序组合成被定义为数据集的集合。提供的服务允许外部客户从部分或全部日志中检索信息。该功能通过查询带有筛选功能的日志方法来完成,筛选功能指定关注的时间范围和要检索的命名属性。

提供的服务允许客户订阅在设备中已经定义的报表。如果通信暂时中断,这些报表可以进入缓冲区,当通信再次建立后所有的报表仍可以发送给客户。

此综述使用ACSI方法阐明了一个物理设备的核心信息交换能力。关于ACSI的更详细描述,可参阅DL/T 860.71—2006和DL/T 860.72—2004。

7.2.4 服务模型化惯例

服务一般被定义为:

——一组信息定义的规则,目的是让接收者可以清楚地理解从对方发送来的信息;

——服务请求的参数、结果和错误都可能返回给服务请求者;

——约定的动作被服务执行(或对过程有影响)。

IEM的基本概念如图8所示。

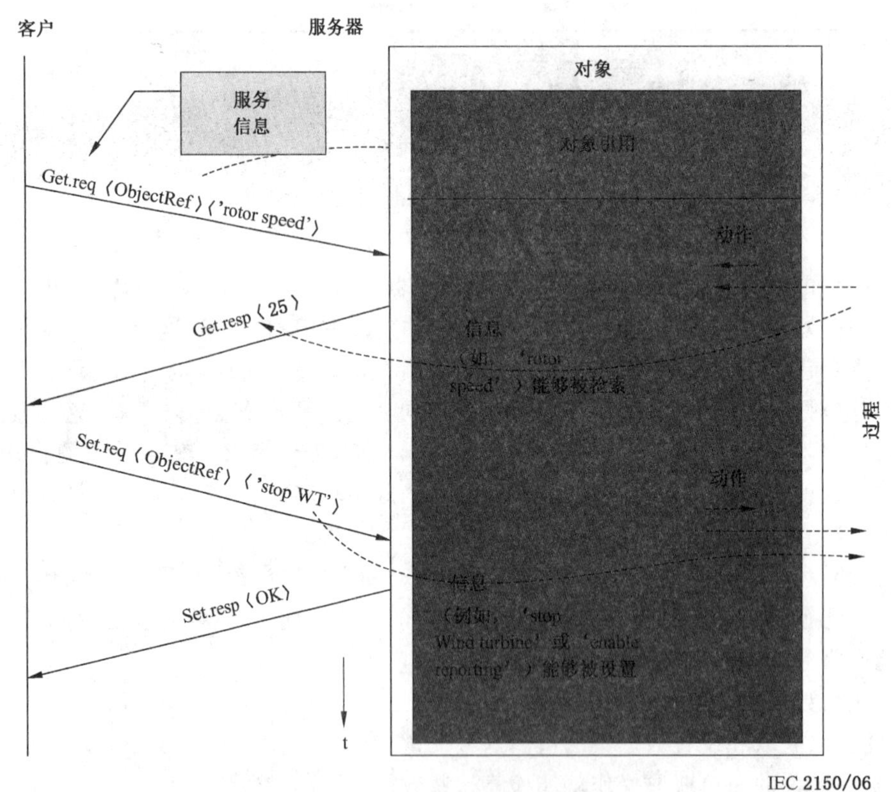

图8 IEM服务模型示例

所有的服务都基于3个信息基本元素:请求、积极响应和消极响应。请求基元用于客户向服务器发出服务呼叫,响应基元允许服务器返回信息给客户。积极响应基元表示约定的服务动作已经执行或将要执行，而消极响应基元表示没有执行或不会执行的动作。一个信息基元可以有许多参数，对于响应基元来说就称作结果和错误。

每个特定服务都由一个或多个服务表定义。服务表总结了处理一个特定基元所需要的参数，见表 6。

表 6 服务表

参数名
请求
参数 1…
参数 *n*
响应＋
参数 1…
参数 *n*
响应－
参数 1…
参数 *n*

注：GB/T ××××.3 定义的服务表没有显示具体接口实现需要的所有参数，例如，参数"关联"或"重传时间"没有在服务表中描述。这些表是抽象的——本地问题和具体协议问题没有显示。对于理解服务的语义和行为来说，这些具体问题是不需要的。

本部分抽象地描述了每个参数和参数对于服务过程的影响。

服务请求/响应基元(报文)的顺序如图 9 所示。

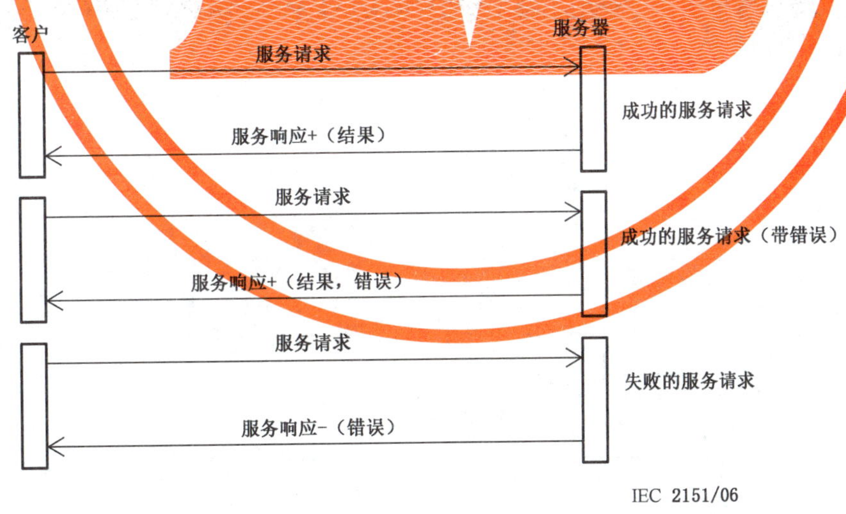

图 9 顺序图

报文在信息对象(的属性)上进行操作。可以被实例化的对象有两类：

1) 风电场信息模型类，例如第 6 章中所定义的逻辑设备、逻辑节点、数据以及数据属性(主要表示过程数据，如"风轮转速"或"停止风力发电机组")；
2) 各种不同(公用)控制块，如报告和记录控制块。例如，报告控制模块可以通过设定属性开始或停止报告值。

本条款中所描述的报文是概念性的——用于理解 IEM。

注：具体报文可以由一些众所周知的符号所定义，例如表或可扩展标记语言。具体报文可以在特定应用层协议的映射中找到(见 GB/T 30966.4)。

在收到的信息中处理约定的动作可以是很简单的，正如“获取”服务那样，或者更复杂些，就如控制一个真实物理设备的运转状态。后者需对控制过程进行精确描述。例如，服务器要将停止的内部命令发送出去，可以直接执行命令控制系统，或先检查是否有别的客户端正在操作风机，因此需要使用一个信号(通常称为操作前选择)。

报告和记录模型的动态行为由公用控制块控制。对于某个控制块对象的动作由入口/数组元素这种多重属性来描述，如报告或记录的属性值、周期性报告/记录的周期或者通信连接中断情况下需缓冲的事件。动态行为也会受缓冲区类型的影响，如环型缓冲区。

通常动作产生的结果应回传给客户端。万一错误发生，错误报文就会送回。动作通常由不同的属性、形式状态机器码以及纯文本所定义。

8 映射到通信协议

8.1 一般规定

特定通信服务映射(SCSM)定义了服务和模型(服务器、逻辑设备、逻辑节点、数据、数据集、报表控制、日志控制、设定组等)如何映射到特定通信栈，即一个完整的规约。映射及其使用的应用层规定了网络上数据交换的语法(具体编码)。

注：从含有应用层协议的通信栈中单独引入了 SCSM 的概念。

根据图 10，SCSM 将抽象通信服务、对象和参数映射到特定应用层。这些应用层提供了具体编码。依靠通信网络技术，这些映射复杂程度不同。一些 ACSI 服务不支持所有的映射，但是如果某个服务在一个映射中被提供，那么这个服务将与基准映射中的同一个服务有着同等的含义。一个应用层可以使用一个或多个堆栈(1 层～6 层)。

示例：“获取数据集值”服务(在一个数据块中读取多个值)的映射对于 AL1 到 ALn 可以有不同的映射。例如，一个特定 AL 可以直接支持这个服务，而另一个 AL 支持取回单个值或者多个值(这些值应属于同一类型)。在该情况下，映射应发出数个取回动作。

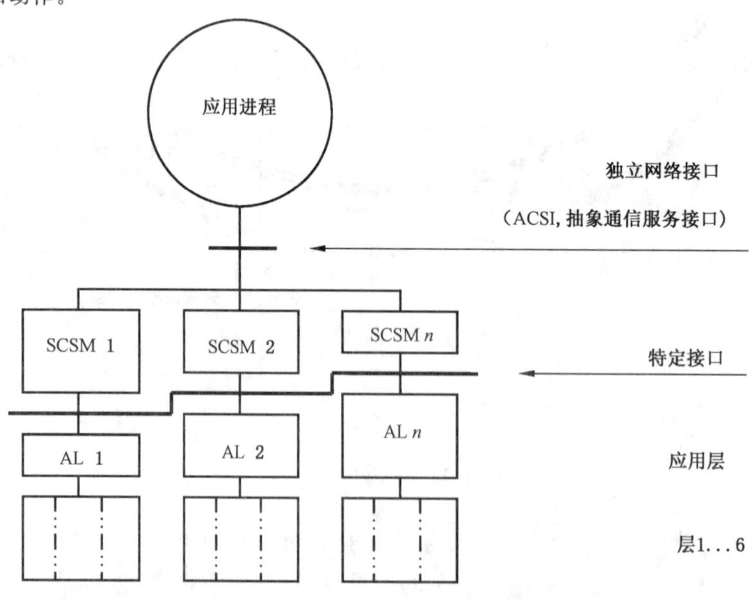

图 10　ACSI 映射到通信栈/规约

8.2 映射的体系结构

IEC 61400-25(所有部分)可以支持多种映射。映射的概念性体系结构如图 11 所示。

信息模型和信息交换模型需要映射到适合的协议。有关映射的要求在 GB/T 30966.4 定义。TCP 和 IP 协议是由所有映射提供的底层基础协议。具体数据链路层和物理层不在 IEC 61400-25(所有部分)的应用范围之内。

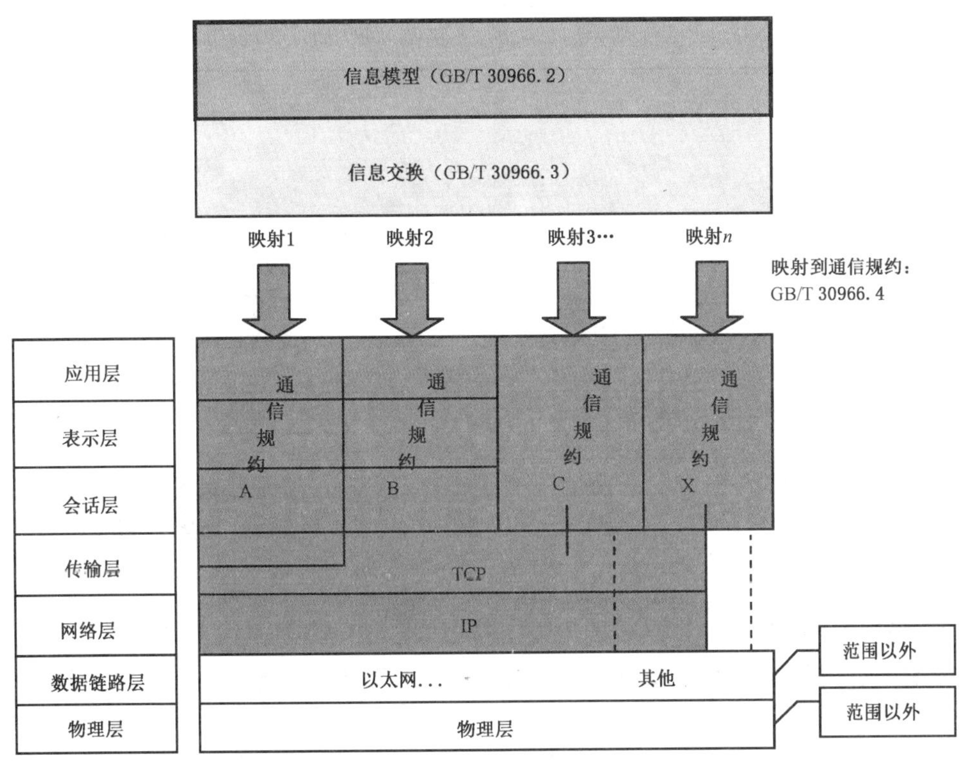

图 11 通讯规约

8.3 风电场信息模型的映射

风电场信息模型映射的分层结构在 GB/T 30966.2—2014 的第 6 章和第 7 章中定义,应能用于 IEC 61400-25(所有部分)的所有特定通信服务映射(SCSM)。

ICS 27.180
F 11

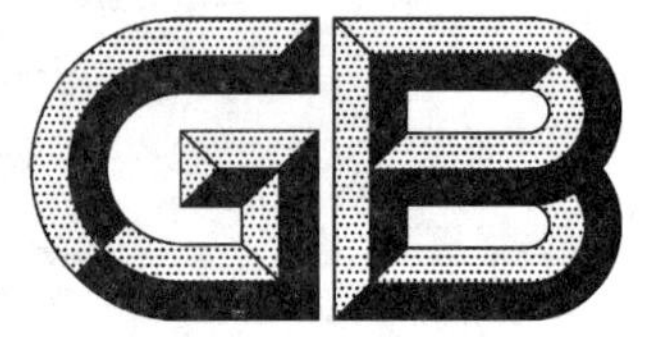

中华人民共和国国家标准

GB/T 30966.2—2014/IEC 61400-25-2:2006

风力发电机组 风力发电场监控系统通信 第2部分:信息模型

Wind turbines—Communications for monitoring and control of wind power plants—Part 2:Information models

(IEC 61400-25-2:2006,Wind turbines—Part 25-2:Communications for monitoring and control of wind power plants—Information models,IDT)

2014-07-24 发布 2015-01-01 实施

中华人民共和国国家质量监督检验检疫总局
中国国家标准化管理委员会 发布

前　　言

GB/T 30966《风力发电机组　风力发电场监控系统通信》分为6个部分：

——第1部分：原则与模型；

——第2部分：信息模型；

——第3部分：信息交换模型；

——第4部分：映射到通信规约；

——第5部分：一致性测试；

——第6部分：状态监测的逻辑节点类和数据类。

本部分是GB/T 30966的第2部分。

本部分按照GB/T 1.1—2009给出的规则起草。

本部分使用翻译法等同采用IEC 61400-25-2:2006《风力发电机组　第25-2部分：风力发电场监控系统通信　信息模型》。

与本部分中规范性引用的国际文件有一致性对应关系的我国文件如下：

——GB/T 4880.1—2005　语种名称代码　第1部分：2字母代码(ISO 639-1:2002,MOD)；

——GB/T 4880.2—2000　语种名称代码　第2部分：3字母代码(eqv ISO 639-2:1998)；

——GB/T 4880.3—2009　语种名称代码　第3部分：所有语种的3字母代码(ISO 639-3:2007,IDT)；

——GB 3100—1993　国际单位制及其应用(eqv ISO 1000:1992)；

——GB/T 2659—2000　世界各国和地区名称代码(eqv ISO 3166-1:1997)；

——GB/T 30966(所有部分)　风力发电机组　风力发电场监控系统通信[IEC 61400-25(所有部分)]；

——DL/T 860.5—2006　变电站通信网络和系统　第5部分：功能的通信要求和装置模型(IEC 61850-5:2003,IDT)；

——DL/T 860.73—2004　变电站通信网络和系统　第7-3部分：变电站和馈线设备的基本通信结构　公用数据类(IEC 61850-7-3:2003,IDT)；

——DL/T 860.74—2006　变电站通信网络和系统　第7-4部分：变电站和馈线设备的基本通信结构　兼容逻辑节点类和数据类(IEC 61850-7-4:2003,IDT)。

本部分做了下列编辑性修改：

——将"IEC 61400-25-2:2006"改为"本部分"；

——将标准名称改为"风力发电机组　风力发电场监控系统通信　第2部分：信息模型"；

——将"IEC 61400-25-1"改为"GB/T 30966.1"；

——将"IEC 61400-25-3"改为"GB/T 30966.3"；

——将"IEC 61400-25-4"改为"GB/T 30966.4"。

本部分由中国机械工业联合会提出。

本部分由全国风力发电机组械标准化技术委员会(SAC/TC 50)归口。

本部分起草单位：北京科诺伟业科技有限公司、中国科学院电工研究所、保定科诺伟业控制设备有限公司、新疆金风科技股份有限公司。

本部分主要起草人：赵斌、鄂春良、武鑫、赵栋利、姚红菊、谷海涛、许洪华、马蕊、李宏宇、王相明。

IEC 引言

IEC 61400-25 定义了风力发电场监控系统通信的要求。IEC 61400-25 选择了类和服务等抽象定义的建模方法,从而使规范独立于特定协议栈,实现方法和操作系统。这些抽象的类和服务映射到特定通信规约不属于本部分的范围,但将在 IEC 61400-25 的第 4 部分讨论。

为达到互操作性,信息模型中所有数据需要有关语法和语义的强大定义。数据语义主要由分配给逻辑节点的名称及其所包含的数据提供,如 IEC 61400-25 的本部分定义。如果数据尽可能多地定义为强制,互操作最容易。

应当指出,具有完整语义的数据仅是实现互操作的一个要素。因为数据和服务由设备(IED)主导,适当的设备模型需要与具体服务域相兼容(见 IEC 61400-25-3)。

本部分详细说明了逻辑设备类、逻辑节点类、数据类和抽象公用数据类的抽象定义。这些抽象定义映射到具体对象定义,即为一个特定协议。

兼容逻辑节点名和数据名在本部分定义,其相关的语义是确定的。

注:IEC 61400-25 的实施性能是一种应用特性。IEC 61400-25 不要求某一确定的性能级别,这在 IEC 61400-25 的范围之外。然而,在通信技术中没有潜在的限制来阻止高速应用(毫秒级的响应)。

风力发电机组　风力发电场监控系统通信　第2部分:信息模型

1　范围

IEC 61400-25(所有部分)关注的是风电场中各组成部分(如风力发电机组)和参与者(如SCADA系统)之间通信的一般性要求。风电场各部分自身内部通信不在适用范围之内。

IEC 61400-25(所有部分)设计了客户-服务器模型支持的通信环境,定义了以下3个方面的内容,并分别进行建模来保证实现的可扩展性:

1)　风电场信息模型;

2)　信息交换模型;

3)　信息模型和信息交换模型映射到标准通信规约。

风电场信息模型和信息交换模型在客户端和服务器端之间构成一个接口。作为访问风电场数据的解释框架,风电场信息模型通过服务器向客户端提供统一的、基于部件的风电场数据。信息交换模型反映了服务器的全部有效功能。IEC 61400-25(所有部分)使得不同客户与来自不同制造商和供应商的服务器之间的访问具有通用性。

如图1所示,IEC 61400-25(所有部分)定义的服务器包含如下几个方面:

——由风电场部件提供的信息,如"风力发电机组风轮转速"或"某一确定时间内总的发电量",这些信息被模型化,并可被有效访问;

——模型化信息值的交换服务,在GB/T 30966.3信息交换模型中定义;

——映射到通信规约,提供一个协议栈从模型化信息中获取交换值(GB/T 30966.4)。

IEC 61400-25(所有部分)仅定义了如何模型化信息、信息交换并映射到具体通信协议,不包含如何、在何地去实现通信接口、应用程序接口以及实现的建议。然而,IEC 61400-25(所有部分)的目的是通过相应的逻辑设备得到与单一风电场部件(如风力发电机组)相关的信息。

GB/T 30966的本部分规定了与风电场应用相关的设备和功能的信息模型,特别是规定了风电场部件之间通信的兼容逻辑节点名和数据名,包括逻辑设备,逻辑节点和数据之间的关系。IEC 61400-25(所有部分)定义的名称被用来创建分层对象引用,应用于风电场部件的通信。

本部分规定了与风力发电机组应用有关的公用属性类型和公用数据类,特别说明了如下公用数据类:

- 设定值;
- 状态值;
- 报警;
- 命令;
- 事件计数;
- 状态计时;
- 报警设定状态。

本部分设备实施信息模型应根据应用要求选择一个或多个逻辑节点。

注1:IEC 61400-25(所有部分)关注的是一般的、非特定供应商的信息。那些特定供应商的实现起来变化很大的信息项可以在双边协议、用户组详细说明。

注2:本部分不提供指导材料。

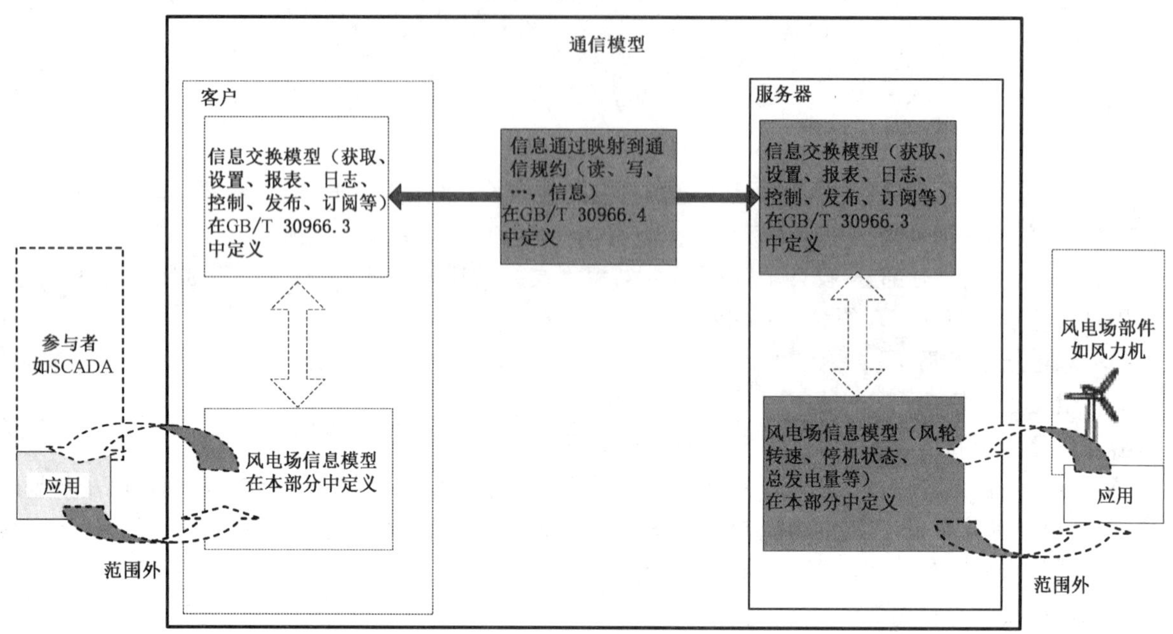

图 1　通信模型概念

2　规范性引用文件

下列文件对于本文件的应用是必不可少的。凡是注日期的引用文件，仅注日期的版本适用于本文件。凡是不注日期的引用文件，其最新版本(包括所有的修改单)适用于本文件。

DL/T 860.71—2006　变电站通信网络和系统　第 7-1 部分:变电站和馈线设备的基本通信结构　原理和模型(IEC 61850-7-1:2003,IDT)

DL/T 860.72—2004　变电站通信网络和系统　第 7-2 部分:变电站和馈线设备的基本通信结构　抽象通信服务接口(ACSI)(IEC 61850-7-2:2003,IDT)

IEC 61400-25(所有部分)　风力发电机组　第 25 部分:风力发电场监控系统通信(Wind turbines—Part 25:Communications for monitoring and control of wind power plants)

IEC 61850-5　变电站通信网络和系统　第 5 部分:功能的通信要求和装置模型(Communication networks and systems in substations—Part 5:Communication requirements for functions and device models)

IEC 61850-7-3　变电站通信网络和系统　第 7-3 部分:变电站和馈线设备的基本通信结构　公用数据类(Communication networks and systems in substations—Part 7-3: Basic communication structure for substations and feeder equipment—Common data classes)

IEC 61850-7-4　变电站通信网络和系统　第 7-4 部分:变电站和馈线设备的基本通信结构　兼容逻辑节点类和数据类(Communication networks and systems in substations—Part 7-4:Basic communication structure for substations and feeder equipment—Compatible logical node classes and data classes)

ISO 639(所有部分) 语种名称代码 (Codes for the representation of names of languages)

ISO 1000 国际单位制及其应用 (SI units and recommendations for the use of their multiples and of certain other units)

ISO 3166(所有部分) 世界各国和地区名称代码 (Codes for the representation of names of countries and their sundivisions)

RFC 2445 互联网日历和日程安排核心对象规范 (iCalendar) [Internet Calendaring and Scheduling Core Object Specification (iCalendar)]

3 术语和定义

GB/T 30966.1 界定的以及下列术语和定义适用于本文件。

3.1

条件 conditional

由 IEC 61400-25(所有部分)提供的公用数据类属性,在一定条件下对应的属性为真。

3.2

强制 mandatory

定义的内容应遵从 IEC 61400-25。

3.3

可选 optional

定义的内容可以选择性地遵从 IEC 61400-25。

4 缩略语

下列缩略语适用于本文件。

CDC 公用数据类

DC 数据类

IED 智能电子设备

LCB 日志控制块

LD 逻辑设备

LN 逻辑节点

LPHD 逻辑节点物理设备

RCB 报表控制块

SBO 操作前选择

WPP 风电场

WT 风力发电机组

XML 可扩展标记语言

这些缩略语用来建立数据类名,下面列出了一些逻辑节点名称。

示例:“RotPos”由两个词组成,“Rot”代表风轮,“Pos”代表位置。因此合成词表示“风轮位置”。

词汇	描述
A	电流
AC	交流电
Ack	确认
Acs	访问
Act	实际值
Alm	报警
An	模拟量
Ane	风速计
Ang	角度
Alt	高度
At	有功
Atv	有效
Av	平均值
Avl	可用性
Az	方位角
Bec	灯塔
Bl	桨叶
Blk	锁定
Brg	轴承
Brk	制动器
Cab	电缆
Calc	计算
Ccw	逆时针
Ch	特性
Chg	转变
Chk	检查
Chrg	负荷
Cl	冷却
Cm	命令
Cnv	变流器
Ct	计数器
Ctl	控制
Cw	顺时针
d	描述
Dat	数据
Db	死区

词汇	描述
DC	直流电
Dcl	直流环节
Dec	减少
Dehum	减湿器
Del	三角形
Det	探测
Dir	说明书
Disp	位移
Dly	日报
Dmd	需求
Drv	驱动器
Dn	下降
Egy	能量
Elev	升降机
Emg	紧急情况
En	启动
Ent	入口
Ety	空闲
Evt	事件
Ex	外部
Exp	终止
Ext	励磁
Flsh	闪光
Flt	故障
Ftr	滤波器
Gbx	齿轮箱
Gra	梯度
Gri	电网
Gn	发电机
Gs	油脂
Hi	高
Hly	每小时
Hor	水平
Ht	加热
Htex	热交换器
Hum	湿度

词汇	描述
Hy	液压
Hz	频率
Ice	冰冻
Id	标识符
Idl	空转
Inc	增加
Inj	单射
Inl	在线
Inlet	进口
Inst	瞬间
Intl	内部
Lev	等级
Log	日志
Lift	起重机
Lim	限制
Lo	低
Lu	润滑油
Lum	亮度
Man	手动
Max	最大值
Met	气象
Min	最小值
Mly	每月
Mod	模式
Mthd	方法
Mul	乘法器
Mx	测量
Nac	机舱
Num	数字(大小)
Of	离线
Oil	涂油
Op	操作
Oper	操作员
Ov	结束
Per	周期
PF	功率因数

词汇	描述
Ph	相位
Pmp	泵
Pl	工厂
Plu	污染
Pos	位置
Pres	压力
Prod	生产
Pt	桨距
Ptr	指针
Pwr	功率
q	质量
Rdy	准备就绪
Rep	报表
Rms	均方根
Rng	范围
Roof	顶部
Rot	风轮(风力发电机组)
Rs	复位
React	无功
Rtr	转子(发电机)
Sdv	标准偏差
Sev	严重
Seq	序列
Shf	转轴
Smk	烟尘
Smp	采样
Sp	设定值
Spd	速度
Src	源
St	状态
Sta	定子
Stdby	备用
Stop	停止
Str	开始
Sw	开关
Sys	系统

词汇	描述
t	时间戳
Tm	计时器
Tmp	温度
Tot	合计
Tow	塔筒
Tra	暂态
Trf	变压器
Trg	触发器
Torq	转矩
Tur	风力发电机组
Un	在……下
Urg	紧急
V	电压
VA	视在功率
Val	值
Vals	数值
Ver	垂直
Vib	振动
Vis	能见度
Wd	风电
Wly	每周
Wup	终止
Xdir	*X* 轴
Ydir	*Y* 轴
Yly	每年
Yw	偏航

5 一般规定

5.1 逻辑节点类概述

两组公用逻辑节点类定义为:

1) 系统特定逻辑节点;

2) 风电场特定逻辑节点。

系统特定逻辑节点应包括物理主机设备的所有公用信息和风电独有信息。风电场特定逻辑节点至少应继承系统逻辑节点的所有强制性信息。

本部分定义的所有逻辑节点类的结构从DL/T 860.72—2004 的 9.1.1 中定义的抽象逻辑节点类(LN,见图 2)继承而来。除了逻辑节点“物理设备信息”(LPHD),本部分定义的其他所有逻辑节点类(逻辑节点零 LLN0 和风电场特定逻辑节点 LNs)至少应继承公用逻辑节点(公用 LN)的强制性信息。

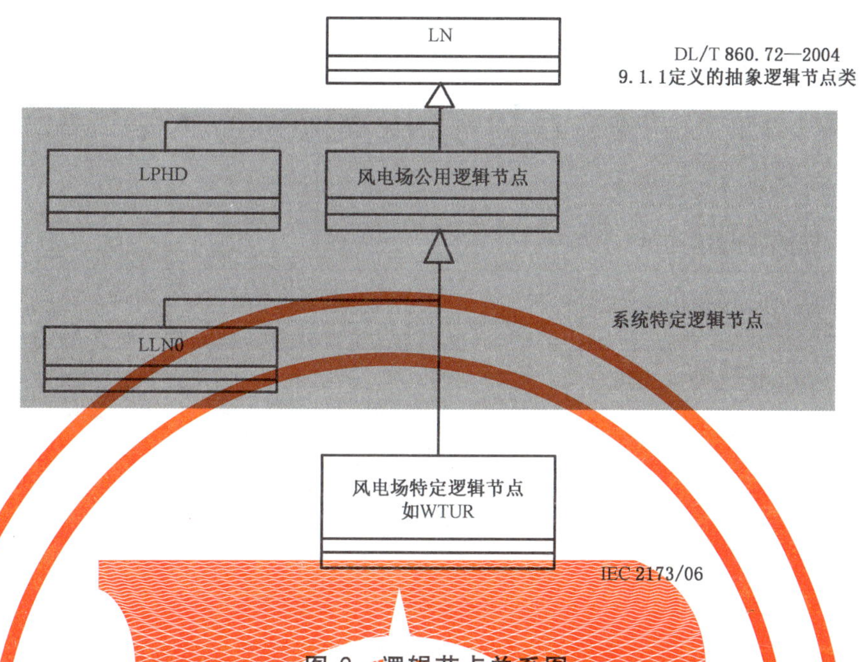

图 2 逻辑节点关系图

表 1 中列出的系统特定逻辑节点类都是强制性的。逻辑节点零(LLN0)表示逻辑设备的公用信息，逻辑节点物理设备(LPHD)表示逻辑设备的物理主机设备公用信息(见 DL/T 860.71—2006 的 8.2)。

表 1 系统特定逻辑节点

逻辑节点类	描述	M/O
LLN0	逻辑节点零	M
LPHD	物理设备信息	M

风电场信息应在风电场特定逻辑节点中分类。原则上，风电场信息分类成不同的逻辑节点是一个随意的过程，而且建模方法灵活。但从标准化的角度讲，所有风电场信息宜以明确的、相似的方式建立起来。表 2 列出了风电场信息分解成的逻辑节点。

表 2 风电场特定逻辑节点

逻辑节点类	描述	M/O
WTUR	风力发电机组通用信息	M
WALM	风电场报警信息	O
WMET	风电场气象信息	O
WAPC	风电场有功功率控制信息	O
WRPC	风电场无功功率控制信息	O

一个风电场由若干个部件组成，包括一个或多个风力发电机组。表 3 列出了风力发电机组分解成的逻辑节点。每个风力发电机组模型应包括表 3 列出的强制逻辑节点。尽管一些逻辑节点在应用时是可选的，但在 IEC 61400-25 中强烈建议尽可能少的偏离表 2 和表 3 中列出的逻辑节点。

表 3 风力发电机组特定逻辑节点

逻辑节点类	描述	M/O
WTUR	风力发电机组通用信息	M
WROT	风力发电机组风轮信息	M
WTRM	风力发电机组传动信息	O
WGEN	风力发电机组发电机信息	M
WCNV	风力发电机组变流器信息	O
WTRF	风力发电机组变压器信息	O
WNAC	风力发电机组机舱信息	M
WYAW	风力发电机组偏航信息	M
WTOW	风力发电机组塔筒信息	O
WALM	风电场报警信息	M
WSLG	风力发电机组状态日志信息	O
WALG	风力发电机组模拟量日志信息	O
WREP	风力发电机组报表信息	O

信息主要由一系列的逻辑节点类来建模，这些逻辑节点类通过风力发电机组物理分解进行分类，如表 2 和表 3 所示。实用中的一个例外是报警信息，所有的报警信息应收集在一个独立的逻辑节点。

记录事件（状态、报警、命令、事件计数、状态计时）和记录模拟量时序（长周期、要求、暂态记录）的独立逻辑节点应建立历史记录信息模型。

除所有风力发电机组（独立于制造商）公用信息外，实际上，大部分信息将取决于风力发电机组概念、制造商、安装位置、风力发电机组的技术和状态。因此，作为建模准则，表示风电场特定逻辑节点特定信息的数据类属性名关注的是最普遍的现代风力发电机组概念，即三叶片，变速，主动变桨（电动/液压）和齿轮箱传动。若风力发电机组系统或部件产生了一些附加信息，对于已存在的逻辑节点可以定义新的数据类或特定数据类。附加的用户特定逻辑节点也可以被定义。

数据类名语义和语义定义按字母顺序列出，并在 6.3 定义。与数据类相关的单位和倍数详见附录 B。

建模方法包括逻辑节点的通用表格结构，在 GB/T 30966.1—2014 的 6.2.2 中描述。

逻辑节点类的标准化名用大写字母。层级结构中第一层（逻辑节点层以下）的数据名以大写字母开始，层级结构中第二层和后面层的数据名和属性名用小写字母。

5.2 逻辑节点类应用

本部分定义的逻辑节点类（如 WROT，WTUR）及引用其他标准定义的逻辑节点类（如 IEC 61850-7-4 的 5.12.1 和 5.10.7 中的 XCBR 和 MMXU），应在实际系统中实例化。图 3 描述了一个应用逻辑节点实例的实际风力发电机组例子。

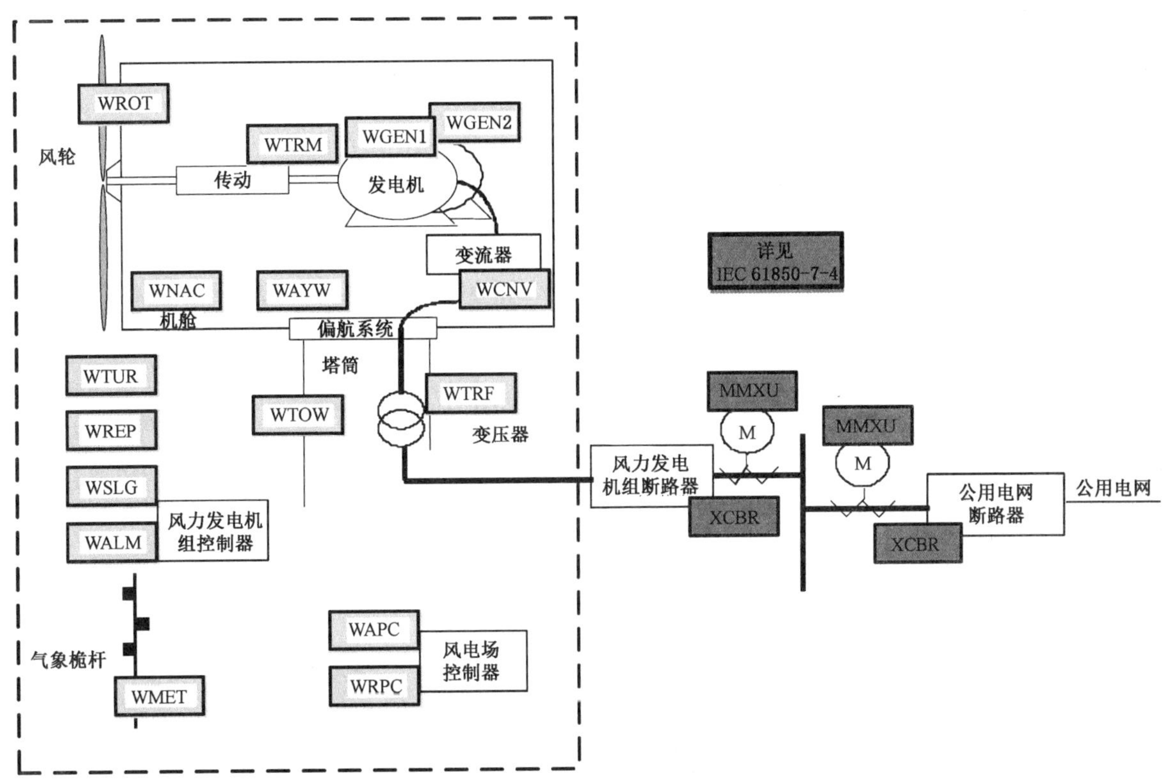

图 3 逻辑节点实例应用

图 3 描述的逻辑节点实例表示来自风力发电机组“WTUR”、偏航系统“WYAW”、变流器“WCNV”等的信息。实例名，如“WGEN1”和“WGEN2”表示不同的发电机。图 3 也说明了连接的电力系统，包括测量单元“MMXU”，断路器“XCBR”等。MMXU、XCBR 及和电力系统有关的其他逻辑节点在 IEC 61850-7-3 中具体说明。

5.3 扩展的信息模型

第 6 章中描述的信息模型在特定实施过程中可用附加逻辑节点和数据进行扩展。如果应用了一个不同的拓扑(如若干个发电机和齿轮箱)或监控时使用了多个传感器(温度，电流)，用户可方便地为附加数据名分配相关信息。任何数据都可以加在任何逻辑节点上。

逻辑节点，数据类和数据属性的扩展规则在 IEC 61850-7-4 附录 A 中定义。DL/T 860.71—2006 第 14 章中定义的命名空间概念允许定义任何扩展名，命名空间可以用唯一的标识符来区分。

6 风电场逻辑节点类

6.1 系统特定逻辑节点

6.1.1 风电场公用逻辑节点类

本部分定义的风力发电机组特定兼容逻辑节点类是表 4 中定义的风力发电机组公用逻辑节点类的具体化。

表 4 风电场公用逻辑节点类

风电场公用逻辑节点类			
属性名	属性类型	解释	M/O
逻辑节点名		逻辑节点名。从逻辑节点类继承(见 DL/T 860.72—2004 的 9.1.1)	
数据			
强制逻辑节点信息(除 LPHD 外,所有的逻辑节点都应继承)			
NamPlt	LPL	铭牌(从 IEC 61850-7-4 继承)	M
可选逻辑节点信息			
Mod	INC	模式(从 IEC 61850-7-4 继承)	O
Beh	INS	行为(从 IEC 61850-7-4 继承)	O
Health	INS	健康状态(从 IEC 61850-7-4 继承)	O
Loc	SPS	本地操作(从 IEC 61850-7-4 继承)	O
EEHealth	INS	外部设备健康状态(从 IEC 61850-7-4 继承)	O
EEName	WDPL	外部设备铭牌	O
OpCntRs	INC	操作计数器复位(从 IEC 61850-7-4 继承)	O
OpCnt	INS	操作计数器(从 IEC 61850-7-4 继承)	O
OpTmh	INS	运行时间(从 IEC 61850-7-4 继承)	O
统计信息			
CalcExp	SPS	计算周期终止	O
CalcStr	SPC	在 operTm 时刻开始计算(如果已设置)或立即开始计算	O
CalcMthd	ING	统计数据的计算方法。允许的值为:PRES | MIN | MAX | TOTMIN | TOTMAX | AVG | SDV	O
CalcPer	ING	统计数据的计算周期,以秒为单位	O
CalcSrc	ORG	逻辑节点源的对象引用	O
注:如果支持统计信息,统计信息的所有 5 个数据应当都能获得。			

如果计算方法不是 PRES,数据 CalcMthd 应包括在表示模拟或数字信息的任何逻辑节点中。数据 CalcExp、CalcStr、CalcPer 和 CalcSrc 应包括在表示统计数据(MIN、MAX 等)的任何逻辑节点中。

风电场公用逻辑节点类的具体化应从风电场特定逻辑节点(见表 2)要求的所有信息继承而来。对于可选逻辑节点信息,具体化时可能会有以下 3 种可能:

——不继承特定信息条款;

——继承特定信息条款,并设为可选;

——继承特定信息条款,并定义为强制。

6.1.2 逻辑节点零(LLN0)

逻辑节点零类用来写入逻辑设备的公用信息地址,见表 5。

表 5 逻辑节点零类

LLN0 类			
属性名	属性类型	解释	M/O
		逻辑节点应继承从风电场公用逻辑节点类而来的所有强制数据(见 6.1.1)	M

逻辑节点零表示逻辑设备的特定信息。逻辑节点零铭牌表示逻辑设备的根命名空间(逻辑设备名称空间,IdNs)。IEC 61400-25(所有部分)的值是"IEC 61400-25:2006"。名称空间也适用于从其他标准继承的名称。每个逻辑设备仅有一个逻辑设备名称空间,例如对单个逻辑设备仅有一个版本可用。

6.1.3 物理设备信息(LPHD)

物理设备信息类应模拟物理设备的常见问题,见表 6。

表 6 物理设备信息类

LPHD 类			
属性名	属性类型	解释	M/O
逻辑节点名		逻辑节点名。从逻辑节点类继承(见 DL/T 860.72—2004)	
数据			
PhyNam	WDPL	物理设备铭牌(见 7.4.2.2)	M
PhyHealth	INS	物理设备健康状态(从 IEC 61850-7-4 继承)	M
OutOv	SPS	输出通讯缓冲区溢出(从 IEC 61850-7-4 继承)	O
Proxy	SPS	LD 代理显示(从 IEC 61850-7-4 继承)	M
InOv	SPS	输入通讯缓冲区溢出(从 IEC 61850-7-4 继承)	O
NumPwrUp	INS	不间断电源数量(从 IEC 61850-7-4 继承)	O
WrmStr	INS	软启动数量(从 IEC 61850-7-4 继承)	O
WacTrg	INS	检测到的看门狗复位数量(从 IEC 61850-7-4 继承)	O
PwrUp	SPS	上电检测(从 IEC 61850-7-4 继承)	O
PwrDn	SPS	掉电检测(从 IEC 61850-7-4 继承)	O
PwrSupAlm	SPS	电源报警(从 IEC 61850-7-4 继承)	O
RsStat	SPC	复位设备统计(从 IEC 61850-7-4 继承)	O

6.2 风电场特定逻辑节点

6.2.1 风力发电机组通用信息(WTUR)

表示风力发电机组通用信息的数据类由逻辑节点组成,见表 7。逻辑节点应是强制的,这意味着至少所有定义的强制数据类应符合 IEC 61400-25(所有部分)。

表 7 逻辑节点:风力发电机组通用信息(WTUR)

WTUR 类			
属性名	属性类型	解释	M/O
		逻辑节点应继承从风电场公用逻辑节点类而来的所有强制数据(见 6.1.1)	M
数据			
公用信息			
AvlTmRs	TMS	风力发电机组可用时间(特定供应商)	O
OpTmRs	TMS	运行时间(特定供应商)	O
StrCnt	CTE	风力发电机组投运的数量(特定供应商)	O
StopCnt	CTE	风力发电机组停运的数量(特定供应商)	O
TotWh	CTE	总(净)有功电能	M
TotVArh	CTE	总(净)无功电能	O
DmdWh	BCR	有功能量需求(默认需求方向:能量从变电站母线流入风力发电机组)	O
DmdVArh	BCR	无功能量需求(默认需求方向:能量从变电站母线流入风力发电机组)	O
SupWh	BCR	有功能量供给(默认供给方向:能量从风力发电机组流入变电站母线)	O
SupVArh	BCR	无功能量供给(默认供给方向:能量从风力发电机组流入变电站母线)	O
状态信息			
TurSt	STV	风力发电机组状态	M
模拟信息			
W	MV	有功电能	M
Var	MV	无功电能	O
控制信息			
SetTurOp	CMD	风力发电机组操作命令	M
VArOvW	CMD	风力发电机组无功优先于有功命令	O
VArRefPri	CMD	风力发电机组无功设定值优先命令	O
DmdW	SPV	风力发电机组有功设定值	O
DmdVAr	SPV	风力发电机组无功设定值	O
DmdPF	SPV	风力发电机组功率因数设定值	O

6.2.2 风力发电机组风轮信息(WROT)

表示风力发电机组风轮信息的数据类由逻辑节点组成。逻辑节点是强制的,意味着至少表 8 中定义的所有强制数据类应符合 IEC 61400-25(所有部分)。

这些数据类主要针对三叶片风轮,电动/液压变桨距主动控制。对于变桨距主动控制,强烈建议至少建立一个桨叶风轮的桨距角模型(作为参考)。

对于各种类型的风轮拓扑(如叶尖刹车、两叶片)或安装了不同的设备(如冰冻或雷电检测传感器、叶片位置检测传感器、UPS 设备),用户可方便地为附加数据名分配相应风轮信息。

表 8 逻辑节点:风力发电机组风轮信息(WROT)

WROT 类			
属性名	属性类型	解释	M/O
		逻辑节点应继承从风电场公用逻辑节点类而来的所有强制数据(见 6.1.1)	M
数据			
公用信息			
状态信息			
RotSt	STV	风轮状态	O
BlStBl1	STV	叶片 1 状态(参考量)	O
BlStBl2	STV	叶片 2 状态	O
BlStBl3	STV	叶片 3 状态	O
PtCtlSt	STV	变桨控制状态	O
模拟量信息			
RotSpd	MV	风轮侧风轮转速值	O
RotPos	MV	风轮角位置	O
HubTmp	MV	轮毂内温度	O
PtHyPresBl1	MV	叶片 1 液压变桨系统压力(参考量)	O
PtHyPresBl2	MV	叶片 2 液压变桨系统压力	O
PtHyPresBl3	MV	叶片 3 液压变桨系统压力	O
PtAngSpBl1	MV	叶片 1 桨距角设定值(参考量)	O
PtAngSpBl2	MV	叶片 2 桨距角设定值	O
PtAngSpBl3	MV	叶片 3 桨距角设定值	O
PtAngValBl1	MV	叶片 1 桨距角(参考量)	O
PtAngValBl2	MV	叶片 2 桨距角	O
PtAngValBl3	MV	叶片 3 桨距角	O
控制信息			
BlkRot	CMD	设置风轮为锁定位置	O
PtEmChk	CMD	检查紧急变桨系统	O

6.2.3 风力发电机组传动信息(WTRM)

表示风力发电机组(机械)传动信息的数据类由逻辑节点组成。逻辑节点是可选的。表9列出了常见传动拓扑的数据类,常见传动拓扑由一个低速轴,多级齿轮箱,一个高速轴和一个机械刹车(液压驱动)组成。

对于各种类型的传动拓扑(如直驱,单级齿轮箱)或安装了不同的设备(如传感器、电动制动器),用户可方便地修改或扩展表9中的数据类。

表9 逻辑节点:风力发电机组传动信息(WTRM)

WTRM类			
属性名	属性类型	解释	M/O
		逻辑节点应继承从风电场公用逻辑节点类而来的所有强制数据(见6.1.1)	M
数据			
公用信息			
状态信息			
BrkOpMod	STV	主轴制动状态	O
LuSt	STV	齿轮箱润滑系统状态	O
FtrSt	STV	过滤系统状态	O
ClSt	STV	传动冷却系统状态	O
HtSt	STV	加热系统状态	O
OilLevSt	STV	齿轮箱油箱油位状态	O
OfFltSt	STV	离线过滤器状态	O
InlFltSt	STV	在线过滤器状态	O
模拟信息			
TrmTmpShfBrg1	MV	主轴承1的测量温度	O
TrmTmpShfBrg2	MV	主轴承2的测量温度	O
TrmTmpGbxOil	MV	齿轮箱油测量温度	O
TrmTmpShfBrk	MV	主轴制动(表面)测量温度	O
VibGbx1	MV	齿轮箱1振动测量	O
VibGbx2	MV	齿轮箱2振动测量	O
GsLev	MV	主轴轴承润滑油油位	O
GbxOilLev	MV	齿轮箱油箱油位	O
GbxOilPres	MV	齿轮油压	O
BrkHyPres	MV	主轴制动液压压力	O
OfFlt	MV	离线过滤污物	O
InlFlt	MV	在线过滤污物	O

6.2.4 风力发电机组发电机信息(WGEN)

表示风力发电机组发电机信息的数据类由逻辑节点组成。逻辑节点应是强制的,这意味着至少表 10 中定义的所有强制数据类应符合 IEC 61400-25(所有部分)。

这些数据类主要针对变速双馈感应发电机或(直流励磁)同步发电机的运行。

如果应用了不同的拓扑(如恒速、两速、多极、永磁转子、多相发电机)或为了监测使用了多种传感器(温度、电流、气隙距离),用户可方便地为附加数据名分配相应发电机信息。

如果风力发电机组安装了两个发电机(低速、高速),建议使用两个逻辑节点:WGEN1、WGEN2。

表 10 逻辑节点:风力发电机组发电机信息(WGEN)

WGEN 类			
属性名	属性类型	解释	M/O
		逻辑节点应继承从风电场公用逻辑节点类而来的所有强制数据(见 6.1.1)	M
数据			
公用信息			
OpTmRs	TMS	发电机运行时间	O
状态信息			
GnOpMod	STV	发电机运行模式	O
ClSt	STV	发电机冷却系统状态	O
模拟信息			
Spd	MV	发电机转速	M
W	WYE	发电机有功功率	O
VAr	WYE	发电机无功功率	O
GnTmpSta	MV	发电机定子温度测量值	O
GnTmpRtr	MV	发电机转子温度测量值	O
GnTmplnlet	MV	发电机入口空气/水温度测量值	O
StaPPV	DEL	发电机定子三相相相之间电压	O
StaPhV	WYE	发电机定子三相相对地电压	O
StaA	WYE	发电机定子三相电流	O
RtrPPV	DEL	发电机转子三相相相之间电压	O
RtrPhV	WYE	发电机转子三相相对地电压	O
RtrA	WYE	发电机转子三相电流	O
RtrExtDC	MV	发电机转子直流励磁	O
RtrExtAC	MV	发电机转子交流励磁	O

6.2.5 风力发电机组变流器信息(WCNV)

表示风力发电机组变流器信息的数据类由逻辑节点组成。逻辑节点是可选的,但是一旦使用,

表 11 中定义的强制数据类应符合 IEC 61400-25(所有部分)。

表 11 中列出的数据名主要针对变速感应发电机(转子馈电)或同步发电机的背靠背变流器(AC-DC-AC)。

如果应用其他的变流器拓扑(例如:恒速发电机软启动,直流转子励磁)或为了监测安装了多种设备(例如:温度、电流、电压传感器),用户可方便地增加或修改额外的数据名。

如果有两个(并联)变流器,建议使用两个逻辑节点:WCNV1,WCNV2.

表 11 逻辑节点:风力发电机组变流器信息(WCNV)

WCNV 类			
属性名	属性类型	解释	M/O
		逻辑节点应继承从风电场公用逻辑节点类而来的所有强制数据(见 6.1.1)	M
数据			
公用信息			
OpTmRs	TMS	变流器运行时间	O
状态信息			
CnvOpMod	STV	变流器运行模式	M
ClSt	STV	变流器冷却系统状态	O
模拟信息			
Hz	MV	频率值	O
Torq	MV	转矩值	O
GnPPV	DEL	发电机侧三相相相之间电压	O
GnPhV	WYE	发电机侧三相相对地电压	O
GnA	WYE	发电机侧三相电流	O
GnPF	WYE	发电机侧三相功率因数	O
GriPPV	DEL	电网侧三相相相之间电压	O
GriPhV	WYE	电网侧三相相对地电压	O
GriA	WYE	电网侧三相电流	O
GriPF	WYE	电网侧三相功率因数	O
CnvTmpGn	MV	变流器-发电机侧温度	O
CnvTmpDclink	MV	变流器内温度	O
CnvTmpGri	MV	变流器-电网侧温度	O
DclVol	MV	变流器内直流电压	O
DclAmp	MV	变流器内直流电流	O

6.2.6 风力发电机组变压器信息(WTRF)

表示风力发电机组变压器信息的数据类由逻辑节点组成。逻辑节点是可选的,但是一旦使用,表12中定义的强制数据类应符合IEC 61400-25(所有部分)。

表12 逻辑节点:风力发电机组变压器信息(WTRF)

WCNF 类			
属性名	属性类型	解释	M/O
		逻辑节点应继承从风电场公用逻辑节点类而来的所有强制数据(见6.1.1)	M
数据			
公用信息			
TrfOpTmRs	TMS	变压器运行时间(特定供应商)	O
状态信息			
TrfClSt	STV	变压器冷却系统状态	O
OilLevSt	STV	变压器填充油油位信息	O
MTPresSt	STV	变压器填充油主箱气压	O
模拟信息			
TrfTurPPV	DEL	变压器风力发电机组侧三相相相之间电压	O
TrfTurPhV	WYE	变压器风力发电机组侧三相相对地电压	O
TrfTurA	WYE	变压器风力发电机组侧三相电流	O
TrfGriPPV	DEL	变压器电网侧三相相相之间电压	O
TrfGriPhV	WYE	变压器电网侧三相相对地电压	O
TrfGriA	WYE	变压器电网侧三相电流	O
TrfTmpTrfTur	MV	风力发电机组侧变压器温度	O
TrfTmpTrfGri	MV	电网侧变压器温度	O
控制信息			
AtvGriSw	CMD	主并网开关的激活命令	O

6.2.7 风力发电机组机舱信息(WNAC)

表示风力发电机组机舱信息的数据类由逻辑节点组成。表13列出了机舱中通用设备的数据类:振动测量和灯塔设备。逻辑节点是强制的,至少表13中定义的强制数据类应符合IEC 61400-25(所有部分)。

表 13 逻辑节点:风力发电机组机舱信息(WNAC)

WNAC 类			
属性名	属性类型	解释	M/O
		逻辑节点应继承从风电场公用逻辑节点类而来的所有强制数据(见 6.1.1)	M
数据			
公用信息			
BecTmRs	TMS	灯塔运行时间	O
状态信息			
BecBulbSt	STV	灯塔状态	O
WdHtSt	STV	风速传感器的加热器状态	O
IceSt	STV	冰冻检测器状态	O
AneSt	STV	主/次风速计状态	O
模拟信息			
Dir	MV	机舱方向	O
WdSpd	MV	机舱外风速	O
WdDir	MV	机舱外风向	O
ExTmp	MV	机舱外温度	M
IntlTmp	MV	机舱内温度	O
IntlHum	MV	机舱内湿度	O
BecLumLev	MV	灯塔照明度值	O
Vis	MV	机舱外能见度	O
Ice	MV	冰冻厚度	O
DispXdir	MV	塔筒位移(纵向)	O
DispYdir	MV	塔筒位移(横向)	O
控制信息			
SetBecMod	CMD	设置灯塔程序	O
SetBecLev	SPV	设置灯塔中灯泡亮度	O
SetFlsh	SPV	设置灯塔中闪光负载周期值	O

6.2.8 风力发电机组偏航信息(WYAW)

表示风力发电机组偏航信息的数据类由逻辑节点组成。逻辑节点是强制的,这意味着至少表 14 中定义的所有强制数据类应符合 IEC 61400-25(所有部分)。

表 14 中列出的数据类主要针对液压或电驱动机舱偏航和解缆检测。

如果安装了多种设备(例如:多重驱动或液压泵,转速控制器),用户可方便地为附加数据名分配相应发电机信息。

表 14 逻辑节点:风力发电机组偏航信息(WYAW)

WYAW 类			
属性名	属性类型	解释	M/O
		逻辑节点应继承从风电场公用逻辑节点类而来的所有强制数据(见 6.1.1)	M
数据			
公用信息			
CwTm	TMS	顺时针偏航运行时间	O
CcwTm	TMS	逆时针偏航运行时间	O
状态信息			
YwSt	STV	偏航系统模式	O
YwBrakeSt	STV	偏航刹车模式	O
模拟信息			
YwSpd	MV	偏航速度	O
Tmp	MV	偏航电机/齿轮箱温度	O
YawAng	MV	相对名义北极偏航轴承旋转角度	M
CabWup	MV	解缆	M
SysGsLev	MV	偏航系统润滑油油位	O
BrkPres	MV	偏航刹车压力	O
控制信息			
AtvYw	CMD	偏航命令	O

6.2.9 风力发电机组塔筒信息(WTOW)

表示风力发电机组塔筒结构信息的数据类由逻辑节点组成。表 15 列出了和塔筒相关的通用设备数据类。逻辑节点是可选的,但是一旦使用,至少定义的强制数据类应符合 IEC 61400-25(所有部分)。

表 15 逻辑节点:风力发电机组塔筒信息(WTOW)

WTOW 类			
属性名	属性类型	解释	M/O
		逻辑节点应继承从风电场公用逻辑节点类而来的所有强制数据(见 6.1.1)	M
数据			
公用信息			
状态信息			
LiftSt	STV	起重机系统状态	O
DehumSt	STV	减湿器状态	O
HtexSt	STV	热交换机状态	O
模拟信息			
LiftPos	MV	起重机位置	O
IntlHum	MV	塔筒内湿度	O

6.2.10 风电场气象信息(WMET)

表示气象信息的数据类由逻辑节点组成。

表16中列的数据类主要针对气象站的气象信息。

如果在一个气象站中气象设备安装在不同的高度,逻辑节点可扩展为附加组MetAlt2、MetAlt3等。

如果安装了额外的或多种测量设备(例如:结冰、降雨、浪高、闪电),逻辑节点可通过附加数据名扩展。

如果有不同的气象站,建议使用多个逻辑节点:WMET1、WMET2等。

表16 逻辑节点:风电场气象信息(WMET)

WMET类			
属性名	属性类型	解释	M/O
		逻辑节点应继承从风电场公用逻辑节点类而来的所有强制数据(见6.1.1)	M
数据			
公用信息			
模拟信息			
MetAlt1Alt	MV	气象海拔1-海拔高度传感器	O
MetAlt1HorWdSpd	MV	气象海拔1-水平风速	O
MetAlt1VerWdSpd	MV	气象海拔1-垂直风速	O
MetAlt1HorWdDir	MV	气象海拔1-水平风向	O
MetAlt1VerWdDir	MV	气象海拔1-垂直风向	O
MetAlt1Tmp	MV	气象海拔1-温度	O
MetAlt1Hum	MV	气象海拔1-湿度	O
MetAlt1Pres	MV	气象海拔1-压力	O

6.2.11 风电场报警信息(WALM)

表示风电场报警信息的数据类由逻辑节点组成。逻辑节点应是强制的,这意味着至少表17中定义的所有强制数据类应符合IEC 61400-25(所有部分)。

如果报警组、报警等级、警告、事件之间的差异是相当明显的,那么逻辑节点WALM可被分解成若干个报警逻辑节点:WALM1、WALM2。

仅ASS类型数据被WALM逻辑节点专用。

表17 逻辑节点:风电场报警信息(WALM)

WALM类			
属性名	属性类型	解释	M/O
		逻辑节点应继承从风电场公用逻辑节点类而来的所有强制数据(见6.1.1)	M

表 17（续）

WALM 类			
属性名	属性类型	解释	M/O
数据			
公共信息			
状态信息			
AlmSt	ASS	报警设定状态	O
EvtTm	TMS	最老的有效报警时间戳	O

6.2.12 风力发电机组状态日志信息(WSLG)

表示状态信息所有记录历史数据属性的数据类由逻辑节点组成，如表 18 定义。

表示状态信息所有记录历史数据属性的数据类由状态数据日志组成。逻辑节点类是可选的，但是一旦使用，至少表 18 中定义的所有强制数据和数据集类应符合 IEC 61400-25(所有部分)。

日志中的数据由制造商固定和确定，或者由客户改变和控制。用户可方便地将记录信息分成不同日志。

状态数据的日志类应在表 18 中定义。相应的数据集应参考“解释”栏定义的所有数据类。

表 18 逻辑节点：风力发电机组状态日志信息(WSLG)

WSLG 类			
属性名	属性类型	解释	M/O
		逻辑节点应继承从风电场公用逻辑节点类而来的所有强制数据(见 6.1.1)	M
数据			
数据集(见注)			
TurCmLog		所有记录的(历史)风力发电机组命令数据集。 由逻辑设备所有逻辑节点公用数据类 CMD 派生得到的数据实例的下列数据属性应被记录： ActSt[CO] ActSt[ST]	O
TurStLog		所有记录的(历史)风力发电机组状态数据集。 由逻辑设备所有逻辑节点公用数据类 STV 派生得到的数据实例的下列数据属性应被记录： ActSt[ST] (包含所有元素)datSetMx	O

表 18（续）

WSLG 类			
属性名	属性类型	解释	M/O
HiUrgAlm		所有高度紧急报警数据集。 由逻辑设备所有逻辑节点公用数据类 ALM 派生得到的数据实例的下列数据属性应被记录： AlmAck[CO] ActSt[ST] （包含所有元素）datSetMx （包含所有元素）datSetSt	O
LoUrgAlm		所有低紧急报警数据集。 由逻辑设备所有逻辑节点公用数据类 ALM 派生得到的数据实例的下列数据属性应被记录： AlmAck[CO] ActSt[ST] （包含所有元素）datSetMx （包含所有元素）datSetSt	O
TurCtLog		所有计数信息数据集。 由逻辑设备所有逻辑节点公用数据类 CTE 派生得到的数据实例的下列数据属性应被记录： actCtVal[ST] ctTot dly mly yly	O
TurTmLog		所有事件计时信息数据集。 由逻辑设备所有逻辑节点公用数据类 TMS 派生得到的数据实例的下列数据属性应被记录： actTmVal[ST] tmTot dly mly yly	O
日志(见注)			
TurCmLog		TurCmLog 数据集规定的一组按时间排序的历史模拟信息数据属性值由命令数据日志组成	O
TurStLog		TurStLog 数据集规定的一组按时间排序的历史状态信息数据属性值由状态数据日志组成	O

表 18（续）

WSLG 类			
属性名	属性类型	解释	M/O
HiUrgAlm		HiUrgAlm 数据集规定的一组按时间排序的历史报警信息数据属性值由报警数据日志组成	O
LoUrgAlm		LoUrgAlm 数据集规定的一组按时间排序的历史报警信息数据属性值由报警数据日志组成	O
TurCtLog		TurCtLog 数据集规定的一组按时间排序的历史状态信息数据属性值由事件计数数据日志组成	O
TurTmLog		TurTmLOg 数据集规定的一组按时间排序的历史状态信息数据属性值由计时数据日志组成	O
日志控制块(见注)			
TurCmLog			O
TurStLog			O
HiUrgAlm			O
LoUrgAlm			O
TurCtLog			O
TurTmLog			O
注：日志和日志控制块的模型在 DL/T 860.72—2004 的 14.1 和 14.3 中描述，数据集在第 11 章描述。本注释对概念进行了简要介绍。数据集参考记录数据。日志是个别日志项(在特定事件提供的数据值)按时间顺序存储的地方。日志服务查询允许稍后检索日志项。查询有类似开始时间、停止时间和滤波等参数。数据集和日志之间的联系通过日志控制块建立，它连接数据值和日志。日志控制块能/不能控制流入日志。通过定义数据集、日志和日志控制块的标准化名称，提供了一个高度标准化的语义。名为“TurCmLog”的数据集给出了准确说明，它意味着所有记录的(历史)风机命令数据集。			

6.2.13 风力发电机组模拟日志信息(WALG)

表示模拟信息所有记录历史数据属性的数据类由逻辑节点组成，如表 19 定义。

表示模拟信息所有记录历史数据属性的数据类由模拟数据日志组成。逻辑节点类是可选的，但是一旦使用，至少表 19 中定义的所有强制数据和数据集类应符合 IEC 61400-25(所有部分)。

日志中的数据由制造商固定和确定，或者由客户改变或控制。用户可方便地将记录信息分成不同日志。

模拟数据的日志类应在表 19 中定义。相应的数据集应参考“解释”栏定义的所有数据类。

表 19 逻辑节点：风力发电机组模拟日志信息(WALG)

WALG 类			
属性名	属性类型	解释	M/O
		逻辑节点应继承从风电场公用逻辑节点类而来的所有强制数据(见 6.1.1)	M

表 19（续）

WALG 类			
属性名	属性类型	解释	M/O
数据			
数据集			
TurAnLog		所有记录的(历史)风力发电机组模拟时间序列数据集。 由逻辑设备所有逻辑节点公用数据类 MV 派生得到的数据实例的下列数据属性应被记录： mag range q	O
TurPhLog		所有记录的(历史)风力发电机组三相时间序列数据集。 由逻辑设备所有逻辑节点公用数据类 WYE 派生得到的数据实例的下列数据属性应被记录： cVal range q	O
HiAcsSp		所有记录的(历史)风力发电机组设定值数据集。 高级访问保护。 由逻辑设备所有逻辑节点公用数据类 SPV 派生得到的数据实例的下列数据属性应被记录： actVal[CO] actVal[ST] incRate decRate minVal maxVal	O
LoAcsSp		所有记录的(历史)风力发电机组设定值数据集。 低级访问保护。 由逻辑设备所有逻辑节点公用数据类 SPV 派生得到的数据实例的下列数据属性应被记录： actVal[CO] actVal[ST] incRate decRate minVal maxVal	O

表 19（续）

WALG 类			
属性名	属性类型	解释	M/O
TrgEmgStop		紧急关闭触发的所有暂态日志数据集 由逻辑设备所有逻辑节点公用数据类 MV 派生得到的数据实例的下列数据属性应被记录： mag range q 由逻辑设备所有逻辑节点公用数据类 SPV(设定值)派生得到的数据实例的下列数据属性应被记录： actVal[CO] actVal[MX] incRate decRate minVal maxVal 由逻辑设备所有逻辑节点公用数据类 STV(状态)派生得到的数据实例的下列数据属性应被记录： actSt[ST] (包含所有元素)datSetMx 由逻辑设备所有逻辑节点公用数据类 ALM(报警)派生得到的数据实例的下列数据属性应被记录： almAck[CO] actSt[ST] (包含所有元素)datSetMx (包含所有元素)datSetSt 由逻辑设备所有逻辑节点公用数据类 CMD(命令)派生得到的数据实例的下列数据属性应被记录： actSt[CO] actSt[ST]	O
TrgProdGri		所有暂态风力发电机组记录数据集。短时日志在电网连接点触发。 由逻辑设备所有逻辑节点公用数据类 MV 派生得到的数据实例的下列数据属性应被记录： mag range q 由逻辑设备所有逻辑节点公用数据类 SPV(设定值)派生得到的数据实例的下列数据属性应被记录： actVal[CO] actVal[MX] incRate decRate minVal	

表 19（续）

WALG 类			
属性名	属性类型	解释	M/O
TrgProdGri		maxVal 由逻辑设备所有逻辑节点公用数据类 STV(状态)派生得到的数据实例的下列数据属性应被记录： actSt[ST] (包含所有元素)datSetMx 由逻辑设备所有逻辑节点公用数据类 ALM(报警)派生得到的数据实例的下列数据属性应被记录： almAck[CO] actSt[ST] (包含所有元素)datSetMx (包含所有元素)datSetSt 由逻辑设备所有逻辑节点公用数据类 CMD(命令)派生得到的数据实例的下列数据属性应被记录： actSt[ST]	O
日志			
TurAnLog		TurAnLog 数据集规定的一组按时间排序的历史模拟信息数据属性值由模拟数据日志组成	M
TurPhLog		TurPhLog 数据集规定的一组按时间排序的历史三相信息数据属性值由三相数据日志组成	O
HiAcsSp		HiAcsSp 数据集规定的一组按时间排序的历史设定值信息数据属性值由设定值数据日志组成	O
LoAcsSp		LoAcsSp 数据集规定的一组按时间排序的历史设定值信息数据属性值由设定值数据日志组成	O
TrgEmgStop		TrgEmgStop 数据集规定的一组高分辨率时间同步列表的同一参考时间不同类的历史信息数据属性值由暂态数据日志组成	O
TrgProdGri		TrgProdGri 数据集规定的一组高分辨率时间同步列表的同一参考时间不同类的历史信息数据属性值由暂态数据日志组成	O
日志控制块			
TurAnLog			M
TurPhLog			O
HiAcsSp			O
LoAcsSp			O
TrgEmgStop			O
TrgProdGri			O

6.2.14 风力发电机组报表信息(WREP)

表示定期存储信息的数据由逻辑节点组成,定期存储信息包含模拟数据的统计值、计数事件和状态持续时间。逻辑节点是可选的,但是一旦使用,至少表 20 中定义的所有强制数据和数据集类应符合 IEC 61400-25(所有部分)。

表 20 列出了表示这些数据的数据集。

表 20 逻辑节点:风力发电机组报表信息(WREP)

WREP 类			
属性名	属性类型	解释	M/O
		逻辑节点应继承从风电场公用逻辑节点类而来的所有强制数据(见 6.1.1)	M
数据			
数据集			
TurRpCh		风力发电机组报表模拟特征 由逻辑设备所有逻辑节点公用数据类 MV 派生得到的数据实例的下列数据属性应被报告: 来自相应历史逻辑节点的 mag 值	O
TurRpTm		风力发电机组报表持续时间 由逻辑设备所有逻辑节点公用数据类 TMS 派生得到的数据实例的下列数据属性应被报告: 来自相应统计逻辑节点的 dly 值 来自相应统计逻辑节点的 mly 值 来自相应统计逻辑节点的 yly 值 来自相应统计逻辑节点的 tot 值	O
TurRpCt		风力发电机组报表事件计数 由逻辑设备所有逻辑节点公用数据类 CTE 派生得到的数据实例的下列数据属性应被报告: 来自相应统计逻辑节点的 dly 值 来自相应统计逻辑节点的 mly 值 来自相应统计逻辑节点的 yly 值 来自相应统计逻辑节点的 tot 值	O

6.2.15 风电场有功功率控制(WAPC)

表示风电场有功功率控制信息的数据类由逻辑节点组成。逻辑节点是可选的,但是一旦使用,至少定义的强制数据类应符合 IEC 61400-25(所有部分)。表 21 表示和显现了 WAPC 逻辑节点中不同的数据类属性。

表 21 逻辑节点:风电场有功功率控制信息(WAPC)

WAPC 类			
属性名	属性类型	解释	M/O
		逻辑节点应继承从风电场公用逻辑节点类而来的所有强制数据(见 6.1.1)	M
数据			
公用信息			
状态信息			
NumOpTur	INS	实际运行风力发电机组数量	O
PlWLimEn	STV	启用有功功率限制模式	O
PlVAEn	STV	启用有功功率控制模式来控制视在功率	O
PlGraEn	STV	启用梯度函数分析	O
PlDelEn	STV	启用 delta 函数	O
模拟信息			
PlWCap	MV	风电场有功功率输出容量	O
PlW	MV	风电场有功功率输出	M
PlVA	MV	风电场视在功率	O
PlGra	MV	风电场坡度	O
PlWDel	MV	利用 delta 函数实现风电场有功功率备用——有功功率发电能力和有功功率发电的差异	O
控制信息			
PlWAtv	CMD	激活有功功率控制功能	O
PlVAAtv	CMD	激活视在功率控制功能	O
PlGraAtv	CMD	激活梯度控制功能	O
PlDelAtv	CMD	激活 delta 控制功能	O
SetPlW	SPV	设置风电场有功功率输出参考值	M
SetPlVA	SPV	设置风电场视在功率输出参考值	O
SetPlWUpGra	SPV	设置风电场有功功率输出梯度上升斜率参考值	O
SetPlWDoGra	SPV	设置风电场有功功率输出梯度下降斜率参考值	O
SetPlDel	SPV	设置风电场有功功率备用参考值,并命名为“旋转备用”	O

6.2.16 风电场无功功率控制(WRPC)

表示风电场无功功率控制信息的数据类由逻辑节点组成。逻辑节点是可选的,但是一旦使用,至少定义的强制数据类应符合 IEC 61400-25(所有部分)。表 22 表示和显现了 WRPC 逻辑节点中不同的数据类属性。无功功率所有方面都遵循发电机惯例。正值意味着电压增加和产生无功功率,负值意味着电压降低和消耗无功功率。

表 22 逻辑节点:风电场无功功率控制信息(WRPC)

WRPC 类			
属性名	属性类型	解释	M/O
		逻辑节点应继承从风电场公用逻辑节点类而来的所有强制数据(见 6.1.1)	M
数据			
公用信息			
状态信息			
NumOpTur	INS	实际运行风力发电机组数量	O
PlVArMode	STV	无功功率控制模式	O
模拟信息			
PlVAr	MV	风电场无功功率输出	O
PlVArCapImp	MV	风电场无功功率输入(需求)容量	O
PlVArCapExp	MV	风电场无功功率输出(供应)容量	O
PlPF	MV	风电场实际功率因数	O
PlV	MV	风电场外部并网点输出电压	O
控制信息			
PlVArAtv	CMD	激活无功功率控制功能	O
SetPlVAr	SPV	设置风电场无功功率输出参考值	O
SetPlVArUpGra	SPV	设置风电场无功功率输出梯度上升斜率参考值	O
SetPlVArDoGra	SPV	设置风电场无功功率输出梯度下降斜率参考值	O
SetPlV	SPV	设置风电场电压输出参考值	O
SetPlVUpGra	SPV	设置风电场电压上升斜率参考值	O
SetPlVDoGra	SPV	设置风电场电压下降斜率参考值	O
SetPlDrp	SPV	设置电压跌落控制的斜坡参考值	O
SetPlPF	SPV	设置风电场功率因数参考值——负值:消耗无功功率;正值:产生无功功率	O

6.3 数据名语义

表 23 列出了 6.2 给出的风电场特定数据类。数据类名一般是建立在方便记忆和第 4 章缩写的基础上。数据名的扩展名应符合 IEC 61850-7-4 附录 A 的规定。

在 IEC 61400-25(所有部分)中数据名长度不受限制,正如 DL/T 860.72—2004 第 19 章一样。但是引用对象及其不同层次结构的长度是有限制的。

如果逻辑节点类的数据是可选的,那所有的状态值都是可选的。

表 23　数据名语义

<table>
<tr><th>数据名</th><th>风电场特定数据名语义</th></tr>
<tr><td>AlmSt</td><td>报警设置状态。它包括 WALM 逻辑节点一套报警实际状态值的信息</td></tr>
<tr><td>Alt</td><td>海拔</td></tr>
<tr><td>AMx</td><td>电流测量值</td></tr>
<tr><td>AneSt</td><td>主/次风速计状态
<table>
<tr><th>值</th><th>数值</th><th>语义</th></tr>
<tr><td>Auto</td><td>1</td><td>风速仪处于自动模式</td></tr>
<tr><td>Ane1</td><td>2</td><td>主风速仪运行</td></tr>
<tr><td>Ane2</td><td>3</td><td>次风速仪运行</td></tr>
<tr><td>Off</td><td>4</td><td>风速仪关闭</td></tr>
<tr><td>Flt</td><td>5</td><td>风速仪故障</td></tr>
</table></td></tr>
<tr><td>AtvGriSw</td><td>主网开关激活命令
<table>
<tr><th>值</th><th>数值</th><th>语义</th></tr>
<tr><td>On</td><td>1</td><td>操作开关开启</td></tr>
<tr><td>Off</td><td>2</td><td>操作开关关闭</td></tr>
<tr><td>Auto</td><td>3</td><td>操作开关自动模式</td></tr>
</table></td></tr>
<tr><td>AtvYw</td><td>偏航命令
<table>
<tr><th>值</th><th>数值</th><th>语义</th></tr>
<tr><td>Cw</td><td>1</td><td>顺时针操作偏航</td></tr>
<tr><td>Off</td><td></td><td>偏航关闭</td></tr>
<tr><td>Ccw</td><td>3</td><td>逆时针操作偏航</td></tr>
<tr><td>Auto</td><td>4</td><td>偏航自动模式</td></tr>
</table></td></tr>
<tr><td>AvlTmRs</td><td>有效时间。精确语义应由风力发电机组控制器的制造商定义并分类存档</td></tr>
<tr><td>BecBulbSt</td><td>灯塔状态
<table>
<tr><th>值</th><th>数值</th><th>语义</th></tr>
<tr><td>Auto</td><td>1</td><td>灯塔在自动模式</td></tr>
<tr><td>Bulb1</td><td>2</td><td>灯塔在灯泡 1 模式</td></tr>
<tr><td>Bulb2</td><td>3</td><td>灯塔在灯泡 2 模式</td></tr>
<tr><td>Off</td><td>4</td><td>灯塔关闭</td></tr>
<tr><td>Flt</td><td>5</td><td>灯塔故障</td></tr>
</table></td></tr>
<tr><td>BecLumLev</td><td>灯塔照明度值</td></tr>
<tr><td>BecTmRs</td><td>灯塔运行时间</td></tr>
<tr><td>Beh</td><td>行为(在 IEC 61850-7-4 第 6 章中定义)</td></tr>
</table>

表 23（续）

数据名	风电场特定数据名语义
BlkRot	设置转子在锁定位置 值 | 数值 | 语义 On | 1 | 阻塞转子位置 Off | 2 | 非阻塞转子位置 Auto | 3 | 转子位置自动控制
BlSt	叶片状态 值 | 数值 | 语义 Blk | 1 | 叶片被锁定 Stop | 2 | 叶片停止 Pt | 3 | 叶片顺桨
BrkHyPres	轴制动液压
BrkOpMod	轴制动状态 值 | 数值 | 语义 Brk | 1 | 转轴通过制动已停止 Rdy | 2 | 制动准备就绪 vHt | 3 | 制动盘过热 Flt | 4 | 制动系统故障
CabWup	解缆。校准点绕组数
CalcExp	见表 A.1
CalcMthd	见表 A.1
CalcPer	见表 A.1
CalcSrc	见表 A.1
CalcStr	见表 A.1
CcwTm	偏航逆时针运行时间
ClSt	冷却系统状态 值 | 数值 | 语义 Inact | 1 | 冷却系统失效 Actv | 2 | 冷却系统有效 Flt | 3 | 冷却系统故障

表 23（续）

<table>
<tr><th>数据名</th><th>风电场特定数据名语义</th></tr>
<tr><td>CnvOpMod</td><td>变流器运行模式
<table><tr><th>值</th><th>数值</th><th>语义</th></tr><tr><td>Chrg</td><td>1</td><td>变流器目前正在充电</td></tr><tr><td>Rdy</td><td>2</td><td>变流器准备就绪</td></tr><tr><td>Run</td><td>3</td><td>变流器正在运行</td></tr><tr><td>Flt</td><td>4</td><td>变流器故障</td></tr></table></td></tr>
<tr><td>CnvTmpGn</td><td>变流器—发电机侧温度</td></tr>
<tr><td>CnvTmpDclink</td><td>变流器内温度</td></tr>
<tr><td>CnvTmpGri</td><td>变流器—电网侧温度</td></tr>
<tr><td>CwTm</td><td>偏航顺时针运行时间</td></tr>
<tr><td>DclAmp</td><td>变流器内直流环节电流</td></tr>
<tr><td>DclVol</td><td>变流器内直流环节电压</td></tr>
<tr><td>DehumSt</td><td>减湿器状态
<table><tr><th>值</th><th>数值</th><th>语义</th></tr><tr><td>On</td><td>1</td><td>减湿器开启</td></tr><tr><td>Off</td><td>2</td><td>减湿器关闭</td></tr><tr><td>Flt</td><td>3</td><td>减湿器在故障状态</td></tr></table></td></tr>
<tr><td>Dir</td><td>机舱方向</td></tr>
<tr><td>DispXdir</td><td>机舱位移(纵向)</td></tr>
<tr><td>DispYdir</td><td>机舱位移(横向)</td></tr>
<tr><td>DmdPF</td><td>功率因数设定值</td></tr>
<tr><td>DmdVAr</td><td>无功发电设定值</td></tr>
<tr><td>DmdVArh</td><td>无功电能需求(默认需求方向:能量从变电站母线流入风力发电机组)</td></tr>
<tr><td>DmdW</td><td>有功发电设定值</td></tr>
<tr><td>DmdWh</td><td>有功电能需求(默认需求方向:能量从变电站母线流入风力发电机组)</td></tr>
<tr><td>Drv</td><td>驱动</td></tr>
<tr><td>Drv</td><td>偏航驱动</td></tr>
<tr><td>EmgStop</td><td>紧急停机</td></tr>
<tr><td>EvtCt</td><td>有效事件数量</td></tr>
<tr><td>Evtld</td><td>事件 ld</td></tr>
<tr><td>EvtSev</td><td>事件严重性</td></tr>
<tr><td>EvtSt</td><td>事件状态(有效/无效)</td></tr>
<tr><td>EvtTm</td><td>最早的有效事件时间戳</td></tr>
</table>

表 23（续）

<table>
<tr><th>数据名</th><th>风电场特定数据名语义</th></tr>
<tr><td>ExTmp</td><td>机舱外温度</td></tr>
<tr><td>FtrSt</td><td>过滤系统状态<table><tr><th>值</th><th>数值</th><th>语义</th></tr><tr><td>Inact</td><td>1</td><td>过滤系统无效</td></tr><tr><td>Actv</td><td>2</td><td>过滤系统有效</td></tr><tr><td>Flt</td><td>3</td><td>过滤系统故障</td></tr></table></td></tr>
<tr><td>Gbx</td><td>齿轮箱</td></tr>
<tr><td>GbxOil</td><td>齿轮箱油</td></tr>
<tr><td>GbxOilLev</td><td>齿轮箱油箱油位</td></tr>
<tr><td>Gn</td><td>变流器发电机侧</td></tr>
<tr><td>GnA</td><td>发电机侧三相电流</td></tr>
<tr><td>GnPF</td><td>发电机侧三相功率因数</td></tr>
<tr><td>GnPhV</td><td>发电机侧三相相对地电压</td></tr>
<tr><td>GnPPV</td><td>发电机侧三相相相之间电压</td></tr>
<tr><td>GnClSt</td><td>发电机冷却系统状态<table><tr><th>值</th><th>数值</th><th>语义</th></tr><tr><td>Cl</td><td>1</td><td>冷却系统在运行</td></tr><tr><td>Stdby</td><td>2</td><td>备用冷却系统</td></tr><tr><td>Off</td><td>3</td><td>冷却系统关闭</td></tr><tr><td>Flt</td><td>4</td><td>冷却系统故障</td></tr></table></td></tr>
<tr><td>GnHz</td><td>发电机频率值</td></tr>
<tr><td>GnOpMod</td><td>发电机运行模式<table><tr><th>值</th><th>数值</th><th>语义</th></tr><tr><td>Ht</td><td>1</td><td>发电机运行</td></tr><tr><td>Run</td><td>2</td><td>发电机运转</td></tr><tr><td>Rdy</td><td>3</td><td>发电机准备就绪</td></tr><tr><td>Flt</td><td>4</td><td>发电机故障</td></tr></table></td></tr>
<tr><td>GnRtr</td><td>发电机转子</td></tr>
<tr><td>GnRtrExt</td><td>发电机转子励磁</td></tr>
<tr><td>GnTmp</td><td>发电机温度测量值</td></tr>
<tr><td>GnTmpInlet</td><td>发电机入口空气/水温度测量值</td></tr>
<tr><td>GnTmpRtr</td><td>发电机转子温度测量值</td></tr>
</table>

表 23（续）

<table>
<tr><th>数据名</th><th>风电场特定数据名语义</th></tr>
<tr><td>GnTmpSta</td><td>发电机定子温度测量值</td></tr>
<tr><td>GnTrq</td><td>发电机转矩值</td></tr>
<tr><td>GriA</td><td>电网侧三相电流</td></tr>
<tr><td>GriPF</td><td>电网侧三相功率因数</td></tr>
<tr><td>GriPhV</td><td>电网侧三相相对地电压</td></tr>
<tr><td>GriPPV</td><td>电网侧三相相相之间电压</td></tr>
<tr><td>GsLev</td><td>主轴轴承润滑油油位</td></tr>
<tr><td>Health</td><td>健康状态(在 IEC 61850-7-4 第 6 章中定义)。反映了与硬件和软件相关逻辑节点的状态</td></tr>
<tr><td>HiAcsSp</td><td>高级访问受保护设定值</td></tr>
<tr><td>HiUrgAlm</td><td>高度紧急报警</td></tr>
<tr><td>HorWdDir</td><td>水平风向</td></tr>
<tr><td>HorWdSpd</td><td>水平风速</td></tr>
<tr><td>HtexSt</td><td>热交换器状态<table>
<tr><td>值</td><td>数值</td><td>语义</td></tr>
<tr><td>On</td><td>1</td><td>热交换器开启</td></tr>
<tr><td>Off</td><td>2</td><td>热交换器关闭</td></tr>
<tr><td>Flt</td><td>3</td><td>热交换器故障</td></tr>
</table></td></tr>
<tr><td>HtSt</td><td>加热系统状态<table>
<tr><td>值</td><td>数值</td><td>语义</td></tr>
<tr><td>Inact</td><td>1</td><td>热传动系统无效</td></tr>
<tr><td>Actv</td><td>2</td><td>热传动系统有效</td></tr>
<tr><td>Flt</td><td>3</td><td>热传动系统故障</td></tr>
</table></td></tr>
<tr><td>HubTmp</td><td>风轮轮毂温度</td></tr>
<tr><td>Hum</td><td>湿度值</td></tr>
<tr><td>HyPmp</td><td>偏航系统液压泵</td></tr>
<tr><td>HyPres</td><td>偏航系统液压</td></tr>
<tr><td>Hz</td><td>频率值</td></tr>
<tr><td>Ice</td><td>冰冻厚度</td></tr>
<tr><td>IceSt</td><td>冰冻检测器状态<table>
<tr><td>值</td><td>数值</td><td>语义</td></tr>
<tr><td>On</td><td>1</td><td>冰冻检测器开启</td></tr>
<tr><td>Off</td><td>2</td><td>冰冻检测器关闭</td></tr>
<tr><td>Flt</td><td>3</td><td>冰冻检测器故障</td></tr>
</table></td></tr>
</table>

表 23（续）

<table>
<tr><th>数据名</th><th>风电场特定数据名语义</th></tr>
<tr><td>InletTmp</td><td>发电机进口空气温度</td></tr>
<tr><td>InlFlt</td><td>在线过滤污物</td></tr>
<tr><td>InlFltSt</td><td>在线过滤污物的状态
<table>
<tr><th>值</th><th>数值</th><th>语义</th></tr>
<tr><td>HiHi</td><td>1</td><td>过滤污物超过高-高级</td></tr>
<tr><td>Hi</td><td>2</td><td>过滤污物超过高级</td></tr>
<tr><td>Nor</td><td>3</td><td>过滤污物正常</td></tr>
<tr><td>Lo</td><td>4</td><td>过滤污物低于低级</td></tr>
<tr><td>LoLo</td><td>5</td><td>过滤污物低于低-低级</td></tr>
<tr><td>OutRng</td><td>6</td><td>过滤污物值超出范围</td></tr>
</table></td></tr>
<tr><td>InOv</td><td>输入通信缓冲溢出。该数据应表明通信过程中输入缓冲溢出和重要的服务请求可能丢失(TRUE)。用户应根据应用要求采取适当的措施</td></tr>
<tr><td>IntlHum</td><td>部件内湿度</td></tr>
<tr><td>IntlTmp</td><td>机舱内温度</td></tr>
<tr><td>LiftPos</td><td>起重机位置</td></tr>
<tr><td>LiftSt</td><td>起重机系统状态
<table>
<tr><th>值</th><th>数值</th><th>语义</th></tr>
<tr><td>Up</td><td>1</td><td>起重机在上升</td></tr>
<tr><td>Dn</td><td>2</td><td>起重机在下降</td></tr>
<tr><td>Off</td><td>3</td><td>起重机在“关闭”位置</td></tr>
<tr><td>Blk</td><td>4</td><td>起重机被锁定</td></tr>
</table></td></tr>
<tr><td>LiftSt</td><td>起重机状态
<table>
<tr><th>值</th><th>数值</th><th>语义</th></tr>
<tr><td>Ht</td><td>1</td><td>起重机在运行</td></tr>
<tr><td>Run</td><td>2</td><td>起重机在运转</td></tr>
<tr><td>Rdy</td><td>3</td><td>起重机准备就绪</td></tr>
<tr><td>Flt</td><td>4</td><td>起重机故障</td></tr>
</table></td></tr>
<tr><td>LoAcsSP</td><td>低级访问受保护设定值</td></tr>
<tr><td>LoUrgAlm</td><td>低度紧急报警</td></tr>
<tr><td>LuSt</td><td>齿轮箱润滑系统状态
<table>
<tr><th>值</th><th>数值</th><th>语义</th></tr>
<tr><td>Inact</td><td>1</td><td>润滑系统无效</td></tr>
<tr><td>Actv</td><td>2</td><td>润滑系统有效</td></tr>
<tr><td>Flt</td><td>3</td><td>润滑系统故障</td></tr>
</table></td></tr>
</table>

表 23（续）

<table>
<tr><th>数据名</th><th>风电场特定数据名语义</th></tr>
<tr><td>Mod</td><td>模式(在 IEC 61850-7-4 第 6 章定义)</td></tr>
<tr><td>MetAlt1Alt</td><td>气象海拔 1-传感器海拔</td></tr>
<tr><td>MetAlt1HorWdSpd</td><td>气象海拔 1-水平风速</td></tr>
<tr><td>MetAlt1VerWdSpd</td><td>气象海拔 1-垂直风速</td></tr>
<tr><td>MetAlt1HorWdDir</td><td>气象海拔 1-水平风向</td></tr>
<tr><td>MetAlt1VerWdDir</td><td>气象海拔 1-垂直风向</td></tr>
<tr><td>MetAlt1Tmp</td><td>气象海拔 1-温度</td></tr>
<tr><td>MetAlt1Hum</td><td>气象海拔 1-湿度</td></tr>
<tr><td>MetAlt1Pres</td><td>气象海拔 1-压力</td></tr>
<tr><td>MTPresSt</td><td>变压器填充油主箱气压
<table>
<tr><th>值</th><th>数值</th><th>语义</th></tr>
<tr><td>HiHi</td><td>1</td><td>气压高于高-高级</td></tr>
<tr><td>Hi</td><td>2</td><td>气压高于高级</td></tr>
<tr><td>Nor</td><td>3</td><td>气压正常</td></tr>
<tr><td>Lo</td><td>4</td><td>气压低于低级</td></tr>
<tr><td>LoLo</td><td>5</td><td>气压低于低-低级</td></tr>
<tr><td>OutRng</td><td>6</td><td>气压值超出范围</td></tr>
</table></td></tr>
<tr><td>NamPlt</td><td>逻辑节点铭牌。LLN0 铭牌表示逻辑设备的铭牌信息</td></tr>
<tr><td>NumEvt</td><td>事件数量</td></tr>
<tr><td>NumOpTur</td><td>实际运行风力发电机组的数量</td></tr>
<tr><td>NumPwrUp</td><td>不间断电源的数量。自最后复位后,物理设备不间断电源的数量</td></tr>
<tr><td>Objld</td><td>对象引用</td></tr>
<tr><td>OfFlt</td><td>离线过滤污物</td></tr>
<tr><td>OfFltSt</td><td>离线过滤污物状态
<table>
<tr><th>值</th><th>数值</th><th>语义</th></tr>
<tr><td>HiHi</td><td>1</td><td>过滤污物高于高-高级</td></tr>
<tr><td>Hi</td><td>2</td><td>过滤污物高于高级</td></tr>
<tr><td>Nor</td><td>3</td><td>过滤污物正常</td></tr>
<tr><td>Lo</td><td>4</td><td>过滤污物低于低级</td></tr>
<tr><td>LoLo</td><td>5</td><td>过滤污物低于低-低级</td></tr>
<tr><td>OutRng</td><td>6</td><td>过滤污物值超出范围</td></tr>
</table></td></tr>
<tr><td>OilLev</td><td>变压器或齿轮箱填充油油位信息</td></tr>
</table>

表 23（续）

<table>
<tr><th>数据名</th><th>风电场特定数据名语义</th></tr>
<tr><td>OilLevSt</td><td>油位状态
<table><tr><th>值</th><th>数值</th><th>语义</th></tr><tr><td>HiHi</td><td>1</td><td>油位高于高-高级</td></tr><tr><td>Hi</td><td>2</td><td>油位高于高级</td></tr><tr><td>Nor</td><td>3</td><td>油位正常</td></tr><tr><td>Lo</td><td>4</td><td>油位低于低级</td></tr><tr><td>LoLo</td><td>5</td><td>油位低于低-低级</td></tr><tr><td>OutRng</td><td>6</td><td>油位值超出范围</td></tr></table></td></tr>
<tr><td>OpTmRs</td><td>运行时间。精确语义应由风力发电机组控制器的制造商定义并分类归档</td></tr>
<tr><td>OutOv</td><td>输出通信缓冲溢出。该数据表明任何通信信息列队输出缓冲溢出，通信中重要的显示有可能丢失。建议使用普遍的审讯方法或自动启动完整扫描来更新客户数据库</td></tr>
<tr><td>PFMx</td><td>功率因数测量值</td></tr>
<tr><td>PhyHealth</td><td>物理设备健康状态表示逻辑设备所在的物理设备的健康状态信息。与源问题相关的更多细节信息由特定数据提供。
<table><tr><th>值</th><th>数值</th><th>语义</th></tr><tr><td>Ok</td><td>1</td><td>正常（“绿色”）——没问题，正常运行</td></tr><tr><td>Warning</td><td>2</td><td>警告（“黄色”）——小问题，但在安全运行模式下</td></tr><tr><td>Alarm</td><td>3</td><td>报警（“红色”）——严重问题，不能运行</td></tr></table>
健康状态 1（“绿色”）和 3（“红色”）有明确的定义。健康状态 2（“黄色”）的详细含义是局部问题，它决定于专门的功能/设备</td></tr>
<tr><td>PhyNam</td><td>物理设备铭牌表示逻辑设备所在的物理设备的铭牌信息</td></tr>
<tr><td>PlDelAtv</td><td>delta 控制功能有效：开|关</td></tr>
<tr><td>PlDelEn</td><td>启用 delta 功能</td></tr>
<tr><td>PlGra</td><td>风电场坡度</td></tr>
<tr><td>PlGraAtv</td><td>梯度控制功能有效：开|关</td></tr>
<tr><td>PlGraEn</td><td>启用梯度功能</td></tr>
<tr><td>PlPF</td><td>风电场实际功率因数</td></tr>
<tr><td>PlV</td><td>风电场外部并网点输出电压</td></tr>
<tr><td>PlVA</td><td>风电场视在功率</td></tr>
<tr><td>PlVAAtv</td><td>视在功率控制功能有效：开|关</td></tr>
<tr><td>PlVAEn</td><td>启用视在功率控制模式来控制视在功率</td></tr>
<tr><td>PlVAr</td><td>风电场无功功率输出</td></tr>
<tr><td>PlVArAtv</td><td>无功功率控制功能有效：VAr 开|VOC 开|PF 开|关</td></tr>
</table>

表 23（续）

<table>
<tr><th>数据名</th><th>风电场特定数据名语义</th></tr>
<tr><td>PlVArCapExp</td><td>风电场无功功率输出(供给)容量</td></tr>
<tr><td>PlVArCapImp</td><td>风电场无功功率输入(需求)容量</td></tr>
<tr><td>PlVArMod</td><td>无功功率控制模式</td></tr>
<tr><td>PlW</td><td>风电场有功功率输出</td></tr>
<tr><td>PlWAtv</td><td>有功功率控制功能有效:开|关</td></tr>
<tr><td>PlWCap</td><td>风电场有功功率输出容量</td></tr>
<tr><td>PlWDel</td><td>风电场有功功率储备利用 delta 函数—有功功率发电容量和有功功率发电的不同处</td></tr>
<tr><td>PlWLimEn</td><td>启用有功功率限制模式</td></tr>
<tr><td>Pres</td><td>压力</td></tr>
<tr><td>Proxy</td><td>TRUE 应指出逻辑设备是代理的。代理是来自不同逻辑节点的数据集合。客户可以在代理点或者是原始位置获得数据</td></tr>
<tr><td>PtAngSpBl1</td><td>叶片 1 桨距角设定值(参考)</td></tr>
<tr><td>PtAngSpBl2</td><td>叶片 2 桨距角设定值</td></tr>
<tr><td>PtAngSpBl3</td><td>叶片 3 桨距角设定值</td></tr>
<tr><td>PtAngValBl1</td><td>叶片 1 桨距角(参考)</td></tr>
<tr><td>PtAngValBl2</td><td>叶片 2 桨距角</td></tr>
<tr><td>PtAngValBl3</td><td>叶片 3 桨距角</td></tr>
<tr><td>PtCtlSt</td><td>变桨控制状态:<table><tr><th>值</th><th>数值</th><th>语义</th></tr><tr><td>Op</td><td>1</td><td>变桨在运行</td></tr><tr><td>Flt</td><td>2</td><td>变桨故障</td></tr></table></td></tr>
<tr><td>PtEmgChk</td><td>检查紧急变桨系统命令:<table><tr><th>值</th><th>数值</th><th>语义</th></tr><tr><td>On</td><td>1</td><td>开始检查</td></tr><tr><td>Off</td><td>2</td><td>停止检查</td></tr></table>注:检查的结果,如果需要显示,应该进行描述</td></tr>
<tr><td>PtHyPresBl1</td><td>叶片 1 液压变桨系统的压力(参考)</td></tr>
<tr><td>PtHyPresBl2</td><td>叶片 2 液压变桨系统的压力</td></tr>
<tr><td>PtHyPresBl3</td><td>叶片 3 液压变桨系统的压力</td></tr>
<tr><td>PwrDn</td><td>掉电检测。TRUE 说明已检测到设备掉电</td></tr>
<tr><td>PwrSupAlm</td><td>电源报警。TRUE 说明电源报警。它通常指的是由 LPHD 建模的 IED 当地电源,而不是完整的外部电源系统的健康状态(EEHealth)</td></tr>
<tr><td>PwrUp</td><td>上电检测。TRUE 说明已检测到设备上电</td></tr>
</table>

表 23（续）

<table>
<tr><th>数据名</th><th>风电场特定数据名语义</th></tr>
<tr><td>RoofEnt</td><td>风力发电机组顶部入口的舱口接头</td></tr>
<tr><td>RotPos</td><td>转角位置</td></tr>
<tr><td>RotSpd</td><td>转子侧风轮转速值</td></tr>
<tr><td>RotSt</td><td>转子状态：
<table><tr><th>值</th><th>数值</th><th>语义</th></tr><tr><td>Blk</td><td>1</td><td>转子被锁定</td></tr><tr><td>Stop</td><td>2</td><td>转子停止</td></tr><tr><td>Idl</td><td>3</td><td>转子空转</td></tr><tr><td>Run</td><td>4</td><td>转子转动</td></tr></table></td></tr>
<tr><td>RsStat</td><td>将此值设置为 TRUE 将重置该逻辑节点的所有设备统计数据，如数据 NumPwrUp、WrmStr、WacTrg</td></tr>
<tr><td>Rtr</td><td>发电机转子电力测量</td></tr>
<tr><td>RtrA</td><td>发电机转子三相电流</td></tr>
<tr><td>RtrExtAC</td><td>发电机转子交流励磁</td></tr>
<tr><td>RtrExtDC</td><td>发电机转子直流励磁</td></tr>
<tr><td>RtrPhV</td><td>发电机转子三相相对地电压</td></tr>
<tr><td>RtrPPV</td><td>发电机转子三相相相之间电压</td></tr>
<tr><td>SetBecLev</td><td>设置灯塔中灯泡亮度</td></tr>
<tr><td>SetBecMod</td><td>设置灯塔模式：
<table><tr><th>值</th><th>数值</th><th>语义</th></tr><tr><td>Auto</td><td>1</td><td>灯塔自动模式</td></tr><tr><td>Bulb1</td><td>2</td><td>灯塔灯泡 1 开</td></tr><tr><td>Bulb2</td><td>3</td><td>灯塔灯泡 2 开</td></tr></table></td></tr>
<tr><td>SetFlsh</td><td>设置灯塔闪光灯工作周期值</td></tr>
<tr><td>SetPlDel</td><td>设置风电场有功功率储备参考值，并命名为“热备用”</td></tr>
<tr><td>SetPlDrp</td><td>设置电压跌落控制的斜坡参考值</td></tr>
<tr><td>SetPlPF</td><td>设置风电场功率因数参考值——负值：消耗无功功率；正值：产生无功功率</td></tr>
<tr><td>SetPlV</td><td>设置风电场输出电压参考值</td></tr>
<tr><td>SetPlVA</td><td>设置风电场输出表观功率参考值</td></tr>
<tr><td>SetPlVAr</td><td>设置风电场输出无功功率参考值</td></tr>
<tr><td>SetPlVArDoGra</td><td>设置风电场输出无功功率梯度斜坡下降的参考值</td></tr>
<tr><td>SetPlVArUpGra</td><td>设置风电场输出无功功率梯度斜坡上升的参考值</td></tr>
<tr><td>SetPlVArW</td><td>设置风电场输出无功功率参考值</td></tr>
</table>

表 23（续）

<table>
<tr><th>数据名</th><th>风电场特定数据名语义</th></tr>
<tr><td>SetPlVDoGra</td><td>设置风电场电压下降斜率参考值</td></tr>
<tr><td>SetPlVDrp</td><td>设置电压跌落控制的斜率参考值</td></tr>
<tr><td>SetPlVUpGra</td><td>设置风电场电压上升斜率参考值</td></tr>
<tr><td>SetPlW</td><td>设置风电场输出有功功率参考值</td></tr>
<tr><td>SetPlWDoGra</td><td>设置风电场输出有功功率下降斜率的参考值</td></tr>
<tr><td>SetPlWUpGra</td><td>设置风电场输出有功功率上升斜率的参考值</td></tr>
<tr><td>SetTurOp</td><td>风力发电机组运行命令：
<table>
<tr><td>值</td><td>数值</td><td>语义</td></tr>
<tr><td>Str</td><td>1</td><td>启动风力发电机组</td></tr>
<tr><td>Stop</td><td>2</td><td>停止风力发电机组</td></tr>
</table></td></tr>
<tr><td>ShfBrg</td><td>转轴轴承</td></tr>
<tr><td>ShfBrk</td><td>轴制动(表面)</td></tr>
<tr><td>StaA</td><td>发电机定子三相电流</td></tr>
<tr><td>StaPhV</td><td>发电机定子三相相对地电压</td></tr>
<tr><td>StaPPV</td><td>发电机定子三相相相之间电压</td></tr>
<tr><td>StopCnt</td><td>停止的数量。精确语义应由风力发电机组控制器的制造商定义并文档化</td></tr>
<tr><td>Str</td><td>变流器开始命令:开|关|自动
<table>
<tr><td>值</td><td>数值</td><td>语义</td></tr>
<tr><td>On</td><td>1</td><td>变流器开</td></tr>
<tr><td>Off</td><td>2</td><td>变流器关</td></tr>
<tr><td>Auto</td><td>3</td><td>变流器自动模式</td></tr>
</table></td></tr>
<tr><td>StrCnt</td><td>启动的数量。精确语义应由风力发电机组控制器的制造商定义并文档化</td></tr>
<tr><td>SupVArh</td><td>无功能量供给(默认供给方向:能量从风力发电机组流入变电站母线)</td></tr>
<tr><td>SupWh</td><td>有功能量供给(默认供给方向:能量从风力发电机组流入变电站母线)</td></tr>
<tr><td>SysGsLev</td><td>偏航系统润滑油油位</td></tr>
<tr><td>Tmp</td><td>温度</td></tr>
<tr><td>TmpNacEx</td><td>机舱外温度</td></tr>
<tr><td>TmpNacIntl</td><td>机舱内温度</td></tr>
<tr><td>Torq</td><td>转矩值</td></tr>
<tr><td>TotVArh</td><td>产生的总(净)无功能量</td></tr>
<tr><td>TotWh</td><td>产生的总(净)有功能量</td></tr>
</table>

表 23（续）

<table>
<tr><th>数据名</th><th>风电场特定数据名语义</th></tr>
<tr><td>TrfClst</td><td>变压器冷却系统状态：
<table>
<tr><th>值</th><th>数值</th><th>语义</th></tr>
<tr><td>Cl</td><td>1</td><td>变压器冷却系统开</td></tr>
<tr><td>Stdby</td><td>2</td><td>变压器冷却系统在等待模式</td></tr>
<tr><td>Off</td><td>3</td><td>变压器冷却系统关</td></tr>
<tr><td>Flt</td><td>4</td><td>变压器冷却系统故障</td></tr>
</table></td></tr>
<tr><td>TrfGri</td><td>变压器电网侧</td></tr>
<tr><td>TrfGriA</td><td>变压器电网侧三相电流</td></tr>
<tr><td>TrfGriPhV</td><td>变压器电网侧三相相对地电压</td></tr>
<tr><td>TrfGriPPV</td><td>变压器电网侧三相相对相电压</td></tr>
<tr><td>TrfOpTmRs</td><td>变压器运行时间(特定供应商)。精确语义应由风力发电机组控制器的制造商定义并文档化</td></tr>
<tr><td>TrfTmpTrfGn</td><td>变压器风力发电机组侧温度测量值</td></tr>
<tr><td>TrfTmpTrfGri</td><td>变压器电网侧温度测量值</td></tr>
<tr><td>TrfTurA</td><td>变压器风力发电机组侧三相电流</td></tr>
<tr><td>TrfTurPhV</td><td>变压器风力发电机组侧三相相对地电压</td></tr>
<tr><td>TrfTurPPV</td><td>变压器风力发电机组侧三相相相之间电压</td></tr>
<tr><td>TrgEmgStop</td><td>紧急关闭触发的瞬态日志</td></tr>
<tr><td>TrgProdGri</td><td>并网触发的瞬态日志</td></tr>
<tr><td>TrmTmpGbxOil1</td><td>齿轮箱油温度测量值</td></tr>
<tr><td>TrmTmpShfBrg1</td><td>转轴轴承 1 温度测量值</td></tr>
<tr><td>TrmTmpShfBrg2</td><td>转轴轴承 2 温度测量值</td></tr>
<tr><td>TrmTmpShfBrk</td><td>轴制动温度测量值(表面测量)</td></tr>
<tr><td>TurAlLog</td><td>所有记录的(历史)风力发电机组报警</td></tr>
<tr><td>TurAnLog</td><td>所有记录的(历史)风力发电机组模拟时间系列</td></tr>
<tr><td>TurCmLog</td><td>所有记录的(历史)风力发电机组命令</td></tr>
<tr><td>TurCtLog</td><td>所有记录的(历史)风力发电机组计数器</td></tr>
<tr><td>TurEvtLog</td><td>所有记录的(历史)状态变化</td></tr>
<tr><td>TurPhLog</td><td>所有记录的(历史)风力发电机组三相时间系列</td></tr>
<tr><td>TurRpCh</td><td>风力发电机组报表模拟特征</td></tr>
<tr><td>TurRpCt</td><td>风力发电机组报告事件计数</td></tr>
<tr><td>TurRpTm</td><td>风力发电机组报表持续时间</td></tr>
<tr><td>TurSpLog</td><td>所有记录的(历史)风力发电机组设定值</td></tr>
</table>

表 23（续）

<table>
<tr><th>数据名</th><th>风电场特定数据名语义</th></tr>
<tr><td>TurSt</td><td>风力发电机组状态
<table>
<tr><th>值</th><th>数值</th><th>语义</th></tr>
<tr><td>Stop</td><td>1</td><td>风力发电机组停止</td></tr>
<tr><td>Stdby</td><td>2</td><td>风力发电机组待机</td></tr>
<tr><td>Str</td><td>3</td><td>风力发电机组开始运行</td></tr>
<tr><td>Run</td><td>4</td><td>风力发电机组运行正常</td></tr>
<tr><td>Free</td><td>5</td><td>风力发电机组和发电机断开，正在空转</td></tr>
<tr><td>Brk</td><td>6</td><td>风力发电机组刹车</td></tr>
</table></td></tr>
<tr><td>TurStLog</td><td>所有记录的(历史)风力发电机组状态</td></tr>
<tr><td>TurTmLog</td><td>所有记录的(历史)风力发电机组计时器</td></tr>
<tr><td>TurTrLog</td><td>所有的暂态风力发电机组记录</td></tr>
<tr><td>VA</td><td>视在功率——S 作为视在功率的共用同义词</td></tr>
<tr><td>VAh</td><td>视在能量</td></tr>
<tr><td>VAr</td><td>无功功率——Q 作为无功功率的共用同义词</td></tr>
<tr><td>VAr</td><td>发电侧无功</td></tr>
<tr><td>VArh</td><td>无功电能</td></tr>
<tr><td>VArOvW</td><td>风力发电机组无功优先于有功命令</td></tr>
<tr><td>VArRefPri</td><td>风力发电机组无功设定值优先命令</td></tr>
<tr><td>VerWdDir</td><td>垂直风向</td></tr>
<tr><td>VerWdSpd</td><td>垂直风速</td></tr>
<tr><td>Vib</td><td>齿轮箱振动测量值</td></tr>
<tr><td>BrkHyPres</td><td>轴制动液压</td></tr>
<tr><td>VibGbx1</td><td>齿轮箱 1 齿轮箱振动测量值</td></tr>
<tr><td>VibGbx2</td><td>齿轮箱 2 齿轮箱振动测量值</td></tr>
<tr><td>GbxOilLev</td><td>齿轮箱油箱油位</td></tr>
<tr><td>GbxOilPres</td><td>齿轮油压</td></tr>
<tr><td>GsLev</td><td>主轴轴承润滑油油位</td></tr>
<tr><td>InlFlt</td><td>内联过滤污染</td></tr>
<tr><td>OfFlt</td><td>离线过滤污染</td></tr>
<tr><td>Vis</td><td>能见度</td></tr>
<tr><td>VMx</td><td>电压测量值</td></tr>
<tr><td>W</td><td>有功功率——P 作为有功功率的公共同义词</td></tr>
<tr><td>W</td><td>发电侧有功</td></tr>
</table>

表 23（续）

<table>
<tr><th>数据名</th><th>风电场特定数据名语义</th></tr>
<tr><td>WacTrg</td><td>计数器复位后，所记录的电路重设设备的次数</td></tr>
<tr><td>WdDir</td><td>风向。风吹来的方向。风向应以正北方向为参照</td></tr>
<tr><td>WdHtSt</td><td>风传感器加热器的状态：<table><tr><td>值</td><td>数值</td><td>语义</td></tr><tr><td>On</td><td>1</td><td>加热器开</td></tr><tr><td>Off</td><td>2</td><td>加热器关</td></tr><tr><td>Dis</td><td>3</td><td>加热器故障</td></tr></table></td></tr>
<tr><td>WdSpdNac</td><td>风速</td></tr>
<tr><td>Wh</td><td>有功电能</td></tr>
<tr><td>WrmStr</td><td>自最后一次复位后，物理设备热启动的数量</td></tr>
<tr><td>Xdir</td><td>纵向</td></tr>
<tr><td>YawAng</td><td>偏航轴与正北方向的角度</td></tr>
<tr><td>YawSpd</td><td>偏航速度</td></tr>
<tr><td>Ydir</td><td>横向</td></tr>
<tr><td>YwBrakeSt</td><td>偏航制动的模式：<table><tr><td>值</td><td>数值</td><td>语义</td></tr><tr><td>On</td><td>1</td><td>偏航制动开</td></tr><tr><td>Off</td><td>2</td><td>偏航制动关</td></tr></table></td></tr>
<tr><td>YwSt</td><td>偏航系统模式：<table><tr><td>值</td><td>数值</td><td>语义</td></tr><tr><td>Auto</td><td>1</td><td>偏航在自动模式</td></tr><tr><td>Cw</td><td>2</td><td>偏航在顺时针运行模式</td></tr><tr><td>Blk</td><td>3</td><td>偏航锁定</td></tr><tr><td>Ccw</td><td>4</td><td>偏航在逆时针运行模式</td></tr><tr><td>Flt</td><td>5</td><td>偏航故障</td></tr></table></td></tr>
</table>

7 公用数据类

7.1 公用数据类(CDC)的基本概念

7.1.1 公用数据类的种类

一组数据类(在逻辑节点中定义的)的公共属性可以定义成公用数据类。数据类继承所有与之配套的公用数据类属性中指定的信息(数据和元数据)。在风电场信息要求的基础上，定义风电场一系列特定公用数据类。

下面是几组定义的公用数据类：

a) 风电场特定公用数据类(CDC)(见 7.3)：

——设定值(SPV)；

——状态值(STV)；

——报警(ALM)；

——命令(CMD)；

——事件计数(CTE)；

——状态计时(TMS)；

——报警设定状态(ASS)。

b) 从 IEC 61850-7-3 继承的公用数据类(见 7.4.1)：

——单点状态(SPS)；

——整数状态(INS)；

——二进制计数器读数(BCR)；

——测量值(MV)；

——三相系统中相对地相关测量值(WYE)；

——三相系统中相对相相关测量值(DEL)；

——可控的单点(SPC)；

——可控的整数状态(INC)；

——可控的模拟过程值(APC)(当前标准有待进一步修正)；

——逻辑节点铭牌(LPL)。

c) 从 IEC 61850-7-3 继承过来并加以特定化的公用数据类(见 7.4.2)：

——设备铭牌(DPL)->WDPL。

7.1.2 公用数据类结构

风电场特定公用数据类的缩写名称用大写字母，名称长度要短(建议用 3 个字母)并且应是唯一的。在公用数据类中，特定数据类的信息(数据和元数据)应通过一个表格符号清晰的建模，见表 24。

表 24 公用数据类的一般表格结构

×××类					
属性名	属性类型	FC	TrgOp	解释和值/范围	M/O
数据属性					
状态信息					
cdc attr.name	attr type	fc		描述和范围	
模拟信息					
cdc attr.name	attr type	fc		描述和范围	
统计信息					
cdc attr.name	attr type	fc		描述和范围	
历史信息					
cdc attr.name		fc		描述和范围	

表 24（续）

×××类					
属性名	属性类型	FC	TrgOp	解释和值/范围	M/O
cdc attr.name	attr typeA	fc		描述和范围	
cdc attr.name	attr typeB	fc		描述和范围	
cdc attr.name	attr typeA	fc		描述和范围	
cdc attr.name	attr typeC	fc		描述和范围	
控制信息					
cdc attr.name	attr type	fc		描述和范围	
设定值信息					
cdc attr.name	attr ty pe	fc		描述和范围	
描述和扩展					
cdc attr.name	attr type	fc		描述和范围	

为了方便，对所有的公用数据类属性进行了分类。

公用数据类的属性类型在表 25 中进行了简要的说明。

表 25　公用数据类属性

数据类属性	描述
属性名	公用数据类属性记录的助忆缩写
属性类型	基础(例如整型，布尔型)或构造数据类型
函数约束	为了有效的进行信息交换，将建立的组进行分类。列出的函数约束将在 DL/T 860.72—2004 表 18 中进行定义。 例如： ST 状态信息 MX 测量值 CO 控制 SP 设定值 CF 配置 DC 描述
触发选择	有条件的通知状态或数据改变。dchg：数据改变，qchg：品质改变，dupd：数据更新
解释/范围	属性记录的描述和范围
要求	M：强制，O：可选，C：一定条件下

至少定义的所有强制性数据类属性应被相关的数据类继承。定义的可选数据类属性名可以被应用，并且自由使用。如果给定的条件为真，公用数据类属性也是强制性的。

表 26 列举了属性被列入的条件。

表 26　属性存在的条件

缩略语	条件
AC_ALM_ST_POS	如果 WALM 逻辑节点包括 AlmSt 数据值，则属性应存在
AC_DLN_M	如果数据的数据命名空间偏离了逻辑节点 lnNs 或 ldNs 规定的数据命名空间，则属性应存在(仅用于所有公用数据类的 dataNs)
AC_DLNDA_M	如果数据的公用数据类命名空间偏离了数据 dataNs，或逻辑节点 lnNs 或 ldNs 规定的公用数据类命名空间，则属性应存在(仅用于所有公用数据类 cdcNs 和 cdcName)
AC_PRE_TRG	如果支持前沿触发，则该属性是强制的
AC_PST_TRG	如果支持后沿触发，则该属性是强制的
AC_TRG	如果支持触发(前沿或后沿触发)，则该属性是强制的
GC_1	对于给定数据实例，至少存在一个属性
GC_CON	如和配置相关的(可选的)特定数据属性存在，那么该配置数据属性只能也存在
M	属性是强制的
O	属性是可选的

公用数据类的属性类型是最基本的信息属性。表 27 中列出了基本类型的范围。

表 27　公用数据类：属性基本类型

属性类型	
名称	范围/解释
BOOLEAN	真|假
INT8	－128～＋127
INT16	－32 768～＋32 767
INT24	－8 388 608～8 388 607
INT32	－2＊＊31～(2＊＊31)－1
INT64	－2＊＊63～(2＊＊63)－1
INT128	－2＊＊127～(2＊＊127)－1
INT8U	0～255
INT16U	0～65 535
INT24U	0～16 777 215
INT32U	0～4 294 967 295
FLOAT32	单精度浮点值，范围和精度在 IEEE 754 单精度浮点值中指定
FLOAT64	双精度浮点值，范围和精度在 IEEE 754 双精度浮点值中指定
OCTETSTRING64	8 位字符串
ENUMERATED	与信息建模相关的有序值，允许自定义扩展名
CODED ENUM	一旦定义即设定一组值；不允许自定义扩展名。类型应和映射中有效的编码相匹配
VISIBLE STRING	ASCII 码
UNICODE STRING	统一编码的字符串

导出的构造类型在下面的条款中分别详细的列出。

7.2 公用数据类属性

7.2.1 模拟值

浮点值或整数值(可扩展)。模拟值类型在表 28 中定义。

表 28 模拟值

模拟值类型定义			
属性名	属性类型	值/值域	M/O
i	INT32	整数值	GC_1[a]
f	FLOAT32	浮点值	GC_1[a]
[a] GC_1:对于给定的数据实例至少一个属性应给定。			

符号模拟值[n]应是模拟值 n 的数组。

模拟值可以用基本数据类型 INTEGER(属性 i)或 FLOATING POINT(属性 f)来表示。至少使用其中一个属性。如果两个属性都存在,那么应用时应确保两种属性的值保持一致。若其中一个值由通信服务更新,另一个值也要更新。例如:如果 xxx.f 被写入,xxx.i 相应地也要更新。

i:值 i 是测量值的整数表示。i 和 f 的转换公式为:

$f \times 10^{单位\times乘数}=(i\times 比例因子)+偏移量$

当 i、比例因子、偏移量和 f 给定时,计算结果在可接受的误差范围内是正常的。

f:值 f 是测量值的浮点表示。f 应代表工程值。

注:整数值和浮点值都存在的原因是为了使不具备浮点值处理能力的 IED 也能支持模拟值。这种情况下,比例因子和偏移量可以在客户端和服务器之间离线交换。

7.2.2 TimeStamp(时间戳)

TimeStamp(时间戳)类型应代表一个 UTC 时间,表 29 中详细说明了 1970-01-01 午夜(00:00:00)的时间。

表 29 TimeStamp 类型

TimeStamp 类型定义			
属性名	属性类型	值/值域/解释	M/O
SecondSinceEpoch	INT32	(0……MAX)	M
FractionOfSencond	INT24U	值=bi * 2 * * −(i+1)从 0 到 23 的和;次序=b0,b1,b2,b3……	M
TimeQuality	TimeQuality		M

SecondSinceEpoch

SecondSinceEpoch 是从 1970-01-01 00:00:00 UTC 开始连续计数的时间间隔,以秒为单位。

注 1:SecondSinceEpoch 符合 UNIX 时间。

FractionOfSencond

当 TimeStamp 的值确定以后,属性 FractionOfSencond 是当前时间的一部分。时间的一部分由公式[bi * 2 * * −(i+l)s]从 i=0 到 23 计算得到。

注 2：TimeStamp 通过计算结果的最小整数进行升级。整数的 24 位提供来自 1 到 16 777 216 的最小整数；通过 1/2**24(大约为 60 ns)进行计算。

注 3：如果仅用第一个字节，时间戳的结果可能是 1/2**1(=0.5 s)；如果用前两个字节，时间戳的结果也可能是 1/2**2(0.25 s)；如果用了所有的 24 个字节，时间戳的结果也可能是大约 60 ns。IED 提供的计算结果不在 IEC 61400-25(所有部分)范围内。

TimeQuality

TimeQuality 提供关于由 IED 发送的时间源的信息，在表 30 中列出。

表 30　TimeQuality 定义

TimeQuality 定义			
属性名	属性类型 PACKED LIST	值/值域/解释	M/O
LeapSecondsKnown	BOOLEAN		M
ClockFailure	BOOLEAN		M
ClockNotSynchronized	BOOLEAN		O
TimeAccuracy	CODED ENUM	FractionOfSencond 中重要字节数：最小的时间间隔是：2** −*n*	M

LeapSecondsKnown：LeapSecondsKnown 属性值为真，则说明 SecondSinceEpoch 的值考虑了所有的闰秒。如果属性值为假，则说明 SecondSinceEpoch 的值在设备时间源初始化时没有考虑闰秒。

ClockFailure：ClockFailure 属性值为真，则说明发送设备的时间源是不可靠的。TimeStamp 的值将被忽略。

ClockNotSynchronized：ClockNotSynchronized 属性值为真，则说明发送设备的时间源和外部 UTC 时间不同步。

TimeAccuracy：TimeAccuracy 属性代表发送设备的时间源相对于外部 UTC 时间的精度等级。时间的精度等级代表 FractionOfSencond 重要字节的数字。

n 的值在表 31 中列出。

表 31　TimeAccuracy

n	结果的 TimeAccuracy(2** −*n*)	在 IEC 61850-5 中定义的相应的时间性能等级
31	—	未指明
7	大约 7 ms～8 ms	10 ms(性能等级 T0)
10	大约 0.9 ms	1 ms(性能等级 T1)
14	大约 61 μs	100 μs(性能等级 T2)
16	大约 15 μs	25 μs(性能等级 T3)
18	大约 3.8 μs	4 μs(性能等级 T4)
20	大约 0.9 μs	1 μs(性能等级 T5)

7.2.3　品质

不同的标识符规定了信息的品质和有效性。品质类型在表 32 中定义。

表 32 品质

品质类型定义			
属性名	属性类型	值/值域	M/O
	PACKED LIST		
validity	CODED ENUM	良好/无效/保留/可疑	M
detailQual	PACKED LIST		O
overflow	BOOLEAN		O
outOfRange	BOOLEAN		O
badReference	BOOLEAN		O
oscillatory	BOOLEAN		O
failure	BOOLEAN		O
oldData	BOOLEAN		O
inconsistent	BOOLEAN		O
inaccurate	BOOLEAN		O
source	CODED ENUM	process|substitute d 缺省 process	O
test	BOOLEAN	缺省 FALSE	O
operatorBlocked	BOOLEAN	缺省 FALSE	O

如果相关属性的功能不受支持，则应使用缺省值。如果属性不受支持或使用缺省值，映射可以将该属性从报文中去除。详细描述见 IEC 61850-7-3 6.2。

7.2.4 单位

表 33 定义了单位类型。

表 33 单位

单位类型定义			
属性名	属性类型	值/值域	M/O
SIUnit	ENUMERTED	依据附录 B 表 B.1、表 B.2、表 B.3、表 B.4	M
multiplier	ENUMERTED	依据附录 B 表 B.5	O

SIUnit：根据附录 A 定义 SI 单位。

multiplier：根据附录 A 定义倍数的值。缺省值是 0(例如 multiplier=1)。

单位应是从 ISO 1000 导出的国际单位 SI，以枚举的形式描述。枚举将在表 B.1、表 B.2、表 B.3 和表 B.4 中定义。倍数的值以枚举的形式描述，枚举的值为倍数值的以 10 为基的指数，在表 B.5 中定义。

7.2.5 CtlModels

CtlModels 类型定义如下：

ENUMERATED(该对象是不可控的，仅支持用于状态对象的服务|带一般安全的直接控制|带一

般安全的 sbo 控制|带增强安全的直接控制|带增强安全的 sbo 控制)

7.2.6 SboClasses

SboClasses 类型如下定义:
ENUMERATED(执行一次|执行多次)

7.2.7 Originator

表 34 定义了 Originator 类型。

表 34 Originator

Originator 类型定义			
属性名	属性类型	值/值域	M/O
orCat	ENUMERTED	不支持(0) 保留(1) | 站控制 (2) | 远程控制(3) 保留 (4) |自动化站 (5) | 自动远程 (6) | 维护(7) | 过程 (8)	M
orldent	OCTET STRING64		M

Originator 应包含有关原发者的信息,即代表可控数据值的数据属性的最后变化的原发者。
orCat:原发者范围规定了引起值变化的原发者的类别。其值的解释在表 35 给出。

表 35 orCat 值

值	数字值	解释
not-supported	0	orCat 不支持
reserved1	1	
station-control	2	操作员通过位于风电场内的客户端发出的控制操作
remote-control	3	操作员通过位于风电场外的客户端发出的控制操作
reserved2	4	
automatic-station	5	风电场内自动功能发出的控制操作
automatic-remote	6	风电场外自动功能发出的控制操作
maintenance	7	维护/服务工具发出的控制操作
process	8	无控制行为而出现的状态改变

7.2.8 Ctxlnt

Ctxlnt 类型依据使用的数据名称,能够代表 INT32 或者 ENUMERATED。如果数据定义了一组可能值,则用 ENUMERATED 类型。

7.2.9 ObjectReference

ObjectReference 类型如下定义:VISIBLE STRING255。
更进一步解释见 DL/T 860.72—2004 的 19.2。

7.3 风电场专用公用数据类(CDC)

7.3.1 概述

两组公用数据类被区分：

1) 风电场特定公用数据类(本节)；

2) 从 IEC 61850-7-3 继承而来的数据类和可能专门定义的公用数据类(见 7.3.8)。

由于 IEC 61400-25(所有部分)使用了一个与 IEC 61850 相似的建模方法，一些在 IEC 61850-7-3 中已经存在的公用数据类可以重复扩展使用，或者纳入与电网相关的风力发电场模型信息。

但是，所有风力发电相关的信息主要是依据风力发电场专用的公用数据类来建立的，见表 36。

表 36 风电场特定公用数据类

公用数据类	描述	表
SPV	设定值	表 37
STV	状态值	表 38
ALM	报警	表 39
CMD	命令	表 40
CTE	事件计数	表 41
TMS	状态计时	表 42
ASS	报警设置状态	表 43

所有公用数据类的数据属性名按字母顺序排列在 7.5 中。

每个数据属性至少应继承其属性类型中的指定特性。

只有具有指定属性的数据被用来建立风电场特有公用数据类。仅采用特殊数据属性，这些数据用来建立风电场专用特殊公共数据。

7.3.2 设定值(SPV)

公用数据类 SPV 应包含代表设定点或参数数据的信息和控制的属性。两者都是模拟数据，差别仅在于访问权限不同。详细的描述在表 37 中列出，可以看到过去和当前值、要求(目标)值、时间戳和操作标记的变化。另外，可以设置变化率和限制值来避免干扰系统动态。建议用描述和单位。

注：APC CDC 将在现有标准的修正版中定义，在 IEC 61850-7-3 的第二版中出版，表 37 所列的 APC CDC 的属性将被用到 actVal 和 oldVal 中。

表 37 公用数据类：设定点值(SPV)

SPV 类					
属性名	属性类型	FC	TrgOp	释义和值/范围	M/O
数据名称	从数据类继承而来(见 DL/T 860.72—2004 表 20)				
数据					
控制和状态信息					
chaManRs	SPC			特征信息手动强制复位	O

表 37（续）

SPV 类						
属性名		属性类型	FC	TrgOp	释义和值/范围	M/O
	ctlVal	BOOLEAN	CO		复位(真)	M
	Origin	发起人	CO,ST		最后复位的操作员识别码	M
	stVal	BOOLEAN	ST	dchg		M
	q	Quality	ST	qchg		M
	t	TimeStamp	ST			M
	ctlModel	CtlModels	CF		常规安全直接控制	M
设定点信息						
actVal		APC			要求设定值或参数	M
	ctlVal	Analogue Value	CO,	dchg		M
	origin	Originator	CO,MX		最近改变的操作员识别码	M
	operTm	TimeStamp	CO			O
	mxVal	Analogue Value	MX	dchg		M
	q	Quality	MX	qchg		M
	t	TimeStamp	MX			M
	stSeld	BOOLEAN	ST	dchg		O
	ctlModel	CtlModels	CF		常规安全直接控制｜常规安全 sbo 控制｜增强安全直接控制｜增强安全 sbo 控制	M
	sboTimeout	INT32U	CF			O
	sboClass	SboClasses	CF			O
oldVal		APC			较早的设定值	O
	ctlVal	Analogue Value	CO			M
	origin	Originator	CO,MX		较早改变的操作员识别码	O
	operTm	TimeStamp	CO			O
	mxVal	Analogue Value	MX	dchg		O
	q	Quality	MX	qchg		M
	t	TimeStamp	MX			M
	ctlModel	CtlModels	CF		仅为状态	M
数据属性						
特征信息						
minMxVal		Analogue Value	MX		最小测量值	O
maxMxVal		Analogue Value	MX		最大测量值	O
totAvVal		Analogue Value	MX		数据的总平均值	O

表 37（续）

SPV 类					
属性名	属性类型	FC	TrgOp	释义和值/范围	M/O
sdvVal	Analogue Value	MX		数据的均方差	O
配置、描述和扩展信息					
unitst	Unit	CF			O
minVal	Analogue Value	CF	dchg	下限	O
maxVal	Analogue Value	CF	dchg	上限	O
incRate	Analogue Value	CF	dchg	增长率	O
decRate	Analogue Value	CF	dchg	下降率	O
spAcs	CODED ENUM	CF		设定或参数的访问级别 低∣中等∣高	O
chaPerRs	CODED ENUM	CF		时间定期复位 hly ∣ dly ∣ wly ∣ mly	O
d	VISIBLE STRING255	DC			O
du	UNICODE STPING255	DC			O
cdcNs	VISIBLE STRING255	EX			AC_DLNDA_
					M
cdcName	VISIBLE STRING255	EX			AC_DLNDA_M
dataNs	VISIBLE STRING255	EX			AC_DLNDA_M
服务					
如 GB/T 30966.3—2014 中表 B.1 定义。					

注 1：chaManRs 是一个暂态数据。

注 2：oldVal 提供较早的命令设定点信息，它不允许任何的控制模型服务。

7.3.3 状态值(STV)

表 38 定义了公用数据类 STV，它包含了代表状态 DATA 的状态信息属性。因为当前的和较早的情况都被模拟，这就决定了状态变化(事件)，状态值由指定的 CDC STV 数据类决定了。(比如"开"，"关"，"良好")。相关模拟数据可以被筛选，事件发生时候模拟值有助于事件分析。如果需要，DATA 应包括在由 dataSetMx 引用的 DATA SET 中。

DATA 通过当前状态值、命令值、时间戳和上次操作来区分。描述为可选的，但推荐使用。

表 38　公用数据类:状态值(STV)

STV 类					
属性名	属性类型	FC	TrgOp	解释和值/范围	M/O
数据名称	从数据类继承而来(见 DL/T 860.72—2004)				
数据					
状态信息					
actSt	INS			实际状态	M
stVal	CtxInt	ST	dchg		M
q	Quality	ST	qchg		M
t	TimeStamp	ST			M
oldSt	INS			较早状态	O
stVal	CtxInt	ST	dchg		M
q	Quality	ST	qchg		M
t	TimeStamp	ST			M
统计信息					
stTm	TMS			活动状态持续时间	O
stCt	CTE			活动状态改变次数	O
数据属性					
配置、描述和扩展信息					
preTmms	INT32U	CF		前沿触发时间	AC_PRE_TRG
pstTmms	INT32U	CF		后沿触发时间	AC_PST_TRG
smpTmms	INT16U	CF		在前沿触发和后沿触发之间采样的数据属性的采样时间	AC_TRG
datSetMx	ObjectReference	CF	dchg	与该状态值相关的模拟数据	O
d	VISIBLE STRING255	DC		文本	O
dU	UNICODE STRING255	DC			O
cdcNs	VISIBLE STRING255	EX			AC_DLNDA_M
cdcName	VISIBLE STRING255	EX			AC_DLNDA_M
dataNs	VISIBLE STRING255	EX			AC_DLN_M
服务					
如 GB/T 30966.3—2014 中表 B.1 定义。					

7.3.4 报警(ALM)

公用数据类 ALM 由代表警告状态信息的若干属性组成。特定的风电场信息模型报警在表 39 中列出,包括 4 个状态值:比如说"开","警告","确认","关"。因为之前和现在的状态已经被模式化,所以警示事件(状态变化)也被确定。通过确认控制,有效报警状态 dataSetMx 的确认服务将通过操作标识和时间戳确认,以报警事件分析为例,在报警发生时的,不仅相关模拟信息有用,而且相关状态信息也有用。

DATA 将被当前状态值、命令值、时间戳和确认服务标识。

表 39 公用数据类:报警(ALM)

报警类					
属性名	属性类型	FC	TrgOp	解释和值/范围	M/O
数据名称	从数据类继承而来(见 DL/T 860.72—2004)				
数据					
状态信息					
almAck	SPC			确认	M
ctlVal	BOOLEAN	CO	dchg	确认(真)	M
origin	Originator	CO,ST			M
stVal	BOOLEAN	ST	dchg		M
q	Qulity	ST	qchg		M
t	TimeStamp	ST			M
ctlModel	CtlModels	CF		常规安全直接控制	M
actSt	INS			有效报警状态值	M
stVal	CtxInt	ST	dchg	关|报警|开|确认	M
q	Qulity	ST	qchg		M
t	TimeStamp	ST			M
oldSt	INS			较早的报警状态值	O
stVal	CtxInt	ST	dchg	关|报警|开|确认	M
q	Qulity	ST	qchg		M
t	TimeStamp	ST			M
统计信息					
almTm	TMS			有效报警状态持续时间	O
almCt	CTE			有效报警状态改变数量	O
数据属性					
状态信息					
almLev	ENUMERATED	ST		报警紧急级别 低 | 正常 | 紧急	O
seqId	INT32U	ST		报警的序列标识符	O

表 39（续）

报警类					
属性名	属性类型	FC	TrgOp	解释和值/范围	M/O
配置、描述和扩展					
almStPos	INT32	CF		报警状态中的报警位置 set (AlSt)	AC_ALM_ST_POS
preTmms	INT32U	CF		前沿触发时间	AC_PRE_TRG
pstTmms	INT32U	CF		后沿触发时间	AC_PST_TRG
smpTmms	INT16U	CF		在前沿触发和后沿触发之间采样的数据属性的采样时间	AC_TRG
datSetMx	ObjectReference	CF	dchg	报警影响的测量数据清单	O
datSetSt	ObjectReference	CF	dchg	报警影响的状态数据清单	O
d	VISIBLE STRING255	DC		文本	O
dU	UNICODE STRING255	DC			O
cdcNs	VISIBLE STRING255	EX			AC_DLNDA_M
cdcName	VISIBLE STRING255	EX			AC_DLNDA_M
dataNs	VISIBLE STRING255	EX			AC_DLN_M
服务					
如 GB/T 30966.3—2014 中表 B.1 定义。					

注 1：akmAck 是一个暂态数据。

注 2：在 WALM 逻辑节点中的 AlmSt，属性 almStPos 是有条件存在的。AlmSt 数据储存了一组预先构造的报警的当前状态值。如果这一警告没有包含在这组报警（它们的值被 AlmSt 数据监视）中，almStPos 值将是负的。如果它的值是正的，它代表包含在 AlmSt 数据这组值中这一报警的位置。

7.3.5 命令（CMD）

公用数据类 CMD 将表示一个命令的信息和控制。详细的说明见表 40。命令值是由已经指定好的 CMD-CDC 的数据类来决定的（比如："开"、"关"、"自动"）。每个状态变化将由他较早的，实际的命令状态，及相应的时间和上次发生的操作标识标出。访问许可常用来保护系统，以防止危险情况。

DATA 将被当前状态值、命令值、时间戳和上次操作员标识。建议用描述。

表 40 公用数据类:命令(CMD)

CMD 类					
属性名	属性类型	FC	TrgOp	解释和值/范围	M/O
数据名称	从数据类继承而来(见 DL/T 860.72—2004)				
数据					
控制和状态信息					
actSt	INC			当前控制状态	M
ctlVal	CtxInt	CO	dchg		M
origin	Originator	CO,ST			M
stVal	CtxInt	ST	dchg		M
q	Quality	ST	dchg		M
t	TimeStamp	ST			M
stSeld	BOOLEAN	ST	dchg		O
ctlModel	CtlModels	CF		常规安全直接控制,常规安全 sbo 控制,增强安全直接控制,增强安全 sbo 控制	M
sboTimeout	INT32U	CF			O
sboClass	SboClasses	CF			O
oldSt	INS			较早状态	O
stVal	CtxInt	ST	dchg		M
q	Quality	ST	dchg		M
t	TimeStamp	ST			M
统计信息					
cmTm	TMS			有效命令状态的持续时间	O
cmCt	CTE			有效命令事件的数量	O
数据属性					
组成、描述和扩展					
cmAcs	INT8U	CF		命令访问级别	O
d	VISIBLE STRING255	DC		文本	O
dU	UNICODE STRING255	DC			O
cdcNs VISIBLE	VISIBLE STRING255	EX			AC_DLNDA_M

表 40（续）

CMD 类					
属性名	属性类型	FC	TrgOp	解释和值/范围	M/O
cdcName	VISIBLE STRING255	EX			AC_DLNDA_M
dataNs	VISIBLE STRING255	EX			AC_DLN_M
服务					
如 GB/T 30966.3—2014 中表 B.1 定义。					

7.3.6 事件计数(CTE)

公用数据类 CTE 由一些表示状态变化的计数信息的属性组成。专用模型在表 41 中说明，并且它区分了 3 种计数值，也就是，自上次复位的事件数量，上次复位前的事件数量和事件的总数。重置可以是每天、每周、每月、每年或手动强制 。上次复位的时间戳和操作标识是可预知的。

DATA 将被它的实际的和较早的计算值和手动复位值指定，建议用描述。

表 41 公用数据类：事件计数(CTE)

CTE 类						
属性名		属性类型	FC	TrgOp	解释和值/范围	M/O
数据名称		从数据类继承而来(见 DL/T 860.72—2004)				
数据						
状态信息						
manRs		SPC			手动强制复位	M
	ctlVal	BOOLEAN	CO		复位(真)	M
	origin	Originator	CO，ST			M
	stVal	BOOLEAN	ST	dchg		M
	q	Quality	ST	qchg		M
	t	TimeStamp	ST			M
	ctlModel	CtlModels	CF		常规安全直接控制	M
hisRs		INC			复位计数信息	O
	ctlVal	CtxInt	CO		dly | mly | yly | tot | all	M
	origin	Originator	CO，ST			M
	stVal	INT32	ST	dchg		M
	q	Quality	ST	qchg		M
	t	TimeStamp	ST			M

表 41（续）

CTE 类					
属性名	属性类型	FC	TrgOp	解释和值/范围	M/O
ctlModel	CtlModelS	ST		常规安全直接控制	M
actCtVal	INS			有效事件计数	M
stVal	CtxInt		dchg	INT32	M
q	Quality	ST	qchg		M
t	TimeStamp	ST			M
oldCtVal	INS			较早的事件计数	M
stVal	CtxInt	ST	dchg	INT32	M
q	Quality	ST	qchg		M
t	TimeStamp	ST			M
数据属性					
统计信息					
ctTot	INT32	ST		一个事件的总数	O
历史信息					
dly	[0…31]一维数组，每个元素为无符号32位整型	ST	dchg	每日计数数据	O
mly	[0…12]一维数组，每个元素为无符号32位整型	ST	dchg	每月计数数据	O
yly	[0…20]一维数组，每个元素为无符号32位整型	ST	dchg	每年计数数据	O
tot	INT32U	ST	dchg	总计数数据	O
配置、描述和扩展					
rsPer	CODED ENUM	CF		周期性复位 dly|wly|mly|yly|manual	O
d	VISIBLE STRING255	DC		文本	O
dU	UNICODE STRING255	DC			O
cdcNs	VISIBLE STRING255	EX			AC_DLNDA_M

表 41（续）

CTE 类					
属性名	属性类型	FC	TrgOp	解释和值/范围	M/O
cdcName	VISIBLE STRING255	EX			AC_DLNDA_M
dataNs	VISIBLE STRING255	EX			AC_DLN_M
服务					
如 GB/T 30966.3—2014 中表 B.1 定义。					
注：manRs 和 hisRs 是暂态数据。					

7.3.7 状态计时(TMS)

公用数据类 TMS 应该包含代表了状态持续时间信息的属性。专用的模型如表 42 所示。这种模式区分了 3 种持续时间，也就是自上次复位的状态持续时间，上次复位之前的较早时间持续和总的状态时间持续。重置可以以每天、每月、每周、每年或手动强制设置。时间戳和上次重置的操作标识符是可预知的。

数据应该指定实际的和较早的时间值，以及手动重置。建议用描述。

表 42 公用数据类：状态计时(TMS)

TMS 类						
属性名		属性类型	FC	TrgOp	解释和值/范围	M/O
数据名		从数据类继承而来(见 DL/T 860.72—2004)				
数据						
状态信息						
manRs		SPC			手动强制复位	M
	ctlVal	BOOLEAN	CO		复位(真)	M
	origin	Originator	CO, ST			M
	stVal	BOOLEAN	ST			M
	q	Quality	ST			M
	t	TimeStamp	ST			M
	ctlModel	CtlModels	CF		常规安全直接控制	M
hisRs		INC			复位历史信息	O
	ctlVal	CtxInt	CO		dly | mly | yly | tot | all	M
	origin	Originator	CO, ST			M

表 42（续）

TMS 类						
属性名		属性类型	FC	TrgOp	解释和值/范围	M/O
	stVal	INT32	ST			M
	q	Quality	ST			M
	t	TimeStamp	ST			M
	ctlModel	CtlModels	CF		常规安全直接控制	M
actTmVal		INS			状态实际持续时间	M
	stVal	CtxInt	ST	dchg	INT32	M
	q	Quality	ST	qchg		M
	t	TimeStamp	ST			M
oldCtVal		INS			转前的状态持续时间	
		CtxInt	ST	dchg	INT32	M
		Quality	ST	qchg		M
		TimeStamp	ST			M
数据属性						
统计信息						
tmTot		INT32U	ST		一个状态持续总时间	O
历史信息						
dly		[0...31]一维数组，每个元素为无符号32位整型	ST	dchg	每日计数数据	O
mly		[0...12]一维数组，每个元素为无符号32位整型	ST	dchg	每月计数数据	O
yly		[0...20]一维数组，每个元素为无符号32位整型	ST	dchg	每年计数数据	O
tot		INT32U	ST	dchg	总计数数据	O
配置、描述和扩展						
rsPer		CODED ENUM	CF		周期性复位 dly|wly|mly|yly|manual	O
d		VISIBLE STRING255	DC		文本	O
dU		UNICODE STRING255	DC			O

表 42（续）

TMS 类					
属性名	属性类型	FC	TrgOp	解释和值/范围	M/O
cdcNs	VISIBLE STRING255	EX			AC_DLNDA_M
cdcName	VISIBLE STRING255	EX			AC_DLNDA_M
dataNs	VISIBLE STRING255	EX			AC_DLN_M
服务					
如 GB/T 30966.3—2014 中表 B.1 定义。					
注：manRs 和 hisRs 是暂态数据。					

7.3.8 报警设置状态(ASS)

公用数据类 ASS 应包括代表在单一数据里一系列被定义的报警状态值的属性。时间戳提供了上一变化发生时(被控的报警中的一个)的信息。

具体模型见表 43。

表 43 公用数据类:报警设置状态(ASS)

ASS 类					
属性名	属性类型	FC	TrgOp	解释和值/范围	M/O
DataName	从数据类继承而来(见 DL/T 860.72—2004)				
数据属性					
Status					
stVal	ARRAY[0..numAlm] OF CODED_ENUM	ST	dchg	关|确认|报警|有效	M
q	Quality	ST	qchg		M
t	TimeStamp	ST			M
配置、描述和扩展					
numAlm	INT16U	CF		报警数组中元素数量	M
d	VISIBLE STRING255	DC		文本	O
dU	UNICODE STRING255	DC			O
cdcNs	VISIBLE STRING255	EX			AC_DLNDA_M
cdcName	VISIBLE STRING255	EX			AC_DLNDA_M

表 43（续）

ASS类					
属性名	属性类型	FC	TrgOp	解释和值/范围	M/O
dataNs	VISIBLE STRING255	EX			AC_DLN_M
服务					
如 GB/T 30966.3—2014 中表 B.1 定义。					

7.4 从 IEC 61850-7-3 继承而来的公用数据类

7.4.1 来自 IEC 61850-7-3 的 CDCs（未改变）

下面的公用数据类将被继承(见 IEC 61850-7-3 第 7 章)：

- 单点状态(SPS)；
- 整数状态(INS)；
- 二进制计数器读取(BCR)；
- 测量值(MV)；
- 三相系统中相对地的测量值(WYE)；
- 三相系统中相对相的测量值(DEL)；
- 可控单点(SPC)；
- 可控整数状态(INC)；
- 可控模拟过程值(APC)(现有标准的进一步修正)；
- 逻辑节点铭牌(LPL)。

7.4.2 来自 IEC 61850-7-3 的 CDCs(特定化)

7.4.2.1 概述

下列的 CDCs 是从 IEC 61850-7-3 继承来的,并在本部分进行了特定化。

设备铭牌(DPL)->WDPL。

特定化的 CDS 列在表 44。

表 44 特定化的公用数据类

CDC 类	描述	表
WDPL		表 45

7.4.2.2 设备铭牌公用数据类特定化 WDPL

表 45 定义了公用数据类“设备铭牌”。公用数据类的数据是用来标识实体如基础设备或物理设备。LPHD 的核心定义是从 IEC 61850-7-4 继承而来的。在 IEC 61850-7-3 中,CDC WDPL 是用于代替 CDC DPL。

表 45　设备铭牌公用数据类详细说明(WDPL)

WDPL 类					
属性名	属性类型	FC	TrgOp	解释和值/范围	M/O
DataName	从数据类继承而来(见 DL/T 860.72—2004)				
数据属性					
配置、描述和扩展					
vendor	VISIBLE STRING255	DC			M
hwRev	VISIBLE STRING255	DC			O
swRev	VISIBLE STRING255	DC			O
serNum	VISIBLE STRING255	DC			O
model	VISIBLE STRING255	DC			O
location	VISIBLE STRING255	DC			O
cdcNs	VISIBLE STRING255	EX			AC_DLNDA_M
cdcName	VISIBLE STRING255	EX			AC_DLNDA_M
dataNs	VISIBLE STRING255	EX			AC_DLN_M
专用					
当地时间信息					
				应用层显示	
tmOffset	INT16	DC		在几分钟内与 UTC 的时间偏移(不含夏令时间校正)	M
tmUseDT	BOOLEAN	DC		这一地方是否使用夏令时的标志	M
tmDT	BOOLEAN	DC		夏令时现在是否有效的标志	M
tmAutoDT	BOOLEAN	DC		夏令时标志和时区偏移是否自动使用 tmTZ 属性规则置位的标志	O
tmTZ	VISIBLE STRING128	DC		用从 IETF RFC2445 引用的行业标准时区数据库标识的包含时区名称字符串。实际的 RFC 2445 时区数据被存储在从属供应商模式内	O
tmLang	VISIBLE STRING3	DC		ISO 639 中的 2 字母或 3 字母语种代码,用来作为应用层显示的智能系统默认值	O
tmCountry	VISIBLE STRING2	DC		ISO 3166 中的 2 字母国家标识符,用来表示设备安装的地理位置	O

表 45（续）

WDPL 类					
属性名	属性类型	FC	TrgOp	解释和值/范围	M/O
时间状态信息					
stDT	BOOLEAN	ST		这一状态指示夏令(夏季)时间现在是否使用(如果 tmAutoDT 是假的,tmDT 可以强制设置这一状态为真)	O
描述和扩展信息					
d	VISIBLE STRING255	DC		文本	O
dU	UNICODE STRING255	DC			O
服务					
如 GB/T 30966.3—2014 中表 B.1 定义。					

7.5 公用数据类属性语义

用于本节公用数据类的数据属性名按字母顺序排列,见表 46。一些使用者对具体使用所作的扩展将和这些名字一致,也与 IEC 61850-7-4 附录 A 和 DL/T 860.71—2006 第 14 章所描述的指导一致。

表 46 公用数据类属性语义

数据名称	公用数据类属性语义
actCtVal	实际事件计数
actSt	实际状态
actTmVal	状态的实际持续时间
actVal	实际值
almAck	报警确认
almCt	报警状态的数量
almLev	报警紧迫性级别 <table><tr><td>值</td><td>数</td></tr><tr><td>低</td><td>1</td></tr><tr><td>中</td><td>2</td></tr><tr><td>紧急</td><td>3</td></tr></table>
almStPos	报警状态值数组中某一报警的位置,包含在 WALM 逻辑节点的数据 AlmSt 中
almTm	报警状态的持续时间
cdcNs	公用数据类的命名空间。命名空间机制在 DL/T 860.71—2006 中的第 14 章定义
cdcName	公用数据类名称

表 46 (续)

<table>
<tr><th>数据名称</th><th>公用数据类属性语义</th></tr>
<tr><td>chaManRs</td><td>特征信息的手动强制复位</td></tr>
<tr><td>chaPerRs</td><td>定期复位</td></tr>
<tr><td>cmAcs</td><td>命令访问级别</td></tr>
<tr><td>cmCt</td><td>命令激活事件的次数</td></tr>
<tr><td>cmTm</td><td>有效命令状态的持续时间</td></tr>
<tr><td>ctlModel</td><td>DL/T 860.72—2004 控制模型相对应的数据:
<table>
<tr><td>值</td><td>数值</td><td>解释</td></tr>
<tr><td>status-only</td><td>0</td><td>该对象是不可控的,仅支持用于状态对象的服务</td></tr>
<tr><td>direct-with-normal-security</td><td>1</td><td>常规安全直接控制</td></tr>
<tr><td>sbo-with-normal-security</td><td>2</td><td>常规安全的 SBO 控制</td></tr>
<tr><td>direct-with-enhanced-security</td><td>3</td><td>增强安全的直接控制</td></tr>
<tr><td>sbo-with-enhanced-security</td><td>4</td><td>增强安全的 SBO 控制</td></tr>
</table>
注 1:如一个控制类的数据实例没有相关的状态信息,那么属性 stVal 不存在。在此情况下,ctlModel 的值域限定为常规安全直接控制和常规安全 sbo 控制。
注 2:在 IEC 61400-25(所有部分)专用公用数据类的一些属性中,ctlModel 的值已经被限制。</td></tr>
<tr><td>ctlVal</td><td>此属性决定控制行为,它的值是控制命令中要求的</td></tr>
<tr><td>ctTot</td><td>一个事件总次数</td></tr>
<tr><td>d</td><td>文本性的描述</td></tr>
<tr><td>dataNs</td><td>数据命名空间,命名空间机制在 DL/T 860.71—2006 中定义</td></tr>
<tr><td>datSetMx</td><td>具有相关数据的实测信息的数据置位对象引用</td></tr>
<tr><td>datSetSt</td><td>具有相关数据的状态信息的数据置位对象引用</td></tr>
<tr><td>db</td><td>死区。应表示为用以计算所有带死区属性(例如 CDC MV 的 mag 属性)的配置参数,这个值应表示为最大值和最小值差值的百分比(以 0.001 百分比为单位)。如用积分计算以确定死区的值,该值应表示为 0.001%s</td></tr>
<tr><td>decRate</td><td>下降率</td></tr>
<tr><td>dly</td><td>每日的计数数据</td></tr>
<tr><td>dU</td><td>统一字符编码中文本性的描述</td></tr>
<tr><td>hisRs</td><td>复位历史信息</td></tr>
<tr><td>hwRev</td><td>硬件修订版本</td></tr>
<tr><td>incRate</td><td>增长率</td></tr>
<tr><td>instMag</td><td>瞬时值的量级</td></tr>
</table>

表 46（续）

数据名称	公用数据类属性语义
instVal	瞬时值
location	设备安装的位置
mag	死区值。如下图所示，应是基于从 instMag 的死区计算。当值变化已超出配置参数 db，mag 的值应更新为当前值。 instMag mag db 注 3：上图仅仅是一个例子，可能还有其他算法具有可比效果。例如：一个替换的解决方案是死区计算采用 instMag 变化量的积分。采用何种算法是具体问题。 注 4：mag 的值通常用于创建模拟值的报告。这种"由于异常"发送的报告与 CDC SAV 支持的采样测量值传输是完全不同的。
manRs	手动强制复位
maxVal	数据上限值，用于限定系列值的范围上限
maxMxVal	在一个时间周期内最大的测量值
minVal	数据下限值，用于限定系列值的范围下限
minMxVal	在一个时间周期内最小的测量值
mly	每月的计数数据
model	供应商详细的产品名称
mxVal	数据测量值
numAlm	报警数组中的元素数量
oldCtVal	较早的事件计数
oldSt	较早的状态
oldTmVal	一个状态较早的持续时间
oldVal	较早的值
origin	这个属性包含有关可控数据值最近一次变换的发出者的信息
operTm	若要完成 TimeActivatedOperate 服务，此属性制定命令执行的绝对时间
perRs	定期复位
preTmms	前沿预触发时间——当一个触发发生时，下列值被记录（报告）： 在前沿预触发时间的采样值

表 46（续）

<table>
<tr><th>数据名称</th><th>公用数据类属性语义</th></tr>
<tr><td>pstTmms</td><td>后沿预触发时间——当一个触发发生时，下列值被记录(报告)：
● 事件发生时的值；
● 后沿触发时间内的采样值</td></tr>
<tr><td>q</td><td>品质
<table>
<tr><td>CDC</td><td>数据属性 q 适用于</td></tr>
<tr><td>SPS</td><td>stVal</td></tr>
<tr><td>DPS</td><td>stVal</td></tr>
<tr><td>INS</td><td>stVal</td></tr>
<tr><td>BCR</td><td>actVal</td></tr>
<tr><td>MV</td><td>mag,instMag,range</td></tr>
<tr><td>CMV</td><td>cVal instCVal,range</td></tr>
<tr><td>SPC</td><td>stVal</td></tr>
<tr><td>INC</td><td>stVal</td></tr>
<tr><td>APC</td><td>mxVal</td></tr>
<tr><td>ASS</td><td>stVal</td></tr>
</table></td></tr>
<tr><td>range</td><td>instMag 或 instCVal.mag 的当前值的范围。如当前值变化并且进入了其他范围，就将产生事件。它应用于具体配置属性的上下文中，如 hhLim，hLim，lLim，llLim，min 和 max，如下所述：
<table>
<tr><td></td><td>范围</td><td>有效性</td><td>详细描述</td></tr>
<tr><td></td><td>高-高</td><td>有问题的</td><td>范围外</td></tr>
<tr><td>max</td><td></td><td></td><td></td></tr>
<tr><td></td><td>高-高</td><td>好</td><td></td></tr>
<tr><td>hhLim</td><td></td><td></td><td></td></tr>
<tr><td></td><td>高</td><td>好</td><td></td></tr>
<tr><td>hLim</td><td></td><td></td><td></td></tr>
<tr><td></td><td>正常</td><td>好</td><td></td></tr>
<tr><td>lLim</td><td></td><td></td><td></td></tr>
<tr><td></td><td>低</td><td>好</td><td></td></tr>
<tr><td>llLim</td><td></td><td></td><td></td></tr>
<tr><td></td><td>低-低</td><td>好</td><td></td></tr>
<tr><td>min</td><td></td><td></td><td></td></tr>
<tr><td></td><td>低-低</td><td>有问题的</td><td>范围外</td></tr>
</table>
注 5：基于从一个范围到另一个范围转变的事件过滤采用何种算法是具体需要考虑的问题。
注 6：如 DL/T 860.72—2004 中 14.2.2.11 描述的带有触发任选 "data-change"的值用于向客户报告事件。</td></tr>
</table>

表 46（续）

<table>
<tr><th>数据名称</th><th>公用数据类属性语义</th></tr>
<tr><td>rangeC</td><td>用于范围属性的配置参数</td></tr>
<tr><td>rsPer</td><td>时间定期复位</td></tr>
<tr><td>sboClass</td><td>按照反映数据行为的控制模式规定了 SBO-类，定义了如下值：
<table>
<tr><td>值</td><td>数值</td><td></td></tr>
<tr><td>operate-once</td><td>0</td><td>操作请求后，控制对象将返回到未选择状态。</td></tr>
<tr><td>operate-many</td><td>1</td><td>操作请求后，sboTimeout 超时未终止，控制对象将保持在准备就绪状态。</td></tr>
</table>
</td></tr>
<tr><td>sboTimeout</td><td>按照对应数据行为的控制模式规定了超时时间。该值以 ms 为单位</td></tr>
<tr><td>sdvVal</td><td>标准偏差值</td></tr>
<tr><td>seqId</td><td>事件序列的标识符</td></tr>
<tr><td>smpRate</td><td>确定模拟值的采样速率。该值表示每个额定周期的采样次数。在直流系统，该值代表每秒的采样次数</td></tr>
<tr><td>smpTmms</td><td>在前沿触发和后沿触发之间采样的数据属性的采样时间</td></tr>
<tr><td>spAcs</td><td>设定值访问级别</td></tr>
<tr><td>stCt</td><td>有效状态变化的数量</td></tr>
<tr><td>stDT</td><td>该状态指示夏令(夏季)时间现在是否使用(如果 tmAutoDT 是假，tmDT 可以强制设置该状态为真)</td></tr>
<tr><td>stSeld</td><td>stSeld 是真时，可控数据在“已选择”状态</td></tr>
<tr><td>stTm</td><td>有效状态的持续时间</td></tr>
<tr><td>stVal</td><td>数据的状态值</td></tr>
<tr><td>swRev</td><td>软件修订版</td></tr>
<tr><td>t</td><td>某一(些)属性最后一次改变的时间戳，这一(些)属性代表数据值的属性的品质。对于不同的 CDC，t 用于下列数据属性：
<table>
<tr><td>CDC</td><td>数据属性 t 适用于</td></tr>
<tr><td>SPS</td><td>stVal</td></tr>
<tr><td>DPS</td><td>stVal</td></tr>
<tr><td>INS</td><td>stVal</td></tr>
<tr><td>BCR</td><td>actVal</td></tr>
<tr><td>MV</td><td>mag，range</td></tr>
<tr><td>CMV</td><td>cVal，range</td></tr>
<tr><td>SPC</td><td>stVal</td></tr>
<tr><td>INC</td><td>stVal</td></tr>
<tr><td>APC</td><td>mxVal</td></tr>
<tr><td>ASS</td><td>stVal</td></tr>
</table>
</td></tr>
</table>

表 46（续）

数据名称	公用数据类属性语义
tmAutoDT	夏令时标志和时区偏移是否自动使用 tmTZ 属性规则置位的标志
tmCountry	ISO 3166 中的 2 字母国家标识符，用来表示设备安装的地理位置
tmDT	夏令时现在是否有效的标志
tmLang	ISO 639 中的 2 字母或 3 字母语种代码，用来作为应用层显示的智能系统默认值
tmOffset	在几分钟内从 UTC 的时间补消（不含夏令时间校正 n）
tmTot	状态总的持续时间
tmTZ	IETF RFC 2445 引用的行业标准时区数据库标识的包含时区名称字符串。实际的 RFC 2445 时区数据被存储在从属供应商模式内
tmUseDT	此位置是否使用夏令时的标志
tot	总的计数数据
totAvVal	上次复位后数据的总平均值
units	模拟数据属性的 SI 单位定义在 IEC 61850-7-3 附录 A 中
vendor	供应商的名称
yly	每年的计数数据

附 录 A
（规范性附录）
统计数据和历史统计数据的信息模型

A.1 概述

IEC 61850-7-3:2003 中定义的模拟值规定了下面两个基本数据属性，例如：公用数据类 MV（测量值）：

instMag	AnalogueValue	瞬时值，例如：电压测量值
mag	AnalogueValue	死区滤波值

在许多应用领域，如风电场，还需要提供基础模拟值的额外信息：

——统计信息（例如：特定时间周期内最小值的计算，如上一小时最小值）；

——历史统计信息（例如：以上计算值序列的最小值，如过去 24 h 的值）。

这一额外的信息可能从基础模拟值导出。它可能是唯一依靠应用需求提供的信息。

下面的举例显示了一些可能的数据及它们如何被导出或相关联：

——instMag（当前值）（在 IEC 61850-7-3:2003 中定义）；

——instMag（当前值）——>instMag（前一天的最大值——称为统计数据）；

——instMag（前一月的最大值）。

注：“—>”指右侧的值是由左侧的值导出。

值 instMag 的特定语义由一个逻辑节点实例的特定数据对象定义。一个逻辑节点实例代表当前值或最大值等。

A.2 统计数据和历史统计数据模型

图 A.1 从概念上说明了统计数据和历史统计数据模型。图左侧是表示当前值（PRES）的基础数据，即：一些包含在逻辑节点实例 XXYZ 中瞬时模拟（或整型）值。

图的上半部分描述了统计值的方法定义。第一个例子是逻辑节点类 XXYZ 的实例 XXYZ1。模拟值表示从实例 XXYZ 导出的最大计算值。逻辑节点 XXYZ1 有一个专用的设置数据，它表示此数据是最大值：CalcMthd 等于 MAX。计算基于设置数据 CalcPer。周期在一个起始命令或通过局部方法后开始。在这一周期结束时，实例 XXYZ1 的计算最大值被新的值覆盖。

当然，在比 XXYZ1 最大计算值周期更长的范围内，最大值可以用来计算最小最大值。实例 XXYZ2 可表示最近 10 天最大值的最小值。

图的下部分是历史统计数据的概念模型。在这个模型中，计算值（在这种情况下，即最大值）按顺序存在一个日志中。在这个实例中，计算在 2004-10-03 午夜启动。间隔是 1 h。第一小时后，第一个日志条目被记录下来。第二小时后，第二个条目包含第二小时的值。5 h 后，日志中包含最近 3 h 的值（间隔 02-03，03-04，04-05）。

统计数据模型是基于包含在其他逻辑节点中计算的模拟值。图 A.2 上面的逻辑节点 LN XXYZ 包含 3 个同样类型的技术逻辑节点（例如 MMXU）。上面的逻辑节点（LN XXYZ）表示瞬时测量值。第二或第三逻辑节点是统计逻辑节点，例如：表示计算值的逻辑节点（LN XXYZ1 表示最小值，LN XXYZ2 表示最大值）。

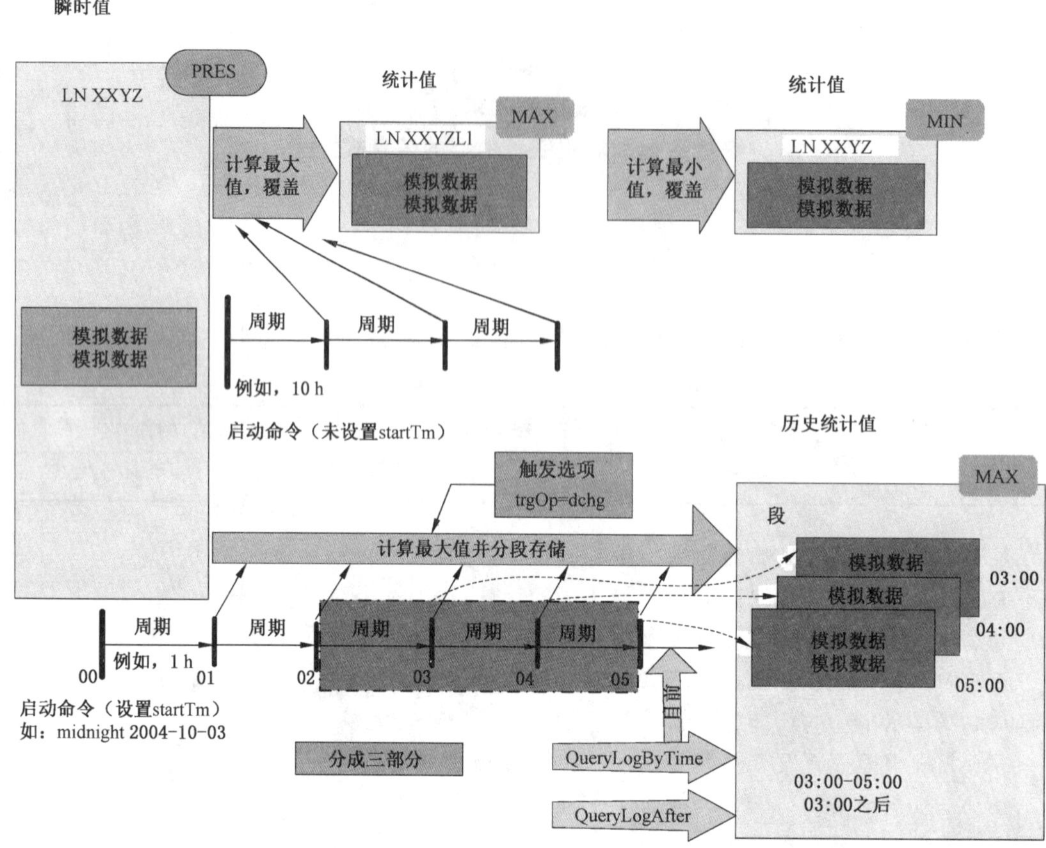

图 A.1 统计数据和历史统计数据的概念模型(1)

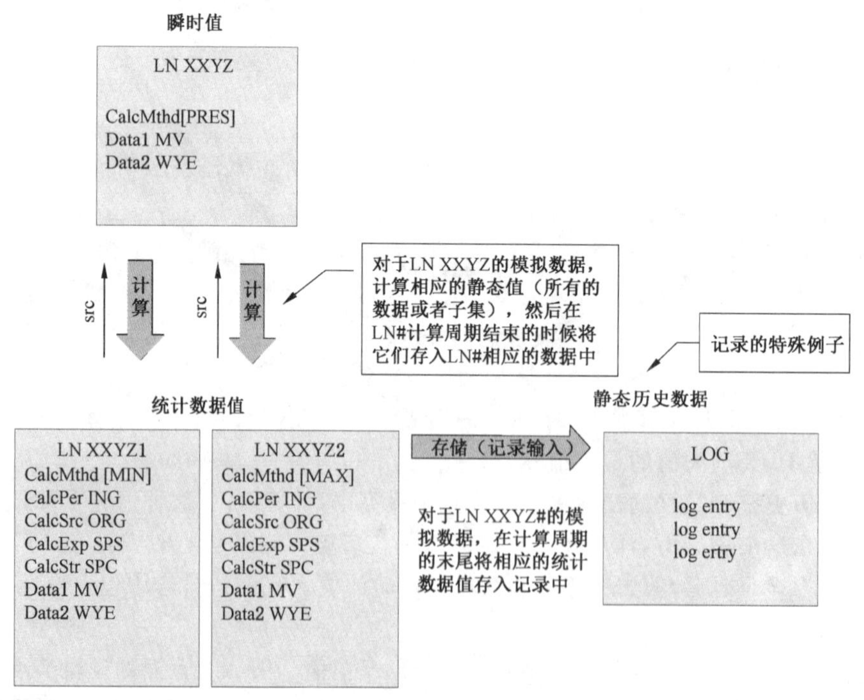

图 A.2 统计数据和历史统计数据的概念模型(2)

图 A.2 底部左侧的两个逻辑节点(XXYZ1 和 XXYZ2)是图上面的逻辑节点(XXYZ)表示的模拟数据的最小(MIN)和最大(MAX)值。两个逻辑节点的设置数据 CalcSrc(计算来源)有各自的值 XXYZ(这是对源逻辑节点的引用)。每个具有模拟数据的逻辑节点被用作一个源。另外,他们有数据 CalcStr(计算开始)、CalcExp(计算终止)、设置数据 CalcPer(计算周期)和 CalcSrc(计算来源)。

通过 CalcMthd、CalcPer 和 CalcSrc 的设置,逻辑节点的运行状况可以被控制。数据 CalcMthd 指定该逻辑节点表示什么样的模拟数据值。在这种情况下,逻辑节点 XXYZ1 表示最小(MIN)值。数据 CalcPer 表示统计值的计算间隔。数据 CalcSrc 基于在 IEC 61850-7-4:2003 第一次修订版本中说明的新的公用数据类 ORG(对象引用设置组)。

表示统计数据的逻辑节点(例如每 5 min 计算的最大值)可以被用作计算一个相对较长周期(例如一天)的最大值的最小值。新的数据对象 CalcStr 将被用来启动(和停止,通常当属性 CalcExp 设置为 TRUE 时,计算完成)统计数据的计算。"事件"CalcExp 设定成 TRUE 时可以通过报告控制模块用来作为一个新值(统计值)报告的事件,或者它可能被记录为历史统计数据供以后检索。

注 1:图 A.2 的所有逻辑节点的"Data"的数据名都是一样的,例如在所有的 3 个逻辑节点中。数据被包含在不同逻辑节点实例(XXYZ,XXYZ1 和 XXYZ2)。这些导致了下列引用:XXYZ.Data1,XXYZ1.Data1 和 XXYZ2.Data1。

注 2:本节介绍和说明的模型都是资料性的。最终模型将包含在 IEC 61850-7-4:2003 和 IEC 61850-7-4:2003 后续的修正版本中。

A.3 统计 DATA 的逻辑节点扩展

A.3.1 用于模拟值和统计模拟值计算方法的数据

风电场公用逻辑节点(在 6.1.1 中定义)应包括用于模拟值和统计模拟值计算方法的数据。

A.3.2 数据名语义

下面数据名语义的扩展(在 IEC 61850-7-4 中定义)作为 IEC 61850-7-4:2003 表 9 的补充。

表 A.1 数据描述

数据名	语义
CalcExp	表示统计逻辑节点计算周期终止。 该数据对所有代表公用数据类(例如 CDC MV,CMV,WYE 等)的统计数据的逻辑节点应是强制的
CalcStr	启动统计数据计算,立即或已在控制模式 operTm 状态下设定。 该数据对所有代表公用数据类(例如 CDC MV,CMV,WYE 等)的统计数据的逻辑节点应是强制的
CalcMthd	计算方法规定了代表模拟值的数据属性是如何通过计算而得到的。计算方法对给定逻辑节点实例的所有数据均相同。 允许的值如下:

表 A.1（续）

<table>
<tr><td>数据名</td><td>语义</td></tr>
<tr><td>CalcMthd</td><td>
<table>
<tr><td>值</td><td>数值</td><td>描述</td></tr>
<tr><td>PRES</td><td>1</td><td>表示所有模拟值(即:所有公用属性 i 和 f)是当前值</td></tr>
<tr><td>MIN</td><td>2</td><td>表示所有模拟值(即:所有公用属性 i 和 f)在相应的计算周期 calPd 内是计算最小值</td></tr>
<tr><td>MAX</td><td>3</td><td>表示所有模拟值(即:所有公用属性 i 和 f)在相应的计算周期 calPd 内是计算最大值</td></tr>
<tr><td>TOTMIN</td><td>4</td><td>表示所有模拟值(例如:所有公用属性 i 和 f)是自系统启动以来的全部最小值</td></tr>
<tr><td>TOTMAX</td><td>5</td><td>表示所有模拟值(例如:所有公用属性 i 和 f)是自系统启动以来的全部最大值</td></tr>
<tr><td>AVG</td><td>6</td><td>表示所有模拟值(例如:所有公用属性 i 和 f)在相应的计算周期 calPd 内是计算平均值</td></tr>
<tr><td>SDV</td><td>7</td><td>表示所有模拟值(例如:所有公用属性 i 和 f)在相应的计算周期 calPd 内是标准偏差值</td></tr>
</table>
该数据对所有代表公用数据类(例如 CDC MV,CMV,WYE 等)的统计数据的逻辑节点应是强制的。
逻辑节点中没有数据对象"CalcMethd"与值 PRES 相当。
注 1：如果一个逻辑节点数据的计算周期不同,那么具有不同计算周期的不同逻辑节点可以被实例化。
注 2：计算中的计算算法和采样数量是实现问题。</td></tr>
<tr><td>CalcPer</td><td>统计逻辑节点的计算周期以秒为单位。
该数据对所有代表公用数据类(例如 CDC MV,CMV,WYE 等)的统计数据的逻辑节点应是强制的。
注 3：计算中的计算算法和采样数量是实现问题。</td></tr>
<tr><td>CalcSrc</td><td>逻辑节点的引用,它的模拟数据属性是用来计算包含在这个逻辑节点实例中的值。
该数据对所有代表公用数据类(例如 CDC MV,CMV,WYE 等)的统计数据的逻辑节点应是强制的</td></tr>
</table>

A.4 统计数据公用数据类

A.4.1 对象引用设置组公用数据类(ORG)

A.4.1.1 类模型

A.4.1.1.1 概述

表 A.2 定义公用数据类"对象引用设置组"。公用数据类被用来规定逻辑节点的对象引用,而统计数据通过该逻辑节点计算得到。CDC 将被用来确定对逻辑节点的对象引用,例如对于数据 DATA CalcSrc 被包括定义在 IEC 61850-7-4:2003 中的公共逻辑节点的"可选逻辑节点信息"。

表 A.2 对象引用设置组公用数据类

ORG 类					
属性名	属性类型	FC	TrgOp	值/值域	M/O
DataName	从数据类继承(见 DL/T 860.72—2004)				
数据属性					
		设置			
setVal	VISIBLE STRING129	SP		对象引用	AC_NSG_M
		配置、描述和扩展			
d	VISIBLE STRING255	DC		文本	O
dU	UNICODE STRING255	DC			O
cdcNs	VISIBLE STRING255	EX			AC_DLNDA_M
cdcName	VISIBLE STRING255	EX			AC_DLNDA_M
dataNs	VISIBLE STRING255	EX			AC_DLN_M
服务					
如表 39 中定义					

A.4.1.1.2 设置值(setVal)

数据属性 setVal(设置值)代表到另一数据(LN,DO 或 DA)的对象引用。在此情况下,数据将被用于引用逻辑节点,逻辑节点的模拟数据属性用于计算包含在本逻辑节点实例中的值。

例如逻辑节点"AB"[对于 PRES]可能包含当前值(PRES)。逻辑节点"CD"[对于 MAX]可能包含在逻辑节点"AB"中数据的最大值。在这种情况下,逻辑节点"CD"引用逻辑节点"AB"。第三个逻辑节点可能引用逻辑节点 CD 和表示最大值中的最小值。

A.4.1.1.3 配置、描述和扩展

数据属性 d、dU、cdcNs、cdcName、dataNs 与 IEC 61850-7-3:2003 第 8 章中定义的相同。

附 录 B
(规范性附录)
单位及其倍数

单位应是从 ISO 1000 导出的国际单位 SI,可以枚举表示,定义见表 B.1～表 B.4。倍数也以枚举表示,见表 B.5。表 B.5 中的值为倍数值的以 10 为基的指数。

表 B.1 SI 单位:基本单位

值	量	单位名称	符号
1	无	无量纲	无
2	长度	米	m
3	质量	千克	kg
4	时间	秒	s
5	电流	安培	A
6	热力学温度	开尔文	K
7	物质的量	摩尔	mol
8	发光强度	坎德拉	cd

表 B.2 SI 单位:导出单位

值	量	单位名称	符号
9	平面角	度	deg
10	平面角	弧度	rad
11	立体角	球面度	sr
21	吸收剂量	戈瑞	Gy
22	活度	贝可勒尔	q
23	相对温度	摄氏度	℃
24	剂量当量	希沃特	Sv
25	电容	法拉	F
26	电量	库伦	C
27	电导	西门子	S
28	电感	亨利	H
29	电动势	伏特	V
30	电阻	欧姆	Ω
31	能量	焦耳	J
32	力	牛顿(kg · m/s^2)	N
33	频率	赫兹(1/s)	Hz

表 B.2（续）

值	量	单位名称	符号
34	光照度	勒克斯（lm/m^2）	lx
35	光通量	流明（cd・sr）	Lm
36	磁通量	韦伯（V・s）	Wb
37	磁通量密度	特拉斯（Wb/m^2）	T
38	功率	瓦特（J/s）	W
39	压强	帕斯卡（N/m^2）	Pa

表 B.3　SI 单位：扩展单位

值	量	单位名称	符号
41	面积	平方米（m^2）	m^2
42	体积	立方米（m^3）	m^3
43	速度	米每秒（m/s）	$m \cdot s^{-1}$
44	加速度	米每二次方秒（m/s^2）	$m \cdot s^{-2}$
45	流速	立方米每秒（m^3/s）	$m^3 \cdot s^{-1}$
46	燃料(热)效率	米每立方米（m/m^3）	m/m^3
47	质量矩	千克米（kg・m）	M
48	密度	千克每立方米（kg/m^3）	kg/m^3
49	粘(稠)度	平方米每秒（m^2/s）	m^2/s
50	热导率	瓦特每米开尔文（W/m・K）	W/m・K
51	热容	焦耳每开尔文（J/K）	J/K
52	浓度	百万分之	ppm
53	转速	转每秒 （1/s）	s^{-1}
54	角速度	弧度每秒（rad/s）	$rads^{-1}$

表 B.4　SI 单位：行业特定单位

值	量	单位名称	符号
61	视在功率	伏安 （V・A）	V・A
62	有功功率	瓦特（I^2R）	W
63	无功功率	乏（VI Sinθ）	VAr
64	相位角	度	θ
65	功率因数	无量纲	cosθ
66	伏秒	伏秒 （W・s/A）	V・s
67	伏平方	伏平方（W^2/A^2）	V^2

表 B.4(续)

值	量	单位名称	符号
68	安培秒	安培秒(A·s)	A·s
69	安培平方	安培平方(A^2)	A^2
70	安培平方时间	安培平方秒(A^2·s)	A^2·s
71	视在电能	伏安小时	V·A·h
72	有功电能	瓦特小时	W·h
73	无功电能	乏小时	VAr·h
74	磁通	伏特/赫兹	V/Hz

表 B.5　倍数

值	倍数值	名称	符号
−24	10^{-24}	幺	y
−21	10^{-21}	仄	z
−18	10^{-18}	阿	a
−15	10^{-15}	飞	f
−12	10^{-12}	皮	p
−9	10^{-9}	纳	n
−6	10^{-6}	微	μ
−3	10^{-3}	毫	m
−2	10^{-2}	厘	c
−1	10^{-1}	分	d
0	1		
1	10^{1}	十	da
2	10^{2}	百	h
3	10^{3}	千	k
6	10^{6}	兆	M
9	10^{9}	吉	G
12	10^{12}	太	T
15	10^{15}	拍	P
18	10^{18}	艾	E
21	10^{21}	泽	Z
24	10^{24}	尧	Y

附　录　C
（资料性附录）
风电场控制器

C.1　概述

风电场控制逻辑节点——风电场有功功率控制（WAPC）和风电场无功功率控制（WRPC）模型的功能是为了便于把一个风电场作为一个单独的生产单元。

基于实际的过程信息，如 U（电压）、A（电流）、W（有功功率）、Var（无功功率）和 Hz（频率），风电场可以作为一个单独的生产单元，并基于本附录中不同控制功能来进行管理。基于测量的过程值，控制算法生成了一套新的参考值或设定点。

设定点转换成一套关于单台风力发电机组和相关其他系统部件的性能和操作状态的参考值。

在控制逻辑中，关键的参数体现单台风力发电机组的发电量和风电场约束。

应用功能的优先级是个实施的具体问题，它不在 IEC 61400-25（所有部分）范围内。

图 C.1 说明了控制逻辑的概念原理。详细的逻辑即具体实施没有在本部分做详细阐述。

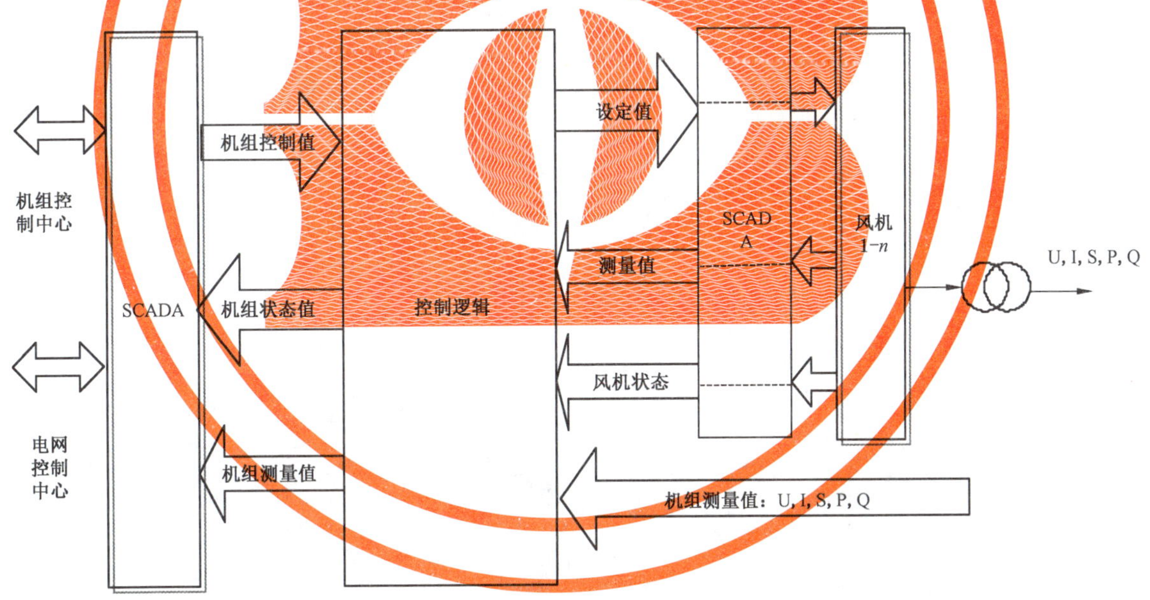

图 C.1　风电场控制功能概念结构

C.2　有功功率控制功能

从功效角度考虑，控制风电场的有功功率凸显其优先性，因为控制有功功率提升了风电场发电能力。

WAPC 逻辑节点提供下列控制功能：

a)　有功功率限制控制——各种事件引起的缩减（见图 C.2）；

b) 梯度功率控制——关注电网的稳定性梯度控制的优先级(见图 C.3);
c) Δ 功率控制——频率控制中会用到有功功率的旋转备用(见图 C.4);
d) 联合功率控制——梯度、Δ、有功功率限制联合控制(见图 C.5);
e) 视在功率控制功能——为了风电场部件如变压器的寿命最大化,视在功率控制是可用的(见图 C.6)。

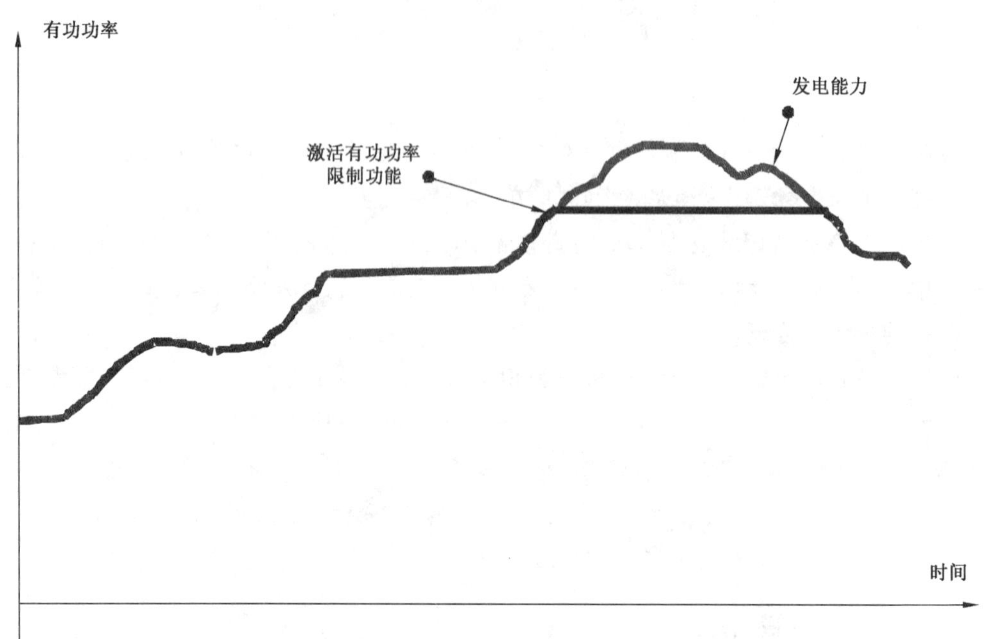

图 C.2 有功功率控制功能示意图

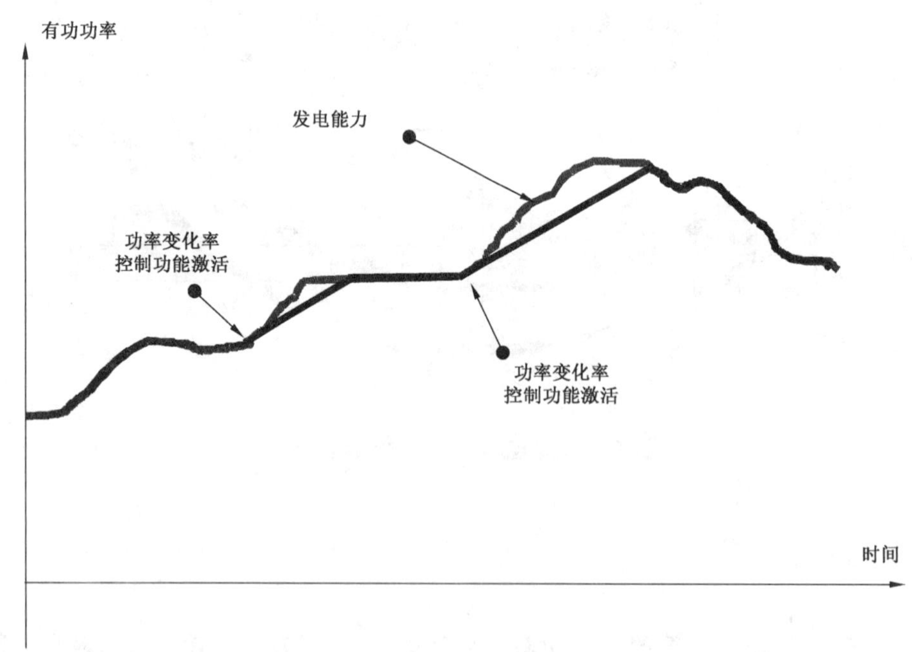

图 C.3 梯度功率控制功能示意图

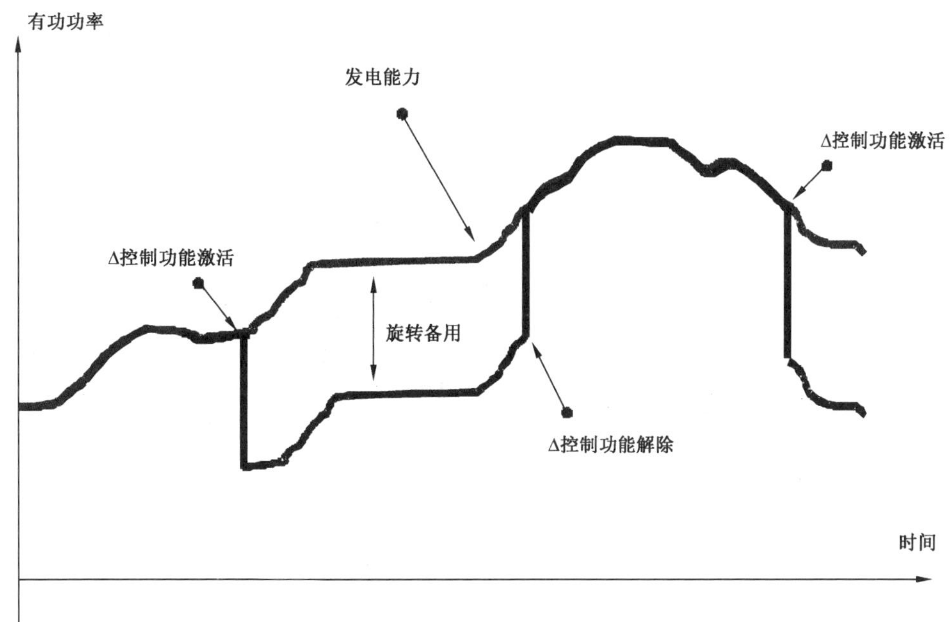

图 C.4 Δ 功率控制功能示意图

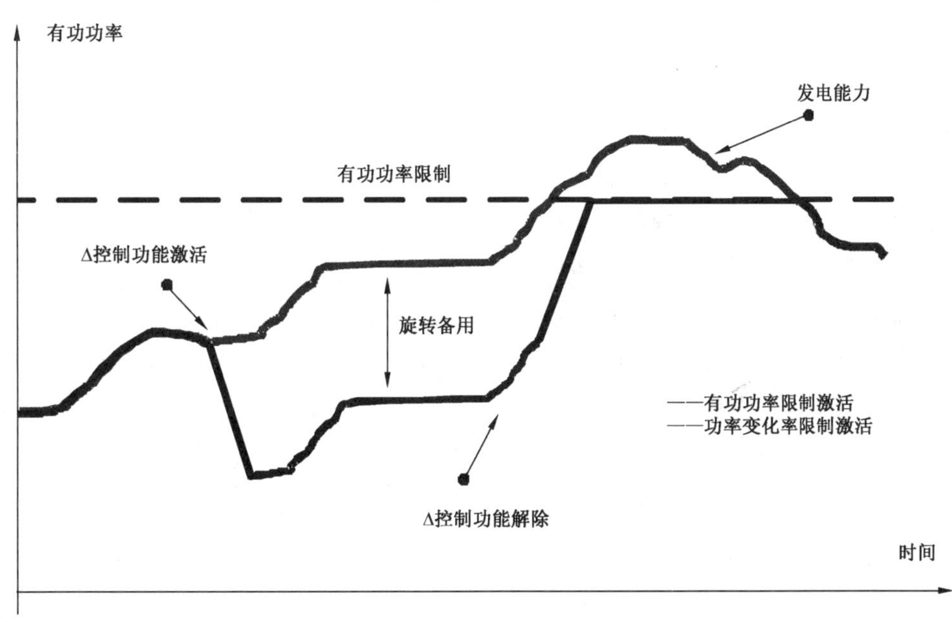

图 C.5 梯度、Δ、有功功率限制联合控制示意图

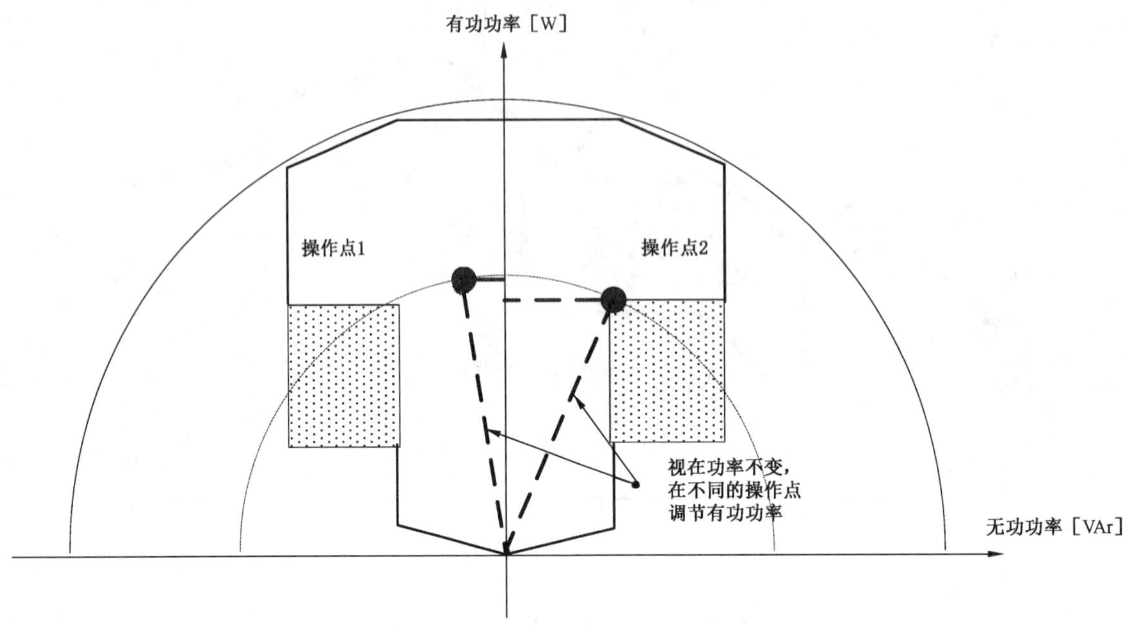

图 C.6 视在功率控制功能示意图

C.3 无功功率控制功能

无功功率控制功能可以在单台风力发电机组上实施，也可以在风电场公共无功修正点实施。

WRPC 逻辑节点提供了下列控制功能：

a) 无功功率控制——可用于控制运行点在并网规范的限制内(见图 C.7)；

b) 功率因数控制——可用于供电质量(见图 C.8)；

c) 电压控制——可用于供电质量(见图 C.9)。

为了满足公共电网连接点的要求，采用无功功率控制。通常，并网要求对无功功率的操作限制和对风电场操作系统约束进行详细说明。

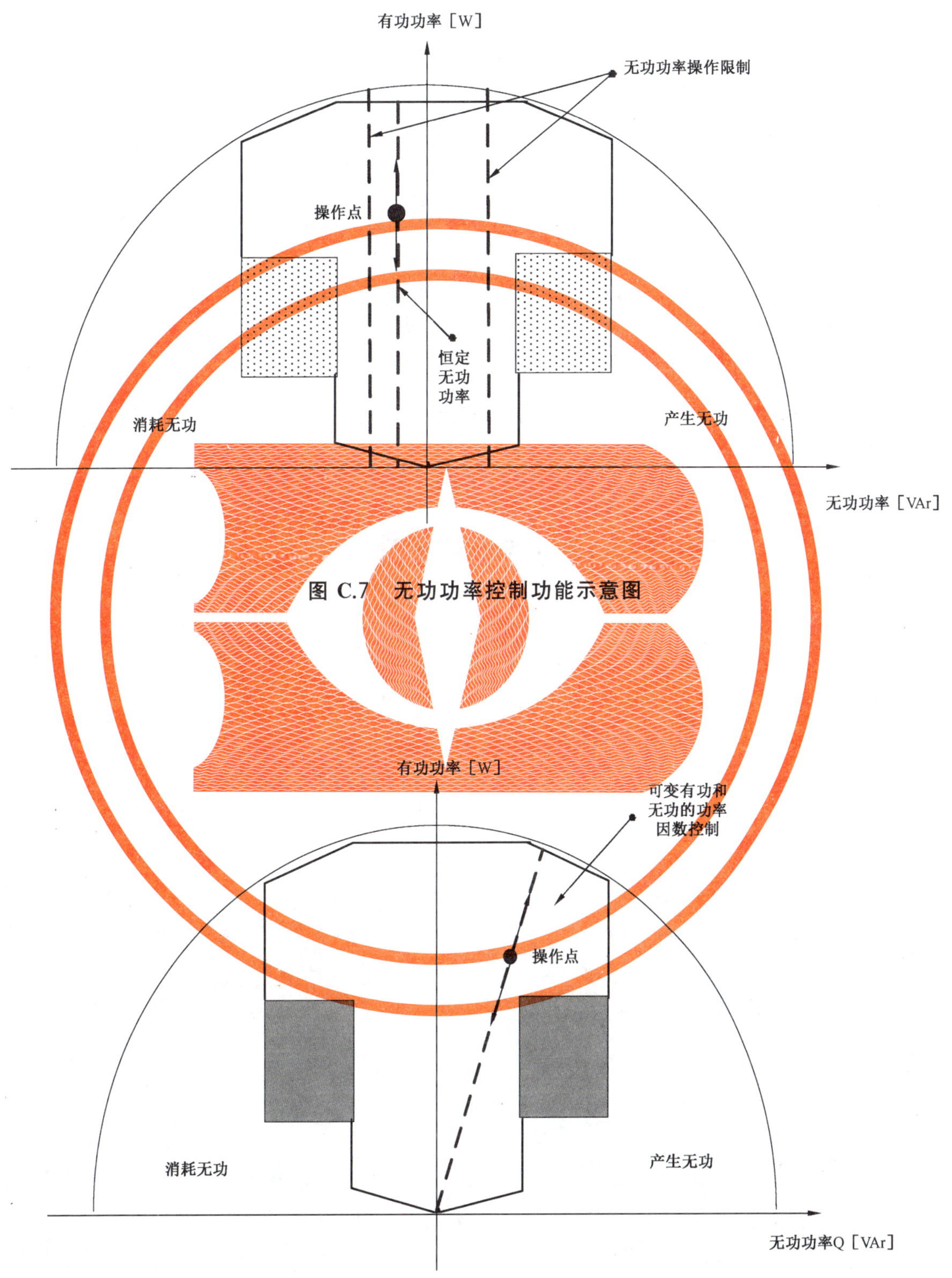

图 C.7　无功功率控制功能示意图

图 C.8　功率因数控制功能示意图

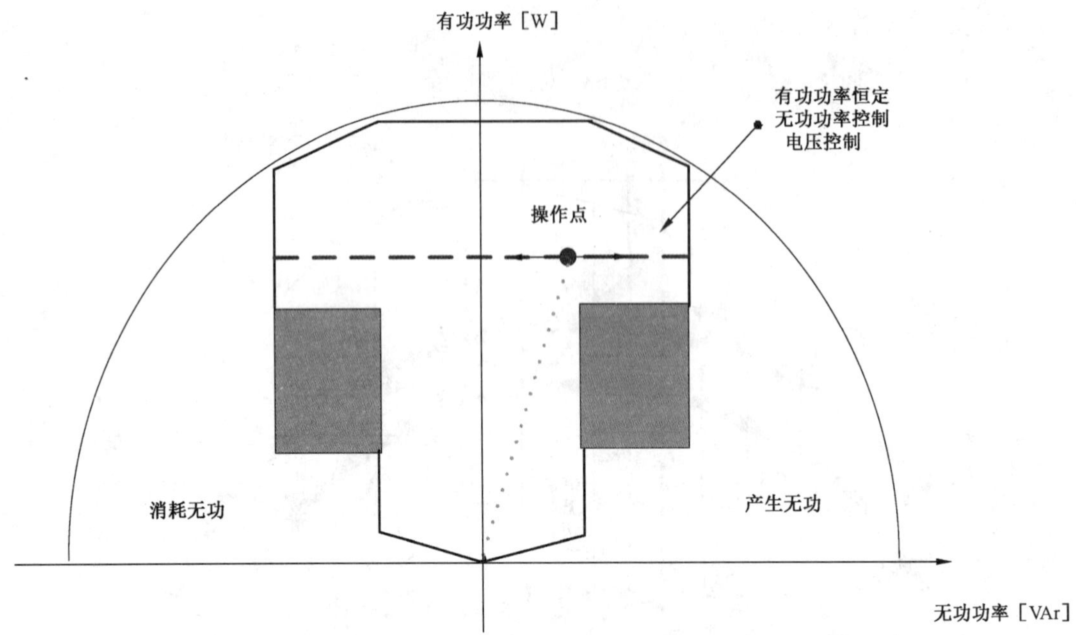

图 C.9 利用无功功率控制的电压控制功能示意图

附 录 D
（资料性附录）
强制逻辑节点和数据列表

本附录提供了一个强制逻辑节点、数据和附属数据属性清单，见表 D.1～表 D.6。

表 D.1 强制系统特定逻辑节点

LN 类	描述
LLN0	逻辑节点零
LPHD	物理设备信息

表 D.2 强制风电场特定逻辑节点

LN 类	描述
WTUR	风力发电机组通用信息

表 D.3 强制风力发电机组特定逻辑节点

LN 类	描述
WALM	风电场报警信息
WGEN	风力发电机组发电机信息
WNAC	风力发电机组机舱信息
WROT	风力发电机组风轮信息
WTUR	风力发电机组通用信息
WYAW	风力发电机组偏航信息

表 D.4 强制风电场专用公用数据类

CDC	描述
ALM	报警
CMD	命令
CTE	事件计数
SPV	设置点值
STV	状态值

表 D.5 从 IEC 61850-7-3 继承的强制公用数据类

CDC	描述
INS	整数状态
LPL	逻辑节点铭牌
MV	测量值
SPS	整数状态
WYE	三相系统中相对地的测量值

表 D.6 从 IEC 61850-7-3 继承过来并加以特定化的强制公用数据类

CDC	描述
WDPL	从 DPL 继承的设备铭牌

ICS 27.180
F 11

中华人民共和国国家标准

GB/T 30966.3—2014/IEC 61400-25-3:2006

风力发电机组 风力发电场监控系统通信 第3部分:信息交换模型

Wind turbines—Communications for monitoring and control of wind power plants—Part 3:Information exchange models

(IEC 61400-25-3:2006,Wind turbines—Part 25-3:Communications for monitoring and control of wind power plants—Information exchange models,IDT)

2014-07-24 发布　　　　2015-01-01 实施

中华人民共和国国家质量监督检验检疫总局
中国国家标准化管理委员会　发布

前　言

GB/T ××××《风力发电机组　风力发电场监控系统通信》分为6个部分：

——第1部分：原则与模式；

——第2部分：信息模型；

——第3部分：信息交换模型；

——第4部分：映射到通信规约；

——第5部分：一致性测试；

——第6部分：状态监测的逻辑节点类和数据类。

本部分为GB/T 30966的第3部分。

本部分按照GB/T 1.1—2009给出的规则起草。

本部分使用翻译法等同采用IEC 61400-25-3:2006《风力发电机组　第25-3部分：风力发电场监控系统通信　信息交换模型》。

与本部分中规范性引用的国际文件有一致性对应关系的我国文件如下：

——GB/T 30966(所有部分)　风力发电机组　风力发电场监控系统通信[IEC 61400-25(所有部分)]。

本部分做了下列编辑性修改：

——将标准名称改为"风力发电机组　风力发电场监控系统通信　第3部分：信息交换模型"；

——将"IEC 61400-25-3"改为"本部分"；

——将"IEC 61400-25-2"改为"GB/T 30966.2"；

——将"IEC 61400-25-4"改为"GB/T 30966.4"。

本部分由中国机械工业联合会提出。

本部分由全国风力机械标准化技术委员会(SAC/TC 50)归口。

本部分起草单位：中国科学院电工研究所、北京科诺伟业科技有限公司、新疆金风科技股份有限公司。

本部分主要起草人：许洪华、马蕊、胡书举、赵斌、鄂春良、姚红菊、王相明。

IEC 引言

IEC 61400-25 定义了风力发电场监控系统通信的要求。IEC 61400-25 的建模方法用来提供类和服务的抽象定义，从而使规范独立于特定协议栈、实施方法和操作系统。抽象类和服务映射到特定通信规约不属于本部分(IEC 61400-25-3)的范围，但将在 IEC 61400-25-4 讨论。

IEC 61400-25 的本部分定义了风力发电场中智能电子设备信息交换模型的服务。这些服务被称为抽象通信服务接口(ACSI)。定义的 ACSI 独立于底层的通信系统。

该信息交换模型根据以下内容来定义：

——所有可访问的信息分层类模型；

——运行在这些类上的信息交换服务；

——和每个信息交换服务相关的参数。

ACSI 技术说明对实现不同设备之间协作的所有不同方法不予考虑。

这些抽象服务定义将被映射到用于特定协议的具体对象定义上。映射到特定协议栈在 IEC 61400-25-4 中明确说明。

注 1：抽象通信服务接口(ACSI)的抽象有两方面的含义。首先，仅真实设备或真实功能的抽象方面可通过通信网络建模可视、可访问。这种抽象导致分层建模及行为(在 IEC 61400-25-2 定义)。其次，抽象通信服务接口从具体的定义方面定义设备如何交换信息，仅在概念上定义。具体的信息交换在 IEC 61400-25-4 定义。

注 2：IEC 61400-25 的实施性能是一种应用特性。IEC 61400-25 不要求某一确定的性能级别，这在 IEC 61400-25 的范围之外。然而，在通信技术中没有内在的限制来阻止高速应用(毫秒级的响应)。

风力发电机组 风力发电场监控系统通信 第3部分:信息交换模型

1 范围

IEC 61400-25(所有部分)关注的是风电场中各组成部分(如风力发电机组)和参与者(如SCADA系统)之间通信的一般性要求。风电场各部分自身内部通信不在适用范围之内。

IEC 61400-25(所有部分)设计了客户-服务器模型支持的通信环境,定义了以下3个方面的内容,并分别进行建模来保证实现的可扩展性:

1) 风电场信息模型;

2) 信息交换模型;

3) 信息模型和信息交换模型映射到标准通信规约。

风电场信息模型和信息交换模型在客户端和服务器端之间构成一个接口。作为访问风电场数据的解释框架,风电场信息模型通过服务器向客户端提供统一的、基于部件的风电场数据。信息交换模型反映了服务器的全部有效功能。IEC 61400-25(所有部分)使得不同客户与来自不同制造商和供应商的服务器之间的访问具有通用性。

如图1所示,IEC 61400-25(所有部分)定义的服务器包含如下几个方面:

——由风电场部件提供的信息,如“风力发电机组风轮转速”或“某一确定时间内总的发电量”,这些信息被模型化,并可被有效访问。模型化的信息在GB/T 30966.2信息模型中定义。

——模型化信息值的交换服务,在本部分信息交换模型中定义。

——映射到通信规约,提供一个协议栈从模型化信息中获取交换值(GB/T 30966.4)。

IEC 61400-25(所有部分)仅定义了如何模型化信息、信息交换并映射到具体通信协议,不包含如何、在何地去实现通信接口、应用程序接口以及实现的建议。然而,IEC 61400-25(所有部分)的目的是通过相应的逻辑设备得到与单一风电场部件(如风力发电机组)相关的信息。

GB/T 30966的本部分规定了描述客户端和服务器之间信息交换的抽象通信服务接口:

——数据访问与获取;

——设备控制;

——事件报告和记录;

——发布人和预定人;

——设备的自描述(设备数据字典);

——数据类型和数据类型的发现。

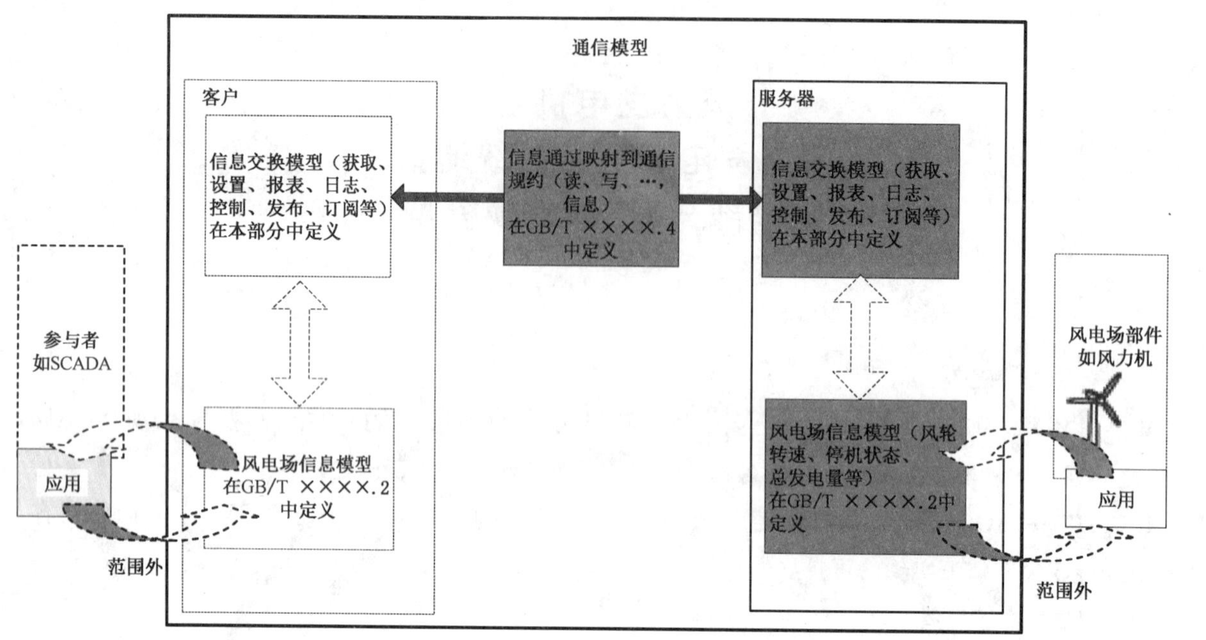

图 1 通信模型概念

2 规范性引用文件

下列文件对于本文件的应用是必不可少的。凡是注日期的引用文件，仅注日期的版本适用于本文件。凡是不注日期的引用文件，其最新版本(包括所有的修改单)适用于本文件。

DL/T 860.72—2004 变电站通信网络和系统 第7-2部分：变电站和馈线设备的基本通信结构 抽象通信服务接口(ACSI) (IEC 61850-7-2:2003, IDT)

IEC 61400-25(所有部分) 风力发电机组 第25部分：风力发电场监控系统通信(Wind turbines—Part 25:Communications for monitoring and control of wind power plants)

3 术语和定义

下列术语和定义适用于本文件。

3.1

参与者 actor

监视和控制风电场行为，而不直接运行发电的系统，如数据采集与监控系统(SCADA)。

注：还有一些其他命名，如中央管理系统、监控系统、远程控制系统等。

3.2

报警 alarm

状态信息。由风力发电机组控制系统介入的安全声明(如 on/off)。

3.3

命令 command

系统行为的控制数据(使能/禁止、有效/无效等)。

3.4

通信功能　communication function

参与者用来配置、执行和监视与风电场的信息交换，例如运行和管理功能。

3.5

控制　control

用于改变、修改、插入、切换、控制、参数化以及风电场优化的运行功能。

3.6

数据获取　data retrieval

用于采集风电场数据的运行功能。

3.7

诊断　diagnostics

用于设置和提供通信系统自监视的管理功能。

3.8

事件　event

状态的改变(如状况、报警、命令)。

3.9

智能电子设备　intelligent electronic device；IED

含有一个或多个处理器，并具有从外部发射器接收数据或向外部接收器发送数据能力的任何设备。

注：例如风力发电机组控制器。一个 IED 可以作为客户、服务器或者两者皆有同其他 IED 进行连接。

3.10

信息　information

通信的内容。信息被定义为数据(通常为过程和派生的数据，描述其他数据的信息)。基础元素是来自风电场部件的原始数据，这些数据依据 IEC 61400-25(所有部分)处理成特定的信息。

注：风电场信息类型：源信息(模拟和状态信息)、控制信息和派生信息(统计和历史信息)。

3.11

信息交换　information exchange

两个系统间的通信过程，例如风电场部件和参与者之间的通信，其目的是提供和获取相关信息。需要具体通信功能，由一个或多个服务组成。

3.12

日志　log

历史信息。一定周期内的源信息顺序列表。

3.13

记录　logging

一种运行功能。通常按照时间顺序连续记录数据。记录的结果是日志。

3.14

逻辑设备　logical device

代表一组典型风电场功能的独立实体。

3.15

管理功能　management function

某一确定级别上的信息交换的管理需求功能。

注：管理功能包括用户/访问管理、时间同步管理、诊断以及配置等。

3.16

强制　mandatory

定义的内容应遵从 IEC 61400-25。

3.17

测量数据　measured data

包含相关数据属性(如时间戳和数据品质)的过程量的采样值。

3.18

气象系统　meteorological system

风电场部件,负责监测周围环境参数(如风速、风向、气压、温度等)的系统。其提供的数据有多种用途,例如利用气象数据进行单台风力发电机组电能输出与潜在可用风能之间的相关分析。

3.19

监视　monitoring

一种运行功能,用于本地或远程观测系统或过程随时的任何改变。这一术语同样也可以用于一个数据值或者一组数据值的行为观测。

3.20

运行功能　operational function

获取信息和向风电场发送日常运行指令的功能。类型包括:监视、记录、报告、数据获取、控制。

3.21

可选　optional

定义的内容可以选择性地遵从 IEC 61400-25。

3.22

参数　parameter

用于获取或校正系统行为的可控信息。

3.23

过程值　processed value

依照计算方法属性处理的具有相关数据属性(如时间戳和品质)的测量值(例如:10 min 平均……)。

3.24

报表　report

由功能报告发送的实际信息。

3.25

报告　reporting

由服务器应用程序启动的从服务器传送数据到客户的运行功能。

3.26

数据采集与监控系统　supervisory control and data acquisition;SCADA

基于处理单元的系统,用于从 IED 处接收信息、决定控制要求以及发送命令到 IED。例如,调度人员使用的用来全程监控服务器或控制区域电力分布的计算机系统。

3.27

状态　status

部件或系统的状况条件(状态 1/状态 2/…/状态 n)。

3.28

三相数据　three phase data

具有相关数据属性(如时间戳、品质以及计算方法)的三相电路中的测量值。

3.29

用户/访问管理　user/access management

用于设置、修改、删除用户(管理职能)、分配访问权限(管理职能)以及监视访问的管理功能。

3.30

风电场　wind power plant

由一些技术子系统组成的完整系统，这些子系统在IEC 61400-25(所有部分)中被称为风电场部件，如一台或多台风力发电机组。风电场的主要目标是风能发电。

3.31

风电场模拟信息　wind power plant analogue information

与某一部件或系统的实际状况或行为相关的连续信息。

注：例如类型有测量值、处理值、三相值、设置点、参数。

3.32

风电场部件　wind power plant component

风电场运行过程中应用的技术系统，例如风力发电机组、气象系统、电力系统和风电场管理系统。

3.33

风电场管理系统　wind power plant management system

风电场部件，负责保证整个系统自身能够适应电力连接的静态和动态条件与要求的系统(例如，风力发电机组与变电站以及其他电力系统相关设备配合运行)。

注：一个风电场管理系统可以包含其他未在IEC 61400-25(所有部分)模型化的功能(例如：塔影控制功能、噪音或声音减少、冰冻警告、雷电保护)。

3.34

风力发电机组　wind turbine

风电场的主要部件。其主要功能是发电，满足利用某个区域的潜在风能并将动态风能转化为电能的任务。

4　缩略语

下列缩略语适用于本文件。

ACSI	抽象通信服务接口(在DL/T 860.72—2004中定义)
FCD	功能约束数据
FCDA	功能约束数据属性
IED	智能电子设备
IEM	信息交换模型
LCB	日志控制块
LD	逻辑设备
LN	逻辑节点
LOG	日志
LPHD	逻辑节点物理设备
RCB	报告控制块
SCADA	数据采集与监控系统
SCSM	特定通信服务映射(在DL/T 860.81中定义)
SG	设置组
WPP	风电场
WT	风力发电机组
XML	扩展标记语言
GUI	图形化用户界面

5 一般规定

本部分提供了信息交换模型，该信息交换模型可被客户端和服务器用来访问 GB/T ××××.2 定义的风电场信息模型的内容和结构。

第 6 章给出了运行功能和管理功能的信息交换模型概述。

第 7 章介绍了用于运行功能的信息交换模型：授权、控制、监视、报告和记录。

第 8 章给出了管理功能的信息交换模型概述。

第 9 章提供了下面服务模型类的服务细节：

- 应用关联；
- 服务器类；
- 逻辑设备类(获取自我描述等)；
- 逻辑节点类(获取自我描述等)；
- 数据类(获取值、设置值、获取自我描述等)；
- 数据集类(获取值、设置值、创建数据集、获取自我描述等)；
- 报告控制块类(获取属性、设置属性、报告等)；
- 日志控制块和日志类(获取属性、设置属性、获取日志条目等)；
- 控制类(选择、操作等)。

附录 A 提供了服务所需的报告和记录的例子。

附录 B 提供了 ACSI 服务和功能约束之间的关系。

附录 C 提供了 DL/T 860.72—2004 和本部分定义的 ACSI 的关系。

6 信息交换模型概述

信息交换模型为通信功能提供服务，该通信功能分为以下两类：

- 运行功能；
- 管理功能。

运行功能和管理功能在下面的章节有更详细的介绍和描述。

每个信息交换模型的强制服务在第 9 章相应的服务表格中说明。

风电场(逻辑设备、逻辑节点、数据、数据属性和控制块对象)信息模型实例应能被表 1 列出的信息交换模型实例访问。表 1 前两列列举了功能组和信息交换模型，第三列为概述，第四列和第五列区分了哪种数据类型和传输原则能用到该信息交换模型。最后一列说明适用于相应信息交换模型的 ACSI 服务模型。

信息交换模型应由相应的 ACSI 模型和关联的服务(表 1 最后一列)来实现。该表旨在给出适用于风电场领域的常用术语概述。

表 1 信息交换模型

功能组	信息交换模型	简要描述	信息目录	传输原则	ACSI 服务模型
运行(见第 7 章)	授权(见 7.2)	运行和管理功能访问身份认证和限制	短消息	根据传输命令要求进行数据传输	关联
	控制(见 7.3)	运行设备的控制	设定值命令	命令传输 设置点传输	控制

表 1（续）

功能组	信息交换模型	简要描述	信息目录	传输原则	ACSI 服务模型
运行（见第 7 章）	监视（见 7.4）	对运行设备的当前数据和数据变化进行监视	测量数据 处理数据（平均值、最小/最大值） 状态 报警 事件 定时器 计数器 设定值 参数 命令 时间序列数据（例如报警/事件日志、命令日志、设定值日志） （模拟量值、二进制值）	周期性数据传输（所有数据或自上次传输后发生变化的部分数据） 按需传送数据 事件驱动数据传输（自发的）	逻辑设备 逻辑节点 数据 数据集 缓存报告控制 非缓存报告控制 日志 日志控制 （ACSI 服务的详细情况见第 9 章）
	报告和记录（见 7.4）	触发控制连续扫描和值、事件记录	历史（日志） 报告 统计信息 曲线 趋势 事件 短消息		
	诊断（见 8.5）	设备的自监测	监视、报告和记录信息目录		
管理（见第 8 章）	用户和访问管理（见 8.2）	建立用户访问权限和监视访问	特定系统		
	建立（见 8.3）	设备配置管理	特定系统		
	时间同步（见 8.4）	设备时钟同步	特定系统		

7 运行功能

7.1 一般规定

有关运行功能的信息交换模型描述如下：

- 关联和授权模型；
- 控制模型；
- 监视、报告和记录模型。

附录 B 给出了 ACSI 服务的功能约束。

7.2 关联和授权模型

关联和授权模型的目的就是在客户端和服务器之间提供一个安全的信息交换。该模型提供了客户端对服务器功能访问的身份验证和控制。概念性原理如图 2 所示：

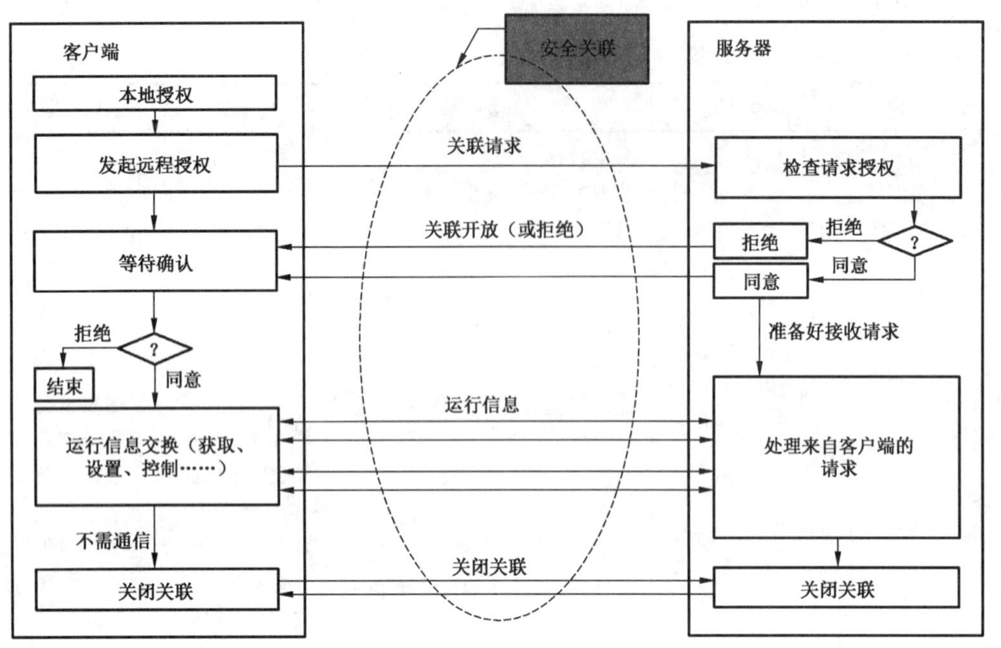

图 2　关联和授权模型示意图(概念性的)

实现客户端和服务器之间关联的需求如下：

——**身份验证**:识别用户/客户身份；

——**授权和访问控制**:保证实体有合适的访问权限(至少要提供一个用户名和密码)；

——**完整性**:信息和计算机设施应受保护免遭未授权的更改或破坏；

——**保密性**:风电场信息模型对象应受保护,并且仅能开放给适当的用户/客户；

——**不可否认性**:防止参与数据交换的用户/客户否认其曾参与过数据交换；

——**防止设备拒绝**:防止客户端/服务器阻塞对授权用户的访问。

授权模型的真正服务是由 GB/T ××××.4 中特定的映射来提供的。基于选择的特定映射,安全性的实际级别和支持的特定服务可能不同。

7.3　控制模型

控制模型定义了包含在运行设备中的一组设定点控制和命令的信息交换模型,概念性原理如图 3 所示。

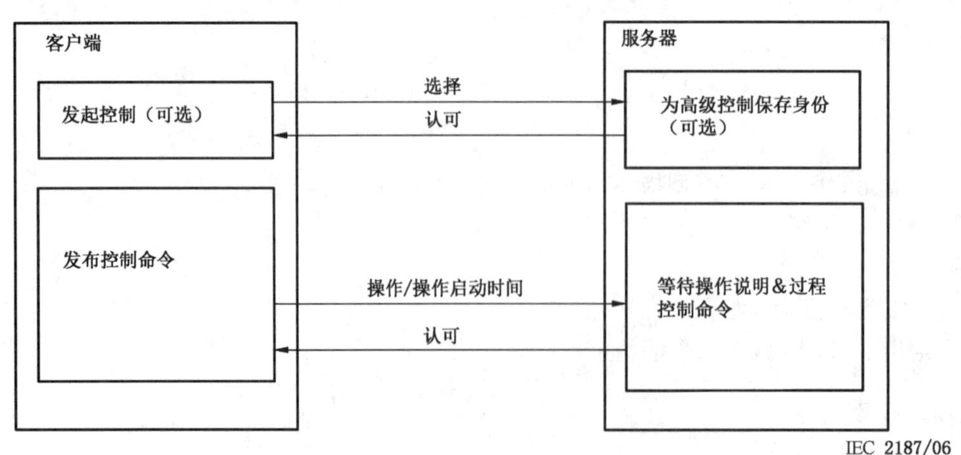

图 3　控制模型示意图(概念性的)

控制模型包含对运行设备的控制。控制功能可具备使客户端在特定时间内有设备控制专有权的功能。

操作命令“设置”可控数据的值(从可控公用数据类中获得)。

注：控制物理实体的程序是属于服务器从属设备的局部问题。IEC 61400-25(所有部分)仅定义了设备表观工况。作为服务器的控制模型提供一些决定控制程序的参数。客户的工作是对服务器工作的补充。

当服务请求给定的时间满足要求时,服务器能对时间激活操作命令自动处理。

7.4 监视、报告和记录模型

监视、报告和记录的信息交换模型如图 4 所示。该模型包括 3 个独立的信息获取方法:

1) 值可依据客户端的命令来获取(图的上半部分),这通常被称作获取或读取,响应将被立即传送。

2) 伴随发布者/预定者报告模型,值可报告给客户端(图的中间部分)。服务器被配置(本地或通过服务器)为自发性或周期性地传送数据。服务器端的触发条件一旦满足,客户端就会接受信息(报告)。对于缓存报告,发布者/预定者模型在通信链路损坏时能暂存事件,一旦链路恢复运行后能顺序地将所有暂存的事件进行传送。对于非缓存报告,则不能保证在通信链路中断时进行事件传送。

3) 值可被记录在设备上。该记录模型(图的底部)允许事件正确有序地进行暂存和传递。来自多源数据的记录值(通过数据集的配置)可被记录,并且每个源可独立于其他源单独配置。客户端可查询两个时间戳之间的日志条目或查询特定条目后的所有条目。

报告和记录模型包括:

a) 数据集类(DS),用来引用将被记录或报告的数据组;

b) 控制块类(报告控制块类或日志控制块类),用来控制信息记录或报告的动态行为;

c) 日志类,用来定义日志存储。

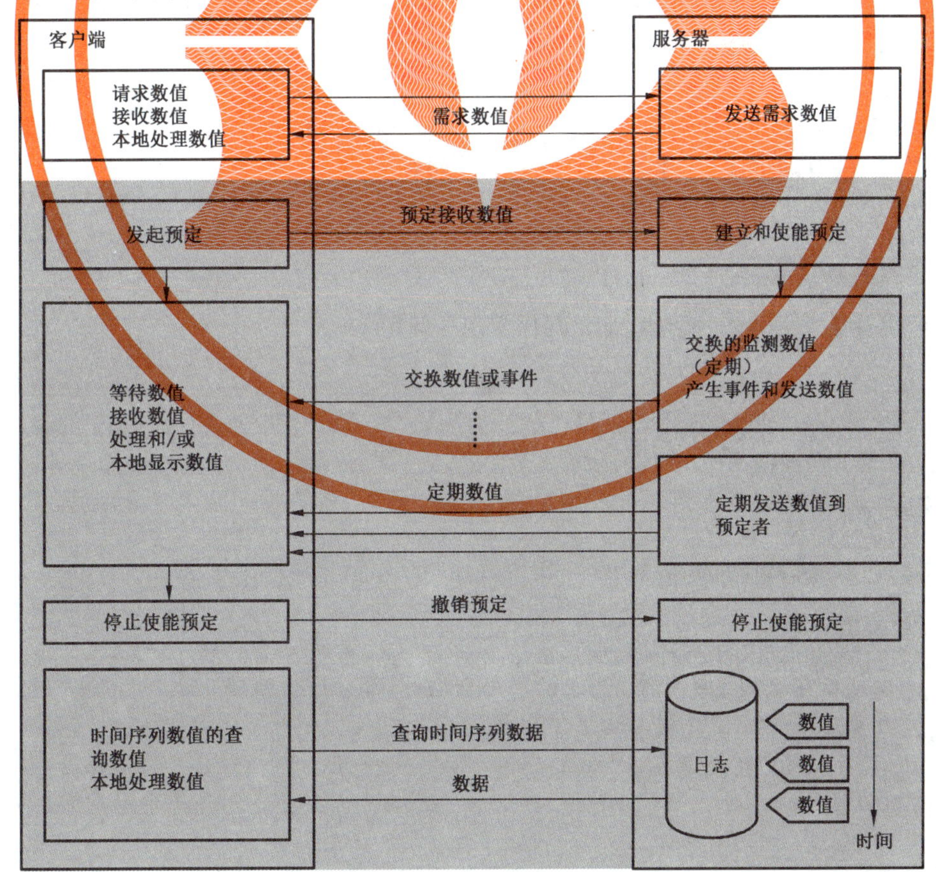

图 4 监视、报告和日志模型示意图(概念性的)

检索方法的特点见表 2。

表 2 信息检索方法比较

检索方法		时间先决信息交换	能否丢失(序列)变化	多客户端接收信息	存储数据的上次变化	典型客户端(但不限于)
要求的数据		否	是	是	—	浏览器
报告	预定	是	是/否	是	服务器	实时用户界面
	非缓存报告	是	是	是	—	实时用户界面
	缓存报告	是	否	是	服务器	数据汇集器
记录		否	否	是	客户端	电厂操作,工程师站

每种检索方法都有特定的特点。没有任何单一的方法能满足所有的应用需求。在系统设计中,设计人员应分析需求并检查他们是否违背该(实现)方法,该方法由与 IEC 61400-25(所有部分)相一致的设备提供。

8 管理功能

8.1 一般规定

管理功能模型被用于建立或完善(维护)一个系统。系统配置和维护功能包括配置数据的设置和变化,以及从系统获取配置信息。管理功能模型描述如下:

- 用户管理/访问安全模型;
- 建立模型;
- 时间同步模型;
- 诊断(自监测)模型。

ACSI 服务的功能约束在附录 B 中说明。

8.2 用户管理/访问安全模型

除 7.2 规定的服务需求之外,这些功能都是具体实现的问题。

8.3 建立模型

除 7.2 规定的服务需求之外,这些功能都是具体实现的问题。

8.4 时间同步模型

系统中不同时钟的同步是在 GB/T 30966.4 中被选择和指定的特殊映射问题。

8.5 诊断(自监测)模型

诊断或自监测功能旨在检测系统状态,例如设备完全运行、部分运行或停止运行。诊断信息在逻辑节点 LPHD 中定义,逻辑节点 LPDH 在 GB/T 30966.2 定义。

9 风电场信息模型的 ACSI

9.1 一般规定

第 7 章和第 8 章描述的信息交换模型创建了符合 IEC 61400-25(所有部分)要求的模型。第 9 章包含所有需求服务的详细描述。

图 5 描述了基本的信息交换模型,说明了 ACSI 服务的不同部件。该图详细描述了一个典型设备如何利用这些服务和外界进行联系。

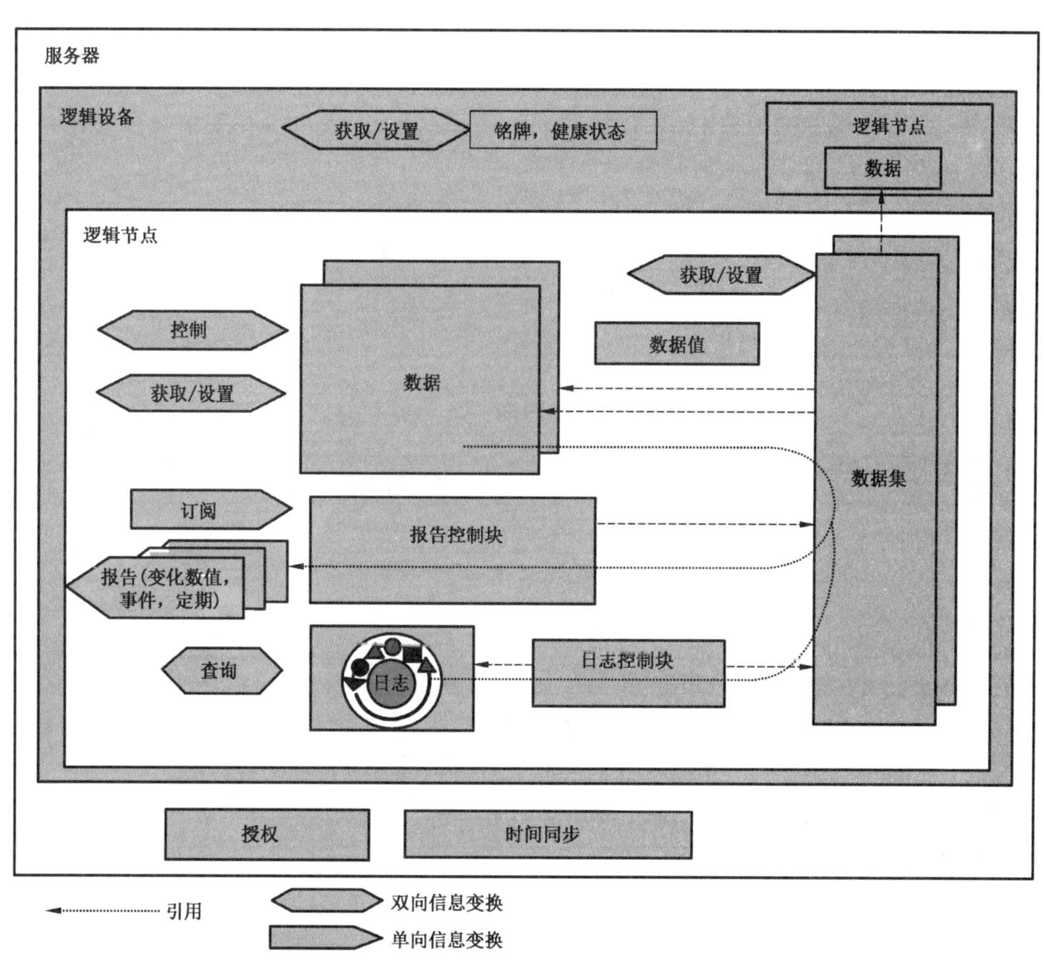

图 5 风电场的信息交换模型(概念性的)

本章的说明提供了服务的高级定义。ACSI 模型和服务细节的标准定义见 DL/T 860.72—2004。

9.2 关联和授权服务

应用关联模型由各类设备间如何通讯的规定组成。该模型包括:

- 关联类的定义;
- 访问控制概念(如何在服务器中限制访问实例)。

应用关联模型定义了用于客户端和服务器(双边应用关联)管理关联的服务。

注:应用关联模型在 SCSM 中定义。

访问控制模型提供了限制特定客户端访问类实例、类实例属性以及 ACSI 服务作用于特定服务器的类实例的能力。

表 3 中所列出的服务被定义为双边应用关联。

双边应用关联类的细节在 DL/T 860.72—2004 第 7 章定义。

表 3 双边应用关联

双边应用关联服务	M/O
关联	M
异常中止	O
释放	O

9.3 服务器类服务

服务器代表设备外部可见的行为。客户端应使用“读服务器目录”服务来获取所有可见逻辑设备的名称列表，进而通过地址服务器可访问到请求客户端，见表 4。

服务器类的细节在 DL/T 860.72—2004 第 6 章定义。

表 4 服务器

服务器服务	M/O
读服务器目录	O

9.4 逻辑设备类服务

逻辑设备(如风力发电机组控制器)是逻辑节点(如风轮、传动和发电机)的集合。每个逻辑设备在其使用范围内是有意义的。逻辑设备实例(如逻辑节点和数据)能被由逻辑节点和数据提供的服务直接访问。逻辑设备可被浏览，以便能够获得它包含的所有逻辑节点的名称，见表 5。

逻辑设备类的细节在 DL/T 860.72—2004 第 8 章定义。

表 5 逻辑设备

逻辑设备服务	M/O
读逻辑设备目录	O

9.5 逻辑节点类服务

逻辑节点(如传动系统)是数据(如传动齿轮温度)的集合。每个逻辑节点在其使用范围内是有意义的。逻辑节点实例(如数据)能被由数据提供的服务直接访问。逻辑节点可被浏览，以便能获得它包含的所有类型信息的名称，见表 6。

逻辑节点类的细节在 DL/T 860.72—2004 第 9 章定义。

表 6 逻辑节点

逻辑节点服务	M/O
读逻辑节点目录	O

9.6 数据类服务

数据(如风轮状态)是数据属性(如实际状态值、品质和时间戳)的集合。每个数据在其使用范围内是有意义的。数据实例(例如数据属性)能被服务器直接访问,见表7。

数据类的细节在DL/T 860.72—2004第10章定义。

例如:读数据值"WindPowerPlant12/WGEN.PwrAt.phsA.cVal.mag.f[MX]"返回当前值的浮点值。

表7 数据

数据服务	M/O
读数据值	M
写数据值	M
读数据目录	O
读数据定义	O

9.7 数据集类服务

数据集是对数据的一组引用。数据集实例能被表8中的服务直接访问。数据集实例可被报告控制块使用,以便它依据某些特定规则来指定哪些数据被监测和报告(分别定义为数据或报告控制块)。

表8 数据集

数据集服务	M/O
读数据集值	M
写数据集值	O
创建数据集	O
删除数据集	O
读数据集目录	O

数据集类的细节在DL/T 860.72—2004第11章定义。

注1:数据集仅引用这些数据,它并不包含这些数据。若数据集被删除,数据仍然存在。

注2:数据集可被理解为提供一个能被某个引用访问的大量数据实例的速记参考(名字),而不是一个引用列表。数据集被报告和日志控制块所引用。

9.8 报告控制块类服务

9.8.1 ACSI一致性服务

报告-控制提供了关于特定规则(如值变化、品质信息变化或仅是周期地)的自发报告数据值机制。报告-控制的行为由它的属性值决定(如启动/禁止报告,使用顺序号)。报告-控制引用数据集实例。报告-控制提供自发报告服务,报告-控制实例的属性可被表9中的服务直接访问。

BRCB(缓存报告控制块)提供了在通信临时中断时服务器仍能发送序列事件的功能。带有URCB(非缓存报告控制块)的服务器在通信中断时则不需要缓存事件。

表 9 报告-控制

服务	M/O
报告	O
读 BRCB 值	O
写 BRCB 值	O
读 URCB 值	O
写 URCB 值	O
增加预定[a]	O
取消预定[a]	O
[a] 增加预定和取消预定服务作为报告模型的特例已被增加在 DL/T 860.72—2004 的 14.2 中。	

报告-控制类的细节在 DL/T 860.72—2004 的 14.2 定义。

注：报告模型由两个独立的类组成：报告控制块类和数据集类。首先，数据集可被创建数据集服务预先定义（配置）或动态定义。其次，作为报告控制块属性的数据集引用需要被设置[或通过写 BRCB 值（写 URCB 值）服务]这两步在增加预定服务中被合并。

基本的报告原理如图 6 所示。缓存和非缓存报告由报告控制块配置开始。设置缓存 RCB 属性为真来启动报告，设置属性为假来停止报告。报告方法简单，并且报告方法为自发性传输变化提供了一种有效方法。

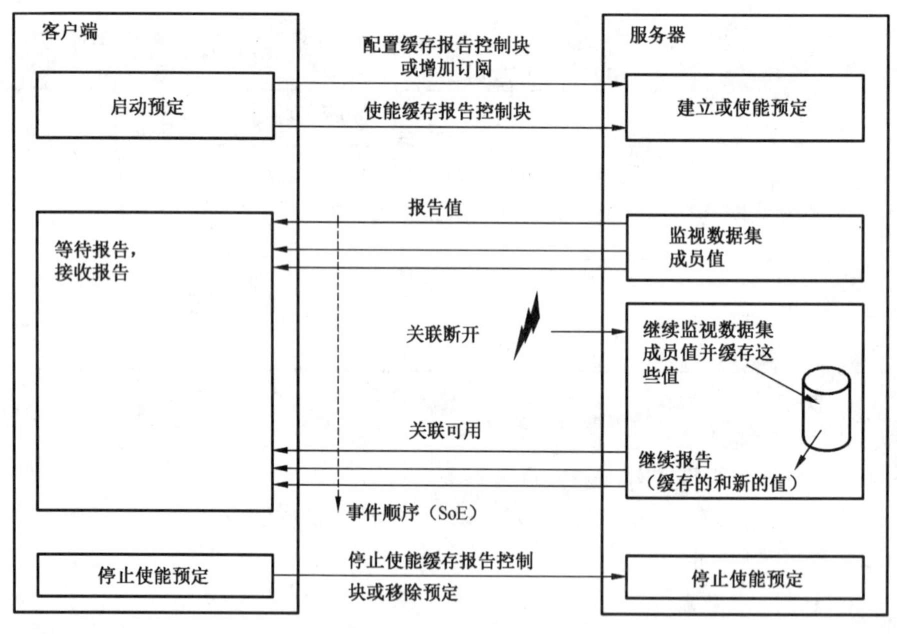

图 6 缓存报告控制块示意图（概念性的）

9.8.2 增加预定

客户端应使用增加预定服务来请求服务器：1）创建数据集，该数据集有用功能约束数据（FCD）或功能约束数据属性（FCDA）定义的成员列表，使得对请求客户可见和可访问；2）设置相应报告控制块属性；3）立即开始监视和报告数值。使用增加预定服务创建的数据集遵循数据集模型规则。

处理完增加预定服务后，服务器应启动一个单独的通用询问(DL/T 860.72—2004 的 14.2 定义)以使客户端进程映像与服务器端当前映像同步。

增加预定服务的定义见表 10。

表 10 增加预定服务

参数名	描述
请求	
RCBRef	报告控制块对象引用 参数 RCBRef 应指明所选择的报告控制块的对象引用
RCBType	报告控制块类型 参数 RCBType 应指明所选择的报告控制块的类型是 URCB 或 BRCB
ReportIdentifier[0..1]	报告标识符 参数 ReportIdentifier 应包含相应属性 RptID 值，引用 BRCB/URCB 的 RptID 的定义见 DL/T 860.72—2004 的 14.2
ReportEnable[0..1]	报告启动 参数 ReportEnable 应包含相应属性 RptEna 值，引用 BRCB/URCB 的 RptEna 的定义见 DL/T 860.72—2004 的 14.2。对于 URCB 应始终隐含设置为 TRUE
DataSetReference	数据集参考 当数据集不存在时，参数 DataSetReference 应被用来创建一个数据集，否则它指向用于报告的已存在的数据集。参数 DataSetReference 应被用于设置相应属性 DatSet 值，引用 BRCB/URCB 的 DatSet 的定义见 DL/T 860.72—2004 的 14.2
OptionalFields[0..1]	可选字段 参数 OptionalFields 应包含相应属性 OptFlds 值，引用 BRCB/URCB 的 OptFlds 的定义见 DL/T 860.72—2004 的 14.2
BufferTime[0..1]	缓存时间 参数 BufferTime 应包含相应属性 BufTm 值，引用 BRCB/URCB 的 BufTm 的定义见 DL/T 860.72—2004 的 14.2
TriggerOptions[0..1]	触发选项 参数 TriggerOptions 应包含相应属性 TrgOp 值，引用 BRCB/URCB 的 TrgOp 的定义见 DL/T 860.72—2004 的 14.2
IntegrityPeriod[0..1]	完整性周期 参数 IntegrityPeriod 应包含相应属性 IntgPd 值。引用 BRCB/URCB 的 IntgPd 的定义见 DL/T 860.72—2004 的 14.2
DSMemberRef[0..n]	数据集成员对象引用 参数 DSMemberRef 表示数据的功能约束数据(FCD)或功能约束数据属性(FCDA)，该数据在 DL/T 860.72—2004 第 11 章定义
Response+	参数 Response+表示服务请求成功。若引用的其中一个功能约束数据(FCD)对客户端无效，则该服务请求失败
Response—	参数 Response—表示服务请求失败
ServiceError	返回相应 ServiceError

9.8.3 取消预定

客户端应使用取消预定服务来请求服务器禁用相应的报告控制块和预定删除被数据集引用的数据集属性。在删除数据集过程中，删除数据集服务应依照相同的规则。

取消预定服务应在表 11 中定义。

表 11 取消预定服务

参数名	描述
请求	
RCBRef	报告控制块对象引用 参数应被指定被禁用的报告控制块的对象引用。被此报告控制块引用的数据集应被取消
Response＋	参数 Response＋表示服务请求成功
Response－	参数 Response－表示服务请求失败
ServiceError	返回相应 ServiceError

9.9 日志控制块和日志类服务

日志-控制提供了关于特定规则（如值变化、品质信息变化、计数器刷新或仅是周期地）到日志的自发日志数据值机制。日志-控制行为由它的属性值（如启动/禁止记录）决定。日志-控制引用数据集实例。

日志提供查询服务，以接收存储在两次查询之间的数据值。日志实例的属性可被表 12 中的服务直接访问。

表 12 日志和日志-控制

日志控制块服务	M/O
读 LCB 值	O
写 LCB 值	O
日志服务	
读日志状态值	O
按时间查询日志[a]	O
按顺序查询日志[a]	O
[a] 作为 DL/T 860.72—2004 的 14.3 定义日志的专业化，服务应提供过滤参数以选择被查询数据的一个或多个功能约束数据（FCD）或功能约束数据属性（FCDA）。	

日志-控制类和日志类的细节在 DL/T 860.72—2004 的 14.3 定义。

表 13 中数据过滤应被添加到按时间查询日志请求和按顺序查询日志请求中。

表 13 数据过滤

DataFilter[0..n]	数据过滤对象引用 参数 DataFilter 应指明数据的功能约束数据(FCD)或功能约束数据属性(FCDA)。如果不包括数据过滤参数,那么不应用数据过滤。只有 RangeStartTime 参数和 RangeStopTime 或 Entry 参数被用来选择数据

按时间查询日志响应和按顺序查询日志响应的 ListOfLogEntries 参数应包含日志项列表:1)由 DataFilter 选择的;2)服务请求的 RangeStartTime 和 RangeStopTime 参数指定的范围。

注:过滤参数能使要返回的信息数量大为减少。

图 7 给出了 1 个日志和 3 个日志控制块的例子。第一步是与服务器建立关联并配置和启用日志控制块。启用日志控制块后,与服务器的关联可被关断。日志条目到达时就会被存储在日志中。日志条目按时间顺序进行存储,因此允许获取事件顺序列表。

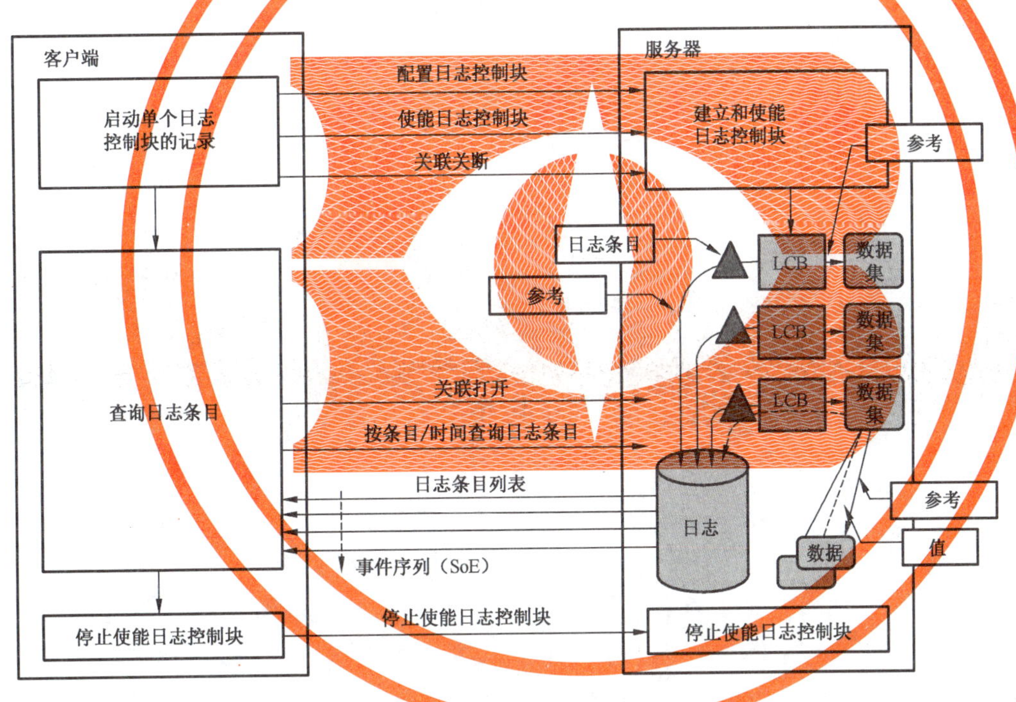

IEC 2190/06

图 7 日志控制块示意图(概念性的)

日志可在任意时间启用意味着不管客户端关联是否打开,日志条目将会被添加到日志中。不同的日志控制块允许控制不同数据集中的存储信息。每个日志控制块独立于其他控制块。

9.10 控制层服务

控制模型提供了以服务器为代表的控制功能和实际设备的机理。

控制提供的服务见表 14。

控制层的细节在 DL/T 860.72—2004 第 17 章中定义。

表 14 控制

服务	M/O
选择	O
带值选择	O
取消	O
操作	M
命令结束	O
时间激活操作	O

附 录 A
（资料性附录）
报告和记录服务实例

A.1 报告实例

报告服务实例如图 A.1 所示。报告的值从“MyDS”数据集成员中获得。数据集每个成员的位置都被客户端和服务器定义为已知。

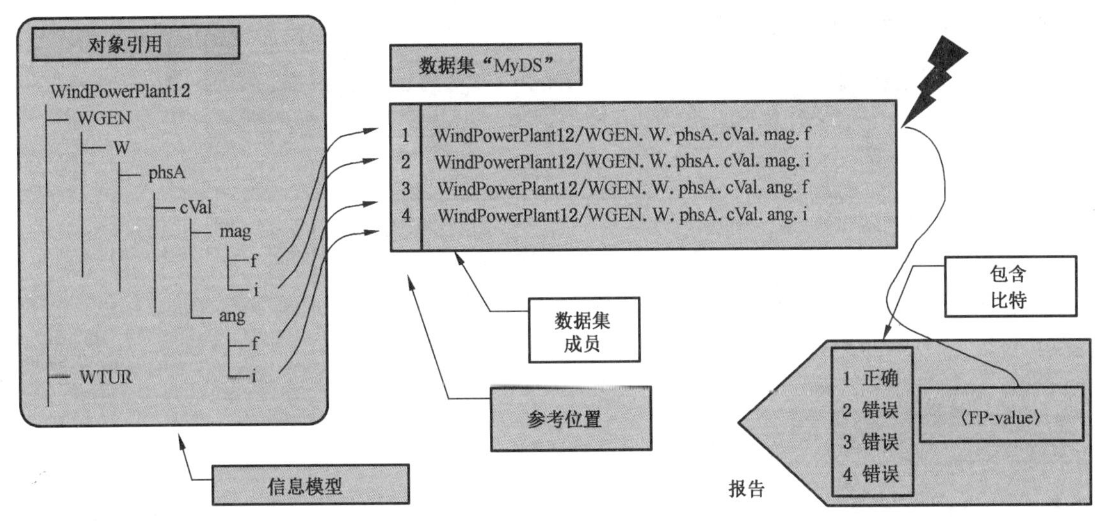

图 A.1 信息模型到报告数据集的映射（实例）

本例中，报告仅携带相同数据最后一次改变的数据值。下个值改变将触发一个携带新值的新报告。因为仅那些改变的值随报告被发送，值所对应的那些数据指示包含在所谓的“内含位串”中。位串的位数和数据集的成员一样多。第一个成员值改变后，位串中的第一位被设为“真”。接收器通过位串中的位置能够确定值来源于“WindPowerPlant12/WGEN.W.phsA.cVal.mag.f”。

全部对象标识符“WindPowerPlant12/WGEN.W.phsA.cVal.mag.f”可被有选择的传输，但不是必需的。

报告可以有选择地包括以下参数：

——报告标识符(RpdID)：客户端给出的句柄；

——顺序号：用来检测丢失的数据段；

——子顺序号：如果值不适合报告；

——数据集引用：“MyDS”；

——报告原因（原因代码）：数据变化，品质变化等。

A.2 日志实例

日志实例如图 A.2 所示。

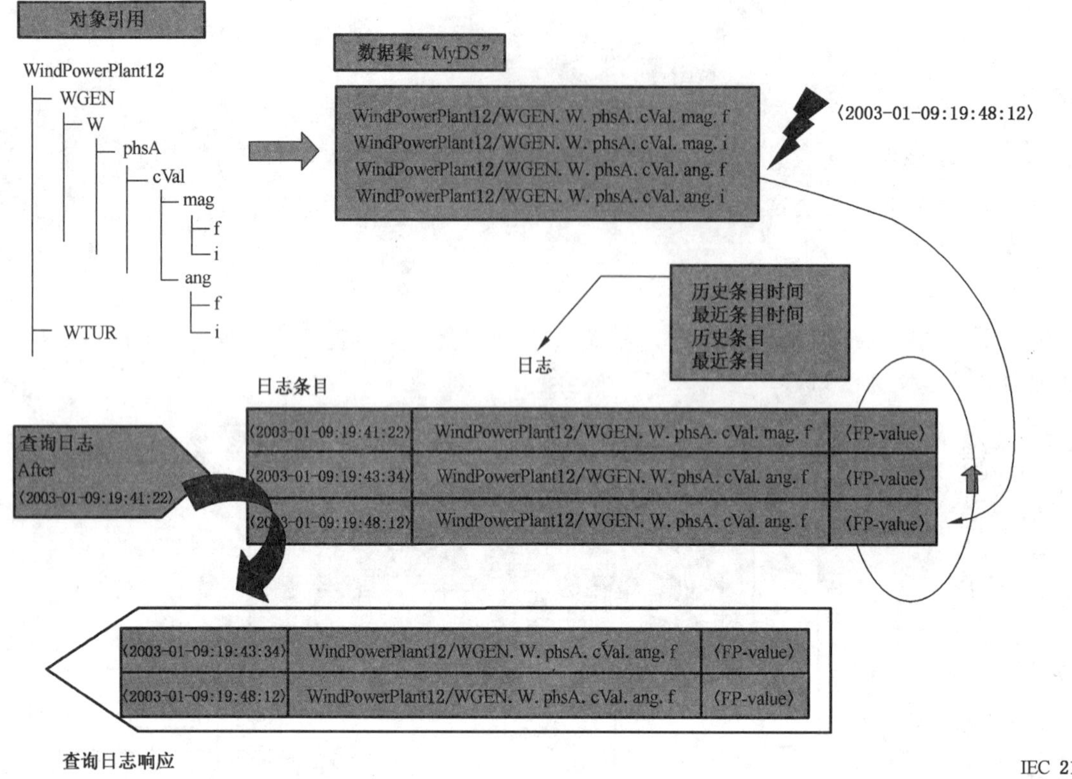

图 A.2 日志基础(实例)

日志条目从被数据集(用于报告的同源信息可能用于日志)引用的实例中获得。这些值中的一个改变将会触发一个日志条目被存储到日志中。日志条目构成如下:1)条目的时间戳;2)数据的对象引用;3)当前值(实例中的浮点值)。

日志的其他属性:

——历史条目时间(最早条目的时间戳);

——最近条目时间(最新条目的时间戳);

——历史条目(最早条目的标识符);

——最近条目(最新条目的标识符)。

这些属性可被读取。

查询日志服务允许通过时间范围(时间 1 到时间 2)或通过时间戳和条目 ID 识别的日志条目获取,之后条目应返回(条目 ID 是必需的,因为同样时间戳的多个条目可能包含在日志中)。

查询日志响应传送所请求的项。

附 录 B
（规范性附录）
ACSI 服务和功能约束的关系

功能约束(FC)有两个目的：

——定义适用于特定数据属性的服务(见表 B.1)；

——减少(或过滤)携带某些服务的数据值数量，例如：逻辑节点的特定数据或所有数据的读数据值服务响应应返回所有数据属性。服务请求的 FC 参数，例如 MX，只请求 FC＝MX 的数据属性。

表 B.1 ACSI 服务和功能约束的关系

服务	M/O	应用到 FC 的服务
关联	M	—
释放	O	—
异常中止	O	—
读服务目录	O	—
读逻辑设备目录	O	—
读逻辑节点目录	O	—
读数据值	M	CF，DC，ST，MX，SP，EX
写数据值	M	CF，SP
读数据目录	O	CF，DC，ST，MX，SP，CO，EX
读数据定义	O	CF，DC，ST，MX，SP，CO，EX
读数据设置值	M	—
写数据集值	O	—
创建数据集	O	数据集引用没有 FC 关联，但创建它的元素可以是任何 FC
删除数据集	O	—
读数据集目录	O	—
报告	O	报告可包括任何 FC 的元素，详见“注 1”
读 BRCB 值	O	BR
写 BRCB 值	O	BR
读 URCB 值	O	RP
写 URCB 值	O	RP
增加预定[a]	O	RP，BR
取消预定[a]	O	RP，BR
读 LCB 值	O	LG
写 LCB 值	O	LG
读日志状态值	O	LG

表 B.1（续）

服务	M/O	应用到 FC 的服务
按时间查询日志[a]	O	日志条目可包括任何 FC 的元素，详见“注 2”
按顺序查询日志[a]	O	日志条目可包括任何 FC 的元素，详见“注 2”
选择	O	CO
带值选择	O	CO
取消	O	CO
操作	M	CO
命令结束	O	CO
时间激活操作	O	CO

注 1：仅在 GB/T 30966.2 定义的 TrgOp、“dchg”、”qchg”、“dupd”的元素值改变后，才会在报告中发送事件。

注 2：仅在 GB/T 30966.2 定义的 TrgOp、“dchg”、”qchg”、“dupd”的元素值改变后，才会在日志中存储事件。

附 录 C
（资料性附录）
DL/T 860.72—2004 和本部分定义的 ACSI 的关系

风电场自动化要求和变电站自动化系统定义的要求相似，但不完全相同。这些差别的结果是，在 DL/T 860.72—2004 中定义的某些提供非常具体功能的 ACSI 类，在 IEC 61400-25（所有部分）中是不需要的。

不出现在风电场中的类有：

——取代；

——文件：IEC 61400-25（所有部分）不指定文件如何交换，如果需要，也可指定。

不在本部分使用的控制块有：

——SGCB：设置组控制块。系统的所有设置都会使用功能约束 FC，意味着在服务器里不存在预先配置的不同设置组。

——GoCB：GOOSE 控制块。变电站内保护设备之间高优先级事件控制块。

——GsCB：GSSE 控制块。变电站内保护设备之间高优先级事件控制块。

——MSVCB：多路传输采样值控制块。

——USVCB：单路传输采样值控制块。

DL/T 860.72—2004 允许每个逻辑设备中只存在一个日志。在本部分中，该限制被修改，日志可被链接到逻辑节点，使多个实例被创建并连接到其相应的逻辑节点上。

定义在 DL/T 860.72—2004 图 3 中的 ACSI 描述了在变电站自动化领域内内嵌于 ACSI 中的不同元素之间的关系。本部分中的图 C.1 描述了这种关系。

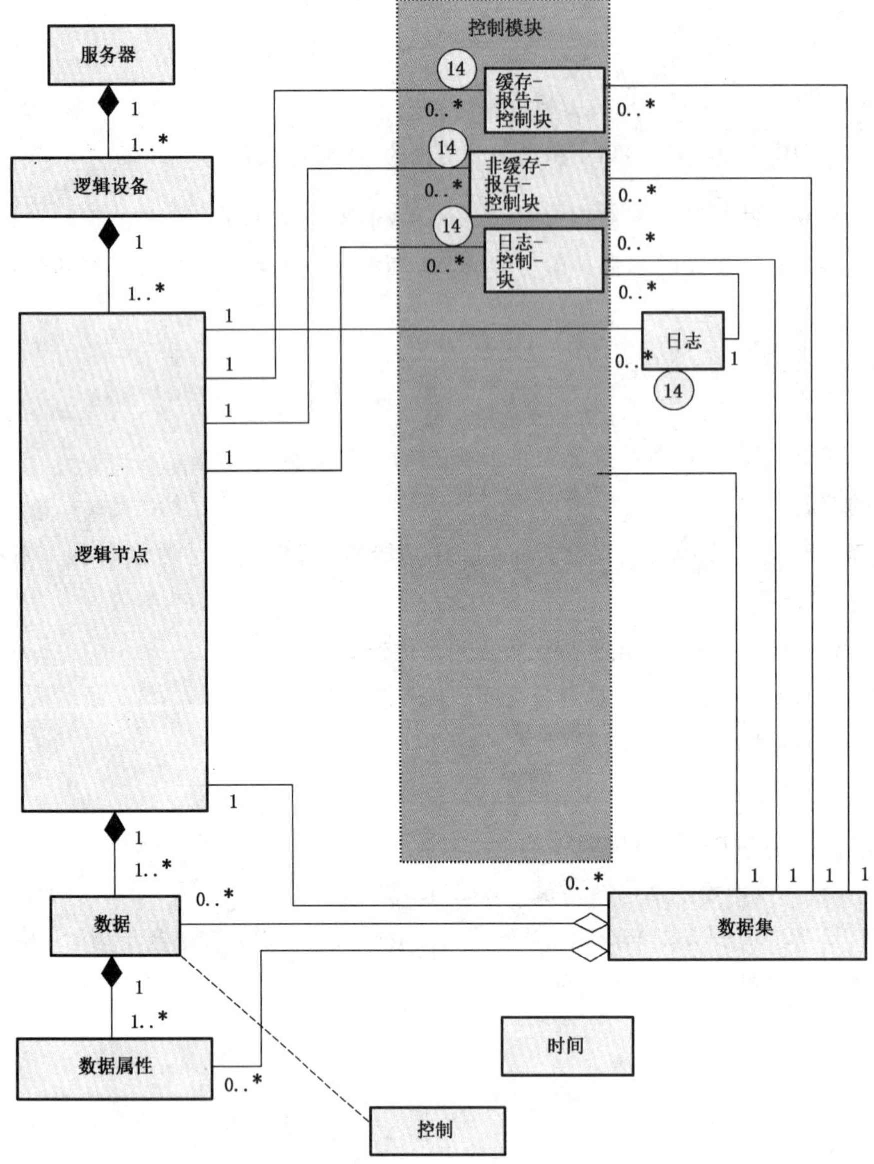

图 C.1 ACSI 的服务模型(概念性的)

ICS 27.180
F 11

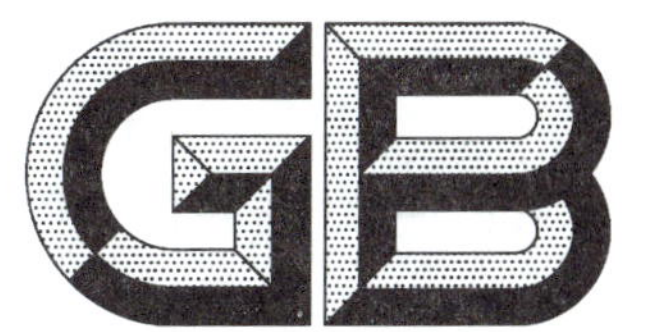

中华人民共和国国家标准

GB/T 30966.4—2014/IEC 61400-25-4:2008

风力发电机组　风力发电场监控系统通信 第4部分:映射到通信规约

Wind turbines—Communications for monitoring and control of wind power plants—Part 4: Mapping to communication profile

(IEC 61400-25-4:2008, Wind turbines—Part 25-4: Communications for monitoring and control of wind power plants—Mapping to communication profile, IDT)

2014-07-24 发布　　2015-01-01 实施

中华人民共和国国家质量监督检验检疫总局
中国国家标准化管理委员会　发布

前　言

GB/T 30966《风力发电机组　风力发电场监控系统通信》分为 6 个部分：

——第 1 部分：原则与模型；

——第 2 部分：信息模型；

——第 3 部分：信息交换模型；

——第 4 部分：映射到通信规约；

——第 5 部分：一致性试验；

——第 6 部分：环境监视逻辑类和数据类。

本部分为 GB/T 30966《风力发电场监控系统通信》的第 4 部分。

本部分按照 GB/T 1.1—2009 给出的规则起草。

本部分使用翻译法等同采用 IEC 61400-25-4:2008《风力发电机组　第 25-4 部分：风力发电场监控系统通信　映射到通信规约》。

与本部分中规范性引用的国际文件有一致性对应关系的我国文件如下：

——GB/T 30966(所有部分)　风力发电机组　风力发电场监控系统通信[IEC 61400-25(所有部分)]；

——DL/T 634.5104—2009　远动设备及系统　第 5-104 部分：传输规约　采用标准传输协议集的 IEC 60870-5-101 网络访问(IEC 60870-5-104:2006,IDT)。

本部分做了下列编辑性修改：

——将标准名称改为“风力发电机组　风力发电场监控系统通信　第 4 部分：映射到通信规约”；

——将“IEC 61400-25-4”改为本部分；

——将“IEC 61400-25-2”改为“GB/T 30966.2”；

——将“IEC 61400-25-3”改为“GB/T 30966.3”。

本部分由中国机械工业联合会提出。

本部分由全国风力机械标准化技术委员会(SAC/TC 50)归口。

本部分起草单位：新疆金风科技股份有限公司、北京天源科创风电技术有限责任公司、北京金风科创风电设备有限公司、北京科诺伟业科技有限公司、中国科学院电工研究所。

本部分主要起草人：王相明、杨建、张新文、周生年、陈荣、李富荣、鄂春良、武鑫、许洪华、马蕊。

风力发电机组　风力发电场监控系统通信 第4部分:映射到通信规约

1　范围

IEC 61400-25 关注的是风电场中各组成部分(如风力发电机组)和参与者(如 SCADA 系统)之间通信的一般性要求。风电场各部分自身内部通信不在适用范围之内。

IEC 61400-25 设计了客户-服务器模型支持的通信环境,定义了以下 3 个方面的内容,并分别进行建模来保证实现的可量测性:

1)　风电场信息模型;

2)　信息交换模型;

3)　信息模型和信息交换模型映射到标准通信规约。

风电场信息模型和信息交换模型在客户端和服务器端之间构成一个接口。作为访问风电场数据的解释框架,风电场信息模型通过服务器向客户提供统一的、面向部件的风电场数据。信息交换模型反映了服务器的全部有效功能。IEC 61400-25 使得不同客户与来自不同制造商和供应商的服务器之间的访问具有通用性。

如图 1 所示,IEC 61400-25 定义的服务器包含如下几个方面:

——由风电场部件提供的信息,如"风力发电机组叶轮转速"或"某一确定时间内总的发电量",这些信息被模型化,并可被有效访问。模型化的信息在 GB/T 30966.2 信息模型中被定义。

——模型化信息值的交换服务,在 GB/T 30966.3 信息交换模型中定义。

——映射到通信规约,提供一个协议栈从模型化信息中获取交换值(本部分)。

GB/T 30966.5 针对服务器与客户端的一致性测试,定义了与信息、服务及协议栈有关的测试用例。

IEC 61400-25 仅定义了如何模型化信息、信息交换并映射到具体通信协议,不包含如何、在何地去实现通信接口、应用程序接口以及实现的建议。然而,IEC 61400-25 的目的是通过相应的逻辑设备得到与单一风电场部件(如风力发电机组)相关的信息。

GB/T 30966 的本部分规定了面向协议栈的特定映射,从而为客户端与远程服务器之间信息交换提供所需的信息编码:

——数据访问与获取;

——设备控制;

——事件报告和记录;

——发布方/订阅方;

——设备自我描述(设备数据词典);

——数据类型的分类与挖掘。

本部分规定的映射包括:

——面向 SOAP Web 服务的映射;

——面向 OPC/XML-DA 的映射;

——面向 DL/T 860.81—2006 MMS 的映射;

——面向 IEC 60870-5-104:2006 的映射;

——面向 DNP3 的映射。

所有映射都是可选映射,但若要符合本部分的规定,至少应选定一种可选映射。

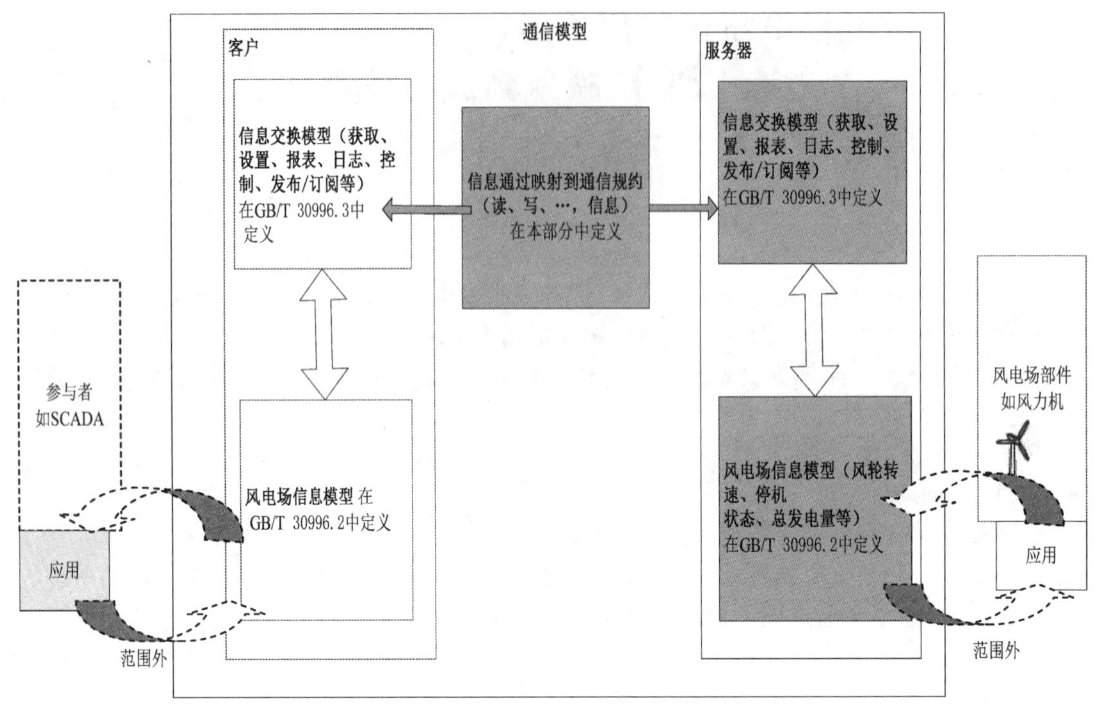

图 1　IEC 61400-25 的通信模型概念

2　规范性引用文件

下列文件对于本文件的应用是必不可少的。凡是注日期的引用文件，仅注日期的版本适用于本文件。凡是不注日期的引用文件，其最新版本(包括所有的修改单)适用于本文件。

DL/T 860.72—2004　变电站通信网络和系统　第 7-2 部分:变电站和馈线设备的基本通信结构　抽象通信服务接口(ACSI)(IEC 61850-7-2:2003,IDT)

DL/T 860.73—2004　变电站通信网络和系统　第 7-3 部分:变电站和馈线设备的基本通信结构　公用数据类(IEC 61850-7-3:2003,IDT)

DL/T 860.81—2006　变电站通信网络和系统　第 8-1 部分:特定通信服务映射(SCSM)对 MMS (ISO 9506-1 和 ISO 9506-2)及 ISO/IEC 8802-3 的映射(IEC 61850-8-1:2004,IDT)

IEC 60870-5-104:2006　远动设备及系统　第 5-104 部分:传输规约　采用标准传输协议集的 IEC 60870-5-101 网络访问(Telecontrol equipment and systems—Part 5-104: Transmission protocols—Network access for IEC 60870-5-101 using standard transport profiles)

IEC 61400-25(所有部分)　风力发电机组　第 25 部分:风力发电场监控系统通信(Wind turbines—Part 25: Communications for monitoring and control of wind power plants)

DNP 3　规约　第 2 卷～第 8 卷:2007 年(Specification, Volume 2—Volume 8:2007)

3　术语和定义

下列术语和定义适用于本文件。

3.1

参与者　actor

监视和控制风电场,而不直接参与发电的系统,如数据采集与监控系统(SCADA)。

注:还有一些其他命名,如中央管理系统、监控系统、远程控制系统等。

3.2

报警　alarm

风电场状态信息。由风力发电机组控制系统介入的安全声明(即 on/off)。

3.3

命令　command

系统行为的控制数据(允许/禁止、有效/无效等)。

3.4

通信功能　communication function

参与者用来配置、执行和监视与风电场的信息交换,例如运行和管理功能。

3.5

控制　control

用于替换、修改、插入、切换、控制、参数化以及优化等风电场运行功能。

3.6

数据获取　data retrieval

用于采集风电场数据的运行功能。

3.7

诊断　diagnostics

用于设置和提供通信系统自行监视的管理功能。

3.8

电力系统　electrical system

风电场用于采集并传输风力发电机组产生电能的设备。

3.9

事件　event

状态的改变(如状况、报警、命令等)。

3.10

功能　function

控制中心或风电场执行的任务。

注:一般来说,某一功能由若干相互交换数据的子功能构成。受功能定义的影响,各功能之间也相互交换数据。

3.11

智能电子设备　intelligent electronic device;IED

含有一个或多个处理器,并具有从外部发射器接收数据,或向外部接收器发送数据能力的设备。

注:例如,风力发电机组控制器。一个 IED 可以作为客户端、服务器或者两者皆有,同其他 IED 进行连接。

3.12

信息　information

通信的内容。信息被定义为数据(通常是经过处理和派生的数据以及描述其他数据的信息)。基础元素是来自风电场部件的原始数据,这些数据依据 IEC 61400-25 处理成特定的信息。

注:风电场信息类型:源信息(模拟和状态信息)、控制信息和派生信息(统计和历史信息)。

3.13

信息交换　information exchange

两个系统间的通信过程,例如风电场部件和参与者之间的通信,其目的是提供和获取相关信息。需要具体通信功能,由一个或多个服务组成。

3.14

信息模型　information model

功能和实现功能的设备有关的知识。

注:通过 IEC 61400-25,使得风场信息可见可得。模型是通过抽象方式描述的一个面向通信的真实功能或设备的表达。

3.15

日志　log

风电场历史信息。一定周期内的源信息,按时间顺序排列。

3.16

记录　logging

一种运行功能。通常按照时间顺序连续记录数据。记录的结果是日志。

3.17

逻辑设备　logical device

代表一组典型风电场功能的独立实体。

3.18

管理功能　management function

某一确定级别上的信息交换的管理需求。

注:管理职能包括用户/访问管理、时间同步、诊断和配置。

3.19

强制　mandatory

定义的内容应遵从 IEC 61400-25。

3.20

测量数据　measured data

包含数据属性(如时间戳和数据品质)在内的过程量的采样值。

3.21

气象系统　meteorological system

风电场中负责监测周围环境参数(如风速、风向、气压、温度等)的部件。

注:系统提供的数据有多种用途,例如利用气象数据分析单台风力发电机组功率输出与潜在可用风能之间的关系。

3.22

监视　monitoring

一种运行功能,用于本地或远程观测系统或随时间发生任何改变的过程。这一术语同样也可以用于一个或者一组数据值的行为观测。

3.23

运行功能　operational function

获取信息和向风电场发送日常运行指令的功能。

注:类型包括:监视、记录和报告、数据检索、控制。

3.24

可选　optional

定义的内容可以选择性地遵从 IEC 61400-25。

3.25

参数　parameter

用于获取或校正系统行为的可控信息。

3.26

过程数据　processed data

具有相关数据属性(如时间戳和品质)的测量值,依照计算方法属性处理。

3.27

规约　profile(s)

采用特定协议来传送数据对象或命令等的格式。

3.28

协议栈　protocol stack

计算机网络协议簇的特殊软件实现。

注:此术语经常交替使用。严格意义上来讲,簇是协议的定义,堆栈是簇的软件实现。

3.29

报表　report

由报表功能发布的实际信息。

3.30

报告　reporting

从服务器传送数据到客户端的运行功能,由服务器应用程序启动。

3.31

数据采集与监控系统　supervisory control and data acquisition;SCADA

基于处理单元的系统,用于从 IED 处接收信息、决定控制要求以及发送命令到 IED。例如,调度程序使用的计算机系统,用来全程监控服务器或控制区域的发电量分布。

3.32

状态　status

部件或系统的状态(st1/ st2/.../st*n*)。

3.33

统计信息　statistical information

在数据集上应用统计算法以得到最小、最大、平均标准偏差等的结果。

3.34

计时数据　timing data

特定状态的持续时间。

3.35

时间同步　time synchronization

同步是使发生的事情与时间协调一致。这一过程可以在一个并行时间范围内事先安排好,或者可能是观测到偶然事件同时发生。

3.36

三相数据　three phase data

具有相关数据属性(如时间戳、品质以及计算方法)的三相电路中的测量值。

3.37

用户/访问管理　user/access management

用于设置、修改、删除用户(管理职能)、分配访问权限(管理职能)以及监视访问的管理功能。

3.38

风电场　wind power plant

由一些技术子系统组成的完整系统,这些子系统在 IEC 61400-25 中被称为风电场部件,如一台或多台风力发电机组。

注:风电场的主要目标是实现风能发电。

3.39

风电场模拟信息　wind power plant analogue information

与某一部件或系统的实际状况或行为相关的连续信息。

注：例如，类型有测量值、处理值、三相值、设置点、参数。

3.40

风电场部件　wind power plant component

风电场运行过程中应用的技术系统，例如风力发电机组、气象系统、电力系统和风电场管理系统。

3.41

风电场管理系统　wind power plant management system

风电场的部件，负责保证整个系统自身能够适应电力连接的静态和动态条件与要求（即风力发电机组与变电站以及其他电力系统相关设备配合运行）。

注：一个风电场管理系统可以包含其他没有在 IEC 61400-25 中模型化的功能（例如，阴影控制功能、噪音或声音减少、冰冻警告、雷电保护）。

3.42

风力发电机组　wind turbine

风电场的主要部件。其主要功能是发出电能，即将特定位置的风能转化为电能。

4　缩略语

下列缩略语适用于本文件。

ACSI	抽象通信服务接口（在 DL/T 860.72—2004 中定义）
A-Profile	应用规约
HTTP	超文本传输协议
ICMP	Internet 控制消息协议
IED	智能电子设备
IEM	信息交换模型
IM	信息模型
IP	互联网协议
LCB	日志控制块
LD	逻辑设备
LN	逻辑节点
LOG	日志
LPHD	逻辑节点物理设备
RCB	报表控制块
RFC	请求报文
SCADA	数据采集与监控系统
SCL	变电站配置语言（在 IEC 61850-6 中定义）
SCSM	特定通信服务映射（在 DL/T 860.81—2006 中定义）
SOAP	简单对象访问协议
TCP	传输控制协议
T-Profile	传送规约

UDP　　用户数据包协议
UUID　　通用唯一识别码
WPP　　风电场
WSDL　　Web 服务描述语言
WT　　风力发电机组
XML　　扩展标记语言
XPATH　　XML 路径语言

5　概述

5.1　总则

本部分规定了 GB/T 30966.2 中定义的信息模型和 GB/T 30966.3 中定义的信息交换模型的映射，以下 5 个附录给出了具体的映射情况。

——附录 A:映射到一组 Web 服务的风电场信息交换模型，Web 服务提供了 GB/T 30966.3 中定义和引用的信息交换服务映射；

——附录 B:映射到 OPC XML-DA 协议栈的风电场信息交换模型，协议栈提供了 GB/T 30966.3 中定义和引用的信息交换服务映射；

——附录 C:映射到 DL/T 860.81—2006 MMS 协议栈的风电场信息交换模型，协议栈提供了 GB/T 30966.3中定义和引用的信息交换服务映射；

——附录 D:映射到 IEC 60870-5-104 协议栈的风电场信息交换模型，协议栈提供了 GB/T 30966.3 中定义和引用的信息交换服务映射；

——附录 E:映射到 DNP3 协议栈的风电场信息交换模型，协议栈提供了 GB/T 30966.3 中定义和引用的信息交换服务映射。

5.2 概要介绍了信息模型、信息交换模型和映射到协议栈三者之间的关系。

5.3 概要介绍了 GB/T 30966.3 规定的信息交换服务和映射到协议栈的能力。

附录 F 描述了为遵从本部分要求:执行的时间同步。

附录 G 为读者提供了有助于理解 IEC 61400-25 的指南。以真实系统为例进行了解释说明。

5.2　面向协议栈的映射

本部分可以支持多个映射，即，不止一个特定映射可作为标准化映射。遵从 IEC 61400-25 规定，至少应选择一个映射。多个映射的概念性架构示意如图 2 所示。

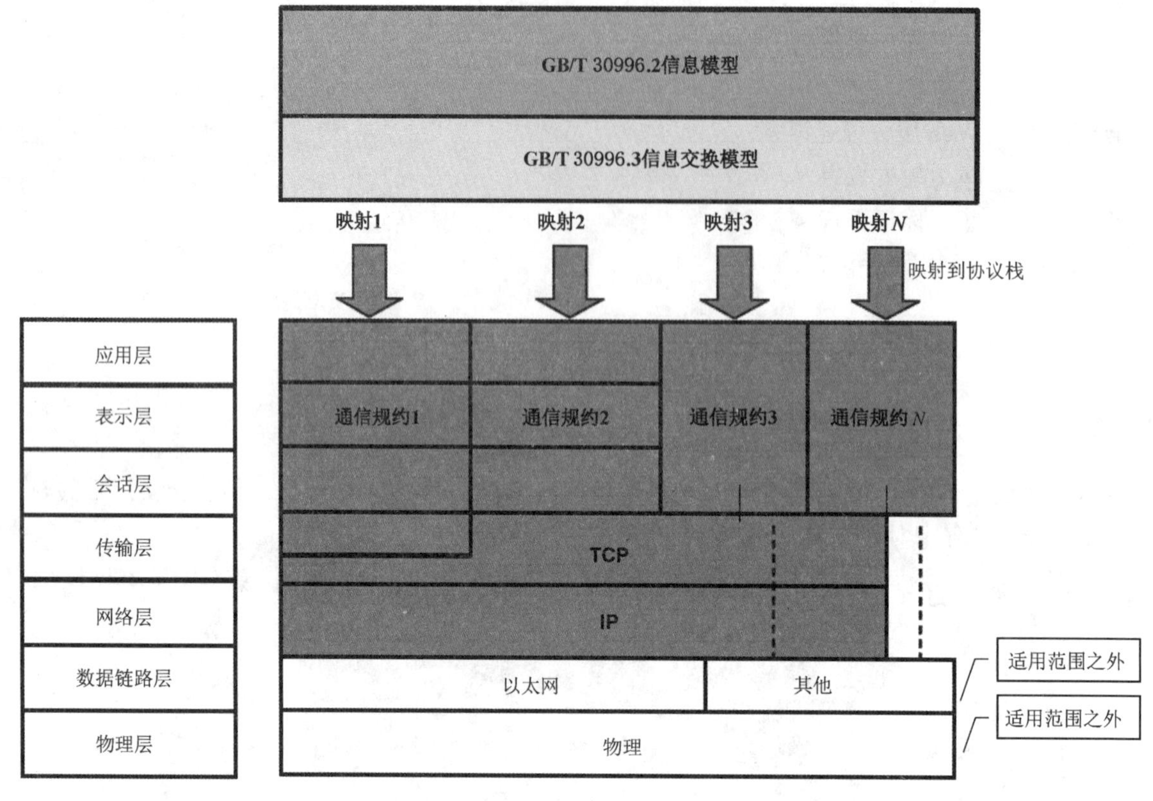

图 2　通信规约

5.3　GB/T 30966.3 映射到协议栈的服务

表 1 概要介绍了 GB/T 30966.3 规定的信息交换服务以及面向协议栈进行规定映射所提供的实现程度。每一种映射均设有一栏，用于描述符合要求服务的情况。M/O 栏表示服务在 GB/T 30966.3 中被定义为强制还是可选。对于特定映射而言，栏中“Y”的含义为“是”，即服务获得支持，“N”表示不支持，“P”表示部分支持，即 GB/T 30966.3 中定义的服务未完全取得支持。

表 1　GB/T 30966.3 服务映射概览

映射能力概览						
GB/T 30966.3 服务	M/O	Web 服务	OPC XMLDA	DL/T 860.81—2006(MMS)	DL/T 634.5 104	DNP3
Associate(关联)	M	Y	Y	Y	Y	Y
Release(释放)	O	Y	Y	Y	Y	N
Abort(中止)	O	Y	Y	Y	N	N
GetServerDirectory(读取服务器目录)	O	Y	Y	Y	N	Y
GetLogicalDeviceDirectory(读取逻辑设备目录)	O	Y	Y	Y	N	Y
GetLogicalNodeDirectory(读取逻辑节点目录)	O	Y	Y	Y	N	N
GetDataValues(读取数据值)	M	Y	Y	Y	Y	Y

表 1（续）

映射能力概览						
GB/T 30966.3 服务	M/O	Web 服务	OPC XMLDA	DL/T 860.81—2006(MMS)	DL/T 634.5 104	DNP3
SetDataValues(设定数据值)	M	Y	Y	Y	Y	Y
GetDataDirectory(读取数据目录)	O	Y	Y	Y	N	N
GetDataDefinition(读取数据定义)	O	Y	Y	Y	N	N
GetDataSetValues(读取数据集数值)	M	Y	P[a]	Y	N	Y
SetDataSetValues(设定数据集数值)	O	Y	N	Y	N	Y
CreateDataSet(创建数据集)	O	Y	N	Y	N	N
DeleteDataSet(删除数据集)	O	Y	N	Y	N	N
GetDataSetDirectory(读取数据集目录)	O	Y	N	Y	N	N
Report(报表)	O	Y	Y	Y	Y	N
GetBRCBValues(读取 BRCB 值)	O	Y	N	Y	N	N
SetBRCBValues(设定 BRCB 值)	O	Y	N	Y	N	N
GetURCBValues(读取 URCB 值)	O	Y	N	Y	N	N
SetURCBValues(设定 URCB 值)	O	Y	N	Y	N	N
AddSubscription(添加订阅)	O	Y	Y	Y	N	N
RemoveSubscription(清除订阅)	O	Y	Y	Y	N	N
GetLCBValues(读取 LCB 值)	O	Y	N	Y	N	N
SetLCBValues(设定 LCB 值)	O	Y	N	Y	N	N
GetLogStatusValues(读取日志状态值)	O	Y	N	Y	N	N
QueryLogByTime(按时间查询日志)	O	Y	N	Y	N	N
QueryLogAfter(查询此后日志)	O	Y	N	Y	N	N
Select(选择)	O	Y	Y	Y	Y	Y
SelectWithValue(按数值选择)	O	Y	Y	Y	Y	Y
Cancel(取消)	O	Y	Y	Y	Y	N
Operate(操作)	M	Y	Y	Y	Y	Y
CommandTermination(命令终止)	O	Y	Y	Y	Y	Y
TimeActivatedOperate(时间激活操作)	O	Y	Y	Y	N	N
[a] 支持层在 B.5.7.3.5 中有详细描述。						

附　录　A
（规范性附录）
特定通信服务映射——定义及面向 Web 服务的映射

A.1　总则

A.1.1　关于定义及面向 Web 服务映射的介绍

本附录描述的解决方案包括了 GB/T 30966.2 和 GB/T 30966.3 的信息模型、信息交换类别和模型服务，到对象和 Web 服务的映射和定义。本附录描述了由 WSDL 文件定义的全面通信解决方案，适用于实施与风电场的通信。

本附录包括下列条款：

——A.1 总体介绍了面向 Web 服务的映射；

——A.2 列出了面向 Web 服务映射的标准引用文件清单；

——A.3 提供了附录 A 中所用缩写的列表；

——A.4 提供了信息模型面向 Web 服务的映射；

——A.5 提供了信息交换模型面向 Web 服务的映射；

——A.6 提供了协议栈的详情；

——A.7 提供了面向 Web 服务映射的 WSDL 规程，WSDL 规程选定的装订形式是文档/文字包装。

A.1.2　定义面向 Web 服务映射的范围

定义面向 Web 服务映射的范围是基于客户端-服务器关联运行所需的过程信息交换。

风电场信息模型和信息交换模型在客户端和服务器端之间构成一个接口。作为访问风电场数据的解释框架，风电场信息模型通过服务器向客户提供统一的、基于部件的风电场数据。

服务器所提供的信息量，可随着各制造商所提供可选数据的范围而发生变化。

客户端可为当地、地区或全国的控制中心，其交换信息的目的是为了对风电场实施监控。

A.1.3　映射架构

映射架构由 3 部分组成：

1）　信息模型的映射；

2）　数据类的映射；

3）　信息交换服务的映射。

本附录的规定映射是采用 SOAP/XML 来交换服务器-客户端架构内风电场部件的建模信息。

GB/T 30966.2 中定义的风电场信息模型应面向分层结构映射。

图 A.1 描绘了概念性映射的情况。在映射到 Web 服务以后，要对 GB/T 30966.2 的风电场信息模型实施保存。这尤其表明：

——服务器执行 GB/T 30966.2(IM)的分层风电场信息模型，此模型可根据表 A.1 按服务进行检索；

——客户端按配置实施风电场信息模型；

——通过 Web 服务映射到交换信息所提供的服务，客户端访问 GB/T 30966.2 的分层风电场信息模型。

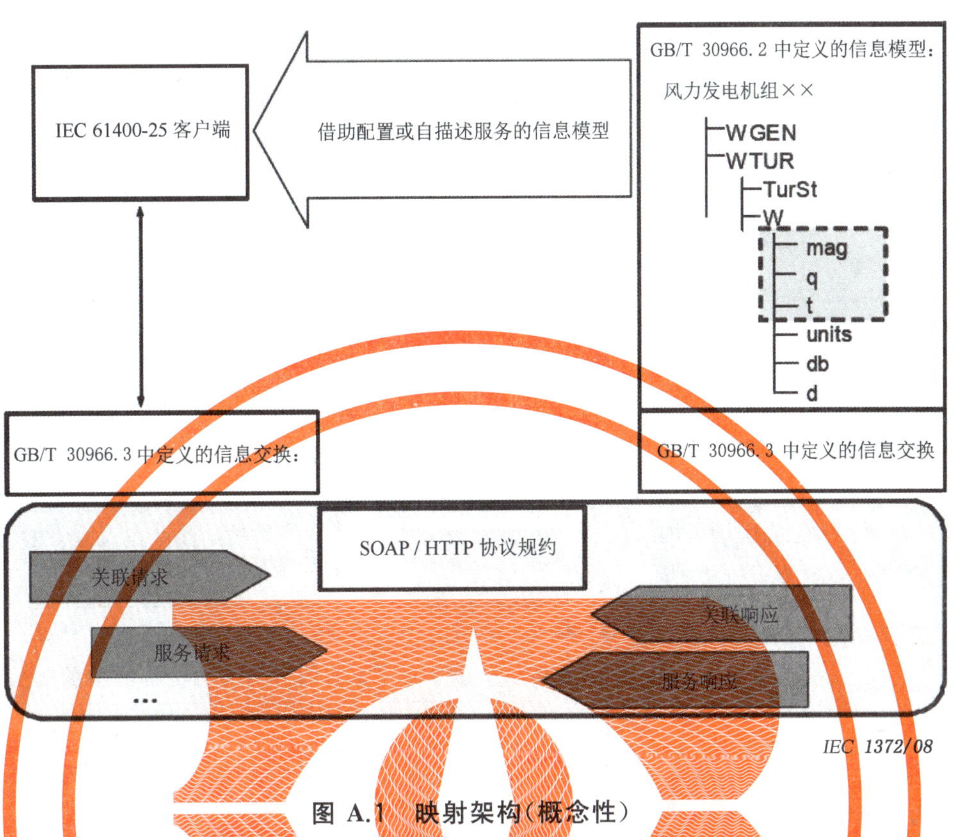

图 A.1 映射架构(概念性)

表 A.1 IM 和 IEM 的 Web 服务映射概览

GB/T 30966.2 IM 类 GB/T 30966.3 IEM 类	GB/T 30966.3 IEM 服务	M/O	包括在映射中	映射到对象和 Web 服务
SERVER(服务器)			Y	tServer
	GetServerDirectory(读取服务器目录)	O	Y	GetServerDirectory(读取服务器目录)
ASSOCIATION(关联)				
	Associate(关联)	M	Y	Associate(关联)
	Release(释放)	O	Y	Release(释放)
	Abort(中止)	O	Y	Abort(中止)
LOGICAL-DEVICE (逻辑设备)			Y	tLD
	GetLogicalDeviceDirectory (读取逻辑设备目录)	O	Y	GetLogicalDeviceDirectory (读取逻辑设备目录)
LOGICAL-NODE(逻辑节点)			Y	tLN
	GetLogicalNodeDirectory (读取逻辑节点目录)	O	Y	GetLogicalNodeDirectory (读取逻辑节点目录)

表 A.1（续）

GB/T 30966.2 IM 类 GB/T 30966.3 IEM 类	GB/T 30966.3 IEM 服务	M/O	包括在映射中	映射到对象和 Web 服务
DATA(数据)			Y	tData
	GetDataValues(读取数据值)	M	Y	GetDataValues(读取数据值)
	SetDataValues(设定数据值)	M	Y	SetDataValues(设定数据值)
	GetDataDirectory(读取数据目录)	O	Y	GetDataDirectory(读取数据目录)
	GetDataDefinition(读取数据定义)	O	Y	GetDataDefinition(读取数据定义)
DATA-SET(数据集)			Y	tDataSet
	GetDataSetValues(读取数据集数值)	M	Y	GetDataSetValues(读取数据集数值)
	SetDataSetValues(设定数据集数值)	O	Y	SetDataSetValues(设定数据集数值)
	CreateDataSet(创建数据集)	O	Y	CreateDataSet(创建数据集)
	DeleteDataSet(删除数据集)	O	Y	DeleteDataSet(删除数据集)
	GetDataSetDirectory(读取数据集目录)	O	Y	GetDataSetDirectory(读取数据集目录)
REPORTING(报告)				
	AddSubscription(添加订阅)	O	Y	AddSubscription(添加订阅)
	RemoveSubscription(清除订阅)	O	Y	RemoveSubscription(清除订阅)
	Report(报表)	O	Y	ReportRequest/Response(报表请求/响应)
BRCB				tBRCB
	GetBRCBValues(读取 BRCB 值)	O	Y	GetBRCBValues(读取 BRCB 值)
	SetBRCBValues(设定 BRCB 值)	O	Y	SetBRCBValues(设定 BRCB 值)
URCB				tURCB
	GetURCBValues(读取 URCB 值)	O	Y	GetURCBValues(读取 URCB 值)
	SetURCBValues(设定 URCB 值)	O	Y	SetURCBValues(设定 URCB 值)
LOG(日志)			Y	tLOG
	GetLogStatusValues(读取日志状态值)	O	Y	GetLogStatusValues(读取日志状态值)
	QueryLogByTime(按时间查询日志)	O	Y	QueryLogByTime(按时间查询日志)
	QueryLogAfter(查询此后日志)	O	Y	QueryLogAfter(查询此后日志)

表 A.1（续）

GB/T 30966.2 IM 类 GB/T 30966.3 IEM 类	GB/T 30966.3 IEM 服务	M/O	包括在映射中	映射到对象和 Web 服务
LCB				tLCB
	GetLCBValues(读取 LCB 值)	O	Y	GetLCBValues(读取 LCB 值)
	SetLCBValues(设定 LCB)	O	Y	SetLCBValues(设定 LCB)
CONTROL(控制)				
	Select(选择)	O	Y	Select(选择)
	SelectWithValue(按数值选择)	O	Y	SelectWithValue(按数值选择)
	Cancel(取消)	O	Y	Cancel(取消)
	Operate(操作)	M	Y	Operate(操作)
	CommandTermination(命令终止)	O	Y	CommandTermination(命令终止)
	TimeActivatedOperate(时间激活操作)	O	Y	TimeActivatedOperate(时间激活操作)
注：表 A.1 中 M/O 栏表示服务在 GB/T 30966.3 中被定义为强制还是可选。栏中“Y”表示“是”，服务获得支持，“N”表示未获得支持。				

A.2 针对 Web 服务的引用文件

下列文件对于本文件的应用是必不可少的。凡是注日期的引用文件，仅注日期的版本适用于本文件。凡是不注日期的引用文件，其最新版本(包括所有的修改单)适用于本文件。

DL/T 860.6—2008 变电站通信网络和系统 第 6 部分：与智能电子设备有关的变电站内通信配置描述语言(IEC 61850-6:2004，IDT)

IEC 61400-25(所有部分) 风力发电机组 第 25 部分：风力发电场监控系统通信(Wind turbines—Part 25：Communications for monitoring and control of wind power plants)

ISO/IEC 10646:2003 信息技术 通用多八位编码字符集(UCS)[Information technology—Universal Multiple—Octet Coded Character Set(UCS)]

ISO 639-2 语种名称代码 第 2 部分：3 字母代码(Codes for the representation of names of languages—Part 2：Alpha-3 code)

W3C，Web 服务架构，http://www.w3.org/TR/2002/WD-ws-arch-20021114/(Web Services Architecture，http://www.w3.org/TR/2002/WD-ws-arch-20021114/)

W3C，可扩展标示语言(XML) 1.0，http://www.w3.org/TR/2000/REC-xml-20001006 [Extensible Markup Language(XML) 1.0，http://www.w3.org/TR/2000/REC-xml-20001006]

W3C，可扩展标示语言中的名字空间，http://www.w3.org/TR/REC-xml-names(Name spaces in XML，http://www.w3.org/TR/REC-xml-names)

W3C，可扩展标示语言模式 第 0 部分：初级读本，http://www.w3.org/TR/xmlschema-0(XML Schema Part 0：Primer，http://www.w3.org/TR/xmlschema-0)

W3C，可扩展标示语言模式 第 1 部分：结构，http://www.w3.org/TR/xmlschema-1(XML

Schema Part 1: Structures, http://www.w3.org/TR/xmlschema-1)

W3C,可扩展标示语言模式　第 2 部分:数据类型,http://www.w3.org/TR/xmlschema-2(XML Schema Part 2: Data Types, http://www.w3.org/TR/xmlschema-2)

SOAP 版本 1.1, W3C 注《简单对象访问协议》(SOAP)1.1,2000 年 5 月 8 日

http://www.w3.org/TR/2006/NOTE-soap11-ror-httpbinding-20060321/#reqoptrespbinding 和

http://www.w3.org/TR/2000/NOTE-SOAP-20000508/

[SOAP ver. 1.1, W3C Note "Simple Object Access Protocol(SOAP) 1.1, 8 May 2000.

http://www.w3.org/TR/2006/NOTE-soap11-ror-httpbinding-20060321/#reqoptrespbinding 及 http://www.w3.org/TR/2000/NOTE-SOAP-20000508/]

RFC 791,互联网协议规程(IP)[Internet Protocol specification(IP)]

RFC 792,互联网控制消息协议(ICMP)[Internet Control Message Protocol(ICMP)]

RFC 793,传输控制协议(TCP)[Transmission Control Protocol(TCP)]

RFC 826,以太网地址解析协议(Ethernet Address Resolution Protocol)

RFC 919,广播互联网数据包(Broadcasting internet datagrams)

RFC 922,使用子网时的广播互联网数据包(Broadcasting internet datagrams in presence of subnets)

RFC 950,互联网标准子网搭建程序(Internet Standard Subnetting Procedure)

RFC 1112,IP 组播的主机扩展(Host Extensions for IP Multicasting)

RFC 2616,超级文本传输协议-HTTP/1.1(Hypertext Transfer Protocol-HTTP/1.1)

RFC 2817,在 HTTP 内升级到 TLS/1.1(Upgrading to TLS Within HTTP/1.1)

RFC 2246,传送层安全(TLS)协议[Transport Layer Security(TLS) protocol]

RFC 4122,通用唯一识别码(UUID)URN 名字空间[Universally Unique IDentifier(UUID) URN Namespace]

A.3 缩略语

DA	数据属性
HTTP	超文本传输协议
ICMP	互联网控制消息协议
IED	智能电子设备
IEM	信息交换模型
IM	信息模型
IP	互联网协议
LCB	日志控制块
LD	逻辑设备
LN	逻辑节点
LOG	日志
LPHD	逻辑节点物理设备
RCB	报表控制块
SCADA	数据采集与监控系统
SCSM	特定通信服务映射(例如,在 DL/T 860.81—2006 中定义)

SOAP　简单对象访问协议
TCP　传输控制协议
UDP　用户数据包协议
UUID　通用唯一识别码
WPP　风电场
WSDL　Web 服务描述语言。文字/包装式
WT　风力发电机组
XML　可扩展标记语言
XPATH　XML 路径语言

A.4　面向 Web 服务的 IEC 61400-25 信息模型映射

A.4.1　附录 A 的总体介绍

表 A.2 列出了映射到 Web 服务的 GB/T 30966.2 中已定义类别的主要特点。

表 A.2　IEC 61400-25 IM 映射到 Web 服务

GB/T 30966.2 IM 类	映射到对象和 Web 服务
SERVE(服务器)	tServer
LOGICAL-DEVIC(逻辑设备)	tLD
LOGICAL-NODE(逻辑节点)	tLN
DATA classes(数据类)	tDATA
COMMON-DATA(通用数据类)	tCDC
DATA-ATTRIBUTE(数据属性类)	tDataAttribute
DA-COMPONENT(数据组件类)	tDAType

表 A.3 描述了基本数据类型属性的映射。

表 A.3　IEC 61400-25　数据属性基本类型映射

IEC 61400-25 名称	数据范围/说明	映射到对象和 Web 服务
BOOLEAN	True | False	依据 tBasic 类型
INT8	－128 至＋127	依据 tBasic 类型
INT16	－32 768 至＋32 767	依据 tBasic 类型
INT24	－8 388 608 至 8 388 607	依据 tBasic 类型
INT32	－2** 32 至(2** 32)－1	依据 tBasic 类型
INT128	－2** 127 至(2** 127)－1	依据 tBasic 类型
INT8U	0 至 255	依据 tBasic 类型
INT16U	0 至 65 535	依据 tBasic 类型
INT24U	0 至 16 777 215	依据 tBasic 类型

表 A.3（续）

IEC 61400-25 名称	数据范围/说明	映射到对象和 Web 服务
INT32U	0 至 4 294 967 295	依据 tBasic 类型
FLOAT32	单精度浮点	依据 tBasic 类型
FLOAT64	双精度浮点	依据 tBasic 类型
ENUMERATED	定义为整数和文本的数值有序集	依据 tBasic 类型
CODED ENUM	定义为有明确定义位数的整数数值有序集	依据 tBasic 类型
OCTET STRING	十六进制二进制	依据 tBasic 类型
VISIBLE STRING	按 UNICODE string 编码的字符串	依据 tBasic 类型
UNICODE STING	Unicode string 为非零结束的八位序列，该序列基于 ISO/IEC 10646标准的 UTF-8 变换格式，采用此格式的编码字符可多达 6 个八位	依据 tBasic 类型

GB/T 30966.2 中规定的风电场信息模型按照 LOGICAL-NODES（逻辑节点）类、数据类、COMMON-DATA（通用数据）类、DATA-ATTRIBUTE（数据属性）类型和 DACOMPONENT（数据部件）类型进行定义。

信息模型中的对象按照 GB/T 30966.2—2014 中第 5 章和第 6 章定义的方法命名。

对象名称的第一部分为用户定义的逻辑设备（LD）名，长度限制为 64 个字符，其后采用斜线（“/”）作为分隔符。

图 A.2 描写了斜线后名称部分的构成，名称由标准化组件组成。名称的构成有 3 组图表：

- 逻辑节点（LN）定义，见 GB/T 30966.2—2014 第 6 章；
- 通用数据类定义（DATA），见 GB/T 30966.2—2014 中的 7.3；
- 通用数据属性定义（DA），见 GB/T 30966.2—2014 中的 7.2。

除了已定义的组件外，GB/T 30966.2—2014 中的表 42 中还定义了一组基本数据类型。名称的最后组成部分是具有基本数据类型的数据属性。

逻辑节点（LN）定义具有若干属于 DATA 的组件列表。DATA 定义具有既可以是 DA（称为“简单”CDC）、也可以是其他 DATA（称为“复合”CDC）的若干组件列表。例如，一个组件为其他 DATA 组成部分的 DATA 是星形接法的电气对象（WYE），其中每个组件均为综合实测值（CMV）类，CMV 同时也属于 DATA 类。

DATA 的组件为 DA，DA 既可以是一种具有基本数据类型（称为“简单”组件，因此成为名称中的最后组件）的属性，也可以是另一个 DA（称为“复合”组件）。

建立名称的过程是先输入 LN 图表集，找到 LN 名称，其位置附在紧靠斜线分隔符的名称上。LN 名称可以一个可选前缀开始，后面为标准化的 LN 类名称，结尾是必须提供的 LN 实例识别码（如：某个 LD 中的第二个 WGEN 表示为 WGEN2）。LN 实例识别码后面跟着一个圆点（“.”）分隔符。

找到适当的 LN 图表，即选定列表上下一个相应组件。将组件名称附在圆点分隔符后，后面跟着另一圆点分隔符。LN 图表将显示该组件的 DATA 类。然后从 DATA 定义中选择正确的图表，再从列表上选择该 DATA 定义的下一个相应组件。将该组件的名称附在最后的圆点分隔符后。

如果该组件是一个DA,并且属于基本型,名称即告完成。否则,该组件既可以是另一个DATA,也可以是带有DA图表中某个定义的DA。如果是后面两种情况中的任何一种,均应重新输出适当图表,从列表中选定下一个相应组件。如果该组件不属于基本DA,应重新输出适当图表,附上名称和圆点分隔符,直至到达基本组件。

凡是带有风电场信息模型给定实例结构和/或数据值的服务,且信息模型派生于本部分定义的类别,均应采用此模式。

表A.4列出WSDL结构是为了便于理解规程内容。A.7中给出了准确的WSDL规范,应贯彻执行,以满足本部分的要求。

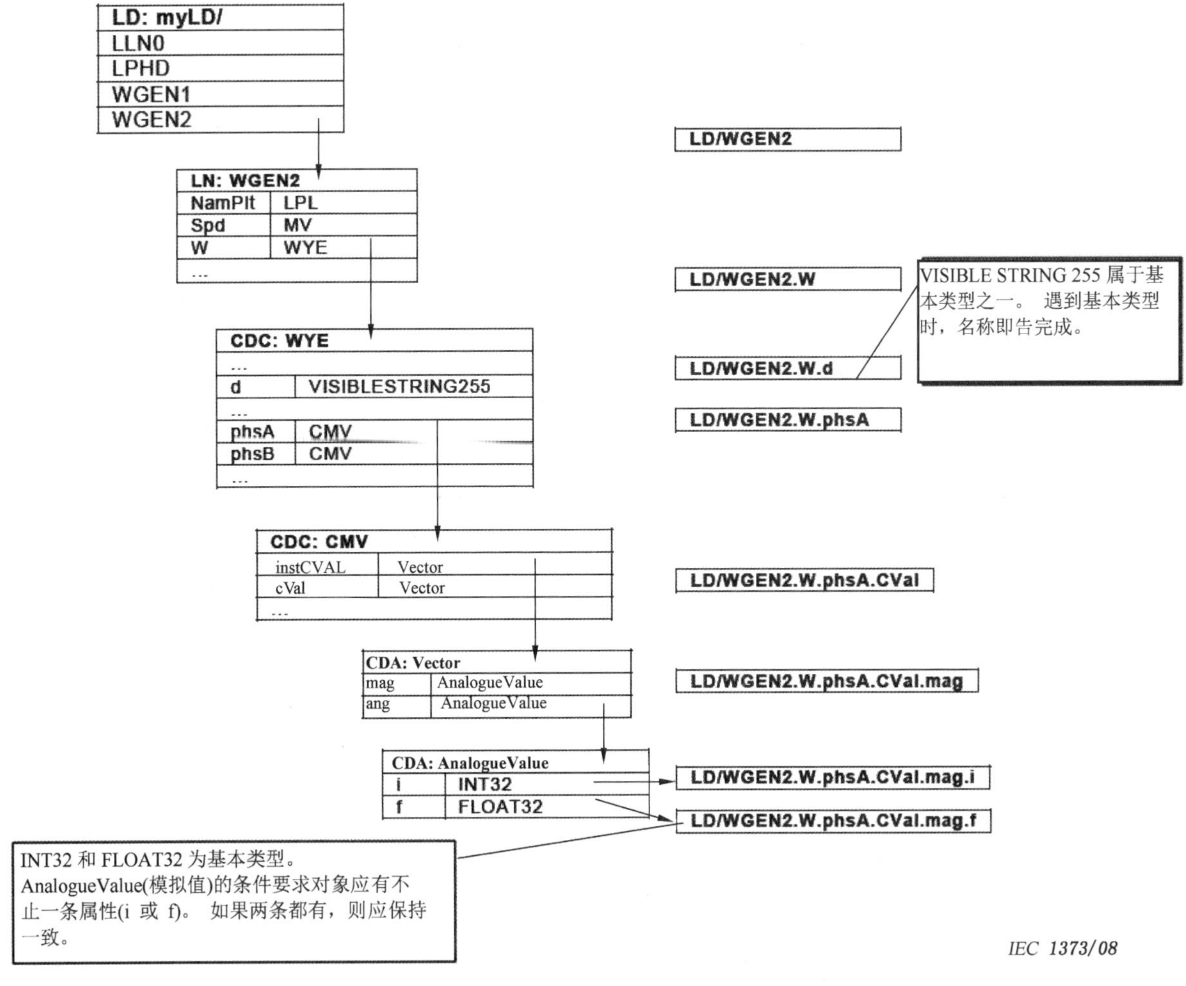

图A.2 IEC 61400-25采用的命名结构(概念性)

表A.4 风电信息模型可扩展标示语言模式

```
<s:schema targetNamespace = "http://iec.ch/61400/ews/1.0/"
xmlns:soap = "http://schemas.xmlsoap.org/wsdl/soap/"
xmlns:s = "http://www.w3.org/2001/XMLSchema"
xmlns:ews = "http://iec.ch/61400/ews/1.0/"
elementFormDefault = "qualified">
<s:complexType name = "tLD">
```

```
  <s:sequence>
    <s:element name="LDName" type="ews:tObjectName"/>
    <s:element name="LN" type="ews:tLN" minOccurs="3" maxOccurs="unbounded"/>
  </s:sequence>
</s:complexType>
```

```
<s:complexType name="tLN">
  <s:sequence>
    <s:element name="LNName" type="ews:tObjectName"/>
    <s:element name="Data" type="ews:tDATA" maxOccurs="unbounded"/>
    <s:element name="DataSet" type="ews:tDATASet" minOccurs="0" maxOccurs="unbound-
    ed"/>
    <s:element name="BRCB" type="ews:tBRCB" minOccurs="0" maxOccurs="unbounded"/>
    <s:element name="URCB" type="ews:tURCB" minOccurs="0" maxOccurs="unbounded"/>
    <s:element name="LCB" type="ews:tLCB" minOccurs="0" maxOccurs="unbounded"/>
    <s:element name="LOG" type="ews:tLOG" minOccurs="0"/>
  </s:sequence>
</s:complexType>
```

```
<s:complexType name="tDATA">
  <s:sequence>
    <s:element name="DataName" type="ews:tObjectName"/>
    <s:choice maxOccurs="unbounded">
      <s:element name="DataAttr" type="ews:tDataAttribute" minOccurs="0" maxOccurs="unbounded"/>
      <s:element name="CompositeCDC" type="ews:tDATA" minOccurs="0" maxOccurs="unbounded"/>
      <s:element name="SimpleCDC" type="ews:tSimpleData" minOccurs="0"
      maxOccurs="unbounded"/>
    </s:choice>
  </s:sequence>
</s:complexType>
```

```
<s:complexType name="tSimpleData">
  <s:sequence>
    <s:element name="DataName" type="ews:tObjectName"/>
    <s:sequence maxOccurs="unbounded">
      <s:element name="DataAttr" type="ews:tDataAttribute"/>
    </s:sequence>
  </s:sequence>
</s:complexType>
```

```
<s:complexType name="tDataAttribute">
  <s:sequence>
    <s:element name="DAType" type="ews:tDAType"/>
    <s:element name="TrgOp" type="ews:tTrgCond" minOccurs="0" maxOccurs="unbounded"/>
  </s:sequence>
  <s:attribute name="FC" type="tFC" use="required" />
</s:complexType>
```

```
<s:complexType name="tDAType">
  <s:sequence>
    <s:element name="DAName" type="ews:tObjectName"/>
    <s:choice minOccurs="1" maxOccurs="unbounded">
      <s:element name="DAComp" type="ews:tDAType" minOccurs="0" maxOccurs="unbounded"/>
      <s:element name="PrimComp" type="ews:tBasicType" minOccurs="0"/>
    </s:choice>
  </s:sequence>
</s:complexType>
```

A.4.2 服务器类

服务器类应按照以下文字的定义进行映射：

```
〈s:complexType name = "tServer"〉
  〈s:annotation〉
    〈s:documentation〉Container for Server object〈/s:documentation〉
  〈/s:annotation〉
  〈s:sequence〉
    〈s:element name = "ServerAccessPoint" type = "s:string" maxOccurs = "unbounded"/〉
    〈s:element name = "LD" type = "ews:tLD" maxOccurs = "unbounded"/〉
  〈/s:sequence〉
〈/s:complexType〉
```

所有元素均应符合 GB/T 30966.3—2014 的 9.3 中定义和引用的要求。

A.4.3 逻辑设备类

逻辑设备类应按照以下文字的定义进行映射：

```
〈s:complexType name = "tLD"〉
  〈s:annotation〉
    〈s:documentation〉Container for Logical Device object〈/s:documentation〉
  〈/s:annotation〉
  〈s:sequence〉
    〈s:element name = "LDName" type = "ews:tObjectName"/〉
    〈s:element name = "LN" type = "ews:tLN" minOccurs = "3" maxOccurs = "unbounded"/〉
  〈/s:sequence〉
〈/s:complexType〉
```

所有元素均应符合 GB/T 30966.3—2014 的 9.4 中定义和引用的要求。

A.4.4 逻辑节点类

逻辑节点类应按照以下文字的定义进行映射：

```
〈s:complexType name = "tLN"〉
  〈s:annotation〉
    〈s:documentation〉Container for Logical Node object〈/s:documentation〉
  〈/s:annotation〉
  〈s:sequence〉
    〈s:element name = "LNName" type = "ews:tObjectName"/〉
    〈s:element name = "Data" type = "ews:tDATA" maxOccurs = "unbounded"/〉
    〈s:element name = "DataSet" type = "ews:tDATASet" minOccurs = "0" maxOccurs = "unbound-
ed"/〉
    〈s:element name = "BRCB" type = "ews:tBRCB" minOccurs = "0" maxOccurs = "unbounded"/〉
    〈s:element name = "URCB" type = "ews:tURCB" minOccurs = "0" maxOccurs = "unbounded"/〉
    〈s:element name = "LCB" type = "ews:tLCB" minOccurs = "0" maxOccurs = "unbounded"/〉
    〈s:element name = "LOG" type = "ews:tLOG" minOccurs = "0"/〉
  〈/s:sequence〉
```

```
〈/s:complexType〉
```

所有元素均应符合 GB/T 30966.3—2014 的 9.5 中定义和引用的要求。

A.4.5 数据类

数据类应按照以下文字的定义进行映射：

```
〈s:complexType name = "tDATA"〉
  〈s:annotation〉
    〈s:documentation〉Container for DATA object〈/s:documentation〉
  〈/s:annotation〉
  〈s:sequence〉
    〈s:element name = "DataName" type = "ews:tObjectName"/〉
    〈s:choice maxOccurs = "unbounded"〉
      〈s:element name = "DataAttr" type = "ews:tDataAttribute" minOccurs = "0"
    maxOccurs = "unbounded"/〉
      〈s:element name = "CompositeCDC" type = "ews:tDATA" minOccurs = "0"
    maxOccurs = "unbounded"/〉
      〈s:element name = "SimpleCDC" type = "ews:tSimpleData" minOccurs = "0"
    maxOccurs = "unbounded"/〉
    〈/s:choice〉
  〈/s:sequence〉
〈/s:complexType〉
```

复合通用数据类和简单通用数据类属于本部分 DATA 类的特殊情况，所有其他元素均应符合 GB/T 30966.3—2014中 9.6 的定义要求。

A.4.6 数据集类

数据集类应按照以下文字的定义进行映射：

```
〈s:complexType name = "tDATASet"〉
  〈s:annotation〉
    〈s:documentation〉Container for DATA - SET object〈/s:documentation〉
  〈/s:annotation〉
  〈s:sequence〉
    〈s:element name = "DSName" type = "ews:tObjectName"/〉
    〈s:element name = "DSMemberRef" type = "ews:tFcdFcdaType" maxOccurs = "unbounded"/〉
  〈/s:sequence〉
〈/s:complexType〉
```

所有元素均应符合 GB/T 30966.3—2014 的 9.7 中定义和引用的要求。

A.4.7 数据属性定义

数据属性定义应按照以下文字的定义进行映射：

```
〈s:complexType name = "tDataAttribute"〉
  〈s:annotation〉
    〈s:documentation〉Container for DataAttributes〈/s:documentation〉
  〈/s:annotation〉
```

```
  〈s:sequence〉
    〈s:element name="DAType" type="ews:tDAType"/〉
    〈s:element name="TrgOp" type="ews:tTrgCond" minOccurs="0" maxOccurs="1"/〉
  〈/s:sequence〉
  〈s:attribute name="FC " type="ews:tFC " use="required " /〉
〈/s:complexType〉
```

所有元素均应符合 GB/T 30966.3—2014 的 9.6 中定义和引用的要求。

A.4.8 数据类型类

数据类型类应按照以下文字的定义进行映射：

```
〈s:complexType name="tDAType"〉
  〈s:annotation〉
    〈s:documentation〉Container for DAType〈/s:documentation〉
  〈/s:annotation〉
  〈s:sequence〉
    〈s:choice minOccurs="1" maxOccurs="unbounded"〉
      〈s:element name="DAComp" type="ews:tDAType" minOccurs="0"
    maxOccurs="unbounded"/〉
      〈s:element name="PrimComp" type="ews:tBasicType" minOccurs="0"/〉
    〈/s:choice〉
    〈! -- Specialisation of DAType--〉
  〈/s:sequence〉
  〈s:attribute name="DAName" type="ews:tObjectName" use="required"/〉
  〈s:attribute name="ix" type="s:integer" use="optional"/〉〈! -- Index of Array of Com-
  posite Data Attribute as ARRAY of AnalogueValue--〉
〈/s:complexType〉
```

数据组件和基本组件属于本部分数据类型类的特殊情况，所有元素均应符合 GB/T 30966.3—2014 中 9.6 的定义要求。

A.4.9 报表控制块类

报表控制模块提供了自动记录有关特定标准数据值的机制(如:关于数值变化、质量信息变化或定期提供报告)。报表控制的状态由相应控制块实例的属性值确定(如:允许/禁止报告、使用连续号)。报告控制块引用数据集实例来规定需要监控和自动报告的数据值。

缓存报表控制块具有保证通信即使临时中断服务器也能发出事件顺序的功能。使用非缓存报表控制块，服务器在通信中断时不需要对事件进行缓存。

GB/T 30966.3—2014 中 9.8 定义的报表控制块类(BRCB 和 URCB)的所有属性和状态均应映射如下。

A.4.10 缓存报表控制块类(BRCB)

BRCB 类应按照以下文字的定义进行映射：

```
〈s:complexType name="tBRCB"〉
  〈s:annotation〉
    〈s:documentation〉Container for BRCB object〈/s:documentation〉
```

```
  </s:annotation>
  <s:sequence>
    <s:element name = "BRCBName" type = "ews:tObjectName"/>
    <s:element name = "RptID" type = "ews:tstring65"/>
    <s:element name = "RptEna" type = "s:boolean"/>
    <s:element name = "DatSet" type = "ews:tDataSetReference"/>
    <s:element name = "ConfRev" type = "s:unsignedInt"/>
    <s:element name = "OptFlds" type = "s:tOptFldsBRCB"/>
    <s:element name = "BufTm" type = "s:unsignedInt"/>
    <s:element name = "SqNum" type = "s:unsignedShort"/>
    <s:element name = "TrgOp" type = "ews:tTrgCond"/>
    <s:element name = "IntgPd" type = "ews:unsignedInt"/>
    <s:element name = "GI" type = "s:boolean"/>
    <s:element name = "PurgeBuf" type = "s:boolean"/>
    <s:element name = "EntryID" type = "ews:tEntryID"/>
    <s:element name = "TimeOfEntry" type = "ews:tTimeStamp"/>
  </s:sequence>
</s:complexType>
        <! --
        -->
<s:complexType name = "tOptFldsBRCB">
  <s:annotation>
    <s:documentation>Optional fields for BRCB </s:documentation>
  </s:annotation>
  <s:sequence>
    <s:element name = "seqNum" type = "s:boolean" />
    <s:element name = "timeStamp" type = "s:boolean" />
    <s:element name = "reasonCode" type = "s:boolean" />
    <s:element name = "dataSet" type = "s:boolean" />
    <s:element name = "dataRef" type = "s:boolean" />
    <s:element name = "bufOvfl" type = "s:boolean" />
    <s:element name = "entryID" type = "s:boolean" />
    <s:element name = "configRef" type = "s:boolean" />
  </s:sequence>
</s:complexType>
```

所有元素均应符合 GB/T 30966.3—2014 的 9.8 中定义和引用的要求。

A.4.11 非缓存报表控制块类(URCB)

URCB 类应按照以下文字的定义进行映射:

```
<s:complexType name = "tURCB">
  <s:annotation>
    <s:documentation>Container for UNBUFFERED REPORT CONTROL BLOCK
    object</s:documentation>
```

```
  </s:annotation>
  <s:sequence>
    <s:element name="URCBName" type="ews:tObjectName"/>
    <s:element name="RptID" type="ews:tstring65"/>
    <s:element name="RptEna" type="s:boolean"/>
    <s:element name="Resv" type="s:boolean"/>
    <s:element name="DatSet" type="ews:tDataSetReference"/>
    <s:element name="ConfRev" type="s:unsignedInt"/>
    <s:element name="OptFlds" type="ews:tOptFldsURCB"/>
    <s:element name="BufTm" type="s:unsignedInt"/>
    <s:element name="SqNum" type="s:unsignedShort"/>
    <s:element name="TrgOp" type="ews:tTrgCond"/>
    <s:element name="IntgPd" type="s:unsignedInt"/>
    <s:element name="GI" type="s:boolean"/>
  </s:sequence>
</s:complexType>
      <! --
      -->
<s:complexType name="tOptFldsURCB">
  <s:annotation>
    <s:documentation>Optional fields for URCB</s:documentation>
  </s:annotation>
  <s:sequence>
    <s:element name="seqNum" type="s:boolean" />
    <s:element name="timeStamp" type="s:boolean" />
    <s:element name="reasonCode" type="s:boolean" />
    <s:element name="dataSet" type="s:boolean" />
    <s:element name="dataRef" type="s:boolean" />
    <s:element name="reserved" type="s:boolean" />
    <s:element name="configRev" type="s:boolean" />
  </s:sequence>
</s:complexType>
```

所有元素均应符合 GB/T 30966.3—2014 的 9.8 中定义和引用的要求。

A.4.12 日志控制块类(LCB)

日志控制块类应按照以下文字的定义进行映射:

```
<s:complexType name="tLCB">
  <s:annotation>
    <s:documentation>Container for LOG-CONTROL-BLOCK object</s:documentation>
  </s:annotation>
  <s:sequence>
    <s:element name="LCBName" type="ews:tObjectName"/>
    <s:element name="LogEna" type="s:boolean"/>
```

```
    <s:element name="DatSet" type="ews:tDataSetReference"/>
    <s:element name="OptFlds" type="ews:tOptFldsLCB"/>
    <s:element name="TrgOp" type="ews:tTrgCond"/>
    <s:element name="IntgPd" type="s:unsignedInt"/>
    <s:element name="LogRef" type="ews:tObjectReference"/>
  </s:sequence>
</s:complexType>
```

所有元素均应符合 GB/T 30966.3—2014 的 9.9 中定义和引用的要求。

A.4.13 日志类

日志类应按照以下文字的定义进行映射:

```
<s:complexType name="tLOG">
  <s:annotation>
    <s:documentation>Container for LOG object</s:documentation>
  </s:annotation>
  <s:sequence>
    <s:element name="LogName" type="ews:tObjectName"/>
    <s:element name="OldEntrTm" type="ews:tTimeStamp"/>
    <s:element name="NewEntrTm" type="ews:tTimeStamp"/>
    <s:element name="OldEntr" type="s:unsignedInt"/>
    <s:element name="NewEntr" type="s:unsignedInt"/>
      <s:sequence maxOccurs="unbounded">
    <s:element name="LogEntry" type="ews:tLOGEntry"/>
  </s:sequence>
  </s:sequence>
</s:complexType>
```

所有元素均应符合 GB/T 30966.3—2014 的 9.9 中定义和引用的要求。

A.5 信息交换模型面向 Web 服务的映射

A.5.1 总则

GB/T 30966.3 IEM 标准中规定的风电场信息交换服务应映射到本条款定义的服务。

除了 A.5.7.2 中定义的服务添加订阅和 A.5.7.3 中定义的清除订阅以外,A.5 中给出的所有服务名称和定义均来自于 IEC 61850-7-2。

本条款中采用 CODED ENUM 给出的全部定义均应以 1 开始,除非 GB/T 30966.2 对数值做出了明确定义。

A.5.2 服务器类服务映射

A.5.2.1 总则

应按照表 A.5 的描述将 SERVER(服务器)类服务映射到 Web 服务。

表 A.5 映射到 Web 服务的服务器类服务

GB/T 30966.2 IM 类 GB/T 30966.3 IEM 类	GB/T 30966.3 IEM 服务	映射到对象和 Web 服务
SERVER(服务器)		tServer
	GetServerDirectory(读取服务器目录)	GetServerDirectory(读取服务器目录)
ASSOCIATION(关联)		
	Associate(关联)	Associate(关联)
	Release(释放)	Release(释放)
	Abort(中止)	Abort(中止)

A.5.2.2 读取服务器目录

A.5.2.2.1 总则

客户机应通过 GetServerDirectory 服务检索公开的、可被客户机访问寻址的服务器逻辑设备名字空间。

A.5.2.2.2 读取服务器目录请求

读取服务器目录请求的服务应定义如下：

```
〈s:element name = "GetServerDirectoryRequest"〉
  〈s:complexType〉
    〈s:sequence〉
      〈s:element name = "ObjClass" type = "ews:tObjectClass"/〉
    〈/s:sequence〉
    〈s:attribute name = "UUID" type = "ews:tstring36" use = "optional"/〉
    〈s:attribute name = "AssocID" type = ”ews:tAssocID” use = "required"/〉
  〈/s:complexType〉
〈/s:element〉
```

标记名称应按照表 A.6 进行定义。

表 A.6 读取服务器目录请求

标记名称	说明
GetServerDirectoryRequest(读取服务器目录请求)	请求运行各逻辑设备清单的客户端服务，且逻辑设备要可见、因此可由提出请求的客户端访问
ObjClass(对象类)	引用逻辑设备或 FILE(文件)引用
UUID	通用唯一识别码用作请求/响应关系的唯一服务识别。UUID 的细节应符合 RFC 4122的规定
AssocID(关联识别码)	关联识别码用于识别关联的源发站——特定客户端。关联识别码应用于识别服务器上已建立的订阅和记录

A.5.2.2.3 读取服务器目录响应

读取服务器目录响应的服务应定义如下：

```
〈s:element name="GetServerDirectoryResponse"〉
  〈s:complexType〉
    〈s:choice〉
      〈s:element name="LDRef" type="ews:tLogicalDeviceReference" minOccurs="0" maxOccurs="unbounced/〉
      〈s:element name="ServiceError" type="ews:tServiceError" minOccurs="0" maxOccurs="1"/〉
    〈/s:choice〉
    〈s:attribute name="UUID" type="ews:tstring36" use="optional"/〉
    〈s:attribute name="AssocID" type="ews:tAssocID" use="required"/〉
  〈/s:complexType〉
〈/s:element〉
```

标记名称应按照表 A.7 进行定义。

表 A.7 读取服务器目录响应

标记名称	说明
GetServerDirectoryResponse（读取服务器目录响应）	针对客户端关于服务器拥有逻辑设备清单请求的服务器响应
LDRef(逻辑设备引用)	逻辑设备对象引用，元素应为逻辑设备的唯一路径名称
ServiceError(服务错误)	嵌入错误。服务器应用该元素表示请求的服务不成功。当响应消息中出现此元素时，客户端应假定请求被服务器拒绝
UUID	通用唯一识别码用作请求/响应关系的唯一服务识别。UUID 的细节应符合 RFC 4122 的规定。服务器应反映请求消息中收到的 UUID 值，并在响应消息中发送相同数值
AssocID(关联识别码)	关联识别码用于识别关联的源发站——特定客户端。关联识别码应用于识别服务器上已建立的订阅和记录

A.5.2.3 关联服务映射

创建与服务器关联的过程应在数据交换前进行。客户端应向服务器表明自己的身份。服务器应在认可关联请求中提供的参数值后再继续客户端与服务器之间的会话。

客户机与服务器可多重关联，只有具体实施的关联对此构成限制，因此不在本部分的范围内。

通信会话的最后一步是释放关联。允许客户端将释放关联的意图通知服务器，使服务器重新分配与关联有关的资源。

服务器应保持与每个已建立关联链接的超时。如果在超时范围内未收到来自客户端的服务请求，应视为通信结束，并释放任何已分配的资源。接收到带有无效(未使用)关联识别符的任何服务请求，应返回“连接丢失”服务错误代码。

〈s:enumeration value="connection-lost"/〉(〈s:枚举值="连接丢失"/〉)

在客户端侧，如果接收到“连接丢失”服务错误代码，应视为通信丢失，以便请求新的关联来与服务器侧交换服务。

如果客户端检测到使服务互换中断的异常情况，或者如果服务器拒绝释放关联，客户端可采用“中止请求”服务中止关联。

服务器不能拒绝此项服务。中止响应中唯一允许的服务错误是“连接丢失”，表示服务器考虑释放关联。

A.5.2.4 关联

A.5.2.4.1 关联请求

关联请求服务应定义如下：

```
〈s:element name = "AssociateRequest"〉
  〈s:complexType〉
    〈s:sequence〉
      〈s:element name = "UserName" type = "s:string"/〉
      〈s:element name = "Password" type = "s:string"/〉
      〈s:element name = "LocalID" type = "s:string" minOccurs = "0"/〉
      〈s:element name = "MaxMessageSize" type = "s:unsignedInt "/〉
    〈/s:sequence〉
    〈s:attribute name = "UUID" type = "ews:tstring36" use = "optional"/〉
  〈/s:complexType〉
〈/s:element〉
```

标记名称应按照表 A.8 进行定义。

表 A.8 关联请求

标记名称	说明
AssociateRequest(关联请求)	关联请求应为与服务器建立连接时发出的第一条消息。这样可使客户端能够设置会话特性，使服务器能够验证该特性已设为正确值。如果客户端在关联请求前试图发出消息，响应应为显示故障代码的 SOAP 故障：客户端应关联，但不限制故障字符串的具体措词字句。如果客户端已经登录到服务器并发出一条关联请求，关联响应应包含服务错误代码
UserName(用户名)	服务器应通过用户名将客户端识别为已注册用户，如果不可行，服务器应在关联响应中返回错误代码
Password(密码)	服务器应通过密码属性来验证提出请求的客户端被允许与系统关联。如果密码验证被拒绝，服务器应在关联响应中返回错误代码
LocalID(本地识别码)	本地识别码属性应为可选，服务器可据此对客户端请求做出响应，例如选择应使用哪种语言来显示被请求的信息等情况。如果未提供本地识别码，应使用铭牌上定义的默认选项。如果此属性设为无效值，服务器应做出显示错误代码的响应。本地识别码的有效范围应符合 ISO 639-2 标准的要求，采用 3 个字母的代码
MaxMessageSize(最大消息长度)	客户端从服务器的一条 SOAP 回复消息中最大能够接收的八位字节数
UUID	通用唯一识别码用作请求/响应关系的唯一服务识别。UUID 的细节应符合 RFC 4122 的规定

示例:关联请求的相应 SOAP 消息主体:

```
<SOAP - ENV:Envelope xmlns:SOAP-ENV = "http://schemas.xmlsoap.org/soap/envelope/"
  xmlns:SOAP-ENC = "http://schemas.xmlsoap.org/soap/encoding/">
  <SOAP-ENV:Body>
    <m:AssociateRequest xmlns:m = "http://iec.ch/61400/ews/1.0/">
      <m:UserName>MyName</m:UserName>
      <m:Password>MyPassword</m:Password>
      <m:LocalID>ger</m:LocalID>
      <m:MaxMessageSize>MaxMessageSize</m:MaxMessageSize>
    </m:AssociateRequest>
   </SOAP-ENV:Body>
  </SOAP-ENV:Envelope>
```

本地识别码规定:关联中应使用德语。客户端规定的最大消息长度给出了客户端在一条 SOAP 回复消息中最大能接收的八位字节数。

A.5.2.4.2 关联响应

关联响应应定义如下:

```
<s:element name = "AssociateResponse">
  <s:complexType>
   <s:choice>
    <s:sequence>
      <s:element name = "MaxMessageSize" type = "s:unsignedInt minOccurs = "0"/>
      <s:element name = "AssocID " type = "ews:tAssocID " />
    </s:sequence>
    <s:element name = "ServiceError" type = "ews:tServiceError" minOccurs = "0" maxOccurs
   = "1"/>
   </s:choice>
   <s:attribute name = "UUID" type = "ews:tstring36" use = "optional"/>
  </s:complexType>
</s:element>
```

标记名称应按照表 A.9 进行定义。

表 A.9 关联响应

标记名称	说明
AssociateResponse(关联响应)	关联响应应为服务器收到关联请求后发出的响应消息。此消息应只包含可选错误和可选客户端请求处理。客户端应通过关联响应验证关联请求已成功实施
ServiceError(服务错误)	嵌入错误。服务器应用该元素表示请求的服务不成功。当响应消息中出现此元素时,客户端应假定请求被服务器拒绝

表 A.9（续）

标记名称	说　明
MaxMessageSize(最大消息长度)	客户端和服务器之间任何消息中发出的最大八位字节数。最大消息长度应小于等于于客户端关联请求中规定的最大消息长度
UUID	通用唯一识别码用作请求/响应关系的唯一服务识别。UUID 的细节应符合 RFC 4122 的规定。服务器应反映请求消息中收到的 UUID 值，并在响应消息中返回相同数值
AssocID(关联识别码)	关联识别码用于识别关联的源发站——特定客户端。关联识别码应用于识别服务器上已建立的订阅和记录

示例：关联响应的相应 SOAP 消息主体：

```
〈SOAP-ENV:Envelope xmlns:SOAP-ENV = "http://schemas.xmlsoap.org/soap/envelope/"
  xmlns:SOAP-ENC = "http://schemas.xmlsoap.org/soap/encoding/”〉
  〈SOAP-ENV:Body〉
    〈m:AssociateResponse xmlns:m = http://iec.ch/61400/ews/1.0/ UUID = ”xxxxxxx”〉
      〈m:MaxMessageSize〉?? 〈/m:MaxMessageSize〉
      〈m:AssocID〉?? 〈 /m:AssocID〉
    〈/m:AssociateResponse〉
  〈/SOAP-ENV:Body〉
〈/SOAP-ENV:Envelope〉
```

A.5.2.5 释放

A.5.2.5.1 释放请求

释放请求应定义如下：

```
〈s:element name = "ReleaseRequest"〉
    〈s:complexType〉
      〈s:annotation〉
        〈s:documentation〉ReleaseRequest is the message used when releasing an
        association 〈/s:documentation〉
      〈/s:annotation〉
      〈s:attribute name = "UUID" type = "ews:tstring36" use = "optional"/〉
      〈s:attribute name = "AssocID" type = ”ews:tAssocID” use = "required"/〉
    〈/s:complexType〉
〈/s:element〉
```

标记名称应按照表 A.10 进行定义。

表 A.10 释放请求

标记名称	说明
ReleaseRequest(释放请求)	释放请求应为结束会话时发出的最后消息。这可使客户端能够让服务器做好结束会话的准备。如果释放请求被接受时服务器上有不止一个客户端订阅在运行,则使用关联识别码来识别订阅的所有人
UUID	通用唯一识别码用作请求/响应关系的唯一服务识别。UUID 的细节应符合 RFC 4122 的规定
AssocID(关联识别码)	关联识别码用于识别关联的源发站——特定客户端。关联识别码应用于识别服务器上已建立的订阅和记录

A.5.2.5.2 释放响应

释放响应应定义如下:

```
<s:element name="ReleaseResponse">
    <s:complexType>
        <s:annotation>
            <s:documentation>ReleaseResponse is the message returned from a server when re-
            ceiving a ReleaseRequest </s:documentation>
        </s:annotation>
        <s:sequence>
        <s: element name =" ServiceError" type =" ews: tServiceError" minOccurs =" 0"
        maxOccurs="1"/>
       </s:sequence>
       <s:attribute name="UUID" type="ews:tstring36" use="optional"/>
       <s:attribute name="AssocID" type=”ews:tAssocID” use="required"/>
    </s:complexType>
</s:element>
```

标记名称应按照表 A.11 进行定义。

表 A.11 释放响应

标记名称	说明
ReleaseResponse(释放响应)	释放响应应为服务器收到释放请求后发出的响应消息。客户端应使用释放响应来验证释放请求已成功实施
ServiceError(服务错误)	嵌入错误。服务器应用该元素表示请求的服务不成功。当响应消息中出现此元素时,客户端应假定请求被服务器拒绝
UUID	通用唯一识别码用作请求/响应关系的唯一服务识别。UUID 的细节应符合 RFC 4122 的规定。服务器应反映请求消息中收到的 UUID 值,并在响应消息中返回相同数值
AssocID(关联识别码)	关联识别码用于识别关联的源发站——特定客户端。关联识别码应用于识别服务器上已建立的订阅和记录

A.5.2.6 中止

A.5.2.6.1 中止请求

中止请求应定义如下：

```
<s:element name="AbortRequest">
    <s:complexType>
        <s:attribute name="UUID" type="ews:tstring36" use="optional"/>
        <s:attribute name="AssocID" type="ews:tAssocID" use="required"/>
    </s:complexType>
</s:element>
```

标记名称应按照表 A.12 进行定义。

表 A.12 中止请求

标记名称	说明
AbortRequest(中止请求)	如果客户端检测到使服务互换中断的异常情况，或者如果服务器拒绝释放关联，客户端可采用“中止请求”服务中止关联。 服务器不能拒绝此项服务。中止响应中唯一允许的服务错误是“连接丢失”，表示服务器认为关联结束
UUID	通用唯一识别码用作请求/响应关系的唯一服务识别。UUID 的细节应符合 RFC 4122 的规定
AssocID(关联识别码)	关联识别码用于识别关联的源发站——特定客户端。关联识别码应用于识别服务器上已建立的订阅和记录

A.5.2.6.2 中止响应

中止响应应定义如下：

```
<s:element name="AbortResponse">
  <s:complexType>
    <s:choice>
      <s:element name="ServiceError" type="ews:tServiceError" minOccurs="0"
    maxOccurs="unbounded"/>
    </s:choice>
    <s:attribute name="UUID" type="ews:tstring36" use="optional"/>
    <s:attribute name="AssocID" type="ews:tAssocID" use="required"/>
  </s:complexType>
</s:element>
```

标记名称应按照表 A.13 进行定义。

表 A.13 中止响应

标记名称	说明
AbortResponse(中止响应)	接收到无效(未使用)关联识别符的任何服务请求,应返回“连接丢失”服务错误代码。 〈s:enumeration value="connection-lost"/〉(〈s:枚举值=“连接丢失”/〉) 在客户端侧,如果接收到“连接丢失”服务错误代码,应视为通信丢失,以便请求新的关联来与服务器侧交换服务
ServiceError(服务错误)	嵌入错误。服务器应用该元素表示请求的服务不成功。当响应消息中出现此元素时,客户端应假定请求被服务器拒绝
UUID	通用唯一识别码用作请求/响应关系的唯一服务识别。UUID 的细节应符合 RFC 4122 的规定。服务器应反映请求消息中收到的 UUID 值,并在响应消息中返回相同数值
AssocID(关联识别码)	关联识别码用于识别关联的源发站——特定客户端。关联识别码应用于识别服务器上已建立的订阅和记录

A.5.3 逻辑设备类服务映射

A.5.3.1 总则

逻辑设备类服务应映射到表 A.14 给出的 Web 服务。

表 A.14 逻辑设备服务映射

GB/T 30966.2 IM 类 GB/T 30966.3 IEM 类	GB/T 30966.3 IEM 服务	映射到对象和 Web 服务
逻辑设备(LOGICAL-DEVICE)		tLD
	GetLogicalDeviceDirectory(读取逻辑设备目录)	GetLogicalDeviceDirectory(读取逻辑设备目录)

A.5.3.2 读取逻辑设备目录

A.5.3.2.1 总则

客户端应通过 GetLogicalDeviceDirectory 服务来检索逻辑设备名字空间暴露的逻辑节点,从而得到客户端正在寻址的逻辑设备。

A.5.3.2.2 读取逻辑设备目录请求

读取逻辑设备目录请求的服务应定义如下:

```
〈s:element name="GetLogicalDeviceDirectoryRequest"〉
  〈s:complexType〉
    〈s:sequence〉
      〈s:element name="LDRef" type="ews:tLogicalDeviceReference"/〉
    〈/s:sequence〉
```

```
    <s:attribute name="UUID" type="ews:tstring36" use="optional"/>
    <s:attribute name="AssocID" type="ews:tAssocID" use="required"/>
  </s:complexType>
</s:element>
```

标记名称应按照表 A.15 进行定义。

表 A.15 读取逻辑设备目录请求

标记名称	说明
GetLogicalDeviceDirectoryRequest（读取逻辑设备目录请求）	要求各逻辑设备对象引用清单的客户端服务，且逻辑设备要可见、因此可由提出请求的客户端访问
LDRef(逻辑设备对象引用)	逻辑设备对象引用。元素应为逻辑设备的唯一路径名称
UUID	通用唯一识别码用作请求/响应关系的唯一服务识别。UUID 的细节应符合 RFC 4122 的规定
AssocID(关联识别码)	关联识别码用于识别关联的源发站——特定客户端。关联识别码应用于识别服务器上已建立的订阅和记录

A.5.3.2.3 读取逻辑设备目录响应

读取逻辑设备目录响应的服务应定义如下：

```
<s:element name="GetLogicalDeviceDirectoryResponse">
  <s:complexType>
    <s:choice>
      <s:element name="LNRef" type="ews:tLogicalNodeReference" minOccurs="3"
maxOccurs="unbounded"/>
      <s:element name="ServiceError" type="ews:tServiceError" minOccurs="0"
    maxOccurs="unbounded"/>
    </s:choice>
    <s:attribute name="UUID" type="ews:tstring36" use="optional"/>
    <s:attribute name="AssocID" type="ews:tAssocID" use="required"/>
  </s:complexType>
</s:element>
```

标记名称应按照表 A.16 进行定义。

表 A.16 读取逻辑设备目录响应

标记名称	说明
GetLogicalDeviceDirectoryResponse（读取逻辑设备目录响应）	针对客户请求的服务器响应，请求内容为逻辑设备内包含的对象引用列表
LNRef(逻辑节点引用)	逻辑节点对象引用。元素应为逻辑节点的唯一路径名称
ServiceError(服务错误)	嵌入错误。服务器应用该元素表示请求的服务不成功。当响应消息中出现此元素时，客户端应假定请求被服务器拒绝

表 A.16（续）

标记名称	说明
UUID	通用唯一识别码用作请求/响应关系的唯一服务识别。UUID 的细节应符合 RFC 4122 的规定。服务器应反映请求消息中收到的 UUID 值，并在响应消息中返回相同数值
AssocID(关联识别码)	关联识别码用于识别关联的源发站——特定客户端。关联识别码应用于识别服务器上已建立的订阅和记录

A.5.4 逻辑节点类服务映射

A.5.4.1 总则

逻辑节点类服务应映射到表 A.17 定义的 Web 服务。

表 A.17 逻辑节点映射

GB/T 30966.2 IM 类 GB/T 30966.3 IEM 类	GB/T 30966.3 IEM 服务	映射到对象和 Web 服务
LOGICAL-NODE(逻辑节点)		tLN
	读取逻辑节点目录 (GetLogicalNodeDirectory)	读取逻辑节点目录 (GetLogicalNodeDirectory)

A.5.4.2 读取逻辑节点目录

A.5.4.2.1 总则

客户机应通过 GetLogicalNodeDirectory 服务来检索具有地址空间公开的、可被客户端寻址的所有 DATA(数据)和控制块(如:RCB 或 LCB)的 LN 名字空间。

A.5.4.2.2 读取逻辑节点目录请求

读取逻辑节点目录请求的服务应定义如下：

```
<s:element name="GetLogicalNodeDirectoryRequest">
  <s:complexType>
    <s:sequence>
      <s:element name="LNRef" type="ews:tLogicalNodeReference"/>
      <s:element name="IEMcls" type="ews:tIEMcls"/>
    </s:sequence>
    <s:attribute name="UUID" type="ews:tstring36" use="optional"/>
    <s:attribute name="AssocID" type="ews:tAssocID" use="required"/>
  </s:complexType>
</s:element>
```

标记名称应按照表 A.18 进行定义。

表 A.18 读取逻辑节点目录请求

标记名称	说明
GetLogicalNodeDirectoryRequest（读取逻辑节点目录请求）	此服务指客户端要求全部实例的对象引用清单，且逻辑类要可见、因此可由提出请求的客户端访问
LNRef（逻辑节点引用）	逻辑节点对象引用。元素应为逻辑节点的唯一路径名称
IEMcls（信息交换模型类）	枚举［“数据”、“DATASET（数据集）”、“BRCB”、“URCB”、“LCB”、“LOG”］
AssocID（关联识别码）	关联识别码用于识别关联的源发站——特定客户端。关联识别码应用于识别服务器上已建立的订阅和记录

A.5.4.2.3 读取逻辑节点目录响应

读取逻辑节点目录响应的服务应定义如下：

```
〈s:element name = "GetLogicalNodeDirectoryResponse"〉
  〈s:complexType〉
    〈s:choice〉
      〈s:sequence〉
        〈s:element name = "DATAname" type = "ews:tObjectName" minOccurs = "0"
maxOccurs = "unbounded"/〉
        〈s:element name = "DSname" type = "ews:tObjectName" minOccurs = "0"
    maxOccurs = "unbounded"/〉
        〈s:element name = "BRCBname" type = "ews:tObjectName" minOccurs = "0"
maxOccurs = "unbounded"/〉
        〈s:element name = "URCBname" type = "ews:tObjectName" minOccurs = "0"
maxOccurs = "unbounded"/〉
        〈s:element name = "LCBname" type = "ews:tObjectName" minOccurs = "0"
    maxOccurs = "unbounded"/〉
        〈s:element name = "LOGname" type = "ews:tObjectName" minOccurs = "0"
    maxOccurs = "unbounded"/〉
      〈/s:sequence〉
      〈s:element name = "ServiceError" type = "ews:tServiceError" minOccurs = "0"
    maxOccurs = "1"/〉
    〈/s:choice〉
    〈s:attribute name = "UUID" type = "ews:tstring36" use = "optional"/〉
    〈s:attribute name = "AssocID" type = "ews:tAssocID" use = "required"/〉
  〈/s:complexType〉
〈/s:element〉
```

标记名称应按照表 A.19 进行定义。

表 A.19 读取逻辑节点目录响应

标记名称	说明
GetLogicalNodeDirectoryResponse（读取逻辑节点目录响应）	针对客户请求对象引用列表的服务器响应，请求列表内容为所涉逻辑节点包含的某类全部实例
DATAname（数据名称）	在逻辑节点范围内明确识别数据的元素
DSname（数据集名称）	在逻辑节点范围内或客户端-服务器关联内明确识别数据集的元素
BRCBname（缓存报表控制块名称）	在逻辑节点范围内明确识别缓存报表控制块的元素
URCBname（非缓存报表控制块名称）	在逻辑节点范围内明确识别非缓存报表控制块的元素
LCBname（日志控制块名称）	在逻辑节点范围内明确识别日志控制块的元素
LOGname（日志名称）	在 LLN0 逻辑节点范围内明确识别日志的元素。日志名称应为逻辑设备名称
ServiceError（服务错误）	嵌入错误。服务器应用该元素表示请求的服务不成功。当响应消息中出现此元素时，客户端应假定请求被服务器拒绝
UUID	通用唯一识别码用作请求/响应关系的唯一服务识别。UUID 的细节应符合 RFC 4122 的规定。服务器应反映请求消息中收到的 UUID 值，并在响应消息中返回相同数值
AssocID（关联识别码）	关联识别码用于识别关联的源发站——特定客户端。关联识别码应用于识别服务器上已建立的订阅和记录

A.5.5 数据类服务映射

A.5.5.1 总则

数据类服务应映射到表 A.20 定义的 Web 服务。

表 A.20 数据映射

GB/T 30966.2 IM 类 GB/T 30966.3 IEM 类	GB/T 30966.3 IEM 服务	映射到对象和 Web 服务
DATA（数据）		tDATA
	GetDataValues（读取数据值）	GetDataValues（读取数据值）
	SetDataValues（设定数据值）	SetDataValues（设定数据值）
	GetDataDirectory（读取数据目录）	GetDataDirectory（读取数据目录）
	GetDataDefinition（读取数据定义）	GetDataDefinition（读取数据定义）

A.5.5.2 读取数据值

A.5.5.2.1 读取数据值请求

读取数据值请求服务应定义如下：

```
<s:element name="GetDataValuesRequest">
```

```
  <s:complexType>
    <s:sequence>
      <s:element name="Ref" type="ews:tFcdFcdaType" />
    </s:sequence>
    <s:attribute name="UUID" type="ews:tstring36" use="optional"/>
    <s:attribute name="AssocID" type="ews:tAssocID" use="required"/>
  </s:complexType>
</s:element>
```

标记名称应按照表 A.21 进行定义。

表 A.21 读取数据值请求

标记名称	说　明
GetDataValuesRequest(读取数据值请求)	引用数据的数据属性检索值为可见、因此可由提出请求的客户端访问
Ref(引用)	参数"引用"应定义数据的功能受限数据或功能受限数据属性,其数据属性值应被写入。"引用"应为 FCD 或 FCDA
UUID	通用唯一识别码用作请求/响应关系的唯一服务识别。UUID 的细节应符合 RFC 4122 的规定
AssocID(关联识别码)	关联识别码用于识别关联的源发站——特定客户端。关联识别码应用于识别服务器上已建立的订阅和记录

A.5.5.2.2 读取数据值响应

读取数据值响应的服务应定义如下:

```
<s:element name="GetDataValuesResponse">
  <s:complexType>
    <s:choice>
      <s:sequence>
        <s:element name="DataAttrVal" type="ews:tDataAttributeValue" minOccurs="0"
  maxOccurs="unbounded"/>
      </s:sequence>
      <s:element name="ServiceError" type="ews:tServiceError" minOccurs="0"
  maxOccurs="unbounded"/>
    </s:choice>
    <s:attribute name="UUID" type="ews:tstring36" use="optional"/>
    <s:attribute name="AssocID" type="ews:tAssocID" use="required"/>
  </s:complexType>
</s:element>
```

标记名称应按照表 A.22 进行定义。

表 A.22 读取数据值响应

标记名称	说　明
GetDataValuesResponse(读取数据值响应)	客户端应利用读取数据值服务来检索被引用数据的数据属性值,且数据要可见、因此可由提出请求的客户端按引用的逻辑节点访问
DataAttrVal(数据属性值)	t数据属性值类型包含的数据引用的类型引用值
ServiceError(服务错误)	嵌入错误。服务器应用该元素表示请求的服务不成功。当响应消息中出现此元素时,客户端应假定请求被服务器拒绝
UUID	通用唯一识别码用作请求/响应关系的唯一服务识别。UUID的细节应符合RFC 4122的规定。服务器应反映请求消息中收到的UUID值,并在响应消息中返回相同数值
AssocID(关联识别码)	关联识别码用于识别关联的源发站——特定客户端。关联识别码应用于识别服务器上已建立的订阅和记录

A.5.5.3 设定数据值

A.5.5.3.1 设定数据值请求

设定数据值请求服务应定义如下:

```
〈s:element name = "SetDataValuesRequest"〉
  〈s:complexType〉
    〈s:sequence〉
      〈s:element name = "Ref" type = "ews:tFcdFcdaType" /〉
      〈s:element name = "DataAttrVal" type = "ews:tDataAttributeValue"maxOccurs = "unbound-
ed"/〉
    〈/s:sequence〉
    〈s:attribute name = "UUID" type = "ews:tstring36" use = "optional"/〉
    〈s:attribute name = "AssocID" type = ”ews:tAssocID” use = "required"/〉
  〈/s:complexType〉
〈/s:element〉
```

标记名称应按照表A.23进行定义。

表 A.23 设定数据值请求

标记名称	说　明
SetDataValuesRequest(设定数据值请求)	客户端应利用设定数据值服务来设定被引用数据的数据属性值,且数据为可见、因此可由提出请求的客户端按引用的逻辑节点访问
Ref(引用)	“引用”参数应定义数据的功能受限数据或功能受限数据属性,其数据属性值要被写入。“引用”应为FCD或FCDA
DataAttrVal(数据属性值)	t数据属性值类型包含的数据引用的类型引用值

表 A.23（续）

标记名称	说明
UUID	通用唯一识别码用作请求/响应关系的唯一服务识别。UUID 的细节应符合 RFC 4122的规定
AssocID(关联识别码)	关联识别码用于识别关联的源发站——特定客户端。关联识别码应用于识别服务器上已建立的订阅和记录

A.5.5.3.2 设定数据值响应

设定数据值响应的服务应定义如下：

```
<s:element name = "SetDataValuesResponse">
  <s:complexType>
    <s:sequence>
      <s:choice>
        <s:element name = "Result" type = "ews:tResult" minOccurs = "0"/>
        <s:element name = "ServiceError" type = "ews:tServiceError" minOccurs = "0"
maxOccurs = "unbounded"/>
      </s:choice>
    </s:sequence>
    <s:attribute name = "UUID" type = "ews:tstring36" use = "optional"/>
    <s:attribute name = "AssocID" type = "ews:tAssocID" use = "required"/>
  </s:complexType>
</s:element>
```

标记名称应按照表 A.24 进行定义。

表 A.24 设定数据值响应

标记名称	说明
SetDataValuesResponse(设定数据值响应)	针对客户端的服务器响应，该客户端请求设定数据值服务来设定被引用数据的数据属性值，且数据为可见、因此可由提出请求的客户端按引用的逻辑节点访问
Result(结果)	简单结果字符串“Ok”，表明设定数据值的请求被接受
ServiceError(服务错误)	嵌入错误。服务器应用该元素表示请求的服务不成功。当响应消息中出现此元素时，客户端应假定请求被服务器拒绝
UUID	通用唯一识别码用作请求/响应关系的唯一服务识别。UUID 的细节应符合 RFC 4122 的规定。服务器应反映请求消息中收到的 UUID 值，并在响应消息中返回相同数值
AssocID(关联识别码)	关联识别码用于识别关联的源发站——特定客户端。关联识别码应用于识别服务器上已建立的订阅和记录

A.5.5.4 读取数据目录

A.5.5.4.1 总则

客户端应使用 GetDataDirectory 服务来检索暴露数据属性的名称域，从而得到客户端寻址的数据类。

A.5.5.4.2 读取数据目录请求

读取数据目录请求的服务应定义如下：

```
<s:element name="GetDataDirectoryRequest">
  <s:complexType>
    <s:sequence>
      <s:element name="DataRef" type="ews:tDAReference"/>
    </s:sequence>
    <s:attribute name="UUID" type="ews:tstring36" use="optional"/>
    <s:attribute name="AssocID" type="ews:tAssocID" use="required"/>
  </s:complexType>
</s:element>
```

标记名称应按照表 A.25 进行定义。

表 A.25 读取数据目录请求

标记名称	说明
GetDataDirectoryRequest（读取数据目录请求）	客户端应利用读取数据目录服务来检索被引用数据的全部数据属性名称列表，且数据为可见、因此可由提出请求的客户端按引用的逻辑节点访问
DataRef(数据引用)	数据引用参数应包含数据的对象引用。对象引用应为数据引用
UUID	通用唯一识别码用作请求/响应关系的唯一服务识别。UUID 的细节应符合 RFC 4122 的规定
AssocID(关联识别码)	关联识别码用于识别关联的源发站——特定客户端。关联识别码应用于识别服务器上已建立的订阅和记录

A.5.5.4.3 读取数据目录响应

读取数据目录响应的服务应定义如下：

```
<s:element name="GetDataDirectoryResponse">
  <s:complexType>
    <s:choice>
      <s:sequence>
        <s:element name="DataName" type="ews:tObjectName" minOccurs="0"
      maxOccurs="unbounded"/>
        <s:element name="DataAttrName" type="ews:tObjectName" minOccurs="0"
maxOccurs="unbounded"/>
```

```
maxOccurs = "unbounded"/>
      </s:sequence>
        <s:element name = "ServiceError" type = "ews:tServiceError" minOccurs = "0"
    </s:choice>
    <s:attribute name = "UUID" type = "ews:tstring36" use = "optional"/>
    <s:attribute name = "AssocID" type = ”ews:tAssocID” use = "required"/>
  </s:complexType>
</s:element>
```

标记名称应按照表 A.26 进行定义。

表 A.26 读取数据目录响应

标记名称	说明
GetDataDirectoryResponse(读取数据目录响应)	针对客户端的服务器响应,该客户端请求读取数据目录服务来检索被引用数据的所有数据属性名称列表,且数据为可见、因此可由提出请求的客户端按引用的逻辑节点访问
DATAname(数据名称)	数据名称属性应明确识别逻辑节点范围内的数据
DataAttrName(数据属性名称)	数据属性名称参数应包含数据最高数据属性级的数据属性名称
ServiceError(服务错误)	嵌入错误。服务器应用该元素表示请求的服务不成功。当响应消息中出现此元素时,客户端应假定请求被服务器拒绝
UUID	通用唯一识别码用作请求/响应关系的唯一服务识别。UUID 的细节应符合 RFC 4122 的规定。服务器应反映请求消息中收到的 UUID 值,并在响应消息中返回相同数值
AssocID(关联识别码)	关联识别码用于识别关联的源发站——特定客户端。关联识别码应用于识别服务器上已建立的订阅和记录

A.5.5.5 读取数据定义

A.5.5.5.1 总则

客户端应使用 GetDataDefinition 服务来检索公开的、因此可访问数据类寻址客户端的所有数据属性定义。

A.5.5.5.2 读取数据定义请求

读取数据定义请求服务应定义如下:

```
<s:element name = "GetDataDefinitionRequest">
  <s:complexType>
    <s:sequence>
      <s:element name = "DataRef" type = "ews:tDAReference"/>
    </s:sequence>
    <s:attribute name = "UUID" type = "ews:tstring36" use = "optional"/>
    <s:attribute name = "AssocID" type = ”ews:tAssocID” use = "required"/>
  </s:complexType>
```

```
  </s:element>
```

标记名称应按照表 A.27 进行定义。

表 A.27 读取数据定义请求

标记名称	说明
GetDataDefinitionRequest（读取数据定义请求）	客户端应利用读取数据定义服务来检索被引用数据的全部数据属性定义完整列表，且数据为可见、因此可由提出请求的客户端按引用的逻辑节点访问
DataRef（数据引用）	数据引用参数应包含数据的对象引用，对象引用应为数据引用
UUID	通用唯一识别码用作请求/响应关系的唯一服务识别。UUID 的细节应符合 RFC 4122 的规定
AssocID（关联识别码）	关联识别码用于识别关联的源发站——特定客户端。关联识别码应用于识别服务器上已建立的订阅和记录

A.5.5.5.3 读取数据定义响应

读取数据定义响应应定义如下：

```
<s:element name="GetDataDefinitionResponse">
  <s:complexType>
    <s:choice>
      <s:element name="DataAttrDef" type="ews:tDataAttributeDefinition" minOccurs="1"
maxOccurs="unbounded"/>
      <s:element name="ServiceError" type="ews:tServiceError" minOccurs="0" maxOccurs
      ="1"/>
    </s:choice>
    <s:attribute name="UUID" type="ews:tstring36" use="optional"/>
    <s:attribute name="AssocID" type="ews:tAssocID" use="required"/>
  </s:complexType>
</s:element>
```

标记名称应按照表 A.28 进行定义。

表 A.28 读取数据定义响应

标记名称	说明
GetDataDefinitionResponse（读取数据定义响应）	针对请求读取数据定义服务的客户端的服务器响应，该服务具有被引用数据的所有数据属性名称的完整列表，且数据为可见、因此可由提出请求的客户端按引用的逻辑节点访问
DataAttrDef（数据引用定义）	在 WSDL 规范中使用字符串类型
ServiceError（服务错误）	嵌入错误。服务器应用该元素表示请求的服务不成功。当响应消息中出现此元素时，客户端应假定请求被服务器拒绝

表 A.28（续）

标记名称	说明
UUID	通用唯一识别码用作请求/响应关系的唯一服务识别。UUID 的细节应符合 RFC 4122 的规定。服务器应反映请求消息中收到的 UUID 值，并在响应消息中返回相同数值
AssocID(关联识别码)	关联识别码用于识别关联的源发站——特定客户端。关联识别码应用于识别服务器上已建立的订阅和记录

A.5.6 数据集类服务映射

A.5.6.1 总则

数据集类应映射到表 A.29 定义的数据项列表上。

表 A.29 数据集映射

GB/T 30966.2 IM 类 GB/T 30966.3 IEM 类	GB/T 30966.3 IEM 服务	映射到对象和 Web 服务
DATA-SET(数据集)		tDataSet
	GetDataSetValues(读取数据集数值)	GetDataSetValues(读取数据集数值)
	SetDataSetValues(设定数据集数值)	SetDataSetValues(设定数据集数值)
	CreateDataSet(创建数据集)	CreateDataSet(创建数据集)
	DeleteDataSet(删除数据集)	DeleteDataSet(删除数据集)
	GetDataSetDirectory(读取数据集目录)	GetDataSetDirectory(读取数据集目录)

A.5.6.2 读取数据集数值

A.5.6.2.1 读取数据集数值请求

读取数据集数值请求的服务应定义如下：

```
<s:element name="GetDataSetValuesRequest">
  <s:complexType>
    <s:sequence>
      <s:element name="DSRef" type="ews:tDataSetReference"/>
    </s:sequence>
    <s:attribute name="UUID" type="ews:tstring36" use="optional"/>
    <s:attribute name="AssocID" type="ews:tAssocID" use="required"/>
  </s:complexType>
</s:element>
```

标记名称应按照表 A.30 进行定义。

表 A.30 读取数据集数值请求

标记名称	说明
GetDataSetValuesRequest（读取数据集数值请求）	客户端应利用读取数据集数值服务来检索所有被引用的数据属性值，且数据为可见、因此可由提出请求的客户端按引用的数据集访问
DSRef(数据集引用)	数据集引用属性应为数据集实例的唯一路径名称
UUID	通用唯一识别码用作请求/响应关系的唯一服务识别。UUID 的细节应符合 RFC 4122 的规定
AssocID(关联识别码)	关联识别码用于识别关联的源发站——特定客户端。关联识别码应用于识别服务器上已建立的订阅和记录

A.5.6.2.2 读取数据集数值响应

读取数据集数值响应的服务应定义如下：

```
〈s:element name = "GetDataSetValuesResponse"〉
  〈s:complexType〉
    〈s:choice〉
      〈s:element name = "DataAttrVal" type = "ews:tDataAttributeValue" minOccurs = "0"
maxOccurs = "unbounded"/〉
      〈s:element name = "ServiceError" type = "ews:tServiceError" minOccurs = "0"
maxOccurs = "unbounded"/〉
    〈/s:choice〉
    〈s:attribute name = "UUID" type = "ews:tstring36" use = "optional"/〉
    〈s:attribute name = "AssocID" type = ”ews:tAssocID” use = "required"/〉
  〈/s:complexType〉
〈/s:element〉
```

标记名称应按照表 A.31 进行定义。

表 A.31 读取数据集数值响应

标记名称	说明
GetDataSetValuesResponse（读取数据集数值响应）	针对客户端请求读取数据集数值服务的的服务器响应，该服务具有所有被引用的数据属性值，且数据为可见、因此可由提出请求的客户端按引用的数据集访问
DataAttrVal(数据属性值)	t 数据属性值类型包含的数据引用的类型引用值
ServiceError(服务错误)	嵌入错误。服务器应用该元素表示请求的服务不成功。当响应消息中出现此元素时，客户端应假定请求被服务器拒绝
UUID	通用唯一识别码用作请求/响应关系的唯一服务识别。UUID 的细节应符合 RFC 4122 的规定。服务器应反映请求消息中收到的 UUID 值，并在响应消息中返回相同数值
AssocID(关联识别码)	关联识别码用于识别关联的源发站——特定客户端。关联识别码应用于识别服务器上已建立的订阅和记录

A.5.6.3 设定数据集数值

A.5.6.3.1 设定数据集数值请求

设定数据集数值请求的服务应定义如下：

```
<s:element name="SetDataSetValuesRequest">
  <s:complexType>
    <s:sequence>
      <s:element name="DSRef" type="ews:tDataSetReference"/>
      <s:element name="DataAttrVal" type="ews:tDataAttributeValue" maxOccurs="unbound-
      ed"/>
    </s:sequence>
    <s:attribute name="UUID" type="ews:tstring36" use="optional"/>
    <s:attribute name="AssocID" type=”ews:tAssocID” use="required"/>
  </s:complexType>
</s:element>
```

标记名称应按照表 A.32 进行定义。

表 A.32 设定数据集数值请求

标记名称	说明
SetDataSetValuesRequest（设定数据集数值请求）	客户端应利用设定数据集数值服务来设定被引用数据的数据属性值，且数据为可见、因此可由提出请求的客户端按引用的数据集访问
DSRef（数据集引用）	数据集引用属性应为数据集实例的唯一路径名称
DataAttrVal（数据属性值）	t 数据属性值类型包含的数据引用的类型引用值
UUID	通用唯一识别码用作请求/响应关系的唯一服务识别。UUID 的细节应符合 RFC 4122 的规定
AssocID（关联识别码）	关联识别码用于识别关联的源发站——特定客户端。关联识别码应用于识别服务器上已建立的订阅和记录

A.5.6.3.2 设定数据集数值响应

设定数据集数值响应的服务应定义如下：

```
<s:element name="SetDataSetValuesResponse">
  <s:complexType>
    <s:sequence>
      <s:choice>
        <s:element name="Result" type="ews:tResult" minOccurs="0"/>
        <s:element name="ServiceError" type="ews:tServiceError" minOccurs="0"
maxOccurs="unbounded"/>
      </s:choice>
    </s:sequence>
    <s:attribute name="UUID" type="ews:tstring36" use="optional"/>
```

```
    <s:attribute name="AssocID" type="ews:tAssocID" use="required"/>
  </s:complexType>
</s:element>
```

标记名称应按照表 A.33 进行定义。

表 A.33 设定数据集数值响应

标记名称	说明
SetDataSetValuesResponse(设定数据集数值响应)	针对客户端的服务器响应,该客户端通过设定被引用数据的数据属性值来请求设定数据值服务,且数据为可见、因此可由提出请求的客户端按引用的数据集访问
Result(结果)	简单结果字符串"Ok",表明设定数值请求被接受
ServiceError(服务错误)	嵌入错误。服务器应用该元素表示请求的服务不成功。当响应消息中出现此元素时,客户端应假定请求被服务器拒绝
UUID	通用唯一识别码用作请求/响应关系的唯一服务识别。UUID 的细节应符合 RFC 4122 的规定。服务器应反映请求消息中收到的 UUID 值,并在响应消息中返回相同数值
AssocID(关联识别码)	关联识别码用于识别关联的源发站——特定客户端。关联识别码应用于识别服务器上已建立的订阅和记录

A.5.6.4 创建数据集

A.5.6.4.1 创建数据集请求

创建数据集请求的服务应定义如下:

```
<s:element name="CreateDataSetRequest">
  <s:complexType>
    <s:sequence>
      <s:element name="DSRef" type="ews:tDataSetReference"/>
      <s:element name="DSMemberRef" type="ews:tFcdFcdaType" maxOccurs="unbounded"/>
    </s:sequence>
    <s:attribute name="UUID" type="ews:tstring36" use="optional"/>
    <s:attribute name="AssocID" type="ews:tAssocID" use="required"/>
  </s:complexType>
</s:element>
```

标记名称应按照表 A.34 进行定义。

表 A.34 创建数据集请求

标记名称	说明
CreateDataSetRequest(创建数据集请求)	客户端应利用创建数据集服务请求服务器使用功能受限数据或功能受限数据属性定义的项列表来创建数据集,该属性为可见、因此可由提出请求的客户端访问
DSRef(数据集引用)	数据集引用属性应为数据集实例的唯一路径名称

表 A.34(续)

标记名称	说明
DSMemberRef(数据集项引用)	数据集项引用属性应定义数据的功能受限数据或功能受限数据属性
UUID	通用唯一识别码用作请求/响应关系的唯一服务识别。UUID 的细节应符合 RFC 4122 的规定
AssocID(关联识别码)	关联识别码用于识别关联的源发站——特定客户端。关联识别码应用于识别服务器上已建立的订阅和记录

A.5.6.4.2 创建数据集响应

创建数据集响应的服务应定义如下:

```
〈s:element name="CreateDataSetResponse"〉
  〈s:complexType〉
    〈s:sequence〉
      〈s:choice〉
        〈s:element name="Result" type="ews:tResult" minOccurs="0"/〉
        〈s: element name =" ServiceError" type =" ews: tServiceError" minOccurs =" 0"
maxOccurs="1"/〉
      〈/s:choice〉
    〈/s:sequence〉
    〈s:attribute name="UUID" type="ews:tstring36" use="optional"/〉
    〈s:attribute name="AssocID" type="ews:tAssocID" use="required"/〉
  〈/s:complexType〉
〈/s:element〉
```

标记名称应按照表 A.35 进行定义。

表 A.35 创建数据集响应

标记名称	说明
CreateDataSetResponse(创建数据集响应)	针对客户端的服务器响应,该客户端通过使用功能受限数据或功能受限数据属性定义的项列表创建数据集来请求创建数据集服务,该属性为可见、因此可由提出请求的客户端访问
Result(结果)	简单结果字符串“Ok”,表明创建数据值请求被接受
ServiceError(服务错误)	嵌入错误。服务器应用该元素表示请求的服务不成功。当响应消息中出现此元素时,客户端应假定请求被服务器拒绝
UUID	通用唯一识别码用作请求/响应关系的唯一服务识别。UUID 的细节应符合 RFC 4122 的规定。 服务器应反映请求消息中收到的 UUID 值,并在响应消息中返回相同数值
AssocID(关联识别码)	关联识别码用于识别关联的源发站——特定客户端。关联识别码应用于识别服务器上已建立的订阅和记录

A.5.6.5 删除数据集

A.5.6.5.1 删除数据集请求

删除数据集请求的服务应定义如下：

```
〈s:element name="DeleteDataSetRequest"〉
  〈s:complexType〉
    〈s:sequence〉
      〈s:element name="DSRef" type="ews:tDataSetReference"/〉
    〈/s:sequence〉
    〈s:attribute name="UUID" type="ews:tstring36" use="optional"/〉
    〈s:attribute name="AssocID" type=”ews:tAssocID” use="required"/〉
  〈/s:complexType〉
〈/s:element〉
```

标记名称应按照表 A.36 进行定义。

表 A.36 删除数据集请求

标记名称	说明
DeleteDataSetRequest(删除数据集请求)	客户端应利用删除数据集服务来删除提出请求的客户端可见且可访问的数据集
DSRef(数据集引用)	数据集引用属性应为数据集实例的唯一路径名称
UUID	通用唯一识别码用作请求/响应关系的唯一服务识别。UUID 的细节应符合 RFC 4122 的规定
AssocID(关联识别码)	关联识别码用于识别关联的源发站——特定客户端。关联识别码应用于识别服务器上已建立的订阅和记录

A.5.6.5.2 删除数据集响应

删除数据集响应的服务应定义如下：

```
〈s:element name="DeleteDataSetResponse"〉
  〈s:complexType〉
    〈s:sequence〉
      〈s:choice〉
        〈s:element name="Result" type="ews:tResult" minOccurs="0"/〉
        〈s:element name="ServiceError" type="ews:tServiceError" minOccurs="0"
      maxOccurs="1"/〉
      〈/s:choice〉
    〈/s:sequence〉
    〈s:attribute name="UUID" type="ews:tstring36" use="optional"/〉
    〈s:attribute name="AssocID" type=”ews:tAssocID” use="required"/〉
  〈/s:complexType〉
〈/s:element〉
```

标记名称应按照表 A.37 进行定义。

表 A.37 删除数据集响应

标记名称	说明
DeleteDataSetResponse(删除数据集响应)	针对客户端的服务器响应,该客户端通过删除可见、因此可由提出请求的客户端访问的数据值来请求删除数据集服务
Result(结果)	简单结果字符串"Ok",表明设定数值请求被接受
ServiceError(服务错误)	嵌入错误。服务器应用该元素表示请求的服务不成功。当响应消息中出现此元素时,客户端应假定请求被服务器拒绝
UUID	通用唯一识别码用作请求/响应关系的唯一服务识别。UUID 的细节应符合 RFC 4122 的规定。服务器应反映请求消息中收到的 UUID 值,并在响应消息中返回相同数值
AssocID(关联识别码)	关联识别码用于识别关联的源发站——特定客户端。关联识别码应用于识别服务器上已建立的订阅和记录

A.5.6.6 读取数据集目录

A.5.6.6.1 总则

客户端应使用 GetDataSetDirectory 服务来检索暴露数据属性的名称域,从而得到客户端寻址的数据集类。

A.5.6.6.2 读取数据集目录请求

读取数据集目录请求应定义如下:

```
〈s:element name = "GetDataSetDirectoryRequest"〉
  〈s:complexType〉
    〈s:sequence〉
        〈s:element name = "DSRef" type = "ews:tDataSetReference"/〉
    〈/s:sequence〉
    〈s:attribute name = "UUID" type = "ews:tstring36" use = "optional"/〉
    〈s:attribute name = "AssocID" type = ”ews:tAssocID” use = "required"/〉
  〈/s:complexType〉
〈/s:element〉
```

标记名称应按照表 A.38 进行定义。

表 A.38 读取数据集目录请求

标记名称	说明
GetDataSetDirectoryRequest(读取数据集目录请求)	客户端应利用读取数据集目录服务来检索数据集引用的所有数据集项的对象引用列表,该数据集为可见、因此可由提出请求的客户端访问
数据集引用(DSRef)	数据集引用属性应为数据集实例的唯一路径名称

表 A.38(续)

标记名称	说明
UUID	通用唯一识别码用作请求/响应关系的唯一服务识别。UUID的细节应符合RFC 4122的规定
AssocID(关联识别码)	关联识别码用于识别关联的源发站——特定客户端。关联识别码应用于识别服务器上已建立的订阅和记录

A.5.6.6.3 读取数据集目录响应

读取数据集目录响应应定义如下：

```
<s:element name="GetDataSetDirectoryResponse">
  <s:complexType>
    <s:choice>
      <s:element name="DSMemberRef" type="ews:tFcdFcdaType" maxOccurs="unbounded"/>
      <s:element name="ServiceError" type="ews:tServiceError"
     minOccurs="0"maxOccurs="unbounded"/>
    </s:choice>
    <s:attribute name="UUID" type="ews:tstring36" use="optional"/>
    <s:attribute name="AssocID" type="ews:tAssocID" use="required"/>
  </s:complexType>
</s:element>
```

标记名称应按照表 A.39 进行定义。

表 A.39 读取数据集目录响应

标记名称	说明
GetDataSetDirectoryResponse(读取数据集目录响应)	针对客户端的服务器响应，该客户端通过提供由数据集引用的所有数据集项的对象引用列表来请求读取数据集目录服务，该数据集为可见、因此可由提出请求的客户端访问
DSMemberRef(数据集项引用)	数据集项引用属性应定义数据的功能受限数据(FCD)或功能受限数据(FCDA)属性
ServiceError(服务错误)	嵌入错误。服务器应用该元素表示请求的服务不成功。当响应消息中出现此元素时，客户端应假定请求被服务器拒绝
UUID	通用唯一识别码用作请求/响应关系的唯一服务识别。UUID的细节应符合RFC 4122的规定。服务器应反映请求消息中收到的UUID值，并在响应消息中返回相同数值
AssocID(关联识别码)	关联识别码用于识别关联的源发站——特定客户端。关联识别码应用于识别服务器上已建立的订阅和记录

A.5.7 报表控制块类服务映射

A.5.7.1 总则

RCB 类服务应映射到表 A.40 定义的 Web 服务。GB/T 30966.3—2014 的 A.1 举例说明了如何让 REPORT(报表)服务在实践中发挥作用。

表 A.40 报表控制块服务映射

GB/T 30966.2 IM 类 GB/T 30966.3 IEM 类	GB/T 30966.3 IEM 服务	映射到对象和 Web 服务
(REPORT-CONTROL-BLOCK)报表控制块		
	AddSubscription(添加订阅)	添加订阅(AddSubscription)
	RemoveSubscription(清除订阅)	清除订阅(RemoveSubscription)
	Report(报表)	ReportRequest/ReportResponse(报表请求/报表响应)
BRCB		tBRCB
	GetBRCBValues(读取 BRCB 值)	GetBRCBValues(读取 BRCB 值)
	SetBRCBValues(设定 BRCB 值)	SetBRCBValues(设定 BRCB 值)
URCB		tURCB
	GetURCBValues(读取 URCB 值)	GetURCBValues(读取 URCB 值)
	SetURCBValues(设定 URCB 值)	SetURCBValues(设定 URCB 值)

Web 服务方法要求服务器对客户端发出的请求做出响应。规定的信息交换服务中定义的报表机制采用了以下方法:服务器在读取请求后,将存储后待发送报表的事件通知客户端。

客户端请求添加订阅服务或激活报告,利用设定 URCB 值或设定 BRCB 值服务来迫使报表允许属性改为“真”。客户端映射应发送相应的消息。此外,“Web 服务”映射应在最短请求时间和最长请求时间之间的时间窗口内定期向客户端发送报表请求消息。

报告概念中的客户端行为应符合图 A.3 的描述,图中概述了请求和响应时间设定值如何控制客户端的报表请求行为。

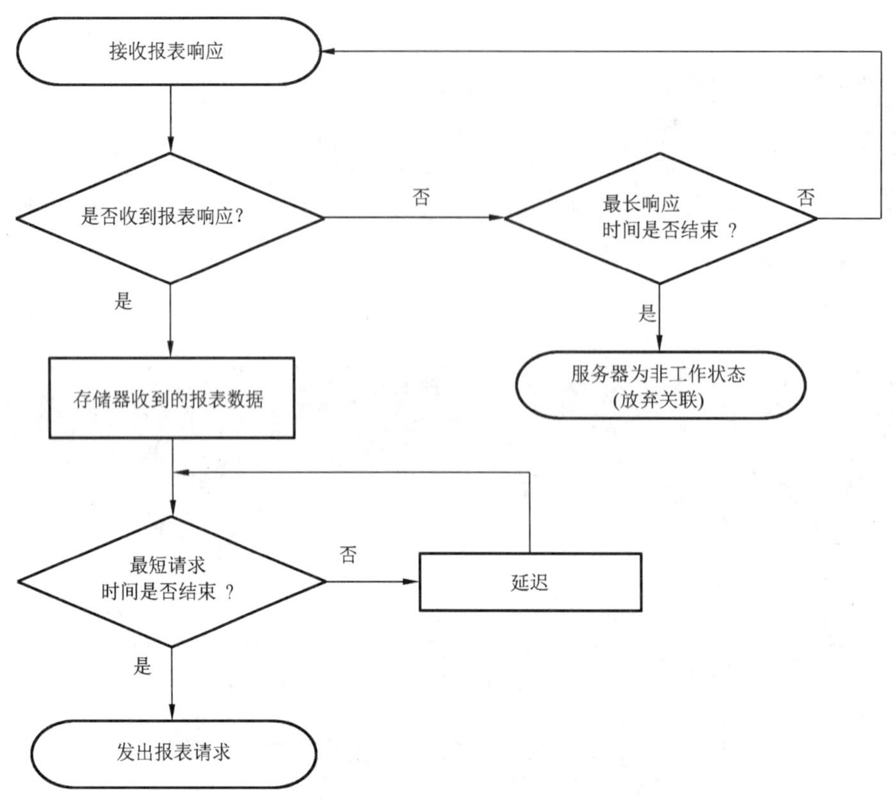

图 A.3　报表服务中的客户端行为(概念性)

如果在最长响应时间结束前没有收到报表响应,客户端应假定服务器为非工作状态。

客户端应阻拦下一个报表请求,直到最短请求时间结束通过请求。

客户端服务请求应在最短请求时间结束后和最长请求时间到达前发出。最短请求时间由服务器定义,并报告给处于报表响应状态的客户端。这样可使服务器以受控的方式实现负荷的平衡。最长响应时间由客户端定义。它可使客户端以受控的方式平衡关联负荷。

当客户端要结束报表的接收时,应通过迫使报表允许属性改为"错误"来发出清除订阅、设定 URCB 值或设定 BRCB 值服务的请求。映射应发送最后的报表请求消息,然后发送与被请求 IEM 服务(清除订阅请求、设定 URCB 值请求或设定 BRCB 值请求关联的消息)。

在结束报表请求-响应程序时,还应使用由最短-最长请求时间和最短-最长响应时间定义的时间窗口。

处于报告程序中的服务器行为如下:

当服务器应用程序接收到客户端的报表请求服务时,服务器映射应将其与关联识别码共同存储,直到服务器试图发出报表时结束。在收到客户端的报表请求后,响应中应包含与被请求的指定关联识别码一致的所有已存报表。

图 A.4 概述了请求和响应时间设定值如何控制服务器报告行为。

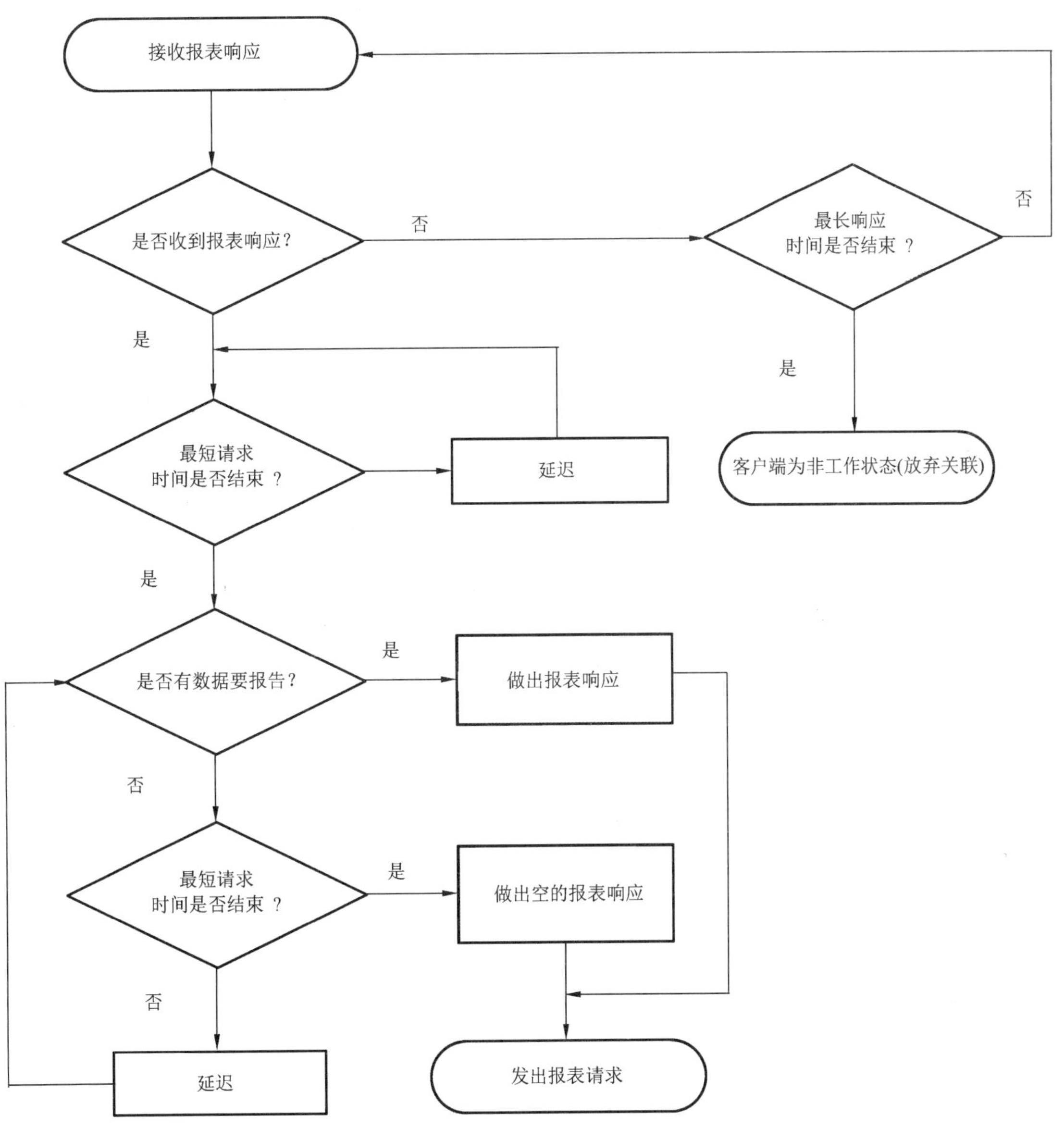

图 A.4 报告服务中的服务器行为(概念性)

如果在最长响应时间结束前没有收到报表请求,应假定关联客户端为非工作状态。

服务器应阻止报表响应,直到最短响应时间结束。

如果最短响应时间结束后有数据需要报告,应立即发出报表响应。

如果最短响应时间结束后没有数据需要报告,应在形成新数据后立即发出报表响应。

如果没有报表数据形成,应在最长响应时间结束前发出空的报表响应(即:无报表格式)。

在结束报表请求-响应程序时,还应使用由最短-最长请求时间和最短-最长响应时间定义的时间窗口。

为了在关联故障、失去连接、缓冲区溢出等情况下跟踪报告顺序,SqNum 会以报表格式给出由服务器生成的序号。在收到 SqNum 后,客户端映射能够跟踪报表顺序并检测报表是否丢失或是否收到复制报表。采用输入识别码,客户端可请求在关联过程中丢失的某个特定报表。有关 SqNum 和恢复失去的报表的更详细处理过程属于实施方面的内容,不在本部分的范围之内。每个关联的 SqNum 都应该是唯一的。

图 A.5 对上述报告过程的机制进行了描述。

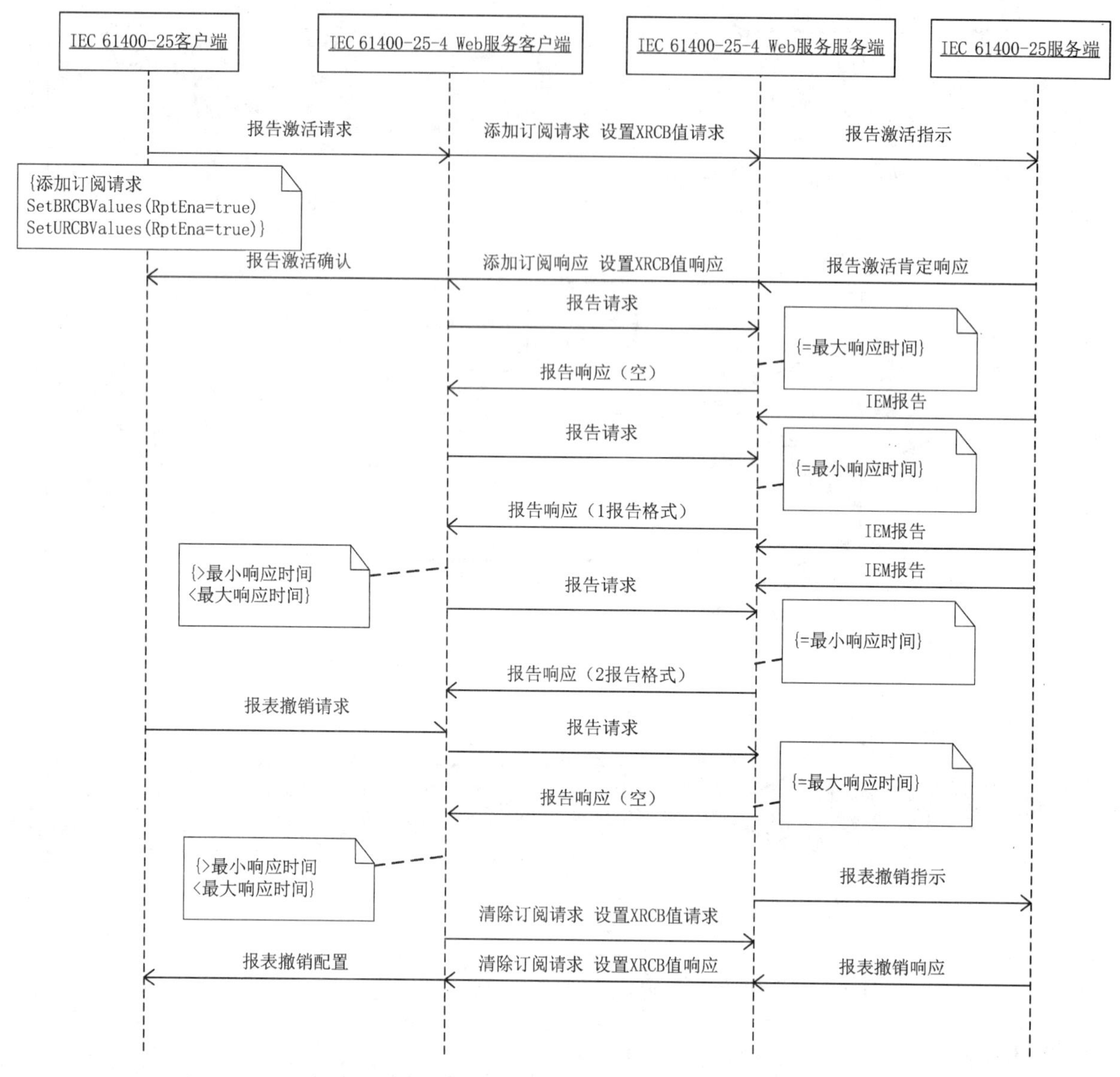

图 A.5 报表服务机制(概念性)

报表服务机制中设计的服务应符合 A.5.7.2～A.5.7.7.4。

A.5.7.2 添加订阅

A.5.7.2.1 添加订阅请求

添加订阅请求的服务应定义如下：

```
<s:element name="AddSubscriptionRequest">
  <s:complexType>
    <s:sequence>
      <s:element name="RCBRef" type="ews:tControlBlockReference"/>
```

```
      <s:element name = "RCBType" type = "ews:tRCBType"/>
      <s:element name = "RptID" type = "ews:tstring65" minOccurs = "0"/>
      <s:element name = "RptEna" type = "s:boolean" minOccurs = "0"/>
      <s:element name = "DatSet" type = "ews:tDataSetReference" minOccurs = "0"/>
      <s:element name = "OptFlds" type = "ews:tOptFldsBRCB" minOccurs = "0"/>
      <s:element name = "BufTm" type = "s:unsignedInt" minOccurs = "0"/>
      <s:element name = "TrgOp" type = "ews:tTrgCond" minOccurs = "0"/>
      <s:element name = "IntgPd" type = "s:unsignedInt" minOccurs = "0"/>
      <s:element name = "DSMbrRef" type = "ews:tFcdFcdaType" minOccurs = "0"
    maxOccurs = "unbounded"/>
    </s:sequence>
    <s:attribute name = "UUID" type = "ews:tstring36" use = "optional"/>
    <s:attribute name = "AssocID" type = "ews:tAssocID" use = "required"/>
  </s:complexType>
</s:element>
```

标记名称应按照表 A.41 进行定义。

表 A.41 添加订阅请求

标记名称	说明
AddSubscriptionRequest(添加订阅请求)	添加订阅请求后应为为对报表服务定义的最短请求和最长请求时间的时间窗口内的报表请求
RCBRef(报表控制块引用)	报表控制块引用属性应为报表控制块的唯一路径名称
RCBType(报表控制块类型)	报表控制块类型应定义订阅应采用缓存报表控制块还是非缓存报表控制块类型
RptID(报表编号)	报表识别符属性应为已导致报表生成的 BRCB 的客户端指定报表识别符。如果 BRCB 的报表识别符值为零,BRCB 引用应作为报表识别符报出
RptEna(报表允许)	应利用报表允许属性来控制和指示 BRCB 的当前状态
DatSet(数据集)	数据集属性应指出被监控数据集的对象引用以及数据集的哪些项值(一个,子集或全部)应被报告
Optflds(可选字段)	可选字段属性应为需要在本 BRCB 发出报表中采用的客户端指定的可选字段
BufTm(缓存时间)	缓存时间属性应指定用于内部通知缓存的时间间隔(单位:ms),该通知由数据变更、质量变更和数据更新通过 BRCB 生成,以便在单一报告中采用
TrgOp(触发器选项)	触发器选项属性应指定本 BRCB 应监控的触发条件。确定以下值: ——数据变更; ——质量变更; ——数据升级; ——完整性; ——一般询问
IntgPd	如果 TrgOps(触发器选项)包含了指示完整性的设定值,IntgPd 属性应指示生成完整性报表的时间段(单位:ms)。完整性报表应报告相关数据集各项的数值。当这一变更发出报表时,缓存时间应不会产生影响

表 A.41（续）

标记名称	说明
DSMbrRef(数据集项引用)	数据集项引属性应定义数据的功能受限数据或功能受限数据属性
UUID	通用唯一识别码用作请求/响应关系的唯一服务识别。UUID 的细节应符合 RFC 4122 的规定
AssocID(关联识别码)	关联识别码用于识别关联的源发站——特定客户端。关联识别码应用于识别服务器上已建立的订阅和记录

A.5.7.2.2 添加订阅响应

添加订阅响应的服务应定义如下：

```
<s:element name="AddSubscriptionResponse">
  <s:complexType>
    <s:sequence>
      <s:choice>
        <s:element name="Result" type="ews:tResult" minOccurs="0"/>
        <s:element name="ServiceError" type="ews:tServiceError" minOccurs="0"
      maxOccurs="unbound"/>
      </s:choice>
    </s:sequence>
    <s:attribute name="UUID" type="ews:tstring36" use="optional"/>
    <s:attribute name="AssocID" type="ews:tAssocID" use="required"/>
  </s:complexType>
</s:element>
```

标记名称应按照表 A.42 进行定义。

表 A.42 添加订阅响应

标记名称	说明
AddSubscriptionResponse(添加订阅响应)	在添加订阅响应后应为针对报表服务定义的最短响应和最长响应时间的时间窗口内的报表响应
Result(结果)	简单结果字符串“Ok”,表明设定数值请求被接受
ServiceError(服务错误)	嵌入错误。服务器应用该元素表示请求的服务不成功。当响应消息中出现此元素时,客户端应假定请求被服务器拒绝
UUID	通用唯一识别码用作请求/响应关系的唯一服务识别。UUID 的细节应符合 RFC 4122 的规定。服务器应反映请求消息中收到的 UUID 值,并在响应消息中返回相同数值
AssocID(关联识别码)	关联识别码用于识别关联的源发站——特定客户端。关联识别码应用于识别服务器上已建立的订阅和记录

A.5.7.3 清除订阅

A.5.7.3.1 清除订阅请求

清除订阅请求的服务应定义如下：

```
<s:element name="RemoveSubscriptionRequest">
  <s:complexType>
    <s:sequence>
      <s:element name="RCBRef" type="ews:tCon trolBlockReference"/>
    </s:sequence>
    <s:attribute name="UUID" type="ews:tstring36" use="optional"/>
    <s:attribute name="AssocID" type=”ews:tAssocID” use="required"/>
  </s:complexType>
</s:element>
```

标记名称应按照表 A.43 进行定义。

表 A.43 清除订阅请求

标记名称	说明
RemoveSubscriptionRequest（清除订阅请求）	客户端应利用清除订阅请求服务来清除已建立的订阅
RCBRef（报表控制块引用）	报表控制块引用属性应为报表控制块的唯一路径名称
UUID	通用唯一识别码用作请求/响应关系的唯一服务识别。UUID 的细节应符合 RFC 4122 的规定
AssocID（关联识别码）	关联识别码用于识别关联的源发站——特定客户端。关联识别码应用于识别服务器上已建立的订阅和记录

A.5.7.3.2 清除订阅响应

清除订阅响应的服务应定义如下：

```
<s:element name="RemoveSubscriptionResponse">
  <s:complexType>
    <s:sequence>
      <s:choice>
        <s:element name="Result" type="ews:tResult" minOccurs="0"/>
        <s:element name="ServiceError" type="ews:tServiceError" minOccurs="0"
      maxOccurs="1"/>
      </s:choice>
    </s:sequence>
    <s:attribute name="UUID" type="ews:tstring36" use="optional"/>
    <s:attribute name="AssocID" type=”ews:tAssocID” use="required"/>
  </s:complexType>
</s:element>
```

标记名称应按照表 A.44 进行定义。

表 A.44 清除订阅响应

标记名称	说 明
RemoveSubscriptionResponse（清除订阅响应）	服务器应通过清除被请求的订阅来响应客户端的清除订阅请求服务
Result(结果)	简单结果字符串“Ok”，表明清除订阅请求被接受
ServiceError(服务错误)	嵌入错误。服务器应用该元素表示请求的服务不成功。当响应消息中出现此元素时，客户端应假定请求被服务器拒绝
UUID	通用唯一识别码用作请求/响应关系的唯一服务识别。UUID 的细节应符合 RFC 4122 的规定。服务器应反映请求消息中收到的 UUID 值，并在响应消息中返回相同数值
AssocID(关联识别码)	关联识别码用于识别关联的源发站——特定客户端。关联识别码应用于识别服务器上已建立的订阅和记录

A.5.7.3.3 报表格式

报表格式结构应定义如下：

```
〈s:complexType name="tReportFormat"〉
  〈s:sequence〉
    〈s:element name="RptID" type="ews:tstring65" minOccurs="1" maxOccurs="1"/〉
    〈s:element name="OptFlds" type="ews:tOptFldsBRCB" minOccurs="1" maxOccurs="1"/〉
    〈! -- IF sequence-number=TRUE in optFlds: --〉
    〈s:element name="SqNum" type="s:unsignedShort" minOccurs="0" maxOccurs="1"/〉
    〈s:element name="SubSqNum" type="s:unsignedShort" minOccurs="0" maxOccurs="1"/〉
    〈s:element name="MoreSegFlw" type="s:boolean" minOccurs="1" maxOccurs="1"/〉
    〈! -- IF dat-set-name=TRUE in optFlds --〉
    〈s:element name="DatSet" type="ews:tObjectReference" minOccurs="0" maxOccurs
  ="1"/〉
    〈! -- IF buffer-overflow=TRUE in optFlds --〉
    〈s:element name="BufOvfl" type="s:boolean" minOccurs="0" maxOccurs="1"/〉
    〈! -- If conf-revision=TRUE in optFlds AND RptID is BRCB--〉
    〈s:element name="ConfRev" type="s:unsignedInt" minOccurs="0" maxOccurs="1"/〉
    〈! -- Entry: --〉
      〈! -- IF report-time-stamp=TRUE in optFlds --〉
      〈s:element name="TimeOfEntry" type="ews:tTimeStamp" minOccurs="0" maxOccurs
    ="1"/〉
      〈! -- IF entryID=TRUE in optFlds --〉
      〈s:element name="EntryID" type="s:tEntryID" minOccurs="0" maxOccurs="1"/〉
      〈s:sequence〉
        〈s:element name="EntryData" type="ews:tEntryData" minOccurs="0" maxOccurs
      ="1"/〉
```

```
    </s:sequence>
  </s:sequence>
</s:complexType>
```

标记名称应按照表 A.45 进行定义。

表 A.45 报表格式

标记名称	说明
tReportFormat(t 报表格式)	报表格式服务应指定报表中包含的信息
RptID(报表识别符)	报表识别符属性应为已导致报表生成的 BRCB 的客户端指定报表识别符。如果 BRCB 的报表识别符值为零,BRCB 引用应作为报表识别符报出
OptFlds(可选字段)	可选字段属性应为需要在本 BRCB 发出报表中采用的客户端指定的可选字段
SqNum(序号)	序号属性应指定每个使报表允许设定为真的 BRCB 的序号。每生成和发出一份报表,BRCB 应使该序号递增。一旦 BRCB 完成了报表的格式化并提出请求发送,序号就应递增。在报表允许设定为真的设置之后的第一份报表,应包含序号 0。序号在达到最大值后,应滚动到 0。如果 BRCB 报表属性(可选字段)中的可选字段含有序号(=真),则报表中应包含序号;否则,应省略序号
SubSqNum(子序号)	对于一条消息无法容纳的长报表,应将一个报表分成若干个子报表。一份报表的每一部分均应编有相同的序号和唯一的子序号。BRCB 应为每份报表保留一个子序号。依照报表控制实例,每生成和发出一份子报表,该编号均应递增。一旦服务器完成了子报表的格式化并使其进入发送等待队列,就应递增。报表的第一份子报表,应设为子序号 0。当一份特定报表的所有子报表均进入等待队列后,子序号应滚动到 0。如果 BRCB 报表属性(选字段)中的可选字段含有子序号(=真),则报表中应包含子序号;否则,应省略子序号
MoreSegFlw(更多部分跟进)	更多部分跟进参数表明有更多序号相同的报表部分跟随其后
DatSet(数据集)	数据集参数应由 BRCB 的相应属性派生
BufOvfl	BufOvfl 参数应向客户端指示:缓存内的输入项可能已经丢失。当客户端请求与不存在的输入项或等待队列中的第一输入项重新同步时,即对可能丢失的信息进行检测
ConfRev	ConfRev 属性应显示数据集引用的数据集配置已经变更的次数计数
TimeOfEntry(输入时间)	输入时间属性应为报表处理器收到内部事件通知的时间。该值被赋给某个特定的输入识别符,此外在收到内部通知时也会被赋值
EntryID(输入识别符)	输入识别符值在读取 BRCB 值响应中返回,应定义如下: ——当 BRCB 状态为报表允许=假时:读取 BRCB 值应返回代表被输入到缓存中最后一个(即最新)输入项的输入识别符值。 ——当报表允许=真时:在读取 BRCB 值响应中返回的输入识别符值应为最后一个被格式化并排队等待发送的输入识别符的输入识别符。 所有零(0)的输入识别符均被保留,表明缓存清空,任何已报告的输入识别符均不得有零(0)
EntryData(输入数据)	输入数据参数应包含数据参考、数值以及要在报表中采用的各项数据集的原因代码。数值应由数据集项的各数据属性值组成

A.5.7.4 读取 BRCB 值

A.5.7.4.1 读取 BRCB 值请求

读取 BRCB 值请求的服务应定义如下：

```
<s:element name="GetBRCBValuesRequest">
  <s:complexType>
    <s:sequence>
      <s:element name="BRCBRef" type="ews:tControlBlockReference"/>
    </s:sequence>
    <s:attribute name="UUID" type="ews:tstring36" use="optional"/>
    <s:attribute name="AssocID" type="ews:tAssocID" use="required"/>
  </s:complexType>
</s:element>
```

标记名称应按照表 A.46 进行定义。

表 A.46 读取 BRCB 值请求

标记名称	说明
GetBRCBValuesRequest（读取 BRCB 值请求）	客户端应利用读取 BRCB 值服务来读取 BRCB 的属性值，且该值为可见、因此可由提出请求的客户端按引用的逻辑节点访问
BRCBRef	缓存报表控制块引用属性应为缓存报表控制块的唯一路径名称
UUID	通用唯一识别码用作请求/响应关系的唯一服务识别。UUID 的细节应符合 RFC 4122 的规定
AssocID(关联识别码)	关联识别码用于识别关联的源发站——特定客户端。关联识别码应用于识别服务器上已建立的订阅和记录

A.5.7.4.2 读取 BRCB 值响应

读取 BRCB 值响应的服务应定义如下：

```
<s:element name="GetBRCBValuesResponse">
  <s:complexType>
    <s:sequence>
      <s:choice>
        <s:sequence>
          <s:element name="RptID" type="ews:tstring65"/>
          <s:element name="RptEna" type="s:boolean"/>
          <s:element name="DatSet" type="ews:tDataSetReference"/>
          <s:element name="ConfRev" type="s:unsignedInt"/>
          <s:element name="OptFlds" type="ews:tOptFldsBRCB"/>
          <s:element name="BufTm" type="s:unsignedInt"/>
          <s:element name="SqNum" type="s:unsignedShort"/>
          <s:element name="TrgOp" type="ews:tTrgCond"/>
```

```
        <s:element name="IntgPd" type="s:unsignedInt"/>
        <s:element name="GI" type="s:boolean"/>
        <s:element name="PurgeBuf" type="s:boolean" />
        <s:element name="EntryID" type="ews:tEntryID"/>
        <s:element name="TimeOfEntry" type="ews:tTimeStamp"/>
      </s:sequence>
    <s:element name="ServiceError" type="ews:tServiceError" minOccurs="0"
    maxOccurs="1"/>
    </s:choice>
  </s:sequence>
  <s:attribute name="UUID" type="ews:tstring36" use="optional"/>
  <s:attribute name="AssocID" type="ews:tAssocID" use="required"/>
 </s:complexType>
</s:element>
```

标记名称应按照表 A.47 进行定义。

表 A.47 读取 BRCB 值响应

标记名称	说明
GetBRCBValuesResponse(读取 BRCB 值响应)	通过设定 BRCB 属性值对请求读取 BRCB 值服务的客户端的服务器响应,BRCB 属性值为可见,因此可由提出请求的客户端按引用的逻辑节点访问
RptID(表识别符)	报表识别符属性应为已导致报表生成的 BRCB 的客户端指定报表识别符。如果 BRCB 的报表识别符值为零,BRCB 引用应作为报表识别符报出
RptEna(报表允许)	应利用报表允许属性来控制和指示 BRCB 的当前状态
DatSet(数据集)	DatSet 属性应指定被监控数据集的对象引用以及数据集的哪些项值(一个,子集或全部)应报告
ConfRev	ConfRev 属性应显示 DatSet 引用的数据集配置已经变更的次数计数
OptFlds(可选字段)	可选字段属性应为需要在本 BRCB 发出的报表中采用的客户端指定的可选字段
BufTm(缓冲时间)	缓存时间属性应指定用于内部通知缓存的时间间隔(单位:ms),该通知由数据变更、质量变更和数据升级通过 BRCB 生成,以便在单一报告中采用
SqNum(序号)	序号属性应指定每个使报表允许设定为真的 BRCB 的序号。每生成和发出一份报表,BRCB 应使该序号递增。一旦 BRCB 完成了报表的格式化并提出请求发送,序号就应递增
TrgOp(触发器选项)	触发器选项属性应指定本 BRCB 应监控的触发条件。应确定以下值: ——数据变更; ——质量变更; ——数据升级; ——完整性; ——一般询问

表 A.47（续）

标记名称	说明
IntgPd(完整性时段)	如果触发器选项包含了指示完整性的设定值，完整性时段属性应指示生成完整性报表的时间段(单位:ms)。完整性报表应报告相关数据集各项的数值。当这一变更发出报表时，缓存时间应不会产生影响
GI(一般询问)	GI属性应指示启动一般询问过程的请求。在设定为真后，BRCB应启动一般询问过程。在开始一般询问后，BRCB应自动将该属性设为假
PurgeBuf(清除缓存)	清除缓存属性应指示放弃缓存事件的请求。在设定为真后，BRCB应放弃尚未发给客户端的全部缓存事件。在放弃缓存事件后，BRCB应自动将该属性设为假
EntryID(输入识别符)	输入识别符值在读取BRCB值响应中返回，应定义如下： ——BRCB状态为报表允许=假时：读取BRCB值应返回代表被输入到缓存中最后一个(即最新)输入项的输入识别符值。 ——当报表允许=真时：在读取BRCB值响应中返回的输入识别符值应为最后一个被格式化并排队等待发送的输入识别符的输入识别符。 所有零(0)的输入识别符均被保留，表明缓存清空，任何已报告的输入识别符均不得有零(0)
TimeOfEntry(输入时间)	输入时间属性应为报表处理器收到内部事件通知的时间。该值被赋给某个特定的输入识别符，此外在收到内部通知时也会被赋值
ServiceError(服务错误)	嵌入错误。服务器应用该元素表示请求的服务不成功。当响应消息中出现此元素时，客户端应假定请求被服务器拒绝
UUID	通用唯一识别码用作请求/响应关系的唯一服务识别。UUID的细节应符合RFC 4122的规定。服务器应反映请求消息中收到的UUID值，并在响应消息中返回相同数值
AssocID(关联识别码)	关联识别码应用于识别服务器上已建立的订阅和记录

A.5.7.5 设定 BRCB 值

A.5.7.5.1 设定 BRCB 值请求

设定BRCB值请求的服务应定义如下：

```
<s:element name="SetBRCBValuesRequest">
  <s:complexType>
    <s:sequence>
      <s:element name="BRCBRef" type="ews:tControlBlockReference"/>
      <s:element name="RptID" type="ews:tstring65" minOccurs="0"/>
      <s:element name="RptEna" type="s:boolean" minOccurs="0"/>
      <s:element name="DatSet" type="ews:tDataSetReference" minOccurs="0"/>
      <s:element name="OptFlds" type="ews:tOptFldsBRCB" minOccurs="0"/>
      <s:element name="BufTm" type="s:unsignedInt" minOccurs="0"/>
      <s:element name="TrgOp" type="ews:tTrgCond" minOccurs="0"/>
      <s:element name="IntgPd" type="s:unsignedInt" minOccurs="0"/>
```

```
        〈s:element name = "GI" type = "s:boolean" minOccurs = "0"/〉
        〈s:element name = "PurgeBuf" type = "s:boolean" minOccurs = "0"/〉
        〈s:element name = "EntryID" type = "ews:tEntryID" minOccurs = "0"/〉
      〈/s:sequence〉
      〈s:attribute name = "UUID" type = "ews:tstring36" use = "optional"/〉
      〈s:attribute name = "AssocID" type = "ews:tAssocID" use = "required"/〉
  〈/s:complexType〉
  〈/s:element〉
```

标记名称应按照表 A.48 进行定义。

表 A.48 设定 BRCB 值请求

标记名称	说明
SetBRCBValuesRequest(设定 BRCB 值请求)	客户端应利用设定 BRCB 值服务来设定 BRCB 的属性值,且该值为可见,因此可由提出请求的客户端按引用的逻辑节点访问
BRCBRef	缓存报表控制块引用属性应为缓存报表控制块的唯一路径名称
RptID(报表识别符)	报表识别符属性应为 BRCB 的客户端指定报表识别符,BRCB 生成报表。如果 BRCB 的报表识别符值为零,BRCB 引用应作为报表识别符报出
RptEna(报表允许)	应利用报表允许属性来控制和指示 BRCB 的当前状态
DatSet(数据集)	DatSet 属性应指定被监控数据集的对象引用以及数据集的哪些项值(一个,子集或全部)应报告
OptFlds(可选字段)	Optflds(可选字段)属性应为需要在本 BRCB 发出报表中采用的客户端指定的可选字段
BufTm(缓冲时间)	BufTm(缓存时间)属性应指定内部通知缓存的时间间隔(单位:ms),该通知由数据变更、质量变更和数据升级通过 BRCB 生成,以便在单一报告中采用
TrgOp(触发器选项)	触发器选项属性应指定本 BRCB 应监控的触发条件。应确定以下值: ——数据变更; ——质量变更; ——数据升级; ——完整性; ——一般询问
IntgPd(完整性时段)	如果触发器选项包含了指示完整性的设定值,完整性时段属性应指示生成完整性报表的时间段(单位:ms)。完整性报表应报告相关数据集各项的数值。当这一变更发出报表时,缓存时间应不会产生影响
GI(一般询问)	GI 属性应指示启动一般询问过程的请求。在设定为真后,BRCB 应启动一般询问过程。在开始一般询问后,BRCB 应自动将该属性设为假
PurgeBuf(清除缓存)	清除缓存属性应指示放弃缓存事件的请求。在设定为真后,BRCB 应放弃尚未发给客户端的全部缓存事件。在放弃缓存事件后,BRCB 应自动将该属性设为假

表 A.48（续）

标记名称	说明
EntryID(输入识别符)	输入识别符值在读取 BRCB 值响应中返回，应定义如下： ——当 BRCB 状态为报表允许=假时：读取 BRCB 值应返回代表被输入到缓存中最后一个(即最新)输入项的输入识别符值。 ——当报表允许=真时：在读取 BRCB 值响应中返回的输入识别符值应为最后一个被格式化并排队等待发送的输入识别符的输入识别符。 所有零(0)输入识别符均被保留，表明缓存清空，任何已报告的输入识别符均不得有零(0)
UUID	通用唯一识别码用作请求/响应关系的唯一服务识别。UUID 的细节应符合 RFC 4122 的规定
AssocID(关联识别码)	关联识别码用于识别关联的源发站——特定客户端。关联识别码应用于识别服务器上已建立的订阅和记录

A.5.7.5.2　设定 BRCB 值响应

设定 BRCB 值响应的服务应定义如下：

```
<s:element name="SetBRCBValuesResponse">
  <s:complexType>
    <s:sequence>
      <s:choice>
        <s:element name="Result" type="ews:tResult" minOccurs="0"/>
        <s:element name="ServiceError" type="ews:tServiceError" minOccurs="0"
        maxOccurs="unbounded"/>
    </s:choice>
    </s:sequence>
    <s:attribute name="UUID" type="ews:tstring36" use="optional"/>
    <s:attribute name="AssocID" type=”ews:tAssocID” use="required"/>
  </s:complexType>
</s:element>
```

标记名称应按照表 A.49 进行定义。

表 A.49　设定 BRCB 值响应

标记名称	说明
SetBRCBValuesResponse（设定 BRCB 值响应）	通过设定 BRCB 属性值对请求设定 BRCB 值服务的客户端的服务器响应，BRCB 属性值为可见、因此可由提出请求的客户端按引用的逻辑节点访问
Result(结果)	简单结果字符串“Ok”，表明设定 URCB 值的请求被接受
ServiceError(服务错误)	嵌入错误。服务器应用该元素表示请求的服务不成功。当响应消息中出现此元素时，客户端应假定请求被服务器拒绝

表 A.49（续）

标记名称	说明
UUID	通用唯一识别码用作请求/响应关系的唯一服务识别。UUID 的细节应符合 RFC 4122 的规定。服务器应反映请求消息中收到的 UUID 值，并在响应消息中返回相同数值
AssocID(关联识别码)	关联识别码用于识别关联的源发站——特定客户端。关联识别码应用于识别服务器上已建立的订阅和记录

A.5.7.6 读取 URCB 值

A.5.7.6.1 读取 URCB 值请求

读取 URCB 值请求的服务应定义如下：

```
〈s:element name = "GetURCBValuesRequest"〉
    〈s:complexType〉
      〈s:sequence〉
       〈s:element name = "URCBRef" type = "ews:tControlBlockReference"/〉
      〈/s:sequence〉
    〈s:attribute name = "UUID" type = "ews:tstring36" use = "optional"/〉
    〈s:attribute name = "AssocID" type = ”ews:tAssocID” use = "required"/〉
    〈/s:complexType〉
〈/s:element〉
```

标记名称应按照表 A.50 进行定义。

表 A.50 读取 URCB 值请求

标记名称	说明
GetURCBValuesRequest（读取 URCB 值请求）	客户端应利用读取 URCB 值服务来检索 URCB 的属性值，且该值为可见、因此可由提出请求的客户端按引用的逻辑节点访问
URCBRef(URCB 引用)	非缓存报表控制块引用属性应为非缓存报表控制块的唯一路径名称
UUID	通用唯一识别码用作请求/响应关系的唯一服务识别。UUID 的细节应符合 RFC 4122 的规定
AssocID(关联识别码)	关联识别码用于识别关联的源发站——特定客户端。关联识别码应用于识别服务器上已建立的订阅和记录

A.5.7.6.2 读取 URCB 值响应

读取 URCB 值响应的服务应定义如下：

```
〈s:element name = "GetURCBValuesResponse"〉
  〈s:complexType〉
    〈s:sequence〉
      〈s:choice〉
```

```
        〈s：sequence〉
          〈s：element name = "RptID" type = "ews：tstring65"/〉
          〈s：element name = "RptEna" type = "s：boolean"/〉
          〈s：element name = "Resv" type = "s：boolean" minOccurs = "0"/〉
          〈s：element name = "DatSet" type = "ews：tDataSetReference"/〉
          〈s：element name = "ConfRev" type = "s：unsignedInt"/〉
          〈s：element name = "OptFlds" type = "ews：tOptFldsURCB"/〉
          〈s：element name = "BufTm" type = "s：unsignedInt"/〉
          〈s：element name = "SqNum" type = "s：unsignedShort"/〉
          〈s：element name = "TrgOp" type = "ews：tTrgCond"/〉
          〈s：element name = "IntgPd" type = "s：unsignedInt"/〉
          〈s：element name = "GI" type = "s：boolean"/〉
        〈/s：sequence〉
        〈s：element name = "Result" type = "ews：tResult" minOccurs = "0"/〉
        〈s：element name = "ServiceError" type = "ews：tServiceError" minOccurs = "0"
      maxOccurs = "1"/〉
      〈/s：choice〉
    〈/s：sequence〉
  〈s：attribute name = "UUID" type = "ews：tstring36" use = "optional"/〉
  〈s：attribute name = "AssocID" type = ”ews：tAssocID” use = "required"/〉
  〈/s：complexType〉
〈/s：element〉
```

标记名称应按照表 A.51 进行定义。

表 A.51　读取 URCB 值响应

标记名称	说　　明
GetURCBValuesResponse（读取 URCB 值响应）	通过提供 URCB 属性值对请求读取 URCB 值服务的客户端的服务器响应，URCB 属性值为可见、因此可由提出请求的客户端按引用的逻辑节点访问
RptID（报表识别符）	报表识别符属性应为已导致报表生成的 BRCB 的客户端指定报表识别符。如果 BRCB 的报表识别符值为零，BRCB 引用应作为报表识别符报出
RptEna（报表允许）	应利用报表允许属性来控制和指示 BRCB 的当前状态
Resv（保留）	保留属性（如果设为真）应表明 URCB 当前只为将该值设为真的客户端保留。其他客户端不允许设置该 URCB 的任何属性
DatSet（数据集）	DatSet 属性应指定被监控数据集的对象引用以及数据集的哪些项值（一个，子集或全部）应报告
ConfRev	ConfRev 属性应显示 DatSet 引用的数据集配置已经变更的次数计数
OptFlds（可选字段）	可选字段属性应为需要在本 BRCB 发出报表中采用的客户端指定的可选字段
BufTm（缓冲时间）	缓存时间属性应指定内部通知缓存的时间间隔（单位：ms），该通知由数据变更、质量变更和数据升级通过 BRCB 生成，以便在单一报告中采用

表 A.51（续）

标记名称	说明
SqNum(序号)	如果BRCB已经让允许报表设为真,应采用序号。在BRCB基础上每生成和发出一份报表,BRCB应使该序号递增。一旦BRCB完成了发送报表的格式化,序号就应递增。在设定允许报表为真后的第一份报表,应包含序号0。序号在达到最大值后,应滚动到0
TrgOp(触发器选项)	触发器选项属性应指定本BRCB应监控的触发条件。应确定以下值: ——数据变更; ——质量变更; ——数据升级:完整性; ——一般询问
IntgPd(完整性时段)	如果触发器选项包含了指示完整性的设定值,完整性时段属性应指示生成完整性报表的时间段(单位:ms)。完整性报表应报告相关数据集各项的数值。当这一变更发出报表时,缓存时间应不会产生影响
GI(一般询问)	GI属性应指示启动一般询问过程的请求。在设定为真后,BRCB应启动一般询问过程。在开始一般询问后,BRCB应自动将该属性设为假
Result(结果)	简单结果字符串"Ok",表明读取URCB值请求被接受
ServiceError(服务错误)	嵌入错误。服务器应用该元素表示请求的服务不成功。当响应消息中出现此元素时,客户端应假定请求被服务器拒绝
UUID(通用唯一识别码)	通用唯一识别码用作请求/响应关系的唯一服务识别。UUID的细节应符合RFC 4122的规定。服务器应反映请求消息中收到的UUID值,并在响应消息中返回相同数值
AssocID(关联识别码)	关联识别码用于识别关联的源发站——特定客户端。关联识别码应用于识别服务器上已建立的订阅和记录

A.5.7.7 设定 URCB 值

A.5.7.7.1 设定 URCB 值请求

设定 URCB 值请求的服务应定义如下:

```
<s:element name="SetURCBValuesRequest">
 <s:complexType>
  <s:sequence>
   <s:element name="URCBRef" type="ews:tControlBlockReference"/>
   <s:element name="RptID" type="ews:tstring65" minOccurs="0"/>
   <s:element name="RptEna" type="s:boolean" minOccurs="0"/>
   <s:element name="Resv" type="s:boolean" minOccurs="0"/>
   <s:element name="DatSet" type="ews:tDataSetReference" minOccurs="0"/>
   <s:element name="OptFlds" type="ews:tOptFldsURCB" minOccurs="0"/>
   <s:element name="BufTm" type="s:unsignedInt" minOccurs="0"/>
   <s:element name="TrgOp" type="ews:tTrgCond" minOccurs="0"/>
   <s:element name="IntgPd" type="s:unsignedInt" minOccurs="0"/>
```

```
        <s:element name="GI" type="s:boolean" minOccurs="0"/>
      </s:sequence>
    <s:attribute name="UUID" type="ews:tstring36" use="optional"/>
    <s:attribute name="AssocID" type="ews:tAssocID" use="required"/>
   </s:complexType>
  </s:element>
```

标记名称应按照表 A.52 进行定义。

表 A.52　设定 URCB 值请求

标记名称	说　明
SetURCBValuesRequest（设定URCB 值请求）	客户端应利用设定 URCB 值服务来设定 URCB 的属性值，且该值为可见，因此可由提出请求的客户端按引用的逻辑节点访问
URCBRef（URCB 引用）	非缓存报表控制块引用属性应为非缓存报表控制块的唯一路径名称
RptID（报表识别符）	报表识别符属性应为已导致报表生成的 BRCB 的客户端指定报表识别符。如果 BRCB 的报表识别符值为零，BRCB 引用应作为报表识别符报出
RptEna（报表允许）	报表允许属性如果设为真应表明 URCB 当前允许报告数据集的值。如果设为真，URCB 应监控被引用的数据集值，并按照 URCB 中的规定生成报表。如果设为假，URCB 应停止发送报表
Resv（保留）	保留属性如果设为真应表明 URCB 当前只为将该值设为真的客户端所保留。其他客户端不允许设置该 URCB 的任何属性。如果保留属性不设为真，将报表允许属性设为真会隐含保留实例
DatSet（数据集）	DatSet 属性应指定被监控数据集的对象引用以及数据集的哪些项值一个数据、一个子集或全部数据应报告
OptFlds（可选字段）	可选字段属性应为需要在本 BRCB 发出报表中采用的客户端指定的可选字段
BufTm（缓冲时间）	缓存时间属性应指定用于内部通知缓存的时间间隔（单位：ms），该通知由数据变更、质量变更和数据升级通过 BRCB 生成，以便在单一报告中采用
TrgOp（触发器选项）	触发器选项属性应指定本 BRCB 应监控的触发条件。应确定以下值： ——数据变更； ——质量变更； ——数据升级； ——完整性； ——一般询问
IntgPd（完整性时段）	如果触发器选项包含了指示完整性的设定值，完整性时段属性应指示生成完整性报表的时间段（单位：ms）。完整性报表应报告相关数据集各项的数值。当这一变更发出报表时，缓存时间应不会产生影响
GI（一般询问）	一般询问属性应指示启动一般询问过程的请求。在设定为真后，BRCB 应启动一般询问过程。在开始一般询问后，BRCB 应自动将该属性设为假
UUID	通用唯一识别码用作请求/响应关系的唯一服务识别。UUID 的细节应符合 RFC 4122 的规定
AssocID（关联识别码）	关联识别码用于识别关联的源发站——特定客户端。关联识别码应用于识别服务器上已建立的订阅和记录

A.5.7.7.2 设定 URCB 值响应

设定 URCB 值响应的服务应定义如下：

```
〈s:element name = "SetURCBValuesResponse"〉
  〈s:complexType〉
    〈s:sequence〉
      〈s:choice〉
        〈s:element name = "Result" type = "ews:tResult" minOccurs = "0"/〉
        〈s:element name = "ServiceError" type = "ews:tServiceError" minOccurs = "0"
        maxOccurs = "unbounded"/〉
      〈/s:choice〉
    〈/s:sequence〉
  〈s:attribute name = "UUID" type = "ews:tstring36" use = "optional"/〉
  〈s:attribute name = "AssocID" type = "ews:tAssocID" use = "required"/〉
  〈/s:complexType〉
〈/s:element〉
```

标记名称应按照表 A.53 进行定义。

表 A.53 设定 URCB 值响应

标记名称	说明
SetURCBValuesResponse（设定 URCB 值响应）	通过设定 URCB 属性值对请求设定 URCB 值服务的客户端的服务器响应，URCB 属性值为可见、因此可由提出请求的客户端按引用的逻辑节点访问
Result(结果)	简单结果字符串“Ok”，表明设定 URCB 值的请求被接受
ServiceError(服务错误)	嵌入错误。服务器应用该元素表示请求的服务不成功。当响应消息中出现此元素时，客户端应假定请求被服务器拒绝
UUID	通用唯一识别码用作请求/响应关系的唯一服务识别。UUID 的细节应符合 RFC 4122 的规定。服务器应反映请求消息中收到的 UUID 值，并在响应消息中返回相同数值
AssocID(关联识别码)	关联识别码用于识别关联的源发站——特定客户端。关联识别码应用于识别服务器上已建立的订阅和记录

A.5.7.7.3 报表请求

报表请求服务应定义如下：

```
〈s:element name = "ReportRequest"〉
  〈s:complexType〉
    〈s:sequence〉
      〈s:element name = "MaxResponseTime" type = "s:duration" minOccurs = "1"/〉
      〈s:element name = "MinResponseTime" type = "s:duration" minOccurs = "0"/〉
    〈/s:sequence〉
    〈s:attribute name = "UUID" type = "ews:tstring36" use = "optional"/〉
    〈s:attribute name = "AssocID" type = "ews:tAssocID" use = "required"/〉
  〈/s:complexType〉
〈/s:element〉
```

标记名称应按照表 A.54 进行定义。

表 A.54 报表请求

标记名称	说明
ReportRequest(报表请求)	客户端应利用报表请求服务来获得报表
MaxResponseTime(最长响应时间)	最长响应时间由服务器定义并在报表响应服务中通知客户端,以便服务器以受控的方式处理超时现象。最长响应时间结束时,服务器应假定客户端为非工作状态
MinResponseTime(最短响应时间)	最短响应时间报表请求中报表请求做出响应前应等待的最短时间。该时间被客户端用于以受控的方式平衡负荷
UUID	通用唯一识别码用作请求/响应关系的唯一服务识别。UUID 的细节应符合 RFC 4122 的规定
AssocID(关联识别码)	关联识别码用于识别关联的源发站——特定客户端。关联识别码应用于识别服务器上已建立的订阅和记录

A.5.7.7.4 报表响应

报表响应服务应定义如下:

```
<s:element name="ReportResponse">
  <s:complexType>
    <s:choice>
      <s:sequence>
        <s:element name="ReportFormat" type="ews:tReportFormat" minOccurs="0"
maxOccurs="unbounded"/>
        <s:element name="MaxRequestTime" type="s:duration" minOccurs="1"/>
        <s:element name="MinRequestTime" type="s:duration" minOccurs="0"/>
      </s:sequence>
        <s:element name="ServiceError" type="ews:tServiceError" minOccurs="0"
      maxOccurs="1"/>
    </s:choice>
    <s:attribute name="UUID" type="ews:tstring36" use="optional"/>
    <s:attribute name="AssocID" type="ews:tAssocID" use="required"/>
    <s: attribute name =" moreFollows " type =" s: Boolean" use =" optional " default
  ="false"/>
    <! -- The message size is too small to send all the information of a report in one mes-
  sage-->
  </s:complexType>
</s:element>
```

标记名称应按照表 A.55 进行定义。

表 A.55 报表响应

标记名称	说明
ReportResponse(报表响应)	服务器应通过提供被请求的报表来响应客户端的报表响应服务
ReportFormat(报表格式)	报表格式指定报表中要采用的信息
MaxRequestTime(最长请求时间)	最长请求时间由服务器定义并在报表响应服务中通知客户端,以便允许服务器以受控的方式处理超时现象。最长请求时间结束时,服务器应假定客户端为非工作状态
MinRequestTime(最短请求时间)	最短请求时间由服务器定义并在报表响应中通知客户端,表示客户端在收到报表响应与针对同一关联发出下一个报表请求之间应等待的最短时间。该时间被服务器用于以受控的方式平衡负荷
ServiceError(服务错误)	嵌入错误。服务器应用该元素表示请求的服务不成功。当响应消息中出现此元素时,客户端应假定请求被服务器拒绝
UUID	通用唯一识别码用作请求/响应关系的唯一服务识别。UUID 的细节应符合 RFC 4122 的规定。服务器应反映请求消息中收到的 UUID 值,并在响应消息中返回相同数值
AssocID(关联识别码)	关联识别码用于识别关联的源发站——特定客户端。关联识别码应用于识别服务器上已建立的订阅和记录
moreFollows(更多跟进)	随后是序号相同的更多报表部分

A.5.8 日志控制块类服务映射

A.5.8.1 总则

LCB 类服务应映射到表 A.56 定义的 Web 服务。

表 A.56 日志控制块服务映射

GB/T 30966.2 IM 类 GB/T 30966.3 IEM 类	GB/T 30966.3 IEM 服务	映射到对象和 Web 服务
LOG-CONTROL-BLOCK(日志控制块)		tLCB
	GetLCBValues(读取 LCB 值)	GetLCBValues(读取 LCB 值)
	SetLCBValues(设定 LCB 值)	SetLCBValues(设定 LCB 值)

A.5.8.2 读取 LCB 值

A.5.8.2.1 读取 LCB 值请求

读取 LCB 值请求的服务应定义如下:

```
<s:element name="GetLCBValuesRequest">
  <s:complexType>
    <s:sequence>
      <s:element name="LCBRef" type="ews:tControlBlockReference"/>
```

```
      </s:sequence>
        <s:attribute name="UUID" type="ews:tstring36" use="optional"/>
        <s:attribute name="AssocID" type="ews:tAssocID" use="required"/>
    </s:complexType>
  </s:element>
```

标记名称应按照表 A.57 进行定义。

表 A.57 读取 LCB 值请求

标记名称	说明
GetLCBValuesRequest（读取LCB值请求）	客户端应利用读取 LCB 值服务来检索 LCB 的属性值，该属性值为可见，因此可由提出请求的客户端按引用的逻辑节点访问
LCBRef(LCB 引用)	日志控制块引用属性应为日志控制块的唯一路径名称
UUID	通用唯一识别码用作请求/响应关系的唯一服务识别。UUID 的细节应符合 RFC 4122 的规定
AssocID(关联识别码)	关联识别码用于识别关联的源发站——特定客户端。关联识别码应用于识别服务器上已建立的订阅和记录

A.5.8.2.2 读取 LCB 值响应

读取 LCB 值响应的服务应定义如下：

```
<s:element name="GetLCBValuesResponse">
  <s:complexType>
    <s:sequence>
      <s:choice>
        <s:sequence>
          <s:element name="LogEna" type="s:boolean"/>
          <s:element name="DatSet" type="ews:tDataSetReference"/>
          <s:element name="TrgOp" type="ews:tTrgCond"/>
          <s:element name="IntgPd" type="s:unsignedInt"/>
          <s:element name="LogRef" type="ews:tObjectReference"/>
        </s:sequence>
        <s:element name="ServiceError" type="ews:tServiceError" minOccurs="0"
      maxOccurs="1"/>
      </s:choice>
    </s:sequence>
    <s:attribute name="UUID" type="ews:tstring36" use="optional"/>
    <s:attribute name="AssocID" type="ews:tAssocID" use="required"/>
  </s:complexType>
</s:element>
```

标记名称应按照表 A.58 进行定义。

表 A.58 读取 LCB 值响应

标记名称	说明
GetLCBValuesResponse（读取 LCB 值响应）	通过提供 LCB 属性值对请求读取 LCB 值服务的客户端的服务器响应，该属性值为可见，因此可由提出请求的客户端按引用的逻辑节点访问
LogEna（日志允许）	日志允许参数应包含被引用 LCB 的相应日志允许属性值
DatSet（数据集）	数据集引用参数应包含被引用 LCB 的相应 DatSet 属性值
TrgOp（触发器选项）	触发器选项参数应包含被引用 LCB 的相应触发器选项属性值
IntgPd（完整性时段）	完整性时段参数应包含被引用 LCB 的相应完整性时段属性值
LogRef（日志引用）	日志引用参数应包含被引用 LCB 的相应日志引用属性值
ServiceError（服务错误）	嵌入错误。服务器应用该元素表示请求的服务不成功。当响应消息中出现此元素时，客户端应假定请求被服务器拒绝
UUID	通用唯一识别码用作请求/响应关系的唯一服务识别。UUID 的细节应符合 RFC 4122 的规定。服务器应反映请求消息中收到的 UUID 值，并在响应消息中返回相同数值
AssocID（关联识别码）	关联识别码用于识别关联的源发站——特定客户端。关联识别码应用于识别服务器上已建立的订阅和记录

A.5.8.3 设定 LCB 值

A.5.8.3.1 总则

LCB 的属性与行为应符合 GB/T 30966.3 的定义（参照 IEC 61850-7-2）。

A.5.8.3.2 设定 LCB 值请求

设定 LCB 值请求的服务应定义如下：

```
〈s:element name = "SetLCBValuesRequest"〉
  〈s:complexType〉
    〈s:sequence〉
      〈s:element name = "LCBRef" type = "ews:tControlBlockReference"/〉
      〈s:element name = "LogEna" type = "s:boolean" minOccurs = "0"/〉
      〈s:element name = "DatSet" type = "ews:tDataSetReference" minOccurs = "0"/〉
      〈s:element name = "OptFlds" type = "ews:tOptFldsLCB" minOccurs = "0"/〉
      〈s:element name = "IntgPd" type = "s:unsignedInt" minOccurs = "0"/〉
      〈s:element name = "LogRef" type = "ews:tObjectReference" minOccurs = "0"/〉
    〈/s:sequence〉
    〈s:attribute name = "UUID" type = "ews:tstring36" use = "optional"/〉
    〈s:attribute name = "AssocID" type = ”ews:tAssocID” use = "required"/〉
  〈/s:complexType〉
〈/s:element〉
```

标记名称应按照表 A.59 进行定义。

表 A.59 设定 LCB 值请求

标记名称	说明
SetLCBValuesRequest（设定LCB值请求）	客户端应利用设定 LCB 值服务来设定 LCB 的属性值，该属性值为可见，因此可由提出请求的客户端按引用的逻辑节点访问
LCBRef(LCB 引用)	LCB 引用参数应包含被引用 LCB 的相应 LCB 引用属性值
LogEna(日志允许)	日志允许参数应包含被引用 LCB 的相应日志允许属性值
DatSet(数据集)	数据集引用参数应包含被引用 LCB 的相应 DatSet 属性值
OptFlds(可选字段)	可选字段属性应为需要在本 BRCB 发出报表中采用的客户端指定的可选字段
IntgPd(完整性时段)	完整性时段参数应包含被引用 LCB 的相应完整性时段属性值
LogRef(日志引用)	日志引用参数应包含被引用 LCB 的相应日志引用属性值
UUID	通用唯一识别码用作请求/响应关系的唯一服务识别。UUID 的细节应符合 RFC 4122 的规定
AssocID(关联识别码)	关联识别码用于识别关联的源发站——特定客户端。关联识别码应用于识别服务器上已建立的订阅和记录

A.5.8.3.3 设定 LCB 值响应

设定 LCB 值响应的服务应定义如下：

```
〈s:element name="SetLCBValuesResponse"〉
  〈s:complexType〉
    〈s:sequence〉
      〈s:choice〉
        〈s:element name="Result" type="ews:tResult" minOccurs="0"/〉
        〈s:element name="ServiceError" type="ews:tServiceError" minOccurs="0"
      maxOccurs="1"/〉
      〈/s:choice〉
    〈/s:sequence〉
    〈s:attribute name="UUID" type="ews:tstring36" use="optional"/〉
    〈s:attribute name="AssocID" type="ews:tAssocID" use="required"/〉
  〈/s:complexType〉
〈/s:element〉
```

标记名称应按照表 A.60 进行定义。

表 A.60 设定 LCB 值响应

标记名称	说明
SetLCBValuesResponse（设定LCB值响应）	通过设定 LCB 属性值对请求设定 LCB 值服务的客户端的服务器响应，LCB 属性值为可见、因此可由提出请求的客户端按引用的逻辑节点访问
Result(结果)	简单结果字符串“Ok”，表明设定 LCB 值的请求被接受
ServiceError(服务错误)	嵌入错误。服务器应用该元素表示请求的服务不成功。当响应消息中出现此元素时，客户端应假定请求被服务器拒绝
UUID	通用唯一识别码用作请求/响应关系的唯一服务识别。UUID 的细节应符合 RFC 4122 的规定。服务器应反映请求消息中收到的 UUID 值，并在响应消息中返回相同数值
AssocID(关联识别码)	关联识别码用于识别关联的源发站——特定客户端。关联识别码应用于识别服务器上已建立的订阅和记录

A.5.9 日志类服务映射

A.5.9.1 总则

日志类服务应映射到表 A.61 定义的 Web 服务。GB/T 30966.3—2014 的 A.2 举例说明了如何让日志服务在实践中发挥作用。

表 A.61 日志类服务映射

GB/T 30966.2 IM 类 GB/T 30966.3 IEM 类	GB/T 30966.3 IEM 服务	映射到对象和 Web 服务
LOG(日志)		tLOG
	GetLogStatusValues(读取日志状态值)	GetLogStatusValues(读取日志状态值)
	QueryLogByTime(按时间查询日志)	QueryLogByTime(按时间查询日志)
	QueryLogAfter(查询此后日志)	QueryLogAfter(查询此后日志)

A.5.9.2 读取日志状态值

A.5.9.2.1 读取日志状态值请求

读取日志状态值请求的服务应定义如下：

```
<s:element name="GetLogStatusValuesRequest">
  <s:complexType>
    <s:sequence>
      <s:element name="LogRef" type="ews:tObjectReference"/>
    </s:sequence>
    <s:attribute name="UUID" type="ews:tstring36" use="optional"/>
    <s:attribute name="AssocID" type="ews:tAssocID" use="required"/>
  </s:complexType>
</s:element>
```

标记名称应按照表 A.62 进行定义。

表 A.62 读取日志状态值请求

标记名称	说明
GetLogStatusValuesRequest（读取日志状态值请求）	客户端应利用读取日志状态值服务来检索 LCB 的属性值，该属性值为可见，因此可由提出请求的客户端按引用的逻辑节点访问
LogRef（日志引用）	日志引用属性应为日志的唯一路径名称
UUID	通用唯一识别码用作请求/响应关系的唯一服务识别。UUID 的细节应符合 RFC 4122 的规定
AssocID（关联识别码）	关联识别码用于识别关联的源发站——特定客户端。关联识别码应用于识别服务器上已建立的订阅和记录

A.5.9.2.2 读取日志状态值响应

读取日志状态值响应的服务应定义如下：

```
<s:element name = "GetLogStatusValuesResponse">
<s:complexType>
  <s:choice>
    <s:sequence>
      <s:element name = "OldEntrTm" type = "ews:tTimeStamp"/>
      <s:element name = "NewEntrTm" type = "ews:tTimeStamp"/>
      <s:element name = "OldEntr" type = "s:unsignedInt"/>
      <s:element name = "NewEntr" type = "s:unsignedInt"/>
    </s:sequence>
    <s:element name = "ServiceError" type = "ews:tServiceError" minOccurs = "0" maxOccurs
    = "1"/>
  </s:choice>
  <s:attribute name = "UUID" type = "ews:tstring36" use = "optional"/>
  <s:attribute name = "AssocID" type = ”ews:tAssocID” use = "required"/>
</s:complexType>
</s:element>
```

标记名称应按照表 A.63 进行定义。

表 A.63 读取日志状态值响应

标记名称	说明
GetLogStatusValuesResponse（读取日志状态值响应）	通过检索 LCB 属性值对请求读取日志状态值服务的客户端的服务器响应，LCB 属性值为可见、因此可由提出请求的客户端按引用的逻辑节点访问
OldEntrTm（旧输入时间）	旧输入时间属性应指示最老日志输入项被存储的时间。 **注：** 这里是指输入项被存入日志的时间。此时间不同于输入本身的时间戳，后者表示创建日志输入项的事件发生时间
NewEntrTm（新输入时间）	新输入时间属性应指示最新日志输入项被存储的时间

表 A.63(续)

标记名称	说明
OldEntr(旧输入项)	旧输入项属性应指示日志中现有最先输入项的输入识别码
NewEntr(新输入项)	新输入项属性应指示日志中现有最新输入项的输入识别码
ServiceError(服务错误)	嵌入错误。服务器应用该元素表示请求的服务不成功。当响应消息中出现此元素时,客户端应假定请求被服务器拒绝
UUID	通用唯一识别码用作请求/响应关系的唯一服务识别。UUID 的细节应符合 RFC 4122 的规定。服务器应反映请求消息中收到的 UUID 值,并在响应消息中返回相同数值
AssocID(关联识别码)	关联识别码用于识别关联的源发站——特定客户端。关联识别码应用于识别服务器上已建立的订阅和记录

A.5.9.3 按时间询问日志

A.5.9.3.1 按时间询问日志请求

按时间询问日志请求的服务应定义如下:

```
〈s:element name = "QueryLogByTimeRequest"〉
  〈s:complexType〉
    〈s:sequence〉
      〈s:element name = "LogRef" type = "ews:tObjectReference"/〉
      〈s:element name = "StartTime" type = "ews:tTimeStamp" minOccurs = "0"/〉
      〈s:element name = "StopTime" type = "ews:tTimeStamp" minOccurs = "0"/〉
      〈s:element name = "DataFilter" type = "ews:tFcdFcdaType" minOccurs = "0"
    maxOccurs = "unbounded"/〉
    〈/s:sequence〉
    〈s:attribute name = "UUID" type = "ews:tstring36" use = "optional"/〉
    〈s:attribute name = "AssocID" type = ”ews:tAssocID” use = "required"/〉
  〈/s:complexType〉
〈/s:element〉
```

标记名称应按照表 A.64 进行定义。

表 A.64 按时间询问日志请求

标记名称	说明
QueryLogByTimeRequest(按时间询问日志请求)	客户端应利用按时间询问日志服务来检索日志输入项的范围,该输入项来自 LOG,日志基于时间范围(开始时间和停止时间)
LogRef(日志引用)	日志引用属性应为日志的唯一路径名称
StartTime(开始时间)	开始时间参数应包含检索日志输入项的开始时间。选定的第一个日志输入项应为日志中的第一个输入项,其开始时间要大于等于开始时间。如果没有指定开始时间,日志中包含的第一个日志输入项应为选定发送的第一输入项

表 A.64（续）

标记名称	说明
StopTime(停止时间)	停止时间参数应包含检索日志输入项的停止时间。选定的最后一个日志输入项应为日志中的最后输入项,其停止时间要小于等于停止时间。如果没有指定停止时间,日志中包含的最后日志输入项应为选定的最后输入项
DataFilter(数据筛选器)	数据筛选器指定功能受限数据或功能受限数据属性,其数值须从响应中的日志进行检索。这是一种筛选机制:服务器只应采纳客户端请求间隔中包含有指定数据筛选器引用的日志输入项。如果没有请求数据筛选器,服务器应检索属于被请求间隔的全部日志输入项
UUID	通用唯一识别码用作请求/响应关系的唯一服务识别。UUID 的细节应符合 RFC 4122 的规定
AssocID(关联识别码)	关联识别码用于识别关联的源发站——特定客户端。关联识别码应用于识别服务器上已建立的订阅和记录

A.5.9.3.2 按时间询问日志响应

按时间询问日志响应的服务应定义如下:

```
〈s:element name="QueryLogByTimeResponse"〉
  〈s:complexType〉
    〈s:sequence〉
      〈s:choice〉
        〈s:sequence〉
          〈s:element name="LogEntry" type="ews:tLOGEntry"/〉
        〈/s:sequence〉
          〈s:element name="ServiceError" type="ews:tServiceError" minOccurs="0"
        maxOccurs="1"/〉
      〈/s:choice〉
    〈/s:sequence〉
    〈s:attribute name="UUID" type="ews:tstring36" use="optional"/〉
    〈s:attribute name="AssocID" type="ews:tAssocID" use="required"/〉
  〈/s:complexType〉
〈/s:element〉
```

标记名称应按照表 A.65 进行定义。

表 A.65 按时间询问日志响应

标记名称	说明
QueryLogByTimeResponse(按时间询问日志响应)	针对客户端的服务器响应,客户端通过检索日志输入项来请求按时间询问日志服务,该输入项来自基于时间范围开始时间和停止时间的日志
LogEntry(日志输入)	日志输入参数应引用被选定开始时间的日志输入项,日志输入项应在此开始时间后被选定

表 A.65(续)

标记名称	说明
ServiceError(服务错误)	嵌入错误。服务器应用该元素表示请求的服务不成功。当响应消息中出现此元素时,客户端应假定请求被服务器拒绝
UUID	通用唯一识别码用作请求/响应关系的唯一服务识别。UUID 的细节应符合 RFC 4122 的规定。服务器应反映请求消息中收到的 UUID 值,并在响应消息中返回相同数值
AssocID(关联识别码)	关联识别码用于识别关联的源发站——特定客户端。关联识别码应用于识别服务器上已建立的订阅和记录

A.5.9.4 询问此后日志

A.5.9.4.1 询问此后日志请求

询问此后日志请求的服务应定义如下:

```
<s:element name="QueryLogAfterRequest">
  <s:complexType>
    <s:sequence>
      <s:element name="LogRef" type="ews:tObjectReference"/>
      <s:element name="StartTime" type="ews:tTimeStamp" minOccurs="0"/>
      <s:element name="EntryID" type="s:unsignedInt" minOccurs="0"/>
      <s:element name="DataFilter" type="ews:tFcdFcdaType" minOccurs="0"
    maxOccurs="unbounded"/>
    </s:sequence>
    <s:attribute name="UUID" type="ews:tstring36" use="optional"/>
    <s:attribute name="AssocID" type="ews:tAssocID" use="required"/>
  </s:complexType>
</s:element>
```

标记名称应按照表 A.66 进行定义。

表 A.66 询问此后日志请求

标记名称	说明
QueryLogAfterRequest(询问此后日志请求)	客户端应利用询问此后日志)服务来检索日志输入项的范围,该输入项来自基于识别符范围的被引用日志,识别符的位置在开始时间和输入识别符之后
LogRef(日志引用)	日志引用参数应指定日志对象引用的日志引用
StartTime(开始时间)	开始时间范围参数应包含被选定日志输入项(或若干日志输入项——单一时间戳的多个输入项)的时间
EntryID(输入识别符)	输入识别符参数应引用被选定开始时间的日志输入项,日志输入项应在此开始时间后被选定

表 A.66（续）

标记名称	说　明
DataFilter(数据筛选器)	数据筛选器指定功能受限数据或功能受限数据属性，其数值须从响应中的日志进行检索。这是一种筛选机制：服务器只应采纳客户端请求间隔中包含有指定数据筛选器引用的日志输入项。如果没有请求数据筛选器，服务器应检索属于被请求间隔的全部日志输入项
UUID	通用唯一识别码用作请求/响应关系的唯一服务识别。UUID 的细节应符合 RFC 4122 的规定
AssocID(关联识别码)	关联识别码用于识别关联的源发站——特定客户端。关联识别码应用于识别服务器上已建立的订阅和记录

A.5.9.4.2　询问此后日志响应

询问此后日志响应的服务应定义如下：

```
<s:element name="QueryLogAfterResponse">
  <s:complexType>
    <s:sequence>
      <s:choice>
        <s:sequence>
          <s:element name="LogEntry" type="ews:tLOGEntry"/>
        </s:sequence>
        <s:element name="ServiceError" type="ews:tServiceError" minOccurs="0"
        maxOccurs="unbounded"/>
      </s:choice>
    </s:sequence>
    <s:attribute name="UUID" type="ews:tstring36" use="optional"/>
    <s:attribute name="AssocID" type="ews:tAssocID" use="required"/>
  </s:complexType>
</s:element>
```

标记名称应按照表 A.67 进行定义。

表 A.67　询问此后日志响应

标记名称	说　明
QueryLogAfterResponse(询问此后日志响应)	针对客户端的服务器响应，客户端请求询问此后日志服务来检索日志输入项的范围，该输入项来自基于识别符范围的被引用日志，识别符的位置在开始时间和输入识别符后
LogEntry(日志输入)	日志输入参数应引用被选定开始时间的日志输入项，日志输入项应在此开始时间后被选定
ServiceError(服务错误)	嵌入错误。服务器应用该元素表示请求的服务不成功。当响应消息中出现此元素时，客户端应假定请求被服务器拒绝

表 A.67（续）

标记名称	说明
UUID(通用唯一识别码)	通用唯一识别码用作请求/响应关系的唯一服务识别。UUID 的细节应符合 RFC 4122 的规定。 服务器应反映请求消息中收到的 UUID 值，并在响应消息中返回相同数值
AssocID(关联识别码)	关联识别码用于识别关联的源发站——特定客户端。关联识别码应用于识别服务器上已建立的订阅和记录

A.5.10 控制类服务映射

A.5.10.1 总则

控制模型提供了通过客户端变更内外部过程状态的具体方法。控制模型只适用于具有控制模型属性的**数据**。该**数据**被称为“控制对象”。

控制模型由以下内容组成：

——关于服务的规定；

——状态机描述的行为。

控制模型定义了下列服务：

——选择；

——用数值选择；

——取消；

——操作；

——命令终止；

——时间激活操作。

控制对象和控制对象状态机的属性与行为应符合 GB/T 30966.3 的定义(参照 IEC 61850-7-2)。

控制类服务应映射到表 A.68 定义的 Web 服务。

表 A.68 控制类服务映射

GB/T 30966.2 IM 类 GB/T 30966.3 IEM 类	GB/T 30966.3 IEM 服务	映射到对象和 Web 服务
CONTROL(控制)		
	Select(选择)	Select(选择)
	SelectWithValue(按数值选择)	SelectWithValue(按数值选择)
	Cancel(取消)	Cancel(取消)
	Operate(操作)	Operate(操作)
	CommandTermination(命令终止)	CommandTermination(命令终止)
	TimeActivatedOperate(时间激活操作)	TimeActivatedOperate(时间激活操作)

A.5.10.2 选择

选择服务定义如下：

A.5.10.2.1 选择请求

```
<s:element name="SelectRequest">
  <s:complexType>
    <s:sequence>
      <s:element name="ControlObjectRef" type=" ews:tDAReference "/>
    </s:sequence>
    <s:attribute name="UUID" type="ews:tstring36" use="optional"/>
    <s:attribute name="AssocID" type="ews:tAssocID" use="required"/>
  </s:complexType>
</s:element>
```

标记名称应按照表 A.69 进行定义。

表 A.69 选择请求

标记名称	说明
SelectRequest(选择请求)	客户端应发出选择请求,内容包括在被引用逻辑节点中客户端能接触到的有效控制对象
ControlObjectRef(控制对象引用)	控制对象引用参数应包含要被访问的可控数据的对象引用
UUID	通用唯一识别码用作请求/响应关系的唯一服务识别。UUID 的细节应符合 RFC 4122 的规定
AssocID(关联识别码)	关联识别码用于识别关联的源发站——特定客户端。关联识别码应用于识别服务器上已建立的订阅和记录

A.5.10.2.2 选择响应

```
<s:element name="SelectResponse">
  <s:complexType>
    <s:sequence>
      <s:element name="ControlObjectRef" type=" ews:tDAReference "/>
      <s: element  name =" ServiceError "  type =" ews: tServiceError "  minOccurs =" 0 "
  maxOccurs="1"/>
    </s:sequence>
    <s:attribute name="UUID" type="ews:tstring36" use="optional"/>
    <s:attribute name="AssocID" type="ews:tAssocID" use="required"/>
  </s:complexType>
</s:element>
```

标记名称应按照表 A.70 进行定义。

表 A.70 选择响应

标记名称	说明
SelectRespons(选择响应)	服务器应采用关联控制对象对选择请求做出响应,其做法是确定客户端是否有适当的访问权限,确定控制对象目前未被不同的客户端选定,通过关联逻辑节点表示的设备可操作而且不带限制操作的标记。 如果选择操作无效,控制对象应向提出请求的客户端发出消极响应。 如果选择操作有效,控制对象应向提出请求的客户端发出积极响应,将状态改为就绪,并启动取消选择定时程序,时间间隔由选择超时属性定义或(如未实施)由某个局部确定的时限来定义
ControlObjectRef(控制对象引用)	控制对象引用参数应包含要被访问的可控数据的对象引用
ServiceError(服务错误)	嵌入错误。服务器应用该元素表示请求的服务不成功。当响应消息中出现此元素时,客户端应假定请求被服务器拒绝
UUID	通用唯一识别码用作请求/响应关系的唯一服务识别。UUID 的细节应符合 RFC 4122 的规定。服务器应反映请求消息中收到的 UUID 值,并在响应消息中返回相同数值
AssocID(关联识别码)	关联识别码用于识别关联的源发站——特定客户端。关联识别码应用于识别服务器上已建立的订阅和记录

A.5.10.3 按数值选择

按数值选择服务定义如下:

A.5.10.3.1 按数值选择请求

```
<s:element name="SelectWithValueRequest">
  <s:complexType>
    <s:sequence>
      <s:element name="ControlObjectRef" type=" ews:tDAReference "/>
      <s:element name="Value" type=" ews:tControlValue "/>
      <s:element name="T" type=" ews:tTimeStamp "/>
      <s:element name="Test" type=" s:boolean "/>
      <s:element name="Check" type=" ews:tCheck "/>
    </s:sequence>
    <s:attribute name="UUID" type="ews:tstring36" use="optional"/>
    <s:attribute name="AssocID" type="ews:tAssocID" use="required"/>
  </s:complexType>
</s:element>
```

标记名称应按照表 A.71 进行定义。

表 A.71 按数值选择请求

标记名称	说 明
SelectWithValueRequest(按数值选择请求)	客户端应发出按数值选择请求,内容包括在被引用逻辑节点中客户端能接触到的有效控制对象
ControlObjectRef(控制对象引用)	控制对象引用参数应包含要被访问的可控数据的对象引用
Value(数值)	如果客户端提出请求,"数值"参数应包含服务的特定值
T(时间)	"时间"参数应包含服务被请求的时间
Test(试验)	"试验"参数应通过数值真指示不得将消息数值用于运行目的
Check(校核)	在操作过程中从一种状态变为下一种状态的过程应通过参数校核来控制。校核条件可由服务参数(如:同步校核)指定。除了由服务参数指定的校核条件外,控制对象还可进行附加校核
UUID	通用唯一识别码用作请求/响应关系的唯一服务识别。UUID 的细节应符合 RFC 4122 的规定
AssocID(关联识别码)	关联识别码用于识别关联的源发站——特定客户端。关联识别码应用于识别服务器上已建立的订阅和记录

A.5.10.3.2 按数值选择响应

```
<s:element name = "SelectWithValueResponse">
  <s:complexType>
    <s:sequence>
      <s:element name = "ControlObjectRef" type = " ews:tDAReference "/>
      <s:element name = "Value" type = " ews:tControlValue "/>
      <s:element name = "T" type = " ews:tTimeStamp "/>
      <s:element name = "Test" type = " s:boolean "/>
      <s: element name = " AddCause" type = " ews: tAddCause" minOccurs = " 0" maxOccurs
  = "1"/>
    </s:sequence>
    <s:attribute name = "UUID" type = "ews:tstring36" use = "optional"/>
    <s:attribute name = "AssocID" type = ”ews:tAssocID” use = "required"/>
  </s:complexType>
</s:element>
```

标记名称应按照表 A.72 进行定义。

表 A.72　按数值选择响应

标记名称	说　明
SelectWithValueResponse (按数值选择响应)	当服务器收到按数值选择请求时,控制对象应确定客户端是否有适当的访问权限,确定控制对象目前未被不同的客户端选定,表现为关联逻辑节点表示的设备可操作而且不带限制操作。 如果按数值选择操作无效,控制对象应向提出请求的客户端发出消极响应。 如果按数值选择操作有效,控制对象应向提出请求的客户端发出积极响应,将状态改为就绪并启动取消选定定时程序,时间间隔由 sbo 超时属性定义或(如未实施)由某个当地确定的时限定义
ControlObjectRef(控制对象引用)	控制对象引用参数应包含要被访问的可控数据的对象引用
Value(数值)	如果客户端提出请求,数据参数应包含服务的特定值
T(时间)	“时间”参数应包含服务被请求的时间
Test(试验)	“试验”参数应通过数值真指示不得将消息数值用于运行目的
AddCause(添加理由)	添加理由参数应在控制服务响应失效时查找原因。数值范围如下: ——实例不存在; ——实例在使用; ——访问违规; ——当前状态不允许访问; ——参数值不恰当; ——参数值不一致; ——类别不被支持; ——实例被其他客户端锁定; ——控制应被选定; ——类型冲突; ——因通信限制而失败; ——因服务器限制而失败; ——应用无法实现; ——连接丢失; ——没有内存; ——没有处理器资源; ——被开关分级锁定; ——选择失败; ——无效位置; ——位置实现; ——参数更改在实施; ——命令已在执行; ——步骤限制; ——被模式锁定; ——被过程锁定; ——被联锁锁定; ——被同步校核锁定; ——被健康锁定; ——n 项控制之一;

表 A.72(续)

标记名称	说明
AddCause(添加理由)	——因取消而中止; ——时间限制结束; ——因跳闸而中止; ——不详; ——不被支持
UUID	通用唯一识别码用作请求/响应关系的唯一服务识别。UUID 的细节应符合 RFC 4122 的规定。服务器应反映请求消息中收到的 UUID 值,并在响应消息中返回相同数值
AssocID(关联识别码)	关联识别码用于识别关联的源发站——特定客户端。关联识别码应用于识别服务器上已建立的订阅和记录

A.5.10.4 取消

取消服务定义如下:

A.5.10.4.1 取消请求

```
<s:element name="CancelRequest">
  <s:complexType>
    <s:sequence>
      <s:element name="ControlObjectRef" type=" ews:tDAReference "/>
      <s:element name="Value" type=" ews:tControlValue "/>
      <s:element name="T" type=" ews:tTimeStamp "/>
      <s:element name="Test" type=" s:boolean "/>
    </s:sequence>
    <s:attribute name="UUID" type="ews:tstring36" use="optional"/>
    <s:attribute name="AssocID" type="ews:tAssocID" use="required"/>
  </s:complexType>
</s:element>
```

标记名称应按照表 A.73 进行定义。

表 A.73 取消请求

标记名称	说明
CancelRequest(取消请求)	当需要撤消操作服务选择时,客户端应请求“取消”服务
ControlObjectRef(控制对象引用)	控制对象引用参数应包含要被访问的可控数据的对象引用
Value(数值)	如果客户端提出请求,数据参数应包含服务的特定值
T(时间)	“时间”参数应包含服务被请求的时间
Test(试验)	“试验”参数应通过数值真指示不得将消息数值用于运行目的

表 A.73（续）

标记名称	说明
UUID	通用唯一识别码用作请求/响应关系的唯一服务识别。UUID 的细节应符合 RFC 4122 的规定
AssocID(关联识别码)	关联识别码用于识别关联的源发站——特定客户端。关联识别码应用于识别服务器上已建立的订阅和记录

A.5.10.4.2 取消响应

```
〈s:element name = "CancelResponse"〉
  〈s:complexType〉
    〈s:sequence〉
      〈s:element name = "ControlObjectRef" type = " ews:tDAReference "/〉
      〈s:element name = "Value" type = " ews:tControlValue "/〉
      〈s:element name = "T" type = " ews:tTimeStamp "/〉
      〈s:element name = "Test" type = " s:boolean "/〉
      〈s:element name = "AddCause" type = "ews:tAddCause" minOccurs = "0" maxOccurs
= "1"/〉
    〈/s:sequence〉
    〈s:attribute name = "UUID" type = "ews:tstring36" use = "optional"/〉
    〈s:attribute name = "AssocID" type = "ews:tAssocID" use = "required"/〉
  〈/s:complexType〉
〈/s:element〉
```

标记名称应按照表 A.74 进行定义。

表 A.74 取消响应

标记名称	说明
CancelResponse(取消响应)	当撤消操作服务选择操作完成或因为带有添加理由参数而被拒绝时，服务器应发出“取消”响应
ControlObjectRef(控制对象引用)	控制对象引用参数应包含要被访问的可控数据的对象引用
Value(数值)	如果客户端提出请求，数据参数应包含服务的特定值
T(时间)	“时间”参数应包含服务被请求的时间
Test(试验)	“试验”参数应通过数值真指示不得将消息数值用于运行目的
AddCause(添加理由)	添加理由参数应在控制服务响应失效时查找原因。数值范围如下： ——实例不存在； ——实例在使用； ——访问违规； ——当前状态不允许访问； ——参数值不恰当； ——参数值不一致；

表 A.74（续）

标记名称	说明
AddCause(添加理由)	——类别不被支持； ——实例被其他客户端锁定； ——控制应被选定； ——类型冲突； ——因通信限制而失败； ——因服务器限制而失败； ——应用无法实现； ——连接丢失； ——没有内存； ——没有处理器资源； ——被开关分级锁定； ——选择失败； ——无效位置； ——位置实现； ——参数更改在实施； ——命令已在执行； ——步骤限制； ——被模式锁定； ——被过程锁定； ——被联锁锁定； ——被同步校核锁定； ——被健康锁定； ——n 项控制之一； ——因取消而中止； ——时间限制结束； ——因跳闸而中止； ——不详； ——不被支持
UUID	通用唯一识别码用作请求/响应关系的唯一服务识别。UUID 的细节应符合 RFC 4122 的规定。服务器应反映请求消息中收到的 UUID 值，并在响应消息中返回相同数值
AssocID(关联识别码)	关联识别码用于识别关联的源发站——特定客户端。关联识别码应用于识别服务器上已建立的订阅和记录

A.5.10.5 操作

操作服务定义如下：

A.5.10.5.1 操作请求

```
<s:element name="OperateRequest">
  <s:complexType>
```

```
    <s:sequence>
      <s:element name="ControlObjectRef" type=" ews:tDAReference "/>
      <s:element name="Value" type=" ews:tControlValue "/>
      <s:element name="T" type=" ews:tTimeStamp "/>
      <s:element name="Test" type=" s:boolean "/>
      <s:element name="Check" type=" ews:tCheck "/>
    </s:sequence>
    <s:attribute name="UUID" type="ews:tstring36" use="optional"/>
    <s:attribute name="AssocID" type="ews:tAssocID" use="required"/>
  </s:complexType>
</s:element>
```

标记名称应按照表 A.75 进行定义。

表 A.75 操作请求

标记名称	说明
OperateRequest(操作请求)	需要操作服务时,客户端应请求包括控制对象引用的“操作”服务
ControlObjectRef(控制对象引用)	控制对象引用参数应包含要被访问的可控数据的对象引用
Value(数值)	如果客户端提出请求,数据参数应包含服务的特定值
T(时间)	“时间”参数应包含服务被请求的时间
Test(试验)	“试验”参数应通过数值真指示不得将消息数值用于运行目的
Check(校核)	在操作过程中从一种状态向下一种状态的变化应由参数校核来控制。校核条件可由服务参数(如:同步校核)指定。除了由服务参数指定的校核条件外,控制对象还可进行附加校核
UUID	通用唯一识别码用作请求/响应关系的唯一服务识别。UUID 的细节应符合 RFC 4122 的规定
AssocID(关联识别码)	关联识别码用于识别关联的源发站——特定客户端。关联识别码应用于识别服务器上已建立的订阅和记录

A.5.10.5.2 操作响应

```
<s:element name="OperateResponse">
  <s:complexType>
    <s:sequence>
      <s:element name="ControlObjectRef" type=" ews:tDAReference "/>
      <s:element name="Value" type=" ews:tControlValue "/>
      <s:element name="T" type=" ews:tTimeStamp "/>
      <s:element name="Test" type=" s:boolean "/>
      <s:element name="AddCause" type="ews:tAddCause" minOccurs="0" maxOccurs
="1"/>
    </s:sequence>
    <s:attribute name="UUID" type="ews:tstring36" use="optional"/>
```

```
    <s:attribute name="AssocID" type="ews:tAssocID" use="required"/>
  </s:complexType>
</s:element>
```

标记名称应按照表 A.76 进行定义。

表 A.76 操作响应

标记名称	说明
OperateResponse(操作响应)	当服务完成或因为带有添加理由参数而被拒绝时,服务器应发出“操作”响应
ControlObjectRef(控制对象引用)	控制对象引用参数应包含要被访问的可控数据的对象引用
Value(数值)	如果客户端提出请求,数据参数应包含服务的特定值
T(时间)	“时间”参数应包含服务被请求的时间
Test(试验)	“试验”参数应通过数值真指示不得将消息数值用于运行目的
AddCause(添加理由)	添加理由参数应在控制服务响应失效时查找原因。数值范围如下: ——实例不存在; ——实例在使用; ——访问违规; ——当前状态不允许访问; ——参数值不恰当; ——参数值不一致; ——类别不被支持; ——实例被其他客户端锁定; ——控制应被选定; ——类型冲突; ——因通信限制而失败; ——因服务器限制而失败; ——应用无法实现; ——连接丢失; ——没有内存; ——没有处理器资源; ——被开关分级锁定; ——选择失败; ——无效位置; ——位置实现; ——参数更改在实施; ——命令已在执行; ——步骤限制; ——被模式锁定; ——被过程锁定; ——被联锁锁定; ——被同步校核锁定; ——被健康锁定; ——*n* 项控制之一; ——因取消而中止; ——时间限制结束; ——因跳闸而中止; ——不详; ——不被支持

表 A.76（续）

标记名称	说　明
UUID	通用唯一识别码用作请求/响应关系的唯一服务识别。UUID 的细节应符合 RFC 4122 的规定。服务器应反映请求消息中收到的 UUID 值，并在响应消息中返回相同数值
AssocID(关联识别码)	关联识别码用于识别关联的源发站——特定客户端。关联识别码应用于识别服务器上已建立的订阅和记录

A.5.10.6　命令终止

命令终止服务应定义如下：

A.5.10.6.1　命令终止请求

```
〈s:element name="CommandTerminationRequest"〉
  〈s:complexType〉
    〈s:sequence〉
      〈s:element name="ControlObjectRef" type="ews:tDAReference"/〉
      〈s:element name="T" type="ews:tTimeStamp"/〉
      〈s:element name="Test" type="s:boolean"/〉
    〈/s:sequence〉
      〈s:attribute name="UUID" type="ews:tstring36" use="optional"/〉
      〈s:attribute name="AssocID" type="ews:tAssocID" use="required"/〉
  〈/s:complexType〉
〈/s:element〉
```

标记名称应按照表 A.77 进行定义。

表 A.77　命令终止请求

标记名称	说　明
CommandTerminationRequest(命令终止请求)	需要终结以前的命令时，客户端应请求包括控制对象引用的命令终止服务
ControlObjectRef(控制对象引用)	控制对象引用参数应包含要被访问的可控数据的对象引用
T(时间)	“时间”参数应包含服务被请求的时间
Test(试验)	“试验”参数应通过数值真指示不得将消息数值用于运行目的
UUID	通用唯一识别码用作请求/响应关系的唯一服务识别。UUID 的细节应符合 RFC 4122 的规定
AssocID(关联识别码)	关联识别码用于识别关联的源发站——特定客户端。关联识别码应用于识别服务器上已建立的订阅和记录

A.5.10.6.2 命令终止响应

```
<s:element name="CommandTerminationResponse">
  <s:complexType>
   <s:sequence>
     <s:element name="ControlObjectRef" type="ews:tDAReference"/>
     <s:element name="T" type="ews:tTimeStamp"/>
     <s:element name="Test" type="s:boolean"/>
     <s:element name="AddCause" type="ews:tAddCause" minOccurs="0" maxOccurs="1"/>
  </s:sequence>
      <s:attribute name="UUID" type="ews:tstring36" use="optional"/>
      <s:attribute name="AssocID" type="ews:tAssocID" use="required"/>
  </s:complexType>
</s:element>
```

标记名称应按照表 A.78 进行定义。

表 A.78 命令终止响应

标记名称	说明
CommandTerminationResponse（命令终止响应）	当服务完成或因为带有添加理由参数而被拒绝时，服务器应发出命令终止响应
ControlObjectRef（控制对象引用）	控制对象引用参数应包含要被访问的可控数据的对象引用
T（时间）	“时间”参数应包含服务被请求的时间
Test（试验）	“试验”参数应通过数值真指示不得将消息数值用于运行目的
AddCause（添加理由）	添加理由参数应在控制服务响应失效时查找原因。数值范围如下： ——实例不存在； ——实例在使用； ——访问违规； ——当前状态不允许访问； ——参数值不恰当； ——参数值不一致； ——类别不被支持； ——实例被其他客户端锁定； ——控制应被选定； ——类型冲突； ——因通信限制而失败； ——因服务器限制而失败； ——应用无法实现； ——连接丢失； ——没有内存； ——没有处理器资源； ——被开关分级锁定； ——选择失败； ——无效位置；

表 A.78（续）

标记名称	说明
AddCause(添加理由)	——位置实现； ——参数更改在实施； ——命令已在执行； ——步骤限制； ——被模式锁定； ——被过程锁定； ——被联锁锁定； ——被同步校核锁定； ——被健康锁定； ——n 项控制之一； ——因取消而中止； ——时间限制结束； ——因跳闸而中止； ——不详； ——不被支持
UUID	通用唯一识别码用作请求/响应关系的唯一服务识别。UUID 的细节应符合 RFC 4122 的规定。服务器应反映请求消息中收到的 UUID 值,并在响应消息中返回相同数值
AssocID(关联识别码)	关联识别码用于识别关联的源发站——特定客户端。关联识别码应用于识别服务器上已建立的订阅和记录

A.5.10.7 时间激活操作

时间激活操作服务应定义如下：

A.5.10.7.1 时间激活操作请求

```
〈s:element name="TimeActivateOperateRequest"〉
  〈s:complexType〉
    〈s:sequence〉
      〈s:element name="ControlObjectRef" type=" ews:tDAReference "/〉
      〈s:element name="Value" type=" ews:tControlValue "/〉
      〈s:element name="T" type=" ews:tTimeStamp "/〉
      〈s:element name="Test" type=" s:boolean "/〉
      〈s:element name="Check" type=" ews:tCheck "/〉
    〈/s:sequence〉
    〈s:attribute name="UUID" type="ews:tstring36" use="optional"/〉
    〈s:attribute name="AssocID" type="ews:tAssocID" use="required"/〉
  〈/s:complexType〉
〈/s:element〉
```

标记名称应按照表 A.79 进行定义。

表 A.79 时间激活操作请求

标记名称	说明
TimeActivatedOperateRequest (时间激活操作请求)	客户端应发出时间激活操作请求,内容包括对被引用逻辑节点有效的控制对象引用
ControlObjectRef(控制对象引用)	控制对象引用参数应包含要被访问的可控数据的对象引用
Value(数值)	如果客户端提出请求,数据参数应包含服务的特定值
T(时间)	"时间"参数应包含服务被请求的时间
Test(试验)	"试验"参数应通过数值真指示不得将消息数值用于运行目的
Check(校核)	在操作过程中从一种状态向下一种状态的变化应由参数校核来控制。校核条件可由服务参数(如:同步校核)指定。除了由服务参数指定的校核条件外,控制对象还可实施附加校核
UUID	通用唯一识别码用作请求/响应关系的唯一服务识别。UUID 的细节应符合 RFC 4122 的规定
AssocID(关联识别码)	关联识别码用于识别关联的源发站——特定客户端。关联识别码应用于识别服务器上已建立的订阅和记录

A.5.10.7.2 时间激活操作响应

```
〈s:element name = "TimeActivateOperateResponse"〉
  〈s:complexType〉
    〈s:sequence〉
        〈s:element name = "ControlObjectRef" type = " ews:tDAReference "/〉
        〈s:element name = "Value" type = " ews:tControlValue "/〉
        〈s:element name = "T" type = " ews:tTimeStamp "/〉
        〈s:element name = "Test" type = " s:boolean "/〉
     〈s:choice〉
        〈s:element name = "TimOperRsp" type = "ews:tTimOperRsp"/〉
        〈s:element name = "AddCause" type = "ews:tAddCause"/〉
     〈/s:choice〉
    〈/s:sequence〉
    〈s:attribute name = "UUID" type = "ews:tstring36" use = "optional"/〉
    〈s:attribute name = "AssocID" type = ”ews:tAssocID” use = "required"/〉
  〈/s:complexType〉
〈/s:element〉
```

标记名称应按照表 A.80 进行定义。

表 A.80　时间激活操作响应

标记名称	说　　明
TimeActivatedOperateResponse (时间激活操作响应)	当服务完成或因为带有添加理由参数而被拒绝时，服务器应发出时间激活操作响应
ControlObjectRef(控制对象引用)	控制对象引用参数应包含要被访问的可控数据的对象引用
Value(数值)	如果客户端提出请求，数据参数应包含服务的特定值
T(时间)	“时间”参数应包含服务被请求的时间
Test(试验)	“试验”参数应通过数值真指示不得将消息数值用于运行目的
AddCause(添加理由)	添加理由参数应在控制服务响应失效时查找原因。数值范围如下： ——实例不存在； ——实例在使用； ——访问违规； ——当前状态不允许访问； ——参数值不恰当； ——参数值不一致； ——类别不被支持； ——实例被其他客户端锁定； ——控制应被选定； ——类型冲突； ——因通信限制而失败； ——因服务器限制而失败； ——应用无法实现； ——连接丢失； ——没有内存； ——没有处理器资源； ——被开关分级锁定； ——选择失败； ——无效位置； ——位置实现； ——参数更改在实施； ——命令已在执行； ——步骤限制； ——被模式锁定； ——被过程锁定； ——被联锁锁定； ——被同步校核锁定； ——被健康锁定； ——n 项控制之一； ——因取消而中止； ——时间限制结束； ——因跳闸而中止； ——不详； ——不被支持

表 A.80（续）

标记名称	说明
TimeOperRsp(时间操作响应)	时间操作响应参数应规定针对时间被激活操作的响应细节。时间操作响应为枚举型,可具有定时程序被激活|命令被执行的相关数值
UUID	通用唯一识别码用作请求/响应关系的唯一服务识别。UUID 的细节应符合 RFC 4122 的规定。服务器应反映请求消息中收到的 UUID 值,并在响应消息中返回相同数值
AssocID(关联识别码)	关联识别码用于识别关联的源发站——特定客户端。关联识别码应用于识别服务器上已建立的订阅和记录

A.6 协议栈细节

为了符合此映射,应使用表 A.81 中给出的协议栈选项。

TCP 协议应为基本传输层协议,用于 Web 服务映射的 IP 应为基本网络层协议。有关数据链路层和物理层的规范属于实施方面的内容,不在 IEC 61400-25 范围之内。

表 A.81 协议栈选项

OSI 模型层	规范			M/O
	名称	服务规范	协议规范	
应用层	Web 服务	**Web 服务结构,** http://www.w3.org/TR/2002/WD-wsarch-20021114/20021114/		M
	SOAP	SOAP 1.1 版		M
	HTTP ver 1.1	RFC 2616, RFC 2817		M
	SSL/TLS ver. 1.0	RFC 2246		O
表示层	—	—		
会话层	—	—		
传输层	传输控制协议	RFC 793		M
网络层	互联网协议 IP 版本 4(ICMPv4)或 IP 版本 6(ICMPv6)	RFC 792, RFC 791		M
	以太网地址解析协议(ARP)	RFC 826		M
	广播互联网数据包	RFC 922 RFC 950 RFC 919		M
	IP 多点传送主机扩展	RFC 1112		M
数据链路层	属于实施方面的内容,不在 IEC 61400-25 范围之内			—
物理层	属于实施方面的内容,不在 IEC 61400-25 范围之内			—

A.7 定义及面向 Web 服务映射的 WSDL 规范

有关面向 Web 服务映射的 WSDL 规范应按照以下文字内容定义。用于 WSDL 描述的形式为文字/包装式。

现行 WSDL 文件中规定的所有统一资源定位器均为了引用在服务中使用的名字空间。

WSDL 文件是针对 Web 服务工具包中代码生成工具的输入文件，工具包生成的代码可由程序员与工具包库一起使用，以执行不同的消息。

为了方便用户，本文件中收入了包含 A.7 中文本的文件。

本条中给出的 WSDL 文件文本包括了各项定义和映射。客户端-服务器关联中没有通过线路传输的定义部分，在下面给出的 WSDL 文件中以报文的形式显示。

```
〈? xml version = "1.0" encoding = "UTF-8"?〉
〈definitions xmlns:ews = "http://iec.ch/61400/ews/1.0/"
    xmlns:soap = "http://schemas.xmlsoap.org/wsdl/soap/"
    xmlns:s = "http://www.w3.org/2001/XMLSchema"
    xmlns = "http://schemas.xmlsoap.org/wsdl/"
    targetNamespace = "http://iec.ch/61400/ews/1.0/"〉
  〈types〉
    〈s:schema targetNamespace = "http://iec.ch/61400/ews/1.0/"
      xmlns:soap = "http://schemas.xmlsoap.org/wsdl/soap/"
      xmlns:sc = "http://www.w3.org/2001/XMLSchema"
      xmlns:ews = "http://iec.ch/61400/ews/1.0/"
      elementFormDefault = "qualified"〉
    〈! --
      IEC61400-25-4 WSDL File, Version 2.9, dated 05.03.2008/KJO
    --〉
    〈! --
    Reference document: IEC 61400-24-4; FDIS, Annex A.7.
    The WSDL file defined below includes only the Web Services transmitted.
    The text given in IEC 61400-25-4, Annex A.7 includes all service descriptions and defini-
    tions given as comments.
    Naming conventions used in this Schema:
      Schema type names start with small letter t(example: tObjectName)
      File validated until now with WSDL the follwing tools:
         GSOAP AXIS2Java
         AltovaXMLSpy
         WSDL2py
         WSDL2dispatch
    Revision history:
    17.10.2006-KJO-yellow remarks clarified and corrections made accordingly.
    26.10.2006-KJO-editorial corrections and technical corrections based on input from
    several contributors
    30.10.2006-KJO-correction made by Keld after checking with Eclipse editor
```

06.11.2006-KJO-Abort functionality added including a service error named "connection-lost"

14.11.2006-KJO-correction of editorial errors and section reorganizing in order to follow the clause structure.

16.02.2007-KJO-correction of excessive spaces in line 822, 917

14.03.2007-KJO-correction of inputs given at the PT25 meeting in Frankfurt:

11.09. 2007-KJO-corrections according to actions agreed at the PT25 meeting in Bergen June 2007

22.09.2007-KJO-typo error "teype" in line 1377 corrected

28.09.2007-KJO-typo errors in line 526 is corrected and sequence and boundary is removed in GetDataValueRequest.

06.10.2007-KJO-Correction of ReportRequest and ReportResponse services according to corrections made in clause

5.7.7.3 and 5.7.74.

11.11.2007-KJO-correction in definition of tControlValue-element “operTm” is added

12.11.2007-KJO-XML Schema hexBinary is used instead of the data type tHexString-definition removed, tObjectName maxLength value changed to 64

30.11.2007-KJO-correction in line 618-Int26U corrected to Int24U; correction in line 577-"ews:" prefix added before the data type tTimeStamp.

20.01.2008-KR-correction in "tTimeStamp" definition TimeAccuracy shall be used instead of TimeQuality; a sequence is introduced in "GetDataValuesRequest" definition; "tControlValue" definition spelling error in tTimeStamp corrected.

05.03.2008-KJO-"ServiceError" element is introduced in specification of the SelectResponse service.

--〉

〈! --

Information Model(IEC 61850-25-2) data type definitions

--〉

〈s:simpleType name = "tObjectName"〉

〈s:annotation〉

〈s:documentation〉Name of an instance of a class of a single hierarchy level〈/s:documentation〉

〈/s:annotation〉

〈s:restriction base = "s:string"〉

〈s:maxLength value = "64"/〉

〈/s:restriction〉

〈/s:simpleType〉

〈! -- --〉

〈s:simpleType name = "tObjectReference"〉

〈s:annotation〉

〈s:documentation〉ObjectReference comprises the whole path-name of an instance of a class that identifies the instance uniquely〈/s:documentation〉

〈/s:annotation〉

〈s:restriction base = "s:string"〉

```
      <s:maxLength value = "255"/>
    </s:restriction>
  </s:simpleType>
    <! --   -->
<s:simpleType name = "tLogicalDeviceReference">
  <s:restriction base = "ews:tObjectReference">
    <s:pattern value = "\p{L}[\d,\p{L},_]* "/>
  </s:restriction>
</s:simpleType>
<! --  -->
<s:simpleType name = "tLogicalNodeReference">
 <s:restriction base = "ews:tObjectReference">
  <s:pattern value = "\p{L}[\d,\p{L},_]* /[\p{L},_]* [\d]* "/>
 </s:restriction>
</s:simpleType>
<! --  -->
<s:simpleType name = "tDAReference">
 <s:restriction base = "ews:tObjectReference">
  <s:pattern value = "\p{L}[\d,\p{L},_]* /[\p{L},_]* [\d]* .[\p{L},_,.]* "/>
 </s:restriction>
</s:simpleType>
<! --  -->
<s:simpleType name = "tControlBlockReference">
  <s:restriction base = "ews:tObjectReference">
   <s:pattern value = "\p{L}[\d,\p{L},_]* /[\p{L},_]* [\d]* .[\p{L},_]"/>
    </s:restriction>
  </s:simpleType>
  <! -- -->
<s:simpleType name = "tDataSetReference">
<s:restriction base = "ews:tObjectReference">
 <s:pattern value = "\p{L}[\d,\p{L},_]* /[\p{L},_]* [\d]* .[\p{L}]* |@[\p{L},_]* "/>
 </s:restriction>
</s:simpleType>
<! -- -->
<s:simpleType name = "tInt24">
 <s:restriction base = "s:integer">
    <s:minInclusive value = "-8388608"/>
    <s:maxInclusive value = "8388607"/>
 </s:restriction>
</s:simpleType>
<! -- -->
<s:simpleType name = "tInt24u">
```

```
<s:restriction base="s:integer">
  <s:minInclusive value="0"/>
  <s:maxInclusive value="16777215"/>
</s:restriction>
</s:simpleType>
<!---->
<s:simpleType name="tInt32">
  <s:restriction base="s:integer">
    <s:minInclusive value="-4294967296"/>
    <s:maxInclusive value="4294967295"/>
  </s:restriction>
</s:simpleType>
<!---->
<s:simpleType name="tInt32u">
  <s:restriction base="s:integer">
    <s:minInclusive value="0"/>
    <s:maxInclusive value="4294967295"/>
  </s:restriction>
</s:simpleType>
<!---->
<s:simpleType name="tstring36">
  <s:restriction base="s:string">
    <s:maxLength value="36"/>
  </s:restriction>
</s:simpleType>
<!---->
<s:simpleType name="tstring65">
  <s:restriction base="s:string">
    <s:maxLength value="65"/>
  </s:restriction>
</s:simpleType>
<!---->
<s:simpleType name="tOctetString64">
  <s:restriction base="s:hexBinary">
    <s:maxLength value="64"/>
    <s:minLength value="0"/>
  </s:restriction>
</s:simpleType>
<!---->
<s:simpleType name="tEntryID">
  <s:restriction base="s:hexBinary">
    <s:maxLength value="8"/>
  </s:restriction>
```

```
〈/s:simpleType〉
〈! --    --〉
〈! -- TimeStamp --〉
〈! --    --〉
〈s:simpleType name = "tTimeAccuracy"〉
  〈s:annotation〉
    〈s:documentation〉LSK = LeapSecondsKnown, CF = Clock Failure, CNS = ClockNotSunchro-
nised, TA = Time Accuracy〈/s:documentation〉
  〈/s:annotation〉
  〈s:restriction base = "s:integer"〉
    〈s:minInclusive value = "0"/〉
    〈s:maxInclusive value = "31"/〉
  〈/s:restriction〉
〈/s:simpleType〉
〈! -- --〉
  〈s:complexType name = "tTimeStamp"〉
    〈s:annotation〉
      〈s:documentation〉SecSE = SecondsSinceEpoch, FracOfSec = FractionsOfSecond, Tq =
TimeAccuracy〈/s:documentation〉
    〈/s:annotation〉
      〈s:attribute name = "SecSE" type = "s:unsignedInt" use = "required"/〉
      〈s:attribute name = "FracOfSec" type = "ews:tInt24u" use = "required"/〉
      〈s:attribute name = "TA" type = "ews:tTimeAccuracy" use = "required"/〉
      〈s:attribute name = "LSK" type = "s:boolean" use = "optional " default = "false"/〉
      〈s:attribute name = "CF" type = "s:boolean" use = "optional" default = "false"/〉
      〈s:attribute name = "CNS" type = "s:boolean" use = "optional" default = "false"/〉
  〈/s:complexType〉
  〈! -- --〉
  〈! -- Quality --〉
  〈! -- --〉
  〈s:simpleType name = "tValidity"〉
    〈s:restriction base = "s:string"〉
      〈s:enumeration value = "good"/〉
      〈s:enumeration value = "invalid"/〉
      〈s:enumeration value = "reserved"/〉
      〈s:enumeration value = "questionable"/〉
    〈/s:restriction〉
  〈/s:simpleType〉
  〈! -- --〉
  〈s:complexType name = "tDetailQual"〉
      〈s:attribute name = "overflow" type = "s:boolean" default = "false"/〉
```

```
<s:attribute name="outOfRange" type="s:boolean" default="false"/>
<s:attribute name="badReference" type="s:boolean" default="false"/>
<s:attribute name="oscillatory" type="s:boolean" default="false"/>
<s:attribute name="failure" type="s:boolean" default="false"/>
<s:attribute name="oldData" type="s:boolean" default="false"/>
<s:attribute name="inconsistent" type="s:boolean" default="false"/>
<s:attribute name="inaccurate" type="s:boolean" default="false"/>
</s:complexType>
<!---->
<s:simpleType name="tSource">
<s:restriction base="s:string">
<s:enumeration value="process"/>
<s:enumeration value="substituted"/>
</s:restriction>
</s:simpleType>
<!---->
<s:complexType name="tQuality">
<s:annotation>
<s:documentation>As defined in IEC 61400-25-2 clause 7.2.3 </s:documentation>
</s:annotation>
<s:sequence>
<s:element name="DetailQual" type="ews:tDetailQual" minOccurs="0"/>
</s:sequence>
<s:attribute name="Validity" type="ews:tValidity" use="required"/>
<s:attribute name="Source" type="ews:tSource" use="required"/>
<s:attribute name="test" type="s:boolean" default="false" />
<s:attribute name="operatorBlock" type="s:boolean" default="false" />
</s:complexType>
<!---->
<s:complexType name="tEnumerated" >
<s:simpleContent>
<s:extension base="s:string">
<s:attribute name="ord" type="s:integer" use="required"/>
</s:extension>
</s:simpleContent>
</s:complexType>
<!-- -->
<s:complexType name="tCodedEnum" >
<s:simpleContent>
<s:extension base="s:integer">
<s:attribute name="numBits" type="s:integer" use="required"/><!-- Number
of bits of the coded enum-->
</s:extension>
```

```
      </s:simpleContent>
    </s:complexType>
  <!-- -->
  <!-- Array -->
  <!-- -->
  <s:complexType name="tArray">
    <s:sequence>
      <s:element name="arrayElem" type="ews:tBasicType" maxOccurs="unbounded"/>
  </s:sequence>
  </s:complexType>
  <!--   -->
  <s:complexType name="tBasicType">
      <s:choice>
        <s:element name="Boolean" type="s:boolean"/>
        <s:element name="int8" type="s:byte"/>
        <s:element name="int16" type="s:short"/>
        <s:element name="int24" type="ews:tInt24"/>
        <s:element name="int32" type="ews:tInt32"/>
        <s:element name="int128" type="s:integer"/>
        <s:element name="int8u" type="s:unsignedByte"/>
        <s:element name="int16u" type="s:unsignedShort"/>
        <s:element name="int24u" type="ews:tInt24u"/>
        <s:element name="int32u" type="ews:tInt32u"/>
        <s:element name="float32" type="s:float"/>
        <s:element name="float64" type="s:double"/>
        <s:element name="enum" type="ews:tEnumerated"/>
        <s:element name="codedEnum " type="ews:tCodedEnum"/>
        <s:element name="octetString" type="s:hexBinary"/>
        <s:element name="visibleString" type="s:string"/>
        <s:element name="unicodeString" type="s:string"/>
        <s:element name="quality" type="ews:tQuality"/>
        <s:element name="timeStamp" type="ews:tTimeStamp"/>
        <s:element name="array" type="ews:tArray"/>
      </s:choice>
   <s:attribute name="pos" type="s:integer" use="optional"/>
     <!-- Used in the arrays -->
</s:complexType>
<!-- -->
<s:complexType name="tTrgCond">
 <s:attribute name="dchg" type="s:boolean" use="optional" default="false"/>
 <s:attribute name="qchg" type="s:boolean" use="optional" default="false"/>
```

```
    〈s:attribute name = "dupd" type = "s:boolean" use = "optional" default = "false"/〉
    〈s:attribute name = "integrity" type = "s:boolean" use = "optional" default = "false"/〉
    〈s: attribute name = " genrInterg " type = " s: boolean " use = " optional " default
    = "false"/〉
  〈/s:complexType〉
  〈! -- --〉
  〈s:simpleType name = "tFC"〉
  〈s:annotation〉
      〈s:documentation〉Functional Constraint definitions〈/s:documentation〉
  〈/s:annotation〉
    〈s:restriction base = "s:string"〉
    〈s:enumeration value = "ST"/〉
    〈s:enumeration value = "MX"/〉
    〈s:enumeration value = "CO"/〉
    〈s:enumeration value = "SP"/〉
    〈s:enumeration value = "CF"/〉
    〈s:enumeration value = "DC"/〉
    〈s:enumeration value = "EX"/〉
    〈s:enumeration value = "BR"/〉
    〈s:enumeration value = "RP"/〉
    〈s:enumeration value = "LG"/〉
  〈/s:restriction〉
  〈/s:simpleType〉
  〈! -- --〉
  〈s:complexType name = "tDAType"〉
   〈s:annotation〉
      〈s:documentation〉Container for DAType〈/s:documentation〉
  〈/s:annotation〉
   〈s:sequence〉
      〈s:choice minOccurs = "1" maxOccurs = "unbounded"〉
        〈s:element name = "DAComp" type = "ews:tDAType" minOccurs = "0" maxOccurs = "un-
        bounded"/〉
        〈s:element name = "PrimComp" type = "ews:tBasicType" maxOccurs = "1"/〉
      〈/s:choice〉
      〈! -- Specialisation of DAType--〉
    〈/s:sequence〉
    〈s:attribute name = "DAName" type = "ews:tObjectName" use = "required"/〉
    〈s:attribute name = "ix" type = "s:integer" use = "optional"/〉〈! -- Index of Array of
Composite Data Attribute as ARRAY of AnalogueValue--〉
  〈/s:complexType〉
  〈! --
```

```
  DataAttriibute -->
<s:complexType name = "tDataAttribute">
  <s:annotation>
      <s:documentation>Container for DataAttributes</s:documentation>
    </s:annotation>
    <s:sequence>
      <s:element name = "DAType" type = "ews:tDAType"/>
      <! --<s: element name = " TrgOp" type = " ews: tTrgCond" minOccurs = " 0" maxOccurs
    = "1"/>-->
    </s:sequence>
    <s:attribute name = "FC" type = "ews:tFC" use = "required"/>
  </s:complexType>
  <! --
  <s:complexType name = "tSimpleData">
    <s:annotation>
      <s:documentation>Container for Common-Data Class</s:documentation>
    </s:annotation>
    <s:sequence>
      <s:element name = "DataName" type = "ews:tObjectName"/>
      <s:sequence maxOccurs = "unbounded">
        <s:element name = "DataAttr" type = "ews:tDataAttribute"/>
      </s:sequence>
   </s:sequence>
 </s:complexType>
 -->
 <! --
    Data
 -->
 <! --
 <s:complexType name = "tDATA">
   <s:annotation>
     <s:documentation>Container for DATA object</s:documentation>
   </s:annotation>
   <s:sequence>
      <s:element name = "DataName" type = "ews:tObjectName"/>
    <s:sequence maxOccurs = "unbounded">
        <s: element name = " DataAttr" type = " ews: tDataAttribute" minOccurs = " 0"
        maxOccurs = "unbounded"/>
        <s:element name = "CompositeCDC" type = "ews:tDATA" minOccurs = "0" maxOccurs = "
        unbounded"/>
        <s:element name = "SimpleCDC" type = "ews:tSimpleData" minOccurs = "0" maxOccurs
         = "unbounded"/>
     </s:sequence>
```

```
    </s:sequence>
  </s:complexType>
  -->
  <!--
    Logical Node
  -->]
  <!--
    <s:complexType name="tLN">
      <s:annotation>
        <s:documentation>Container for Logical Node object</s:documentation>
      </s:annotation>
      <s:sequence>
        <s:element name="LNName" type="ews:tObjectName"/>
        <s:element name="Data" type="ews:tDATA" maxOccurs="unbounded"/>
        <s:element name="DataSet" type="ews:tDATASet" minOccurs="0" maxOccurs="un-
        bounded"/>
        <s:element name="BRCB" type="ews:tBRCB" minOccurs="0" maxOccurs="unbound-
        ed"/>
        <s:element name="URCB" type="ews:tURCB" minOccurs="0" maxOccurs="unbound-
        ed"/>
        <s:element name="LCB" type="ews:tLCB" minOccurs="0" maxOccurs="unbounded"/>
        <s:element name="LOG" type="ews:tLOG" minOccurs="0"/>
      </s:sequence>
    </s:complexType>
    -->
    <!--
     Logical Device
    -->
    <!--
   <s:complexType name="tLD">
     <s:annotation>
       <s:documentation>Container for Logical Device object</s:documentation>
       </s:annotation>
     <s:sequence>
       <s:element name="LDName" type="ews:tObjectName"/>
       <s:element name="LN" type="ews:tLN" minOccurs="3" maxOccurs="unbounded"/>
       </s:sequence>
   </s:complexType>
   -->
   <!--
     Server
   -->
```

```
    〈! --
    〈s:complexType name = "tServer"〉
    〈s:annotation〉
      〈s:documentation〉Container for Server object〈/s:documentation〉
    〈/s:annotation〉
    〈s:sequence〉
      〈s:element name = "ServerAccessPoint" type = "s:string" maxOccurs = "unbounded"/〉
      〈s:element name = "LD" type = "ews:tLD" maxOccurs = "unbounded"/〉
    〈/s:sequence〉
  〈/s:complexType〉
  --〉
  〈! --
    Information Exchange Model ( IEC 61850-25-3 )-data type definitions used by
    exchange services
    --〉
    〈s:complexType name = "tFcdFcdaType"〉
    〈s:annotation〉
    〈s:documentation〉DATA-SET Member reference type〈/s:documentation〉
  〈/s:annotation〉
  〈s:sequence〉
    〈s:element name = "Ref" type = "ews:tDAReference" minOccurs = "0"/〉
    〈s:element name = "FC" type = "ews:tFC"/〉
  〈/s:sequence〉
  〈/s:complexType〉
〈! -- --〉
〈s:complexType name = "tDATASet"〉
〈s:annotation〉
    〈s:documentation〉Container for DATA-SET object〈/s:documentation〉
  〈/s:annotation〉
  〈s:sequence〉
    〈s:element name = "DSName" type = "ews:tObjectName"/〉
    〈s:element name = "DSMemberRef" type = "ews:tFcdFcdaType" maxOccurs = "unbounded"/〉
 〈/s:sequence〉
〈/s:complexType〉
〈! -- --〉
〈s:complexType name = "tOptFldsBRCB"〉
〈s:annotation〉
      〈s:documentation〉Optional fields for BRCB〈/s:documentation〉
     〈/s:annotation〉
     〈s:sequence〉
      〈s:element name = "seqNum" type = "s:boolean"/〉
```

```
          <s:element name="timeStamp" type="s:boolean"/>
          <s:element name="reasonCode" type="s:boolean"/>
          <s:element name="dataSet" type="s:boolean"/>
          <s:element name="dataRef" type="s:boolean"/>
          <s:element name="bufOvfl" type="s:boolean"/>
          <s:element name="entryID" type="s:boolean"/>
          <s:element name="configRef" type="s:boolean"/>
        </s:sequence>
        </s:complexType>
       <!--
      <s:complexType name="tBRCB">
        <s:annotation>
          <s:documentation>Container for BUFFERED-REPORT-CONTROL-BLOCK object</s:documen-
        tation>
         </s:annotation>
        <s:sequence>
          <s:element name="BRCBName" type="ews:tObjectName"/>
            <s:element name="RptID" type="ews:tstring65"/>
          <s:element name="RptEna" type="s:boolean"/>
        <s:element name="DatSet" type="ews:tDataSetReference"/>
        <s:element name="ConfRev" type="s:unsignedInt"/>
        <s:element name="OptFlds" type="ews:tOptFldsBRCB"/>
        <s:element name="BufTm" type="s:unsignedInt"/>
        <s:element name="SqNum" type="s:unsignedShort"/>
        <s:element name="TrgOp" type="ews:tTrgCond"/>
        <s:element name="IntgPd" type="s:unsignedInt"/>
   <s:element name="GI" type="s:boolean"/>
   <s:element name="PurgeBuf" type="s:boolean"/>
   <s:element name="EntryID" type="ews:tEntryID"/>
   <s:element name="TimeOfEntry" type="ews:tTimeStamp"/>
  </s:sequence>
</s:complexType>
-->
<!-- -->
<s:complexType name="tOptFldsURCB">
   <s:annotation>
     <s:documentation>Optional fields for URCB</s:documentation>
   </s:annotation>
   <s:sequence>
     <s:element name="seqNum" type="s:boolean"/>
     <s:element name="timeStamp" type="s:boolean"/>
     <s:element name="reasonCode" type="s:boolean"/>
     <s:element name="dataSet" type="s:boolean"/>
```

```
      <s:element name="dataRef" type="s:boolean"/>
      <s:element name="reserved" type="s:boolean"/>
      <s:element name="configRev" type="s:boolean"/>
    </s:sequence>
  </s:complexType>
  <!--
  <s:complexType name="tURCB">
    <s:annotation>
      <s:documentation>Container for UNBUFFERED-REPORT-CONTROL-BLOCK object</s:documentation>
    </s:annotation>
    <s:sequence>
      <s:element name="URCBName" type="ews:tObjectName"/>
      <s:element name="RptID" type="ews:tstring65"/>
      <s:element name="RptEna" type="s:boolean"/>
      <s:element name="Resv" type="s:boolean"/>
      <s:element name="DatSet" type="ews:tDataSetReference"/>
      <s:element name="ConfRev" type="s:unsignedInt"/>
      <s:element name="OptFlds" type="ews:tOptFldsURCB"/>
      <s:element name="BufTm" type="s:unsignedInt"/>
      <s:element name="SqNum" type="s:unsignedShort"/>
      <s:element name="TrgOp" type="ews:tTrgCond"/>
      <s:element name="IntgPd" type="s:unsignedInt"/>
      <s:element name="GI" type="s:boolean"/>
    </s:sequence>
  </s:complexType>
  -->
  <s:complexType name="tOptFldsLCB">
      <s:annotation>
          <s:documentation>Optional fields for LCB</s:documentation>
    </s:annotation>
    <s:sequence>
      <s:element name="ReasFI" type="s:boolean"/>
    </s:sequence>
  </s:complexType>
  <!--
    <s:complexType name="tLCB">
    <s:annotation>
      <s:documentation>Container for LOG-CONTROL-BLOCK object</s:documentation>
    </s:annotation>
    <s:sequence>
      <s:element name="LCBName" type="ews:tObjectName"/>
      <s:element name="LogEna" type="s:boolean"/>
```

```
    <s:element name="DatSet" type="ews:tDataSetReference"/>
    <s:element name="OptFlds" type="ews:tOptFldsLCB"/>
    <s:element name="TrgOp" type="ews:tTrgCond"/>
    <s:element name="IntgPd" type="s:unsignedInt"/>
    <s:element name="LogRef" type="ews:tObjectReference"/>
  </s:sequence>
</s:complexType>
-->
<!--
  LOG and LogEntry
-->
<s:complexType name="tEntryData">
<s:sequence>
    <!-- IF data-reference=TRUE in optFlds -->
    <s:element name="DSMemberRef" type="ews:tFcdFcdaType" minOccurs="0" maxOccurs
    ="1"/>
    <s:element name="Value" type="ews:tDataAttributeValue" minOccurs="1" maxOccurs
    ="unbounded"/>
    <!-- If reason-for-inclusion(=TRUE) in optFlds -->
    <s:element name="ReasonCode" type="ews:tTrgCond" minOccurs="0" maxOccurs="1"/>
        </s:sequence>
      </s:complexType>
      <!-- -->
      <s:complexType name="tLOGEntry">
        <s:sequence>
            <s:element name="TimeOfEntry" type="ews:tTimeStamp"/>
            <s:element name="EntryID" type="ews:tEntryID"/>
            <s:sequence maxOccurs="unbounded">
              <s:element name="EntryData" type="ews:tEntryData"/>
            </s:sequence>
        </s:sequence>
      </s:complexType>
      -->
      <!--
      <s:complexType name="tLOG">
        <s:annotation>
          <s:documentation>Container for LOG object</s:documentation>
        </s:annotation>
        <s:sequence>
          <s:element name="LogName" type="ews:tObjectName"/>
      <s:element name="OldEntrTm" type="ews:tTimeStamp"/>
      <s:element name="NewEntrTm" type="ews:tTimeStamp"/>
```

```
      <s:element name="OldEntr" type="s:unsignedInt"/>
      <s:element name="NewEntr" type="s:unsignedInt"/>
      <s:sequence maxOccurs="unbounded">
            <s:element name="LogEntry" type="ews:tLOGEntry"/>
        </s:sequence>
      </s:sequence>
    </s:complexType>
    -->
    <! --
      Information Exchange Model(IEC 61400-25-3 ) service parameters
    -->
    <! --
      Generic parameters
    -->
     <s:simpleType name="tAssocID">
       <s:annotation>
         <s:documentation>Association Identifier returned in the positive confimation of the Associate service and used in the Reporting Services as well as the Control Model to identify who is performing the control order</s:documentation>
       </s:annotation>
       <s:restriction base="s:string">
         <s:maxLength value="36"/>
       </s:restriction>
     </s:simpleType>
     <! -- -->
     <s:simpleType name="tServiceError">
       <s:annotation>
         <s:documentation>The service error code for negative service responses</s:documentation>
       </s:annotation>
       <s:restriction base="s:string">
         <s:enumeration value="instance-not-available"/>
         <s:enumeration value="instance-in-use"/>
         <s:enumeration value="access-violation"/>
         <s:enumeration value="access-not-allowed-in-current-state"/>
         <s:enumeration value="parameter-value-inappropriate"/>
         <s:enumeration value="parameter-value-inconsistent"/>
         <s:enumeration value="class-not-supported"/>
         <s:enumeration value="instance-locked-by-other-client"/>
         <s:enumeration value="control-must-be-selected"/>
         <s:enumeration value="type-conflict"/>
         <s:enumeration value="failed-due-to-communications-constraint"/>
         <s:enumeration value="failed-due-to-server-constraint"/>
         <s:enumeration value="application-unreachable"/>
```

```
          〈s:enumeration value = "connection-lost"/〉
          〈s:enumeration value = "memory-unavailable"/〉
          〈s:enumeration value = "processor-resource-unavailable"/〉
          〈s:enumeration value = "connection-lost"/〉
       〈/s:restriction〉
     〈/s:simpleType〉
     〈! --
        GetServerDirectory service parameters.
        Note that Filename is not used here, but keept here for compliance to IEC 61850-7-2
     --〉
     〈! -- --〉
     〈s:simpleType name = "tObjectClass"〉
     〈s:annotation〉
          〈s:documentation〉ObjectClass to distinguise LDObject or FileName〈/s:documenta-
        tion〉
        〈/s:annotation〉
        〈s:restriction base = "s:string"〉
          〈s:enumeration value = "LD"/〉
        〈/s:restriction〉
      〈/s:simpleType〉
      〈! --
      GetLogicalNodeDirectory service parameters
      --〉
      〈s:simpleType name = "tIEMcls"〉
        〈s:restriction base = "s:string"〉
          〈s:enumeration value = "DATA"/〉
          〈s:enumeration value = "DATASET"/〉
          〈s:enumeration value = "BRCB"/〉
          〈s:enumeration value = "URCB"/〉
          〈s:enumeration value = "LCB"/〉
          〈s:enumeration value = "LOG"/〉
        〈/s:restriction〉
      〈/s:simpleType〉
      〈! --
         Control services parameters
      --〉
      〈! --
         Additional cause diagnosis
      --〉
      〈s:simpleType name = "tAddCause"〉
        〈s:annotation〉
          〈s:documentation〉Additional Cause Diagnosis used in the negative control re-
  sponses. It can include all the ServiceError〈/s:documentation〉
        〈/s:annotation〉
```

```
<s:restriction base="s:string">
  <s:enumeration value="instance-not-available"/>
  <s:enumeration value="instance-in-use"/>
  <s:enumeration value="access-violation"/>
  <s:enumeration value="access-not-allowed-in-current-state"/>
  <s:enumeration value="parameter-value-inappropriate"/>
  <s:enumeration value="parameter-value-inconsistent"/>
  <s:enumeration value="class-not-supported"/>
  <s:enumeration value="instance-locked-by-other-client"/>
  <s:enumeration value="control-must-be-selected"/>
  <s:enumeration value="type-conflict"/>
  <s:enumeration value="failed-due-to-communications-constraint"/>
  <s:enumeration value="failed-due-to-server-constraint"/>
  <s:enumeration value="application-unreachable"/>
  <s:enumeration value="connection-lost"/>
  <s:enumeration value="memory-unavailable"/>
  <s:enumeration value="processor-resource-unavailable"/>
  <s:enumeration value="blocked-by-switching-hierarchy"/>
  <s:enumeration value="select-failed"/>
  <s:enumeration value="invalid-position"/>
  <s:enumeration value="position-reached"/>
  <s:enumeration value="parameter-change-in-execution"/>
  <s:enumeration value="command-already-in-execution"/>
  <s:enumeration value="step-limit"/>
  <s:enumeration value="blocked-by-mode"/>
  <s:enumeration value="blocked-by-process"/>
  <s:enumeration value="blocked-by-interlocking"/>
  <s:enumeration value="blocked-by-synchrocheck"/>
  <s:enumeration value="blocked-by-health"/>
  <s:enumeration value="1-of-n-control"/>
  <s:enumeration value="abortion-by-cancel"/>
  <s:enumeration value="time-limit-over"/>
  <s:enumeration value="abortion-by-trip"/>
  <s:enumeration value="unknown"/>
  <s:enumeration value="not-supported"/>
</s:restriction>
</s:simpleType>
<!--
  Check condition.
-->
 <s:complexType name="tCheck">
  <s:annotation>
   <s:documentation>Container for Check Conditions</s:documentation>
  </s:annotation>
```

```
      <s:attribute name="Syncrocheck" type="s:boolean" default="false"/>
      <s:attribute name="InterlockCheck" type="s:boolean" default="false"/>
  </s:complexType>
  <!-- -->
  <s:simpleType name="tTimOperRsp">
    <s:annotation>
      <s:documentation>Time Activated Operate response type</s:documentation>
    </s:annotation>
    <s:restriction base="s:string">
      <s:enumeration value="timerActivated"/>
      <s:enumeration value="commandExecuted"/>
    </s:restriction>
  </s:simpleType>
  <!-- -->
  <s:simpleType name="tOrcatValue">
    <s:annotation>
      <s:documentation>Originator Category</s:documentation>
    </s:annotation>
    <s:restriction base="s:string">
      <s:enumeration value="not-supported"/>
      <s:enumeration value="reserved1"/>
      <s:enumeration value="station-control"/>
      <s:enumeration value="remote-control"/>
      <s:enumeration value="reserved2"/>
      <s:enumeration value="automatic-station"/>
      <s:enumeration value="automatic-remote"/>
      <s:enumeration value="maintenance"/>
      <s:enumeration value="process"/>
    </s:restriction>
  </s:simpleType>
  <!-- -->
  <s:complexType name="tOrcat">
  <s:simpleContent>
   <s:extension base="ews:tOrcatValue">
    <s:attribute name="ord" type="s:integer"/>
   </s:extension>
  </s:simpleContent>
 </s:complexType>
  <!-- -->
  <s:complexType name="tOrigin">
    <s:annotation>
      <s:documentation>Control originator</s:documentation>
    </s:annotation>
```

```
      <s:sequence>
        <s:element name="orIdent" type="ews:tOctetString64"/>
        <s:element name="orCat" type="ews:tOrcat"/>
      </s:sequence>
    </s:complexType>
    <!-- -->
    <s:complexType name="tControlValue">
      <s:annotation>
        <s:documentation>Control value</s:documentation>
      </s:annotation>
      <s:sequence>
        <s:element name="ctlVal" type="ews:tDAType"/>
        <s:element name="origin" type="ews:tOrigin"/>
        <s:element name="operTm" type="ews:tTimeStamp" minOccurs="0"/>
        <s:element name="ctlNum" type="s:int"/>
      </s:sequence>
    </s:complexType>
    <!--
      Data access services parameters
    -->
    <s:complexType name="tDataAttributeValue">
      <s:annotation>
        <s:documentation>Container for a DataAttribute</s:documentation>
      </s:annotation>
      <s:sequence>
          <s:element name="DataAttrRef" type="ews:tDAReference"/>
          <s:element name="Value" type="ews:tDataAttribute"/>
      </s:sequence>
    </s:complexType>
    <!-- -->
    <s:simpleType name="tResult">
      <s:annotation>
        <s:documentation>The SetDataValueResult for successfull responses</s:documen-
      tation>
        </s:annotation>
      <s:restriction base="s:string">
          <s:enumeration value="Ok"/>
        </s:restriction>
</s:simpleType>
<!--
  Data definition services parameters
-->
<s:simpleType name="tDataAttrBasicType">
```

```
  <s:annotation>
    <s:documentation>DataAttributeType definition</s:documentation>
  </s:annotation>
  <s:restriction base="s:string">
    <s:enumeration value="Boolean"/>
    <s:enumeration value="Int8"/>
    <s:enumeration value="Int16"/>
    <s:enumeration value="Int24"/>
    <s:enumeration value="Int32"/>
    <s:enumeration value="Int128"/>
    <s:enumeration value="Int8U"/>
    <s:enumeration value="Int16U"/>
    <s:enumeration value="Int24U"/>
    <s:enumeration value="Int32U"/>
    <s:enumeration value="Float32"/>
    <s:enumeration value="Float64"/>
    <s:enumeration value="Enumerated"/>
    <s:enumeration value="CodedEnum"/>
    <s:enumeration value="OctetString"/>
    <s:enumeration value="VisibleString"/>
    <s:enumeration value="UnicodeString"/>
    <s:enumeration value="Quality"/>
    <s:enumeration value="TimeStamp"/>
    <s:enumeration value="ArrayOfBoolean"/>
    <s:enumeration value="ArrayOfInt8"/>
    <s:enumeration value="ArrayOfInt16"/>
    <s:enumeration value="ArrayOfInt24"/>
    <s:enumeration value="ArrayOfInt32"/>
    <s:enumeration value="ArrayOfInt128"/>
    <s:enumeration value="ArrayOfInt8U"/>
    <s:enumeration value="ArrayOfInt16U"/>
    <s:enumeration value="ArrayOfInt24U"/>
    <s:enumeration value="ArrayOfInt32U"/>
    <s:enumeration value="ArrayOfFloat32"/>
    <s:enumeration value="ArrayOfFloat64"/>
    <s:enumeration value="ArrayOfEnum"/>
    <s:enumeration value="ArrayOfCodedEnum"/>
    <s:enumeration value="ArrayOfOctetString"/>
    <s:enumeration value="ArrayOfVisibleString"/>
    <s:enumeration value="ArrayOfUnicodeString"/>
  </s:restriction>
</s:simpleType>
<!-- -->
```

```
<s:complexType name="tDataAttrType">
  <s:annotation>
     <s:documentation>DataAttrType</s:documentation>
  </s:annotation>
  <s:sequence>
   <s:element name="BasicType" type="ews:tDataAttrBasicType"/>
   <s:element name="Len" type="s:int" minOccurs="0"/> <!--to use with
   strings&coded enums-->
  </s:sequence>
</s:complexType>
<!-- -->
<s:complexType name="tDataAttributeDefinition">
   <s:annotation>
   <s:documentation>DataAttributeDefinition</s:documentation>
  </s:annotation>
  <s:sequence>
   <s:element name="DARef" type="ews:tDAReference"/>
   <s:element name="FC" type="ews:tFC"/>
   <s:element name="DAType" type="ews:tDataAttrType"/>
   </s:sequence>
</s:complexType>
<!--
Report services parameters
-->
<s:complexType name="tReportFormat">
<s:sequence>
  <s:element name="RptID" type="ews:tstring65" minOccurs="1" maxOccurs="1"/>
  <s:element name="OptFlds" type="ews:tOptFldsBRCB" minOccurs="1" maxOccurs="
  1"/>
  <!-- IF sequence-number=TRUE in optFlds: -->
  <s:element name="SqNum" type="s:unsignedShort" minOccurs="0" maxOccurs="1"/>
 <s:element name="SubSqNum" type="s:unsignedShort" minOccurs="0" maxOccurs="1"/>
  <s:element name="MoreSegFlw" type="s:boolean" minOccurs="1" maxOccurs="1"/>
  <!-- IF dat-set-name=TRUE in optFlds -->
  <s:element name="DatSet" type="ews:tDataSetReference" minOccurs="0" maxOccurs
="1"/>
  <!-- IF buffer-overflow=TRUE in optFlds -->
  <s:element name="BufOvfl" type="s:boolean" minOccurs="0" maxOccurs="1"/>
  <!-- If conf-revision=TRUE in optFlds AND RptID is BRCB-->
  <s:element name="ConfRev" type="s:unsignedInt" minOccurs="0" maxOccurs="1"/>
  <!-- Entry: -->
  <!-- IF report-time-stamp=TRUE in optFlds -->
  <s:element name="TimeOfEntry" type="ews:tTimeStamp" minOccurs="0" maxOccurs="1"/>
```

```
      〈! -- IF entryID = TRUE in optFlds --〉
      〈s:element name = "EntryID" type = "ews:tEntryID" minOccurs = "0" maxOccurs = "1"/〉
  〈s:sequence〉
      〈s:element name = "EntryData" type = "ews:tEntryData" minOccurs = "0" maxOccurs = "un-
  bounded"/〉
    〈/s:sequence〉
  〈/s:sequence〉
        〈/s:complexType〉
        〈! --  --〉
        〈s:simpleType name = "tRCBType"〉
          〈s:restriction base = "s:string"〉
            〈s:enumeration value = "BRCB"/〉
            〈s:enumeration value = "URCB"/〉
          〈/s:restriction〉
        〈/s:simpleType〉
        〈! --
        Web Services IEC 61400-25-3 IEM Services
        --〉
        〈! --
        GetServerDirectoryRequest, IEC 61400-25-4, Annex A.5.2.2.2
        --〉
        〈s:element name = "GetServerDirectoryRequest"〉
            〈s:complexType〉
              〈s:sequence〉
                〈s:element name = "ObjClass" type = "ews:tObjectClass"/〉
              〈/s:sequence〉
              〈s:attribute name = "UUID" type = "ews:tstring36" use = "optional"/〉
              〈s:attribute name = "AssocID" type = "ews:tAssocID" use = "required"/〉
            〈/s:complexType〉
          〈/s:element〉
          〈! --
          GetServerDirectoryResponse, IEC 61400-25-4, Annex A.5.2.2.3
          --〉
          〈s:element name = "GetServerDirectoryResponse"〉
            〈s:complexType〉
                〈s:choice〉
                  〈s:element name = "LDRef" type = "ews:tLogicalDeviceReference" minOccurs
                  = "0" maxOccurs = "unbounded"/〉
                  〈s:element name = "ServiceError" type = "ews:tServiceError" minOccurs = "
                  0" maxOccurs = "1"/〉
                〈/s:choice〉
              〈s:attribute name = "UUID" type = "ews:tstring36" use = "optional"/〉
              〈s:attribute name = "AssocID" type = "ews:tAssocID" use = "required"/〉
            〈/s:complexType〉
          〈/s:element〉
        〈! --
        AssociationRequest as defined IEC 61400-25-4, Annex A.5.2.4.1
```

```
    --〉
    〈s:element name = "AssociateRequest"〉
      〈s:complexType〉
        〈s:annotation〉
          〈s:documentation〉AssociateRequest is the message used when a client try to
establish an association to a server〈/s:documentation〉
        〈/s:annotation〉
        〈s:sequence〉
          〈s:element name = "UserName" type = "s:string"/〉
          〈s:element name = "Password" type = "s:string"/〉
          〈! --〈s:element name = "ClientRequestHandle" type = "s:string"/〉--〉
          〈s:element name = "LocalID" type = "s:string" minOccurs = "0"/〉
          〈s:element name = "MaxMessageSize" type = "s:unsignedInt"/〉
        〈/s:sequence〉
        〈s:attribute name = "UUID" type = "ews:tstring36" use = "optional"/〉
      〈/s:complexType〉
  〈/s:element〉
  〈! --
  AssociationResponse as defined IEC 61400-25-4, Annex A.5.2.4.2
  --〉
  〈s:element name = "AssociateResponse"〉
    〈s:complexType〉
      〈s:choice〉
        〈s:sequence〉
          〈s:element name = "MaxMessageSize" type = "s:unsignedInt" minOccurs = "0"/〉
          〈s:element name = "AssocID" type = "ews:tAssocID"/〉
        〈/s:sequence〉
        〈s:element name = "ServiceError" type = "ews:tServiceError" minOccurs = "0"
      maxOccurs = "1"/〉
      〈/s:choice〉
      〈s:attribute name = "UUID" type = "ews:tstring36" use = "optional"/〉
    〈/s:complexType〉
  〈/s:element〉
  〈! --
  ReleaseRequest as defined IEC 61400-25-4, Annex A.5.2.5.1
  --〉
  〈s:element name = "ReleaseRequest"〉
    〈s:complexType〉
      〈s:annotation〉
        〈s:documentation〉ReleaseRequest is the message used when releaseing an associa-
      tion〈/s:documentation〉
      〈/s:annotation〉
      〈s:attribute name = "UUID" type = "ews:tstring36" use = "optional"/〉
      〈s:attribute name = "AssocID" type = "ews:tAssocID" use = "required"/〉
    〈/s:complexType〉
  〈/s:element〉
  〈! --
  ReleaseResponse as defined IEC 61400-25-4, Annex A.5.2.5.2
```

```
    -->
    <s:element name="ReleaseResponse">
      <s:complexType>
        <s:annotation>
          <s:documentation>ReleaseResponse is the message returned from a server when re-
ceiving a ReleaseRequest
          </s:documentation>
        </s:annotation>
        <s:sequence>
          <s:element name="ServiceError" type="ews:tServiceError" minOccurs="0" maxOc-
        curs="1"/>
        </s:sequence>
      <s:attribute name="UUID" type="ews:tstring36" use="optional"/>
      <s:attribute name="AssocID" type="ews:tAssocID" use="required"/>
    </s:complexType>
  </s:element>
  <!--
   AbortRequest as defined IEC 61400-25-4, Annex A.5.2.6.1
   -->
   <s:element name="AbortRequest">
     <s:complexType>
       <s:attribute name="UUID" type="ews:tstring36" use="optional"/>
       <s:attribute name="AssocID" type="ews:tAssocID" use="required"/>
     </s:complexType>
   </s:element>
  <!--
  AbortResponse as defined IEC 61400-25-4, Annex A.5.2.6.2
  -->
  <s:element name="AbortResponse">
    <s:complexType>
        <s:choice>
          <s:element name="ServiceError" type="ews:tServiceError" minOccurs="0"
          maxOccurs="unbounded"/>
        </s:choice>
        <s:attribute name="UUID" type="ews:tstring36" use="optional"/>
        <s:attribute name="AssocID" type="ews:tAssocID" use="required"/>
      </s:complexType>
  </s:element>
  <!--
    GetLogicalDeviceDirectoryRequest, IEC 61400-25-4, Annex A.5.3.2.2
    -->
    <s:element name="GetLogicalDeviceDirectoryRequest">
      <s:complexType>
        <s:sequence>
```

```
      <s:element name="LDRef" type="ews:tLogicalDeviceReference"/>
    </s:sequence>
    <s:attribute name="UUID" type="ews:tstring36" use="optional"/>
    <s:attribute name="AssocID" type="ews:tAssocID" use="required"/>
  </s:complexType>
</s:element>
<!--
GetLogicalDeviceDirectoryResponse, IEC 61400-25-4, Annex A.5.3.2.3
-->
  <s:element name="GetLogicalDeviceDirectoryResponse">
    <s:complexType>
      <s:choice>
        <s:element name="LNRef" type="ews:tLogicalNodeReference" minOccurs="3" max-
        Occurs="unbounded"/>
        <s:element name="ServiceError" type="ews:tServiceError" minOccurs="0" maxOc-
        curs="unbounded"/>
      </s:choice>
      <s:attribute name="UUID" type="ews:tstring36" use="optional"/>
      <s:attribute name="AssocID" type="ews:tAssocID" use="required"/>
    </s:complexType>
    </s:element>
  <!--
  GetLogicalNodeDirectoryRequest, IEC 61400-25-4, Annex A.5.4.2.2
  -->
  <s:element name="GetLogicalNodeDirectoryRequest">
  <s:complexType>
      <s:sequence>
      <s:element name="LNRef" type="ews:tLogicalNodeReference"/>
      <s:element name="IEMcls" type="ews:tIEMcls"/>
    </s:sequence>
    <s:attribute name="UUID" type="ews:tstring36" use="optional"/>
    <s:attribute name="AssocID" type="ews:tAssocID" use="required"/>
  </s:complexType>
  </s:element>
  <!--
  GetLogicalNodeDirectoryResponse, IEC 61400-25-4, Annex A.5.4.2.3
  -->
  <s:element name="GetLogicalNodeDirectoryResponse">
    <s:complexType>
        <s:choice>
      <s:sequence>
        <s:element name="DATAname" type="ews:tObjectName" minOccurs="0" maxOccurs
        ="unbounded"/>
```

```
      <s:element name = "DSname" type = "ews:tObjectName" minOccurs = "0" maxOccurs
      = "unbounded"/>
      <s:element name = "BRCBname" type = "ews:tObjectName" minOccurs = "0" maxOccurs
      = "unbounded"/>
      <s:element name = "URCBname" type = "ews:tObjectName" minOccurs = "0" maxOccurs
      = "unbounded"/>
      <s:element name = "LCBname" type = "ews:tObjectName" minOccurs = "0" maxOccurs
      = "unbounded"/>
      <s:element name = "LOGname" type = "ews:tObjectName" minOccurs = "0" maxOccurs
      = "unbounded"/>
    </s:sequence>
    <s:element name = "ServiceError" type = "ews:tServiceError" minOccurs = "0" maxOc-
  curs = "1"/>
    </s:choice>
  <s:attribute name = "UUID" type = "ews:tstring36" use = "optional"/>
  <s:attribute name = "AssocID" type = "ews:tAssocID" use = "required"/>
 </s:complexType>
 </s:element>
<! --
GetDataValuesRequest, IEC 61400-25-4, Annex A.5.5.2.1
-->
<s:element name = "GetDataValuesRequest">
<s:complexType>
    <s:sequence>
    <s:element name = "Ref" type = "ews:tFcdFcdaType" />
    </s:sequence>
    <s:attribute name = "UUID" type = "ews:tstring36" use = "optional"/>
    <s:attribute name = "AssocID" type = "ews:tAssocID" use = "required"/>
  </s:complexType>
  </s:element>
 <! --
 GetDataValuesResponse, IEC 61400-25-4, Annex A.5.5.2.2.
 -->
 <s:element name = "GetDataValuesResponse">
   <s:complexType>
    <s:choice>
    <s:sequence>
      <s:element name = "DataAttrVal" type = "ews:tDataAttributeValue" minOccurs = "0"
    maxOccurs = "unbounded"/>
    </s:sequence>
    <s:element name = "ServiceError" type = "ews:tServiceError" minOccurs = "0" maxOc-
  curs = "unbounded"/>
    </s:choice>
```

```
        <s:attribute name="UUID" type="ews:tstring36" use="optional"/>
        <s:attribute name="AssocID" type="ews:tAssocID" use="required"/>
      </s:complexType>
      </s:element>
    <!--
    SetDataValuesRequest, IEC 61400-25-4, Annex A.5.5.3.1
    -->
    <s:element name="SetDataValuesRequest">
    <s:complexType>
      <s:sequence>
        <s:element name="Ref" type="ews:tFcdFcdaType"/>
        <s:element name="DataAttrVal" type="ews:tDataAttributeValue" maxOccurs="unbounded"/>
      </s:sequence>
  <s:attribute name="UUID" type="ews:tstring36" use="optional"/>
  <s:attribute name="AssocID" type="ews:tAssocID" use="required"/>
 </s:complexType>
 </s:element>
<!--
SetDataValuesResponse, IEC 61400-25-4, Annex A.5.5.3.2
-->
<s:element name="SetDataValuesResponse">
  <s:complexType>
    <s:sequence>
    <s:choice>
      <s:element name="Result" type="ews:tResult" minOccurs="0"/>
      <s:element name="ServiceError" type="ews:tServiceError" minOccurs="0" maxOccurs="unbounded"/>
      </s:choice>
    </s:sequence>
    <s:attribute name="UUID" type="ews:tstring36" use="optional"/>
    <s:attribute name="AssocID" type="ews:tAssocID" use="required"/>
  </s:complexType>
  </s:element>
<!--
GetDataDirectoryRequest, IEC 61400-25-4, Annex A.5.5.4.2
-->
<s:element name="GetDataDirectoryRequest">
  <s:complexType>
    <s:sequence>
      <s:element name="DataRef" type="ews:tDAReference"/>
      </s:sequence>
    <s:attribute name="UUID" type="ews:tstring36" use="optional"/>
    <s:attribute name="AssocID" type="ews:tAssocID" use="required"/>
```

```
    </s:complexType>
    </s:element>
  <!--
  GetDataDirectoryResponse, IEC 61400-25-4, Annex A.5.5.4.3
  -->
  <s:element name="GetDataDirectoryResponse">
  <s:complexType>
      <s:choice>
      <s:sequence>
          <s:element name="DataName" type="ews:tObjectName" minOccurs="0" maxOccurs="un-
          bounded"/>
          <s:element name="DataAttrName" type="ews:tObjectName" minOccurs="0" maxOccurs
        ="unbounded"/>
      </s:sequence>
      <s:element name="ServiceError" type="ews:tServiceError" minOccurs="0" maxOccurs
    ="unbounded"/>
      </s:choice>
    <s:attribute name="UUID" type="ews:tstring36" use="optional"/>
    <s:attribute name="AssocID" type="ews:tAssocID" use="required"/>
  </s:complexType>
  </s:element>
<!--
GetDataDefinitionRequest, IEC 61400-25-4, Annex A.5.5.5.2
-->
<s:element name="GetDataDefinitionRequest">
<s:complexType>
    <s:sequence>
      <s:element name="DataRef" type="ews:tDAReference"/>
      </s:sequence>
    <s:attribute name="UUID" type="ews:tstring36" use="optional"/>
    <s:attribute name="AssocID" type="ews:tAssocID" use="required"/>
  </s:complexType>
  </s:element>
<!--
GetDataDefinitionResponse, IEC 61400-25-4, Annex A.5.5.5.3
-->
<s:element name="GetDataDefinitionResponse">
<s:complexType>
    <s:choice>
      <s:element name="DataAttrDef" type="ews:tDataAttributeDefinition" minOccurs="1"
      maxOccurs="unbounded"/>
      <s:element name="ServiceError" type="ews:tServiceError" minOccurs="0" maxOccurs
      ="1"/>
```

```
      </s:choice>
      <s:attribute name="UUID" type="ews:tstring36" use="optional"/>
      <s:attribute name="AssocID" type="ews:tAssocID" use="required"/>
    </s:complexType>
    </s:element>
<!--
GetDataSetValues, IEC 61400-25-4, Annex A.5.6.2.1
-->
<s:element name="GetDataSetValuesRequest">
<s:complexType>
            <s:sequence>
              <s:element name="DSRef" type="ews:tDataSetReference"/>
            </s:sequence>
            <s:attribute name="UUID" type="ews:tstring36" use="optional"/>
            <s:attribute name="AssocID" type="ews:tAssocID" use="required"/>
         </s:complexType>
         </s:element>
       <!--
       GetDataSetValuesResponse, IEC 61400-25-4, Annex A.5.6.2.2
       -->
       <s:element name="GetDataSetValuesResponse">
         <s:complexType>
           <s:choice>
             <s:element name="DataAttrVal" type="ews:tDataAttributeValue" minOccurs="0"
             maxOccurs="unbounded"/>
             <s:element name="ServiceError" type="ews:tServiceError" minOccurs="0" maxOc-
             curs="unbounded"/>
           </s:choice>
           <s:attribute name="UUID" type="ews:tstring36" use="optional"/>
           <s:attribute name="AssocID" type="ews:tAssocID" use="required"/>
         </s:complexType>
         </s:element>
        <!--
        SetDataSetValues, IEC 61400-25-4, Annex A.5.6.3.1
        -->
        <s:element name="SetDataSetValuesRequest">
        <s:complexType>
          <s:sequence>
            <s:element name="DSRef" type="ews:tDataSetReference"/>
            <s:element name="DataAttrVal" type="ews:tDataAttributeValue" maxOccurs="un-
          bounded"/>
          </s:sequence>
          <s:attribute name="UUID" type="ews:tstring36" use="optional"/>
```

```
        <s:attribute name="AssocID" type="ews:tAssocID" use="required"/>
      </s:complexType>
      </s:element>
    <!--
    SetDataSetValuesResponse, IEC 61400-25-4, Annex A.5.6.3.2
    -->
    <s:element name="SetDataSetValuesResponse">
      <s:complexType>
        <s:sequence>
        <s:choice>
          <s:element name="Result" type="ews:tResult" minOccurs="0"/>
          <s:element name="ServiceError" type="ews:tServiceError" minOccurs="0" maxOccurs="unbounded"/>
          </s:choice>
        </s:sequence>
        <s:attribute name="UUID" type="ews:tstring36" use="optional"/>
        <s:attribute name="AssocID" type="ews:tAssocID" use="required"/>
      </s:complexType>
      </s:element>
    <!--
    CreateDataSet, IEC 61400-25-4, Annex A.5.6.4.1
    -->
    <s:element name="CreateDataSetRequest">
      <s:complexType>
        <s:sequence>
          <s:element name="DSRef" type="ews:tDataSetReference"/>
          <s:element name="DSMemberRef" type="ews:tFcdFcdaType" maxOccurs="unbounded"/>
        </s:sequence>
        <s:attribute name="UUID" type="ews:tstring36" use="optional"/>
        <s:attribute name="AssocID" type="ews:tAssocID" use="required"/>
      </s:complexType>
      </s:element>
    <!--
    CreateDataSetResponse, IEC 61400-25-4, Annex A.5.6.4.2
    -->
    <s:element name="CreateDataSetResponse">
    <s:complexType>
        <s:sequence>
        <s:choice>
          <s:element name="Result" type="ews:tResult" minOccurs="0"/>
          <s:element name="ServiceError" type="ews:tServiceError" minOccurs="0" maxOccurs="1"/>
          </s:choice>
        </s:sequence>
```

```
        <s:attribute name="UUID" type="ews:tstring36" use="optional"/>
        <s:attribute name="AssocID" type="ews:tAssocID" use="required"/>
      </s:complexType>
      </s:element>
    <!--
DeleteDataSet, IEC 61400-25-4, Annex A.5.6.5.1
-->
<s:element name="DeleteDataSetRequest">
<s:complexType>
  <s:sequence>
    <s:element name="DSRef" type="ews:tObjectReference"/>
    </s:sequence>
  <s:attribute name="UUID" type="ews:tstring36" use="optional"/>
  <s:attribute name="AssocID" type="ews:tAssocID" use="required"/>
 </s:complexType>
 </s:element>
<!--
DeleteDataSetValuesResponse, IEC 61400-25-4, Annex A.5.6.5.2
-->
<s:element name="DeleteDataSetResponse">
<s:complexType>
    <s:sequence>
    <s:choice>
      <s:element name="Result" type="ews:tResult" minOccurs="0"/>
      <s:element name="ServiceError" type="ews:tServiceError" minOccurs="0" maxOccurs
    ="1"/>
    </s:choice>
  </s:sequence>
  <s:attribute name="UUID" type="ews:tstring36" use="optional"/>
  <s:attribute name="AssocID" type="ews:tAssocID" use="required"/>
 </s:complexType>
 </s:element>
<!--
GetDataSetDirectoryRequest, IEC 61400-25-4, Annex A.5.6.6.2
-->
<s:element name="GetDataSetDirectoryRequest">
  <s:complexType>
    <s:sequence>
      <s:element name="DSRef" type="ews:tDataSetReference"/>
      </s:sequence>
    <s:attribute name="UUID" type="ews:tstring36" use="optional"/>
    <s:attribute name="AssocID" type="ews:tAssocID" use="required"/>
  </s:complexType>
  </s:element>
```

```
<!--
GetDataSetDirectoryResponse, IEC 61400-25-4, Annex A.5.6.6.3
-->
<s:element name="GetDataSetDirectoryResponse">
  <s:complexType>
    <s:choice>
      <s:element name="DSMemberRef" type="ews:tFcdFcdaType" maxOccurs="unbounded"/>
      <s:element name="ServiceError" type="ews:tServiceError" minOccurs="0" maxOccurs
       ="unbounded"/>
    </s:choice >
    <s:attribute name="UUID" type="ews:tstring36" use="optional"/>
    <s:attribute name="AssocID" type="ews:tAssocID" use="required"/>
  </s:complexType>
  </s:element>
<!--
AddSubscriptionRequest. IEC61400-25-4, Annex A.5.7.2.1
-->
<s:element name="AddSubscriptionRequest">
<s:complexType>
  <s:sequence>
    <s:element name="RCBRef" type="ews:tControlBlockReference"/>
    <s:element name="RCBType" type="ews:tRCBType"/>
    <s:element name="RptID" type="ews:tstring65" minOccurs="0"/>
    <s:element name="RptEna" type="s:boolean" minOccurs="0"/>
    <s:element name="DatSet" type="ews:tDataSetReference" minOccurs="0"/>
    <s:element name="OptFlds " type="ews:tOptFldsBRCB" minOccurs="0"/>
    <s:element name="BufTm" type="s:unsignedInt" minOccurs="0"/>
    <s:element name="TrgOp" type="ews:tTrgCond" minOccurs="0"/>
    <s:element name="IntgPd" type="s:unsignedInt" minOccurs="0"/>
    <s:element name="DSMbrRef" type="ews:tFcdFcdaType" minOccurs="0" maxOccurs="un-
  bounded"/>
    </s:sequence>
  <s:attribute name="UUID" type="ews:tstring36" use="optional"/>
  <s:attribute name="AssocID" type="ews:tAssocID" use="required"/>
</s:complexType>
</s:element>
<!--
AddSubscriptionResponse. IEC 61400-25-4, Annex A.5.7.2.2
-->
<s:element name="AddSubscriptionResponse">
<s:complexType>
          <s:sequence><s:choice>
            <s:element name="Result" type="ews:tResult" minOccurs="0"/>
```

```
        <s:element name = "ServiceError" type = "ews:tServiceError" minOccurs = "0" maxOc-
      curs = "unbounded"/>
        </s:choice>
    </s:sequence>
    <s:attribute name = "UUID" type = "ews:tstring36" use = "optional"/>
    <s:attribute name = "AssocID" type = "ews:tAssocID" use = "required"/>
  </s:complexType>
  </s:element>
<! --
RemoveSubscriptionRequest. IEC 61400-25-4, Annex A.5.7.3.1
-->
<s:element name = "RemoveSubscriptionRequest">
  <s:complexType>
    <s:sequence>
      <s:element name = "RCBRef" type = "ews:tControlBlockReference"/>
      </s:sequence>
    <s:attribute name = "UUID" type = "ews:tstring36" use = "optional"/>
    <s:attribute name = "AssocID" type = "ews:tAssocID" use = "required"/>
  </s:complexType>
  </s:element>
<! --
RemoveSubscriptionResponse. IEC 61400-25-4, Annex A.5.7.3.2
-->
<s:element name = "RemoveSubscriptionResponse">
<s:complexType>
    <s:sequence>
    <s:choice>
      <s:element name = "Result" type = "ews:tResult" minOccurs = "0"/>
      <s:element name = "ServiceError" type = "ews:tServiceError" minOccurs = "0" maxOc-
    curs = "1"/>
      </s:choice>
  </s:sequence>
  <s:attribute name = "UUID" type = "ews:tstring36" use = "optional"/>
  <s:attribute name = "AssocID" type = "ews:tAssocID" use = "required"/>
</s:complexType>
</s:element>
<! --
GetBRCBValuesRequest, IEC 61400-25-4, Annex A.5.7.4.1
-->
<s:element name = "GetBRCBValuesRequest">
  <s:complexType>
    <s:sequence>
      <s:element name = "BRCBRef" type = "ews:tControlBlockReference"/>
```

```
        </s:sequence>
      <s:attribute name="UUID" type="ews:tstring36" use="optional"/>
      <s:attribute name="AssocID" type="ews:tAssocID" use="required"/>
    </s:complexType>
    </s:element>
  <!--
  GetBRCBValuesResponse, IEC 61400-25-4, Annex A.5.7.4.2
  -->
  <s:element name="GetBRCBValuesResponse">
    <s:complexType>
        <s:sequence>
        <s:choice>
          <s:sequence>
            <s:element name="RptID" type="ews:tstring65"/>
            <s:element name="RptEna" type="s:boolean"/>
            <s:element name="DatSet" type="ews:tDataSetReference"/>
            <s:element name="ConfRev" type="s:unsignedInt"/>
            <s:element name="OptFlds " type="ews:tOptFldsBRCB"/>
            <s:element name="BufTm" type="s:unsignedInt"/>
            <s:element name="SqNum " type="s:unsignedShort"/>
            <s:element name="TrgOp" type="ews:tTrgCond"/>
            <s:element name="IntgPd" type="s:unsignedInt"/>
            <s:element name="GI" type="s:boolean"/>
            <s:element name="PurgeBuf" type="s:boolean"/>
            <s:element name="EntryID" type="ews:tEntryID"/>
            <s:element name="TimeOfEntry" type="ews:tTimeStamp"/>
          </s:sequence>
          <s:element name="ServiceError" type="ews:tServiceError" minOccurs="0" max-
        Occurs="1"/>
          </s:choice>
      </s:sequence>
      <s:attribute name="UUID" type="ews:tstring36" use="optional"/>
      <s:attribute name="AssocID" type="ews:tAssocID" use="required"/>
    </s:complexType>
    </s:element>
    <!--
    SetBRCBValuesRequest, IEC 61400-25-4, Annex A.5.7.5.1
    -->
  <s:element name="SetBRCBValuesRequest">
<s:complexType>
  <s:sequence>
    <s:element name="BRCBRef" type="ews:tControlBlockReference"/>
    <s:element name="RptID" type="ews:tstring65" minOccurs="0"/>
```

```
        <s:element name="RptEna" type="s:boolean" minOccurs="0"/>
        <s:element name="DatSet" type="ews:tDataSetReference" minOccurs="0"/>
        <s:element name="OptFlds " type="ews:tOptFldsBRCB" minOccurs="0"/>
        <s:element name="BufTm" type="s:unsignedInt" minOccurs="0"/>
        <s:element name="TrgOp" type="ews:tTrgCond" minOccurs="0"/>
        <s:element name="IntgPd" type="s:unsignedInt" minOccurs="0"/>
        <s:element name="GI" type="s:boolean" minOccurs="0"/>
        <s:element name="PurgeBuf" type="s:boolean" minOccurs="0"/>
        <s:element name="EntryID" type="ews:tEntryID" minOccurs="0"/>
      </s:sequence>
      <s:attribute name="UUID" type="ews:tstring36" use="optional"/>
      <s:attribute name="AssocID" type="ews:tAssocID" use="required"/>
  </s:complexType>
  </s:element>
  <! --
SetBRCBValuesResponse, IEC 61400-25-4, Annex A.5.7.5.2
-->
<s:element name="SetBRCBValuesResponse">
  <s:complexType>
    <s:sequence>
    <s:choice>
        <s:element name="Result" type="ews:tResult" minOccurs="0"/>
        <s:element name="ServiceError" type="ews:tServiceError" minOccurs="0"
      maxOccurs="unbounded"/>
        </s:choice>
      </s:sequence>
      <s:attribute name="UUID" type="ews:tstring36" use="optional"/>
      <s:attribute name="AssocID" type="ews:tAssocID" use="required"/>
    </s:complexType>
    </s:element>
  <! --
  GetURCBValuesRequest, IEC 61400-25-4, Annex A.5.7.6.1
  -->
  <s:element name="GetURCBValuesRequest">
  <s:complexType>
    <s:sequence>
      <s:element name="URCBRef" type="ews:tControlBlockReference"/>
      </s:sequence>
    <s:attribute name="UUID" type="ews:tstring36" use="optional"/>
    <s:attribute name="AssocID" type="ews:tAssocID" use="required"/>
  </s:complexType>
```

```
  </s:element>
<!--
GetURCBValuesResponse, IEC 61400-25-4, Annex A.5.7.6.2
-->
<s:element name="GetURCBValuesResponse">
<s:complexType>
      <s:sequence>
      <s:choice>
        <s:sequence>
          <s:element name="RptID" type="ews:tstring65"/>
          <s:element name="RptEna" type="s:boolean"/>
          <s:element name="Resv" type="s:boolean"/>
          <s:element name="DatSet" type="ews:tDataSetReference"/>
          <s:element name="ConfRev" type="s:unsignedInt"/>
          <s:element name="OptFlds " type="ews:tOptFldsURCB"/>
          <s:element name="BufTm" type="s:unsignedInt"/>
          <s:element name="SqNum " type="s:unsignedShort"/>
          <s:element name="TrgOp" type="ews:tTrgCond"/>
          <s:element name="IntgPd" type="s:unsignedInt"/>
          <s:element name="GI" type="s:boolean"/>
        </s:sequence>
        <s:element name="Result" type="ews:tResult" minOccurs="0"/>
        <s:element name="ServiceError" type="ews:tServiceError" minOccurs="0" maxOccurs
      ="1"/>
        </s:choice>
    </s:sequence>
    <s:attribute name="UUID" type="ews:tstring36" use="optional"/>
    <s:attribute name="AssocID" type="ews:tAssocID" use="required"/>
  </s:complexType>
      </s:element>
      <!--
      SetURCBValuesRequest, IEC 61400-25-4, Annex A.5.7.7.1
      -->
      <s:element name="SetURCBValuesRequest">
        <s:complexType>
          <s:sequence>
            <s:element name="URCBRef" type="ews:tControlBlockReference"/>
            <s:element name="RptID" type="ews:tstring65" minOccurs="0"/>
            <s:element name="RptEna" type="s:boolean" minOccurs="0"/>
            <s:element name="Resv" type="s:boolean" minOccurs="0"/>
            <s:element name="DatSet" type="ews:tDataSetReference" minOccurs="0"/>
            <s:element name="OptFlds " type="ews:tOptFldsBRCB" minOccurs="0"/>
            <s:element name="BufTm" type="s:unsignedInt" minOccurs="0"/>
```

```
      <s:element name = "TrgOp" type = "ews:tTrgCond" minOccurs = "0"/>
      <s:element name = "IntgPd" type = "s:unsignedInt" minOccurs = "0"/>
      <s:element name = "GI" type = "s:boolean" minOccurs = "0"/>
    </s:sequence>
    <s:attribute name = "UUID" type = "ews:tstring36" use = "optional"/>
    <s:attribute name = "AssocID" type = "ews:tAssocID" use = "required"/>
  </s:complexType>
</s:element>
<! --
SetURCBValuesResponse, IEC 61400-25-4, Annex a.5.7.7.2
-->
<s:element name = "SetURCBValuesResponse">
  <s:complexType>
     <s:sequence>
     <s:choice>
       <s:element name = "Result" type = "ews:tResult" minOccurs = "0"/>
       <s:element name = "ServiceError" type = "ews:tServiceError" minOccurs = "0" max-
     Occurs = "unbounded"/>
       </s:choice>
    </s:sequence>
    <s:attribute name = "UUID" type = "ews:tstring36" use = "optional"/>
    <s:attribute name = "AssocID" type = "ews:tAssocID" use = "required"/>
  </s:complexType>
</s:element>
<! --
ReportRequest, IEC 61400-25-4, Annex A.5.7.7.3
-->
<s:element name = "ReportRequest">
  <s:complexType>
    <s:sequence>
      <s:element name = "MaxResponseTime" type = "s:duration" minOccurs = "1"/>
      <s:element name = "MinResponseTime" type = "s:duration" minOccurs = "0"/>
    </s:sequence>
    <s:attribute name = "UUID" type = "ews:tstring36" use = "optional"/>
    <s:attribute name = "AssocID" type = "ews:tAssocID" use = "required"/>
  </s:complexType>
</s:element>
<! --
ReportResponse, IEC 61400-25-4, Annex A.5.7.7.4
-->
<s:element name = "ReportResponse">
  <s:complexType>
     <s:choice>
     <s:sequence>
       <s:element name = "ReportFormat" type = "ews:tReportFormat" minOccurs = "0"
       maxOccurs = "unbounded"/>
```

```
              <s:element name = "MaxRequestTime" type = "s:duration" minOccurs = "1"/>
              <s:element name = "MinRequestTime" type = "s:duration" minOccurs = "0"/>
          </s:sequence>
          <s: element name = " ServiceError" type = " ews: tServiceError" minOccurs = " 0"
        maxOccurs = "1"/>
          </s:choice>
        <s:attribute name = "UUID" type = "ews:tstring36" use = "optional"/>
        <s:attribute name = "AssocID" type = "ews:tAssocID" use = "required"/>
        <s:attribute name = " moreFollows" type = " s: boolean" use = " optional" default =
"false"/><! -- The message size is too small to send all the ReportFormats in one message-->
      </s:complexType>
    </s:element>
    <! --
    GetLCBValuesRequest, IEC 61400-25-4, Annex A.5.8.2.1
    -->
    <s:element name = "GetLCBValuesRequest">
      <s:complexType>
        <s:sequence>
          <s:element name = "LCBRef" type = "ews:tControlBlockReference"/>
        </s:sequence>
    <s:attribute name = "UUID" type = "ews:tstring36" use = "optional"/>
    <s:attribute name = "AssocID" type = "ews:tAssocID" use = "required"/>
  </s:complexType>
  </s:element>
<! --
GetLCBValuesResponse, IEC 61400-25-4, Annex A.5.8.2.2
-->
<s:element name = "GetLCBValuesResponse">
<s:complexType>
    <s:sequence>
    <s:choice>
      <s:sequence>
        <s:element name = "LogEna" type = "s:boolean"/>
        <s:element name = "DatSet" type = "ews:tDataSetReference"/>
        <s:element name = "TrgOp" type = "ews:tTrgCond"/>
        <s:element name = "IntgPd" type = "s:unsignedInt"/>
        <s:element name = "LogRef" type = "ews:tObjectReference"/>
      </s:sequence>
      <s:element name = "ServiceError" type = "ews:tServiceError" minOccurs = "0" maxOccurs
      = "1"/>
      </s:choice>
    </s:sequence>
    <s:attribute name = "UUID" type = "ews:tstring36" use = "optional"/>
```

```
    <s:attribute name="AssocID" type="ews:tAssocID" use="required"/>
  </s:complexType>
  </s:element>
<!--
SetLCBValuesRequest, IEC 61400-25-4, Annex A.5.8.3.2
-->
<s:element name="SetLCBValuesRequest">
<s:complexType>
   <s:sequence>
     <s:element name="LCBRef" type="ews:tControlBlockReference"/>
     <s:element name="LogEna" type="s:boolean" minOccurs="0"/>
     <s:element name="DatSet" type="ews:tDataSetReference" minOccurs="0"/>
     <s:element name="OptFlds " type="ews:tOptFldsLCB" minOccurs="0"/>
     <s:element name="IntgPd" type="s:unsignedInt" minOccurs="0"/>
     <s:element name="LogRef" type="ews:tObjectReference" minOccurs="0"/>
   </s:sequence>
   <s:attribute name="UUID" type="ews:tstring36" use="optional"/>
   <s:attribute name="AssocID" type="ews:tAssocID" use="required"/>
  </s:complexType>
  </s:element>
<!--
SetLCBValuesResponse, IEC 61400-25-4, Annex A.5.8.3.3
-->
<s:element name="SetLCBValuesResponse">
<s:complexType>
   <s:sequence>
   <s:choice>
      <s:element name="Result" type="ews:tResult" minOccurs="0"/>
      <s:element name="ServiceError" type="ews:tServiceError" minOccurs="0" maxOccurs
     ="1"/>
      </s:choice>
   </s:sequence>
   <s:attribute name="UUID" type="ews:tstring36" use="optional"/>
   <s:attribute name="AssocID" type="ews:tAssocID" use="required"/>
  </s:complexType>
  </s:element>
<!--
GetLogStatusValuesRequest, IEC 61400-25-4, Annex A.5.9.2.1
-->
<s:element name="GetLogStatusValuesRequest">
<s:complexType>
   <s:sequence>
     <s:element name="LogRef" type="ews:tObjectReference"/>
```

```
      </s:sequence>
    <s:attribute name="UUID" type="ews:tstring36" use="optional"/>
    <s:attribute name="AssocID" type="ews:tAssocID" use="required"/>
  </s:complexType>
  </s:element>
<! --
GetLogStatusValuesResponse, IEC 61400-25-4, Annex a.5.9.2.2
-->
<s:element name="GetLogStatusValuesResponse">
  <s:complexType>
    <s:choice>
    <s:sequence>
      <s:element name="OldEntrTm" type="ews:tTimeStamp"/>
          <s:element name="NewEntrTm" type="ews:tTimeStamp"/>
          <s:element name="OldEntr" type="s:unsignedInt"/>
          <s:element name="NewEntr" type="s:unsignedInt"/>
        </s:sequence>
        <s: element name = " ServiceError" type = " ews: tServiceError" minOccurs = " 0"
      maxOccurs="1"/>
        </s:choice>
      <s:attribute name="UUID" type="ews:tstring36" use="optional"/>
      <s:attribute name="AssocID" type="ews:tAssocID" use="required"/>
    </s:complexType>
    </s:element>
  <! --
  QueryLogByTimeRequest, IEC 61400-25-4, Annex A.5.9.3.1
  -->
  <s:element name="QueryLogByTimeRequest">
  <s:complexType>
    <s:sequence>
      <s:element name="LogRef" type="ews:tObjectReference"/>
      <s:element name="StartTime" type="ews:tTimeStamp" minOccurs="0"/>
      <s:element name="StopTime" type="ews:tTimeStamp" minOccurs="0"/>
      <s:element name="DataFilter" type="ews:tFcdFcdaType" minOccurs="0" maxOccurs
    ="unbounded"/>
      </s:sequence>
    <s:attribute name="UUID" type="ews:tstring36" use="optional"/>
    <s:attribute name="AssocID" type="ews:tAssocID" use="required"/>
  </s:complexType>
  </s:element>
  <! --
  QueryLogByTimeResponse, IEC 61400-25-4, Annex A.5.9.3.2
  -->
```

```
<s:element name="QueryLogByTimeResponse">
<s:complexType>
  <s:sequence>
  <s:choice>
   <s:sequence>
    <s:element name="LogEntry" type="ews:tLOGEntry"/>
    </s:sequence>
   <s:element name="ServiceError" type="ews:tServiceError" minOccurs="0" maxOc-
  curs="1"/>
   </s:choice>
 </s:sequence>
 <s:attribute name="UUID" type="ews:tstring36" use="optional"/>
 <s:attribute name="AssocID" type="ews:tAssocID" use="required"/>
</s:complexType>
</s:element>
<!--
QueryLogAfterRequest, IEC 61400-25-4, Annex A.5.9.4.1
-->
<s:element name="QueryLogAfterRequest">
<s:complexType>
 <s:sequence>
  <s:element name="LogRef" type="ews:tObjectReference"/>
  <s:element name="StartTime" type="ews:tTimeStamp" minOccurs="0"/>
<s:element name="EntryID" type="s:unsignedInt" minOccurs="0"/>
<s:element name="DataFilter" type="ews:tFcdFcdaType" minOccurs="0" maxOccurs="un-
bounded"/>
</s:sequence>
 <s:attribute name="UUID" type="ews:tstring36" use="optional"/>
 <s:attribute name="AssocID" type="ews:tAssocID" use="required"/>
</s:complexType>
</s:element>
<!--
QueryLogAfterResponse, IEC 61400-25-4, Annex A.5.9.4.2
-->
<s:element name="QueryLogAfterResponse">
<s:complexType>
  <s:sequence>
  <s:choice>
   <s:sequence>
    <s:element name="LogEntry" type="ews:tLOGEntry"/>
    </s:sequence>
   <s:element name="ServiceError" type="ews:tServiceError" minOccurs="0" maxOc-
  curs="unbounded"/>
```

```
          </s:choice>
        </s:sequence>
        <s:attribute name="UUID" type="ews:tstring36" use="optional"/>
        <s:attribute name="AssocID" type="ews:tAssocID" use="required"/>
      </s:complexType>
      </s:element>
    <!--
    SelectRequest, IEC 61400-25-4, Annex A.5.10.2.1
    -->
<s:element name="SelectRequest">
  <s:complexType>
    <s:sequence>
      <s:element name="ControlObjectRef" type="ews:tDAReference"/>
    </s:sequence>
    <s:attribute name="UUID" type="ews:tstring36" use="optional"/>
    <s:attribute name="AssocID" type="ews:tAssocID" use="required"/>
  </s:complexType>
</s:element>
<!--
SelectResponse, IEC 61400-25-4, Annex A.5.10.2.2
-->
<s:element name="SelectResponse">
  <s:complexType>
    <s:sequence>
      <s:element name="ControlObjectRef" type="ews:tDAReference"/>
      <s:element name="ServiceError" type="ews:tServiceError" minOccurs="0" maxOccurs
      ="1"/>
    </s:sequence>
    <s:attribute name="UUID" type="ews:tstring36" use="optional"/>
    <s:attribute name="AssocID" type="ews:tAssocID" use="required"/>
  </s:complexType>
  </s:element>
<!--
SelecetWithValueRequest, IEC 61400-25-4, Annex A.5.10.3.1
-->
<s:element name="SelectWithValueRequest">
  <s:complexType>
    <s:sequence>
      <s:element name="ControlObjectRef" type="ews:tDAReference"/>
      <s:element name="Value" type="ews:tControlValue"/>
      <s:element name="T" type="ews:tTimeStamp"/>
      <s:element name="Test" type="s:boolean"/>
      <s:element name="Check" type="ews:tCheck"/>
```

```
      </s:sequence>
      <s:attribute name="UUID" type="ews:tstring36" use="optional"/>
      <s:attribute name="AssocID" type="ews:tAssocID" use="required"/>
    </s:complexType>
    </s:element>
<!--
SelectWithValueResponse, IEC 61400-25-4, Annex A.5.10.3.2
-->
<s:element name="SelectWithValueResponse">
    <s:complexType>
      <s:sequence>
        <s:element name="ControlObjectRef" type="ews:tDAReference"/>
        <s:element name="Value" type="ews:tControlValue"/>
        <s:element name="T" type="ews:tTimeStamp"/>
        <s:element name="Test" type="s:boolean"/>
        <s:element name="AddCause" type="ews:tAddCause" minOccurs="0" maxOccurs="1"/>
        </s:sequence>
      <s:attribute name="UUID" type="ews:tstring36" use="optional"/>
      <s:attribute name="AssocID" type="ews:tAssocID" use="required"/>
    </s:complexType>
    </s:element>
<!--
CancelRequest, IEC 61400-25-4, Annex A.5.10.4.1
-->
<s:element name="CancelRequest">
    <s:complexType>
      <s:sequence>
        <s:element name="ControlObjectRef" type="ews:tDAReference"/>
        <s:element name="Value" type="ews:tControlValue"/>
        <s:element name="T" type="ews:tTimeStamp"/>
        <s:element name="Test" type="s:boolean"/>
        </s:sequence>
      <s:attribute name="UUID" type="ews:tstring36" use="optional"/>
      <s:attribute name="AssocID" type="ews:tAssocID" use="required"/>
    </s:complexType>
    </s:element>
<!--
CancelResponse, IEC 61400-25-4, Annex A.5.10.4.2
-->
<s:element name="CancelResponse">
<s:complexType>
      <s:sequence>
        <s:element name="ControlObjectRef" type="ews:tDAReference"/>
```

```
        〈s:element name = "Value" type = "ews:tControlValue"/〉
              〈s:element name = "T" type = "ews:tTimeStamp"/〉
              〈s:element name = "Test" type = "s:boolean"/〉
              〈s:element name = "AddCause" type = "ews:tAddCause" minOccurs = "0" maxOccurs
            = "1"/〉
               〈/s:sequence〉
            〈s:attribute name = "UUID" type = "ews:tstring36" use = "optional"/〉
            〈s:attribute name = "AssocID" type = "ews:tAssocID" use = "required"/〉
        〈/s:complexType〉
        〈/s:element〉
   〈! --
    OperateRequest, IEC 61400-25-4, Annex A.5.10.5.1
   --〉
   〈s:element name = "OperateRequest"〉
   〈s:complexType〉
       〈s:sequence〉
         〈s:element name = "ControlObjectRef" type = "ews:tDAReference"/〉
         〈s:element name = "Value" type = "ews:tControlValue"/〉
         〈s:element name = "T" type = "ews:tTimeStamp"/〉
         〈s:element name = "Test" type = "s:boolean"/〉
         〈s:element name = "Check" type = "ews:tCheck"/〉
       〈/s:sequence〉
       〈s:attribute name = "UUID" type = "ews:tstring36" use = "optional"/〉
       〈s:attribute name = "AssocID" type = "ews:tAssocID" use = "required"/〉
     〈/s:complexType〉
     〈/s:element〉
   〈! --
   OperateResponse, IEC 61400-25-4, Annex A.5.10.5.2
   --〉
   〈s:element name = "OperateResponse"〉
   〈s:complexType〉
       〈s:sequence〉
         〈s:element name = "ControlObjectRef" type = "ews:tDAReference"/〉
         〈s:element name = "Value" type = "ews:tControlValue"/〉
         〈s:element name = "T" type = "ews:tTimeStamp"/〉
         〈s:element name = "Test" type = "s:boolean"/〉
    〈s:element name = "AddCause" type = "ews:tAddCause" minOccurs = "0" maxOccurs = "1"/〉
   〈/s:sequence〉
   〈s:attribute name = "UUID" type = "ews:tstring36" use = "optional"/〉
   〈s:attribute name = "AssocID" type = "ews:tAssocID" use = "required"/〉
     〈/s:complexType〉
〈/s:element〉
〈! --
```

```
CommandTerminationrequest, IEC 61400-25-4, Annex A.5.10.6.1
-->
<s:element name="CommandTerminationRequest">
<s:complexType>
   <s:sequence>
     <s:element name="ControlObjectRef" type="ews:tDAReference"/>
     <s:element name="T" type="ews:tTimeStamp"/>
     <s:element name="Test" type="s:boolean"/>
     </s:sequence>
   <s:attribute name="UUID" type="ews:tstring36" use="optional"/>
   <s:attribute name="AssocID" type="ews:tAssocID" use="required"/>
  </s:complexType>
  </s:element>
<! --
CommandTerminationResponse, IEC 61400-25-4, Annex A.5.10.6.2
-->
<s:element name="CommandTerminationResponse">
<s:complexType>
 <s:choice>
   <s:element name="notFinished" type="s:boolean"/>
   <s:sequence>
     <s:element name="ControlObjectRef" type="ews:tDAReference"/>
     <s:element name="T" type="ews:tTimeStamp"/>
     <s:element name="Test" type="s:boolean"/>
     <s:element name="AddCause" type="ews:tAddCause" minOccurs="0" maxOccurs="1"/>
     </s:sequence>
 </s:choice>
  <s:attribute name="UUID" type="ews:tstring36" use="optional"/>
  <s:attribute name="AssocID" type="ews:tAssocID" use="required"/>
</s:complexType>
</s:element>
<! --
TimeActivatedOperateRequest, IEC 61400-25-4, Annex A.5.10.7.1
-->
<s:element name="TimeActivatedOperateRequest">
<s:complexType>
  <s:sequence>
    <s:element name="ControlObjectRef" type="ews:tDAReference"/>
    <s:element name="Value" type="ews:tControlValue"/>
    <s:element name="T" type="ews:tTimeStamp"/>
    <s:element name="Test" type="s:boolean"/>
    <s:element name="Check" type="ews:tCheck"/>
  </s:sequence>
```

```
        <s:attribute name="UUID" type="ews:tstring36" use="optional"/>
        <s:attribute name="AssocID" type="ews:tAssocID" use="required"/>
      </s:complexType>
    </s:element>
    <!--
    TimeActivaedOperateResponse, IEC 61400-25-4, Annex A.5.10.7.2
    -->
    <s:element name="TimeActivatedOperateResponse">
      <s:complexType>
        <s:sequence>
          <s:element name="ControlObjectRef" type="ews:tDAReference"/>
          <s:element name="Value" type="ews:tControlValue"/>
          <s:element name="T" type="ews:tTimeStamp"/>
          <s:element name="Test" type="s:boolean"/>
          <s:choice>
            <s:element name="TimOperRsp" type="ews:tTimOperRsp"/>
            <s:element name="AddCause" type="ews:tAddCause"/>
          </s:choice>
        </s:sequence>
      <s:attribute name="UUID" type="ews:tstring36" use="optional"/>
      <s:attribute name="AssocID" type="ews:tAssocID" use="required"/>
    </s:complexType>
      </s:element>
    </s:schema>
    </types>
      <!---->
  <message name="AssociateSoapIn">
    <part name="parameters" element="ews:AssociateRequest"/>
  </message>
  <message name="AssociateSoapOut">
    <part name="parameters" element="ews:AssociateResponse"/>
  </message>
  <message name="ReleaseSoapIn">
    <part name="parameters" element="ews:ReleaseRequest"/>
  </message>
  <message name="AbortSoapOut">
    <part name="parameters" element="ews:ReleaseResponse"/>
  </message>
    <message name="AbortSoapIn">
    <part name="parameters" element="ews:AbortRequest"/>
  </message>
  <message name="ReleaseSoapOut">
    <part name="parameters" element="ews:AbortResponse"/>
  </message>
```

```
<message name="GetServerDirectorySoapIn">
  <part name="parameters" element="ews:GetServerDirectoryRequest"/>
</message>
<message name="GetServerDirectorySoapOut">
  <part name="parameters" element="ews:GetServerDirectoryResponse"/>
</message>
<message name="GetLogicalDeviceDirectorySoapIn">
  <part name="parameters" element="ews:GetLogicalDeviceDirectoryRequest"/>
</message>
<message name="GetLogicalDeviceDirectorySoapOut">
  <part name="parameters" element="ews:GetLogicalDeviceDirectoryResponse"/>
</message>
<message name="GetLogicalNodeDirectorySoapIn">
  <part name="parameters" element="ews:GetLogicalNodeDirectoryRequest"/>
</message>
<message name="GetLogicalNodeDirectorySoapOut">
  <part name="parameters" element="ews:GetLogicalNodeDirectoryResponse"/>
</message>
<message name="GetDataValuesSoapIn">
  <part name="parameters" element="ews:GetDataValuesRequest"/>
</message>
<message name="GetDataValuesSoapOut">
  <part name="parameters" element="ews:GetDataValuesResponse"/>
</message>
<message name="SetDataValuesSoapIn">
  <part name="parameters" element="ews:SetDataValuesRequest"/>
  </message>
<message name="SetDataValuesSoapOut">
  <part name="parameters" element="ews:SetDataValuesResponse"/>
  </message>
<message name="GetDataDirectorySoapIn">
  <part name="parameters" element="ews:GetDataDirectoryRequest"/>
  </message>
<message name="GetDataDirectorySoapOut">
  <part name="parameters" element="ews:GetDataDirectoryResponse"/>
  </message>
<message name="GetDataDefinitionSoapIn">
  <part name="parameters" element="ews:GetDataDefinitionRequest"/>
  </message>
<message name="GetDataDefinitionSoapOut">
  <part name="parameters" element="ews:GetDataDefinitionResponse"/>
  </message>
<message name="GetDataSetValuesSoapIn">
  <part name="parameters" element="ews:GetDataSetValuesRequest"/>
```

```
  </message>
 <message name="GetDataSetValuesSoapOut">
  <part name="parameters" element="ews:GetDataSetValuesResponse"/>
  </message>
 <message name="SetDataSetValuesSoapIn">
  <part name="parameters" element="ews:SetDataSetValuesRequest"/>
  </message>
 <message name="SetDataSetValuesSoapOut">
  <part name="parameters" element="ews:SetDataSetValuesResponse"/>
  </message>
 <message name="CreateDataSetSoapIn">
  <part name="parameters" element="ews:CreateDataSetRequest"/>
  </message>
 <message name="CreateDataSetSoapOut">
  <part name="parameters" element="ews:CreateDataSetResponse"/>
  </message>
 <message name="DeleteDataSetSoapIn">
  <part name="parameters" element="ews:DeleteDataSetRequest"/>
  </message>
 <message name="DeleteDataSetSoapOut">
  <part name="parameters" element="ews:DeleteDataSetResponse"/>
  </message>
 <message name="GetDataSetDirectorySoapIn">
  <part name="parameters" element="ews:GetDataSetDirectoryRequest"/>
  </message>
 <message name="GetDataSetDirectorySoapOut">
  <part name="parameters" element="ews:GetDataSetDirectoryResponse"/>
  </message>
 <message name="ReportSoapIn">
  <part name="parameters" element="ews:ReportRequest"/>
  </message>
 <message name="ReportSoapOut">
  <part name="parameters" element="ews:ReportResponse"/>
  </message>
 <message name="AddSubscriptionSoapIn">
  <part name="parameters" element="ews:AddSubscriptionRequest"/>
  </message>
 <message name="AddSubscriptionSoapOut">
  <part name="parameters" element="ews:AddSubscriptionResponse"/>
  </message>
 <message name="RemoveSubscriptionSoapIn">
  <part name="parameters" element="ews:RemoveSubscriptionRequest"/>
  </message>
```

```
〈message name = "RemoveSubscriptionSoapOut"〉
  〈part name = "parameters" element = "ews:RemoveSubscriptionResponse"/〉
  〈/message〉
〈message name = "GetBRCBValuesSoapIn"〉
  〈part name = "parameters" element = "ews:GetBRCBValuesRequest"/〉
  〈/message〉
〈message name = "GetBRCBValuesSoapOut"〉
  〈part name = "parameters" element = "ews:GetBRCBValuesResponse"/〉
  〈/message〉
〈message name = "SetBRCBValuesSoapIn"〉
  〈part name = "parameters" element = "ews:SetBRCBValuesRequest"/〉
  〈/message〉
〈message name = "SetBRCBValuesSoapOut"〉
  〈part name = "parameters" element = "ews:SetBRCBValuesResponse"/〉
  〈/message〉
〈message name = "GetURCBValuesSoapIn"〉
  〈part name = "parameters" element = "ews:GetURCBValuesRequest"/〉
  〈/message〉
〈message name = "GetURCBValuesSoapOut"〉
  〈part name = "parameters" element = "ews:GetURCBValuesResponse"/〉
  〈/message〉
〈message name = "SetURCBValuesSoapIn"〉
  〈part name = "parameters" element = "ews:SetURCBValuesRequest"/〉
  〈/message〉
〈message name = "SetURCBValuesSoapOut"〉
  〈part name = "parameters" element = "ews:SetURCBValuesResponse"/〉
  〈/message〉
〈message name = "GetLCBValuesSoapIn"〉
  〈part name = "parameters" element = "ews:GetLCBValuesRequest"/〉
  〈/message〉
〈message name = "GetLCBValuesSoapOut"〉
  〈part name = "parameters" element = "ews:GetLCBValuesResponse"/〉
  〈/message〉
〈message name = "SetLCBValuesSoapIn"〉
   〈part name = "parameters" element = "ews:SetLCBValuesRequest"/〉
〈/message〉
〈message name = "SetLCBValuesSoapOut"〉
   〈part name = "parameters" element = "ews:SetLCBValuesResponse"/〉
〈/message〉
〈message name = "QueryLogByTimeSoapIn"〉
〈part name = "parameters" element = "ews:QueryLogByTimeRequest"/〉
〈/message〉
〈message name = "QueryLogByTimeSoapOut"〉
```

```
    <part name="parameters" element="ews:QueryLogByTimeResponse"/>
  </message>
  <message name="QueryLogAfterSoapIn">
    <part name="parameters" element="ews:QueryLogAfterRequest"/>
  </message>
  <message name="QueryLogAfterSoapOut">
    <part name="parameters" element="ews:QueryLogAfterResponse"/>
  </message>
  <message name="GetLogStatusValuesSoapIn">
    <part name="parameters" element="ews:GetLogStatusValuesRequest"/>
  </message>
  <message name="GetLogStatusValuesSoapOut">
    <part name="parameters" element="ews:GetLogStatusValuesResponse"/>
  </message>
  <message name="SelectSoapIn">
    <part name="parameters" element="ews:SelectRequest"/>
  </message>
  <message name="SelectSoapOut">
    <part name="parameters" element="ews:SelectResponse"/>
  </message>
  <message name="SelectWithValueSoapIn">
    <part name="parameters" element="ews:SelectWithValueRequest"/>
  </message>
  <message name="SelectWithValueSoapOut">
    <part name="parameters" element="ews:SelectWithValueResponse"/>
  </message>
  <message name="CancelSoapIn">
    <part name="parameters" element="ews:CancelRequest"/>
  </message>
  <message name="CancelSoapOut">
    <part name="parameters" element="ews:CancelResponse"/>
  </message>
  <message name="OperateSoapIn">
    <part name="parameters" element="ews:OperateRequest"/>
  </message>
  <message name="OperateSoapOut">
    <part name="parameters" element="ews:OperateResponse"/>
  </message>
  <message name="CommandTerminationSoapIn">
    <part name="parameters" element="ews:CommandTerminationRequest"/>
  </message>
  <message name="CommandTerminationSoapOut">
    <part name="parameters" element="ews:CommandTerminationResponse"/>
```

```
</message>
<message name="TimeActivatedOperateSoapIn">
  <part name="parameters" element="ews:TimeActivatedOperateRequest"/>
</message>
<message name="TimeActivatedOperateSoapOut">
  <part name="parameters" element="ews:TimeActivatedOperateResponse"/>
  </message>
  <portType name="ServicePortType">
  <operation name="Associate">
      <input message="ews:AssociateSoapIn"/>
      <output message="ews:AssociateSoapOut"/>
    </operation>
    <operation name="Release">
      <input message="ews:ReleaseSoapIn"/>
      <output message="ews:ReleaseSoapOut"/>
    </operation>
    <operation name="GetServerDirectory">
      <input message="ews:GetServerDirectorySoapIn"/>
      <output message="ews:GetServerDirectorySoapOut"/>
    </operation>
    <operation name="GetLogicalDeviceDirectory">
      <input message="ews:GetLogicalDeviceDirectorySoapIn"/>
      <output message="ews:GetLogicalDeviceDirectorySoapOut"/>
    </operation>
    <operation name="GetLogicalNodeDirectory">
      <input message="ews:GetLogicalNodeDirectorySoapIn"/>
      <output message="ews:GetLogicalNodeDirectorySoapOut"/>
    </operation>
    <operation name="GetDataValues">
      <input message="ews:GetDataValuesSoapIn"/>
      <output message="ews:GetDataValuesSoapOut"/>
    </operation>
    <operation name="SetDataValues">
      <input message="ews:SetDataValuesSoapIn"/>
      <output message="ews:SetDataValuesSoapOut"/>
    </operation>
    <operation name="GetDataDirectory">
      <input message="ews:GetDataDirectorySoapIn"/>
      <output message="ews:GetDataDirectorySoapOut"/>
    </operation>
    <operation name="GetDataDefinition">
      <input message="ews:GetDataDefinitionSoapIn"/>
      <output message="ews:GetDataDefinitionSoapOut"/>
```

```
    </operation>
    <operation name="GetDataSetValues">
      <input message="ews:GetDataSetValuesSoapIn"/>
      <output message="ews:GetDataSetValuesSoapOut"/>
    </operation>
    <operation name="SetDataSetValues">
      <input message="ews:SetDataSetValuesSoapIn"/>
      <output message="ews:SetDataSetValuesSoapOut"/>
    </operation>
    <operation name="CreateDataSet">
      <input message="ews:CreateDataSetSoapIn"/>
      <output message="ews:CreateDataSetSoapOut"/>
    </operation>
    <operation name="DeleteDataSet">
      <input message="ews:DeleteDataSetSoapIn"/>
      <output message="ews:DeleteDataSetSoapOut"/>
    </operation>
    <operation name="GetDataSetDirectory">
      <input message="ews:GetDataSetDirectorySoapIn"/>
      <output message="ews:GetDataSetDirectorySoapOut"/>
    </operation>
    <operation name="Report">
      <input message="ews:ReportSoapIn"/>
      <output message="ews:ReportSoapOut"/>
    </operation>
    <operation name="AddSubscription">
      <input message="ews:AddSubscriptionSoapIn"/>
      <output message="ews:AddSubscriptionSoapOut"/>
    </operation>
    <operation name="RemoveSubscription">
      <input message="ews:RemoveSubscriptionSoapIn"/>
      <output message="ews:RemoveSubscriptionSoapOut"/>
    </operation>
    <operation name="GetBRCBValues">
      <input message="ews:GetBRCBValuesSoapIn"/>
      <output message="ews:GetBRCBValuesSoapOut"/>
    </operation>
    <operation name="SetBRCBValues">
      <input message="ews:SetBRCBValuesSoapIn"/>
      <output message="ews:SetBRCBValuesSoapOut"/>
  </operation>
  <operation name="GetURCBValues">
    <input message="ews:GetURCBValuesSoapIn"/>
```

```
  <output message="ews:GetURCBValuesSoapOut"/>
</operation>
<operation name="SetURCBValues">
  <input message="ews:SetURCBValuesSoapIn"/>
  <output message="ews:SetURCBValuesSoapOut"/>
</operation>
<operation name="GetLCBValues">
  <input message="ews:GetLCBValuesSoapIn"/>
  <output message="ews:GetLCBValuesSoapOut"/>
</operation>
<operation name="SetLCBValues">
  <input message="ews:SetLCBValuesSoapIn"/>
    <output message="ews:SetLCBValuesSoapOut"/>
  </operation>
  <operation name="QueryLogByTime">
    <input message="ews:QueryLogByTimeSoapIn"/>
    <output message="ews:QueryLogByTimeSoapOut"/>
  </operation>
  <operation name="QueryLogAfter">
    <input message="ews:QueryLogAfterSoapIn"/>
    <output message="ews:QueryLogAfterSoapOut"/>
  </operation>
  <operation name="GetLogStatusValues">
    <input message="ews:GetLogStatusValuesSoapIn"/>
    <output message="ews:GetLogStatusValuesSoapOut"/>
  </operation>
  <operation name="Select">
    <input message="ews:SelectSoapIn"/>
    <output message="ews:SelectSoapOut"/>
  </operation>
  <operation name="SelectWithValue">
    <input message="ews:SelectWithValueSoapIn"/>
    <output message="ews:SelectWithValueSoapOut"/>
  </operation>
  <operation name="Cancel">
    <input message="ews:CancelSoapIn"/>
    <output message="ews:CancelSoapOut"/>
  </operation>
  <operation name="Operate">
    <input message="ews:OperateSoapIn"/>
    <output message="ews:OperateSoapOut"/>
  </operation>
  <operation name="CommandTermination">
```

```
      〈input message = "ews:CommandTerminationSoapIn"/〉
      〈output message = "ews:CommandTerminationSoapOut"/〉
    〈/operation〉
    〈operation name = "TimeActivatedOperate"〉
      〈input message = "ews:TimeActivatedOperateSoapIn"/〉
        〈output message = "ews:TimeActivatedOperateSoapOut"/〉
    〈/operation〉
    〈/portType〉
  〈binding name = "IECXMLServiceSoapBinding" type = "ews:ServicePortType"〉
  〈soap:binding style = "document " transport = "http://schemas.xmlsoap.org/soap/http"/〉
  〈operation name = "Associate"〉
      〈soap:operation soapAction = "http://iec.ch/ews/1.0/Associate" style = "document"/〉
      〈input〉
        〈soap:body use = "literal"/〉
        〈/input〉
      〈output〉
        〈soap:body use = "literal"/〉
        〈/output〉
    〈/operation〉
    〈operation name = "Release"〉
      〈soap:operation soapAction = "http://iec.ch/ews/1.0/Release" style = "document"/〉
      〈input〉
        〈soap:body use = "literal"/〉
        〈/input〉
      〈output〉
        〈soap:body use = "literal"/〉
        〈/output〉
    〈/operation〉
    〈operation name = "GetServerDirectory"〉
      〈soap:operation soapAction = "http://iec.ch/ews/1.0/GetServerDirectory" style = "docu-
      ment"/〉
      〈input〉
          〈soap:body use = "literal"/〉
          〈/input〉
        〈output〉
          〈soap:body use = "literal"/〉
          〈/output〉
      〈/operation〉
      〈operation name = "GetLogicalDeviceDirectory"〉
        〈soap: operation soapAction = " http://iec. ch/ews/1. 0/GetLogicalDeviceDirectory"
        style = "document"/〉
        〈input〉
          〈soap:body use = "literal"/〉
```

```
    〈/input〉
  〈output〉
    〈soap:body use = "literal"/〉
    〈/output〉
〈/operation〉
〈operation name = "GetLogicalNodeDirectory"〉
  〈soap:operation soapAction = "http://iec.ch/ews/1.0/GetLogicalNodeDirectory" style
  = "document"/〉
  〈input〉
    〈soap:body use = "literal"/〉
    〈/input〉
  〈output〉
    〈soap:body use = "literal"/〉
    〈/output〉
〈/operation〉
〈operation name = "GetDataValues"〉
  〈soap:operation soapAction = "http://iec.ch/ews/1.0/GetDataValues" style = "docu-
  ment"/〉
  〈input〉
    〈soap:body use = "literal"/〉
    〈/input〉
  〈output〉
    〈soap:body use = "literal"/〉
    〈/output〉
〈/operation〉
〈operation name = "SetDataValues"〉
  〈soap:operation soapAction = "http://iec.ch/ews/1.0/SetDataValues" style = "docu-
  ment"/〉
  〈input〉
    〈soap:body use = "literal"/〉
    〈/input〉
  〈output〉
    〈soap:body use = "literal"/〉
    〈/output〉
〈/operation〉
〈operation name = "GetDataDirectory"〉
  〈soap:operation soapAction = "http://iec.ch/ews/1.0/GetDataDirectory" style = "docu-
  ment"/〉
  〈input〉
    〈soap:body use = "literal"/〉
    〈/input〉
  〈output〉
    〈soap:body use = "literal"/〉
```

```
      〈/output〉
    〈/operation〉
    〈operation name = "GetDataDefinition"〉
      〈soap:operation soapAction = "http://iec.ch/ews/1.0/GetDataDefinition" style = "document"/〉
      〈input〉
        〈soap:body use = "literal"/〉
        〈/input〉
      〈output〉
        〈soap:body use = "literal"/〉
        〈/output〉
    〈/operation〉
    〈operation name = "GetDataSetValues"〉
      〈soap:operation soapAction = "http://iec.ch/ews/1.0/GetDataSetValues" style = "document"/〉
      〈input〉
        〈soap:body use = "literal"/〉
        〈/input〉
      〈output〉
        〈soap:body use = "literal"/〉
        〈/output〉
    〈/operation〉
    〈operation name = "SetDataSetValues"〉
      〈soap:operation soapAction = "http://iec.ch/ews/1.0/SetDataSetValues" style = "document"/〉
      〈input〉
        〈soap:body use = "literal"/〉
        〈/input〉
      〈output〉
        〈soap:body use = "literal"/〉
        〈/output〉
  〈/operation〉
  〈operation name = "CreateDataSet"〉
    〈soap:operation soapAction = "http://iec.ch/ews/1.0/CreateDataSet" style = "document"/〉
    〈input〉
      〈soap:body use = "literal"/〉
      〈/input〉
    〈output〉
      〈soap:body use = "literal"/〉
      〈/output〉
  〈/operation〉
  〈operation name = "DeleteDataSet"〉
    〈soap:operation soapAction = "http://iec.ch/ews/1.0/DeleteDataSet" style = "document"/〉
```

```
  <input>
    <soap:body use="literal"/>
    </input>
  <output>
    <soap:body use="literal"/>
    </output>
</operation>
<operation name="GetDataSetDirectory">
  <soap:operation soapAction="http://iec.ch/ews/1.0/GetDataSetDirectory" style="docu-
  ment"/>
  <input>
    <soap:body use="literal"/>
    </input>
  <output>
    <soap:body use="literal"/>
    </output>
</operation>
<operation name="Report">
  <soap:operation soapAction="http://iec.ch/ews/1.0/Report" style="document"/>
  <input>
    <soap:body use="literal"/>
    </input>
  <output>
    <soap:body use="literal"/>
    </output>
</operation>
<operation name="AddSubscription">
  <soap:operation soapAction="http://iec.ch/ews/1.0/AddSubscription" style="docu-
  ment"/>
  <input>
    <soap:body use="literal"/>
    </input>
  <output>
    <soap:body use="literal"/>
    </output>
</operation>
<operation name="RemoveSubscription">
  <soap:operation soapAction="http://iec.ch/ews/1.0/RemoveSubscription" style="docu-
  ment"/>
  <input>
    <soap:body use="literal"/>
    </input>
  <output>
```

```
        <soap:body use="literal"/>
      </output>
    </operation>
    <operation name="GetBRCBValues">
      <soap:operation soapAction="http://iec.ch/ews/1.0/GetBRCBValues" style="document"/>
      <input>
        <soap:body use="literal"/>
        </input>
      <output>
        <soap:body use="literal"/>
        </output>
    </operation>
    <operation name="SetBRCBValues">
      <soap:operation soapAction="http://iec.ch/ews/1.0/SetBRCBValues" style="document"/>
      <input>
        <soap:body use="literal"/>
        </input>
      <output>
        <soap:body use="literal"/>
        </output>
    </operation>
    <operation name="GetURCBValues">
      <soap:operation soapAction="http://iec.ch/ews/1.0/GetURCBValues" style="document"/>
      <input>
        <soap:body use="literal"/>
          </input><output>
            <soap:body use="literal"/>
            </output>
        </operation>
        <operation name="SetURCBValues">
          <soap:operation soapAction="http://iec.ch/ews/1.0/SetURCBValues" style="document"/>
          <input>
            <soap:body use="literal"/>
            </input>
          <output>
            <soap:body use="literal"/>
            </output>
        </operation>
        <operation name="GetLCBValues">
          <soap:operation soapAction="http://iec.ch/ews/1.0/GetLCBValues" style="document"/>
          <input>
```

```
      〈soap:body use="literal"/〉
      〈/input〉
    〈output〉
      〈soap:body use="literal"/〉
      〈/output〉
  〈/operation〉
  〈operation name="SetLCBValues"〉
    〈soap:operation soapAction="http://iec.ch/ews/1.0/SetLCBValues" style="document"/〉
    〈input〉
      〈soap:body use="literal"/〉
      〈/input〉
    〈output〉
      〈soap:body use="literal"/〉
      〈/output〉
  〈/operation〉
  〈operation name="QueryLogByTime"〉
    〈soap:operation soapAction="http://iec.ch/ews/1.0/QueryLogByTime" style="document"/〉
    〈input〉
      〈soap:body use="literal"/〉
      〈/input〉
    〈output〉
      〈soap:body use="literal"/〉
      〈/output〉
  〈/operation〉
  〈operation name="QueryLogAfter"〉
    〈soap:operation soapAction="http://iec.ch/ews/1.0/QueryLogAfter" style="document"/〉
    〈input〉
      〈soap:body use="literal"/〉
      〈/input〉
    〈output〉
      〈soap:body use="literal"/〉
      〈/output〉
  〈/operation〉
  〈operation name="GetLogStatusValues"〉
    〈soap:operation soapAction="http://iec.ch/ews/1.0/GetLogStatusValues" style="document"/〉
    〈input〉
      〈soap:body use="literal"/〉
      〈/input〉
    〈output〉
```

```
        〈soap:body use = "literal"/〉
        〈/output〉
    〈/operation〉
    〈operation name = "Select"〉
      〈soap:operation soapAction = "http://iec.ch/ews/1.0/Select" style = "document"/〉
      〈input〉
        〈soap:body use = "literal"/〉
        〈/input〉
      〈output〉
        〈soap:body use = "literal"/〉
        〈/output〉
    〈/operation〉
    〈operation name = "SelectWithValue"〉
      〈soap:operation soapAction = "http://iec.ch/ews/1.0/SelectWithValue" style = "docu-
      ment"/〉
      〈input〉
        〈soap:body use = "literal"/〉
        〈/input〉
      〈output〉
        〈soap:body use = "literal"/〉
        〈/output〉
    〈/operation〉
    〈operation name = "Cancel"〉
      〈soap:operation soapAction = "http://iec.ch/ews/1.0/Cancel" style = "document"/〉
      〈input〉
        〈soap:body use = "literal"/〉
        〈/input〉
      〈output〉
        〈soap:body use = "literal"/〉
      〈/output〉
  〈/operation〉
  〈operation name = "Operate"〉
    〈soap:operation soapAction = "http://iec.ch/ews/1.0/Operate" style = "document"/〉
    〈input〉
      〈soap:body use = "literal"/〉
      〈/input〉
    〈output〉
    〈soap:body use = "literal"/〉
  〈/output〉
〈/operation〉
〈operation name = "CommandTermination"〉
  〈soap:operation soapAction = "http://iec.ch/ews/1.0/CommandTermination" style = "docu-
  ment"/〉
```

```
        <input>
          <soap:body use = "literal"/>
          </input>
        <output>
          <soap:body use = "literal"/>
        </output>
      </operation>
      <operation name = "TimeActivatedOperate">
        <soap:operation soapAction = "http://iec.ch/ews/1.0/TimeActivatedOperate" style = "docu-
        ment"/>
        <input>
          <soap:body use = "literal"/>
          </input>
        <output>
          <soap:body use = "literal"/>
        </output>
      </operation>
    </binding>
    <service name = "IECXMLService">
      <port name = "IECXMLServiccPort" binding = "ews:IECXMLServiceSoapBinding">
        <soap:address location = "http://someserver.com/ews"/>
    </port>
    </service>
    </definitions>
```

附 录 B
（规范性附录）
特定通信服务映射——面向 OPC XML-DA 的映射

B.1 总则

B.1.1 关于面向 OPC XML-DA 映射的介绍

本附录描述了由 GB/T 30966.3 服务面向 OPC XML-DA 服务的映射。

该映射基于两条原则：

——采用 OPC XML-DA 的服务应可获得 GB/T 30966.2 中定义的信息模型；

——OPC XML-DA 服务器应遵守 OPC XML-DA 1.01 规范中指定的规则。

本附录包括下列条款：

——B.1 对面向 OPC XML-DA 的映射进行了概述；

——B.2 提供了面向 OPC XML-DA 映射的规范性引用文件清单；

——B.3 提供了附录 B 中所用缩写的列表；

——B.4 提供了 GB/T 30966.2 的信息模型面向 OPC XML-DA 的映射；

——B.5 提供了 GB/T 30966.3 的信息交换模型面向 OPC XML-DA 的映射；

——B.6 提供了协议栈的详情。

B.1.2 面向 OPC XML-DA 映射的范围

面向 OPC XML-DA 服务映射的范围属于运行所需过程信息的交换。服务器提供的信息量可根据运行需要发生变化。参与者可为当地、地区或全国的控制中心，其接收信息的目的是为了对过程实施监控。

B.1.3 映射架构

映射架构由以下两部分组成：

1） 信息模型的映射；

2） 信息交换模型的映射。

GB/T 30966.2 中定义的风电场信息模型应面向分层结构映射。

图 B.1 描绘了概念性映射的情况。在映射到 OPC XML-DA 服务以后，应对 GB/T 30966.2 的风电场信息模型实施保存。这表明：

——服务器执行 GB/T 30966.2 的分层风电场信息模型，此模型可根据表 B.1 按服务类型进行检索；

——客户端通过配置执行风电场信息模型，或能够利用自描述服务对其进行检索；

——客户端应用程序通过 OPC XML-DA 映射到交换信息模型数据所提供的服务，访问 GB/T 30966.2的分层风电场信息模型。

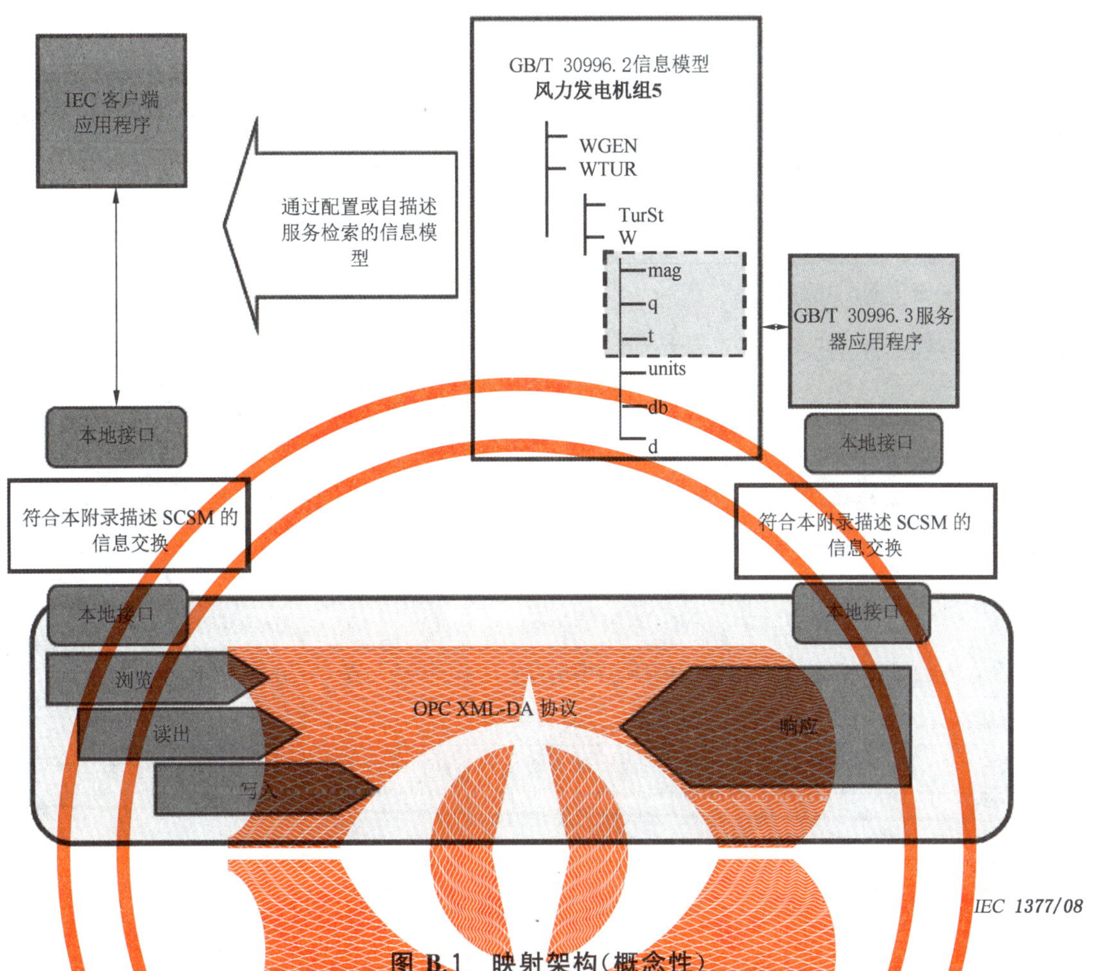

图 B.1 映射架构(概念性)

GB/T 30966.3 IEM 标准中规定的风电场信息交换服务应映射到表 B.1 中列出的服务。M/O 栏表示服务在 GB/T 30966.3 中被定义为强制还是可选。“Y”表示“是”,服务获得支持,“N”表示未获得支持。

表 B.1 GB/T 30966.3 IEM 服务面向 OPC XML-DA 服务的映射

GB/T 30966.2 IM 类 GB/T 30966.3 IEM 类	GB/T 30966.3 IEM 服务	M/O	包含在映射中	OPC XML-DA 服务
ASSOCIATION(关联)				
	Associate(关联)	M	Y	
	Release(解除)	O	Y	
	Abort(中止)	O	N	
SERVER(服务器)				
	GetServerDirectory(读取服务器目录)	O	Y	Browse(浏览)
LOGICAL-DEVICE (逻辑设备)				

表 B.1(续)

GB/T 30966.2 IM类 GB/T 30966.3 IEM类	GB/T 30966.3 IEM服务	M/O	包含在映射中	OPC XML-DA服务
	GetLogicalDeviceDirectory(读取逻辑设备目录)	O	Y	Browse(浏览)
LOGICAL-NODE(逻辑节点)				
	GetLogicalNodeDirectory(读取逻辑节点目录)	O	Y	Browse(浏览)
DATA(数据)				
	GetDataValues(读取数据值)	M	Y	Read(读出)
	SetDataValues(设定数据值)	M	Y	Write(写入)
	GetDataDirectory(读取数据目录)	O	Y	Browse(浏览)
	GetDataDefinition(读取数据定义)	O	Y	Browse(浏览)
DATA-SET(数据集)				
	GetDataSetValues(读取数据集数值)	O	P	see Note(参看注释)
	SetDataSetValues(读取数据集数值)	O	N	
	CreateDataSet(创建数据集)	O	N	
	DeleteDataSet(删除数据集)	O	N	
	GetDataSetDirectory(读取数据集目录)	O	N	
REPORTING(报告)				
	Report(报表)	O	Y	SubscriptionPolledRefresh(订阅轮询刷新)
	AddSubscription(添加订阅)	O	Y	Subscribe(订阅)
	RemoveSubscription(清除订阅)	O	Y	SubscriptionCancel(订阅取消)
URCB				
	GetURCBValues(读取URCB值)	O	N	
	SetURCBValues(设定URCB值)	O	N	
BRCB				
	GetBRCBValues(读取BRCB值)	O	N	
	SetBRCBValues(设定BRCB值)	O	N	
LCB				
	GetLCBValues(读取LCB值)	O	N	
	SetLCBValues(设定LCB值)	O	N	

表 B.1（续）

GB/T 30966.2 IM类 GB/T 30966.3 IEM类	GB/T 30966.3 IEM服务	M/O	包含在映射中	OPC XML-DA服务
LOG(日志)				
	GetLogStatusValues(读取日志状态值)	O	N	
	QueryLogByTime(按时间查询日志)	O	N	
	QueryLogAfter(查询此后日志)	O	N	
CONTROL(控制)				
	Select(选择)	O	Y	Write(写入)
	SelectWithValue(按数值选择)	O	Y	Write(写入)
	Cancel(取消)	O	Y	Write(写入)
	Operate(操作)	M	Y	Write(写入)
	CommandTermination(命令终止)	O	Y	Read/Subscribe(读出/订阅) SubscriptionPolledRefresh(订阅轮询刷新) SubscriptionCancel(订阅取消)
	TimeActivatedOperate(时间激活操作)	O	Y	Write, Read /Subscribe(写入，读出/订阅) SubscriptionPolledRefresh(订阅轮询刷新) SubscriptionCancel(订阅取消)

注："P"表示服务获得部分支持。服务器侧不存在数据集概念，但映射带有提示性描述，说明客户端如何能够通过 OPC XML-DA 服务利用 IEM 数据集服务来处理数据集。

B.2 针对 OPC XML-DA 映射的引用文件

OPC XML-DA 规范 1.01 版，2004 年 12 月 18 日(OPC XML-DA Specification. Version1.01, 18 December 2004)

SOAP 版本 1.1，W3C 简单对象访问协议(SOAP)1.1，2000 年 5 月 8 日

http://www.w3.org/TR/2006/NOTE-soap11-ror-httpbinding-20060321/#reqoptrespbinding 及 http://www.w3.org/TR/2000/NOTE-SOAP-20000508/(SOAP ver. 1.1, W3C Note Simple Object Access Protocol(SOAP) 1.1, 8 May 2000.

http://www.w3.org/TR/2006/NOTE-soap11-ror-httpbinding-20060321/#reqoptrespbinding and

http://www.w3.org/TR/2000/NOTE-SOAP-20000508/)

RFC 791，互联网协议规程(IP)[RFC 791, Internet Protocol specification(IP)]

RFC 792，互联网控制消息协议(ICMP)[RFC 792, Internet Control Message Protocol(ICMP)]

RFC 793，传输控制协议(TCP)[RFC 793, Transmission Control Protocol(TCP)]

RFC 826，以太网地址解析协议(RFC 826, Ethernet Address Resolution Protocol)

RFC 2616，超级文本传输协议 —— HTTP/1.1（RFC 2616，Hypertext Transfer Protocol-HTTP/1.1）

RFC 2246，传输层安全(TLS)协议[RFC 2246，Transport Layer Security(TLS) protocol]

B.3 缩略语

ACSI 抽象通信服务接口(在 DL/T 860.72 中定义)

注：在本附录中，将使用 IEM(见下)一词代替 ACSI。

HTTP 超级文本传输协议

IED 智能电子设备

IEM 信息交换模型

IM 信息模型

LCB 日志控制块

LD 逻辑设备

LN 逻辑节点

LOG 日志

LPHD 逻辑节点物理设备

RCB 报表控制块

RFC 报文请求

SCADA 数据采集与监控系统

SCSM 特定通信服务映射(例如，在 DL/T 860.81—2006 中定义)

SSL 安全插座层

URL 统一资源定位器

WPP 风电场

TTL 使用期限

WT 风力发电机组

XML 可扩展标示语言

B.4 本部分信息模型面向 OPC XML-DA 的映射

B.4.1 本部分信息模型类面向 OPC XML-DA 的映射

表 B.2 描述了 IM 类与 OPC XML-DA 所用概念之间的关系。

表 B.2 GB/T 30966.2 IM 类面向 OPC XML-DA 的映射

GB/T 30966.2 IM 类	OPC XML-DA 概念	OPC XML-DA 相关服务
Server(服务器)	Web Service(Web 服务)	Browse(浏览)
Logical Device(逻辑设备) Logical Node(逻辑节点) Data(数据)	Branch(分支)	Browse(浏览)
DataAttribute(Composite)数据属性(复合)		

表 B.2（续）

GB/T 30966.2 IM 类	OPC XML-DA 概念	OPC XML-DA 相关服务
DataAttribute(Primitive)数据属性(原始)	Item(数据项)	Browse(浏览) Read(读出) Write(写入) Subscribe(订阅) SubscriptionPolledRefresh(订阅轮询刷新) SubscriptionCancel(订阅取消)
注：分支与数据项概念为不可存取对象，可通过不同的 OPC XMLDA 网络方法使用。		

B.4.2 服务器

IEC 61400-25 服务器用 OPC XML-DAWeb 服务器来表示。

OPC XML-DAWeb 服务是按照 OPC XML-DA 规范确定的规则在 Web 服务器内运行的每一项 Web 服务。每项 Web 服务均被赋予了一个通信地址，通过其业务接入点可进行 OPC XML-DA 服务交换。地址的格式为 URL，如：

http://machineName/virtualDirectory/serviceName.asmx

或者 https://machineName/virtualDirectory/serviceName.asmx

IEM 服务器由具有 OPC XML-DA 服务的 Web 服务器覆盖。

服务器类属性如表 B.3 所示进行映射。

表 B.3 服务器类属性

GB/T 30966.2 (参照 DL/T 860.72—2004)	OPC XML-DA	备 注
ServiceAccessPoint [1..n] (业务接入点[1..n])	URL of the OPC XML-DA web service(OPC XML-DAWeb 服务的 URL)	
LogicalDevice [1..n](逻辑设备[1..n])	Child/Branch(子段/分支)	
TPAppAssociation [0..n](TPApp 关联 [0..n])	—	HTTP-会话
注：引用的 DL/T 860.72—2004 将文件和 MCAppAssociations 定义为服务器类属性。文件和 MCAppAssociations 不属于 GB/T 30966.2 的信息模型内容。		

B.4.3 逻辑设备

逻辑设备被映射到 OPC 分层中的分支。每个逻辑设备均应在 OPC 分层中设有分支。分支的名称应为逻辑设备的 LDName。

逻辑设备类属性如表 B.4 所示进行映射。

表 B.4 逻辑设备类属性

GB/T 30966.2 (参照 DL/T 860.72—2004)	OPC XML-DA	备　注
LDName(逻辑设备名称)	Name(名称)	
LDRef(逻辑设备引用)	ItemName(数据项名称)	
LogicalNode[3..n](逻辑节点 [3..n])	Branch(分支)	至少应有 LLN0、LPHD 和另一个 LN

B.4.4 逻辑节点

逻辑节点应被映射到 OPC 分层中的分支。每个逻辑节点均应在 OPC 分层中设有分支。分支的名称应为逻辑节点的LNName 名称。分支的数据项名称应采用以下格式:LDName/LNName。

逻辑节点类属性如表 B.5 所示进行映射。

表 B.5 逻辑节点类属性

GB/T 30966.2 (参照 DL/T 860.72—2004)	OPC XML-DA	备注
LNName(逻辑节点名称)	Name(名称)	
LNRef(逻辑节点引用)	ItemName(数据项名称)	
Data [1..n](数据[1..n])	Branch(分支)	
DataSet [0..n](数据集[0..n])	Not mapped(不映射)	
BufferedReportControlBlock [0..n](缓存报表控制块[0..n])	Not mapped(不映射)	
UnbufferedReportControlBlock [0..n](非缓存报表控制块[0..n])	Not mapped(不映射)	
LogControlBlock [0..n](日志控制块[0..n])	Not mapped(不映射)	
Log [0..n](日志[0..n])	Not mapped(不映射)	

B.4.5 数据

每个数据实例均应映射到 OPC 分层中的某个分支。

数据类的属性应如表 B.6 所示进行映射。

表 B.6 数据类属性

GB/T 30966.2(参照 DL/T 860.72—2004)	OPC XML-DA	备注
DataName(数据名称)	Name(名称)	
DataRef(数据引用)	ItemName(数据项名称)	
Presence(存在)	Not mapped(不映射)	
DataAttribute[0..n](数据属性 [0..n])		

表 B.6（续）

GB/T 30966.2(参照 DL/T 860.72—2004)		OPC XML-DA	备注
	DataAttribute(数据属性)形式	Item or branch(数据项或分支)	
	FunctionalConstraint(功能限制)	ItemPath / custom item property (数据项路径/定制数据项属性)	
	TrgOp(触发器选项)	Not mapped(不映射)	
Specialisations of DATA(数据的专门化)			
CompositeCDC(综合 CDC)		Branch(分支)	
SimpleCDC(简单 CDC)		Branch(分支)	

B.4.6 数据属性类型

B.4.6.1 总则

数据属性类型应映射到分支(复合数据属性)或 OPC XML-DA 分层中的数据项原始数据属性。每个复合组件都应有一个分支，每个基本组件都应有一个数据项。基本组件的数据项构成 OPC XML-DA 分层中的叶。DAType 属性如表 B.7 所示进行映射。

表 B.7 数据属性类型(DAType)类属性

GB/T 30966.2 (参照 DL/T 860.72—2004)	OPC XML-DA	备 注
DATName(数据名称)	Name(名称)	
DATRef(数据引用)	ItemName(数据项名称)	
Presense(存在)	Not mapped(不映射)	
Specialisations of DAType(DAType 的专门化)		
CompositeComponent [0..n] of DAType (DAType 的复合组件[0..n])	Branch(分支)	
PrimitiveComponent [0..1] of BasicType (本类型的基本组件 [0..1])	Item(数据项)	应映射到基本类型

B.4.6.2 属性基本类型的映射

基本类型应如表 B.8 所示进行映射。

表 B.8 属性基本类型的映射

GB/T 30966.2 分基本类型	OPC XML-DA 形式	数值范围	备 注
BOOLEAN	boolean	二进制逻辑值 真|假	
INT8	byte	8 位带符号整数值： —128 至 127	
INT16	short	16 位带符号整数值： —32 768 至 32 767	
INT24	int	32 位带符号整数值： —2** 31 至(2** 31)—1	扩大数值范围
INT32	int	32 位带符号整数值： —2** 31 至(2** 31)—1	
INT128	long	64 位带符号整数值： —2** 63 至(2** 63)—1	缩小数值范围
INT8U	unsignedByte	8 位不带符号整数值：0 至 255	
INT16U	unsignedShort	16 位不带符号整数值：0 至 65 535	
INT24U	unsignedInt	32 位不带符号整数值：0 至 4 294 967 295	扩大数值范围
INT32U	unsignedInt	32 位不带符号整数值：0 至 4 294 967 295	
FLOAT32	float	IEEE 单精度 32 位浮点值	
FLOAT64	double	IEEE 单精度 64 位浮点值	
ENUMERATED	unsignedInt	数值的有序集合，在使用形式处定义；允许使用定制扩展名	
CODED ENUM	unsignedInt	数值的有序集合，在使用形式处定义；不允许使用定制扩展名	
VISIBLE STRING	string	宽字节字符串 （不用 ASCII 字符串）	长度在 CDC 定义中规定
UNICODE STRING	string	宽字节字符串	长度在 CDC 定义中规定

B.4.6.3 通用数据类型的附加定义

B.4.6.3.1 编码枚举

CODED ENUM(编码枚举)应映射到一个不带符号 Int 上。CODED ENUM 的 0 位应为不带符号 Int 中的最高有效位。

$$值=位[0]\times 2^{N-1}+位[1]\times 2^{N-2}+\cdots+位[N]\times 2^{0}$$

式中：N 为编码枚举中的位数。

B.4.6.3.2 八位字符串

IEC 的八位字符串应映射到 OPC XML-DA 的十六进制字符串上。只宜使用字符 0 至 9、a 至 f 和 A 至 F。

B.4.6.4 阵列

GB/T 30966.2 中"×××的阵列"应映射到 OPC XML-DA 中的"×××的阵列",此处要在类型使用的位置定义×××。

B.4.6.5 通用数据类型

B.4.6.5.1 对象名称

IEM 对象名称(可见字符串 32)属性应映射到 OPC XML-DA 服务内的属性"名称"(字符串)。

B.4.6.5.2 对象引用

IEM 对象引用(VISIBLE STRING255)属性应映射到 OPC XML-DA 服务内的属性"数据项名称"(字符串)。

B.4.6.5.3 服务错误

IEM 服务错误(ENUMERATED 被枚举)应映射到 OPCError 元素的 OPC XML-DA 文本(字符串)元素。标准 OPC XML-DA 错误代码列表已经扩大,由表 B.9 给出。

表 B.9 新 OPC XML-DA 错误代码

新 OPC XML-DA 错误代码
E_61400_25_INSTANCE_NOT_AVAILABLE
E_61400_25_INSTANCE_IN_USE
E_61400_25_ACCESS_VIOLATION
E_61400_25_ACCESS_NOT_ALLOWED_IN_CURRENT_STATE
E_61400_25_PARAMETER_VALUE_INAPPROPRIATE
E_61400_25_PARAMETER_VALUE_INCONSISTENT
E_61400_25_CLASS_NOT_SUPPORTED
E_61400_25_INSTANCE_LOCKED_BY_OTHER_CLIENT
E_61400_25_CONTROL_MUST_BE_SELECTED
E_61400_25_TYPE_CONFLICT
E_FAILED_DUE_TO_COMMUNICATIONS_CONSTRAINT
E_FAILED_DUE_TO_SERVER_CONSTRAINT

B.4.6.5.4 时间戳

映射到一种 OPC XML-DA 日期时间类型。

在本映射中,没有使用 OPC XML-DA 时间戳属性。因为信息模型的时间戳在数值发生变化时反映出了最后瞬间的情况,而 OPC XML-DA 时间戳反映出服务器得知相应值的准确时间。

时 间	字 段 值	
09:59:55	0	
10:00:00	1	
10:00:05	1	
10:00:10	1	
10:00:15	1	OPC 客户端读出(10:00:15,1)
		IEC 客户端读出(10:00:00,1)

图 B.2 OPC XML-DA 与 IEC 信息模型时间戳之间的差异

图 B.2 表现了 OPC 时间戳属性与反映信息模型时间戳的数据项之间的数值差异。

表 B.10 详细描述了时间戳的映射情况。

表 B.10 时间戳映射

IM 时间戳属性		OPC 映射	限制
SecondSinceEpoch(信号出现时间后的秒数)		OPC XML-DA datetime(OPC XML-DA 日期时间)	
FractionOfSecond(一转眼)			
TimeQuality(时间质量)	LeapSecondsKnown(已知跳秒)	Not mapped(不映射)	
	ClockFailure(时钟失效)	Quality property of the TimeStamp item (时间戳项的质量属性)	"差"
	ClockNotSynchronized(时钟未同步)	Quality property of the TimeStamp item (时间戳项的质量属性)	"不确定"
	TimeAccuracy(时间精度)	Not mapped(不映射)	调整至 n =10

B.4.6.5.5 质量

GB/T 30966.2 中定义的信息模型规定了质量属性的存在,质量属性指部分状态或测量属性的数值。

IEM 质量属性可能包含的数值与 OPC XML-DA 质量属性中的数值差异较大。在本映射中,不使用 OPC XML-DA 质量属性。IEM 质量将成为 OPC XML-DA 分层的数据项。

信息模型内的质量属性应视为由 13 位组成的编码枚举,并按照表 B.11 给出的情况映射到 OPC XML-DA 不带符号 Int。质量值应按 B.4.6.3.1 的定义进行计算。

表 B.11 质量属性的映射

位 数	属性名称	属 性 值	备 注
0 至 1	Validity(有效性)	Good(良好)	值=0 0
		Invalid(无效)	值=0 1
		Reserved(保留)	值=1 0
		Questionable(有问题)	值=1 1

表 B.11（续）

位 数	属性名称	属 性 值	备 注
2	Overflow(溢出)		
3	outOfRange(超出范围)		
4	badReference(不良引用)		
5	Oscillatory(振荡)		
6	Failure(失效)		
7	oldData(旧数据)		
8	Inconsistent(不一致)		
9	Inaccurate(不准确)		
10	Source(来源)		
11	Test(试验)		
12	operatorBlocked(操作员锁定)		

B.4.6.6 定制数据项属性的定义

读取数据目录和读取数据定义服务要求在其响应中有不能由映射元素提供的信息。为了提供这一信息，应增加以下定制项属性。

B.4.6.6.1 定制项属性“FC”

应增加定制项属性 “FC”。此定制项属性被分配给每个数据、数据属性和数据属性组建，可识别在相应元素内使用了哪些 FC。其引入是为了在读取数据目录服务的响应中提供 FC。同时，也由客户端使用，以减少浏览服务的次数，要读取包括 FCD 或 FCDA 在内的完整元素列表应浏览服务。

此项属性为强制性要求，但被 OPC XML-DA 客户端的使用时为可选要求。

数据项名称	DataRef.FC / DATRef.FC
数据项路径	“ ”(空字符串)
类型	CODEDENUM(编码枚举) [ST(0) | MX(1) | CO(2) | SP(3) | CF(4) | DC(5) | EX(6) | BR(7) | RP(8) |LG(9)]

B.4.6.6.2 定制项属性“IMClass”

应增加定制项属性“IMClass”。此定制项属性被分配给每个元素，具有元素的类别信息。其引入是为了在读取数据目录服务的响应中提供返回元素是否属于数据或数据属性的信息。

此项属性为强制性要求，但被 OPC XML-DA 客户端使用时为可选要求。

数据项名称	*Ref*.IMClass
数据项路径	“ ”(空字符串)
类型	被枚举 LD(逻辑设备)(1)| LN(逻辑节点)(2) | DO(数据对象)(3) | CDA 数据属性或数据属性组件 复合组件(4)| PDA(数据属性或数据属性组件) 基本组件(5)

B.4.6.6.3 定制项属性"IMType"

应增加定制项属性"IMType"。此定制项属性被分配给每个元素,具有元素的属性类型。其引入是为了在读取数据定义服务的响应中提供此信息。

此项属性为强制性要求,但被 OPC XML-DA 客户端使用时为可选要求。

数据项名称	*Ref*.IMType
数据项路径	" "(空字符串)
类型	宽字节字符串 针对 LD: WPP 针对 LN:WROT | WMET | WGWN | ...... 针对 DO:INS | INC | ALM | ...... 针对 CDA:AnalogueValue | Vector |...(模拟值| 矢量 | ...) 针对 PDA:BOOLEAN | INT16 |

B.5 信息交换模型面向 OPC XML-DA 服务的映射

B.5.1 总则

在 IEM 服务映射的定义中,以下定义适用:

- M: 强制。OPC XML-DA 或本映射规程要求有此项属性/元素。
- C: 有条件的。此项属性/元素对于另一属性或对于要求参数的接收是有条件的。
- O: 可选。可采用,但非强制性,因此不能期望其在任何执行中均采用。
- N: 不使用。此项属性/元素不得在映射中使用。

GB/T 30966.3 IEM 标准中规定的风电场信息交换服务应映射到本条款定义的服务。

B.5.2 关联模型(提示性)

B.5.2.1 总则

为了改善连接导向服务的可扩展性,Web 服务被建成无连接服务。无连接服务可通过构建成有状态服务达到连接服务的性能。

B.5 描述了使用 HTTP 标识符的方法,以便完成信息传送,在不同 OPC XML-DA 服务的互换过程中共享连接标识符。此映射不会强行要求采用这一性能,但如果服务器提供了这一信息,会建议应采用所描述的方法。

正如 GB/T 30966.2 和 GB/T 30966.3 所定义的,双边应用关联类及其服务规定了有状态连接的概念。对比之下,OPC XML-DA 基于 SOAP,而无状态协议 HTTP(即服务器将每一请求当作独立的交易)则与任何以前的请求无关。此映射要求在应用层内建立虚拟会话将各请求进行捆绑。

建立虚拟会话时,应使用由服务器创建并至少与每个请求传输的唯一会话 ID。该会话 ID 应在服务器(即:在一台客户端与一个会话 ID 之间存在一对一的连接)和客户端(即:在其 URL 代表的一个服务器与一个会话 ID 之间存在一对一的连接)内是唯一的。至于会话 ID 的交换应如何实施(如:通过超文本链接标示语言 Cookie 或作为 URL 的一部分),映射没有做出规定。

服务器应为每一个会话 ID 设置一个定时程序。相关客户端每请求一次,定时程序均应相应做出更新。如果定时程序到期,即在特定时间内客户端不再提出请求,服务器应考虑会话结束,并删除会话 ID。

应如何实施客户端的认证，本映射未做规定，但要求客户端不得随着每次请求进行自身再次认证。这一点可以实现(例如通过使用会话 ID)，以便识别提出请求的客户端。

极力建议对被传送数据加密[例如采用 http(超文本传输协议)]，尤其是为了认证进行传输的数据(用户名/密码)。

B.5.2.2 关联属性

B.5.2.2.1 关联识别码

关联识别码格式和内容均应为本地问题。在服务器侧，在关联识别码与客户端和 Web 服务器连接之间应存在一一对应关系。在客户端侧，宜采用关联识别码与服务器 URL 的唯一结合。

B.5.2.3 关联服务

B.5.2.3.1 关联

如果需要认证客户端，可采用 HTTP 头认证。这一方法只有在服务器和客户端均支持认证的情况下方可使用。所有关于安全的问题均不属于 IEC 61400-25 的论述范围。

关联服务不得映射到任何特定的 OPC XML-DA 服务。只要客户端发出 HTTP 头中没有关联识别码的 OPC XML-DA 服务请求，服务器就应视其为新的关联，并且在服务回应中应包含该关联的标识符。

所使用的 HTTP 头应执行以下语法：

设置-Cookie：AssociationID＝AssocValue；expires＝date；path＝/SERVICE1；domain＝url(关联识别码＝关联值；到期＝日期；路径＝/服务 1；域＝url)。

表 B.12 描述了 Cookie 中发送的参数。

表 B.12 Cookie 参数说明

参　数	说　明
AssociationID(关联识别码)	关联标识符。服务器应为其全部连接发送不同的标识符
Expires(到期)	此参数应视为连接的最长使用期限。 格式为： Wdy，dd-mmm-yyyy hh：mm：ss GMT
Path(路径)	需要关联的服务
Domain(域)	服务器的 URL

如果不止一项 OPC XML-DA 服务需要关联识别码，服务器应使用不同的 Cookies，每一个与一项 OPC XML-DA 服务对应。

一旦客户端收到此信息，应在发向服务器的所有请求发出关联标识符。Cookie：关联识别码＝关联值。

收到此页眉后，服务器会发出有新到期日期的相同关联识别码，使连接断开的时间比前面的 TTL 更长。

服务器应保有一个定时程序，以便如果在一个关联识别码有效却没有激活任何消息的情况下，应视为关联丢失。如果收到了消息，同时服务器侧的关联识别码无效，应提供新的关联识别码，以便创建新连接。

图 B.3 描述了用于建立关联的各项服务顺序。

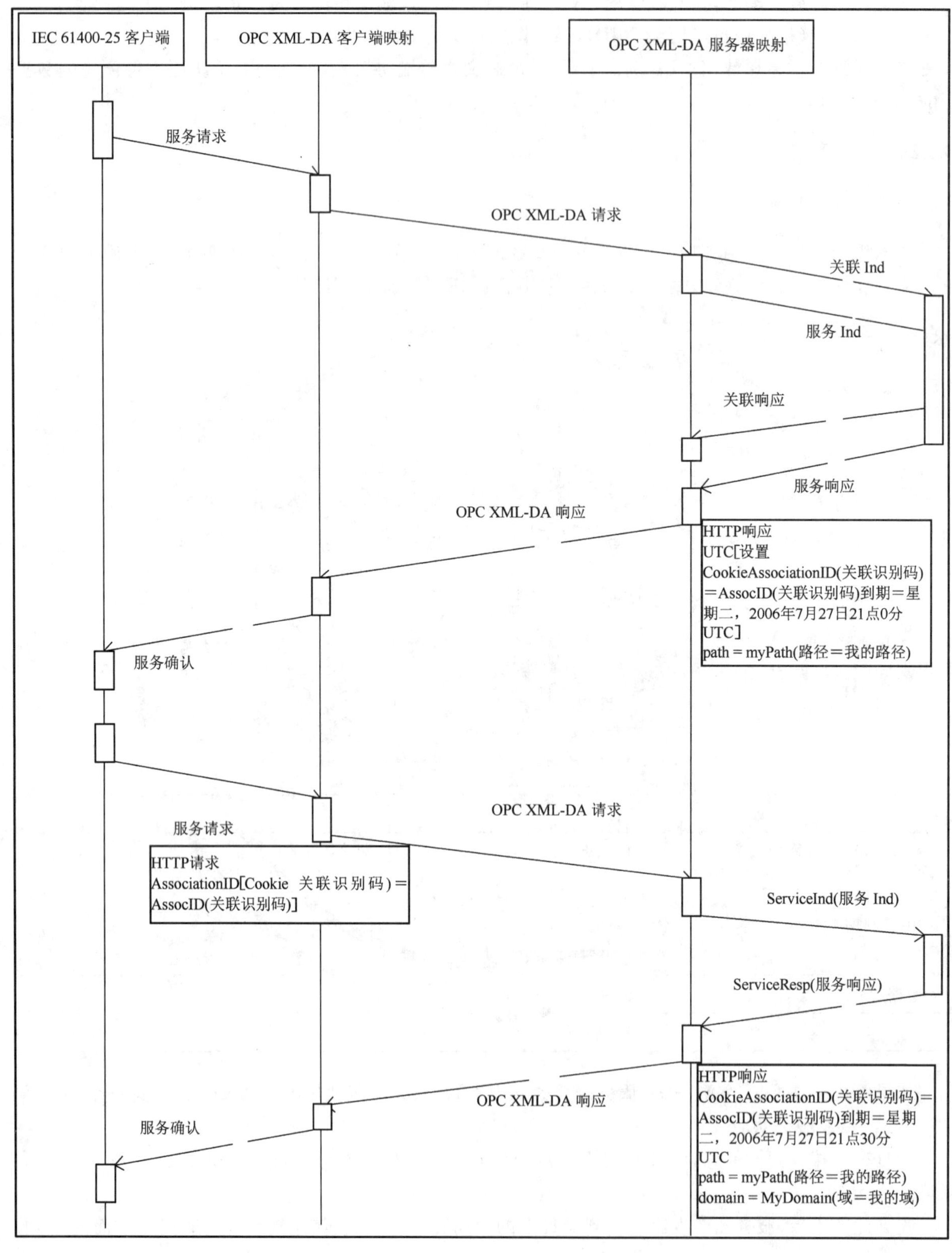

图 B.3 建立关联的服务顺序

B.5.2.3.2 释放

释放服务不得映射到任何特定的 OPC XML-DA 服务。希望关闭关联的客户应停止在其消息中使用关联识别码 Cookie。一旦服务器中设置的定时程序到期,应视为释放连接。

B.5.2.3.3 中止(提示性)

B.5.2.3.3.1 总则

B.5.2.3.3 描述了如何在 OPC XML-DA 的消息顺序内执行中止机制。

B.5.2.3.3.2 客户端侧

中止请求会清除带有关联识别码的 Cookie,以便视为关联结束。

每次服务器以不同的关联识别码向处于请求状态中的被提供者回复时,都应向应用程序发出中止指示。在这种情况下,中止指示之后会发出关联指示并确认被请求的 OPC 服务。

B.5.2.3.3.3 服务器侧

中止请求会清除被请求的关联识别码,以便视为关联结束。

当视为关联丢失时,应向应用程序发出中止指示。如果服务器的预配置时间内已经没有活动,则认为关联丢失。

B.5.3 服务器类模型

B.5.3.1 服务器类服务

B.5.3.1.1 读取服务器目录

本服务允许客户端检索服务器具有逻辑设备清单。本服务应映射到 OPC XML-DA 的浏览。浏览服务参数应符合表 B.13 和表 B.14 的定义。

表 B.13 读取服务器目录映射

GB/T 30966.2(参照 DL/T 860.72—2004)	OPC XML-DA	备 注
Request ——ObjectClass(请求-对象类)	Browse(浏览)	逻辑设备 此映射不考虑文件
Response+ ——Reference[1..n](响应+—引用文件[1..n])	BrowseResponse(浏览响应)(+) ——(Elements)元素:(ItemName)数据项名称	逻辑设备引用
Response— ——ServiceError(响应-服务错误)	BrowseResponse(浏览响应(—) ——Errors(错误)(OPCErrors)	

表 B.14　IEM 读取服务器目录的详细映射

读取服务器目录参数	OPC XML-DA 参数		M/C/O/I/N	限　制
Request(请求)	Browse(浏览)			
	E	属性名称	N	
	@	*LocaleID*(地区识别码)	O	
	@	*ClientRequestHandle*(客户机请求处理)	O	
	@	*ItemPath*(数据项路径)	N 或“ ”	两者均无或空白
	@	*ItemName*(数据项名称)	N 或“ ”	两者均无或空白
	@	*ContinuationPoint*(连续点)	O	见注 1
	@	*MaxElementsReturned*(最大返回元素)	O	见注 1
	@	*BrowseFilter*(浏览过滤器)	N	
	@	*ElementNameFilter*(元素名称过滤器)	N	
	@	*VendorFilter*(供货商过滤器)	N	
	@	*ReturnAllProperties*(返回全部属性)	N	
	@	*ReturnPropertyValues*(返回属性值)	N	
	@	*ReturnErrorText*(返回错误文本)	O	
Response(响应)＋	BrowseResponse(浏览响应)			
	E	BrowseResult(浏览结果)	M	
	E	Elements(元素)	M	应有与服务器中逻辑设备一样多的“元素”
	E	Properties(属性)	C	不应出现在请求中
Reference(引用文件)	@	*Name*(名称)	M	
	@	*ItemPath*(数据项路径)	M	
Reference(引用文件)	@	*ItemName*(数据项名称)	M	
	@	*IsItem*(属于数据项)	M	
	@	*HasChildren*(具有子段)	M	应为“真”
	E	Errors(错误)	N	不应在积极响应中出现
	@	*ContinuationPoint*(连续点)	C	
	@	*MoreElements*(更多元素)	C	
(Response)响应－	BrowseResponse(浏览响应)			
	E	BrowseResult(浏览结果)	M	
	E	Elements(元素)	N	在消极响应中不应有元素
	E	Properties(属性)	N	
	@	*Name*(名称)	N	
	@	*ItemPath*(数据项路径)	N	
	@	*ItemName*(数据项名称)	N	

表 B.14（续）

读取服务器目录参数	OPC XML-DA 参数		M/C/O/I/N	限　制
	@	*IsItem*（*属于数据项*）	N	
	@	*HasChildren*（*具有子段*）	N	
ServiceError(服务错误)	E	Errors(错误)	M	见注 2
	E	Text(文本)	C	
	@	*ID*（*识别码*）	M	
	@	*ContinuationPoint*（*连续点*）	N	
	@	*MoreElements*（*更多元素*）	N	
E：OPC XML-DA 服务元素。 @：OPC XML-DA 属性。				
注 1：在客户端侧，其使用为可选。 注 2：本服务中退回的误码应映射到 IEM 服务错误的“因服务器限制而失效”。				

B.5.4　逻辑设备类模型

B.5.4.1　逻辑设备类服务

B.5.4.1.1　读取逻辑设备目录

本服务映射应符合表 B.15 和表 B.16 的定义。

表 B.15　IEM 读取逻辑设备目录映射

GB/T 30966.2 （参照 DL/T 860.72—2004）	OPC XML-DA	备　注
Request ——LDRef （请求 ——LDRef）	Browse(浏览) ——ItemName(数据项名称)	
Response+ ——LNRef [3..n] （响应+ ——LNRef [3..n]）	BrowseResponse(浏览响应)(+) ——Elements：ItemName(元素：数据项名称)	
Response− ——ServiceError （响应− ——服务错误）	BrowseResponse(浏览响应)(−) ——Errors(错误)(OPCErrors)	

表 B.16 IEM 读取逻辑设备目录的详细映射

(读取逻辑设备目录)参数	OPC XML-DA 参数		M/C/O/I/N	限 制
Request(请求)	Browse(浏览)			
	E	PropertyNames(属性名称)	N	
	@	*LocaleID* (地区识别码)	O	
	@	*ClientRequestHandle* (客户机请求处理)	O	
	@	*ItemPath* (数据项路径)	M	
	@	*ItemName* (数据项名称)	M	字符串应为逻辑设备引用
	@	*ContinuationPoint* (连续点)	O	
	@	*MaxElementsReturned* (最大返回元素)	O	
	@	*BrowseFilter* (浏览过滤器)	N	
	@	*ElementNameFilter* (元素名称过滤器)	N	
	@	*VendorFilter* (供货商过滤器)	N	
	@	*ReturnAllProperties* (返回全部属性)	N	
	@	*ReturnPropertyValues* (返回属性值)	N	
	@	*ReturnErrorText* (返回错误文本)	O	
Response(响应)+	BrowseResponse(浏览响应)			
	E	BrowseResult(浏览结果)	M	
	E	Elements(元素)	M	逻辑设备中应有与逻辑节点一样多的"元素"
	E	Properties(属性)	C	不应出现在请求中
	@	*Name* (名称)	M	
	@	*ItemPath* (数据项路径)	M	
Reference(引用文件)	@	*ItemName* (数据项名称)	M	
	@	*IsItem* (属于数据项)	M	
	@	*HasChildren* (具有子段)	M	应为"真"
	E	Errors(错误)	N	不应在积极响应中出现
	@	*ContinuationPoint* (连续点)	C	
	@	*MoreElements* (更多元素)	C	
Response(响应)—	BrowseResponse(浏览响应)			
	E	BrowseResult(浏览结果)	M	
	E	Elements(元素)	N	消极响应中不应有元素
	E	Properties(属性)	N	
	@	*Name* (名称)	N	
	@	*ItemPath* (数据项路径)	N	

表 B.16（续）

（读取逻辑设备目录）参数	OPC XML-DA 参数		M/C/O/I/N	限　制
	@	*ItemName*（数据项名称）	N	
	@	*IsItem*（属于数据项）	N	
	@	*HasChildren*（具有子段）	N	
ServiceError(服务错误)	E	Errors(错误)	M	见表 B.17
	E	Text(文本)	C	
	@	*ID*（识别码）	M	
	@	*ContinuationPoint*（连续点）	N	
	@	*MoreElements*（更多元素）	N	
E：OPC XML-DA 服务元素。 @：OPC XML-DA 属性。				

表 B.17 中定义了服务错误的映射。

表 B.17　面向 IEM 服务错误映射的读取逻辑备目录

服务错误	OPC 错误代码
Parameter-value-inappropriate(参数值不恰当)	E_INVALIDITEMNAME，E_UNKNOWNITEMNAME
Failed-due-to-server-constraint(因服务器限制而失败)	任何其他代码

B.5.5　逻辑节点类模型

B.5.5.1　总则

逻辑节点的实例应为 OPC 分层的分支。

B.5.5.2　逻辑节点类属性

本映射只支持逻辑节点类内的数据存在。数据只应作为 OPC XML-DA 服务器分层内逻辑节点下的分支数据项映射。

B.5.5.3　逻辑节点类服务

B.5.5.3.1　读取逻辑节点目录

OPC XML-DA 映射只允许使用"数据"IEM 类。任何其他 IEM 类的技术规格不能采用本映射法映射。

如果规定的 IEM 类为"数据"，应按表 B.18 和表 B.19 的定义进行映射。

表 B.18 读取逻辑节点目录的映射

GB/T 30966.2 (参照 DL/T 860.72—2004)	OPC XML-DA	备 注
Request ——LNRef ——ACSI class (请求 ——LNRef ——ACSI 类)	Browse(浏览) ——ItemName	
Response+ ——InstanceName [1..n] (响应+ ——InstanceName [1..n])	BrowseResponse(浏览响应)(+) ——Elements: Name(元素:名称)	
Response— ——ServiceError (响应— ——服务错误)	BrowseResponse(浏览响应)(—) ——Errors(OPCErrors)(错误)	

表 B.19 读取逻辑节点目录的详细映射

(读取逻辑节点目录)参数	OPC XML-DA 参数		M/C/O/I/N	限 制
Request(请求)	Browse(浏览)			
	E	PropertyNames(属性名称)	N	
	@	*LocaleID* (地区识别码)	O	
	@	*ClientRequestHandle* (客户机请求处理)	O	
	@	*ItemPath* (数据项路径)	M	应为空白
	@	*ItemName* (数据项名称)	M	字符串应为逻辑节点引用文件
	@	*ContinuationPoint* (连续点)	O	
	@	*MaxElementsReturned* (最大返回元素)	O	
	@	*BrowseFilter* (浏览过滤)	N	
	@	*ElementNameFilter* (元素名称过滤器)	N	
	@	*VendorFilter* (供货商过滤器)	N	
	@	*ReturnAllProperties* (返回全部属性)	N	
	@	*ReturnPropertyValues* (返回属性值)	N	
	@	*ReturnErrorText* (返回错误文本)	O	

表 B.19（续）

(读取逻辑节点目录)参数	OPC XML-DA 参数		M/C/O/I/N	限　制
Response(响应)+	BrowseResponse(浏览响应)			
	E	BrowseResult(浏览结果)	M	
	E	Elements(元素)	M	逻辑节点中应有与数据一样多的“元素”
	E	Properties(属性)	N	
Reference(引用文件)	@	*Name*（名称）	M	
	@	*ItemPath*（数据项路径）	M	
	@	*ItemName*（数据项名称）	M	
	@	*IsItem*（属于数据项）	M	应为“真”
	@	*HasChildren*（具有子段）	M	应为“真”
	E	Errors(错误)	N	不应在积极响应中出现
	@	*ContinuationPoint*（连续点）	C	
	@	*MoreElements*（更多元素）	C	
Response(响应)—	BrowseResult(浏览响应)			
	E	BrowseResult(浏览结果)	M	
	E	Elements(元素)	N	消极响应中不应有元素
	E	Properties(属性)	N	
	@	*Name*（名称）	N	
	@	*ItemPath*（数据项路径）	N	
	@	*ItemName*（数据项名称）	N	
	@	*IsItem*（属于数据项）	N	
	@	*HasChildren*（具有子段）	N	
ServiceError(服务错误)	E	Errors(错误)	M	见表 B.20
	E	Text(文本)	C	
	@	*ID*（识别码）	M	
	@	*ContinuationPoint*（连续点）	N	
	@	*MoreElements*（更多元素）	N	
E：OPC XML-DA 服务元素。 @：OPC XML-DA 属性。				

表 B.20 中定义了服务错误的映射。

表 B.20 面向 IEM 服务错误的读取逻辑节点目录消极响应

服务错误	OPC 错误代码
Parameter-value-inappropriate(参数值不当)	E_INVALIDITEMNAME，E_UNKNOWNITEMNAME
Failed-due-to-server-constraint(因服务器限制而失败)	任何其他代码

B.5.6 数据类模型

B.5.6.1 总则

IEM 数据类均应映射到 OPC 分层中的某个分支。其原始数据属性应为 OPC XML-DA 树上叶中的数据项。

功能受限数据：

功能受限数据应映射到 OPC XML-DA 数据项名称和数据项路径。格式应符合 IEM 的定义要求。

ItemName(数据项名称)	逻辑设备名称/逻辑节点名称.数据名称[.数据名称[. …]]
ItemPath(数据项路径)	FC

功能受限数据属性：

功能制约数据属性应映射到 OPC XML-DA 数据项名称和数据项路径。格式应符合 IEM 的定义要求。

ItemName(数据项名称)	逻辑设备名称/逻辑节点名称.数据名称[数据名称[. …[数据属性[. …]]]]
ItemPath(数据项路径)	FC

注：引用文件中不宜使用[]字符。这表明：分层中可能存在更多层次。

数据项路径：

OPC XML-DA 中的数据项路径被定义为协助服务器的服务器专用机制，以便于查找客户端请求的信息。

在本映射中，数据项路径对客户端请求的功能限制做出了规定。应将其用作过滤机制。如果有不止一项功能受限属性，数据项路径会对被请求的属性做出规定。

在"浏览"服务中，如果未规定数据项路径，指定分层层内的所有数据项被退回。如果客户端规定了使用特定数据项路径，只应退回含有被请求的功能受限元素。

B.5.6.2 数据类服务

B.5.6.2.1 读取数据值

应将 IEM GetDataValues(读取数据值)映射到 OPC XML-DA"读出"服务。IEM 参数的映射应符合表 B.21 和表 B.22 的定义。

表 B.21 IEM 读取数据值映射

GB/T 30966.2 (参照 DL/T 860.72—2004)	OPC XML-DA	备 注
Request ——Reference (FCD or FCDA) (请求 ——引用文件 FCD 或 FCDA)	Read(读出) ——读出数据项清单/数据项[1..n]:数据项名称,数据项路径	
Response+ ——DataAttributeValue[1..n] (响应+ 数据属性值[1..n])	ReadResponse(读出响应) ——读出数据项清单/数据项[1..n]:数值	
Response— ——ServiceError (响应— ——服务错误)	BrowseResponse(浏览响应)(—) ——读出数据项清单/数据项 [1..n]:结果识别码 ——错误	

表 B.22 IEM 读取数据值的详细映射

读取数据值参数	OPC XML-DA 参数		M/C/O/I/N	限 制
Request(请求)	Read(读出)			
	E	Options(选项)	M	
	@	*ReturnErrorText (返回错误文本)*	O	
	@	*ReturnDiagnosticInfo (返回诊断信息)*	O	
	@	*ReturnItemTime (返回数据项时间)*	N	
	@	*ReturnItemPath (返回数据项路径)*	C	响应中应返回数据项名称和数据项路径或数据项处理
	@	*ReturnItemName (返回数据项名称)*	C	响应中应返回数据项名称和数据项路径或数据项处理
	@	*RequestDeadline (请求期限)*	N	
	@	ClientRequestHandle(客户机请求处理)	C	响应中应返回数据项名称和或数据项处理
	@	*LocaleID (地区识别码)*	O	
Reference(引用文件)	E	ItemList(数据项清单)	M	
	@	*ItemPath (数据项路径)*	N	
	@	*ReqType (请求类型)*	N	

表 B.22（续）

读取数据值参数	OPC XML-DA 参数		M/C/O/I/N	限　制
Reference（引用文件）	@	*MaxAge*（最大寿命）	N	
	E	Items(数据项)	M	
	@	*ItemPath*（数据项路径）	M	FCD 或 FCDA 的 FC
	@	*ReqType*（请求类型）	N	
	@	*ItemName*（数据项名称）	M	数据的对象引用
	@	*ClientItemHandle*（客户机数据项处理）	C	
	@	*MaxAge*（最大寿命）	N	
Response(响应)＋	ReadResponse(读出响应)			
	E	ReadResult(读出结果)	M	
	E	RitemList(读出数据项清单)	M	
DataAttributeValue（数据属性值）	E	Items(数据项)	M	
	E	Diagnostic Info(诊断信息)	C	
	E	Value(数值)	M	
	E	Quality(质量)	C	见 B.4.6.5.5 的说明
	@	*ValueType Qualifier*（数据类型限定符）	N	
	@	*ItemPath*（数据项路径）	C	前提是在请求中作出了规定
	@	*ItemName*（数据项名称）	C	前提是在请求中作出了规定
	@	*ClientItem*（客户机数据项）处理	C	前提是在请求中作出了规定
	@	*TimeStamp*（时间戳）	M	见 B.4.6.5.4 的说明
	@	*ResultID*（结果识别码）	O	
	E	Errors(错误)	N	不应在积极响应中出现
Response(响应)－	ReadResponse(读出响应)			
	E	ReadResult(读出结果)	M	
	E	RitemList(读出数据项清单)	M	
	E	Items(数据项)	M	应出现可读出的数据项
	E	Diagnostic Info(诊断信息)	C	
	E	Value(数值)	M	
	E	Quality(质量)	C	
	@	*Value Type Qualifier*（数据类型限定符）	C	
	@	*ItemPath*（数据项路径）	C	前提是在请求中作出了规定
	@	*ItemName*（数据项名称）	C	前提是在请求中作出了规定
	@	*ClientItem*（客户机数据项）处理	C	前提是在请求中作出了规定
	@	*TimeStamp*（时间戳）	N	见 B.4.6.5.4 的说明
	@	*ResultID*（结果识别码）	C	读出过程失效的数据项应包括此字段。

表 B.22（续）

读取数据值参数	OPC XML-DA 参数		M/C/O/I/N	限　制
ServiceError（服务错误）	E	Errors(错误)	M	应符合表 B.23 的定义
	E	Text(文本)	O	
	@	*ID（识别码）*	M	
E:OPC XML-DA 服务元素。 @:OPC XML-DA 属性。				

响应中应返回数据项名称和数据项路径或数据项处理。

如果应用程序规定的“引用文件”指定了内部具有基本“类型”的 FCDA，“读出”服务在请求中应只包括一个数据项。如果“引用文件”为 FCD 或复合 FCDA，面向 OPC XML-DA 映射的客户端应将 FCD 或 FCDA 分成原始属性，OPC XML-DA 的“读出”服务中应包括所有属性。分解方式属于客户端侧的本地问题。

服务器侧的映射层应将 OPC“读出”服务映射到 IEM GetDataValues 显示。

接收任何被请求数据项的任何负得数应视为读取数据值服务的消极响应。表 B.23 中定义了服务错误的映射。

表 B.23　面向 IEM 服务错误映射的读取数据值消极响应

服务错误	OPC 错误代码
Access-violation(非法访问)	E_ACCESS_DENIED
Parameter-value-inappropriate(参数值不恰当)	E_INVALIDITEMNAME
Parameter-value-inconsistent(参数值不一致)	E_INVALIDITEMPATH
Parameter-value-inappropriate(参数值不恰当)	E_UNKNOWNITEMNAME
Parameter-value-inconsistent(参数值不一致)	E_UNKNOWNITEMPATH
Failed-due-to-server-constraint(因服务器限制而失败)	任何其他错误代码

B.5.6.2.2　设定数据值

应将设定数据值映射到 OPC XML-DA“写入”服务。IEM 参数的映射应符合表 B.24 和表 B.25 的定义。

表 B.24 IEM 设定数据值映射

GB/T 30966.2 (参照 DL/T 860.72—2004)	OPC XML-DA	备注
Request ——Reference (FCD or FCDA) ——DataAttributeValue[1..n] 请求 ——引用文件 (FCD 或 FCDA) ——(数据属性值[1..n])	Write(写入) ——读出数据项清单/数据项 [1..n]:数据项名称,数据项路径 ——读出数据项清单/数据项 [1..n]:数值	
Response+ (响应+)		
esponse— ——ServiceError (响应— ——服务错误)	BrowseResponse(浏览响应)(—) ——Errors(OPCErrors)(错误)	

表 B.25 设定数据值的详细映射

参数	OPC XML-DA 参数		M/C/O/I/N	限 制
Request(请求)	Write(写入)			
	E	Options(选项)	M	
	@	*ReturnErrorText (返回错误文本)*	O	
	@	*ReturnDiagnosticInfo (返回诊断信息)*	N	
	@	*ReturnItemTime (返回数据项时间)*	N	
	@	*ReturnItemPath (返回数据项路径)*	M	数据应为“真”
	@	*ReturnItemName (返回数据项名称)*	M	数据应为“真”
	@	*RequestDeadline (请求期限)*	N	
	@	*ClientRequestHandle (客户机请求处理)*	O	
	E	ItemList(数据项清单)		
	E	Items(数据项)	M	
	E	Diagnostic Info(诊断信息)	N	
DataAttributeValue (数据属性值)	E	Value(数值)	M	
	E	Quality(质量)	N	
	@	*ValueType Qualifier (数据类型限定符)*	N	
Reference(引用文件)	@	*ItemPath (数据项路径)*	M	FCD 或 FCDA 的 FC
Reference(引用文件)	@	*ItemName (数据项名称)*	M	数据的对象引用

表 B.25（续）

参数	OPC XML-DA 参数		M/C/O/I/N	限 制
	@	*ClientItem*（客户机数据项）处理	O	
	@	*TimeStamp*（时间戳）	O	
	@	*ResultID*（结果识别码）	O	
	@	*ReturnValuesOnReply*（回复后返回值）	M	
Response(响应)＋	WriteResponse(写入响应)			
	E	WriteResult(写出结果)	M	
	E	RitemList(读出数据项清单)	M	
	E	Items(数据项)	M	应出现可读出的数据项
	E	Diagnostic Info(诊断信息)	C	
	E	Value(数值)	C	
	E	Quality(质量)	C	
	@	*Value Type Qualifier*（数据类型限定符）	N	
	@	*ItemPath*（数据项路径）	C	
	@	*ItemName*（数据项名称）	C	
	@	*ClientItemHandle*（客户机数据项）处理	C	
	@	*TimeStamp*（时间戳）	M	
	@	*ResultID*（结果识别码）	O	
	E	Errors(错误)	N	不应在积极响应中出现
Response(响应)一	WriteResponse(写入响应)			
	E	WriteResult(写出结果)	M	
	E	RitemList(读出数据项清单)	O	
	E	Items(数据项)	O	
	E	Diagnostic Info(诊断信息)	C	
	E	Value(数值)	C	
	E	Quality(质量)	C	
	@	*Value Type Qualifier*（数据类型限定符）	C	
	@	*ItemPath*（数据项路径）	C	
	@	*ItemName*（数据项名称）	C	
	@	*ClientItem*（客户机数据项）处理	C	
	@	*TimeStamp*（时间戳）	C	
	@	*ResultID*（结果识别码）	M	

表 B.25（续）

参数	OPC XML-DA 参数		M/C/O/I/N	限 制
ServiceError(服务错误)	E	Errors(错误)	M	应符合表 B.26 的定义
	E	Text(文本)	C	
	@	*ID (识别码)*	M	
E:OPC XML-DA 服务元素。 @:OPC XML-DA 属性。				

如果应用程序规定的"引用文件"指定了内部具有基本"类型"的 FCDA,"写入"服务在请求中应只包括一个数据项。如果"引用文件"为 FCD 或复合 FCDA,面向 OPC XML-DA 映射的客户端应将 FCD 或 FCDA 分成原始属性，OPC XML-DA 的"写入"服务中应包括所有属性。分解方式属于客户端侧的本地问题。

服务器侧的映射层应将 OPC"写入"服务映射到设定数据值指示。"写入"服务应作为唯一的服务来完成,即:要么写入每个数据项的值,要么一个也不写入。在写入响应中,每项数据值均应有结果识别码,或者均不得有此结果识别码。

在消极响应中,服务器错误应映射到各请求数据项的"OPC 错误代码"上。表 B.26 中定义了服务错误的映射。

表 B.26 面向 IEM 服务错误映射的设定数据值消极响应

服务错误	OPC 错误代码
Access-violation(非法访问)	E_ACCESS_DENIED
Access-violation(非法访问)	E_READONLY
Parameter-value-inappropriate(参数值不恰当)	E_INVALIDITEMNAME
Parameter-value-inconsistent(参数值不一致)	E_INVALIDITEMPATH
Parameter-value-inappropriate(参数值不恰当)	E_UNKNOWNITEMNAME
Parameter-value-inconsistent(参数值不一致)	E_UNKNOWNITEMPATH
Type-conflict(类型冲突)	E_BADTYPE
Failed-due-to-server-constraint(因服务器限制而失)	任何其他错误代码

B.5.6.2.3 读取数据目录

IEM 读取数据目录应映射到一项 OPC XML-DA 的浏览服务上。如果元素数超过了请求客户端规定的引用文件最大数,应发布引用文件"浏览"服务的顺序。

无论是采用前面还是后面的方法,均取决于返回的引用文件数和客户端在"浏览"服务器实施的最大返回元素属性限制或服务器限制:"最大返回数据项"。

在响应中返回的元素既可以是数据,也可以是数据属性。OPC XML-DA 客户端可请求定制数据项属性 IM 类数值检测返回的元素是属于"数据"还是属于数据属性。B.4.6.6.2 对定制数据项属性 IM 类进行了定义。

表 B.27 和表 B.28 描述了读取数据目录服务的映射情况。

表 B.27 读取服务器目录映射

GB/T 30966.2 (参照 DL/T 860.72—2004)	OPC XML-DA	Comment 备注
Request ——DataRef (请求 ——DataRef)	Browse(浏览) ——ItemName(数据项名称)	
Response+ ——DataAttributeName[0..n] ——DataName[0..n] (响应+ ——数据属性名称 [0..n] ——数据名称 [0..n])	BrowseResponse(浏览响应)(+) ——Elements: Name(元素:名称)	
Response— ——ServiceError (响应— ——服务错误)	BrowseResponse(浏览响应)(—) ——Errors(OPCErrors)(错误)	

表 B.28 读取服务器目录的详细映射

读取服务器目录参数	OPC XML-DA 参数		M/C/O/I/N	限 制
Request(请求)	Browse(浏览)			
	E	PropertyNames(属性名称)	O	IM 类
	@	*LocaleID* (地区识别码)	O	
	@	*ClientRequestHandle* (客户机请求处理)	O	
	@	*ItemPath* (数据项路径)	M	
	@	*ItemName* (数据项名称)	M	字符串应为"数据"引用
	@	*ContinuationPoint* (连续点)	O	
	@	*MaxElementsReturned* (最大返回元素)	O	
	@	*BrowseFilter* (浏览过滤器)	N	
	@	*ElementNameFilter* (元素名称过滤器)	N	
	@	*VendorFilter* (供货商过滤器)	N	
	@	*ReturnAllProperties* (返回全部属性)	N	
	@	*ReturnPropertyValues* (返回属性值)	O	
	@	*ReturnErrorText* (返回错误文本)	O	
Response(响应)+	BrowseResponse(浏览响应)			
	E	BrowseResult(浏览结果)	M	

表 B.28（续）

读取服务器目录参数	OPC XML-DA 参数		M/C/O/I/N	限　制
	E	Elements(元素)	M	应出现与"数据"第一相关层中数据项数等量的元素数
	E	Properties(属性)	C	前提是请求了属性文件
	E	Value(数值)	M	前提是请求了属性文件
	@	*Name*（名称）	O	前提是请求了属性文件
	@	*Description*（说明）	O	前提是请求了属性文件
	@	*ItemPath*（数据项路径）	M	前提是请求了属性文件
	@	*ItemName*（数据项名称）	M	前提是请求了属性文件
	@	*ResultID*（结果识别码）	N	不应在积极响应中出现
Reference(引用文件)	@	*Name*（名称）	M	
	@	*ItemPath*（数据项路径）	M	
	@	*ItemName*（数据项名称）	M	
	@	*IsItem*（属于数据项）	M	应为"真"
	@	*HasChildren*（具有子段）	M	应为"真"
	E	Errors(错误)	N	不应在积极响应中出现
	@	*ContinuationPoint*（连续点）	C	
	@	*MoreElements*（更多元素）	C	
Response(响应)—	BrowseResponse(浏览响应)			
	E	BrowseResult(浏览结果)	M	
	E	Elements(元素)	N	消极响应中不得有元素
	E	Properties(属性)	N	
	@	*Name*（名称）	N	
	@	*ItemPath*（数据项路径）	N	
	@	*ItemName*（数据项名称）	N	
	@	*IsItem*（属于数据项）	N	
	@	*HasChildren*（具有子段）	N	
ServiceError(服务错误)	E	Errors(错误)	M	见表 B.29
	E	Text(文本)	C	
	@	*ID*（识别码）	M	
	@	*ContinuationPoint*（连续点）	N	
	@	*MoreElements*（更多元素）	N	
E：OPC XML-DA 服务元素。 @：OPC XML-DA 属性。				

表 B.29 中定义了服务错误的映射。

表 B.29 面向 IEM 服务错误映射的读取数据目录

服务错误	OPC 错误代码
Access-violation(非法访问)	E_ACCESS_DENIED
Parameter-value-inappropriate(参数值不恰当)	E_INVALIDITEMNAME
Parameter-value-inappropriate(参数值不恰当)	E_UNKNOWNITEMNAME
Failed-due-to-server-constraint(因服务器限制而失败)	任何其他错误代码

B.5.6.2.4 读取数据定义

IEM 读取数据定义服务应按"OPC XML-DA 浏览"服务的顺序完成映射,以便了解下面在被请求数据引用分层中所有数据项的"类型"。

在收到读取数据定义服务后,客户端应像在读取数据目录中一样请求一项"浏览"服务。对于"具有子段"属性设为"真"的每个返回元素,应请求新的"浏览"服务。一旦客户端侧获得了建立数据的完整属性清单,确认工作应交给客户端应用程序。

在多数情况下,面向 OPC XML-DA 元素和属性的映射与读取数据定义服务的情况相同(见表 B.28),区别在于客户端请求的数据项属性是可选的。

属性名称	目　的
FC	读取数据属性的 FC
IMType(IM 类型)	读取数据属性和数据属性组件的属性类型

表 B.29 中定义了服务错误的映射。

B.5.7 数据集类模型(提示性)

注:服务器侧不存在数据集概念。B.5.7 描述了客户端如何利用 OPC XML-DA 服务来使用数据集服务处理数据集。此描述属于示例性质,不要求按照此映射情况实施。

B.5.7.1 数据集类别

OPC XML-DA 规范不包括能够以静态方式对数据项(FCD 或 FCDA)清单进行分组的任何元素。

在本映射中,服务器侧不允许有经过配置的数据集。

客户端的功能只允许创建非持久性的数据集。数据集由客户端动态创建,并在客户端侧进行内部存储。

只有客户端侧才有 EM 数据集类。客户端将有关数据集内容的信息进行内部存储,使应用程序能够像在服务器侧按规则执行该数据集一样地对其进行操控。

使用 DataSets(数据集)服务检索信息,可使客户端应用程序在不必指定整个数据项清单的情况下,恢复已选定数据项组的当前值。

B.5.7.2 数据集属性

不映射。

B.5.7.3 数据集服务

B.5.7.3.1 总则

创建数据集可确认服务器中存在客户端为建立数据集所请求的元素。一旦发生这种情况，客户端将对数据项清单进行内部存储，这些数据项组成被请求的数据集。

检索数据集数值会导致建立数据集的所有数据项“读出”服务的发送。采用此项服务，客户端应用程序可在不必指定整个引用文件清单的情况下，操控模型不同分支的各数据组。

B.5.7.3.2 创建数据集

为了获得应组成数据集的元素清单定义的完整原始数据项清单，创建数据集服务应映射到“浏览”服务的顺序。

如果任何一项“OPC 浏览”服务返回了一个故障情况，创建数据集服务会向客户端应用程序返回一个服务错误。

只允许使用非持久性的数据集。

如果服务返回了肯定确认，客户端应存储与应用程序所请求数据集引用有关的基本数据属性清单。该信息的存储方式属于本地问题。

图 B.4 描述了创建数据集所需的服务组。表 B.30 和表 B.31 描述了服务参数的映射情况。

表 B.30 创建数据集服务参数映射

创建数据集服务参数	OPC XML-DA 服务或参数	限 制
Request(请求)	Browse request services(浏览请求服务)	
DataSetRefence(数据集引用)	—	
DSMemberRef[1..n](数据集项引用 [1..n])	ItemName(数据项名称)	
Confirmation(确认)+	Browse response services(浏览响应服务)	前提是各项浏览服务均成功
Result(结果)		
Confirmation(确认)−	Browse response services(浏览响应服务)	前提是浏览服务失败
ServiceError(服务错误)	OPC Errorcode(OPC 错误代码)	服务错误应符合表 B.31 的定义

表 B.31 面向 IEM 服务错误映射的创建数据值消极响应

服务错误	OPC XML-DA 错误代码
Failed-due-to-server-constraint(因服务器限制而失败)	内部客户端错误。客户端请求持久性的 DATA-SET(数据集)
Instance-in-use(实例在使用)	内部客户端错误。客户端检测到数据集已经存在
Parameter-value-inconsistent(参数值不一致)	E_INVALIDITEMNAME
	E_INVALIDITEMPATH
Failed-due-to-communication-constraint(因通信限制而失败)	任何未映射的错误代码

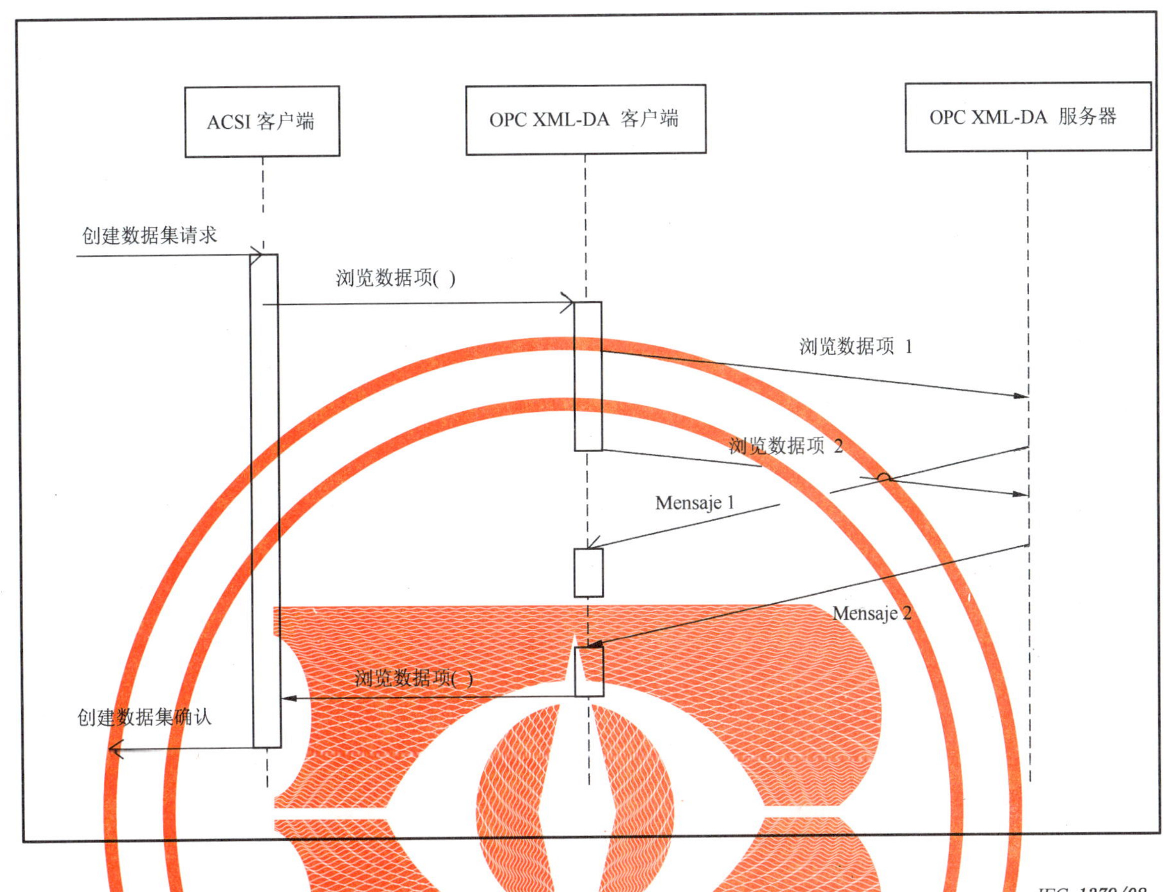

图 B.4 创建数据集服务顺序

B.5.7.3.3 删除数据集

本服务删除了可存储基本数据属性清单(构成服务器)的内部结构。

不需要通信服务。

B.5.7.3.4 读取数据集目录

此映射不包括本服务。采用此映射,所有数据集均由客户端在线配置,使得构成数据集元素的有关信息成为已知信息。

B.5.7.3.5 读取数据集数值

IEM 读取数据集数值服务映射到 OPC XML-DA"读出"服务。在创建数据集服务的过程中,用于建立数据集的 OPC 数据项清单由 SCSM 存储在客户端侧。IEM 服务参数的映射与读取数据值服务中定义的情况相同。

如果规定的数据集引用不能使数据项清单被存储,该服务按照表 B.32 的规定返回服务错误。

表 B.32 面向 IEM 服务错误映射的读取数据集数值消极响应

服务错误	OPC XML-DA 错误代码
Instance-not-available(实例不存在)	客户端的数据集清单中没有被请求的数据集
Access-violation(非法访问)	E_ACCESS_DENIED
Failed-due-to-server-constraint(因服务器限制而失败)	任何未映射的错误代码

B.5.7.3.6 设定数据集数值

IEM **设定数据集数值**服务映射到组成数据集的基本数据属性完整清单的 OPC XML-DA“写入”服务。在创建数据集服务的过程中,用于建立数据集的 OPC 数据项清单由 SCSM 存储在客户端侧。

IEM 服务参数的映射与设定数据值服务中定义的情况相同。

如果规定的数据集引用没有数据项清单,该服务按照表 B.33 的规定返回服务错误。

表 B.33 面向 IEM 服务错误映射的设定数据集数值消极响应

服务错误	OPC XML-DA 错误代码
Instance-not-available(实例不存在)	客户端的数据集清单中没有被请求的数据集
Access-violation(非法访问)	E_ACCESS_DENIED
Type-conflict(类型冲突)	E_BAD_TYPE
Failed-due-to-server-constraint(因服务器限制而失败)	任何未映射的错误代码

B.5.8 报表类模型

B.5.8.1 总则

GB/T 30966.3 描述了一套服务器引导式的报表机制,通过此机制,服务器可检测到其信息模型(事件)中的变化,在报表机制的配置中按照客户机制定的规则在报表消息的结构内发送此信息。

在 OPC XML-DA 内,报表机制采用了不同的做法。客户端应定期询问服务器,了解其是否接收最新一组变化(事件)。

B.5.8.2 OPC XML-DA 报告属性

OPC XML-DA 响应被发送的形式取决于客户端发出服务请求中的部分属性。OPC XML-DA 中最重要的属性有:

保持时间——*指示服务器在接收到订阅轮询刷新的呼叫后,延迟到规定的服务器绝对时间点返回的时间。*

等待时间——*指示服务器;如果没有变化需要报告,则等待规定的时间(数毫秒),直到待定时间结束后再返回。在等待期内,如果有一项订阅的数据项发生变化,会使服务器在等待时间未结束前就立即返回。*

允许缓存——*通过进行允许缓存=真的指定,服务器会以规定的速度将所有数据变化保存在缓存器内,以便在下一次的订阅轮询刷新请求时返回到客户端。*

表 B.34 描述了 OPC 的订阅属性。

表 B.34 OPC 订阅属性的受限值

OPC 属性	IEC 61400-25 限制
HoldTime(保持时间)	接近零
WaitTime(等待时间)	大于 0
EnableBuffering(允许缓存)	真
注：当保持时间和等待时间为零时，服务器在检测到最新一组变化后应立即回复	

为了不丢失任何事件，应将变化做缓存处理(允许缓存设为“真”)。

B.5.8.3 OPC XML-DA 报告服务

OPC XML-DA 支持以下基于订阅的服务：订阅轮询刷新和订阅取消。“订阅”用于启动与服务器达成的订阅契约。订阅轮询刷新定期被呼叫，以采集最新数据项数值的变化。订阅取消用于终止与服务器达成的订阅契约。

B.5.8.4 GB/T 30966.3 报告服务

B.5.8.4.1 添加订阅

添加订阅服务定义了服务器应监控的一组变量，以检测变量的变化并将变化情况报告给相应的客户端。表 B.35 和表 B.36 对服务参数进行了描述。

表 B.35 添加订阅服务参数限制

Request(请求)	
RcbRef(报表控制块引用)	不映射到通信服务
RCBType(报表控制块类型)	
ReportIdentifier [0..1](报表识别码) [0..1]	不映射到通信服务
ReportEnable [0..1](报表允许) [0..1]	不映射。报表允许始终视为真
DataSetReference [0..1](数据集引用)[0..1]	不映射到通信服务
OptionalFields [0..1](可选字段)[0..1]	顺序号＝N 报表时间戳＝Y 采纳理由＝N 数据集名称＝Y 数据引用＝Y 缓存溢出＝Y 输入识别码＝N 确认修改＝N
BufferTime [0..1](缓存时间) [0..1]	每次此定时程序到期时，客户端均应请求订阅轮询刷新
TriggerOptions [0..1](触发器选项)[0..1]	dchg＝Y qchg＝Y dupd＝N 完整性时段＝Y 一般询问＝N

表 B.35（续）

IntegrityPeriod [0..1]（完整性时段 [0..1]）	每次此定时程序到期时，客户端均应请求订阅轮询刷新，请求所有数据项属性设为真
DSMemberRef [1..n]（数据集项引用[1..n]）	只允许引用基本“类型”的 FCDA
Response（响应）＋	
Response（响应）－	
ServiceError（服务错误）	

表 B.36　添加订阅服务参数映射

添加订阅参数	OPC XML-DA 参数		M/C/O/I/N	限　制
Request（请求）	Subscribe（订阅）			
	@	*ReturnValuesInReply*（在回复中返回数值）	N	
	@	*SubscriptionPingRate*	M	
	E	Options（选项）	N	
	E	ItemList（数据项清单）	M	
	@	*ItemPath*（数据项路径）	N	
	@	*ReqType*（请求类型）	N	
	@	*Deadband*（静带）	N	
	@	*RequestedSampleTime*（被请求样本时间）	C	*本地问题；如不在清单层设置则为M。*
	@	*EnableBuffering*（允许缓存）	M	始终为“真”
	E	Items（数据项）		
DSMemberRef（数据集项引用）	@	*ItemPath*（数据项路径）	M	FCDA 的 FC
	@	*ReqType*（请求类型）	O	
DSMemberRef（数据集项引用）	@	*ItemName*（数据项名称）	M	FCDA 的对象引用
	@	*ClientItemHandle*（客户机数据项处理）	O	
	@	*Deadband*（静带）	M	数值“0”
	@	*RequestedSampleTime*（被请求样本时间）	C	本地问题；如果数据项层的每个数据项不设置则为 M
	@	*EnableBuffering*（允许缓存）	M	始终为“真”
Response（响应）＋	SubscribeResponse（订阅响应）			
	@	*ServerSubHandle*（服务器订阅处理）	M	
	E	SubscribeResult（订阅结果）	M	

表 B.36（续）

添加订阅参数	OPC XML-DA 参数		M/C/O/I/N	限 制
	E	RitemList(读出数据项清单)	M	
	@	*RevisedSamplingRate*（修改后抽样率）		
Reference(引用文件)	E	Items(数据项)	M	
	@	*RevisedSamplingRate*（修改后抽样率）	O	
	E	ItemValue(数据项数值)	M	
	E	Errors(错误)	N	不应在积极响应中出现
Response(响应)—	SubscribeResponse(订阅响应)			
	@	*ServerSubHandle*（服务器订阅处理）	M	
	E	SubscribeResult(订阅结果)	M	
	E	RitemList(读出数据项清单)	M	
	@	*RevisedSamplingRate*（修改后抽样率）	C	
Reference(引用文件)	E	Items(数据项)	M	
	@	*RevisedSamplingRate*（修改后抽样率）	C	
	E	ItemValue(数据项数值)	M	
	E	Errors(错误)	M	见表 B.37
E：OPC XML-DA 服务元素。 **@：OPC XML-DA 属性。**				

如果在订阅响应服务中有任何“错误”元素，IEM 添加订阅服务应视为失败。

在正确无误地收到 OPC XML-DA 订阅响应服务后，客户端映射应做到：

1） 对与 RCBRef、报表识别码、数据集引用及选项字段链接的、在添加订阅请求中收到的服务器订阅处理进行内部存储；

2） 起动定期的定时程序，由其针对每个完整时段请求含以下属性的订阅轮询刷新：

(HoldTime)保持时间	0
(WaitTime)等待时间	*0*
(ReturnAllItems)返回全部数据项	*真*

如果完整时段为零，不得创建此定时程序。

3） 起动定期的定时程序，由其针对每个“缓冲时间”请求含以下属性的订阅轮询刷新：

(HoldTime)保持时间	0
(WaitTime)等待时间	*0*
(ReturnAllItems)返回全部数据项	*假*

如果缓冲时间为零，客户端应尽快发送请求，以避免网络带宽崩溃。

注：采用此映射法时，建议使用大于 500 ms 的“缓冲时间”，以提高网络性能。

如果有一个以上的有效指定数据项，就会创建 OPC XML-DA 订阅。如果有一个以上的指定数据项发生“订阅”请示失败的情况，响应应映射到添加订阅消极响应，应使用 OPC-MXL-DA Subscription-

Cancel(订阅取消)服务取消订阅。

表 B.37 描述了添加订阅消极响应映射。

表 B.37 面向 IEM 服务错误映射的添加订阅消极响应

服务错误	OPC 错误代码
Instance-not-available(实例不存在)	E_INVALIDITEMNAME
Parameter-value-inappropriate(参数值不恰当)	E_INVALIDITEMPATH
Instance-not-available(实例不存在)	E_UNKNOWNITEMNAME
Parameter-value-inappropriate(参数值不恰当)	E_UNKNOWNITEMPATH
Failed-due-to-server-constraint(因服务器限制而失败)	任何其他错误代码

B.5.8.4.2 清除订阅

IEM 清除订阅服务应映射到 OPC XML-DA“订阅取消”。服务器订阅处理应属于返回到“订阅”服务的内容。

表 B.38 和表 B.39 描述了清除订阅服务参数的映射。

表 B.38 清除订阅服务参数的映射

清除订阅参数	OPC XML-DA 参数		M/C/O/I/N	限 制
Request(请求)	SubscriptionCancel(订阅取消)			
	@	*ServerSubHandle (服务器订阅处理)*	M	
RCBRef(报表控制块引用)	@	*ClientRequestHandle (客户机请求处理)*	M	
Response(响应)+	SubscriptionCancel Response(订阅取消响应)			
	@	*ClientRequestHandle (客户机请求处理)*	M	
Response(响应)−	SubscriptionCancel Response(订阅取消响应)			
		ClientRequestHandle (客户机请求处理)	M	
E：OPC XML-DA 服务元素。 @：OPC XML-DA 属性。				

表 B.39 面向 IEM 服务错误的故障映射

服务错误	OPC 错误代码
Instance-not-available(实例不存在)	E_NOSUBSCRIPTION
Failed-due-to-server-constrain(因服务器限制而失败)	E_SERVERSTATE,任何其他故障码

B.5.8.4.3 报表

“报表”服务应映射到 OPC XML-DA 订阅轮询刷新响应服务。表 B.40 和表 B.41 描述了“报表”服务参数。

表 B.40 报表服务参数

报　　表	限　　制
RptID(报表识别码)	通过映射在客户端侧采用
OptFlds(可选字段)	通过映射在客户端侧采用
SeqNum(顺序号)	无
SubSeqNum(订阅顺序号)	无
MoreSegmentsFollow(更多部分跟进)	不使用
DatSet(数据集)	如果可选字段中提出请求,应通过映射在客户端侧采用
BufOvfl(缓存溢出)	有
ConfRev	无
TimeOfEntry(输入时间)	有
DataRef(数据引用)	有
Value(数值)	有
ReasonCode(理由码)	无

表 B.41 报表服务参数的映射

报表参数	OPC XML-DA 参数		M/C/O/I/N	限制
	SubscriptionPolledRefresh(订阅轮询刷新)			
	@	*HoldTime (保持时间)*	M	设置为 0
	@	*WaitTime (等待时间)*	M	设置为 0
	@	*ReturnAllItems (返回全部数据项)*	M	视情况而定
	E	Options(选项)		
	E	ServerSubHandle(服务器订阅处理)	M	
Report(报表)	SubscriptionPolledRefresh Response(订阅轮询刷新响应)			
BufferOverflow(缓存溢出)	@	*DataBufferOverflow (数据缓存溢出)*		
	E	SubscriptionPolledRefreshResult(订阅轮询刷新结果)	M	
	E	InvalidServerSubHandles(无效服务器订阅处理)	M	
	E	RitemList(读出数据项清单)	M	
	@	*SubscriptionHandle (订阅处理)*	M	
数据引用和数据值	E	Items(数据项)	M	
	E	Errors(错误)	M	

E:OPC XML-DA 服务元素。
@:OPC XML-DA 属性。

在收到订阅轮询刷新响应后,客户端须建立“报表”消息。由于“允许缓存”属性,订阅轮询刷新响应可包括同一数据项的多个样本。如果发生这种情况,客户端侧应做到:

——如果数据项代表状态值(ST),将消息分成两个不同的报表消息,使变化不会丢失;

——如果数据项代表实测值(MX),将消息一分为二或清除以前值。

根据客户端在“订阅”服务中存储的可选字段情况,报表指示中应包括 ReportId 和 DatSetRef 等(也由客户端保有)不同的报表元素。

B.5.9 控制模型

B.5.9.1 总则

IEC 61400-25 的控制模型可通过以下 OPC XML-DA 服务访问:

——读出;

——写入;

——订阅、订阅轮询刷新、清除订阅。

B.5.9.2 支持的 IEM 控制模型

表 B.42 规定了本映射支持的控制模型。

表 B.42 本映射支持的控制模型

GB/T 30966.3(DL/T 860.72—2004)控制模型	支 持
1 direct-control -with-normal-security(带常规安全的直接控制)	Y
2 sbo-control -with-normal-security(带常规安全的 SBO 控制)	Y
3 direct-control -with-enhanced-security(带增强安全的直接控制)	Y
4 sbo-control -with-enhanced-security(带增强安全的 SBO 控制)	Y

B.5.9.3 支持的 IEM 控制服务

表 B.43 规定了本映射提供的控制服务。

表 B.43 支持的控制服务

GB/T 30966.3(DL/T 860.72)	支 持
Select(选择)	Y
SelectWithValue(按数值选择)	Y
Operate(操作)	Y
TimeActivatedOperate(时间激活操作)	Y
Cancel(取消)	Y
CommandTermination(命令终止)	Y

B.5.9.4 控制服务参数

部分控制服务参数在语义上既不属于信息模型,也与任何 OPC XML-DA 服务参数不匹配。控制模型服务无法使用信息模型直接映射到 OPC XML-DAWeb 服务上。

为了解决这一问题，此类控制服务参数被映射到赋予给每个控制对象数据属性的可写入定制数据项属性。表 B.44 为可写入定制数据项属性列表。

表 B.44 控制模型可写入定制数据项属性

控制服务参数	可写入定制数据项属性		
	数据项名称	数据项路径	GB/T 30966.2 基本类型
T(时间)	DataRef.ctlVal.t(数据引用控制值时间)	CO	TimeStamp(时间戳)
Test(试验)	DataRef.ctlVal.test(数据引用控制值试验)	CO	Boolean(布尔值)
Check(校核)	DataRef.ctlVal.check(数据引用控制值校核)	CO	CodedEnum(编码枚举)
	DataRef.ctlVal.service(数据引用控制值服务)	CO	ENUMERATED(被枚举) (operate | taOperate | sbo | sbow | cancel) 1=operate 2=taOperate 3=sbo 4=sbow 5=cancel
AddCause(添加理由)	DataRef.ctlVal.cmdState(数据引用控制值命令状态)	CO	ENUMERATED(被枚举) (not-in-use | executing-command | status-changed | *AddCause*) 0=未使用 1=执行命令 2=状态改变(为被请求值，输出被撤消)。 *添加理由*=如果定时程序到期但状态未改变为被请求值；输出被撤消
TimOperRsp(时间操作响应)	DataRef.operTm.taoState(数据引用—操作时间—时间激活操作状态)	CO	ENUMERATED(被枚举) (not-in-use | waiting/timer-activated | commandexecuted | *AddCause*) 0=未使 1=定时程序被激活 2=命令被执行 添加理由：如果定时程序到期但未能导致被请求的动作

注 1：*DataRef (数据引用)*作为任何控制数据对象引用的占位符。
注 2：如果服务器不支持命令终止服务，则不必为任何控制对象提供数据项属性“命令状态”。
注 3：如果强制“操作”服务是服务器支持的唯一控制服务，则不必提供数据项属性“服务”。
注 4：如果服务器不支持时间激活操作服务，则不必提供数据项属性“时间激活操作状态”。
注 5：采用控制消极响应时，不得设定数据项属性“命令状态”和“时间激活操作状态”。

“命令状态”只应存在于使用了增强安全模型的可控制对象。

大部分控制服务映射到“写入”服务。为了指定正在被请求的控制服务,需要添加可写定制数据项属性“服务”。

表 B.45 描述了添加理由的映射情况。

表 B.45 面向 OPC 错误代码的添加理由映射

添加理由	OPC 错误代码扩展	被枚举值
Select-failed(选择失败)	E_ADDCAUSE_SELECT_FAILED	3
Invalid-position(无效位置)	E_ADDCAUSE_INVALID_POSITION	4
Position-reached(位置实现)	E_ADDCAUSE_POSITION_REACHED	5
Parameter-change-in-Execution (参数更改在实施)	E_ADDCAUSE_PARAMETER_CHANGE_IN_EXEC	6
Step-limit(步骤限制)	E_ADDCAUSE_STEP_LIMIT	7
Command-already-in-Execution (命令已在执行)	E_ADDCAUSE_COMMAND_ALREADY_IN_EXEC	8
Abortion-by-cancel(因取消而中止)	E_ADDCAUSE_BY_CANCEL	9
Time-limit-over(时间限制结束)	E_ADDCAUSE_TIME_LIMIT_OVER	10

B.5.9.5 控制服务映射

B.5.9.5.1 选择

B.5.9.5.1.1 选择请求

“选择”服务应映射到 OPC XML-DA“写入”服务,此服务具有包含“sbo”值的“服务”可写入定制数据项属性。表 B.46 对“选择”请求服务映射进行了描述。

表 B.46 选择请求服务映射

GB/T 30966.3 参数	OPC XML-DA 数据项/数据项属性	限 制
ControlObjectReference(控制对象引用)		可控制对象的数据项名称 数据项路径=“CO”
	数据引用控制值服务	“sbo” 试探返回信号

B.5.9.5.1.2 选择响应+

“选择”积极响应服务应映射到结果为正的 OPC XML-DA 写入响应服务。

响应后,时间激活操作状态和命令状态(如果有)数据项属性值应设置如下:

可写入定制数据项属性	数值	含意
DataRef.operTm.taoState(数据引用—操作时间—时间激活操作状态)	“0”	未使用
DataRef.ctlVal.cmdState(数据引用控制值命令状态)	“0”	未使用

B.5.9.5.1.3 选择响应－

“选择”消极响应服务应映射到含指示失败错误码的 OPC XML-DA 写入响应服务。

不得修改定制数据项属性“时间激活操作状态”和“命令状态”。

B.5.9.5.2 按数值选择

B.5.9.5.2.1 按数值选择请求

按数值选择服务应采用表 B.47 中可控制对象的数据项和数据项属性值的 OPC XML-DA Write（写入）方式。

表 B.47 按数值选择服务参数映射

GB/T 30966.3 参数	OPC XML-DA 数据项/数据项属性	限 制
ControlObjectReference（控制对象引用）		可控制对象的数据项名称数据项路径＝“CO”
Value（数值）	DataRef.ctlVal（数据引用控制值） DataRef.origin（数据引用源） DataRef.ctlNum（数据引用控制号） DataRef.operTm（数据引用操作时间）	
T（时间）	DataRef.ctlVal.T（数据引用控制值时间）	
Test（试验）	DataRef.ctlVal.Test（数据引用控制值试验）	
Check（校核）	DataRef.ctlVal.Check（数据引用控制值校核）	
	DataRef.ctlVal.service（数据引用控制值服务）	“sbow”

B.5.9.5.2.2 （按数值选择）响应＋

按数值选择积极响应应采用 OPC XMLDA 写入积极响应方式。只有当全部数据项均返回正结果时，按数值选择服务才被认为合格。

响应后，时间激活操作状态和命令状态（如果有）数据项属性值应设置如下：

可写入定制数据项属性	数 值	含 意
DataRef.operTm.taoState（数据引用—操作时间—时间激活操作状态）	“0”	未使用
DataRef.ctlVal.cmdState（数据引用控制值命令状态）	“0”	未使用

B.5.9.5.2.3 按数值选择响应－

按数值选择消极响应应采用 OPC XMLDA 写入消极响应方式。OPC 错误码应给出失败的附加理由，提供导致消极响应的原因。

不得修改定制数据项属性“时间激活操作状态”和“命令状态”。

B.5.9.5.3 取消

B.5.9.5.3.1 取消请求

“取消”服务应采用可控制对象的数据项和数据项属性值的 OPC XML-DA 写入方式。参数的映射在表 B.48 中进行了规定。

表 B.48 “取消”服务参数的映射

GB/T 30966.3 参数	OPC XML-DA 数据项/数据项属性	限制
ControlObjectReference(控制对象引用)		可控制对象的数据项名称 数据项路径=“CO”
T(时间)	DataRef.ctlVal.T(数据引用控制值时间)	
Test(试验)	DataRef.ctlVal.Test(数据引用控制值试验)	
	DataRef.ctlVal.service(数据引用控制值服务)	“取消”

B.5.9.5.3.2 取消响应+

取消响应+应通过使用不含错误的 OPC XML-DA 写入响应执行。

响应后,时间激活操作状态和命令状态(如果有)数据项属性值应设置如下:

可写入定制数据项属性	数值	含意
DataRef.operTm.taoState(数据引用—操作时间—时间激活操作状态)	“0”	未使用
DataRef.ctlVal.cmdState(数据引用控制值命令状态)	“0”	未使用

B.5.9.5.3.3 取消响应-

取消响应-应通过使用包含指示服务失败的“错误”代码的 OPC XML-DA 写入响应执行。错误码的映射应符合表 B.49 的规定。也可使用表 B.45 定义的添加理由错误码。

表 B.49 面向 IEM 服务错误映射的“取消”消极响应

DL/T 860.72—2004 服务错误	OPC 错误代码
Not-supported(不支持)	E_NOTSUPPORTED
Object-not-selected(对象未选定)	E_SERVERSTATE
Accesss-violation(非法访问)	E_ACCESS_DENIED
Instante-not-available(实例不存在)	E_UNKNOWNITEMNAME

不得修改定制数据项属性“时间激活操作状态”和“命令状态”。

B.5.9.5.4 操作

B.5.9.5.4.1 操作请求

操作请求服务应通过使用表 B.50 描述的可控制对象数据项和数据项属性值的 OPC XML-DA 写入执行。

表 B.50 "操作"服务参数映射

GB/T 30966.3 参数	OPC XML-DA 数据项/数据项属性	限 制
ControlObjectReference（控制对象引用）		可控制对象的数据项名称 数据项路径＝"CO"
Value（数值）	DataRef.ctlVal（数据引用控制值） DataRef.origin（数据引用源） DataRef.ctlNum（数据引用控制号）	
T（时间）	DataRef.ctlVal.T（数据引用控制值时间）	
Test（试验）	DataRef.ctlVal.Test（数据引用控制值试验）	
Check（校核）	DataRef.ctlVal.Check（数据引用控制值校核）	
	DataRef.ctlVal.service（数据引用控制值服务）	"操作"

B.5.9.5.4.2 操作响应＋

操作响应＋应通过使用包含指示成功的写入结果的 OPC XML-DA 写入响应执行。

响应后，taoState 和 cmdState 命令状态（如果有）数据项属性值应设置如下：

可写入定制数据项属性	数值	含意	限 制
DataRef.operTm.taoState（数据引用—操作时间—时间激活操作状态）	"0"	未使用	
DataRef.ctlVal.cmdState（数据引用控制值命令状态）	"0"	未使用	前提是在常规安全型控制模型内使用"操作"
	"1"	执行命令	前提是在增强安全型控制模型内使用"操作"

B.5.9.5.4.3 操作响应－

操作响应－应通过使用包含指示服务失败的错误代码的 OPC XML-DA 写入响应执行。错误码的映射应符合表 B.51 和表 B.45 的规定。

表 B.51 面向 IEM 服务错误映射的"操作"消极响应

DL/T 860.72—2004 服务错误	OPC 错误代码
Not-supported（不支持）	E_NOTSUPPORTED
Object-not-selected（对象未选定）	E_SERVERSTATE
Accesss-violation（非法访问）	E_ACCESS_DENIED
Instante-not-available（实例不存在）	E_UNKNOWNITEMNAME
Failed-due-to-server-constraint（因服务器限制而失败）	任何其他 OPC 错误代码

响应后，时间激活操作状态和命令状态（如果有）数据项属性值应设置如下：

可写入定制数据项属性	数值	含意	限　制
DataRef.operTm.taoState(数据引用—操作时间—时间激活操作状态)	“0”	未使用	
DataRef.ctlVal.cmdState(数据引用控制值命令状态)	“0”	未使用	前提是在简单安全控制模型内使用“操作”

B.5.9.5.5　时间激活操作

B.5.9.5.5.1　总则

第一响应的时间激活操作请求应映射到 OPC XMLDA 写入服务。

第二响应应映射到可控制对象的操作时间时间激活操作状态数据项属性的 OPC XML-DA 订阅，或者在操作时间 t 时间激活操作状态属性变化后通过“读出”服务来获得。

收到正写入响应后，OPC XML-DA 客户端应请求时间激活操作状态值和时间激活操作响应所需的其他数据项属性值。只要 t 时间激活操作状态＝定时程序被激活，OPC XML-DA 就应继续请求以上值。

如果时间激活操作状态将自身值改为“已执行命令”，客户端应通过时间操作响应＝“已执行命令”来创建时间激活操作的正确认。

如果时间激活操作状态将自身值改为“任意添加理由码”，客户端应创建时间激活操作的负确认。

注：第二响应值是通过“读出”服务请求，还是通过“订阅”机制＝订阅 ＋订阅轮询刷新 ＋订阅取消请求，属于客户端的执行范围。

B.5.9.5.5.2　时间激活操作请求

时间激活操作请求服务应通过使用可控制对象的数据项和数据项属性值的 OPC XML-DA Write(写入)执行。时间激活操作服务参数在表 B.52 中进行了描述。

表 B.52　时间激活操作服务参数映射

GB/T 30966.3 参数	OPC XML-DA 数据项/数据项属性	限　制
ControlObjectReference(控制对象引用)		可控制对象的数据项名称 数据项路径＝“CO”
Value(数值)	DataRef.ctlVal(数据引用控制值) DataRef.origin(数据引用源) DataRef.ctlNum(数据引用控制号) DataRef.operTm(数据引用操作时间)	
T(时间)	DataRef.ctlVal.T(数据引用控制值时间)	
Test(试验)	DataRef.ctlVal.Test(数据引用控制值试验)	
Check(校核)	DataRef.ctlVal.Check(数据引用控制值校核)	
	DataRef.ctlVal.service(数据引用控制值服务)	“taOperat”

B.5.9.5.5.3　时间激活操作响应＋(定时程序激活)

时间激活操作积极响应应通过使用不含错误代码的 OPC XML-DA 写入响应执行。响应后，时间激活操作状态和命令状态数据项属性值应设置如下：

可写入定制数据项属性	数值	含 意	限制
DataRef.operTm.taoState(数据引用—操作时间—时间激活操作状态)	“1”	等待/定时程序激活	
DataRef.ctlVal.cmdState(数据引用控制值命令状态)	“0”	未使用	

B.5.9.5.5.4 时间激活操作响应－

时间激活操作消极响应应通过使用 OPC XML-DA 写入响应执行，表示表 B.53 中定义的错误代码失败或使用表 B.45 中定义的任何添加理由代码。

表 B.53 面向 IEM 服务错误映射的时间激活操作消极响应

DL/T 860.72—2004 服务错误	OPC 错误代码
Not-supported(不支持)	E_NOTSUPPORTED
Object-not-selected(对象未选定)	E_SERVERSTATE
Access-violation(非法访问)	E_ACCESS_DENIED
Instante-not-available(实例不存在)	E_UNKNOWNITEMNAME
Failed-due-to-server-constraint(因服务器限制而失败)	任何其他 OPC 错误代码

B.5.9.5.5.5 时间激活操作响应＋(命令被执行)

第二个时间激活操作积极响应没有被关联的服务。客户端应订阅时间激活操作状态数据项属性或请求 OPC XML-DA Read(读出)服务来检测情况。

定时程序结束后，所需行动应被激活。如果激活成功，状态属性应设置如下。

可写入定制数据项属性	数 值	含 意	限 制
DataRef.operTm.taoState(数据引用—操作时间—时间激活操作状态)	“2”	命令被执行	
DataRef.ctlVal.cmdState(数据引用控制值命令状态)	“0”	未使用	前提是时间激活操作在简单安全控制模型内使用
	“1”	执行命令	前提是时间激活操作在常规安全控制模型内使用

B.5.9.5.5.6 时间激活操作响应－(第二响应)

如果激活不成功，只应设定时间激活操作状态数据项属性值。

可写入定制数据项属性	数值	含意	限制
DataRef.operTm.taoState(数据引用—操作时间—时间激活操作状态)	AddCause(添加理由)		

B.5.9.5.6 命令终止

在收到“操作”积极响应或时间激活操作第二积极响应后，“命令状态”数据项属性设为“命令被执行”。

如果状态改为被请求值,“命令状态”应设为“状态被改变”。否则,命令状态被设为*添加理由*。

OPC XML-DA 客户端通过“读出”服务或“订阅”机制请求“命令状态”。

表 B.54 和表 B.55 描述了命令终止服务的映射情况。

表 B.54 命令终止+服务参数映射

GB/T 30966.3 参数	OPC XML-DA 数据项/数据项属性	限 制
ControlObjectReference(控制对象引用)		可控制对象的数据项名称,数据项路径=“CO”
T(时间)	DataRef.ctlVal.T(数据引用控制值时间)	
Test(试验)	DataRef.ctlVal.Test(数据引用控制值试验)	
	DataRef.ctlVal.cmdState(数据引用控制值命令状态)	状态已改变

表 B.55 命令终止−服务参数映射

GB/T 30966.3 参数	OPC XML-DA 数据项/数据项属性	限 制
ControlObjectReference(控制对象引用)		可控制对象的数据项名称数据项路径=“CO”
T(时间)	DataRef.ctlVal.T(数据引用控制值时间)	
Test(试验)	DataRef.ctlVal.Test(数据引用控制值试验)	
AddCause(添加理由)	DataRef.ctlVal.cmdState(数据引用控制值命令状态)	添加理由错误代码

B.6 协议栈细节

若要符合此映射,应使用表 B.56 中给出的协议栈。数据链路层和物理层规定属于实施方面的内容,不在 IEC 61400-25 的范围之内。

表 B.56 协议栈细节

OSI 模型层	要 求			M/O
	名 称	服务要求	协议要求	
应用层	OPC XML-DA	OPC XMLDA 1.01		M
	SOAP	SOAP version 1.1 SOAP 1.1 版 http://www.w3.org/TR/soap/		M
	超级文本传输协议 HTTP/1.1	RFC 2616		M
表示层	—	—	—	—
会话层	—	—	—	—

表 B.56（续）

OSI 模型层	要　求			M/O
	名　称	服务要求	协议要求	
传输层	传输层安全	RFC 2246		O
	互联网控制消息协议	RFC 792		M
	传输控制协议	RFC 793		M
网络层	互联网协议(IP)	RFC 791		M
	地址解析协议	RFC 826		M
数据链路层	属于实施方面的内容，不在 IEC 61400-25 的范围之内			—
物理层	属于实施方面的内容，不在 IEC 61400-25 的范围之内			—
注：HTTPS(SSL)的使用为当地问题，不属于本映射范围。				

附 录 C
（规范性附录）
特定通信服务映射——面向 DL/T 860.81—2006 中指定的 GB/T 16720 的映射

C.1 总则

C.1.1 关于面向 DL/T 860.81—2006 中指定 GB/T 16720 的映射的介绍

本附录描述了使用 DL/T 860.81—2006 将 GB/T 30966.2 和 GB/T 30966.3 定义的信息模型和信息交换模型面向 GB/T 16720 系列标准映射的情况。

GB/T 30966.3 定义的几乎所有服务模型均按照 DL/T 860.81—2006 的定义映射到了 GB/T 16720。本附录涉及的是 DL/T 860.81—2006 规定的映射。GB/T 30966.4 标准中定义的两类服务(添加订阅和清除订阅)均映射到 DL/T 860.81—2006。该附加映射在本附录中定义。

DL/T 860.81—2006 中定义的查询日志服务通过筛选参数(GB/T 16720 支持，但未用于 DL/T 860.81—2006)扩展。

C.1.2 面向 DL/T 860.81—2006 指定的 GB/T 16720 映射的范围

本附录定义的映射范围是利用 GB/T 16720 来表现 GB/T 30966.2 和 GB/T 30966.3 定义的信息模型和信息交换模型。

DL/T 860.81—2006 定义的映射主要针对信息的实时交换。与服务器通信的客户端可以是为了监控发电过程及相关设备而接收实时信息所需的系统。

C.1.3 映射架构

映射架构由以下几部分组成：

1) 信息模型到 GB/T 16720 MMS 模型的映射(见 C.4)；
2) 信息交换模型到 GB/T 16720 MMS 服务的映射(见 C.5)；
3) 通信栈(见 C.6)。

除了两项附加服务和查询日志服务的扩展内容以外，还定义了 GB/T 30966.3 的映射。

根据 DL/T 860.81—2006 的第 7 章、第 17 章和第 20 章的定义，GB/T 30966.2 定义的风电场信息模型映射到了分层结构。相应服务按照这些条款的定义进行了映射。

图 C.1 描绘了概念性映射的情况。在映射到 DL/T 860.81—2006 MMS 服务以后，应对 GB/T 30966.2的风电场信息模型进行保存。

这尤其表明：

——服务器执行 GB/T 30966.2 的分层风电场信息模型，此模型可由服务根据表 C.1 进行检索；

——客户端需要对风电场信息模型进行解释；

——客户端可按照本附录的定义，通过 DL/T 860.81—2006 和 GB/T 16720 提供的服务访问 GB/T 30966.2的风电场分层信息模型。

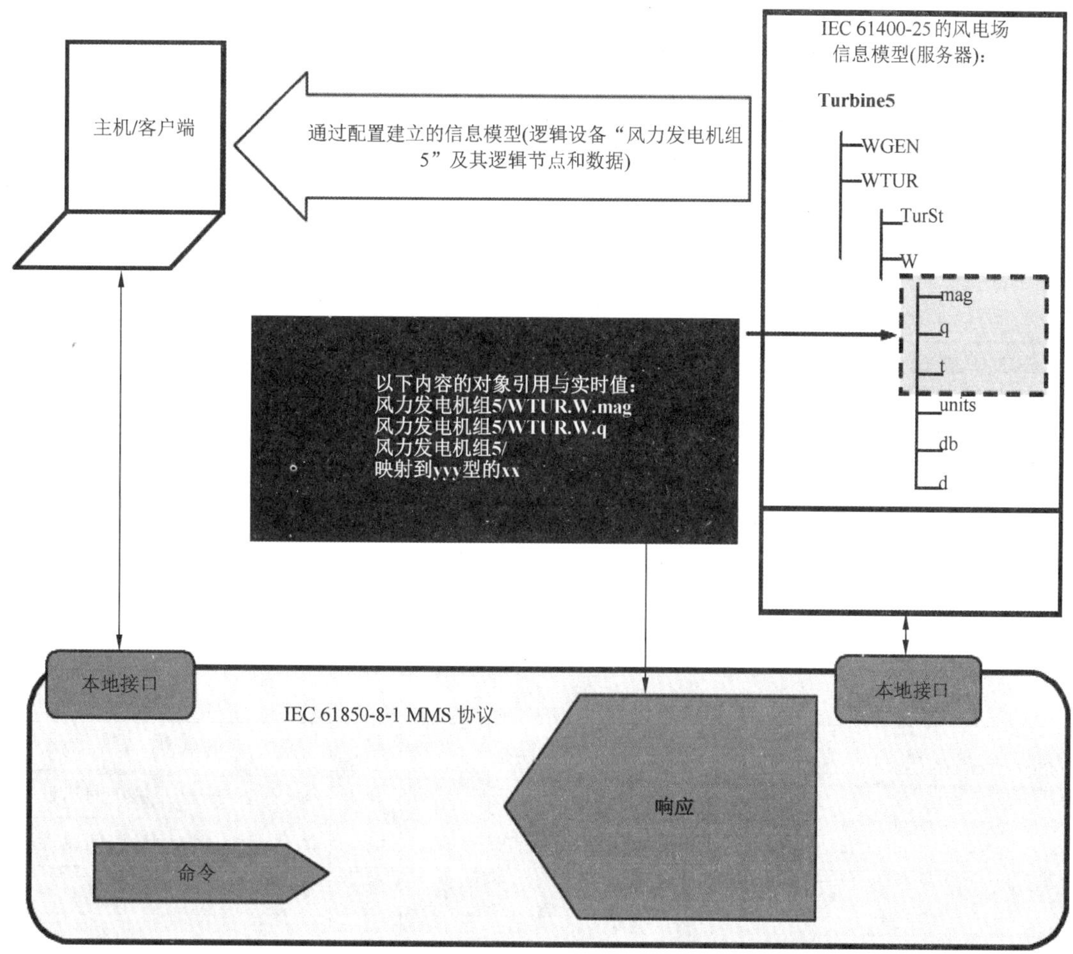

图 C.1 映射架构(概念性)

表 C.1 列出了 DL/T 860.81—2006 定义的信息模型和信息交换模型服务面向 GB/T 16720 的映射。M/O(强制/可选)栏表示 GB/T 30966.3 定义的服务属于强制型,还是可选型。“Y”表示“是”,服务获得支持,“N”表示未获得支持。

表 C.1 GB/T 30966.3 IEM 标准面向 GB/T 16720 的映射(符合 DL/T 860.81—2006)

GB/T 30966.2 IM 类 GB/T 30966.3 IEM 类	GB/T 30966.3 IEM 服务	M/O	包括在映射中	GB/T 16720 模型/服务
SERVER(服务器)			Y	Server
	GetServerDirectory(读取服务器目录)	O	Y	读取名称列表
ASSOCIATION(关联)				应用关联
	Associate(关联)	M	Y	开始
	Release(释放)	M	Y	结束

表 C.1（续）

GB/T 30966.2 IM 类 GB/T 30966.3 IEM 类	GB/T 30966.3 IEM 服务	M/O	包括在 映射中	GB/T 16720 模型/服务
	Abort(中止)	O	Y	中止
				拒绝
				取消
				识别
LOGICAL-DEVICE(逻辑设备)			Y	域
	GetLogicalDeviceDirectory(读取逻辑设备目录)	O	Y	读取名称列表
LOGICAL-NODE(逻辑节点)			Y	指定变量
	GetLogicalNodeDirectory(读取逻辑节点目录)	O	Y	读取名称列表
DATA(数据)			Y	指定变量
	GetDataValues(读取数据值)	M	Y	读出
	SetDataValues(设定数据值)	M	Y	写入
	GetDataDirectory(读取数据目录)	O	Y	读取变量访问属性
	GetDataDefinition(读取数据定义)	O	Y	读取变量访问属性
DATA-SET(数据集)			Y	指定变量列表
	GetDataSetValues(读取数据集数值)	M	Y	读出
	SetDataSetValues(设定数据集数值)	O	Y	写入
	CreateDataSet(创建数据集)	O	Y	定义指定变量列表
	DeleteDataSet(删除数据集)	O	Y	删除指定变量列表
	GetDataSetDirectory(读取数据集目录)	O	Y	读取变量列表属性
REPORTING(报告)				指定变量
	Report(报表)			信息报表
	GetBRCBValues(读取 BRCB 值)	O	Y	读出
	SetBRCBValues(设定 BRCB 值)	O	Y	写入
	GetURCBValues(读取 URCB 值)	O	Y	读出
	SetURCBValues(设定 URCB 值)	O	Y	写入
	AddSubscription(添加订阅)	O	Y	(定义指定变量列表)写(到 RCB)

表 C.1(续)

GB/T 30966.2 IM类 GB/T 30966.3 IEM类	GB/T 30966.3 IEM 服务	M/O	包括在 映射中	GB/T 16720 模型/服务
	RemoveSubscription(移除订阅)	O	Y	写入(到 RCB) 删除指定变量列表
LOG-CONTROL-BLOCK(日志控制块)			Y	指定变量
	GetLCBValues(读取 LCB 值)	O	Y	读出
	SetLCBValues(设定 LCB 值)	O	Y	写入
LOG(日志)			Y	日志
	GetLogStatusValues(读取日志状态值)	O	Y	初始化日志
	QueryLogByTime(按时间查询日志)	O	Y	读出日志
	QueryLogAfter(查询此后日志)	O	Y	读出日志
CONTROL(控制)				控制
	Select(选择)	O	Y	写入
	SelectWithValue(按数值选择)	O	Y	写入
	Cancel(取消)	O	Y	写入
	Operate(操作)	M	Y	写入
	CommandTermination(命令终止)	O	Y	信息报表
	TimeActivatedOperate(时间激活操作)	O	Y	写入

C.2 引用文件

GB/T 16720.1—2005 工业自动化系统 制造报文规范 第1部分:服务定义(ISO 9506-1:2003,IDT)

GB/T 16720.2—2005 工业自动化系统 制造报文规范 第2部分:协议规范(ISO 9506-2:2003,IDT)

ISO/IEC 8326:1996 信息技术 开放系统互连 会话服务定义(Information technology—Open Systems Interconnection—Session service definition)

ISO/IEC 8327-1:1996 信息技术 开放系统互连 面向连接的会话协议:协议规范(Information technology—Open systems interconnection—Connection-oriented session protocol: Protocol specification)

ISO/IEC 8649:1996 信息技术 开放系统互连 联系控制服务元素服务定义(Information technology—Open systems interconnection—Service definition for the association control service element)

ISO/IEC 8650-1:1996 信息技术 开放系统互连 有关控制服务要素的面向连接的协议:协议规

范(Information technology—Open systems interconnection—Connection-oriented protocol for the association control service element: Protocol specification)

ISO/IEC 8822:1994 信息技术 开放系统互连 表示服务定义(Information technology—Open systems interconnection—Presentation service definition)

ISO/IEC 8823-1:1994 信息技术 开放系统互连 面向连接的表示协议:协议规范(Information technology—Open systems interconnection—Connection-oriented presentation protocol: Protocol specification)

ISO/IEC 8824-1:2002 信息技术 抽象语法记法 1(ASN.1):基本记法规范[Information technology—Abstract syntax notation one(ASN.1): Specification of basic notation]

ISO/IEC 8825-1:2002 信息技术 ASN.1 编码规则:基本编码规则(BER)、正则编码规则(CER)和非典型编码规则(DER)规范[Information technology—ASN.1 encoding rules: Specification of basic encoding rules(BER), canonical encoding rules(CER) and distinguished encoding rules(DER)]

RFC 791,互联网协议(Internet Protocol)

RFC 792,互联网控制消息协议(Internet Control Message Protocol)

RFC 793,传输控制协议(Transmission Control Protocol)

RFC 826,以太网地址解析协议或将网络协议地址转换为以太网硬件传输用 48 位以太网地址(Ethernet Address Resolution Protocol: Or Converting Network Protocol Addresses to 48. bit Ethernet Address for Transmission on Ethernet Hardware)

RFC 1006,ISO 在传输控制协议上的传送业务:版本 3(ISO Transport Service on top of the TCP Version: 3)

C.3 缩略语

ACSI	抽象通信服务接口(在 DL/T 860.72—2004 中定义) 注:在本附录中,将使用 IEM(见下)一词代替 ACSI。
IED	智能电子设备
IEM	信息交换模型
LCB	日志控制块
LD	逻辑设备
LN	逻辑节点
LOG	日志
LPHD	逻辑节点物理设备
MMS	制造报文规范(GB/T 16720)
RCB	报表控制块
SCADA	数据采集与监控系统
SCSM	特定通信服务映射(在 DL/T 860.81—2006 中定义)
WPP	风电场
WT	风力发电机组

C.4 IEC 61400-25 信息模型面向 GB/T 16720 的映射(符合 DL/T 860.81—2006 规定)

根据 DL/T 860.81—2006 的第 7 章、第 17 章和第 20 章的定义,GB/T 30966.2 定义的风电场信息模型应映射到 GB/T 16720 的分层架构。相应服务应按照 DL/T 860.81—2006(及表 C.1)的定义映射到 GB/T 16720。

C.5 扩展信息交换模型面向 GB/T 16720 的映射

C.5.1 总则

本条描述了 GB/T 30966.3 定义的附加抽象 IEM 服务(添加订阅和清除订阅)以及查询日志服务的扩展筛选参数应如何按照以下条款的规定映射到 MMS 服务。

C.5.2 添加订阅

此服务应映射到以下 3 类 MMS 服务顺序中:

——第 1 步:按照表 C.2 创建被请求的数据集(定义指定变量列表);

——第 2 步:按照表 C.3 配置报表控制块(写入);

——第 3 步:按照表 C.4 激活报表控制块(写入)。

一旦以前的服务返回了积极响应,上述服务即应发出。如果以上 3 项 MMS 服务中有一项失败,添加订阅服务即应视为失败。

积极响应:

如果指定变量列表已经存在,则无需执行第 1 步。可由多个报表控制块或日志控制块使用。

表 C.2 添加订阅服务映射(第 1 步)

(添加订阅)参数	MMS 服务或参数	限　制
Request(请求)	定义指定变量列表　请求服务	
DataSetReference(数据集引用)	变量列表名称	
DSMemberRef[1..n](数据集项引用 [1..n])	变量列表	
Response+(响应+)	定义指定变量列表响应服务	
Response-(响应-)		
ServiceError(服务错误)	MMS 服务错误	见表 C.5

表 C.3 添加订阅服务映射(第 2 步)

(添加订阅)参数	MMS 服务或参数	限　制
Request(请求)	"写入"请求服务	
ClientHandle(客户端处理)	变量访问规定 变量列表	
RCBType(报表控制块类型)	变量访问规定 变量列表	
	DL/T 860.72—2004 中的 14.2 定义的被引用 BRCB/URCB 的数据保留	只在报表控制块类型指定 URCB 类型的报表控制块类型时才出现
ReportIdentifier [0..1](报表识别码 [0..1])	DL/T 860.72—2004 定义的被引用 BRCB/URCB 的数据报表识别码	
DataSetReference [0..1](数据集引用 [0..1])	DL/T 860.72—2004 定义的被引用 BRCB/URCB 的 MMS 数据 DatSet	

表 C.3（续）

(添加订阅)参数	MMS 服务或参数	限　制
OptionalFields [0..1]（可选字段[0..1]）	DL/T 860.72—2004 定义的被引用 BRCB/URCB 的数据可选字段	
BufferTime [0..1](缓存时间 [0..1])	DL/T 860.72—2004 定义的被引用 BRCB/URCB 的数据缓存时间	
TriggerOptions [0..1]（触发器选项[0..1]）	DL/T 860.72—2004 定义的被引用 BRCB/URCB 的数据触发器选项	
IntegrityPeriod [0..1]（完整性时段[0..1]）	DL/T 860.72—2004 定义的被引用 BRCB/URCB 的数据完整性时段	
Response+（响应+）	“写入”响应服务	
	在所有元素上的成功	
Response－（响应－）	“写入”响应服务	
ServiceError(服务错误)	在任何元素上的失败	见表 C.5
注：应包含保留元素，是因为部分服务器需要预先保留非缓存报表控制块才能允许访问其属性。		

表 C.4　添加订阅服务映射(第 3 步)

(添加订阅)参数	MMS 服务或参数	限制
Request(请求)	“写入”请求服务	
ClientHandle(客户端处理)	变量访问规定　变量列表	
RCBType(报表控制块类型)	变量访问规定 变量列表	
ReportEnable [0..1](报表允许 [0..1])	DL/T 860.72—2004 定义的被引用 BRCB/URCB 的数据报表允许	
Response+（响应+）	“写入”响应服务	
	成功	
Response－（响应－）	“写入”响应服务	
ServiceError(服务错误)	失败	见表 C.5

表 C.5 描述了可能的负值情况及应向应用层提供的错误代码。

表 C.5　添加订阅消极响应

IEM 服务错误	MMS 服务错误		说　明
	Error class(错误类)	Error code(错误代码)	
instance-in-use(实例在使用)	Definition(定义)	object-exists(对象存在)	数据集已经存在
parameter-value-inconsistent（参数值不一致）	Definition(定义)	Invalid-address（无效地址）	数据集项引用不正确

表 C.5（续）

IEM 服务错误	MMS 服务错误		说 明
parameter-value-inappropriate（参数值不恰当）	Resource（资源）	memory-unavailable（没有内存）	数据集项引用数大于设备允许的上限
	数据访问错误		
access-violation（非法访问）	object-access-denied（对象访问拒绝）		客户端无权使用
parameter-value-inappropriate（参数值不恰当）	object-non-existing（对象不存在）		客户端指定的 RCB 不存在
instance-in-use（实例在使用）	temporarily-unavailable（暂时没有）		RCB 已经在其他客户端的控制下
parameter-value-inconsistent（参数值不一致）	object-value-invalid（对象值无效）		RCB 不支持任何选择属性

C.5.3 清除订阅

此服务应按以下 MMS 服务顺序映射：

——第 1 步：撤消报表控制块写入，见表 C.6；

——第 2 步：删除已关联数据集删除指定变量列表，见表 C.7。

删除指定变量列表服务只有在第一项服务成功后才应发出。在任何情况下均不需要删除指定变量列表。可由另一个报表控制块或某个日志控制块使用。

表 C.6 清除订阅服务的映射——第一项 MMS 服务

添加订阅参数 rs	MMS 服务或参数	限 制
Request（请求）	“写入”请求服务	
ClientHandle（客户端处理）	变量访问规定 变量列表	
RCBType（报表控制块类型）	变量访问规定 变量列表	
ReportEnable [0..1]（报表允许[0..1]）	MMS 数据 DL/T 860.72—2004 定义的被引用 BRCB/URCB 的报表允许	
	MMS 数据 DL/T 860.72—2004 定义的被引用 BRCB/URCB 的保留 MMS Data	只在报表控制块类型指定 URCB 类型的报表控制块类型时才出现
Response+（响应+）	“写入”响应服务	
	成功	
Response−（响应−）	“写入”响应服务	
ServiceError（服务错误）	失败	见表 C.8

表 C.7　清除订阅服务的映射——第二项 MMS 服务

添加订阅参数	MMS 服务或参数	限　制
Request(请求)	删除指定变量列表请求服务	
ClientHandle(客户端处理)	变量列表名称列表	
Response+(响应+)	删除指定变量列表响应服务	
	编码被删除	
Response-(响应-)		
ServiceError(服务错误)	服务错误	见表 C.8

表 C.8 描述了可能的负值情况及应向应用层提供的错误代码。

表 C.8　清除订阅消极响应

IEM 服务错误	MMS 服务错误		说　明
	Error class(错误类)	Error code(错误代码)	
instance-in-use(实例在使用)	Definition(定义)	object-undefined　(对象未定义)	数据集不存在
access-violation(非法访问)	Access(访问)	object-access-denied(对象访问拒绝)	访问权限或被预先配置导致数据集无法删除
parameter-value-inappropriate(参数值不恰当)	Service(服务)	object-state-conflict(对象状态冲突)	数据集正被任意控制块使用,因此无法被删除
	MMS 数据访问错误		
access-violation(非法访问)	object-access-denied(对象访问拒绝)		客户端无权使用 RCB 或执行被请求的操作
parameter-value-inappropriate(参数值不恰当)	object-non-existing(对象不存在)		客户端指定的 RCB 不存在
instance-in-use(实例在使用)	temporarily-unavailable(暂时无法获得)		RCB 已经在其他客户端的控制下

C.5.4　扩展日志服务

C.5.4.1　总则

C.5.4.1.1　总则

GB/T 30966.3 的 9.9 规定的日志服务描述了参数的使用,以便筛选客户端在服务器查询日志输入项时应被检索的日志输入项引用内容。在面向 DL/T 860.81—2006 描述的 MMS 的映射中,未指定此参数。

只扩展了请求,响应包含相同字段。如果使用了筛选器,唯一不同(按照响应格式)的是返回的日志输入项数量。

C.5.4.1.2 按时间询问日志映射

按时间询问日志服务映射应符合表 C.9 的定义。

表 C.9 按时间询问日志映射

按时间询问日志请求		MMS 读出日志请求	
参数	类型	参数	MMS 定义
LogReference(日志引用)	ObjectReference(对象引用)	journalName(流水账名称)	ObjectName(对象名称)
RangeStartTime(范围开始时间)	EntryTime(输入时间)	startingTime(开始时间)	TimeOfDay(日时)
RangeStopTime(范围结束时间)	EntryTime(输入时间)	endidngTime(结束时间)	TimeOfDay(日时)
DataFilter [1..n](数据筛选器 [1..n])	ObjectReferences(对象引用)	listOfVariables(变量列表)	Sequence of VisibleStrings (可见字符串顺序)

C.5.4.1.3 询问此后日志映射

询问此后日志的服务映射应符合表 C.10 的定义。

表 C.10 询问此后日志映射

询问此后日志的请求		MMS 读出流水账请求	
参数	类型	参数	MMS 定义
LogReference(日志引用)	ObjectReference(对象引用)	journalName(流水账名称)	ObjectName(对象名称)
EntryToStartAfter(为开始此后项的输入项)	EntryTime(输入时间)	timeSpecfication(时间规定)	TimeOfDay(日时)
Entry(输入)	EntryID(输入识别码)	entrySpecification(输入规定)	OCTET STRING(八位字符串)
DataFilter [1..n](数据筛选器 [1..n])	ObjectReferences(对象引用)	listOfVariables(变量列表)	Sequence of VisibleStrings (可见字符串顺序)

C.6 协议栈细节

C.6.1 总则

针对 GB/T 30966.2 定义的客户端和服务器通信的风电场信息交换模型,应采用 C.6.2 和 C.6.3 中定义的协议栈。

C.6.2 A-规约

A-规约客户端/服务器的服务和协议应如表 C.11 所示。

表 C.11　A-规约客户端/服务器的服务与协议

OSI 模型层	要　求			M/O
	名称	服务要求	协议要求	
应用层	制造报文规范	GB/T 16720.1—2005	GB/T 16720.2—2005	M
	关联控制服务元素	ISO/IEC 8649:1996	ISO/IEC 8650-1:1996	M
表示层	面向连接的表示层	ISO/IEC 8822:1994	ISO/IEC 8823-1:1994	M
	抽象句法	ISO/IEC 8824-1:2002	ISO/IEC 8825-1:2002	M
会话层	面向连接的会话	ISO/IEC 8326:1996	ISO/IEC 8327-1:1996	M

实施约定

本 A-规约应符合 DL/T 860.81—2006 的 6.2.2 规定的约定。

C.6.3　传输控制协议/互联网协议的 T-规约

T-规约的服务和协议应如表 C.12 所示。

数据链路层和物理层规定属于实施方面的内容，不在 IEC 61400-25 的范围之内。

表 C.12　T-规约客户端/服务器的服务与协议

OSI 模型层	要　求			M/O
	名称	服务要求	协议要求	
传输层	基于 TCP 的 ISO 传输	RFC 1006		M
	互联网控制消息协议(ICMP)	RFC 792		M
	传输控制协议(TCP)	RFC 793		M
网络层	互联网协议	RFC 791		M
	以太网地址解析协议(ARP)	RFC 826		M
数据链路层	属于实施方面的内容，不在 IEC 61400-25 的范围之内			—
物理层	属于实施方面的内容，不在 IEC 61400-25 的范围之内			—

实施约定

应实施符合 RFC 793 标准的 TCP_KEEPALIVE 功能。TCP KEEPALIVE 值应可配置。允许值范围应在实施的 PIXIT 声明中做出规定。TCP 值的计量单位应为秒。

注：建议允许范围的最小-最大值不大于 20 s。同时还建议 TCP_KEEPALIVE 的配置不小于 1 s。这样就可读取 1 到 20的建议范围。

传输选择程序：传输选择程序的大小不得超过 4 个 8 位字节。

附 录 D
（规范性附录）
特定通信服务映射——面向 IEC/TS 61850-80-1 规定的 IEC 60870-5-104 的映射

D.1 总则

D.1.1 关于面向 IEC/TS 61850-80-1 规定的 IEC 60870-5-104 的映射介绍

本附录描述了使用 IEC 61850-80-1 将 IEC 61400-25 的信息模型(IM)类和信息交换模型(IEM)服务面向 IEC 60870-5-104 映射的情况。

GB/T 30966.3 定义的服务模型按照 IEC/TS 61850-80-1 的定义映射到 IEC 60870-5-104。本附录中引用了 IEC/TS 61850-80-1 规定的映射。

本附录包括下列条款：

D.1 对面向 IEC 60870-5-104 的映射进行了概述。

D.2 提供了面向 IEC 60870-5-104 映射的规范性引用列表文件。

D.3 提供了附录 D 中所用缩写的列表。

D.4 提供了信息模型面向 IEC 60870-5-104 的映射。

D.5 提供了信息模型数据面向 IEC 60870-5-104 的映射。

D.6 提供了信息交换模型面向 IEC 60870-5-104 服务的映射。

D.7 提供了 IEC 60870-5-104 的协议栈详情。

D.8 提供了利用 SCL(变电站配置语言)扩展将 IEC 60870-5-104 信息(提示性条款)包括在内的相关情况。

D.1.2 映射到 IEC/TS 61850-80-1 规定的 IEC 60870-5-104 的范围

本附录定义的映射范围是利用 IEC 60870-5-104 实现风电场运行所需的过程信息交换。

IEC/TS 61850-80-1 的范围是：指导如何在使用 CDC 数据模型的变电站或电厂(如：风电场)与使用符合 IEC 60870-5-101/104 定义的广域网(WAN)通信链路的控制中心之间实现运行所需的实时过程信息交换。设备[IED(信息交换设备)]提供的实时信息量可随运行需要发生变化。参与者可为地区和全国的控制中心，其接收实时信息的目的是为了监视和发出过程控制。

本附录描述的映射基于 IEC 61400-25、IEC 61850 系列标准和 IEC 60870-5-104 的定义。D.1.3 给出了映射后 IEC 60870-5-104 子集的范围。

D.1.3 映射架构

映射架构由以下 3 部分组成：

1） 信息模型的映射；

2） 数据映射(信息模型部分)；

3） 信息交换模型的映射。

规定的映射利用应用服务数据单元的通用地址(CASDU)和信息对象地址(IOA)来适应使用逻辑设备和逻辑节点的模型以及使用标准化 ASDU 的实时信息(数据)传递。同时也适用于 IEC 60870-5-104中的服务和基本应用功能。

GB/T 30966.2 中定义的风电场信息模型应向分层结构映射。

图 D.1 描绘了概念性映射的情况。在映射到 IEC 60870-5-104 服务以后,应对 IEC 61400-25 的风电场信息模型实施保存。

基于 IEC 61400-25 的对象模型及 IEC 60870-5-104 之间的映射定义如下:

——服务器和客户端通过配置实施 IEC 61400-25 的特定风电场信息模型;

——可采用不同方法完成配置,既可以采用在线配置,也可以使用符合 D.8 的变电站配置语言——SCL 文件;

——客户端通过 IEC 60870-5-104 提供的服务,访问 GB/T 30966.2 的分层风电场信息模型,以实现实时数据交换。

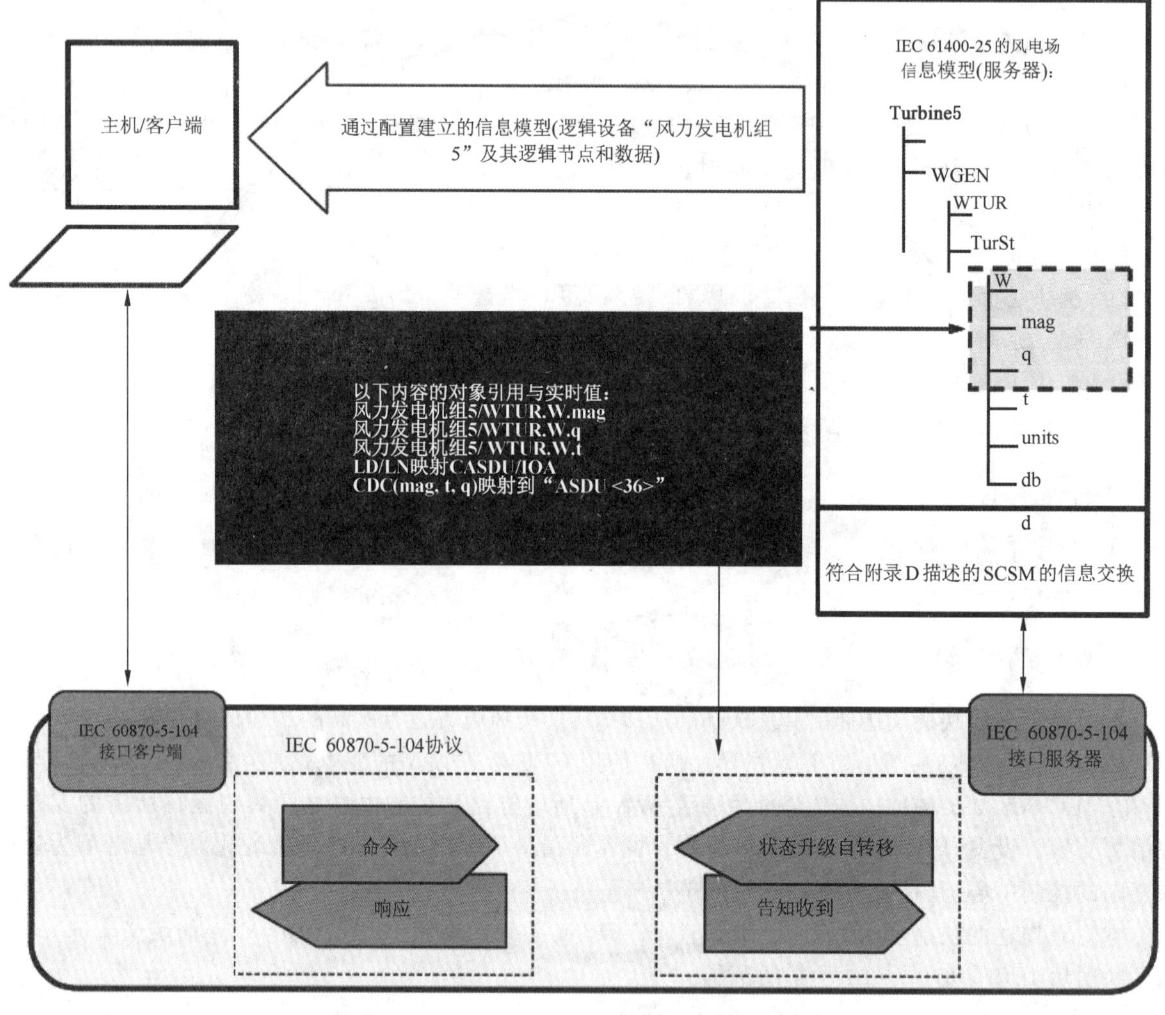

图 D.1 映射架构(概念性)

GB/T 30966.3 IEM 标准中规定的风力发电机组信息交换服务应映射到表 D.1 中列出的服务。M/O栏表示服务在 GB/T 30966.3 中被定义为强制还是可选。"Y"表示"是",服务获得支持,"N"表示未得到获得支持。

表 D.1 IEC 61400-25 信息模型(IM)和信息交换模型(IEM)的服务映射概况

GB/T 30966.2 IM 类 GB/T 30966.3 IEM 类	GB/T 30966.3 IEM 服务	M/O	包括在映射中	面向 IEC 60870-5 服务的映射
SERVER(服务器)				外站(受控站)
	GetServerDirectory(读取服务器目录)	O	N	n.a.(以可选的方式补充 IEC 60870-5-104 以外的服务)[a]
ASSOCIATION(关联)				连接
	Associate(关联)	M	Y	建立;IEC 60870-5-104-2006"站启动"
	Abort(中止)	O	N	n.a.[a]
	Release(解除)	O	Y	关闭;IEC 60870-5-104-2006"站启动"
LOGICAL-DEVICE(逻辑设备)				应用服务数据单元的通用地址
	GetLogicalDeviceDirectory(读取逻辑设备目录)	O	N	以可选的方式补充 IEC 60870-5-104 以外的服务)
LOGICAL-NODE(逻辑节点)				
	GetLogicalNodeDirectory(读取逻辑节点目录)	O	N	n.a.(以可选的方式补充 IEC 60870-5-104 以外的服务)[a]
DATA(数据)				
	GetDataValues(读取数据值)	M	Y	读出命令 ASDU TI 〈102〉 (读出程序的定义见 IEC 60870-5-101)
	SetDataValues(设定数据值)	M	Y	可选用 ASDU TI 〈111〉"实测值、换算值参数"或 ASDU TI 〈112〉"实测值、短浮点值参数"来设定。CDC MV 和 CMV 的属性 db(IEC 60870-5-101 标准的 7.4.9 定义了参数的加载程序)
	GetDataDirectory(读取数据目录)	O	N	n.a.(以可选的方式补充 IEC 60870-5-104 以外的服务)[a]
	GetDataDefinition(读取数据定义)	O	N	n.a.(以可选的方式补充 IEC 60870-5-104 以外的服务)[a]
DATA-SET(数据集)				
	GetDataSetValues(读取数据集数值)	M	N	
	SetDataSetValues(设定数据集数值)	O	N	
	CreateDataSet(创建数据集)	O	N	
	DeleteDataSet(删除数据集)	O	N	
	GetDataSetDirectory(读取数据集目录)	O	N	

表 D.1（续）

GB/T 30966.2 IM 类 GB/T 30966.3 IEM 类	GB/T 30966.3 IEM 服务	M/O	包括在映射中	面向 IEC 60870-5 服务的映射
REPORTING(报告)				
	AddSubscription(添加订阅)	O	N	
	RemoveSubscription（移除订阅）	O	N	
	Report(报表)	O	Y	具有适用 ASDU[b]的自发传输
BRCB				
	GetBRCBValues（读取 BRCB 值）	O	N	
	SetBRCBValues（设定 BRCB 值）	O	N	
URCB				
	GetURCBValues（读取 URCB 值）	O	N	
	SetURCBValues（设定 URCB 值）	O	N	
LOG(日志)				
	GetLogStatusValues(读取日志状态值)	O	N	
	QueryLogByTime（按时间查询日志）	O	N	
	QueryLogAfter（查询此后日志）	O	N	
LOG-CONTROL-BLOCK（日志控制块）				
	GetLCBValues(读取 LCB 值)	O	N	
	SetLCBValues(设定 LCB 值)	O	N	
CONTROL(控制)				
	Select(选择)	O	Y	ASDU TI 〈58，59，60，62 63〉 Select(选择)(S/E=0)
	SelectWithValue(按数值选择)	O	Y	ASDU TI 〈58，59，60，62,63〉
	Cancel(取消)	O	Y	ASDU TI 〈58，59，60，62,63〉 COT 〈8〉撤消
	Operate(操作)	M	Y	ASDU TI 〈58，59，60，62,63〉 Execute(执行)(S/E=1)
	CommandTermination（命令终止）	O	Y	ASDU TI 〈58，59，60，62,63〉 COT 〈10〉 ActTerm
	TimeActivatedOperate（时间激活操作）	O	N	

[a] 不适用于面向 IEC 60870-5-104 的映射。

[b] 适用于自发传输的 ASDU(应用服务数据单元)：〈30〉、〈31〉、〈32〉、〈33〉、〈35〉、〈36〉、〈37〉、〈39〉、〈40〉，符合 IEC/TS 61850-80-1 中 9.3.2 的选择。

D.2 面向 IEC 60870-5-104 映射的引用文件

GB/T 18657.3—2002 远动设备及系统 第 5 部分:传输规约 第 3 篇:应用数据的一般结构(IEC 60870-5-3:1992,IDT)

GB/T 18657.4—2002 远动设备及系统 第 5 部分:传输规约 第 4 篇:应用信息元素的定义和编码(IEC 60870-5-4:1993,IDT)

GB/T 18657.5—2002 远动设备及系统 第 5 部分:传输规约 第 5 篇:基本应用功能(IEC 60870-5-5:1995,IDT)

DL/Z 860.1—2004 变电站通信网络和系统 第 1 部分:概论(IEC/TR 61850-1:2003,IDT)

DL/T 860.6—2008 变电站通信网络和系统 第 6 部分:与智能电子设备有关的变电站内通信配置描述语言(IEC 61850-6:2004,IDT)

DL/T 860.71—2006 变电站通信网络和系统 第 7-1 部分:变电站和馈线设备的基本通信结构 原理和模型(IEC 61850-7-1:2003,IDT)

DL/T 860.72—2004 变电站通信网络和系统 第 7-2 部分:变电站和馈线设备的基本通信结构 抽象通信服务接口(ACSI)(IEC 61850-7-2:2003,IDT)

DL/T 860.73—2004 变电站通信网络和系统 第 7-3 部分:变电站和馈线设备的基本通信结构 公用数据类(IEC 61850-7-3:2003,IDT)

IEC 60870-5-101:2003 远动设备及系统 第 5-101 部分:传输规约 基本远动任务配套标准(Telecontrol equipment and systems—Part 5-101: Transmission protocols—Companion standard for basic telecontrol tasks)

IEC 60870-5-104:2006 远动设备及系统 第 5-104 部分:传输规约 采用标准传输协议集的 IEC 60870-5-101 网络访问(Telecontrol equipment and systems—Part 5-104: Transmission protocols—Network access for IEC 60870-5-101 using standard transport profiles)

IEC/TS 61850-80-1:2008 电力公用事业自动化的通信网络和系统 第 80-1 部分:使用 IEC 60870-5-101 或 IEC 60870-5-104 从基于 CDC 的数据模型交换信息的指南(Communication networks and systems in power utility automation—Part 80-1: Guideline to exchange information from a CDC based data model using IEC 60870-5-101/1042)

D.3 缩略语

ACSI	抽象通信服务接口(例如:在 DL/T 860.72—2004 中定义)
ASDU	应用服务数据单元
CASDU	应用服务数据单元的通用地址
DAComp	数据属性组件
CI	反询问
COT	传输原因
GI	一般询问
IED	智能电子设备
IEM	信息交换模型
IOA	信息对象地址

LCB	日志控制块
LD	逻辑设备
LN	逻辑节点
Log	日志
LPHD	逻辑节点物理设备
PI	过程图像
QDS	质量描述符
QOI	询问限定符
RCB	报表控制块
RFC	报文请求
S/E	选择/执行
SCADA	数据采集与监控系统
SCL	变电站配置语言(如:在 DL/T 860.6 中定义)
SCSM	专用通信服务映射(例如,在 DL/T 860.81 中定义)
TCP	传输控制协议
TI	类型识别
UUID	通用唯一识别码
WPP	风电场
WSDL	Web 服务描述语言
WT	风力发电机组
XML	可扩展标志语言
XPATH	XML 路径语言

D.4 IEC 61400-25 信息模型面向 IEC 60870-5-104 的映射(符合 IEC 61850-80-1 规定)

D.4.1 总则

GB/T 30966.2 的分层 WPP 信息模型面向 IEC 60870-5-104 协议的映射基于图 D.1 给出的配置。配置的数据定义为过程图像(PI)。

GB/T 30966.2 的信息模型数据是唯一的,源于 GB/T 30966.2 分层模型中的定义。向 IEC 60870-5-104的映射应为单一数据保持唯一的编号模式。通过将逻辑设备赋予定义 CASDU 的唯一编号来完成定义。逻辑节点被赋予给一系列的 IOA 地址编号。

定义逻辑设备和逻辑节点采用十进制方法。表 D.2 概述了将 IEC 61400-25 的逻辑设备和逻辑节点映射到 IEC 60870-5-104 时的两种可能编址方案。建议使用数据工程工具,以便管理应用服务数据单元通用地址(CASDU)的使用。为获得唯一的编号模式,建议使用信息对象地址(IOA)编号。

将通用数据类(CDC)映射到 IEC 60870-5-104 的应用服务数据单元(ASDU)。每一条数据都会有唯一的地址(CASDU 和 IOA)与一个 ASDU 的组合。D.5.1.2 描述了 GB/T 30966.2 通用数据类面向源自 DL/T 860.73—2004 基本通用数据类的映射。D.5.1.3 描述了基本通用数据类面向 IEC 60870-5-104所用的应用服务数据单元的映射。

本附录涉及向 IEC 60870-5-104 的映射。D.7 描述了实施此映射需用的协议栈。

表 D.2 逻辑设备和逻辑节点面向应用服务数据单元通用地址和信息对象地址的映射示例

IEC 61400-25		IEC 60870-5-104			
LD	LN	CASDU	(信息对象地址)起	(信息对象地址)止	备注
WPP		X			符合运行需要的逻辑节点 LN
WTG1		X+1			符合运行需要的逻辑节点 LN
WTGn		X+n			符合运行需要的逻辑节点 LN
	WALM WMET WAPC WRPC WTUR WROT WTRM WGEN WCNV WTRF WNAC WYAW WTOW WALM WSLG WALG WREP	X+1	10 000 20 000 30 000 40 000 100 000 110 000 120 000 130 000 140 000 150 000 160 000 170 000 180 000 190 000 200 000 210 000 220 000	19 999 29 999 39 999 49 999 109 999 119 999 129 999 139 999 149 999 159 999 169 999 179 999 189 999 199 999 209 999 219 999 229 999	方案 A: 此方案采用了预定义的编码方案来分配逻辑设备和逻辑节点编号。 在一套系统内,逻辑设备被赋予了 uniqueCASDU(唯一的应用服务数据单元通用地址)编号。 逻辑节点类采用了 IOA 地址范围。此范围可根据逻辑节点所包含的数据数调整。如果数据数较低,逻辑节点可使用多达 1 000 个地址。 逻辑设备和 IOA 地址的某个具体 CASDU 编号读取数据的唯一地址。 建议采用数据工程工具来管理 CASDU 和 IOA 编号的使用
	WALM WMET WAPC WRPC WTUR WROT WTRM WGEN WCNV WTRF WNAC WYAW WTOW WALM WSLG WALG WREP	X			方案 B: 在此方案中,某个特定区域(如风电场)内的所有逻辑设备均拥有相同的 CASDU 编号(X)。 逻辑节点类定义,IOA 编号由供货商任意定义或执行通用电力设施采用的编号方案。 逻辑节点数据的某个具体 CASDU 和唯一的 IOA 读取数据的唯一地址。 建议采用数据工程工具来管理 CASDU 和 IOA 编号的使用

D.4.2 逻辑设备信息模型类映射

逻辑设备类应按照表 D.3 要求映射到应用服务数据单元通用地址(CASDU)。

表 D.3 逻辑设备映射

GB/T 30966.2 IM 类	映射到
逻辑设备,如:风电场或风力发电机组	CASDU (应用服务数据单元的通用地址)
逻辑设备-LD	为每台逻辑设备分配了一个编号

注:CASDU 可实现结构化或非结构化。例如,CASDU 可辨认站识别码和逻辑设备实例识别码。建议制定编址方案,以保证特定站点拥有唯一的地址。例如,遇到小站时,可将 CASDU 分配给某个站,由此所有逻辑设备将具有相同的 CASDU。遇到大站时,可使用多个 CASDU 来识别每个逻辑设备。一条链路的最大 CASDU 累积数是 65 534。

D.4.3 逻辑节点信息模型类映射

每个逻辑节点类均应按照表 D.4 的要求映射到已定义的数量范围。表 D.2 给出了为每一数据编号的方案示例。

表 D.4 逻辑节点映射

GB/T 30966.2 IM 类	映射到
逻辑节点	IOA 地址
逻辑节点-LN	每一逻辑节点类均应被赋予一系列的 IOA 地址

注:所有的逻辑节点属性均属于隐含定义和可见的。IOA 可实现结构化或非结构化。建议两种情况均采用十进制方法定义 IOA 地址。在一条链路上,每个 CASDU 的最大 IOA 地址累积数为 65 536。

D.5 IEC 61400-25 信息模型数据面向 IEC 60870-5-104 的映射

D.5.1 通用数据类(CDC)的映射

D.5.1.1 总则

每个通用数据类由特定数据类型的一个以上的数据属性组成。每一数据属性和数据类型均应映射到一个具体的 IOA(如在 D.4.3 中)和一个具体的 ASDU。

表 D.5 和表 D.12 两者所示的映射应视为默认映射——从各种映射可能性中仔细选择。

注:逻辑设备和逻辑节点向 CASDU 和 IOA 的映射要求可随应用的不同字段而变化。最适当的映射方法应为根据具体需要,按通用设施或项目进行定义。IEC 60870-5-104 中的 CASDU 和 IOA 仅仅是某通用设施/项目必须保留的唯一编号。

通用数据类的映射分为下列部分:

- GB/T 30966.2 信息模型定义的通用数据类映射;
- 源自 DL/T 860.73 的基本通用数据类映射;
- 源自 DL/T 860.73 的复合通用数据类映射。

D.5.1.2 GB/T 30966.2 信息模型定义的通用数据类映射

D.5.1.2.1 总则

GB/T 30966.2 信息模型定义的通用数据类映射基于源自 DL/T 860.73—2004 的简单通用数据类，见表 D.5。

表 D.5 GB/T 30966.2 中定义的通用数据类

属性数据类型	源自 DL/T 860.73 的通用数据类
STV 状态值	通过整数状态映射
SPV 给定值	通过可控模拟给定值信息映射
ALM 报警	映射借助于数据组件 actVal 的整数状态 数据组件 almAck 的可控制单点
CMD 命令	通过可控制整数状态映射
CTE 事件计数	映射借助于数据组件 ActCtVal 的整数状态 数据组件 ManRs 的可控制单点
TMS 状态定时	映射借助于数据组件 ManRs 的可控制单点数据组件 actTmVal和数据组件 oldTmVal 的整数状态
ASS 报警设定状态	不支持

D.5.1.2.2 通用数据类状态值，STV 类映射

表 D.6 描述了 STV 通用数据类的强制性数据。

表 D.6 通用数据类：状态值，STV 类

状态值类					
属性名称	属性类型	FC	触发器选项	说明值/范围	M/O/C
数据名称	源自数据类(见DL/T 860.72)				
数据					
状态信息					
actSt	INS			实际状态	M

数据[actSt] 为一个整数状态，应按照 IEC/TS 61850-80-1:2008 的 7.4 定义映射。

D.5.1.2.3 通用数据类给定值，SPV 类映射

表 D.7 描述了 SPV 通用数据类的强制性数据。

表 D.7 通用数据类:给定值,SPV 类

给定值类					
属性名称	属性类型	FC	触发器选项	说明值/范围	M/O/C
数据名称	源自数据类(见DL/T 860.72)				
数据					
控制与状态信息					
actVal	APC			给定值或参数的需求值	M

数据[actVal] 为一个 APC(可控模拟过程),应按照 D.5.1.3.2 中的定义映射。

D.5.1.2.4 通用数据类报警,ALM 类映射

表 D.8 描述了 ALM 通用数据类的强制性数据。

表 D.8 通用数据类:报警,ALM 类

报警类					
属性名称	属性类型	FC	触发器选项	说明值/范围	M/O/C
数据名称	源自数据类(见DL/T 860.72—2004)				
数据					
控制与状态信息					
actSt	INS			报警状态值	M
almAck	SPC			确认	M

数据[actSt] 为一个整数状态,应按照 IEC/TS 61850-80-1:2008 的 7.4 的定义映射。

数据[almAck]为一个可控制单点,应按照 IEC/TS 61850-80-1:2008 的 7.17 的定义映射。

D.5.1.2.5 CDC 命令,CMD(命令)类映射

表 D.9 描述了 CMD 通用数据类的强制性数据。

表 D.9 通用数据类:命令,CMD 类

CMD(命令)类					
属性名称	属性类型	FC	触发器选项	说明值/范围	M/O/C
数据名称	源自数据类(见 DL/T 860.72)				
数据					
控制与状态信息					
actSt	INC			实际可控状态	M

数据[actSt]为一个可控制整数,应按照 IEC/TS 61850-80-1:2008 的 7.19 的定义映射。

D.5.1.2.6 CDC 事件计数,CTE 类映射

表 D.10 描述了 CTE 通用数据类的强制性数据。

表 D.10 通用数据类:事件计数,CTE 类

CTE(事件计数)类					
属性名称	属性类型	FC	触发器选项	说明值/范围	M/O
数据名称	源自数据类(见 DL/T 860.72)				
数据					
控制与状态信息					
actCtVal	INS			实际事件计数	M
manRs	SPC			人工强制复位	M

数据[actCtVal]为一个整数状态(INS),应按照 IEC/TS 61850-80-1:2008 的 7.4 的定义映射。

数据[manRs]为一个可控制单点,应按照 IEC/TS 61850-80-1:2008 的 7.17 的定义映射。

D.5.1.2.7 CDC 状态定时,TMS(状态定时)类映射

表 D.11 描述了 TMS 通用数据类的强制性数据。

表 D.11 通用数据类:状态定时,TMS 类

TMS(状态定时)类					
属性名称	属性类型	FC	触发器选项	说明值/范围	M/O
数据名称	源自数据类(见 DL/T 860.72)				
数据					
控制与状态信息					
manRs	SPC			人工强制复位	M
actTmVal	INS			状态实际时长	M
oldTmVal	INS			状态以往时长	M

数据[manRs]是一个可控制单点,应按照 IEC/TS 61850-80-1:2008 的 7.17 的定义映射为 CDC SPC(通用数据类可控制单点)。

数据[actTmVal]是一个整数状态,应按照 IEC/TS 61850-80-1:2008 的 7.4 的定义映射为 CDC INS(通用数据类整数状态)。

数据[oldTmVal]是一个整数状态,应按照 IEC/TS 61850-80-1:2008 的 7.4 的定义映射为 INS(整数状态)。

D.5.1.2.8 通用数据类报警设定状态,报警设定状态类映射

此映射不支持以上通用数据类,应访问构成信息模型的不同报警来检索报警状态。

D.5.1.3 来自 DL/T 860.73—2004 的基本通用数据类映射。

D.5.1.3.1 总则

每一通用数据类均由数据和相关属性组成。表 D.12 定义了通用数据类与映射到 IEC 60870-5-104 所需相关 ASDU(应用服务数据单元)之间的关系。

表 D.12 基本通用数据类的映射结构

在 DL/T 860.73—2004 定义的通用数据类		在以下位置定义的映射细节
CDC(属性数据类型)	ASDU(应用服务数据单元)类型	
SPS 单点状态	*监视方向(状态):* TI〈30〉,作为事件 TI〈1〉,作为部分 GI(一般询问)	IEC/TS 61850-80-1:2008 的 7.2
DPS 双点状态	*监视方向(状态):* TI〈31〉,作为事件 TI〈3〉,作为部分 GI(一般询问)	IEC/TS 61850-80-1:2008 的 7.3
INS 整数状态	*监视方向(状态):* TI〈35〉 或 TI〈33〉,作为事件 TI〈11〉 或 TI〈7〉,作为部分 GI(一般询问)	IEC/TS 61850-80-1:2008 的 7.4
BCR 二进制计数器读数	*监视方向(状态):* TI〈37〉,作为事件 TI〈15〉,作为部分 GI(一般询问)	IEC/TS 61850-80-1:2008 的 7.8
SPC 可控制单点	*监视方向(状态):* TI〈30〉,作为事件 TI〈1〉,作为部分 GI(一般询问) *控制方向(命令):* TI〈45〉(无时间标记)或 TI〈58〉(有时间标记)	IEC/TS 61850-80-1:2008 的 7.17
DPC 可控制双点	*监视方向(状态):* TI〈31〉,作为事件 TI〈3〉,作为部分 GI(一般询问) *控制方向(命令):* TI〈46〉(无时间标记)或 TI〈59〉(有时间标记)	IEC/TS 61850-80-1:2008 的 7.18
INC 可控制整数状态	*监视方向(状态):* TI〈35〉,作为事件 TI〈11〉,作为部分 GI(一般询问) *控制方向(命令):* TI〈49〉(无时间标记)或 TI〈62〉(有时间标记)	IEC/TS 61850-80-1:2008 的 7.19

表 D.12（续）

在 DL/T 860.73—2004 定义的通用数据类		在以下位置定义的映射细节
CDC(属性数据类型)	ASDU(应用服务数据单元)类型	
APC 可控模拟给定值信息	*监视方向(状态)：* TI〈36〉,作为事件 TI〈13〉,作为部分 GI(一般询问) *控制方向(命令)：* TI〈50〉(无时间标记)或 TI〈63〉(有时间标记)	D.5.1.3.2 D.5.1.3.2
MV 实测值	*监视方向(状态)：* TI〈36〉,作为事件 TI〈13〉,作为部分 GI(一般询问)	IEC/TS 61850-80-1:2008 的 7.9
注：GB/T 30966.2 未使用 DPS 和 DPC,但给出了定义,以便在模型扩展中使用。 TI:=类型识别 GI:=一般询问或站询问应用服务数据单元 TI〈100〉 CI:=反询问应用服务数据单元 TI〈101〉		

注：所示映射包含了时间戳,适用于作为事件发出后的监视信息。如果信息是作为部分 GI(一般询问/站询问)或部分 CI(反询问)发出的,除了时间戳以外的整个映射均适用。所有 GI 和 CI 数据在发送时,均不包含时间戳。

表 D.12 描述的通用数据类数据属性应按照 IEC/TS 61850-80-1:2008 第 7 章的定义映射。

GB/T 30966.4 的通用数据类 WDPL 和 LPL 不能映射到 IEC 60870-5-104 的应用服务数据单。

用于电场控制的通用数据类按照 DL/T 860.72—2004 的定义利用不同的控制模型。相同的控制模型应在服务器和客户端内配置。建议选定一种可以保证受控对象安全的控制模型。

D.5.1.3.2 通用数据类可控模拟过程值,APC 类映射

表 D.13 描述的通用数据类可控模拟过程的数据属性应按表 D.14(针对功能受限实测值的属性)和表 D.15(针对功能受限控制对象的属性)进行映射。

表 D.13 通用数据类：可控模拟给定值,APC 类

APC 类					
属性名称	**属性类型**	**FC**	**触发器选项**	**数值/数值范围**	**M/O/C**
数据名称	源自数据类(见 DL/T 860.72—2004)				
数据属性					
设定点和实测属性					
ctlVal	AnalogueValue(模拟值)	CO			M
origin	源发站	CO,MX			O
mxVal	AnalogueValue(模拟值)	MX	dchg		M
q	质量	MX	qchg		M
t	时间戳	MX			M
配置,描述和扩展					
ctlModel	控制模型	CF			M

表 D.14 定义了功能受限 MX(实测值)的 APC 数据属性映射。数据属性 [mxVal + t + q].应映射到 IEC 60870-5-104 ASDU TI〈36〉的"实测值和有时间标记 CP56Time2a 的短浮点值"。

表 D.15 定义了功能受限 CO(控制对象)的 APC 数据属性映射。数据属性 [ctlVal + origin] or [ctlVal + origin + T]应映射到 IEC 60870-5-104 ASDU TI〈63〉的"设定点命令和有时间标记 CP56Time2a 的短浮点值"。

注：属性 T 和 ctrlModel 的定义见 DL/T 860.72—2004。

表 D.14 通用数据类:功能受限 MX(实测值)数据属性的可控模拟设定点信息映射

通用数据类			IEC 60870-5-101/IEC 60870-5-104 的映射	
APC			TI〈36〉	
属性名称	属性类型	数据属性组件	信息元素	IEC 60870-5-101/104 的对象组映射
mxVal	AnalogueValue（模拟值）	mxVal.f FLOAT32	IEEE STD 754	R32.23{小数,指数,符号}
t	T(时间戳)		CP56Time2a	七个八位字节二进制时间,CP562a-dchg 或 qchg 的发生时间
q	质量		QDS	validity -〉IV good | invalid -〉valid | invalid questionable -〉NT detailQual -〉OV overflow -〉overflow source -〉SB substituted -〉substituted operatorBlocked -〉BL blocked -〉blocked

表 D.15 通用数据类:功能限制控制对象数据和属性的可控模拟给定值 APC 类映射

通用数据类			IEC 60870-5-104 的映射	
APC			TI〈63〉(with time tag)	
属性名称	属性类型	数据属性组件	信息元素	IEC 60870-5-104 的对象组映射
ctlVal	AnalogueValue（模拟值）	ctlVal.f FLOAT32	IEEE STD 754	R32.23{小数,指数,符号}
origin.orIdent	OCTET STRING64		传输原因	源发站地址:=UI8[9..16]〈0..255〉 〈0〉:=默认 〈1..255〉:=源发站地址数 源发站地址数应映射到属性 orIdent(OCTET STRING64)。 注:由于数值范围的限制,只有 orIdent 的一个八位字节长度值可映射到"源发站地址"

表 D.15（续）

通用数据类			IEC 60870-5-104 的映射	
APC			TI〈63〉(with time tag)	
属性名称	**属性类型**	**数据属性组件**	**信息元素**	**IEC 60870-5-104 的对象组映射**
origin.orCat	被枚举		传输原因	理由：=UI6[1..6]〈0..63〉 对于 FC 有效=控制对象： 远程控制〈-〉激活〈6〉 对于 FC 有效=ST(状态值)： 不支持〈-〉不使用〈0〉远程控制〈-〉远端命令使信息返回〈11〉自动一远程 -〉远端命令使信息返回〈11〉跨度控制〈-〉就地命令使信息返回〈12〉站控制，自动跨度，自动站 -〉本地命令使信息返回〈12〉过程〈-〉自发〈3〉维护 -〉自发〈3〉

D.5.1.4 源自 DL/T 860.73 标准的复合通用数据类映射

D.5.1.4.1 总则

表 D.16 定义了源自 DL/T 860.73 复合通用数据类与要映射到 IEC 60870-5-104 相关应用服务数据单元之间的关系。

表 D.16 复合通用数据类与 IEC 60870-5-104 应用服务数据单元之间的关系

继承 DL/T 860.73—2004 的属性数据类型	IEC 60870-5-104 的映射	在以下位置定义的映射细节
CMV——综合测量值	被映射为一组 CDC 的测量值。每个测量值有其自身的 IOA(信息对象地址)	IEC/TS 61850-80-1:2008 的 7.10
WYE（星形）——三相值	被映射为一组通用数据类的综合测量值。综合测量值内的每个测量值均有其自身的信息对象地址	IEC/TS 61850-80-1:2008 的 7.11
DEL（三角形）——三相值	被映射为一组通用数据类的综合测量值映射。综合测量值内的每个测量值均有其自身的信息对象地址	IEC/TS 61850-80-1:2008 的 7.12

表 D.16 描述的复合通用数据类数据属性应按照 IEC/TS 61850-80-1:2008 第 7 章的定义映射。

D.6 信息交换模型面向 IEC 60870-5-104 服务的映射

D.6.1 服务模型和相应映射的列表

表 D.17 概括了 ACSI(如:DL/T 860.72—2004)定义的服务模型和向 IEC 60870-5-104/IEC 60870-5-101 的映射。IEC 61850-80-1:2008 第 8 章定义了映射服务。

表 D.17 IEC 61400-25 抽象通信服务接口服务面向 IEC 60870-5-104 服务的映射

	DL/T 860.72—2004 服务	映射到	定义位置
Server(服务器)		外站(受控站)	
	GetServerDirectory (读取服务器目录)	n.a.(以可选的方式补充 IEC 60870-5-104/ IEC 60870-5-101 以外的服务)[a]	IEC/TS 61850-80-1:2008 的 8.2
Association(关联)		连接	
	Associate(关联)	建立;IEC 60870-5-104—2006 "站启动"	IEC/TS 61850-80-1:2008 的 8.3
	Abort(中止)	n.a.[a]	
	Release(解除)	关闭;IEC 60870-5-104—2006,7.1"站启动"	
Logical Device (逻辑设备)		应用服务数据单元的通用地址	
	GetLogicalDeviceDirectory (读取逻辑设备目录)	n.a. 以可选的方式补充 IEC 60870-5-104 以外的服务[a]	
Logical Node (逻辑节点)		一个或一组信息对象地址	
	GetLogicalNodeDirectory (读取逻辑节点目录)	n.a.(以可选的方式补充 IEC 60870-5-104 以外的服务)[a]	IEC/TS 61850-80-1:2008 的 8.4
	GetAllDataValues (读取全部数据值)	询问命令 TI 〈100〉[c]	
Data(数据)		一个或一组应用服务数据单元	
	GetDataValues(读取数据值)	读出命令 ASDU TI 〈102〉	
	SetDataValues(设定数据值)	可选用 ASDU TI 〈111〉"实测值、换算值参数"或 ASDU TI 〈112〉可选用"实测值、短浮点值参数"来设定 CDC MV 和 CMV 的属性 db(IEC 60870-5-101:2003 的 7.4.9 定义了参数的加载程序)	IEC/TS 61850-80-1:2008 的 8.5
	GetDataDirectory(读取数据目录)	n.a.(以可选的方式补充 IEC 60870-5-104 以外的服务)[a]	
	GetDataDefinition(读取数据定义)	n.a.(以可选的方式补充 IEC 60870-5-104 以外的服务)[a]	
Data Set (数据集)		n.a.[a]	
	GetDataSetValues(读取数据集数值)	n.a.[a]	
	SetDataSetValues(设定数据集数值)	n.a.[a]	

表 D.17（续）

	DL/T 860.72—2004 服务	映射到	定义位置
	CreateDataSet（创建数据集）	n.a.[a]	
	DeleteDataSet（删除数据集）	n.a.[a]	
	GetDataSetDirectory（读取数据集目录）	n.a.[a]	
Setting Group Control Block（设定组控制块）			
	SelectActiveSG（选择有效设定组）	单一命令 ASDU TI〈58〉	IEC/TS 61850-80-1：2008 的 8.6
	SelectEditSG（选择编辑设定组）	n.a. [c]	
	SetSGValues（设置设定组值）	n.a. [c]	
	ConfirmEditSGValue（确认编辑设定组值）	n.a. [c]	
	GetSGValues（读取设定组值）	n.a.[c]	
	GetSGCBValues（读取设定组控制块值）	n.a. [c]	
Report Control Block（报表控制块）			
	Report（报表）	具有适用 ASDU 的自发传输[b]	IEC/TS 61850-80-1：2008 的 8.7
	GetBRCBValues（读取 BRCB 值）	n.a.[a]	
	SetBRCBValues（设定 BRCB 值）	n.a.[a]	
	GetURCBValues（读取 URCB 值）	n.a.[a]	
	SetURCBValues（设定 URCB 值）	n.a.[a]	
LOG Control Block（日志控制块）		n.a.[a]	
	GetLCBValues（读取 LCB 值）	n.a.[a]	
	SetLCBValues（设定 LCB 值）	n.a.[a]	
LOG（日志）		n.a.[a]	
	GetLogStatusValues（读取日志状态值）	n.a.[a]	
	QueryLogByTime（按时间查询日志）	n.a.[a]	
	QueryLogAfter（查询此后日志）	n.a.[a]	
Control（控制）		可控信息对象	

表 D.17（续）

	DL/T 860.72—2004 服务	映射到	定义位置
	Select(选择)	n.a.[a]	IEC/TS 61850-80-1：2008 的 8.8
	SelectWithValue (按数值选择)	应用服务数据单元 TI 〈58,59,60,62,63〉	
	Cancel(取消)	ASDU(应用服务数据单元)TI 〈58,59,60,62,63〉	
	Operate(操作)	ASDU(应用服务数据单元)TI 〈58,59,60,62,63〉	
	CommandTermination(命令终止)	ASDU(应用服务数据单元)TI 〈58,59,60,62,63〉	
	TimeActivatedOperate(时间激活操作)	n.a.[a]	

[a] 不适用于面向 IEC 60870-5-104 的映射。

[b] 自发传输的应用服务数据单元:〈30〉,〈31〉,〈32〉,〈33〉,〈35〉,〈36〉,〈37〉,〈39〉,〈40〉依照 D.7 选择。

[c] 上述服务见 DL/T 860.72—2004 中的描述

D.6.2 控制类映射

D.6.2.1 总则

GB/T 30966.3 中的控制类模型(在 DL/T 860.72 中定义)只有两种情况几乎能够无缝地映射到 IEC 60870-5-104 中使用的“基本应用功能”命令传输(在 GB/T 18657.5 中定义)：

- 案例 3:带增强安全的直接控制(如 D.6.2.3 中描述),映射到 GB/T 18657.5—2002 的 6.8 中定义的“直接命令”功能。
- 案例 4:带增强安全的 SBO 控制(如 D.6.2.4 中描述),映射到 GB/T 18657.5—2002 的 6.8 中定义的“选择与执行命令”功能。

为了利用现有设施(采用了控制类映射的常规安全性直接控制)中的 IED(信息交换设备),避免改变该 IED 内控制类的参数设定值,以下为可选映射的定义：

- 案例 1:带常规安全的直接控制(如 D.6.2.2 中描述),映射到 GB/T 18657.5—2002 的 6.8 中定义的“直接命令”功能。

注：所有 GB/T 18657.5—2002 的“直接命令”功能所需的 ASDU(应用服务数据单元)不一定均具有一条对应的 IEC 61850消息,也就是说,有些时候,一条 IEC 61850 消息要生成两个 ASDU(不能进行一一对应的消息映射)。

对于案例 3,即:控制模型中“带常规安全的 SBO”,可以实现向 GB/T 18657.5—2002 的“命令传输”基本应用功能的充分映射。

例如,采用名为“控制映射器”的独立功能在图纸中表示了设备的“控制”模型映射功能。

在与某个信息交换设备(IED)通信的网关设备进行可选映射,并且在该信息交换设备与被操作设备互动时,也应使用此项功能。无论是在单一图纸中所示服务顺序和定时均应保持一致。

图纸中还举例说明了与被操作设备互动的顺序。与被操作设备的连接不在本标准的范围之内,但举例的目的是为了显示从 GB/T 30966.3 的控制服务到物理设备控制的完整链接。

若要在服务器中实施控制模型，还应在服务器侧实施相同的控制模型。服务器负责采取措施，以便在客户端实施的控制模型与服务器实施的控制模型之间出现矛盾时防止发生故障。

D.6.2.2 带常规安全的直接控制(可选)

D.6.2.2.1 总则

“带常规安全的直接控制”的服务应按照 IEC/TS 61850-80-1:2008 的 8.8.2 的定义进行映射。

D.6.2.2.2 带常规安全与状态更新的直接控制—正值案例

图 D.2 所示为带常规安全与状态更新的直接控制的正值案例。

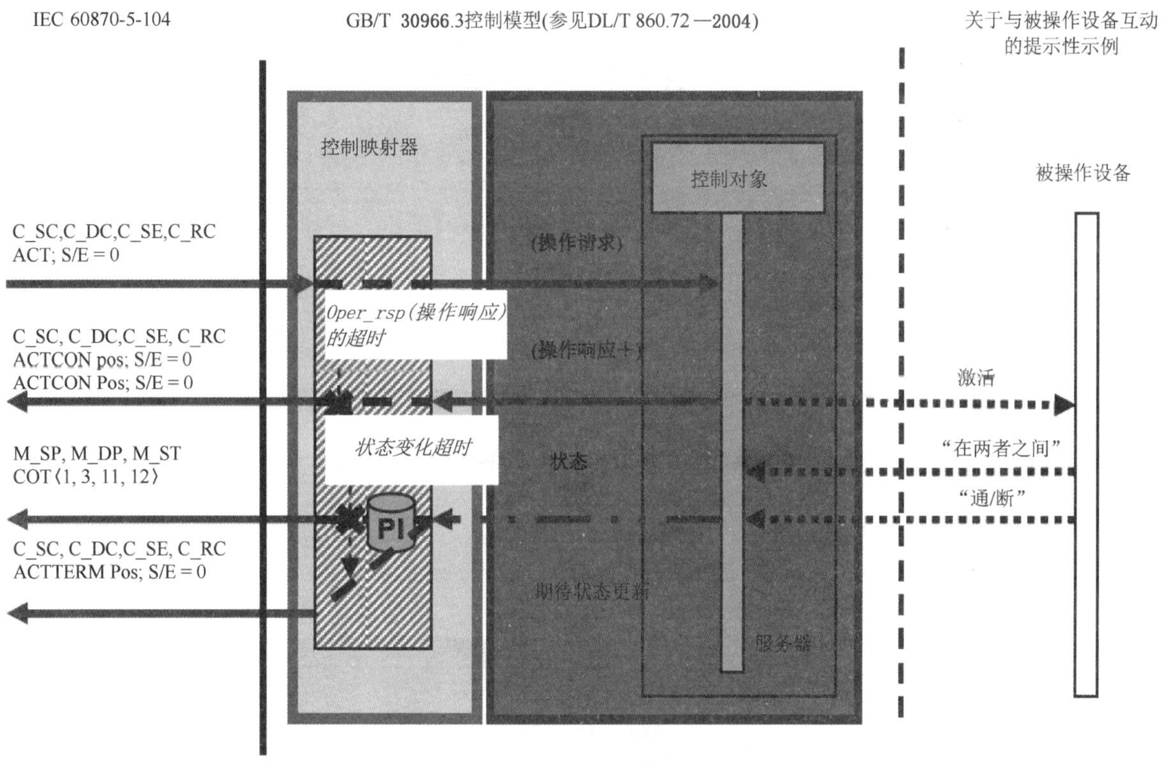

图 D.2 带常规安全与状态更新的直接控制——正值案例

D.6.2.2.3 一般情况下的带常规安全的直接控制——负值案例 a)无来自服务器/IED 的操作响应

图 D.3 所示为针对“带常规安全与状态更新的直接控制”式控制模型的负值案例 a)无来自服务器/IED 的 Oper_resp(操作响应)。

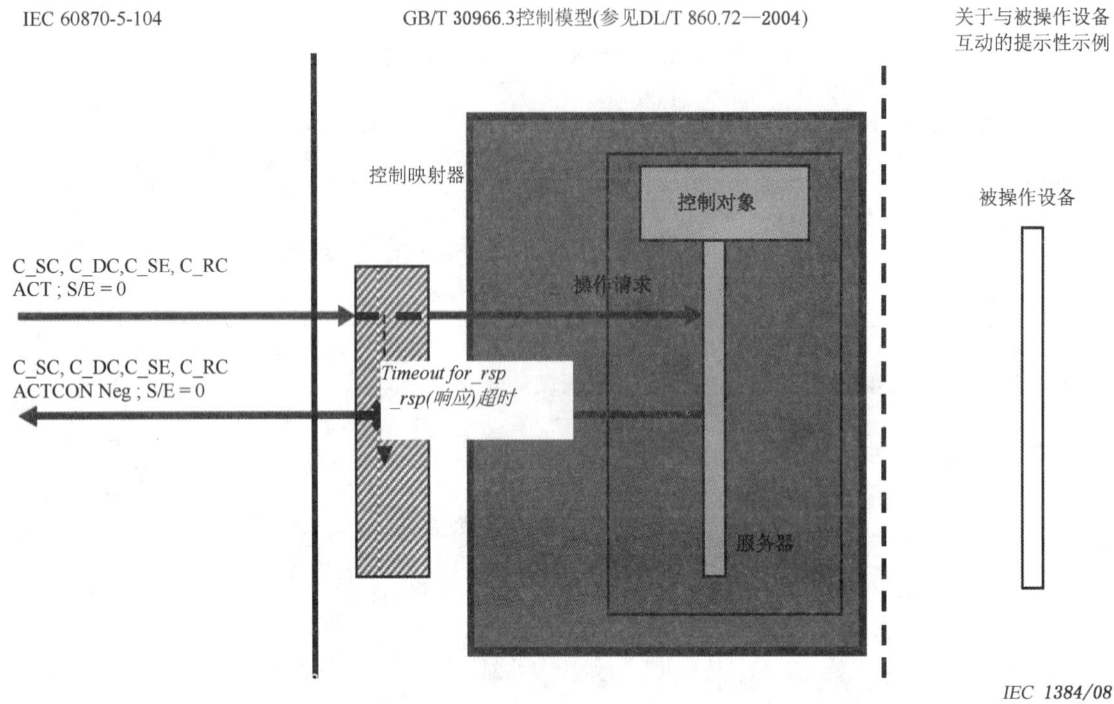

图 D.3 一般情况下的带常规安全的直接控制——负值案例 a)

D.6.2.2.4 一般情况下的带常规安全的直接控制——负值案例 b)来自服务器/IED 的负操作响应

图 D.4 所示为针对"带常规安全的直接控制"式控制模型的负值案例 b)来自服务器/IED 的负 Oper_resp(操作响应)。

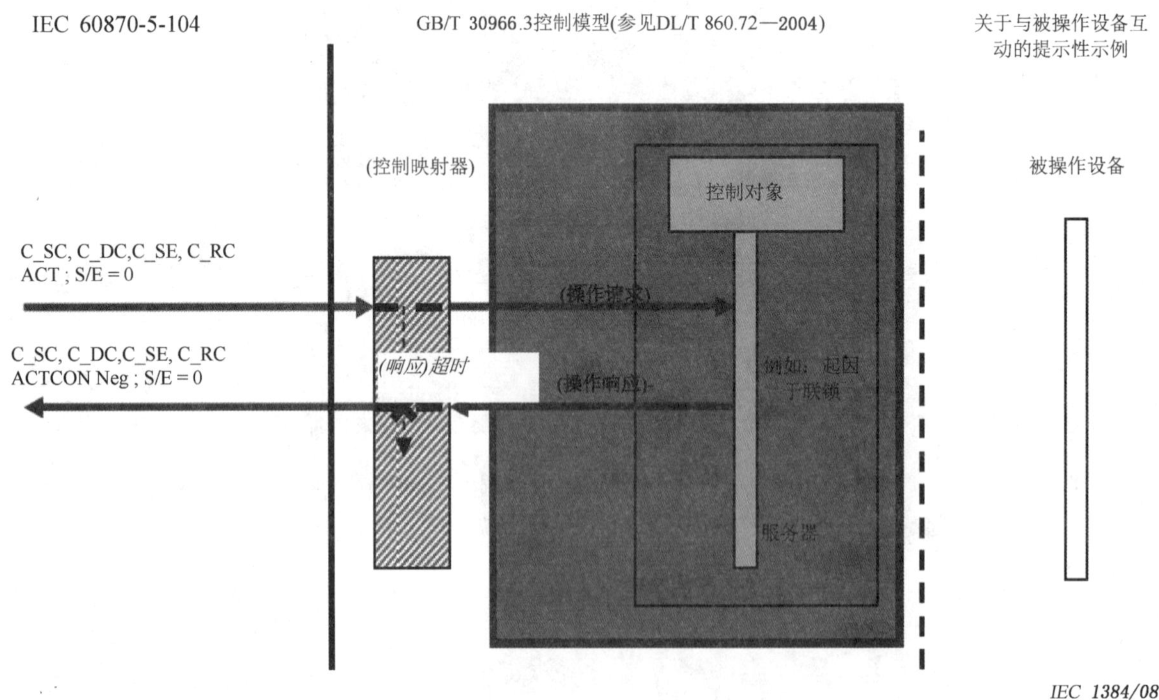

图 D.4 一般情况下的带常规安全的直接控制——负值案例 b)

D.6.2.2.5 带常规安全与状态更新的直接控制——负值案例 c)未检测到状态更新

图 D.5 所示为负值案例 c)未检测到状态更新,针对状态更新的常规安全型直接控制式控制模型。

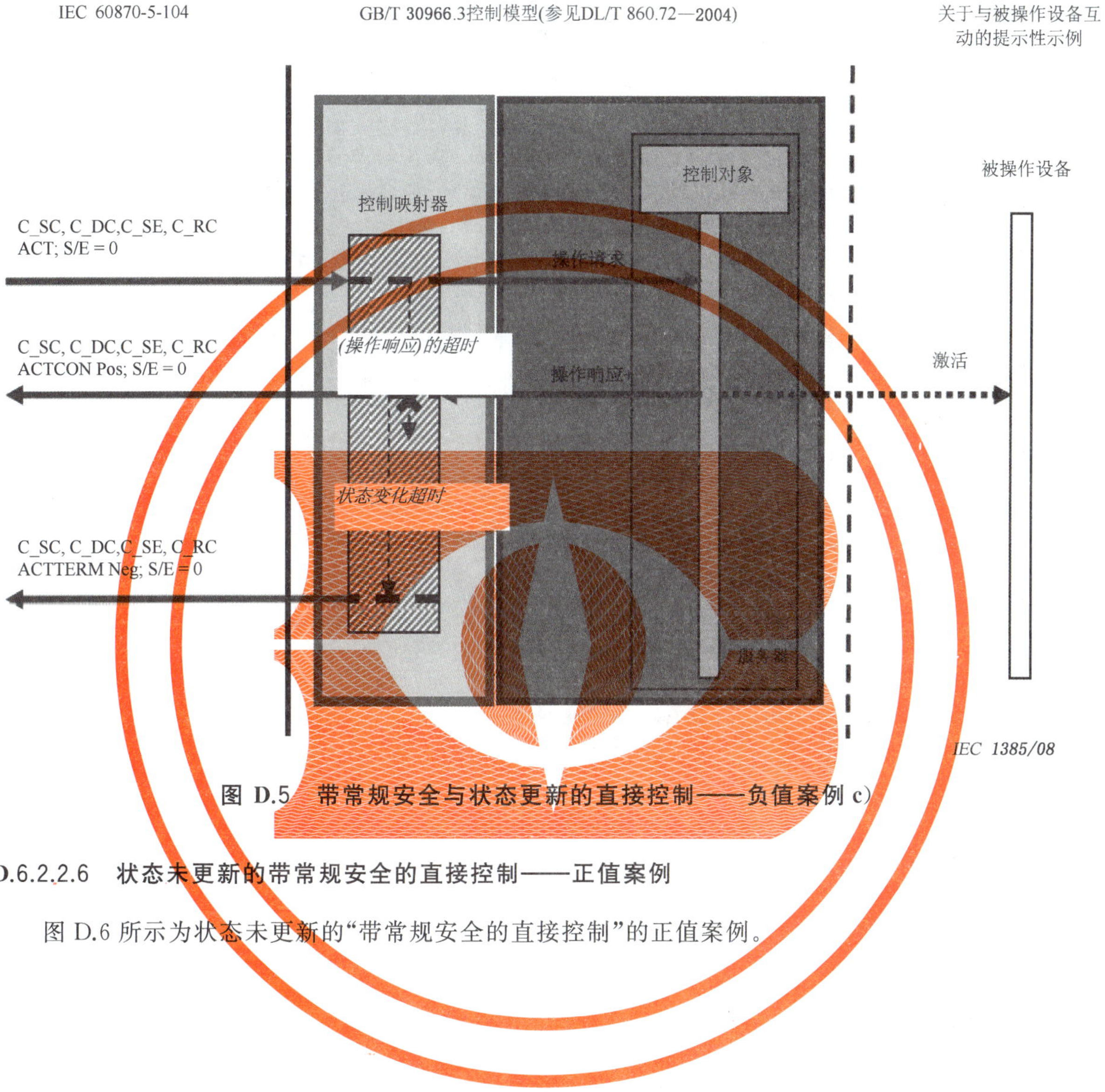

图 D.5 带常规安全与状态更新的直接控制——负值案例 c)

D.6.2.2.6 状态未更新的带常规安全的直接控制——正值案例

图 D.6 所示为状态未更新的“带常规安全的直接控制”的正值案例。

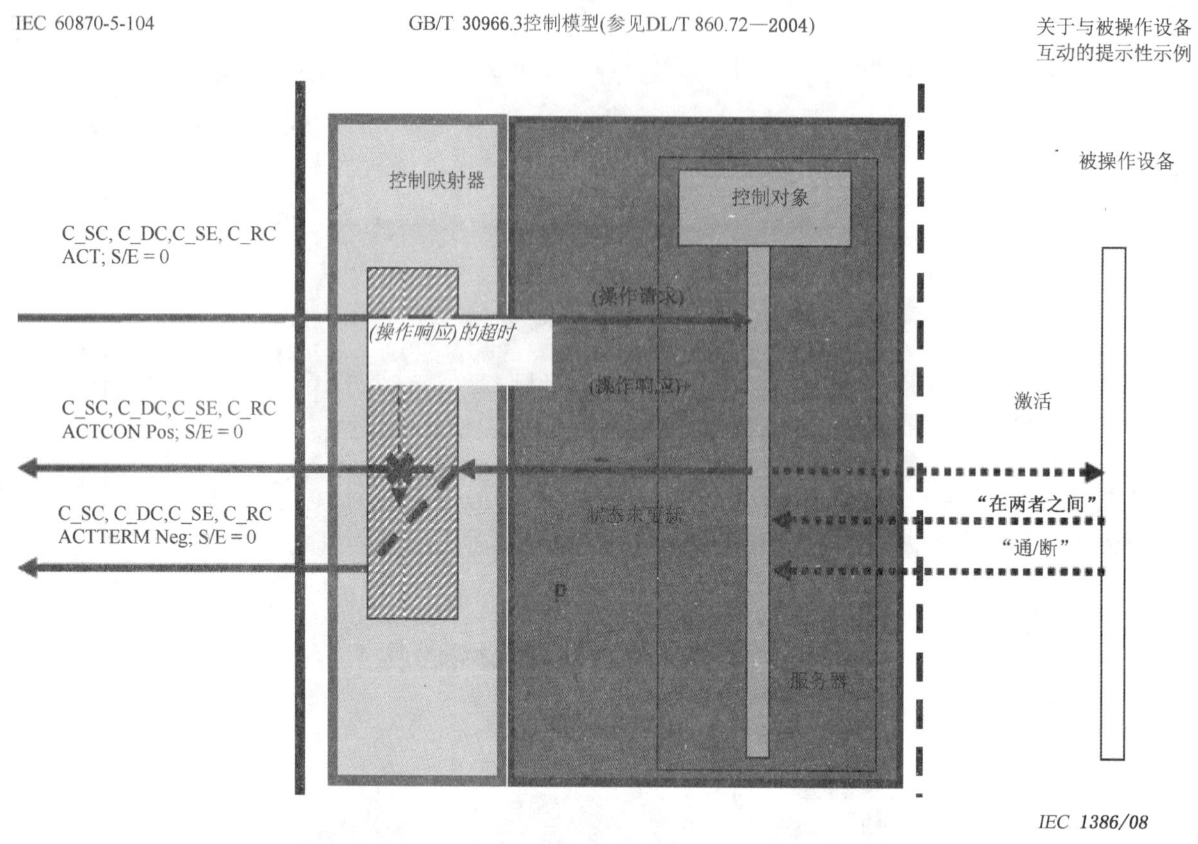

图 D.6 状态未更新的常规安全型直接控制——正值案例

D.6.2.3 带增强安全的直接控制

D.6.2.3.1 总则

“带增强安全的直接控制”的服务应按照 IEC/TS 61850-80-1:2008 的 8.8.3 的定义进行映射。

D.6.2.3.2 带增强安全的直接控制——正值案例

图 D.7 所示为带增强安全的直接控制的控制模型正值案例。

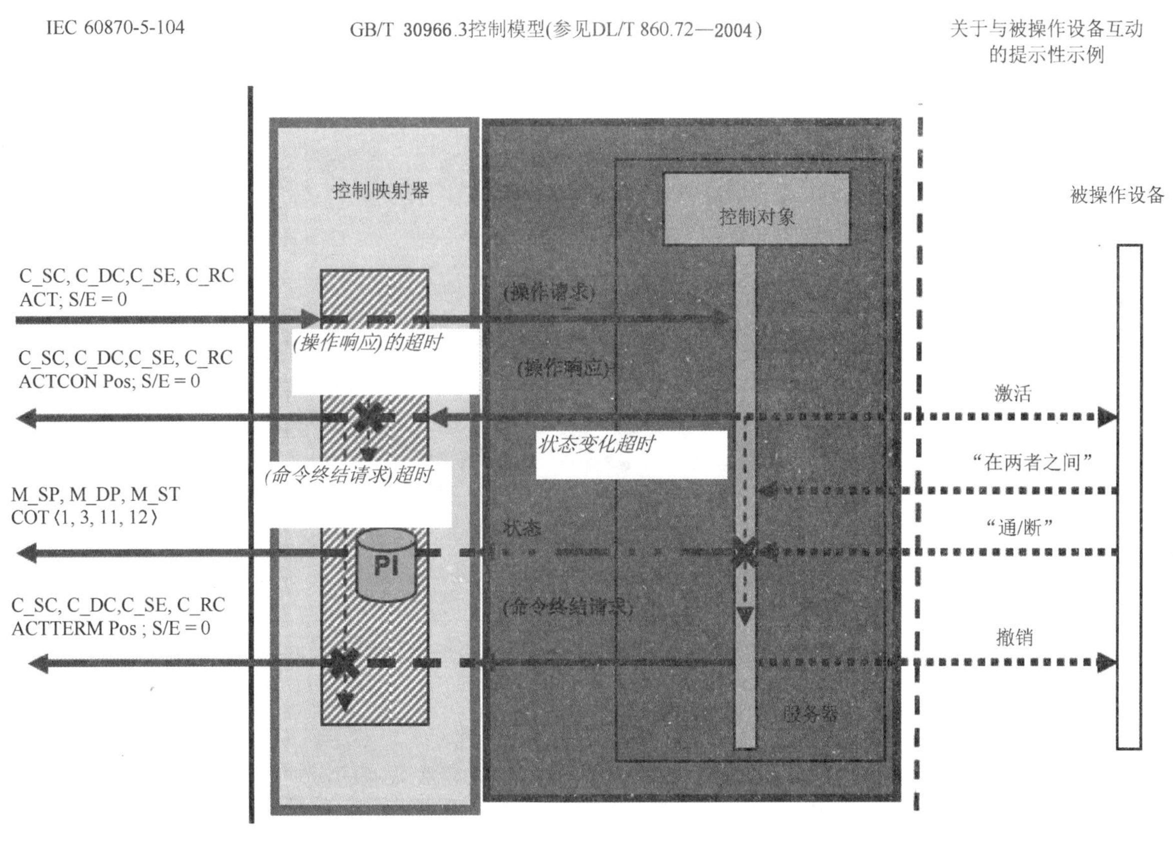

图 D.7　带增强安全的直接控制——正值案例

D.6.2.3.3　带增强安全的直接控制——负值案例 a)无来自服务器/IED 的操作响应

符合“带常规安全的直接控制”的控制模型,负值案例 a)。见图 D.3。

D.6.2.3.4　带增强安全的直接控制——负值案例 b)来自服务器/IED 的负操作响应

符合“带常规安全的直接控制”的控制模型,负值案例 b)。见图 D.4。

D.6.2.3.5　带增强安全的直接控制——负值案例 c)服务器/IED 未检测到状态变化

图 D.8 所示为负值案例 c)服务器/IED 未检测到状态变化,针对“带增强安全的直接控制”式控制模型。

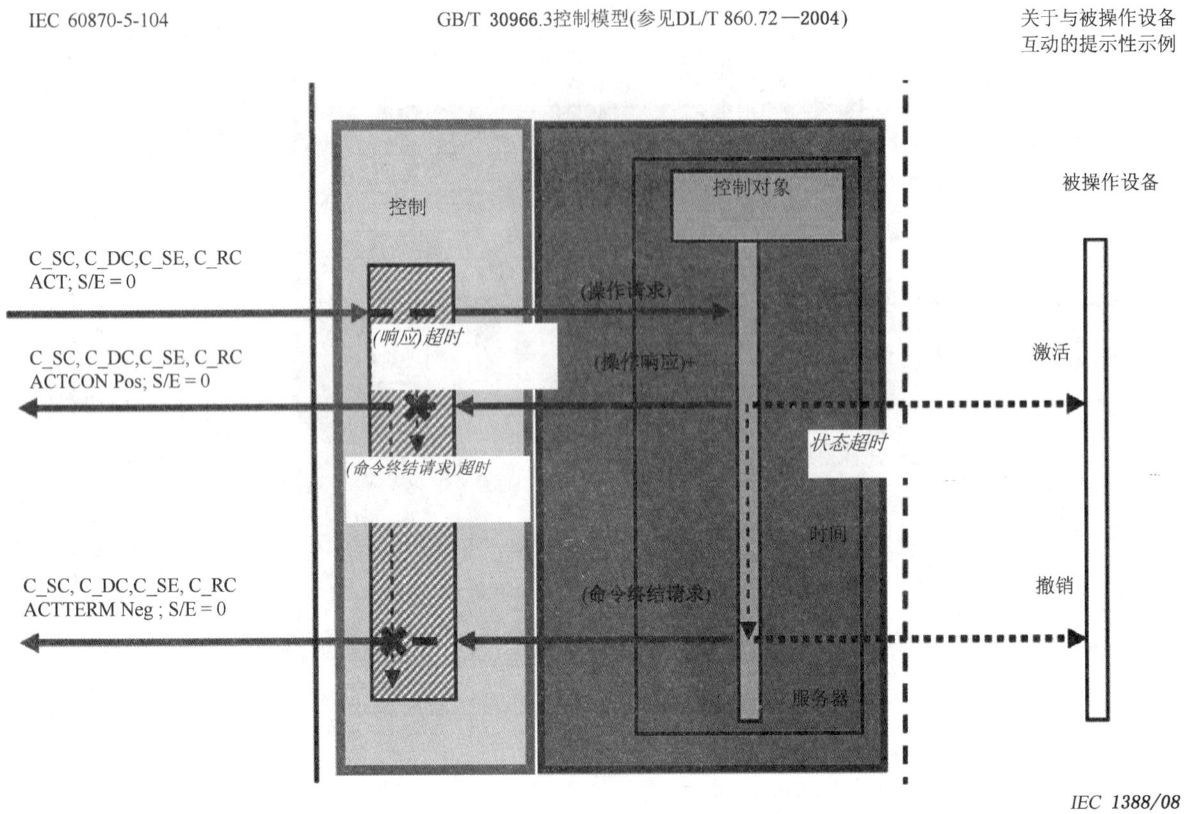

图 D.8 带增强安全的直接控制——负值案例 c)

D.6.2.3.6 带增强安全的直接控制——负值案例 d)无来自服务器/IED 的 CMD 命令终止请求

图 D.9 所示为负值案例 c)无来自服务器/IED 的 CMD 命令终止请求,针对“带增强安全的直接控制”式控制模型。

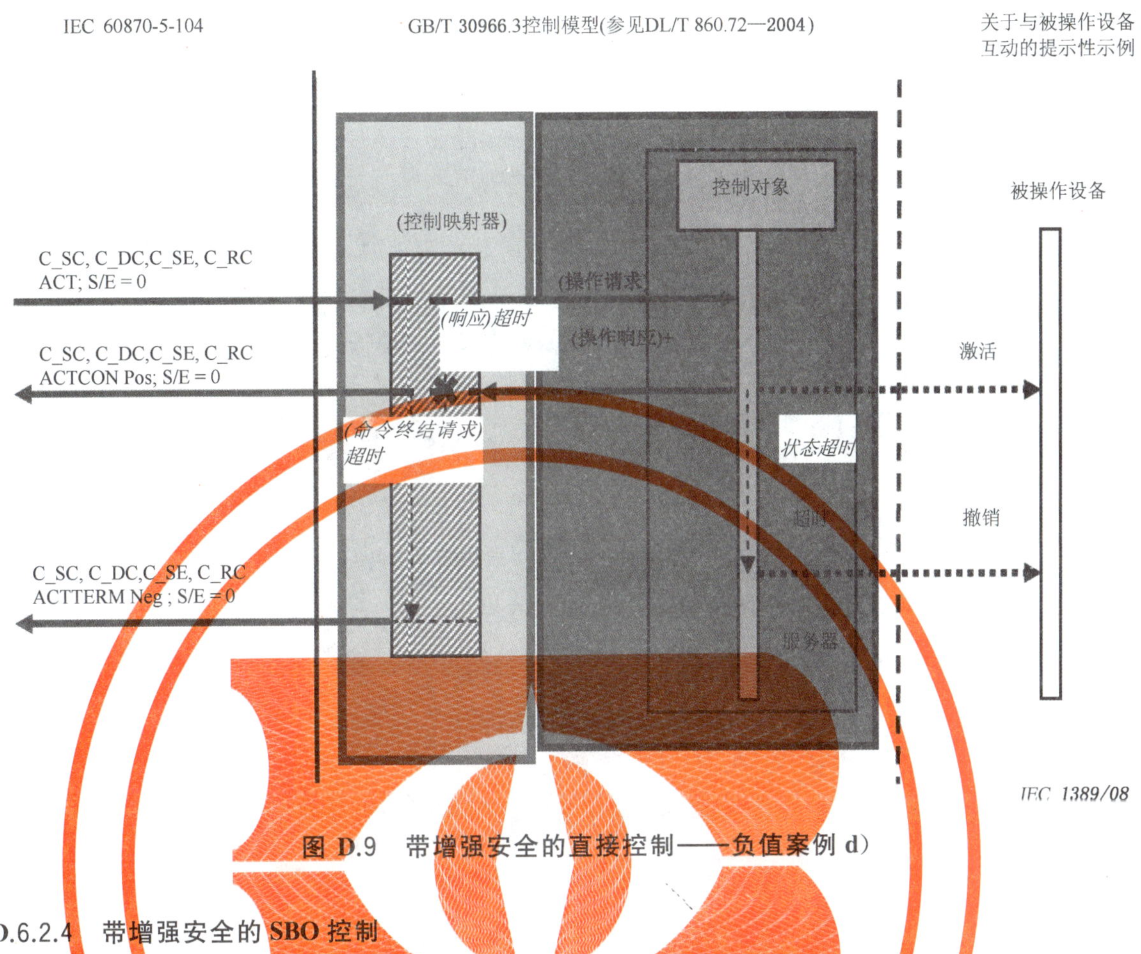

图 D.9 带增强安全的直接控制——负值案例 d)

D.6.2.4 带增强安全的 SBO 控制

D.6.2.4.1 总则

“带增强安全的 SBO 控制”的服务应按照 IEC/TS 61850-80-1:2008 的 8.8.4 的定义进行映射。

D.6.2.4.2 SBOw 控制——正值案例

图 D.10 所示为“带增强安全的 SBO 控制”的控制模型正值案例。

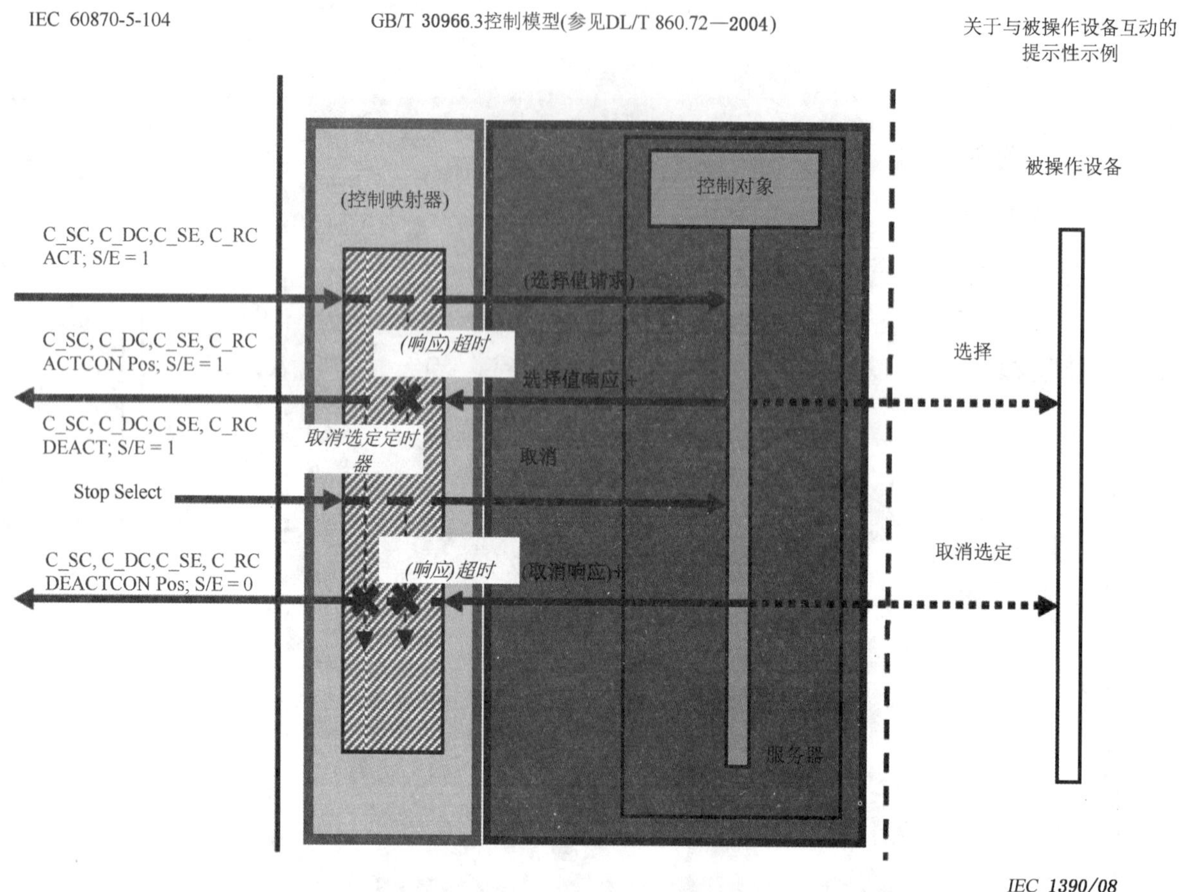

图 D.10 SBOw 控制——正值案例

D.6.2.4.3 SBOw 控制——负值案例 a)无响应来自服务器/IED

图 D.11 所示为负值案例 a)无响应来自服务器/IED,针对“带增强安全的 SBO 控制”式控制模型。

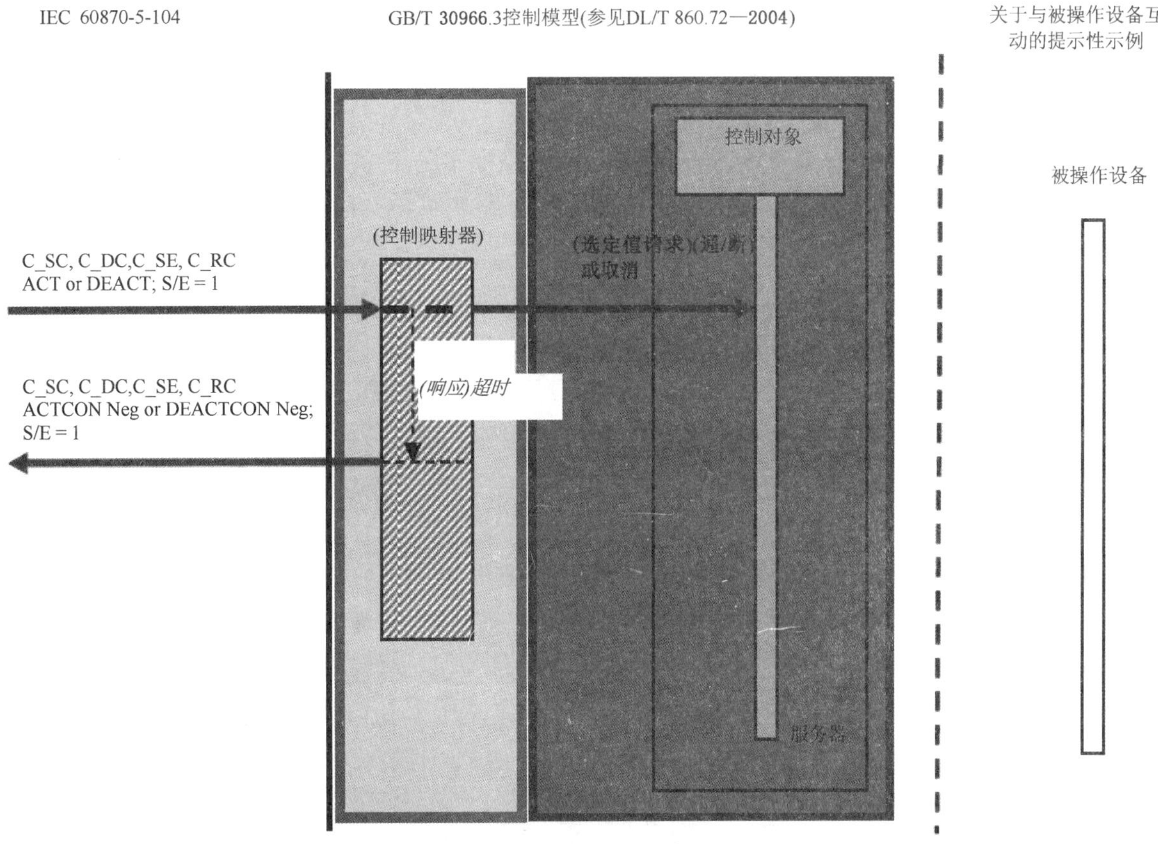

图 D.11 SBOw 控制——负值案例 a)

D.6.2.4.4 SBOw 控制——负值案例 b)消极响应来自服务器/IED

b)消极响应来自服务器/IED,针对"带增强安全的 SBO 控制"式控制模型。

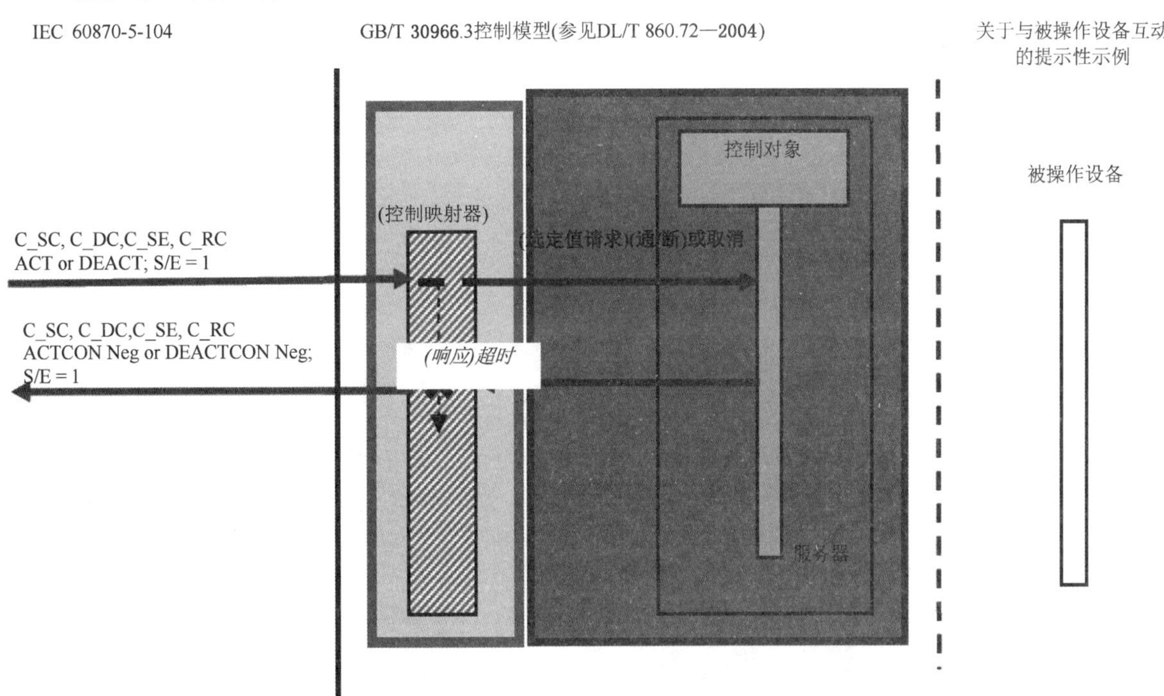

图 D.12 SBOw 控制——负值案例 b)

D.6.2.4.5 SBOw 控制——负值案例 c)同一对象的第二选择

图 D.13 所示为负值案例 c)同一对象的第二选择，针对“带增强安全的 SBO 控制”式控制模型。

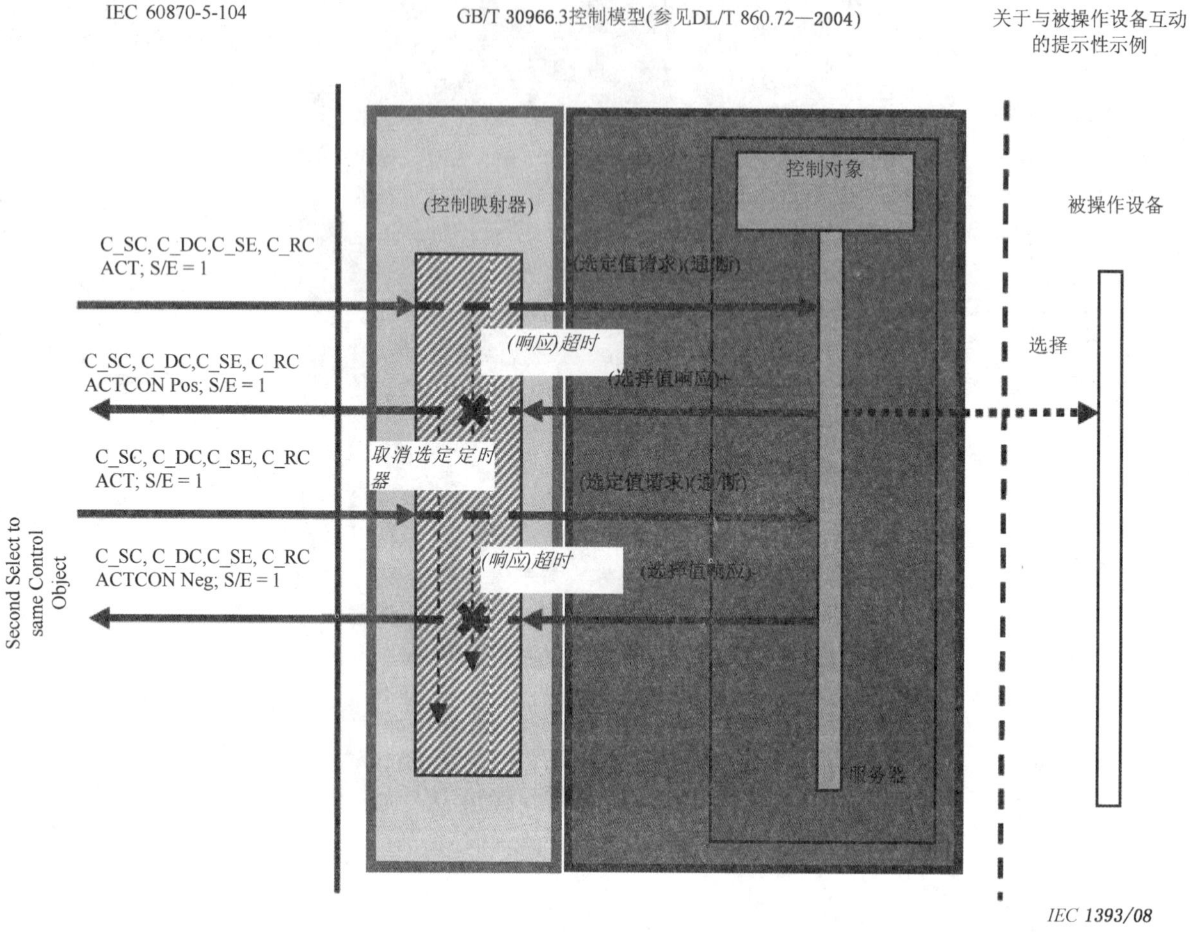

图 D.13 SBOw 控制——负值案例 c)

D.6.2.4.6 带增强安全的 SBO 控制——正值案例

图 D.14 所示为“带增强安全的 SBO 控制”的控制模型正值案例。

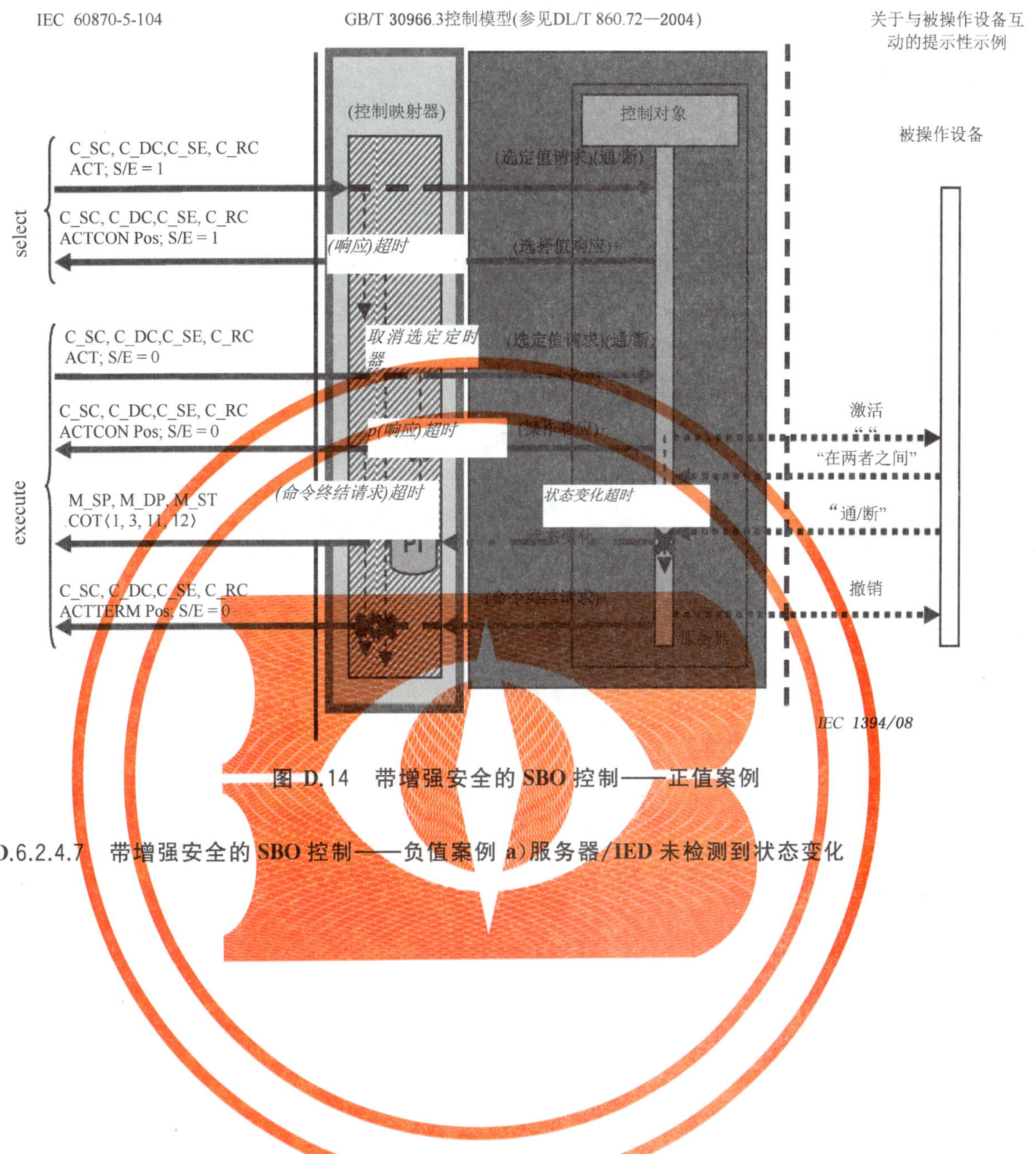

图 D.14 带增强安全的 SBO 控制——正值案例

D.6.2.4.7 带增强安全的 SBO 控制——负值案例 a)服务器/IED 未检测到状态变化

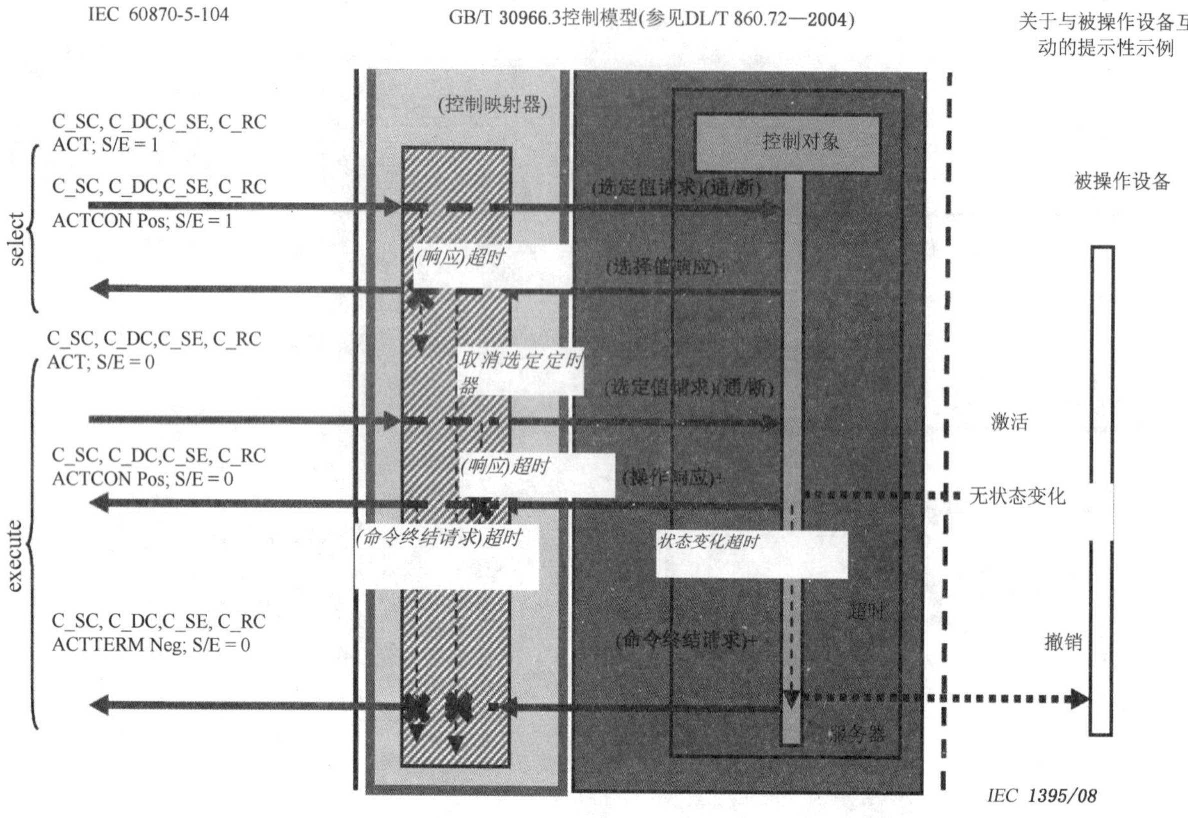

图 D.15　带增强安全的 SBO 控制——负值案例 a)

图 D.15 所示为负值案例 a)服务器/IED 未检测到状态变化,针对“带增强安全的 SBO 控制”式控制模型。

D.6.2.4.8 带增强安全的 SBO 控制——负值案例 b)无来自服务器/IED 的 CMD 命令终止请求

图 D.16 所示为负值案例 b)无来自服务器/IED 的 CMD 命令终止请求，针对“带增强安全的 SBO 控制”式控制模型。

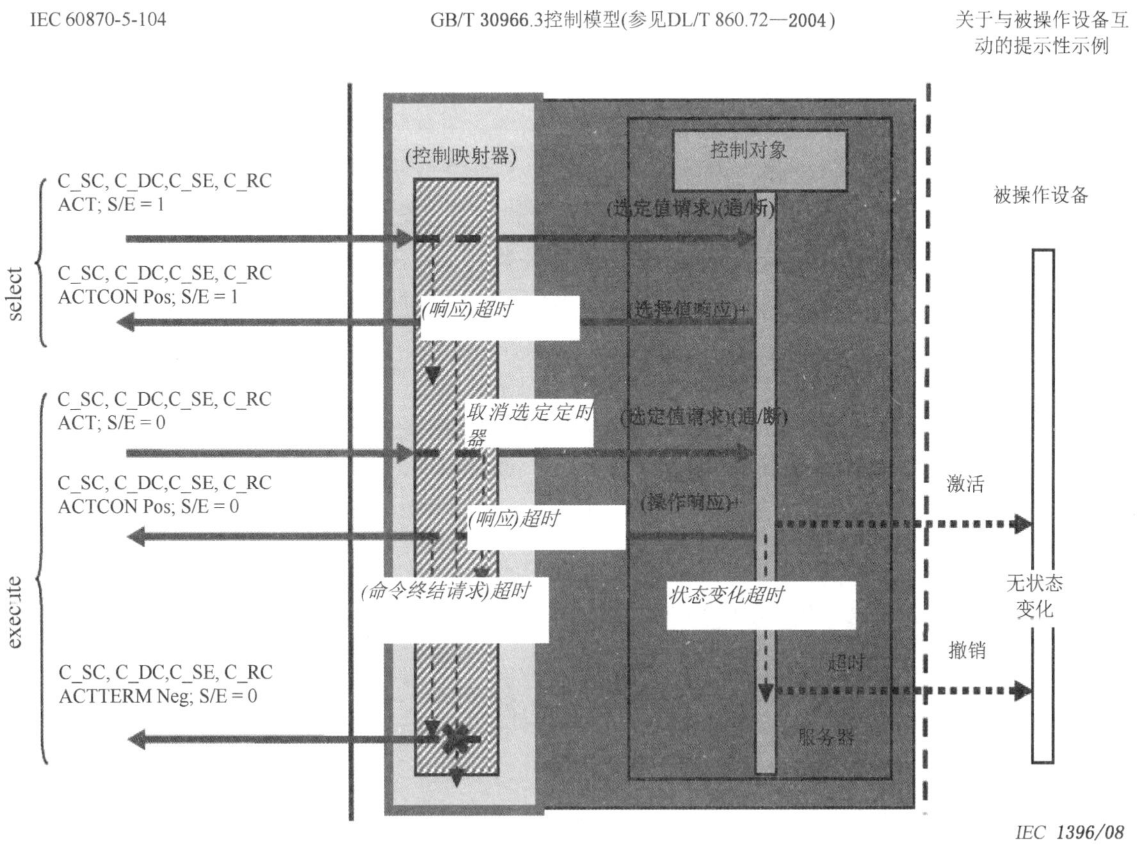

图 D.16 带增强安全的 SBO——负值案例 b)

D.7 针对 IEC 60870-5-104 的协议栈选择(协议栈细节)

D.7.1 总则

针对适用数据(应用服务数据单元)和服务(基本应用功能)，按照 IEC/TS 61850-80-1:2008 第 9 章的要求进行面向 IEC 60870-5-104 的映射。此为 IEC 60870-5-104 的子集。

D.7.2 应用数据结构

IEC/TS 61850-80-1 的 9.2 定义了一般情况下的应用数据结构，IEC/TS 61850-80-1:2008 的 9.2.3 定义了由 IEC 60870-5-104 定义的应用数据结构。

D.7.3 IEC 60870-5-104 的互用性

针对适用数据(应用服务数据单元)和服务(基本应用功能)，按照 IEC/TS 61850-80-1:2008 的9.3.2 中互用性表的标示复选框进行面向 IEC 60870-5-104 的映射。此为 IEC 60870-5-104 的子集。

D.8 利用 SCL(变电站配置语言)的扩展来包括 IEC 60870-5-101/104 的信息(提示性章节)

D.8.1 总则

附录 D 的重点是将 IEC 61400-25 定义的风电场模型映射到 IEC 60870-5-104 中。IEC/TS 61850-80-1 利用 SCL 文件,不仅涵盖了本附录定义的映射,也涵盖了更大范围的 IEC 61850 模型。

IEC/TS 61850-80-1 的选定部分可用于风电场。

D.8.2 SCL 信息模型分层

SCL 包括五个顶级元素:页眉、变电站、通信、信息交换设备和数据类型模板。与IEC 60870-5-101/104 信息有关的属性主要在 IED 部分采用,但也使用数据类型模板来降低将其类型识别码赋予全部信息模型 DAI 元素的需要。IEC/TS 61850-80-1:2008 的 A.2 描述了属性的细节。

D.8.3 IEC 60870-5-101/104 的专用节句法

专用节可包含名为“源点”和“类型”的两个属性,用于描述其内容。使用专用节描述IEC 60870-5-101/104 的信息时,应使用其值符合“IEC 60870-5-101”或“ IEC 60870-5-104”规定的“类型”属性。

关联方案中描述了与专用节相关的内容。IEC/TS 61850-80-1:2008 的 A.4.2 和 A.4.3 描述了 IEC 60870-5-104的专用节方案。

D.8.4 使用 SCL 的 IEC 60870-5-104 通信参数配置

SCL 文件的“通信”节可用于保存有关延迟、地址和通信端口等 IEC 60870-5-104 的专用信息。IEC/TS 61850-80-1:2008 的 A.6 对内容进行了深入描述。

附 录 E
（规范性附录）
特定通信服务映射——面向 DNP3 的映射

E.1 总则

E.1.1 面向 DNP3 映射的情况介绍

本附录描述了 GB/T 30966.2 和 GB/T 30966.3 定义的信息模型和信息交换模型面向 DNP3 的映射情况。

E.1 全面介绍了面向 DNP3 的映射。

E.2 列出了面向 DNP3 映射的规范性引用文件。

E.3 提供了附录 E 中所用缩写的列表。

E.4 提供了信息模型面向 DNP3 服务的映射。

E.5 提供了信息交换模型面向 DNP3 的映射。

E.6 规定了被映射 DNP3 接口的互用性细节(设备规约文件)。

E.1.2 面向 DNP3 映射的范围

面向 DNP3 服务映射的范围属于运行所需过程信息的实时交换。服务器提供的实时信息量可随运行需要发生变化。参与者可为接收当前状态(状态与测量变量信息)实时信息和发送控制与给定值命令的当地、地区或全国的控制中心。地区和全国控制中心可与 SCADA 集线器通信，集线器具有风电场控制器功能，可保证整个系统满足电力连接的条件和要求。

注：交换该实时信息，可映射少量的 GB/T 30966.2 定义的通用数据类属性。

E.1.3 映射架构

映射架构由以下两部分组成：

1) 信息模型和数据类的映射；

2) 信息交换模型的映射。

DNP3 数据传送以主站-子站式架构进行。IEC 61400-25 的数据类规定映射可采用以下两种机制中的任意一种：

1) 强制型：实施 DNP3 数据点的 DNP3 XML 架构映射到《DNP3 规范第 8 篇，互用性》中 8.4 描述的 IEC 61850 的对象模型。DNP3 XML 架构可用于描述 DNP3 数据点与 GB/T 30966.2 描述的对象模型数据属性之间的映射。

2) 可选型：DNP3 数据集可传输风电场部件的信息模型。如果 DNP3 数据集用于映射数据类，GB/T 30966.2 定义的风电场信息模型应采用 E.4 描述的映射法映射到 DNP3 数据集的描述符，DNP3 对象应符合 DNP3 目标库的定义。

采用可选 DNP3 数据集的映射程序时，可不使用 DNP3 XML 映射程序。

使用 DNP3 XML 映射时，XML 映射文件会描述信息模型的封装及其面向标准 DNP3 数据对象和服务的映射。

凡是使用 DNP3 数据集进行映射的：

——服务器均会通过读出 DNP3 对象组 0 来封装可被服务读出的 GB/T 30966.2 信息模型；

——总站/客户端站通过 DNP3 提供的服务可访问 GB/T 30966.2 信息模型的数据属性。

注：DNP3 与 IEC 61400-25 之间的映射会引起路径名称的封装。图 E.1 描述了概念性映射。GB/T 30966.2 的信息模型在映射到 DNP3 时考虑采用隐藏形式。这尤其表明：

——服务器会通过读出 DNP3 对象组 0 来封装可被服务读出的 GB/T 30966.2 信息模型；

——总站/客户端站通过 DNP3 提供的服务可访问 GB/T 30966.2 信息模型的数据属性。

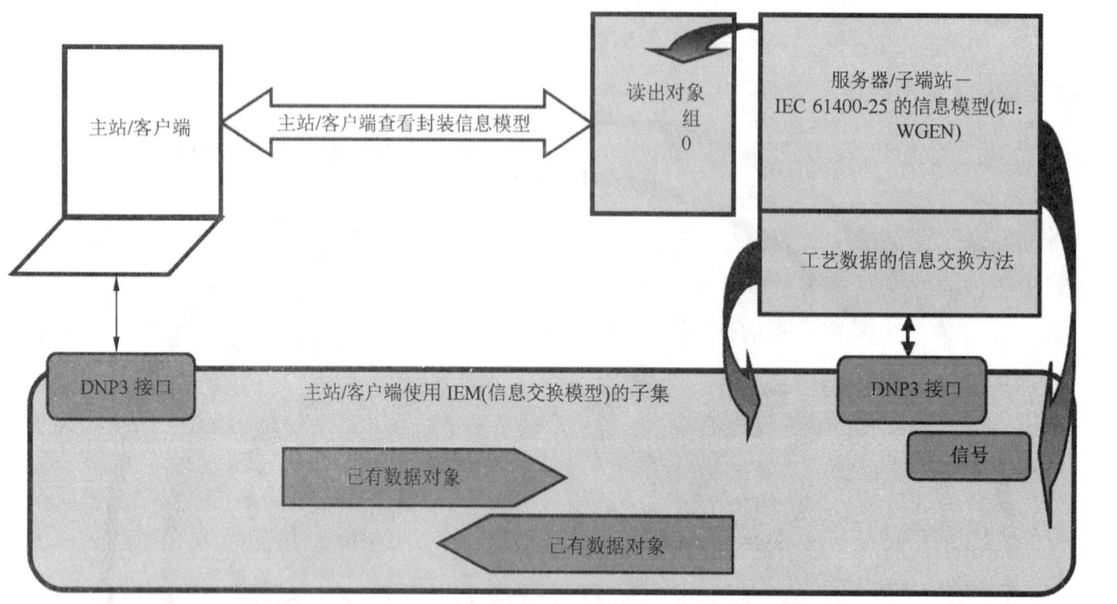

图 E.1 映射架构(概念性)

表 E.1 概括了 GB/T 30966.3 信息交换模型中定义的服务模型和面向 DNP3 的映射。M/O 栏表示服务在 GB/T 30966.3 中被定义为强制还是可选。

表 E.1 要求客户/服务器通信规约的服务

GB/T 30966.2 IM 类 GB/T 30966.3 IEM 类	GB/T 30966.3 IEM 服务	M/O	映射到 DNP3
SERVER (服务器)			Outstation(controlled station) 外站(受控站)
	GetServerDirectory(读取服务器目录)	O	Read Object Group 0 [b](读出对象组 0[b])
ASSOCIATION (关联)			
	Associate(关联)	M	RESET of remote link(serial links); DNP3 Data Link Layer or initiate TCP connection (Ethernet links); DNP3 IP Networking [远程链路(串行链路)RESET(复位)；DNP3 数据链路层或开始 TCP 连接(以太网链路)；DNP3 IP 联网]

表 E.1（续）

GB/T 30966.2 IM 类 GB/T 30966.3 IEM 类	GB/T 30966.3 IEM 服务	M/O	映射到 DNP3
	Abort(中止)	O	n.a.[a](serial links) or close TCP connection(Ethernet links); DNP3 IP Networking [n.a.[a](串行链路)或结束 TCP 连接(以太网链路); DNP3 IP 联网]
	Associate(关联)	O	n.a.[a](serial links) or close TCP connection(Ethernet links); DNP3 IP Networking [n.a.[a](串行链路)或结束 TCP 连接(以太网链路); DNP3 IP 联网]
LOGICAL-DEVICE **(逻辑设备)**			Data link address **数据链路层地址**
	GetLogicalDeviceDirectory (读取逻辑设备目录)	O	Read Object Group 0 [b](读出对象组 0[b])
LOGICAL-NODE **(逻辑节点)**			
	GetLogicalNodeDirector (读取逻辑节点目录)	O	n.a.[a]
DATA **(数据)**			
	GetDataValues(读取数据值)	M	Read(Function Code 1) 读出(功能代码 1)
	SetDataValues(设定数据值)	M	Write(Function Code 2) 写入(功能代码 2)
	GetDataDirectory(读取数据目录)	O	n.a.[a]
	GetDataDefinition(读取数据定义)	O	n.a.[a]
DATA-SET**(数据集)**			
	GetDataSetValues(读取数据集数值)	M	Read(Function Code 1)[b] 读出(功能代码 1)[b]
	SetDataSetValues(设定数据集数值)	O	Write(Function Code 2)[b] 写入(功能代码 2)[b]
	CreateDataSet(创建数据集)	O	n.a.[a]
	DeleteDataSet(删除数据集)	O	n.a.[a]
	GetDataSetDirectory(读取数据集目录)	O	n.a.[a]

表 E.1（续）

GB/T 30966.2 IM 类 GB/T 30966.3 IEM 类	GB/T 30966.3 IEM 服务	M/O	映射到 DNP3
REPORT 报表			
	Report(报表)	O	n.a.[a]
	GetBRCBValues（读取 BRCB 值）	O	n.a.[a]
	SetBRCBValues（设定 BRCB 值）	O	n.a.[a]
	GetURCBValues（读取 URCB 值）	O	n.a.[a]
	SetURCBValues（设定 URCB 值）	O	n.a.[a]
	AddSubscription(添加订阅)	O	n.a.[a]
	RemoveSubscription（清除订阅）	O	n.a.[a]
LOG-CONTROL-BLOCK （日志控制块）			
	GetLCBValues(读取 LCB 值)	O	n.a.[a]
	SetLCBValues(设定 LCB 值)	O	n.a.[a]
LOG 日志			
	GetLogStatusValues（读取日志状态值）	O	n.a.[a]
	QueryLogByTime（按时间查询日志）	O	n.a.[a]
	QueryLogAfter(查询此后日志)	O	n.a.[a]
CONTROL （控制）			
	Select(选择)	O	Select(Function Code 3) 选择(功能代码 3)
	SelectWithValue(按数值选择)	O	Select(Function Code 3) 选择(功能代码 3)
	Cancel(取消)	O	n.a.[a]
	Operate(操作)	M	Operate(Function Code 4) 操作(功能代码 4)

表 E.1（续）

GB/T 30966.2 IM 类 GB/T 30966.3 IEM 类	GB/T 30966.3 IEM 服务	M/O	映射到 DNP3
	CommandTermination （命令终止）	O	Operate(Function Code 4) 操作(功能代码 4)
	TimeActivatedOperate （时间激活操作）	O	n.a.[a]

[a] 不适用于面向 DNP3 的映射。

[b] 只在 DNP3 数据集映射发出时才需要。

E.2 针对 DNP3 服务的引用文件

DNP3 规范第 2 篇"应用层"，2.01 版，2007 年 2 月 3 日，DNP 用户组 Specification Volume 2 Application Layer, Version 2.01, 3 February 2007, DNP Users Group)。

DNP3 规范第 3 篇"传输功能"，2.01 版，2007 年 2 月 3 日，DNP 用户组(Specification Volume 3 Transport Function, Version 2.01, 3 February 2007, DNP Users Group)。

DNP3 规范第 4 篇"数据链路层"，2.01 版，2007 年 2 月 3 日，DNP 用户组。(Specification Volume 4 Data Link Layer, Version 2.01, 3 February 2007, DNP Users Group)

DNP3 规范第 6 篇"DNP3 目标库"第 1 部分，2.01 版，2007 年 2 月 3 日，DNP 用户组。(Specification Volume 6 DNP3 Object Library Part 1, Version 2.01, 3 February 2007, DNP Users Group)

DNP3 规范第 6 篇"DNP3 目标库"第 2 部分，2.02 版，2007 年 5 月 5 日，DNP 用户组。(Specification Volume 6 DNP3 Object Library Part 2, Version 2.02, 5 May 2007, DNP Users Group)

DNP3 规范第 7 篇"IP 联网"，2.11 版，2007 年 2 月 3 日，DNP 用户组。(Specification Volume 7 IP Networking, Version 2.11, 3 February 2007, DNP Users Group)

DNP3 规范第 8 篇"应用层"，2.02 版，2007 年 2 月 3 日，DNP 用户组。(Specificaiton Volume 8 Interoperability, Version 2.02, 20 February 2007, DNP Users Group)

DNP3 规范第 8 篇附件 1"设备规约"，2.03 版，2007 年 5 月 30 日，DNP 用户组。(Specification Volume 8 Appendix 1 Device Profile, Version 2.03, 30 May 2007, DNP Users Group)

DNP 技术通报"TB2004-004e 数据集"，2006 年 3 月 30 日，DNP 用户组。(Technical Bulletin TB2004-004e Data Sets, 30 March 2006, DNP Users Group)

E.3 缩略语

ACSI	抽象通信服务接口
DNP3	分布式网络协议，3.00 版
IED	智能电子设备
IEM	信息交换模型
LCB	日志控制块
LD	逻辑设备

LN	逻辑节点
LOG	日志
LPHD	逻辑节点物理设备
RCB	报表控制块
RFC	报文请求
SCADA	数据采集与监控系统
SCL	变电站(系统)配置语言(在 DL/T 860.6 中定义)
SCSM	专用通信服务映射(例如,在 DL/T 860.81—2006 中定义)
TCP	传输控制协议
UUID	通用唯一识别码
WPP	风电场
WT	风力发电机组

E.4 IEC 61400-25 信息模型面向 DNP3 的映射

E.4.1 通用数据类与数据集原型的关系

GB/T 30966.2 规定了与风电场应用有关的通用数据类。GB/T 30966.2 中的具体通用数据类应映射到 DNP3 中的具体数据集原型。由于 GB/T 30966.2 从 DL/T 860.73—2004 中继承了通用数据类,并可能进行了详述,所以 GB/T 30966.2 的每个通用数据类均保留了一个 DNP3 通用唯一识别码。

E.4.2 映射到 SQ2 的质量关系

表 E.2 定义了 DL/T 860.73—2004 和 GB/T 30966.2 通用数据类中质量属性的映射。DL/T 860.73—2004和 GB/T 30966.2 的数据属性[q]应映射到 DNP3 数据集原型中的某个 DNP3 位串。

表 E.2 质量映射

属性名称	属性类型	DNP3 数据规定	DNP3 数据元素映射
q	Quality(质量)	DAEL:BSTR	SQ2-Object coding validity -> IV/NT good | invalid -> on-line | off-line detailQual -> OV overflow -> over-range source -> SB substituted -> local forced operatorBlocked -> BL blocked -> force off-line

与各 DNP3 数据元素有关联的辅助值应为 GB/T 30966.2 的“属性名称”,如:“q”。

E.4.3 CDC 实测值(MV)

表 E.3 定义了 DL/T 860.73—2004 通用数据类 MV 的数据属性映射。数据属性[mag + t + q]应映射到 DNP3 的数据集原型。

表 E.3　通用数据类:实测值映射

属性名称	属性类型	DNP3 数据规定	DNP3 数据元素映射
—	—	UUID:OSTR	{29787E10-484F-4B22-A7BF-1C669D3748E8}
—	—	NSPC:VSTR	“GB/T 30966.2”
—	—	NAME:VSTR	“MV”(实测值)
mag	AnalogueValue(模拟值)	DAEL:FLT32	32 位浮点值
q	Quality(质量)	DAEL:BSTR	SQ2——对象编码(请参看表 E.2)
t	TimeStamp(时间戳)	DAEL:TIME	6 个八位二进制时间——发生时间

与各 DNP3 数据元素有关的辅助值应为 DL/T 860.73—2004 的“属性名称”,如:“mag”。

E.4.4　CDC 给定值的参数值

表 E.4 定义了 GB/T 30966.2 通用数据类 SPV 的数据属性映射。强制数据属性[chaManRs + actVal + oldVal]应映射到 DNP3 的数据集原型。

表 E.4　通用数据类:给定值参数值映射

属性名称	属性类型	DNP3 数据规定	DNP3 数据元素映射
—	—	UUID:OSTR	{5DFC4FE5-BBA8-4CB4-934F-0637B 19832F6}
—	—	NSPC:VSTR	“GB/T 30966.2”
—	—	NAME:VSTR	“SPV”(给定值)
—	—	CTLS:UINT	1 个八位控制状态元素
chaManRs.ctlVal	BOOLEAN(布尔值)	CTLV:BSTR	FLAG(标志)={ BS8 [0..7]} 状态=BS1 [0] 〈0,假;1,真〉 }
chaManRs.origin.orCat	ENUMERATED(枚举)	CTLV:INT32	32 位整数值
chaManRs.origin.orIdent	OCTET STRING64	CTLV:OSTR	64 个八位字节
chaManRs.origin.orCat	ENUMERATED(枚举)	DAEL:INT32	32 位整数值
chaManRs.origin.orIdent	OCTET STRING64	DAEL:OSTR	64 个八位字节
chaManRs.stVal	BOOLEAN(布尔值)	DAEL:BSTR	FLAG(标志)={ BS8 [0..7] 状态=BS1 [0] 〈0,假;1,真〉 }
chaManRs.q	Quality(质量)	DAEL:BSTR	SQ2——对象编码(请参看表 E.2)
chaManRs.t	TimeStamp(时间戳)	DAEL:TIME	6 个八位二进制时间——发生时间
chaManRs.ctlModel	CtlModels	DAEL:INT32	32 位整数值
—	—	CTLS:UINT	1 个八位控制状态元素
actVal.ctlVal	AnalogueValue(模拟值)	CTLV:FLT32	32 位浮点值
actVal.origin.orCat	ENUMERATED(枚举)	CTLV:INT32	32 位整数值
actVal.origin.orIdent	OCTET STRING64	CTLV:OSTR	64 个八位字节

表 E.4（续）

属性名称	属性类型	DNP3 数据规定	DNP3 数据元素映射
actVal.origin.orCat	ENUMERATED(枚举)	DAEL:INT32	32 位整数值
actVal.origin.orIdent	OCTET STRING64	DAEL:OSTR	64 个八位字节
actVal.mxVal	AnalogueValue(模拟值)	DAEL:FLT32	32 位浮点值
actVal.q	Quality(质量)	DAEL:BSTR	SQ2——对象编码(请参看表 E.2)
actVal.t	TimeStamp(时间戳)	DAEL:TIME	6 个八位二进制时间——发生时间
actVal.ctlModel	CtlModels	DAEL:INT32	32 位整数值
oldVal.ctlVal	AnalogueValue(模拟值)	DAEL:FLT32	32 位浮点值
oldVal.q	Quality(质量)	DAEL:BSTR	SQ2——对象编码(请参看表 E.2)
oldVal.t	TimeStamp(时间戳)	DAEL:TIME	6 个八位二进制时间——发生时间
oldVal.ctlModel	CtlModels	DAEL:INT32	32 位整数值

与各 DNP3 数据元素有关的辅助值应为 GB/T 30966.2 的“属性名称”，如：“actVal.mxVal”。

E.4.5 CDC 状态值

表 E.5 定义了 GB/T 30966.2 通用数据类 STV 的数据属性映射。强制数据属性[actSt + oldSt]应映射到 DNP3 的数据集原型。

表 E.5 通用数据类：状态值映射

属性名称	属性类型	DNP3 数据规定	DNP3 数据元素映射
—	—	UUID:OSTR	{36798E8E-2138-477D.868E-A5B6ADFA0410}
—	—	NSPC:VSTR	“GB/T 30966.2”
—	—	NAME:VST	“STV”
actSt.stVal	CtxInt	DAEL:INT32	32 位整数值
actSt.q	Quality(质量)	DAEL:BSTR	SQ2——对象编码(请参看表 E.2)
actSt.t	TimeStamp(时间戳)	DAEL:TIME	6 个八位二进制时间——发生时间
oldSt.stVal	CtxInt	DAEL:INT32	32 位整数值
oldSt.q	Quality(质量)	DAEL:BSTR	SQ2——对象编码(请参看表 E.2)
oldSt.t	TimeStamp(时间戳)	DAEL:TIME	6 个八位二进制时间——发生时间

与各 DNP3 数据元素有关的辅助值应为 GB/T 30966.2 的“属性名称”，如：“actSt.stVal”。

E.4.6 CDC 报警

表 E.6 定义了 GB/T 30966.2 通用数据类 ALM 的数据属性映射。强制数据属性[almAck + actSt + oldSt]应映射到 DNP3 的数据集原型。

表 E.6 通用数据类:报警映射

属性名称	属性类型	DNP3 数据规定	DNP3 数据元素映射
—	—	UUID:OSTR	{E53A1962-0DFC-4506-A509-E1A430A491FA}
—	—	NSPC:VSTR	"GB/T 30966.2"
—	—	NAME:VSTR	"ALM"(报警)
—	—	CTLS:UINT	1 个八位控制状态元素
almAck.ctlVal	BOOLEAN(布尔值)	CTLV:BSTR	FLAG(标志)={ BS8 [0..7] 状态=BS1 [0]〈0,假;1,真〉}
almAck.origin.orCat	ENUMERATED(枚举)	CTLV:INT32	32 位整数值
almAck.origin.orIdent	OCTET STRING64	CTLV:OSTR	64 个八位字节
almAck.origin.orCat	ENUMERATED(枚举)	DAEL:INT32	32 位整数值
almAck.origin.orIdent	OCTET STRING64	DAEL:OSTR	64 个八位字节
almAck.stVal	BOOLEAN(布尔值)	DAEL:BSTR	FLAG(标志)={ BS8 [0..7] 状态=BS1 [0]〈0,假;1,真〉}
almAck.q	Quality(质量)	DAEL:BSTR	SQ2——对象编码(请参看表 E.2)
almAck.t	TimeStamp(时间戳)	DAEL:TIME	6 个八位二进制时间——发生时间
almAck.ctlModel	CtlModels	DAEL:INT32	32 位整数值
actSt.stVal	CtxInt	DAEL:INT32	32 位整数值
actSt.q	Quality(质量)	DAEL:BSTR	SQ2——对象编码(请参看表 E.2)
actSt.t	TimeStamp(时间戳)	DAEL:TIME	6 个八位二进制时间——发生时间
oldSt.stVal	CtxInt	DAEL:INT32	32 位整数值
oldSt.q	Quality(质量)	DAEL:BSTR	SQ2——对象编码(请参看表 E.2)
oldSt.t	TimeStamp(时间戳)	DAEL:TIME	6 个八位二进制时间——发生时间

与各 DNP3 数据元素有关的辅助值应为 GB/T 30966.2 的"属性名称",如:"actSt.stVal"。

E.4.7 CDC 命令

表 E.7 定义了 GB/T 30966.2 通用数据类 CMD 的数据属性映射。强制数据属性[actSt + oldSt]应映射到 DNP3 的数据集原型。

表 E.7 通用数据类:命令映射

属性名称	属性类型	DNP3 数据规定	DNP3 数据元素映射
—	—	UUID:OSTR	{3A7C7799-3379-4CC5-B1F0-AE5F865E1AC1}
—	—	NSPC:VSTR	"GB/T 30966.2"
—	—	NAME:VSTR	"CMD"(命令)
—	—	CTLS:UINT	1 个八位控制状态元素
actSt.ctlVal	CtxInt	CTLV:INT32	32 位整数值

表 E.7（续）

属性名称	属性类型	DNP3 数据规定	DNP3 数据元素映射
actSt.origin.orCat	ENUMERATED(枚举)	CTLV:INT32	32 位整数值
actSt.origin.orIdent	OCTET STRING64	CTLV:OSTR	64 个八位字节
actSt.origin.orCat	ENUMERATED(枚举)	DAEL:INT32	32 位整数值
actSt.origin.orIdent	OCTET STRING64	DAEL:OSTR	64 个八位字节
actSt.stVal	CtxInt	DAEL:INT32	32 位整数值
actSt.q	Quality(质量)	DAEL:BSTR	SQ2——对象编码(请参看表 E.2)
actSt.t	TimeStamp(时间戳)	DAEL:TIME	6 个八位二进制时间——发生时间
actSt.ctlModel	CtlModels	DAEL:INT32	32 位整数值
oldSt.stVal	CtxInt	DAEL:INT32	32 位整数值
oldSt.q	Quality(质量)	DAEL:BSTR	SQ2——对象编码(请参看表 E.2)
oldSt.t	TimeStamp(时间戳)	DAEL:TIME	6 个八位二进制时间——发生时间

与各 DNP3 数据元素有关的辅助值应为 GB/T 30966.2 的“属性名称”，如：“actSt.stVal”。

E.4.8 CDC 事件计数

表 E.8 定义了 GB/T 30966.2 通用数据类 CTE 的数据属性映射。强制数据属性[manRs + hisRs + actCtVal + oldCtVal]应映射到 DNP3 的数据集原型。

表 E.8 通用数据类：事件计数映射

属性名称	属性类型	DNP3 数据规定	DNP3 数据元素映射
—	—	UUID:OSTR	{DC8804E1-A36F-4105-8335-27D5344F1BDD}
—	—	NSPC:VSTR	“GB/T 30966.2”
—	—	NAME:VSTR	“CTE”(事件计数)
—	—	CTLS:UINT	1 个八位控制状态元素
manRs.ctlVal	BOOLEAN(布尔)	CTLV:BSTR	FLAG(标志)={ BS8 [0..7] 状态=BS1 [0] 〈0,假;1,真〉}
manRs.origin.orCat	ENUMERATED(枚举)	CTLV:INT32	32 位整数值
manRs.origin.orIdent	OCTET STRING64	CTLV:OSTR	64 个八位字节
manRs.origin.orCat	ENUMERATED(枚举)	DAEL:INT32	32 位整数值
manRs.origin.orIdent	OCTET STRING64	DAEL:OSTR	64 个八位字节
manRs.stVal 4	BOOLEAN(布尔)	DAEL:BSTR	FLAG(标志)={ BS8 [0..7] 状态=BS1 [0] 〈0,假;1,真〉}
manRs.q	Quality(质量)	DAEL:BSTR	SQ2——对象编码(请参看表 E.2)
manRs.t	TimeStamp(时间戳)	DAEL:TIME	6 个八位二进制时间——发生时间
manRs.ctlModel	TimeStamp(时间戳)	DAEL:INT32	32 位整数值

表 E.8（续）

属性名称	属性类型	DNP3 数据规定	DNP3 数据元素映射
—	—	CTLS:UINT	1 个八位控制状态元素
hisRs.ctlVal	CtxInt	CTLV:INT32	32 位整数值
hisRs.origin.orCat	ENUMERATED(枚举)	CTLV:INT32	32 位整数值
hisRs.origin.orIdent	OCTET STRING64	CTLV:OSTR	64 个八位字节
hisRs.origin.orCat	ENUMERATED(枚举)	DAEL:INT32	32 位整数值
hisRs.origin.orIdent	OCTET STRING64	DAEL:OSTR	64 个八位字节
hisRs.stVal	INT32	DAEL:UINT32	32 位整数值
hisRs.q	Quality(质量)	DAEL:BSTR	SQ2——对象编码(请参看表 E.2)
hisRs.t	TimeStamp(时间戳)	DAEL:TIME	6 个八位二进制时间——发生时间
hisRs.ctlModel	TimeStamp(时间戳)	DAEL:INT32	32 位整数值
actCtVal.stVa	CtxInt	DAEL:INT32	32 位整数值
actCtVal.q	Quality(质量)	DAEL:BSTR	SQ2——对象编码(请参看表 E.2)
actCtVal.t	TimeStamp(时间戳)	DAEL:TIME	6 个八位二进制时间——发生时间
oldCtVal.stVal	CtxInt	DAEL:INT32	32 位整数值
oldCtVal.q	Quality(质量)	DAEL:BSTR	SQ2——对象编码(请参看表 E.2)
oldCtVal.t	TimeStamp(时间戳)	DAEL:TIME	6 个八位二进制时间——发生时间

与各 DNP3 数据元素有关的辅助值应为 GB/T 30966.2 的“属性名称”，如：“actCtVal.stVal”。

E.4.9 CDC 状态定时

表 E.9 定义了 GB/T 30966.2 通用数据类 TMS 的数据属性映射。强制数据属性[manRs + hisRs + actTmVal + oldTmVal]应映射到 DNP3 的数据集原型。

表 E.9 通用数据类：状态定时映射

属性名称	属性类型	DNP3 数据规定	DNP3 数据元素映射
—	—	UUID:OSTR	{FE568612-8574-4B85-999F-21E14C7977B4}
—	—	NSPC:VSTR	“GB/T 30966.2”
—	—	NAME:VSTR	“TMS”
—	—	CTLS:UINT	1 个八位控制状态元素
manRs.ctlVal	BOOLEAN(布尔)	CTLV:BSTR	FLAG(标志)={ BS8 [0..7] 状态=BS1 [0]〈0,假;1,真〉}
manRs.origin.orCat	ENUMERATED(枚举)	CTLV:INT32	32 位整数值
manRs.origin.orIdent	OCTET STRING64	CTLV:OSTR	64 个八位字节
manRs.origin.orCat	ENUMERATED	DAEL:INT32	32 位整数值
manRs.origin.orIdent	OCTET STRING64	DAEL:OSTR	64 个八位字节

表 E.9（续）

属性名称	属性类型	DNP3 数据规定	DNP3 数据元素映射
manRs.stVal	BOOLEAN	DAEL:BSTR	FLAG(标志)={ BS8 [0..7] 状态=BS1 [0]〈0,假;1,真〉}
manRs.q	Quality(质量)	DAEL:BSTR	SQ2-OBJECT CODING (REFER TO TABLE E.2)(SQ2——对象编码(请参看表 E.2)
manRs.t	TimeStamp(时间戳)	DAEL:TIME	6 个八位二进制时间——发生时间
manRs.ctlModel	CtlModels	DAEL:INT32	32 位整数值
—	—	CTLS:UINT	1 个八位控制状态元素
hisRs.ctlVal	CtxInt	CTLV:INT32	32 位整数值
hisRs.origin.orCat	ENUMERATED(枚举)	CTLV:INT32	32 位整数值
hisRs.origin.orIdent	OCTET STRING64	CTLV:OSTR	64 个八位字节
hisRs.origin.orCat	ENUMERATED(枚举)	DAEL:INT32	32 位整数值
hisRs.origin.orIdent	OCTET STRING64	DAEL:OSTR	64 个八位字节
hisRs.stVal	INT32	DAEL:UINT32	32 位整数值
hisRs.q	Quality(质量)	DAEL:BSTR	SQ2——对象编码(请参看表 E.2)
hisRs.t	TimeStamp(时间戳)	DAEL:TIME	6 个八位二进制时间——发生时间
hisRs.ctlModel	CtlModels	DAEL:INT32	32 位整数值
actTmVal.stVal	CtxInt	DAEL:INT32	32 位整数值
actTmVal.q	Quality(质量)	DAEL:BSTR	SQ2——对象编码(请参看表 E.2)
actTmVal.t	TimeStamp(时间戳)	DAEL:TIME	6 个八位二进制时间——发生时间
oldTmVal.stVal	CtxInt	DAEL:INT32	32 位整数值
oldTmVal.q	Quality(质量)	DAEL:BSTR	SQ2——对象编码(请参看表 E.2)
oldTmVal.t	TimeStamp(时间戳)	DAEL:TIME	6 个八位二进制时间——发生时间

与各 DNP3 数据元素有关的辅助值应为 GB/T 30966.2 的“属性名称”，如：“actTmVal.stVal”。

E.4.10 CDC 单点状态

表 E.10 定义了 DL/T 860.73—2004 通用数据类 SPS 的数据属性映射。数据属性[stVal + t + q]应映射到 DNP3 的数据集原型。

表 E.10 通用数据类：单点状态映射

属性名称	属性类型	DNP3 数据规定	DNP3 数据元素映射
—	—	UUID:OSTR	{D446D178-8B19-40ED.9F63-BA4E4DB3E3BA}
—	—	NSPC:VSTR	“GB/T 30966.2”
—	—	NAME:VSTR	“SPS”(单点状态)

表 E.10（续）

属性名称	属性类型	DNP3 数据规定	DNP3 数据元素映射
stVal	BOOLEAN(布尔值)	DAEL:BSTR	FLAG(标志)={ BS8 [0..7] 状态=BS1 [0]〈0,假;1,真〉}
q	Quality(质量)	DAEL:BSTR	SQ2——对象编码(请参看表 E.2)
t	TimeStamp(时间戳)	DAEL:TIME	6 个八位二进制时间——发生时间

与各 DNP3 数据元素有关的辅助值应为 DL/T 860.73—2004 的"属性名称"，如："stVal"。

E.4.11 CDC 整数状态

表 E.11 定义了 DL/T 860.73—2004 通用数据类 INS 的数据属性映射。数据属性[stVal + t + q]应映射到 DNP3 的数据集原型。

表 E.11 通用数据类：整数状态映射

属性名称	属性类型	DNP3 数据规定	DNP3 数据元素映射
—	—	UUID:OSTR	{9A056CCD-BC92-42EE-ADEA-4B532764AB26}
—	—	NSPC:VSTR	"GB/T 30966.2"
—	—	NAME:VSTR	"INS"(整数状态)
stVal	INT32	DAEL:INT32	32 位整数值
q	Quality(质量)	DAEL:BSTR	SQ2——对象编码(请参看表 E.2)
t	TimeStamp(时间戳)	DAEL:TIME	6 个八位二进制时间——发生时间

与各 DNP3 数据元素有关的辅助值应为 DL/T 860.73—2004 的"属性名称"，如："stVal"。

E.4.12 CDC 可控制单点

表 E.12 定义了 DL/T 860.73—2004 通用数据类 SPC 的数据属性映射。数据属性[stVal + t + q + ctlVal]应映射到 DNP3 的数据集原型：

表 E.12 通用数据类：可控制单点映射

属性名称	属性类型	DNP3 数据规定	DNP3 数据元素映射
—	—	UUID:OSTR	{FB1BDB9F-9D41-4DDA-AFDC-BC1E6911B3E1}
—	—	NSPC:VSTR	"GB/T 30966.2"
—	—	NAME:VSTR	"SPC"(可控制单点)
—	—	CTLS:UINT	1 个八位控制状态元素
ctlVal	BOOLEAN(布尔值)	CTLV:BSTR	FLAG(标志)={ BS8 [0..7] 状态=BS1 [0]〈0,假;1,真〉}
stVal	BOOLEAN(布尔值)	DAEL:BSTR	FLAG(标志)={ BS8 [0..7] 状态=BS1 [0]〈0,假;1,真〉}
q	Quality(质量)	DAEL:BSTR	SQ2——对象编码(请参看表 E.2)
t	TimeStamp(时间戳)	DAEL:TIME	6 个八位二进制时间——发生时间

与各 DNP3 数据元素有关的辅助值应为 DL/T 860.73—2004 的“属性名称”，如：“stVal”。

E.4.13 CDC 可控制整数状态

表 E.13 定义了 DL/T 860.73—2004 通用数据类 INC 的数据属性映射。数据属性[stVal + t + q + ctlVal]应映射到 DNP3 的数据集原型。

表 E.13 通用数据类：可控制整数状态映射

属性名称	属性类型	DNP3 数据规定	DNP3 数据元素映射
—	—	UUID：OSTR	{FC47BCBE-D3CF-48FA-8311-6CF399C29DE4}
—	—	NSPC：VSTR	“GB/T 30966.2”
—	—	NAME：VSTR	“INC”（可控制整数状态）
—	—	CTLS：UINT	1 个八位控制状态元素
ctlVal	INT32	CTLV：INT32	32 位整数值
stVal	INT32	DAEL：INT32	32 位整数值
q	Quality（质量）	DAEL：BSTR	SQ2——对象编码（请参看表 E.2）
t	TimeStamp（时间戳）	DAEL：TIME	6 个八位二进制时间——发生时间

与各 DNP3 数据元素有关的辅助值应为 DL/T 860.73—2004 的“属性名称”，如：“stVal”。

E.4.14 CDC 二进制计数器读数

表 E.14 定义了 DL/T 860.73—2004 通用数据类 BCR 的数据属性映射。数据属性[actVal + t + q]应映射到 DNP3 的数据集原型。

表 E.14 通用数据类：二进制计数器读数映射

属性名称	属性类型	DNP3 数据规定	DNP3 数据元素映射
—	—	UUID：OSTR	{59C03F2E-9DC7-4D5F-8650-92C29FA8BFFA}
—	—	NSPC：VSTR	“GB/T 30966.2”
—	—	NAME：VSTR	“BCR”（二进制计数器读数）
actVal	INT128	DAEL：OSTR16	128 位整数值
q	Quality（质量）	DAEL：BSTR	SQ2——对象编码（请参看表 E.2）
t	TimeStamp（时间戳）	DAEL：TIME	6 个八位二进制时间——发生时间

与各 DNP3 数据元素有关的辅助值应为 DL/T 860.73—2004 的“属性名称”，如：“actVal”。

E.4.15 CDC 可控模拟给定值

表 E.15 定义了 DL/T 860.73—2004 通用数据类 APC 的数据属性映射。数据属性[setMag + t + q]应映射到 DNP3 的数据集原型。

表 E.15 通用数据类:可控模拟给定值映射

属性名称	属性类型	DNP3 数据规定	DNP3 数据元素映射
—	—	UUID:OSTR	{86AF9D1F-B5BF-4F7F-9FB1-8090090EBD87}
—	—	NSPC:VSTR	“GB/T 30966.2”
—	—	NAME:VSTR	“APC”(可控模拟给定值)
—	—	CTLS:UINT	1 个八位控制状态元素
setMag	AnalogueValue(模拟值)	CTLV:FLT32	32 位浮点值
setMag	AnalogueValue(模拟值)	DAEL:FLT32	32 位浮点值
q	Quality(质量)	DAEL:BSTR	SQ2——对象编码(请参看表 E.2)
t	TimeStamp(时间戳)	DAEL:TIME	6 个八位二进制时间——发生时间

与各 DNP3 数据元素有关的辅助值应为 DL/T 860.73—2004 的“属性名称”,如:“setMag”。

E.4.16 CDC 三相系统的相线到地线相关实测值

表 E.16 定义了 DL/T 860.73—2004 通用数据类 WYE 的数据属性映射。数据属性[(phsA | phsB | phsC | neut | net | res) + t + q]应映射到 DNP3 的数据集原型。

表 E.16 通用数据类:相线到地线的映射

属性名称	属性类型	DNP3 数据规定	DNP3 数据元素映射
—	—	UUID:OSTR	{FCB770FF-0CA7-437C-B6E8-8F0A0C56ABF5}
—	—	NSPC:VSTR	“GB/T 30966.2”
—	—	NAME:VSTR	“WYE”(相线到地线)
phsA.cVal.mag	AnalogueValue(模拟值)	DAEL:FLT32	32 位浮点值
phsA.cVal.ang	AnalogueValue(模拟值)	DAEL:FLT32	32 位浮点值
phsB.cVal.mag	AnalogueValue(模拟值)	DAEL:FLT32	32 位浮点值
phsB.cVal.ang	AnalogueValue(模拟值)	DAEL:FLT32	32 位浮点值
phsC.cVal.mag	AnalogueValue(模拟值)	DAEL:FLT32	32 位浮点值
phsC.cVal.ang	AnalogueValue(模拟值)	DAEL:FLT32	32 位浮点值
neut.cVal.mag	AnalogueValue(模拟值)	DAEL:FLT32	32 位浮点值
neut.cVal.ang	AnalogueValue(模拟值)	DAEL:FLT32	32 位浮点值
net.cVal.mag	AnalogueValue(模拟值)	DAEL:FLT32	32 位浮点值
net.cVal.ang	AnalogueValue(模拟值)	DAEL:FLT32	32 位浮点值
res.cVal.mag	AnalogueValue(模拟值)	DAEL:FLT32	32 位浮点值
res.cVal.ang	AnalogueValue(模拟值)	DAEL:FLT32	32 位浮点值
q(注 2)	Quality(质量)	DAEL:BSTR	SQ2——对象编码(请参看表 E.2)
t(注 1)	TimeStamp(时间戳)	DAEL:TIME	6 个八位二进制时间——发生时间

与各 DNP3 数据元素有关的辅助值应为 DL/T 860.73—2004 的“属性名称”，如：“phsA.cVal.mag”。

DNP3 时映射应将一个“t”属性值映射到单一 DNP3 时间戳。

DNP3 应通过 O 形环将各个 “q”属性值映射到某个 DNP3 位串，除非是有效性标志(此标志在任何“q”属性为离线时将设为离线)。

E.4.17 CDC 三相系统的相线到相线相关测量值

表 E.17 定义了 DL/T 860.73—2004 通用数据类 DEL 的数据属性映射。数据属性[(phsAB | phsBC | phsCA) + t + q]应映射到 DNP3 的数据集原型。

表 E.17 通用数据类：相线到相线的映射

属性名称	属性类型	DNP3 数据规定	DNP3 数据元素映射
—	—	UUID:OSTR	{A51B25C2-B0DB.48B2-9038-522DE9D5FB9B}
—	—	NSPC:VSTR	“GB/T 30966.2”
—	—	NAME:VSTR	“DEL”(三相系统与相线到相线有关的测量值)
phsAB.cVal.mag	AnalogueValue(模拟值)	DAEL:FLT32	32 位浮点值
phsAB.cVal.ang	AnalogueValue(模拟值)	DAEL:FLT32	32 位浮点值
phsBC.cVal.mag	AnalogueValue(模拟值)	DAEL:FLT32	32 位浮点值
phsBC.cVal.ang	AnalogueValue(模拟值)	DAEL:FLT32	32 位浮点值
phsCA.cVal.mag	AnalogueValue(模拟值)	DAEL:FLT32	32 位浮点值
phsCA.cVal.ang	AnalogueValue(模拟值)	DAEL:FLT32	32 位浮点值
q(注 2)	Quality(质量)	DAEL:BSTR	SQ2——对象编码(请参看表 E.2)
t(注 1)	TimeStamp(时间戳)	DAEL:TIME	6 个八位二进制时间——发生时间

与各 DNP3 数据元素有关的辅助值应为 DL/T 860.73—2004 的“属性名称”，如：“phsAB.cVal.mag”。

DNP3 时映射应将一个“t”属性值映射到单一 DNP3 时间戳。

DNP3 应通过 ORing(“O”形环)将各个 “q”属性值映射到某个 DNP3 位串，除非是有效性标志(此标志在任何“q”属性为离线时将设为离线)。

E.4.18 CDC 设备铭牌

表 E.18 定义了 GB/T 30966.2 通用数据类 WDPL 的数据属性映射。数据属性 [vendor + tmOffset + tmUseDT + tmDT]应映射到 DNP3 的数据集原型。

表 E.18 通用数据类：设备铭牌的映射

属性名称	属性类型	DNP3 数据规定	DNP3 数据元素映射
—	—	UUID:OSTR	{4DE9717C-E402-4961-99D9-2ABE3D121847}
—	—	NSPC:VSTR	“GB/T 30966.2”
—	—	NAME:VSTR	“WDPL”(设备铭牌)
vendor	VISIBLE STRING255	DAEL:VSTR	255 个字符

表 E.18（续）

属性名称	属性类型	DNP3 数据规定	DNP3 数据元素映射
tmOffset	INT16	DAEL:INT32	与 UTC(转存时间链)的区距,单位:分钟
tmUseDT	BOOLEAN(布尔值)	DAEL:BSTR	FLAG(标志)={ BS8 [0..7] 状态=BS1 [0]〈0,假;1,真〉}
tmDT	BOOLEAN(布尔值)	DAEL:BSTR	FLAG(标志)={ BS8 [0..7] 状态=BS1 [0]〈0,假;1,真〉}

与各 DNP3 数据元素有关的辅助值应为 GB/T 30966.2 的"属性名称",如:"vendor"。

E.4.19　CDC 逻辑节点铭牌

表 E.19 定义了 DL/T 860.73—2004 通用数据类 LPL 的数据属性映射。数据属性［vendor + swRev + d］应映射到 DNP3 的数据集原型。

表 E.19　通用数据类:逻辑节点铭牌的映射

属性名称	属性类型	DNP3 数据规定	DNP3 数据元素映射
—	—	UUID:OSTR	{8FA4508F-1547-476F-829D.B3FCB35CA427}
—	—	NSPC:VSTR	"GB/T 30966.2"
—	—	NAME:VSTR	"LPL"(逻辑节点铭牌)
供货商	VISIBLE STRING255	DAEL:VSTR	255 个字符
swRev	VISIBLE STRING255	DAEL:VSTR	255 个字符
d	VISIBLE STRING255	DAEL:VSTR	255 个字符

与各 DNP3 数据元素有关的辅助值应为 DL/T 860.73—2004 的"属性名称",如:"vendor"。

E.4.20　CDC 报警设定状态

表 E.20 定义了 GB/T 30966.2 通用数据类 ASS 的数据属性映射。数据属性[(ARRAY of stVal) + t + q]应映射到 DNP3 的数据集原型。

表 E.20　通用数据类:报警设定状态的映射

属性名称	属性类型	DNP3 数据规定	DNP3 数据元素映射
—	—	UUID:OSTR	见 E.4.22
—	—	NSPC:VSTR	见 E.4.22
—	—	NAME:VSTR	"ASS"(报警设定状态)
stVal[0]	CODED ENUM	DAEL:BSTR	FLAG(标志)={ BS8 [0..7] 状态=BS1 [1..0]〈0,Off(断开); 1,Acknowledge(确认);2, Warning(警告);3, Active(有效)〉}

表 E.20（续）

属性名称	属性类型	DNP3 数据规定	DNP3 数据元素映射
stVal[1]	CODED ENUM	DAEL:BSTR	FLAG(标志)={ BS8 [0..7] 状态=BS1 [1..0]〈0,Off(断开); 1,Acknowledge(确认);2,Warning (警告);3,Active(有效)〉}
stVal[2]	CODED ENUM	DAEL:BSTR	FLAG(标志)={ BS8 [0..7] 状态=BS1 [1..0]〈0,Off(断开); 1,Acknowledge(确认);2, Warning(警告);3,Active(有效)〉}
……………	……………………	……………………	……………………………………………………………
stVal[n]	CODED ENUM	DAEL:BSTR	FLAG(标志)={ BS8 [0..7] 状态=BS1 [1..0]〈0,Off(断开); 1,Acknowledge(确认);2, Warning(警告);3,Active(有效)〉}
q	Quality(质量)	DAEL:BSTR	SQ2——对象编码(请参看表 E.2)
t	TimeStamp(时间戳)	DAEL:TIME	6 个八位二进制时间——发生时间

与各 DNP3 数据元素有关的辅助值应为 GB/T 30966.2 的"属性名称",如:"stVal[0]"。

注：由于报警状态阵列内的元素数量取决于实施情况，所以将此通用数据类映射到 DNP3 数据集原型的供货商应使用 DNP 用户组来注册名字空间。然后可按照 E.4.22 的描述在该名字空间和针对已实施数据集而获得的通用唯一识别码内定义已实施数据集原型。名字空间和以此方式获得的 UUID 值用于表 E.20 中所示的 NSPC 和 UUID。

E.4.21 数据类属性与数据集描述符的关系

GB/T 30966.2 规定了与风电场应用有关的数据类属性。GB/T 30966.2 中的数据类或数据类属性应映射到 DNP3 中的具体数据集描述符。该映射使用于子站侧(服务器侧)。

表 E.21 定义了 GB/T 30966.2 数据类属性 WGEN.Spd 的数据属性映射。数据类属性[例如 WGEN.Spd]应映射到 DNP3 数据集描述符。

表 E.21 数据类属性抽样映射

属性名称	属性类型	DNP3 数据规定	DNP3 数据元素映射
—	—	名称	"WGEN_Spd"
WGEN.Spd	MV	PTYP	原型的通用唯一识别码,用于实测值{29787E10-484F-4B22-A7BF-1C669D3748E8}

表 E.22 定义了 GB/T 30966.2 数据类 WGEN 的数据属性映射。数据类[例如 WGEN]应映射到 DNP3 数据集描述符。

表 E.22 样本数据类映射

属性名称	属性类型	DNP3 数据规定	DNP3 数据元素映射
—	—	NAME(名称)	“WGEN”
WGEN.OpTmRs	TMS	PTYP	原型的通用唯一识别码，用于 TMS(状态定时){FE568612-8574-4B85-999F-21E14C7977B4}
WGEN.GnOpMod	STV	PTYP	原型的通用唯一识别码，用于状态值{36798E8E-2138-477D.868E-A5B6ADFA0410}
WGEN.ClSt	STV	PTYP	原型的通用唯一识别码，用于状态值{36798E8E-2138-477D.868E-A5B6ADFA0410}
WGEN.Spd	MV	PTYP	原型的通用唯一识别码，用于实测值{29787E10-484F-4B22-A7BF-1C669D3748E8}
WGEN.W	WYE	PTYP	原型的通用唯一识别码，用于 WYE(相线到地线){FCB770FF-0CA7-437C-B6E8-8F0A0C56ABF5}
WGEN.VAr	WYE	PTYP	原型的通用唯一识别码，用于 WYE(相线到地线){FCB770FF-0CA7-437C-B6E8-8F0A0C56ABF5}
WGEN.GnTmpSta	MV	PTYP	原型的通用唯一识别码，用于实测值{29787E10-484F-4B22-A7BF-1C669D3748E8}
WGEN.GnTmpRtr	MV	PTYP	原型的通用唯一识别码，用于实测值{29787E10-484F-4B22-A7BF-1C669D3748E8}
WGEN.GnTmpInlet	MV	PTYP	原型的通用唯一识别码，用于实测值{29787E10-484F-4B22-A7BF-1C669D3748E8}
WGEN.StaPPV	DEL	PTYP	原型的通用唯一识别码，用于 DEL(相线到相线){A51B25C2-B0DB.48B2-9038-522DE9D5FB9B}
WGEN.StaPhV	WYE	PTYP	原型的通用唯一识别码，用于 WYE(相线到地线){FCB770FF-0CA7-437C-B6E8-8F0A0C56ABF5}
WGEN.StaA	WYE	PTYP	原型的通用唯一识别码，用于 WYE(相线到地线){FCB770FF-0CA7-437C-B6E8-8F0A0C56ABF5}
WGEN.RtrPPV	DEL	PTYP	原型的通用唯一识别码，用于 DEL(相线到相线){A51B25C2-B0DB.48B2-9038-522DE9D5FB9B}
WGEN.RtrPhV	WYE	PTYP	原型的通用唯一识别码，用于 WYE(相线到地线){FCB770FF-0CA7-437C-B6E8-8F0A0C56ABF5}
WGEN.RtrA	WYE	PTYP	用于 WYE(相线到地线){FCB770FF-0CA7-437C-B6E8-8F0A0C56ABF5}
WGEN.RtrExtDC	MV	PTYP	原型的通用唯一识别码，用于实测值{29787E10-484F-4b22-A7BF-1C669D3748E8}
WGEN.RtrExtAC	MV	PTYP	原型的通用唯一识别码，用于实测值{29787E10-484F-4b22-A7BF-1C669D3748E8}

表 E.23 定义了 GB/T 30966.2 数据类 WGEN 数据属性选择的映射。从数据类[例如 WGEN]选择数据属性应映射到 DNP3 数据集描述符。

表 E.23 样本部分数据类映射

属性名称	属性类型	DNP3 数据规定	DNP3 数据元素映射
—	—	名称	"WGEN_SpD.PwrAt-PwrRt-StaA"
WGEN.Spd	MV	PTYP	原型的通用唯一识别码，用于实测值{29787E10-484F-4B22-A7BF-1C669D3748E8}
WGEN.PwrAt	WYE	PTYP	原型的通用唯一识别码，用于 WYE(相线到地线){FCB770FF-0CA7-437C-B6E8-8F0A0C56ABF5}
WGEN.PwrRt	WYE	PTYP	原型的通用唯一识别码，用于 WYE(相线到地线){FCB770FF-0CA7-437-B6E8-8F0A0C56ABF5}
WGEN.StaA	WYE	PTYP	原型的通用唯一识别码，用于 WYE(相线到地线){FCB770FF-0CA7-437C-B6E8-8F0A0C56ABF5}

E.4.22 DNP 用户组的作用

DNP3 由名为 DNP Users Group 的独立组织管理，这是一个设备供货商与协议用户的联合体。该用户组织的职能是志愿对 DNP3 的实施进行注册，并作为公正的仲裁人，以便开发用于各类设备(即：计量表、调节器、继电器等)的 DNP3。在开始任何 DNP3 的实施之前，供货商可加入用户组，以便确定哪些 DNP3 开发内容已经存在，其设备的哪些功能应给予支持。用户组包括了若干用户和供货商，他们代表了保证 DNP3 开发工作满足最大部分潜在用户的经验基数和市场专门知识。

DNP3 利用数据集原型来规定整个数据集或部分数据集内数据的结构和排序。本部分规定了在 DNP3 数据集中使用的数据集原型。DNP3 利用名字空间分配唯一的含义，分配对象是在其他情况下可能与在别处使用的相同名字发生混淆的通用名称。DNP3 接受任何供货商或用户所提交名字空间的自愿注册。一旦名字空间读取注册，供货商或用户便可在该名字空间内自由定义、重新定义或删除任何数据集原型。每个数据集原型在被定义或修改后，可读取一个通用唯一识别码，作为其唯一的身份识别。任何用户或供货商均可在其了解数据集原型的任何名字空间内，随意利用由数据集原型定义的数据集。这样便可在需要的位置创建专用数据集，也可以定义通用的共享数据集，如在本部分所描述的数据集原型。

E.5 信息交换模型面向 DNP3 服务的映射

GB/T 30966.3 定义的下列服务应映射到 DNP3 定义的服务：

——数据模型(读取数据值，设定数据值)；

——控制模型(选择、按数值选择、操作、命令终止)。

面向 DNP3 的映射只出于过程数据(信号)交换目的提供服务。

本映射的用意是如实使用 DNP3 的服务。不考虑对 DNP3 做出的定义进行任何引伸。

E.6 协议栈细节

E.6.1 DNP3 设备规约文件

若要符合 IEC 61400-25 的要求，最基本的实施条件是具备可实现本条及表 E.6.1 中选定内容的设备规约。除了此处列出的选择以外，兼容设备还可支持任何其他选项。

1.1 设备识别	能力
1.1.7 被支持的 DNP 层用于： *指示设备完全符合每个 DNP3 层。对于主站，请求和响应可单独指示。*	主站专用至少应包括： 请求 响应 ☑………☑………第 2 层 外站专用 请求和响应应至少包括： ☑………第 2 层
1.1.8 被支持的功能块数：[3]	应包括： ☑ 对象 0——属性对象 ☑ 数据集
1.1.9 需注意的补充内容： *简短描述的用意是使读者明确除被支持的 DNP 最高层以外的、设备支持的最明显功能。《实施表》中描述了完整的功能列表。*	**支持包含有限定符 00 和 01(8 和 16 位起/止点指数)的静态数据读出请求**
1.4 链路层 LINK LAYER	**能力**
1.4.5 发送已确认的用户数据帧： *设备赖以传输已确认链路层服务的一系列条件*	固定为或通过配置达到可永不发送已确认用户数据帧的目的
1.4.6 数据链路层确认超时： *此超时适用于需要确认或响应的任何二次数据链路层消息(链路复位、链路状态、用户数据等)*	固定为或通过配置可做到"无"
1.4.7 数据链路层重试最多次数： *设备重新发送要求链路层确认帧的次数。*	固定为或通过配置可包括"永不重试"
1.4.8 数据链路层帧内传输的最大八位字节数： *此数目包括 CRC。长度字段为 255 时，最大规格为 292。*	固定为或通过配置可包含 292
1.4.9 数据链路层帧内可被接收的最大八位字节 *此数目包括 CRC。长度字段为 255 时，最大规格为 292。若要符合要求，设备须能够接收 292 个八位字节。*	固定为或通过配置可包含 292。
1.5 应用层	**能力**
1.5.1 除文件传送以外，在应用层段内被传输的最大八位字节数：	主站：固定为或通过配置可达到 249。

对于 1.1.8，只有在可选数据集映射被支持时，才需要对象 0 和数据集。

此规格不包括任何传送或帧八位字节。

- *主站须提供小于或等于 249 的设定值。*

  外站须提供小于或等于 2 048 的设定值。

1.5.3 一个应用层段内可被接收的最大八位字节数：	主站：固定为或通过配置可达到 2 048。 外站：固定为或通过配置可达到 249
此规格不包括任何传送或帧八位字节。 ● *主站须提供大于或等于 2 048 的设定值。* *外站须提供大于或等于 249 的设定值。*	
1.5.4 等待整个应用层段的超时：	可配置
在指定时间内未收到一个消息段内所有各帧时的超时。根据某段第一帧被接收到最后一帧被接收的时段而测量。	
1.6 请填入以下主站专用项 1.6 FILL OUT	**能力**
1.6.1 等待整个应用层响应的超时(毫秒)：	可配置
在指定时间内未收到某个响应消息中所有各段时的主站超时。	
1.6.2 请求消息的应用层最多重试次数	固定为或通过配置可做到"无"
未收到响应时主站重新发送应用层请求消息的次数。此参数不得使主站重新发送控制或时间同步消息。外站不得发送重试。	
1.7 请填入以下外站专用项	**能力**
1.7.1 等待被征求响应消息的应用确认超时：	可配置
1.7.2 主站每隔多长时间要求一次时间同步？	可配置(默认值＝24 h)
1.8 外站未征求响应支持	**能力**
1.8.1 支持未征求报告：	可配置，可在"通"与"断"之间选择
当未征求响应模式配置为"off"(断开)时，设备的行为应完全像一个对未征求响应不支持的等效设备一样。如果设为"接通"，外站在重新起动后会发出零"未征求响应"，然后等待主站的"允许未征求响应"命令后再发送包含事件数据的附加"未征求响应"。	
1.8.3 未征求响应确认超时：	可配置
此为外站等候主站回复应用层确认的时间量，确认主站收到了未征求的响应消息。可配置值的范围至少须包括一秒钟到一分钟的范围。此参数可与正常的、被征求的应用确认超时参数相同，也可以是另外一个参数。	
1.9 外站未征求响应触发	**能力**
1.9.8 事件分配给任意类后的保持时间：	可配置
配置值 0 表示响应未因此参数而延迟。	
3.1 一位二进制输入	**能力**
3.1.2 变化 0 被请求时所报告的事件变化	.变化 2——有绝对时间 .变化 3——有相对时间
3.3 二进制输出状态与控制继电器输出块	**能力**
3.3.9 选择与操作之间的最长时间：	可配置(默认值＝10 s)

	点指数	
	名称	
始终	(选择/操作)	获得支持的控制运行
始终	直接操作	
始终	直接操作——无确认确认	
可配置	启动	
永不	停止	
可配置	扣上	
可配置	解扣	
可配置	跳闸	
可配置	关闭	
永不	计数>1	
永不	取消当前运行操作	
	数值为 0 时的状态名称	
	数值为 1 时的状态名称	
	变更	赋予事件的默认类(1,2,3 或无)
	命令	
	描述	

3.4 数器/冻结计数器	能力
3.4.9 计数器滚动翻转点:	32 位(4 294 967 295)

DNP3 设备规约文件

表 E.6.1 互用性

DNP 对象组及描述			请求 外站须分析		响应 外站可发出	
组号	变化号	描述	功能代码（十进制）	限定码（十六进制）	功能代码（十进制）	限定码（十六进制）
0[a]	254	设备属性——各属性非特定请求	1	00,01,06	129	5B
0[a]	255	设备属性——属性变化列表	1	00,01,06	129	5B
50	1	时间与日期——绝对时间	1	07(数量=1)	129	07(数量=1)
			2	07(数量=1)	—	—
50	3	时间与日期——最后记录时间时的绝对时间	2	07(数量=1)	—	—
52	1	时间延迟——近似			129	07(数量=1)
52	2	时间延迟——精确			129	07(数量=1)
60	1	类对象——0 类数据	1	06	—	—
60	2	类对象——1 类数据	1	06,07,08	—	—
			20，21	06	—	—
60	3	类对象——2 类数据	1	06,07,08	—	—
			20，21	06	—	—
60	4	类对象——3 类数据	1	06,07,08	—	—
			20，21	06	—	—
80	1	内部指示——压缩格式	2	00 (指数=7)	—	—
85[a]	0	数据集原型——所有变化	1	06	—	—
85[a]	1	数据集原型——有通用唯一识别码	1	00,01,06, 17,28	129	5B
			2	5B	—	—
86[a]	0	数据集描述符——所有变化	1	06	—	—
			22	00,01,06, 17,28	—	—
86[a]	1	数据集描述符——数据集内容	1	00,01,06, 17,28	129	5B
			2	5B	—	—
86[a]	2	数据集描述符——特点	1	00,01,06, 17,28	129	00，01，17， 28

表 E.6.1（续）

DNP 对象组及描述			请求 外站须分析		响应 外站可发出	
组号	变化号	描述	功能代码（十进制）	限定码（十六进制）	功能代码（十进制）	限定码（十六进制）
86[a]	3	数据集描述符——点指数属性	1	00,01,06,17,28	129	5B
			2	5B	—	—
87[a]	0	静态数据集——所有变化	1	06	—	—
87[a]	1	静态数据集——当前值	1	00,01,06,17,28	129	5B
			2	5B	—	—
			3，4，5，6	5B	129	5B
88[a]	0	事件数据集——所有变化	1	06,07,08	—	—
88[a]	1	事件数据集——快照	1	06,07,08	129，130	5B
无对象(仅限功能码)冷重启。			13			
无对象(仅限功能码)延迟测量。			23			

[a] 如果可选数据集映射获得支持，则只需要对象组 0 及对象组 85 至 88。

附 录 F
（规范性附录）
时间同步

F.1 总则

凡是声称符合本部分及表示可支持具有时间戳类型属性对象的实施，至少应使用 SNTP 协议，以保证风电场内的同步。使用其他更加精确的同步协议，不在本部分范围之内。

要获得关于时间戳时间质量属性的相同解释，应执行以下规则：

——设备启动后，其时钟不同步标志应设为真，直到设备与某个外部 SNTP 服务器或另一个更为精确的同步源（如：全球定位系统，PTP 或 IRIG-B）实现同步；

——如果没有更准确的外部同步源，且 SNTP 服务器对同步请求不回应或 SNTP 在做出响应时，LI 指示器表示时间服务器不可靠，应在供货商定义的特定超时之后，在测试用协议实施附加信息（PIXIT）文件中设定时钟不同步标志。此超时取决于内部时钟的精确度，应保证规定的最大偏差（PIXIT）；

——如果时间戳信息因内部时钟故障等原因而无法被视为有效，应设立时钟故障标志；

——所有包含时间戳属性的数据对象均应针对时间质量属性“时钟不同步”或“时钟失效”保持设定为数值真，直到时钟成功实现同步。

F.2 A-规约

时间同步服务的 A-规约应符合 DL/T 860.81—2006 的 6.5.1 中的定义。

F.3 T-规约

时间同步服务的 T-规约应符合 DL/T 860.81—2006 的 6.5.2 中的定义。

附 录 G
（资料性附录）
接口——实施考虑

G.1 总则

为了更好地理解 IEC 61400-25，现以以下讨论为例来表示 IEC 61400-25 相对于真实系统的覆盖范围。

IEC 61400-25 不限制任何信息、服务模型、通信栈、措施及应用程序接口（API）的实施。

注：此例不具有代表性。在两边均可以设置许多其他接口。

G.2 真实系统接口举例

在风电场（WPP）设备与监控系统之间的信息交换主要包括

图 G.1——一台客户端、一台服务器、若干个接口和措施。

服务器（风电场服务器）的代表是信息模型和信息交换模型。客户端（风电场客户端）作为服务器的补充。例如，客户端可请求由服务器提供的服务。对客户端本身不做规定（其主要作用是作为服务器的补充）。

现将从信息源到 SCADA 可视化的完整链条描述如下（图中从右向左）：

——数据值来源为真实的风电场。真实风电场过程与风电场服务器之间的数据（原始）值交换通过接口 1（IF1）和接口 2（IF2）实现，上述接口取决于实施情况。服务器侧设置接口的数量，取决于实施情况。

——风电场服务器为（原始）过程数据（如：分层名称、时间戳、质量等）增添有用信息。这一点在模型中定义，名称等内容的增加被定义为措施 1——此措施取决于实施情况。

——信息模型（从网络方面看）由 GB/T 30966.2 定义——模型的实现视实施情况而定。

——监视由实时数据源提供的过程数据值变化由措施 1 表示——该措施取决于实施情况，但特性和服务在 GB/T 30966.3 中定义。

——风电场服务器与监控系统之间的数据值交换经由（IF3）实现，特性和服务在本部分定义。

——与另一系统交换服务器内的模型描述（IF3）——特性和服务在本部分定义。

——（通信）客户端与客户端应用（可视化，HMI）之间的数据值交换经由（IF4）和[Act2（措施 2）]实现——此措施取决于实施情况。

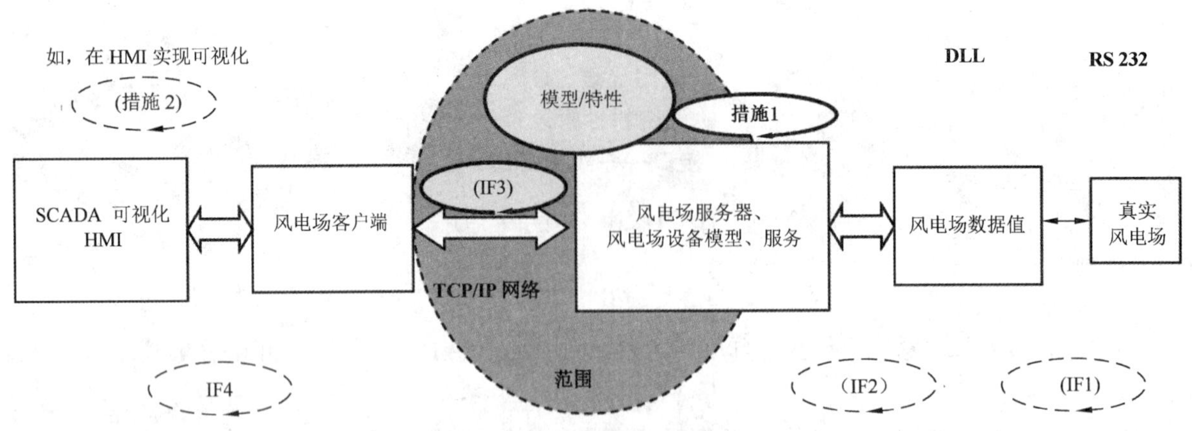

图 G.1 实施问题(示例)

接口(IF3)是唯一由 IEC 61400-25 定义的接口。该接口的定义由通过此接口访问的信息和带有服务参数和数值的消息实施。

所有应用程序接口均不在 IEC 61400-25 范围内。

ICS 27.180
F 11

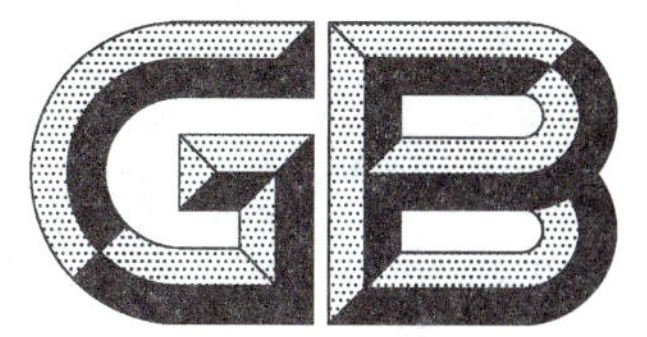

中华人民共和国国家标准

GB/T 30966.5—2015/IEC 61400-25-5:2006

风力发电机组 风力发电场监控系统通信 第5部分:一致性测试

Wind turbines—Communications for monitoring and control of wind power plants—Part 5:Conformance testing

(IEC 61400-25-5:2006,Wind turbines—Part 25-5:Communications for monitoring and control of wind power plants—Conformance testing,IDT)

2015-05-15 发布 2016-02-01 实施

中华人民共和国国家质量监督检验检疫总局
中国国家标准化管理委员会 发布

前　言

GB/T 30966《风力发电机组　风力发电场监控系统通信》分为六个部分：

——第1部分：原则与模式；

——第2部分：信息模型；

——第3部分：信息交换模型；

——第4部分：映射到通信规约；

——第5部分：一致性测试；

——第6部分：状态监测的逻辑节点类和数据类。

本部分为GB/T 30966的第5部分。

本部分按照GB/T 1.1—2009给出的规则起草。

本部分使用翻译法等同采用IEC 61400-25-5:2006《风力发电机组　第25-5部分：风力发电场监控系统通信　一致性测试》(英文版)。

与本部分中规范性引用的国际文件有一致性对应关系的我国文件如下：

——GB/T 17178(所有部分)　信息技术　开放系统互联　一致性测试方法和框架[ISO/IEC 9646(所有部分)]

——GB/T 30966(所有部分)　风力发电机组　风力发电场监控系统通信[IEC 61400-25(所有部分)]

本部分做了下列编辑性修改：

a) 将标准名称改为“风力发电机组　风力发电场监控系统通信　第5部分：一致性测试”；

b) 将“IEC 61400-25-5”改为本部分；

c) 将“IEC 61400-25-1”改为“GB/T 30966.1”；

d) 将“IEC 61400-25-2”改为“GB/T 30966.2”；

e) 将“IEC 61400-25-3”改为“GB/T 30966.3”；

f) 将“IEC 61400-25-4”改为“GB/T 30966.4”。

本部分由中国机械工业联合会提出。

本部分由全国风力机械标准化技术委员会(SAC/TC 50)归口。

本部分主要起草单位：中国科学院电工研究所、北京科诺伟业科技有限公司、新疆金风科技股份有限公司。

本部分主要起草人：马蕊、胡书举、许洪华、赵斌、鄂春良、赵栋利、武鑫、李海东、姚红菊、张启文、王相明。

引　　言

GB/T 30966 定义了风电场监控系统通信技术。GB/T 30966 的建模方法基于对类和服务的抽象定义，独立于特定的协议栈、实施和操作系统。抽象类和服务到特定通信模型的映射将在 GB/T 30966.4 中介绍。

GB/T 30966 定义了风电场设备一致性测试的方法和抽象测试实例。供测试系统开发者参考。

注 1：建议在阅读本部分前，先了解 GB/T 30966.1～GB/T 30966.4。

注 2：本部分中用到的缩略语在第 4 章或在 GB/T 30966 其他与一致性测试相关的部分描述。

风力发电机组　风力发电场监控系统通信 第5部分：一致性测试

1 范围

IEC 61400-25(所有部分)关注的是风电场中各组成部分(如风力发电机组)和参与者(如 SCADA 系统)之间通信的一般性要求。风电场各部分自身内部通信不在适用范围之内。

IEC 61400-25(所有部分)设计了客户-服务器模型支持的通信环境，定义了以下三个方面的内容，并分别进行建模来保证实现的可扩展性：

1) 风电场信息模型；

2) 信息交换模型；

3) 信息模型和信息交换模型映射到标准通信规约。

风电场信息模型和信息交换模型在客户端和服务器端之间构成一个接口。作为访问风电场数据的解释框架，风电场信息模型通过服务器向客户端提供统一的、基于部件的风电场数据。信息交换模型反映了服务器的全部有效功能。IEC 61400-25(所有部分)使得不同客户与来自不同制造商和供应商的服务器之间的访问具有通用性。

如图1所示，IEC 61400-25(所有部分)定义的服务器包含如下几个方面：

——由风电场部件提供的信息，如"风力发电机组风轮转速"或"某一确定时间内总的发电量"，这些信息被模型化，并可被有效访问。模型化的信息在 GB/T 30966.2 信息模型中定义。

——模型化信息值的交换服务，在 GB/T 30966.3 信息交换模型中定义。

——映射到通信规约，提供一个协议栈从模型化信息中获取交换值(GB/T 30966.4)。

IEC 61400-25(所有部分)仅定义了如何模型化信息、信息交换并映射到具体通信协议，不包含如何、在何地去实现通信接口、应用程序接口以及实现的建议。然而，IEC 61400-25(所有部分)的目的是通过相应的逻辑设备得到与单一风电场部件(如风力发电机组)相关的信息。

GB/T 30966 的本部分详细描述了实施一致性测试的标准技术，以及确定性能参数时应用的特定测量技术。这些技术的应用，提高了用户购买集成简单、运行正确、支持预定应用的系统的能力。

注：一致性测试所用测试设备的作用及验证结果不在本部分范围内。

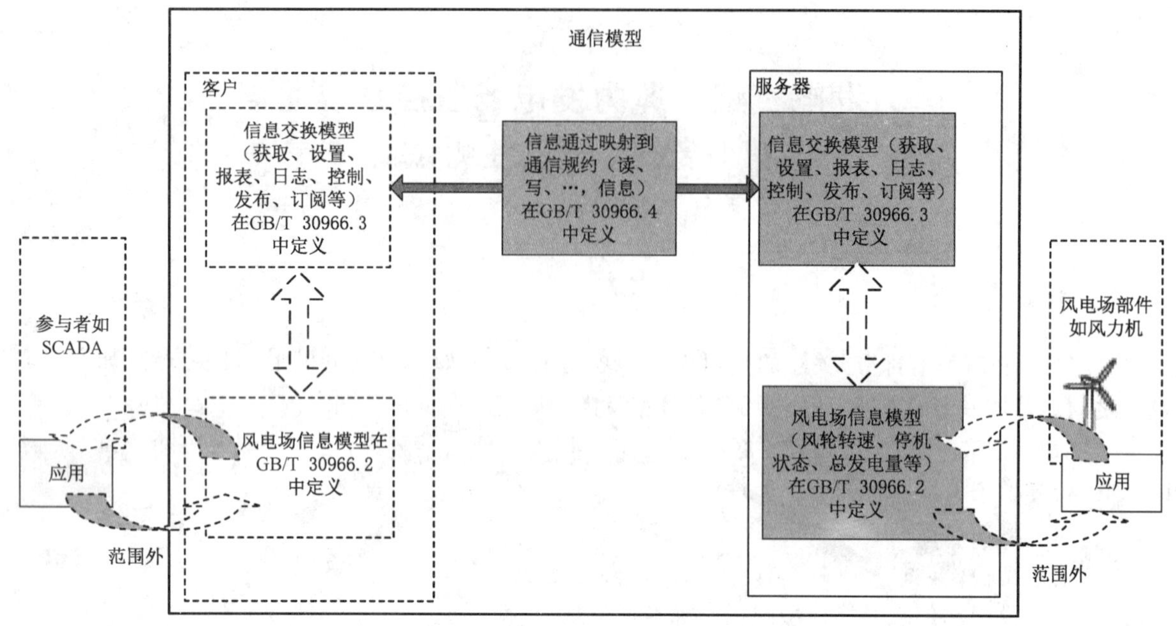

图 1　通信模型概念

2　规范性引用文件

下列文件对于本文件的应用是必不可少的。凡是注日期的引用文件，仅注日期的版本适用于本文件。凡是不注日期的引用文件，其最新版本(包括所有的修改单)适用于本文件。

DL/T 860.71—2006　变电站通信网络和系统　第7-1部分：变电站和馈线设备的基本通信结构　原理和模型(IEC 61850-7-1:2003,IDT)

DL/T 860.72—2004　变电站通信网络和系统　第7-2部分：变电站和馈线设备的基本通信结构　抽象通信服务接口(ACSI)(IEC 61850-7-2:2003,IDT)

DL/T 860.74—2006　变电站通信网络和系统　第7-4部分：变电站和馈线设备的基本通信结构　兼容逻辑节点类和数据类(IEC 61850-7-4:2003,IDT)

IEC 61400-25(所有部分)　风力发电机组　第25部分：风力发电场监控系统通信(Wind turbines—Part 25:Communications for monitoring and control of wind power plants)

ISO/IEC 9646(所有部分)　信息技术　开放系统互联　一致性测试方法和框架(Information technology—Open systems interconnection—Conformance testing methodology and framework)

3　术语和定义

GB/T 30966.1 界定的以及下列术语和定义适用于本文件。

3.1

工厂验收测试　factory acceptance test;FAT

对专门制造的变电站自动化系统或其部分设备，采用设计应用参数设置经用户同意的功能测试。工厂验收测试采用模拟过程的测试设备在制造厂或其他商定的地方进行。

3.2

互操作性　interoperability

同一或不同制造商提供的两台或多台设备交换信息，并用这些信息正确地配合工作的能力。与另外一组量或值相对应的一组规定值。

3.3

模型实现一致性陈述　model implementation conformance statement;MICS

系统或设备支持的标准数据对象模型元素的详情。

3.4

否定测试　negative test

验证设备或系统在以下情况是否正确响应的测试:

——被测设备或系统不实现 IEC 61400-25(所有部分)的一致性信息和服务;

——测试时将非 IEC 61400-25(所有部分)的一致性信息和服务输入设备和系统。

3.5

协议实现一致性陈述　protocol implementation conformance statement;PICS

被测系统能力汇总。

3.6

协议实现额外信息(测试用)　protocol implementation extra information for testing;PIXIT

用于测试的实现协议以外的信息,包括系统的有关能力的特定信息。它超出 IEC 61400-25(所有部分)范围。

注:PIXIT 不是标准化的课题。

3.7

常规测试　routine test

为保证设备运行和安全,由制造商进行的测试。

3.8

现场验收测试　site acceptance test;SAT

使用最终参数对每一个数据和控制点,以及 WPP(风电场)内、WPP 与其安装现场的运行环境之间的正确功能进行的检验。SAT 是风电场投入运行的先决条件。

3.9

系统测试　system test

WPP 组件和整个 WPP 在不同应用条件下的正确性能的校核。

注:系统测试属于 WPP 系统组件开发的最后阶段。

3.10

测试设备　test equipment

模拟和校核 WPP 运行环境的输入/输出的所有工具和仪器,如风力发电机组、开关、变压器、网络控制中心或在一侧连接的通信单元,以及另一侧 WPP 系统组件间的通信链接。

3.11

测试机构　test facility

能提供适当的测试设备和训练有素的一致性测试人员的组织。

注:一致性测试和测试结果信息的管理应遵循质量体系。

3.12

型式试验　type test

采用系统测试软件及相应技术数据,在测试环境下对 WPP 系统组件正确性能的检验。

注:型式试验标志着硬件开发的最后阶段,是正式生产的先决条件。应使用正常生产周期的系统组件进行测试。

3.13

见证点　witness point

相应文件规定的,在此处进行检查的点。此工作可不经一致性测试委托者认可。测试机构应在协商预定见证点时提前一段时间给委托者一个书面通知。委托者或其代表有权力(但不是责任)核实见证点。

4 缩略语

ACSI	抽象通信服务接口
BRCB	缓存报告控制块
DUT	被测设备
FAT	工厂验收测试
GI	总召唤
HMI	人机接口
IED	智能电子设备
IP	互联网协议
LCB	日志控制块
LD	逻辑设备
LN	逻辑节点
MICS	模型实现一致性陈述
PICS	协议实现一致性陈述
PIXIT	协议实现额外信息(测试用)
RCB	报表控制块
RTU	远程终端设备
SAT	现场验收测试
SCADA	数据采集与监控系统
SCSM	特定通信服务映射
SoE	事件顺序
SUT	被测系统
TPAA	双方应用关联
URCB	非缓存报告控制块
UTC	世界统一时间
WPP	风电场

5 一致性测试介绍

5.1 概述

一个按照用户特定需求设计的完整系统,从设备开发、生产到正常运行,需要经历很多步骤。在此过程中需进行适当的测试。

设备(或系统配套元件)开发阶段有很多内部测试,最后进行型式试验(单元级测试)。型式试验应由供应商进行,如有可行的标准,要求由独立的测试机构进行。本部分中的型式试验仅限于除通信外的设备功能测试。

生产链里连续的常规测试是必要的,可以保证生产者提供产品的质量稳定性。

一致性测试是对通信以及为了通信而组成的基本系统组件有关系统的型式试验。作为全局性的通信标准,IEC 61400-25(所有部分)包括标准的一致性测试,可以保证所有供应商遵守可行的要求。

型式试验和一致性测试不能完全保证满足所有功能和性能要求。但是,正确进行型式试验和一致性测试可以明显地减少在工厂和现场集成系统时出现问题的风险。

一致性测试不能代替工程特定的系统测试，如 FAT 和 SAT。FAT 和 SAT 以用户对特定的风电场系统的要求为基础，通常由系统集成者和用户的见证人进行。这些测试增加了可信度，使系统中所有潜在问题都被发现和解决。这些测试证实交付的风电场系统符合规范。

5.2 一致性测试程序

通常，系统组件通信性能的一致性测试应是风电场系统内这些设备支持的典型应用的功能要求和性能要求的测试。

一致性测试表明 DUT 按 IEC 61400-25(所有部分)规定方法与其他系统组件互连运行的能力。

一致性测试要求需考虑以下情况：

——所有测试都有测试完整性问题，可能发生的情况很多。测试可以覆盖所有正常操作，但是难以覆盖所有故障情况。

——对来自世界范围内不同供应商的系统组件全部系统配置进行测试是不可能的。因此，应采用带有设备模拟器的标准化的测试体系结构。采用这样的测试体系结构，隐含着关于它的配置和所应用的测试程序，以使测试结果可以兼容及再现。

——通信标准不规定通信设备的功能，所以功能失效情况不在本部分范围内。但是，分布功能的存在和设备功能响应对数据流的影响这两者是相互依存的。

——根据 IEC 61400-25(所有部分)定义的范围，一些设备的特性可以用与一致性测试的 DUT 一起提供的信息和文件来证明，代替该设备的一致性测试。

一致性测试确认符合 IEC 61400-25(所有部分)运行的 DUT 的通信。

因 IEC 61400-25(所有部分)未定义新的通信栈，所有 ISO/OSI 七层的一致性将由文件证实，该文件是与相应规范一致并进行了预测试和验证的通信栈软件。标准的一致性测试只能对依据 ACSI 的应用进行测试。

5.3 质量保证和测试

5.3.1 概述

为保证一致性测试的质量，应有质量保证体系。

在一致性测试的所有阶段，一般按质量监督来监视和检验各组成部分的状态。为此，要在买方或其测试代理商确定的控制点和见证点，以及按测试机构提出的检验计划进行检验。这些检验与过程有关，能提供测试质量的信息和可信度。质量监督会减少工厂验收和现场验收失败的风险。

5.3.2 质量计划

5.3.2.1 一致性测试质量计划

为进行评定，测试机构需提供一致性测试的质量计划。

该计划应包括工作范围全部措施和/或组织、时间、信息和质量方面的内容。对于测试机构和它的分包机构只有一个质量计划。

一致性测试质量计划应包括以下内容：

——完整和详细的工作方法描述，这将保证在允许时间内所有检验工作满足适当的要求和条件。

——所有要完成任务的详细描述，包括参照的日程计划以及工作人员、材料、工作方法和有关方法、步骤的概述。

——组织机构的详细描述，包括委派、任务和测试项目不同阶段涉及人员的责任。描述应包括不同测试阶段所有发生的测试、检查、研究、审查以及日期。这些描述是测试和检验计划的一部分。

——在测试的所有阶段处理偏差、变更和修改的方法。

——提供文件的签字结束程序和描述。

5.3.2.2 测试和检验计划

一致性测试质量计划应包括测试和检验计划。测试机构在计划中规定所有的测试阶段：

——检验、测试和记录内容；

——检验和测试的目的；

——检验、测试和记录要执行的步骤(程序)和标准；

——检验和测试的预期结果；

——确定进行检验、测试和记录的工作人员。

测试机构负责正确准时执行在测试和检验计划中提到的所有项目。

测试机构应提出在测试和检验计划中对控制点、见证点和观察点的建议。

有多种方法进行控制点和见证点的工作。一致性测试的委托者或其代理人在测试或检验期间可以在现场，也可以检查相关的质量文件，例如检查单、证书和有效文件。可在测试机构那里检查这些文件。

所有的控制点和见证点由测试机构最迟要在测试前的预定时间内公布。根据出差安排和获得所需资源的时间要求，建议时间至少是一周。

一致性测试的委托者有权审查测试机构及其分供应商的质量体系。测试机构应协助并提供一致性测试所在地的信息。虽然测试委托者有检查一致性测试质量的权利，但不免除测试机构的责任。

由一致性测试委托者提出的检验和测试，应在彼此同意的时间、地点，以及测试机构、所有可能的第三方及分包机构的办公室和工厂进行。

5.4 测试

5.4.1 概述

应对制造商在提供的 PICS、PIXIT 和 MICS 中标明的每个被测设备的能力进行一致性测试。在提交被测设备时，应提供以下内容：

——被测设备；

——协议实现一致性陈述(PICS)；

——协议实现额外信息(测试用)(PIXIT)陈述；

——模型实现一致性陈述(MICS)；

——设备安装和操作的详细指导手册。

一致性测试的要求分为以下两类：

a) 静态一致性要求(定义应实现的要求)；

b) 动态一致性要求(定义要求由协议用于特定实施过程引起)。

静态和动态一致性要求应在协议实现一致性陈述(PICS)中规定。PICS 用于三种目的：

1) 适当的测试组合的选择；

2) 保证执行适合一致性要求的测试；

3) 提供检查静态一致性的基础。

对于不同的 SCSMs 应定义具体的 PICS。

应提供 MICS 详细说明由系统或设备支持的标准数据对象模型元素。

除 PICS 外，应提供 PIXIT 文件。

一致性评价的过程如图 2 所示。

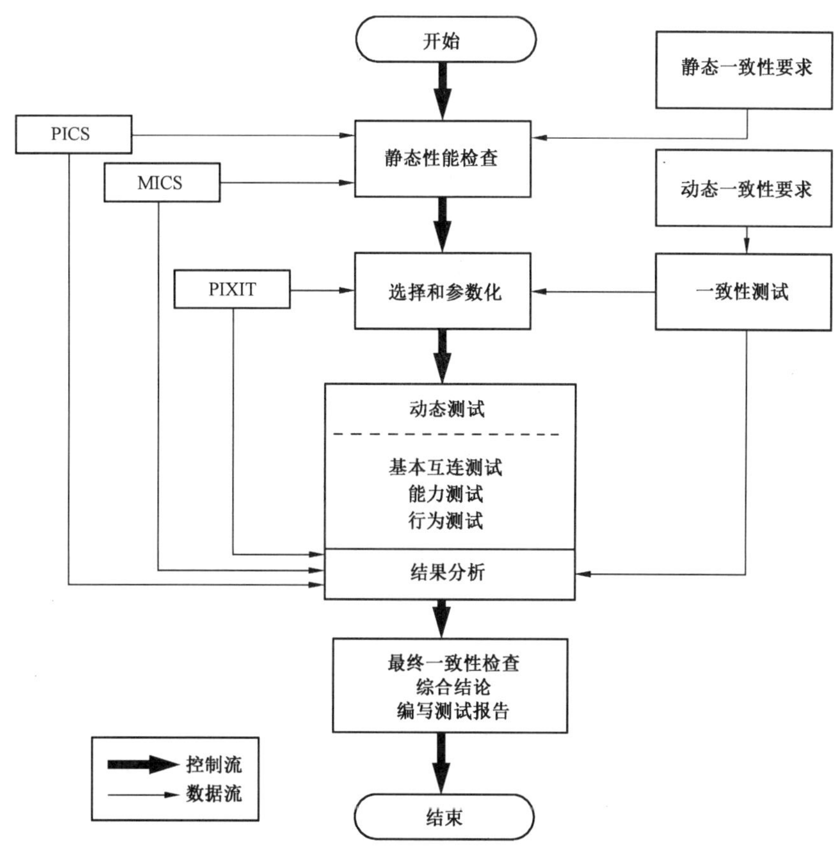

图 2　一致性评价过程示意图

5.4.2　设备测试

单个测试设备应对单个设备进行一致性测试。

设备特定的一致性测试包括以下肯定和否定测试：

——设备的文件和控制版本的检查；

——按设备相关的对象模型(GB/T 30966.2)进行设备配置文件的测试；

——按适用的 SCSM(GB/T 30966.4)进行通信栈实现的测试；

——按 ACSI 定义(GB/T 30966.3)进行 ACSI 服务的测试；

——按 IEC 61400-25(所有部分)给出的一般规则，进行设备特定扩展的测试。

5.5　一致性测试报告文件

一致性测试报告应包括以下信息：

——描述或规定已完成的任何质量测试的所有文件的参考清单。这些文件可包括供应商的标准操作和测试过程以及地方标准、国家标准和国际标准。国际标准应标出文件代号、日期、章条编号。引用其他文件应包括完整的出处和文件标识。为便于阅读，还可包括一个完整、准确的文件概述或摘要。

——用于进行一致性测试的计算机软件或任何专用的测试设备的清单。

——制造商名称和地址。

——一致性测试委托者(如与制造商的名称不同)的名称和地址。

——被测设备名称。

——被测设备所有的变化(硬件、固件等)。
——测试机构的名称和地址。
——测试报告发布日期。
——检测人员的名字及签名。
——唯一的编号。
——验证一致性的测试项目清单。
——注释和发现的问题。
——对每个测试项目应写入以下内容:
- 测试项目及测试目的的描述,测试程序以及预期结果;
- 参照的 IEC 61400-25(所有部分)的部分、章、条;
- 各测试项目的唯一标识符;
- 测试结果为通过、失败、不确定或不适用;
- 测试结果与预期结果的比较。

对于那些在测试中对设备所做的任何变更或替换,特别是对那些测试缺陷的纠正,应予完整说明。

一致性测试文件应提供给测试委托者。

6 有关设备的一致性测试

6.1 通用准则

6.1.1 测试方法

通信测试至少需两台设备互相通信。

对所有产品进行全面的互操作测试是不可行的。所以,测试概念应包括测试设备、测试配置和测试场景。

应使用恰当定义的测试案例进行动态性能的测试。

应特别指出,通信设备如星型耦合器、交换机等,应支持 IEC 61400-25(所有部分)要求的所有特性,但不得带来意外事故和限制。

应适当考虑测试过程中被测设备所用的通信方法(客户-服务器,FTP/IP 等)的影响。即使可用先进的工具进行这种分析,功能应用的检验也不属于一致性测试范围。

6.1.2 测试系统结构

为能进行设备测试需建立一个最小测试环境(见图 3)。除 DUT 外,还需要用作客户和服务器的设备(如模拟器)以启动及生成报文,进行记录并处理结果信息。网络上的背景负载可由附加的负载模拟器提供,它也可包含时间同步的主站。在网络上可选配 HMI 用于独立的测试系统监视。选配的 HMI 可包括网络监视工具以及系统和设备级的工程软件。网络分析器应用于监视系统测试的差错。

在具有客户-服务器角色的测试场景中,测试系统应为服务器设备、客户设备和身兼服务器、客户双重角色的设备提供连接点。

测试系统应包含涉及以下方面的文件:
——测试系统硬件配置;
——测试系统软件配置;
——测试模拟器,或背景负载模拟器,或用于时间同步的主机。

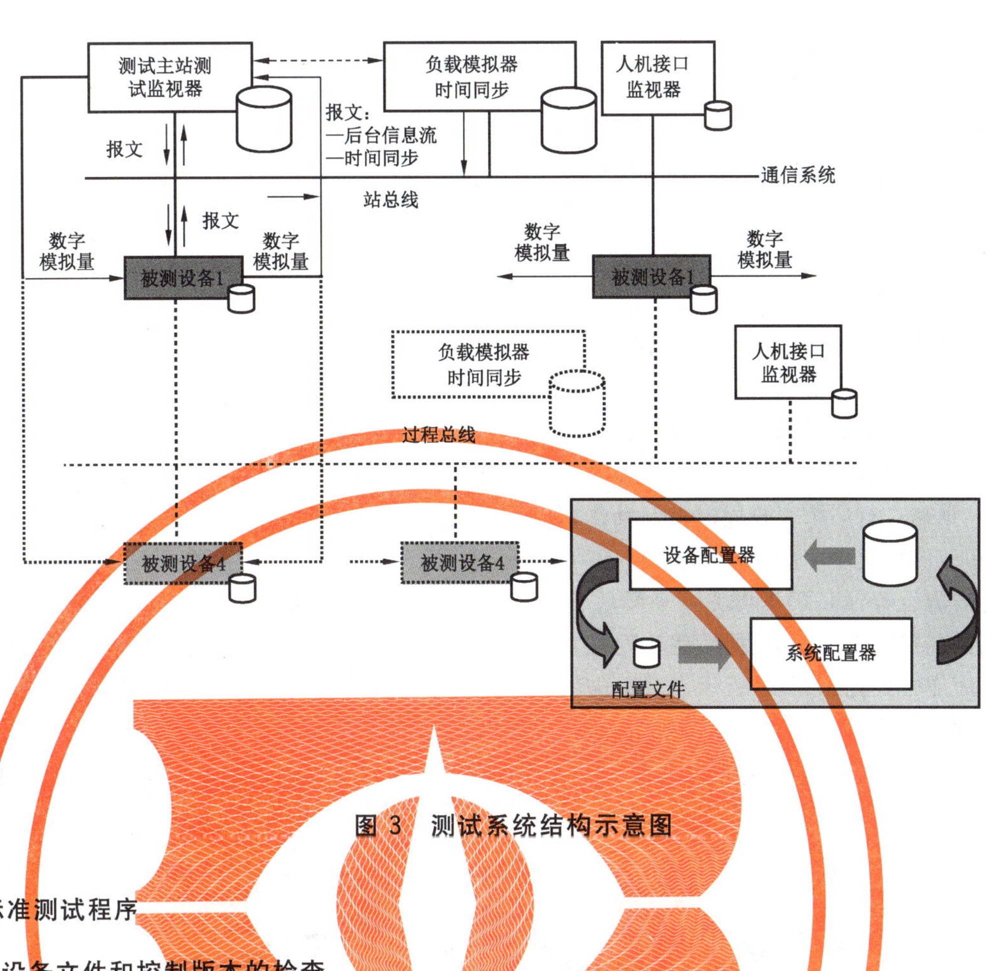

图3 测试系统结构示意图

6.2 标准测试程序

6.2.1 设备文件和控制版本的检查

下列问题应在测试过程中加以解决：

——PICS；

——版本控制；

——制造商文件。

6.2.2 基本系统通信功能测试

下列问题应在测试过程中加以解决：

——时钟同步；

——时间戳；

——通信断开。

6.3 一致性测试程序

6.3.1 概述

本条描述测试程序要求、测试结构、测试案例（测试什么）、文件格式以及测试过程（怎样测试）的几个示例。

6.3.2 测试程序要求

测试程序的要求是：

——测试案例描述应测试什么，测试过程描述测试工程师或测试系统如何进行测试；

——测试案例包括参照文件中参照的适当条款；
——测试结果应能在同一个测试实验室和不同的测试实验室重现；
——合理地、尽可能地支持自动测试，尽量少地人为干预；
——测试应着重于不易测试的情况，例如在工厂或现场验收中不易进行的测试，并降低互操作性的风险，例如：
- 检验在信息包延迟、丢失、重复和失序的情况下被测设备的性能；
- 配置、实现和操作风险；
- 名称、参数、设置或数据类型等不匹配；
- 超过一定限值、范围或超时；
- 测试否定响应的强制情况；
- 检查所有(控制)状态机的路径；
- 强制进行多个客户同时控制操作；

——ACSI 测试集中在应用层(映射)；
——将被测设备(DUT)考虑为一个黑盒子，为测试使用输入输出和通信接口；
——测试包括测试版本、数据模型和配置文件，以及适当的 ISO/IEC 9646 标准术语的使用。

测试程序应格式化，如图 4 所示。采用这种格式的测试过程文件也可用作测试报告。附录 A 给出几个测试过程文件示例。

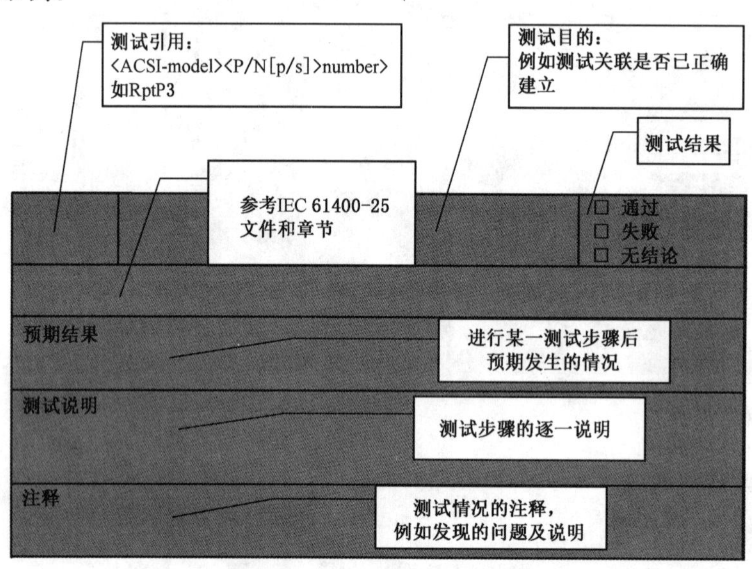

图 4 测试程序格式

6.3.3 测试结构

服务器测试案例的结构如下：

a) 文件和版本控制(本部分)；

b) 数据模型(GB/T 30966.2)；

c) ACSI 模型和服务映射(GB/T 30966.3)；定义抽象测试案例的相应条款括号内给出：

——应用关联(6.3.4.5)；
——服务器、逻辑设备、逻辑节点和数据模型(6.3.4.6)；
——数据集(6.3.4.7)；

——报告(6.3.4.8)；

——日志(6.3.4.9)；

——控制(6.3.4.10)；

——时间和时间同步(6.3.4.11)。

6.3.4 服务器测试案例

6.3.4.1 概述

本部分规定了抽象测试案例(见 6.3.4.5 ～ 6.3.4.12)。抽象测试案例是测试中具体测试案例的定义。

注 1：测试案例的具体语法决定于测试系统环境，也就是主要决定于测试语言。具体测试案例由市场认可的测试机构提供。

注 2：服务器测试需要一台基本负载发生器。基本负载的定义不在 IEC 61400-25(所有部分)范围内。

6.3.4.2 文件和版本控制测试程序概述

检查制造商的 PICS、MICS 和 PIXIT 文件是否和 DUT 的软硬件版本相符(GB/T 30966.4)。

6.3.4.3 数据模型测试案例

数据模型测试案例应：

——检验每个 LN 中必备对象是否存在(存在为 M，可选为 O)；

——检验有条件的对象是否存在，是否正确；

——检验每个 LN 的所有对象的数据类型；

——检验来自设备的数据属性值是否在规定范围内(在整个一致性测试中连续检验)。

测试结果是关于对象引用的列表，具有数据类型、公共数据类、数据属性类型、M/O 指示(依据 GB/T 30966.2)。

检查数据模型的扩展应根据标准的扩展规则，包括名称空间的使用。制造商特定的数据模型的扩展应写成文件。为此，MICS 应包括与 GB/T 30966.2 格式相同的特定逻辑节点、公用数据类型和数据属性类型的定义。

应对数据模型映射进行以下检验：

——检验名字长度和对象扩展；

——检验功能组件的组成；

——检验控制块和日志的命名。

6.3.4.4 ACSI 模型和服务映射测试案例

测试项目将分组列在一些表中。这些表应反映 GB/T 30966.3 中特定的服务：

——应用关联(Ass)；

——服务器、逻辑设备、逻辑节点、数据和数据属性模型(Srv)；

——报告控制模型(Rpt)；

——日志控制模型(Log)；

——控制模型(Ctl)；

——时间和时间同步模型(Tm)。

ACSI 模型和服务的测试案例分为以下两类：

——肯定测试表示正常条件下的验证,结果一般为肯定响应;

——否定测试表示异常条件下的验证,结果一般为否定响应。

当适用的 ACSI 模型和 ACSI 服务为 DUT 支持时,测试案例是强制的,其在 DL/T 860.72—2004 附录 A PICS 中规定。

6.3.4.5 应用关联

6.3.4.5.1 肯定

测试案例	测试案例描述
S_Ass1	关联及释放 TPAA 关联(DL/T 860.72—2004,7.4)
S_Ass2	关联和客户中止 TPAA 关联(DL/T 860.72—2004,7.4)
S_Ass3	同时与最多数量的客户关联(PIXIT)

6.3.4.5.2 否定

测试案例	测试案例描述
S_AssN1	检查带有错误的认证参数,服务器启动认证,关联失败,以及认证关闭服务器关联(DL/T 860.72—2004,7.4)
S_AssN2	检查服务器或客户的关联参数错误时关联失败(DL/T 860.72—2004,7.4,PIXIT)
S_AssN3	设置最大数+1 的关联,检验最后一个关联被拒绝
S_AssN4	断开通信接口,DUT 在规定的时间内应检测到链路中断
S_AssN5	中断和恢复供电,DUT 就绪后应能接受关联请求

6.3.4.6 服务器、逻辑设备、逻辑节点和数据模型

6.3.4.6.1 肯定

测试案例	测试案例描述
S_Srv1	请求读取服务器目录(逻辑设备)并检查响应(DL/T 860.72—2004,6.2.2)
S_Srv2	对每个读取服务器目录(逻辑设备)的响应发读取逻辑设备目录请求,并检查响应(DL/T 860.72—2004,8.2.1)
S_Srv3	对每个读取逻辑设备目录响应发读取逻辑节点目录(数据)请求,并检查响应(DL/T 860.72—2004,9.2.2)
S_Srv4	对每个读取逻辑节点目录(数据)的响应发: ——读取数据目录请求,并检查响应(DL/T 860.72—2004,10.4.4); ——读取数据定义请求,并检查响应(DL/T 860.72—2004,10.4.5); ——读取数据值请求,并检查响应(DL/T 860.72—2004,10.4.2)
S_Srv5	发一个读取数据值的最大值请求,并检查响应
S_Srv6	对每个可写数据对象发设定数据值请求,并检查响应(DL/T 860.72—2004,10.4.2)
S_Srv7	发一个设定数据值的最大值请求,并检查响应
S_Srv8	对每个功能约束请求读取所有数据值,并检查响应(DL/T 860.72—2004,9.2.3)

6.3.4.6.2 否定

测试案例	测试案例描述
S_SrvN1	请求下列带有错误参数(对象未知,名称用例不匹配,逻辑设备错误或逻辑节点错误)的数据服务并检验服务响应差错: ——服务器目录(逻辑设备)(DL/T 860.72—2004,6.2.2); ——读取逻辑设备目录(DL/T 860.72—2004,8.2.1); ——读取逻辑节点目录(数据)(DL/T 860.72—2004,9.2.2); ——读取所有数据值(DL/T 860.72—2004,9.2.3); ——读取数据值(DL/T 860.72—2004,10.4.2); ——设定数据值(DL/T 860.72—2004,10.4.3); ——读取数据目录(DL/T 860.72—2004,10.4.4); ——读取数据定义(DL/T 860.72—2004,10.4.5)
S_SrvN2	请求超出数值范围的计数数据的设定数据值,并检查服务响应差错(DL/T 860.72—2004,10.4.2)
S_SrvN3	请求具有不匹配数据类型(如:int-float)设定数据值,并检查服务响应差错(DL/T 860.72—2004,10.4.2)
S_SrvN4	请求只读数据的设定数据值,并检查服务响应差错(DL/T 860.72—2004,10.4.2)

6.3.4.7 数据集模型

6.3.4.7.1 肯定

测试案例	测试案例描述
S_Ds1	请求读取逻辑节点目录(逻辑设备),并检查响应(DL/T 860.72—2004,9.2.2),对每个响应发: ——读取数据集数值请求,并检查响应(DL/T 860.72—2004,11.3.2); ——读取数据集目录请求,并检查响应(DL/T 860.72—2004,11.3.6)
S_Ds2	请求创建数据集建立具有一个和尽可能多元素的永久数据集,检查响应(DL/T 860.72—2004,11.3.4),并检查非永久数据集对另一客户的可视性
S_Ds3	请求创建数据集建立具有一个和尽可能多元素的非永久数据集,检查响应(DL/T 860.72—2004,11.3.4),并检查永久数据集对另一客户的可视性
S_Ds4	建立和删除一个永久数据集,用同样名称以新数据值或重新排序的元素再建立数据集,并检查这些元素
S_Ds5	建立和删除一个非永久数据集,用同样名称以新数据值或重新排序的元素再建立数据集,并检查这些元素
S_Ds6	建立一个非永久数据集,释放或中止关联,再进行关联并检查数据集是否已删除(DL/T 860.72—2004,11.1)
S_Ds7	建立一个非永久数据集,释放或中止关联,再进行关联并检查数据集是否仍存在(DL/T 860.72—2004,11.1)
S_Ds8	建立和删除一个永久数据集,验证每个数据集都能正常建立:将建立和删除过程再重复一次
S_Ds9	建立和删除一个非永久数据集,验证每个数据集都能正常建立:将建立和删除过程再重复一次
S_Ds10	用读取数据值和设定数据值验证设定数据集数值或读取数据集数值

6.3.4.7.2 否定

测试案例	测试案例描述
S_DsN1	请求下列带有错误参数(对象未知,名称用例不匹配,逻辑设备错误或逻辑节点错误)的数据集服务,并检查服务响应差错: ——读取数据集数值(DL/T 860.72—2004,11.3.2); ——设定数据集数值(DL/T 860.72—2004,11.3.3); ——创建数据集(DL/T 860.72—2004,11.3.4); ——删除数据集(DL/T 860.72—2004,11.3.5); ——读取数据集目录(DL/T 860.72—2004,11.3.6)
S_DsN2	用同一名称两次建立永久数据集,并检查服务响应差错
S_DsN3	用同一名称两次建立非永久数据集,并检查服务响应差错
S_DsN4	建立大于永久数据集最大数量的数据集,并检查服务响应差错
S_DsN5	建立大于非永久数据集最大数量的数据集,并检查服务响应差错
S_DsN6	建立一个大于元素最大数量的永久数据集,并检查服务响应差错
S_DsN7	建立一个大于元素最大数量的非永久数据集,并检查服务响应差错
S_DsN8	建立一个具有未知数据值的永久数据集,并检查服务响应差错
S_DsN9	建立一个具有未知数据值的非永久数据集,并检查服务响应差错
S_DsN10	删除一个(预先定义的)不可删除的数据集,并检查服务响应差错
S_DsN11	两次删除一个永久数据集,并检查服务响应差错
S_DsN12	两次删除一个非永久数据集,并检查服务响应差错
S_DsN13	删除一个由(报告)控制类引用的数据集,并检查服务响应差错(DL/T 860.72—2004,11.1)
S_DsN14	向具有1个或多个只读元素的数据集请求设定数据集数值,并检查服务响应差错

6.3.4.8 报告模型

6.3.4.8.1 肯定

测试案例	测试案例描述
S_Rpt1	请求读取逻辑节点目录(BRCB)并检查响应。 对所有响应的BRCB请求读取BRCB值
S_Rpt2	请求读取逻辑节点目录(URCB)并检查响应。 对所有响应的URCB请求读取URCB值
S_Rpt3	请求添加订阅并检查响应报文(GB/T 30966.3—2014,9.8.2)。 对所有响应的LN请求读取xRCB值
S_Rpt4	请求清除订阅并检查响应报文(GB/T 30966.3—2014,9.8.3)
S_Rpt5	检验URCB可选域的报告。 配置/启动URCB全部有用的可选域组合:序列号、报告时间戳、包括的原因、数据集名、数据引用、缓存溢出、和/或条目号(DL/T 860.72—2004,14.2.3.2.2.1),强制/触发一个报告并检查报告包含启动的可选域(DL/T 860.71—2006,14.3.1)

<table>
<tr><th>测试案例</th><th>测试案例描述</th></tr>
<tr><td>S_Rpt6</td><td>检验 BRCB 可选域的报告(见 Rpt 5)</td></tr>
<tr><td>S_Rpt7</td><td>检验由添加订阅创建的 xRCB 可选域的报告(GB/T 30966.3—2014,9.8.2,表 10)(可选域见 Rpt 4)</td></tr>
<tr><td>S_Rpt8</td><td>检验 URCB 的触发条件:
——配置和启动 URCB 全部有用的可选域:序列号、报告时间戳、包括的原因、数据集名、数据引用、缓存溢出和条目号,并检查是否在以下触发条件发出报告:
● 完整性;
● 数据更新(dupd);
● 完整性的更新;
● 数据改变(dchg);
● 数据和品质改变;
● 完整性周期的数据改变和品质改变;
● 完整性周期的数据改变、品质改变和缓冲时间变化(完整性报告应立即被传送);
——检验原因代码的有效性(DL/T 860.72—2004,14.2.3.2.2.9);
——检验多个触发条件满足时最好只产生一个报告(DL/T 860.72—2004,14.2.3.2.3.2);
——检验只在报告启动设置为 True 时才发送报告(DL/T 860.72—2004,14.2.2.5),停用报告时不传送报告</td></tr>
<tr><td>S_Rpt9</td><td>检验 BRCB 的触发条件(见 Rpt 8)</td></tr>
<tr><td>S_Rpt10</td><td>总召唤
设置 URCB 的 GI 属性将启动总召唤过程。发送具有当前数据值的报告。总召唤启动后,GI 属性复位为 False(DL/T 860.72—2004,14.2.2.13)</td></tr>
<tr><td>S_Rpt11</td><td>报告的分段:
检验当报告太长不能在一个报文中传送时,是否可分成几个子报告传送。用序列号和报告时间戳选项域,检查下述各项的有效性(DL/T 860.72—2004,14.2.3.2.2.5):
——序列号(不改变);
——子序列号(第一个报告为 0,递增,超过最大数归零);
——更多的序列;
——进入时间(序列号不变时不改变)(DL/T 860.72—2004,14.2.3.2.2.9)。
检验正在发送由完整性或总召唤触发引起的分段报告的数据值更新,可以被数据发生改变的报告所中断,此报告具有新的序列号(DL/T 860.72—2004,14.2.3.2.3.5)。
新的总召唤请求应能停止正在进行中的总召唤报告的剩余段的发送。新的总召唤报告以新的序列号开始,其子序列号为 0(DL/T 860.72—2004,14.2.3.2.3.4)</td></tr>
<tr><td>S_Rpt12</td><td>配置改变(DL/T 860.72—2004,14.2.2.7):
——检验配置改变代表由 DatSet 引用的数据集配置已改变的次数。下述改变应计数:
● 删除数据集的元素;
● 数据集元素的重新排序;
● 配置改变不得为 0。
——检验服务器重新启动后配置改变值保持不变(DL/T 860.72—2004,14.2.2.7)。
——检验服务的处理不改变数据集配置,配置改变是用当地手段(如系统)改变的(DL/T 860.72—2004,14.2.2.7)</td></tr>
</table>

测试案例	测试案例描述
S_Rpt13	缓存时间(DL/T 860.72—2004,14.2.2.9): ——检验缓存时间终止前数据集同一成员发生第二个内部提示,服务器将(DL/T 860.72—2004,14.2.2.9): ● 对于状态信息,例如缓存时间已过期,应立即发送报告,以缓存时间的值重新启动定时器,并处理第二个提示;或 ● 对于模拟信息,例如缓存时间已过期,应立即传输报告,以缓存时间的值重新启动定时器,并处理第二个提示;或 ● 对于模拟信息,用新值代替挂起报告中的当前值; ——配置缓存时间为 1 000 ms,在缓存时间内强使多个数据集元素的数据值改变。服务器将自上次报告后在缓存时间内发生改变的所有数据值用一个报告发送; ——检验缓存时间值 0 表明不使用缓存时间属性(DL/T 860.72—2004,14.2.2.9); ——检验缓存时间值至少包含3 600 000(以 ms 为单位,等于 1 h)
S_Rpt14	缓存报告(BRCB)状态机(DL/T 860.72—2004,14.2.2.5 及图 20): ——检验关联释放后事件缓存; ——检验关联失去后,停止报告; ——检验没有关联时未接收到的报告会以正确的顺序(SOE)接收(DL/T 860.72—2004,14.2.1 和 DL/T 860.72—2004,14.2.2.5); ——执行相同操作但在报告启动前将 PlugeBuf 设置为 True,不应发送存储的缓存报告(DL/T 860.72—2004,14.2.2.14); ——检验在能发送完整性或总召唤报告前,已发送全部缓存事件(DL/T 860.72—2004,14.2.3.2.3.3 和 DL/T 860.72—2004,14.2.3.2.3.4); ——检验改变数据集后,报告缓冲区清零(DL/T 860.72—2004,14.2.2.5); ——强使缓冲器溢出,在溢出后发生事件的第一个报告中可选字段缓冲器溢出应被设置(DL/T 860.72—2004,14.2.3.2.2.8)

6.3.4.8.2 否定

测试案例	测试案例描述
S_RptN1	请求有错误参数的读取 xRCB 值,检查服务响应差错(DL/T 860.72—2004,14.2.3.3.2)
S_RptN2	配置报告时未触发任选项(dchg,qchg,dupd,integrity)配置。报告启动时仅送出一个报告(GI),发生事件时不发送报告(DL/T 860.72—2004,14.2.3.2.2.9)
S_RptN3	将完整性周期设置为 0 且触发选项=完整性,导致不发送完整性报告(DL/T 860.72—2004,14.2.2.12)
S_RptN4	错误地配置 URCB:在启动时配置,配置改变和序列号,用未知的数据集配置
S_RptN5	错误地配置 BRCB:在启动时配置,配置改变和序列号,用未知的数据集配置
S_RptN6	排他性地使用 URCB,并丢失关联 配置 URCB,设置 Resv 属性并将它启动。验证其他客户不能在 URCB 中设置属性值(DL/T 860.72—2004,14.2.4.5)

测试案例	测试案例描述
S_RptN7	排他性地使用 BRCB,并丢失关联 配置 BRCB 并将它启动。验证其他客户不能在 BRCB 中设置属性值(DL/T 860.72—2004,14.2.1)
S_RptN8	配置不支持的 URCB 任选项(PIXIT); 配置不支持的触发条件、任选域和有关参数
S_RptN9	配置不支持的 BRCB 任选项(PIXIT); 配置不支持的触发条件、任选域和有关参数
S_RptN10	请求有错误参数的添加订阅,并检查服务响应差错(GB/T 30966.3—2014,9.8.2)
S_RptN11	请求有错误参数的清除订阅,检查服务响应差错(GB/T 30966.3—2014,9.8.3)

6.3.4.9 日志模型

6.3.4.9.1 肯定

测试案例	测试案例描述
S_Log1	请求读取逻辑节点目录(LOG),检查响应为肯定的
S_Log2	请求读取逻辑节点目录(LCB),检查响应为肯定的
S_Log3	请求所有响应的 LCB 的有功能约束 LG 的读取 LCB 值
S_Log4	当 LCB 停用时,请求有功能约束 LG 的设定 LCB 值
S_Log5	检验有参考 Ldname /LNname.LG.Logname 的 DUT 上显示的配置 LOGs
S_Log6	检验日志独立于外部应用关联或其他通信事务
S_Log7	检验将日志启动从停用转为启动或从启动转为停用时应在记录中写入一个条目
S_Log8	配置并启动日志,检查下述日志触发条件是否以正确的数据集元素向日志写入正确条目: ——完整性; ——数据更新(dupd); ——完整性的更新; ——数据改变(dchg); ——品质改变(qchg); ——数据改变和品质改变; ——完整性周期的数据改变和品质改变
S_Log9	请求按时间查询日志,检查响应为肯定的
S_Log10	请求按顺序查询日志,检查响应为肯定的
S_Log11	请求读取日志状态值,检查响应为肯定的,检验响应的输入是否表示最早/最新的条目/时间已写入日志中

6.3.4.9.2 否定

测试案例	测试案例描述
S_LogN1	请求下述有错误参数(超出输入范围,数据集、LCB 或日志不存在)的日志服务,检查服务响应差错: ——读取 LCB 值(DL/T 860.72—2004,14.3.2.5); ——设定 LCB 值(DL/T 860.72—2004,14.3.2.6); ——按时间查询日志(DL/T 860.72—2004,14.3.5.2); ——按顺序查询日志(DL/T 860.72—2004,14.3.5.3); ——读取日志状态值(DL/T 860.72—2004,14.3.5.4)
S_LogN2	LCB 启动时,请求有功能约束 LG 的设定 LCB 值,检查服务响应差错

6.3.4.10 控制模型

6.3.4.10.1 概述

该控制模型的测试被分解为四个可实现的控制模型:

1) 常规安全的直接控制;
2) 常规安全的操作前选择控制;
3) 增强安全的直接控制;
4) 增强安全的操作前选择控制。

6.3.4.10.2 肯定

测试案例	测试案例描述
S_Ctl1	用控制模式强制和检查几个控制对象控制状态机的每个路径: a) 常规安全的直接控制(DL/T 860.72—2004,17.2.1); b) 常规安全的操作前选择控制(一次或多次操作)(DL/T 860.72—2004,17.2.2); c) 增强安全的直接控制(DL/T 860.72—2004,17.3.2); d) 增强安全的操作前选择控制(一次或多次操作)(DL/T 860.72—2004,17.3.3)。 为每种控制模式详细比较状态机测试案例
S_Ctl2	检验测试模式命令按照 GB/T 30966.2、DL/T 860.74 和 PIXIT 处理
S_Ctl3	选择所有操作前选择控制对象并以相反顺序取消它们
S_Ctl4	在第 1 个控制对象的激活时间之前,定时操作第 2 个增强安全控制对象
S_Ctl5	用在线服务改变控制模式

下表包含将设备返回到准备就绪状态的 DL/T 860.72—2004 图 30 中"常规安全直接控制"的每个路径的状态机测试案例。

测试案例	测试案例描述
S_DOns1	OperReq [test ok]肯定响应路径。 完成正确操作请求
S_DOns2	OperReq [test ok]肯定响应路径。 客户请求时间操作,结果"测试不正确"

测试案例	测试案例描述
S_DOns3	OperReq [test not ok]否定响应路径。 客户请求操作，结果"测试不正确"
S_DOns4	TimOperReq [test ok]+TimerExpired [test ok]肯定响应路径。 发送时间激活操作请求，由此确定设备产生"测试正确"。 检验等待动作时间状态，结果计时器超时"测试正确"
S_DOns5	TimOperReq[test ok]+TimerExpired[test not ok] 否定响应路径。 发送时间激活操作请求，确认设备产生"测试正确"。 强制进入等待动作时间状态，结果计时器超时"测试不正确"

下表包含将设备返回到未选择或准备就绪状态的 DL/T 860.72—2004 图 32 中"常规安全 SBO"的每个路径的状态机测试案例。

测试案例	测试案例描述
S_SBOns1	路径 1 SelectReq [test not ok]否定响应： 用不适当访问权的 Select 选择设备，检验设备返回到未选择状态
S_SBOns2	SelectReq[test ok]肯定响应路径： 用 Select 正确选择设备。 检验下述每个路径均使设备返回到未选择状态： ——客户请求撤销； ——客户等待超时； ——客户请求时间操作，结果测试不正确； ——客户请求操作，结果测试不正确； ——客户请求正确操作一次
S_SBOns3	SelectReq [test ok]肯定响应和 TimOperReq [test ok]肯定响应路径： 用 Select 正确选择设备。 发送时间激活操作请求，由此确认设备产生"测试正确"。 检验下述每个路径均使设备返回到未选择状态： ——强制进入等待动作时间状态，结果计时器超时"测试不正确"； ——检验等待动作时间，结果计时器超时"测试正确，操作一次"
S_SBOns4	SelectReq [test ok]肯定响应路径和 OperReq [test ok，OPERATE MANY]肯定响应路径： 用 Select 正确选择设备。 检验发送正确操作多次请求将使设备返回准备就绪状态
S_SBOns5	SelectReq[test ok]肯定响应路径、TimOperReq[test ok]肯定响应路径和 TimerExpired [test ok，OPERATE MANY]肯定响应路径： 用 Select 正确选择设备。 发送正确的时间激活操作多次请求。 超时后检验设备返回到准备就绪状态

下表包含将设备返回到准备就绪状态的 DL/T 860.72—2004 图 33 中"增强安全直接控制"的每个路径的状态机测试案例。

测试案例	测试案例描述
S_Does1	TimOperReq[test not ok] 否定响应路径： 发送时间激活操作请求，由此确认设备产生“测试不正确”
S_Does2	OperReq[test not ok]否定响应路径： 发送操作请求，由此确认设备产生“测试不正确”
S_Does3	TimOperReq[test ok]肯定响应路径： 发送正确时间激活操作请求。 检验下述每个路径均使设备返回到准备就绪状态： ——客户等待超时(测试不正确)； ——客户请求正确撤销
S_Does4	TimOperReq[test ok]肯定响应路径和 Timer expired [test ok]肯定响应路径： 发送正确的时间激活操作请求。 检验时间激活操作，结果计时器超时“测试正确”。 超时时间到以后，检验下述每个路径均使设备返回到准备就绪状态： ——设备输出转移到新状态，结果形成新的状态，命令终止肯定响应； ——强制设备输出保持原来状态，结果形成原来状态，命令终止否定响应； ——强制设备输出处于中间状态，结果形成中间状态，命令终止否定响应
S_Does5	OperReq[test ok]肯定响应路径： 发送正确的操作请求。 超时时间到以后，检验下述每个路径均使设备返回到准备就绪状态： ——设备输出转移到新状态，结果形成新的状态，命令终止肯定响应； ——强制设备输出保持原来状态，结果形成原来状态，命令终止否定响应； ——强制设备输出处于中间状态，结果形成中间状态，命令终止否定响应

下表包含将设备返回到未选择或准备就绪状态的 DL/T 860.72—2004 图 34 中“增强安全 SBO”的每个路径的状态机测试案例。

测试案例	测试案例描述
S_SBOes1	路径 1(返回到未选择状态)： 用不合适的访问权使用 SelVal 选择设备，应拒绝访问(DL/T 860.72—2004,17.2.2)
S_SBOes2	路径 2,3a/3b/3c/3d(返回到未选择状态)： 用 SelVal 正确选择设备。 检验下述每个路径均使设备返回到未选择状态： ——客户请求撤销(3a)； ——客户等待超时(3b)； ——客户请求时间操作测试不合格(3c)； ——客户请求操作测试不合格(3d)
S_SBOes3	路径 2,4,8a/8b/8c(返回到未选择状态)： 用 SelVal 正确选择设备。 检验下述每个路径均使设备返回到未选择状态： ——完成正确操作一次请求(8a)； ——完成正确操作一次请求，强制设备输出保持原来状态(8b)； ——完成正确操作一次请求，强制设备输出处于中间状态(8c)

测试案例	测试案例描述
S_SBOes4	路径 2,5,6(返回到未选择状态): 用 SelVal 正确选择设备。 发送时间激活操作请求,由此确认设备产生"测试正确"。 强制进入等待动作时间状态,结果超时计数器超时"测试不正确"
S_SBOes5	路径 2,5,7,8a/8b/8c(返回到未选择状态): 用 SelVal 正确选择设备。 发送正确的时间激活操作请求。 检验等待动作时间,结果超时计数器超时"测试正确"。 超时时间到以后,检验下述每个路径均使设备返回到未选择状态: ——完成正确操作一次请求(8a); ——完成正确操作一次请求,强制设备输出保持原来状态(8b); ——完成正确操作一次请求,强制设备输出处于中间状态(8c)
S_SBOes6	路径 2,4,9a/9b/9c(返回到准备就绪状态): 用 SelVal 正确选择设备。 发送正确的操作请求。 检验下述每个路径均使设备返回到准备就绪状态: ——完成正确操作多次请求(9a); ——完成正确操作多次请求,并强制设备输出保持原来状态(9b); ——完成正确操作多次请求,并强制设备输出处于中间状态(9c)
S_SBOes7	路径 2,5,7,9a/9b/9c(返回到准备就绪状态): 用 SelVal 正确选择设备。 发送正确的时间激活操作请求。 超时时间到以后,检验下述每个路径均使设备返回到准备就绪状态: ——完成正确操作多次请求(9a); ——完成正确操作多次请求,并强制设备输出保持原来状态(9b); ——完成正确操作多次请求,并强制设备输出处于中间状态(9c)

6.3.4.10.3 否定

测试案例	测试案例描述
S_CtlN1	没有选择 SBO 控制对象就进行操作,检验是否有否定响应及添加原因(DL/T 860.72—2004,17.2.2)
S_CtlN2	选择两次,第 2 次选择应失败,检验是否有否定响应及添加原因(DL/T 860.72—2004,17.2.2)
S_CtlN3	操作值和实际值相同(开-开或关-关),检验是否有否定响应及添加原因(DL/T 860.72—2004,17.2.2)
S_CtlN4	从两个不同的客户端选择同一控制对象,检验是否有否定响应及添加原因(DL/T 860.72—2004,17.2.2)

测试案例	测试案例描述
S_CtlN5	选择/操作一未知的控制对象，检验是否有否定响应及添加原因(DL/T 860.72—2004，17.2.2)
S_CtlN6	检验设置特定的其他适用的添加原因值的情况(DL/T 860.72—2004，17.5.2.6)
S_CtlN7	选择一个直接操作的控制对象
S_CtlN8	两个客户操作一个直接控制对象两次
S_CtlN9	用与 SBO 控制对象的按数值选择不同的值操作

6.3.4.11 时间和时间同步模型

6.3.4.11.1 肯定

测试案例	测试案例描述
S_Tm1	检验 DUT 支持 SCSM 时间同步
S_Tm2	检查报告和日志的时标准确度符合服务器时标品质要求

6.3.4.11.2 否定

测试案例	测试案例描述
S_TmN1	检验特定周期之后会检测到“时间同步通信丢失”事件
S_TmN2	同步化错误时，检测到在时标允许范围外的偏差

6.3.4.12 组合测试

肯定

测试案例	测试案例描述
S_Comb1	测试在请求其他服务时报告和控制服务是否能保持规定性能 ——组合服务：带有客户请求服务的报告，日志，时间同步 ● 启动报告； ● 启动日志； ● 启动时间同步； ● 启动其他支持的占用服务器处理时间的服务。 ——启动所有支持的请求和控制服务，一个请求有响应时立即发出新的请求，持续进行 10 min ● 请求逻辑服务器、逻辑节点和读取数据值服务； ● 请求读取数据集数值服务； ● 请求读取 xRCB 值服务； ● 请求查询日志服务； ● 选择和操作控制对象

6.3.5 客户测试案例

6.3.5.1 应用关联

6.3.5.1.1 肯定

测试案例	测试案例描述
C_Ass1	关联及强制客户释放 TPAA 关联(DL/T 860.72—2004,7.4)
C_Ass2	强制客户与最大数量的服务器同时关联(PIXIT)

6.3.5.1.2 否定

测试案例	测试案例描述
C_AssN1	关联,接入点参考决定服务器响应为否定的
C_AssN2	关联,认证参数决定服务器响应为否定的
C_AssN3	关联及服务器释放 TPAA 关联(DL/T 860.72—2004,7.4)。在配置期间后(PIXIT),DUT 应尝试重新建立关联
C_AssN4	关联及服务器关闭 TPAA 关联(DL/T 860.72—2004,7.4)。在配置期间后(PIXIT),DUT 应尝试重新建立关联
C_AssN5	断开通信界面,DUT 应在规定的时间内检测到连接丢失。一旦连接重新接通后,DUT 应尝试重新建立关联
C_AssN6	中断和存储电源,当准备好后 DUT 应连接配置好的关联(PIXIT)

6.3.5.2 服务器、逻辑设备、逻辑节点和数据模型

6.3.5.2.1 肯定

测试案例	测试案例描述
C_Srv1	如果客户端执行自描述服务(见注 1),强制客户端开始自动描述,对于配置好的服务器的所有逻辑设备,检查客户端发出读取服务器目录 (逻辑设备)请求(见注 2)
C_Srv2	如果客户端执行自描述服务,对于每个读取服务器目录 (逻辑设备)响应,检查客户端发出读取逻辑设备目录请求
C_Srv3	如果客户端执行自描述服务,对于每个读取逻辑设备目录响应,检查客户发出读取逻辑节点目录(数据)请求
C_Srv4	如果客户端执行自描述服务,对于每个读取逻辑节点目录(数据)响应,检查客户端至少发出以下服务中的一个: ——读取数据目录请求并检查响应(DL/T 860.72—2004,10.4.4); ——读取数据定义请求并检查响应(DL/T 860.72—2004,10.4.5)

测试案例	测试案例描述
C_Srv5	确认开始后，客户端能够更新对于配置的服务器(PIXIT)的记录
C_Srv6	对于每个可读数据对象，发出设定数据值请求并检查响应(DL/T 860.72—2004,10.4.2)
C_Srv7	对所有不同的基本类型发出设定数据值请求并检查服务
C_Srv8	对每个功能约束块发出读取所有数据值请求，并检查是否更新了客户端的模型(DL/T 860.72—2004,9.2.3)
注 1：应用自描述即使用一种方式来配置客户端，更新其中一个服务器的模型映像，使它与 ACSI 服务器通信。 **注 2**：配置好的服务器即客户端可用来通信的服务器。客户端至少需要知道与之建立连接的那些参数。	

6.3.5.2.2 否定

测试案例	测试案例描述
C_SrvN1	如果客户端执行自描述服务，强制客户端开始自动描述，在无响应/推迟响应/否定响应的情况下发送以下请求，检查客户端是否仍然与其他服务器进行通信： ——读取服务器目录(逻辑设备)； ——读取逻辑设备目录； ——读取逻辑节点目录(数据)； ——读取数据目录； ——读取数据定义
C_SrvN2	当在下列情况下请求读取所有数据值，检查客户端是否仍然正常工作： ——服务器不响应； ——响应延迟到达； ——响应为否定； ——响应的类型错误
C_SrvN3	当在下列情况下请求读取数据值，检查客户端是否仍然正常工作： ——服务器不响应； ——响应延迟到达； ——响应为否定； ——响应的类型错误； ——数值超过数据的有效范围
C_SrvN4	当在下列情况下请求设定数据值，检查客户端是否仍然正常工作： ——服务器不响应； ——响应延迟到达； ——响应为否定
C_SrvN5	如果客户端在质量属性检测/注意到变化，使用服务器模拟器去强制区别质量的数值和客户端检测到的数值。并检查 PIXIT 中描述的行为
C_SrvN6	如果客户端在时间量化属性中检测/注意到时标变化，使用服务器模拟器去强制区别时间量化的数值和客户端检测到的数值。并检查 PIXIT 中描述的行为

6.3.5.3 数据集模型

6.3.5.3.1 肯定

测试案例	测试案例描述
C_Ds1	如果客户端执行自描述服务，强制客户端开始自动描述，对已配置的服务器的全部逻辑节点，检查客户端是否发出读取逻辑节点目录(数据集)请求
C_Ds2	如果客户端执行自描述服务，强制客户端开始自动描述，对服务器的所有数据集，检查客户端是否发出读取数据集目录请求
C_Ds3	检查读取数据集数值并更新客户端的信息模型
C_Ds4	如果启动后客户端动态地配置数据集，检查客户端是否按照配置(PIXIT)发出创建数据集
C_Ds5	请求删除数据集服务，检查客户端正常地发出请求，并能够处理服务器响应

6.3.5.3.2 否定

测试案例	测试案例描述
C_DsN1	如果客户端执行自描述服务，强制客户端开始自动描述，在无响应/推迟响应/否定响应的情况下发送以下请求，检查客户端是否仍然与其他服务器进行通信： ——读取逻辑节点目录(数据集)； ——读取数据集目录
C_DsN2	如果启动后客户端动态地配置数据集，在无响应/推迟响应/否定响应的情况下发送以下请求，检查客户端是否仍然与其他服务器进行通信： ——创建数据集； ——删除数据集
C_DsN3	当在下列情况下发出读取数据集数值请求，检查客户端是否仍然能与其他服务器正常通信： ——服务器不响应； ——响应延迟到达； ——响应为否定； ——得到的响应元素过多或者过少； ——得到的响应元素类型不同
C_DsN4	当在下列情况下发出设定数据集数值请求，检查客户端是否仍然能与其他服务器正常通信： ——服务器不响应； ——响应延迟到达； ——响应为否定； ——得到的响应结果和数据集中的元素相比过多或过少
C_DsN5	如果在发出创建数据集请求后得到肯定响应，而服务器并没有真正创建数据集，检查客户端是否能够继续正常工作
C_DsN6	如果在发出删除数据集请求后得到肯定响应，而服务器并没有真正删除数据集，检查客户端是否能够继续正常工作

6.3.5.4 报告模型

6.3.5.4.1 肯定

测试案例	测试案例描述
C_Rpt1	如果客户端执行自描述服务,强制客户端开始自动描述,对已配置的服务器的所有逻辑节点,检查客户端是否发出读取逻辑节点目录(URCB)请求
C_Rpt2	如果客户端执行自描述服务,强制客户端开始自动描述,对已配置的服务器的所有逻辑节点,检查客户端是否发出读取逻辑节点目录(BRCB)请求
C_Rpt3	如果在启动后,客户端使用设定 URCB 值服务来配置服务器非缓存报告控制块参数,检查读取 URCB 值/设定 URCB 值和配置的数值是否一起发送
C_Rpt4	如果在启动后,客户端使用设定 BRCB 值服务来配置服务器缓存报告控制块参数,检查读取 BRCB 值/设定 BRCB 值和配置的数值是否一起发送
C_Rpt5	如果在启动后,客户端使用添加订阅来配置服务器报告控制块参数,检查添加订阅服务和配置的数值是否一起发送
C_Rpt6	强制客户端清除订阅并检查发送请求
C_Rpt7	确认客户端能够在可选的不同范围执行报告。 在所有有用的可选范围里,强制客户端来配置并激活 URCB:序列号,报告时间戳,包含的原因,设定的数据名称,数据参考,和/或条目号(DL/T 860.72—2004,14.2.3.2.2.1),强迫/触发报表以及检查客户端能够处理报表并更新数据模型
C_Rpt8	在由添加订阅创建的 xRCB 不同的可选范围里,确认客户端能够处理报告(GB/T 30966.3—2014,9.8.2 图 10)
C_Rpt9	确认客户端能够在不同触发条件下处理报告。 在全部有用的可选范围里,配置并激活 xRCB:序列号,报告时间戳,包含的原因,设定的数据名称,数据参考,缓冲溢出,和条目号并且确认报告按照以下触发状态传输: ● 完整性; ● 数据更新(dupd); ● 完整性的更新; ● 数据改变(dchg); ● 数据改变和品质改变; ● 完整性周期的数据改变和品质改变; ● 完整性周期的数据改变、品质改变和缓冲时间变化(完整性报告应立即被传送)
C_Rpt10	确认客户端能够处理分段的报告
C_Rpt11	确认客户端检测到报告控制块中的配置改变标志的改变(DL/T 860.72—2004,14.2.2.7)

6.3.5.4.2 否定

测试案例	测试案例描述
C_RptN1	如果客户端执行自描述服务，强制客户端开始自动描述，在无响应/推迟响应/否定响应的情况下，发出读取逻辑节点目录(URCB)和读取逻辑节点目录(BRCB)请求，并检查客户端是否仍然与其他服务器进行通信
C_RptN2	当在下列情况下请求读取 URCB 值/读取 BRCB 值服务，检查客户端是否仍然正常的工作： ——服务器不响应； ——响应延迟到达； ——响应为否定； ——响应的类型错误； ——数值超过数据的有效范围
C_RptN3	当在下列情况下请求设定 URCB 值/设定 BRCB 值服务，检查客户端是否仍然正常的工作： ——服务器不响应； ——响应延迟到达； ——响应为否定
C_RptN4	当在下列情况下请求添加订阅服务，检查客户端是否仍然正常的工作： ——服务器不响应； ——响应延迟到达； ——响应为否定
C_RptN5	当在下列情况下请求清除订阅服务，检查客户端是否仍然正常的工作： ——服务器不响应； ——响应延迟到达； ——响应为否定
C_RptN6	非支持的可选区段的报表，如果客户端收到一个没有配置或没有支持的可选区段报表。检查客户端不会崩溃
C_RptN7	非支持的触发选项的报表，如果客户端收到一个没有配置或没有支持的触发选项报告。检查客户端不会崩溃
C_RptN8	不可预料的报表： ——完整报告但 IntgPd 设定为 0； ——没有请求通用查询报表； ——从未激活的报告控制块收到报表
C_RptN9	错误格式的报表： ——有未知数据集的报表； ——有不正确参考数据的报表； ——有不正确数据类型的报表。 检查 PIXIT 中描述的行为
C_RptN10	报告过快，当客户端在一段时间内收到比计划中多的报表时，检查客户端不会崩溃，并确认用 PIXIT 中描述的行为来控制这种情况

测试案例	测试案例描述
C_RptN11	配置改变。当报告控制模块的配置改变标志位发生变化后，检查 DUT 是否能够检测到这种变化
C_RptN12	序列号。当收到一个无序的报告后，检查 DUT 能否显示错误
C_RptN13	完整性。当服务器中显示报告完整，而发送的报告都是不完整的，检查 DUT 是否显示错误

6.3.5.5 日志模型

6.3.5.5.1 肯定

测试案例	测试案例描述
C_Log1	如果客户端执行自描述服务，强制客户端开始自动描述，所有已配置服务器的所有逻辑节点，检查客户端是否发出读取逻辑节点目录(LOG)请求
C_Log2	如果客户端执行自描述服务，强制客户端开始自动描述，所有已配置服务器的所有逻辑节点，检查客户端是否发出读取逻辑节点目录(LCB)请求
C_Log3	如果客户端执行自描述服务，强制客户端开始自动描述，检测客户端在读取逻辑节点目录(LCB)服务的所有日志是否发出读取日志状态值请求
C_Log4	如果客户端执行自描述服务，强制客户端开始自动描述，检测客户端在读取逻辑节点目录(LCB)服务中是否发出读取 LCB 值请求
C_Log5	设定 LCB 值启动后，如果客户端配置服务器的日志控制块参数，检查读取 LCB 值/设定 LCB 值和配置的数值是否一起发送
C_Log6	强制客户端激活记录服务器的至少一个日志，检查客户端是否正确发送请求
C_Log7	强制客户端按时间查询日志，检查 DUT 是否用接收到的日志入口更新其数据库
C_Log8	强制客户端按顺序查询日志，检查 DUT 是否用接收到的日志入口更新其数据库

6.3.5.5.2 否定

测试案例	测试案例描述
C_LogN1	如果客户端执行自描述服务，强制客户端开始自动描述，在无响应/推迟响应/否定响应的情况下，发出读取逻辑节点目录(LCB)和读取逻辑节点目录(LOG)请求，检查客户端是否仍然与其他服务器进行通信
C_LogN2	当在下列情况下请求读取 LCB 值/读取日志状态值服务时，检查客户端是否仍然正常的工作： ——服务器不响应； ——响应延迟到达； ——响应为否定； ——响应的类型错误； ——数值超过数据的有效范围

测试案例	测试案例描述
C_LogN3	当在下列情况下请求设定LCB值，检查客户端是否仍然正常的工作： ——服务器不响应； ——响应延迟到达； ——响应为否定
C_LogN4	不规范的日志条目，当在下列情况下接收日志条目时，检查客户端是否仍然正常工作： ——模型中参考数据不存在； ——数据值不同于预期值
C_LogN5	错误顺序的日志条目，当客户端接收一个无序的日志条目时，检查客户端是否仍然正常工作

6.3.5.6 控制模型

6.3.5.6.1 通用测试案例

肯定。

测试案例	测试案例描述
C_Ctl1	检查客户端能否在命令中(PIXIT)设定测试域
C_Ctl2	检查客户端能否在命令中(PIXIT)设定测试信号(同步测试或者连锁测试)
C_Ctl3	检查客户端在使用在线服务(PIXIT)的时候是否改变控制模型

6.3.5.6.2 控制模型的专用测试案例

控制模型的测试被分成四个可能实施的控制模型：

1) 常规安全的直接控制；
2) 常规安全的操作前选择控制；
3) 增强安全的直接控制；
4) 增强安全的操作前选择控制。

6.3.5.6.3 常规安全的直接控制

6.3.5.6.3.1 肯定

测试案例	测试案例描述
C_DOns1	OperReq[test ok]肯定响应路径： 完成正确操作请求，检查客户端是否显示操作成功
C_DOns2	OperReq[test not ok]否定响应路径： 客户请求操作，结果测试不正确，检查客户端是否显示操作失败

测试案例	测试案例描述
C_DOns3	TimOperReq[test not ok]否定响应路径： 客户请求时间操作，结果测试不正确。 完成错误时间操作请求，检查客户端是否显示操作失败。 错误时间操作请求包括： ——错误时间操作； ——错误的 ctlVal； ——错误的原始值(PIXIT)； ——错误的测试或检查(PIXIT)
C_DOns4	TimOperReq[test ok]肯定响应路径和 TimerExpired[test ok]肯定响应路径： 发送时间激活操作请求，由此确认设备产生“测试正确”。 检验等待动作时间，结果计时器超时“测试正确”，检查客户端是否显示操作成功
C_DOns5	TimOperReq[test ok]否定响应路径和 TimerExpired[test not ok]否定响应路径： 发送时间激活操作请求，由此确认设备产生“测试正确”。 强制状态进入等待动作时间，结果计时器超时“测试不正确”，检查客户端是否显示操作失败

6.3.5.6.3.2 否定

测试案例	测试案例描述
C_DOnsN1	错误的操作。 检查客户端是否检测到下列情况： ——操作无响应； ——操作延迟响应
C_DOnsN2	错误的时间激活操作。 检查客户端是否检测到下列情况： ——时间激活操作无响应； ——时间激活操作延迟响应； ——时间激活第一个响应为肯定的，且在等待动作时间后没有第二个响应； ——时间激活第一个响应为否定的，且在等待动作时间后第二个响应为肯定的； ——时间激活第一个响应为否定的，且在等待动作时间后第二个响应为否定的

6.3.5.6.4 常规安全的操作前选择控制

6.3.5.6.4.1 肯定

测试案例	测试案例描述
C_SBOns1	SelectReq[test not ok]否定响应路径： 使用非正常访问权选择一个可控对象，确认客户端注意到它没有权限去控制变量
C_SBOns2	SelectReq[test ok]肯定响应路径： 使用正常访问权选择一个可控对象，确认客户端注意到它有权限去访问变量
C_SBOns3	所选对象的 OperReq[test ok]肯定响应路径。 完成正确操作请求，检查客户端是否显示操作成功
C_SBOns4	所选对象的 OperReq [test not ok]否定响应路径。 完成错误操作请求，检查客户端是否显示操作失败

测试案例	测试案例描述
C_SBOns5	所选对象的 TimOperReq[test ok]肯定响应路径。 完成正确操作请求,检查客户端是否在等待动作时间后显示操作成功
C_SBOns6	所选对象的 TimOperReq[test ok]否定响应路径。 完成错误操作请求,检查客户端是否显示操作失败

6.3.5.6.4.2 否定

测试案例	测试案例描述
C_SBOnsN1	错误选择。 检查客户端是否检测到下列情况: ——选择无响应; ——选择延迟响应
C_SBOnsN2	所选对象的错误操作。 检查客户端是否检测到下列情况: ——操作无响应; ——操作延迟响应
C_SBOnsN3	所选对象的错误时间激活操作。 检查客户端是否检测到下列情况: ——时间激活操作无响应; ——时间激活操作延迟响应; ——时间激活第一个响应为肯定的,且在等待动作时间后无第二个响应; ——时间激活第一个响应为否定的,且在等待动作时间后第二个响应为肯定的; ——时间激活第一个响应为否定的,且在等待动作时间后第二个响应为否定的

6.3.5.6.5 增强安全的直接控制

6.3.5.6.5.1 肯定

测试案例	测试案例描述
C_DOes1	TimOperReq[test not ok]否定响应路径: 发送时间激活操作请求,由此确认设备产生“测试不正确”。检查客户端是否显示操作失败
C_Does2	OperReq[test not ok]否定响应路径: 发送操作请求,由此确认设备产生“测试不正确”。检查客户端是否显示操作失败
C_Does3	TimOperReq[test ok]肯定响应路径: 发送正确的时间激活操作请求。 ——检查客户端是否显示操作成功; ——当收到正命令终止时,检查客户端是否注意到正操作结束; ——当收到负命令终止时,检查客户端是否注意到负操作结束
C_Does4	OperReq[test ok]肯定响应路径: 发送正确的时间激活操作请求。 ——检查客户端是否显示操作成功; ——当收到正命令终止时,检查客户端是否注意到正操作结束; ——当收到负命令终止时,检查客户端是否注意到负操作结束

6.3.5.6.5.2 否定

测试案例	测试案例描述
C_DOesN1	错误操作。 检查客户端是否检测到下列情况： ——操作无响应； ——操作延迟响应
C_DOesN2	错误的时间激活操作。 检查客户端是否检测到下列情况： ——时间激活操作无响应； ——时间激活操作延迟响应； ——时间激活第一个响应为肯定的，且在等待动作时间后无第二个响应； ——时间激活第一个响应为否定的，且在等待动作时间后第二个响应为肯定的； ——时间激活第一个响应为否定的，且在等待动作时间后第二个响应为否定的
C_DOesN3	无命令终止的 OperReq[test ok]肯定响应路径： 在正操作后，没有收到任何命令终止，检查客户端是否显示错误
C_DOesN4	无命令终止的时间激活操作 Req [test ok]肯定响应路径： 在正时间激活操作后，没有收到任何命令终止，检查客户端是否显示错误

6.3.5.6.6 增强安全的操作之前选择控制

6.3.5.6.6.1 肯定

测试案例	测试案例描述
C_SBOes1	用不合适的访问权进行按数值选择。 用不合适的访问权 SelVal 选择设备，检查客户端是否注意到它没有访问可控对象的权限
C_SBOes2	用合适的访问权进行按数值选择。 用合适的访问权 SelVal 选择设备，检查客户端获得访问可控对象的权限后是否执行控制命令
C_SBOes3	所选对象的 OperReq[test ok]肯定响应路径。 完成正确操作请求，检查客户端是否显示操作成功并检测到按指令的结果进行命令终止
C_SBOes4	所选对象的 OperReq[test not ok]否定响应路径。 完成错误操作请求，检查客户端是否显示操作失败
C_SBOes5	所选对象的 TimOperReq[test ok]肯定响应路径。 完成正确时间操作请求，检查客户端在等待动作时间后是否显示操作成功并检测到按指令的结果进行命令终止
C_SBOes6	所选对象的 TimOperReq[test ok]否定响应路径。 完成错误时间操作请求，检查客户端是否显示操作失败

6.3.5.6.6.2 否定

测试案例	测试案例描述
C_SBOesN1	错误的按数值选择。 检查客户端是否检测到下列情况: ——按数值选择无响应; ——按数值选择延迟响应
C_SBOesN2	所选对象的错误操作。 检查客户端是否检测到下列情况: ——操作无响应; ——操作延迟响应
C_SBOesN3	所选对象的错误时间激活操作。 检查客户端是否检测到下列情况: ——时间激活操作无响应; ——时间激活操作延迟响应; ——时间激活第一个响应为肯定的,且在等待动作时间后无第二个响应; ——时间激活第一个响应为否定的,且在等待动作时间后第二个响应为肯定的; ——时间激活第一个响应为否定的,且在等待动作时间后第二个响应为否定的
C_SBOesN4	无命令终止的所选对象操作。 当正操作没有收到任何命令终止时,检查客户端是否显示错误
C_SBOesN5	无命令终止的所选对象的时间激活操作。 当正时间激活操作没有收到任何命令终止时,检查客户端是否显示错误

6.3.5.7 时间和时间同步模型

IEC 61400-25(所有部分)客户端与服务器在同步时都可以作为客户端。对服务器定义的测试对客户端同样有效。

6.3.6 验收准则

该准则目的在于明确在规定的背景负载下如何对所有的要求进行测试。

被测设备(DUT)测试的评价准则包括:

——特定的设计性能有效;

——检查点识别异常情况。

根据 ISO/IEC 9646(所有部分),测试结果通常有 3 种可能:

——通过(判断):当测试结果对测试案例关注的测试目的给出与一致性要求一致的证据,及未检测到无效的测试事件时给出通过的测试结论;

——失败(判断):当测试结果与测试案例关注的一致性要求至少有一处不一致,或包含至少一个不符合有关规定的测试事件时给出失败的测试结论;

——无结论(判断):测试结果既不能给出通过也不能给出失败的结论。这时应查找这是否由标准、实施或测试程序而产生,再设法解决。

一般来说,当 DUT 性能符合 IEC 61400-25(所有部分)和 PIXIT 规定时,测试通过;不符合 IEC 61400-25(所有部分)和 PIXIT 规定时,测试失败。如 IEC 61400-25(所有部分)和 PIXIT 中没有规定,DUT 应保持对语法正确的报文响应,忽略语法错误的报文。

7 性能测试

7.1 概述

IEC 61400-25(所有部分)没有对在IEC 61400-25(所有部分)环境中的应用操作提出一些特定的性能要求,但明确了基本的衡量标准。本章规定的设备测试方法可与供应商在文件中声明的设备满足的要求进行比较。

7.2 通信延迟

7.2.1 传输时间

通信传输时间要求是一个基本的性能指标。传输时间是从发送端物理设备将过程值传送到接收端设备的过程逻辑所需的时间,由三个时间间隔定义:

t_a:发送设备传输过程值需要的时间;

t_b:网络传递报文需要的时间;

t_c:接收设备将传递值送到其处理逻辑需要的时间。

时间间隔 t_b决定于网络底层结构,不是设备的属性。从设备测试角度看,只有输出和输入延迟可以测量,t_a 和 t_c 由测量的延迟估算。

——输出延迟测量值=估算的输入处理时间+估算的 t_a;

——输入延迟测量值=估算的输出处理时间+估算的 t_b。

网络组件(如交换机)的制造商应定义并在文件中说明由网络组件支持的所有优先级的估算处理时间导致的延迟时间。

WPP设备估算的输入处理时间是输入信号调整需要的时间(如消除抖动、采样等)。

WPP设备估算的输出处理时间是激活输出信号需要的时间(如接点延时,I/O扫描频率等)。

WPP设备性能的测量尺度决定于用IEC 61400-25(所有部分)的哪种服务传递过程值。IEC 61400-25(所有部分)定义了3种基本机制:报告、日志和控制。以黑匣子观点进行测试时,每种机制有两种可能的测试尺度。

7.2.2 方法

应测量物理输入端(或报文)变化和报文在介质输出端(或物理输出端)出现之间的时间间隔,有如下时间间隔需要测量:

——报告输出延时;

——日志输出延时;

——控制输出延时。

测试系统(见图5)测量的输出延迟是从给WPP设备的一序列物理的输入触发到WPP设备产生相应报文之间的延时。延时时间的平均值和标准偏差应按输入触发1 000次计算。制造商应规定并在文件中说明由估算输出处理时间导致的延迟时间。

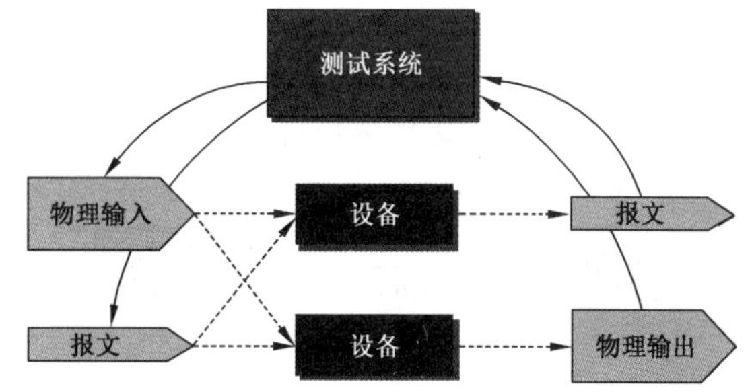

图 5　性能测试(黑匣子原理)

用文件给出的每种延迟的测量结果应是其测量值和两个相应的估算值。测量值应是通过 1 000 次测试计算出的平均值及延迟时间的标准偏差。

7.3　时间同步和准确度

7.3.1　时间同步测试介绍

时间同步和准确度测试的目的是检验 WPP 设备传递设备事件的时标的能力。时标的准确性决定于以下几种不同功能:时钟将接收信号准确译码,设备时钟和接收信号准确同步,设备及时检出状态变化,设备的时钟值准确地用于时标数据。

注 1:WPP 设备可用一个直接连接于外部的时间源来实现较高的时间精度(无线电或卫星时钟)。

当 WPP 没有直接的外部时间源时,将时间同步用于设备时钟值的同步。在 WPP 系统网络的同步中,以一个有精确时间源的设备作为时间主站。另一个相同类型的设备可定义为备用时间主站。设备时间主站的时间一般由外部源提供。

这里定义的时间准确度包括 WPP 有外部源和依靠有时间主站的时间同步机制两种情况的时间准确度。

注 2:这种测试本质上是由在系统中协调地工作的可互操作的网络的 WPP 设备特性决定的。这些和其他设备的性能测量是判定网络设备实现设计的性能、功能和可靠性的基本信息。不期望它满足特定性能基准,然而,实际性能测量的检验结果和发布的结果必须一致,使系统集成商可以用发布的性能测量结果预计互连的设备的性能和系统的性能。此外,系统集成商还可以找到用于特殊应用的设备。性能测量要在连接在具有预定配置和通信的网络上的被测设备上进行。显然,如网络通信变化,系统性能会改变。如被测设备的处理负载变化,设备性能也会改变。

7.3.2　时间同步测试方法

时间同步测试需要一个测试系统(见图 6),由一个数据变化发生器和时间主站组成,这些功能都连接到一个公共外部时钟源(如无线电或卫星时钟)。数据变化发生器在 WPP 设备内触发物理事件,记录每个事件的准确时间。测试系统分析功能读取来自 WPP 设备的每个事件的时标,与记录的事件发生时间比较。

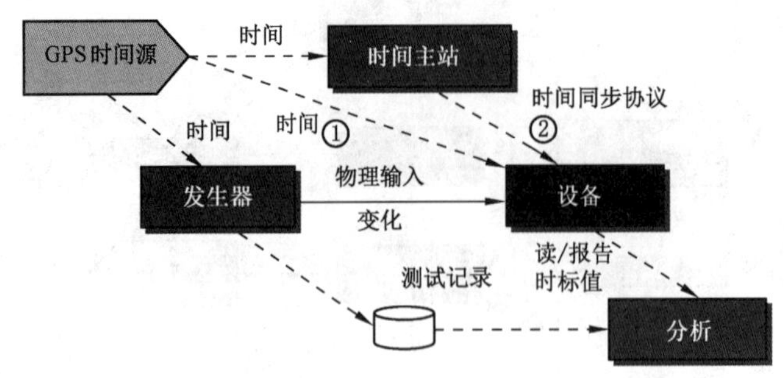

图 6 时间同步和准确度测试示意图

外部源时间

第一个准确度测量是由 WPP 设备进行的，WPP 设备直接接收测试系统所采用的同一个外部时钟源。事件变化 1 000 次，从事件时间和检索的时标的差值计算平均值及与平均值的标准偏差。

时间同步协议时间

第二个准确度测量是由测试系统中时间主站功能和带时间同步协议的 WPP 设备进行的。事件变化 1 000 次，从事件时间和检索的时标的差值计算平均值及与平均值的标准偏差。事件序列的产生应与时间同步协议协调一致。事件序列应在设备请求与时间装置同步请求刚发出时开始。如在序列过程中请求同步，则同步协议交换报文完成时事件序列会中断。

7.3.3 测试准则

测试与 UTC(如由测试发生器使用的参考时间提供)有关的时间同步准确度。

注 1：假定网络组件(如交换机)造成的抖动可以忽略。

网络组件(如交换机)的制造商应规定并在文件中说明由网络组件支持的各种优先级的估算的过程时间产生的延迟时间。

WPP 设备的制造商应规定并在文件中说明设备内部时钟的时间漂移。

注 2：时间漂移与时间同步无关。

7.4 稳定性试验

需要对在现场使用的产品配置作连续周期地测试以验证其稳定性。240 h 可满足测试要求。测试需包括正常运行环境下和重负荷环境下的周期性运行，在测试过程中通过模拟输入操作所有功能。

附 录 A
（资料性附录）
测试程序文件示例

A.1 示例 1

<table>
<tr><td>RptP1</td><td>读取逻辑节点目录(BRCB)和读取 BRCB 值</td><td>□ 通过
□ 失败
□ 无结论</td></tr>
<tr><td colspan="3">GB/T 30966.3，xx。
GB/T 30966.2，yy</td></tr>
<tr><td colspan="3">预期结果：
1） DUT 发出读取逻辑节点目录(BRCB)肯定响应。
2） DUT 发出读取 BRCB 值肯定响应</td></tr>
<tr><td colspan="3">测试说明：
1） 对每个逻辑节点客户请求读取逻辑节点目录(BRCB)。
2） 对每个 BRCB 客户请求读取 BRCB 值()</td></tr>
<tr><td colspan="3">注释</td></tr>
</table>

A.2 示例 2

<table>
<tr><td>RptP2</td><td>读取逻辑节点目录(URCB)和读取 URCB 值</td><td>□ 通过
□ 失败
□ 无结论</td></tr>
<tr><td colspan="3">DL/T 860.72—2004，9.2.2 和 14.2.5.3。
IEC 61850-8-1，12.3.1 和 17.2.4</td></tr>
<tr><td colspan="3">预期结果：
1） DUT 发出读取逻辑节点目录(URCB)肯定响应。
2） DUT 发出读取 URCB 值肯定响应</td></tr>
<tr><td colspan="3">测试说明：
1） 对每个逻辑节点客户请求读取逻辑节点目录(URCB)。
2） 对每个 URCB 客户请求读取 URCB 值()</td></tr>
<tr><td colspan="3">注释</td></tr>
</table>

参 考 文 献

[1] IEC 61850-2:2003 Communication networks and systems in substations—Part 2:Glossary

[2] IEC 61850-4:2002 Communication networks and systems in substations—Part 4:System and project management

[3] IEC 61850-5:2003 Communication networks and systems in substations—Part 5:Communication requirements for functions and device models

[4] IEC 61850-6:2004 Communication networks and systems in substations—Part 6:Configuration description language for communication in electrical substations related to IEDs

[5] IEC 61850-7-3:2003 Communication networks and systems in substations—Part 7-3:Basic communication structure for substation and feeder equipment—Common data classes

[6] IEC 61850-8-1:2004 Communication networks and systems in substations—Part 8-1:Specific Communication Service Mapping (SCSM)—Mappings to MMS (ISO 9506-1 and ISO 9506-2) and to ISO/IEC 8802-3

ICS 27.180
F 11

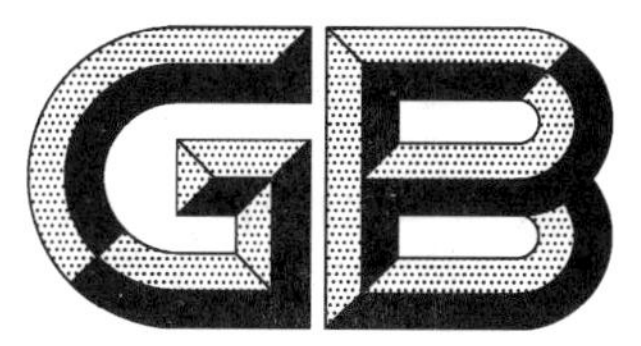

中华人民共和国国家标准

GB/T 30966.6—2015/IEC 61400-25-6:2010

风力发电机组 风力发电场监控系统通信 第6部分:状态监测的逻辑节点类和数据类

Wind turbines—Communications for monitoring and control of wind power plants—Part 6:Logical node classes and data classes for condition monitoring

(IEC 61400-25-6:2010 Wind turbines—Part 25-6:Communications for monitoring and control of wind power plants—Logical node classes and data classes for condition monitoring,IDT)

2015-05-15 发布 2016-02-01 实施

中华人民共和国国家质量监督检验检疫总局
中国国家标准化管理委员会 发布

前　言

GB/T 30966《风力发电机组　风力发电场监控系统通信》分为六个部分：

——第 1 部分：原则与模型；

——第 2 部分：信息模型；

——第 3 部分：信息交换模型；

——第 4 部分：映射到通信规约；

——第 5 部分：一致性测试；

——第 6 部分：状态监测的逻辑节点类和数据类。

本部分为 GB/T 30966 的第 6 部分。

本部分按照 GB/T 1.1—2009 给出的规则起草。

本部分使用翻译法等同采用 IEC 61400-25-6:2010《风力发电机组　第 25-6 部分：风力发电场监控系统通信　状态监测的逻辑节点类和数据类》(英文版)。

与本部分中规范性引用的国际文件有一致性对应关系的我国文件如下：

——GB/T 6075(所有部分)　机械振动　在非旋转部件上测量评价机器的振动[ISO 10816(所有部分)]

——GB/T 30966.4—2014　风力发电机组　风力发电场监控系统通信　第 4 部分：映射到通信规约(IEC 61400-25-4:2008,IDT)

——GB/T 30966.5—2015　风力发电机组　风力发电场监控系统通信　第 5 部分：一致性测试(IEC 61400-25-5:2006,IDT)

——DL/T 860.73—2004　变电站通信网络和系统　第 7-3 部分：变电站和馈线设备的基本通信结构　公用数据类(IEC 61850-7-3:2003,IDT)

本部分做了下列编辑性修改：

a) 将标准名称改为"风力发电机组　风力发电场监控系统通信　第 6 部分：状态监测的逻辑节点类和数据类"；

b) 将"IEC 61400-25-6"改为本部分。

本部分由中国机械工业联合会提出。

本部分由全国风力机械标准化技术委员会(SAC/TC 50)归口。

本部分起草单位：新疆金风科技股份有限公司、北京天源科创风电技术有限责任公司、北京金风科创风电设备有限公司、北京科诺伟业科技有限公司、中国科学院电工研究所。

本部分主要起草人：王相明、杨建、张新文、周生年、陈荣、刘河、鄂春良、武鑫、许洪华、马蕊。

引　言

GB/T 30966(所有部分)定义了风电场监控的信息模型和信息交换模型。GB/T 30966.2 和 GB/T 30966.3 的建模方法(适用于信息模型和信息交换模型)用来提供类和服务的抽象定义,从而使规范独立于具体的通信协议栈、实现和操作系统。GB/T 30966.4 介绍了将上述抽象定义映射到具体通信规约的方法。

原则上,本部分的内容应符合 GB/T 30966.2、GB/T 30966.3 和 GB/T 30966.4 的规定。

GB/T 30966.1～GB/T 30966.5 中的定义同样适用于本部分。

本部分的目的是定义状态监测信息的信息模型及如何使用 GB/T 30966.2 中的现有定义,并定义所需的扩展,以便对风力发电机组有关的状态监测信息进行描述和交换。本部分定义的状态监测信息模型可代表传感器提供的信息或通过计算得出的信息。

在本部分中,状态监测指的是一个过程,其目的是对风力发电机组或风电场部件或结构件进行一段时间的观察,对部件或结构件的状态以及状态变化进行评估,从而发现潜在故障的早期迹象。为了能够对大致处于相同条件下的部件和结构件进行监测,本部分引入了将风力发电机组的发电量或功率级划分入不同功率仓的概念。功率仓是一个多维的概念,能够将复杂的操作条件划分为可以比较的情况。

状态监测是最常用的预测性维护或状态维护(CBM)方法。除此之外,还可以使用其他预测性维护方法,包括利用人的感觉(视觉、听觉、触觉、嗅觉)或者使用机器性能监测技术。这些做法均可视为状态监测的内容。

状态监测技术

可生成建模信息的状态监测技术包括但不限于测量值或处理值,例如:

- 振动测量与分析;
- 油液测量与分析;
- 温度测量与分析;
- 应力测量与分析;
- 声学测量与分析。

对部件和结构件进行监测时可采用自动化测量检索,也可以采用人工方法。

状态监测设备

状态监测功能可通过不同的物理设备实现。一些信息可能由发电机组控制器(TCD)进行监测,另一些信息则可能由其他状态监测设备(CMD)负责。各参与者均可以要求交换 TCD 或 CMD 内的数据。数据采集与监控系统(SCADA)设备可以请求调用 TCD 或 CMD 内的信息;CMD 也可以请求调用 TCD 内的信息。风电场内参与者与设备之间进行信息交换都需要使用 GB/T 30966.3 中定义的信息交换服务或本部分中规定的附加信息交换服务。上述内容的概要说明如图 1 所示。

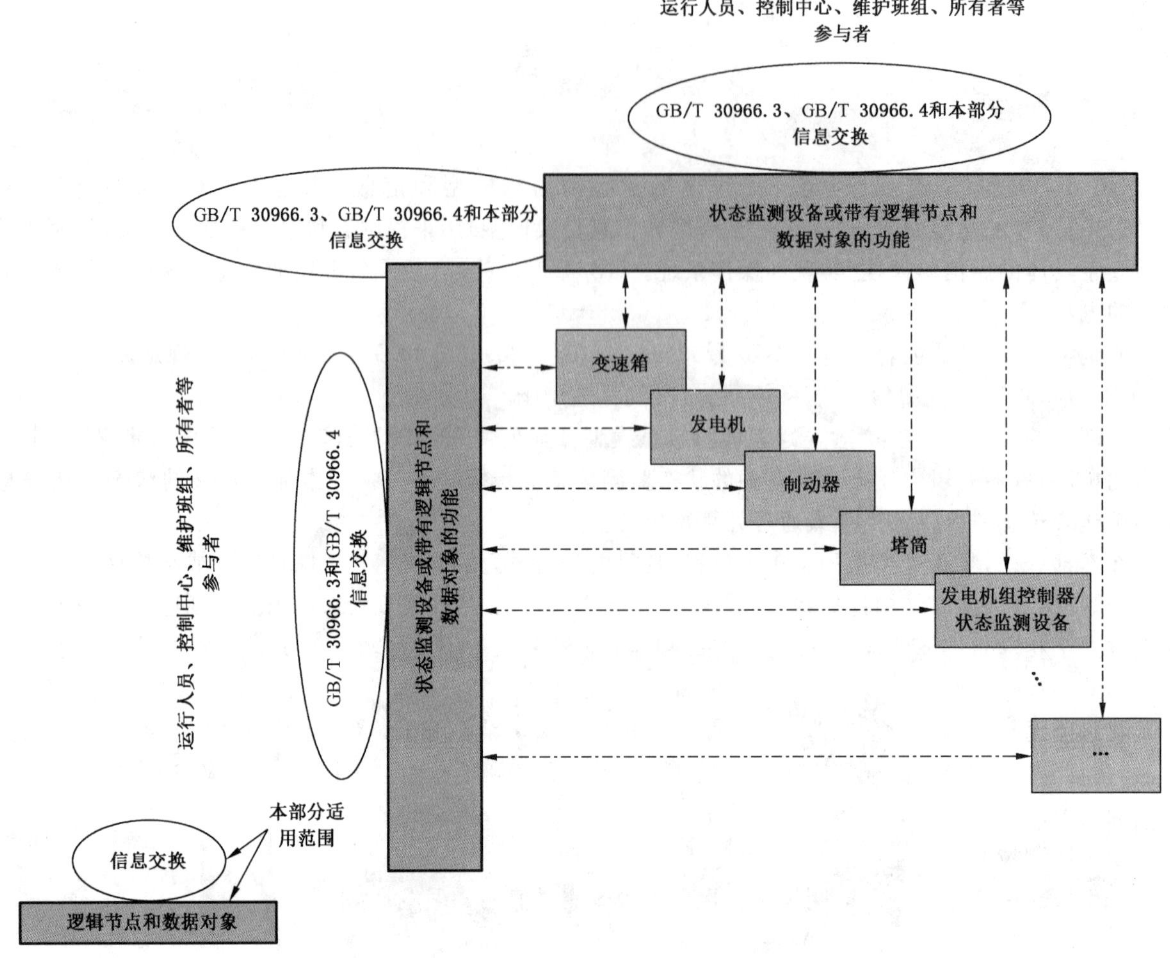

图 1 TCD/CMD 功能互相分离的状态监测

风电行业的控制和状态监测应用采用分离设备的技术结构。鉴于此，本部分中所述信息模型和信息交换模型是建立在包含一个 TCD 和一个 CMD 的结构的基础上。

应将本部分视作 GB/T 30966(所有部分)的延伸，本部分的主要内容是状态监测。

风力发电机组　风力发电场监控系统通信
第6部分:状态监测的逻辑节点类和数据类

1　范围

GB/T 30966的本部分规定了与风电场状态监测有关的信息模型以及与这些信息模型有关的数据值信息交换。

图2所示为某一系统的信息流,该系统可使用状态监测功能完成状态维护。该图说明了如何通过信息链路对数据进行集中、提炼,从而达到状态维护的最终目的,即向维护班组发出工作指令,然后采取相应措施,保证风电场的良好运行。

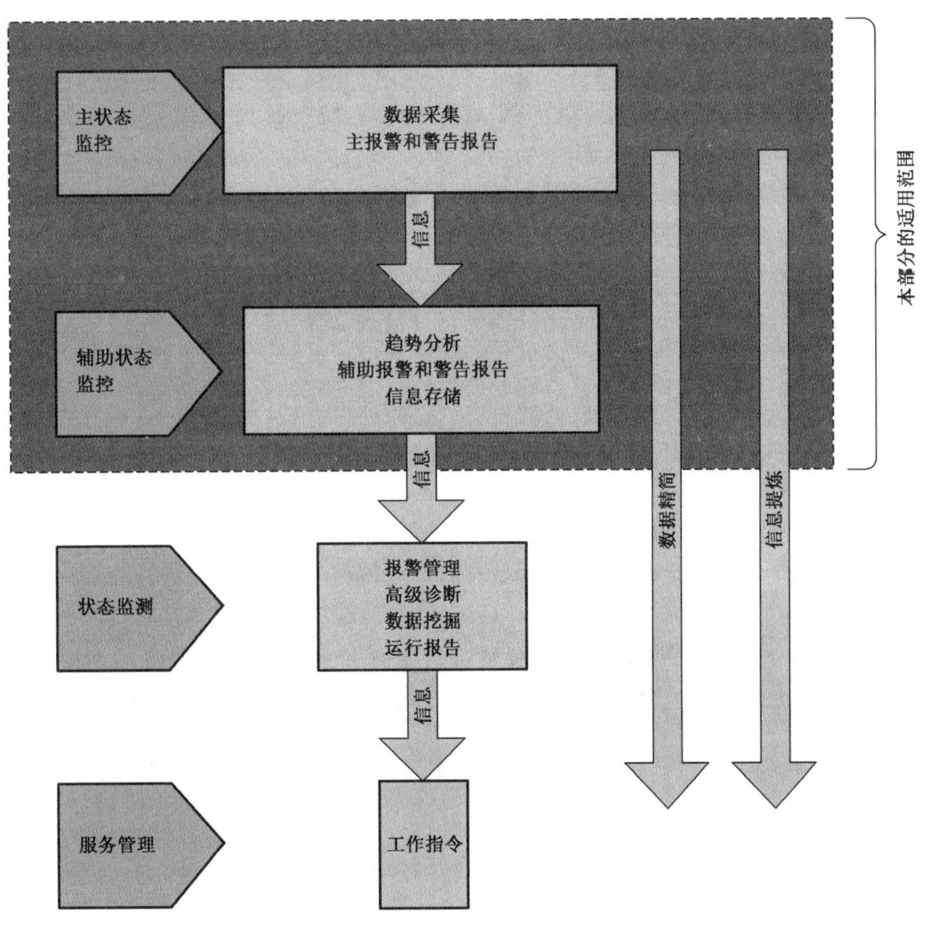

图2　状态监测信息流程图

状态监测主要涉及以下四类信息:

- 用于进行分析的实时交换或以文件形式进行交换的特定时间段的时间波形记录(样本),如加速度、位置检测、速度、应力检测等;
- 代表风力发电机组运行状态的状态信息和测量值(与波形记录同步);
- 振动数据[标量值、数组值、统计值、历史(统计)值、计数器和状态信息]的时间波形记录分析结果;

- 分析结果,例如油液分析的结果。

本部分的目的是使用 GB/T 30966.1—2014 的 6.2.2 中描述的信息模型建模方法,通过扩展 GB/T 30966.2—2014 第 6 章中定义的信息模型、GB/T 30966.3—2014 第 9 章中定义的信息交换模型以及 IEC 61400-25-4 中所述将模型映射到通信规约的方法来建立状态监测信息模型。

2 规范性引用文件

下列文件对于本文件的应用是必不可少的。凡是注日期的引用文件,仅注日期的版本适用于本文件。凡是不注日期的引用文件,其最新版本(包括所有的修改单)适用于本文件。

GB/T 19873.1—2005 机器状态监测与诊断 振动状态监测 第 1 部分:总则(ISO 13373-1:2002,IDT)

GB/T 30966.1—2014 风力发电机组 风力发电场监控系统通信 第 1 部分:原则与模型(IEC 61400-25-1:2006,IDT)

GB/T 30966.2—2014 风力发电机组 风力发电场监控系统通信 第 2 部分:信息模型(IEC 61400-25-2:2006,IDT)

GB/T 30966.3—2014 风力发电机组 风力发电场监控系统通信 第 3 部分:信息交换模型(IEC 61400-25-3:2006,IDT)

DL/T 860.72—2004 变电站通信网络和系统 第 7-2 部分:变电站和馈线设备的基本通信结构 抽象通信服务接口(ACSI)(IEC 61850-7-2:2003,IDT)

IEC 61400-25-4 风力发电机组 第 25-4 部分:风力发电场监控系统通信 映射到通信规约(Wind turbines—Part 25-4:Communications for monitoring and control of wind power plants—Mapping to communication profile)

IEC 61400-25-5 风力发电机组 第 25-5 部分:风力发电场监控系统通信 一致性试验(Wind turbines—Part 25-5:Communications for monitoring and control of wind power plants—Conformance testing)

IEC 61850-7-3 变电站通信网络和系统 第 7-3 部分:变电站和馈线设备的基本通信结构 公用数据类(Communication networks and systems in substations—Part 7-3: Basic communication structure for substation and feeder equipment—Common data classe)

ISO 10816(所有部分) 机械振动 在非旋转部件上评价和测量机器的机械振动(Mechanical vibration—Evaluation of machine vibration by measurements on non-rotating parts)

3 术语和定义

GB/T 30966.1 界定的以及下列术语和定义适用于本文件。

3.1

参与者 actor

从(向)另一设备接收(发送)数据值的任何实体,例如 SCADA 系统、维护系统、所有者等。

3.2

强制 mandatory

定义的内容应遵从 IEC 61400-25。

3.3

可选 optional

定义的内容可以选择性地遵从 IEC 61400-25。

3.4

条件　conditional

由 IEC 61400-25(所有部分)提供的公用数据类属性,在一定条件下对应的属性为真。

3.5

标量值　scalar value

代表一个数量并可由单个数字来表示的数据类型,例如温度。

3.6

数据文件　data file

在计算机系统中,数据文件是系统用户(包括系统本身及其应用程序)可以使用的数据实体,可作为实体被操纵(例如可以将一个文件从一个文件目录移到另一个文件目录中)。

文件在自己的目录中的名称必须是唯一的。有些操作系统和应用程序通过赋予文件特定的文件名后缀(文件名后缀又叫文件扩展名),采用给定的格式对文件进行描述。

3.7

峰值　peak value

在特定的时间段内,时间波形相较于其平均值的最大偏移量。

3.8

峰-峰值　peak-to-peak value

在特定的时间段内,时间波形正向与负向峰值之差。

3.9

波峰因数　crest factor

在特定的时间段内,时间波形的峰值与其均方根值(RMS)之比。

波峰因数又叫"峰值与均方根值之比"。

3.10

均方根值　root mean square value

RMS 是信号电平的计量单位,其计算方法是求信号瞬时值的平方,然后求平方值的平均数,最后计算该平均值的平方根。

RMS 可用于计算信号的能量或功率。

3.11

带通　band pass;BP

带通滤波器是一种只允许频率位于上下截止频率之间的能量通过的滤波器。

带通滤波器可以为固定型,其截止频率为常量;也可以为可变型,其截止频率为中心频率的百分之几——称为恒定百分率带宽滤波器。

3.12

阶　order

某参考频率的倍数。

以阶表示的 FFT 频谱图的水平轴表示运行速度的倍数。阶通常表示为 $1x$(即一倍运行速度)、$2x$(即两倍运行速度),以此类推。当阶为运行速度的整数倍时,可作为运行速度的谐函数,例如,$2x$ 可称为运行速度的 2 阶谐函数。

3.13

阶次分析　order analysis

研究与某一设备旋转部件相关的特定信号的幅度变化的能力。

3.14

UFF 58

用于存储噪声和振动信息的事实标准文件格式。

可通过下列链接查看事实标准 UFF 58 文件格式的定义：

http://www.sdrl.uc.edu/universal-file-formats-for-modal-analysis-testing-1。

3.15

高频带通 high frequency band pass;HFBP

整个测量覆盖了 1 kHz～10 kHz 的高频段。

轴承故障通常会引起一种或多种高频段谐振效应。因此，限于此频段的测量非常适用于检测轴承故障。

4 缩略语

下列缩略语适用于本文件。

CDC:公用数据类

CM:状态监测(功能)

CMD:状态监测设备

DC:数据类

ING:整数设定值的公用数据类(见 IEC 61850-7-3)

LCB:日志控制块

LD:逻辑设备

LN:逻辑节点

LPHD:逻辑节点物理设备

RCB:报表控制块

RMS:均方根

SAV:采样模拟值的公用数据类(见 IEC 61850-7-3)

SHS:统计数据和历史统计数据(见 GB/T 30966.2 附录 A)

SMV:采样测量值，有时缩写为:SV，即采样值

TC:发电机组控制器(功能)

TCD:发电机组控制器设备

TMF:齿啮合频率

TOC:发电机组运行条件

WPP:风电场

WT:风力发电机组

数据类中使用的缩写词汇如表 1 所示。

表 1 缩写词汇

词汇	描述	词汇	描述
1Ps	第一行星级	Acc	加速度计
2Ps	第二行星级	Ack	确认
A	电流	Acs	访问
AC	交流电	Act	实际值

表 1（续）

词汇	描述	词汇	描述
Alm	报警	Dcl	直流环节
Alt	高度	De	驱动端
An	模拟量	Deb	油液
Ane	风速计	Dec	减少
Ang	角度	Dehum	减湿器
At	有功(实际)	Del	三角形
Atv	有效	Det	探测
Av	平均	Dir	说明书
Avl	可用性	Disp	位移
Ax	轴向	Dly	日报
Az	方位角	Dmd	需求
bin	有功功率仓	Dn	下降
Bec	灯塔	Drv	驱动器
Bl	叶片	Egy	能量
Blk	锁定	Elev	升降机
Brg	轴承	Emg	紧急情况
Brk	制动器	En	启动
Bn	仓	Ent	入口
Cab	电缆	Ety	空闲
Ccw	逆时针	Evt	事件
Ch	特性	Ex	外部
Chg	转变	Ext	励磁
Chk	检查	Flsh	闪光
Chrg	负荷	Flt	故障
Cl	冷却	Fr	前
Cm	命令	Ftr	滤波器
Cnv	变流器	Gbx	齿轮箱
Ct	计数器	Gn	发电机
Ctl	控制	Gra	梯度
Cw	顺时针	Gri	电网
d	描述	Gs	油脂
Dat	数据	Hi	高
Db	死区	Hly	每小时
DC	直流电	Hor	水平

表 1（续）

词汇	描述	词汇	描述
Hss	高速级	Nac	机舱
Ht	加热	NDe	非驱动端
Htex	热交换器	Num	数字(大小)
Hum	湿度	Of	离线
Hy	液压	Oil	涂油
Hz	频率	Op	操作
Ice	冰	Oper	操作员
Id	标识符	Ov	超过
Idl	空载	Pc	功率等级
Inc	增加	Per	周期、周期性的
Inj	注入	PF	功率因数
Inl	在线	Ph	相位
Inlet	进口	Pl	工厂
Inst	瞬时	Plu	污染
Intl	内部	Pmp	泵
Iss	中速级	Pos	位置
Lev	等级	Pres	压力
Lift	起重机	Prod	生产
Lim	限值	Ps	行星级
Lo	低	Pt	桨距
Log	日志	Ptr	指针
Lt	侧向	Pwr	功率
Lu	润滑油	q	质量
Lum	亮度	Ra	径向
Man	手动	Rdy	准备就绪
Max	最大值	React	无功
Met	气象	Rep	报表
Min	最小值	Rms	均方根
Mly	每月	Rng	范围
Mn	主要	Roof	顶部
Mod	模式	Rot	叶轮(风力发电机组)
Mul	乘法器	Rr	后
Mx	测量	Rs	复位
Nam	名称	Rtr	转子(发电机)

表 1（续）

词汇	描述	词汇	描述
Sdv	标准偏差	Tow	塔筒
Seq	序列	Tra	暂态
Sev	严重	Trd	传感器
Shf	转轴	Trf	变压器
Sld	结构荷载	Trg	触发值　触发器
Smk	烟尘	Tur	风力发电机组
Smp	采样	Un	在……下
Snd	声音	Up	上升[与下降(Dn)相反]
Sp	设置点	Urg	紧急
Spd	速度	V	电压
St	状态	VA	视在功率
Sta	定子	Val	值
Stdby	备用	Vals	数值
Stg	档(1、2、3 等)	Ver	垂直
Stn	应变	Vib	振动
Stop	停止	Vis	能见度
Str	开始	Wd	风电
Sw	开关	Wly	每周
Sys	系统	Wup	终止
T	时间戳	Xdir	X 轴
Tm	定时器	Ydir	Y 轴
Tmp	温度	Yly	每年
Torq	转矩	Yw	偏航
Tot	合计		

5 总则

5.1 概述

状态监测的主要目的是检测潜在的风险，防止风力发电机组遭到损害或破坏。

在状态监测系统中，使用预先定义的触发值按顺序启动一系列事件，例如：向就地 SCADA 系统报警或向监测中心发送消息，以防止部件或结构件进一步受到损坏。一般情况下，状态监测监视功能可利用此类消息生成可执行信息，维护部门再通过可执行信息创建工作指令，然后采取相应措施。图 2 所示为某一系统的信息流，该系统可利用状态监测功能完成状态维护。

状态监测主要涉及以下四类信息：

a) 用于进行分析的实时交换或以文件形式进行交换的特定时间段的时间波形记录(样本)，如加速度、位置检测、速度、应力检测等；

b) 代表风力发电机组运行状态的状态信息和测量值(与波形记录同步)；

c) 振动数据[标量值、数组值、统计值、历史(统计)值、计数器和状态信息]的时间波形记录分析结果；

d) 分析结果，例如油液分析的结果。

状态监测信息可以利用规定的属性、触发选项以及文件结构进行描述，其公用数据类如下：

——监测仓；

——监测测量描述；

——标量数据；

——标量数据数组；

——矢量数据。

本部分的目的是使用GB/T 30966.1—2014 中 6.2.2 描述的信息模型建模方法，通过扩展 GB/T 30966.2—2014 中第 6 章定义的信息模型、GB/T 30966.3—2014 中第 9 章定义的信息交换模型以及 IEC 61400-25-4 中所述将模型映射到通信规约的方法来建立状态检测信息模型。

IEC 61400-25(所有部分)需要进行以下扩展以满足状态监测的需要：

- GB/T 30966.2 中定义的信息模型应通过状态监测相关信息进行扩展。例如，应扩展针对状态监测设备状态信息的 WTUR 和将状态监测系统生成的报警纳入一般报警范畴的 WALM。所需扩展在本部分第 6 章、第 7 章和第 8 章中作出了规定。
- GB/T 30966.3 和 IEC 61400-25-4 不包含文件交换服务，而状态监测系统则要求进行文件传输。在 GB/T 30966.3 增加文件交换服务的内容、IEC 61400-25-4 在协议方面进行详细说明之前，选择哪种文件传输协议不属于本部分范围。

通过扩展现有针对风电信息模型的标准，可以提高标准的再利用程度。

5.2 状态监测信息模型

将特定状态监测信息与特定传感器和风力发电机组的具体位置绑定应符合以下规定：

a) 用于指定方向和角度的坐标系的定义，见 5.3；

b) 用于识别某一状态监测测量的环境的属性——有功功率仓，见 5.4；

c) 用于标识传感器类型、角定向、运行方向以及在风力发电机组内的物理位置(例如轴号、轴承位置)的属性以及传感器主要测量对象的标识。更多信息见第 6 章。

如适用，本部分中对传感器和位置的规定原则上与 GB/T 19873.1—2005 一致。

由于状态监测技术在不断地发展，本部分也对如何进行扩展作出了规定。

5.3 坐标系的约定方向和角度

为了能够准确识别传感器的位置，在参考坐标系中，对各个方向和角度进行了规定。图 3 列出了叠加在风力发电机组传动系统上的 X、Y、Z 坐标系。传动系统轴向方向为风向。规定 Z 轴方向永远与风向相同。

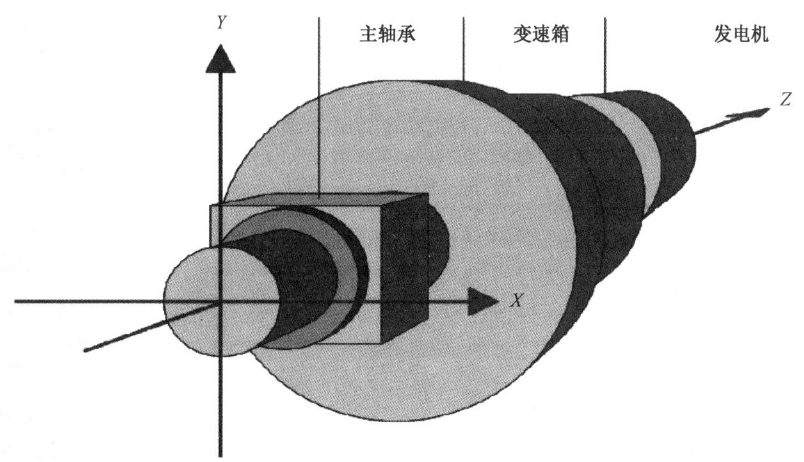

图 3 传动系统参考坐标系

表 2 列出了与本部分定义的参考坐标系有关的其他常用名称。

表 2 坐标系及与风力发电机组相关的特性

本部分使用名称	其他名称
Z 轴方向	顺风向(与逆风向相反)
	轴向(风向)
X 轴方向	侧向
	横向
	水平
	右侧(与左侧相反)
Y 轴方向	垂直
	向上(与向下相反)

5.4 有功功率仓的概念

为了描述一组状态监测测量值的环境,提出了有功功率仓的概念。原则上,风力发电机组可在较大的风速范围内工作,因此,会对塔筒、叶片及有关机械结构产生多种不同的负荷。在整个运行范围内,为保证为检测潜在故障而进行的测量具有较高的可靠性和再现性,通常采用自适应监测方法,从而降低误报警风险。为了适应多变的工况,可将数据存储在多个"有功功率仓"内。状态监测的基本原则是将新测量值与旧测量值进行对比,观察特定实测变量的变化情况。通过比较只属于同一有功功率仓的信息,可以限制工况变化产生的影响。由于风力发电机组部件的实测振动级和应力与风力发电机组的有功发电量密切相关,所以自适应监测方法选用有功功率级作为触发标准,而非风速。使用有功功率级作为测量触发标准还可以保证只在风力发电机组产生有功功率时,才记录振动测量值。

图 4 给出了一个振动数据的示例:将振动数据分别与五个报警触发级别各不相同的有功功率仓的报警限值进行比较。

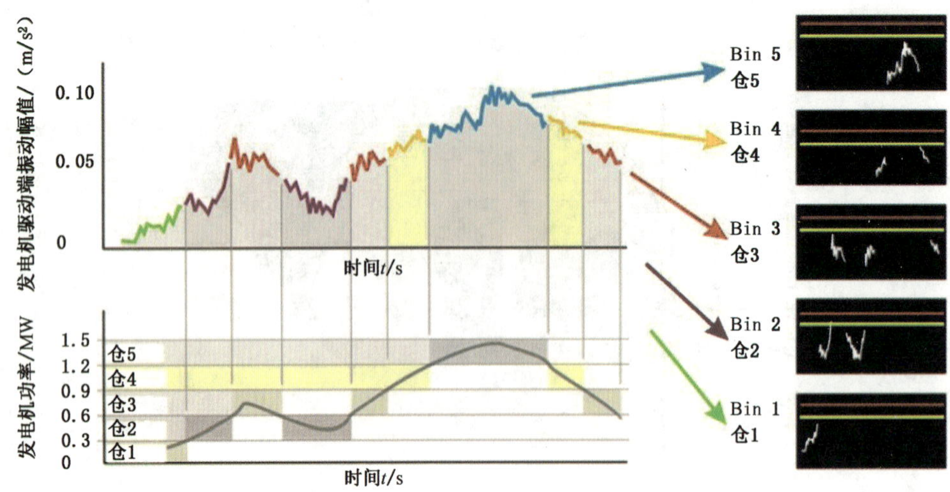

图 4 有功功率仓的概念

6 公用数据类属性

6.1 概述

GB/T 30966.2—2014 第 7 章中规定的属性类型适用于本部分第 7 章中规定的公用数据类属性以及本章定义的属性。

本部分 6.2.2.2～6.2.4 中规定的属性用于描述各个传感器的特性、位置以及主要用途。此外，本部分还规定了如何为实现不同目的而对状态监测属性进行扩展。

6.2 状态监测测量描述的属性

6.2.1 概述

状态监测测量描述应将模型实现和本部分中规定的模型联系起来，并应如表 3 所示对其进行定义。

表 3 用于测量描述的属性

数据属性名称	属性类型	值/值的范围
trd	VISIBLE STRING 255	传感器
shfNum	INT8U	轴编号
brgPos	INT8U	轴承位置
mxType	ENUMERATED	ISORms | HFBP | TMF | 2TMF | 3TMF | 1MA | 2MA | LFRms | TWF | 更多测量类型值的描述见表 8。

6.2.2 状态监测传感器(trd)

6.2.2.1 概述

本条定义了提供有关传感器信息的约定。提供的信息包括传感器位置、类型及方向。这些定义组合起来能够提供准确的传感器标识。用于传感器标识的定义共 5 项。见表 4。

传感器标识应至少包括传感器的位置。第 2 至 5 项定义为可选项，可任意组合使用。名称顺序应符合表 4 的规定。

表 4 传感器标识约定

序号	定义		长度	示例	备注	M/O/C
1	位置	部件名称	无限制	Gbxlss-	Gbx 和 Iss,见表 1	M
		其他标识		Pos1-	自由文本[a,b]	O
2	传感器类型代码		两个字母	AC	加速度计,见表 5	O
3	角定向		三位数	280	0°～360°	O
4	传感器轴定向		一个字母	R	径向,见表 6	O
5	运动方向		/ ＋ 一个字母	/N	正向,见 6.2.2.5	O

[a] 位置标识后面应有“-”。

[b] 如果采用编号模式,建议数字沿 Z 轴方向递增。

示例:规定的传感器标识约定应用举例:GbxIss-AC090R/N-变速器中速级、单轴加速度计、定位在 0°起逆时针 90°的位置、径向安装、正向运动。

6.2.2.2 传感器类型代码

传感器类型应按表 5 规定用两个字母表示。

表 5 传感器类型代码

代码	传感器类型
AC	单轴加速度计
AV	具有内部集成功能的单轴加速度计
AB	双轴加速度计
AT	三轴加速度计
AE	声发射
BS	叶片监测
CR	电流探头
DP	位移探头
DR	用作相位基准的位移探头
MP	电磁式拾音器(轴速/相位基准)
MI	麦克风
OD	油液传感器
OP	光学传感器
PD	动态压力
PS	静态压力
SG	应变仪
SW	应力波
TC	温度热电偶

表 5（续）

代码	传感器类型
TR	电阻温度探测器
TT	转矩传感器
TO	扭力传感器
VL	速度传感器
VT	电压
OT	其他

6.2.2.3 角定向

传感器的角位置应从图 5 所示沿 Z 轴查看传动系统时处于 3 点钟位置的零基准起进行测量。

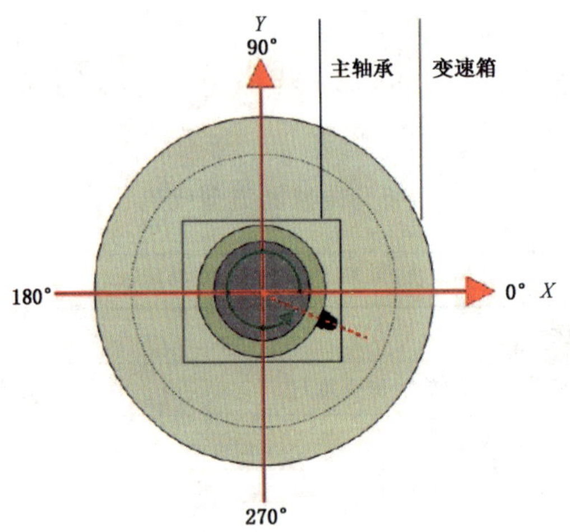

图 5 传感器角定向

绿色箭头表示传感器的角位置。该角度从 0°～360°逆时针增加。

6.2.2.4 传感器量测轴方向

传感器量测轴的方向应按表 6 的规定用单个字母表示。

表 6 传感器量测轴方向参考代码

代码	方向	描述
R	径向	传感器量测轴垂直于并穿过轴心线
A	轴向	传感器量测轴平行于轴心线
T	切向	传感器量测轴垂直于轴旋转平面内径向线
H	水平	传感器量测轴位于 0°或 180°
V	垂直	传感器量测轴位于 90°或 270°

6.2.2.5 运动方向

传感器测量位置识别代码的最后两个字符应为“/N”(正向)或“/R”(反向),如图 6 所示标识传感器的方向。

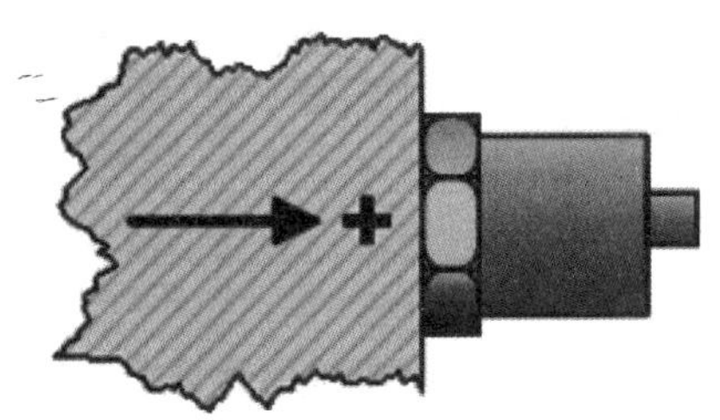

图 6 传感器运动方向标识

如图 7 所示,靠近传感器的运动应定义为正(+),远离传感器的运动定义为负(—)。

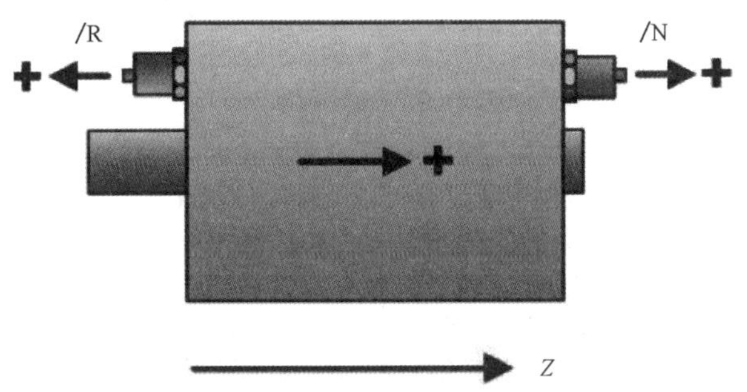

图 7 传感器正向和反向运动

沿 Z 轴方向的轴向设备运动应指定为“+”。若传感器安装后,朝向传感器的正运动会产生一个正信号,则该传感器应指定为“/N”(正向)。同理,当沿 Z 轴方向的运动产生负信号时,传感器应指定为“/R”(反向)。

角定位应定义径向安装传感器的运动方向。因此,径向安装的传感器宜采用“/N”(正向)作为默认值。

6.2.3 轴号(shfNum)和轴承位置(brgPos)

shfNum 的数据类型应为“可见字符串 255”。

brgPos 的数据类型也应为“可见字符串 255”。

为了描述状态监测测量值的特点,需要用一个属性来描述传感器的物理分配。安装在风力发电机组传动系统上的传感器可以视为:

a) 位于传动系统上的一个风力发电机部件;

b) 风力发电机部件的一个特殊的轴;及

c) 风力发电机部件的一个特殊轴承。

图 8 展示了用以标识风力发电机三级行星齿轮变速箱上某一特定位置的轴和轴承编码的原则。轴和轴承的编码应沿 Z 轴方向从叶轮轮毂至发电机逐渐增大,具体见图 8。

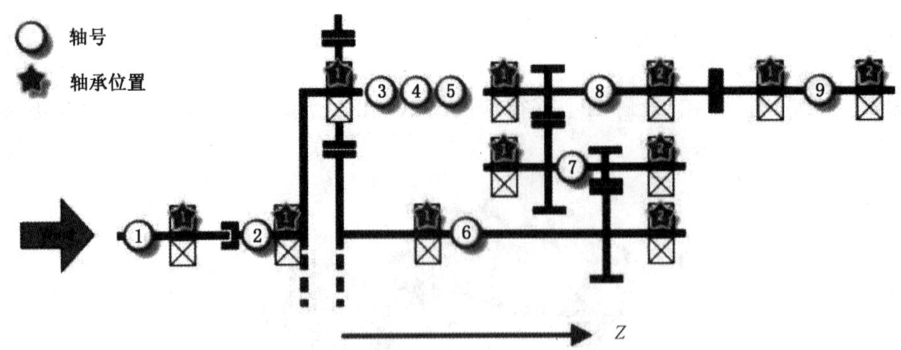

图 8　传动系统轴和轴承编码原则

表 7 详细列出了示例变速箱的各个轴及行星级的编号。

表 7　变速箱轴和轴承标识

轴号	部件	轴承位置	部件或子部件
1	主轴	1.1	主轴承
2	支架	2.1	支架轴承
3、4、5	1、2、3 号行星轴	3.1、4.1、5.1	行星轴承
6	中心轴	6.1、6.2	中心轴轴承
7	中间轴	7.1、7.2	中间轴轴承
8	高速轴	8.1、8.2	高速轴轴承
9	发电机轴	9.1、9.2	发电机轴轴承

风机发电机组振动测量描述应符合下列规定：

a) 整体振动测量或非某一特定轴或轴承的带通测量通常会覆盖较宽频段。这些测量由位于风力发电机组不同部件上、不与特定轴或轴承相关联的传感器完成。这些测量应根据 6.2 中定义的传感器标识约定以传感器的位置来进行标识，且应使用特定的测量名称。

b) 可由某一特定轴来进行标识的测量，例如轴以其运行速度工作时的振动级（1 阶测量）或在某一齿啮合频率时的振动级，应由符合 6.2 中定义的标识约定的传感器位置、轴号和测量名称进行标识。凡是含有平行轴的齿轮（如：正齿轮、斜齿轮和人字齿轮），其齿啮合频率下的振动级应总是由运行速度最大的轴来进行标识。

c) 可由某一特定轴承来进行标识的振动级（如轴承外圈损坏频率时的振动级），应由符合 6.2 中定义的标识约定的传感器位置、轴号和轴承位置进行标识。

6.2.4　测量类型（mxType）

数据属性 mxType 的数据类型应为“枚举”。

数据属性名称应如表 8 所示分为两组。第一组是本部分规定的数据属性值。语义和值的耦合是强制性的，即齿啮合频率时的振动级测量所用或为其定义的值应只能为 TMF。另一组是针对特定供应商的数据属性值，即 0～10 kHz 的频谱可由一位供应商耦合至 FFT1，也可以由另一供应商耦合至 FS。

表 8 mxType 值

值		说明
强制 标准化值	ISORms	符合 ISO 10816 的整体均方根振动级
	HFBP	高频带通振动级(1 kHz～10 kHz)
	TMF	齿啮合频率振动级
	2TMF	2 阶齿啮合频率振动级
	3TMF	3 阶齿啮合频率振动级
	1MA	轴转速第 1 量级时的振动级
	2MA	轴转速第 2 量级时的振动级
	LFRms	整体均方根,低频段(0.1 Hz～10 Hz)(见注释)
	TWF	时间波形
可选 供应商专用值示例	BP1	4 kHz～6 kHz 频段振动级
	BP2	100 Hz～500 Hz 频段振动级
	—	
	—	
	—	
	BPFO	外圈损坏频率时振动级
	BPFI	内圈损坏频率时振动级
	FFT1	0～10 kHz 频谱
	ES1	包络谱,0～100 Hz(BP 1 000 Hz～10 000 Hz)

定义强制性数据属性集的目的是为评估风力发电机组的实际状态建立统一的背景。

由于不同供应商提出了不同的针对风力发电机组状态监测的概念,并且要求本部分具有定制化数据属性的能力以保证标准的可扩展性和可接受性,为此本部分提供了一组供应商专用数据属性来说明其可扩展性。

虽然测量值的绝对水平并不是关键,但测量值应是可重复的,也就是说应维持测量的再现性,从而可以对值进行比较。

频率分辨率、带宽等并没有具体要求,最重要的一点是应保证所规定的名称都是唯一的。

7 风力发电机组状态监测公用数据类

7.1 概述

GB/T 30966.2 中规定的所有公用数据类均可用于状态监测。此外,本部分还规定了下列与状态监测相关的公用数据类:

a) 状态监测仓(CMB);
b) 状态监测测量描述(CMMD);
c) 状态监测标量值(CMSV);
d) 公用数据类的标量值数组(SVA);
e) 状态监测标量值数组(CMSVA);

f) 状态监测复杂值(CMCV);

g) 状态监测矢量值(CMVV)。

CMSV 基于 MV;CMVV 基于 CMCV;CMSVA 基于 SVA。

7.2 GB/T 30966.2 中定义的公用数据类

GB/T 30966.2—2014 第 7 章中规定的或引用的公用数据类以及下述公用数据类适用于状态监测信息模型建模。

7.3 状态监测仓(CMB)

公用数据类 CMB 包括:

——对定义状态监测仓是否为活动仓的测量值的引用;

——每一测量值的最大和最小值;

——状态监测仓的状态,即该仓是否为活动仓。当所有的测量值都位于该仓的配置范围内时,该仓为活动仓。

CMB 的定义应符合表 9 的规定。

表 9 公用数据类:状态监测仓(CMB)

CMB 类					
属性名称	**属性类型**	**FC**	**TrgOp**	**值/值的范围**	**M/O/C**
数据名称	来自数据类(见 DL/T 860.72—2004 中表 20)				
数据属性					
			状态值		
stVal	BOOLEAN	ST	dchg	状态监测仓为活动仓时为真	M
			配置		
ref1	对象引用	CF		引用作为状态监测仓分类基础的“数据对象”(例如,WTUR.W 或 WGEN.GnOpMod)	M
min1	FLOAT32	CF		状态监测仓引用值下限	M
max1	FLOAT32	CF		状态监测仓引用值上限	M
			描述和扩展信息		
d	VISIBLE STRING255	DC			O
dU	UNICODE STRING255	DC			O
cdcNs	VISIBLE STRING255	EX			AC_DLNDA_M
cdcName	VISIBLE STRING255	EX			AC_DLNDA_M
dataNs	VISIBLE STRING255	EX			AC_DLN_M
服务					
见 GB/T 30966.3—2014 中表 B.1。					

多维活动功率仓应通过增加与所需维数相同组数的数据属性(ref、min 和 max)来进行定义。功率仓的编号应为 1、2……n。

每一维的状态监测仓的名称都应是唯一的。

数据属性“min”和“max”的单位应符合数据属性“ref”所引用的数据对象的规定。

用于状态监测仓配置的所有数据对象的名称都应以“Bn”开头。

7.4 状态监测测量描述(CMMD)

公用数据类 CMMD 的定义应符合表 10 中的规定。

表 10 公用数据类:状态监测测量描述(CMMD)

CMMD 类					
属性名称	**属性类型**	**FC**	**TrgOp**	**值/值的范围**	**M/O/C**
数据名称	来自数据类(见 DL/T 860.72—2004 中表 20)				
数据属性					
			描述		
trd	VISIBLE STRING 255	DC			O
shfNum	INT8U	DC			O
brgPos	INT8U	DC			O
mxType	ENUMERATED	DC		ISORms | HFBP | TMF | 2TMF | 3TMF | 1MA | 2MA | LFRms | TWF |(其定义和扩展见表 8)	O
d	VISIBLE STRING255	DC			O
dU	UNICODE STRING 255	DC			O
cdcNs	VISIBLE STRING255	EX			AC_DLNDA__M
cdcName	VISIBLE STRING255	EX			AC_DLNDA _M
dataNs	VISIBLE STRING255	EX			AC_DLN_M
服务					
见 GB/T 30966.3—2014 中表 B.1。					

7.5 状态监测标量值(CMSV)

公用数据类 CMSV 是状态监测系统中的一个测量值,其范围界限在任何时候都由活动仓决定。使用该公用数据类的任何数据都应保证同一时刻所配置的状态监测仓中仅有一个处于活动状态。MxVal 的“范围”属性表示该测量值的当前状态。这个范围取决于活动仓。

应用于状态监测的公用数据类 CMSV 的定义应符合表 11 中的规定。

表 11　公用数据类:状态监测标量值(CMSV)

CMSV 类					
属性名称	**属性类型**	**FC**	**TrgOp**	**说明和值/值的范围**	**M/O/C**
数据名称	来自数据类(见 DL/T 860.72—2004 中表 20)				
数据					
MxVal	MV			状态监测测量	M
DMx	CMMD			测量描述	O
数据属性					
			测量		
actBnRef	对象引用	MX	dchg	引用 CMD 数据对象,测量值为当前时间的测量值	O
			配置和描述		
d	VISIBLE STRING255	DC		文本	O
dU	UNICODE STRING255	DC			O
cdcNs	VISIBLE STRING255	EX			AC_DLNDA_M
cdcName	VISIBLE STRING255	EX			AC_DLNDA_M
dataNs	VISIBLE STRING255	EX			AC_DLN_M
服务					
见 GB/T 30966.3—2014 中表 B.1。					

7.6　标量值数组(SVA)

公用数据类 SVA 的定义应符合表 12 中的规定。

表 12　公用数据类:标量值数组(SVA)

SVA 类					
属性名称	**属性类型**	**FC**	**TrgOp**	**值/值的范围**	**M/O/C**
数据名称	来自数据类(见 DL/T 860.72—2004 中表 20)				
数据属性					
			测量		
instMagI	ARRAY [0..numSV] INT32	MX			O
instMagF	ARRAY [0..numSV] FLOAT	MX			O
magI	ARRAY [0..numSV] INT32	MX	dchg		GC_1
magF	ARRAY [0..numSV] FLOAT	MX	dchg		GC_1

表 12（续）

SVA 类					
属性名称	**属性类型**	**FC**	**TrgOp**	**值/值的范围**	**M/O/C**
range	ARRAY [0..numSV] OF ENUMERATED	MX	dchg	正常|高|低|高-高|低-低	O
q	质量	MX	qchg		M
t	时间戳	MX			M
			配置描述和扩展属性		
numSV	INT16U	CF		标量值数组的元素个数	M
units	单位	CF		见 GB/T 30966.2—2014 中附录 B	O
db	INT32U	CF		0...100 000	O
zeroDb	INT32U	CF		0...100 000	O
sVC	ScaledValueConfig	CF			AC_SCAV
smpRate	INT32U	CF			O
d	VISIBLE STRING255	DC			O
dU	UNICODE STRING255	DC			O
cdcNs	VISIBLE STRING255	EX			AC_DLNDA_M
cdcName	VISIBLE STRING255	EX			AC_DLNDA_M
dataNs	VISIBLE STRING255	EX			AC_DLN_M
服务					
见 GB/T 30966.3—2014 中表 B.2。					

7.7 状态监测标量值数组(CMSVA)

应用于状态监测的公用数据类 CMSVA 的定义应符合表 13 中的规定。

表 13 公用数据类:状态监测标量值数组(CMSVA)

CMSVA 类					
属性名称	**属性类型**	**FC**	**TrgOp**	**说明和值/值的范围**	**M/O/C**
数据名称	来自数据类(见 DL/T 860.72—2004 中表 20)				
数据					
MxVal	SVA			状态监测测量	M
DMx	CMMD			测量描述	O
数据属性					
			测量		
actBnRef	对象引用	MX		引用 CMD 数据对象,测量值为当前时间的测量值	O

表 13（续）

CMSVA 类					
属性名称	**属性类型**	**FC**	**TrgOp**	**说明和值/值的范围**	**M/O/C**
			配置和描述		
d	VISIBLE STRING255	DC		文本	O
dU	UNICODE STRING255	DC			O
cdcNs	VISIBLE STRING255	EX			AC_DLNDA_M
cdcName	VISIBLE STRING255	EX			AC_DLNDA_M
dataNs	VISIBLE STRING255	EX			AC_DLN_M
服务					
见 GB/T 30966.3—2014 中表 B.1。					

7.8 状态监测矢量值(CMVV)

应用于状态监测的公用数据类 CMVV 的定义应符合表 14 中的规定。

表 14 公用数据类：状态监测矢量值(CMVV)

CMVV 类					
属性名称	**属性类型**	**FC**	**TrgOp**	**说明和值/值的范围**	**M/O/C**
数据名称	来自数据类(见 DL/T 860.72—2004 中表 20)				
数据					
MxVal	CMV			复杂测量值	M
DMx	CMMD			测量描述	O
数据属性					
			测量		
actBnRef	对象引用	MX		引用 CMD 数据对象，测量值为当前时间的测量值	O
			配置和描述		
d	VISIBLE STRING255	DC		文本	O
dU	UNICODE STRING255	DC			O
cdcNs	VISIBLE STRING255	EX			AC_DLNDA_M
cdcName	VISIBLE STRING255	EX			AC_DLNDA_M
dataNs	VISIBLE STRING255	EX			AC_DLN_M
服务					
见 GB/T 30966.3—2014 中表 B.1。					

8 风力发电机组状态监测逻辑节点

8.1 概述

为监测风力发电机组的状态而收集的所有信息都可以与风力发电机组的特定部件联系起来，从而全面了解机组的运行状态。以下条款规定了本部分要求的逻辑节点。

8.2 来自 GB/T 30966.2 的逻辑节点

根据本部分的规定，状态监测应包含 GB/T 30966.2 中规定的所有强制性逻辑节点，因为这些逻辑节点可能包含与状态监测有关的测量值。

逻辑节点类 WALM 也与风力发电机组状态监测有关，因为由状态监测系统发出的报警属于该逻辑节点类。

8.3 风力发电机组状态监测逻辑节点(WCON)

8.3.1 概述

WCON 应包含代表状态监测系统所需且 GB/T 30966.2 未进行规定的信息的数据。

WCON 的定义应符合表 15 中的规定。

表 15 逻辑节点:风力发电机组状态监测信息(WCON)

WCON 类			
属性名称	**属性类型**	**说明**	**M/O**
		逻辑节点应继承风电场公用逻辑节点类的所有强制性数据(见 GB/T 30966.2—2014 中 6.1.1)	M
数据			
		测量信息	
〈供应商专用数据名称〉	例如 CMSV	例如发电机驱动端的振动	O
…			O
〈供应商专用数据名称〉	例如 CMVV	例如发电机轴的振动	O
		配置	
〈供应商专用仓名称 1〉	CMBC	例如 Bn1Pwr 或 BnPwrLow	O
〈供应商专用仓名称 2〉	CMBC	例如 Bn2Pwr 或 BnPwrHigh	O
…			O
〈供应商专用仓名称 $n+1$〉	CMBC	例如 Bn1Tmp 或 BnTmpLow	O
〈供应商专用仓名称 $n+2$〉	CMBC	例如 Bn2Tmp 和 BnTmpHigh	O

8.3.2 适用于 WCON 的公用数据类

本部分或 GB/T 30966.2 中规定或引用的所有公用数据类都可以用于规定 WCON 逻辑节点中的数据。

9 数据文件(DAF)

数据文件(DAF)用于存储时间波形、声音信息及视频信息等。根据状态监测的技术应用水平，基于文件传输的任何类别的信息交换均应使用 UFF58 文件格式。

附 录 A
(资料性附录)
轴与轴承位置编号的应用

A.1 概述

在使用频谱对风力发电机组的振动信号进行分析时,频谱中的不同波峰对应部件(如变速箱)的不同运动频率。本附录介绍了如何利用本部分6.2.3中介绍的轴和轴承编号体系来对频谱中的波峰进行说明,进而说明其与风力发电机组不同部件的关系。

A.2 示例:变速箱

图A.1显示了变速箱实例研究中的状态监测测量。

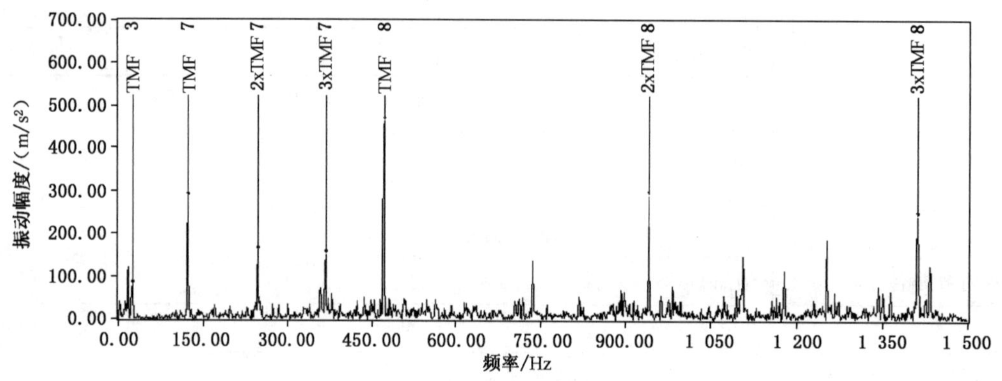

图 A.1 变速箱实例——中速级传感器频谱分析

图A.1所示的频谱中包含对变速箱的3个不同零部件的齿啮合频率(mxType:xTMF)所作的注释(见图上方数字3、7、8)。所标注的轴号指明了频率分量的由来(见图8):

——轴号3表示行星级(Pl);

——轴号7表示中速级(Iss);

——轴号8表示高速级(Hss)。

附 录 B
（资料性附录）
强制性测量的趋势示例

B.1 发电机测量的趋势历史记录

图 B.1 展示了一个强制性测量报告的样式。该图仅提供了发电机功率仓 3 的数据。每幅曲线图的时间跨度为 2 a，包括了约 800 次～1 000 次测量。这些曲线图表明在 2005 年，发电机的驱动端轴承就已经出现了故障。经过维修后，功率级降至一个恒定的低水平。

图 B.1 风力发电机组状态监测测量

根据曲线图可看出，对于轴承故障敏感的 HFBP，其超前时间比 ISO 均方根测量值要长。之后，当轴承状态恶化时，在 ISO 均方根值覆盖的频段内，振动也开始增强。在后期，设备的连接松动和错位开始影响到叶轮的振动，1MA 和 2MA 开始上升。

ICS 27.180
F 11

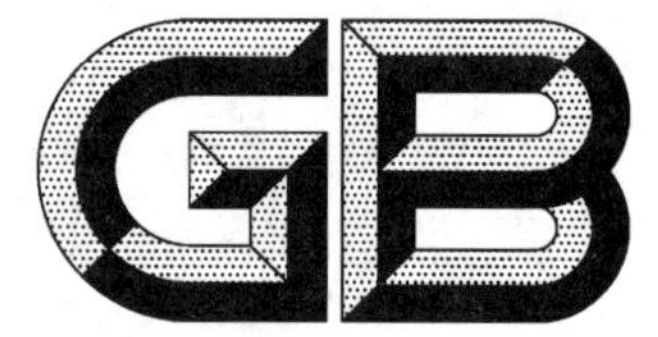

中华人民共和国国家标准

GB/T 31517—2015/IEC 61400-3:2009

海上风力发电机组　设计要求

Design requirements for offshore wind turbines

(IEC 61400-3:2009, Wind turbines—Part3:
Design requirements for offshore wind turbines, IDT)

2015-05-15 发布　　2016-02-01 实施

中华人民共和国国家质量监督检验检疫总局
中国国家标准化管理委员会　发布

前　言

本标准按照 GB/T 1.1—2009 给出的规则起草。

本标准使用翻译法等同采用 IEC 61400-3:2009《风力发电机组　第 3 部分:海上风力发电机组设计要求》(英文版)。

与本标准中规范性引用的国际文件有一致性对应关系的我国文件如下:

——GB/T 4797.1—2005　电工电子产品自然环境条件　温度和湿度(IEC 60721-2-1:2002,MOD)

为了便于使用,本标准做了下列编辑性修改:

a) 将“IEC 61400-3:2009”改为本标准;

b) 删除了 IEC 61400-3:2009 中资料性概述要素(包括封面、目次和前言);

c) 保留了 IEC 61400-3:2009 的引言,同时增加了本标准的“前言”;

d) 用现行 IEC 60721-2-1:2002 替代 IEC 60721-2-1:1982 及其 1987 年 1 号修改单;

e) 用现行 ISO 9001:2008 替代 ISO 9001:2000;

f) 本标准修正了 IEC 61400-3:2009 中的若干错误:

   1) 删除了在 IEC 61400-3:2009 中未提及的引用文件:IEC 62305-3:2006、IEC 62305-4:2006;

   2) 修改了 7.4.6、7.6.1.1.2 中提及公式编号的错误,以及式(D.9)和式(D.10)中反双曲正切三角函数的写法错误;

   3) 参考文献中补录:IEC 60721-3-3:2002。

本标准由中国机械工业联合会提出。

本标准由全国风力机械标准化技术委员会(SAC/TC 50)归口。

本标准主要起草单位:华锐风电科技(集团)股份有限公司、中国农业机械化科学研究院呼和浩特分院、神华国华能源投资有限公司、中国船级社、北京鉴衡认证中心有限公司、上海绿色环保能源有限公司、上海勘测设计研究院有限公司、浙江运达风电股份有限公司、湘潭电机股份有限公司、美泽新能源控股有限公司、新疆金风科技股份有限公司。

本标准主要起草人:陈党慧、王建平、高辉、金宝年、马文勇、严忠、秦海岩、张开华、李健英、刘作辉、叶杭冶、郭灯塔、张芹、金家坤、党群、唐超、田野、刘河。

引　言

本标准概述了海上风力发电机组的最低设计要求，但不是完整的设计规范或安装指导手册。

在海上风力发电机组设计、制造、组装、装配、吊装、调试、运行及维护等环节中，不同的合同方可能负责承担不同的工作，但要确保满足本标准的要求。合同方之间的责任划分问题，不在本标准讨论范围内。

只要能合理地证明系统的安全性不受影响，可对本标准的要求进行修改。遵照本标准并不能免除任何个人、组织或公司应该遵照的其他适用规范的责任。

海上风力发电机组 设计要求

1 范围

本标准规定了海上风力发电机组场址外部条件评估的附加要求，以及确保海上风力发电机组工程完整性的基本设计要求。其目的是在风力发电机组的预期寿命期间，提供适当等级的防护，以防止各种危险对风力发电机组造成损失。

本标准致力于海上风力发电机组各结构部件的工程完整性，同时也涉及各子系统，如控制和保护机构、内部电气系统以及机械系统。

如果风力发电机组的支撑结构承受水动力载荷，则可认定其为海上风力发电机组。本标准规定的设计要求不能完全保证漂浮式海上风力发电机组的工程完整性。

本标准宜与第2章中提到的IEC、ISO以及相应国家标准一起使用。特别是本标准完全符合GB/T 18451.1的要求。由本标准设计的海上风力发电机组的安全等级应不低于GB/T 18451.1。某些章节中，有摘自GB/T 18451.1的内容，以便清楚地理解所规定的要求。

2 规范性引用文件

下列文件对于本文件的应用是必不可少的。凡是注日期的引用文件，仅注日期的版本适用于本文件。凡是不注日期的引用文件，其最新版本(包括所有的修改单)适用于本文件。

GB/T 18451.1—2012 风力发电机组 设计要求(IEC 61400-1:2005,IDT)

GB/T 19001—2008 质量管理体系 要求(ISO 9001:2008,IDT)

GB/T 23511—2009 石油天然气工业 海洋结构的一般要求(ISO 19900:2002,IDT)

IEC 60721-2-1:2002 环境条件等级 第2部分:自然环境 温度和湿度(Classification of environmental conditions—Part 2-1:Environmental conditions appearing in nature—Temperature and humidity)

ISO 2394:1998 结构可靠性的一般原则(General principles on reliability for structures)

ISO 2533:1975 标准大气(Standard atmosphere)

ISO 19901-1:2005 石油天然气工业 海上结构的具体要求 第1部分:海洋气象设计与运行条件(Petroleum and natural gas industries—Specific requirements for offshore structures—Part 1: Metocean design and operating conditions)

ISO 19901-4:2003 石油天然气工业 海上结构的具体要求 第4部分:岩土与基础设计要点(Petroleum and natural gas industries—Specific requirements for offshore structures—Part 4: Geotechnical and foundation design considerations)

ISO 19902 石油天然气工业 固定式海上钢结构(Petroleum and natural gas industries—Fixed steel offshore structures)

ISO 19903:2006 石油天然气工业 海上固定式混凝土结构(Petroleum and natural gas industries—Fixed concrete offshore structures)

3 术语和定义

GB/T 18451.1界定的以及下列术语和定义适用于本文件。

3.1

同向(风和波浪)　co-directional (wind and waves)

作用在同一个方向上。

3.2

水流　current

经过某一固定点的水流,通常用流速和流向来描述。

3.3

设计波　design wave

用于海上结构设计的具有指定高度、周期和方向的确定性波浪。设计波可满足特殊周期波理论的应用要求。

3.4

设计者　designer

负责海上风力发电机组设计的一方或团体。

3.5

环境条件　environmental conditions

可影响风力发电机组性能的环境特性(如风、波浪、海流、水位、海冰、海生物、冲刷和海床整体运动等)。

3.6

外部条件(风力发电机组)　external conditions (wind turbine)

影响海上风力发电机组运行的因素,包括环境条件、电网条件和其他气候因素(如温度、降雪、覆冰等)。

3.7

极大有义波高　extreme significant wave height

最大有义波高的期望值,为 3 h 以上的平均值,年超越概率为 $1/N$(重现期为 N 年)。

3.8

极大波高　extreme wave height

最大单个波高的期望值(通常为上跨零点波高),年超越概率为 $1/N$(重现期为 N 年)。

3.9

固定冰盖　fast ice cover

无运动的刚性连续冰盖。

3.10

风区　fetch

风以近似恒定的速度和方向在海面上持续地吹过的距离。

3.11

基础　foundation

海上风力发电机组支撑结构的组成部分,能将作用于结构上的载荷传递至海床。不同类型的海上风力发电机组基础以及机组其他部分如图 1 所示。

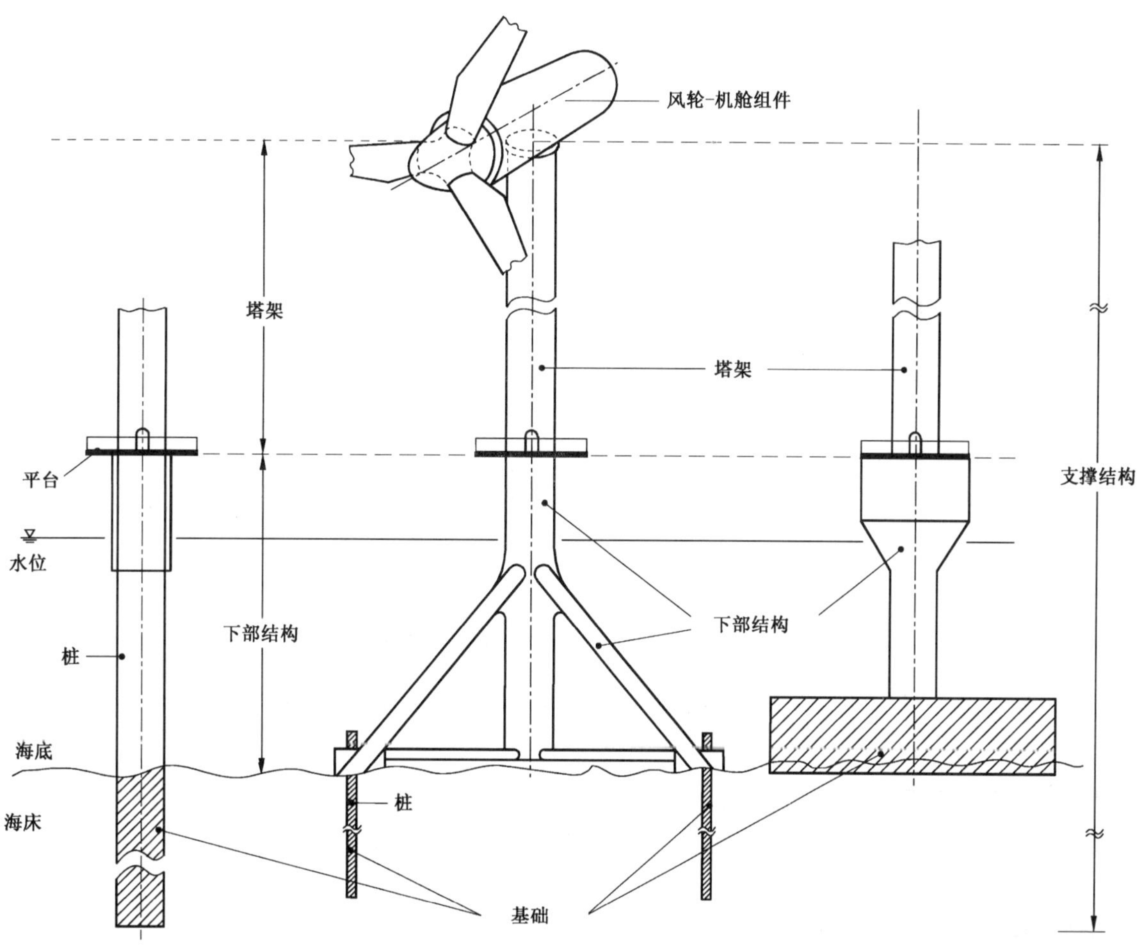

图 1 海上风力发电机组组成部分

3.12

最高天文潮位 highest astronomical tide

在一般气象条件下,各种天文条件任意组合所能出现的最高静水位。由于风暴潮源于气象,本质上无规律并与潮位变化相互叠加,因此最终静水位可能高于最高天文潮位。

3.13

追算法 hindcasting

通过数值模拟对某一区域历史(海洋气象)数据进行仿真的方法。

3.14

轮毂高度(风力发电机组) hub height (wind turbine)

风力发电机组风轮扫掠面中心点距平均海平面的高度。

3.15

堆积冰 hummocked ice

大块浮冰相互碰撞或碰到坚硬障碍物(如海上风力发电机组支撑结构)时,碎冰和浮冰堆积形成的冰丘。

3.16

浮冰　ice floe

未冻结于岸边,处于静止或漂移状态,大小从几米到几千米的片状冰块。

3.17

覆冰　icing

海上风力发电机组某些部件上形成的可引起额外载荷和/或改变其特性的冰层或霜冻。

3.18

闭合水域　land-locked waters

几乎全部或完全被陆地环绕的水域。

3.19

载荷效应　load effect

单一载荷或组合载荷对结构部件或整个系统产生的影响,如内力、应力、应变、位移等。

3.20

最低天文潮位　lowest astronomical tide

在一般气象条件下,各种天文条件任意组合所能出现的最低静水位。由于风暴潮源于气象,本质上无规律并与潮位变化相互叠加,因此最终静水位可能低于最低天文潮位。

3.21

制造商　manufacture

负责海上风力发电机组制造和生产的一方或团体。

3.22

海洋条件　marine conditions

能够影响风力发电机组性能的海洋环境特性(波浪、海流、水位、海冰、海生物、海床运动和冲刷等)。

3.23

海生物　marine growth

由动植物和细菌引起的结构部件表面覆盖物。

3.24

平均海平面　mean sea level

排除波浪、潮汐及风暴影响,在一段足够长时间内的海平面的平均水位高度。

3.25

平均跨零周期　mean zero crossing period

在某个海况下,跨零(向上或向下)波浪的平均周期。

3.26

海洋气象　metocean

单词“气象的”(meteorological)和“海洋学的”(oceanographic)的缩写。

3.27

多向(风和/或波浪)　multi-directional (wind and/or wave)

方向的分布。

3.28

海上风力发电机组　offshore wind turbine

支撑结构承受水动力载荷的风力发电机组。

3.29

海上风力发电机组场址　offshore wind turbine site

独立的或处于某风电场内的单台海上风力发电机组位置或拟定位置。

3.30

桩贯入深度　pile penetration

从海底面到桩底部的竖向距离。

3.31

电力汇集系统(风力发电机组)　power collection system (wind turbines)

从一个或多个风力发电机组汇集电能的电气系统。包括连接于风力发电机组输出端和电网接入点之间的所有电气设备。海上风电场的电力汇集系统可包括与岸上电力系统的连接部分。

3.32

基准期　reference period

假定随机过程(如风速、海面上升及响应)保持稳定的时段。

3.33

折射　rafraction

由于水深和/或流速的变化导致波浪的传播速度改变,引起波能重新分配的过程。

3.34

余流　residual currents

除去潮流后的海流。主要指风暴潮引起的海流。

3.35

风轮-机舱组件　rotor-nacelle assembly

海上风力发电机组中由支撑结构支撑的部分,参见图1。

3.36

海底　sea floor

海水和海床的分界面。

3.37

海底坡度　sea floor slope

海底的局部梯度,如海滩的倾斜度。

3.38

海况　sea state

统计数据保持稳定的海洋条件。

3.39

海床　seabed

海面以下用于建造支撑结构的部分。

3.40

海床运动　seabed movement

自然地质过程引起的海床运动。

3.41

冲刷　scour

由于海流、波浪或结构部件阻断海底上方水体自然流动所引起的海床面土层流失。

3.42

有义波高　significant wave height

在某海况下波高的统计量,定义为$4\times\sigma_\eta$,其中σ_η为海面高程的标准差。在窄带波频的海况中,有义波高近似等于最大上跨零波高 1/3 的平均值。

3.43

飞溅区　splash zone

支撑结构在波浪和潮汐作用下干湿交替的区域。飞溅区可定义为下列水位之间的区域：

- 重现期为 1 年的最高静水位，加上重现期为 1 年的有义波高的波峰高度；
- 重现期为 1 年的最低静水位，减去重现期为 1 年的有义波高的波谷深度。

3.44

静水位　still water level

考虑潮汐和风暴潮效应，并扣除波浪引起的变化而计算得到的理论水位。静水位可以高于、等于或低于平均海平面。

3.45

风暴潮　storm surge

由于风和大气压变化而引起的不规则海洋运动。

3.46

下部结构　sub-structure

海上风力发电机组支撑结构的一部分，由海床向上延伸，连接基础与塔架，参见图 1。

3.47

支撑结构　support structure

海上风力发电机组的一部分，包括塔架、下部结构和基础，参见图 1。

3.48

涌浪　swell

海况中，由远离场址的风所生成的向场址移动的波浪，而非在场址局部生成的波浪。

3.49

潮流　tidal current

潮汐引起的水流。

3.50

潮差　tidal range

最高天文潮位和最低天文潮位之间的潮位差。

3.51

潮汐　tides

由于天体引力产生的有规律且可预测的海洋运动。

3.52

塔架　tower

海上风力发电机组支撑结构的一部分，连接下部结构和风轮－机舱组件，参见图 1。

3.53

海啸　tsunami

海底剧烈竖向运动引发的长周期海洋波浪波动。

3.54

单向(风和/或浪)　uni-directional (wind and/or waves)

作用于单一方向。

3.55

水深　water depth

海底和静水位之间的垂直距离。

注意：因为存在几种静水位(见 3.44)，会有几种不同的水深值。

3.56

波峰高度　wave crest elevation

波峰和静水位之间的垂直距离。

3.57

波向　wave direction

波浪传播的平均方向。

3.58

波高　wave height

一个向上跨零波中水面最高点和水面最低点之间的垂直距离。

3.59

波周期　wave period

形成一个上跨零波浪的两个上跨零点之间的时间间隔。

3.60

波谱峰频率　wave spectral peak frequency

波谱峰值能量的频率。

3.61

波谱　wave spectrum

某海况下海面高程的频域描述。

3.62

波陡　wave steepness

波高与波长之比。

3.63

天气性停工期　weather downtime

因环境条件恶劣而不能进行海上作业的一个或多个时间段。

3.64

天气性工作期　weather window

环境条件允许进行海上施工作业的时间间隔。

3.65

风廓线-风切变定律　wind profile-wind shear law

风速随静水位以上高度变化的数学表达式。

注：通常应用的是对数廓线[见式(1)]或者幂律廓线[见式(2)]：

$$V(z)=V(z_r)\cdot\frac{\ln(z/z_0)}{\ln(z_r/z_0)} \quad\cdots\cdots(1)$$

$$V(z)=V(z_r)\cdot\left(\frac{z}{z_r}\right)^{\alpha} \quad\cdots\cdots(2)$$

式中：

$V(z)$——高度 z 处的风速；

z　——平均海平面以上的高度；

z_r　——为拟合风廓线的平均海平面以上的高度；

z_0　——粗糙度长度；

α　——风切变(或幂律)指数。

3.66

上跨零波　zero up-crossing wave

上跨零点之间的波高随时间变化的部分。在海面自下向上(而不是自上向下)经过静水面时，出现上跨零点。

4 符号和缩略语

为便于理解本标准的内容，除 GB/T 18451.1 规定的以外，还将使用以下符号和缩略语。

4.1 符号和单位

A_C	查诺克常数	[-]
d	水深	[m]
f_p	波谱峰频率	[s^{-1}]
g	重力加速度	[m/s^2]
h	海冰厚度	[m]
h_N	重现期为 N 年的海冰厚度	[m]
h_m	冬季冰冻情况下长期年平均最大冰厚	[m]
H	单个波高	[m]
H_B	破碎波高	[m]
H_D	设计波高	[m]
H_N	重现期为 N 年的单个波高	[m]
H_s	有义波高	[m]
H_{sN}	重现期为 N 年的有义波高	[m]
H_{redN}	重现期为 N 年的折算波高	[m]
k	波数	[-]
K_{mzx}	累计冰冻期内的(度-日)数	[℃]
s	海底坡度	[°]
$p(V_{hub})$	轮毂高度处风速的概率密度函数	[-]
S_η	单面波谱	[m^2/HZ]
R_d	构件抗力的设计值	[-]
R_k	构件抗力的特征值	[-]
S_d	载荷效应的设计值	[-]
S_k	载荷效应的特征值	[-]
t	时间	[s]
T	波周期	[s]
T_D	设计波周期	[s]
T_p	谱峰周期	[s]
T_z	平均跨零波周期	[s]
U_{ss}	次表层流流速	[m/s]
U_w	风生流流速	[m/s]
U_{bw}	破碎波引起的表层流流速	[m/s]
V_N	重现期为 N 年的预期极端风速(10 min 平均值)	[m/s]
V_{redN}	重现期为 N 年的折算极端风速(3 s 平均值)	[m/s]
η	相对于静水位的海面高度	[m]

κ	冯·卡门常数	[-]
λ	波长	[m]
θ_{w}	波向	[°]
θ_{wm}	平均波向	[°]
θ_{c}	流向	[°]
σ_{η}	海面高度的标准偏差	[m]
τ	温度	[℃]

4.2 缩略语

COD	同向
CPT	静力触探试验
DLC	设计载荷工况
ECD	方向变化的极端相干阵风
ECM	极端流模型
EDC	极端风向变化
EOG	极端运行阵风
ESS	极端海况
EWH	极大波高
EWLR	极端水位范围
EWM	极端风速模型
EWS	极端风切变
HAT	最高天文潮位
LAT	最低天文潮位
MIC	微生物腐蚀
MIS	方向偏差
MSL	平均海平面
MUL	多向
NCM	正常流模型
NSS	正常海况
NTM	正常湍流模型
NWH	正常波高
NWLR	正常水位范围
NWP	正常风廓线模型
RNA	风轮—机舱组件
RWH	折算波高
RWM	折算风速模型
SSS	恶劣海况
SWH	极限波高
SWL	静水位
UNI	单向

5 基本要求

5.1 概述

5.2～5.5 中给出的工程技术要求是为了保证海上风力发电机组结构、机械系统、电气系统和控制系统的安全。这些技术要求适用于风力发电机组的设计、制造、安装、运行维修手册及相关的质量管理过程。此外，还考虑了海上风力发电机组安装、运行和维护中所要求的各种安全规程。

5.2 设计方法

本标准要求应用结构动力学模型预测设计载荷。该模型可确定与外部条件(第 6 章规定)和设计状态(第 7 章规定)所有组合相关的载荷效应。本标准定义了最少的相关组合作为设计载荷工况。

海上风力发电机组支撑结构的设计应基于特定场址的外部条件，并与第 12 章中所规定的要求保持一致。上述条件应作为设计依据。

若海上风力发电机组风轮-机舱组件的最初设计基于 GB/T 18451.1—2012 中 6.2 所规定的标准等级，则应证明海上特定场址的外部条件不会影响结构完整性。该证明应包括海上风力发电机组场址的载荷和变形计算结果与初始设计计算结果之间的比较，同时考虑安全裕度、环境对结构抗力及所选材料的影响。此外，载荷和变形的计算还应考虑特定场址的土壤性质对海上风力发电机组动力学特性的影响，及由于海床运动和冲刷引起的潜在、长期的动力学特性变化。

海上风力发电机组的设计过程如图 2 所示。图中给出了设计过程的主要步骤以及在本标准中所对应的相关章节。设计是一个反复的过程，应包含整个风力发电机组(包括支撑结构和风轮一机舱组件)的载荷和载荷效应计算。仅当海上风力发电机组的结构完整性经由极限状态分析(见 7.6)验证满足后，方可结束结构设计过程。

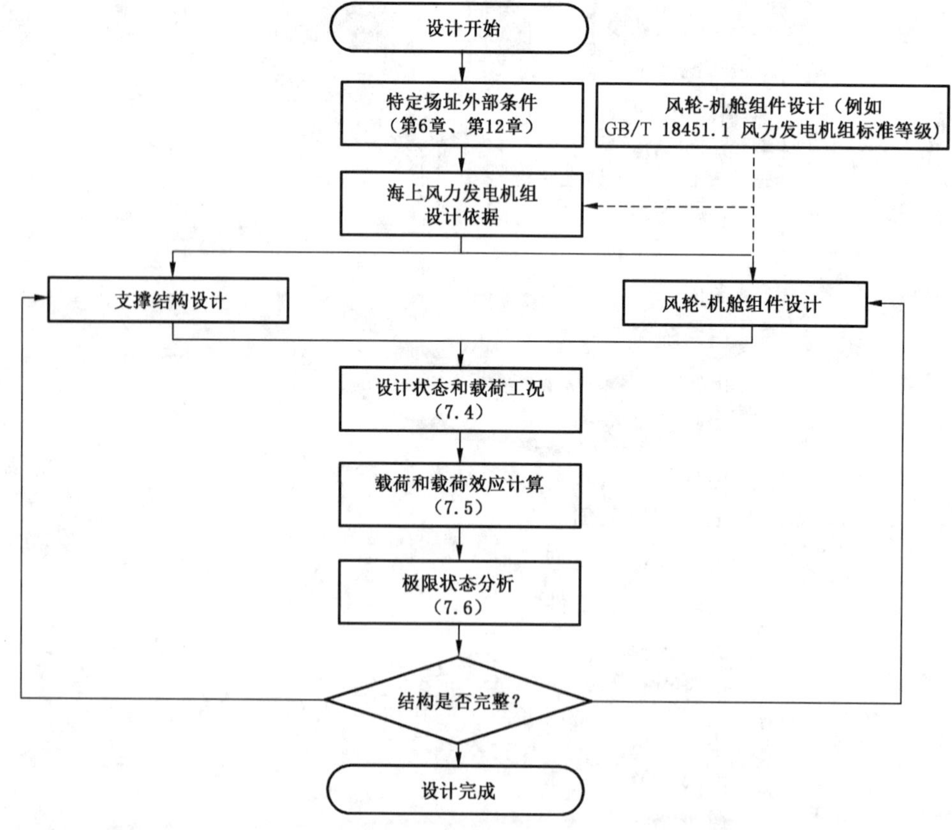

图 2 海上风力发电机组的设计过程

全尺寸试验数据可用来提高预测设计值的可信度,并验证结构动力学模型和设计工况。关于全尺寸试验的机械载荷测量相关导则参见 IEC 61400-13。

应通过计算和/或试验来验证设计的合理性。如果采用试验结果验证,则试验时的外部条件应符合本标准中规定的特征值和设计状态。包括试验载荷在内的试验条件选择,应考虑相关的安全系数。

5.3 安全等级

海上风力发电机组应根据下列两种安全等级之一进行设计:

- 一般安全等级:当失效结果可导致人身伤害或造成经济损失和社会影响时,可采用此等级;
- 特殊安全等级:当根据地方法规和/或由制造商与用户协商来确定安全要求时,可采用此等级。

本标准对风力发电机组一般安全等级的局部安全系数的详细描述见 7.6。

特殊安全等级的局部安全系数应由制造商与用户协商制定。根据特殊安全等级设计的海上风力发电机组,即为 6.2 中所规定的 S 级风力发电机组。

5.4 质量保证

质量保证是海上风力发电机组及其零部件设计、采购、制造、安装、运行和维护的组成部分。

质量管理体系宜遵照 GB/T 19001 的要求。

5.5 风轮-机舱组件铭牌

至少以下内容应显著标示在永久性的风轮-机舱组件铭牌上:

- 制造商和国家;
- 型号和产品编号;
- 生产日期;
- 额定功率;
- 参考风速 V_{ref};
- 轮毂高度处的运行风速范围 V_{in}-V_{out};
- 工作环境的温度范围;
- IEC 风力发电机组等级(见 GB/T 18451.1);
- 风力发电机组输出端额定电压;
- 风力发电机组输出端频率或标称变化大于 2%时的频率范围。

6 外部条件

6.1 概述

在海上风力发电机组设计中,应考虑本章规定的外部条件。

海上风力发电机组受限于可能影响其载荷、使用寿命和运行的环境与电气条件。为了保证适当的安全性和可靠性,设计中应考虑环境、电网和地质等参数,并应在设计文件中予以明确规定。

环境条件划分为风况、海洋条件(波浪、海流、水位、海冰、海生物、海床运动和冲刷)和其他环境条件。电气条件指电网状况。

应考虑场址的土壤特性,包括由于海床运动、冲刷和其他海床不稳定因素所引起的土壤特性随时间的变化。

尽管海洋条件会对某些涉及支撑结构动力特性的载荷工况有影响,但风况是确定风轮-机舱组件结构完整性的基本外部条件。在所有情况下(包括海洋条件在风轮-机舱组件设计中忽略不计的情况)论证结构完整性时均应适当考虑每个特定场址(即海上风力发电机组拟安装地点)的海洋条件。

其他环境条件也会影响设计特性，如控制系统功能、耐久性、腐蚀等。

外部条件可分为正常外部条件和极端外部条件。正常外部条件通常涉及重复出现的结构载荷条件，而极端外部条件则代表罕见的外部设计条件。设计载荷工况应包括这些外部条件在海上风力发电机组不同运行模式及其他设计条件下可能的临界组合。

6.2～6.6 规定了设计中应考虑的正常外部条件和极端外部条件。

6.2 风力发电机组等级

设计中需考虑的外部条件取决于海上风力发电机组场址类型。在 GB/T 18451.1 中，风力发电机组等级由风速和湍流参数定义，该等级涵盖绝大部分的陆上风电应用。

对于海上风力发电机组，根据风速和湍流参数定义的风力发电机组等级仍可作为风轮-机舱组件的设计依据。

若设计者或用户要求特殊的风况、其他外部条件或特殊的安全级别(见 5.3)，则需另外定义风力发电机组等级，即 S 级。

对于海上风力发电机组设计，除定义风力发电机组等级的风速和湍流强度外，还需引入其他重要参数，尤其是海洋条件参数，以形成完整的外部条件。上述其他参数值的选取见 6.3、6.4、6.5 和 6.6 的规定。

设计寿命应至少为 20 年。

制造商应在设计文件中说明所使用的模型和主要设计参数的取值。当采用第 6 章中的模型时，对参数取值应作详细说明。设计文件应包含附件 A 中所列资料。

6.4 中各标题后括号内添加缩略语，用于描述 7.4 所定义的设计载荷工况的风况。

6.3 风况

风况是海上风力发电机组设计的基础，海上风力发电机组应按能够安全承受各种风况载荷来设计。

从载荷和安全角度考虑，风况可分为海上风力发电机组正常运行期间频繁出现的正常风况，和重现期为 1 年或 50 年的极端风况。

海上风力发电机组支撑结构应依据机组所在场址的典型风况进行设计，该典型风况应根据第 12 章要求进行评估。

对于风轮-机舱组件，设计考虑的风况可为特定场址风况或是由 GB/T 18451.1 中模型和参数值定义的风况。对于后者，应证明特定场址的外部条件不会影响结构的完整性。当使用 GB/T 18451.1 规定的风况作为风轮-机舱组件的设计依据时，则应考虑以下模型和参数的特例情况：

- 平均气流与水平面夹角为 0°；
- 风廓线 $V(z)$ 表示平均风速为距静水位高度 z 的函数。对于风力发电机组的标准等级，正常风廓线应按幂律给出，见式(3)：

$$V(z)=V_{\text{hub}}(z/z_{\text{hub}})^{\alpha} \qquad \cdots\cdots(3)$$

式中对于正常风况，幂律指数 α 可取 0.14。

假定极端风速 V_{e50}、V_{e1}(3 s 的平均值)和极大波高 H_{50}、H_{1} 的出现无关联，且其组合是保守的。则极大波高应与下列折算极端风速(RWM)[见式(4)、式(5)]联合使用。

$$V_{\text{red50}}(z)=1.1V_{\text{ref}}(z/z_{\text{hub}})^{0.11} \qquad \cdots\cdots(4)$$

$$V_{\text{red1}}(z)=0.8V_{\text{red50}}(z) \qquad \cdots\cdots(5)$$

6.4 海洋条件

海洋条件是海上风力发电机组设计的基础，海上风力发电机组应按能承受各种海洋条件来设计。本节所描述的海洋条件包括波浪、海流、水位、海冰、海生物、海床运动和冲刷。与海上环境有关的其他外部条件见6.5。

海上风力发电机组支撑结构应基于环境条件进行设计，包括海上风电机组场址典型海洋条件。

设计者应考虑海洋条件对风轮-机舱组件的影响。大多数情况下海上风力发电机组风轮-机舱组件的设计需适应较宽范围的海洋环境，而非仅符合某特定场址。因此设计者可假定一个和海上风力发电机组拟安装环境同样恶劣的通用海洋条件。基于支撑结构的动力学特性和假定的设计海洋条件，采用合适的分析方法，设计者有时会论证出海洋条件对风轮-机舱组件结构完整性的影响可忽略不计。

从载荷和安全考虑，海洋条件可分为正常海洋条件和极端海洋条件。正常海洋条件指海上风力发电机组正常运行期间较1年重现期更为频繁的海洋条件。极端海洋条件则定义为具有1年重现期或50年重现期[1)]的海洋条件。

6.4.1 波浪

波浪的形状不规则，高度、长度和传播速度也变化不定，并可从一个或多个方向同时接近海上风力发电机组。反映真实海洋特性的最佳方法是通过随机波浪模型来描述海况。该随机波浪模型由多个小的单频率分量叠加而成，每个分量均为具有独立振幅、频率和传播方向的周期性波浪。这些波浪分量间具有随机相位关系。设计海况由波谱 S、有义波高 H_s、谱峰周期 T_p 和平均波向 θ_{wm} 共同描述。其中，适当情况下波谱可由方向分布函数来补充。标准波谱公式参见附录B。

在一些应用中，为设计需要，可将周期波浪或规则波浪作为真实海况的抽象模拟。确定性设计波浪应由波高、周期和方向予以描述。

在海上风力发电机组的设计中，应考虑风况和海浪的相关性。应根据如下参数的长期联合概率分布考虑上述相关性：

- 平均风速 V；
- 有义波高 H_s；
- 谱峰周期 T_p。

上述参数的联合概率分布受当地场址条件的影响，例如风区、水深、海底地形等。因此应根据适当的长期测量结果，通过追算法确定概率分布，见12.4。

正常风况和波浪的相关性也包含平均风向和波向。某些情况下，风向和波向的分布(多方向)会对作用在支撑结构上的载荷有重要影响。影响的大小取决于风和浪的方向性，以及支撑结构的对称性。某些情况下，设计者可以通过适当的分析证明采用风和浪同向，且从最恶劣的单一方向作用于支撑结构设计的假定是保守的、可接受的。各种设计载荷工况下所考虑的风和波浪的假定方向见7.4。

当考虑风和波浪的方向偏差时，应确保方向数据和风力发电机组建模技术是可靠的，见7.5。

以下波浪模型根据随机海况和规则设计波定义。其中，随机海况模型应基于适合海上风力发电机组预期场址的波谱。

6.4.1.1 正常海况(NSS)

对于每个正常海况，应在适合于预期场址的海洋气象参数的长期联合概率分布的基础上选择有义波高、谱峰周期和方向以及相关的平均风速。

计算疲劳载荷时，应确保所考虑的正常海况的数目和分辨率能充分说明疲劳损伤，该损伤与海洋气象参数的整个长期分布有关。

对于极限载荷计算，除了7.4.1描述之外，正常海况应由有义波高 H_s 的期望值来定性描述，其取决于平均风速的给定值。设计者应考虑适合每个有义波高的谱峰周期 T_p 的范围。设计计算应采用导致最大载荷作用于海上风力发电机组的谱峰周期值。

1) 本标准中正常水位范围定义为1年重现期的水位变化，见6.4.3.1。

6.4.1.2 正常波高(NWH)

假定正常确定性设计波的波高 H_{NWH} 等于给定平均风速条件下的有义波高期望值 $H_{\mathrm{s,NSS}}$。

设计者应对每个正常波高设定合适的波周期 T 范围。与正常波高联合使用的波周期可在下列范围内选取：

$$11.1\sqrt{H_{\mathrm{s,NSS}}(V)/g} \leqslant T \leqslant 14.3\sqrt{H_{\mathrm{s,NSS}}(V)/g} \quad \cdots\cdots(6)$$

基于正常波高的设计计算应假定波周期值[2]在导致海上风力发电机组作用有最大载荷的周期范围内。

6.4.1.3 恶劣海况(SSS)

对于海上风力发电机组发电期间的极限载荷计算，应考虑恶劣随机海况模型与正常风况的组合。恶劣海况模型综合了恶劣海况与相应发电范围内的各个风速。各个恶劣海况的有义波高 $H_{\mathrm{s,SSS}}(V)$ 通常应由合适特定场址的海洋气象数据外推确定，其有义波高和风速的组合应具有 50 年的重现期[3]。对所有风速，50 年重现期的无条件极大有义波高 H_{s50} 可作为 $H_{\mathrm{s,SSS}}(V)$ 的保守值。

设计者应对各个有义波高考虑合适的谱峰周期 T_{p} 范围。在此范围内，设计计算应采用导致最大载荷作用于海上风力发电机组的谱峰周期值。

6.4.1.4 极限波高(SWH)

计算海上风力发电机组发电时的极限载荷应考虑恶劣情况下确定性设计波浪和正常风况的组合。极限波高模型将极限波高和可发电范围内的每个平均风速相联系。极限波高 $H_{\mathrm{SWH}}(V)$ 通常应由适当场址特定海洋气象数据外推来确定，使其有义波高和风速的组合具有 50 年的重现期[4]。对于所有的平均风速，50 年重现期的无条件极大波高 H_{50} 可作为 $H_{\mathrm{SWH}}(V)$ 的保守值。

设计者应考虑适合于每个极限波高波周期 T 的范围，与极限波高结合使用的波周期范围可由式(7)确定：

$$11.1\sqrt{H_{\mathrm{s,SSS}}(V)/g} \leqslant T \leqslant 14.3\sqrt{H_{\mathrm{s,SSS}}(V)/g} \quad \cdots\cdots(7)$$

基于极限波高的设计计算应假定波周期值在导致最大载荷作用于海上风力发电机组的波周期范围内。

6.4.1.5 极端海况(ESS)

极端随机海况模型应同时考虑 50 年重现期的极大有义波高 H_{s50} 和 1 年重现期的极大有义波高 H_{s1}。H_{s50} 和 H_{s1} 的值应通过对海上风力发电机组场址的测量结果和/或追算来确定，见 12.4。设计者应分别考虑适合于 H_{s50} 和 H_{s1} 的谱峰周期 T_{p} 的范围。设计计算应采用导致最大载荷作用于海上风力发电机组的谱峰周期值。

缺少极端风况与极端波况的长期联合概率分布资料时，应假定 50 年重现期的 10 min 极端平均风速发生在 50 年重现期的 3 h 极端海况下。同样的假设可以应用在 1 年重现期的 10 min 极端风速和3 h 极端海况的组合。

---

2) 波周期具有一个与深度有关的下限值，其由破碎波高的极限值确定，参见附录 C。

3) 建议海洋气象数据的外推采用所谓的“反向一阶可靠度分析方法(IFORM)”。附录 G 介绍了如何用该方法从特定场址的环境条件中确定 $H_{\mathrm{s,SSS}}(V)$ 的说明。

4) 恶劣海况模型见 6.4.1.3，建议使用附录 H 所述的 IFORM 方法，附录 H 还给出如何由 $H_{\mathrm{s,SSS}}(V)$ 确定 $H_{\mathrm{SWH}}(V)$ 的方法。

6.4.1.6 极大波高(EWH)

对于极端确定性设计波,应考虑50年重现期的极大波高 H_{50} 和1年重现期的极大波高 H_1。H_{50} 和 H_1 及相关的波周期值,可通过对海上风力发电机组场址的适当测量分析来确定,见12.4。若假设波高符合瑞利分布,则可认为:

$$H_{50} = 1.86 H_{s50} \qquad (8)$$

$$H_1 = 1.86 H_{s1} \qquad (9)$$

式中有义波高 H_{s50} 和 H_{s1} 是3 h基准期的值。与上述极大波高联合使用的波周期可在下列范围内取值:

$$11.1\sqrt{H_{s,ESS}(V)/g} \leqslant T \leqslant 14.3\sqrt{H_{s,ESS}(V)/g} \qquad (10)$$

基于极大波高的设计计算应取波周期值在导致最大载荷作用于海上风力发电机组的波周期范围内。

对于浅水场址,极大波高 H_{50}、H_1 及相关的波周期,可通过对适当的特定场址测量分析来确定。当无法测量,且破碎波波高小于从上述瑞利分布公式中得出的 H_{50} 和 H_1 值时,应取 H_{50} 和 H_1 等于破碎波波高。附录C给出根据场址条件确定破碎波性质和大小的规范,也提供了用在浅滩波高分布的经验模型。

6.4.1.7 折算波高(RWH)

折算确定性设计波应同时考虑50年重现期的折算波高 H_{red50} 和1年重现期的折算波高 H_{red1}。确定 H_{red50} 和 H_{red1} 的值时,应假定其与3 s极限风速(V_{e50},V_{e1})同时发生的组合与其和极大波高(H_{50},H_1)及折算极限风速(V_{red50},V_{red1})的组合具有相同的出现概率。

H_{red50}、H_{red1} 和相关的波周期值可以通过分析海上风力发电机组场址适当实测数据来确定,见12.4。也可假设波高符合瑞利分布,则:

$$H_{red50} = 1.3 H_{s50} \qquad (11)$$

$$H_{red1} = 1.3 H_{s1} \qquad (12)$$

其中,有义波高 H_{s50} 和 H_{s1} 是3 h基准期的值。

考虑10 min平均风速随机变化和单个波高变化的联合概率统计,可推出以上关系。在推导过程中,假设风速变化符合高斯概率分布而波高符合瑞利分布。由于出现破碎波,波高的瑞利分布不适于浅水场址。对于浅水场址,折算波高 H_{red50}、H_{red1} 和相关的波周期可通过对特定场址的适当实测数据分析来确定。如果无法进行这些测量,且破碎波高小于由瑞利分布确定的 H_{red50} 和 H_{red1},则可假定 H_{red50} 和 H_{red1} 与破碎波高相同。附录C提供了一种浅滩波高分布的经验模型。

6.4.1.8 破碎波

在海上风力发电机组设计中应评估破碎波的影响。破碎波分为崩碎波、卷碎波或激碎波,前两种类型与海上风力发电机组场址有关。水深、海底坡度和波周期决定浪花是崩碎波还是卷碎波。

浅水区水动力学以及场址特性对破碎波的特性和尺寸的影响参见附录C。破碎波引起的海上风力发电机组支撑结构载荷计算参见附录D。

6.4.2 海流

理论上海流在空间和时间上不断变化,但一般认为海流是定常速度和方向的水平均匀流场,仅随深度而变化。海流速度应考虑下列分量:

- 由潮汐、风暴潮和大气压力变化等引起的次表层流;
- 风生近表层流;
- 由近岸波浪生成的与海岸平行的表层流。

总流速是上述分量的矢量和。波浪引起的水质点速度应和流速矢量叠加。海流对波长和波周期间关系的影响一般很小，可忽略。

当总流速与波浪引起的波峰水质点速度相比很小时，且涡流脱落或浮冰移动不可能使支撑结构产生振动的情况下，海流对海上风力发电机组水动力疲劳载荷的影响可忽略。应通过对特定场址数据的适当评估，来确定海流对疲劳载荷计算的影响是否可忽略。

6.4.2.1 次表层流

次表层流分布可用水深 d 的幂公式表示，其中流速 $U_{ss}(z)$ 是静水位以上高度 z 的函数：

$$U_{ss}(z)=U_{ss}(0)\cdot[(z+d)/d]^{1/7} \qquad \cdots\cdots(13)$$

重现期为1年和50年的表层海流速 $U_{ss}(0)$ 值，可通过对海上风力发电机组场址的适当测量分析来确定，见12.5。

通常可假设次表层流与波向一致。

6.4.2.2 风生近表层流

风生流可用速度 $U_{w}(z)$ 的线性分布来表示，该速度从海表层的 $U_{w}(0)$ 减少到静水位以下20 m深处的零值：

$$U_{w}(z)=U_{w}(0)\cdot(1+z/20) \qquad \cdots\cdots(14)$$

在水深小于20 m的场址，海底的风生流速为非零。

风生表层海流流速可假定与风向一致，并可按式(15)估算：

$$U_{w}(0)=0.01V_{1hour}(z=10\ \text{m}) \qquad \cdots\cdots(15)$$

式中：

$V_{1hour}(z=10\ \text{m})$——在静水位以上10 m高度处风速的1 h平均风速，单位为米每秒(m/s)。

重现期为1年和重现期为50年的 $V_{1hour}(z=10\ \text{m})$ 值，可通过对海上风力发电机组场址的适当测量分析来确定。再用这些风速和上式一起估算1年和50年重现期的风生表层海流流速。

6.4.2.3 破碎波生成的表层流

当风力发电机组安装在海岸破碎波区时，应该考虑由破碎波剪应力产生的表层流。

在考虑波浪和海流全耦合的情况下，可运用适合的数值模型(如Boussinesq)来确定破碎波生成的表层流值。对于方向与海岸线平行的近岸表层流，破碎波区的设计流速 U_{bw} 可按式(16)估算：

$$U_{bw}=2s\sqrt{gH_{B}} \qquad \cdots\cdots(16)$$

式中：

H_{B}——破碎波高；

s——海底坡度；

g——重力加速度。

破碎波高可根据附录C中描述的场址特征进行估算。

6.4.2.4 正常流模型(NCM)

正常流模型指适当的特定场址的风生流和对应正常波况下破碎波生成的表层流(如有时)的组合。正常流模型不包括潮汐和风暴生成的次表层流。

包含正常波况和恶劣波况(NSS、NWH、SSS、SWH)的极限载荷工况，应采用正常流模型。对于每种载荷工况，风生流流速可根据相应的平均风速来估算，见6.4.2.2。

6.4.2.5 极端流模型(ECM)

极端流模型指适当特定场址的重现期为1年和50年的次表层流、风生流以及破碎波生成的表层流的组合。

包含极端波况或折算波况(ESS、EWH、RWH)的极限载荷工况应采用极端流模型。对于上述载荷工况应假定海流与波浪具有相同的重现期。

6.4.3 水位

计算海上风力发电机组的水动力载荷时,若场址的水位变化范围较大,应考虑其对计算载荷的影响。对于包含正常波况(NSS,NWH)的极限载荷工况,可采用等于平均海平面(MSL)的恒水位(6.4.3.1中规定的除外)。

图 3 表示了不同的水位。

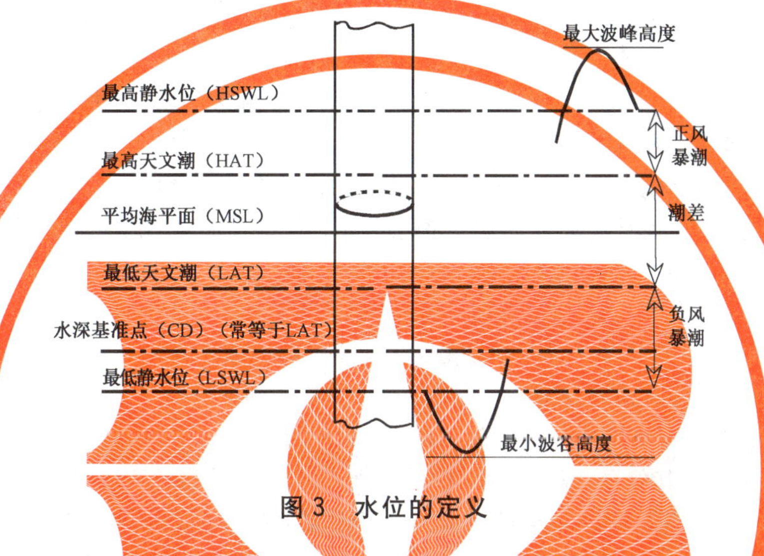

图 3 水位的定义

6.4.3.1 正常水位范围(NWLR)

正常水位范围应假定为 1 年重现期的水位变化范围。在缺乏特定场址的长期水位概率分布数据时,应假定正常水位范围为最高天文潮(HAT)和最低天文潮(LAT)之间的变化范围。

若基于海况和风速联合概率分布(H_s,T_p,V_{hub})的正常海况模型(NSS)用于疲劳和极限载荷工况时,应采用正常水位范围(NWLR)。用于下列条件的极限载荷工况也应采用正常水位范围(NWLR):

- 恶劣海况模型(SSS)和极限波高模型(SWH);
- 重现期为 1 年的波况。

极限载荷计算应基于正常水位范围(NWLR)内产生最大载荷的水位,或对正常水位范围(NWLR)内水位概率分布的合理考虑。

对于恶劣随机海况(SSS)和极限波高(SWH)模型相关的极限载荷工况,正常水位范围(NWLR)内的水位可能使波高受到深度限制。为避免波高受到深度限制,应采用极端水位范围(EWLR)内的较高水位。

对于水动力疲劳载荷计算,在某些工况下,设计者可通过适当的分析来证明水位变化对疲劳载荷的影响可忽略,或者通过保守的方式,即采用大于或等于平均海平面的恒定水位来说明。

6.4.3.2 极端水位范围(EWLR)

对于与 50 年重现期的波况相关的极限载荷工况,应采用极端水位范围。在此范围内,载荷计算应基于对海上风力发电机组产生最大载荷的水位。对于水动力载荷、冰载荷和支撑结构浮力的计算,应分别确定相应的设计水位。

若缺少海洋气象参数(包括水位)的长期联合概率分布,设计计算应至少基于下列水位:

- 基于最高天文潮和正向风暴潮适当组合的50年重现期的最高静水位；
- 基于最低天文潮和逆向风暴潮适当组合的50年重现期的最低静水位；
- 与最高破碎波载荷有关的水位。

6.4.4 海冰

在某些区域，海冰可对海上风力发电机组的支撑结构产生决定性的载荷。冰载荷可能是固定冰盖产生的静载荷，或是在风和流作用下浮冰运动所产生的动载荷。若浮冰在较长时间内不断撞击支撑结构，则可产生很大的疲劳载荷。应根据12.7的规定，对特定场址海冰的出现和特性进行评估。

附录E提供了关于冰载荷计算的指南。

6.4.5 海生物

海生物影响海上风力发电机组支撑结构的质量、几何形状和表面状态，进而可影响支撑结构的水动力载荷、动态响应、可达性和腐蚀速率。

某些区域内，海生物可能大量存在，应在支撑结构的设计中予以考虑。

海生物大体上分为"硬性"(通常为动物类如贻贝和藤壶)和"软性"(海草和海藻)，其中硬性海生物相比软性海生物较薄，但更粗糙。通常结构安装后海生物在其上迅速繁殖，但在几年后会逐渐停止生长。

海生物的特性和厚度不仅取决于结构件相对于海平面的位置、相对于海流的主方向、寿命和维护策略，同样也取决于其他场址条件，如盐度、氧含量、pH值、海流和温度。

在支撑结构的全浸区上部和飞溅区下部区域内，海生物通常可改变腐蚀环境，加快或延迟腐蚀，结果取决于海生物的类型和其他局部条件。海生物(例如通过腐蚀性的代谢物)加快腐蚀的过程一般可参考"微生物腐蚀"(MIC)。海生物可能会进一步干扰腐蚀控制系统，如涂层/衬套和阴极保护。

由于有关海生物的假设具有不确定性，因此检查策略和海生物移除应作为支撑结构设计的一部分。海生物的检查频率、检查方法和移除标准应基于海生物对海上风力发电机组结构可靠性的影响，以及当前特定场址条件下对海生物处理经验的丰富程度。

6.4.6 海床运动和冲刷

海上风力发电机组支撑结构的设计应考虑海床运动和冲刷的影响。海床运动和冲刷的分析以及适当的保护设计应符合ISO 19901-4的要求。有关海床条件评估的要求见12.9。

6.5 其他环境条件

除风和海洋条件之外，其他环境(气候)条件能通过热、光、腐蚀、机械、电气或其他物理作用影响海上风力发电机组的完整性和安全性，且与气候因素共同作用会加剧这种影响。

至少还应该考虑下列其他环境条件，并在设计文件中说明相应的措施：

- 气温；
- 湿度；
- 空气密度；
- 太阳辐射；
- 雨、冰雹、雪、冰；
- 化学作用物质；
- 机械作用颗粒；
- 盐分腐蚀；
- 雷电；

- 地震；
- 水密度；
- 水温；
- 交通。

设计中考虑的气候条件可依照标准值或气候条件变化范围来确定。选择设计值时，应考虑诸多气候条件同时出现的可能性。

对应重现期为1年或更频繁的正常范围内气象条件变化，应不影响海上风力发电机组的正常运行。

除相关因素外，6.5.2中其他极端环境条件应与GB/T 18451.1的正常风况和6.4的正常海洋条件相组合。

6.5.1 其他正常环境条件

应考虑的其他正常环境条件为：

- 环境气温范围：－10 ℃～＋40 ℃；
- 相对湿度达100％；
- 太阳辐射强度：1 000 W/m^2；
- 空气密度：1.225 kg/m^3；
- 水密度：1 025 kg/m^3；
- 水温范围[5)]：0 ℃～＋35 ℃。

设计者指定其他附加外部条件，则所用参数及其取值应在设计文件中加以说明，并应满足IEC 60721-2-1的要求。

6.5.2 其他极端环境条件

海上风力发电机组设计中应该考虑的其他极端环境条件有温度、雷电、冰和地震。

6.5.2.1 温度

对于标准安全等级的海上风力发电机组，极端气温范围至少应在－20 ℃～＋50 ℃。

6.5.2.2 雷电

GB/T 18451.1中的雷电防护要求适用于标准等级的海上风力发电机组。

6.5.2.3 覆冰

对于标准等级的海上风力发电机组，未给定冰的最低要求。在风力发电机组部件上的覆冰应从下述内容予以考虑：

- 温度在0 ℃和0 ℃以下的水气和碎冰；
- 温度在0 ℃以下的波峰飞溅。

6.5.2.4 地震

对于标准等级的海上风力发电机组，未给定地震的最低要求。有关地震条件和影响的考虑见GB/T 18451.1。

6.6 电网条件

以下列出了海上风力发电机组输出端应考虑的正常条件。

5） 环境温度和水温应该为1 h平均值。

当相关参数在下述范围内时，应采用正常电网条件：

- 电压：额定值（参见 IEC 60038）±10%；
- 频率：额定值±2%；
- 三相电压不平衡度（电压负序分量的比值）：不超过 2%；
- 自动重合闸的时间间隔：应考虑第一次失电后的重合时间间隔为 0.1 s～5 s 和第二次失电后的重合时间间隔为 10 s～90 s；
- 断电：假定一年内电网断电 20 次，断电持续时间不超过 6 h[6] 可认为是正常工况。而断电持续 3 个月则应视为极端工况。

7 结构设计

7.1 概述

应验证海上风力发电机组承载零部件的结构完整性，并确保其具有可接受的安全等级。结构部件的极限强度和疲劳强度应通过计算和/或试验来验证，以表明海上风力发电机组的结构完整性具有适当的安全等级。

结构分析应基于 ISO 2394 进行。

应采用适当的方法进行计算，在设计文件中应提供计算方法的说明。这些说明应包括计算方法有效性的证据，或相应验证研究的参考文献。所有强度验证试验中的载荷水平应与 7.6 中适合特征载荷的安全系数相对应。

7.2 设计方法

应验证风力发电机组的极限状态未超出设计范围，模型试验和样机试验也可代替计算来验证结构设计的合理性，如 ISO 2394 的规定。

7.3 载荷

设计计算中应考虑 7.3.1～7.3.6 所列出的载荷。

7.3.1 重力和惯性载荷

重力和惯性载荷分别是由于地球引力、振动、旋转和地震作用所产生的静态和动态载荷。

7.3.2 空气动力载荷

空气动力载荷是由气流及气流与风力发电机组各部分的相互作用所引起的静态和动态载荷。

气流特性取决于穿过风轮平面的平均风速和湍流、风轮转速、空气密度、风力发电机组部件的气动外形以及它们之间的相互作用，包括气动弹性效应。

7.3.3 驱动载荷

驱动载荷由风力发电机组的运行和控制所产生。它可分为几类，包括发电机/变流器的扭矩控制，偏航和变桨机构的驱动载荷，以及机械制动载荷。每种情况下，在计算响应和载荷时，考虑驱动力有效

6） 假定断电持续 6 h 对应于风暴恶劣阶段的持续时间。

范围是非常重要的。尤其是对于机械制动器，在任何制动过程中，检查响应和载荷时都应考虑易受温度和老化影响的摩擦力、弹力或压力的范围。

7.3.4 水动力载荷

水动力载荷是由水流及其与海上风力发电机组支撑结构相互作用所引起的动力载荷。

水动力载荷由水流运动、水密度、水深、支撑结构形状及其与水流相互作用(包括水力弹性作用)所确定。

对于设计中未考虑承受水动力载荷的海上风力发电机组部件，其安装位置应与预期的最大波峰高度(50 年重现期)保证最小距离。其中应考虑最高天文潮位、正风暴潮、极端波峰高度和支撑结构运动的影响。最小距离，即气隙，规定为 $0.2H_{s50}$，但不小于 1 m。

应考虑由于浪涌而产生的水动力载荷，尤其是对于附属装置的设计。

7.3.5 海冰载荷

作用于海上风力发电机组的海冰载荷有静力载荷和动力载荷。静力载荷由温度波动或固定冰盖中水位的变化引起。而动力载荷由风和水流引起的浮冰运动及其与支撑结构连接处的撞击产生。

在海或湖中，设计支撑结构相关的冰载荷取决于海上风力发电机组场址的特定位置和特征。海冰载荷的有关计算参见附录 E。

7.3.6 其他载荷

其他可能产生的载荷，如尾流载荷、冲击载荷、冰载荷等均应适当予以考虑。

还应根据 GB/T 18451.1 适当地考虑地震载荷。此外，地震(海啸)可能引起的巨浪所产生的水动力载荷，也应考虑在内。

还应适当地考虑由于内外压力以及浮力所引起的作用于支撑结构上的水动力载荷。

7.4 设计状态和载荷工况

本条款介绍了海上风力发电机组的设计载荷工况，并规定了设计中应考虑的最少载荷工况要求。

为便于设计，本标准以涵盖绝大多数典型工况条件的一系列设计状态，来表述海上风力发电机组寿命。

载荷工况应由运行模式或其他设计工况(如特定的装配、吊装或维护条件)与外部条件的组合来确定。应将具有合理发生概率的各相关载荷工况与控制和保护系统动作结合在一起考虑。用于验证海上风力发电机组结构完整性的设计载荷工况，应由下列组合进行计算：

- 正常设计状态和相应的正常外部条件或极端外部条件；
- 故障设计状态和相应的外部条件；
- 运输、安装和维护设计状态和相应外部条件。

如极端外部条件和故障工况之间存在相关性，则应将两者的实际组合作为一种设计载荷工况。

在每种设计状态中，应考虑几种设计载荷工况。表 1 列出了至少应考虑的设计荷载情况。表中每种设计状态都通过对风况、海况、电气和其他外部条件的描述规定了设计载荷工况。另外，若海上风力发电机组安装在可能出现海冰的场址时，还应考虑表 2 中的载荷工况。

在具有确定性风模型的设计载荷工况中，若控制器能使海上风力发电机组在达到最大偏航角和/或最大风速前停机，则须证明在与上述确定性风况相同的湍流条件下，风力发电机组也能安全停机。

在特定的风力发电机组设计中，还应考虑其他与结构完整性相关的设计载荷工况。

表 1 中，对每种设计工况用“F”和“U”注明了相应的分析类型。“F”表示疲劳载荷分析，用于疲劳强度评估；“U”表示极限载荷分析，如有关材料强度、叶尖变形和结构稳定性的分析。

表 1　设计载荷工况

设计工况	DLC	风况	波浪	风和波浪方向性	海流	水位	其他情况	分析类型	局部安全系数
1. 发电	1.1	NTM　$V_{in}<V_{hub}<V_{out}$ RNA—	NSS　$H_s=E[H_s\|V_{hub}]$	同向，单向	NCM	MSL	风轮-机舱组件上极端载荷的外推	U	N(1.25)
	1.2	NTM　$V_{in}<V_{hub}<V_{out}$	NSS　H_s,T_p,V_{hub}的联合概率分布	同向，多向	无海流	NWLR 或 ≥MSL		F	*
	1.3	ETM　$V_{in}<V_{hub}<V_{out}$	NSS　$H_s=E[H_s\|V_{hub}]$	同向，单向	NCM	MSL		U	N
	1.4	ECD　$V_{hub}=V_r-2$ m/s, V_r, V_r+2 m/s	NSS（或 NWH） $H_s=E[H_s\|V_{hub}]$	偏向，风向变化	NCM	MSL		U	N
	1.5	EWS　$V_{in}<V_{hub}<V_{out}$	NSS（或 NWH） $H_s=E[H_s\|V_{hub}]$	同向，单向	NCM	MSL		U	N
	1.6a	NTM　$V_{in}<V_{hub}<V_{out}$	SSS　$H_s=H_{s,SSS}$	同向，单向	NCM	NWLR		U	N
	1.6b	NTM　$V_{in}<V_{hub}<V_{out}$	SWH　$H=H_{SWH}$	同向，单向	NCM	NWLR		U	N
2. 发电和有故障	2.1	NTM　$V_{in}<V_{hub}<V_{out}$	NSS　$H_s=E[H_s\|V_{hub}]$	同向，单向	NCM	MSL	控制系统故障或电网连接中断	U	N
	2.2	NTM　$V_{in}<V_{hub}<V_{out}$	NSS　$H_s=E[H_s\|V_{hub}]$	同向，单向	NCM	MSL	保护系统或内部电气故障	U	A
	2.3	EOG　$V_{hub}=V_r\pm2$ m/s 和 V_{out}	NSS（或 NWH） $H_s=E[H_s\|V_{hub}]$	同向，单向	NCM	MSL	外部或内部电气故障，包括电网连接中断	U	A
	2.4	NTM　$V_{in}<V_{hub}<V_{out}$	NSS　$H_s=E[H_s\|V_{hub}]$	同向，单向	无海流	NWLR 或 ≥MSL	控制系统、保护系统或电气系统故障，包括电网连接中断	F	*
3. 启动	3.1	NWP　$V_{in}<V_{hub}<V_{out}$	NSS（或 NWH） $H_s=E[H_s\|V_{hub}]$	同向，单向	无海流	NWLR 或 ≥MSL		F	*
	3.2	EOG　$V_{hub}=V_{in}$, $V_r\pm$ 2 m/s 和 V_{out}	NSS（或 NWH） $H_s=E[H_s\|V_{hub}]$	同向，单向	NCM	MSL		U	N
	3.3	EDC_1　$V_{hub}=V_{in}$, $V_r\pm$ 2 m/s 和 V_{out}	NSS（或 NWH） $H_s=E[H_s\|V_{hub}]$	偏向，风向变化	NCM	MSL		U	N
4. 正常停机	4.1	NWP　$V_{in}<V_{hub}<V_{out}$	NSS（或 NWH） $H_s=E[H_s\|V_{hub}]$	同向，单向	无海流	NWLR 或 ≥MSL		F	*
	4.2	EOG　$V_{hub}=V_r\pm$ 2 m/s 和 V_{out}	NSS（或 NWH） $H_s=E[H_s\|V_{hub}]$	同向，单向	NCM	MSL		U	N

表 1（续）

设计工况	DLC	风况	波浪	风和波浪方向性	海流	水位	其他情况	分析类型	局部安全系数
5. 紧急停机	5.1	NTM $V_{hub}=V_r\pm$ 2 m/s 和 V_{out}	NSS $H_s=E[H_s\|V_{hub}]$	同向，单向	NCM	MSL		U	N
6. 停机（静止或空转）	6.1a	EWM （湍流风速模型）$V_{hub}=k_1V_{ref}$	ESS $H_s=k_2H_{s50}$	偏向，多向	ECM	EWLR		U	N
	6.1b	EWM （稳态风速模型）$V_{(Z_{hub})}=V_{e50}$	RWH $H=H_{red50}$	偏向，多向	ECM	EWLR		U	N
	6.1c	RWM （稳态风速模型）$V_{(Z_{hub})}=V_{red50}$	EWH $H=H_{50}$	偏向，多向	ECM	EWLR		U	N
	6.2a	EWM （湍流风速模型）$V_{hub}=k_1V_{ref}$	ESS $H_s=k_2H_{s50}$	偏向，多向	ECM	EWLR	电网连接中断	U	A
	6.2b	EWM （稳态风速模型）$V_{(Z_{hub})}=V_{e50}$	RWH $H=H_{red50}$	偏向，多向	ECM	EWLR	电网连接中断	U	A
	6.3a	EWM （湍流风速模型）$V_{hub}=k_1V_1$	ESS $H_s=k_2H_{s1}$	偏向，多向	ECM	NWLR	极端偏航角误差	U	N
	6.3b	EWM （稳态风速模型）$V_{(Z_{hub})}=V_{e1}$	RWH $H=H_{red1}$	偏向，多向	ECM	NWLR	极端偏航角误差	U	N
	6.4	NTM $V_{hub}<0.7V_{ref}$	NSS H_s,T_p,V_{hub} 的联合概率分布	同向，多向	无海流	NWLR 或 ≥MSL		F	*
7. 停机和有故障	7.1a	EWM （湍流风速模型）$V_{hub}=k_1V_1$	ESS $H_s=k_2H_{s1}$	偏向，多向	ECM	NWLR		U	A
	7.1b	EWM （稳态风速模型）$V_{(Z_{hub})}=V_{e1}$	RWH $H=H_{red1}$	偏向，多向	ECM	NWLR		U	A
	7.1c	RWM （稳态风速模型）$V_{(Z_{hub})}=V_{red1}$	EWH $H=H_1$	偏向，多向	ECM	NWLR		U	A
	7.2	NTM $V_{hub}<0.7V_{ref}$	NSS H_s,T_p,V_{hub} 的联合概率分布	同向，多向	无海流	NWLR 或 ≥ MSL		F	*

表 1（续）

设计工况	DLC	风况	波浪	风和波浪方向性	海流	水位	其他情况	分析类型	局部安全系数
8. 运输、安装、维护和修理	8.1	由制造商规定						U	T
	8.2a	EWM （湍流风速模型）$V_{hub}=k_1V_1$	ESS $H_s=k_2H_{s1}$	同向，单向	ECM	NWLR		U	A
	8.2b	EWM （稳态风速模型）$V_{(Z_{hub})}=V_{e1}$	RWH $H=H_{red1}$	同向，单向	ECM	NWLR		U	A
	8.2c	RWM （稳态风速模型）$V_{(Z_{hub})}=V_{red1}$	EWH $H=H_1$	同向，单向	ECM	NWLR		U	A
	8.3	NTM $V_{hub}<0.7V_{ref}$	NSS H_s,T_p,V_{hub} 的联合概率分布	同向，多向	无海流	NWLR 或 ≥MSL	安装期间没有接入电网	F	*

表 1 中所用的缩略语和符号：

COD　同向（见 6.4.1）；
DLC　设计载荷工况；
ECD　方向变化的极端相干阵风（见 GB/T 18451.1）；
ECM　极端流模型（见 6.4.2.5）；
EDC　极端风向变化（见 GB/T 18451.1）；
EOG　极端运行阵风（见 GB/T 18451.1）；
ESS　极端海况（见 6.4.1.5）；
EWH　极大波高（见 6.4.1.6）；
EWLR　极端水位范围（见 6.4.3.2）；
EWM　极端风速模型（见 GB/T 18451.1）；
EWS　极端风切变（见 GB/T 18451.1）；
MIS　偏向（见 6.4.1）；
MSL　平均海平面（见 6.4.3）；
MUL　多向（见 6.4.1）；
NCM　正常流模型（见 6.4.2.4）；
NTM　正常湍流模型（见 GB/T 18451.1）；
NWH　正常波高（见 6.4.1.2）；
NWLR　正常水位范围（6.4.3.1）；
NWP　正常风廓线模型（见 GB/T 18451.1）；
NSS　正常海况（见 6.4.1.1）；
RWH　折算波高（见 6.4.1.7）；
RWM　折算风速模型（见 6.3）；
SSS　恶劣海况（见 6.4.1.3）；
SWH　极限波高（见 6.4.1.4）；
UNI　单向（见 6.4.1）；
$V_r\pm2$ m/s　应分析此范围内的所有风速的敏感度；
F　疲劳（见 7.6.3）；
U　极限强度（见 7.6.2）；
N　正常；
A　非正常；
T　运输和吊装；
*　疲劳局部安全系数（见 7.6.3）。

标有“U”的设计工况，又分为正常(N)、非正常(A)、运输和吊装(T)三种类型。在海上风力发电机组寿命期内，正常设计工况频繁出现，此时海上风力发电机组处于正常状态或仅出现微小的异常或故障。非正常设计状态很少发生，通常对应安全系统功能启动的严重故障设计状态。设计状态的类型N、A或T确定极限载荷所使用的局部安全系数 γ_f，这些系数在表3中给出。

当风速范围如表1所示时，应考虑对海上风力发电机组设计造成最不利条件的风速。风速范围可用一组离散值表示，为确保计算的精度[7]，该组数据应足够多。在定义设计载荷工况时所参考的风况和海洋条件在第6章已作出相关说明。

计算作用于风轮-机舱组件上的载荷时，除了涉及平均风向瞬变的设计载荷工况(DLC1.4和DLC3.3)外，通常可假定波浪始终与风同向，且均在单一方向[8]作用。

计算支撑结构载荷时，除涉及平均风向瞬变的设计载荷工况(DLC1.4、DLC3.3)和对应于海上风力发电机组停机(静止或空转)的设计工况外，可假定波浪与风同向。

在某些情况下，风和波浪的多方向性可根据支撑结构的非轴对称程度，对作用于其上的载荷产生重要影响。对于表1中的某些设计载荷工况，载荷计算时可假定风和波浪来自最不利的方向(单向)。再用计算出的与支撑结构方向定位相关的最不利载荷进行结构完整性验证。

各种设计载荷工况需考虑的平均或极端偏航角度误差，应遵循GB/T 18451.1的规定。偏航角误差定义为风轮轴线方向偏离风向的水平夹角。

7.4.1 发电(DLC1.1～1.6)

该设计状态下，海上风力发电机组处于运行状态并有电力负载。海上风力发电机组总体布局应考虑风轮不平衡的影响。设计计算中应考虑风轮制造中所规定的最大质量和气动不平衡(如叶片的变桨角和扭转角偏差)。

此外，在分析运行载荷时应考虑与理论最佳运行状态的偏差，例如偏航误差和控制系统错误等。

DLC1.1和DLC1.2包含了在海上风力发电机组寿命期内正常运行期间，对由大气湍流(NTM)和随机海况(NSS)所引起的载荷要求。

DLC1.1仅用于计算作用在风轮-机舱组件上的极限荷载。DLC1.1的计算应基于对随机海况和平均风速范围内湍流多次模拟的载荷响应结果的统计外推。各单独海况的有义波高应取为相应平均风速条件下有义波高的期望值。

对于DLC1.2，每种相关平均风速可对应一个有义波高。应确保所考虑的正常海况数目和分辨率能充分说明与海洋气象参数长期全分布有关的疲劳损伤。在海洋气象参数的长期联合概率分布基础上，为每种正常海况选择有义波高、谱峰周期、方向以及相应的平均风速。

DLC1.2应采用正常海况(NSS)，且在适合于预期场址的海洋气象参数长期联合概率分布的基础上，为每种正常海况选择有义波高、谱峰周期、方向以及相应的平均风速。设计者应确保所考虑的正常海况的数目和分辨率足以计算与海洋气象参数长期分布有关的疲劳损伤。

DLC1.3包含了极端湍流条件引起的极限载荷要求。DLC1.3应采用正常海况(NSS)，且每个单独海况的有义波高应取为相应平均风速条件下有义波高的期望值。

DLC1.4和DLC1.5规定了可作为海上风力发电机组寿命期内潜在危险事件的瞬态工况。DLC1.4和DLC1.5应采用正常海况(NSS)，且每个单独海况的有义波高应取为相应平均风速条件下有义波高的期望值。也可使用正常确定性设计波(NWH)来进行模拟，其中波高可假定等于相应平均风速条件

7) 通常分辨率为2 m/s已经足够。

8) 对于DLC1.4和3.3，在平均风向瞬变前，可以假设风和浪为同向，且单向。

下有义波高的期望值。

对于 DLC1.4,可假定在风向瞬变之前,风和波浪同向。

DLC1.6a 包含了由正常湍流模型(NTM)和恶劣海况(SSS)引起的极限载荷要求。每种海况的有义波高应由相关平均风速的有义波高条件分布计算得到,见 6.4.1.3。

对于 DLC1.6b,应按 6.4.1.4 计算每个平均风速的恶劣确定性设计波高(SWH)。若计算 DLC1.6a 时,已在恶劣随机海况的动态仿真中完全表现出非线性波运动特性,则可省略 DLC1.6b 的计算。

计算风轮-机舱组件的载荷时,DLC1.1 仿真数据的统计分析应至少包括叶片根部面内和面外弯矩以及叶尖挠度的极值计算。如果 DLC1.3 的极限设计值超出上述参数的极限值,则 DLC 1.1 的进一步分析可忽略。如果由 DLC1.3 的极限设计值未超出上述参数的极限值,可增加极端湍流模型所用到的参数 c[GB/T 18451.1—2012 中式(19)]的值,直到根据 DLC1.3 计算所得的极限设计值达到或超过根据 DLC1.1 计算所得的极限设计值。

7.4.2 发电时有故障或电网连接中断(DLC2.1～2.4)

此设计状态包括了海上风力发电机组发电期间由故障或失去电网连接所触发的瞬时事件。任何对海上风力发电机组载荷有重要影响的控制系统和保护系统故障或电气系统的内部故障(如发电机短路)均应考虑。DLC2.1 中与控制功能或失去电网连接有关的故障属正常事件[9]。对于 DLC2.2 与保护功能或内部电气系统相关的故障为罕见事件,属非正常事件。对于 DLC2.3,潜在的重要风况 EOG 与电气系统内部或外部故障(包括失去电网连接)的组合属非正常事件。在此种情况下,这两种事件发生时机的选择应能产生最不利的载荷。若故障或失去电网连接后未能引起立即停机,由此产生的载荷可引起严重的疲劳损伤,此工况的可能持续时间和在正常湍流模型(NTM)中造成的疲劳损伤应在 DLC2.4 中评估。

DLC2.1,DLC2.2,DLC2.3 和 DLC2.4 应采用正常海况(NSS),且每个单独海况的有义波高应取为相应平均风速条件下有义波高的期望值。或者对于 DLC2.3,可使用正常确定性波(NWH)来模拟,其中波高应假定等于相应平均风速条件下有义波高的期望值。

7.4.3 起动(DLC3.1～3.3)

此设计状态包括海上风力发电机组从静止或空转状态到发电状态的瞬间可产生载荷的所有事件。事件发生的次数应根据控制系统行为进行评估。

DLC3.1,DLC3.2 和 DLC3.3 应采用正常海况(NSS),且每个单独海况的有义波高应取为相应平均风速条件下的有义波高的期望值。或可使用正常确定性设计波(NWH)来模拟上述载荷工况,其中波高应假定等于相应平均风速条件下有义波高条件分布的期望值。

对于 DLC3.3,可假定在风向瞬变之前,风和波浪同向。

7.4.4 正常停机(DLC4.1～4.2)

此设计状态包括海上风力发电机组从发电状态到静止或空转状态的瞬间可产生载荷的所有事件。事件发生次数应根据控制系统行为进行评估。

DLC4.1 和 DLC4.2 应采用正常海况(NSS),且每个单独海况的有义波高应取为相应平均风速条件下有义波高的期望值。或可采用正常确定性设计波(NWH)来模拟,其中波高应假定等于相应平均风速条件下有义波高的期望值。

---

9) 对于 DLC2.1,也应该考虑与电网故障穿越有关的设计工况。

7.4.5 紧急停机(DLC5.1)

由紧急停机引起的载荷应予以考虑。

DLC5.1 应采用正常海况(NSS),且每个单独海况的有义波高应取为相应平均风速条件下有义波高的期望值。

7.4.6 停机(静止或空转)(DLC6.1～6.4)

在此设计状态下海上风力发电机组停机,风轮处于静止或空转状态。DLC6.1,DLC6.2 和 DLC6.3 用于分析极限载荷,DLC6.4 用于分析疲劳载荷。

DLC6.1 和 DLC6.2 应考虑极端风况和极端波况的组合,整个极端环境条件的组合重现期为 50 年。在缺少极端风况和极端波况长期联合概率分布资料的情况下,可假定重现期为 50 年的 10 min 极端平均风速发生在重现期为 50 年的极端海况下。对于 DLC6.3,同样的假定可适用于 10 min 极端平均风速和重现期为 1 年的极端海况的组合。

DLC6.1、DLC6.2 和 DLC6.3 可通过湍流和随机海况的仿真来分析,或通过稳态风模型与确定性设计波的组合分析。表 1 给出基于这两种方法的 DLC6.1、DLC6.2 和 DLC6.3 的附加载荷工况。上述设计载荷工况,风况由极端风速模型(EWM)定义,可按表 1 所示使用稳态极端风速模型或极端湍流风速模型。若使用稳态极端风速模型或稳态折算风速模型(RWM),则应与确定性设计波相组合,并通过准稳态分析,并对动态响应进行适当修正来评估响应,参见附录 D。

在 DLC6.1、DLC6.2 和 DLC6.3 中,计算作用于支撑结构上的载荷时应考虑风向和波向的方向偏差。如果有合适的特定场址测量风向和波向,可从中得到与这些设计载荷工况有关的极端风况和极端波况组合所对应的方向偏差角范围。载荷计算应基于此范围内的偏差角数值,并由此得到作用于支撑结构上的最大载荷。

若缺少合适特定场址的风向和波向数据,应采用导致支撑结构上作用有最大载荷的方向偏差角。若该方向偏差角超过 30°,由于在风向变化产生方向偏差角的期间内海况的恶劣程度降低,极大波高可能会减小[10]。应考虑水深、风区和其他相关的特定场址条件来计算极大波高的减小量。

若海上风力发电机组偏航系统在特征载荷下发生滑动,则应将最大可能的不利滑动加到平均偏航误差中。如果海上风力发电机组设置偏航系统,并在该系统中考虑了极端风况下的偏航运动(如:自由偏航、被动偏航或半自由偏航),则应采用湍流风速模型,且偏航误差取决于湍流风向的变化和偏航系统的动态响应。如随着风速的增加,海上风力发电机组由正常运行到极端状态的期间遭遇大幅度偏航运动或平衡变化,这种情况也应纳入分析之中。

在 DLC6.1 中,对有主动偏航系统的海上风力发电机组,如能确保偏航系统不产生滑动,则采用稳态极端风速模型时允许最大偏航误差为±15°,或采用极端湍流风速模型时允许最大偏航误差为±8°。

在 DLC6.1a 中,极端湍流风速模型应和极端海况(ESS)一起使用。应采用全动态模拟来评估响应,其中对极端风速和极端海况的每个组合,模拟应基于至少 6 个 1 h 的真实数据。在此情况下,轮毂高度处的平均风速、湍流标准偏差和有义波高应取 50 年重现期值,且每个值都参考了 1 h 的模拟周期。50 年重现期平均风速的 1 h 值可根据表 1 中的转换关系从 10 min 平均值获得,其结果见式(17):

$$V_{50,1\mathrm{hour}}=k_1V_{50,10\ \mathrm{min}}(k_1=0.95) \qquad (17)$$

湍流标准偏差 1 h 值可按式(18)从 10 min 值得到:

10) 极端风浪条件可以在开始假定为同向。当风暴经过风力发电机组场址时,风向可能发生变化并引起与波浪方向的偏差。在显著风向变化期间,波浪条件的恶劣程度将有所减缓。

$$\sigma_{i,1\text{ hour}}=\sigma_{i,10\text{ min}}+b(b=0.2\text{ m/s}) \quad \cdots\cdots(18)$$

可使用GB/T 18451.1—2012中附录B的湍流模型以及式(17)、式(18)给出的50年重现期平均风速的1 h值和湍流标准偏差。

对于1 h模拟周期的50年重现期的有义波高可从相应的3 h基准周期的有义波高转换得到,转换关系见表1,对于深水区域:

$$k_2=1.09 \quad \cdots\cdots(19)$$

在浅水区域,式(19)中k_2值则相对保守,可适当调整。

若能证明上述方法不会降低所评估的极端响应,则可采用小于1 h的仿真。可使用约束波方法实现,参见附录D。当采用10 min模拟时间的约束波分析时,轮毂高度平均风速应采用50年重现期的10 min值,有义波高应采用50年重现期的3 h值,嵌入规则波波高应不小于50年重现期的极大波高H_{50}。

对于DLC6.1b,应采用稳态极端风速模型和折算确定性设计波(RWH),其中折算设计波的波高为H_{red50},重现周期为50年。

对于DLC6.1c,应采用稳态折算风速模型(RWM)和极端确定性设计波(EWH)。其中,风速为V_{red50},波高等于重现期为50年的极大波高H_{50}。

计算DLC6.1a时,若已在极端随机海况的动态模拟中完全表现出非线性波运动学特性,则DLC6.1b和DLC6.1c的计算可省略。

在DLC6.2中,应假定在风暴早期阶段极端风况下电网失效的情况。除非能为控制系统和偏航系统提供后备电源,并且具有至少6 h的偏航调节能力,否则应分析风向变化±180°所产生的影响。

对于DLC6.2a,应采用极端湍流风速模型和极端海况(ESS),其中轮毂高度处的平均风速和有义波高应取50年重现期值。极端响应应采用DLC6.1a的方法进行评估。

在DLC6.2b中,应采用稳态极端风速模型和折算确定性设计波(RWH),其中折算设计波的波高为H_{red50},重现期为50年。计算DLC6.2a时,若已在极端随机海况的动态模拟中完全表现出非线性波运动特性,则DLC6.2b的计算可省略。

在DLC6.3中,重现期为1年的极端风况应与极大偏航误差相结合。采用稳态极端风速模型时,假定极端偏航误差为±30°,采用湍流风速模型时,假定平均偏航误差为±20°。

在DLC6.3a中,应采用极端湍流风速模型和极端海况(ESS)。其中,轮毂高度处的平均风速和有义波高应取1年重现期值。应使用DLC6.1a的方法来评估极端响应。

在DLC6.3b中,应采用稳态极端风速模型和折算确定性设计波(RWH),其中折算设计波的波高为H_{red1},重现期为1年。计算DLC 6.3a时,若已在极端随机海况的动态模拟中完全表现出非线性波运动特性,则DLC6.3b的计算可省略。

在DLC6.4中,对于出现任何部件重大疲劳损伤(如来自空转状态下叶片的重力)的各种风速条件,应考虑这些风速所对应的波动载荷下预期的不发电时间。由于波浪的激励及由风轮静止或空转引起的低气动阻尼影响,应特别注意支撑结构的共振载荷。应采用正常海况(NSS)。应在适合于预期场址海洋气象参数的长期联合概率分布基础上,为每个正常海况选择有义波高、谱峰周期和方向,以及相关的平均风速。应确保所考虑的正常海况数量和分辨率能充分说明疲劳损伤,其与海洋气象参数的长期分布有关。

7.4.7 停机兼有故障(DLC7.1~7.2)

对由电网或海上风力发电机组自身故障所引起的停机中所出现的不正常现象,应进行分析。在海上风力发电机组的停机状态，如果任何故障(除失去电网之外)造成风力发电机组的不正常现象，则应分析可能产生的后果。

对于偏航系统故障，则应考虑±180°的偏航角度误差。对于任何其他故障，偏航角度误差应按DLC6.1选取。

在DLC7.1中，故障状况应与极端风况和极端波况相结合，整个极端环境联合作用的重现期为1年。在缺少极端风况和极端波况长期联合概率分布资料的情况下，应假定1年重现期的10 min极端平均风速发生在1年重现期的极端海况期间。

DLC7.1的分析可采用湍流和随机海况的模拟，或由稳态风速模型和确定性设计波的组合来进行。根据上述两种方法，表1中规定了DLC7.1的附加载荷工况。这些设计载荷工况，风况由极端风速模型(EWM)定义，可按表1所示使用稳态极端风速模型或极端湍流风速模型。若使用稳态极端风速模型或稳态折算风速模型(RWM)，则应和确定性设计波相结合，由准稳态分析来评估响应，并对动态响应进行适当修正，参见附录D。

在DLC7.1中，计算作用于支撑结构上的载荷时，应考虑风向和波向的方向偏差。若风向和波向有合适的特定场址可供测量，则可从中得到与该设计载荷工况有关的极端风况和极端波况组合所对应的方向偏差角范围。载荷计算应基于此范围内的方向偏差角值，并由此得到作用于支撑结构上的最大载荷。

若缺少合适的特定场址的风向和波向数据，应采用导致支撑结构上作用有最大载荷的方向偏差角。若该方向偏差角超过30°，由于在风向变化产生方向偏差角的期间内海况的恶劣程度降低，极大波高可能会减小。应考虑水深、风区和其他相关的特定场址条件来计算极大波高的减小量。

若在DLC7.1特征载荷条件下，偏航系统出现滑动，则应考虑可能的最不利滑动。

在DLC7.1a中，应采用极端湍流风速模型和极端海况(ESS)。极端响应应按DLC6.1a方法进行评估。

在DLC7.1b中，应采用稳态极端风速模型和折算确定性设计波(RWH)，其中折算设计波的波高为H_{red1}，重现期为1年。

在DLC7.1c中，应采用稳态折算风速模型(RWM)和极端确定性设计波(EWH)，其中，应假定风速为V_{red1}，波高等于极大波高H_1，重现期为1年。

计算DLC7.1a时，若已在极端随机海况的动态模拟中完全表现出非线性波运动学特性，则DLC7.1b和DLC7.1c的计算可省略。

在DLC7.2中，对每个风速和海况应考虑由电网或海上风力发电机组故障导致的不发电时间的期望小时数，该时间内，任何部件都可能出现重大的疲劳损伤。由于波浪的激励及由风轮静止或空转引起的低气动阻尼的影响，应特别注意支撑结构上的共振载荷。应采用正常海况(NSS)。应在适于预期场址海洋气象参数长期联合概率分布的基础上，为每个正常海况选择有义波高、谱峰周期和方向，以及相关的平均风速。应确保所考虑的正常海况的数目和分辨率能充分说明疲劳损伤，其与海洋气象参数的长期分布有关。

7.4.8 运输、安装、维护和修理(DLC8.1～8.3)

在DLC8.1中，制造商应说明海上风力发电机组运输、现场组装、使用、维护和修理假定的所有风况、海况和设计状态。如果风况和海洋条件对海上风力发电机组产生重大载荷，则在设计中应考虑它们的最大值。制造商应在规定工况与设计中所考虑的风况、海况之间留有足够的裕度，以给出可接受的安全水平。可在规定风况上增加5 m/s以确保足够的裕度。

海上风力发电机组运输、安装、使用、维护和修理期间应考虑如下载荷：

- 工具和移动式设备的重量；
- 起重机运行产生的载荷；
- 船只作业时停靠和系泊产生的载荷；
- 其他相关的载荷，如直升机作业产生的载荷。

应考虑作业船只对支撑结构的撞击，并按 ISO 19902 的要求和指导进行分析。

应规定设计工况、作业船的最大尺寸和其接近海上风力发电机组的外部限制条件。此外，还至少应考虑作业船以 0.5 m/s 的速度行进时与支撑结构撞击产生的冲击力，并计入附加质量系数，其中侧面撞击为 1.4，船首或船尾撞击为 1.1。在上述情况下，应假定护舷设备吸收了所有和冲击力有关的动能。载荷应考虑允许作业船登陆的最大风况、海况与作业船撞击的组合情况。

支撑结构吸收的能量取决于其与作业船撞击部件的相对刚度。若支撑结构的刚度很大，如混凝土结构，则能量主要被船只吸收。与船只发生撞击后，应检查冲击力对支撑结构产生的损伤，并确定需要进行的维修，以确保支撑结构有足够的承载能力。

若设计者不清楚作业船的信息，通常可以在支撑结构的整个宽度上作用 5 MN 的水平线载荷来计算冲击力，且载荷还应考虑动态放大效应。应根据船只吃水、最大波高和允许作业船登陆的潮位来估算撞击区域的竖向深度。实际中，竖向深度在相对平均海平面＋3 m～－5 m 之间变化。计算局部压力时，可假定竖向深度为 2 m。

如相关，应考虑直升机作业对海上风力发电机组产生的载荷。运营方和设计方应规定设计状态、直升机的最大尺寸及直升机接近海上风力发电机组的外部限制条件，并在载荷计算中予以考虑。

此外，DLC8.2 应包括所有可能持续一周以上的海上风力发电机组运输、安装、维修情况。相应的，还应包括未吊装完的支撑结构、支撑结构上未安装风轮-机舱组件和风轮-机舱组件缺少一只或多只叶片的情况。应假定以上所有状态中电网均未连接。上述任一状态可采取除电网连接以外的相应措施来减少载荷。

锁定装置应能承受 DLC8.1 相应状态产生的载荷，尤其应考虑最大设计驱动载荷的作用。

对于 DLC8.2a，应采用极端湍流风模型和极端海况(ESS)。极端响应使用 DLC6.1a 所描述的方法进行评估。

对于 DLC8.2b，应采用稳态极端风速模型和确定性折算设计波(RWH)，其中折算设计波的波高为 H_{red1}，重现期为 1 年。

对于 DLC8.2c，应采用稳态折算风速模型(RWM)和确定性极端设计波(EWH)。其中，应假定风速为 V_{red1}，波高等于极大波高 H_1，重现期为 1 年。

计算 DLC8.2a 时，若已在极端随机海况的动态模拟中完全表现出非线性波运动学特性，则 DLC8.2b和 DLC8.2c 的计算可省略。

在 DLC8.3 中，应考虑在海上风场建造期间和并网之前，每个风速和海况下预期停机时间。该时间内，任何部件都可能出现重大的疲劳损伤。还应考虑部分安装的海上风力发电机组的疲劳载荷，如部分安装的支撑结构、未安装风轮-机舱组件的已竖立支撑结构，和未安装一只或多只叶片的风轮-机舱组件，该状况将持续一段相当长的时间[11)]。应采用正常海况(NSS)。应在适于预期场址海洋气象参数的长期联合概率分布的基础上，为每个正常海况选择有义波高、谱峰周期和方向，以及相关的平均风速。应确保所考虑的正常海况的数目和分辨率能充分说明疲劳损伤，其与海洋气象参数的长期分布有关。

7.4.9 海冰设计载荷工况

海上风力发电机组安装在可能存在海冰的场址时，除表 1 中的载荷工况外，其支撑结构的设计还应

11) 应考虑未完成全部安装的海上风力发电机组对由风和(或)浪以及海流的涡流所产生振动的敏感性。

考虑表 2 中的载荷工况。海冰设计载荷工况 E1～E7 和相关载荷计算方法的说明参见附录 E。

表 2　海冰设计载荷工况

设计工况	DLC	冰况	风况	水位	分析类型	局部安全系数
发电	E1	温度波动产生的水平载荷	NTM $V_{hub}=V_r\pm2$ m/s 和 V_{out} 风速产生最大推力	NWLR	U	N
	E2	水波动或拱效应产生的水平载荷	NTM $V_{hub}=V_r\pm2$ m/s 和 V_{out} 风速产生最大推力	NWLR	U	N
	E3 对于极端事件外推	相应速度的移动浮冰产生的水平载荷 $h=h_{50}$　远海 $h=h_m$　闭合水域	NTM $V_{hub}=V_r\pm2$ m/s 和 V_{out} 风速产生最大推力	NWLR	U	N
	E4	相应速度的移动浮冰产生的水平载荷 $h=h_{50}$　远海 $h=h_m$　闭合水域	$V_{in}<V_{hub}<V_{out}$	NWLR	F	*
发电	E5	因水位波动由固定冰盖产生的垂直力	无风载作用	NWLR	U	N
停机	E6	冰丘和冰脊产生的压力	EWM 湍流风速模型　$V_{hub}=V_1$	NWLR	U	N
	E7	相应速度的移动浮冰产生的水平载荷 $h=h_{50}$　远海 $h=h_m$　闭合水域	NTM $V_{hub}<0.7V_{ref}$	NWLR	F	*

表 2 中所使用缩略语和符号：

DLC　　设计载荷工况
EWM　　极端风速模型（见 GB/T 18451.1）
NTM　　正常湍流模型(见 GB/T 18451.1)
NWLR　　正常水位范围（见 6.4.3.1）
F　　疲劳（见 7.6.3）
U　　极限强度（见 7.6.2）
N　　正常
*　　疲劳载荷局部安全系数（7.6.3）

7.5　载荷和载荷效应计算

应使用合适的方法来计算载荷和载荷效应，同时适当考虑海上风力发电机组对相应外部条件组合的结构动态响应。

7.5.1　水动力载荷的相关性

作用在海上风力发电机组支撑结构上的水动力载荷会导致支撑结构的振动，间接地影响风轮-机舱组件。通常，水动力载荷对风轮-机舱组件的间接影响很小，根据支撑结构的动态特性，有些情况下可忽略不计。

如能证明水动力载荷的影响可忽略，则设计者可不考虑水动力载荷对风轮-机舱组件的影响。在所有工况中，包括在风轮-机舱组件设计中不考虑水动力载荷的工况，均应依据海上风力发电机组场址的海洋条件来证明结构的完整性。

对于和海上风力发电机组支撑结构设计相关的载荷计算，应考虑7.3.1～7.3.6所描述的所有载荷。载荷计算应基于海上风力发电机组场址的典型外部条件。

7.5.2 水动力载荷的计算

应采用适当的方法计算作用在海上风力发电机组支撑结构上的水动力载荷。附录D介绍了支撑结构的水动力载荷计算方法，并且考虑了附属装置和海生物的影响。

应考虑海生物对支撑结构水动力载荷的影响，可通过考虑“硬”体海生物的平均期望厚度增加支撑结构外部尺寸，以及根据海生物的期望数量和厚度将结构单元划分为“光滑”或“粗糙”。如果结构构件高于最高天文潮位，可以认为其水动力性是光滑的。

如果海生物的厚度能够完全堵塞某些部件，则应在支撑结构水动力载荷模拟中适当考虑这种影响。

7.5.3 海冰载荷计算

附录E介绍了海冰引起的静态和动态载荷的计算方法。

7.5.4 仿真要求

利用结构动力学模型的动态仿真，通常用于计算海上风力发电机组的载荷效应。由于某些载荷工况需输入随机风和/或随机波，因此，采集载荷数据的总周期应足够长，以确保特征载荷效应评估的统计可靠性。一般对于仿真中考虑的每个轮毂高度处的平均风速和海况，至少需要6个10 min的随机仿真（或连续1 h周期）。对以下设计载荷工况有更详尽的计算要求：

- 在DLC 2.1、DLC 2.2和DLC 5.1中，对于每个给定风速和海况应至少进行12个10 min的仿真；
- 在DLC 1.1中，对于每个平均风速和海况组合，仿真的数量和周期应能足够确定一个可靠的极值长期概率分布，用于特征载荷效应的外推；
- 在DLC 1.6a、DLC 6.1a、DLC 6.2a、DLC 6.3a和DLC 7.1a中，对于仿真中考虑的每个平均风速和海况，至少需要6个1 h的随机仿真。若设计者能证明评估的极端响应低于1 h仿真所获响应的严重程度，则可放宽上述要求，采用较短的仿真。为此可使用约束波方法，参见附录D。

对于所选的仿真周期，应使用合适的平均风速、湍流标准偏差和有义波高的值，作为载荷工况动态仿真的输入。

除DLC 1.6a、DLC 6.1a、DLC 6.2a、DLC 6.3a和DLC 7.1a外，平均风速、湍流标准偏差和有义波高的值应作为动态仿真的载荷工况的输入，若必要，应进行调整以确保输入参数的基准期与所选的仿真周期匹配。12.3和12.4对不同基准期的风速、湍流标准偏差和海况参数给出了调整要求和方法导则。在DLC 6.1a、DLC 6.2a、DLC 6.3a和DLC 7.1a中，应采用7.4.6规定的转换要求。对于DLC 1.6a，附录G给出相应导则。

由于在仿真周期的前期，用于动态仿真的初始条件会对载荷效应的统计有影响，因此在任何分析区间（包括随机风和/或波浪的输入），均应去除前5 s的数据（如必要，可更长）。

在那些对随机海况和给定风速范围内的湍流进行仿真的载荷工况中，应计算特征载荷效应的超越概率，计算中应考虑海上风力发电机组安装场址的正常海况和风速的联合概率分布。由于许多载荷计算包括有限时段的随机仿真，因此根据要求的由对应重现期所确定的特征载荷效应可能会大于仿真计算的任何值。

对于给定风场和波浪环境的载荷工况，载荷效应的特征值应是最不利情况计算的暂态值。当湍流和不规则海况组合时，对于不同随机仿真，应采用最不利情况计算的载荷效应平均值，除 DLC2.1、DLC2.2 和 DLC5.1 以外，载荷效应的特征值应是 1/2 最大载荷效应的平均值。

7.5.5 其他要求

每个设计载荷工况都应该考虑到 7.3.1～7.3.6 规定的载荷。若与下列因素有关，也应予以考虑：

- 由海上风力发电机组自身(尾流诱导速度、塔影效应等)引起的空气流场扰动；
- 三维气流对叶片气动特性的影响(如三维失速和叶尖气动损失)；
- 非定常空气动力影响；
- 结构动力学和振动模态耦合；
- 气动弹性效应；
- 海上风力发电机组控制系统和保护系统的动作；
- 海上风力发电机组的叶片或其他部件覆冰对气动特性和动态特性的影响；
- 基础和海床相互作用的静态和动态特性，设计者应重点考虑到基础和海床的非线性相互作用，以及因冲刷和沙波等作用而产生的动态特性的不确定性和潜在的长期时变，应根据支撑结构共振频率的变化和基础所承受载荷的变化来评估海上风力发电机组设计的稳固性；
- 累积的海生物重量对支撑结构的共振频率和动态载荷的影响；
- 由空气动力和水动力载荷组合引起的海上风力发电机组的动态响应；
- 非线性波动特性，参见附录 C；
- 衍射，参见附录 D。

对于疲劳载荷计算，用于定义载荷工况的海洋气象参数(有义波高、谱峰周期和平均风速)的精度，应能充分说明疲劳损伤，其与海洋气象参数的长期全分布有关。

考虑风向和波向之间实际方向偏差角的动态仿真，可证明由于横向气动弹性阻尼过低而导致的因波浪力产生的支撑结构共振响应偏大。设计中应确保方向数据和支撑结构水平运动的气动弹性阻尼的模拟是可靠的。

多数情况下，所给海上风力发电机组零部件关键位置的局部应变或应力取决于同时作用的多轴向载荷。这种情况下，仿真输出的正交载荷时间序列有时可用于确定设计载荷。当采用该正交载荷分量时间序列计算疲劳和极限载荷时，应将这些分量合成，以保持其幅值和相位。因此，直接的方法是基于对主要应力时间序列的推导。极限和疲劳载荷的预测方法适用于此单个信号，避免了载荷合成的问题。也可用保守方法将极限载荷分量合成，即假定各分量的极值同时出现。

应定义用于评估混凝土裂缝和地基沉降的设计工况。建议使用基于发电载荷工况(DLC1.2)的下列两种方法之一：

- 超出 1%概率的弯矩产生的载荷；
- 与最大平均推力[加上了 1.28 倍标准差(90%分位点)]有关的弯矩产生的载荷。

7.6 极限状态分析

7.6.1 方法

本标准使用局部安全系数形式来考虑载荷和材料的不确定性和易变性、分析方法的不确定性以及失效构件的重要性。

海上风力发电机组风轮-机舱组件的极限状态分析应满足 GB/T 18451.1 规定的要求。对于支撑结构的设计应符合以下子条款中的规定。

7.6.1.1 局部安全系数形式

当设计载荷效应 S_d 不超过设计抗力 R_d 时，可认为结构或结构零部件的安全水平满足要求。

$$S_d \leqslant R_d \qquad (20)$$

该设计准则也可称为设计不等式，相应的 $S_d=R_d$ 即为设计等式。

7.6.1.1.1 设计载荷效应

下列两种方法用来确定特定载荷 F_i 对应的设计载荷效应 S_{di}。

方法 1：设计载荷效应 S_{di} 由特征载荷效应 S_{ki} 乘以特定的载荷系数 γ_{fi} 得到，即：

$$S_{di}=\gamma_{fi}S_{ki} \qquad (21)$$

式中特征载荷效应 S_{ki} 通过特征载荷 F_{ki} 作用下的结构分析确定。

方法 2：设计载荷效应 S_{di} 从设计载荷 F_{di} 的结构分析获得，其中设计载荷 F_{di} 由特征载荷 F_{ki} 乘以规定的载荷系数 γ_{fi} 得到，即：

$$F_{di}=\gamma_{fi}F_{ki} \qquad (22)$$

当主要考虑动态响应时，通常采用方法 1 来确定设计载荷效应。若主要考虑非线性材料特性或几何非线性以及二者均考虑时，通常采用方法 2。方法 1 通常用来确定风力发电机组载荷对支撑结构（包括塔架）的设计载荷效应。方法 2 通常用于支撑结构和基础的设计，以塔架的载荷效应作为边界条件。两种方法的区别见图 4。

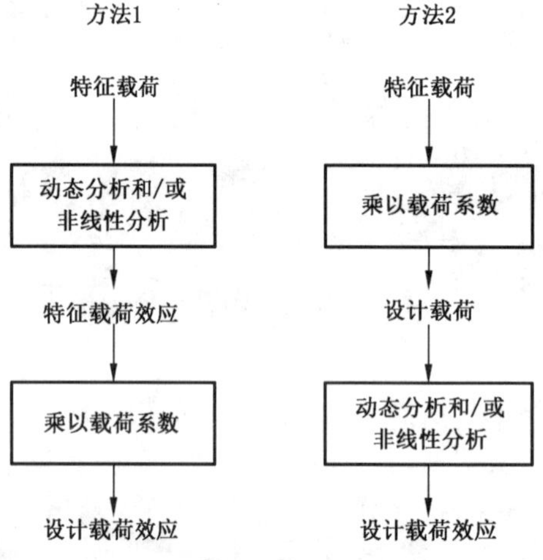

图 4 计算设计载荷效应的两种方法

7.6.1.1.2 设计抗力

下列两种方法用来确定特定构件的设计抗力 R_d。

方法 1：设计抗力由材料的特征强度确定：

$$R_d=R\left(\frac{1}{\gamma_m}f_k\right) \qquad (23)$$

式中：

γ_m ——对应于材料强度的材料系数；

f_k ——材料强度的特征值。

方法 2：设计抗力由特定构件的特征抗力确定：

$$R_d=\frac{1}{\gamma_m}R_k \qquad (24)$$

式中：

γ_m ——对应于特定构件的材料系数；

R_k ——构件抗力的特征值。

根据 GB/T 18451.1 的规定，式(21)应与式(23)共同使用。某些标准，如 ISO 19902，要求式(22)和式(24)结合使用，而其他标准，如 ISO 19903，要求式(22)和式(23)结合使用。

7.6.2 极限强度分析

支撑结构系统及其构件的设计抗力应按照 ISO 海上结构设计标准或其他公认的海上标准来确定。塔架的设计抗力也可按照 GB/T 18451.1 确定。在支撑结构设计中，应采用本标准规定的极限强度设计载荷工况和相关的载荷安全系数。

为评估每个支撑结构部件，对表 1 中适合进行极限强度分析的每个载荷工况，在最临界极限状态下验证式(21)的设计准则时，应以具有最小裕度为基础。

如依据 ISO 标准或其他公认的基于相似设计原则的海上标准对下部结构和基础进行结构设计，应采用 7.6.1.1.1 中的方法 2 适当地考虑土壤非线性的影响。在典型设计工况下，除永久载荷外，主要载荷是风载荷、水动力载荷以及永久荷载。基础和下部结构的设计载荷效应可以通过结构分析来确定，在结构分析中可将设计风载荷效应作为外部载荷施加于风力发电机组的适当界面上(如塔筒法兰或海底)进行分析，另外还应加上水动力载荷和永久载荷设计值。

在 7.6.1.1.1 的方法 1 中，将通用的载荷安全系数乘上特征载荷效应来确定设计载荷效应，其中特征载荷效应由特征风载荷、水动力载荷和永久载荷组合的整体动态分析确定。在此情况下，应校准局部安全系数，以补偿响应中未模拟土层和下部结构非线性的影响。校正应确保结构可靠度水平和本标准相关规定一致，包括对相关 ISO 设计标准的参考。

7.6.2.1 载荷局部安全系数

载荷的局部安全系数至少应为 GB/T 18451.1 中的规定值。表 3 给出了这些值。

表 3 载荷局部安全系数 γ_f

不利载荷			有利载荷[12)
设计状态类型(见表 1 和表 2)			所有设计状态
正常(N)	非正常(A)	运输、安装(T)	
1.35 [a]	1.1	1.5	0.9

[a] 对于设计载荷工况 DLC1.1，如果在规定的 V_{in} 和 V_{out} 风速之间载荷是通过统计载荷外推值得到的，则正常设计状态的载荷局部安全系数应为 $\gamma_f=1.25$。

对于正常设计状态，如由重力引起的载荷响应 $F_{gravity}$ 的特征值可以计算，且重力是不利载荷，则重力和其他载荷的合成载荷所采用的局部安全系数为：

$$\gamma_f = 1.1 + \varphi \cdot \xi^2$$

$$\varphi = \begin{cases} 0.15 & \text{对于 DLC1.1} \\ 0.25 & \text{其他情况} \end{cases}$$

$$\xi = \begin{cases} 1 - \left| \dfrac{F_{gravity}}{F_k} \right| & |F_{gravity}| \leqslant F_k| \\ 1 & |F_{gravity}| > F_k| \end{cases}$$

12) 有助减小总载荷响应的预应力和重力载荷可视为有利载荷。

7.6.2.2 抗力和材料的局部安全系数

应按ISO海上结构设计标准或其他公认海上设计标准来确定支撑结构系统及其部件的设计抗力。应从上述标准中选取用于极限设计抗力评估的公式,及与其相关的材料强度和/或抗力的特征值、材料和/或抗力的安全系数。塔架的设计抗力也可根据GB/T 18451.1来确定。

7.6.3 疲劳失效

应按ISO海上结构设计标准或其他公认海上设计标准来确定支撑结构系统及其部件的设计抗力。应从上述标准中选取用于疲劳设计抗力评估的公式,及与其相关的材料强度和/或抗力的特征值、材料和/或抗力的安全系数。塔架的设计抗力也可根据GB/T 18451.1来确定。在支撑结构的设计中应使用本标准规定的疲劳设计载荷工况和相关的载荷安全系数。

为了对支撑结构各构件进行评估,在使用表1和表2中各种载荷工况对每个支撑构件进行评估时,应以极限受载状态为准,取安全裕度最小的情况评估。

7.6.4 特殊局部安全系数

由测试或在测试基础上的分析得出的载荷值,如果其置信度高于正常水平,则可采用较低的载荷局部安全系数。所有使用的局部安全系数值应在设计文件中加以说明。

8 控制和保护系统

决定海上风力发电机组运行与安全的控制系统和保护系统应符合GB/T 18451.1的要求。

应制定相关规定,对控制系统和保护系统的所有部件进行适当保护,避免受到海洋环境的影响。相关腐蚀防护导则参见附录H。

9 机械系统

本标准中,机械系统不包括独立的静态结构零件或电气零件,而是指将轴、连杆、轴承、滑动部件、齿轮和其他设备结合起来使用或传递相对运动的系统。在风力发电机组内部,上述系统可包括传动链中各部件(如齿轮箱,轴和联轴器),以及辅助部件(如制动装置、变桨装置和偏航驱动等)。辅助部件可由电力、液压、气动方式进行驱动。

海上风力发电机组的机械系统设计应满足GB/T 18451.1的要求。

应制定相关规定,对机械系统进行保护,以避免受到海洋环境的影响。相关腐蚀防护导则参见附录H。

10 电气系统

海上风力发电机组的电气系统包括风力发电机组终端在内的所有安装在其上的电气设备。以下称为“风力发电机组电气系统”。

本标准不包括电力汇集系统。

海上风力发电机组电气系统的设计应满足GB/T 18451.1的相关要求(仅适用于陆上风力发电机组的要求除外)。

应制定相关规定,对电气元件进行适当保护,避免受海洋环境影响。应依据国际、国内相关的设计规范来选择电气元件的腐蚀等级、气候等级、环境等级、污染等级和外壳防护IP等级。腐蚀防护导则参见附录 H。

设计者应该适当考虑电气绝缘要求、盐分环境、湿度和温度、通风要求、潮气和凝露、滴水的可能性、机械冲击或振动、维护要求，以保持风力发电机组电气系统的完整性。

11 基础设计

对于海上风力发电机组基础的设计和结构分析，应按照 ISO 海上结构设计标准或其他公认的海上设计标准进行。若采用 ISO 以外其他设计标准，则需证明在极限强度和疲劳强度等方面达到相同的结构可靠度等级。本标准表 1 及表 2 中的设计载荷工况及相关载荷安全系数应作为基础设计的依据。

一般情况下，设计分析应符合 GB/T 23511 的要求。对于广泛适用于海上结构的地质科学和基础工程方面的技术和特定要求基于 ISO 19901-4。适用于多种海上结构，且满足特定要求的地质和基础工程，应依据 ISO 19901-4。桩式基础通常为固定式钢结构，其具体要求见 ISO 19902。浅水重力式基础通常为固定式混凝土结构，其具体要求见 ISO 19903。

基础的设计应能够承受静态及动态载荷(循环及冲击载荷)，且结构不应出现过度变形及振动。此外，应特别注意循环及瞬态载荷作用下的结构响应及其对支撑土壤强度的影响。应对海床相对于基础构件运动的可能性进行研究，若能对海床运动产生的载荷进行预估，在设计时应予以考虑。

应考虑在运输和安装过程中作用在基础上的载荷。对于桩基础(见图 1)，应对桩体打入海床时产生的疲劳损伤进行分析计算[13)]。疲劳分析应考虑桩身动态特性及桩体设计、打桩过程等引起的应力增加。

应制定相关规定，对海上风力发电机组支撑结构进行保护，以避免腐蚀，腐蚀防护导则参见附录 H。

附录 F 给出了海上风力发电机组基础设计相关的指导文件名录。

12 海上风力发电机组场址外部条件评估

12.1 概述

海上风力发电机组受环境和电气方面影响(包括附近的机组)，这些因素可影响其载荷、寿命和运行。除这些条件外，还应考虑海上风力发电机组场址的地震条件、地形条件和地质条件。

应对海上风力发电场址的外部条件进行评估，并按照如下各子条款的要求将评估结果作为设计和/或设计验证的基础。在设计文件中应明确说明海上风力发电机组设计的外部条件。附录 A 列出的关键外部条件参数作为设计依据。

7.6.2.1 中载荷局部安全系数假定正常风况和极端风况的场址评估是按本条的最低要求进行。

12.2 海洋气象数据库

应建立特定场址的海洋气象数据库，并包括以下信息：

- 风速和风向；
- 有义波高、波浪的周期和方向；
- 风和波浪统计的相关性；
- 流速和流向；
- 水位；
- 海冰的发生和特性；

---

13) 在海上风力发电机组寿命周期内桩体总的累积损伤中，沉桩过程产生的疲劳损伤可能占重要部分。

- 覆冰；
- 其他相关的海洋气象参数，例如：气温和水温、空气和水的温度与密度、水的密度和盐度、场址地形测量、海生物等。

数据库可根据特定场址的测量来建立，若可行，亦适用，测量可运用数值仿真(追算法)。若采用特定场址的测量数据，结果通常要与附近区域的长期测量结果保持相关，除非可用其他方式证明结果是保守的。对特定场址的测量要有足够的监测周期以保证每个单独参数以及这些参数的联合概率分布[14)]的可靠性。当邻近地区有合适的相关长期数据，或采用数值工具能够可靠地获得特定场址长期数据时，通常不要求进行特定场址长期观测。

在确定浅水场址的波高、周期和波谱时，时间序列的测量尤其重要。

当评估数据的质量和数量时，应特别注意数据的充分性以满足罕遇事件的外推。

12.3 风况评估

应估算风力发电机组场址的下列参数值：

- 50 年重现期轮毂高度处的 10 min 平均极大风速；
- 风速概率密度函数 $p(V_{hub})$；
- 环境湍流标准偏差 σ(估计为纵向分量标准偏差的平均值[15)]；和在($V_{in} \leqslant V_{hub} \leqslant V_{out}$, $V_{hub} = V_{ref}$)时 σ 的标准偏差 σ_σ；
- 风切变[16)]；
- 空气密度。

上述风速区间的间隔应小于或等于 2 m/s，并且风向扇区应小于或等于 30°。除空气密度外，上述参数都可以为 10 min 平均风向的函数。

场址风况参数应采用下列两种方法之一获得：

- 在 $0.2V_{ref}$和 $0.4V_{ref}$的范围内测量，并外推计算；
- 根据场址短期监控测量数据、当地气象站长期记录或按当地的规范/标准计算。

当特定场址极端平均风速的平均周期长于 10 min 时，可采用表 4 规定的转换系数估算极端 10 min 平均风速。这些系数为给定平均周期内的极限风速和 10 min 极端平均风速的比率。

表 4 不同平均周期极端风速之间的换算

平均周期	10 min	1 h	3 h
相对 10 min 平均风速的修正因子	1.00	0.95	0.90

可假定平均风速 V_{hub}的长期概率分布与周期在 10 min 和 3 h 范围内的平均周期无关[17)]。

湍流标准差可通过采用适当的统计技术对测量数据和可用去趋势数据的分析来确定。当地形(海岸线)或其他局部效应可对湍流强度产生影响时，这些效应应在数据中予以体现。在评估湍流强度时，

14) 如果只考虑测量数据的相关性分析，那么长期测量地点与预选海上风力发电场址距离应小于 50 km，并且两个地点的水深、吹程和海床地形应相似。当长期数据与特定场址的短期数据结合使用时，应该注意二者应有适当的相关性，并且可以估计相关性分析中的不确定性。如果长期测量地点距预选海上风力发电场址超过 50 km 时，建议使用数值模拟(追算法)来估计场址的海洋气象统计数据。

15) 湍流纵向分量可用水平分量近似。

16) 据资料记载，在一些地区，超过周期的高切变值与高分层流或粗糙度的剧烈变化有关。第 6 章的外部条件并不包括这些情况。

17) 当平均风速超过 V_{out}时，这个假设可能对长期概率分布的尾部无效。

应考虑用于数据测量的测风塔特性、取样率和平均时间。

若无适用于湍流的场址数据，可用表面粗糙度参数 z_0 来评估湍流标准偏差 σ_1，而表面粗糙度参数 z_0 可由 Charnock 公式获得，见式(25)：

$$z_0=\frac{A_C}{g}\left(\frac{\kappa \cdot V_{hub}}{\ln(z_{hub}/z_0)}\right)^2 \qquad (25)$$

式中：

A_C ——Charnock 常数；

g ——重力加速度；

$\kappa=0.4$ ——Von Karman 常数。

在远海建议 $A_C=0.011$，近海取 $A_C=0.034$[18)]。

海面粗糙度会随着风速而增加，因此湍流强度也将按其与风速的函数关系而增大。通过上面的隐式方程可求解粗糙度参数。纵向风速分量的标准偏差由式(26)计算：

$$\sigma_1=\frac{V_{hub}}{\ln(z_{hub}/z_0)}+1.28\times1.44\times I_{15} \qquad (26)$$

式中：

I_{15}——在 $V_{hub}=15$ m/s 时轮毂高度湍流强度的平均值[19)]。

当缺少合适的特定场址数据来评估 1 h 平均周期的湍流标准偏差时，可认为其与 10 min 平均湍流标准偏差有关，即：

$$\sigma_{i,1hour}=\sigma_{i,10min}+b \quad (b=0.2\ \text{m/s}) \qquad (27)$$

当场址数据中没有空气密度时，可认为空气密度值与 ISO 2533:1975 一致，并可根据年平均温度作适当修正。

12.4 波浪评估

应评估以下参数：

- 重现期为 50 年的有义波高(假定 3 h 基准期)$H_{s,50}$和相关的谱峰周期范围；
- 重现期为 1 年的有义波高(假定 3 h 基准期)$H_{s,1}$和相关的波谱峰周期范围；
- 重现期为 50 年的单个极大波高 H_{50}；
- 重现期为 1 年的单个极大波高 H_1；
- 重现期为 50 年的单个折算波高 H_{red50}；
- 重现期为 1 年的单个折算波高 H_{red1}；
- 重现期为 50 年的极端波峰高度。

可基于有义波高长期分布的尾部，通过对海洋气象数据库的外推来确定极大有义波高，见 ISO 19901-1。根据单个波高 H(给出了有义波高 H_s)的短期条件分布，通过对有义波高 H_s 和谱峰周期 T_p 的长期分布的卷积来确定单个极大波高。但极大波高可能受到水深的限制。

在海上风力发电机组场址上可能会有破碎波产生，这取决于水深、海底坡度、波高、周期和波陡。基于对上述参数的评估，可依据具体风场条件，参见附录 C 中的导则来确定破碎波的特性和参数。

对于特定场址海洋气象数据库的分析将用来确定下列参数的联合概率分布：

- 轮毂高度的平均风速 V_{hub}；

---

18) 当表面粗糙度参数和用 Charnock 公式计算的湍流标准差用于远海条件时，应注意海岸地形和陆上粗糙度的影响可能会使湍流标准偏差偏大。

19) 式(26)中的标准差 $1.44\times I_{15}$ 与 GB/T 18451.1 是一致的。但由于某些海上区域曾出现过较大的标准差，因此对于特定场址，该参数应仔细评估，并考虑相似或邻近场址的可用信息。

- 有义波高 H_s；
- 谱峰周期 T_p。

根据定义，H_s 和 T_p 与平均周期无关，因此其长期概率分布不随平均周期而改变。为确定 V_{hub}、H_s 和 T_p 的联合概率分布，应选择平均周期来定义平均风速，并使其与有义波高和谱峰周期相关联。平均周期应取为 1 h。如果 V_{hub}、H_s 和 T_p 的联合统计数据是基于不同的平均周期，则数据应该转换成基于风速对应 1 h 平均周期的值。V_{hub}、H_s 和 T_p 之间的相关性会随平均周期而增加，由于风力的影响而增大的波浪会在相当长的一段时间内出现（以小时计）。但由于风场的一些特性，这种关联可能不会随着平均周期而显著改变，因此假设长期联合概率分布 V_{hub}、H_s 和 T_p 与平均周期无关是合理的。

尽管用于推导这五个参数同时出现的特定场址测量数据经常无法获得[20)]，若有必要应扩大联合概率分布以便包括风向和波向。联合概率分布应采用如下分辨率，即所有风速区间间隔均应小于或等于 2 m/s，所有有义波高区间的间隔均应小于或等于 0.5 m，所有波周期区间的间隔均应小于或等于 0.5 s。若方向数据可用，风向和波向扇区的扇角均应小于或等于 30°。

对于特定场址的波谱和传播方向无评估要求，可参考附录 B 提供的标准公式。当有适当和可靠的测量结果时，特定场址的波谱和方向分布函数可以作为海上风力发电机组设计和/或设计认证的依据进行评估。

12.5 海流评估

海流除了对海上风力发电机组支撑结构产生冲击载荷外，还会影响停靠船只和护舷的位置和方向，同时会造成海床的冲刷。

评估海流时，应考虑到与风力发电机组场址有关的潮汐、风暴潮、风和波浪生成的表层流等因素。应分别评估场址海流每个分量的流速和流向特点。

重现期为 1 年和 50 年的极端表层海流的流速，应通过特定场址的海洋气象数据分析来确定。

对于特定场址的流速随水深变化无评估要求，可使用 6.4.2 提供的标准廓线。当有适当和可靠的测量结果时，特定场址的流廓线可以作为海上风力发电机组设计和/或设计认证的依据进行评估。

12.6 水位、潮汐、风暴潮评估

应评估风力发电机组场址处水位的平均值和波动，以便确定下列参数：

- 平均海平面（MSL）；
- 最高天文潮位（HAT）和最低天文潮位（LAT）；
- 最高静水位（HSWL），包含正风暴潮；
- 最低静水位（LSWL），包含负风暴潮。

这些参数可由特定场址的海洋气象数据确定。对风暴潮的准确评估，需要一个长期的数据库。可运用邻近场址长期测量或追算结果以及相关技术，来获得特定场址的风暴潮特性。

12.7 海冰评估

当海上风力发电机组安装在海冰可能发生的场址时，应在支撑结构的设计中评估海冰的影响。评估需要与海上风力发电机组场址海冰特性相关的详细信息。制造商应在设计文件中说明所假设的海冰特性。下列参数应从冰图或相似资料的统计数据中予以确定：

- 重现期为 50 年的海冰厚度 H；
- 冰的抗压强度 σ_C；
- 海流和风所产生的浮冰风险；

20） 尽管风和波浪同向的假定可能并不保守，但对于特定场地和海上风力发电机组结构，同向会是很保守的。

- 水位波动导致的冰载风险；
- 海冰密集度频率。

12.8 海生物评估

应在可行的建议、当地经验和现有测量结果的基础上，评估海生物的厚度及其对水深的依赖性。有必要对特定场址进行研究，以确定海生物的性质、可能的厚度和水深依赖性[21)]。

12.9 海床运动与冲刷评估

海床的稳定性应进行评估。应确定场址的地形和土壤结构是否会产生倾斜，滑动，孔洞问题以及腐蚀情况。通常在重力式基础设计时应考虑海床沉降和土壤液化。

通过观测，海底变化一般可以特征化为下列情况的组合：

- 局部冲刷，特点为构件周围有陡边冲刷坑，如桩柱和群桩；
- 以结构周围大范围的浅冲刷洼为特征的总体冲刷，可能是由总体结构效应、多重结构相互作用或波浪-土壤-结构的相互作用所引起；
- 在没有支撑结构时可能发生沙波、海脊和浅滩的整个海床运动。这样的运动可能导致海底的升降或周期性的升降。增加人造结构后，可能会改变当地沉积物流动机制，导致腐蚀、堆积，也可能不发生影响。

海床运动和冲刷可能导致基础竖向支承和水平支承流失，引起浅水基础产生不必要的沉降和位移，使得基础构件处于超负荷状态，导致风力发电机组结构的动力特性发生改变。若存在冲刷，应在设计中予以考虑，和/或采取相应的防冲刷措施。

应确定风力发电机组场址的冲刷范围和必要的冲刷防护：

- 根据邻近的或具有相似海底特征场址的前期记录；
- 模型试验；
- 样机或模型试验的校准计算。

12.10 相邻风力发电机组尾流影响评估

应根据 GB/T 18451.1 的要求，对相邻风力发电机组产生的尾流影响进行评估。

12.11 其他环境条件评估

为了与海上风力发电机组设计中所作的假设相比较，应评估下列环境条件：

- 正常和极端气温范围；
- 冰雹，雪；
- 湿度；
- 雷电；
- 太阳辐射；
- 化学活性物质；
- 盐度；
- 水密度；
- 水温范围。

---

21) 一些区域关于海生物的信息是可查的(如北部海、波斯湾、西非海岸、墨西哥湾、加利福尼亚海岸、加拿大东海岸)，见 ISO 19901-1。

12.12 地震条件评估

应根据 GB/T 18451.1 的要求，对地震条件进行评估。

12.13 天气性工作期和天气性停工期的评估

天气性工作期和天气性停工期对海上风力发电机组的运输、安装和维护十分重要。应对风力发电机组场址进行天气性工作期和天气性停工期的评估。

12.14 电网条件评估

应对风电场的外部电气条件进行评估，以保证与风力发电机组设计条件相一致。外部电气条件应包括下列内容[22)]：

- 正常电压和范围，包括在指定的电压范围和持续时间内并网或解列的要求；
- 正常频率范围和变化率，包括在指定的频率范围和持续时间内并网或解列的要求；
- 电压不平衡度，指对称和不对称故障的电压负序分量的百分比；
- 中性点接地方法；
- 接地故障的检测/保护方法；
- 电网年断电次数；
- 整个寿命期间电网断电总时间；
- 自动重合周期；
- 所需的无功补偿计划表；
- 故障电流和持续时间；
- 风力发电机组输出端的相间和相对地间的短路阻抗；
- 电网的谐波电压失真；
- 电力线路出现载波信号(若有且频率相同)情况；
- 故障穿越能力要求；
- 功率因子控制要求；
- 上升速率要求；
- 其他电网兼容性的要求。

12.15 地质条件评估

应由具备专业资质的岩土工程师对拟建场址的土壤特性进行评估。

进行地质勘查以提供完整的信息来表征土壤特性随深度和区域的变化，该特性将影响基础结构或受基础结构影响。一般地质勘查包括以下内容：

- 风力发电机组场址的地质勘测；
- 海底地形勘测，包括定位海底上的巨石、沙波或者其他障碍物；
- 地球物理勘测；
- 岩土勘测包括原位测试和实验室内试验。

为了开发必需的基础设计参数，勘测过程中所得到的数据应结合该区域浅层地质的评估来考虑分析。若可行，土壤取样和实验项目可以在复核勘测结果后再进行。

地质勘查应包括一个或多个地质钻孔，为原位测试和室内试验提供土样，来确定适于定义工程特性

---

22) 风力发电机组设计者应考虑电网适应性条件。上面介绍了一组最低要求。当地和国家电网的适应性要求应在设计阶段确定。

的数据。需要的钻孔数量和深度应根据海上风场中风力发电机组基础的数量和位置、场址附近的土壤变异性、基础的类型和地球物理勘探初步结果来确定。在地质勘查中，可使用静力触探试验和振动岩心浅钻孔来补充土壤钻孔。原则上，在风力发电场中，应为每个基础确定特定场址的土壤地质参数，若风力发电机组场址无地质钻孔，可采用静力触探试验代替。若对静力触探试验进行标定，则应在紧邻地质钻孔的位置进行试验。

地质勘查应提供下列数据，以作为基础设计的依据：

- 土壤分级和土层说明的数据；
- 剪切强度参数；
- 变形特性，包括固结参数；
- 渗透性；
- 用来预测风力发电机组结构动力学特性的刚度和阻尼参数。

应运用适当的原位测试和实验室内试验，对每个土层的上述工程特性进行全面评估。

地质情况的评估还要考虑土壤潜在的液化可能、基础结构的长时期沉降和位移，以及周围土壤、水动力稳定性和土壤稳定特性。

13 组装、安装和吊装

13.1 概述

海上风力发电机组制造商应提供安装手册，明确说明海上风力发电机组结构和安装要求。海上风力发电机组的安装应由经过专门培训或受过专业指导的人员完成。

海上风力发电机组设施场地应便于准备、维护、运作和管理，能使工作安全、高效的进行。应包括阻止未授权人员进入的措施，操作人员应能分辨出存在的现有和潜在危险，并加以消除。

执行具体的安装工程。应准备好工作计划过程的清单，在安装和调试中应做好全面的记录，以提供竣工数据。

在操作过程中，安装人员应使用有效的眼、脚、耳、头等个人防护装备。所有攀塔或者高空作业人员都应经过相关的培训，并使用合格的安全带、安全攀爬辅助设施和其他安全装置。其他的安全设备也包括：救生衣和漂浮辅助装备。

所有的设备都应保持完好状态，并符合其工作性质。起重机、卷扬机和提升设备，包括所有吊带、吊钩和其他部件，都应符合安全提升的要求。

海上风力发电机组在非正常环境下，如冰雹、雷电、疾风、地震、覆冰、巨浪和极端潮汐等条件下的安装，应特别注意。

安装规程应明确：为避免对人员造成伤害或使结构超载，如有必要，可中止作业。在塔架竖立而未安装机舱时，应采取适当措施，以避免由风或水流产生的涡流所引起的水平振动。安装手册应明确临界风速和预防措施。

在海上风力发电机组进行任何安装工作之前，对于任何被认为是影响航海、航空的临时或者永久性结构都应事先发布警示公告，并且在相关地图和数据库上标注出位置、范围和海拔。障碍警示灯和标识都应遵循相关的国家、国际规范和条例。

所有与直升机运行相关的各方面，包括直升机平台结构安全、净空、防火和标识等，均应符合相关国家、国际规范和条例。

13.2 计划

风力发电机组及其相关设备的组装、吊装和安装应根据地方和国家规范做好计划，以使工作能安全进行。除了质量保证要求外，计划还应包括以下相关内容：

- 施工详图、工作说明及检查计划；
- 安全进行采掘作业、爆破和其他与基础建设、水下施工活动(如打桩、冲刷保护安置和电缆敷设)相关的规程；
- 预埋件(如基础、螺栓、地锚和钢筋等)的处理规范；
- 混凝土成分构成、运输、取样、浇注、养护和管道敷设规范；
- 塔筒和其他锚固件的安装规定；
- 海上作业的健康、安全和环境保护的规程，包括潜水的安全规程；
- 撤离规定(包括关于风况和海况的监测规程，以及顺次撤离)。

13.3 安装条件

在海上风力发电机组安装过程中，现场应保持无安全隐患或者航行风险状态。

13.4 场址出入通道

应确保场址出入通道安全，并应考虑下列因素：

- 障碍物和进出路线；
- 禁入区域；
- 交通；
- 通道的承载能力；
- 场内设施的移动；
- 船只-风力发电机组通道系统；
- 直升机-风力发电机组通道系统。

13.5 环境条件

在安装过程中，应遵循制造商规定的环境限制条件。应该考虑以下内容：

- 风速；
- 冰雪；
- 环境温度；
- 雷电；
- 能见度；
- 雨；
- 波高；
- 水深不足。

13.6 文件

海上风力发电机组制造商应提供机组的组装步骤、安装和吊装用图纸、说明和指导。制造商还应提供详细载荷、重量、起吊点、专用工具以及海上风力发电机组装卸和安装的必要步骤说明。制造商应提供所有危险操作的风险评估。

13.7 接收、装卸和储存

安装过程中，风力发电机组设备的装卸和运输应按照制造商推荐方法，采用适合于此任务的设备进行。

当可能因风力影响而产生移动并造成相应损伤时，应确保叶片、机舱、其他气动部件和较轻箱子的安全。

13.8 基础/地锚系统

为安装和组装的安全,应在制造商规定的地方使用专用工具、夹具、固定器和其他仪器设备。

13.9 海上风力发电机组组装

海上风力发电机组的组装应按照制造商的说明书进行。应进行检查,以确保适当的润滑和所有零件处于工作前准备状态。

13.10 海上风力发电机组吊装

海上风力发电机组的吊装应由经过正确和安全的海上吊装培训以及接受过指导的人员进行。除应进行机组安装方面的培训外,还应进行以下方面的培训:

- 急救;
- 海上特殊作业规程(如救生筏、救生衣、专用服装的使用和海上生存技能);
- 包括受伤或失去知觉人员的疏散规程;
- 船只、直升机和海上登陆系统的使用(应特别注意夜间的安全转移规程)。

所有工作都应至少由两个以上的人员协同完成,并且配备有合适的通讯工具。

在吊装过程中,除非安装需要,海上风力发电机组的电气系统不应接通电源。如须供电,电气设备的供电操作应按照风力发电机组制造商提供的书面规程进行。

对运动(转动或平动)可能导致潜在危险的零件,在整个吊装过程中,应确保这些零件不会意外移动。

13.11 紧固件和附件

带螺纹的紧固件和其他附件应按照风力发电机组制造商推荐的扭矩或其他说明安装就位。对关键的紧固件,应进行检查并确保其满足所需的安装力矩及其他相关要求。

特别应进行以下项目的检查和确认:

- 拉索、电缆、转动接头、起吊设备、其他附件和设备的正确装配和连接;
- 安全吊装所需的提升装置的正确连接。

13.12 起重机、提升机和起吊设备

起重机、提升机和起吊设备以及所有锁具、吊钩和安全吊装所需的其他设备,应满足安全提升要求,能承受加于其上的全部载荷。制造商说明书和有关吊装和装卸文件应提供零部件和/或组件的期望负载和安全起吊点。应测试所有起吊设备、吊索、吊钩,验证其安全负载。

14 调试、运行和维护

14.1 概述

考虑到人员安全,应制定调试、运行、检测和维护规定,并在海上风力发电机组手册中说明。

设计应包含对各部件检查和维护的安全准入规定。该准入系统应遵循当地、国家和国际的法规。

第10章的要求也同样适用于为测量而临时安装在海上风力发电机组上的电气测量装置。

必要时,运行维护人员应使用有效的针对眼、脚、耳、头部的个人防护装备。所有攀塔人员、地面或水面以上作业人员应经过专业培训,并使用合格的安全带、安全攀登辅助装置及其他安全装置(包括救生衣、潜水衣和漂浮救护装置)。

14.2 安全运行、检查和维护的设计要求

运行人员应能在平台上对海上风力发电机组进行正常操作。应提供标识明显的就地人工操作系统，并且其优先级高于自动或远程的控制系统。

如果检测出外部原因所造成的故障，但并不影响海上风力发电机组安全，如失去电负荷后又恢复的情况，则允许在完成停机后自动恢复到正常运行状态。

为防止人员发生意外碰触运动部件的事故，应安装固定的防护装置。只有经常出入的通道才能安装可移动的防护装置。防护装置应：

- 结构坚固；
- 不能轻易跨越；
- 在尽可能不拆除的情况下，使主要维修工作能够进行。

所有安装在海上风力发电机组支撑结构上的走道或者平台都应位于飞溅区域之上。出于安全，应考虑海生物的移除措施。如现场有冰冻的风险，应考虑覆冰条件下限制接近爬梯和平台。同时还应考虑坠落冰块对结构产生破坏的风险。

设计过程中，应考虑风力发电机组运行期间，旋转叶尖与走道或平台之间必要的最小竖向净距。

在设计中应规定使用故障诊断及监测设备。

为了保证检查和维护人员的安全，设计应包含以下内容：

- 检查和定期维护所需的安全通道和工作场地；
- 防止工作人员意外碰触旋转件或移动部件的适当措施；
- 攀爬或平台面以上作业时，提供安全绳和安全带或其他防护器材的规定；
- 在 DLC8.1 规定的风况和设计状态下进行服务作业时，对风轮旋转、偏航机构和其他机械运动(如叶片变桨机构)进行锁死的规定，以及安全解锁的规定；
- 带电导体的警示标记；
- 合适的放电设备；
- 适合的人员防火措施；
- 备用的机舱逃生路线；
- 提供紧急情况下海上风力发电机组的备用逃生通道；
- 提供能在海上风力发电机组中生存一周所需的物资(食物、水、取暖物品、衣服或者毛毯)；
- 海上安全装备(如救生衣、救生筏、照明灯、警示枪和信号弹)。

维护规程中应要求为进入任何封闭空间的人员提供安全措施(如轮毂或叶片内部)，同时确保协助人员了解任何危险状况，如有必要，可立即采取援救程序。

与航海和航空相关的障碍物照明和标识的操作应符合国家和国际有关标准和法规。

14.3 调试说明书

制造商应提供调试说明书。

14.3.1 接通电源

制造商的调试说明应包括风力发电机组电气系统首次接通电源的程序。

14.3.2 调试测试

制造商的调试说明应包括海上风力发电机组完成安装后的测试程序，以确保所有装置、控制系统和设备的正确性、安全性和功能运行。调试测试应包括但不限于以下内容：

- 安全启动；

- 安全停机；
- 安全紧急停机；
- 超速或者模拟超速状态下安全停机；
- 保护系统功能测试。

14.3.3 记录

制造商的说明书应包括对测试、调试和控制参数及其结果进行正确记录的说明。

14.3.4 调试后的工作

安装完成后，接下来进入制造商建议的试运行期间，制造商可能还应完成一些特定工作。

这些工作包括但不限于紧固件的预紧、润滑油的更换、检查其他部件的装配和运行情况以及适当的控制参数调节。

14.4 运行人员指导手册

14.4.1 概述

海上风力发电机组制造商应提供运行人员指导手册，在风力发电机组调试期间应针对当地特殊情况适当补充手册内容。此手册应便于操作和维护人员阅读和理解，手册内容应包括但不限于以下方面：

- 应由受过适当培训或接受过指导的人员来执行运行工作；
- 安全运行范围和系统说明；
- 启动和停机的规程；
- 报警清单；
- 应急方案；
- 海上安全准入规程；
- 其他规定的要求：
  - ◆ 必要时，应使用合格的眼、脚、耳和头部的保护用具；
  - ◆ 所有攀塔或水面以上作业的人员都应经过专业培训，并使用合格的安全带、安全辅助攀登装备和其他安全装置。

14.4.2 运行维护记录说明

手册中应规定保存运行维护记录，并包括以下内容：

- 风力发电机组标识；
- 发电量；
- 运行时间；
- 停机时间；
- 故障报告日期和时间；
- 维护或修理日期和时间；
- 故障或维护性质；
- 采取的措施；
- 更换的零件。

14.4.3 非计划自动停机的指导说明

手册应要求，对于由故障导致的非计划自动停机，即运行手册或指导说明规定外的停机，在海上风力发电机组重启前，运行人员应检查引起停机的原因。应记录所有的非计划自动停机事件。

风力发电机组在超过3个月未发电的情况下重启时，应采取特别的预防措施。重启前，应对所有部件和系统进行全面检查，并评估其工程整体性。若确定部件和系统因长期不发电而不再满足设计要求，则应进行维修或更换。重启后，应对主要部件和系统的运行状况进行监控，并使其恢复到正常发电状态。

14.4.4 可靠性降低的指导说明

手册中应要求采取措施，以消除任何非正常迹象或警告、可靠度降低的根源。

14.4.5 工作程序计划

手册应要求海上风力发电机组按照安全工作程序进行操作，并考虑以下内容：

- 电气系统的操作；
- 运行和维护的协调；
- 设备拆除规程；
- 攀塔规程；
- 仪器装卸规程；
- 恶劣天气下采取的措施；
- 通信程序和应急计划；
- 风力发电机组准入规程。

14.4.6 应急计划

手册中应该规定可能的意外紧急情况和运行人员应采取的措施。

手册中应要求，当发生火灾或风力发电机组及其部件出现明显的结构损坏危险时，在危险未明确判定之前，任何人都不宜接近风力发电机组。

在制定应急计划时，应考虑到下列因素可能增加结构损坏的风险：

- 超速；
- 覆冰；
- 雷暴；
- 地震；
- 拉索断裂或松弛；
- 制动失效；
- 风轮不平衡；
- 紧固件松脱；
- 润滑不畅；
- 火灾，水灾；
- 船只撞击；
- 其他部件失效。

14.5 维护手册

每种海上风力发电机组均应配备维护手册，手册至少应包括风力发电机组制造商规定的维护要求和应急程序，手册还应包括非计划维护的内容。

维护手册应说明易损件、破坏件、腐蚀件、海生物堵塞件等的说明及更换标准。

手册还应包括下列内容：

- 风力发电机组的任何检查维护均要求由经过专业培训或受过专业指导的人员进行，其间隔时间遵从手册要求；
- 海上风力发电机组子系统及其运行描述；
- 润滑时间表，规定的润滑周期和润滑剂种类或其他特殊液体；
- 再调试程序；
- 维护检查的周期和程序；
- 保护子系统的功能性检查程序；
- 完整的布线图和内部接线图；
- 拉索的检查和紧固周期表、螺栓的检查和预紧周期表，包括拉紧力和扭矩；
- 准入系统损坏的维护和修复方案，例如：由服务船只撞击导致的损坏；
- 诊断规程和故障排除指南；
- 推荐的备品备件清单；
- 现场组装和安装图；
- 工具清单；
- 海生物的检查及必要的清理；
- 防冲刷系统的维护。

附 录 A
（资料性附录）
海上风力发电机组关键设计参数

A.1 海上风力发电机组标识

海上风力发电机组设计文件概要中应给出如下信息：
海上风力发电机组的名称和类型(说明)；
场址坐标。

A.1.1 风轮-机舱组件(机械设备)参数

应给出如下参数：

额定功率	[kW]
风轮直径	[m]
转速范围	[r/min]
功率调节方式［失速/变桨］	
轮毂高度(平均海平面以上)	[m]
轮毂高度处运行风速范围 $V_{in}-V_{out}$	[m/s]
设计寿命	[年]
运行质量(最小值，最大值)	[kg]
风轮-机舱组件的防腐保护(说明)	

A.1.2 支撑结构参数

应给出如下参数：

基础包括冲刷防护(若存在)的说明	
设计水深	[m]
风力发电机组周围的海底地形测量	
风力发电机组场址的土壤条件(说明，参见12.15)	
支撑结构的共振频率(最小值，最大值)：	
——正常运行状态时	[Hz]
——极端运行状态时	[Hz]
腐蚀裕量	[mm]
防腐保护说明	
出入平台高度(平均海平面以上)	[m]

A.1.3 风况(基于10 min基准期和考虑风场尾流影响，若相关)

应给出下列参数：
正常湍流模型(NTM)和极端湍流模型(ETM)所使用的以平均风速为函数的湍流强度

年平均风速(轮毂高度处)	[m/s]
平均气流倾斜角	[°]
风速分布(威布尔、瑞利、实测值和其他分布)	

正常风切变模型和参数
湍流模型和参数
轮毂高度处的极端风速 V_{e1} 和 V_{e50} [m/s]
1 年重现期和 50 年重现期的极端阵风模型和参数
1 年重现期和 50 年重现期的极端风向变化模型和参数
极端相干阵风模型和参数
方向变化的极端相干阵风模型和参数
极端风切变模型和参数
风向分布(风向玫瑰图)

A.1.4 海况(基于 3 h 基准期,若相关)

应给出下列参数:
重现期为 50 年的潮位变化和/或风暴潮 [m]
最高天文潮位(HAT) [m]
最低天文潮位(LAT) [m]
最高静水位(HSWL) [m]
最低静水位(LSWL) [m]
重现期为 1 年和重现期为 50 年的有义波高 [m]
重现期为 1 年和重现期为 50 年的谱峰周期范围 [s]
重现期为 1 年和重现期为 50 年的单个极大波高 [m]
重现期为 1 年和重现期为 50 年的联合波周期范围 [s]
重现期为 50 年的极端波峰高度 [m]
重现期为 1 年和重现期为 50 年的极端表层流 [m/s]
包括方向的风浪联合概率分布(H_s,T_p,V)
波谱和参数
确定性波模型和参数
破碎波模型和参数
海冰条件(描述见 12.7)
局部和整体冲刷或二者之和(允许的最大值) [m]
海底平面变化(允许的最大值) [m]
海生物轮廓和厚度 [mm]

A.1.5 风力发电机组电网条件

应给出下列参数:
正常供电电压和范围 [V]
正常供电频率和范围 [Hz]
电压不平衡度 [V]
电网供电中断的最长持续时间 [天]
电网供电年中断次数 [1/年]
整个寿命期间电网供电中断总时间 [h]
自动重合周期(说明)
对称和不对称外部故障期间状态特征(说明)

A.2 其他环境条件

应给出下列信息：

正常和极端空气温度范围	[℃]
正常和极端海水温度范围	[℃]
空气密度	[kg/m^3]
水密度	[kg/m^3]
太阳辐射	[W/m^2]
湿度	[%]
雨、冰雹、雪、冰	
化学作用物质	
机械作用颗粒	
雷电保护系统说明	
地震模型和参数(说明)	
盐度	[g/m^3]
DLC6.4 采用的持续时间和环境条件	
DLC7.2 采用的持续时间和环境条件	
DLC8.3 采用的持续时间和环境条件	

A.3 运输、吊装和维护的限制条件

应给出下列信息：

最大风速	[m/s]
最大有义波高	[m]
最大水位变化	[m]
允许的大气温度	[℃]
维护时的最大风速	[m/s]
作业船的排水量	[t]

附 录 B
（资料性附录）
波谱公式

B.1 概述

通过指定一个波谱，并采用线性随机波模型来描述海况通常是有效的。对于海上工程而言，通常首选双参数的波谱公式，例如，采用有义波高 H_s 和谱峰周期 T_p 来定义波谱。

最宜采用的波谱形式由地理区域、待模拟海况的恶劣程度和相关使用条件决定。在风生海浪中，对于已充分发展的海浪，常采用 Pierson-Moskowitz(PM)波谱；对于正在发展的海浪，常使用 Jonswap 波谱。对于涌浪谱的相关信息参见 ISO 19901-1。

若波谱和特定场址参数一起应用，可获得最佳结果，因为波普本质上考虑了风区和浅水影响的实际限制。

B.2 波谱

PM 波谱适用于已充分发展的海浪，即波浪的增长不受风区的限制。对于很多区域，大部分时间属于此种情况，因此 PM 波谱经常用于疲劳分析。海面高程的谱密度如下：

$$S_{PM}(f)=0.312\,5\cdot H_s^2\cdot f_p^4\cdot f^{-5}\cdot \exp\left(-1.25\left(\frac{f_p}{f}\right)^4\right) \qquad \cdots\cdots\cdots\cdots(B.1)$$

式中：

H_s ——有义波高；

f_p ——波峰频率，$f_p=1/T_p$；

f ——频率，Hz。

图 B.1 给出一种海况的 PM 波谱，其中 $H_s=2.25$ m，$T_p=7.13$ s。

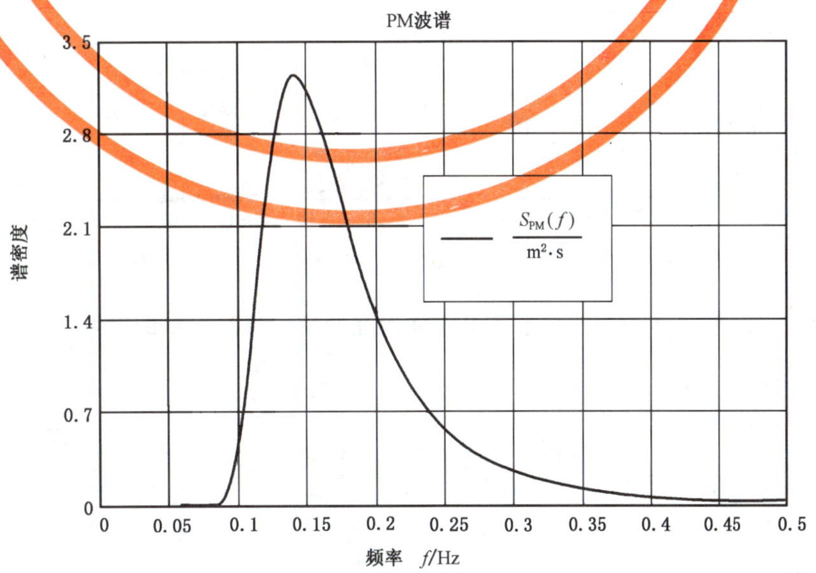

图 B.1 PM 波谱

B.3 Jonswap 波谱

Jonswap 波谱是对 PM 波谱的一种修改，适用于受风区限制的发展中海域。与 PM 波谱相比，在风暴状态下对于相同的总能量，Jonswap 波谱具有峰值较高，频带较窄的特点。因此，Jonswap 波谱常用于极限工况分析。

此谱引入了两个修正因子即峰值放大因子 γ^{α} 和标准因子 $C(\gamma)$。峰值放大因子增加峰值、缩窄波谱；标准化因子减少谱密度，以确保这两种谱具有相同的 H_s（能量）。选择该谱公式，当 $\gamma=1$ 时就是 PM 波谱。

海面高程的谱密度公式如下：

$$S_{JS}(f)=C(\gamma)\cdot S_{PM}(f)\cdot \gamma^{\alpha} \qquad \cdots\cdots(B.2)$$

$$C(\gamma)=\frac{\int_0^{\infty} S_{PM}(f)\,\mathrm{d}f}{\int_0^{\infty} S_{PM}(f)\gamma^{\alpha}\,\mathrm{d}f} \qquad \cdots\cdots(B.3)$$

式中：

γ ——峰形参数；

$C(\gamma)$ ——标准因子。

例如，图 B.2 表示在北海典型的风暴海况下，Jonswap 波谱和 PM 波谱之间的比较（$H_s=14.4$ m，$T_p=15.4$ s，$\gamma=3.3$）。

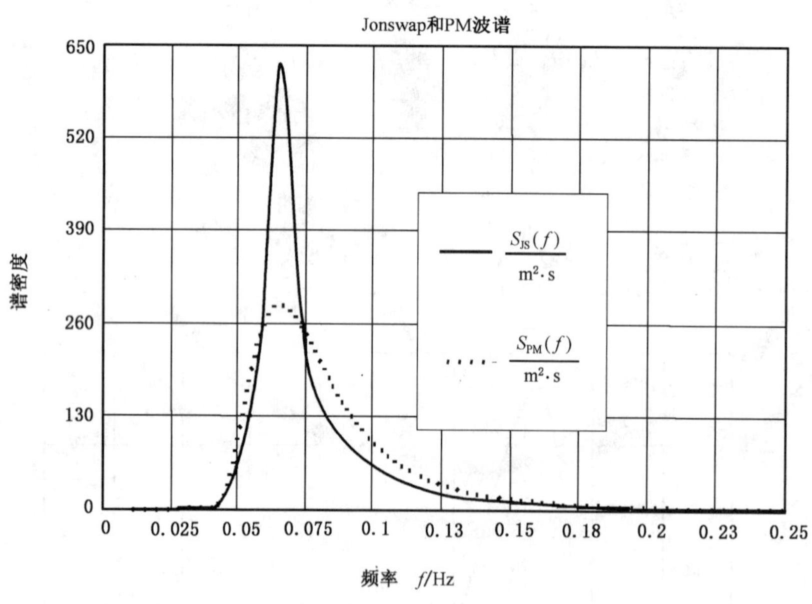

图 B.2 Jonswap 波谱与 PM 波谱在北海风暴海况中的对照

可用下列值替代详细信息：

$$\alpha=\exp\left(-\frac{(f-f_p)^2}{2\sigma^2 f_p^2}\right) \qquad \cdots\cdots(B.4)$$

其中：

$\sigma=0.07, f\leqslant f_p$；

$\sigma=0.09, f>f_p$。

峰形参数：

$$\gamma = \begin{cases} 5 & \dfrac{T_p}{\sqrt{H_s}} \leqslant 3.6 \\ \exp\left(5.75 - 1.15\dfrac{T_p}{\sqrt{H_s}}\right) & 3.6 \leqslant \dfrac{T_p}{\sqrt{H_s}} \leqslant 5 \\ 1 & \dfrac{T_p}{\sqrt{H_s}} > 5 \end{cases} \quad \cdots\cdots\cdots\cdots\cdots\cdots (\text{B.5})$$

式中 H_s 的单位为 m，T_p 的单位为 s。

标准因子：

$$C(\gamma) = 1 - 0.287 \cdot \ln\gamma \quad \cdots\cdots\cdots\cdots\cdots\cdots (\text{B.6})$$

当 $\gamma=1$ 时，标准因子应等于 1。

应用上述数值，Jonswap 波谱通常表示为：

$$S_{JS}(f) = 0.312\,5 \cdot H_s^2 \cdot T_p \cdot \left(\frac{f}{f_p}\right)^{-5} \cdot \exp\left[-1.25\left(\frac{f}{f_p}\right)^{-4}\right] \cdot (1 - 0.287 \cdot \ln\gamma) \cdot \gamma^{\exp\left[-0.5 \cdot \left(\frac{\frac{f}{f_p}-1}{\sigma}\right)^2\right]} \quad \cdots\cdots\cdots\cdots (\text{B.7})$$

Jonswap 波谱是适用于浅水波的最佳波谱模型。

B.4 峰值周期与跨零周期的关系

在谱峰周期 T_p 和跨零周期 T_z 之间存在以下近似关系。该关系式对 PM 波谱和 Jonswap 波谱都适用。

$$T_z = T_p\sqrt{\frac{5+\gamma}{11+\gamma}} \quad \cdots\cdots\cdots\cdots\cdots\cdots (\text{B.8})$$

对于 $\gamma=1$ 时的 PM 波谱，其关系式如下：

$$T_p = 1.41 \cdot T_z \quad \cdots\cdots\cdots\cdots\cdots\cdots (\text{B.9})$$

B.5 波向分布

在海上结构的设计中，通常假定所有波浪均沿一个方向传播，即沿风向传播。因此，所有波浪都认为是长峰的(二维的)。上述一维的波谱就反映了此情况。

大部分真实海况是由沿许多方向传播的大量大波和小波组成的，即某点的波能既有角分布，又有频段分布。由于无长峰，称这样的波浪为短峰波。与长峰波相比，短峰波的波动作用减小，这一点可在二维波谱 $S(f,\theta)$ 中表现出来，其中，θ 指与风向的夹角。

$$S(f,\theta) = S(f) \cdot D(f,\theta) \quad \cdots\cdots\cdots\cdots\cdots\cdots (\text{B.10})$$

式中：

$S(f)$ ——维波谱；

$D(f,\theta)$——方向传播函数。

传播函数 $D(f,\theta)$ 通常是未知的，因此常用主方向两侧扇区上与频率无关的对称函数 $D(\theta)$ 来代替。并采用下列关系式进行定义：

$$\int_{-\pi}^{\pi} D(\theta)\mathrm{d}\theta = 1 \quad \cdots\cdots\cdots\cdots\cdots\cdots (\text{B.11})$$

方向信息通常很难测量和验证，因此在固定式海上结构的实际设计中，尤其是在浅水区，应使用单向的海况。

B.6 频率单位换算的影响

在本附录中,波谱使用的频率单位是 Hz。也可采用以 rad/s 为频率单位的波谱,两者满足以下关系:

$$\omega = \frac{2\pi}{T} \quad \cdots\cdots (B.12)$$

$$S(f) = 2\pi \cdot S(\omega) \quad \cdots\cdots (B.13)$$

B.7 参考文献

[1] ISO 19901-1, Petroleum and natural gas industries—Specific requirements for offshore structures—Part 1:Metocean design and operating conditions.

[2] Det Norske Veritas and Risø National Laboratory, Guidelines for Design of Wind Turbines, 2nd edition 2002.

[3] Det Norske Veritas DNV-OS-J101, Design of Offshore Wind Turbine Structures, October 2007.

附 录 C
（资料性附录）
浅水流体力学和破碎波

C.1 选择合适的波浪理论

可以采用几个周期性的波浪理论来预测二维规则波的运动特性。不同的理论在适当的边界条件下对同一微分方程均给出了近似解。所有计算表明,波形关于波峰对称,传播时形状不改变。这些理论在函数表达式及波面处对非线性运动特性和动力边界条件的满足程度不同。图 C.1 以标准化波高和水深函数的形式,为规则波理论的正确选择提供了依据。

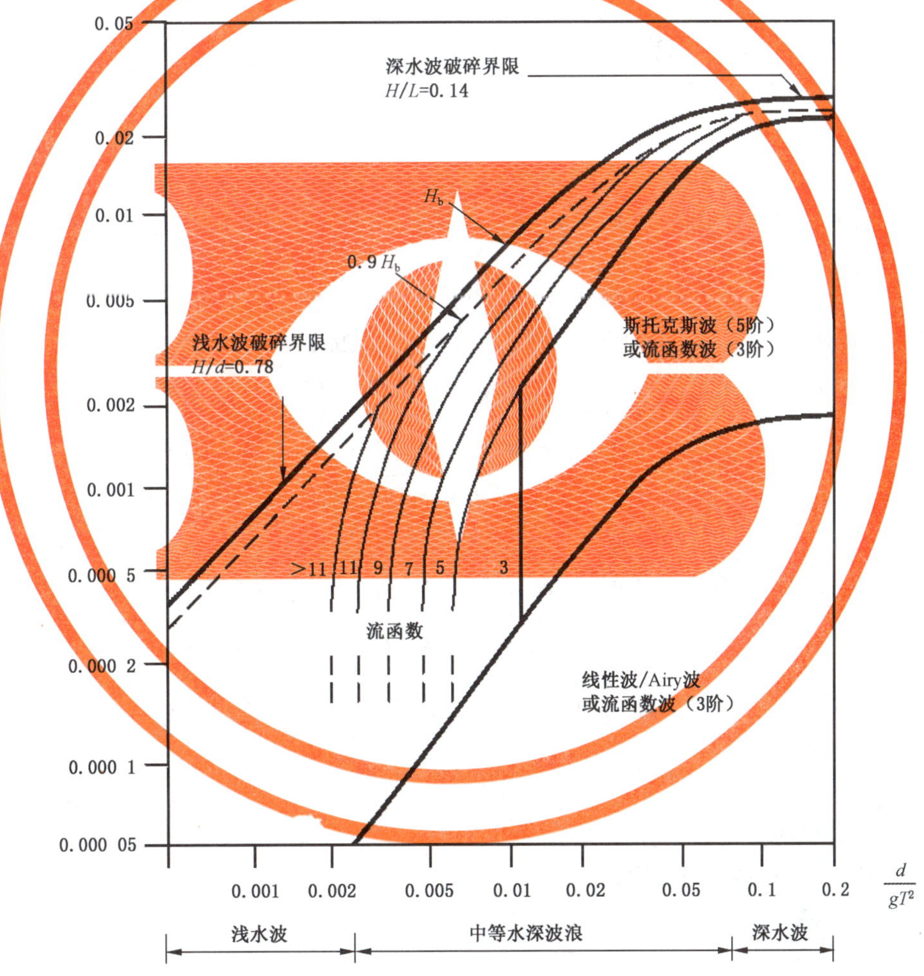

说明：

H ——波高；

L ——波长；

T ——波周期；

d ——水深；

g ——重力加速度。

图 C.1 规则波理论选择图

深水中波高较小的波浪实际上近似于线性。该区域内规则波的形状是正弦曲线，可以用线性 Airy 波浪理论或低阶流函数来模拟。

随着波高增加或水深减少，波浪轮廓线变得更陡峭，在静水位以上的波峰高度比静水位以下波谷深度更大。这样，波形和水颗粒运动无法用线性波浪理论准确描述。如果函数阶数选择正确，流函数理论可适用于更广的深度范围。Stokes 5 阶波理论可用来模拟深水中的陡波。

当波高进一步增加或水深进一步减少时，波峰中水颗粒的水平速度将在某个点超过波速，波的结构将破碎。水颗粒从波峰中向前甩出，亦即产生波浪的破碎。

波浪理论及其适用范围的详尽说明见 ISO 19901-1。

C.2 不规则波列的模拟

反映随机海况的不规则波列，可用正弦波分量的叠加来模拟，各正弦分量用 Airy 理论来描述。在中等水深或浅水处，应评估 Airy 理论的准确性。

线性 Airy 波动理论定义了从海底到静水位的水颗粒运动。为了考虑水位变化，可应用波拉伸技术。Wheeler 拉伸和 delta 拉伸是两种适用的方法，见 ISO 19901-1:2005(A.8.4 和 A.9.4.1)。

波场中大体积结构的存在可能会显著影响结构附近行进波的波浪特性。此情况下，要求进行衍射分析。可使用 MacCamy-Fuchs 修正来说明结构载荷的波衍射效应。

在浅水中水面高程的分布将偏离高斯分布曲线，个别波高的分布将偏离瑞利分布曲线。该情况下，可将 Battjes 和 Groenendijk(见本附录参考文献[1])用于浅水场址区的波高分布。Battjes 和 Groenendijk 模型是在按照海底坡度为常数、二维波浪、无海流条件进行物理实验的基础上提出的。因此，在应用该模型时存在局限性[23)]。小于 1 的波扩展因子可能无法与 Battjes 和 Groenendijk 模型一起应用。

Battjes 和 Groenendijk 模型的波高分布为当地海底水深和坡度的函数：

$$F(h)=Pr(\underline{h}<h)=\begin{cases}F_1(h)=1-\exp\left[-\left(\dfrac{h}{h_1}\right)^2\right] & h\leqslant h_{tr}\\ F_2(h)=1-\exp\left[-\left(\dfrac{h}{h_2}\right)^{3.6}\right] & h\leqslant h_{tr}\end{cases}\qquad\cdots\cdots\cdots\cdots(C.1)$$

h_1 和 h_2 是常数，其取值见表 C.1。均方根波高 H_{rms} 如下：

$$H_{rms}=2.69\sqrt{m_0}+3.24\frac{m_0}{d}\qquad\cdots\cdots\cdots\cdots(C.2)$$

$$H_{tr}=(0.35+5.8\tan\alpha)\cdot d\qquad\cdots\cdots\cdots\cdots(C.3)$$

式中：

d ——局部水深；

m_0 ——海面高程的变化；

α(rad)——当地的海底坡度(正文中以 s 表述)；

H_{tr} ——折算波高。

23) 若使用 Battjes 和 Groenendijk 模型，建议满足下列条件：

a) 波浪传播方向与最陡海底坡度方向的夹角小于 30°；

b) 在风力发电机组位置的迎浪方向上，当考虑 1 倍和 3 倍深水波长距离上海底坡度的平均值时，二者中较大值应是正值，且不大于 0.05 rad；

c) 当考虑在风力发电机组位置迎浪方向上的 10 倍深水波长距离上的海底坡度值和在各波长区间内的海底坡度平均值时，这 10 个海底坡度值中的每一个与 b)中计算的坡度值相差不能大于 0.02 rad，且任意相邻区间的坡度值相差不能大于 0.005 rad；

d) 海流速度应小于 1.5 m/s。

标准折算波高 h_{tr} 如下：

$$h_{tr}=\frac{H_{tr}}{H_{rms}} \qquad \cdots\cdots(C.4)$$

超越概率 $x\%$ 的特定波高为：

$$H_{x\%}=h_{x\%}H_{rms} \qquad \cdots\cdots(C.5)$$

对于不同 $h_{x\%}$ 的取值见表 C.1。

表 C.1　常数 h_1、h_2，标准化波高 $h_{x\%}$（h_{tr} 的函数）

h_{tr}	h_1	h_2	$h_{2\%}$	$h_{1\%}$	$h_{0.1\%}$
0.05	12.209	1.060	1.549	1.621	1.814
0.10	7.012	1.060	1.549	1.621	1.814
0.15	5.070	1.060	1.549	1.621	1.814
0.20	4.028	1.060	1.549	1.621	1.814
0.25	3.369	1.060	1.549	1.621	1.814
0.30	2.912	1.060	1.549	1.621	1.814
0.35	2.575	1.061	1.549	1.621	1.814
0.40	2.315	1.061	1.549	1.621	1.815
0.45	2.108	1.061	1.550	1.622	1.815
0.50	1.939	1.062	1.551	1.623	1.816
0.55	1.799	1.062	1.552	1.624	1.817
0.60	1.682	1.064	1.554	1.626	1.820
0.65	1.582	1.065	1.556	1.628	1.823
0.70	1.497	1.068	1.560	1.632	1.827
0.75	1.424	1.071	1.564	1.637	1.832
0.80	1.361	1.075	1.570	1.643	1.839
0.85	1.308	1.080	1.577	1.650	1.847
0.90	1.261	1.086	1.586	1.659	1.857
0.95	1.222	1.093	1.596	1.670	1.869
1.00	1.188	1.100	1.607	1.682	1.882
1.05	1.159	1.109	1.620	1.695	1.898
1.10	1.134	1.119	1.635	1.710	1.914
1.15	1.113	1.130	1.650	1.726	1.932
1.20	1.096	1.141	1.666	1.744	1.952
1.25	1.081	1.153	1.684	1.762	1.972
1.30	1.068	1.165	1.702	1.781	1.993
1.35	1.057	1.178	1.721	1.801	2.016
1.40	1.048	1.192	1.741	1.821	2.038
1.45	1.040	1.205	1.761	1.842	2.062

表 C.1（续）

h_{tr}	h_1	h_2	$h_{2\%}$	$h_{1\%}$	$h_{0.1\%}$
1.50	1.033	1.219	1.781	1.864	2.086
1.55	1.028	1.234	1.802	1.885	2.110
1.60	1.023	1.248	1.823	1.907	2.135
1.65	1.019	1.262	1.844	1.930	2.160
1.70	1.016	1.277	1.865	1.952	2.184
1.75	1.013	1.292	1.887	1.974	2.209
1.80	1.011	1.306	1.908	1.996	2.234
1.85	1.009	1.321	1.929	2.019	2.259
1.90	1.007	1.335	1.951	2.041	2.284
1.95	1.006	1.350	1.972	2.063	2.309
2.00	1.005	1.364	1.987	2.085	2.334
2.05	1.004	1.379	1.985	2.107	2.358
2.10	1.003	1.393	1.984	2.129	2.383
2.15	1.002	1.407	1.983	2.151	2.407
2.20	1.002	1.421	1.982	2.150	2.431
2.25	1.002	1.435	1.981	2.149	2.455
2.30	1.001	1.449	1.980	2.149	2.479
2.35	1.001	1.463	1.980	2.148	2.502
2.40	1.001	1.476	1.979	2.148	2.525
2.45	1.001	1.490	1.979	2.147	2.548
2.50	1.000	1.503	1.979	2.147	2.571
2.55	1.000	1.516	1.979	2.147	2.594
2.60	1.000	1.529	1.978	2.147	2.616
2.65	1.000	1.542	1.978	2.146	2.629
2.70	1.000	1.555	1.978	2.146	2.629
2.75	1.000	1.568	1.978	2.146	2.629
2.80	1.000	1.580	1.978	2.146	2.629
2.85	1.000	1.593	1.978	2.146	2.628
2.90	1.000	1.605	1.978	2.146	2.628
2.95	1.000	1.617	1.978	2.146	2.628
3.00	1.000	1.630	1.978	2.146	2.628

对于浅水区，如采用上式和表 C.1 相结合的方法确定重现期为 50 年的极大波高 H_{50}（EWH），折算波高（RWH）可根据下式估算：

$$H_{red50}=1.1\sqrt{2}H_{rms50} \quad \cdots\cdots(C.6)$$

式中 H_{rms50} 由 50 年重现期海况的海面高程变化获得，同样的方法可估算重现期为 1 年的折算波高。

作为 Battjes 和 Groenendijk 波高分布的应用实例来考虑某个场址，其水深 $d=21$ m，测得的有义波高(4 倍的标准差)$H_{m0}=7.1$ m，海床的坡度 $\tan\alpha=0.01$。得出超越概率为 0.1%的波高 $H_{0.1\%}$：

波高标准偏差：　$\sqrt{m_0}=H_{m0}/4=1.775(\mathrm{m})$

折算波高：　$H_{tr}=(0.35+5.8\times0.01)\times21=8.57(\mathrm{m})$

波高均方根：　$H_{rms}=2.69\times1.775+3.24\times1.775^2/21=5.26(\mathrm{m})$

标准化折算波高：　$h_{tr}=H_{tr}/H_{rms}=8.57/5.26=1.63$

由表 C.1 可得：当 $h_{tr}=1.63$ 时，$h_1=1.021$，$h_2=1.256$。

由分布函数 F 得到标准化的 $h_{0.1\%}$：

- 由 F_1 得：$h_{0.1\%}=h_1(-\ln(0.001))^{1/2}=1.021\times(-\ln(0.001))^{1/2}=2.68$
- 由 F_2 得：$h_{0.1\%}=h_2(-\ln(0.001))^{1/3.6}=1.256\times(-\ln(0.001))^{1/3.6}=2.15$

因为 $h_{0.1\%}>h_{tr}=1.63$，所以采用 F_2，因此 $h_{0.1\%}=2.15$。

最终，超越概率 0.1%的波高为：

$H_{0.1\%}=2.15\times H_{rms}=2.15\times5.26=11.3(\mathrm{m})$

波高的常规瑞利分布为：

$H_{0.1\%}=1.86\times7.1=13.2(\mathrm{m})$

C.3　破碎波

根据深水波陡和海底坡度的比值，波浪可以不同的形式破碎。

浅水中，根据经验，波高的破碎极限近似为当地水深的 78%。海底倾斜(静水深度沿着波浪传播方向减少)导致破碎波比当地相同水深中($0.78d$)规则波的极限波高大得多。Barltrop 和 Adams 提供了导则(见本附录参考文献[2])。

波周期 T 与规则波的波高 H 有关，周期有一个取决于水深的下限，可从破碎波的波高限值中确定，周期可近似表示为：

$$T>\sqrt{\frac{0.78d}{0.14\dfrac{g}{2\pi}}\cdot\operatorname{arctanh}\left(\frac{H}{0.78d}\right)}\quad(H<0.78d)\qquad\cdots\cdots(\mathrm{C.7})$$

式中：

d——水深[24)]。

在深水中，当波陡超过 1/7 时，即当波高大于波长的 14%时，波浪也可发生破碎。

破碎波的波高 H_B 可用下式估计：

$$H_B=\frac{b}{[1/d+a/gT_b^2]}\qquad\cdots\cdots(\mathrm{C.8})$$

其中：

$$a=44[1-\exp(-19\tan\alpha)]$$

$$b=\frac{1.6}{[1+\exp(-19\tan\alpha)]}$$

24)　**注**：在此表述中的常数 0.14 是基于规则的水平海床上的近破波理论，当海床不平坦或者有坡度时，其值可能改变。

式中：

T_b ——破碎波的周期；

α ——海底坡度(正文中以 s 表述)。

破碎波特性受风和波浪之间、波浪和波浪之间及海流之间相互作用的影响。从外观上可将破碎波分为崩碎波、卷碎波或激碎波。

崩碎波只在给定条件下发生破碎，并保持一边陡峭的波形。波形和水颗粒的运动可用高阶流函数来描述。

卷碎波通常是在海底坡度突然上升时，由中等初始波陡的波浪破碎产生。因此，卷碎波的波高，比当地水深的规则波的极限波高大得多，并在波峰形成水柱。当水柱冲击到固定结构时可产生很大的冲击载荷和局部高压。

卷碎波很难进行数值模拟。附录D给出了一种方法。在静水面以下，波浪的形状和运动可用高阶流函数解来描述。

当波高小的长波遇到海底斜坡时(如海滩)，便会产生激碎波。该破碎波的特点与崩碎波和卷碎波有很大不同，其对海上风力发电机组设计而言并不重要。

可能出现的破碎波类型，可根据海底坡度 α(rad)和波陡平方根的函数，从表C.2中确定。而参数 ξ 可根据深水波高 H_0 或破碎波波高 H_b 及未扰动波的波长 λ_0 来计算：

$$\xi_0=\frac{\tan\alpha}{\sqrt{H_0/\lambda_0}}$$
$$\xi_b=\frac{\tan\alpha}{\sqrt{H_b/\lambda_0}} \quad \cdots\cdots(C.9)$$

表 C.2 破碎波类型

崩碎波	卷碎波	激碎波
$\xi_0<0.45$	$0.45<\xi_0<3.3$	$\xi_0>3.3$
$\xi_b<0.4$	$0.4<\xi_b<2.0$	$\xi_b>2.0$

破碎波的出现和类型可能也受到自身结构(尤其是大体积结构)存在的影响。

C.4 参考文献

[1] Battjes, J. A., and Groenendijk, H. W., *Wave height distributions on shallow foreshores*, J. of Coastal Engineering, Vol. 40 (2000) pp.161-182.

[2] Barltrop, N. D. P., and Adams, A. J., *Dynamics of Fixed Marine Structures*, Butterworth Heinemann, ISBN 0 7506 1046 8, available from the Energy Institute, London, UK.

[3] Ochi, M. K., *Ocean Waves—The Stochastic Approach*, Cambridge University Press, 1998.

附 录 D
（资料性附录）
水动力载荷计算导则

D.1 概述

在选择了适当的波浪理论后（参见附录 C），即可计算与波浪和水流有关的水颗粒运动以及由此产生的结构荷载。

运用下列方法可对不规则波列的水颗粒运动进行研究：

a） 白噪声过滤：该方法是采用可显示波谱的滤波器在时域中过滤高斯白噪声；

b） 随机系数法：该方法中，海平面由多个正弦和余弦函数的和来近似，其中，每个正弦和每个余弦函数都有一个取决于波谱的正态分布的随机振幅；

c） 随机相位角法：该方法中，海平面由多个正弦（余弦）函数的和来近似，其中，每个正弦（余弦）函数都有一个取决于波谱的固定振幅和一个随机相位角。

依据计算类型或应考虑的设计载荷工况要求，采用一个或多个与现实接近的特征对水面进行建模是非常重要的，例如：

- 波谱粗糙度；
- 波群长度；
- 每个波群的波浪数量；
- 仿真数据之间的差异。

使用随机相位角法时应注意：若使用无限个分量时，此法只模拟真实的高斯过程（并给出正确的“波群”）。实际上至少应考虑 1 000 个分量（见参考文献[1]）。

海上结构的水动力载荷可以分成以下几类：

- 黏性阻力载荷：水流经过构件时产生涡流，而涡流又引起黏性阻力载荷。黏性阻力和入流速度的平方成正比。
- 惯性载荷：构件与加速流体之间的局部相互作用和加速流体的压力梯度共同构成惯性载荷。惯性力和流体的加速度成比例。
- 动压载荷：当波浪经过结构时，流体静压力变化产生的载荷。
- 衍射载荷：结构物的存在改变了波形，因此改变了作用于结构上的载荷。
- 拍击和冲击载荷：构件穿过水面时产生的惯性力。该力和相对速度的平方成比例。
- 涡旋脱落载荷：当每个产生拖拽力的涡旋离开结构时，都会在结构上产生波动力。如果结构的自振频率接近涡旋“脱落”频率，那么会引起结构产生较大的振动。
- 波辐射载荷：该载荷由结构的振荡运动引起，该运动使得自由表面波从结构处向外传播。这种载荷与结构的振荡速度成线性关系，并取决于运动的历程。当振荡运动很小时（如安装于海床中的大部分海上风力发电机组支撑结构就属于这种情况），波辐射载荷可以忽略不计。可根据势流理论衍射/折射方法计算相关的阻尼。

除以上载荷，还应考虑静水压力场产生的载荷，其对未浸没构件尤为重要。

如果一个构件相对于波长很小，那么水颗粒运动只在局部受到构件影响，则可用 Morison 公式依据拖曳力和惯性力分量计算出该力，详见 D.2。当构件尺寸大于波长的 1/5 值时，衍射效应就会非常明显，见 D.3。

D.2 Morison 公式

Morison 公式(见参考文献 2)是计算框架结构上拖曳力和惯性力的常用表达式。对于静态构件,公式如下:

$$F = \frac{1}{2} C_d \rho D |U| U + C_m \rho A \dot{U} \qquad \cdots\cdots(\text{D.1})$$

式中:

F ——构件单位长度上的力;

C_d ——拖曳力系数;

C_m ——惯性力系数;

ρ ——水密度;

D ——构件直径;

A ——构件截面面积;

U ——水流在垂直于构件方向上的流速;

$\dot{U}$ ——水流在垂直于构件方向上的加速度。

若结构有明显位移,相对速度则会改变拖曳力,并产生水动力阻尼。相对加速度产生与惯性力相似的力,这种力可方便地用附加水质量(其只能随结构移动)来分析。在这种情况下,Morison 公式则变为:

$$F = \frac{1}{2} C_d \rho D |U_r| U_r + C_m \rho A \dot{U}_w - C_a \rho A \dot{U}_s \qquad \cdots\cdots(\text{D.2})$$

式中:

U_r ——垂直于构件的水流相对速度;

$\dot{U}_w$ ——水流在垂直于构件方向上的加速度;

$\dot{U}_s$ ——结构在垂直于构件方向上的加速度;

C_a ——附加质量系数 (对于固定式结构的细长型圆柱构件,$C_a = C_m - 1$)。

C_d 和 C_m 值作为雷诺数、表面粗糙度、Keulegan-Carpenter 数和流速/波速比的函数而变化。很多场址的试验都说明,名义上相同的条件下,C_d 和 C_m 值有很大的不同。因此,适用于海上结构的 C_d 和 C_m 值有很大的不确定性。有关 C_d 和 C_m 值选取的方法,可参见本附录参考文献[3]。

对于非圆柱形构件,可参照本附录参考文献[4]对 C_d 和 C_m 值进行选择。应注意,对于非圆形的横截面,C_d 是入射流角度的函数。

D.3 衍射

当结构的截面直径大于波长时(通常当 $D > 0.2\lambda$ 时),结构在改变波形的过程中会产生衍射。此时 Morison 公式不再适用。

为计算波的衍射效应,应遵循波浪理论的程序。此理论的附加边界条件是:衍射结构中无水流通过。通常,须运用基于库源法或流体有限元的数值方法,并采用线性波浪理论。此外,应检查由库源法得出的结果,以避免不规则频率。若引入了新的结构概念,且载荷不能通过数值方法确定,则建议进行模型试验。

对于一些简单的构件而言,如从海底延伸到自由面的立式圆柱体,可通过解析法来求解衍射问题。MacCamy 和 Fuchs 为从中等水深处延伸到自由面的圆柱体提供了解决方法(见本附录参考文献[5])。沿着波传播的方向,作用于半径为 a 的圆柱体上的单位轴向长度的静载荷如下:

$$f_x = \frac{2\rho g H}{k} \frac{\cosh(ks)}{\cosh(kd)} \frac{1}{\sqrt{A_1(ka)}} \cos(\omega t - \alpha) \quad \cdots\cdots (D.3)$$

其中：

$$A_1(ka) = J_1'^2(ka) + Y_1'^2(ka)_1$$

$$\alpha = \arctan\left(\frac{J'_1(ka)}{Y'_1(ka)}\right) \quad \cdots\cdots (D.4)$$

同样，单位长度上的水平力可等效表示成 Morison 公式的惯性力部分：

$$f_x = C_m \rho \pi a^2 \dot{u}_\alpha \quad \cdots\cdots (D.5)$$

式中：

$\dot{u}_\alpha$——相位滞后 α、离海底高度 s 处的水颗粒加速度。

$$\dot{u}_\alpha = (gHk/2)(\cosh(ks)/\cosh(kd))\cos(\omega t - \alpha)$$

$$C_m = \frac{4}{\pi (ka)^2 \sqrt{A_1}} \quad \cdots\cdots (D.6)$$

可运用解析法来预估圆柱形基础(如单桩和某些重力式基础)上的波浪力。若结构的几何形状与所假定的圆柱形相差太多，此公式可能产生错误结果，例如用于减少冰载荷的飞溅区圆锥形构件。

D.4 拍击和冲击载荷

当构件突然浸入水中时会产生波浪的拍击和冲击力。当波浪经过时，近似水平的构件被上升的水面吞没，便会产生波浪冲击力，构件的最大冲击力出现在平均水位，且冲击力的方向几乎垂直。波浪拍击力与破碎波有关，除垂直于波向平面内的构件外，拍击力可影响到其他任何倾角的构件。最大拍击力产生在平均水位以上。在这两种载荷工况下，施加的力均是冲击性的，因此，结构的动态响应很重要。

实际的水动力冲击载荷是非常复杂的。冲击发生时构件的形状、水面的准确形状和空气气泡均会对冲击力产生很大的影响。单位长度上的冲击力一般按式(D.7)计算：

$$F = \frac{1}{2} C_s \rho D U^2 \quad \cdots\cdots (D.7)$$

式中：

C_s——冲击系数。对于圆柱体，C_s 的实测值一般在 3～7 之间。

对于波浪的拍击或冲击，速度 U 不单是水颗粒的速度。U 可以根据波浪理论，通过分解撞击点的质点速度(首先垂直于水面，然后垂直于构件)来确定。理论上，在冲击方程中采用 $|U_s|U_p$ 来替代 U^2 更为准确，其中，U_s 指水面穿过圆柱体直径的速度，U_p 指垂直于圆柱体的水颗粒速度。

拍击和冲击能产生高压。尽管计算中存在较大的不确定性，但仍可以估算这些压力。出于应用目的，在开阔海域中的易受冲击或拍击的构件表面上可考虑 1 MPa 的压力。(见本附录参考文献[4])。

Wienke 对作用于竖向和倾斜圆柱形结构上的破碎波测量(见本附录参考文献[6])表明，可将冲击力 F_I 作为波浪力的附加分量叠加在 Morison 公式中：

$$F_{wave\_break} = F_D + F_M + F_I \quad \cdots\cdots (D.8)$$

式中：

F_D——波浪力中的拖曳力分量；

F_M——为波浪力中的惯性力分量；

F_I——为破碎波力的冲击力分量。

拖曳力和惯性力根据水面的高度和波周期随着时间变化，可运用更高阶的波浪理论来分析拖曳力和惯性力。

考虑到圆柱体处于破碎波环境中，冲击区域可以定义为如图 D.1 所示。

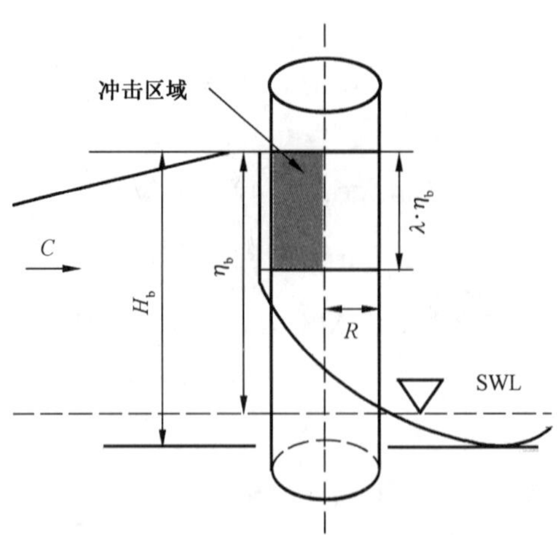

说明：

C ——波速；

H_b——在破碎波区域的波高；

η_b ——自由水面的最大高程；

R ——圆柱体的半径；

λ ——卷曲系数，约为 0.5。

图 D.1 破碎波和圆柱体的参数

当水流不是垂直撞击，而是以一个斜角 γ 撞击圆柱体时，圆柱体的横断面应按椭圆形考虑；当圆柱体是倾斜的或者上卷的破碎波尖倾斜(即在波峰下)撞击竖向的圆柱体时，该方法也适用。

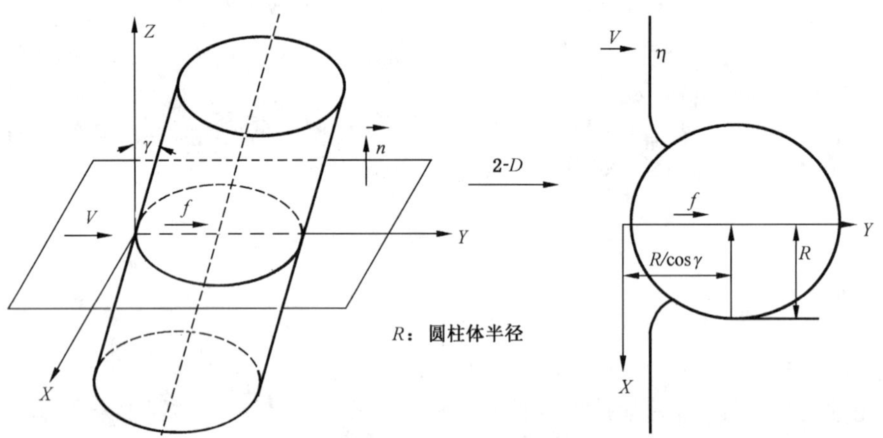

图 D.2 倾斜入流参数

冲击力 F_I 可以由下列公式计算：

$$F_I=\lambda\eta_b\rho RV^2\cos^2\gamma\left(2\pi-2\sqrt{\frac{V\cos\gamma}{R}t}\ \operatorname{arctanh}\sqrt{1-\frac{V\cos\gamma}{4R}t}\right) \quad\cdots\cdots\cdots\cdots\ (D.9)$$

$$\left(0\leqslant t\leqslant\frac{R}{8V\cos\gamma}\right)$$

$$F_I=\lambda\eta_b\rho RV^2\cos^2\gamma\left[\pi\sqrt{\frac{1}{6\frac{V\cos\gamma}{R}t'}}-\sqrt[4]{\frac{8V\cos\gamma}{3R}t'}\ \operatorname{arctanh}\sqrt{1-\frac{V\cos\gamma}{4R}t'\sqrt{6\frac{V\cos\gamma}{R}t'}}\right] \quad\cdots\cdots\ (D.10)$$

$$\left(\frac{3R}{32V\cos\gamma}\leqslant t'\leqslant\frac{12R}{32V\cos\gamma},t'=t-\frac{R}{32V\cos\gamma}\right)$$

总的冲击时间可表示为：

$$T=\frac{13R}{32V\cos\gamma} \qquad \cdots\cdots\cdots\cdots(\text{D.11})$$

式中：

γ ——水质点的运动方向与垂直于圆柱体轴线的方向之间的夹角；

$\cos\gamma=1$ ——波浪在直立的圆柱体上发生破碎时；

$\cos\gamma<1$ ——上卷的破碎波尖冲击直立的圆柱体，或波浪在倾斜的圆柱体处破碎时；

ρ ——水密度。

应注意到，卷曲因子 λ 随着圆柱体相对波向的倾斜度而增加。当圆柱体与波向间的倾角近似于25°时，冲击力最大。

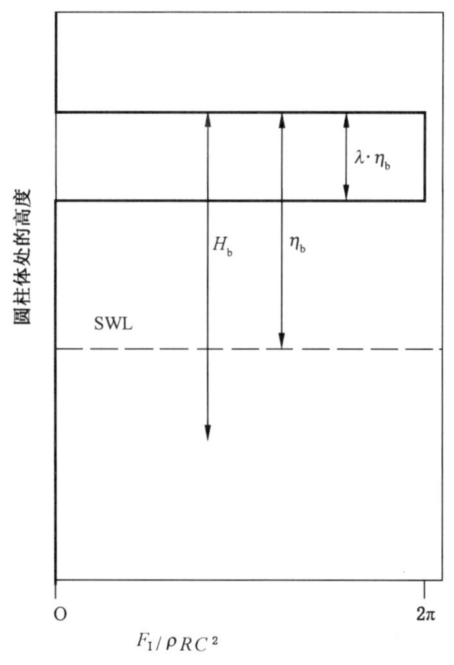

图 D.3 最大冲击线载荷的高度分布（$\gamma=0°$）

D.5 涡激振动

水流经过非流线体（如圆柱形的桩柱）时形成和脱落的涡流，对结构产生动态载荷作用，该类载荷的主要危险是在结构的固有频率和激励频率之间可能引发共振。大幅且有破坏性的振动可能由复杂的共振机制引起，当水流和结构运动的交互作用导致激励频率受控于响应频率且与之同步时，多数情况下会发生共振。

涡流脱落激励是由压力波动和涡流在物体尾流中的运动引起的。尽管波动力主要与来流方向成直角，但涡流脱落能产生与水流同轴的水动力，并且由涡流脱落引起的结构运动可极大地增加时均拖曳力。涡流脱落产生的力是一种复杂的流体动力学现象，这种力在一个宽广的参数（定义水流和结构特征）范围内敏感。尽管有相当多的研究，但整个过程仍较难理解，对载荷和响应的预测也要考虑相当多的不确定性。关于由涡流脱落引起的水动力载荷的计算，见本附录参考文献[7]、[8]、[9]和[10]。

结构部件一般无法承受共振。因此，避免共振情况的发生，或采取特殊方法来抑制机械装置的共振尤为重要。相对载荷和响应，较大振幅所对应的频率更容易预测。

涡激振动可以由稳态流或长周期波浪（高 Keulegan-Carpenter 数）的水流流速产生。

D.5.1 水平流动的临界速度

脉动升力的频率随着流速而增加。若在临界流速时，脉动升力的频率 f_1 与构件的固有频率相同，则会产生共振。根据结构现有的阻尼水平情况，可能会发生大幅度的振动。若流体可近似为定常流，即 K_C 数很大时，临界速度可由下式给出：

$$U_{crit}=\frac{f_n D}{S_t} \qquad \cdots\cdots(D.12)$$

式中：

f_n ——结构的自振频率，Hz；

S_t ——Strouhal 数。对于圆柱体，Strouhal 数为 0.2。

$$U_{crit}\approx 5f_n D \qquad \cdots\cdots(D.13)$$

对于峰值水平流振动，运动的初始流速较低。此流速可以用折算速度 U_r 来表示：

$$U_r=\frac{U}{f_n D} \qquad \cdots\cdots(D.14)$$

在 Strouhal 数约为 0.2 对应的雷诺数下，对于峰值振幅，临界折算速度的值约为 5。在超临界雷诺数下，大幅水平流运动的起始流速可以根据 $U_r\approx 3.7$ 来计算。当 U_r 稍低时，低阻尼的结构可能会有响应。

大幅水平流运动的起始流速通常取决于结构的质量和阻尼，以及置换的质量。包括上述影响的无量纲"质量阻尼参数"k_s 可定义为：

$$k_s=\frac{2m_e\delta}{\rho D^2} \qquad \cdots\cdots(D.15)$$

式中：

m_e ——单位长度上的等效质量(参见本附录参考文献[4])；

δ ——结构阻尼的对数衰减率。

图 D.4 用 k_s 和 U_r 展示了大幅横流振动的发生条件。若这些条件不可避免，可以用护板、护索和整流罩等装置来抑制激励。

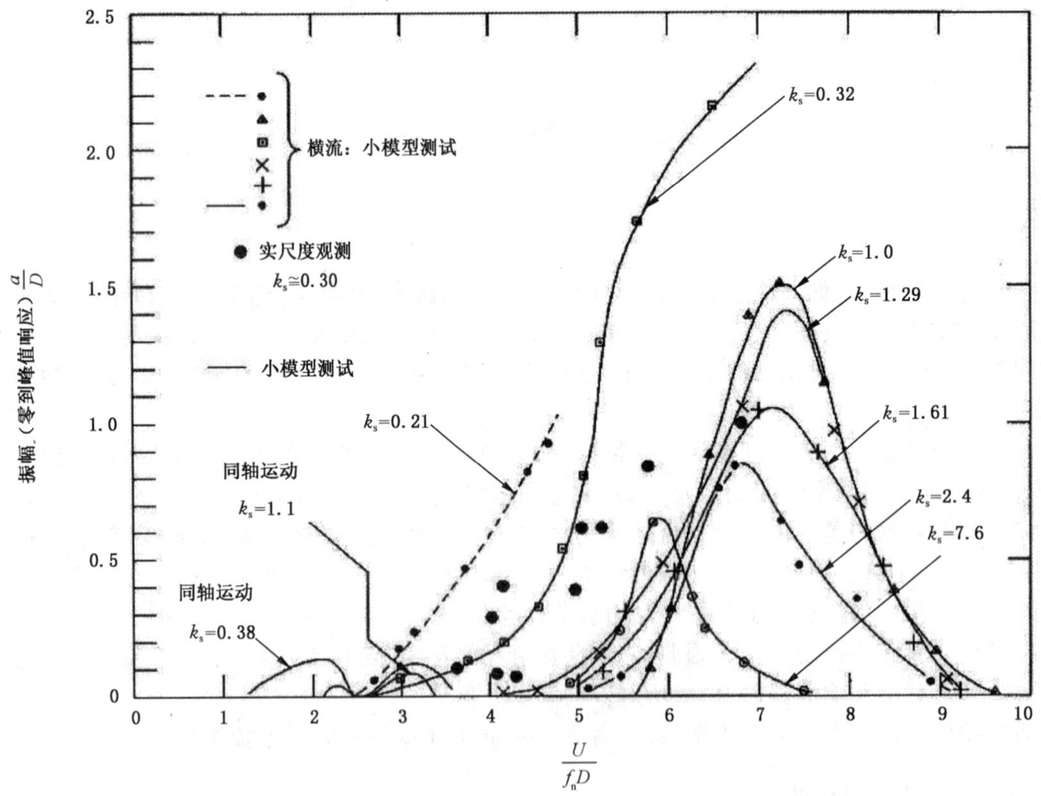

图 D.4 模型响应和全尺寸圆柱体的顺流和横流(引自参考文献[4])

D.5.2 同轴运动的临界速度

频率为 f_1 的交替涡流脱落在同轴方向产生频率为 $2f_1$ 的动态载荷。这种激励模式的临界折算速度为：

$$U_r = 2.5 \quad \cdots\cdots(D.16)$$

其他产生同轴振动的涡流脱落模式也应遵循该公式。最主要的一种模式是涡流同时成对脱落而不是以常规的交替模式脱落，它具有如下更低临界流速：

$$U_r = 2.0 \quad \cdots\cdots(D.17)$$

对于一个给定的结构，同轴摆动的振幅一般不超过横流方向振幅的 20%。

D.6 附属装置

应该考虑到作用于结构附属装置(例如J型管、船只护舷、爬梯和走道等)上的水动力载荷。大的附属装置，如J型管和船只护舷，通常可以模拟成独立构件。如果所模拟构件的尺寸和/或力系数可以反映被忽略构件上的力作用时，则不必精细地模拟小的附属装置。

下面提出了一种通过计算等效水动力系数的简单方法来模拟作用于附属装置上的载荷。

D.6.1 考虑附属装置和单桩上的海生物，估算水动力系数的方法

下面提出一种用于全局载荷分析的简单方法，其主要基于 API 的推荐作法 2A-WSD (参见本附录参考文献[11])。该方法通过计算等效水动力系数来模拟附属装置上的载荷。

该方法确定等效的拖曳系数和惯性系数(C_{deq}和 C_{meq})。当这些系数结合单桩的基本几何尺寸(直径)，并使用 Morisons 公式，就可以得到含附属装置和海生物等的整个横截面上的总水动力载荷。

等效水动力系数是下列变量的函数：

- 雷诺数(R)；
- 表面粗糙度(e)；
- 海生物厚度(t_{MG})；
- Keulegan-Carpenter 数 (K)；
- 整体速度(U_m)、波速(U_w)和流速(U_c)；
- 附件大小(d_i)；
- 附件在单桩上相对于波向和流向的方位(ϕ_i)；
- 单桩和附属装置的间距。

J型管、船只护舷和停靠装置等附属装置可近似为直立的圆柱体(管)，可按本附录参考文献[11]用等效直径 d_i 来表示。

总体原则是将特定构件上的相应载荷求和，并用单桩直径将其标准化来计算等效水动力系数。

在给定横截面上的等效水动力系数可按下式计算：

$$C_{deq} = \left\{ \frac{D'}{D} C_{ds}(R,e) \cdot \mathrm{WAF}_d(K) + \sum_{i=1}^{N} \left[\frac{d'_i}{D} \cdot C_{dsi}(R_i,e) \cdot \mathrm{WAF}_{di}(K_i) \cdot \mathrm{IF}_{di}(\phi_i,K_i) \right] \right\} \quad \cdots\cdots(D.18)$$

$$C_{meq} = \left\{ \frac{(D')^2}{D^2} C_m(K,C_{ds}) + \sum_{i=1}^{N} \left[\left(\frac{d'_i}{D}\right)^2 \cdot (1 + (C_{mi}(K_i,C_{dsi}) - 1) \cdot \mathrm{IF}_{mi}(\phi_i,K_i)) \right] \right\} \quad \cdots\cdots(D.19)$$

其中：$R \equiv \frac{U_m \cdot D'}{\nu}, R_i \equiv \frac{U_m \cdot d'_i}{\nu}, K_i \equiv \frac{U_m \cdot T}{d'_i}, K \equiv \frac{U_m \cdot T}{D'}, e \equiv \frac{k}{D'}$

$d'_i \equiv d_i + 2t_{MG}, D' \equiv D + 2t_{MG}$

式中：

$C_{ds}(R,e)$——稳态拖拽系数(仅为海流)；

WAF_d ——尾流放大因子；

IF_d和 IF_m——干扰因子，表示单桩引起的附属装置水动力系数的变化。

应注意，当 $D \gg d_i$ 时，不必考虑单桩上附属装置产生的干扰。

尽管在很多实际应用中，忽略了水动力系数与 R 的相关性，但并非附属装置或疲劳分析均属这种情况。因此，应将水动力系数对 R 的相关性考虑在内。

在浅水中，波动在整个水深上没有较大延伸，R 和 K 可基于自由水面处的波动来计算。但通常采用计算每一横截面的局部 R 和 K 值会更加准确。

干扰因子 IF_{di} 和 IF_{mi} 可以解释三种现象：

(1) 遮蔽效应，即减少作用于单桩遮蔽下附属装置上的水动力载荷；

(2) 间隙效应，即当附属装置和单桩之间的间隙很小时，作用于附属装置上的附加水动力载荷；

(3) 单桩侧的加速效应。

API 的推荐作法 2A-WSD (参见本附录参考文献[11])可用来计算遮蔽效应。尽管无计算间隙效应的现成方法，但挪威船级社的 30.5 号注释(参见本附录参考文献[8])为近似无限长直壁圆柱体的水动力系数计算提供了有效方法。圆柱体结构侧的加速效应，在大多数情况下可使用二维的势流理论进行计算。

D.7 计算方法

对于个别设计载荷工况，尤其是描述极端事件的设计载荷工况，应考虑下列所有效应：风和波浪载荷的随机性、结构柔性和波浪的非线性。为同时考虑上述效应，应按 D.7.1 所述，使用非线性、不规则波浪模型。由于这些模型不适用于常规工程，因此 D.7.2、D.7.3 和 D.7.4 给出了 3 种可供选择的方法。

D.7.1 显式方法

最精确的方法包括下列因素的显式模型：

- 结构柔度；
- 湍流风；
- 不规则、非线性、短峰波。

在这种情况下，可使用不规则、非线性模型，如 Boussinesq 求解程序，来计算波浪运动。湍流场址风场和结构动力计算模型与陆上风力发电机组进行时域模拟的模型相似。该方法的缺陷是：一些设计载荷工况要进行长时间的模拟来获取最大载荷，波求解的收敛过程也很慢。

D.7.2 波的非线性系数法

应用此方法仿真时应考虑下列效应：

- 结构柔度；
- 湍流风；
- 不规则的、线性波浪。

可用一组载荷系数来说明波的非线性影响，该组载荷系数用于计算特定的风力发电机组和考虑的条件。从时域模拟数据中可确定对应于最大载荷的风速和波高。根据这些条件，可用刚性结构结合(a)

规则的非线性波、(b)规则的线性波进行附加仿真，以计算每个关注载荷的“波的非线性系数”。进而，在最初的模拟中将所确定的最大载荷乘以这些系数。或在最初模拟时采用放大的线性波，其中放大因子按如下方式选择，即在(b)条件下放大的规则波和在(a)条件下的非线性波的最大载荷相等。

若无特殊要求，应将方向传播系数应用于二维波浪运动的水平分量中，以包括不规则波和规则波中的方向传播影响。方向传播系数的说明见 ISO 19901-1:2005 中 A.8.7.2。

D.7.3 规则波方法

应用此方法仿真时应考虑以下效应：

- 结构柔度；
- 稳态风；
- 规则的、非线性波。

首先采用平静海况下的湍流风进行模拟，以确定所关注构件上的最大气动载荷。随后采用稳态风模型和规则的非线性波来模拟，此时风速应增加到设计值以上，直到气动载荷至少与之前湍流风模型所得数值相当。模拟应不长于 3 个波周期，以避免支撑机构的非物理性极限状态响应影响到计算结果。

通过方向传播系数在二维规则波运动的水平分量中的应用，可以在规则波方法中计入方向传播的影响。方向传播系数的说明见 ISO 19901-1:2005 中 A.8.7.2。

D.7.4 约束波的方法

应用此方法仿真时应考虑下列效应：

- 结构柔度；
- 湍流风；
- 不规则的、线性波；
- 规则的、非线性波。

这种情况下，通过在一系列不规则的线性波中嵌入一个非线性规则波的方法来计算波浪运动。湍流风场和结构动力计算模型与陆上风力发电机组的时域仿真所采用的模型相似。也可选择使用约束“新波”法与拉伸法相结合。

通过方向传播系数在二维波浪运动的水平分量中的应用，可以在约束波方法中计入方向传播的影响。方向传播系数的说明见 ISO 19901-1:2005 中 A.8.7.2。

D.7.5 参考文献

[1] Elgar, S., Guza, R.T., and Seymour, R.J., 1985, Wave group statistics from numerical simulations of a random sea, Applied Ocean Research 7 (1985) 2, p93-96.

[2] Morison, J.R., O'Brien, M.P., Johnson, J.W. and Schaf, S.A., 1950, The forces exerted by surface waves on piles Petroleum Transactions, AIME, Vol. 189, pp 149-157.

[3] International Standard ISO 13819-2, Petroleum and natural gas industries—Offshore structures—Part 2: Fixed steel structures.

[4] Barltrop, N.D.P., and Adams, A.J., 1977, Dynamics of fixed marine structures, Butterworth Heinemann, ISBN 0 7506 1046 8, available from the Energy Institute, London, UK.

[5] MacCamy, R.C., and Fuchs R.A., 1954, Wave forces in piles: A diffraction theory, Technical memorandum no. 69, Beach Erosion Board, US Navy Corps of Engineers.

[6] Wienke, J., Druckschlagbelastung auf Schlanke Zylindrische Bauwerke durch Brechende Wellen-Slamming an Offshore Windkraftanlagen, Dissertation, Technische Universität Carolo-Wilhelmina zu Braunschweig.

[7] Det Norske Veritas, CN 30.5: Environmental Conditions and Environmental Loads, Classification Notes No. 30.5, March 2000.

[8] UK Department of Energy, Fluid Loading on Fixed Offshore Structures—Background to the 4th edition of Offshore Installations: Guidance on Design and Construction, Offshore Technology Report OTH 90322, 1990.

[9] DS410: Code of Practice for Loads for the Design of Structures (Norm for last pa° konstruktioner), Danish Standards Association, 2004.

[10] Germanischer Lloyd, Rules and Guidelines IV—Part 8 Pipelines, 1 Rules for Subsea Pipelines and Risers, 2004.

[11] API Recommended Practice 2A-WSD (RP 2A-WSD) Twentieth Edition, July 1, 1993, Recommended Practice for Planning, Designing and Constructing Fixed Offshore Platforms—Working Stress Design.

附 录 E
(资料性附录)
冰载作用下海上风力发电机组支撑结构的设计

E.1 引言

在冬季气候水域里，冰载荷是一种恶劣且关键的载荷工况。在北美、欧洲北部和亚洲北部的湖泊和海域中，应对海上场址的覆冰情况进行评估。浮冰可引起支撑结构的极限载荷，并能导致海上风力发电机组的灾难性事故。

本附录的制定主要基于参考文献[1]和[2]。

在评估冰载荷大小时，应考虑当地冰况、水位、冰的运动，及支撑结构的尺寸大小和类型。以下载荷应予以评估：

- 固定冰盖中由于温度波动引起的水平载荷(冰热压力)；
- 固定冰盖中由于水位波动和拱效应产生的水平载荷；
- 浮冰移动产生的水平载荷；
- 堆积冰和冰脊中由于潜没和隆脊产生的压力；
- 固定冰盖中由于水位波动产生的竖向力。

E.2 概述

若未进行详细的统计分析，通常假定冰载荷发生在正常水位范围内的任意水位。对于包含锥体在内的结构来说(对水位比较敏感)，应收集冬季条件下水位波动的统计数据来确认设计水位范围，以便确定锥体的高度。本附录中的支撑结构假定是圆柱形或矩形的水线横截面，包括由混凝土或钢制成的直立圆柱体和锥体。

在湖泊和靠近岸线的海洋中，通常冰盖增大到一定厚度后不再移动。应验算此厚度的浮冰产生的载荷。由于冰盖的长期增长，应检验更厚冰盖的热压力、阀效应和竖向升力产生的载荷。

在可能存在浮冰的区域，应对所有季节计算浮冰产生的载荷，并考虑盛行流向和风向的作用。应考虑到风向与冰运动方向无关的可能性。通常需要对载荷工况进行动态的时域模拟。应研究冰破碎频率和海上风力发电机组的固有频率及风电场中其他风力发电机组固有频率动态锁定的可能性。模型试验可作为评估的一部分。

E.3 冰厚度的选择

冰的厚度 h 应通过当地冰图或类似文件(参见本附录参考文献[7])的统计数据分析来确定。通常情况下，应对冰厚度及其抗压强度进行组合分析。对于远海中的风力发电机组，可选相应于 50 年重现期的厚度。对于群岛和闭合水域中的风力发电机组，浮冰的厚度可选为与“正常冬季”相符，固定冰盖厚度可相应于 50 年重现期选取。

冰冻期末期的冰厚度可按式(E.1)估算：

$$h = 0.032\sqrt{0.9K_{\max} - 50} \qquad \text{(E.1)}$$

式中：

K_{max}——冰冻期(度-日)内低于 0 ℃的 24 h 平均温度的绝对值的总和[25]，即：

$$K_{max}=\sum_{天数}\left|\tau_{mean}\right|(\tau_{mean}<0\ ℃)$$

E.4 载荷工况

若下列载荷工况与场址有关，则应采用。风况和水位情况的说明见表 2。可根据第 12 章的要求评估上述条件，以便确定合适的特定场址数据和下列载荷工况的海冰载荷组合。可不考虑波浪。载荷工况 E1、E2、E3、E5 和 E6 是极限载荷工况，E4 和 E7 是疲劳载荷工况。动力载荷的确定见 E.4.6。

E.4.1 固定冰盖中由于温度波动产生的水平载荷(DLC E1)

在湖泊和微咸海域中，应只考虑冰热压力。在盐度较大的远海，如北海中，可忽略冰热压力。

风电场中海上风力发电机组支撑结构的外部，单侧的冰热压力最大，应假定其沿陆地往远海的方向或从风电场的中心沿径向向外辐射作用。若破冰设备在热压力下穿过固定冰盖开出一条通道，则冰将向凿开的通道膨胀，并产生热力。

热力可按式(E.2)估算：

$$H_t=f_tD \tag{E.2}$$

式中：

D——水位线处支撑结构的直径，若 $D<4$ m，则 D 取 4 m；

f_t——支撑结构单位宽度上的力，kN/m。

对于孤立的或风电场中位于外围的支撑结构，f_t 取 300 kN/m。对于外层排列后面的或风场内部的支撑结构，f_t 取 100 kN/m。

E.4.2 固定冰盖中由于水位波动和拱效应产生的水平载荷(DLC E2)

由海上风力发电机组支撑结构之间或支撑结构和海岸之间的拱效应产生的单侧水平压力，可按式(E.3)估算：

$$H_v=f_vD \tag{E.3}$$

式中：

D——水位线处支撑结构的直径，若 $D<4$ m，则 D 取 4 m；

f_v——取 200 kN/m。

E.4.3 浮冰移动产生的水平载荷(DLC E3，E4 和 E7)

巨大的浮冰产生的载荷应按 E.4.3.1 或 E.4.3.2 中的方法来估算。其中 DLC E3 中极端风载和极端冰载组合的外推法参见 E.6。

DLC E7 中，海上风力发电机组处于停机状态，浮冰对支撑结构和塔架产生疲劳载荷。

E.4.3.1 直立的圆柱形

此方法来自于本附录参考文献[1]和[3]，适用于直立圆柱形的结构。挤压产生的最大静力可按式(E.4)估算：

---

25) 例如：若冰冻期为 5 天，且平均温度分别为：−12，−19，2，−3，−4，则 $K_{max}=38$。

$$H_d = k_1 k_2 k_3 h D \sigma_c \qquad \text{(E.4)}$$

式中：

k_1——冰撞击侧支撑结构的形状系数；

k_2——冰与支撑结构的接触系数；

k_3——冰厚度和支撑结构直径之间的比例系数；

D——水位线处支撑结构的直径；

σ_c——冰的抗压强度。

冰的抗压强度 σ_c

冰的抗压强度应由统计数据或 $\sigma_c h$ 的乘积确定。为了对参考的抗压强度进行统计分析，应根据实际的温度和盐度来修正现有的数据，参见本附录参考文献[7]。

若无当地可用的冰数据，冰抗压强度值可从下面典型的北波罗的海和加拿大北极区的数据中选用[26)]：

σ_c=3.0 MPa，适用于在全年最冷的时候沿风和海流方向运动的冰；

σ_c=2.5 MPa，适用于由于热膨胀或收缩产生缓慢运动的浮冰；

σ_c=1.5 MPa，适用于在融点温度附近开裂的冰；

σ_c=1.0 MPa，适用于在融点温度附近部分融化的冰；

σ_c=0.5 MPa，远海中第一年盐水冰，如在北海。

形状因子 k_1

形状因子 k_1 的取值如下：

k_1=1，矩形；

k_1=0.9，圆形。

接触因子 k_2

接触因子说明连续撞击状态下冰实际上并未与整个支撑结构的名义表面 D_h 相接触，冰完全冻结在支撑结构上的运动初始阶段外除外。

当冰连续运动时，k_2=0.5；

当冰冻结在支撑结构表面上，并开始运动时，k_2=1；

支撑结构基础附近冻结的冰的厚度局部增加时，k_2=1.5。

对于第三种情况，可采用与支撑结构相邻的冰的厚度来替代厚度 h，而不是用原状冰源。

纵横比例因子 k_3

纵横比例因子 k_3 考虑了接触点处的三维应力状态。若桩基或塔架与冰盖的厚度相比很细，则可考虑二维应力状态。k_3 可由下式计算：

$$k_3 = \sqrt{1 + 5h/D}$$

载荷作用高度

若支撑结构附近有冰堆积的风险，则载荷作用的高度应增加 0.2 倍的水深(水深低于 6 m 时)。

模型试验校准

模型试验表明，力的等级和类型完全依赖于是否发生连续撞击或是否出现不稳定的膨胀模式，参见本附录参考文献[9]，而并非很大程度上依赖于冰速产生的峰值力水平。模型试验的更多说明见 E.7。

---

26) 依据加拿大桥梁标准(1978)选取了以上参考值，该值在 0.7 MPa～2.8 MPa 范围内。苏联标准(1976)规定范围是 0.44 MPa～1.47 MPa。可以看出，上面给出值是偏保守的。

E.4.3.2 倾斜形状

该公式由 Ralston 于 1977 年提出，参见本附录参考文献[2]，该式适用于倾斜结构，如带有冰锥的风力发电机组塔架。该公式也在本附录参考文献[5]中被 API 推荐采用。该公式适用于水平测量倾斜角 α 在 0°～70°范围内的锥体。本附录参考文献[9]中提到的模型试验，表明 Ralston 公式给出了一个冰速小于 1 m/s 的锥体上的冰力安全值。

由向上锥弯曲的冰作用的水平载荷可按式(E.5)计算：

$$H = A_4 [A_1 \sigma_b h^2 + A_2 \rho g h D^2 + A_3 \rho g h (D^2 - D_T^2)] \quad \cdots\cdots\cdots\cdots(\text{E.5})$$

竖向向下的载荷：

$$V = B_1 H + B_2 \rho g h (D^2 - D_T^2) \quad \cdots\cdots\cdots\cdots(\text{E.6})$$

式中：

A_1、A_2、A_3、A_4、B_1 和 B_2——以冰-锥体摩擦系数 μ 和锥体倾斜角 α 为函数的无量纲系数，系数可从本附录图 E.1 中查得；

σ_b ——冰的弯曲强度，不小于 $0.26\sigma_c$；

H ——冰盖的厚度；

ρ ——水的密度；

g ——重力加速度；

D ——水位线处锥体的直径；

D_T ——锥体顶部的直径(等于塔架直径)。

对于受冰层向下弯曲作用的锥体，将上式中 ρ 变成 $\rho/9$，竖向力变成向上的方向后，也可采用上式计算。

对于受冰层向上弯曲作用的锥体，若锥体高度超过冰层至顶部的厚度，或者对于受冰层向下弯曲作用的锥体，若锥体高度超过冰层至底部的厚度时，也可采用上述公式。原则上，锥体的设计应确保除锥体本身之外，冰层不会在支撑结构的其他任何部位上产生挤压。应评估作用于圆锥形结构外部的冰撞击载荷产生的风险和后果(如水位波动)。

对于双面锥体，除了直接作用于顶部的载荷之外，其他力可按上述方法来估算。对于尖顶，水平载荷应增大至 2 倍，对于圆顶，水平载荷应增大至 3 倍，参见本附录参考文献[9]。

冰-锥体的动摩擦系数可取为：

对于混凝土或锈蚀钢的锥体，$\mu=0.15$；

对于新钢或涂漆钢的锥体，$\mu=0.10$。

E.4.3.3 局部冰压力

支撑结构的设计应满足下列局部冰压力公式：

$$\sigma_{c,local} = \sigma_c (5h^2 / A_{local} - 1)^{0.5} < 20\ \text{MPa} \quad \cdots\cdots\cdots\cdots(\text{E.7})$$

式中：

A_{local}——所考虑的局部面积。

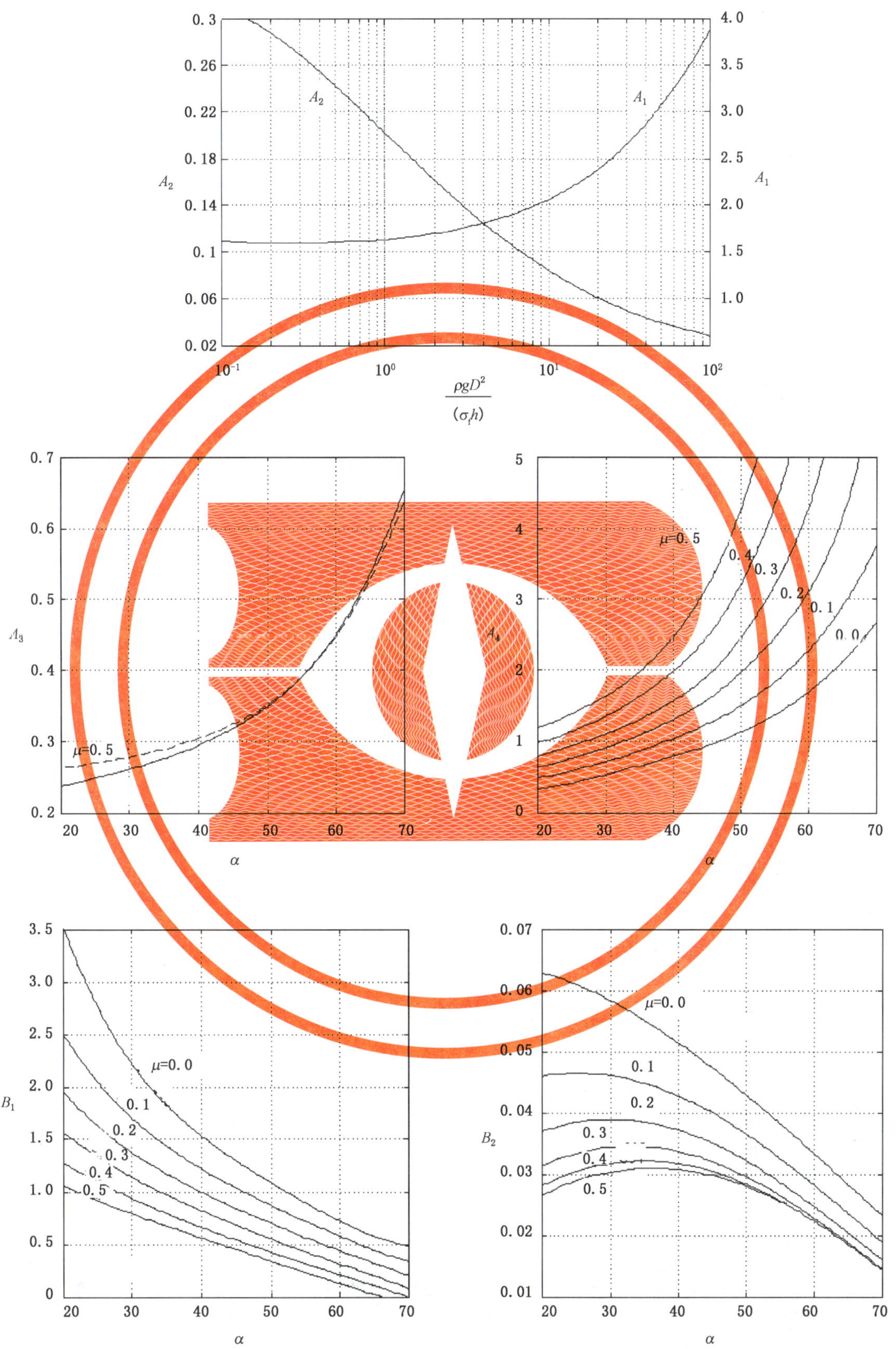

图 E.1 用于塑性极限分析的冰载荷系数(引自参考文献[6])

E.4.3.4 风和水流产生的载荷

风和水流在浮冰上产生的载荷可按式(E.8)估算：

$$H = C_d \rho \frac{U^2}{2} A \qquad \text{(E.8)}$$

式中对于风：

$C_d = 0.004$ ；

$\rho = 1.3\ \text{kg/m}^3$；

U——冰面以上 10 m 处的自由气流速度。

对于水：

$C_d = 0.006$；

$\rho = 1\ 000\ \text{kg/m}^3$；

U ——冰面以下 1 m 处的自由水流速度；

A ——浮冰的面积。

风载荷和水流载荷最高不超过冰的抗压强度。风和水流联合产生的漂移力应基于场址区数据的统计分析。

E.4.4 固定冰盖产生的竖向载荷(DLC E5)

固定冰盖冻结到支撑结构上时，由水位波动产生的竖向载荷受到粘附在支撑结构表面的剪切强度 V_τ 的限制，或冰在支撑结构周围环形破碎时，受到抗弯强度 V_b 的限制。两种限制中较低的值是起决定作用的，应使用该值。

$$V_\tau = A\tau \qquad \text{(E.9)}$$

式中：

τ ——粘附剪切强度，kN/m^2；

A——圆形竖向支撑结构的接触面积，$A = \pi Dh$，m^2。

粘附剪切强度 τ 可取如下值：

对于钢-淡水冰，τ 可取为 0.8 MPa；

对于钢-咸水冰，τ 可取为 0.3 MPa，参见本附录参考文献[12]；

对于混凝土-咸水冰，τ 可取为 1 MPa，参见本附录参考文献[8]。

$$V_b = 0.6A\sqrt{\sigma_b \rho g \Delta z} \qquad \text{(E.10)}$$

式中：

A ——接触面积；

σ_b ——冰的抗弯强度，不小于 $0.26\sigma_c$；

ρ ——水的密度；

g ——重力加速度；

Δz ——水位差。

E.4.5 冰脊压力(DLC E6)

DLC E6 包括了极端冰载荷和重现期为 1 年的极端风况的组合情况。应采用对支撑结构产生最大剪切载荷的风载荷。

如果冰脊粘附在移动的冰盖撞向支撑结构，将产生非常大的载荷。这些冰脊由碎冰组成，也包含冻结在一起的 2 m～3 m 厚的固结碎冰。在固结碎冰上下的松散冰块对冰载荷的贡献很小。

可运用冰被压碎或冰脊在水平面内弯曲失效的假设来粗略地估算冰载荷。一般不建议将海上风力发电机组安装在有冰脊风险的区域。

E.4.6 动载荷

应检验海上风力发电机组是否受到冰载荷产生的动力影响。若无统计数据或实测数据不可用时，可使用下列折算公式模拟动力载荷。

在竖向支撑结构上移动的冰盖产生的载荷变化，可近似为竖向交变的正弦曲线，如下所示：

$$H_{\mathrm{dynv}} = H_{\mathrm{d}}\left[\frac{3}{4} + \frac{1}{4}\sin\left(\frac{f_{\mathrm{N}}}{2\pi}t\right)\right] \quad\cdots\cdots(\mathrm{E.11})$$

式中：

H_{d} ——浮冰产生的水平载荷，按式(E.4)；

t ——时间；

f_{N} ——海上风力发电机组结构的固有频率，应检验第1阶和2阶模态。

当发生屈曲失效时，动力效应达到最大，导致冰载荷出现强烈波动，参见本附录参考文献[9]和[11]。

调谐准则如下参见本附录参考文献[10]：

$$\frac{U}{h \cdot f_{\mathrm{N}}} > 0.3 \quad\cdots\cdots(\mathrm{E.12})$$

式中：

U ——浮冰速度；

h ——冰盖厚度。

在圆锥形基础上(锥体倾斜角 $\alpha \geqslant 30°$)移动冰盖产生的载荷变化，可近似为竖向交变的正弦曲线，如下所示：

$$H_{\mathrm{dynk}} = H_{\mathrm{d}} \cdot \left(\frac{3}{4} + \frac{1}{4}\sin\left(\frac{f_{\mathrm{b}}}{2\pi}t\right)\right) \quad\cdots\cdots(\mathrm{E.13})$$

式中：

H_{d} ——移动冰盖产生的水平载荷，按式(E.4)计算；

t ——时间；

$f_{\mathrm{b}} = U/Kh$，U 为浮冰的实际速度，$4 \leqslant K \leqslant 7$，应选择产生最大载荷的 K 值。

或者可假定动力载荷(包括竖向圆柱和锥体)为三角形的曲线，见图E.2。

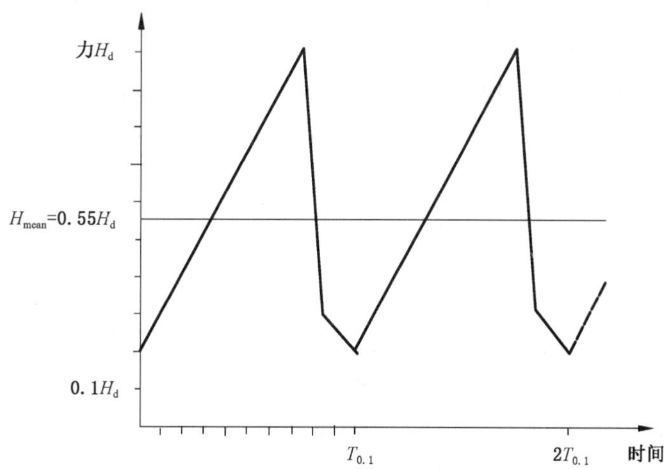

图 E.2 锯齿形载荷($T_{0.1} = 1/f_{\mathrm{N}}$ 或 $1/f_{\mathrm{b}}$)

应用下列瞬态载荷法来检验大型浮冰冲撞产生的载荷。

$$H(t)=kUt \qquad t\leqslant \frac{U_{d}}{kU}$$

$$H(t)=\begin{cases}0 \\ \qquad\qquad t>\dfrac{H_{d}}{kU} \\ H_{d}\end{cases} \qquad\cdots\cdots\cdots\cdots (E.14)$$

式中：

U ——冲击速度；

t ——撞击的持续时间；

k ——水位线处结构的刚度。

E.5 随机仿真的要求

由于受冰场监控质量的许可限制，通常要求基于响应仿真，并主要用下面 E.7 所述冰模型试验。从此模型试验中，得到描述随机冰载荷的时间序列是可用的。因为冰模型试验通常只生成对应数分钟原型载荷的载荷时间序列，要求采用本附录参考文献[9]中的方法延伸所测的时间序列，以获得大量的统计上近乎独立的动态冰载荷的 10 min 仿真。

另外，在风力发电机组动态模型中，模拟独立的冰载时间序列和风荷载。评估与运行风载及极端冰载组合的 10 min 事件数量(N)。可对 GB/T 18451.1—2012 附录 F 的要求修正后，评估推算的极限载荷，附录 F 中式(F.6)使用的不是 50 年重现期 10 min 事件数量的倒数，而是在 50 年重现期浮冰运动期间内，运行风速的 10 min 事件数量的倒数。

E.6 模型试验的要求

模型试验可采用人造冰进行。通常情况下根据 Froude 模型定律对结果进行缩放，其中力通过 λ^{3} 缩放，弯曲和撞击强度通过 λ 缩放，时间通过 $\lambda^{0.5}$ 缩放。

为模拟冰载荷和结构的动态耦合，应正确地模拟受冰载荷影响结构的共振频率、阻尼和刚度。

对于动态耦合受限的锥形结构，可用刚性模型试验来生成动态冰载荷施加在支撑结构上。对于竖向结构，在冰载荷与结构振动间可能发生强烈的动态耦合，应将其作为模拟的一部分，该情况下对相应共振频率、阻尼、刚度进行模拟尤为重要，其可使浮冰速度和结构振动速度之间的比率得以正确建模。对于典型的海上风力发电机组支撑结构，通常是第 2 阶共振模态引起冰载作用动态耦合。

模型试验的特有要求、相关结果和设计程序参见本附录参考文献[9]。

E.7 参考文献

[1] Bergdahl，Lars：Islaster på vindkraftverk till Havs，Dimensioneringsrekommendationer (in Swedish) Department of Water，Environment Transport，Chalmers，Rapport nr 2002：1. (Ice Loads on Wind Turbines at Sea，Recommendations for Design).

[2] Christensen，Flemming Thunbo and Gravesen，Helge：Determination of Extreme Ice Forces，Lecture Notes. 2003.

[3] Haapanen，E，Määttänen，M and Koskinen，P：Offshore Wind Turbine Foundations in Ice Infested Waters. Proceedings OWEMES conference 1997.

[4] Löfquist, Bertil: Istryck mot bropelare (in Swedish), Vägverket 1987. (Ice pressures at bridge columns.

[5] American Petroleum Institute, API: Planning, Designing and Constructing Fixed Offshore Structures in Ice Environments. Bulletin 2N, API, Second Edition, 1995.

[6] Ralston, T: Ice Force Design Considerations for Conical Offshore Structures. POAC 1977.

[7] Christensen, F.T. and Skourup, J: Extreme ice properties, Journ. of Cold Regions Engineering, Vol. 5, No. 2, June, 1991, pp 51-68.

[8] Cammaert, A.B. and Muggeridge, D.B: Ice interaction with offshore structure. Van Nostrand Reinhold. New York, 1988.

[9] Gravesen, H., Petersen, B., Sørensen, S.L., and Vølund, P: Ice forces to wind turbine foundations in Denmark. POAC'03, Trondheim. Norway, 2003.

[10] Singh, S.K., Timco, G.W., Frederking, R.M.W., and Jordam, L.J: Test of ice crushing on a flexible structure. 9th Int. Conf. on Offshore Mechanics and Arctic Engng, Vol. IV, pp 89-94, 1990.

[11] Yue, Q., & Bi, X.,: Ice-Induced Jacket Structure Vibrations in Bohai Sea, Journal of Cold Regions Engineering, Vol. 14, No. 2, June 2000, ASCE.

[12] Oksanen P: Adhesion strength of ice, VTT, Espoo, Finland 1982.

E.8 冰况参考资料

[1] Climatological Ice Atlas for the Baltic Sea, Kattegat, Skagerak and Lake Vänern. Sjöfartsverket, S-601 78 Norrköping, Sweden.

[2] The National Ice Center, USA (NATICE): www.natice.noaa.gov.

[3] The National Snow and Ice Data Center, USA (NSIDC): www.nsidc.org.

[4] NOAA Atlas, An Electronic Atlas of Great Lakes Ice Cover: www.glerl.noaa.gov/data/ice/atlas.

[5] Canadian Ice Service: http://ice-glaces.ec.gc.ca[27].

27) 该网站是加拿大环境官方在线资源(关于加拿大水域的海冰和冰山)。

附 录 F
（资料性附录）
海上风力发电机组的基础设计

关于海上风力发电机组基础设计的具体指导可参考下列文献：

［1］ Germanischer Lloyd WindEnergie GmbH，Rules and Guidelines：IV—Industrial Services，Part 2—Guideline for the Certification of Offshore Wind Turbines.

［2］ DNV Offshore Standard，DNV-OS-J101，Design of offshore wind turbine structures.

附 录 G
（资料性附录）
用于极限强度分析的海洋气象运行参数的统计外推

G.1 概述

本附录说明了环境海洋气象参数的外推方法。对于将长期海洋气象参数外推到50年重现期的相对值，不需考虑给定的海洋气象参数的响应波动，例如，忽略给定平均风速、湍流强度和有义波高1 h最大响应的随机波动。因此通过先推求长期海洋气象参数再进行响应计算以确定50年重现期的响应，与对所有相关的海洋气象参数进行响应计算之后再适当考虑海洋气象参数长期分布影响的方式相比，推求结果往往不同。但如DLC 1.6a和1.6b所要求的只推求外部条件的方法，可为DLC 1.1所要求的全响应外推提供有用的补充。本附录说明了海洋气象参数外推的一般方法，即反向一阶可靠度法(IFORM)（参见本附录参考文献[1]），其用于确定DLC 1.3使用的极端湍流模型的湍流强度。

IFORM给出了环境等值线定义，在某种意义上，即给出了平均风速V和有义波高H_s的50年重现期的组合。确定环境等值线后再沿等值线观察，以确定在哪一个点上极端响应的条件期望值变为最大。此点的极端响应就是50年重现期响应的估算值。根据非线性波浪运动和波浪载荷动态放大的重要性，极端响应的条件期望值可由多个动态模拟的伪随机响应时间序列，和/或者由基于规则波的准静态响应计算来确定。为此，6.4.1.4中定义了极限波高。在本附录最后讨论了极限波高(SWH)的估算方法。

G.2 运用IFORM测定平均风速条件下50年重现期的有义波高

IFORM要求使用平均风速V（有适当的平均周期）和有义波高H_s的联合分布模型。IFORM的结果是联合分布的环境等值线。为了构造该环境等值线，需要对两个不相关的标准正态分布变量U_1和U_2进行概率转换，变成联合分布的一对(V, H_s)：

$$(V,H_s)=\varphi(U_1,U_2) \qquad \text{(G.1)}$$

这种转换通常采用所谓的Rosenblatt变换：

$$\Phi(U_1)=F_V(V)$$
$$\Phi(U_2)=F_{H_s}(H_s|V) \qquad \text{(G.2)}$$

式中：

Φ ——标准正态累计分布函数(CDF)；

$F_V(V)$ ——平均风速的边缘CDF；

$F_{H_s}(H_s|V)$——平均风速下的有义波高分布。

Rosenblatt变换的优点是简单，它以一种简便的方法将$F_V(V)$和$F_{H_s}(H_s|V)$两分布表示为联合分布。这样，所要求的概率转换变为：

$$V=F_V^{-1}[\Phi(U_1)]$$
$$H_s=F_{H_s}^{-1}[\Phi(U_2)\mid V] \qquad \text{(G.3)}$$

通过运用式(G.3)的转换，可根据下列过程获得环境等值线：在U_1-U_2平面上，半径为β的圆（即满足方程$U_1^2+U_2^2=\beta^2$的点），可以转换成V-H_s平面内的曲线，此曲线即为环境等值线。其中半径β由下式确定：

$$\Phi(\beta)=1-\frac{1}{N} \qquad \text{(G.4)}$$

式中：

N——50 年内独立海况数目。

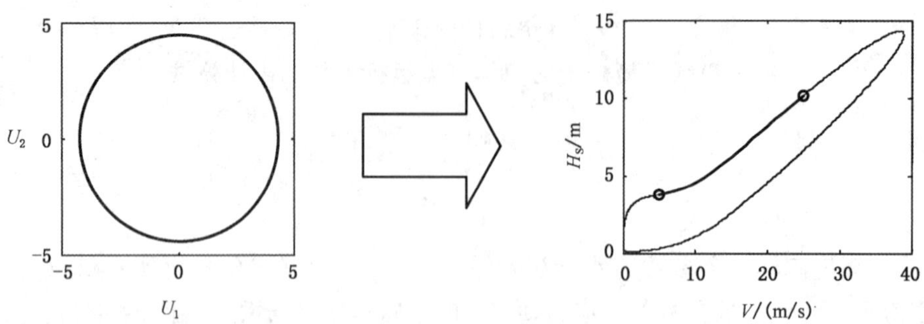

图 G.1 持续时间为 3 h 海况构造 50 年环境等值线的示例

对于持续时间为 3 h 的海况，$N=50\times365\times24/3=1.46\times10^5$，则 $\beta\approx4.35$，对于持续时间为 1 h 的海况，$\beta\approx4.60$。图 G.1 给出一个持续时间为 3 h 海况的例子。通常，无需确定整个环境等值线。对于给定的平均风速，仅需关注在运行范围内给出了最大有义波高(称其为恶劣海况或 SSS)的那部分环境等值线，因为在此可获得最大平均极端响应。该部分环境等值线可不采用近似法来确定，应可按如下方式获得确定：对于运行范围内的每个平均风速 V，应首先用下式来估算标准化的变量 U_1：

$$U_1=\Phi^{-1}\left[F_V(V)\right] \qquad \text{(G.5)}$$

其次，与 V 相关的有义波高 $H_{s,SSS}(V)$，由以下公式得到：

$$H_{s,SSS}(V)=F_{H_s}^{-1}\left[\Phi\sqrt{\beta^2-U_1^2}\mid V\right] \qquad \text{(G.6)}$$

图 G.1 中小圆之间的环境等值线的粗线部分即是由式(G.5)和式(G.6)得出。

由于该方法在很大程度上取决于平均风速和有义波高的联合分布模型，因此应对该模型的适用性拟合度进行统计或观测试验。联合分布模型应包括可能的上限对有义波高的影响。若不清楚模型中是否包含此影响，那么则在确定环境等值线之后，可附加一个上限，以避免过大的估算 $H_{s,SSS}(V)$。

G.3 V 和 H_s 的联合分布以及环境等值线的近似值

下面提出了两个在多数情况下其与实际数据符合较好的联合分布模型。这两种模型的优点是可以获得用于近似式(G.5)和式(G.6)的简单解析表达式。这些表达式取决于几个可能在多数情况下被可靠估算得出的统计参数。需注意，上述统计参数的可靠估算并不能保证环境等值线的可靠估算。因此须对所选模型的适用性进行测试。若模型通过了测试，则其所提供的表达式即可对环境等值线做出可靠的估算。

第一个分布模型假定 H_s 是基于 V 的正态分布。则有：

$$F_{H_s}(H_s\mid V)=\Phi\left(\frac{H_s-\mu_{H_s}(V)}{\sigma_{H_s}(V)}\right) \qquad \text{(G.7)}$$

式中 $\mu_{H_s}(V)=E[H_s\mid V]$，$\sigma_{H_s}(V)=D[H_s\mid V]$ 分别是 V 条件下 H_s 的平均值和标准偏差。在此情况下，式(G.6)变为：

$$H_{s,SSS}=\mu_{H_s}(V)+\sqrt{\beta^2-U_1^2}\,\sigma_{H_s}(V) \qquad \text{(G.8)}$$

通过去掉 U_1 的平方，可以得出式(G.8)的保守近似值，如此获得简化的公式：

$$H_{s,SSS}\approx\mu_{H_s}(V)+\beta\sigma_{H_s}(V) \qquad \text{(G.9)}$$

V 与 H_s 的关联程度越高，平均切出风速与重现期为 50 年的平均风速差异就越大，式(G.9)就越接近式(G.8)。

第二个分布模型假定 H_s 为 V 条件下的对数正态分布，则有：

$$F_{H_s}(H_s \mid V)=\Phi\left(\frac{\ln H_s-\mu_{\ln H_s}(V)}{\sigma_{\ln H_s}(V)}\right) \qquad \text{(G.10)}$$

$$\mu_{\ln H_s}=\ln\mu_{H_s}(V)-\ln\sqrt{1+CoV_{H_s}(V)^2}$$

$$\sigma_{\ln H_s}=\sqrt{\ln(1+CoV_{H_s}(V)^2)}$$

$$CoV_{H_s}(V)=\frac{\sigma_{H_s}(V)}{\mu_{H_s}(V)} \qquad \text{(G.11)}$$

应用式(G.10)，将式(G.6)变换为：

$$H_{s,SSS}=\exp(\mu_{\ln H_s}(V)+\sqrt{\beta^2-U_1^2}\sigma_{\ln H_s}(V)) \qquad \text{(G.12)}$$

通过式(G.11)的泰勒展开，省略式(G.12)中的 U_1 的平方项，可得到式(G.12)的保守近似表达：

$$H_{s,SSS}\approx\mu_{H_s}(V)\cdot\exp(\beta CoV_{H_s}(V)) \qquad \text{(G.13)}$$

V 和 H_s 之间的相关性越大，平均切出风速和 50 年重现期的平均风速之间的差异就越大，式(G.13) 也就越近似式(G.12)。通过再引入 U_1 的平方，即用$\sqrt{\beta^2-U_1^2}$来代替 β，式(G.13)可获得显著改进。

在大多数情况下，可对条件平均数 $\mu_{H_s}(V)=E[H_s|V]$和标准差 $\sigma_{H_s}(V)=D[H_s|V]$进行可靠估算。对拟合度适用性进行观测试验或统计试验时，要求数据多于估算 $\mu_{H_s}(V)$和 $\sigma_{H_s}(V)$的数据，但最终还需进行评判，以确保结果是保守的。应注意，当给定相同的数据集时，对数-正态模型相比于正态模型来说是保守的。如果无法估算 $E[H_s|V]$和 $D[H_s|V]$，和/或不能保守地选择分布模型，则作为 $H_{s,SSS}(V)$的保守估算方法，可使用与平均风速无关的由 H_s 的边缘分布确定的 50 年重现期极大有义波高 H_{s50}，以及与构造环境等值线时相同的海况持续时间。

用正态分布模型和对数-正态分布模型来准确地说明有义波高在较高平均风速时的可能上限值或许存在一定困难。因此应注意，为避免过大地估算 $H_{s,SSS}(V)$，可以规定一个上限，例如，50 年重现期的海况持续时间与构造环境等值线时使用的海况持续时间相同的极大有义波高 H_{s50}。

G.4 海况持续时间的选择

很难给出选择海况持续时间的确切指导，因为恰当的选择与特定的场址有关。在此仅对此问题作简短介绍。

海况定义是以假定海平面升高的过程平稳为条件的。由于海况的持续时间一般大于或等于 1 h，因此选择 10 min 的持续时间与风速的基准期匹配存在困难。若选择 10 min 为周期，则很有可能所寻求的风力发电机组在正常风况下发电时所发生的 50 年重现期的极端响应，出现在 10 min 海况中，而非恶劣海况(SSS)。因此，在这种情况下，恶劣海况的有义波高需要被放大(增加)。如选择比海况实际持续时间稍长的时间可减少此上述问题。可能很重要的设计状态是在风暴结束时，波浪仍很恶劣，但是风速已经降低到允许风力发电机组启动，在此情况下，运行的气动载荷和水动力载荷的组合可通过确定环境等值线来分析。若选择 10 min 的持续时间，且 $H_{s,SSS}$未明显放大，那么该重要载荷工况中的波浪载荷作用可能被低估了。

通常，测量或追算的海洋气象数据是通过 1 h 的数据来获得，即每小时进行一次海洋气象数据观测。如果有风力数据，那么获得的 1 h 数据通常记录为 1 h 平均值，即为在平均周期为 1 h 的平均风速值。或可使用 10 min 的平均风速数据，转换成 1 h 或 3 h 的数据。以下简要介绍该转换对 V 和 H_s 联合分布的影响。当考虑平均风速的长期边缘分布时，平均周期分别为 10 min、1 h 和 3 h 的风速分布是有所不同的。随着基准期的增加，边缘分布的标准差略微降低，但平均值保持不变。H_s 的长期边缘分布不变，因为其定义与取样间隔和基准期无关。

由于在风的影响下，波浪的形成要经过一段相当长的时间(以小时计)，V 和 H_s 的相关性可能随着基准期的增加而增强。但取决于场址的具体特点，相关性可能不会随着平均周期发生很大变化，因此假定 V_{hub}，H_s 和 T_p 的长期联合概率分布与基准期无关是合理的。

G.5 极限波高(SWH)的确定

极限波高 $H_{SWH}(V)$是有义波高 $H_{s,SSS}(V)$在恶劣海况下的极大值。根据恶劣海况的定义，海况最大响应的期望值，需出现在环境等值线的对应点上，因此 H_{SWH}应是恶劣海况可能出现的最大波高期望值。在很多海上应用中，最大波高的分布模型采用极大波高。该模型比期望值稍小，但对于现阶段应用，允许使用该模型来代替期望值。

如果已知波高分布 $F(H|H_s)$，通过以下关于 H_{SWH}的公式就可能得到 $H_{SWH}(V)$：

$$F(H_{SWH} \mid H_s = H_{s,SSS}(V)) = 1 - \frac{1}{M} \qquad \cdots\cdots\cdots\cdots(G.14)$$

式中：

M——恶劣海况下海浪的平均数。

式(G.14)给出了分布模型。如果波高分布 $F(H|H_s)$是未知的，可假设波高服从瑞利分布(基于深水区海面沿一个狭窄带上升的假设)，$H_{SWH}(V)$可以由 $H_{s,SSS}(V)$得到。对于持续 3 h 的海况，$H_{SWH}(V)$按下式计算：

$$H_{SWH}(V) \approx 1.86 H_{s,SSS}(V) \qquad \cdots\cdots\cdots\cdots(G.15)$$

若基于 H_s 的波高分布不能很好地用瑞利模型来表示，如受到水深的限制，则式(G.15) 可能无效。若使用式(G.14)或式(G.15)没有足够的数据来确定 $H_{SWH}(V)$，则 50 年重现期的与 V 无关的无条件限制的极大波高 H_{50}可用作 $H_{SWH}(V)$的保守值。

G.6 参考文献

［1］ Winterstein，S.R.，Ude，T.，Cornell，C.A.，Bjergager，P. and Haver，S.：*Environmental parameters for extreme response：Inverse FORM with omission factors*，ICOSSAR’93，Innsbruck，1993.

附 录 H
（资料性附录）
腐 蚀 防 护

H.1 概述

海上风力发电机组暴露于恶劣的海洋腐蚀环境中，受可达性制约，其检查和维护也常受限制。因此海上风力发电机组需特别注意腐蚀防护，如材料的选择、设计考虑、腐蚀防护系统、适当的检查和维护计划。

腐蚀损伤会影响结构的完整性，降低构件的承载能力。腐蚀防护的目的就是预防此类损伤发生在疲劳和极限载荷敏感区。对于疲劳，腐蚀损伤可导致应力集中，引起疲劳裂纹。对于极限载荷，腐蚀防护可避免结构承载能力的降低。对于疲劳设计，当全面的腐蚀防护系统（就位且此该系统具备适当的检查和维护计划）就位时，可认为支撑结构没有无因腐蚀而受损坏损伤。海上风力发电机组结构部件、机械部件和电子部电气部件的设计同样应该考虑到腐蚀对其功能的影响，如转动部位的连接部件的锈蚀卡阻或传感器失效。

应根据公认的规范和标准，设计海上风力发电机组的腐蚀防护系统，并应注意，避免不同标准中分析方法的混淆。

H.2 海洋环境

腐蚀的特点是金属表面分解成离子形态，在电化学中，称之为氧化。此过程依赖于电解质提供的导电离子。腐蚀过程受到下列主要海水参数的影响：

- 含盐量及污染物种类及含量；
- 含氧量；
- 温度；
- 运动及流动。

海上风力发电机组可以分为以下区域以助理解其与海洋环境的关系：

- 大气区；
- 飞溅区或过渡区；
- 全浸区；
- 海泥区。

大气区包括飞溅区以上的完全暴露和半遮蔽区域。

飞溅区是指在潮汐和波浪作用下间歇被浸没的区域。它经常承受巨大的局部变化。

全浸区指飞溅区以下包括海水淹没的内部舱室。

海泥区包括被海床沉积物或土壤掩埋的构件。

全浸区上部和飞溅区下部通常受到海生物的影响。这种影响取决于这些海生物的类型、范围以及当地的条件，它可能加速腐蚀，也可能减缓腐蚀。海生物同样也会破坏腐蚀防护系统，如涂层/衬套和阴极保护。

在寒带，海冰的冲刷作用可移除能阻止腐蚀的氧化层、腐蚀防护涂层和海生物，进而提高腐蚀速率。

在热带，由于较高的平均温度和湿度使得海洋环境更为恶劣，因此腐蚀防护显得尤为重要。

H.3 腐蚀防护注意事项

在设计使用寿命期内,腐蚀防护系统可阻止结构的腐蚀速度,或将其降到最低。实际上,完全阻止腐蚀是很难的,但腐蚀速率可被降至最低。

可采用下列腐蚀防护措施使腐蚀损坏最小化:

- 根据公认的设计规范或标准选择合适的结构材料;
- 正确的设计方法,如:可达性、正确的排水装置、移除边缘和缺陷以及其他考虑;
- 通过涂层使金属材料与电解液隔离;
- 防腐系统的定期检查及维修;
- 电化学保护,如阴极保护。

H.4 腐蚀防护系统

海上风力发电机组支撑结构的防腐系统可以分为两类:涂层保护,阴极保护。以下将按支撑结构的不同区域讨论这两类腐蚀防护系统。

对于大气区和飞溅区,应在所有的金属表面应用符合标准和规范的涂层系统。其中飞溅区应特别注意,此区域的涂层系统应更严格地适应海洋环境需求,满足支撑结构的使用条件,并且应评估其功效。

全浸区及海泥区也应采取合适的保护方法,使结构能运行到设计使用期,否则应确保更换或修复的可能性。如需更新,应该定期检查涂层是否损坏。

对于永久密封的内部空隙,如箱形梁、管座等无需内部防腐。装配期间需注意,在密封前应确保内部清洁、干燥。对于永久浸没,不存在水交换或极少水交换的空间,腐蚀防护要求也可降低。

所有涂层系统均应进行定期检查和维修,以确保其在设计使用期内的完整性。如果检查频率降低,应该特别注意涂层是否符合标准的要求。同时也应注意,单纯的涂层合格证明并不能保证它在设计使用期内的性能完好,因此选择涂层时,还应该根据此产品在同类工程应用中的情况确定。

此外,全浸区应该有阴极保护。通常,阴极保护有牺牲阳极和外加电流两类。若阴极保护系统在结构各部分的电流分布不合适,则建议在这些部分附加其他的涂层保护。应该避免阴极保护中无效的缺口及区域,或者使用涂层保护来替代。对于能够入船坞进行彻底检查和维修的漂浮结构可以重新考虑该要求。

采用腐蚀裕量代替腐蚀防护系统的方案仅限于非关键构件、设计寿命较短的结构、计划定期检查或维修的区域。在 ISO/CD 19902 中,以北海中未做腐蚀防护的低合金钢或非合金钢为例,飞溅区每年的腐蚀为 0.3 mm,全浸区为 0.1 mm。对于设计寿命为 20 年的结构而言,相当于飞溅区总的腐蚀为 6 mm,全浸区为 2 mm,在极限状态分析中应考虑这些腐蚀裕度。

H.5 风轮-机舱组件腐蚀防护

机舱位于大气区,也受到海洋环境同等腐蚀应力的影响,因此机舱应该考虑采取与支撑结构同等的腐蚀防护。机舱应采取密封的腐蚀防护措施与大气区隔绝。

机舱的所有金属表面,要根据公认的规范或标准应用涂层系统。以下是 ISO 12944-2 中推荐的环境分类:

- 根据 C5-M 保护外部元件、配件和传感器不受腐蚀;
- 根据 C4 保护直接暴露于外部空气的内表面不受腐蚀;
- 根据 C3 保护与外部空气隔绝的内表面不受腐蚀。

通常认为在相对湿度80%以上,会发生严重的腐蚀,因此机舱内部环境应通过环境密封及调湿加以控制。风力发电机组的控制系统应该对环境控制系统进行监控,并做常规的定期维护。

另外,其他与外部空气直接或间接接触的内部部件(如轴承或齿轮箱的通气装置)及运行材料(如润滑剂和润滑油),应该同机舱外部组件(密封圈、橡胶、软管等)一样作特殊处理,并设计为可经受海洋环境腐蚀。外界环境可参照IEC 60721-3-3。

H.6 参考文献

[1] DNV-OS-C101, Design Of Offshore Steel Structures, General (LRFD Method), April 2004.

[2] DNV-OS-J101, Design Of Offshore Wind Turbine Structures. October 2007.

[3] DNV RP-B401, Cathodic Protection Design.

[4] Germanischer Lloyd WindEnergie GmbH, Rules and Guidelines: IV—Industrial Services, Part 2 Guideline for the Certification of Offshore Wind Turbines, 2005.

[5] Germanischer Lloyd, VI—Additional Rules and Guidelines, Part 9 Materials and Welding, 6 Guideline for Corrosion Protection and Coating Systems.

[6] ISO 12944, Paints and varnishes—Corrosion protection of steel structures by protective paint systems, 1998.

[7] ISO/DIS 12495, Cathodic protection for fixed steel offshore structures, 2000.

[8] ISO/CD 19902, Draft, Petroleum and Natural Gas Industries—Fixed Steel Offshore Structures, 2001.

[9] NACE Standard RP0176—2003, Corrosion Control of Steel Fixed Offshore Structures Associated with Petroleum Production.

[10] NORSOK Standard M-501, Surface Preparation and Protective Coating, Rev.4, 1999.

[11] NORSOK Standard M-503, Cathodic Protection, Rev.2, 1997.

[12] STG-Richtlinie Nr. 2215, Korrosionsschutz für Schiffe und Seebauwerke.

[13] ZTV-KOR, Zusätzliche technische Vertragsbedingungen und Richtlinie für den Korrosionsschutz von Stahlbauten.

[14] ZTV-W, Zusätzliche technische Vertragsbedingungen und Richtlinie Wasserbau für Korrosionsschutz im Stahlwasserbau.

[15] ZTV-RHD-ST, Zusätzliche technische Vertragsbedingungen und Richtlinie reaktionsharzgebundene Dünnbelege auf Stahl.

[16] Korrosionsschutz in der maritimen Technik Tagungsband zur 1. Tagung, Korrosionsschutz von Offshore—Windenergieanlagen, Nils Hunold und Dr. Bernhard Richter.

[17] W. v. Baeckmann und W. Schwenk (1999):“Handbuch des kathodischen Korrosionsschutzes”, 4. Auflage, Wiley—VCH Verlag.

[18] Egon Kunze (2001):“Korrosion und Korrosionsschutz”, Band 4 Korrosion und Korrosionsschutz in verschiedenen Gebieten, Wiley—VCH Verlag.

参 考 文 献

以下是与海上风力发电机组设计相关标准：

[1] IEC 60034 (all parts), Rotating electrical machines.

[2] IEC 60038, IEC standard voltages.

[3] IEC 60146 (all parts), Semiconductor converters.

[4] IEC 60173:1964, Colours of the cores of flexible cables and cords.

[5] IEC 60204-1:2005, Safety of machinery—Electrical equipment of machines—Part 1: General requirements.

[6] IEC 60204-11:2000, Safety of machinery—Electrical equipment of machines—Part 11: Requirements for HV equipment for voltages above 1 000 V a.c. or 1 500 V d.c. and not exceeding 36 kV.

[7] IEC 60227 (all parts), Polyvinyl chloride insulated cables of rated voltages up to and including 450/750 V.

[8] IEC 60245 (all parts), Rubber insulated cables—Rated voltages up to and including 450/750 V.

[9] IEC 60269 (all parts), Low-voltage fuses.

[10] IEC 60287 (all parts), Electric cables—Calculation of the current rating.

[11] IEC 60364 (all parts), Low voltage electrical installations.

[12] IEC 60439 (all parts), Low voltage switchgear and control gear assemblies.

[13] IEC 60446:1999, Basic and safety principles for man-machine interface, marking and identification—Identification of conductors by colours or numerals.

[14] IEC 60529:1989, Degrees of protection provided by enclosures (IP Code).

[15] IEC 60617, Graphical symbols for diagrams.

[16] IEC 60755:1983, General requirements for residual current-operated protective devices.

[17] IEC 60898:1995, Electrical accessories—Circuit breakers for overcurrent protection for household and similar installations.

[18] IEC 61000-6-1:2005, Electromagnetic compatibility (EMC)—Part 6-1:Generic standards—Immunity for residential, commercial and light-industrial environments.

[19] IEC 61000-6-2:2005, Electromagnetic compatibility (EMC)—Part 6-2:Generic standards—Immunity for industrial environments.

[20] IEC 61000-6-4:2006, Electromagnetic compatibility (EMC)—Part 6-4:Generic standards—Emission standard for industrial environments.

[21] IEC 61310-1:1995, Safety of machinery—Indication, marking and actuation—Part 1: Requirements for visual, auditory and tactile signals.

[22] IEC 61310-2:1995, Safety of machinery—Indication, marking and actuation—Part 2: Requirements for marking.

[23] IEC 61400-13:2001, Wind turbine generator systems—Part 13: Measurement of mechanical loads.

[24] IEC 61400-21:2001, Wind turbine generator systems—Part 21: Measurement and assessment of power quality characteristics of grid connected wind turbines.

[25] IEC 61400-24:2002, Wind turbine generator systems—Part 24: Lightning protection.

[26] ISO 3010:2001, Basis for design of structures—Seismic actions on structures.

[27] ISO 4354:1997, Wind actions on structures.

[28] ISO 8930:1993, General principles on reliability for structures—List of equivalent terms.

[29] International Civil Aviation Organization (ICAO), Annex 14 to Convention on International Civil Aviation, Aerodomes, Vol. 1, Ed. 4, July 2004, Aerodome Design and Operations.

[30] International Association of Marine Aids to Navigation and Lighthouse Authorities (IALA), Recommendation O-117, Ed. 2, December 2004, On the Marking of Offshore Wind Farms.

[31] Germanischer Lloyd WindEnergie GmbH, Rules and Guidelines: IV—Industrial Services, Part 2—Guideline for the Certification of Offshore Wind Turbines.

[32] DNV Offshore Standard, DNV-OS-J101, Design of offshore wind turbine structures.

[33] IEC 60721-3-3:2002, Classification of environmental conditions—Part 3-3:Classification of groups of environmental parameters and their severities—Stationary use at weatherprotected locations.

ICS 27.180
F 11

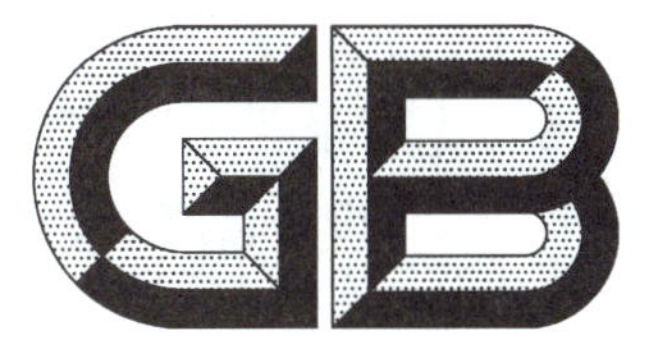

中华人民共和国国家标准

GB/T 31519—2015

台风型风力发电机组

Wind turbine generator system under typhoon condition

2015-05-15 发布　　2016-02-01 实施

中华人民共和国国家质量监督检验检疫总局
中国国家标准化管理委员会　发布

前言

本标准按照 GB/T 1.1—2009 给出的规则起草。

本标准由中国机械工业联合会提出。

本标准由全国风力机械标准化技术委员会(SAC/TC 50)归口。

本标准起草单位:浙江运达风电股份有限公司、上海电气风电设备有限公司、国家气候中心、北京鉴衡认证中心有限公司、新疆金风科技股份有限公司、国电联合动力技术有限公司、福建省气候中心、广东明阳风电产业集团有限公司、美泽新能源控股有限公司、中国农机工业协会风力机械分会。

本标准主要起草人:叶杭冶、申新贺、张秀芝、张容焱、许国东、王青、王国庆、王力雨、许移庆、张宇、徐洪雷、唐浩、王斌、张启应、蔡安民、黄建锋、田野、庄岳兴。

台风型风力发电机组

1 范围

本标准规定了台风型风力发电机组(以下简称“机组”)的最低技术要求和机组的安全等级,对台风模型和台风状态下的各种工况进行了描述和定义。此外,本标准还涉及机组的机械系统、电气系统、控制和安全保护系统以及运行与维护等要求。

本标准适用于台风多发地区的陆上并网型水平轴风力发电机组。海上水平轴风力发电机组可以参考使用。

2 规范性引用文件

下列文件对于本文件的应用是必不可少的。凡是注日期的引用文件,仅注日期的版本适用于本文件。凡是不注日期的引用文件,其最新版本(包括所有的修改单)适用于本文件。

GB/T 2900.53 电工术语 风力发电机组

GB 4208—2008 外壳防护等级(IP 代码)

GB/T 4797.5—2008 电工电子产品环境条件分类 自然环境条件 降水和风

GB/T 18451.1—2012 风力发电机组 设计要求

GB/T 19072—2010 风力发电机组 塔架

GB/T 19292.1—2003 金属和合金的腐蚀 大气腐蚀性 分类

GB/T 25383 风力发电机组 风轮叶片

GB/T 25385 风力发电机组 运行及维护要求

GB/Z 25427—2010 风力发电机组 雷电防护

GB/Z 25458—2010 风力发电机组 合格认证规则及程序

GB 50007—2011 建筑地基基础设计规范

GB 50010—2010 混凝土结构设计规范

GB 50057—2010 建筑物防雷设计规范

GB 50135—2006 高耸结构设计规范

NB/T 31001—2010 风电机组筒形塔制造技术条件

ISO 2394 结构可靠性的一般原则 (General principles on reliability for structures)

3 术语和定义

GB/T 2900.53 和 GB/T 18451.1—2012 界定的以及下列术语和定义适用于本文件。

3.1

台风 typhoon

热带气旋 tropical cyclones

生成于热带或副热带洋面上急速旋转并向前移动的大气涡旋。

注1：按强度可分为热带低压、热带风暴、强热带风暴、台风、强台风和超强台风。为便于描述，本标准除特别说明外通称为台风。

注2：改写 GB/T 19201—2006 的定义 2.1。

3.2

顺桨 feathering

风轮叶片的几何攻角改变到趋近零升力的状态。顺桨通常分为正常顺桨和紧急顺桨。

3.3

阵风系数 gust factor

N 年一遇 3 s 平均极端风速与 N 年一遇 10 min 平均极端风速的比值，N 通常取 1 或 50。

4 符号和缩略语

4.1 符号和单位

D	风轮直径	[m]
I_{ref}	10 min 平均风速为 15 m/s 时轮毂高度处湍流强度的期望值	[—]
N	极限状况的重现周期	[年]
T	阵风特征时间	[s]
t	时间	[s]
v	风速	[m/s]
$V(z)$	z 高度处的风速	[m/s]
V_{ave}	轮毂高度处年平均风速	[m/s]
V_{TeN}	N 年一遇极大风速(3 s 平均)期望值，V_{e1} 和 V_{e50} 分别表示 1 年一遇和 50 年一遇	[m/s]
V_{gustTN}	N 年一遇最大阵风期望值	[m/s]
V_{hub}	轮毂高度处的风速	[m/s]
V_{in}	切入风速	[m/s]
V_{out}	切出风速	[m/s]
V_r	额定风速	[m/s]
V_{Tref}	参考风速	[m/s]
$V(z,t)$	用于描述极端阵风和风切变瞬时变化的矢量风速纵向分量	[m/s]
z	用于描述风场高度方向(竖向)的坐标系	[m]
z_{hub}	风力发电机组轮毂高度	[m]
β	极端风向变化模型参数	[—]
$\theta(t)$	风向瞬时变化值	[deg]
θ_{eT}	50 年一遇极大风向变化值	[deg]
Λ_1	由波长定义的湍流尺度参数	[m]
σ_1	轮毂高度处矢量风速纵向分量标准偏差	[m/s]
σ_2	轮毂高度处矢量风速横向分量标准偏差	[m/s]
σ_3	轮毂高度处矢量风速竖向分量标准偏差	[m/s]
σ_{T1}	轮毂高度处台风湍流风速纵向分量标准偏差	[m/s]

4.2 缩略语

A　非正常(局部安全系数)

DLC　设计载荷工况

ECD　方向变化的极端相干阵风

EDC_T　台风极端风向变化

EOG_T　台风极端运行阵风

EWM_T　台风极端风速模型

EWS　极端风切变

F　疲劳

N　正常和极大(局部安全系数)

NWP　正常风廓线模型

TS　特殊的机组安全等级

TTM　台风湍流模型

U　极限

5　安全等级、台风风况和工况

5.1　概述

本章主要对机组的安全等级、湍流条件、台风风况以及设计状态进行定义和描述。本标准没有规定的设计工况应按 GB/T 18451.1—2012 的要求执行。

5.2　机组安全等级

设计中考虑的外部条件取决于机组拟安装位置或安装位置的类型。表 1 规定的机组安全等级基本参数表示的是一个宽泛的范围,不代表某一特定场址。如果设计者或者客户需要使用特定的条件,则需要定义一个特定的机组安全等级,这个安全等级定为 TS 级。

对 TS 级机组,可参考 GB/T 18451.1—2012 的 S 级机组,生产商应在设计文件中说明所采用的模型及主要设计参数值。如采用第 5 章的模型,应对其参数值作充分的说明。

表 1　台风型风力发电机组等级基本参数[1)]

风电机组等级	TⅠ	TⅡ	TS
V_{Tref}	55	50	由设计者确定各参数
A　I_{ref}(-)	0.16		
B　I_{ref}(-)	0.14		
C　I_{ref}(-)	0.12		

V_{Tref}:10 min 平均风速。机组所能承受的轮毂高度处 50 年一遇 10 min 平均极端风速应小于 V_{Tref};

I_{ref}:平均风速为 15 m/s 时轮毂高度处湍流强度的期望值;定义同 GB/T 18451.1—2012;

A:表示较高湍流特性等级;

B:表示中等湍流特性等级;

C:表示较低湍流特性等级。

1)　年平均风速未列入表 1,可参考附录 A 选取或自定义,但应在设计文件中指出。

5.3 台风风况

5.3.1 概述

热带气旋是一种复杂的气候现象,附录部分提供了我国沿海地区的部分台风特点统计资料,附录B介绍了热带气旋的结构。

风况的设计值应在技术文件中明确规定。台风通常具有风速大、湍流强、风向变化大等特点,应建立能够模拟台风特点的风况模型进行机组的仿真计算。本标准提供了下述台风特点的风况模型,可作为机组的设计参考。

湍流是指矢量风速相对于10 min平均值的随机变化,湍流模型在使用时应考虑风速、风切变和风向变化的影响。

5.3.2 台风湍流模型(TTM)

对于标准等级机组,轮毂高度处台风湍流风速的纵向标准偏差代表值σ_{T1}由式(1)给出:

$$\sigma_{T1}=I_{ref}(0.75V_{hub}+b) \qquad \cdots\cdots(1)$$

式(1)中$b=5.6$ m/s。

当地形复杂时,由于湍流气流的变形,湍流纵向分量的标准偏差估计值应增加。该环境下,宜采用式(2)计算台风湍流强度标准偏差[2]:

$$\sigma_{T1}=I_{ref}(0.42V_{hub}+b) \qquad \cdots\cdots(2)$$

式(2)中$b=14.3$ m/s。

I_{ref}的值由表1给出。湍流谱的描述参考GB/T 18451.1—2012中附录B。

5.3.3 台风极端风速模型(EWM_T)

台风极端风速模型(EWM_T)应是稳态风速模型或湍流风速模型。该风速模型应基于参考风速V_{Tref}与恒定的湍流标准偏差σ_{T1}。

对于稳态极端风速模型,50年一遇和1年一遇的极大风速V_{Te50}和V_{Te1}作为高度z的函数计算见式(3)和式(4):

$$V_{Te50}(z)=1.4V_{Tref}(z/z_{hub})^{0.11} \qquad \cdots\cdots(3)$$

$$V_{Te1}(z)=0.8V_{Te50}(z) \qquad \cdots\cdots(4)$$

对于湍流极端风速模型,50年和1年一遇的10 min平均风速是z的函数,由式(5)和式(6)给出:

$$V_{T50}(z)=V_{Tref}(z/z_{hub})^{0.11} \qquad \cdots\cdots(5)$$

$$V_{T1}(z)=0.8V_{T50}(z) \qquad \cdots\cdots(6)$$

湍流谱的描述参考GB/T 18451.1—2012中附录B,台风湍流风速纵向标准差[3]满足式(7)的要求:

$$\sigma_{T1}\geqslant 0.11V_{hub} \qquad \cdots\cdots(7)$$

5.3.4 台风极端运行阵风(EOG_T)

对于机组,轮毂高度处的阵风幅值V_{gustTN}根据式(8)进行计算:

$$V_{gustTN}=\beta\left[\frac{\sigma_1}{1+0.2\left(\frac{D}{\Lambda_1}\right)}\right] \qquad \cdots\cdots(8)$$

2) 可参考附录F的台风过程湍流特性分析结果。

3) 台风湍流极端风模型的湍流标准偏差与台风湍流模型(TTM)不相关。

式中：

σ_1 ——由 GB/T 18451.1—2012 中式(1)给出；

Λ_1——湍流尺度参数，由 GB/T 18451.1—2012 中式(5)给出；

D ——风轮直径；

$\beta=4.8, N=1$；

$\beta=6.4, N=50$。

周期为 N 年一遇的风速，由式(9)确定：

$$V(z,t)=\begin{cases}V(z)-0.37V_{\text{gustTN}}\sin(3\pi t/T)(1-\cos(2\pi t/T)) & 0\leqslant t\leqslant T \\ V(z) & \text{其他}\end{cases} \qquad \cdots\cdots(9)$$

$V(z)$按正常风廓模型(NWP)进行计算，NWP 由 GB/T 18451.1—2012 中 6.3.1.1 给出；

$T=10.5$ s。

5.3.5 台风极端风向变化(EDC_T)

台风过程的极端风向变化幅值 θ_{eT} 可以用式(10)进行计算：

$$\theta_{eT}=\pm 6.4\arctan\left[\frac{\sigma_1}{V_{\text{hub}}\left[1+0.2\left(\frac{D}{\Lambda_1}\right)\right]}\right] \qquad \cdots\cdots(10)$$

式中：

σ_1 ——由 GB/T 18451.1—2012 中式(1)给出；

Λ_1——湍流尺度参数，由 GB/T 18451.1—2012 中式(5)给出；

D ——风轮直径。

极端风向变化瞬时值 $\theta(t)$ 由式(11)确定：

$$\theta(t)=\begin{cases}0^0 & t<0 \\ \pm 0.5\theta_{eT}(1-\cos(\pi t/T)) & 0\leqslant t\leqslant T \\ \theta_{eT} & t>T\end{cases} \qquad \cdots\cdots(11)$$

此处，极端风向变化过程持续时间 $T=6$ s。应考虑最恶劣瞬时载荷发生的情况。风向瞬时变化结束时，假定风向保持不变，风速遵从 GB/T 18451.1—2012 中的正常风廓线模型(NWP)。

5.4 工况设计和载荷计算

5.4.1 概述

5.4.1.1 载荷计算应满足 GB/T 18451.1—2012 和本标准的要求。完整的机组设计载荷工况由两部分组成：本标准表 2 规定的台风环境下设计工况和 GB/T 18451.1—2012 中表 2 规定的工况。

5.4.1.2 设计计算至少应考虑 GB/T 18451.1—2012 中 7.3.1～7.3.4 描述的载荷，应考虑伴随台风过程的暴雨和雷电影响，应考虑基础刚度对载荷的影响。

5.4.1.3 在所有情况下，应考虑平均气流相对水平面成 8°角时的影响。假定此倾斜角不随高度改变而变化。

5.4.1.4 按照 GB/T 18451.1—2012 中表 2 进行载荷计算时，应使用 GB/T 18451.1—2012 规定的风模型，设计参数应与本标准保持一致性。

表 2 设计载荷工况(台风环境)

设计工况	DLC	风况	其他情况	分析方法	局部安全因素
发电兼有故障	T.1	EOG_{T1} $V_r < V_{hub} \leqslant V_{out}$	外部或内部电气故障	U	N
正常关机	T.2	EOG_{T1} $V_r < V_{hub} \leqslant V_{out}$		U	N
	T.3	ECD $V_r < V_{hub} \leqslant V_{out}$		U	N
	T.4	EDC_T $V_r < V_{hub} \leqslant V_{out}$		U	N
空转	T.5	ECD $V_{hub} = V_{out}, V_{out} + 2$ m/s		U	N
	T.6	EDC_T $V_{out} < V_{hub} < 0.7V_{Tref}$		U	N
	T.7	EWS $V_{hub} = V_{Tref}$		U	N
	T.8	EOG_{T50} $V_{out} < V_{hub} < 0.7V_{Tref}$		U	N
	T.9	TTM 1 年一遇	极端偏航误差	U	N
	T.10	EWM_T 50 年一遇	失去电网连接	U	A
	T.11	TTM $V_{hub} = 0.7V_{Tref}$ 或由场址确定	台风湍流模型	F	*
关机兼故障	T.12	EWM_T 1 年一遇	偏航故障或变桨故障	U	A
	T.13	EDC_T $V_{out} < V_{hub} < 0.7V_{Tref}$	偏航故障或变桨故障	U	A

注：表中各符号的定义，除本标准已有定义外，等同采用 GB/T 18451.1—2012。
表中的 ECD、EWS 风况模型等同采用 GB/T 18451.1—2012 中 6.3.2.5、6.3.2.6 的定义。

5.4.1.5 若有足够的资料证明，比如采用了能够更好模拟台风过程的风况模型，则可以对表 2 所列工况进行合理修改。

5.4.1.6 附录 C 给出了式(3)里阵风系数的实测数据分析，可根据机组实际情况选用，并在技术文件中给出。但对于塔架和基础的设计极限载荷，不应改变式(3)里的阵风系数。对于地形复杂的地区，纵向、横向和竖向的湍流分量标准偏差可根据附录 F.3 计算。

5.4.2 发电兼有故障(DLC T.1)

本工况考虑台风登陆前的一段时间，机组受台风影响且处于发电过程中，由于故障所触发的瞬时事件。台风环境下，同一风速表现的阵风幅值通常大于 GB/T 18451.1—2012 的定义。这种设计状态下的其他风况与故障的组合在 GB/T 18451.1—2012 中考虑。

若可确保机组在受到台风影响前处于关机空转状态，则这种设计状态可以不用考虑。

5.4.3 正常关机(DLC T.2～T.4)

这种设计状态主要考虑台风登陆前处于发电状态的机组出于安全目的而关机的需要，包括机组从发电状态到空转状态的过程中产生载荷的所有事件。

若保证机组在受到台风影响前处于关机空转状态，则这种设计状态可以不用考虑。

5.4.4 空转(DLC T.5～T.11)

在这种设计状态中，风轮处于空转状态。若机组在电网失电情况下，控制和偏航系统可以正常工作 6 h以上，则 DLC T.10 可以不用考虑，否则应分析风向变化±180°所产生的影响。

在 DLC T.9 中，1 年一遇的极端风况应与极端偏航误差相结合，假定极端偏航误差为±20°。轮毂处风速按式(6)计算。

在 DLC T.11 中，轮毂高度处的风速应根据机组安装区域台风登陆期间的多年平均风速确定；在无法确定上述平均风速时，根据表 2 中推荐的风速设计。该风速所对应的波动载荷下预期的不发电时间应根据机组安装区域多年台风记录数据确定，可根据风速区间[V_{hub}－2 m/s,V_{hub}＋2 m/s]统计不发电时间；若无确切数据，可参考附录 D 的统计结果进行估算。

5.4.5 关机兼故障(DLC T.12～T.13)

这种设计状态下，机组处于关机状态。台风通常造成电网失电，若机组偏航系统无法工作，应分析可能产生的后果。故障状态应与湍流极端风模型结合起来。若偏航系统能够正常工作，对采用叶片独立变桨控制方式的机组，单个叶片的变桨系统出现故障，应分析这种情况下可能产生的后果；对非独立变桨控制方式，还需要分析所有叶片变桨系统出现故障的情况。

5.4.6 载荷计算结果分析

按 GB/T 18451.1—2012 中 7.6 的要求。

6 技术要求

6.1 基本要求

6.1.1 机组设计除满足本标准和 GB/T 18451.1—2012 的规定外，还应符合国家其他相关标准的要求。

6.1.2 机组在台风情况下通常处于关机(空转)状态，考虑机组的安全性和经济性，应合理选择机组各部件的安全裕量。

6.1.3 机组的特殊要求应在产品的技术文件中予以明确说明。

6.1.4 机组的材料、制造、包装、运输和储存等技术要求，可参考其他相关标准的规定。

6.1.5 机组合格认证可按照 GB/Z 25458—2010 的规定执行。

6.2 电网条件

电网的供电情况对机组的安全有很大的影响，台风影响的持续时间可参考附录 D。台风过程中，一次断电 6 h 为正常条件，断电一周为极端条件。

6.3 结构要求

6.3.1 结构部件的设计应以 ISO 2394 和 GB/T 18451.1—2012 的要求为设计基础，极限强度和疲劳强度需要通过计算或试验进行验证。机组在设计等级范围内的台风事件发生时及发生后，应保持必要的整体稳定性。

6.3.2 塔架应符合 GB/T 19072—2010 的规定；宜采用适当的措施来减小结构的振动；塔架的制造还应符合 NB/T 31001—2010 第 4 章～第 10 章的规定。

6.3.3 机组的基础应满足下述要求：

a) 应考虑台风过程中的暴雨影响，最大降水量可参考 GB/T 4797.5—2008 的附录 NA；
b) 基础的设计应符合 GB 50135—2006、GB 50007—2011 和 GB 50010—2010 的规定；
c) 机组基础的结构形式选择和强度、抗拔和抗滑稳定性应与机组等级相一致，其计算应符合 GB 50135—2006第 7 章的规定。

6.3.4 在 GB/T 4797.5—2008 规定的暴雨下，应保证机舱罩、导流罩的保护功能良好；应对机舱罩和导流罩进行静强度、耐久性、损伤容限和结构动力学分析。

6.3.5 风轮叶片应满足 GB/T 25383 的要求。

6.3.6 机组使用的风向风速仪应满足下面的要求：

a) 台风过程中，应保证风向风速仪能正常运行；
b) 风向风速仪应具备防盐雾腐蚀、防潮功能，保护等级不低于 GB 4208—2008 的 IP65；
c) 风速计测量精度宜达到 0.1 m/s，测量最高风速不低于 80 m/s。

6.4 防腐蚀要求

6.4.1 机组的腐蚀防护等级应适应运行环境的要求，大气腐蚀性能等级的选用可按 GB/T 19292.1—2003 的规定执行。

6.4.2 台风将使空气中的盐雾含量增加，并随风力的增大而使含盐量增加，机组结构部件的防腐蚀设计应考虑空气中盐雾含量的这一变化特征。

6.4.3 塔架防腐应符合 GB/T 19072—2010 第 9 章的规定。

6.5 雷电保护

机组应具备完善的雷电保护系统，所有导体接头应进行焊接或完全密封，并符合 GB/Z 25427—2010 的要求。防雷接地装置设计应符合 GB 50057—2010 中 4.3 的规定。

6.6 控制和保护系统要求

6.6.1 台风情况下，短时间内风向通常会发生急剧的变化，机组可能会产生非正常的偏航或平衡变化，应在控制策略中考虑这种情况。

6.6.2 机组应能够接收台风警报信号，并具备远程控制功能。

6.6.3 台风情况下，对变桨控制的机组，应使风轮处于自由空转状态，叶片顺桨，除非能够验证其他状态是安全的。

6.6.4 台风情况下，对变桨控制的机组，建议偏航系统保持风轮始终处于上风向或下风向的状态。

6.6.5 电网失电后的至少 6 h 内，建议机组控制系统具备持续工作能力，且偏航系统具备不间断的偏航调节能力。

7 安装场址的台风环境评估

7.1 台风风险评估

对机组的安装场址，应根据安装场址所在区域多年的台风观测数据进行台风风险评估，包括台风等级、台风登陆路径、登陆频次和每次登陆小时数等，可参考附录 E 进行台风风险评估。

7.2 台风风速分析

按照 GB/T 18451.1—2012 的附录 A 所列参数进行分析，至少应包括轮毂高度处 1 年一遇和 50 年一遇极端风速。

对部分台风观测数据的分析表明，台风湍流纵向、横向和竖直方向的强度具有如附录 F 中表 F.3 所示的关系；如果有安装场址的台风三维超声观测数据，应分析湍流三个方向的强度关系，根据分析结果对机组的强度进行校核。

8 建设、运行与维护

8.1 机组安装场址台风风险分析应包括附录 E 的内容。

8.2 对于安装在复杂地形地区的机组，应考虑复杂地形和台风风况的叠加效应，并根据 GB/T 18451.1—2012 的规定进行机组结构完整性评估。

8.3　应合理制定机组安装计划，避开台风登陆季节。

8.4　应按照 GB/T 25385 的规定，编制《台风事件应急方案》。

8.5　机组应配备完善的现场安全设施和标志，标明台风带来的可能危害。

8.6　台风警报解除之前，不允许机组自动启动；台风经过后，应对机组进行检查，并确认风速趋于平稳、安全的情况下，方可启动机组。

8.7　应注意防止高空坠落物的意外伤害。

8.8　对机组的地基基础，应在机组施工期和运行期进行沉降观测。

8.9　在现场条件和资金预算允许的情况下，建议沿海风电场场内集电线路采用地埋直敷电缆。

8.10　应通过对各种气象、电气、机械、系统等参数的长期监测，对机组的各种运行性能、状态、外部环境数据定期进行分类分析与总结。

附 录 A
（资料性附录）
中国东南沿海 70 m 高度 50 年一遇最大风速和年平均风速分布图

A.1 样本数据

分析对象：2003 年以来沿海 111 座测风塔观测到的 224 个热带气旋个例。

对上述个例按以下定义进行分类：

a） 测风塔距台风中心 100 km 以内；

b） 风向前后变化超过 150°；

c） 风速大于 15 m/s。

符合上述条件为热带气旋中心及附近，否则为外围。

224 个热带气旋个例中 132 个为热带气旋中心及附近个例，92 个为热带气旋外围。

A.2 50 年一遇最大风速

主要数据来源于东南沿岸气象站和沿海测风塔的热带气旋观测数据。对收集到的所有沿海气象站观测数据建立 1949 年～2010 年热带气旋最大风速序列，使用 Poisson-Gumbel 联合概率分布计算 50 年一遇最大风速；然后使用沿海测风塔风垂直切变结果，将其推算到 70 m 高度。沿海风电场通过气象站与测风塔相关分析推算计算 50 年一遇最大风速。

统计以 GB/T 18451.1—2012 的安全等级风速作为参考，沿岸气象站最大风速计算结果、沿海风电场最大风速计算结果绘成图 A.1，表 A.1 是东南沿海 70 m 高度不同风速段的出现频率。

从图 A.1 可以看到，个别海岛、海岬风速最大，可达 55 m/s～57 m/s，浙江和闽北、闽南、广东中、东部及徐闻的大部分海岛、海岬为超 I 类(50 m/s～55 m/s)，沿岸基本为 I 类，再往内陆依次为 II 类、III 类。从区域看，浙江-闽北、闽南-广东中东部及徐闻风速大，福建中部、广东湛江和茂名一带、海南大部分区域次之。

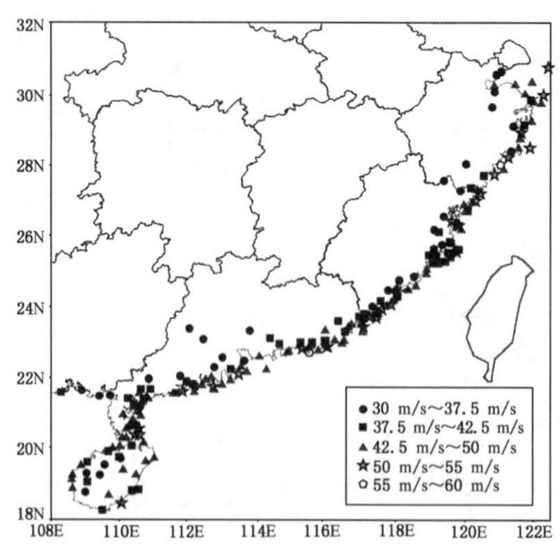

图 A.1 中国东南部沿海 70 m 高度 50 年一遇最大风速分布图

由表 A.1 可以发现,54 m/s 的风速可以覆盖所有统计数据的 96%。

表 A.1 东南沿海 70 m 高度极端风速出现频率

风速/(m/s)	站数	频率/%	累积频率/%
<37.5	48	22.75	22.75
37.5~42.4	42	19.91	42.65
42.5~49.9	89	42.18	84.83
50~51.9	16	7.58	92.42
52~53.9	9	4.27	96.68
54~55.9	5	2.37	99.05
56~57.9	1	0.47	99.53
58~59.9	1	0.47	100.00
合计	211	100	

A.3 年平均风速分布图

综合了沿海测风塔计算的年平均风速绘于图 A.2,可以看到,福建中部沿岸最大,8.0 m/s~9.8 m/s,浙江中北部沿岸、广东部分沿岸、广西沿岸和海南部分沿岸 5 m/s~6 m/s,其余 6.0 m/s~7.9 m/s。

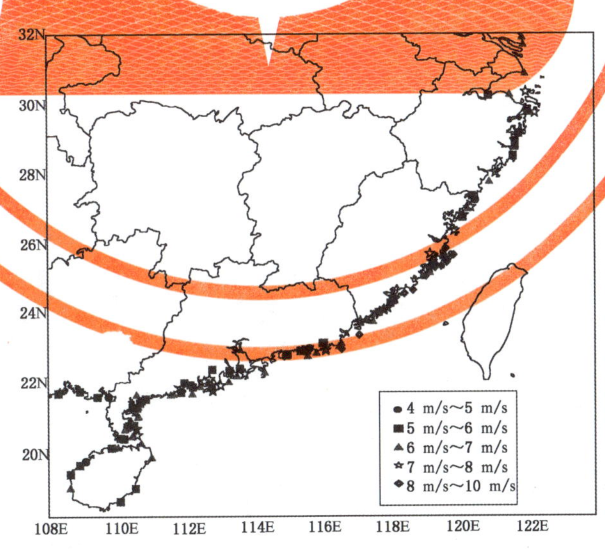

图 A.2 70 m 高年平均风速

A.4　50 年一遇风速与年平均风速的比值

在 GB/T 18451.1—2012 中，风力发电机组安全等级 50 年一遇最大风速是年平均风速的 5 倍，台风影响区 50 年一遇最大风速年平均风速的比值差别较大（见图 A.3），福建中部 5～6 倍，浙江北部、广西 6 倍，浙江中南部、福建北部、雷州半岛南部和海南岛北部 8 倍，其他区域 6～7 倍。

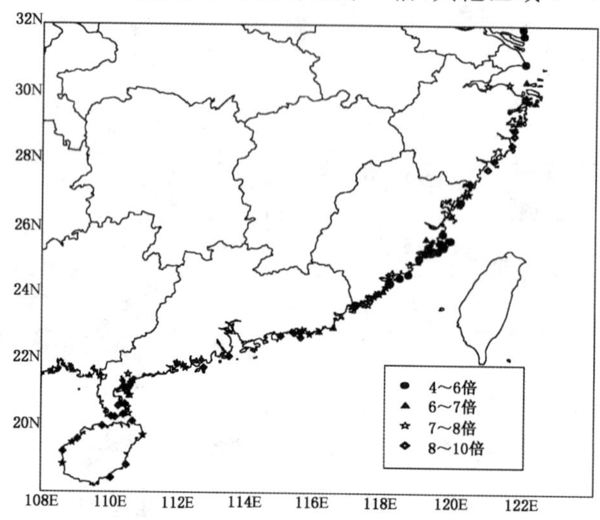

图 A.3　70 m 高 50 年一遇最大风速与年平均风速的比值分布图

附 录 B
（资料性附录）
热带气旋的结构

B.1 热带气旋的尺度

一般用大于6级风圈的长轴表示热带气旋的尺度，平均8.6个纬距，7～8月小台风较多，10月大台风较多。

B.2 台风眼

强烈的热带气旋的环流中心是下沉气流，将形成一个风眼。台风眼清晰且呈圆形，是发展为台风及强台风的标志。眼内的天气通常都是平静无风、无云，甚至时有阳光（但海面仍可能波涛汹涌）。风眼直径由2 km～370 km不等。

B.3 风眼墙（或称眼壁）

包围风眼的是圆桶状的风眼墙，风眼墙内对流非常强烈，其云层的高度在热带气旋内通常是最高的，降水的强度和风力的强度在热带气旋内也是最大的。

B.4 热带气旋风场

热带气旋风场在大洋上大致呈圆对称，在北半球其右半边等压线比较密集，其风向与行进方向一致，风速右半边得到加强，称为“危险半圆”，左半边则风向与行进方向相反，风速减小。

B.5 近海热带气旋风场的非对称性

热带气旋在靠近陆地时由于下垫面的改变，风场更加不对称，热带气旋行进右前方明显大于左后方。

附 录 C
（资料性附录）
阵风系数

C.1 GB/T 18451.1—2012 的阵风系数

GB/T 18451.1—2012 规定了 50 年一遇极端风速 V_{e50} 与参考风速 V_{ref} 关系的极端风速模型：

$$V_{e50}(z)=1.4V_{ref}\left(\frac{z}{z_{hub}}\right)^{0.11}$$

公式中的 1.4 通常被称为极大风速模型的阵风系数。

C.2 阵风系数的总体特征

使用 A.1 中 TC 中心及附近的样本数据，分析 3 s 最大瞬时风速与 10 min 最大风速的比值，分别对陆地和海上阵风系数进行统计（见图 C.1），结果表明：陆上为 1.259 9，海上为 1.196 1，均低于 1.4。

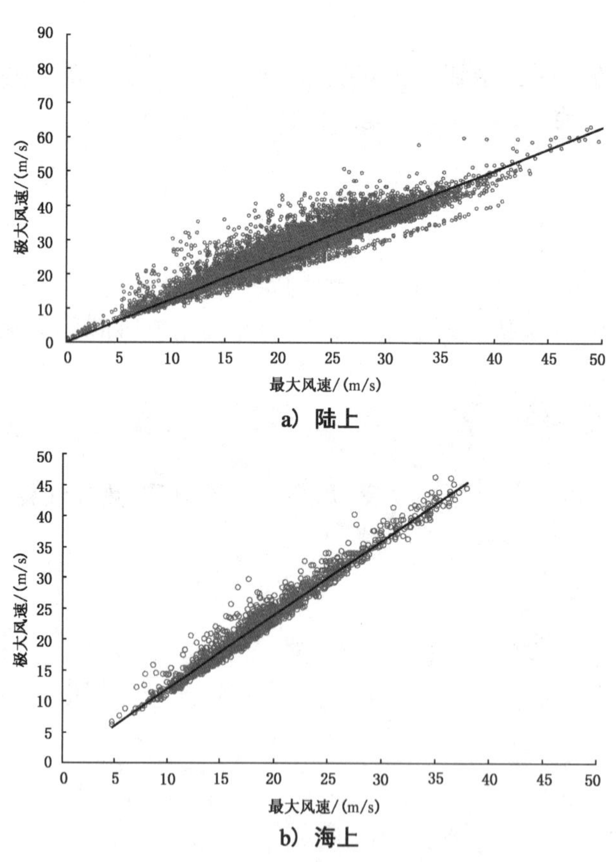

图 C.1 台风的阵风系数总体特征

C.3 阵风系数垂直变化特征

图 C.2 为 15 m/s 以上和 25 m/s 以上阵风系数随高度变化曲线。可以看到，大风情况下阵风系数随高度的升高而减少，15 m/s 以上各高度阵风系数分别是 10 m 高度 1.39，50 m 高度 1.26，70 m 高度 1.26。25 m/s 以上大风的阵风系数 10 m 高度 1.31，50 m 高度 1.25，70 m 高度 1.25。

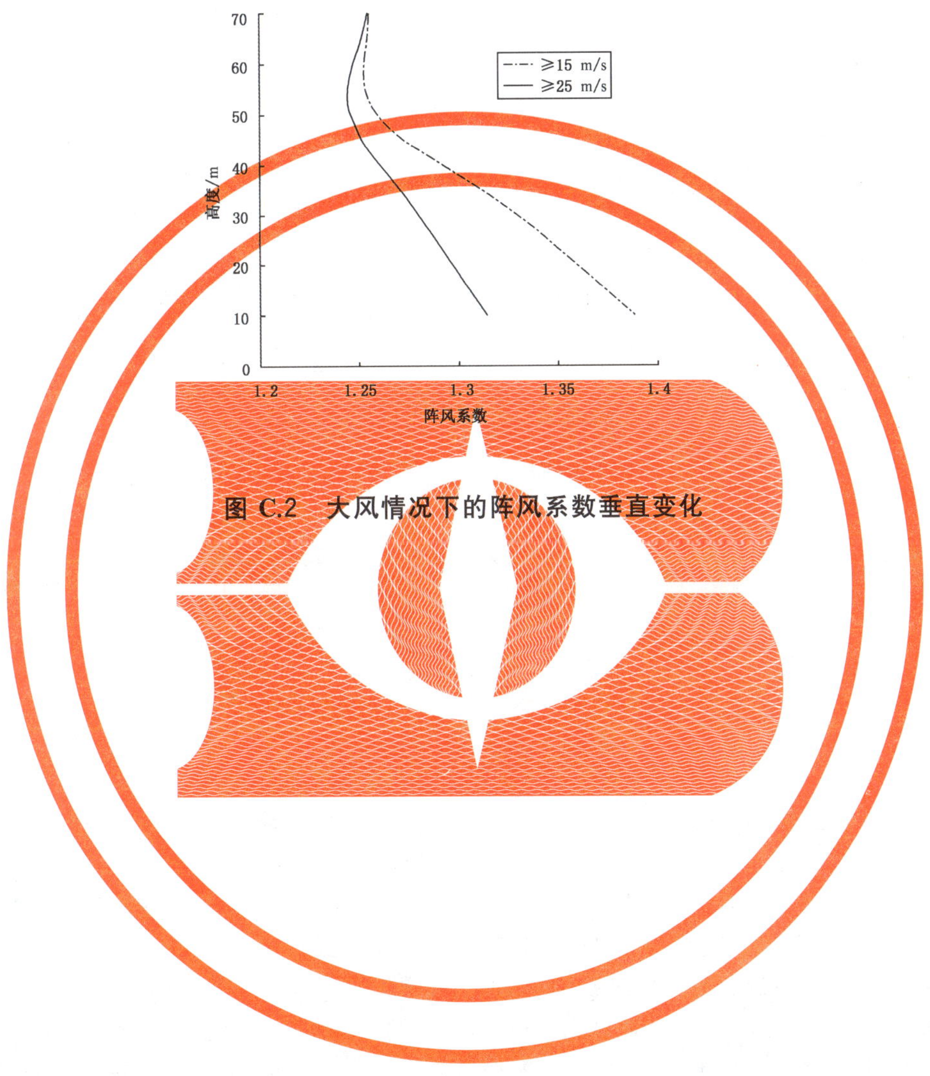

图 C.2 大风情况下的阵风系数垂直变化

附　录　D
（资料性附录）
影响中国近海的热带气旋统计分析

D.1　登陆热带气旋特征

1949 年～2010 年西北太平洋生成热带气旋总计 2 046 个，年均 33 个，其中登陆中国大陆共 512 个，每年平均 8.3 个（见表 D.1）。登陆热带气旋中，台风及台风强度以上的占 36%。

表 D.1　1949 年～2010 年热带气旋频数

热带气旋强度分级	风速/(m/s)	西北太平洋		登陆中国大陆	
		个数	频率/%	个数	频率/%
超强台风	≥51	362	17.7	6	1.17
强台风	41.5～50.9	287	14.0	34	6.64
台风	32.7～41.4	385	18.8	147	28.71
强热带风暴	24.5～32.6	395	19.3	136	26.56
热带风暴	17.2～24.4	617	30.2	189	36.91
热带低压	10.8～17.1				
合计		2 046	100	512	100

热带气旋年鉴给出的是每 6 h 的中心最大风速和气压，而登陆时间一般不是在每 6 h 的正点，因此，如果登陆时间不在每 6 h 的正点，统计中登陆热带气旋的强度以登陆前 6 h 正点最大风速为准。以 GB/T 18451.1—2012 规定的安全等级进行统计，登陆热带气旋强度达Ⅲ类安全风速（30 m/s～37.4 m/s）的登陆地点最北可以到达山东半岛[见图 D.1a)]，频数达 5 个以上的地点集中在福建以南沿海，其中福建中部和北部、广东西部和海南岛超过 8 个；Ⅱ类安全风速（37.5 m/s～42.4 m/s）的登陆频数大为减少，登陆地点集中在上海以南沿海[见图 D.1b)]，频数大多不超过 3 个，仅海南的文昌达到 9 个；Ⅰ类安全风速（42.5 m/s～49.9 m/s）发生在浙江南部以南沿海[见图 D.1c)]，频数多为 1 个，最多的是粤西的阳江、海南的文昌和三亚，分别为 2 个；超Ⅰ类安全风速（≥50 m/s）的登陆频数海南琼海最多 3 个[见图 D.1d)]，其余为 1 个，其中浙江象山和乐清、福建福鼎、海南琼海的登陆台风出现年代基本为 20 世纪 50 年代，浙江三门、福建霞浦、晋江和广东惠来为 20 世纪 60 年代，这些时期的台风强度普遍偏强。

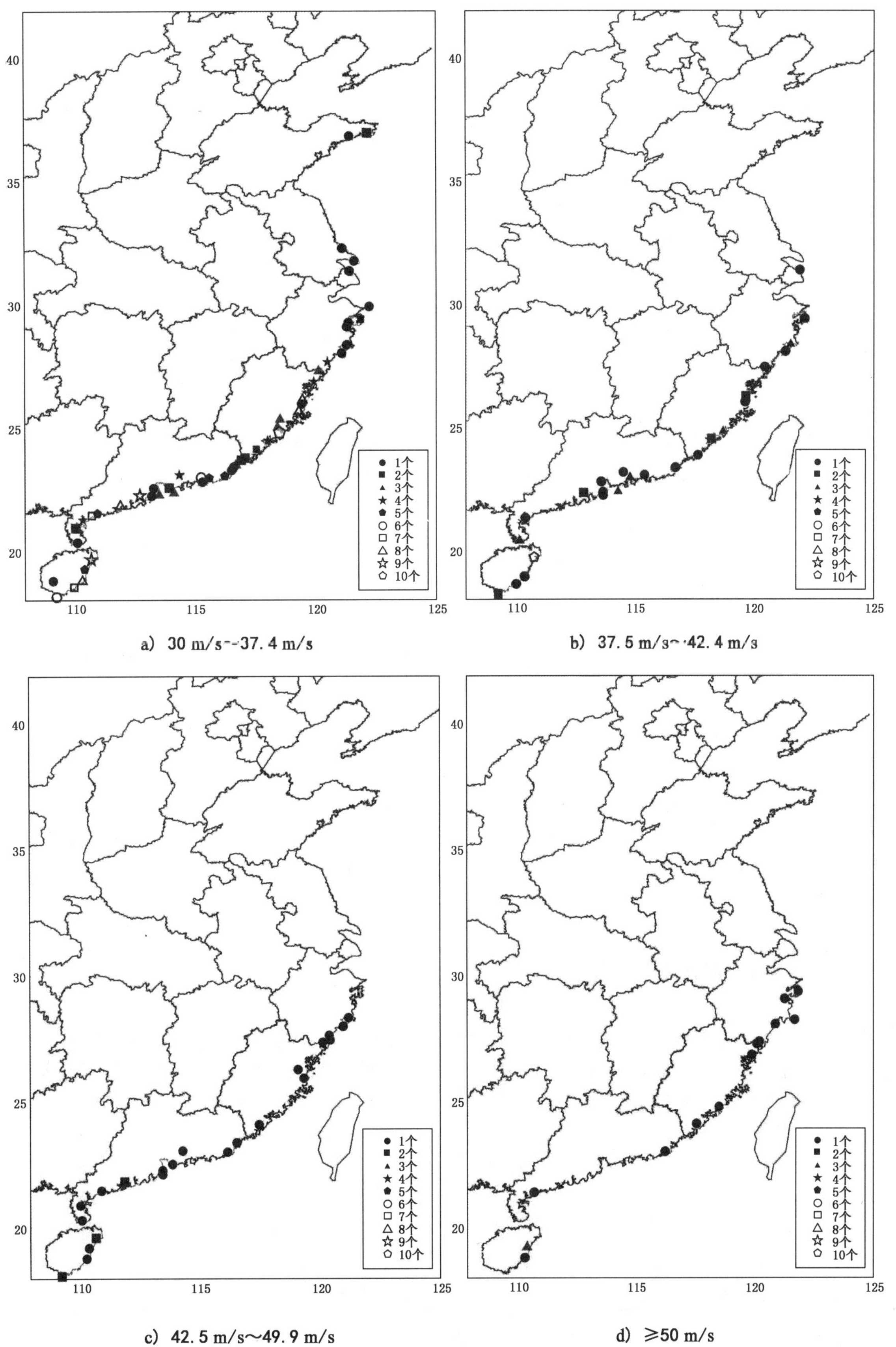

a) 30 m/s~37.4 m/s

b) 37.5 m/s~42.4 m/s

c) 42.5 m/s~49.9 m/s

d) ≥50 m/s

图 D.1 基于 GB/T 18451.1—2012 风力发电机组安全风速等级的登陆频数

D.2 不同台风路径风电场风速、风向和气压演变

分析了收集到的100多座测风塔的台风个例，以及香港横栏岛1978年以来的台风个例，发现各种台风路径下测风塔的风向、风速的变化，与测风塔位于台风前进方向的象限有关，而与台风的强度和移动路径无关。

风电场位于台风中心移动路径的右侧，风电场先后遭遇台风前部的最大风速区、台风眼、台风后部的最大风速区，风速呈双峰型[见图D.2a)]，当台风登陆后快速减弱，台风后部的峰值会不明显，风速呈单峰型；风向呈顺时针变化，N-NE-E-SW，变化角度超过150°；气压呈漏斗状，登陆期间最低。

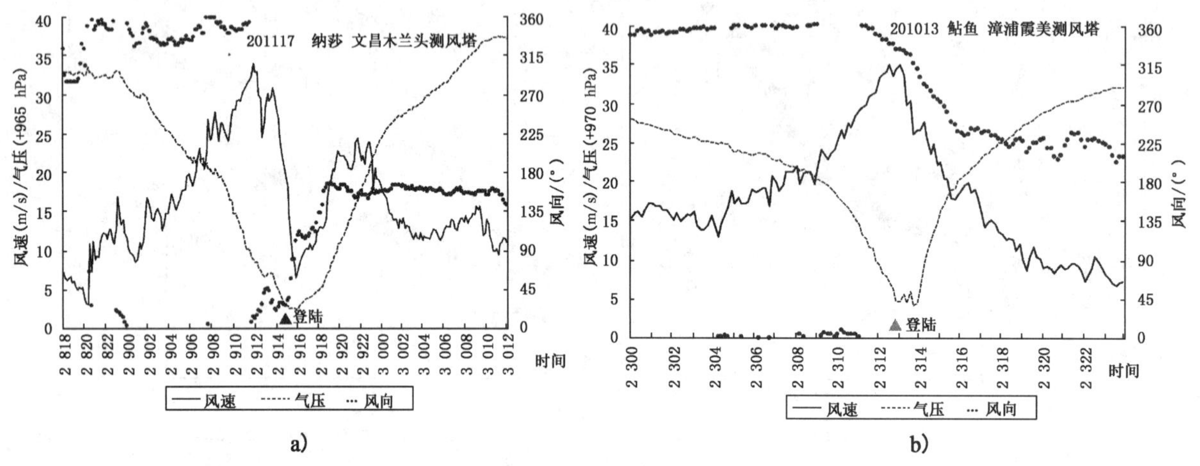

图 D.2 风电场位于台风中心附近不同位置风向、风速、气压演变图(70 m高度)

风电场位于台风中心移动路径的左侧，风电场先后遭遇台风前部的最大风速区、台风眼、台风后部的最大风速区，风速呈双峰型，当台风登陆后快速减弱，台风后部的峰值会不明显，风速呈单峰型[见图D.2b)]；风向呈逆时针变化，NE-N-NW-W-WSW，风向变化角度超过150°；气压呈漏斗状，登陆期间最低。

D.3 台风影响持续时间分析

图D.3是我国沿海不同地区每次受台风影响的平均时间。对观测的热带气旋记录，以测风塔(站点)10 min平均风速第一次大于15 m/s作为影响该塔(点)的开始时间，最后一个10 min平均风速大于15 m/s时刻作为影响结束时间。

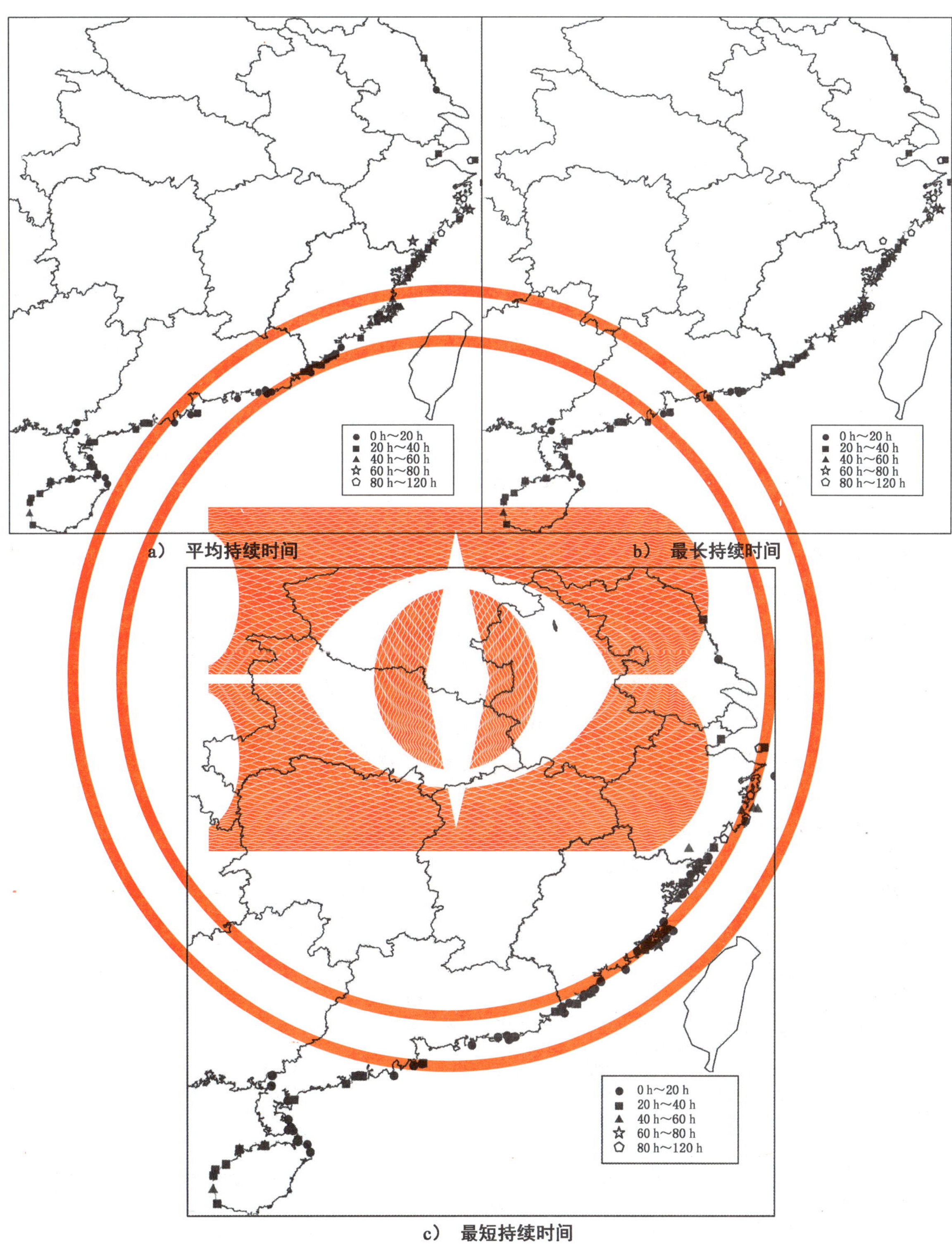

图 D.3 沿海测风塔观测的台风影响持续时间

附　录　E
（规范性附录）
风力发电机组安装选址台风风险分析

E.1　机组安装场址在台风影响区域内，前期测风时应再增加一套强风仪，其：

- 安装高度 70 m～90 m，在预计轮毂高度普通风速仪的上方或下方；
- 最大量程 80 m/s 以上；
- 采样频率 1 Hz，数据采集器配适当容量的数据存储卡，采用合适的记录方式，并能够完整记录台风数据。台风影响过后收取数据卡，以便于后期分析使用。

E.2　台风影响区域沿海及海上风电场项目可行性研究报告中应包括台风风险分析，分析内容至少(但不限于)包括：

- 统计范围：以风电场为中心，周边 100 km 范围内有记录以来的热带气旋；
- 分析内容：各强度热带气旋出现频数、路径特征，影响风电场范围内的最大风速和最低气压，台风影响过程的平均、最长、最短影响小时数(风向变化大于 150°，风速持续大于 15 m/s)，降雨量，最强台风个例分析；
- 风速统计级别：≤25 m/s；25.1 m/s～37.4 m/s；37.5 m/s～42.4 m/s；42.5 m/s～50 m/s；>50 m/s；
- 台风影响范围内测风塔数据分析：收集台风影响范围内测风塔数据，分析台风影响期间风向、风速变化，大风情况下湍流强度、垂直切变、阵风系数；
- 若有三维超声观测数据，应分析三维湍流强度、风攻角、湍流尺度、湍流谱等；
- 场址的不同重现期最大风速计算，可采用多种概率统计方法计算：
  1) 通过相关分析的方法将风电场附近气象站长序列最大风速推算为风电场最大风速，采用极值 I 型和 Weibull 概率模型计算风电场不同重现期最大风速；
  2) 直接利用影响风电场范围内热带气旋最大风速序列，采用 Poisson-Gumbel 联合分布计算风电场不同重现期最大风速；
  3) 应用 Monte-Carlo 方法模拟台风，建立台风年最大风速概率分布，推断各重现期风速。

附　录　F
（资料性附录）
台风的湍流特性

F.1　σ_E、σ_σ 特征

GB/T 18451.1—2012 对湍流的描述见式(F.1)～式(F.4)：

$$\sigma_1 = I_{ref}(0.75 \times V_{hub} + 5.6) \qquad \cdots\cdots(\text{F.1})$$

$$\sigma_E = I_{ref}(0.75 \times V_{hub} + 3.8) \qquad \cdots\cdots(\text{F.2})$$

$$\sigma_\sigma = 1.4 I_{ref} \qquad \cdots\cdots(\text{F.3})$$

$$\sigma_1 = \sigma_E + \lambda\sigma_\sigma \qquad \cdots\cdots(\text{F.4})$$

式中：

σ_1——轮毂高度处纵向风速标准偏差；

σ_E——风速平均标准差；

σ_σ——σ_1 的标准差。

为了保证结果的稳定性和可信度，对附录 A.1 提到的台风观测过程样本在 11 m/s～26 m/s 风速段实际 σ_E 和 σ_σ 建立线性拟合曲线(见图 F.1)。可见实测 σ_E 线性拟合线和 GB/T 18451.1—2012 的 σ_E 线很相似，都随风速的增大而增大，斜率相差 0.01；实测 σ_σ 与 GB/T 18451.1—2012 的 σ_σ 稍有差别，实测 σ_σ 随风速略有增大，但斜率仅 0.004 7，可以忽略，但实测 σ_σ 截距远大于 GB/T 18451.1—2012 的 σ_σ，这反映了台风风速变幅大的特点。

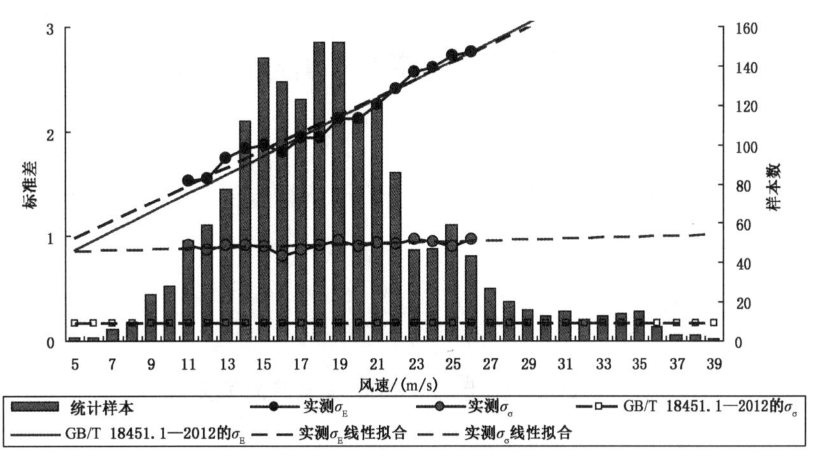

图 F.1　GB/T 18451.1—2012 和台风实测 σ_E、σ_σ 的比较

F.2　不同地形对湍流强度的影响

图 F.2 是台风影响期间，区分陆上环境和海上环境分别统计的台风中心及附近 70 m 高度处的湍流强度。从图 F.2 可以看到，与 GB/T 18451.1—2012 比较，海上湍流强度 95%分位数曲线不超过 C 类。然而陆上差异较大，湍流强度 90%分位数曲线在 19 m/s～26 m/s 稍高于 A 类，95%分位数曲线在 15 m/s～27 m/s 明显高于 A 类。

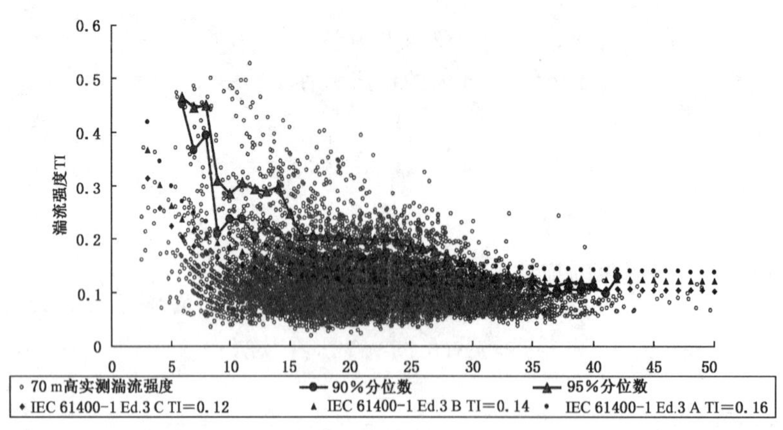

a) 陆上

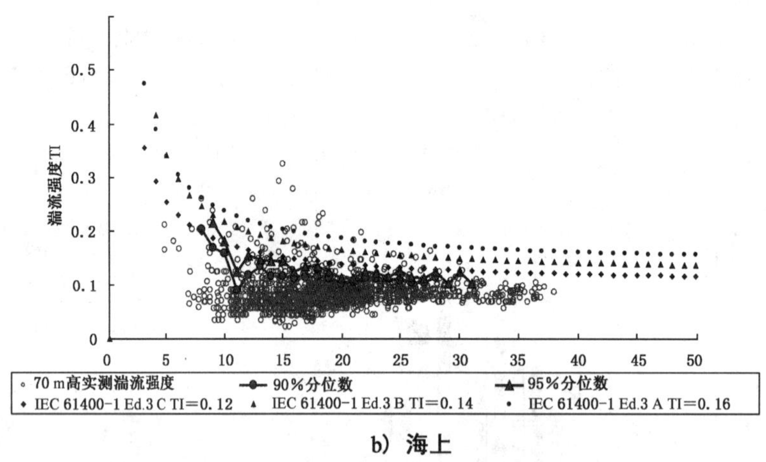

b) 海上

注：图中的标记“IEC 61400-1 Ed.3”等同于 GB/T 18451.1—2012。

图 F.2 陆上、海上湍流强度随风速的演变特征

进一步根据不同地形和下垫面对观测数据进行分类，陆上各种地形和下垫面按如下标准区分：山地，测风塔位于海拔高度 300 m 以上的山地；丘陵，测风塔位于海拔高度 100 m～300 m 的丘陵地带；防风林，测风塔周边有沿岸防风林；平坦地，测风塔周边开阔平坦。沿用 GB/T 18451.1—2012 的参数规定和表达形式，各地形湍流强度 90%和 95%分位数 I_{ref} 相应的分布如图 F.3，可以看到，山地地形湍流强度很大，远远超过 GB/T 18451.1—2012 的 A 类，丘陵 95%分位数稍大于 GB/T 18451.1—2012 的 A 类，平坦地、防风林和海上不超过 GB/T 18451.1—2012 的 A 类。因此，建议在台风影响区应根据地形考虑不同类型级别。

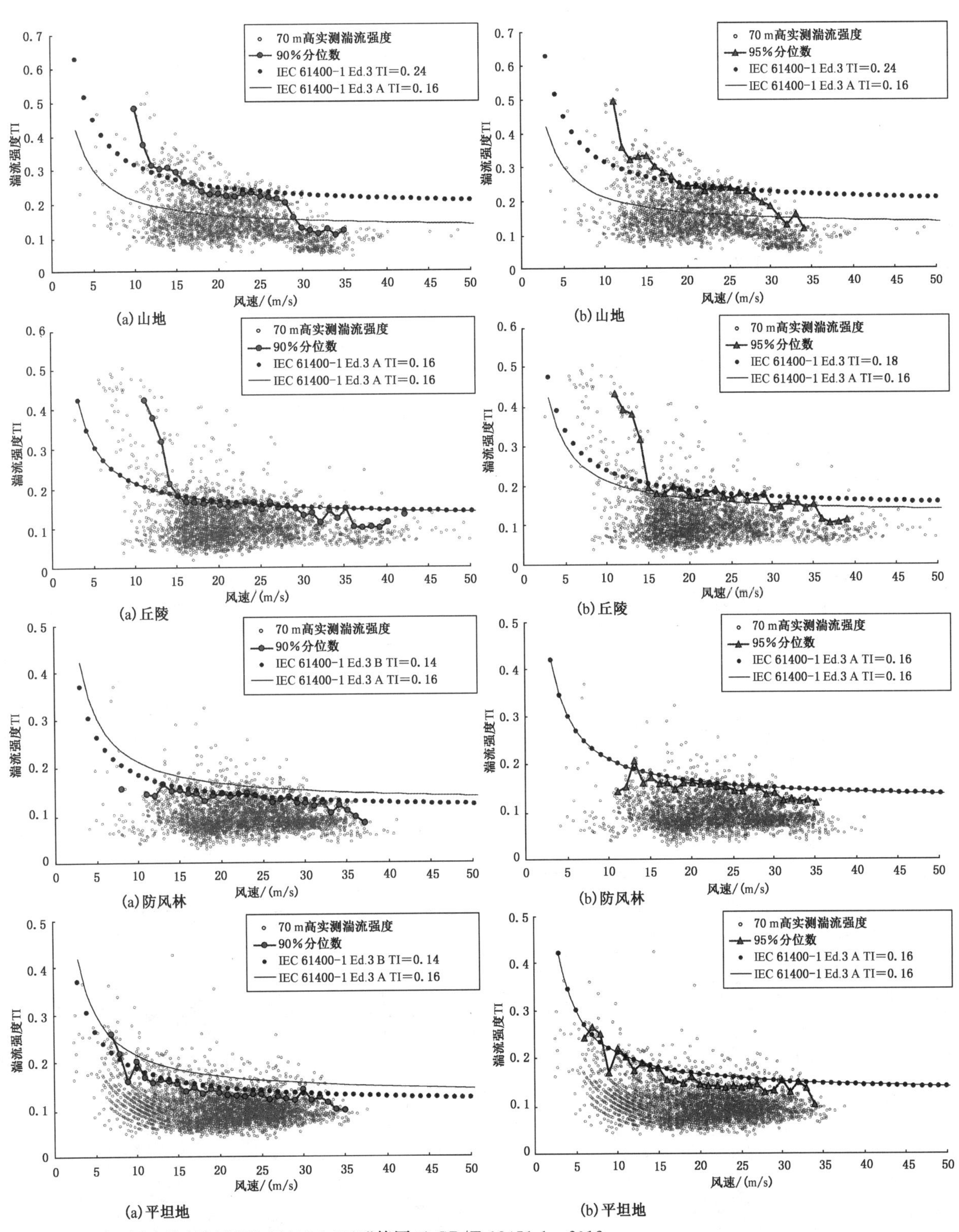

注：图中的标记"IEC 61400-1 Ed3"等同于 GB/T 18451.1—2012。

图 F.3　台风影响下不同地形 90%和 95%分位数湍流强度的 I_{ref} 参数

F.3 湍流三个分量的特征

GB/T 18451.1—2012 定义的湍流模型中，纵向湍流标准差 σ_1、横向湍流标准差 σ_2 和竖向湍流标准差 σ_3 之间的关系见式(F.5)和式(F.6)：

$$\sigma_2 = 0.7\sigma_1 \qquad \cdots\cdots (F.5)$$

$$\sigma_3 = 0.5\sigma_1 \qquad \cdots\cdots (F.6)$$

利用安装在中国东南沿海的测风塔观测到的 2009 年～2012 年的 9 个台风过程 10 个观测个例数据，风速仪为三维脉动风温仪(英国 Gill 公司生产的 Wind Master Pro)，分析计算 σ_1、σ_2、σ_3、σ_1/σ_2 和 σ_3/σ_1(见表 F.1)，过程平均湍流标准差见式(F.7)和式(F.8)：

$$\sigma_2 = 0.86\sigma_1 \qquad \cdots\cdots (F.7)$$

$$\sigma_3 = 0.51\sigma_1 \qquad \cdots\cdots (F.8)$$

可以看到，σ_3 与 σ_1 的关系几乎没有改变，σ_2 与 σ_1 的关系由 0.7 增加到 0.86。

表 F.1 不同热带气旋个例三个方向湍流强度比值

台风名称	横向/纵向(σ_2/σ_1)	垂向/纵向(σ_3/σ_1)
凡亚比	0.87	0.50
鲇鱼	0.90	0.49
莫兰蒂	0.89	0.54
莫拉菲	0.83	0.49
莫拉克	0.83	0.50
苏迪罗 1	0.81	0.52
苏迪罗 2	0.86	0.55
灿都	0.89	0.54
海马	0.89	0.46
山神	0.82	0.49
平均	0.86	0.51

参 考 文 献

[1] GB/T 19201—2006 热带气旋等级

[2] FD 002—2007 风电场工程等级划分及涉及安全标准(试行)

[3] FD 003—2007 风电机组地基基础设计规范(试行)

[4] 陈联寿,丁一汇.台风概论.北京:科学出版社,1979.

[5] Stork CHJ,Butterfield CP,Holley W,Madsen PH,Jensen PH.Wind conditions for wind turbine design proposals for revision of the IEC 1400-1 standard.Journal of Wind Engineering&Industrial Aerodynamics 1998;74-76:443-454.

[6] Gunner Chr.Larsenl,Kurt S.Hansen.Rational calibration of four IEC 61400-1 extreme external conditions.Wind Energy,Volume 11,Issue 6,pages 685-702.

ICS 87.040
G 51

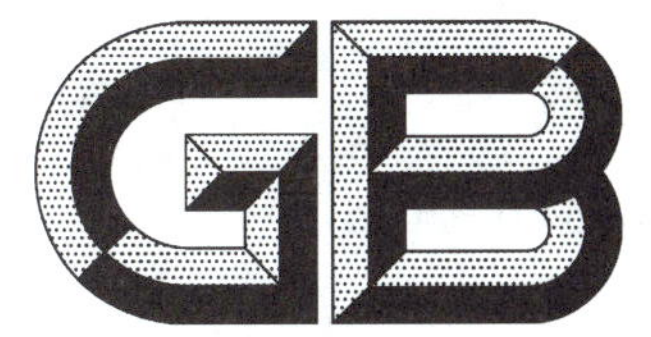

中华人民共和国国家标准

GB/T 31817—2015

风力发电设施防护涂装技术规范

Specification of coating for corrosion protection of windpower equipments

2014-07-03 发布　　2016-02-01 实施

中华人民共和国国家质量监督检验检疫总局
中国国家标准化管理委员会　发布

前　言

本标准按照GB/T 1.1—2009给出的规则起草。

本标准由中国石油和化学工业联合会提出。

本标准由全国涂料和颜料标准化技术委员会(SAC/TC 5)归口。

本标准主要起草单位:中海油常州涂料化工研究院有限公司、海虹老人涂料(中国)有限公司、阿克苏诺贝尔防护涂料(苏州)有限公司、新疆金风科技股份有限公司、广东明阳风电产业集团有限公司、西北永新涂料有限公司、冶建新材料股份有限公司、庞贝捷漆油贸易(上海)有限公司、立邦涂料(中国)有限公司、常熟三爱富中昊化工新材料有限公司、大金氟化工(中国)有限公司、株洲时代新材料科技股份有限公司、无锡福斯特涂料有限公司、中远关西涂料化工有限公司、河北晨阳工贸集团有限公司、无锡市联邦涂料有限公司。

本标准主要起草人:苏春海、李荣俊、刘进伟、吴璇、詹耀、李华明、武占海、史优良、吴慧、赵宏鑫、钱晓锋、嵇麟、曾凡辉、索严林、郭建军、杜景怡、花东栓、马尘威。

风力发电设施防护涂装技术规范

1 范围

本标准规定了内陆和海上风电设施用防护涂层的技术条件，包括防护涂层的分类、要求、试验方法、检验规则、安全、卫生和环境保护、验收。

本标准适用于内陆和海上风电设施防护涂层的初始涂装及修补涂装。

2 规范性引用文件

下列文件对于本文件的应用是必不可少的。凡是注日期的引用文件，仅注日期的版本适用于本文件。凡是不注日期的引用文件，其最新版本(包括所有的修改单)适用于本文件。

GB/T 1724—1979 涂料细度测定法

GB/T 1725—2007 色漆、清漆和塑料 不挥发物含量的测定

GB/T 1728—1979 漆膜、腻子膜干燥时间测定法

GB/T 1732—1993 漆膜耐冲击测定法

GB/T 1733—1993 漆膜耐水性测定法

GB/T 1740—2007 漆膜耐湿热测定法

GB/T 1748—1979 腻子膜柔韧性测定法

GB/T 1766—2008 色漆和清漆 涂层老化的评级方法

GB/T 1768—2006 色漆和清漆 耐磨性的测定 旋转橡胶砂轮法

GB/T 1770—2008 涂膜、腻子膜打磨性测定法

GB/T 1771—2007 色漆和清漆 耐中性盐雾性能的测定

GB/T 1865—2009 色漆和清漆 人工气候老化和人工辐射曝露 滤过的氙弧辐射

GB/T 3186 色漆、清漆和色漆与清漆用原材料 取样

GB/T 5210—2006 色漆和清漆 拉开法附着力试验

GB 6514—2008 涂装作业安全规程 涂漆工艺安全及其通风净化

GB/T 6739—2006 色漆和清漆 铅笔法测定漆膜硬度

GB/T 6742—2007 色漆和清漆 弯曲试验(圆柱轴)

GB/T 6750—2007 色漆和清漆 密度的测定 比重瓶法

GB 7691—2003 涂装作业安全规程 安全管理通则

GB 7692—2012 涂装作业安全规程 涂漆前处理工艺安全及其通风净化

GB/T 7790—2008 色漆和清漆 暴露在海水中的涂层耐阴极剥离性能的测定

GB/T 8923.1 涂覆涂料前钢材表面处理 表面清洁度的目视评定 第1部分：未涂覆过的钢材表面和全面清除原有涂层后的钢材表面的锈蚀等级和处理等级

GB/T 8923.2 涂覆涂料前钢材表面处理 表面清洁度的目视评定 第2部分：已涂覆过的钢材表面局部清除原有涂层后的处理等级

GB/T 9274—1988 色漆和清漆 耐液体介质的测定

GB/T 9286—1998 色漆和清漆 漆膜的划格试验

GB/T 13288.1 涂覆涂料前钢材表面处理 喷射清理后的钢材表面粗糙度特性 第1部分：用于

评定喷射清理后钢材表面粗糙度的ISO表面粗糙度比较样块的技术要求和定义

GB/T 13452.2—2008　色漆和清漆　漆膜厚度的测定

GB/T 18570.3　涂覆涂料前钢材表面处理　表面清洁度的评定试验　第3部分:涂覆涂料前钢材表面的灰尘评定(压敏粘带法)

GB/T 18570.6　涂覆涂料前钢材表面处理　表面清洁度的评定试验　第6部分:可溶性杂质的取样　Bresle法

GB/T 18570.9　涂覆涂料前钢材表面处理　表面清洁度的评定试验　第9部分:水溶性盐的现场电导率测定法

GB/T 18838.1　涂覆涂料前钢材表面处理　喷射清理用金属磨料的技术要求　导则和分类

GB/T 23987—2009　色漆和清漆　涂层的人工老化曝露　曝露于荧光紫外线和水

GB/T 30790.2—2014　色漆和清漆　防护涂料体系对钢结构的防腐蚀保护　第2部分:环境分类

GB 50205—2001　钢结构工程施工质量验收规范

GB 50212—2014　建筑防腐蚀工程施工规范

HG/T 3668—2009　富锌底漆

HG/T 3792—2014　交联型氟树脂涂料

ISO 4628-1　色漆和清漆　漆膜老化的评定　缺陷的数量和大小以及外观均匀变化程度的评定　第1部分:通则和评定体系(Paint and Varnishes—Evaluation of degradtion of coatings—Desingnation of quantity and size of defects,and of intensity of uniform changes in appearance—Part 1:General introduction and designation system)

ISO 4628-2　色漆和清漆　漆膜老化的评定　缺陷的数量和大小以及外观均匀变化程度的评定　第2部分:起泡等级的评定(Paint and Varnishes—Evaluation of degradtion of coatings—Desingnation of quantity and size of defects,and of intensity of uniform changes in appearance—Part 2:Assessment of degree of blistering)

ISO 4628-3　色漆和清漆　漆膜老化的评定　缺陷的数量和大小以及外观均匀变化程度的评定　第3部分:生锈等级的评定(Paint and Varnishes—Evaluation of degradtion of coatings—Desingnation of quantity and size of defects,and of intensity of uniform changes in appearance—Part 3:Assessment of degree of rusting)

ISO 4628-4　色漆和清漆　漆膜老化的评定　缺陷的数量和大小以及外观均匀变化程度的评定　第4部分:开裂等级的评定(Paint and Varnishes—Evaluation of degradtion of coatings—Desingnation of quantity and size of defects,and of intensity of uniform changes in appearance—Part 4:Assessment of degree of cracking)

ISO 4628-5　色漆和清漆　漆膜老化的评定　缺陷的数量和大小以及外观均匀变化程度的评定　第5部分:剥落等级的评定(Paint and Varnishes—Evaluation of degradtion of coatings—Desingnation of quantity and size of defects,and of intensity of uniform changes in appearance—Part 5:Assessment of degree of flaking)

ISO 4628-6　色漆和清漆　漆膜老化的评定　缺陷的数量和大小以及外观均匀变化程度的评定　第6部分:胶带纸法评定粉化等级(Paint and Varnishes—Evaluation of degradtion of coatings—Desingnation of quantity and size of defects, and of intensity of uniform changes in appearance—Part 6:Assessment of degree of chalking by tape method)

ISO 4628-7　色漆和清漆　漆膜老化的评定　缺陷的数量和大小以及外观均匀变化程度的评定　第7部分:天鹅绒布法评定粉化等级(Paint and Varnishes—Evaluation of degradtion of coatings—Desingnation of quantity and size of defects, and of intensity of uniform changes in appearance—Part 7:Assessment of degree of chalking by velvet method)

ISO 4628-8 色漆和清漆 漆膜老化的评定 缺陷的数量和大小以及外观均匀变化程度的评定 第8部分：划线或其他人造缺陷周边剥离和腐蚀等级的评定(Paint and Varnishes—Evaluation of degradtion of coatings—Desingnation of quantity and size of defects, and of intensity of uniform changes in appearance—Part 8: Assessment of degree of delamination and corrosion around a scribe)

ISO 4628-10 色漆和清漆 漆膜老化的评定 缺陷的数量和大小以及外观均匀变化程度的评定 第10部分：丝状腐蚀等级的评定(Paint and Varnishes—Evaluation of degradtion of coatings—Desingnation of quantity and size of defects, and of intensity of uniform changes in appearance—Part 10: Assessment of degree of filiform corrosion)

ISO 20340:2009 色漆和清漆 海上建筑及相关结构用防护涂料体系性能要求(Paints and varnishes—Performance requirements for protective paint systems for offshore and related structures)

3 术语和定义

下列术语和定义适用于本文件。

3.1

大气类型 type of atmosphere

以大气中含有的腐蚀介质类型和它们的浓度为基础进行大气类型的表征。

3.2

耐久性 durability

防护涂料体系从涂装完工后到第一次主要维护涂装前的预期使用期限。

3.3

防护涂料体系 protective paint system

已被涂装或将被涂装到基材上提供防腐蚀保护的色漆涂层或相关产品的总称。

3.4

适用期 pot life

多组分涂料混合后可使用的最长时间。

3.5

可重涂性 recoatability

每道涂层之间在一定涂装间隔内形成无缺陷的附着。

4 分类

4.1 涂层体系设计年限分类

按设计年限分为两类：

——普通型，<15年；

——长效型，≥15年。

4.2 腐蚀环境分类

腐蚀环境分类符合GB/T 30790.2—2014的要求，参见附录A。

4.3 涂装部位分类

按涂装部位分为五类：

——叶片；

——塔筒；
——法兰；
——基础环与桩基；
——电机、机舱罩及其他。

4.4 涂装时期分类

按涂装时期分为两类：
——初始涂装：风电设施钢结构的初次涂装；
——修补涂装：风电设施在其运营全过程中对涂层进行的维修保养。

5 要求

5.1 涂装施工单位基本要求

5.1.1 施工单位应具有防腐保温贰级及以上资质，具备保证工程安全、质量的能力。
5.1.2 施工人员应具备正确施工的能力。关键施工工序(喷射清理、喷漆、质检)施工人员应获得涂装中级工及以上证书。特种作业人员应具备相应资格。

5.2 涂层体系要求

5.2.1 涂层体系配套要求

5.2.1.1 中等腐蚀环境(C3)

按照腐蚀环境、工况条件、涂装部位、防腐年限设计涂层配套体系。中等腐蚀环境(C3)涂层体系配套应符合表1的要求。

表1 中等腐蚀环境(C3)涂层体系配套要求

涂装部位		设计年限为普通型涂装体系		设计年限为长效型涂装体系	
		涂料名称	最低干膜厚度 μm	涂料名称	最低干膜厚度 μm
叶片		腻子 底漆 聚氨酯面漆	商定 100 60	腻子 底漆 聚氨酯面漆	商定 140 60
叶片		腻子 聚氨酯面漆	商定 2×80	腻子 聚氨酯面漆	商定 2×100
塔筒	外表面	厚浆型环氧漆 聚氨酯面漆	100 60	厚浆型环氧漆 聚氨酯面漆	140 60
	内表面	厚浆型环氧漆	120	厚浆型环氧底漆	160
法兰(接触面)		无机富锌底漆	50	无机富锌底漆	50
基础环	外表面	厚浆型环氧漆 聚氨酯面漆	240 50	厚浆型环氧漆 聚氨酯面漆	240 50
	内表面	厚浆型环氧漆	240	厚浆型环氧漆	240

表 1（续）

涂装部位		设计年限为普通型涂装体系		设计年限为长效型涂装体系	
		涂料名称	最低干膜厚度 μm	涂料名称	最低干膜厚度 μm
电机、机舱罩及其他	碳钢	厚浆型环氧漆 聚氨酯面漆	80 50	厚浆型环氧漆 聚氨酯面漆	100 60
	镀锌镀铝及合金钢	专用环氧底漆 聚氨酯面漆	60 50	专用环氧底漆 聚氨酯面漆	60 50
	玻璃钢	聚氨酯底漆或环氧底漆 聚氨酯面漆	80 80	聚氨酯底漆或环氧底漆 聚氨酯面漆	80 80
C3 环境若伴有风沙的条件下，则应适当增加配套涂层的厚度。 基础环暴露部位的外表面应用面漆保护。					
注 1：根据叶片的材质腻子可选择环氧腻子，聚氨酯腻子或其他类型；面漆可选择聚硅氧烷、聚脲、氟碳等面漆。 **注 2**：塔筒外表面要求高耐久性时，可采用氟碳面漆、聚硅氧烷面漆和底面合一聚脲体系等。 **注 3**：塔筒内表面要求高耐久性时，可加涂聚氨酯面漆。					

5.2.1.2 高等腐蚀环境(C4)

按照腐蚀环境、工况条件、涂装部位、防腐年限设计涂层配套体系。高等腐蚀环境(C4)涂层体系配套应符合表 2 的要求。

表 2 高等腐蚀环境(C4)涂层体系配套要求

涂装部位		设计年限为普通型涂装体系		设计年限为长效型涂装体系	
		涂料名称	最低干膜厚度 μm	涂料名称	最低干膜厚度 μm
叶片		腻子 底漆 聚氨酯面漆	商定 100 60	腻子 底漆 聚氨酯面漆	商定 140 60
叶片		腻子 聚氨酯面漆	商定 2×80	腻子 聚氨酯面漆	商定 2×100
塔筒	外表面	环氧富锌底漆 环氧云铁中间漆 聚氨酯面漆	60 80 60	环氧富锌底漆 环氧云铁中间漆 聚氨酯面漆	60 120 60
	内表面	厚浆型环氧漆 厚浆型环氧漆	80 80	厚浆型环氧底漆 厚浆型环氧漆	100 100
法兰(接触面)		无机富锌底漆	50	无机富锌底漆	50
基础环	外表面	厚浆型环氧漆 聚氨酯面漆	500 50	厚浆型环氧漆 聚氨酯面漆	500 50
	内表面	厚浆型环氧漆	330	厚浆型环氧漆	500

表 2（续）

<table>
<tr><td colspan="2" rowspan="2">涂装部位</td><td colspan="2">设计年限为普通型涂装体系</td><td colspan="2">设计年限为长效型涂装体系</td></tr>
<tr><td>涂料名称</td><td>最低干膜厚度
μm</td><td>涂料名称</td><td>最低干膜厚度
μm</td></tr>
<tr><td rowspan="3">电机、机舱罩及其他</td><td>碳钢</td><td>厚浆型环氧漆
聚氨酯面漆</td><td>80
60</td><td>厚浆型环氧漆
聚氨酯面漆</td><td>160
80</td></tr>
<tr><td>镀锌镀铝及合金钢</td><td>专用环氧底漆
聚氨酯面漆</td><td>60
60</td><td>专用环氧底漆
聚氨酯面漆</td><td>60
80</td></tr>
<tr><td>玻璃钢</td><td>聚氨酯底漆或环氧底漆
聚氨酯面漆</td><td>80
80</td><td>聚氨酯底漆或环氧底漆
聚氨酯面漆</td><td>80
80</td></tr>
<tr><td colspan="6">C4 环境若伴有风沙的条件下，则应适当增加配套涂层的厚度。
基础环暴露部位的外表面应用面漆保护。</td></tr>
<tr><td colspan="6">注 1：根据叶片的材质腻子可选择环氧腻子，聚氨酯腻子或其他类型；面漆可选择聚硅氧烷、聚脲、氟碳等面漆。
注 2：塔筒外表面要求高耐久性时，可采用氟碳面漆、聚硅氧烷面漆和底面合一聚脲体系等。
注 3：塔筒内表面要求高耐久性时，可加涂聚氨酯面漆。</td></tr>
</table>

5.2.1.3 海洋腐蚀环境（C5-M）/Im2

按照腐蚀环境、工况条件、涂装部位、防腐年限设计涂层配套体系。海洋腐蚀环境（C5-M）/Im2 涂层体系配套应符合表 3 的要求。

表 3 海洋腐蚀环境（C5-M）/Im2 涂层体系配套要求

<table>
<tr><td colspan="2" rowspan="2">涂装部位</td><td colspan="2">设计年限为长效型涂装体系</td></tr>
<tr><td>涂料名称</td><td>最低干膜厚度
μm</td></tr>
<tr><td colspan="2">叶片</td><td>腻子
底漆
聚氨酯面漆</td><td>商定
180
60</td></tr>
<tr><td colspan="2">叶片</td><td>腻子
聚氨酯面漆</td><td>商定
2×100</td></tr>
<tr><td rowspan="2">塔筒</td><td>外表面</td><td>环氧富锌底漆
环氧云铁中间漆
聚氨酯面漆</td><td>60
200
60</td></tr>
<tr><td>内表面</td><td>环氧富锌底漆
环氧云铁中间漆</td><td>60
180</td></tr>
<tr><td colspan="2">法兰（接触面）</td><td>无机富锌底漆</td><td>60</td></tr>
<tr><td rowspan="4">导管架及桩基</td><td>大气区</td><td>环氧玻璃鳞片漆或改性环氧漆
聚氨酯面漆</td><td>500
80</td></tr>
<tr><td>潮汐和浪溅区</td><td>环氧玻璃鳞片漆或改性环氧漆</td><td>600</td></tr>
<tr><td>水下区</td><td>环氧玻璃鳞片漆或改性环氧漆</td><td>500</td></tr>
<tr><td>桩基内表面暴露区</td><td>环氧玻璃鳞片漆或超强环氧漆</td><td>600</td></tr>
</table>

表 3（续）

涂装部位		设计年限为长效型涂装体系	
		涂料名称	最低干膜厚度 μm
电机、机舱罩及其他	碳钢	环氧富锌底漆 厚浆型环氧漆 聚氨酯面漆	60 160 60
	镀锌镀铝及合金钢	专用环氧底漆 聚氨酯面漆	80 60
	玻璃钢	环氧底漆 聚氨酯面漆	100 100

注 1：根据叶片的材质腻子可选择环氧腻子，聚氨酯腻子或其他类型；面漆可选择聚硅氧烷、聚脲、氟碳等面漆。
注 2：塔筒外表面要求高耐久性时，可采用氟碳面漆、聚硅氧烷面漆和底面合一聚脲体系等。
注 3：塔筒内表面要求高耐久性时，可加涂聚氨酯面漆。

5.2.2 涂层配套体系说明

较高防腐等级的涂层配套体系也适用于较低防腐等级的涂层配套体系，并可适当降低涂层厚度。

5.2.3 涂层体系性能要求(不含叶片)

5.2.3.1 中等腐蚀环境(C3)下涂层体系性能要求

中等腐蚀环境(C3)下涂层体系性能应符合表 4 的要求。

表 4 中等腐蚀环境(C3)下涂层体系性能要求

涂装部位	设计年限	耐水性[a] h	附着力 MPa	耐盐雾性[b] h	人工加速老化[c](氙灯) h
塔筒外表面	普通型	120	≥5	240	1 000
	长效型	240		480	1 000
塔筒内表面	普通型	—		—	—
	长效型	120		—	—
基础环	普通型	240		1 000	—
	长效型	480		2 000	—
电机、机舱罩及其他	普通型	—		—	1 000
	长效型	120		—	1 000

[a] 耐水性试验后不生锈、不起泡、不开裂、不剥落，允许变色 1 级和失光 1 级。
[b] 耐盐雾性试验后不起泡、不剥落、不生锈、不开裂。
[c] 人工加速老化性能试验后不生锈、不起泡、不剥落、不开裂、不粉化，允许变色 2 级和失光 2 级；当采用高性能面漆例如氟碳、聚硅氧烷时，人工加速老化时间为 3 000 h。

5.2.3.2 高等腐蚀环境(C4)环境下涂层体系性能要求

高等腐蚀环境(C4)环境下涂层体系性能应符合表5的要求。

表5 高等腐蚀环境(C4)环境下涂层体系性能要求

涂装部位	设计年限	耐水性[a] h	附着力 MPa	耐盐雾性[b] h	人工加速老化[c](氙灯) h
塔筒外表面	普通型	240	≥5	1 000	1 000
	长效型	480		2 000	1 000
塔筒内表面	普通型	120		600	—
	长效型	240		1 000	—
基础环	普通型	480		2 000	—
	长效型	480		3 000	—
电机、机舱罩及其他	普通型	120		600	1 000
	长效型	240		1 000	1 000

[a] 耐水性试验后不生锈、不起泡、不开裂、不剥落,允许变色1级和失光1级。

[b] 耐盐雾性试验后不起泡、不剥落、不生锈、不开裂。

[c] 人工加速老化性能试验后不生锈、不起泡、不剥落、不开裂、不粉化,允许变色2级和失光2级;当采用高性能面漆例如氟碳、聚硅氧烷时,人工加速老化时间为3 000 h。

5.2.3.3 海洋腐蚀环境(C5-M)/Im2涂层体系性能要求

海洋腐蚀环境(C5-M)/Im2涂层体系性能应符合表6的要求。

表6 海洋腐蚀环境(C5-M)/Im2涂层体系性能要求

涂装部位	耐阴极剥离 h	耐盐水性[a] (3%NaCl水溶液) h	附着力 MPa	耐盐雾性[b] h	人工加速老化[c](氙灯) h	循环老化试验 h
塔筒外表面	—	720	≥5	3 000	1 000	4 200
塔筒内表面	—	480		2 000	—	—
导管架及桩基	4 200	720		3 000	—	4 200
电机、机舱罩及其他	—	480		2 000	1 000	—

[a] 耐盐水性试验后不生锈、不起泡、不开裂、不剥落,允许变色1级和失光1级。

[b] 耐盐雾性试验后不起泡、不剥落、不生锈、不开裂。

[c] 人工加速老化性能试验后不生锈、不起泡、不剥落、不开裂、不粉化,允许变色2级和失光2级;当采用高性能面漆例如氟碳、聚硅氧烷时,人工加速老化时间为3 000 h。

5.2.4 叶片涂层性能要求

叶片涂层性能应符合表7的要求。

表 7 叶片涂层性能要求

项目			指标
涂膜外观			平整光滑
弯曲试验/mm	(23±2)℃		2
	(−20±2)℃/1 h,	≤	5
耐磨性(1 000 g/1 000 r,砂轮型号:CS-10)/mg		≤	50
附着力(拉开法)			平均值大于 6 MPa,单个测试值不低于 5 MPa
耐油性(液压油,4 h)			不起泡,不起皱,允许轻微变色
耐酸性(50 g/L H_2SO_4 溶液,168 h)			不起泡,不起皱,允许轻微变色
耐碱性(100 g/L NaOH 溶液,96 h)			不起泡,不起皱,允许轻微变色
耐盐雾性(720 h)			无起泡、开裂、剥落等现象。拉开法附着力:平均值大于 5 MPa,单个测试值不低于 4 MPa
耐湿热性(480 h)			涂膜无明显变化
人工加速老化试验(UVA-340 nm),(2 000 h)			不起泡、不开裂、不脱层,允许变色 2 级、失光 2 级和粉化 2 级

5.3 涂料性能要求

涂料性能要求见附录 B。

5.4 工艺要求

5.4.1 表面处理

5.4.1.1 钢材表面预处理

5.4.1.1.1 结构预处理

钢结构在喷射清理除锈前应进行必要的结构预处理,包括:

——粗糙焊缝打磨光顺,焊接飞溅物用刮刀或砂轮机除去。焊缝上深为 0.8 mm 以上或宽度小于深度的咬边(除封闭的内表面外)应补焊处理,并打磨光顺;

——锐边用砂轮打磨成曲率半径为 2 mm 的圆角;

——切割边的峰谷差超过 1 mm 时,打磨到 1 mm 以下。厚钢板边缘切割硬化层,用砂轮磨掉 0.3 mm;

——表面层叠、裂缝、夹杂物,打磨处理,必要时补焊。

5.4.1.1.2 除油

表面油和油脂的清洁应用溶剂或专用清洗剂和干净的抹布擦洗。

5.4.1.1.3 除盐分

经喷射清理后,检测钢板表面水溶性盐含量,(C5-M)/Im2 环境下水溶性盐(相当于 NaCl)含量不大于 50 mg/m^2,其他环境下不大于 100 mg/m^2。表面存在的盐分超标时应采用高压淡水冲洗。

5.4.1.1.4 除锈

除另有规定外，磨料、除锈等级、表面粗糙度要求如下：

——喷射清理用金属磨料应符合 GB/T 18838.1 的要求；

——根据表面粗糙度的要求，选用合适粒度的磨料；

——热喷锌、喷铝，钢材表面处理分别应达到 GB/T 8923.1 规定的 Sa3 级；

——无机富锌底漆，钢材表面处理应达到 GB/T 8923.1 规定的 Sa2½～Sa3 级；

——环氧富锌底漆，钢材表面处理应达到 GB/T 8923.1 规定的 Sa2½级；

——不便于喷射除锈的部位，手工或动力工具除锈至 GB/T 8923.1 规定的 St3 级。

5.4.1.1.5 除尘

喷射清理完工后，除去喷射清理残渣，使用真空吸尘器或无油、无水的压缩空气，清理表面灰尘。清洁后的喷射清理表面灰尘清洁度要求不大于 GB/T 18570.3 规定的 3 级。

5.4.1.2 二次表面处理

5.4.1.2.1 钢结构焊接修复预处理

按 5.4.1.1 要求进行。

5.4.1.2.2 钢结构二次表面处理

钢结构二次表面处理，包括：

——钢结构外表面，在涂装涂层底漆时宜采用喷射方法进行二次表面处理；

——内表面无机硅酸锌车间底漆基本完好时，可不进行二次表面处理，但要除去表面油污、可溶性锌盐、灰尘等，并对焊缝、锈蚀处打磨至 GB/T 8923.1 规定的 St3 级。

5.4.1.3 表面处理后涂装的时间限定

当处理过的表面干燥且无油、无灰情况下，应立即喷涂预处理车间底漆作为钢材的短期防护。二次表面处理后在无污染的情况下或者任何可见的表面损坏发生前（一般为 4 h），施工底漆作为防护。

5.4.1.4 玻璃钢表面预处理

加工后的玻璃钢要用适当的清洁剂去除脱模剂、油污、油脂等污染物，然后用高压新鲜淡水冲洗，或者用适当的溶剂/脱脂剂进行彻底的清洁。等底材完全清洁并且干燥后，用 P80 或 P120 等级的砂纸进行机械或手工打磨，打磨方式宜用打圈式打磨，尽量使打磨砂纸平面和玻璃钢基材平面保持基本平行，不要打磨出半月型型面，也尽量不要打磨到玻璃纤维层。砂纸打磨以后，应彻底除去玻璃钢基材表面的灰尘，除尘有几种方法：其一，如果有条件最好使用真空吸尘机，吸尽玻璃钢底材表面的灰尘；其二，可用清洁的压缩空气去除玻璃钢底材表面的灰尘，然后用无尘布清洁；其三是用水冲洗玻璃钢底材，表面干燥后用无尘布清洁。另外也应检查玻璃钢底材是否打磨到位：逆光观察玻璃钢底材，表面呈现无光/哑光状态，表明打磨到位，否则应进行再打磨。

5.4.2 涂装要求

5.4.2.1 施工环境要求

施工环境温度 5 ℃～38 ℃，空气相对湿度不大于 85%，并且钢材表面温度高于露点 3 ℃以上；不应在雨、雪、雾、大风和较大灰尘的条件下进行户外施工；低温（5 ℃以下）施工时采用相应的低温固化型涂料。

5.4.2.2　涂料配制和使用时间

5.4.2.2.1　涂料应充分搅拌均匀后方可施工，宜采用电动或气动搅拌装置。对于双组分或多组分涂料，应先将各组分分别搅拌均匀后，再严格按比例混合并搅拌均匀。

5.4.2.2.2　混合好的涂料按照产品说明书的规定时间进行熟化。

5.4.2.2.3　涂料的混合使用期按产品说明书规定的适用期执行。

5.4.2.2.4　低温施工时，涂料混合和固化的温度应符合产品说明书的规定。

5.4.2.3　涂装工艺

5.4.2.3.1　涂装方法

涂装方法分为：

——大面积喷涂应采用高压无气喷涂施工及其他施工方式；

——焊缝、棱角沟槽、边角、流水孔等不易涂装的角落部位应采用刷涂或辊涂进行手工预涂处理，然后再大面积喷涂；

——细长、小面积以及复杂形状构件可采用空气喷涂或刷涂、辊涂施工；

——按 5.4.1.4 要求对玻璃钢表面预处理，用大缝腻子刮涂风电叶片表面较大空洞和缺陷的地方，用针孔腻子刮涂风电叶片表面的细孔和小瑕疵。进行第一遍薄刮，确保腻子与玻璃钢基材紧密结合，大缝腻子与针孔腻子配合使用，将叶片表面的缺陷进行修补，刮涂一遍膜厚在 50 μm～250 μm，干燥后进行粗打磨。粗打磨后，将打磨好的腻子表面粉尘清除干净，进行第二遍满批，要求涂刮平整，不漏底，腻子刮涂干膜厚度 50 μm～1 000 μm，待表干后，再找补缺陷部位进行刮涂修补，待干燥后进行细打磨，打磨完成清除腻子表面粉尘；进行第三遍薄刮，腻子涂刮一遍干膜厚度 50 μm～250 μm，对针眼，轻微缺陷进行再次找补，待腻子彻底干燥后进行细打磨，打磨过程中如有细小针眼及轻微缺陷可用针眼腻子重复找补，直至腻子表面光滑平整。腻子彻底涂刮完成并验收合格后，将表面清除干净，进行底漆或者中涂的施工。不管腻子在任何一层漆面上刮涂或找补，在喷涂面漆之前均宜使用针眼腻子配合面漆或中涂进行找补，然后打磨及进行面漆喷涂。

5.4.2.3.2　涂装间隔

按照设计要求和材料工艺进行底涂、中涂和面涂的施工。每道涂层的涂装间隔时间应符合材料供应商的有关技术要求。超过最大涂装间隔时间时，应进行表面拉毛处理后涂装。

5.4.2.3.3　现场末道面漆涂装

现场末道面漆涂装前应进行以下处理和检查：

——对运输和装配过程中破损处进行修复处理；

——采用淡水、清洗剂等对待涂表面进行清洁处理，除掉表面灰尘和油污等污染物；

——试验涂层相容性与附着力，整个涂装过程中要随时注意涂装有无异常情况。

5.4.3　涂层要求

5.4.3.1　外观

涂层表面应平整、均匀一致，涂层应无漏涂、起泡、针孔、裂纹、返锈等异常现象，允许有轻微桔皮和局部轻微流挂。

5.4.3.2 干膜厚度

施工中随时检查湿膜厚度以保证干膜厚度满足设计要求。干膜厚度采用"85-15"规则判定，即允许有15%的读数可低于规定值，但每一单独读数不应低于规定值的85%。涂层厚度达不到设计要求时，应增加涂装道数，直至合格为止。涂膜厚度测定点的最大值不能超过设计厚度的3倍。

5.4.3.3 附着力

当检测的涂层厚度大于250 μm时，附着力试验采用拉开法测试，按GB/T 5210—2006的规定进行，涂层体系与底材的附着力及层间附着力平均值不低于5 MPa，最小值不小于3 MPa。当检测的涂层厚度不大于250 μm时，各道涂层和涂层体系的附着力试验可按GB/T 9286—1998的规定进行，附着力不大于2级。

5.4.4 维修涂装

5.4.4.1 涂膜劣化评定

涂层投入使用后，按照风电设施运行管理单位的规定定期检查，进行涂层劣化评定，评定方法依据ISO 4628-1、ISO 4628-2、ISO 4628-3、ISO 4628-4、ISO 4628-5、ISO 4628-6、ISO 4628-7、ISO 4628-8、ISO 4628-10。根据漆膜劣化情况，选择合适的维修或重涂方式。

5.4.4.2 维修涂装

维修涂装要求如下：

——当面漆出现3级以上粉化，且粉化减薄的厚度大于初始厚度的50%，或由于外观要求时，彻底清洁面涂层后，涂装与原涂层相容的配套面漆；

——当涂膜处于2～3级开裂，或2～3级剥落，或2～3级起泡，但底涂层完好时，选择相应的中间漆、面漆，进行维修涂装；

——当涂膜发生大于Ri2锈蚀时，打磨处理和彻底清洁表面，涂装相应底漆、中间漆、面漆。

5.4.4.3 工艺要点

5.4.4.3.1 根据损坏的面积大小，钢结构外表面可分为以下两种重涂方式：

——小面积维修涂装。先清理损坏区域周围松散的涂层，延伸至未损坏区域50 mm～80 mm，并应修成坡口，表面处理至Sa2级或St3级，涂装低表面处理环氧涂料＋面漆；

——中等面积维修涂装。表面处理至Sa2½级，涂装环氧富锌底漆＋环氧(云铁)漆＋面漆。

5.4.4.3.2 内表面维修或重新涂装底漆宜采用适用于低表面处理的环氧底漆，并宜采用浅色高固体分或无溶剂环氧涂料。

5.4.4.3.3 海洋大气腐蚀环境(C5-M)/Im2下的涂层修复先采用清洁剂、淡水等清洁后，再表面打磨粗糙和除锈处理。

5.4.4.3.4 处于干湿交替区的钢构件，在水位变动情况下涂装时，应选择表面容忍性好的涂料，并能适应潮湿涂装环境的涂层体系。

5.4.4.3.5 处于水下区的钢构件在浸水状态下施工时应选择可水下施工、水下固化的涂层体系。

5.4.4.3.6 玻璃钢表面涂装的维修，其表面处理及配套可按新建时的方案进行，也可根据实际使用工况，另行提出配套方案。

6 试验方法

6.1 涂层配套体系

6.1.1 耐水性试验按GB/T 1733—1993甲法进行。

6.1.2 附着力试验按 GB/T 5210—2006、GB/T 9286—1998 进行。

6.1.3 耐盐雾性能试验按 GB/T 1771—2007 进行。

6.1.4 人工加速老化性能(氙灯)试验按 GB/T 1865—2009 中循环 A 的规定进行;人工加速老化性能(荧光紫外)试验按 GB/T 23987—2009 进行,其中辐照度 0.68 W/m^2,试验条件为黑板温度(60±3)℃下紫外光照 4 h,黑板温度(50±3)℃下冷凝 4 h 为一个循环,连续交替进行。

6.1.5 耐阴极剥离性能试验按 GB/T 7790—2008 方法 A 进行。

6.1.6 耐盐水性、耐油性、耐酸性、耐碱性试验按 GB/T 9274—1988 甲法进行。

6.1.7 循环老化试验按 ISO 20340:2009 附录 A 进行。

6.1.8 弯曲试验按 GB/T 6742—2007 进行。

6.1.9 耐磨性试验按 GB/T 1768—2006 进行。

6.1.10 耐湿热性试验按 GB/T 1740—2007 进行。

6.1.11 涂层体系试验后,漆膜表面缺陷评判按 GB/T 1766—2008 进行。

6.2 表面处理

6.2.1 表面处理等级评判按照 GB/T 8923.1、GB/T 8923.2 进行。

6.2.2 表面粗糙度评判按照 GB/T 13288.1 进行。

6.2.3 表面油污检查可采用以下两种方法:

——粉笔试验法(适用于非常光滑的钢结构表面):对于怀疑有油污污染的部位,用粉笔划一条直线贯穿油污区域。如果在该区域内,粉笔线条变细或变浅,说明该区域可能被油污污染;

——醇溶液试验法(适用于所有钢结构表面):对于怀疑有油污污染的部位,用蘸有异丙醇的脱脂棉球擦拭,并将擦拭后的棉球中的异丙醇挤入透明玻璃管中,加入 2~3 倍的蒸馏水,振荡混合约 20 min。以相同体积的异丙醇蒸馏水溶液为参照,如果溶液呈混浊状,表明钢结构表面有油污污染。

6.2.4 表面灰尘清洁度评判按 GB/T 18570.3 进行。

6.2.5 表面水溶性盐(相当于 NaCl)测定按 GB/T 18570.6 和 GB/T 18570.9 进行。当钢材确定不接触氯离子环境时,可不进行表面可溶性盐分的检测;当不能完全确定时,应进行首次检测。

6.3 现场涂层

6.3.1 涂层厚度

6.3.1.1 湿膜厚度按 GB/T 13452.2—2008 中的 4.2.4 梳规或 4.2.5 轮规规定的方法进行测试。

6.3.1.2 干膜厚度按 GB/T 13452.2—2008 进行测试。

6.3.2 涂层附着力

涂料涂层附着力按 GB/T 5210—2006、GB/T 9286—1998 进行。

7 检验规则

7.1 取样

7.1.1 产品按 GB/T 3186 规定取样,也可按商定方法取样。取样量根据检验要求确定。现场取样应使用专用的样品取样罐。确保现场取样罐的清洁,没有灰尘、水等杂质。

7.1.2 抽检的产品包装完整,标志清晰。

7.1.3 采用电动或气动搅拌装置,确保抽检产品均匀一致。

7.2 检验项目

7.2.1 涂层性能的检测项目见表4、表5、表6、表7。

7.2.2 进场涂料检测项目由监理、施工方及涂料供应商确定。

7.2.3 现场涂层检测项目按照5.4.3执行。

7.3 判定原则

7.3.1 型式检验包括涂层配套体系性能检测的全部项目，应由涂料供应商提供国家认可检测机构出具的涂层性能的合格的检测报告。

7.3.2 进场涂料检测结果全部符合本标准的要求为合格。检测结果有一项及以上指标不符合要求时，可对不符合要求的项目进行复验，复验结果仍不符合要求，则判该批产品为不合格。

7.3.3 现场涂层检测结果全部符合本标准的要求为合格。检测结果有一项及以上指标不符合要求时，都应在现场处理至合格后方可进入下道工序。

8 安全、卫生和环境保护

8.1 安全、卫生

8.1.1 涂装作业安全、卫生应符合GB 6514—2008、GB 7691—2003、GB 7692—2012和GB 50212—2014的有关规定。

8.1.2 涂装作业场所空气中有害物质不超过最高容许浓度。

8.1.3 施工现场应远离火源，不可堆放易燃、易爆和有毒物品。

8.1.4 涂料仓库及施工现场应有消防水源、灭火器和消防工器具，并应定期检查。消防道路应畅通。

8.1.5 施工人员应正确穿戴工作服、口罩、防护镜等劳动保护用品，这些劳保用品应是具备相应资质厂家生产的合格产品。

8.1.6 所有电器设备应绝缘良好，临时电线应选用绝缘性能良好的电缆，工作结束后应切断电源。

8.1.7 工作平台的搭建应符合有关安全规定。高空作业人员应具备高空作业资格。

8.2 环境保护

遵照国家清洁生产和文明生产的要求，保持施工现场清洁，产生的垃圾等应及时收集并妥善处理。

9 验收

9.1 涂层验收可按构件分批次验收。

9.2 涂装承包商至少应提交下列验收资料：

——设计文件或设计变更文件；

——涂料出厂合格证和质量检验文件，进场验收记录；

——钢结构表面处理和检验记录；

——涂装施工记录(包括施工过程中对重大技术问题和其他质量检验问题处理记录)；

——修补和返工记录；

——其他涉及涂层质量的相关记录。

附　录　A
（资料性附录）
腐蚀环境分类

A.1　大气区

大气区腐蚀种类见表 A.1。

表 A.1　大气区腐蚀种类

腐蚀种类	单位面积质量损失/厚度损失(经过一年曝露后)				温和气候下典型环境实例	
	低碳钢		锌		外部	内部
	质量损失 g/m²	厚度损失 μm	质量损失 g/m²	厚度损失 μm		
C1 很低	≤10	≤1.3	≤0.7	≤0.1	—	加热的建筑物内部,空气洁净。如办公室、商店、学校和宾馆等
C2 低	10～200	1.3～25	0.7～5	0.1～0.7	污染水平较低。大部分是乡村地区	未加热的地方,冷凝有可能发生,如库房、体育馆等
C3 中等	200～400	25～50	5～15	0.7～2.1	城市和工业大气,中等二氧化硫污染。低盐度沿海区	具有高湿度和一些空气污染的生产车间,如食品加工厂、洗衣店、酿酒厂、牛奶场
C4 高	400～650	50～80	15～30	2.1～4.2	中等盐度的工业区和沿海区	化工厂、游泳池、沿海船舶和造船厂
C5-I 很高（工业）	650～1 500	80～200	30～60	4.2～8.4	高湿度和恶劣气氛的工业区	总是有冷凝和高污染的建筑物和地区
C5-M 很高（海洋）	650～1 500	80～200	30～60	4.2～8.4	高盐度的沿海和海上区域	总是有冷凝和高污染的建筑物和地区
注：在沿海区的炎热、潮湿地带,质量或厚度损失值可能超过 C5-M 种类的界限。						

A.2　水和土壤区

水和土壤种类见表 A.2。

表 A.2 水和土壤腐蚀种类

分类	环境	环境和结构的示例
Im1	淡水	河流设施，水力发电站
Im2	海水或盐水	港口地区的构筑物，例如：闸门、水闸、防波堤；海上构筑物
Im3	土壤	埋在地下的槽罐，钢桩，钢管

附 录 B
（规范性附录）
涂料性能要求和试验方法

B.1 富锌底漆

富锌底漆应符合表 B.1 的要求。

表 B.1 富锌底漆的要求和试验方法

项目		技术指标		试验方法
		无机富锌底漆	环氧富锌底漆	
在容器中状态		粉末，应呈微小的均匀粉末状态。 液料和浆料，搅拌混合后应无硬块，呈均匀状态		目测
不挥发分(混合后)/% ≥		70		GB/T 1725—2007
密度(混合后)/(g/mL)		商定		GB/T 6750—2007
不挥发分中金属锌含量/% ≥		80	75	HG/T 3668—2009 中 5.7
适用期/h		商定		HG/T 3668—2009 中 5.8
施工性		施工无障碍		HG/T 3668—2009 中 5.9
涂膜外观		涂膜外观正常		目测
干燥时间/h	表干 ≤	0.5	1	GB/T 1728—1979 乙法
	实干 ≤	5	24	GB/T 1728—1979 甲法
耐冲击性/cm		—	50	GB/T 1732—1993
附着力/MPa ≥		3	6	GB/T 5210—2006
抗滑移系数[a](初始时) ≥		0.50	—	GB 50205—2001
耐盐雾性		1 000 h 划痕处单向扩蚀≤2.0 mm，未划痕区无起泡、生锈、开裂、剥落等现象	600 h 划痕处单向扩蚀≤2.0 mm，未划痕区无起泡、生锈、开裂、剥落等现象	GB/T 1771—2007
[a] 无机富锌底漆用于法兰面时，测试抗滑移系数。				

B.2 环氧漆

环氧漆应符合表 B.2 的要求。

表 B.2 环氧漆的要求和试验方法

项目		技术指标		试验方法
		环氧(厚浆)漆	环氧(云铁)漆	
在容器中的状态		搅拌后无硬块,呈均匀状态		目测
不挥发物含量/% ≥		75		GB/T 1725—2007
干燥时间/h	表干 ≤	4		GB/T 1728—1979 乙法
	实干 ≤	24		GB/T 1728—1979 甲法
弯曲试验/mm		2		GB/T 6742—2007
耐冲击性/cm		50		GB/T 1732—1993
附着力/MPa ≥		5		GB/T 5210—2006
耐酸性(10% H_2SO_4 溶液,168 h)		不起泡、不生锈,允许轻微变色		GB/T 9274—1988 甲法
耐碱性(10% NaOH 溶液,168 h)		不起泡、不生锈,允许轻微变色		GB/T 9274—1988 甲法
耐盐水性(5% NaCl 溶液,168 h)		不起泡、不生锈,允许轻微变色		GB/T 9274—1988 甲法

B.3 面漆

面漆应符合表 B.3 的要求。

表 B.3 面漆的要求和试验方法

项目		技术指标			试验方法
		丙烯酸脂肪族聚氨酯面漆	氟碳面漆	聚硅氧烷面漆	
不挥发物含量/% ≥		60	55	75	GB/T 1725—2007
细度/μm ≤		35		商定	GB/T 1724—1979
溶剂可溶物氟含量/% ≥		—	22	—	HG/T 3792—2014 附录 A
基料中硅氧键含量/% ≥		—	—	15	附录 C
干燥时间/h	表干 ≤	2			GB/T 1728—1979 乙法
	实干 ≤	24			GB/T 1728—1979 甲法
耐弯曲性/mm ≤		2		3	GB/T 6742—2007
耐冲击性/cm		50			GB/T 1732—1993
耐磨性(500 r/500 g)/g ≤ (砂轮型号:CS-10)		0.05	0.03		GB/T 1768—2006
铅笔硬度(擦伤) ≥		F			GB/T 6739—2006
附着力/MPa ≥		5			GB/T 5210—2006
耐盐雾性		1 000 h 不起泡、不开裂、不脱层			GB/T 1771—2007
人工加速老化(氙灯)		1 000 h 不起泡、不开裂、不脱落,允许 1 级变色、1 级失光和 1 级粉化	3 000 h 不起泡、不开裂、不脱落,允许 2 级变色、2 级失光和 2 级粉化		GB/T 1865—2009

B.4 叶片涂料

B.4.1 叶片腻子性能要求

叶片腻子性能应符合表 B.4 的要求。

表 B.4 叶片腻子性能要求和试验方法

项 目		指 标		试验方法
		大缝腻子	针孔腻子	
不挥发物含量/%	≥	98		GB/T 1725—2007
附着力(拉开法)/MPa	≥	5		GB/T 5210—2006
柔韧性/mm		≤100	50	GB/T 1748—1979
适用期/min	≥	10		目测
打磨性		2 h 可打磨		GB/T 1770—2008
耐水性(72 h)		不起泡,不脱落,允许轻微变色		GB/T 1733—1993 甲法
耐冲击性/cm	≥	20	30	GB/T 1732—1993
刮涂性		易刮涂,不卷边		目测

B.4.2 叶片面漆性能要求

叶片面漆性能应符合表 B.5 的要求。

表 B.5 叶片面漆性能要求和试验方法

项 目			指 标	试验方法
耐磨性(1 000 g/1 000 r)/mg (砂轮型号:CS-10)		≤	50	GB/T 1768—2006
耐冲击性/cm			50	GB/T 1732—1993
附着力(拉开法)/MPa		≥	5	GB/T 5210—2006
耐油性(液压油,4 h)			不起泡、不起皱,允许轻微变色、失光	GB/T 9274—1988 甲法
耐酸性(50 g/L H_2SO_4 溶液,168 h)			不起泡、不起皱,允许轻微变色、失光	GB/T 9274—1988 甲法
耐碱性(100 g/L NaOH 溶液,96 h)			不起泡、不起皱,允许轻微变色、失光	GB/T 9274—1988 甲法
弯曲试验/mm	(23±2)℃		2	GB/T 6742—2007
	(−20±2)℃/1 h	≤	5	GB/T 6742—2007
耐湿热性(480 h)			不起泡、不开裂、不脱落。拉开法附着力:不低于 4 MPa	GB/T 1740—2007 GB/T 5210—2006
人工加速老化试验(QUV-A 340 nm,2 000 h)			不起泡、不开裂、不脱落,允许 2 级变色、2 级失光和 2 级粉化	GB/T 23987—2009
注:当采用氟碳、聚硅氧烷面漆时,人工加速老化试验时间为 3 000 h。				

附 录 C
（规范性附录）
基料中硅氧键含量测定方法

C.1 范围

本方法适用于聚硅氧烷涂料中基料中硅氧键含量的测定。

C.2 原理

试样经离心分离，取清液部分将溶剂挥发完全后，粉碎成粉末。准确称取一定量的粉末，经梯度灰化除去基料中有机物，灰分即为二氧化硅。由灰分质量计算基料中硅氧键含量。

注：灰分是否为二氧化硅，可采用X射线荧光光谱仪或其他具有相同功能的仪器进行定性鉴定。

C.3 试剂和材料

采用混合溶剂[甲苯：丙酮=1：1(体积比)]或其他合适的溶剂。所用试剂均为分析纯。

C.4 仪器设备

C.4.1 高温炉：温度能控制在(600±20)℃。

C.4.2 瓷坩埚：高型，50 mL。预先在高温炉内于600 ℃下加热至恒重，在干燥器内冷却并存放。

C.4.3 分析天平：精度0.1 mg。

C.4.4 干燥器。

C.4.5 离心机：转速5 000 r/min～20 000 r/min。

C.4.6 烘箱：具有强制通风，温度能控制在(105±2)℃。

C.4.7 粉碎机。

C.5 测试步骤

C.5.1 测定次数

所有试验进行二次平行测定。

C.5.2 样品离心处理和粉碎

按产品明示的配比制备混合试样(稀释剂不必加入)，取适量混合均匀的试样(根据试样的黏度、所用离心机的离心管体积和离心力大小而定)于离心管内，加入适量的混合溶剂，混合均匀后，放入离心机内，离心20 min～30 min，使基料和颜填料分离。将上层溶液置于100 mL烧杯中。重复上述洗涤、离心操作三次，并将试管中上层溶液合并于100 mL烧杯中。在低温下将烧杯中的大部分溶剂挥发后，取适量烧杯内溶液试样涂在玻璃板或聚四氟乙烯板上，在(105±2)℃条件下烘烤使溶剂完全蒸发，然后将烘干样品粉碎备用。

C.5.3 梯度灰化

准确称取约 2 g(精确至 0.1 mg)按 C.5.2 处理后的基料(烘干样品)到已恒重的瓷坩埚内。将瓷坩埚放入高温炉内,按下列条件进行梯度灰化试样:升温至 200 ℃保温 2 h;继续升温至 300 ℃保温 2 h;继续升温至 400 ℃保温 2 h;继续升温至 500 ℃保温 2 h;最后升温至 600 ℃,保温直至完全灰化。在大多数情况下,灰化会在 600 ℃保温 3 h 后结束。

将瓷坩埚放入干燥器内冷却至室温,称量。

注 1:硅氧键含量较低的样品,为提高测试准确性,可适当增加称样量。

注 2:在灰化期间应供给足够的空气氧化,但瓷坩埚内的物质不应在任何阶段发生燃烧和逸出。

注 3:高温炉升温时应控制速度,升温过快时灰化所产生的气体可能会将灰分带出瓷坩埚。

C.6 结果计算

按式(C.1)计算基料中硅氧键含量:

$$w_{si}=\frac{(m_2-m_0)\times 0.7333}{m_1}\times 100\% \qquad \cdots\cdots\cdots\cdots (C.1)$$

式中:

w_{si} ——基料中硅氧键含量;

m_2 ——瓷坩埚和灰分的质量,单位为克(g);

m_0 ——瓷坩埚的质量,单位为克(g);

m_1 ——基料的质量,单位为克(g);

0.733 3——二氧化硅换算成硅氧键的系数。

计算两次平行测定的平均值,计算结果保留小数点后一位。

C.7 精密度

C.7.1 重复性

同一操作者二次测试结果的相对偏差小于 5%。

C.7.2 再现性

不同实验室间测试结果的相对偏差小于 10%。

前　　言

本标准的制订参考了IEC 61400-1、IEC 61400-23、丹麦标准DS472以及德国劳埃德风力发电机组认证规范等标准，对风力发电机组风轮叶片的设计、制造、材料、技术条件、试验方法、检验规则以及叶片的包装、运输和贮存等有关内容给出了通用性技术要求。供国内开发研制风力发电机组风轮叶片参照执行。

本标准的附录A和附录B都是标准的附录。

本标准由全国风力机械标准化技术委员会提出并归口。

本标准起草单位：中国航空工业总公司保定螺旋桨制造厂、上海玻璃钢研究所。

本标准主要起草人：田野、石海增、鲁金华、田卫国、陈余岳。

中华人民共和国机械行业标准

JB/T 10194—2000

风力发电机组风轮叶片

Rotor blades of wind turbine

1 范围

本标准规定了风力发电机组风轮叶片的通用技术条件。

本标准适用于风轮扫掠面积等于或大于 40 m^2 的水平轴风力发电机组风轮叶片。

2 引用标准

下列标准所包含的条文，通过在本标准中引用而构成为本标准的条文。本标准出版时，所示版本均为有效。所有标准都会被修订，使用本标准的各方应探讨使用下列标准最新版本的可能性。

GB/T 1447—1983 玻璃纤维增强塑料拉伸性能试验方法

GB/T 1449—1983 玻璃纤维增强塑料弯曲性能试验方法

GB/T 1463—1988 纤维增强塑料密度和相对密度 试验方法

GB/T 2576—1989 纤维增强塑料树脂不可溶分含量试验方法

GB/T 2577—1989 玻璃纤维增强塑料树脂含量试验方法

GB/T 3356—1999 单向纤维增强塑料弯曲性能试验方法

GB 9969.1—1998 工业产品使用说明书 总则

GB/T 13981—1992 风力机设计通用要求

GB/T 19001—1994 质量体系 设计、开发、生产、安装和服务的质量保证模式

GB/T 19002—1994 质量体系 生产、安装和服务的质量保证模式

ISO 12944.3—1998 涂料和油漆——用保护涂料进行钢结构防腐 第3部分:设计依据

ISO 12944.5—1998 涂料和油漆——用保护涂料进行钢结构防腐 第5部分:涂料保护系统

IEC 61400-24—1999 结构防雷击保护 第1部分:总则

3 定义

本标准采用下列定义。

3.1 制动

能有效地降低风轮转速或使其停止转动的手段。

3.2 切入风速

风力发电机组开始输出有用功率时，在轮毂高度处的最小风速。

3.3 切出风速

设计时规定的风力发电机组输出有用功率时，在轮毂高度处的最大风速。

3.4 短期切出风速

使安全系统立即触发的风速。

3.5 设计极限

设计中使用的最大或最小值。

国家机械工业局2000-04-24批准 2000-10-01实施

3.6 设计工况

机组可能发生的运行模式(如发电、停机等)。

3.7 外界条件

影响风力发电机组运行的因素,包括风况和其他气象因素(如温度、盐雾、沙尘等)。

3.8 阵风

风速的瞬间变化。可以通过它的形成时间、强弱和持续时间来表示其特性。

3.9 水平轴风力发电机组

风轮轴与风向基本平行的风力发电机组。

3.10 轮毂

能将叶片或叶片组件安装在风轮轴上的装置。

3.11 轮毂高度

风轮中心距地面的高度。

3.12 待机

风力发电机组慢速运转无功率输出的状态。

3.13 极限状态

载荷作用于结构上的一种状态,若超出此范围,则结构不再满足设计要求(见 ISO 2394)。

3.14 载荷情况

结合考虑设计工况和外界条件所产生的结构载荷。

3.15 平均风速

在一给定的时间段内,瞬时风速的平均统计值,时间段可以从几秒钟到许多年。

3.16 停机

风力发电机组正常关机以后的状态。

3.17 输出功率

以特定的方式,为达到特定的目的通过一种装置输出的功率。

3.18 安全系统

使机组保持在设计极限范围内的安全保护装置。

3.19 额定功率

部件、装置或设备在规定的运行条件下能达到的功率,通常由制造商给出。

3.20 额定风速

风力发电机组达到额定功率时的特定风速。

3.21 风轮转速

风力发电机组风轮绕其轴的旋转速度。

3.22 扫掠面积

风轮叶尖旋转运动所作的圆在垂直于风速矢量平面的投影面积。

3.23 风切变

在垂直于风向的平面内,风速随高度的变化。

3.24 风速

空气通过空间特定点上的瞬时运动速度。

3.25 风力发电机组

将风能转变为电能的装置。

3.26 瑞利风速分布

在给出的风速频率里用瑞利公式对风速进行的数学描述。

3.27 风速频率

一年时间的间距内，相同风速小时数的总和，对于总间距总时数的百分比。

3.28 叶尖速度比

同一时刻，叶尖线速度与轮毂高度处风速的比值。

3.29 风能利用系数

风轮转换的风的动能与通过风轮扫掠面积的全部风的动能的比值。用 C_p 表示。

3.30 推力系数

风轮产生的推力与通过风轮扫掠面积的全部风产生的推力的比值。用 C_t 表示。

3.31 扭矩系数

风轮的输出扭矩与风能对风轮产生的扭矩的比值。

3.32 气动性能

表面风轮推力系数、扭矩系数、风能利用系数和叶尖速度比之间关系的属性。

3.33 设计使用寿命

风力发电机组在安全风速以下正常工作的设计使用年限。

3.34 风轮

由叶片等部件组成的将风能转化为机械能的转动件。

3.35 叶片

具有空气动力形状，使风轮绕其轴转动的主要构件。

3.36 叶片安装角

叶根确定位置处翼型几何弦与叶片旋转平面所夹的角度。

3.37 扭角大小

叶片尖部几何弦与根部几何弦夹角的绝对值。

3.38 颤振

风力发电机组风轮叶片在气流中出现自激振动的不稳定状态。

3.39 雷诺数

表征流体惯性力和粘性力相对大小的一个无因次相似参数。

3.40 相似准则

流动现象的各参数所组成的描述流动特性的无因次量，即判定两个流动现象相似必须遵守的原则。

3.41 风洞

在一个按一定要求设计的管道内，产生可控制流动参数的人工气流，供气动实验使用的设备。

3.42 风洞试验

利用在风洞试验段中的气流绕模型流动，获得模型气动力特性的试验。

3.43 失速

翼型升力系数随迎角增加开始下降，或叶片出现不可承受的抖动或结构振动的异常现象。其机理在于大迎角翼型边界层分离。

3.44 中弧线

翼型上下表面内切圆圆心光滑连接起来的曲线。在前部，最小内切圆与翼型周线的切点是中弧线的起点；在后部，最小内切圆与翼型周线的切点是中弧线的终点。

3.45 前缘

翼型中弧线的最前点。

3.46 后缘

翼型中弧线的最后点。

3.47 弦线

连接前缘与后缘的直线。

3.48 弦长

弦线的长度。

3.49 上弧线

从前缘到后缘，翼型的上部轮廓曲线。

3.50 下弧线

从前缘到后缘，翼型的下部轮廓曲线。

3.51 厚度

垂直于翼型弦线测得的上下弧线间的距离。一般指最大厚度。

3.52 重心

在重力场中，物体处于任何方位时，所有各组成质点重力的合力通过的那一点。

3.53 不平衡量

转子某平面上不平衡的量值大小，不涉及不平衡的相角位置。它等于不平衡质量与其质心至轴线距离的乘积。

3.54 静平衡

通过调整叶片的质量分布，使每套叶片组成的风轮的不平衡量到达规定的要求。

3.55 计数法

把载荷-时间历程简化成一系列全循环或半循环，从而编制载荷谱的过程。

3.56 雨流计数法

考虑了应力-应变迟滞回线的一种计数法。

4 缩略语

叶片：风力发电机组风轮叶片。

复合材料(FRP)：纤维增强塑料。

5 载荷情况定义

叶片载荷情况定义参考附录 A(标准的附录)。

6 设计要求

6.1 气动设计

6.1.1 总则

叶片气动设计是整个机组设计的基础，为了使风力发电机组获得最大的气动效率，建议所设计的叶片在弦长和扭角分布上采用曲线变化；设计方法可采用 GB/T 13981 中给定的方法。

可采用专门为风力发电机组设计的低速翼型。

6.1.2 额定设计风速

叶片的额定设计风速按附录 A 中表 A1 规定的等级进行选取。

6.1.3 风能利用系数 C_p

为了提高机组的输出能力，降低机组的成本，风能利用系数 C_p 应大于或等于 0.44。

6.1.4 外形尺寸

叶片气动设计应提供叶片的弦长、扭角和厚度沿叶片径向的分布以及所用翼型的外形数据。

6.1.5 气动载荷

根据气动设计结果，考虑第 5 章中给定的载荷情况，计算作用在叶片上的气动载荷。

6.1.6 使用范围

叶片的气动设计应明确规定叶片的适用功率范围。无论是定桨距叶片还是变桨距叶片，都要求其运行风速范围尽可能宽。对于变桨距叶片，要给出叶片的变距范围。

6.2 结构设计

6.2.1 总则

叶片结构设计应根据6.1.5中的载荷，并考虑机组实际运行环境因素的影响，使叶片具有足够的强度和刚度。保证叶片在规定的使用环境条件下，在其使用寿命期内不发生损坏。另外，要求叶片的重量尽可能轻，并考虑叶片间相互平衡措施。

叶片强度通常由静强度分析和疲劳分析来验证。受压部件应校验稳定性。

强度分析应在足够多的截面上进行，被验证的横截面的数目取决于叶片类型和尺寸，至少应分析四个截面。在几何形状和/或材料不连续的位置应研究附加的横截面。

强度分析既可用应变验证又可用应力验证，对于后者，应额外校验最大载荷点处的应变，以证实没有超过破坏极限。

应通过可靠的分析方法和试验验证，证明叶片能满足各种设计使用情况下的静强度和疲劳强度及气动弹性稳定性要求。强度计算见附录B(标准的附录)。

6.2.2 安全系数

叶片的设计安全系数应大于或等于1.15。

6.2.3 刚度

对于复合材料结构叶片，设计时应满足机组振动、气动弹性不稳定性、机械功能等设计目标的要求，还应保证其在承受50年一遇阵风载荷情况下不损坏及对机组造成灾难性的后果。

6.2.4 固有频率

叶片的固有频率应与风轮的激振频率错开，避免产生共振。固有频率既可以通过计算也可以通过实测确定。

6.2.5 气动弹性稳定性

应考虑叶片所有设计状态下的颤振及其他不稳定性，使叶片不产生有害的振动，并分析叶片的动态特性。

6.2.6 设计使用寿命

叶片的设计使用寿命大于或等于20年，结构设计应满足这一要求。叶片的设计使用寿命既可以通过计算，也可以通过疲劳试验确定。用于疲劳分析验证的载荷谱既可以通过计算也可以通过实测的方法确定；载荷循环数可用雨流计数法确定。

6.2.7 可靠性

对于叶片中的机械机构，如变桨距叶片的变桨距系统和定桨距叶片的叶尖气动刹车机构(如果有的话)，其可靠性应满足用户的要求。

6.2.8 物理特性

叶片的结构设计还应给出下列内容：

a) 叶片的质量及质量分布；

b) 叶片重心位置；

c) 叶片转动惯量；

d) 叶片刚度及刚度分布；

e) 叶片的固有频率(挥舞、摆振和扭转方向)。

6.2.9 接口尺寸

结构设计应给出同轮毂连接的详细接口尺寸。

6.3 技术要求

6.3.1 叶片应符合由制造商制定的技术文件要求，叶片图样是叶片的主要技术文件。

6.3.2 制造叶片所用的材料应有供应商的合格证明，并符合零件图样规定的牌号。化学成分、力学性能、热处理和表面处理应符合相应标准。

6.3.3 叶片的零件、组件及外购件应符合生产的技术文件。

6.3.4 为了满足叶片的气动性能，并考虑叶片加工的工艺性及相应的制造成本，下列公差要求是叶片批量生产时应达到的最低值：

a) 叶片长度公差：$\pm(0.13\%\times L)$mm，其中 L 为叶片长度；

b) 叶片型面弦长公差：$\pm(1.5\%\times c)$mm，其中 c 为翼型型面弦长；

c) 叶片型面厚度公差：$\pm(1\%\times t)$mm，其中 t 为翼型型面最大厚度；

d) 叶片型面扭角公差：±0.4°；

e) 叶片成套重量互差：±1%；

f) 叶片轴向重心互差：±10mm。

7 环境适应性

7.1 总则

设计和制造叶片时要考虑环境因素的影响，应进行耐环境设计，采取相应措施，使其具有较高的环境适应性。

叶片在一定程度上暴露在腐蚀性环境条件下并且不容易接近。由于运行条件的原因，在许多情况下，不可能重做防腐层，因此重视设计、材料选择和防腐保护措施特别重要。

防腐和减轻腐蚀的结构设计对防腐的实施、效果和可修理性具有重大影响。防腐的基本规则见 ISO 12944-3 和 ISO 12944-5 的规定。

对于不能通过涂层或镀层来防腐的部位，可以选用适当的材料。

复合材料叶片应采用胶衣保护层。

7.2 环境条件

7.2.1 温度

叶片设计使用温度范围为－30℃～＋50℃。

7.2.2 湿度

叶片设计使用湿度小于或等于 95%。

7.2.3 盐雾

对于在沿海地区运行的风力发电机组，叶片设计时应考虑盐雾对其各部件的腐蚀影响，并采取相应有效的防腐措施。

7.2.4 雷电

叶片设计时应充分考虑遭雷击的可能性，并采取相应的雷击保护措施，雷击保护系统的设计按 IEC 61400-24:1999 要求进行。

7.2.5 沙尘

叶片设计应考虑沙尘的影响，如沙尘对叶片表面的长期冲蚀，对机械转动部位润滑的影响以及对叶片平衡造成的影响等。

7.2.6 辐射

对于复合材料叶片应考虑太阳辐射强度以及紫外线对材料的老化影响。

8 安全和环保

8.1 总则

叶片的使用和制造不应对当地居民的安全和环境产生不利影响。

8.2 噪声

叶片产生的噪声是机组噪声的一个组成部分，叶片设计时必须考虑这一因素。

8.3 环保

制造叶片的材料,尤其是复合材料,在制造过程中可能会产生一些有害的物质,因此,应尽量选择适当的材料,使其在制造和使用过程中不会产生大量有害的粉尘和挥发物,对环境产生不利影响。

9 叶片材料要求

9.1 总则

9.1.1 叶片材料选择应遵守下列准则:

a) 疲劳强度高;

b) 静强度适当;

c) 在所有环境下的可靠性;

d) 重量轻;

e) 成本低。

9.1.2 所选择的材料必须满足设计使用要求,并适合加工制造。

9.1.3 所选择材料的性能指标及化学成分应符合现行有效标准或其他有关技术条件要求。

9.1.4 材料制造商应具备 GB/T 19002 的质量认证体系,应提供材料的合格证和检验单。

9.1.5 材料应有使用说明书,并按其规定使用。

9.1.6 主要材料和用于重要零部件的材料,进厂后应进行性能复验,试验类型和范围按设计要求或有关规定进行。

9.1.7 不允许使用超期材料,除非经试验证明性能符合要求,并办理有关手续方可使用。

9.1.8 代用材料其性能指标及质量等级应与原使用材料相当。

9.2 复合材料

9.2.1 增强材料

9.2.1.1 叶片的增强材料通常选择玻璃纤维及其制品,如粗纱、毡、各类织物。必要时可适当选用碳纤维制品。

9.2.1.2 纤维表面必须进行保护或附着增强型涂层,并且要适合于使用的层压树脂。

9.2.1.3 玻璃纤维应使用 E—玻璃纤维、R 或 S—玻璃纤维,不得使用其他类型的纤维。

9.2.1.4 纤维及其制品的牌号、性能、规格应符合现行国家标准或行业标准。

9.2.1.5 性能试验按国家相关标准进行。

9.2.2 树脂

9.2.2.1 根据用途和要求,可区分为层压树脂和胶衣树脂,如两种树脂混合在一起,或配套使用,必须证明两种树脂相容,除非两种树脂结构相同。

9.2.2.2 胶衣树脂在固化条件下,应具有较好的防潮性和防紫外线辐射及其他有害环境影响的性能,并且应具有良好的耐磨性、低吸水性和高弹性,胶衣树脂中只允许添加触变剂、颜料和固化剂。

9.2.2.3 层压树脂在铺层时应有良好的浸渍性能,在固化状态有好的防潮性和高的防老化性能。

9.2.2.4 树脂的所有添加物如固化剂、促进剂、催化剂、填料和颜料,要与树脂相协调,并且彼此之间要兼容,保证树脂完全固化。

9.2.2.5 填料不得影响树脂的主要性能,填料的类型和填加总量可通过试验确定,在树脂中填料的比例不超过重量的 12%(包括最多 1.5%的触变剂),触变剂的比例在胶衣树脂中不超过重量的 3%。

9.2.2.6 颜料应不受气候影响,可由无机或不褪色的有机染料物质组成,颜色由用户决定,填加比例按制造商规定,否则按重量的 5%。

9.2.2.7 树脂、固化剂、催化剂、促进剂应根据制造商的工艺说明书使用,通常应选择冷固化系统,即在 16℃～25℃温度范围内达到良好固化。

9.2.2.8 树脂及所有添加物的牌号、规格、性能应符合现行国家标准或有关行业标准。

9.2.2.9 性能试验按国家相关标准进行。

9.2.3 芯材

9.2.3.1 芯材要满足使用要求，并不影响树脂的固化。

9.2.3.2 金属材料局部加强件要仔细清洗、去油脂、喷砂或用其他方法得到合适的表面状态，以便达到最佳连接。

9.2.3.3 硬质泡沫塑料可以作为芯材，使用的泡沫塑料应为闭孔结构。

9.2.3.4 轻质木材可作为芯材，在使用前必须进行灭菌和杀虫处理，并进行热处理及烘干处理，平均水分含量应小于或等于12%。

9.2.4 预浸料

预浸料须满足组件的要求和适当的保存、使用时间，而且树脂含量不低于30%，在工作温度下有适当的粘性。

9.2.5 胶粘剂

9.2.5.1 胶粘剂只允许使用无溶剂胶粘剂，最好使用双组分反应型胶粘剂。如果可能，使用与叶片相同的层压树脂。

9.2.5.2 胶粘剂不得降解被粘材料，并能保证叶片的结构性能。

9.2.6 玻璃纤维增强塑料层板性能要求

9.2.6.1 玻璃纤维增强塑料层板的性能应满足下列要求：

a) 树脂含量(重量)：40%～50%(胶衣、富树脂层除外)；

b) 固化程度：环氧>90%，聚酯>85%；

c) 密度：1.7～1.9 g/cm^3。

9.2.6.2 单向纤维层压板力学性能应符合下列要求：

a) 拉伸强度：≥500 N/mm^2；

b) 拉伸模量：≥29 000 N/mm^2；

c) 弯曲强度：≥600 N/mm^2；

d) 弯曲模量：≥29 000 N/mm^2。

9.2.6.3 ±90°玻璃纤维增强塑料层板性能应满足下列要求：

a) 拉伸强度：≥200 N/mm^2；

b) 拉伸模量：≥16 000 N/mm^2；

c) 弯曲强度：≥200 N/mm^2；

d) 弯曲模量：≥16 000 N/mm^2。

9.2.6.4 试验方法

玻璃纤维增强塑料树脂含量按GB/T 2577的规定。

玻璃纤维增强塑料固化度按GB/T 2576的规定。

玻璃纤维增强塑料密度按GB/T 1463的规定。

单向纤维增强层板弯曲性能及模量按GB/T 3356的规定。

玻璃纤维增强塑料弯曲性能按GB/T 1449的规定。

玻璃纤维增强塑料拉伸性能按GB/T 1447的规定。

9.3 金属材料

9.3.1 金属材料在满足使用要求的前提下，可选择普通结构钢、锻钢、铸钢、铸铁、铝合金或不锈钢。

9.3.2 对金属材料要考虑其对疲劳强度和缺口的敏感性，也要考虑低温性能、防腐性能和加工性能。

9.3.3 普通结构钢

普通结构钢的屈服强度范围应在235～355 N/mm^2 之间。

9.3.4 铸钢、铸铁

9.3.4.1 如选用铸钢可选择一般工程用铸造碳钢或不锈钢。

9.3.4.2 如选用铸铁只允许选择质量等级高于4级的球墨铸铁或其他更高级材料。

9.3.4.3 铸件不允许有疏松、热裂、缩孔、气孔、裂纹、氧化皮、砂眼等缺陷。铸件表面应用喷砂、喷丸、化学清理或其他方法清理。

9.3.4.4 根据铸造形式,提供的铸件应进行适当热处理。

9.3.5 不锈钢

按照耐腐蚀能力和加工性能选择合适的不锈钢,通常选用的奥氏体不锈钢应保持0.2%的弹性应变极限和0.03%的最大含碳量,并且有较好的防止晶间腐蚀能力。

9.3.6 所有金属材料性能、化学成分均应符合国家标准或其他有关技术条件。

9.3.7 对锻、铸件,应按有关标准进行磁粉探伤、液体渗透探伤、X射线照相探伤或超声波探伤等无损检验。

10 工艺要求

10.1 总则

10.1.1 下列要求仅适用于手糊湿法成型工艺。

10.1.2 层压车间应为全封闭空间,并能加热、通风,一般要求环境温度为16～25℃,最大湿度70%,并通过自动记录式温度计和湿度计进行监测记录。

10.1.3 通风设备应保证在工作场地内有害气体浓度不超标。

10.1.4 工作场地应采用适当方法照明,采取措施防止阳光和灯光温度达到引起树脂固化的程度。

10.1.5 进行叶片铺层及胶合工作时,车间内不允许进行产生粉尘的机械加工、油漆或喷涂等作业。

10.1.6 所有材料应按制造商说明书存放,如无说明应存放在10～18℃室内,储存间应干燥、通风避免强光,并应配置自动记录式温度计、湿度计。

10.1.7 叶片制造人员、检验人员必须通过专门职业培训。

10.1.8 叶片制造必须根据叶片图样、技术条件、工艺规程进行制造、检验。

10.1.9 试生产结束后,应冻结关键工序和重要工艺参数。

10.2 图样

10.2.1 使用的图样、资料必须完整、正确、有效。

10.2.2 叶片生产必须遵守图样规定的技术要求、尺寸公差、外观质量和材料技术要求。

10.2.3 必须保证增强材料的铺层方向、层数、位置和铺放规则以及含胶量、固化程度等。

10.2.4 必须按图样要求对金属零件进行热处理和表面防护。

10.3 模具

10.3.1 模具的材料、结构由制造商决定,但必须保证足够强度、刚度、表面硬度以及尺寸精度,保证叶片的外形尺寸公差及稳定性和重复性。

10.3.2 必须考虑加热及加压对模具造成的影响。

10.3.3 如果成型时使用真空袋,要确保模具密封良好。

10.3.4 模具表面应光滑,不许有尖棱,成型面要去除斑点。

10.3.5 模具经检验认定合格,并经试摸后方可使用。在铺层工作开始之前,模具表面涂适量脱模剂,如需要可预热到铺层要求的温度,模具表面须干燥、无尘。

10.4 工装

10.4.1 叶片制造所需工装、设备、工具等均应满足工艺要求及其他有关规定。

10.4.2 所用量具、衡器、仪表需经检定,并在检定周期内。

10.4.3 调胶机、喷涂机等必须准确无误,并按有关规定进行标定。

10.4.4 直接影响叶片质量的工装,如下料样板、型面样板等,必须保证设计公差要求,并定期校检,切面样板间隔应按设计要求确定。

10.5 叶片制造

10.5.1 金属零件加工制造按图样及工艺指令进行。

10.5.2 按合适的工艺方法把胶衣树脂均匀涂在准备好的模具表面，厚度在 0.4～0.6mm 之间。

10.5.3 涂完胶衣后应按时铺第一层材料，该层含胶量较高且使用的增强材料单位面积较轻，如使用最大为 300g/m^2 玻璃纤维织物时，树脂含量一般为 70%。

10.5.4 必须按制造商的说明书和有关部门的规定配制和准备胶液。

10.5.5 树脂及固化剂必须严格按比例混合，并尽量不混入空气，必要时可进行真空排气，填料及颜料必须按规定加入。

10.5.6 铺层应符合有关技术文件及工艺规程的要求，必须严格控制铺层位置、纤维方向，单向纤维束、带保证平直，严格控制各节点位置。

10.5.7 层间要压实，含胶量一般控制在 40%～50%之间，胶衣及富树脂层除外。

10.5.8 胶液的操作时间不超过制造商规定的范围，必要时须经初步试验以确定操作时间及固化时间。

10.5.9 一次能铺层的最大厚度，取决于固化时最大允许放热量；如果使用真空袋，其决定因素还应包括最多使多少层材料的空气完全排尽。

10.5.10 如果铺层过程被中断，再次铺层时，固化层表面须打毛，去除尖点，并清除干净，以获得合适的粘接表面。

10.5.11 铺层过程中应尽量避免剪断加强层，无法避免或对接时应适当增用加强带，加强带及搭接宽度最少 25mm。

10.5.12 预埋件、局部加强件、叶根法兰盘、衬套等零件须干燥，并清理干净，表面做适当处理。

10.5.13 固化

10.5.13.1 树脂系统固化应按制造商说明书或预试验得到的工艺参数进行。

10.5.13.2 叶片及其部件固化达到脱模强度后，即可从模具中取出。对于冷固化系统（16～25℃），固化时间至少需要 12h。

10.5.13.3 部件加温固化后应立即在相关温度下进行时效处理，冷固化系统不须时效处理，但叶片出厂前必须在室温下至少存放 7 天，或 40℃/16h，或 50℃/9h。

10.5.14 叶片表面抛光后，对没有表面保护的部位要进行密封，特别是切断面、胶接处，以防外部介质浸入，使用的密封材料应不影响层板胶接处的性能，也不影响叶片的特性。

10.5.15 在专用设备上对叶片进行静平衡。

10.6 制造监控

10.6.1 对叶片的制造监控，应包括原材料质量控制、制造过程监控和成品质量检验。

10.6.2 叶片制造工作程序单、检验单和工艺规程等文件必须跟随生产过程，并由负责每一阶段的工作人员签字。

10.6.3 叶片及各部件层压时，应对制造过程进行现场检验，特别是纤维方向、用胶量等。

10.6.4 用随件试件或从部件上直接切取试样，进行固化程度检验。

10.6.5 在加工过程期间，应抽样检查层板的性能参数，如树脂含量、密度、拉伸强度及拉伸模量、弯曲强度及弯曲模量、剪切强度及剪切模量等。如果不能从部件上切取足够大的层板试件，可随件制造 500mm×500mm 的平行层板。

10.6.6 对部件的加工过程及完成的叶片成品进行目视检验，应特别注意气泡、夹杂起层、变形、变白、变污、损伤、积胶等，对表面涂层也要进行外观目视检验。

10.6.7 对叶片及部件内部缺陷可采用 X 射线或超声波等无损检验方法来检验，检验标准可由设计、工艺、检验部门共同制定或确定一标准样件作为判据。

10.7 缺陷修补

10.7.1　允许修补叶片外表面气泡和缺损等缺陷，但应保持色调一致，修补后表面上直径小于5mm的气泡在 $1m^2$ 内不允许超过3个。

10.7.2　对于内部开胶、胶接处缺胶、分层等缺陷可通过注胶修补。

10.7.3　对于叶片表面的凹坑和皱折可用环氧树脂或聚酯腻子填充进行修补，并喷涂表面涂层，打磨抛光。

10.7.4　对于运输过程中造成的叶片损伤，可根据损伤的具体情况，由制造商制定修补计划，在使用现场进行修补，并由制造商提供质量保证。

11　质量保证

11.1　推荐制造商的质量保证体系应通过GB/T 19001的认证；最低应通过GB/T 19002的认证。

11.2　制造商必须保证质量保证体系的有效性。

12　试验方法

12.1　总则

所有试验的目的是为了验证设计的正确性、可靠性和制造工艺的合理性，并为设计和制造工艺的完善和改进提供可靠的依据。试验结果作为产品定型的审查文件。

试验仪器、仪表及量具应满足测量精度要求。

12.2　试验报告格式

试验报告应包括以下内容：

a）试验目的；

b）试验件或试验模型描述；

c）试验仪器、仪表及量具的精度和灵敏度；

d）试验原理及简明处理方法；

e）试验情况记录(附以相应的照片和简图)；

f）试验数据；

g）试验处理结果(包括各种曲线)；

h）试验结论；

i）试验地点和日期。

试验报告应有完整的会签和盖章证明。

12.3　气动性能试验

12.3.1　总则

对于新研制的叶片，要求进行风洞模型试验和风场实测，目的是验证风轮在各种工况下的气动性能，对于变距叶片还要试验各个变距角度下的气动性能。

对于购买专利或许可证生产的叶片，一般只要求进行风场实测。

12.3.2　风洞试验

12.3.2.1　试验条件

a）试验风洞要求能够模拟风场实际工况条件。

b）风洞直径 D 和风轮模型直径 d 的关系；

——对于开口风洞：$D \geqslant 1.5d$；

——对于闭口风洞：$D \geqslant 2d$。

12.3.2.2　相似准则

叶片模型相似准则：

a）几何相似；

b）动力相似。

雷诺数相似不做要求，但要有可靠的试验数据和理论进行雷诺数修正。

12.3.2.3 测试内容

测试项目包括：

a）风能利用系数 C_p 与叶尖速度比 λ 的关系曲线；

b）风轮扭矩系数 C_Q 与叶尖速度比 λ 的关系曲线。

12.3.3 风场实测

12.3.3.1 试验条件

试验地点应考虑下列因素：

a）自然物（建筑物、树木等）；

b）地形变化；

c）其他风扰动。

对以上因素要根据设计条件进行修正。

12.3.3.2 测试项目

测试项目包括风速和功率曲线，并由此得出：

——风能利用系数 C_p 与叶尖速度比 λ 的关系曲线；

——风轮扭矩系数 C_Q 与叶尖速度比 λ 的关系曲线。

12.4 定桨距叶片的叶尖气动刹车机构功能试验

12.4.1 总则

在定桨距风力发电机组中，有的叶片设计有叶尖气动刹车机构。在叶片研制过程中，这一机构的功能要进行分析和验证。

12.4.2 试验条件

试验件是具有完整尺寸的首件实物叶片。

12.4.3 试验内容及方法

在试验台架上，通过人工控制施加作用力，迫使叶片叶尖气动刹车机构打开和复位。检查整个机构在打开和复位过程中是否顺利，如有干涉现象，则要采取适当措施，分析和解除这种故障直到整个机构满足设计要求，并记录下试验过程中进行的所有调整内容。在满足设计要求时，整个试验过程应重复3次。

12.5 固有特性试验

12.5.1 总则

对于新研制的叶片，都要求进行叶片固有特性试验，其目的是测量叶片的固有频率，为叶片动力分析、振动控制提供原始依据，并验证动力分析方法的正确性。

12.5.2 试验条件

12.5.2.1 试验件要求

试验件应从试制批中抽取。

12.5.2.2 试验件支持

试验夹具要保证叶片叶根固支，夹具刚度要大于叶片刚度的10倍以上。

12.5.3 试验项目

a）叶片挥舞弯曲振动至少一、二阶固有频率；

b）叶片摆振弯曲振动至少一阶固有频率；

c）叶片扭转振动的一阶固有频率（必要时）。

12.5.4 试验测量方法

根据试验任务书的要求和试验设备等具体条件，可以采用：

—时域法；

—频域法。

对叶片固有特性进行测量。

注：时域法对二阶固有特性测量不适用。

在用频域法测量时，压电式加速度传感器的安装固定要特别注意，以免影响其额定频响曲线。

12.6 静力试验

12.6.1 总则

对于新研制的叶片，要求做叶片静力试验；对于批生产叶片，在工艺做重大技术更改后，也要求做静力试验；其目的是为了验证叶片的静强度储备，并为校验强度、刚度计算方法以及结构合理性提供必要的数据。试验测定的有关数据还可供强度设计、振动分析使用。

12.6.2 试验条件

12.6.2.1 试验件要求

试验件应是具有静强度试验要求的全尺寸叶片，一般可从试制批中抽取，可作不影响静强度试验的再加工，以便与试验工装连接和加载，件数一般为一件。

12.6.2.2 试验件支持

试验夹具要尽量模拟叶片的力学边界条件，并尽可能小地影响叶片的内力分布。

12.6.3 试验项目

a）刚度测量：包括挥舞、摆振刚度；必要时，也应测量扭转刚度；

b）静强度试验。

12.6.4 试验载荷及试验方法

试验应先进行刚度测量，再进行静强度试验。

12.6.4.1 进行刚度测量时，试验载荷不超过设计载荷。在试验载荷作用下，加载部位不得有残余变形和局部损坏。在试验过程中，按任务书规定的试验载荷，采取逐级加载逐级测量的试验方法，对同一试验内容一般不少于3次试验，或用不同的试验方法验证数据的重复性和准确性。

为了消除加载时因结构间隙带来的非线性，提高数据测量的精度，可采用预加载或其他适宜的试验方法。

试验结果处理可采用最小二乘法。

12.6.4.2 进行静强度试验时，试验载荷应尽量与叶片设计载荷一致，既要满足叶片的总体受力要求，也要满足叶片的局部受力要求。静强度试验顺序：

a）预试；

b）使用载荷试验；

c）设计载荷试验；

d）破坏试验(如果要求确定剩余强度，需进行破坏试验，可在疲劳试验完成后进行)。

其中：

——预试是为了检查试验、测量系统是否符合试验技术要求和拉紧试验件，消除其间隙。预试载荷为设计载荷的40%。

——使用载荷试验是为了确定叶片承受使用载荷的能力，加载梯度不大于设计载荷的10%，在各级载荷情况下进行应变、位移测量和变形观察，加载到使用载荷后，停留时间不少于30s，卸载后，叶片不应出现永久变形，也不允许出现折皱等局部失稳。

——设计载荷试验是为了确定叶片承受设计载荷的能力，在超过使用载荷后，加载梯度不大于设计载荷的5%，在各级载荷情况下进行应变、位移测量和变形观察，加载到设计载荷后，停留时间不少于3s，叶片不出现破坏。

——破坏试验是为了确定叶片的实际承载能力，为强度计算提供数据，加载梯度不大于设计载荷的

5%,直至破坏。

12.7 疲劳试验

12.7.1 总则

对于新研制的叶片,要求进行叶片疲劳试验;对于批生产叶片,在工艺做重大技术改进后,也要求做疲劳试验。其目的是为了暴露叶片的疲劳薄弱部位,验证设计的可靠性、工艺的符合性,为改进设计、工艺、编制使用维护说明书、确定叶片使用寿命提供依据。

12.7.2 试验条件

12.7.2.1 试验件要求

试验件应是具有静强度要求的全尺寸叶片,一般可从试制批中抽取,并做不影响静强度要求的再加工,以便与试验工装连接和加载,试验件数根据实际情况取一至二片。

12.7.2.2 试验件支持

试验夹具要尽量模拟叶片的力学边界条件,并尽可能少地影响叶片的内力分布,还要保证载荷谱多点协调加载的实现。

12.7.3 试验载荷

12.7.3.1 疲劳试验载荷既可以采用程序谱加载也可以采用等幅谱加载,等幅谱载荷应力幅按设计载荷包线最大值选取,循环特征依据实际载荷环境确定;对于程序谱加载,载荷谱应根据载荷环境分析及运用应变(或载荷)测量统计结果得到的使用载荷谱编制,编制载荷谱时要保证损伤等效,并能实现随机加载。

12.7.3.2 加载误差在最大峰值时一般小于5%。

12.7.3.3 能导致蠕变或结构疲劳强度明显降低和引起任何热应力的严重影响、腐蚀影响等都应予以模拟,如果试验设备不能实现环境模拟要求,可考虑其他方法弥补。

12.7.3.4 对于复合材料叶片,若要加速试验时,试验频率不应导致试验件发热而使疲劳特性受影响。

12.7.4 试验方法

试验前应对测量系统进行标定,标定载荷至少应达到试验载荷的80%,试验加载系统和测量系统要按有关规定进行评定。

按试验任务书要求进行加载,进行应变、变形、载荷测量。对疲劳裂纹的出现要监测及时、记录准确。当试验结束后,应对试件进行认真的分解检查(尤其是不可检部分)和断口分析,检查分析结果纳入试验报告。

12.8 解剖试验

12.8.1 总则

解剖试验仅适用于复合材料叶片。

解剖试验属于预生产试验范畴,应在工艺试模取得全面检查合格以后进行,目的是确定复合材料叶片各验证位置的材料性能,检查工艺与设计的符合性等,以便为设计调整、工艺参数修正提供依据。

12.8.2 试验要求

12.8.2.1 试验件要求

试验件应是工艺试模件,对于材性试验,可根据设计要求铺设局部切面,其他项目试验可选用疲劳试验后的试件。

12.8.2.2 试验件切割位置要求

试验件切割位置由设计按需要在试验任务书中规定。

12.8.3 试验项目

a) 成型工艺质量(型腔节点位置、前后缘粘结质量、内填件的粘结质量等);

b) 主要承力部分材性试验(密度、拉伸强度、拉伸模量、剪切模量等);

c) 质量分布特性。

12.8.4 试验方法

12.8.4.1 按任务书要求对检验件进行切割，首先检查成型工艺质量，仔细记录检查项目。

12.8.4.2 对主要承力部分按相应国家标准进行材性试验，如果从主要承力部分截取下来的试件不符合标准要求，设计、工艺要协商一致，也可采用随件试件的办法来解决。

12.8.4.3 对试验切割下来的每段叶片，分别称重，测量重心，绘制沿展向的叶片质量分布曲线。

12.9 雷击试验

12.9.1 总则

雷击试验的目的是为了考核叶片防雷击保护系统的性能，确定叶片抗雷击的能力。

12.9.2 试验条件

12.9.2.1 试验件为全尺寸叶片或模拟样件。

12.9.2.2 雷击试验可在高压实验室内进行。

12.9.3 试验项目

进行高雷击脉冲电流试验和雷击飞弧试验。

由高雷击脉冲电流试验验证雷电电流传导系统承载电流的能力；雷击飞弧试验验证电极的引雷效果。

12.10 叶片随件试件试验

12.10.1 总则

叶片随件试件试验仅适用于复合材料叶片。

叶片随件试件试验是每件叶片生产时都要进行的常规试验，目的是保证工艺、材料稳定性，对于叶片来说，由于实际原因，不可能对产品进行破坏，需要对每一片叶片安排一个随模试件，对其主要性能进行测试，该测试结果按常规检验填写在叶片履历本或合格证上。

12.10.2 试验要求

该随模试件要求和叶片一起成型，最好共用一个模具，否则，该试件的工艺参数要求和叶片成型一致，试件尺寸按设计要求，切割成符合材性测量的标准试件。

12.10.3 试验项目

a）拉伸强度；

b）拉伸模量；

c）弯曲强度；

d）弯曲模量；

e）剪切强度；

f）剪切模量。

12.10.4 试验方法按国家相关标准进行。

13 检验规则及验收

13.1 检验分类

叶片的检验分出厂检验、型式检验和鉴定检验。

每片叶片均做出厂检验；新产品试制完成时应进行鉴定检验；凡属下列情况之一者应进行型式检验：

a）新产品经鉴定定型后，叶片制造商第一次试制或小批量生产时；

b）停产一年以上，产品再次生产时；

c）正常生产的叶片自上次试验算起已满三年；

d）叶片的设计、生产工艺、主要原材料的变更影响叶片性能时，进行有关项目的试验；

e）质量监督机构、叶片制造商和用户三方对产品质量、性能发生异议时，可进行有关项目的试验。

13.1.1 出厂检验

13.1.1.1 每片叶片均要求检验型面翼型的弦长、扭角、厚度等几何数据。

13.1.1.2 每片叶片均要求检验重量及重心位置。

13.1.1.3 每片叶片均要求检验叶片连接尺寸。

13.1.1.4 对于具有叶尖制动机构的定桨距叶片应进行功能试验。

13.1.1.5 每片叶片应进行外观质量检查。

13.1.1.6 每片叶片应进行随件试件玻璃纤维增强塑料固化度和树脂含量检验。

13.1.1.7 对叶片内部缺陷应进行敲击或无损检验。

13.1.1.8 对于成套供应的叶片应检验其配套情况。

13.1.1.9 制造商与用户商定的其他检验项目。

13.1.2 鉴定检验

叶片在定型鉴定时,应进行气动性能试验、静力试验、解剖试验、固有特性试验、雷击试验、定桨距叶片叶尖制动机构功能试验、疲劳试验。

13.1.3 型式检验

13.1.3.1 型式检验项目包括:随件试件性能试验、静力试验、固有特性试验、定桨距叶片叶尖制动机构功能试验。

13.1.3.2 质量监督机构以及制造商和用户商定的其他试验项目。

13.1.4 检验中使用的设备、仪器、工具、标准样品、计量器具均应符合规定的精度等级,并经质量监督机构认可。

13.2 判定规则和复验规则

13.2.1 检验结果与产品技术条件及要求不符时,则叶片判定为不合格品。

13.2.2 型式检验每批检验一至二片叶片,试验中只要有一项指标不合格,就应在同一批中另抽取加倍数量的叶片,对该项目进行复验;若仍不合格,应对该批叶片的该项目逐片检验。

13.3 不合格品处理

13.3.1 不合格叶片应做明显标记,并应单独存放或处理,禁止与合格叶片混放。

13.3.2 对存在轻微缺陷但不影响安全使用和性能要求的叶片,经必要处理,由用户认可后可视为合格品。

13.4 最终验收

所有叶片经过严格检验,并完成规定试验后,填好产品履历本、合格证、检验单及所需的其他文件交付验收。

14 叶片的标志和使用维护说明书

14.1 叶片的标志

14.1.1 总则

叶片的标志提供了叶片的简要描述,应用耐环境的材料在叶片根部位置固定一个永久性的标志。

14.1.2 叶片的标志应包括下列内容:

a) 叶片名称、商标;

b) 制造商名称、详细地址;

c) 叶片规格、型号;

d) 叶片的长度、质量和重心位置等参数;

e) 叶片系列编号和制造日期;

f) 叶片配套号;

g) 其他项目。

14.2 叶片使用维护说明书

14.2.1 叶片使用维护说明书目的是提供正确使用和维护叶片的必要说明。

14.2.2 叶片使用维护说明书的格式应符合 GB 9969.1 的规定。

14.2.3 叶片使用维护说明书的内容：

a) 制造商；

b) 名称、型号；

c) 叶片描述；

d) 风轮直径；

e) 额定输出功率、风轮转速；

f) 风轮的功率输出曲线；

g) 叶片安装角；

h) 切入风速、额定风速、切出风速；

i) 叶片技术数据；

j) 叶片各部件的安装原理图；

k) 叶片安装、运输过程中的吊装位置及吊装要求；

l) 叶片使用维护要求。

15 叶片包装、贮存、运输

15.1 包装

叶片存放要按技术要求对金属部件进行油封包装，油封期至少为1年；复合材料部分不需要包装，但要进行适当的保护，避免磕碰损伤。

15.2 叶片随机文件

叶片的随机文件应包括下列内容：

a) 装箱单；

b) 随机备件、附件清单；

c) 安装原理图；

d) 叶片履历本或合格证；

e) 叶片使用维护说明书；

f) 其他有关的技术资料。

15.3 备件、安装工具和随机文件应装到一个包装箱内，以确保在保管和运输中的完整性。

15.4 贮存

叶片可以露天存放，但要对叶片进行适当保护，避免损坏叶片表面。

15.5 运输

15.5.1 在叶片运输时，要对叶片启封并对金属部件重新油封包装，并用支架支撑和固定牢固，保证叶片在运输过程中不损坏。

15.5.2 对于叶片的薄弱部位，在运输过程中应安装适当的保护罩。

15.5.3 在装、卸叶片及运输过程中，避免叶片受力过于集中，内、外螺纹和配合处应当防止碰伤、堵塞等。

附 录 A
（标准的附录）
载荷情况定义

A1 总则

A1.1 确定载荷情况是为了进行静强度和疲劳强度分析。如有必要，应考虑系统的动态特性（例如共振、动态的不稳定性）。疲劳分析应采用适当的方法考虑风速在风轮扫掠面上的不均匀分布造成的影响，这种不均匀分布是确定因素（垂直风速梯度、塔影）和随机因素（局部阵风、湍流）影响的结果。
A1.2 按照A2尤其是湍流度（A2.2.5）考虑所有的外界条件来建立用于疲劳分析的实际载荷谱，可能包括很多理论上的和计算上的工作。为此，在A4.7中给出了一个确定风轮直径最大46m、具有三片或三片以上叶片水平轴风力发电机组替代载荷谱的简化方法。
A1.3 为了确定载荷，把外界条件和运行状态按照它们发生的概率来细分。外界条件和运行状态在统计上是相互独立的，所以罕见外界条件和罕见运行状态的组合通常不予考虑。需考虑的最小载荷情况组合列于A4及A5的表A5中。
A1.4 A6里给出了水平轴、三叶片或三叶片以上风力发电机组的简化设计载荷谱。

A2 外界条件

A2.1 总则
A2.1.1 本标准中，外界条件意味着在风力发电机组上所有的外在影响，这些影响既来自于山岳和地形条件又来自于气象条件和其他外部原因（例如电网连接、机械驱动机构）。
A2.1.2 为了和运行状态相结合，外界条件分为正常外界条件和极端外界条件两种。正常外界条件通常是指那些具有每年一次或更多次概率的情况，而极端外界条件是指具有50年一遇概率的情况。
A2.1.3 载荷的确定是以安装风力发电机组地点的气候条件和地形数据为基础的，尤其应注意一些特殊地区，例如极地、高山地区、沙漠和有热带风暴的地区。如果不能充分了解实际环境条件，风力发电机组可以按照A2.2提到某种等级及下面描述的数据进行设计。吊装风力发电机组之前，应确保设计状态包含了该地区比较普遍的外界条件，对于风场中安装好的风力发电机组，应考虑机组之间的相互影响，和其他情况一样，它明显地增加了来流风的湍流和不均匀性。
A2.1.4 根据相关的外界条件划分的五个等级为Ⅰ至Ⅳ级和S级，风力发电机组相应地分为五个等级，下面给出Ⅰ至Ⅳ级相关的外界条件，S级和这里给出状态不同，单独加以定义。
A2.1.5 安装在沿海地区的风力发电机组，要考虑选择适当的材料、涂层和保护膜及定期检查等措施进行防腐保护，机械和电气元件的确定不仅应考虑整体性能还应注意腐蚀对功能的影响。例如：传感器失效或组件锈死的故障。由于在进行疲劳强度计算时，未考虑腐蚀的影响，因此，对于叶片更应考虑防腐措施。
A2.1.6 风力发电机组是暴露在外的设备，应考虑遭雷击的危险。
A2.1.7 设计叶片时，要考虑冰雹和可能的鸟撞影响。
A2.2 气象数据
A2.2.1 风力发电机组的等级
A2.2.1.1 风力发电机组的等级是根据具有50年一遇平均概率的极限风速的10min平均值 $\bar{v}_E$ 和多年来年平均风速 $\bar{v}_M$（在轮毂高度处）来划分的，见表A1。

表 A1　风力发电机组的等级

级　别	Ⅰ	Ⅱ	Ⅲ	Ⅳ
$\bar{v}_E$　m/s	50	42.5	37.5	30
$\bar{v}_M$　m/s	10	8.5	7.5	6

A2.2.1.2　为了与国际标准(IEC 61400-1)的极限载荷情况的安全水准保持兼容，在为极限载荷情况计算设计载荷时，表 A1 中的极限风速 $\bar{v}_E$ 及由此导出的所有风速应减少 7%。

A2.2.2　50 年一遇的阵风

A2.2.2.1　在轮毂高度处，具有 50 年一遇平均概率的 5s 内最大风速平均值 $\bar{v}_E$，由表 A1 里 50 年一遇的极限风速 $\bar{v}_E$ 乘以系数 1.4 得到，即 $v_E=1.4\bar{v}_E$。

对于其他高度，这一系数可以根据 A2.2.8 利用风速梯度进行转换，阵风可能偏离平均风向达±15°角。

A2.2.2.2　有时，在另外一段时间内求平均值的，或者具有其他出现概率的极限风速是有效的。在缺少其他确定数据的情况下，具有百年一遇概率的风速减少 4%可以转化为 50 年一遇的风速。同样地，对于 3s 的阵风转换为 5s 的阵风，风速可减少 3%。把 60min 内平均风速值提高 10%可以转换为 10min 平均风速。

A2.2.3　年平均风速

10min 的年平均风速 $\bar{v}_J$ 和具有 50 年一遇概率的年阵风 v_J 在 5s 内最大风速的平均值，分别相当于 A1、A2 中提到的 50 年一遇的风速和阵风的 80%：

$$v_J=0.8v_E$$
$$\bar{v}_J=0.8\bar{v}_E$$

阵风可能偏离平均风向达±15°角。

A2.2.4　平均风速分布

10m 高度处，10min 平均风速 $\bar{v}$ 的分布函数可以假定为瑞利分布：

$$F(\bar{v})=1-\exp\left\{-\frac{\pi}{4}\left(\frac{\bar{v}}{\bar{v}_M}\right)^2\right\}$$

A2.2.5　风湍流度

A2.2.5.1　对于(主动或被动地)跟踪风向的风力发电机组，除非由于控制系统和偏航系统而产生了更大的误差值，否则认为有±15°的恒定偏航误差。在考虑湍流时，如果注意到了垂直于平均风向的速度分量以及偏航系统的滞后，则该误差可以忽略。

A2.2.5.2　风的湍流度由湍流涡带走的能量来体现，功率谱及相关函数表示的超过大约 10min 带走的能量沿频率的分布通常被认为足够表达湍流规则的本质。在一个较短的时期内，由统计参数表征的风的自然湍流特征可以得到下列参数；其中包括：

——平均风速；

——湍流度；

——整体长度尺寸。

A2.2.5.3　外部参数(例如风程、粗糙长度、平均风速等)与风速的功率谱及相关函数的标准组合被基本认可为描述湍流的起始点。

A2.2.5.4　在轮毂高度处，湍流强度假定为：

$$I_T=\frac{\sigma}{\bar{v}}=0.2$$

式中：$\bar{v}$——相关的 10min 平均风速值，m/s；

σ——瞬间风速相对于 $\bar{v}$ 的标准偏差。

对于其他高度，可以假设 σ 保持不变，而 $\bar{v}$ 将按 A2.2.8 变化，因此，I_T 也变化，尤其应考虑叶片扫掠面内风速的变化。这些,加上决定性的风速变化和风轮的旋转就产生了“旋转脉冲”效应(即部分阵风反复通过)。这一效应将对疲劳强度产生很大的影响。

A2.2.6 运行过程中的阵风

A2.2.6.1 运行过程中的阵风,将导致风速的增加(正的阵风)或减少(负的阵风),用阵风系数 k_b 进行计算:

$$k_b = 1 + \frac{v_B}{\bar{v}}$$

对于正的阵风:$v = k_b \times \bar{v}$

对于负的阵风:$v = 1/k_b \times \bar{v}$

式中:$\bar{v}$——相关的平均风速,m/s;

v_B——阵风的幅值(见 A2.2.6.2),m/s。

A2.2.6.2 阵风幅值 v_B 取值如下:

——对于具有每年发生一次平均概率的阵风(正常运行阵风),$v_B = 9$m/s;

——对于具有 50 年一遇的平均概率的阵风(极限运行阵风),$v_B = 13$m/s。

A2.2.6.3 如果在载荷情况中未明确指出,则阵风可与平均风向偏离±15°。对于水平轴风力发电机组来说,可假设阵风前的平均风向平行于风轮旋转轴。

A2.2.6.4 在仿真过程中,如果考虑阵风的发生次数,可以假定风的最大加速度为 5m/s^2,应采用正弦阵风形式,且风速和风向同时变化。如果仿真阵风的时间序列,当考虑运行阵风时,应对完整周期(阵风增加和衰减)和半个周期(在风速增加时)均加以分析。

A2.2.7 风向变化

A2.2.7.1 在风力发电机组运行期间,需考虑相对于 10min 平均风向在±30°范围内自发变化(风向的正常变化),另外风向的极端变化和 A2.2.6.2 中所述阵风同时发生的情况也应考虑。

A2.2.7.2 在平均风速为 5m/s 内,风向的极端变化范围可达±180°;平均风速为 15m/s 时,风向的变化范围是±35°;50 年一遇风速 $\bar{v}_E$ 时,风向的变化范围为±15°;对于平均风速的中间值,角度变化值可以用线性内插法插值。

A2.2.8 正常风速梯度

在 h 高度上,10min 风速平均值的风速梯度可假定由幂函数给出:

$$\bar{v}(h) = \overline{v^*} \left\{ \frac{h}{h^*} \right\}^{\alpha}$$

式中:$\overline{v^*}$——参考高度 h^* 的风速,m/s;

α——幂指数:$\alpha = 0.16$(当 $\overline{v^*} \leqslant \bar{v}_E$);

$\alpha = 0.11$(当 $v^* = v_J, v_E$)。

A2.2.9 极限风速梯度

风轮扫掠面上的极限风速梯度为:

$$w = \frac{1.5}{D-15} + 0.15, \mathrm{ms^{-1}m^{-1}}$$

式中:D——风轮直径,m。

对于风轮直径小于 30m 的风力发电机组来说,应使用的极限风速梯度为:$w = 0.25\mathrm{ms^{-1}m^{-1}}$。假定这一风速梯度在水平和垂直方向上是相互独立的。

A2.2.10 温度范围

A2.2.10.1 风力发电机组的极限设计温度为-30℃~+50℃,运行温度为-20℃+40℃。

A2.2.10.2 应力分析的基础温度相对于 15℃的吊装温度有±35℃的变化。

A2.2.10.3 如果安装风力发电机组的地区,多年来低于-20℃的日期平均多于 9 天,应该制定更低的温度极限。如果是由于选择的运行地区或部件表面的原因,部件的温度可能高于+50℃,这些情况也应加以考虑。

A2.2.11 空气密度

用于气动计算的海平面上的空气密度假设为：$\rho=1.25\text{kg/m}^3$。

如果在 A2.2.10 中限制的温度低于－20℃，空气密度将相应地增大。在高海拔地区，空气密度将相应地减小。

A2.2.12 太阳辐射强度

太阳辐射强度为：$I=1\ 000\text{W/m}^2$。

A2.2.13 结冰

A2.2.13.1 对于不转动部件，假设所有暴露表面结冰厚度为 30mm，冰的密度假设为 700kg/m^3。对于处在停机状态的风力发电机组，叶片也必须进行这种表面结冰分析。

A2.2.13.2 对于运行的风力发电机组，"全部叶片结冰"和"一片叶片结冰"的状态必须加以分析，假设冰层的质量分布（每单位长度上冰层的质量）在叶片的前缘上。冰层质量分布从旋转轴线的零开始，线性增加到一半半径处为 μ_E，然后直至叶尖一直保持为常数。μ_E 的值为：

$$\mu_E=\rho_E k c_{min}(c_{max}+c_{min})$$

式中：ρ_E——冰的密度，700kg/m^3；

k——$0.006\ 75+0.3\exp(-0.32R/R_1)$；

R——风轮半径，m；

R_1——1，m；

c_{max}——最大弦长，m；

c_{min}——叶尖弦长，m。

A2.3 地形影响

A2.3.1 特殊地形，尤其是坡形地带可能产生不同于 A2.2.8 中提到的速度分布，应该相应地加以考虑。

A2.3.2 如果 $\tan\varphi\leqslant0.3$ 且 $h_{hub}/H\geqslant6$，则坡形地带引起的风速增加可以不予考虑，这里 φ 是坡地的倾斜角，h_{hub} 是风力发电机组轮毂处的高度（从塔底到轮毂处），H 是坡地高于平坦地带的高度。对于 $\tan\varphi\leqslant0.3$ 且 $6>h_{hub}/H\geqslant2$ 的地区来说，风速的增加可通过将表 A1 的风速及由此导出的所有风速增加 10％来考虑。

A2.3.3 对于在斜坡上的风力发电机组来说，实际上风速矢量可能偏离水平方向，因此，在整个工作寿命期间，假定风速从下向上的攻角偏离水平线 10°。

A2.4 电网负载变化的影响

如有必要，应考虑连接在电网上负载对电网的特殊影响（例如在弱电网中的频率、电压和载荷波动、电动机驱动的机械、电网故障）。

1h 电网故障和/或失载应视为正常的外界条件，例如对风力发电机组的最大影响为：

a) 在一弧立电网中的主频、电压和载荷波动；

b) 干扰电压；

c) 短路；

d) 机械设备突加的负载。

A2.5 地震

有地震危险的地区应考虑由地震产生的载荷。

A3 运行状态

A3.1 总则

在正常状态、经常发生的工作状态、很少发生的故障情况、故障发生后的情况以及运输和安装状态之间制定了区别。

注：对水平轴风力发电机组的所有工作状态应考虑 A2.2.5.1 中的恒定偏航误差。

在研究制动机构的制动性能时，对 A3.2.4 和 A3.3.1 的停机状态应考虑其最小制动力矩。最大制动力矩将用来确定极限载荷。

A3.2 正常运行

A3.2.1 待机

当风力发电机组没有故障或其他停机的条件且风速在规定的功率输出范围之外时，风力发电机组处于待机状态，机组停机或空转，这取决于它的设计和工作原理。

A3.2.2 启动

启动状态为介于待机状态及功率输出状态之间的过程，或者处于功率输出的不同状态之间，例如：从低转速到高转速的一个过程。

A3.2.3 功率输出

在功率输出状态期间，风力发电机组产生的功率取决于风速。图 A1 中定义了主要数据。

对于没有切出风速的风力发电机组，在计算中可以用 50 年一遇风速（A2.2.1.1）来代替。

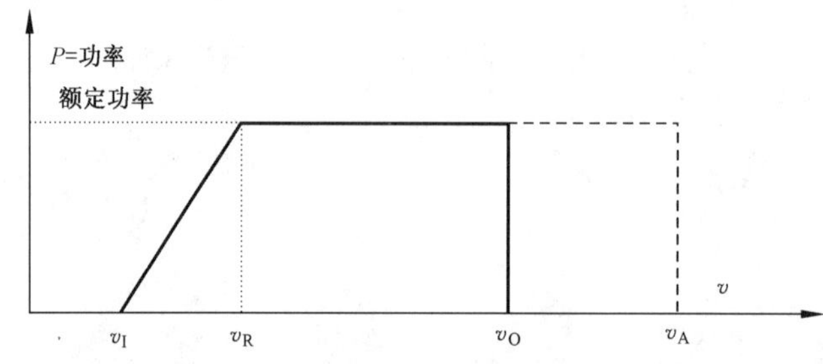

v_I—切入风速；v_R—额定风速；v_O—切出风速；v_A—短期切出风速

图 A1 功率曲线简图

A3.2.4 正常关机

正常刹车状态是介于功率输出状态和待机状态之间的一个过程，或处在功率输出过程中的状态，例如：从高转速到低转速的一个过渡过程。

A3.3 故障

如果风力发电机组发生故障就会出现这种情况，在这里假定相互独立的故障不会同时发生。

A3.3.1 应急停机

应急停机可能由下列原因引起，例如：

——人工触发；

——超过安全和控制系统中规定的极限值引起的触发（超速、超功率、振动等）。

A3.3.2 控制系统故障

控制系统故障包括偏航系统故障、输出控制系统故障、叶片调节系统故障。

A3.3.3 安全系统部件的故障

在安全系统中，几个独立部件同时发生故障的情况可以不必考虑。下面的情况需要特别注意：

——主刹车系统故障；

——叶片变距系统故障（如果应用此系统）。

A3.3.4 电力系统故障

A3.3.4.1 在此，要特别研究发电机短路的情况，因为它可产生一个极大的瞬间载荷。两相短路产生的扭矩通常会比三相短路的更大，因此两相短路是起决定性的，在没有更精确的经过验证值的情况下，应用下面所给的方程。

A3.3.4.2 在同步发电机两相短路的情况下，应分析下列电磁扭矩（M）：

$$M=\frac{1.3M_n}{X''_d}$$

式中：M_n——额定扭矩；

X''_d——由发电机制造商给定的同步发电机的次瞬态电抗。

如果 X''_d 未知，则应考虑 10.5 倍额定扭矩的值。

A3.3.4.3 在感应发电机两相短路的情况下，应分析下面的电磁扭矩(M)：

$$M=\frac{M_k}{1-\sigma}\cos\alpha+\frac{M_k}{1-\sigma}\cos(2\omega_g t-\alpha)-2\frac{M_k}{1-\sigma}\sin(\omega_g t)\exp(\frac{-t}{T_1})$$

式中：M_k——感应发电机倾复力矩；

σ——漏磁系数；

α——两相短路的相角，$\alpha=\arctan(\omega_g T_1)$

ω_g——电网的角频率；

t——时间；

T_1——定子的时间常数。

M_k、σ 和 T_1 的值按发电机制造商提供的资料使用。如果需要的值未知，则应考虑 8 倍额定扭矩的值。

A3.3.4.4 对感应发电机来说，也应研究三相短路的情况，在此应分析下面的电磁扭矩：

$$M=2M_k\sin(\omega_g t)\exp(-2s_K\omega_g t)$$

式中：ω_g——电网角频率；

M_k——倾复力矩；

s_K——发电机制造商给定的感应发电机的倾斜转差率。

由下式就可获得最大扭矩：

$$\omega_g t=\arctan(\frac{1}{2s_K})$$

A3.4 发生故障后的状态

A3.4.1 具有缺陷或损坏元件(例如 A3.3 中的情况)的风力发电机组属于这个范畴。

A3.4.2 风力发电机组未与电网连接的状态，即电网故障超过 1h，若这种情况持续 5 天应认为是故障状态。

A3.5 运输、吊装、维护和交付

A3.5.1 制造商应说明在什么天气，特别是最大平均风速(10min 平均)条件下，机组可以进行吊装和维护。在运输和吊装过程中增加的载荷应加以考虑。

A3.5.2 工作次序应用适当的文件说明。

A3.5.3 在维护情况下，应特别注意各种锁定装置的作用(例如：风轮叶片、偏航驱动)以及可能采用的维护位置。

A4 载荷

A4.1 总则

A4.1.1 载荷是由特定的外界条件和运行状态的组合来确定。用于静强度计算的载荷一般由下列组合给出：

——正常的外界条件和正常运行；

——正常的外界条件和 A3.3 和 A3.4 提到的故障；

——极端外界条件和正常运行。

A4.1.2 外界条件和运行状态假定在统计规律上是相互独立的，则极端外界条件和故障的组合是不可能发生的，所以可以不必考虑。确定需要考虑的组合集中在表 A2 中。

表 A2　外界条件和运行状态的组合

运行状态	外界条件	
	正常	极端
正常	N	E
故障	S	—
吊装	M	—

A4.1.3　在这些组合中，在 A4.3 至 A4.6 部分定义的载荷组是用于估算的，这些载荷的特点在于具有可选择的附加补充影响的基本状态。

A4.1.4　用于疲劳分析的载荷一般只来源于正常外界条件和运行状态的组合。本标准假定由于其他组合很少发生，因此不会对疲劳强度产生任何明显的影响。除非采用 A4.7 的替代载荷谱，否则在疲劳分析时应考虑正常外界条件的湍流影响(A2.2.5)。

A4.1.5　需要研究的一般载荷组合集中列在表 A4 中，对于某些结构的机组，一些载荷情况可以取消，或增加新的载荷情况。

A4.1.6　对所有的载荷情况，需要考虑以下影响：

a) 叶片和暴露在风中的风力发电机组的所有表面上的气动力；

b) 惯性力，特别是重力、离心力和陀螺力；

c) 由电子或液压元件的动作产生的操作力；

d) 从能量吸收产生的力，例如由驱动电动机产生的扭矩。

A4.1.7　对于所有载荷情况，应画一个包括相关点(通常在叶根、轮毂和塔顶)截面力的图表。

A4.1.8　疲劳分析是以载荷谱为基础的，可用不同的方法确定疲劳分析的载荷谱，例如通过测量或计算机仿真。在 A4.7 中给出了一个在疲劳分析中使用的简化替代载荷谱。

A4.2　载荷局部安全系数

A4.2.1　对于可维修性极限状态的分析，载荷局部安全系数 $\gamma_F=1.0$ 可以用于所有的承载部件。

A4.2.2　当验证极限状态(即静态应力分析)时，表 A3 给出的载荷局部安全系数适用于相应载荷组的各种承载部件。

表 A3　载荷局部安全系数 γ_F

载荷组	N	E	S	M
重力/惯性力				
不利的情况	1.35/1.1[1)]	1.35/1.1[1)]	1.0	1.35
有利的情况	1.0	1.0	1.0	1.0
由预应力产生的初始应力				
不利的情况	1.2	1.2	1.0	1.0
有利的情况	0.8	0.8	1.0	1.0
气动力	1.2	1.5	1.0	1.5
操作力	1.35	1.2	1.0	1.35
温度影响	1.5	—	—	—
地震	—	—	1.0	—

1) 如果质量能准确测定。

A4.2.3　对于疲劳分析，载荷局部安全系数 $\gamma_F=1.0$ 适用于所有的承载部件。

A4.3　正常载荷情况

正常载荷情况是由正常外界条件和正常运行组成的，至少应研究下面的情况。

A4.3.1　载荷组 N1

载荷情况 N1.0：基本功率输出状态(A3.2.3)和风速为 v_R、v_O 以及在结构上产生最大载荷的 v_I 和 v_O 之间的正常外界条件(A2.2)。

载荷情况 N1.1：正常运行阵风(A2.2.6)。

载荷情况 N1.2：侧风(A2.2.7.1)。

载荷情况 N1.3：电网故障或失载(A2.4)。

载荷情况 N1.4：温度变化引起的影响(A2.2.10)。

A4.3.2　载荷组 N2

载荷情况 N2.0：在风速 v_I、v_R 和 v_O 点的正常外界条件下启动的基本状态(A3.2.2)。

载荷情况 N2.1：正常工作阵风(A2.2.6)。

A4.3.3　载荷组 N3

载荷情况 N3.0：在风速为 v_I、v_R 和 v_O 点的正常外界条件下，刹车过程的基本状态(A3.2.4)。

载荷情况 N3.1：正常运行阵风(A2.2.6)。

A4.3.4　载荷组 N4

载荷情况 N4.0：在风速直至 v_I 下的正常外界条件下的待机基本状态(A3.2.1)。

载荷情况 N4.1：年阵风的发生(A2.2.3)。

载荷情况 N4.2：侧风(A2.2.7.1)。

载荷情况 N4.3：温度变化的影响(A2.2.10)。

A4.4　极限载荷情况：

极限载荷情况是由正常运行状态和极限外界条件组合构成，至少应研究下列情况。

A4.4.1　载荷组 E1

载荷情况 E1.0：基本功率输出状态(A3.2.3)和风速为 v_R 和 v_O 以及在结构上产生最大载荷的 v_I 和 v_O 之间的正常外界条件的正常外界条件(A2.2)。

载荷情况 E1.1：考虑风向极端变化和可能的偏航(A2.2.7)情况下的极端运行阵风(A2.2.6)。

载荷情况 E1.2：在风轮扫掠面上的极限风速梯度(A2.2.9)。

载荷情况 E1.3：负载的极端影响(A2.4)。

载荷情况 E1.4：在功率输出过程中的结冰载荷(A2.2.13)。

A4.4.2　载荷组 E2

载荷情况 E2.0：具有 50 年一遇风速(A2.2.1)下的基本待机状态(A3.2.1)。

载荷情况 E2.1：50 年一遇阵风(A2.2.2)和风向极端变化(A2.2.7.2)的发生，如果电网发生故障(A2.4)，将导致更不利的状态，可以应用这一状态。对于水平轴风力发电机组，可以假定平均风向(在阵风前)和风力发电机组轴向一致。

载荷情况 E2.2：结冰载荷(A2.2.13)和风向的极端变化(A2.2.7.2)

A4.5　特殊载荷情况

特殊载荷情况通常是由故障运行状态和正常外界条件组成，至少应研究下列情况：

A4.5.1　载荷组 S1

载荷情况 S1.0：由基本功率输出状态(A3.2.3)和在风速 v_R 和 v_A 时的正常外界条件(A2.2)，以及对结构产生最大载荷的介于 v_I 和 v_A 之间的风速一起构成。

载荷情况 S1.1：根据 A3.3.1 的应急刹车状态。

载荷情况 S1.2：根据 A3.3.4 的内部电气系统故障。

载荷情况 S1.3：根据 A3.3.2 的控制系统的故障。

载荷情况 S1.4：根据 A3.3.3 的安全系统或制动系统中的故障。

载荷情况 S1.5：根据 A2.5 的地震。

注：当分析载荷组 S1 中的特殊载荷情况时，应注意制动系统的要求。

A4.5.2 载荷组 S2

载荷情况 S2.0：基本状态：在年平均风速（A2.2.3）下发生故障（A3.4.1）的状态。

载荷情况 S2.1：一年一遇的阵风（A2.2.3）。

A4.6 运输和吊装载荷情况

这些载荷情况来源于制造商规定的运输和安装时的吊装条件（也可见 A3.5），由制造商规定的外部条件，在吊装和维护期间的短暂状态以及在竖立期间多于 1 天的盛行状态。

A4.6.1 载荷组 M1

载荷情况 M1.0：基本状态：如果没有规定风速，在制造商规定的最大允许平均风速或年平均风速下吊装、安装和维护状态（A3.5）。

载荷情况 M1.1：如假定年平均风速为基本状态，正常工作阵风或年阵风的发生。

载荷情况 M1.2：在校验塔架时，应考虑由涡流脱落引起的横向振动。

A4.6.2 载荷组 M2

在运输和吊装过程中的载荷情况（A3.5.1）。

A4.7 疲劳分析载荷谱

A4.3 下所列的正常载荷情况是进行疲劳分析的最低要求。在确定载荷谱时，需注意 A4.1.8 下的实测值。载荷循环用雨流计数法进行确定。假定最少寿命为 20 年。除交变载荷外，还应指明平均值。这些值可从雨流矩阵中或从简化载荷谱中获得，在额定输出时的平均载荷可以作为疲劳分析的平均值。

A4.7.1 需考虑的影响

对于通过计算得出的载荷谱，还须考虑以下影响：

a）重力；

b）偏心度：对于风轮，要考虑实际质量的偏心度。如果不知道，可用下面公式：

对于平衡过的风轮：$e_M=0.05R$

对于未平衡的风轮：$e_M=0.05R$

R 为风轮半径，m。

c）风力发电机组的结构动力学：应考虑叶片的弹性，传动系统和发电机的扭转振动以及塔架的弯曲。在不能忽略其影响的前提下，也应考虑机器的弹性安装、塔架的扭转应力和地基的影响；

d）应根据塔的几何形状考虑塔的堵塞效应和塔影效应对风速图形的扰动；

e）由叶片制造或装配公差引起的气动力的不对称，应考虑其实际公差，如果不太清楚，可假定叶片的安装角公差范围为±0.3°；

f）所用翼型的动态失速；

g）根据 A2.2.8 的正常风速梯度；

h）根据 A2.2.5 的风湍流度，其仿真时间一般不应少于 10min；

i）平均风速变化；

j）如果只考虑风湍流度的纵向分量，除应考虑按 A2.2.5.1 的侧面的恒定倾斜气流外，还应考虑按 A2.2.7.1 变化的侧风；

k）根据 A2.3.3 的风向在水平方向的偏移；

l）对于具有主动偏航的水平轴风力发电机组，如果偏航速度超过 $15/R[(°)/s]$ 或偏航加速度超过 $450/R^2[(°)/s^2]$ 时，应考虑偏航系统在 10%的使用寿命内的工作（其中 R 为风轮的半径，单位为 m）；

m）当启动和停机过程经过塔的共振点时要考虑动态放大率（通常包括在结构动力学中）：

——在速度 v_1 每年有 1 000 次启动和 1 000 次停机过程；

——在速度 v_O 每年有 50 次启动和 50 次停机。

n）对变桨距风力发电机组、变速风力发电机组和其他相关的情况来说，应以实际方式来考虑控制系统（控制性能）。

A4.7.2　水平轴风力发电机组气动载荷部件的简化载荷谱

A4.7.2.1　对于三叶片、风轮直径为46m以下的水平轴风力发电机组来说，图A2所示的载荷谱适用于气动载荷部件，在此，最大范围 ΔS_{max} 相当于A4.3.1（载荷情况N1.0）在 v_R 处的平均气动载荷的1.5倍，最大载荷循环次数是在风力发电机组整个使用寿命期内假定是连续工作的条件下由其风轮的额定转速和叶片频率来导出（风轮的额定转速乘以风轮的叶片数）。这也适用于变速运行的风力发电机组。

注：由惯性力和重力得出的载荷循环次数可按由风力发电机组的工作特性求得的其出现频率加以考虑。气动载荷部件的简化载荷谱应叠加在这一载荷谱上。

A4.7.2.2　假设作用在轮毂上的气动推力有一个作用力的偏心距：

$$e_W=\frac{wR^2}{2v_R}$$

式中：w——按A2.2.9在任何方向上极限风速梯度，$ms^{-1}m^{-1}$；

R——风轮半径，m；

v_R——额定风速，m/s。

对风轮的俯仰力矩来说，应这样来假定：作用力使得由风轮重量产生的力矩增加。对其他载荷分量来说，每种情况的作用力应假定在最不利的位置上。用这种方式确定的俯仰力矩和偏航力矩的载荷谱应假定同时起作用，其相位差为90°。

A4.7.2.3　对于叶片和叶片的附件来说，旋转速度是载荷循环次数的决定性因素，对于风力发电机组的其他部件来说，叶片经过的频率（旋转速度乘叶片数）是一个决定性因素。在计算载荷循环总数时，假定在整个使用寿命期内，风力发电机组都在 v_R 风速下运行。

A4.7.2.4　对于叶片来说，由重力引起的载荷波动应叠加到气动载荷引起的波动上。在每一种情况下应用气动力与重力之间的相同相位关系来求摆振力和力矩的载荷分量。对其余载荷分量，可以假设气动力的相位关系对应于由垂直风速梯度引起的相位关系（即在顶部或底部最大）。

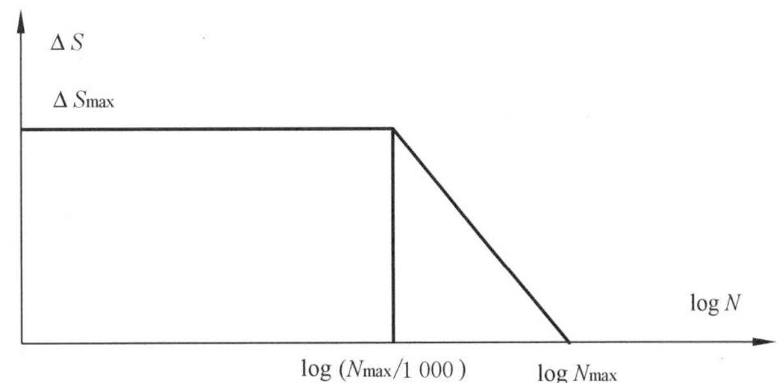

图A2　气动载荷部件简化载荷谱（简图）

A4.7.2.5　作为平均值，应假设按A4.7.2.1（气动载荷和重力载荷）在额定输出功率时的载荷用于确定载荷谱（A3.1在 v_R 时的载荷情况N1.0）。

A5　载荷情况表

为了防止在土壤和基础之间出现裂纹，应分析正常载荷情况（载荷情况Nx.0）的基本状态。在载荷情况M1.0/M1.1下，如果制造商未对安装和维修规定最大允许平均风速，则应假定年平均阵风风速。符号说明：v_O＝切出风速（10min平均值），v_A＝短期切出风速。

表 A4 载荷情况表

外界条件 \ 运行状态	待机	启动	功率输出	停机	应急停机	控制系统故障	安全/制动系统故障	电力系统故障	发生故障后的状态	运输安装维护
v_O 以下的正常外界条件		N2.0	N1.0 E1.0	N3.0						
v_A 以下的正常外界条件			S1.0		S1.1	S1.3	S1.4	S1.2		
正常运行阵风		N2.1	N1.1	N3.1						M1.1 (M2)
侧风	N4.2		N1.2							
电网故障/失载	E2.1		N1.3							
温度变化的影响	N4.3		N1.4							
极限运行阵风			E1.1							
风向的极级变化	E2.1 E2.2		E1.1							
极限风梯度			E1.2					S2.1		
极限负载影响			E1.3							
年平均风速	N4.0 N4.2 N4.3								S2.0	(M1.0)
年阵风风速	N4.1								S2.1	(M1.1)
50 年一遇风速	E2.0 E2.2									
50 年一遇阵风风速	E2.1									
冰载	E2.2		E1.4							
地震			S1.5							

A6 简化设计载荷

A6.1 总则

A6.1.1 本部分的目的是为具有三片或三片以上叶片刚性连接在轮毂上，且风轮有小的锥角和仰角的简单水平轴风力发电机组提供近似、保守的计算。复杂机组通常需要更详细的分析。

A6.1.2 上面所需的综合计算，可用以下简化公式来近似。

A6.1.3 验证的基础是载荷情况的组合(A4，加上 A5 载荷情况表)。简化和减少了载荷情况的数目。通过局部较高载荷减少了计算所需的时间和工作量。

A6.2 坐标系统

A6.2.1 叶片坐标系统的原点在叶根上且和风轮一起旋转。它对于轮毂的位置是固定的。

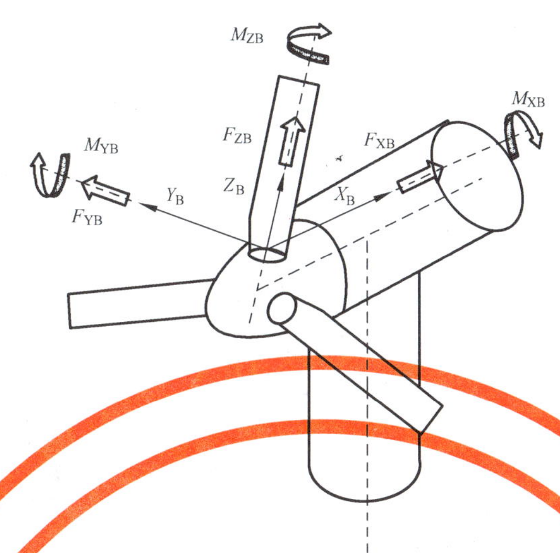

X_B—沿风轮旋转轴方向；Z_B—径向；Y_B—X_B、Y_B、Z_B 组成右手系

图 A3 叶片坐标系统

A6.2.2 轮毂坐标系统的原点在风轮旋转中心且不随风轮转动。

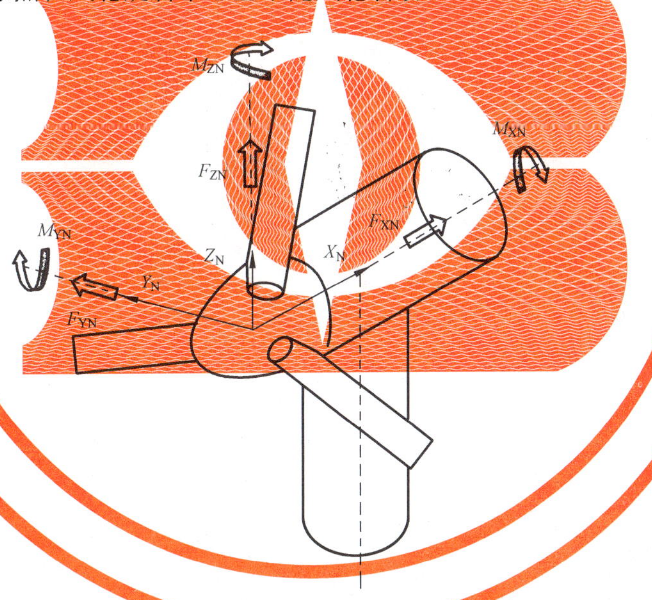

X_N—在风轮旋转轴方向；Z_N—与 X_N 垂直向上；Y_N—水平方向，且 X_N、Y_N、Z_N 组成右手系

图 A4 轮毂坐标系统

A6.2.3 塔架坐标系统的原点在风轮旋转轴线和塔架的中心线的交点上，且不随风轮转动。

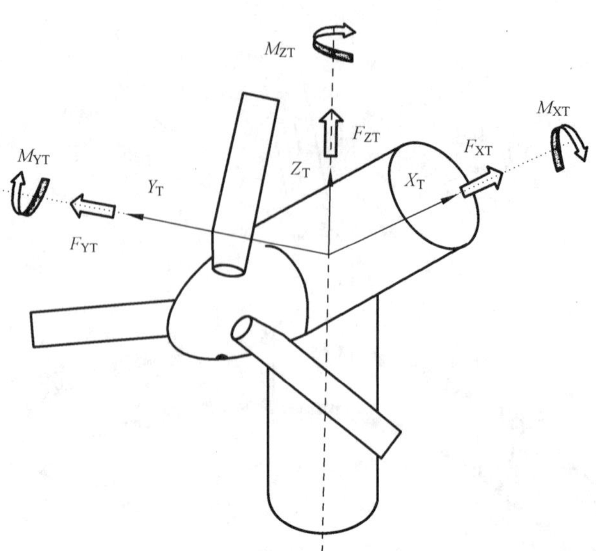

X_T—风轮旋转轴水平方向；Z_T—垂直向上；Y_T—水平方向，且 X_T、Y_T、Z_T 组成右手系

图 A5 塔架坐标系统

A6.3 正常运行载荷(载荷情况 N1.0 基本状态)

A6.3.1 风轮上的气动载荷

A6.3.1.1 作用在风轮扫掠面积 A 上的平均压力 p_N 取决于额定风速 v_R：

$$p_N = \frac{C_{FB}\rho v_R^2}{2}$$

式中：C_{FB}——8/9，按 Betz 公式；

ρ——空气密度，kg/m^3。

注：$p_N = v_R^2/1\ 800$kN/m^2，式中 v_R 为额定风速，m/s。

A6.3.1.2 作用在塔顶的力为：

$$F_{XN} = p_N A$$

A6.3.1.3 湍流、侧风和塔影的影响用气动力至风轮旋转中心的偏心距 e_w 来处理：

$$e_w = \frac{wR^2}{2v_R}$$

式中：R——风轮半径，m；

w——按 A2.2.9 在任意方向的极限风速梯度，ms^{-1}m^{-1}。

这个作用力的偏心距产生附加的力矩。

A6.3.1.4 力矩 M_{XN}，是由最大的输出电功率 P_{el} 确定的：

$$M_{XN} = \frac{P_{el}}{\omega\eta}$$

式中：ω——风轮角速度；

η——发电机和齿轮箱的总效率。

对于电功率或总效率值来说，如果没有实际值可利用，则可以假设风轮扫掠面上具体的输出功率为500W/m^2 且发电机和齿轮箱的总效率 η=0.7。

注：对于 η=0.7 且 P_{el}用 kW 表示，则

$$M_{XN} = \frac{14\times P_{el}}{n}(\text{kN}\cdot\text{m})$$

式中：n——为风轮的旋转速度，rpm。

A6.3.2 单片叶片上的气动载荷

A6.3.2.1 作用在单片叶片上的气动力假设为三角形线性载荷。这种三角形分布的力产生下列线性载荷：

$$f_{XB}(r)=\frac{2F_{XN}r}{ZR^2}$$

$$f_{YB}(r)=\frac{3M_{XN}r}{ZR^3}$$

式中：r——距风轮旋转轴线距离，m；

Z——叶片数。

A6.3.2.2 对于悬臂叶片，叶根处(在 $r=0$ 位置)气动力为：

$$F_{XB}=\frac{F_{XN}}{Z}$$

$$F_{YB}=-\frac{3M_{XN}}{2ZR}$$

$$M_{XB}=\frac{M_{XN}}{Z}$$

$$M_{YB}=\frac{2F_{XB}R}{3}$$

A6.4 阵风对载荷的影响(载荷情况 N1.1 和 E1.1)

A6.4.1 阵风对载荷影响的处理与 A6.3 中正常载荷相似，但阵风系数 k_b 增加了风速：

阵风系数：$k_b=5/3$

阵风风速：$v_B=k_b v_R$

由此，在风轮扫掠面积 A 上增加的平均压力 p_B 为：

$$p_B=\frac{C_{FB}\rho v_B^2}{2}=\frac{C_{FB}\rho k_b^2 v_R^2}{2}$$

注：对应于 A6.3.1.1 的简化形式，导出为：$p_B=v_R^2/650\text{kN/m}^2$，$v_R$ 为额定风速，m/s。

A6.4.2 作用在风轮上的气动载荷及作用在单个叶片上的气动载荷按 A6.3.1 和 A6.3.2 计算，用 p_B 代替 p_N。对于力矩 M_{XN}，是 A6.3.1.4 中值的两倍。

A6.4.3 气动力的偏心距这里可以忽略。

A6.5 由侧风或风梯度引起的载荷(载荷情况 N1.2 和 E1.2)

A6.5.1 当风向相对于风力发电机组旋转轴线倾斜时，假设有下列载荷作用在风轮上。

$$F_{XN}=\frac{p_N A}{\sqrt{2}}\text{(对于 N1.2)}$$

$$F_{YN}=\pm\frac{p_N A}{\sqrt{2}}\text{(对于 N1.2)}$$

$$F_{XN}=p_N A\text{(对于 E1.2)}$$

$$F_{YN}=\pm p_N A\text{(对于 E1.2)}$$

力的 Y 向分量导致风轮旋转轴上的弯矩和机舱偏航齿轮上的阻尼力矩。

A6.5.2 扭矩 M_{XN} 和叶片上的气动载荷按 A6.3 计算。

A6.5.3 这里气动力的偏心距可以忽略。

A6.6 陀螺力产生的载荷(载荷情况 E1.1)

A6.6.1 总则

A6.6.1.1 风轮载荷为：

$$F_{XN}=\pm p_B A$$

$$F_{YN}=\pm p_B A$$

A6.6.1.2 快速偏航和偏航过程中的变化对塔架和单独的风轮叶片均能产生很大载荷，偏航运动角加速度 $\dot{\Omega}=\mathrm{d}\Omega/\mathrm{d}t$ 和角速度 Ω 是产生这种力的决定性因素。通常考虑“开始偏航”和“以恒定角速度偏航”两种情况。

A6.6.2 开始偏航

A6.6.2.1 角加速度取决于有效力矩 M_{ZT}，本标准对三种情况进行分析。

A6.6.2.1.1 被动偏航的下风向风轮：

$$M_{ZT}=\pm p_N A e_w$$

A6.6.2.1.2 具有对风尾舵的、被动偏航的上风向风轮：

$$M_{ZT}=\pm c p_s A_F e_F$$

式中：c——尾舵的阻力系数（$c=2$）；

p_s——风速 v_R 的驻点压力，kN/m^2；

A_F——尾舵表面积，m^2；

e_F——从塔架中心线至尾舵压力中心的距离，m。

注：$p_s=v_R^2/1\ 600$kN/m^2，v_R 为额定风速，m/s。

A6.6.2.1.3 主动偏航的风力发电机组

如果塔架的扭转固有频率 ω_T 为已知，则可假定为：

$$M_{ZT}=I_M\omega_T\Omega$$

式中：I_M——机舱和风轮相对塔架轴线的转动惯量，kg·m^2；

Ω——偏航运动的角速度，s^{-1}。

另一方面，如果假定塔架为刚性扭转，M_{ZT}是偏航系统能适用的最大力矩。

A6.6.2.2 在偏航运动开始，$\Omega=0$，$\dot{\Omega}=\pm M_{ZT}/I_M$，除 M_{ZT} 外，还有作用力 F_{YT}：

$$F_{YT}=m_M e_M\dot{\Omega}$$

式中：m_M——机舱和风轮的质量，kg；

e_M——从塔架轴线到 m_M 的重心的距离，m。

A6.6.2.3 由于偏航运动，单个叶片上的最大线性载荷：

$$f_{XB}(r)=-\mu(r)r\dot{\Omega}$$

$$f_{ZB}(r)=-\mu(r)e_0\dot{\Omega}$$

式中：$\mu(r)$——单位长度的质量，kg/m；

e_0——从塔架轴线到风轮重心的距离，m。

A6.6.2.4 对于悬臂叶片，由于偏航运动，作用在叶根截面上的力为：

$$F_{XB}=-m_B r_s\dot{\Omega}$$

$$F_{ZB}=-m_B e_0\dot{\Omega}$$

$$M_{YB}=-I_B\dot{\Omega}$$

式中：m_B——叶片质量，kg；

I_B——叶片相对于风轮旋转轴线的转动惯量，kg·m^2；

r_s——叶片重心到风轮旋转轴线的距离，m。

A6.6.3 恒定角速度的偏航运动

A6.6.3.1 具有被动偏航系统的风力发电机组，如果没有经过验证，可假定有一秒钟的加速时间，否则可使用偏航系统的角速度。

A6.6.3.2 对于具有主动偏航系统的机组，其角速度通常都很小，因此这种载荷情况可以不考虑。

A6.6.3.3 在这些情况下，将作用有下列载荷：

$$F_{XT}=-m_M e_M\Omega^2$$

$$M_{YT}=ZI_B\omega\Omega$$

A6.6.3.4 由偏航系统作用于单个叶片上的最大线性载荷为：

$$f_{XB}(r)=-\mu(r)\times(e_0\Omega^2+2r\omega\Omega)$$

$$f_{YB}(r)=-\mu(r)\Omega^2 r/2$$

$$f_{ZB}(r)=\mu(r)\Omega^2 r/2$$

A6.6.3.5 对于悬臂的风轮叶片，由偏航运动在叶片根部截面上产生的力为：

$$F_{XB}=-m_B(e_0\Omega^2+2r_s\omega\Omega)$$

$$F_{YB}=-m_B\Omega^2 r_s/2$$

$$F_{ZB}=m_B\Omega^2 r_s/2$$

$$M_{XB}=I_B\Omega^2/2$$

$$M_{YB}=-m_B r_s e_0\Omega^2-2I_B\omega\Omega$$

A6.7 由刹车力引起的载荷(载荷情况 N3，S1.1)

A6.7.1 从最大的刹车力矩 M_B，可以得到风轮轴线的角加速度：

$$\dot{\omega}=\frac{M_B}{ZI_B+I_0}$$

式中：I_0——由轮毂、风轮轴、齿轮箱和发电机构成的系统有效转动惯量，kg，m^2。

A6.7.2 单个叶片上的线性载荷为：

$$f_{YB}(r)=\mu(r)r\dot{\omega}$$

A6.7.3 由此引起的悬臂叶片叶根截面上的力为：

$$F_{YB}=m_B r_s\dot{\omega}$$

$$M_{XB}=-I_B\dot{\omega}$$

A6.8 短路载荷(载荷情况 S1.2)

A6.8.1 在发电机或连接电缆短路的情况下，会产生扭矩峰值。如果不知道发电机的短路力矩，则对于同步发电机假设为 10.5 倍的额定扭矩；对于感应发电机假设为 8 倍的额定扭矩。

A6.8.2 风轮叶片上的载荷可以按 A6.7 计算。

A6.9 损伤-等效等变程载荷谱的疲劳分析

对于具有斜率 $k=3$ 到 9 的 S/N 曲线的疲劳分析，作为对 A4.7.2 规定的载荷谱的进一步简化，可以假定具有应力变程等于根据 A4.3.1 的平均气动载荷的损伤-等效等变程载荷谱，载荷循环次数可以认为等于 A4.7 中所确定的总循环数的 75%。

附 录 B

(标准的附录)

强 度 计 算

B1 总则

B1.1 叶片强度通常由静强度分析和疲劳分析(设计极限状态校核)来验证。受压部件应校验失稳(膨胀、折皱、翘曲)。

B1.2 强度分析应在足够多的截面上进行，被检验的横截面的数目取决于叶片类型和尺寸，但至少应研究四个截面。在几何形状和/或材料不连续的位置处应研究附加的横截面。

B1.3 用螺纹、粘接或其他连接技术在不同部位间构成的连接强度，应用尺寸确定，由载荷来验证。

B1.4 为了确保叶片和其他部件间的最小间隙，应使用可维修性极限状态进行变形分析。如果进行静态或准静态分析，则对风轮运行时的所有载荷情况，其最小间隙应保持为未变形结构间隙的 50%；对风轮静止时的载荷情况，其最小间隙应为未变形结构间隙的 5%。如经动态或气动弹性变形分析，则其最小间隙在风轮运行时总是保持为未变形结构间隙的30%。

B1.5 应以设计载荷值为依据在权威试验机构监督下进行叶片静态试验。在进行试验过程中,应特别验证分析确定的最大载荷区域。如果不进一步分析,则不允许有局部损伤或屈曲。在叶片试验中作为最低要求,应求出风轮叶片在50%和100%的载荷条件下的变形并与计算值比较,而且至少应确定叶片挥舞方向的一阶固有频率以及叶片的质量和重心。

B1.6 在应变、应力和稳定性分析中,应采用各向异性材料破坏假设证明其实际安全。

B1.7 应确定叶片在运行和静止时的一阶、二阶挥舞和摆振方向的固有频率。如有必要,轮毂和叶片轴承的影响也应加以考虑。若风轮激振频率在风轮固有频率80%至120%及叶片固有频率的90%至110%这一范围内时,则应提供适当的验证。

B2 玻璃纤维增强塑料(FRP)

B2.1 总则

B2.1.1 强度分析既可用应变验证又可用应力验证,对于后者,应额外建立最大载荷点处的应变来证实没有超过破坏极限。

B2.1.2 验证是用B2.2中叙述的试验数据确定的特征值来进行的,需要证明应力S(由设计载荷导出的应力)不超过材料的设计强度R_d(特征值R_k除以该材料局部安全系数γ_{Mx}):

$$S \leqslant R_k/\gamma_{Mx} = R_d$$

B2.1.3 如果没有供验证的试验结果,可以使用下面给出的最小特征值。在开始生产前,应能证明材料至少达到了用于验证的特征值。

B2.2 特征值

B2.2.1 对于特征应力/应变R_k,使用$P=95\%$置信度,$\alpha=5\%$破坏概率的正态分布。如果不进一步验证,可以使用离差系数$v=15\%$,给出n次试验:

$$R_k(\alpha,P,v,n)=\bar{x}\left[1-v\left[U_\alpha+\frac{U_P}{\sqrt{n}}\right]\right]$$

利用假定的离差系数,得到:

$$R_N(5\%,95\%,0.15,n)=\bar{x}\left[1-0.15\left[1.645+\frac{1.645}{\sqrt{n}}\right]\right]$$

式中:U_i——相应于$i\%$概率的标准正态分布偏量;

$\bar{x}$——试验结果的平均值。

B2.3 材料的局部安全系数

B2.3.1 对于静强度分析和疲劳强度分析,应分别确定材料的局部安全系数γ_{Mx}。这些系数通过安全系数γ_{M0}与几个系数C_{ix}相乘得到:

$$\gamma_{Mx}=\gamma_{M0}\times\Pi C_{ix}$$

对所有分析,安全系数$\gamma_{M0}=1.35$。如果不进一步验证,可以采用下列系数C_{ix}。经试验验证的系数可以替换下列系数。

B2.3.2 在静强度分析中,γ_{Ma}由系数γ_{M0}与系数C_{ia}相乘确定,考虑到对材料特性的影响,应使用下列系数:

$C_{2a}=1.5$ 老化影响;

$C_{3a}=1.1$ 温度影响;

$C_{4a}=1.1$ 预浸料成型以及半自动制造成型;

$C_{4a}=1.2$ 手工铺敷成型;

$C_{5a}=1.0$ 后固化成型;

$C_{5a}=1.1$ 非后固化成型。

B2.3.3 对于疲劳强度分析，γ_{Mb}由系数γ_{M0}与下列系数C_{ib}相乘确定：

$C_{2b}=N^{1k}$　载荷循环次数N和斜率k的高周疲劳强度曲线；

$k=9$　聚酯树脂基体层板；

$k=10$　环氧树脂基体层板；

$C_{3b}=1.1$　温度影响；

$C_{4b}=1.0$　对于单向增强制品；

$C_{4b}=1.1$　对于无纺纤维和单向纺织纤维束；

$C_{4b}=1.2$　对于其他增强制品；

$C_{5b}=1.0$　后固化成型；

$C_{5b}=1.1$　非后固化成型。

B2.3.4 如果不进一步验证，按B2.3.3的斜率k适用于纤维体积含量至少为30%的层板。如果使用更大的值，则要求进行适当的验证（S-N曲线）。

B2.3.5 如果50℃时层板的剪切模量或弯曲模量与23℃的值比较，其下降不超过20%，则系数C_{3x}适用于环境温度为-30℃～+50℃。

B2.4 其他材料制成的部件

B2.4.1 对于用其他材料制成的叶片部件（例如在叶尖机构中或在叶片连接部位的钢部件，叶片的铝材连接件等）与FRP之间的连接强度，应在确定载荷情况下加以验证。

B2.5 应变验证

B2.5.1 应变的设计值是由在所有载荷情况下避免发生破坏的要求确定的。对于层板不连续部位，应考虑作用力的作用点和大的载荷循环数。

B2.5.2 如果不进一步验证，在纤维方向的破坏极限为：$\varepsilon_R=0.55\%/(C_{4a}\times C_{4b})$，由设计载荷计算的应变不能超过破坏极限$\varepsilon_R$。

B2.5.3 疲劳强度的验证是以上述层板建立的特征S/N曲线和用这一曲线建立的戈德曼图为基础的。如果对于层板没有合适的S/N曲线，可以按B2.3.3系数C_{2b}的假设值。

B2.5.4 戈德曼图显示了平均应变和交变应变部件间的关系且可以按图B1所示给出。

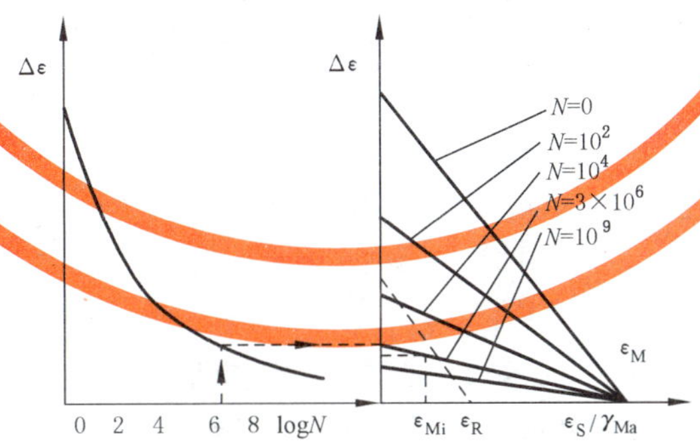

ε_M—平均应变；ε_R—破坏极限；$\Delta\varepsilon$—应变变程（$|\varepsilon_{max}-\varepsilon_{min}|$）；

ε_S—在破坏时的短期应变（特征值）；γ_{Ma}—材料局部安全系数（按B2.3.2）；N—载荷循环次数

图B1　S/N曲线图和戈德曼图

B2.5.5 戈德曼图可以用于确定给定应变下的许用载荷循环数，它能用于损伤累积计算。损伤定义为施加的载荷循环数与许用载荷循环数商的总和，它必须小于或等于1。

$$D=\sum_i\frac{n_i}{N_i}\leqslant 1$$

式中：D——损伤；

n_i——某级应变变程作用的载荷循环数；

N_i——某级应变变程许用的载荷循环数。

B2.5.6 承载层板是由单向玻璃纤维增强铺层制成的叶片可以用简化的应变验证方法来检验。在设计载荷点沿纤维方向的应变设计值为：

——拉伸应变 $\varepsilon_{zd}=0.35\%$；

——压缩应变 $\varepsilon_{Dd}=0.25\%$。

B2.5.7 如果由于设计，使高应变发生在纤维方向的横向上，则必须进行试验证明，在设计载荷下没有破坏。

B2.6 应力验证

B2.6.1 应力验证和应变验证方式一样(见 B2.5)。设计应力值(见 B2.1.2)应与载荷进行比较。

B2.6.2 如果不进一步验证，沿纤维方向在力的作用区内表面压力不能超过 100N/mm^2。

B2.6.3 疲劳强度的验证是以上述层板建立的特征 S/N 曲线和用这一曲线建立的戈德曼图为基础的。如果对于层板没有合适的 S/N 曲线，可以按 B2.3.3 系数 C_{2b} 的假设值。

B2.6.4 戈德曼图显示了平均应力和交变应力元件间的关系且可以按图 B2 所示给出。

B2.6.5 戈德曼图可用来确定给定应力下的许用载荷循环数。它可用于损伤积累计算。损伤定义为施加的载荷循环数与许用载荷循环数商的总和，它必须小于或等于 1。

$$D=\sum_i \frac{n_i}{N_i} \leqslant 1$$

式中：D——损伤；

n_i——某级应力变程作用的载荷循环数；

N_i——某级应力变程许用的载荷循环数。

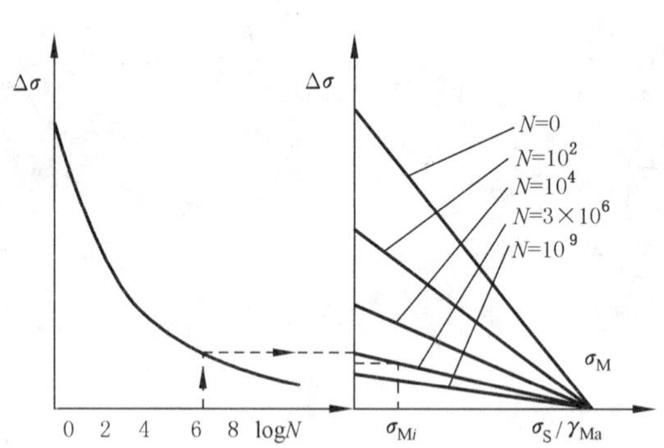

σ_M—平均应力；$\Delta\sigma$—应变变程($|\sigma_{max}-\sigma_{min}|$)；

σ_S—破坏时的短期应力(特征值)；γ_{Ma}—材料局部安全系数(按 B2.3.2)；N—载荷循环次数

图 B2 S/N 和戈德曼图

B2.7 稳定性分析

B2.7.1 受压或受剪零件的稳定性(抗褶皱、弯曲、翘曲等)应根据设计载荷进行验证。

B2.7.2 对于稳定性分析，应把材料局部安全系数 γ_{Mc} 应用到材料的刚度平均值上，γ_{Mc} 通过安全系数 γ_{M0} 与下列系数相乘得到：

$C_{2c}=1.1$ 考虑了模量分散性的大层板和夹芯结构的表面层；

$C_{2c}=1.3$ 考虑了模量分散性的芯材；

$C_{2c}=1.0$ 适用于验证过最小特征值的芯材；

$C_{3c}=1.1$ 温度影响。

B2.7.3 如果用线性有限元计算进行稳定性分析，则应考虑 1.25 的附加安全系数。

B2.7.4 对通过计算进行验证的实际结构不能详细分析的地方，所做的假定和估算应偏保守。

B2.7.5 试验验证可以作为稳定性分析的一种替代方法。在这种情况下，应考虑载荷的平均值和 B2.7.2中的系数。其中的 $C_{2c}=1.0$。

B3 碳纤维增强塑料(CRP)

B3.1 总则

B3.1.1 用 CRP 制造的叶片的强度和稳定性分析,不论是整体还是它的承载部件,均和 FRP 叶片方法相似。

B3.1.2 本标准指的是高强度增强纤维。

B3.1.3 在碳纤维复合材料和金属部件直接接触的情况下,由接触腐蚀产生的可能的损坏应用适当的方法排除。

B3.1.4 对 CRP 来说,按 B2.3.3 的高周疲劳强度系数 C_{2b} 中的斜率 $k=14$。如果不进一步证明,它可适用于纤维体积含量最小为 50%的环氧树脂基体的 CRP 层板。如果使用更大的值,则要求进行适当的验证(S-N 曲线)。

B3.2 应变验证

B3.2.1 如果不进一步验证,纤维拉伸方向上的破坏极限 $\varepsilon_R=0.35\%/(C_{4a}\times C_{4b})$,由设计载荷计算的应变不应超过破坏极限 ε_R。

B3.2.2 对承受压缩载荷的地方,如果不进一步验证,使用 B3.2.1 中计算值的 75%作为许用压缩应变。

B3.2.3 承载层板是用单向碳纤维增强层制造的叶片用应变分析来验证更简单。在设计载荷下,沿纤维方向的许用应变为:

拉伸应变 $\varepsilon_{Zzul}\leqslant 0.24\%$;

——压缩应变 $\varepsilon_{Dzul}\leqslant 0.18\%$。

B3.3 应力验证

如果不进一步验证,在力的作用区内沿纤维方向的表面压力不能超过 150N/mm^2。

ICS 77.140.85
J 32
备案号：33656—2011

中华人民共和国机械行业标准

JB/T 11218—2011

风力发电塔架　法兰锻件

Annular flange forgings for wind tower

2011-08-15 发布　　2011-11-01 实施

中华人民共和国工业和信息化部　发布

前　言

本标准按照 GB/T 1.1—2009 给出的规则起草。

本标准由中国机械工业联合会提出。

本标准由全国锻压标准化技术委员会(SAC/TC 74)归口。

本标准起草单位:山西金瑞高压环件有限公司。

本标准主要起草人:兰鹏光、秦襄陵、巩建勇、兰鹏伟、张正斌、陈康强。

本标准为首次发布。

风力发电塔架　法兰锻件

1　范围

本标准规定了风力发电塔架法兰锻件的制造工艺、技术要求、检验和试验方法、标志、产品出厂附带文件以及包装运输等。

本标准适用于所有风力发电塔架法兰锻件。

2　规范性引用文件

下列文件对于本文件的应用是必不可少的。凡是注日期的引用文件，仅注日期的版本适用于本文件。凡是不注日期的引用文件，其最新版本（包括所有的修改单）适用于本文件。

GB/T 222　钢的成品化学成分允许偏差

GB/T 223（所有部分）　钢铁及合金化学分析方法

GB/T 228—2002　金属材料　室温拉伸试验方法

GB/T 229　金属材料　夏比摆锤冲击试验方法

GB/T 5313　厚度方向性能钢板

GB/T 6394　金属平均晶粒度测定法

GB/T 10561　钢中非金属夹杂物含量的测定　标准评级图显微检验法

GB/T 13299　钢的显微组织评定方法

JB/T 4730.3—2005　承压设备无损检测　第 3 部分：超声检测

JB/T 4730.4—2005　承压设备无损检测　第 4 部分：磁粉检测

NB/T 47008—2010　承压设备用碳素钢和合金钢锻件

EN 10228-3：1998　钢锻件的无损检测　第 3 部分：铁素体或马氏体刚锻件的超声波试验

3　法兰锻件制造工艺

3.1　法兰锻件的制造

3.1.1　法兰锻件用钢锭的水口、冒口应切除足够的量，保证锻件无缩孔和严重偏析。

3.1.2　法兰锻件的锻轧应按材料和钢锭形式确定相应的加热规范。

3.1.3　法兰锻件毛坯应经过镦粗工艺进行预锻，预锻造比不得小于 1.6∶1。

3.1.4　法兰锻件应经过无缝辗轧成型，总锻造比不得小于 4∶1。

3.1.5　法兰锻件质量等级至少符合 NB/T 47008—2010 中的Ⅱ级。

3.2　热处理

法兰锻件的热处理应为正火＋回火，以保证获得产品规定的力学性能。

3.3　金属切削加工（机加工）

当需方要求按机加工成品状态交货时，产品应根据图纸中的尺寸及技术要求完成。

3.4　其他规定

产品制造过程中不可采用补焊对产品缺陷进行修复。

4 技术要求

4.1 冶炼要求

锻件用钢应采用电炉或氧气转炉、炉外精炼以及真空脱气冶炼的镇静钢。如需方有特殊要求,应在合同中注明。

4.2 牌号及化学成分

4.2.1 钢的牌号及化学成分见表1。如需方对 Z 向(见图1)性能有要求时其化学成分应符合 GB/T 5313 的规定,并且还应符合 4.2.2 的要求。

表1 化学成分要求

牌号	化学成分(质量分数,%)													
	C	Mn	Si	P	S	Cr	Mo	V	Nb	Ni	N	Ti	Cu	Al
	不大于(≤)													
Q345C	0.20	1.00～1.60	0.55	0.025	0.020	0.3	0.01	0.15	0.06	0.70	—	0.20	0.30	0.015
Q345D	0.18	1.00～1.60	0.55	0.025	0.020	0.3	0.01	0.15	0.06	0.70	—	0.20	0.30	0.015
Q345E	0.18	1.00～1.60	0.55	0.015	0.010	0.3	0.01	0.15	0.06	0.70	—	0.20	0.30	0.015
Q390E	0.18	1.00～1.60	0.55	0.015	0.010	0.3	0.01	0.15	0.06	0.10～0.40	—	0.20	0.30	0.015
S355NL	0.18	0.90～1.65	0.50	0.020	0.015	0.3	0.01	0.12	0.05	0.50	0.015	0.05	0.30	0.015

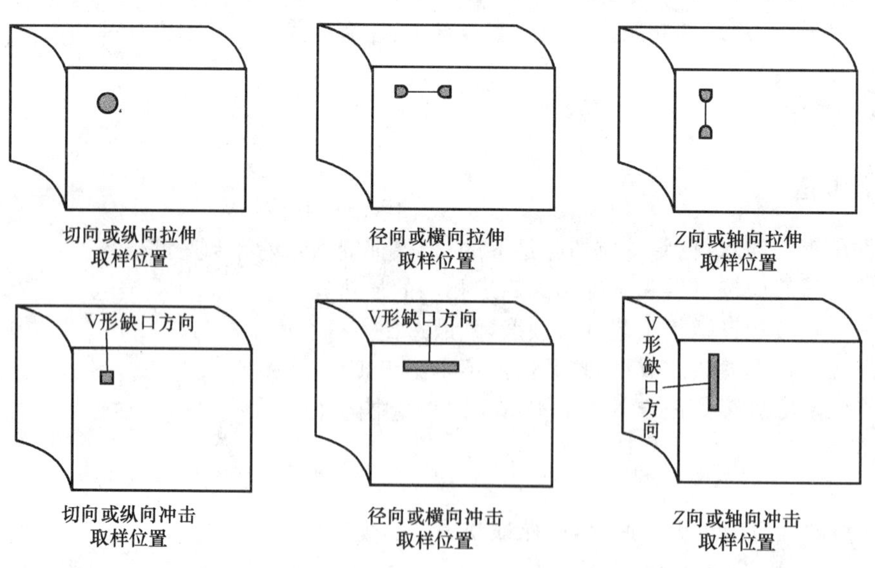

图1 取样方向及冲击试样V形缺口方向示意图

4.2.2 为保证焊接性能,钢熔炼分析的碳当量(CEV)≤0.41%;产品分析的碳当量(CEV)≤0.43%;碳当量(CEV)由公式(1)计算:

$$CEV = C + \frac{Mn}{6} + \frac{Cr + Mo + V}{5} + \frac{Ni + Cu}{15} \quad \cdots\cdots(1)$$

4.2.3 原材料应有熔炼单位的质量证明书。

4.2.4 原材料应按熔炼炉号进行复验，复验合格后方可投入使用。

4.3 金相试验要求

4.3.1 晶粒度要求

每批法兰锻件应取一件进行金相试验，在法兰切向、径向、Z 向提取×100 或×400 的显微相片；法兰锻件晶粒度 N≥6 级，晶粒形状和大小应均匀，按 GB/T 6394 的方法评定。

4.3.2 带状组织要求

法兰锻件带状组织不大于 2 级，按 GB/T 13299 的规定进行判定。

4.4 锻件非金属夹杂物要求

每批法兰锻件应取一件进行非金属夹杂物含量的评定，评定方法按 GB/T 10561。

非金属夹杂物最大含量(质量分数)应符合表 2 的要求。

表 2 非金属夹杂物最大含量(质量分数) %

A 类		B 类		C 类		D 类		DS 类
细系	粗系	细系	粗系	细系	粗系	细系	粗系	粗系
2	1	2	1	2	1	2	1	1
注：A 细+B 细+C 细+D 细≤6；A 粗+B 粗+C 粗+D 粗≤3.5。								

4.5 力学性能要求

每批法兰锻件应取一件进行力学性能试验，其力学性能应符合表 3、表 4 的规定。

4.6 超声检测级别要求

法兰锻件超声检测要达到 JB/T 4730.3—2005 的Ⅰ级或 EN 10228-3:1998 的 3 级。

4.7 磁粉检测级别要求

法兰锻件磁粉检测应达到 JB/T 4730.4—2005 的Ⅰ级。

4.8 其他要求

如需方有特殊要求，可按供需双方的协议(或合同要求)执行。

表 3 力学性能

牌号	下屈服强度 R_{eL}/MPa				抗拉强度 R_m/MPa				断后延伸率 A			
	法兰公称厚度 t/mm				法兰公称厚度 t/mm				法兰公称厚度 t/mm			
	≤100	>100 ≤150	>150 ≤250	>250 ≤400	≤100	>100 ≤150	>150 ≤250	>250 ≤400	≤100	>100 ≤150	>150 ≤250	>250 ≤400
	不小于								不小于			
Q345C	295	285	275	265	470～630	470～630	450～630	450～630	22%		20%	18%

表 3（续）

牌号	下屈服强度 R_{eL}/MPa				抗拉强度 R_m/MPa				断后延伸率 A			
	法兰公称厚度 t/mm				法兰公称厚度 t/mm				法兰公称厚度 t/mm			
	≤100	>100 ≤150	>150 ≤250	>250 ≤400	≤100	>100 ≤150	>150 ≤250	>250 ≤400	≤100	>100 ≤150	>150 ≤250	>250 ≤400
	不小于								不小于			
Q345D	295	285	275	265	470～630	470～630	450～630	450～630	22%		20%	18%
Q345E	315	295	285	275	490～630	470～630	450～630	450～630	22%		20%	18%
Q390E	345	325	315	305	490～630	490～630	490～630	490～630	20%		18%	17%
S355NL	315	295	285	275	490～630	470～630	450～630	450～630	22%		20%	18%

表 4　夏比（V 形）冲击试样试验

牌号	冲击试验温度 ℃	冲击功（切向，三个试样平均值，不小于） J	冲击功（切向，单个试样最低值，不小于） J	冲击功（径向或轴向，三个试样平均值，不小于） J	冲击功（径向或轴向，单个试样最低值） J
Q345C	20	50	35	34	24
Q345D	20	55	39	38	27
	−20	50	35	30	21
Q345E	20	63	44	43	30
	−50	50	35	30	21
Q390E	20	63	44	43	30
	−50	50	35	30	21
S355NL	20	63	44	43	30
	−50	50	35	30	21

5　检测和试验方法

5.1　验收要求

法兰锻件应以同一牌号、同一冶炼炉号、同一热处理炉次、同一产品公称厚度核准范围（见表 5）的锻件组成一批验收。

法兰锻件的公称厚度为最终机加产品的公称厚度（法兰与法兰的连接面至法兰与塔架筒节焊接的面的距离，如图 2 所示的“精加工尺寸 b”）。

表 5 产品公称厚度核准范围

序 号	产品公称厚度 t/mm
1	$t \leqslant 63$
2	$63 < t \leqslant 80$
3	$80 < t \leqslant 100$
4	$100 < t \leqslant 150$
5	$150 < t \leqslant 200$
6	$200 < t \leqslant 250$
7	$250 < t \leqslant 400$

5.2 试样要求

每批法兰锻件所取性能试样应由热处理后的同批产品中某件本体上切取，并足够用于物理性能试验、力学性能试验以及最终提供给需方用户复检。

5.3 取样数量

每件取样产品应取三组试样，每组试样包括 1 件拉伸试样、3 件冲击试样。如需方要求进行 Z 向（厚度方向）抗层状撕裂性能的检验时，应取一组（位置如图 1）Z 向试样，每组试样包括 3 个 Z 向拉伸试样。

5.4 取样位置

试样应取自完成热处理的锻件本体延伸部位，拉伸和冲击试样轴线距锻件两热处理表面的距离应不小于相应厚度的 1/4，但不大于 90 mm，如图 2 所示。

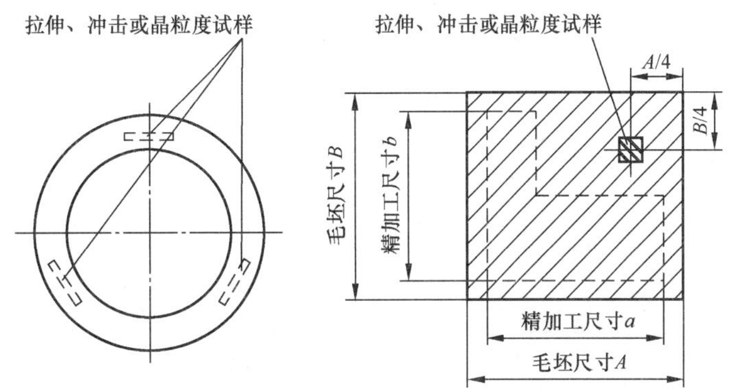

图 2 拉伸和冲击试样取样位置示例

5.5 取样方向

法兰锻件一般取切向试样，如征得需方同意，也可取径向或 Z 向试样代替切向试样。但锻件 Z 向（厚度方向）抗层状撕裂性能的检验应取轴向试样。取样方向见图 2。

5.6 冲击试样 V 形缺口方向

切向试样和径向试样的 V 形缺口方向应朝向法兰锻件的连接面，Z 向试样的 V 形缺口方向应朝向法兰中心方向。V 形缺口方向如图 1 所示。

5.7 材料检验

法兰锻件所使用原材料应按每一炉号进行化学成分复检，化学分析按 GB/T 223 的规定检验、化学成分允许偏差应符合 GB/T 222 的规定。

5.8 力学性能

5.8.1 每批法兰锻件按 5.2～5.5 规定取样进行力学性能试验；拉伸试验按 GB/T 228—2002 的规定进行，冲击试验按 GB/T 229 的规定进行。拉伸试样优先采用 GB/T 228—2002 中 R4 号(d_o=10 mm，L_o=50 mm)试样，当法兰试样不足以制取 R4 标准试样时，可采取其他规格的试样。

5.8.2 在进行力学性能试验时，当某项力学性能初次试验不符合要求时，允许在靠近不合格试样的相邻位置取双倍试样进行复试，复试结果应全部满足要求。复试后，任何一项结果不符合要求时，产品可以重新进行热处理，并重新取样试验。重新热处理的次数不得超过 2 次，回火次数不限。

5.9 非破坏性试验

5.9.1 产品不得有表面缺陷，如裂纹、折叠、缩孔、斑痕、砂眼和其他影响锻件质量的缺陷。

5.9.2 超声检测的产品表面粗糙度值不得大于 Ra12.5 μm，以确保在超声检测中声波耦合良好。超声波检验至少在两个垂直的表面上 100%进行，验收标准按 JB/T 4730.3 或 EN 10228-3 规定进行。

5.9.3 产品四面整体进行 100%磁粉检测，按 JB/T 4730.4 的规定进行验收。

5.10 产品尺寸和几何公差检验

当需方或合同要求最终法兰锻件按机加工成品状态交货时，产品应 100%进行尺寸、几何公差的检验。产品尺寸和几何公差的允许偏差应符合表 6 的要求；如需方有特殊要求，可按供需双方的协议(或合同要求)执行。

表 6 产品尺寸和几何公差的允许偏差

名 称	尺寸范围 mm		偏差 mm
外圆直径	上法兰[a]	ϕ	$^{+2}_{0}$
	其他法兰	≤ϕ4 000	$^{+2}_{-1}$
		>ϕ4 000	$^{+3}_{-1}$
内圆直径	上法兰[a]		$^{+2}_{0}$
	其他法兰	≤ϕ4 000	$^{0}_{-3}$
		>ϕ4 000	$^{0}_{-4}$
孔直径	法兰[a]		$^{+0.3}_{-0.3}$
法兰厚度	上法兰[a]		$^{+2.0}_{+1.5}$
	其他法兰[a]		$^{+2}_{0}$

表 6（续）

名 称	尺寸范围 mm		偏差 mm
法兰颈高度	法兰[a]		+2 −2
法兰平面度	上(顶)法兰[a]		0.3
	其他法兰	≥ϕ1 600～ϕ3 000	0.5
	其他法兰	≥ϕ3 000～ϕ 4 000	0.7
	其他法兰	>ϕ4 000	0.9
孔位置度[a]	法兰[a]		ϕ1
端面对中心跳动度	法兰[a]		0.5

[a] 包括各种规格的法兰。

6 标志

6.1 产品标志需打印在产品内径表面。

6.2 标志内容包括企业商标、材料和热处理炉批号、产品序列号、用户要求的其他标记。

7 产品出厂附带文件

7.1 法兰锻件所使用的所有熔炼炉号的原始材质质量证明书复印件以及所有熔炼炉号的原材料化学成分复验报告。

7.2 代表每批法兰锻件的力学性能检测报告、冲击试验报告、热处理报告、金相组织、晶粒度以及非金属夹杂物报告。

7.3 所有法兰锻件的超声检测报告、磁粉检测报告以及尺寸检测报告。

8 包装运输

8.1 产品包装应防止交付的产品在仓储、运输过程中变形、锈蚀或损伤，并便于吊装、运输、存放和识别。

8.2 如需方对包装有特殊要求，应在合同中注明。

ICS 27.180
F 11
备案号：40396—2013

中华人民共和国能源行业标准

NB/T 31025—2012

风力发电机组 环形锻件

Ring type forgings of wind turbine generator system

2012-08-23 发布 2012-12-01 实施

国家能源局 发布

前　言

本标准依据 GB/T 1.1—2009《标准化工作导则　第 1 部分：标准的结构和编写》编制。

本标准由国家能源局提出。

本标准由国家能源行业风电标准化技术委员会归口。

本标准起草单位：山东伊莱特重工有限公司、上海泰胜风能股份有限公司、山西定襄金瑞高压环件有限公司、无锡大昶重型环件有限公司、新疆金风科技股份有限公司。

本标准主要起草人：牛余刚、陈吉元、应道宴、孙长坤、兰鹏光、周克勤、刘河。

风力发电机组　环形锻件

1　范围

本标准规定了风力发电机组塔架法兰、回转支承环等环形锻件的技术要求、试验方法、检验规则、标志、包装和运输等。

本标准适用于风轮扫掠面积大于或等于 200 m^2 的风力发电机组塔架法兰、回转支承环等环形锻件。

2　规范性引用文件

下列文件对于本文件的应用是必不可少的。凡是注日期的引用文件，仅注日期的版本适用于本文件。凡是不注日期的引用文件，其最新版本（包括所有的修改单）适用于本文件。

GB/T 222　钢的成品化学成分允许偏差

GB/T 223.5　钢铁　酸溶硅和全硅含量的测定　还原型硅酸盐分光光度法（ISO 4829-1：1986、ISO 4829.2：1988，MOD）

GB/T 223.9　钢铁及合金　铝含量的测定　铬天青 S 分光光度法

GB/T 223.12　钢铁及合金化学分析方法　碳酸钠分离-二苯碳酰二肼光度法测定铬量

GB/T 223.14　钢铁及合金化学分析方法　钽试剂萃取光度法测定钒含量

GB/T 223.16　钢铁及合金化学分析方法　变色酸光度测定钛量

GB/T 223.19　钢铁及合金化学分析方法　新亚铜灵-三氯甲烷萃取光度法测定铜量（JIS G 1219：1981，NEQ）

GB/T 223.23　钢铁及合金　镍含量的测定　丁二酮肟分光光度法

GB/T 223.26　钢铁及合金　钼含量的测定　硫氰酸盐分光光度法

GB/T 223.37　钢铁及合金化学分析法　蒸馏分离-靛酚蓝光度法测定氮量（JIS G 1228：1981，NEQ）

GB/T 223.40　钢铁及合金　铌含量的测定　氯磺酚 S 分光光度法

GB/T 223.62　钢铁及合金化学分析方法　乙酸丁酯萃取光度法测定磷量

GB/T 223.63　钢铁及合金化学分析方法　高碘酸钠（钾）光度法测定锰量（ASTM E350：1985，NEQ）

GB/T 223.67　钢铁及合金　硫含量的测定　次甲基蓝分光光度法（ISO 10701：1994，IDT）

GB/T 223.69　钢铁及合金　碳含量的测定　管式炉内燃烧后气体容量法

GB/T 225　钢的淬透性末端淬火试验方法（Jominy 试验）（ISO 642：1999，IDT）

GB/T 228.1　金属材料　拉伸试验　第 1 部分：室温试验方法（ISO 6892-1：2009，MOD）

GB/T 229　金属夏比摆锤冲击试验方法（ISO 148-1：2006，MOD）

GB/T 231.1　金属材料　布氏硬度试验　第 1 部分：试验方法（ISO 6506-1：2005，MOD）

GB/T 1184—1996　形状和位置公差　未注公差值（ISO 2768-2：1989，EQV）

GB/T 1804—2000　一般公差　未注公差的线性和角度尺寸的公差（ISO 2768-1：1989，EQV）

GB/T 4336　碳素钢和中低合金钢　火花源原子发射光谱分析方法（常规法）

GB/T 5313　厚度方向性能钢板

GB/T 6394—2002　金属平均晶粒度测定法（ASTM E112：1996，MOD）

GB/T 6402—2008　钢锻件超声检测方法（EN 10228-3：1998、EN 10228.4：1999，MOD）

GB/T 10561　钢中非金属夹杂物含量的测定　标准评级图显微检验法(ISO 4967:1998,IDT)
GB/T 13299—1991　钢的显微组织评定方法
GB/T 20066　钢和铁　化学成分测定用试样的取样和制样方法(ISO 14284:1996,IDT)
JB/T 4730.4　承压设备无损检测　第4部分:磁粉检测
JB/T 4730.5　承压设备无损检测　第5部分:渗透检测

3　技术要求

3.1　锻件用钢冶炼方法

锻件用钢应采用经电炉或氧气转炉冶炼,并经炉外精炼和真空处理的细晶粒镇静钢。

3.2　锻件用钢化学成分

3.2.1　锻件用钢的化学成分(熔炼分析)应符合表1的规定。供方应提供表1中有成分范围规定的化学元素熔炼分析结果。Q345D、Q345E、Q345F钢应至少含有Al、Nb、V、Ti中的一种,加入的细化晶粒元素应在质量证明书中注明含量。

锻件的成品化学成分允许偏差应符合GB/T 222的规定。

表1　锻件用钢化学成分允许偏差　　%

钢号	C	Mn	Si	P	S	Al	V	Nb	Ti	Cr	Ni	Mo	Cu	N
Q345D	0.20	1.00～1.70	0.55	0.025	0.020	≥0.020	0.10	0.080	0.050	0.30	0.30	0.10	0.30	0.012
Q345E				0.020	0.015									
Q345F	0.18	0.90～1.65	0.50	0.015	0.010		0.12	0.050	0.050	0.30	0.50	0.10	0.55	0.015
42CrMoA	0.38～0.45	0.50～0.80	0.17～0.37	0.025	0.025	0.020～0.040	—	—	—	0.90～1.20	0.30	0.15～0.25	0.25	0.009

注:表中未注明范围者,为最大值。
表中的铝含量为总铝含量。
42CrMoA钢中元素含量:O≤25×10^{-6}、H≤2.5×10^{-6}、Ca≤15×10^{-6}。

3.2.2　Q345D、Q345E钢熔炼分析的CE(碳当量)应不大于0.43%;Q345F钢熔炼分析的CE(碳当量)应不大于0.41%。如采用成品分析,Q345D、Q345E、Q345F钢的CE(碳当量)上限可提高0.02%。

注:CE=C+Mn/6+(Cr+Mo+V)/5+(Cu+Ni)/15。

3.3　锻造钢锭要求

3.3.1　锻件使用的钢锭应有熔炼单位的质量证明书。
3.3.2　锻件使用的钢锭头尾应有足够的切除量,以确保锻件无缩孔及严重偏析等缺陷。
3.3.3　环形锻件应采用模铸钢锭或连铸圆坯锻造,锻造比不得小于5。不得采用钢板、板坯作为坯料或采用焊接、铸造等工艺制作环形锻件。

3.4　热处理要求

除用户另有要求外,Q345D、Q345E、Q345F钢锻件应进行正火或正火加回火处理,42CrMoA钢锻件粗加工后应进行调质处理。

3.5 力学性能

3.5.1 锻件的拉伸性能应符合表 2 的规定。

3.5.2 Q345 钢锻件按低温冲击试验的试验温度分为 Q345D、Q345E、Q345F 三档钢号，每个钢号的低温冲击试验温度及冲击性能应符合表 3 的规定。42CrMoA 钢锻件的冲击性能应符合表 3 的规定。表 3 中的冲击功为 3 个试样试验结果的算术平均值，允许一个试样的冲击功低于规定值，但不得低于规定值的 70%。

3.5.3 根据需方要求，并在订货合同中注明，Q345D、Q345E、Q345F 钢锻件可附加保证厚度方向（轴向）性能，并分为 Z25、Z35 两个级别，其断面收缩率应分别符合表 4 的规定。

3.5.4 42CrMoA 钢锻件的硬度值应符合表 2 的规定。表中硬度值为 4 个测定结果算术平均值的合格范围。

3.5.5 根据需方要求，并在订货合同中注明，42CrMoA 钢可按 GB/T 225 的规定进行末端淬火试验并符合表 5 的规定。

表 2 锻件的拉伸性能

钢号	厚度 mm	热处理状态	拉伸试验				硬度试验
			抗拉强度 R_m MPa	下屈服强度 R_{eL} MPa	断后伸长率 A %	断面收缩率 Z %	布氏硬度 HB
				≥			
Q345D Q345E Q345F	≤40	正火(N) 或正火+回火(N+T)	470～630	345	22	—	—
	>40～63			335			—
	>63～80			325	21	—	—
	>80～100			315			—
	>100～150			295			—
	>150～200		450～600	285			—
	>200～250			275			—
42CrMoA	≤100	调质(QT)	900～1 100	650	12	35	269～321
	101～160		800～950	550	13	35	241～302
	161～250		750～900	500	14	35	225～269

表 3 低温冲击试验温度及冲击性能

钢号	冲击试验温度 ℃	冲击功 KV_2（切向，3 个试样平均值，不小于） J	冲击功 KV_2（切向，单个试样最低值） J	冲击功 KV_2（径向或轴向，3 个试样平均值，不小于） J	冲击功 KV_2（径向或轴向，单个试样最低值） J
Q345D	−20	50	35	37	26
Q345E	−40				
Q345F	−50				
42CrMoA	−40	27	19	—	—

表 4 厚度方向(轴向)性能

厚度方向(轴向) 性能级别	断面收缩率 Z (3 个试样平均值,不小于) %	断面收缩率 Z (单个试样,不小于) %
Z25	25	15
Z35	35	25

表 5 末端淬火试验 HRC 硬度值

距离 mm		1.5	3	5	7	9	11	13	15	20	25	30	35
42CrMoA	最大	61	61	61	60	60	59	59	58	56	53	51	48
	最小	56	56	55	54	52	48	46	44	41	39	38	36

3.6 晶粒度、显微组织和非金属夹杂物

3.6.1 Q345D、Q345E、Q345F 以及 42CrMoA 钢锻件的晶粒度应不粗于按 GB/T 6394—2002 评定的 6 级要求。

3.6.2 Q345D、Q345E、Q345F 钢锻件的断面显微组织应为铁素体+珠光体,珠光体和带状组织均不应大于按 GB/T 13299—1991 评定的 3 级要求。

3.6.3 Q345E、Q345F 钢锻件的非金属夹杂物应符合表 6 的规定。

3.6.4 42CrMoA 钢锻件的非金属夹杂物应符合表 6 的规定。

表 6 非金属夹杂物

钢号	A 类		B 类		C 类		D 类		DS 类
	细系	粗系	细系	粗系	细系	粗系	细系	粗系	粗系
Q345E、Q345F	2	1	2	1	2	1	2	1	1
42CrMoA	3	2	2	1	0.5	0.5	1.5	0.5	—

3.7 外观检查和表面质量、尺寸和形位偏差

3.7.1 锻件的表面应无肉眼可见的裂纹、夹层、折叠、夹渣等有害缺陷。轻微的表面缺陷允许修磨清除,但修磨面积应不大于 2 cm^2,深度应不大于 1 mm,周边圆滑过渡。

3.7.2 锻件的表面或内部缺陷不允许焊补。

3.7.3 锻件表面粗糙度应不大于 Ra12.5。根据需方要求,并在订货合同中注明,锻件可按 JB/T 4730.4 或 JB/T 4730.5 的规定进行磁粉或渗透检测,具体要求由双方协商确定。

3.7.4 塔架法兰的形状、尺寸、形位偏差和表面质量应逐件检查并满足订货图样的要求。除图样另有规定外,塔架法兰各部位线性和角度尺寸的公差应符合表 7 的要求,其他线性和角度尺寸的公差应符合 GB/T 1804—2000 的 m 级要求,形状和位置公差应符合 GB/T 1184—1996 的 k 级要求。

表 7　塔架法兰尺寸公差

名称	尺寸范围 mm		允许偏差 mm
外径	顶法兰	—	+2.0/0
	其他法兰	$\phi \leqslant 4\ 000$	+2.0/0
		$\phi > 4\ 000$	+3/0
内径	顶法兰	—	0/−2.0
	其他法兰	$\phi \leqslant 4\ 000$	0/−3.0
		$\phi > 4\ 000$	0/−4.0
螺栓孔直径	—	—	+0.50/−0.10
厚度	顶法兰	—	+2.0/+1.50
	其他法兰	—	+2.0/0
颈高度	—	—	+3.0/−1.0
平面度	顶法兰	—	0.35
	其他法兰	$1\ 600 \leqslant \phi < 3\ 000$	0.50
		$3\ 000 \leqslant \phi \leqslant 4\ 000$	1.0
		$\phi > 4\ 000$	1.0
螺栓孔位置度	—	—	ϕ0.80
端面平行度	—	—	0.50
注：法兰端面内倾度按图样规定。			

3.8　超声检测

每件产品都应进行超声检测，锻件应逐件在外周360°以及上平面或下平面采用超声检测锻件内部缺陷，检测表面的表面粗糙度应不大于 Ra6.3。锻件的超声检测应符合 GB/T 6402—2008 的 3 级要求。

4　试验方法

4.1　化学分析

化学分析按 GB/T 223 本标准所引用的各部分或 GB/T 4336 的规定。

4.2　晶粒度测定

晶粒度测定按 GB/T 6394—2002 的规定。

4.3　显微组织

显微组织评定按 GB/T 13299—1991 的规定。

4.4　非金属夹杂物检验

非金属夹杂物检验按 GB/T 10561 的规定。

4.5 硬度试验

硬度试验按 GB/T 231.1 的规定。根据需要也可用其他标准测定。

4.6 拉伸试验

拉伸试验按 GB/T 228.1 的规定。

4.7 中击试验

冲击试验按 GB/T 229 的规定。

4.8 厚度方向拉伸试验

厚度方向拉伸试验按 GB/T 5313 的规定。

4.9 末端淬火试验

末端淬火试验按 GB/T 225 的规定。

4.10 超声检测

超声检测按 GB/T 6402—2008 的规定。

4.11 磁粉检测

磁粉检测按 JB/T 4730.4 的规定。

4.12 渗透检测

渗透检测按 JB/T 4730.5 的规定。

5 检验规则

5.1 锻件检验

锻件应按本标准和订货合同进行检验。检验规则按表 8 以及 5.2～5.6 的规定。

表 8 检验规则

序号	检验项目	取样频次	试样数量	取样位置	试验方法
1	化学成分	每个冶炼炉号	1	GB/T 20066	GB/T 223 本标准所引用的各部分、GB/T 4336
2	外观	每件	—	锻件可及表面	目视
3	拉伸	每个冶炼炉号、同一热处理批号、同一厚度范围(见表 3)	1	切向，位置见图 1	GB/T 228.1

表 8(续)

序号	检验项目	取样频次	试样数量	取样位置	试验方法
4	冲击	每个冶炼炉号、同一热处理批号、同一厚度范围(见表 3)	1 组 3 个	切向,位置见图 1	GB/T 229
5	厚度方向拉伸	每个冶炼炉号、同一热处理批号、同一厚度范围(见表 3)	1 组 3 个	厚度方向(轴向),位置同拉伸	GB/T 5313
6	末端淬火试验	每个冶炼炉号	1	GB/T 225	GB/T 225
7	硬度检验	每件	4	环形锻件表面(拉伸或冲击取样部位)	GB/T 231.1
8	晶粒度	每个冶炼炉号、同一热处理批号、同一厚度范围(见表 3)	1	横截面	GB/T 6394—2002
9	显微组织		1	横截面	GB/T 13299—1991
10	非金属夹杂物	每个冶炼炉号	1	横截面	GB/T 10561
11	超声检测	每件	—	端面及外周表面	GB/T 6402—2008
12	磁粉检测或渗透检测	根据需要	—	根据需要	JB/T 4730.4 JB/T 4730.5
13	尺寸和形位公差	每件	—	塔架法兰(或环形锻件)	量具

5.2 化学成分、晶粒度、显微组织、非金属夹杂物

5.2.1 化学分析用的试样按 GB/T 20066 的规定制取,每个冶炼炉号取 1 个试样。

5.2.2 钢的晶粒度和显微组织评定应在完成热处理的锻件上进行,同一冶炼炉号、同一热处理批号、同一厚度范围(见表 2)为一批,取 1 个试样。

5.2.3 钢的非金属夹杂物检验应按 GB/T 10561 的规定,在锻坯或锻件上取样进行,每个冶炼炉号取 1 个试样。

5.3 拉伸和冲击试样取样规则

5.3.1 取样数量

锻件应以同一冶炼炉号、同一热处理批号、同一厚度范围(见表 2)为一批,每批锻件应取一组试样。每组试样包括 1 个拉伸、3 个冲击。如需进行厚度方向断面收缩率检验,每批锻件应取一组 3 个轴向拉伸试样。

5.3.2 取样方向

锻件应取切向试样,用户复验时,也可取径向或轴向试样代替切向试样,但其拉伸和冲击性能允许比表 2 和表 3 规定值下降表 9 规定的百分数,但锻件厚度方向(轴向)断面收缩率检验必须取轴向试样。

表 9 径向或轴向性能比切向性能允许下降的百分数

力学性能	取样方向	允许下降的百分数 %
抗拉强度 R_m，下屈服强度 R_{eL}	径向或轴向	5
断后延伸率 A		25
断面收缩率 Z		20
冲击功 KV_2		25
注：塔架法兰的轴向试样可由螺栓孔套料截取。		

5.3.3 取样部位

试样应取自完成热处理的锻件本体延伸部位，拉伸和冲击试样轴线距锻件两个热处理表面的距离应不小于相应厚度尺寸的 1/4，如图 1 所示。

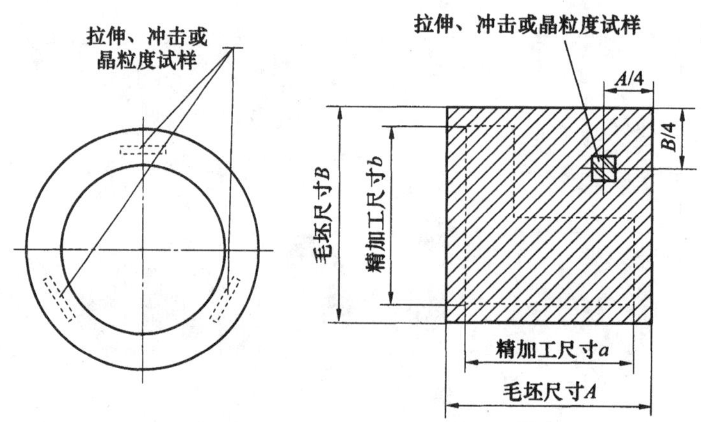

图 1 拉伸和冲击试样取样位置示例

5.3.4 试样

5.3.4.1 拉伸试样采用 GB/T 228.1 中的 R04 号试样（圆试样平行长度的原始直径 d_0=10 mm，原始标距 L_0=50 mm）。厚度方向拉伸试样采用 GB/T 5313 中的圆形试样（d_0=10 mm，$L_0 \geqslant$20 mm）。

5.3.4.2 冲击试样采用 GB/T 229 中的标准试样。

5.4 硬度

42CrMoA 钢交货锻件应逐件进行硬度检验，每件在相当于力学性能试样取样位置对称测量 4 点，取其平均值。

5.5 末端淬火性能

42CrMoA 钢的末端淬火试验应按 GB/T 225 的规定，每个冶炼炉号取 1 个试样，在锻坯或锻件上取样进行。

5.6 复验

5.6.1 拉伸试验不合格时，可从被检验锻件原取样部位附近再取 2 个拉伸试样进行复验，复验结果的所有数据均符合规定时，则为合格。

当拉伸试样断裂面与标记端点之间距离小于 $L_0/3$，而伸长率未达到标准要求时，试验无效。允许补做同样数量试样的试验。

5.6.2 冲击试验不合格时，可从被检验锻件原取样部位附近取 3 个冲击试样进行复验，合格条件为前后两组共 6 个试样的试验数据算术平均值不应低于规定值，允许有 2 个试验数据低于规定值，其中低于规定值 70% 的数据只允许有 1 个。

5.6.3 厚度方向断面收缩率的平均值或某单个值不合格时，可从被检验锻件原取样部位附近取 3 个试样进行复验，合格条件为前后两组共 6 个试样的试验数据算术平均值不得低于规定值，而且 3 个复验试样的单个值都必须符合规定。如果不符合，该检验批的锻件，允许逐件检验交货。

5.6.4 当力学性能试验或复验不合格时，允许对该批(件)锻件重新热处理后进行检验，但重新热处理的次数不得超过 2 次。

5.6.5 根据需方要求，并在合同中注明，供方应提供需方复验的试料，复验的试料应取自原取样部位附近。需方收到锻件之日起 3 个月内为复验有效期。

6 标志和质量证明书

6.1 标志应打在锻件的明显部位或需方指定的部位，打印标志位置和方式应无损于锻件(或法兰)的最终使用。

6.2 按本标准检验合格交货的锻件应在内侧标注下列永久性标志：

a) 制造厂名(或代号)；

b) 牌号及锻件厚度方向(轴向)性能级别(需要时)；

c) 编号。

6.3 锻件交货时，应附有质量证明书。其内容包括：

a) 制造厂名；

b) 订货合同号；

c) 标准编号、钢号、锻件厚度方向(轴向)性能级别(需要时)、炉批号和锻件编号、数量；

d) 化学成分、显微组织、晶粒度、非金属夹杂物、力学性能、无损检测检验结果；

e) 热处理类型及记录，保温温度、保温时间和冷却方式；

f) 法兰(或锻件)尺寸检验结果；

g) 合同规定附加要求的检验结果；

h) 检验单位和检验人员签章。

7 包装

7.1 锻件的包装应保证在仓储、运输过程防止变形、锈蚀或损伤，并便于吊装、运输、存放和识别。

7.2 每件锻件之间应放置垫木，防止变形。每件锻件用拉伸膜包装，防止锈蚀或损伤。

7.3 需方对包装等的其他要求应在合同中注明。

Q/GWT

观为监测技术无锡有限公司企业标准

Q/GWT 01—2016

离线振动监测与故障分析诊断服务标准

2016-01-06 发布 2016-01-20 实施

观为监测技术无锡有限公司 发布

离线振动监测与故障分析诊断服务标准

1 范围

本标准规定了针对旋转机械进行离线振动监测与故障分析诊断服务的最低标准，对振动监测及故障分析诊断涉及的传感器测点布置和选型、振动信号采集仪器、数据采集定义、故障分析方法、人员资质、分析报告撰写及审核等提出了标准化的工作流程和规定。

本标准适用于双馈式风力发电机组、泵组、通风机、压缩机等旋转机械的离线振动监测与故障分析诊断服务。

2 规范性引用文件

以下标准是进行旋转机械振动监测和分析诊断建议采用的相关标准，但不包括全部标准，标准的引用需根据旋转机械的结构、功率、基础支撑等现场实际情况确定。

旋转机械工业机组的相关振动标准中，对振动报警限值的要求，由高到低通常为：企业标准、行业标准、国家标准、国际标准。因此，在进行振动监测和分析中，最低要求应满足国家或国际标准，对于行业和企业标准应与最终客户协商确定。

ISO 10816-1　在非旋转部件上测量和评价机器的机械振动　第一部分

ISO 10816-2　在非旋转部件上测量和评价机器的机械振动　第二部分

ISO 10816-3(GB/T 6075.3—2011)　在非旋转部件上测量和评价机器的机械振动　第三部分

ISO 10816-4　在非旋转部件上测量和评价机器的机械振动　第四部分

ISO 10816-5　在非旋转部件上测量和评价机器的机械振动　第五部分

ISO 10816-6　在非旋转部件上测量和评价机器的机械振动　第六部分

ISO 2954:2012　旋转式和往复式机器的机械振动——对振动烈度测量仪的要求

ISO 10817-1　转轴振动测量系统　第一部分

VDI 3834　陆上带齿轮箱风力发电机组及其组件机械振动测量与评估

GB 10068　轴中心高为 56 mm 及以上电机的机械振动测量、评定及限值

ISO 8579-2(GB/T 6404.2)　齿轮装置的验收规范　第二部分：验收试验中齿轮装置机械振动的测定

GB/T 7777—2003　容积式压缩机机械振动测量与评价

3 定义和术语

离线振动监测

通过便携式振动监测仪器，由人工对在稳定工作状态下的机器或结构进行振动量及相关物理量（如：相位、转速）等进行非连续、间断性的测量，对机器或结构可进行故障诊断、环境控制、等级评定；测量机器或结构的受迫振动获得被测对象的动态性能：固有频率、阻尼、响应、模态等信息，找出薄弱环节，通过改进设计提高其抗振能力，或通过隔振处理改善机械的工作环境和性能。

振动分析

通过分析在机器或结构上选定测点获得的不同方向（如：水平、垂直、轴向）的振动物理量（如：振动位移、振动速度、振动加速度、解调相关信号）及相关的其他物理量（如：转速、相位），分析机器或结构的振动

特征，为故障诊断提供诊断依据。

故障诊断

以振动分析获得的机器或结构振动特征为基础，根据振动的基础理论提取异常的振动特征，不同的异常振动特性，反应机器或结构的不同故障模式，并结合机器或结构的相关参数和特性，判断机器或结构出现异常的部位、性质和原因，为科学检修和预测性维护提供可靠的依据。

4 离线振动监测规范

4.1 振动测量参量

振动测量是基于便携式离线振动分析采集仪器，测量的物理量根据机组结构及其转子支撑轴承的结构确定。

振动监测测量的物理量定义如下：

a） 加速度时域波形及其频谱信号（包括峰值、峰峰值和有效值）；

b） 速度时域波形及其频谱信号（包括峰值、峰峰值和有效值）；

c） 位移时域波形及其频谱信号（包括峰值、峰峰值和有效值）；

d） 解调类的波形及频谱信号（如：HFD、gSE、Peakvue、shock 等）。

4.2 测量设备

4.2.1 振动烈度的测量设备应符合 ISO 2954:2012 的要求；

4.2.2 轴相对测量设备应符合 ISO/DIS 10817-1 的要求。

4.3 便携式振动数据采集分析仪器应具备的基本数据采集和分析功能

4.4.1 必须具备双通道同步数据采集功能；

4.4.2 仪器满足 40 kHz 的分析频率，既采样频率能够达到 102.4 kHz；

4.4.3 具备敲击试验以测试固有频率的功能；

4.4.4 具备无键相条件下的双通道相位差分析功能；

4.4.5 具备转速及键相测量功能；支持激光转速及标准霍尔效应传感器；

4.4.6 支持位移、速度、加速度传感器、电流卡钳的接入；

4.4.7 具备同步时间平均测量（整周期采样）；

4.4.8 符合本质安全相关规定，满足 ATEX,CSA,IEC 等安全规定（需根据具体作业环境要求）。

4.4 测量条件

4.4.1 振动信号的测量应在机组额定功率，稳定运行状态下进行；

4.4.2 接触式传感器（加速度传感器、速度传感器）的安装及测点选择应满足上述的相关振动测试标准；

4.4.3 接触式传感器应首选转子的支撑轴承座部位，可采用磁力吸座安装；

4.4.4 接触式传感器安装需满足如下原则：沿振动传递路径最短，且沿传递路径刚性最大；

4.4.5 传感器测量方向应沿径向和轴向布置：每一个轴承座径向应考虑水平和垂直两个方向测量；每一个转子应考虑一个轴向测量；

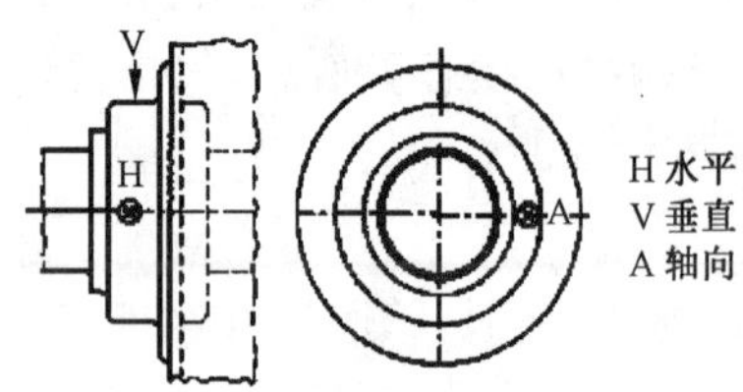

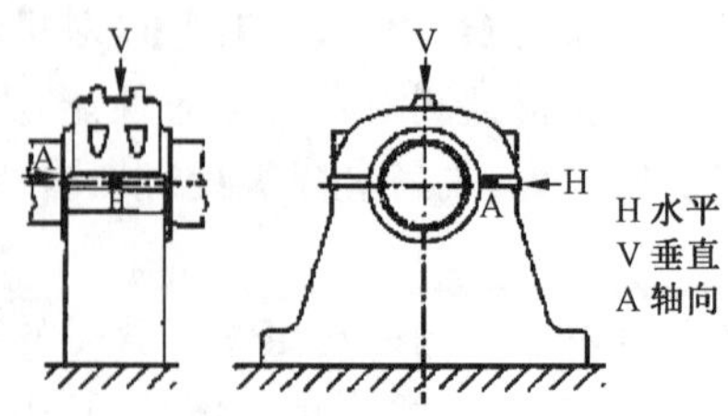

4.4.6 当测试表面温度较高，超出磁力吸座允许温度时，应在磁力吸座与被测试表面间加入隔热石棉纸垫。

4.5 仪器及传感器的标定与校核

4.5.1 用于现场疑难杂症诊断服务的便携式仪器及相关传感器每年需进行一次实验室标定和校核。

5 机组故障诊断预警及报警等级

在参考上述各类相关标准时，振动分析师需要根据全面的数据进行分析，给出机组振动报警的综合评估。

正　常：机组运行未见异常；

预　警：机组运行存在轻微异常，但仍可长周期运行。建议：观察运行；

报　警：机组运行存在异常，可短周期运行。建议：择机维护；

高报警：机组运行存在严重异常，应尽快停机检修维护。建议：尽快维护。

6 诊断分析报告

6.1 振动分析人员需具备 ISO 18436.2 二级及以上资质；

6.2 完成数据采集后，单台机组分析报告在 5 个工作日内提交；

6.3 批量数据采集后(10 台以上)，分析报告在 10 个工作内提交；

6.4 大批量数据采集后(100 台以上)，分析报告在 20 个工作日内提交；

6.5 机组分析诊断报告的审核人员须具备 ISO 18436-2 三级及以上资质；

6.6 报告撰写人与审核人必须分开；

6.7 针对严重异常机组，特别是涉及人员和机组安全的异常机组，需立即以电话和邮件形式，通知客户相关专业管理和作业人员；

6.8 相关的分析报告及机组参数，需要分类存档；

6.9 对客户的机组分析报告及相关参数，双方均具有保密的责任和义务，未经双方许可不得以电子版或印刷版形式传播和扩散。

7 振动分析与故障诊断项目流程

7.1 项目的建立：技术人员接到客户的项目需求后，需要由专门的商务人员进行相关报价，协调、管理；

7.2 项目管理：商务人员负责项目的报价、联系、协调、督促、报告发送的全过程管理；相关的分析诊断报告由商务以 PDF 格式文档发送给客户；

7.3 现场测试：由数据采集和测试人员完成。现场数据采集人员需要具备 ISO 18436-2 一级及以上资质；

7.4 项目支持的技术人员需对现场机组进行必须的事前评估，确定现场数据采集的人员等级；

7.5 现场数据采集及测试人员必须依据现场情况，配备除振动数据采集之外的安全装备(如：试电笔、温度计、个人防护用品)。

关于本企业标准

本标准由观为监测技术无锡有限公司(MHCC 设备健康体检中心)提出。

本标准主要起草单位:观为监测技术无锡有限公司(MHCC 设备健康体检中心)。

本标准负责人:马笑潇

本标准主要起草人:肖泽、殷伟、吕志远、宋国华

本标准审核人:马笑潇、金鑫、杨俊嘉

本标准为首次发布。

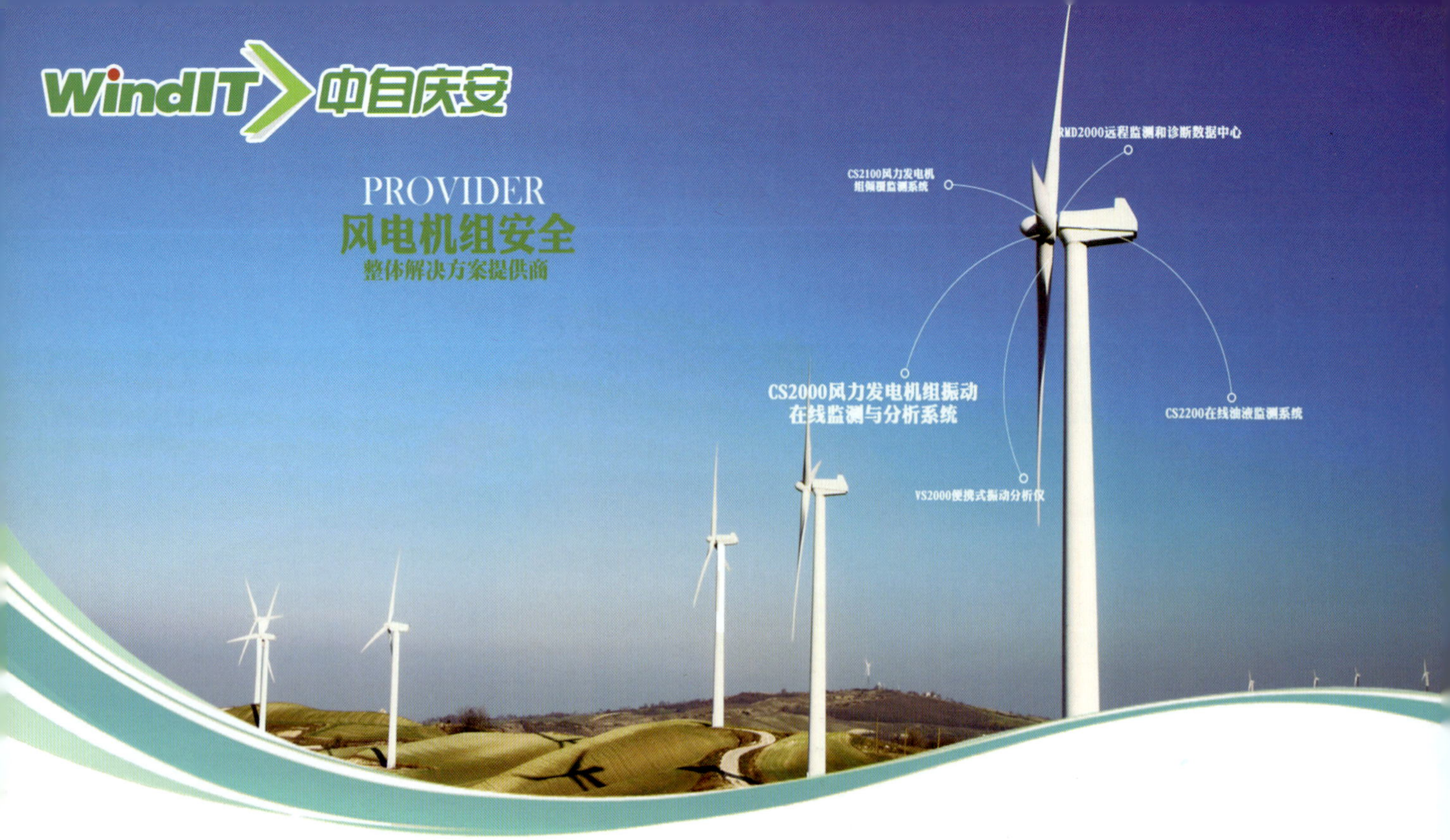

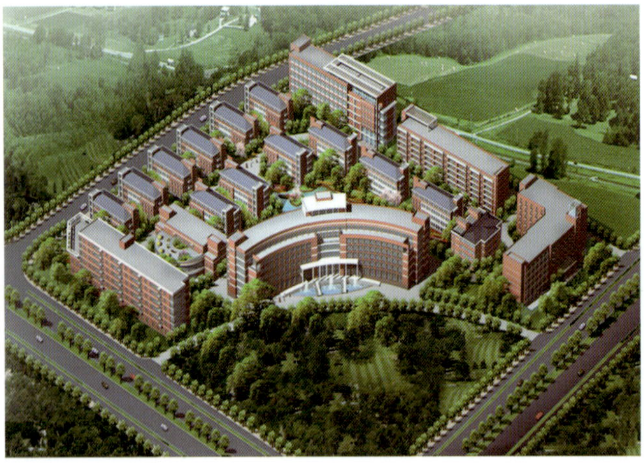

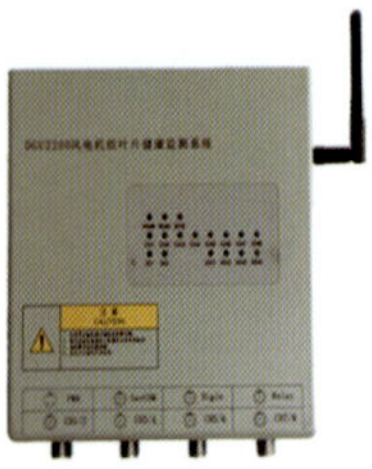

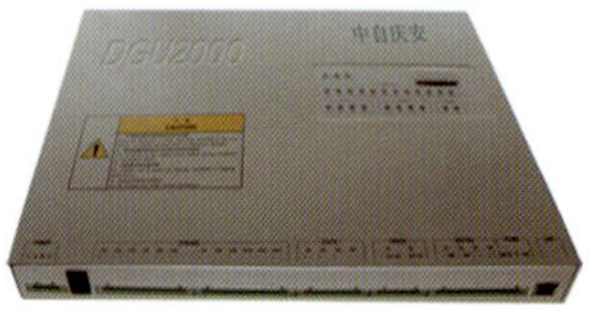

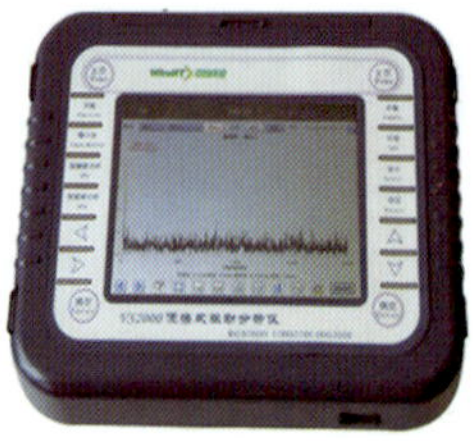

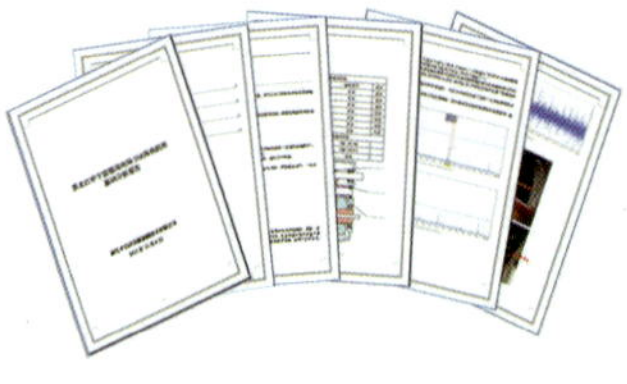

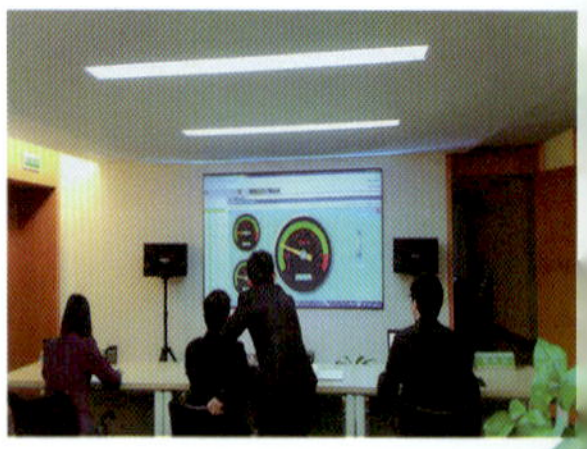

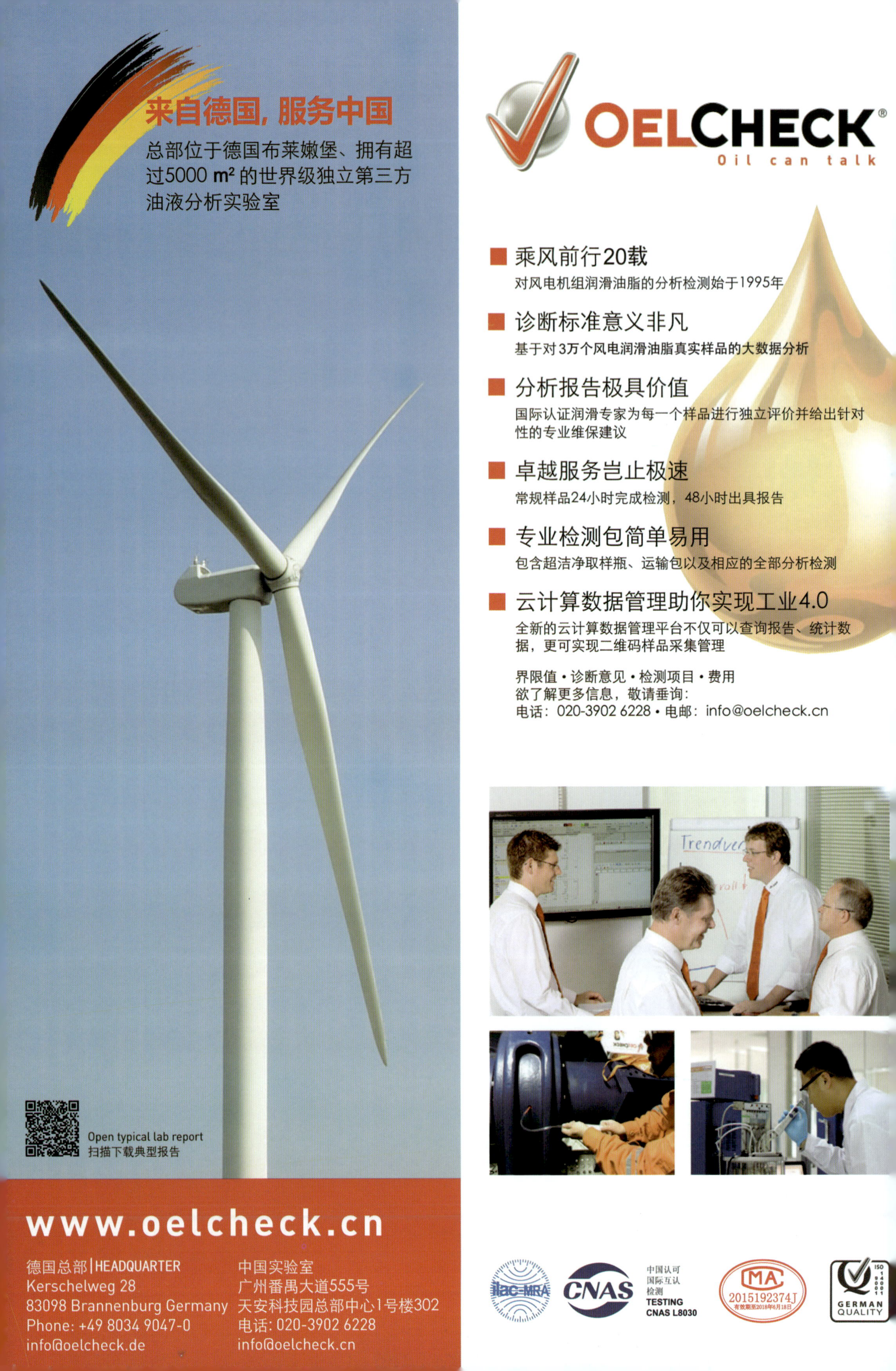

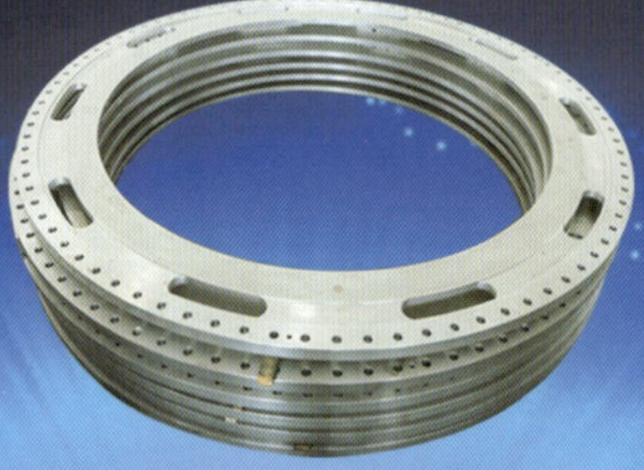

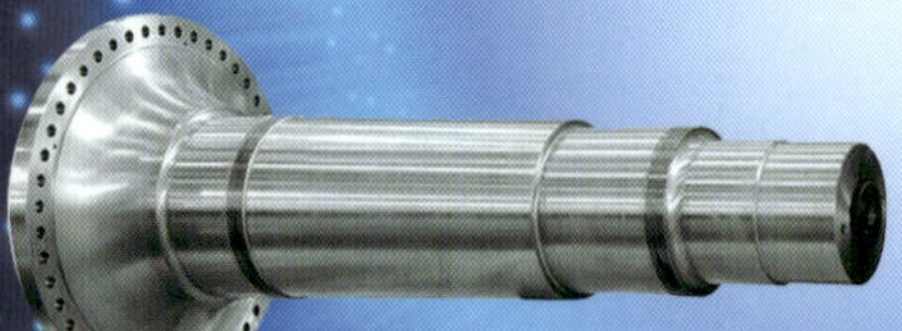

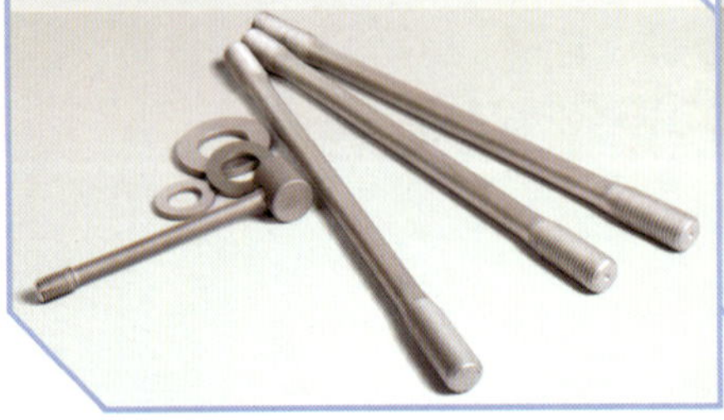

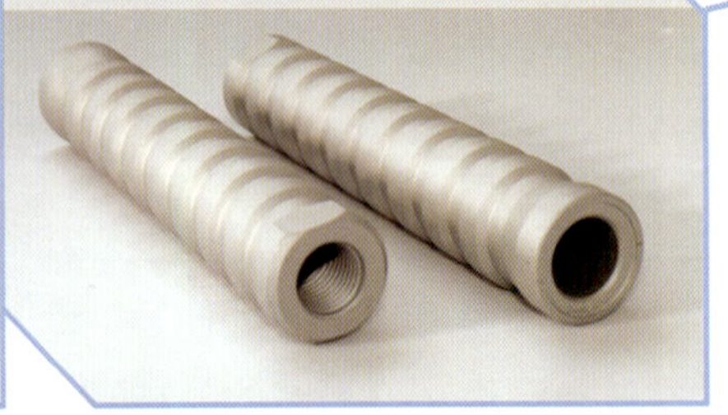

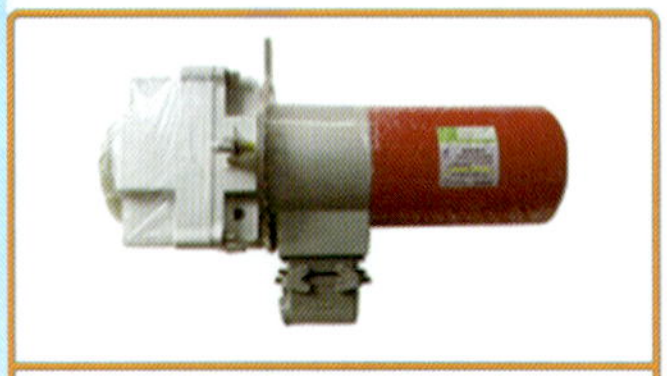

张家港中环海陆特锻股份有限公司

张家港中环海陆特锻股份有限公司原名张家港海陆环形锻件有限公司，于2015年6月完成股改工作，公司位于美丽的全国文明城市——江苏省张家港市，创办于1991年，现拥有价值3.8亿元的2米、3米、5米和9米4条锻压生产线，具备生产超大型环形件轧制与装备技术的能力，年产能达可10万吨， 2010年~2015年连续六年获批 “高新技术企业”，连年被资信评估公司评定为“3A”级信用企业。

公司现有专业研发人员45人，其高级人员8人，博士及硕士研究生3人，拥有独立的检测中心，具备强大的研发设备，并于2013年获批“江苏省博士后创新基地”和“江苏省环形锻件工程技术研究中心”。近年来，公司在强大的技术支撑下，先后承担国家火炬计划项目2项，国家重点新产品1项，省支撑计划项目2项，苏州技术专项2项。随着公司科技创新的不断提升，取得了很大的科技成果，2011年至今，获得发明专利7项，实用新型专利18项，江苏省高新技术产品16项，其中“2MW及以上风电机组主轴承用大型环件研发”荣获“省优秀新产品金奖”和“江苏省名牌产品”荣誉称号。

我司为JB/T 12138-2015风塔法兰大型环锻件技术条件 起草单位。

地址：江苏省张家港市合兴镇华山路 邮编:215626
联系人：吴 剑 手机：15906249583
电话:0512-56913115
传真:0512-58511337
网址: www.hlduanjian.com
电子邮件: wj_hldj@163.com